/// SS COVWR ILLUST ///

WOOMA

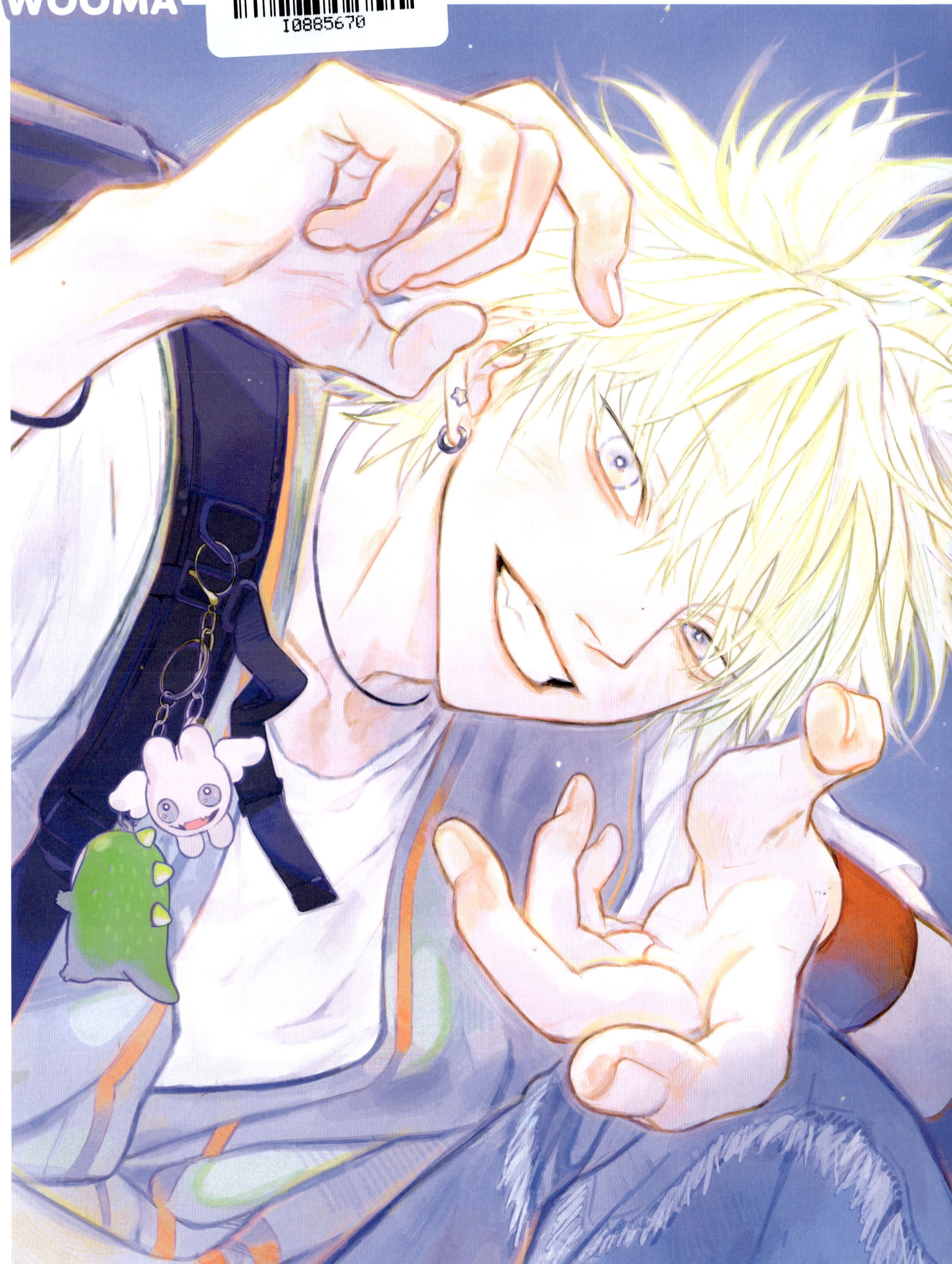

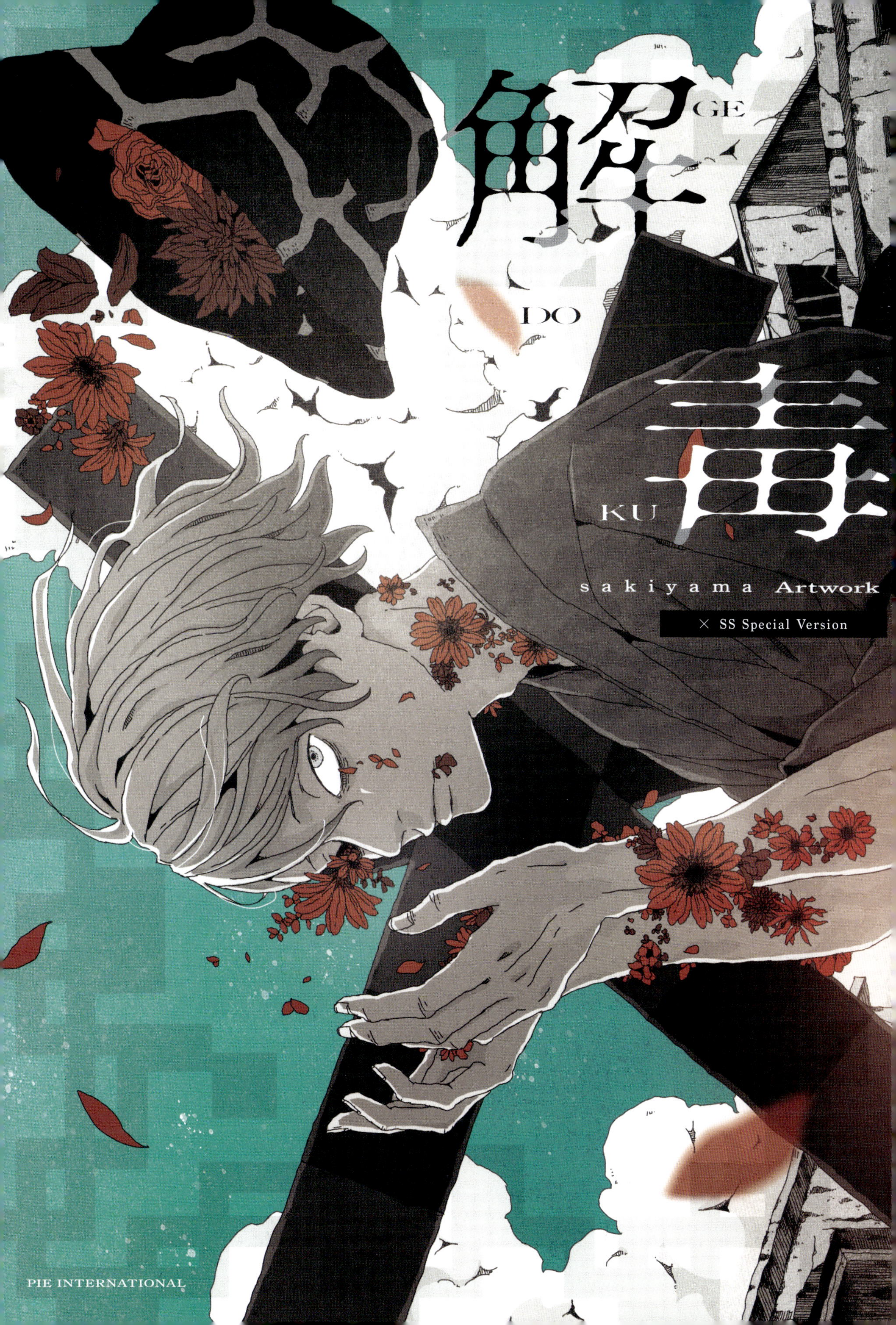

解 GE
DO
毒 KU
sakiyama Artwork
× SS Special Version
PIE INTERNATIONAL

はじめに

私が絵を描くための衝動は、毒でした。
描いた絵も、毒でした。
しかしそれは、私にとって薬となりました。

毒を吐き続けるうち、毒以外の味を知りました。
それはもう「解毒」と呼んで良いのかもしれない。
けれども私はどう足掻いても悪者で、
きっとまた毒を飲むのです。

この本にある毒は、もしかしたら花になるし、
あるいは星に化けるかもしれない。

願わくば、
あなたにとっての「何か」に化けますよう。

sakiyama

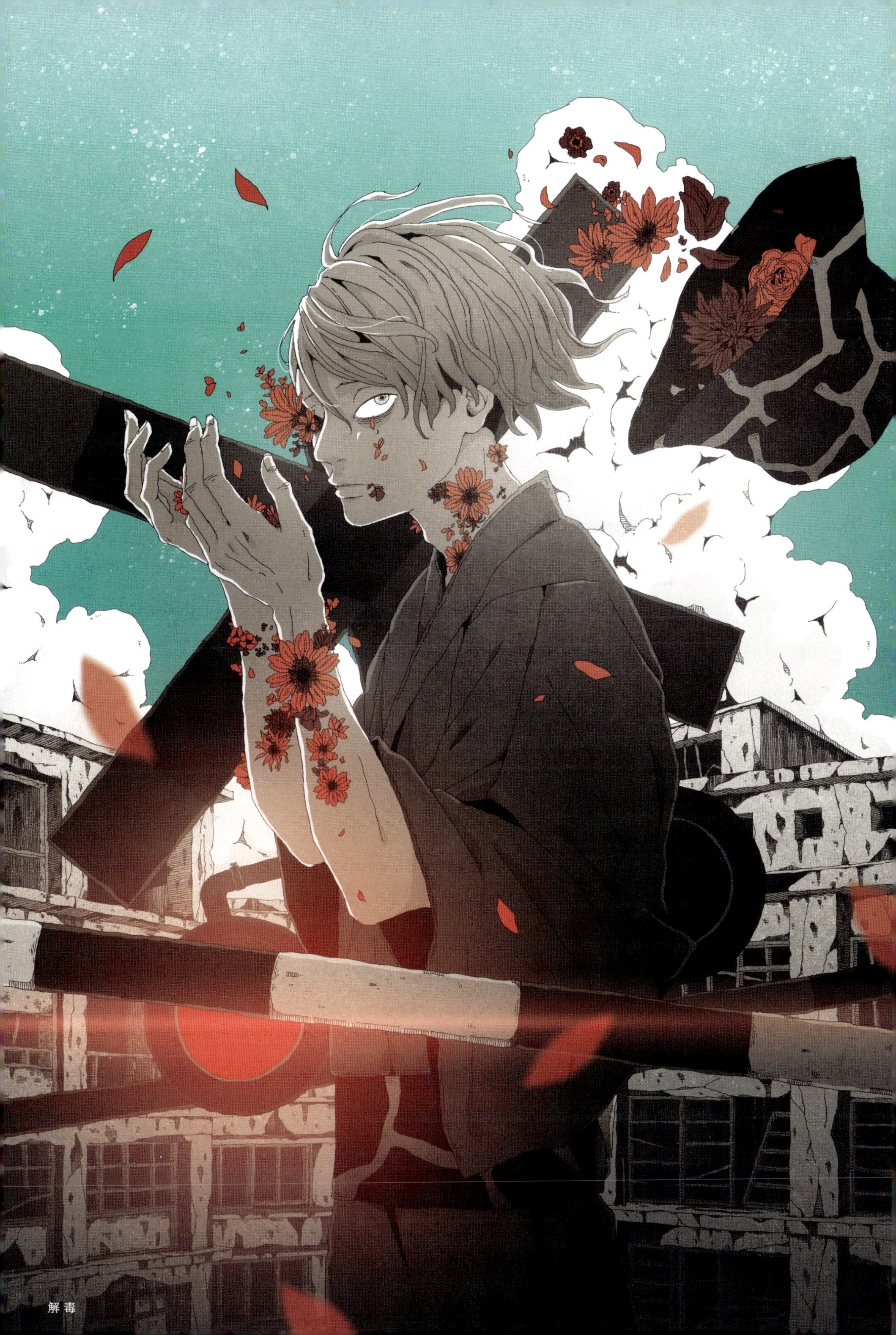

解毒

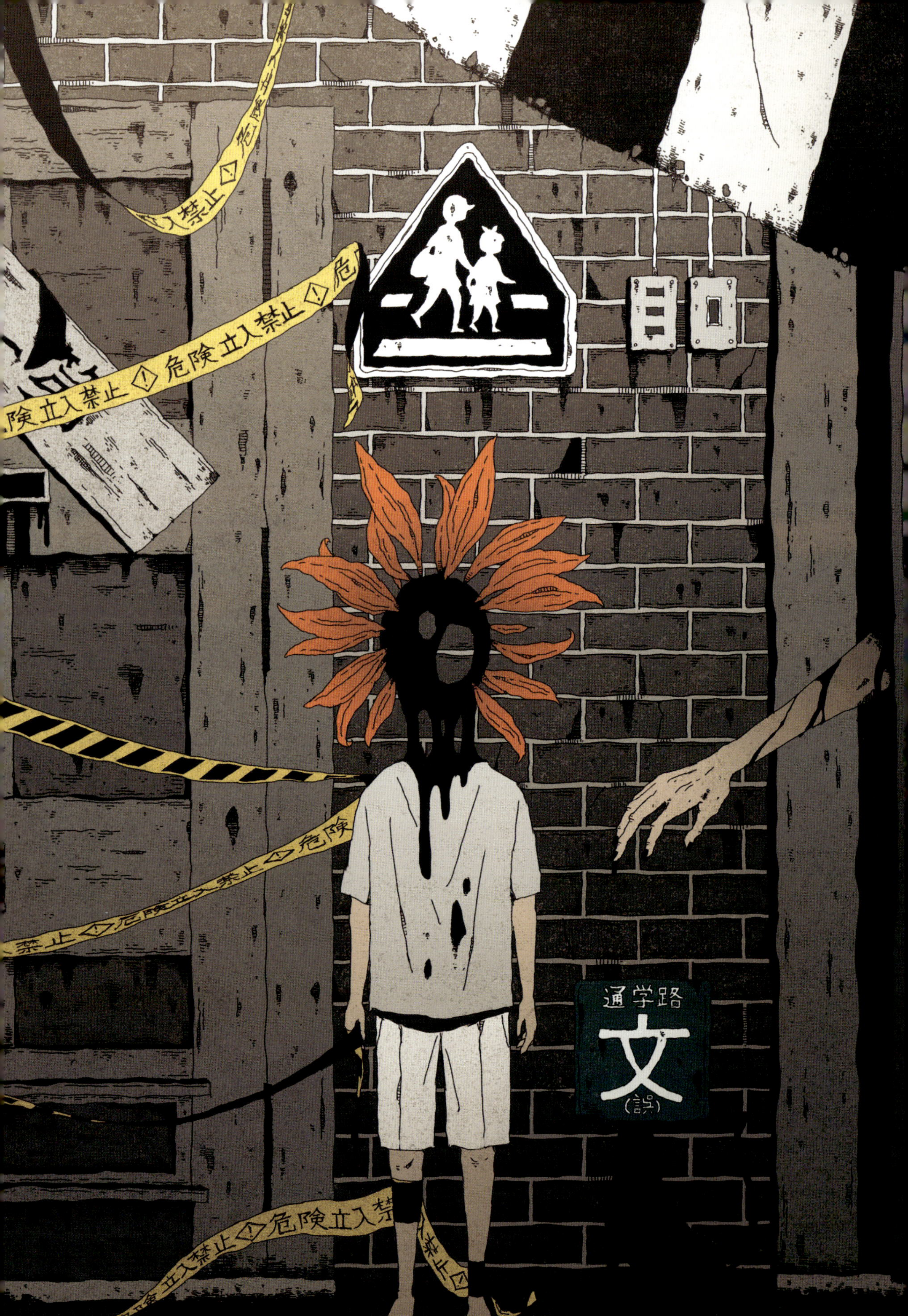
危険立入禁止
通学路
文
(誤)

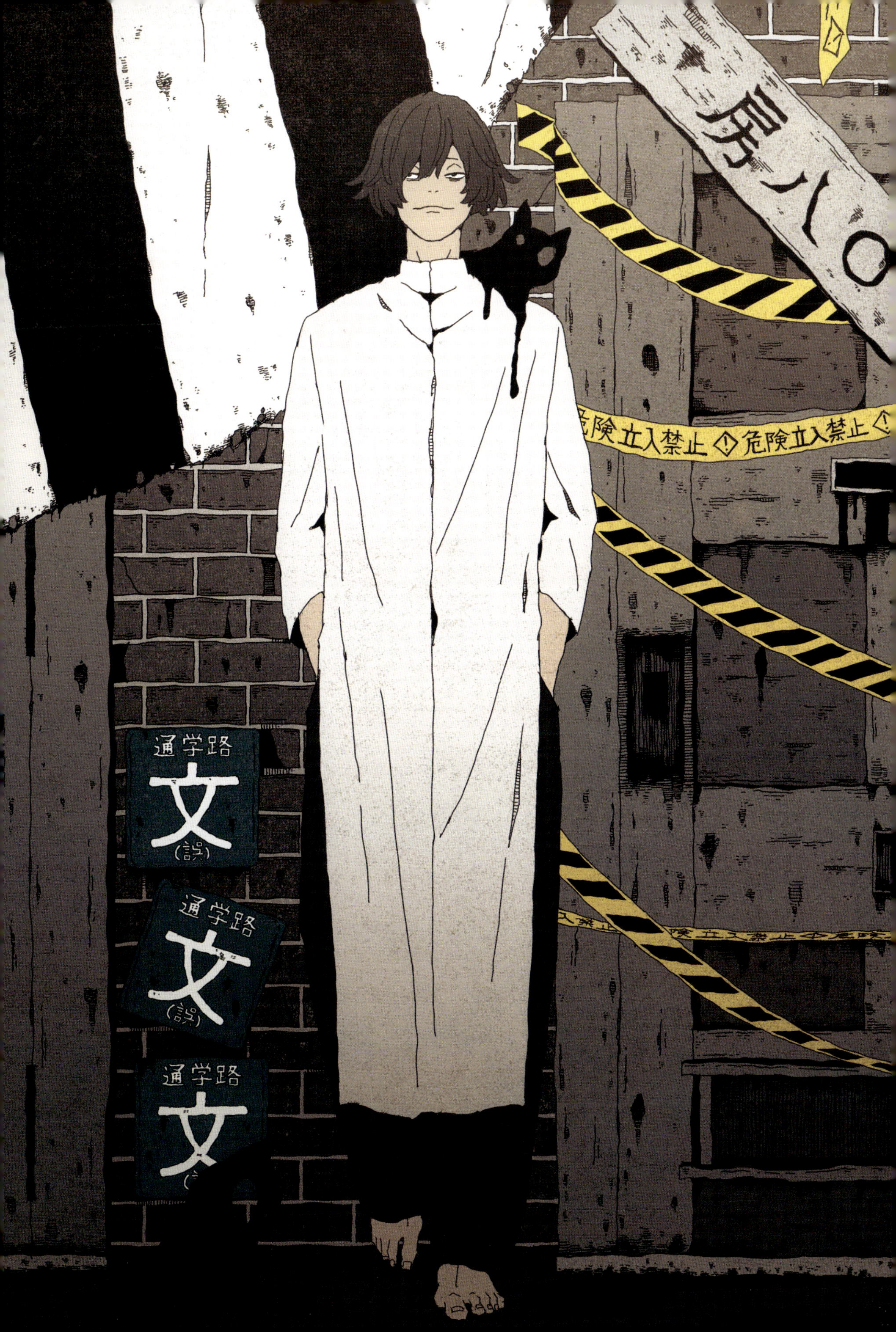
危険立入禁止
危険立入禁止
通学路
文
(誤)
通学路
文
(誤)
通学路
文

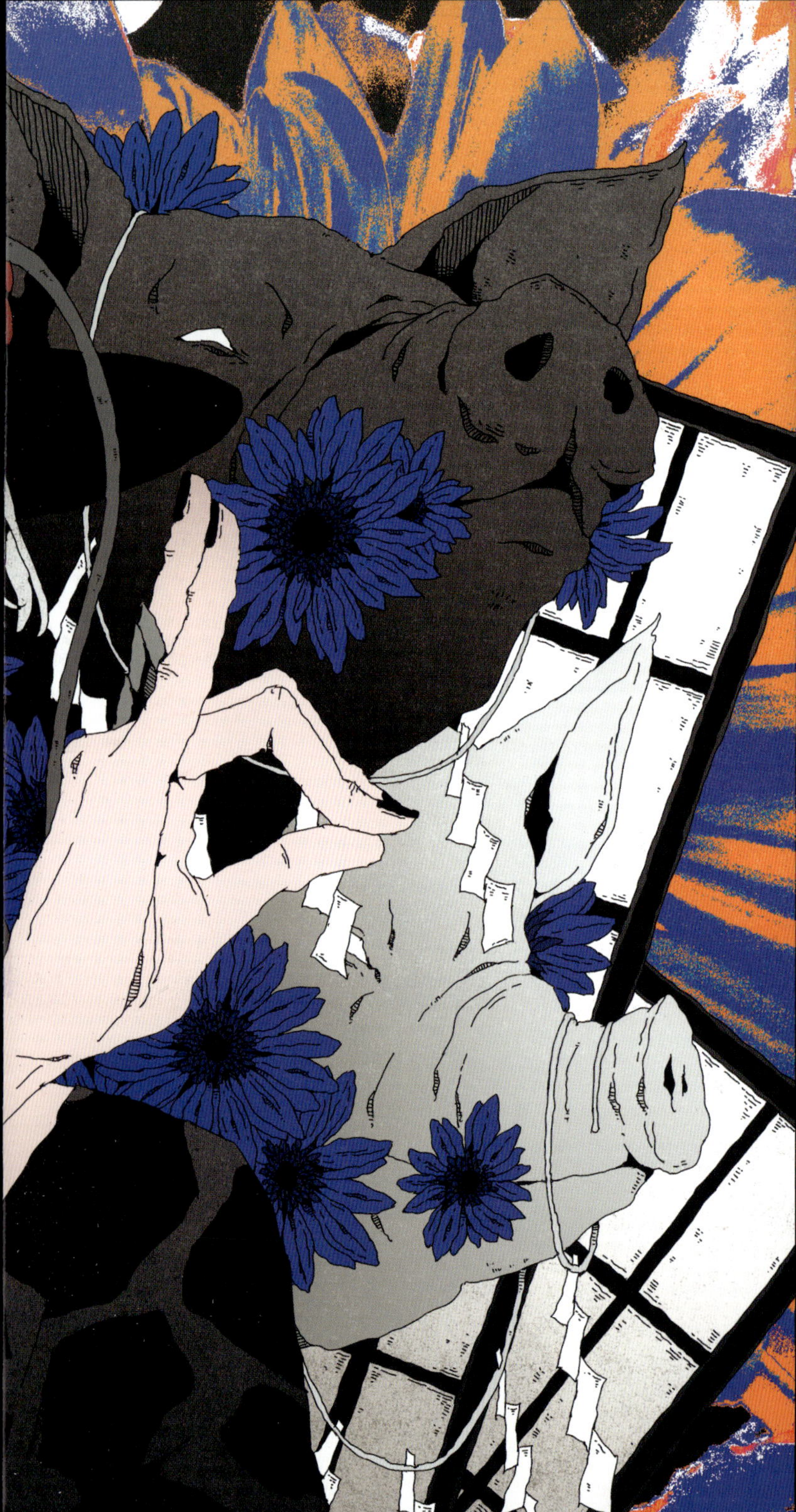

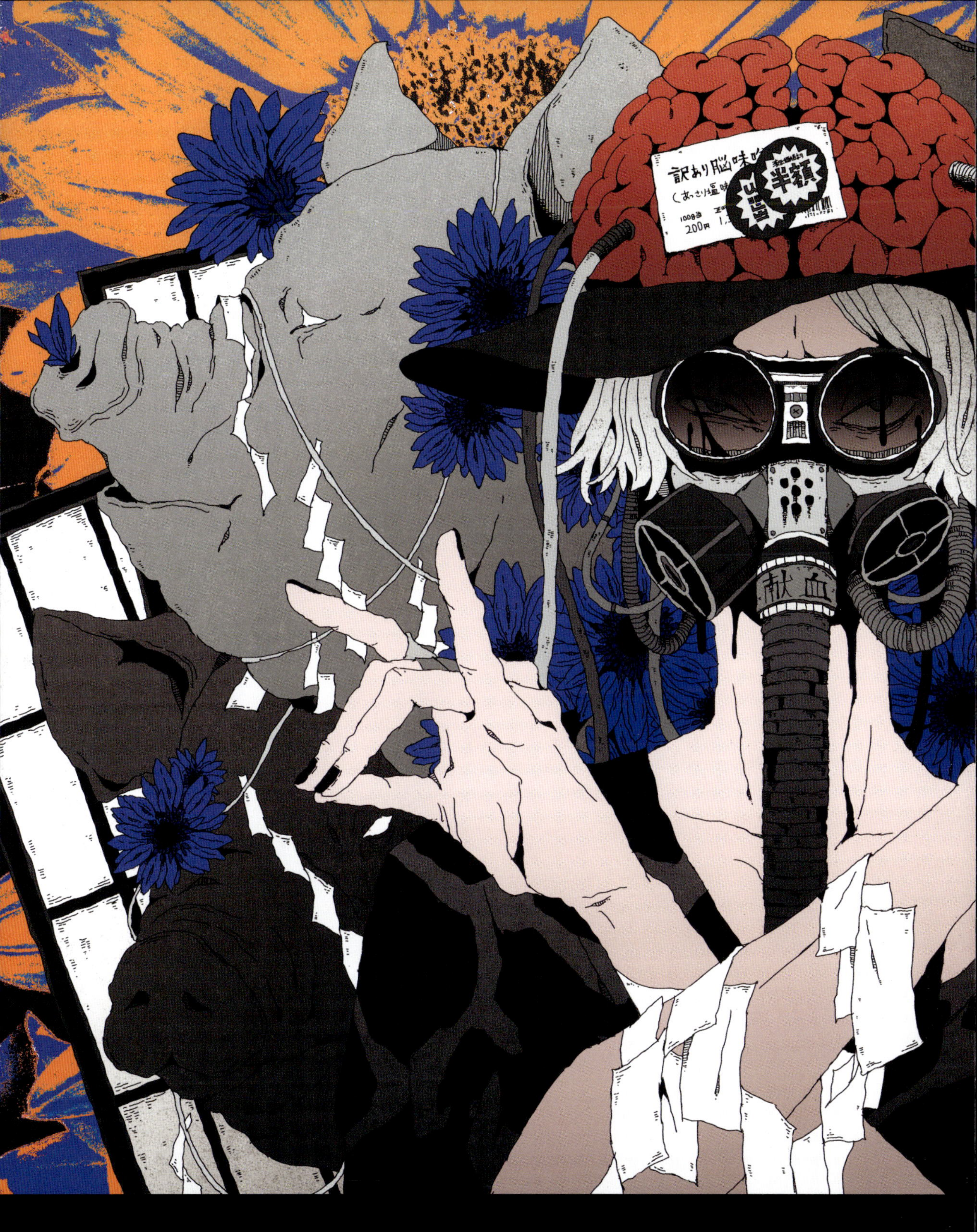

アレルギー

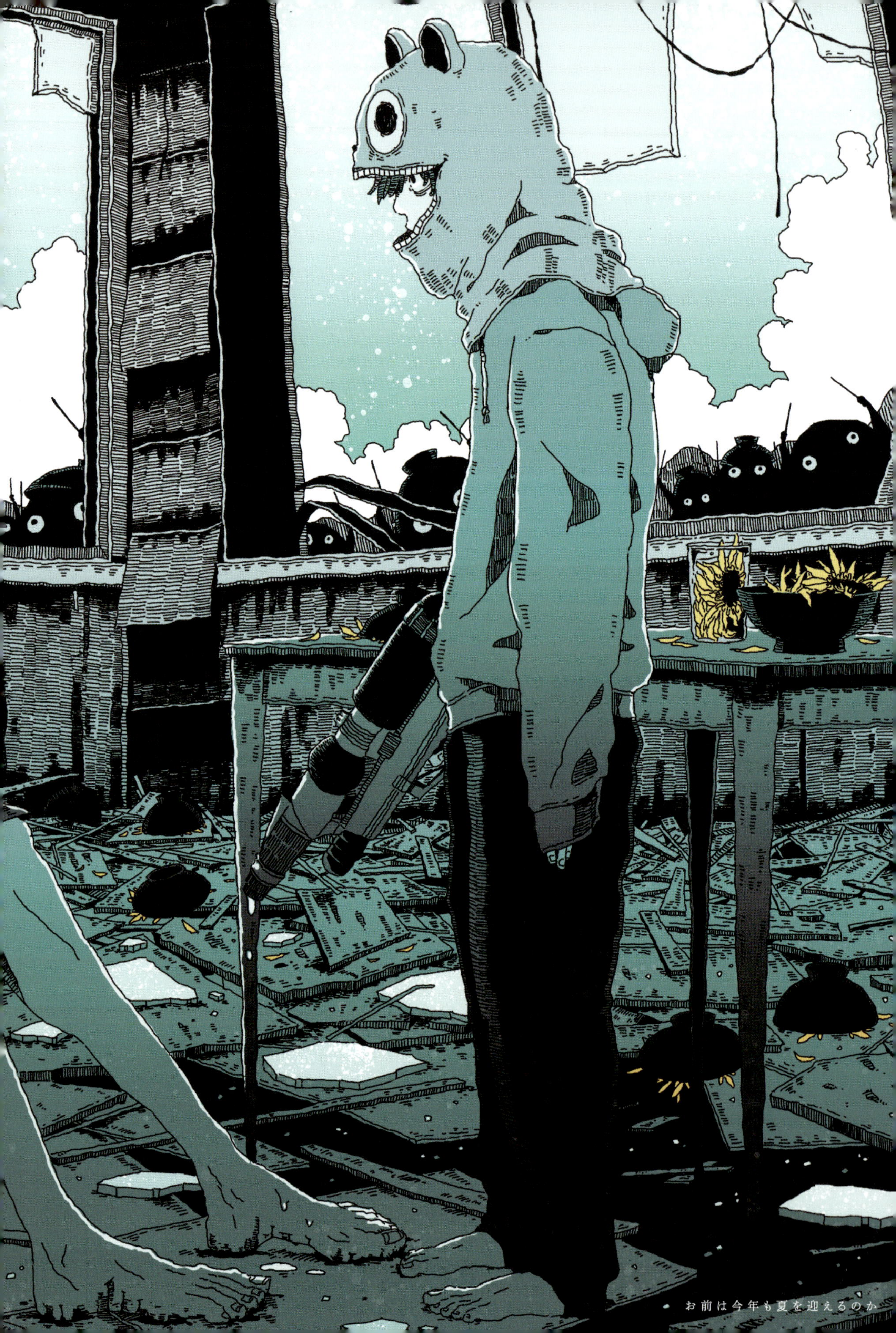
お前は今年も夏を迎えるのか

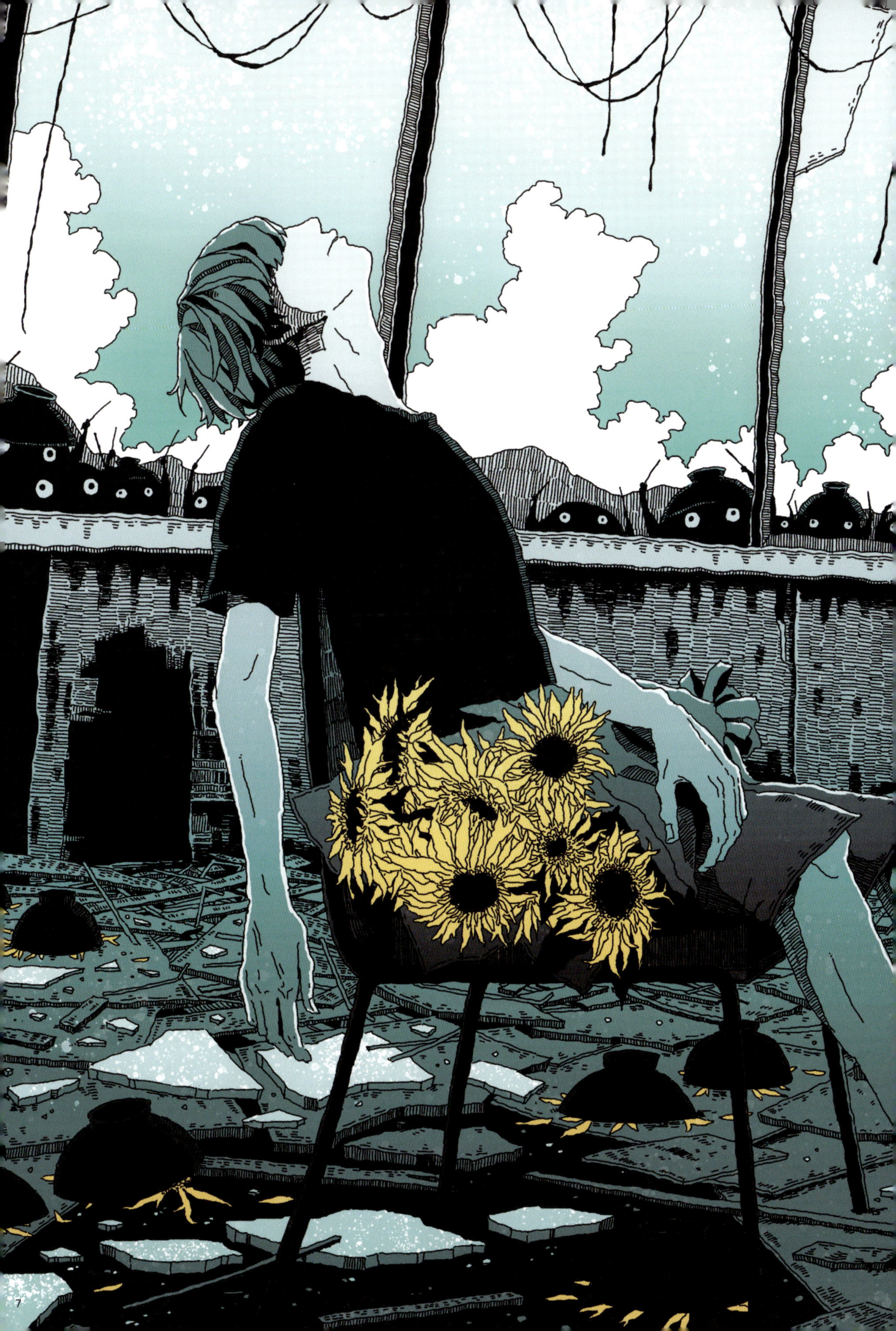

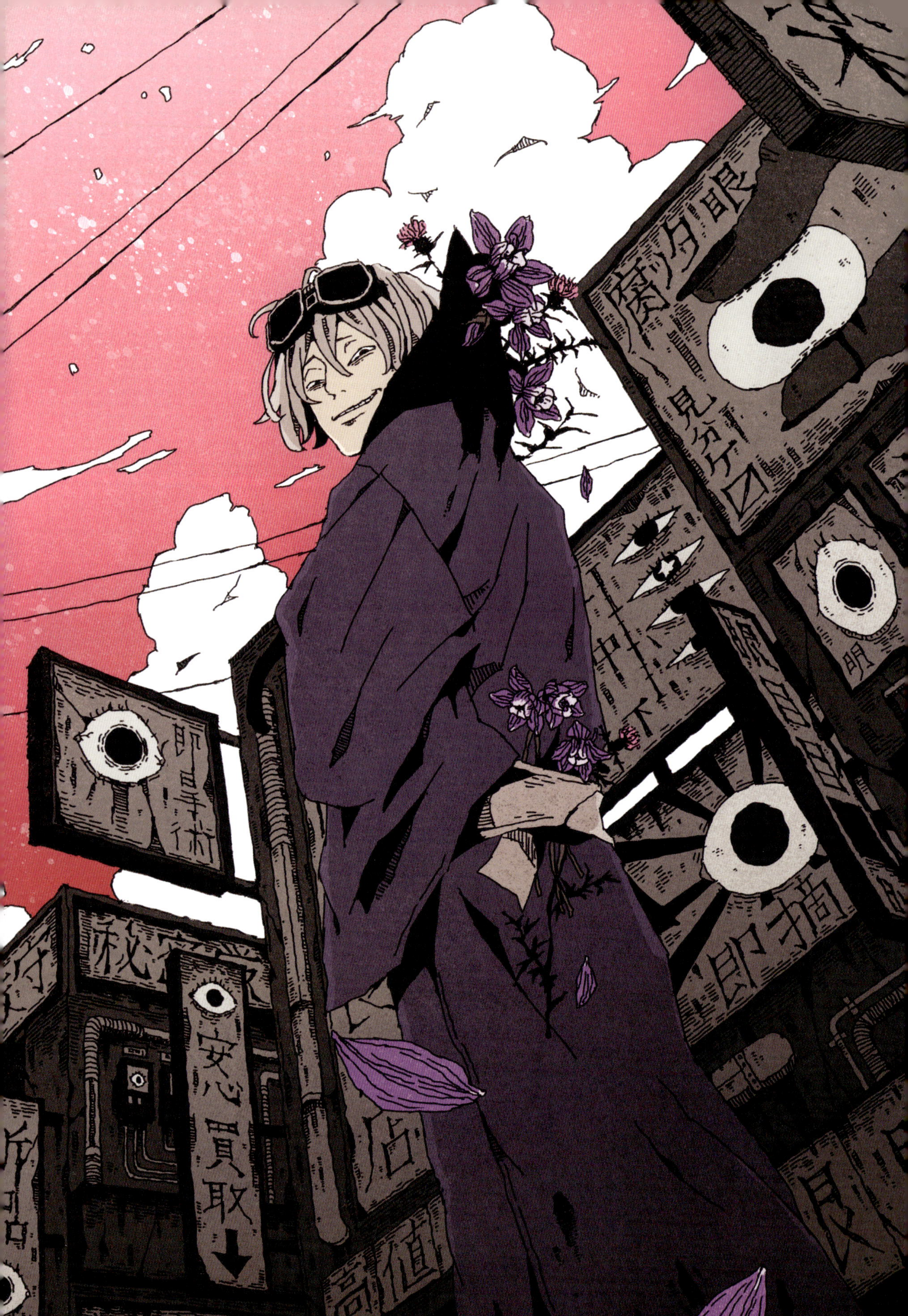

「そこからだとよく見えるだろう？」

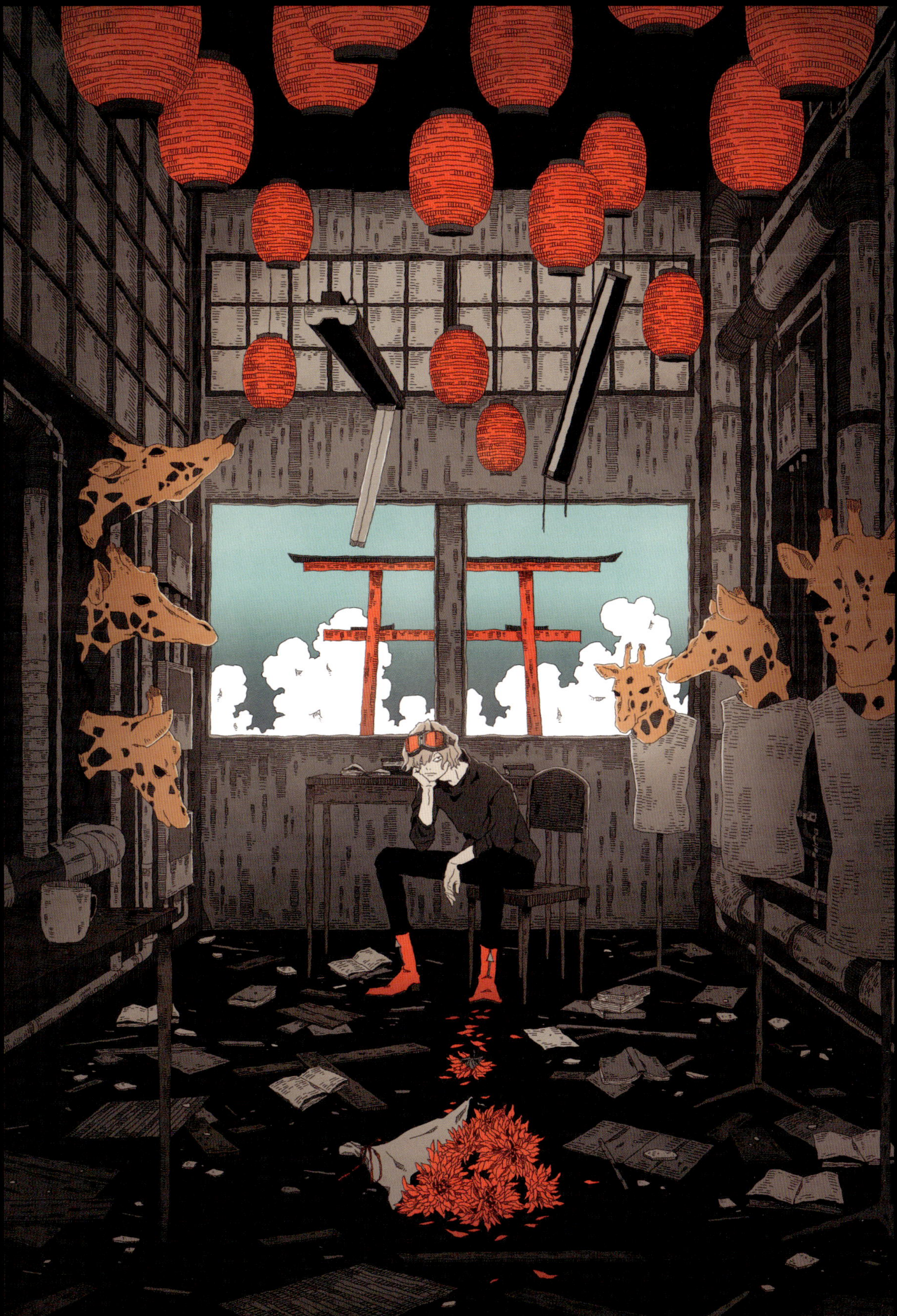

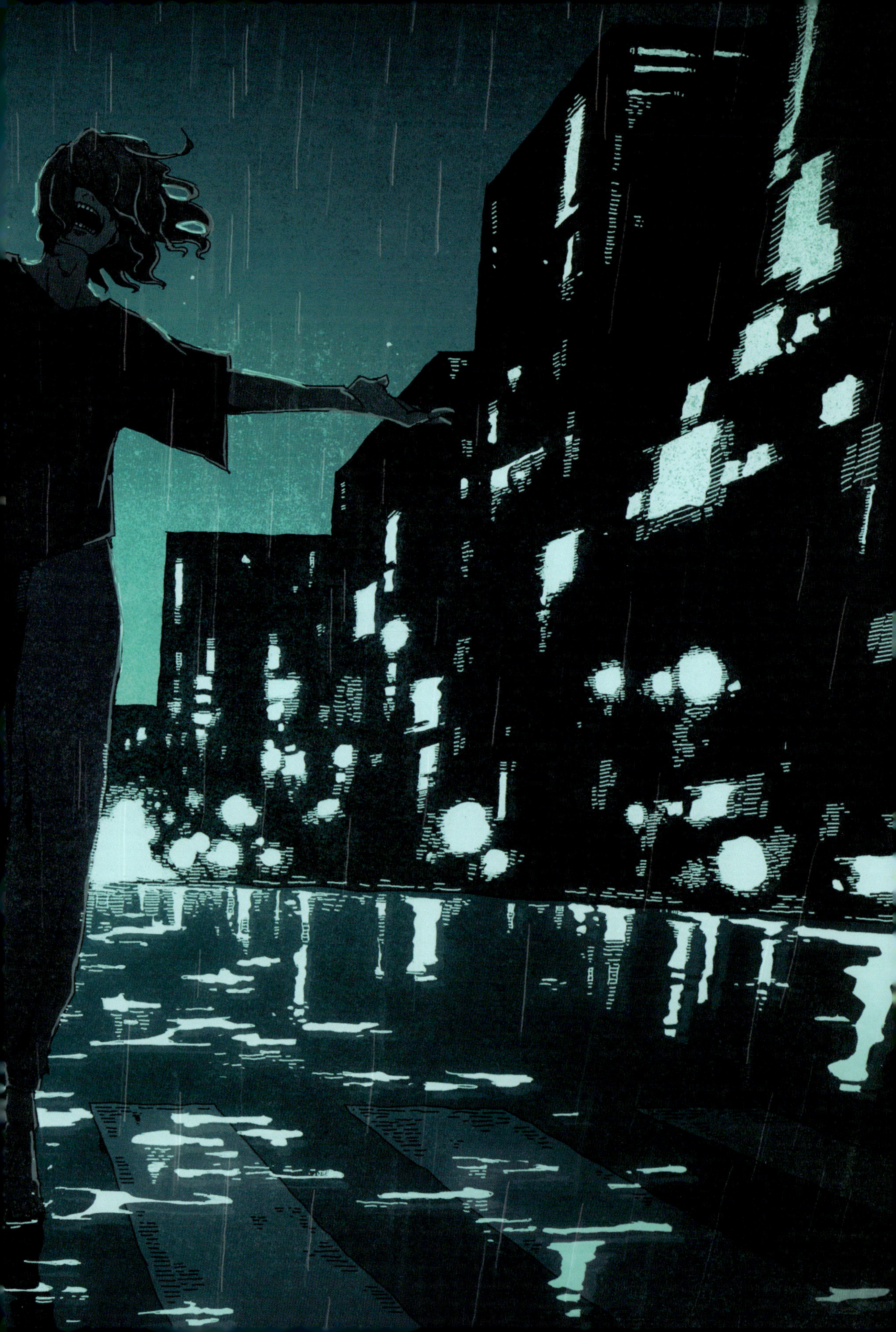

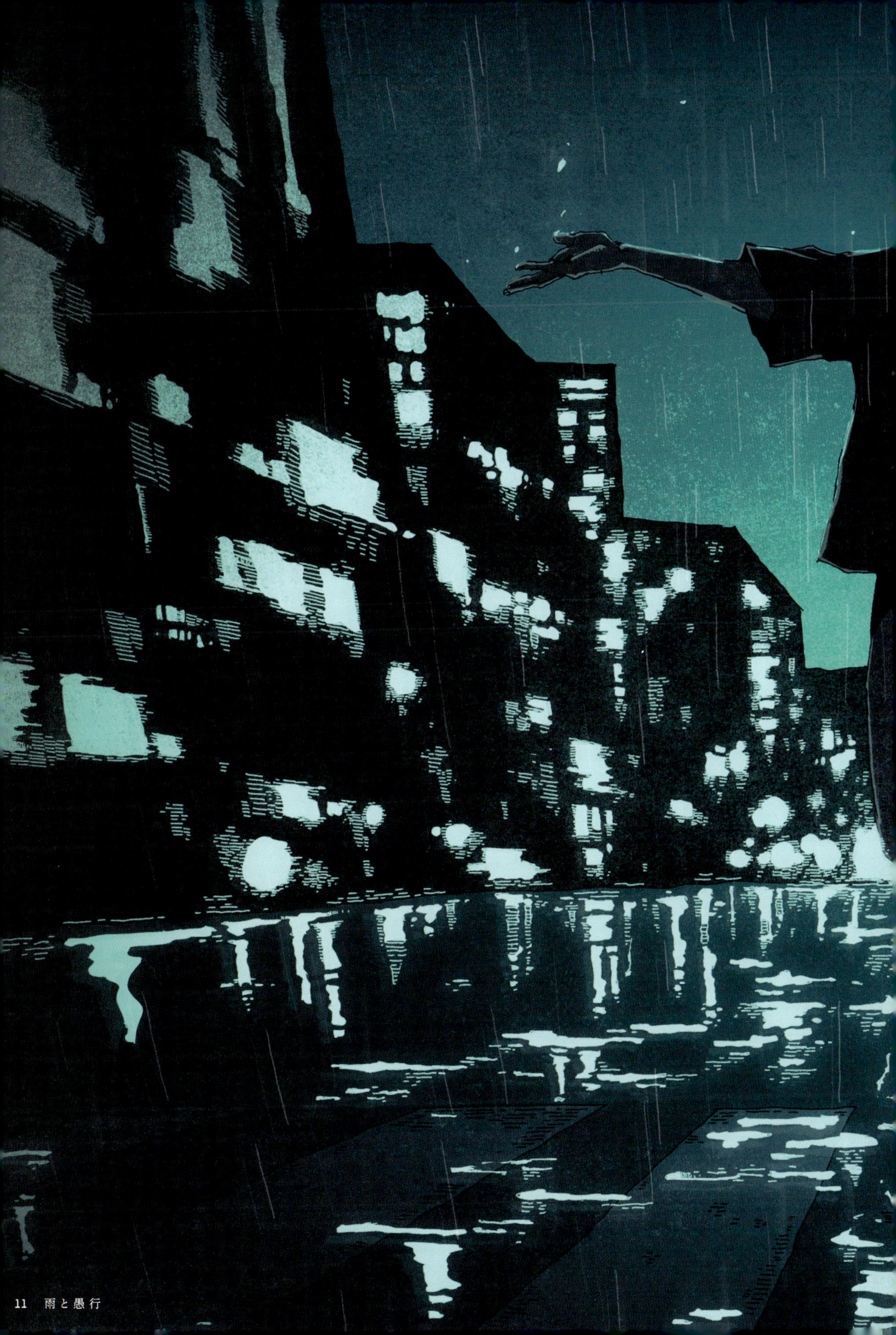

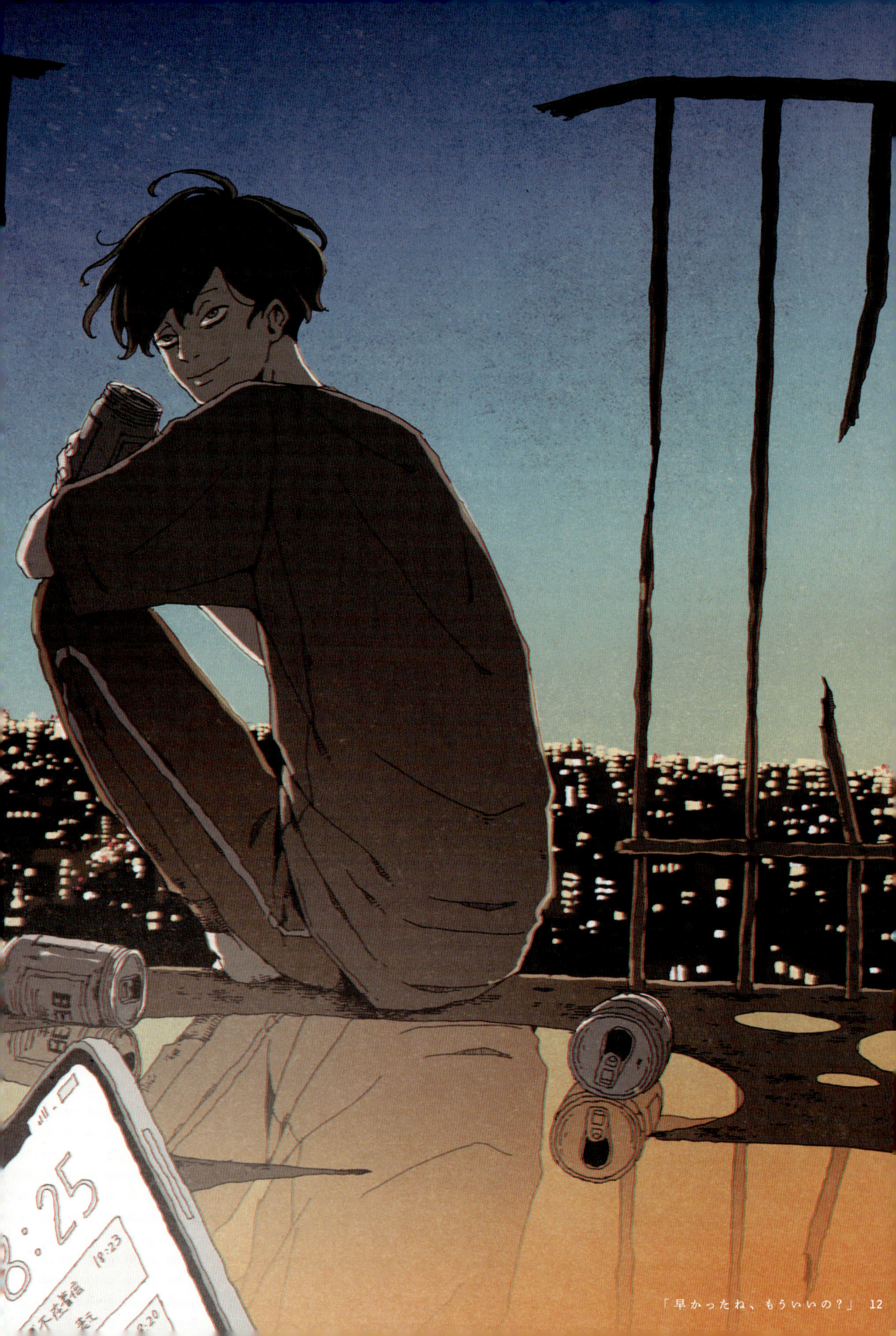

「早かったね、もういいの？」

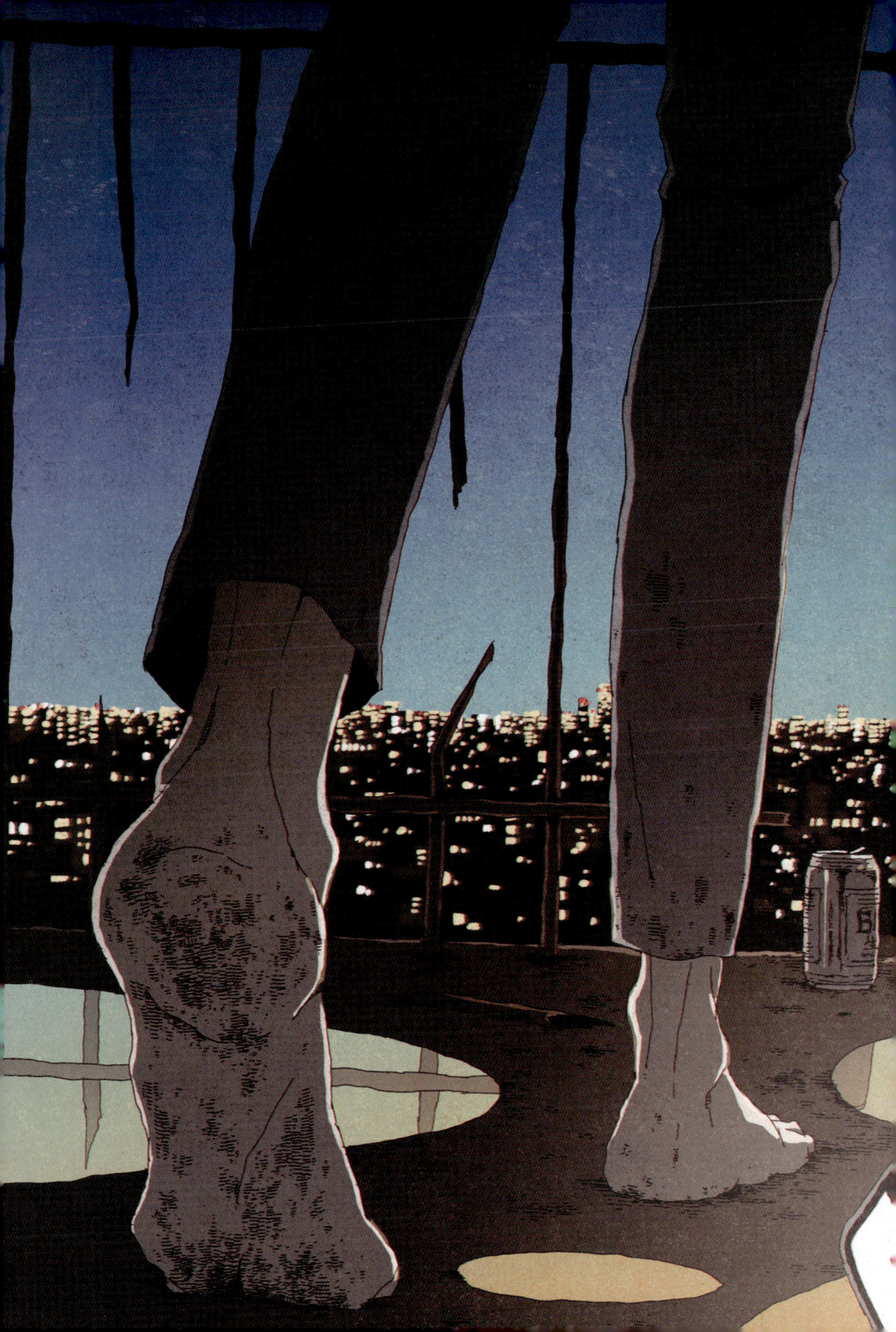

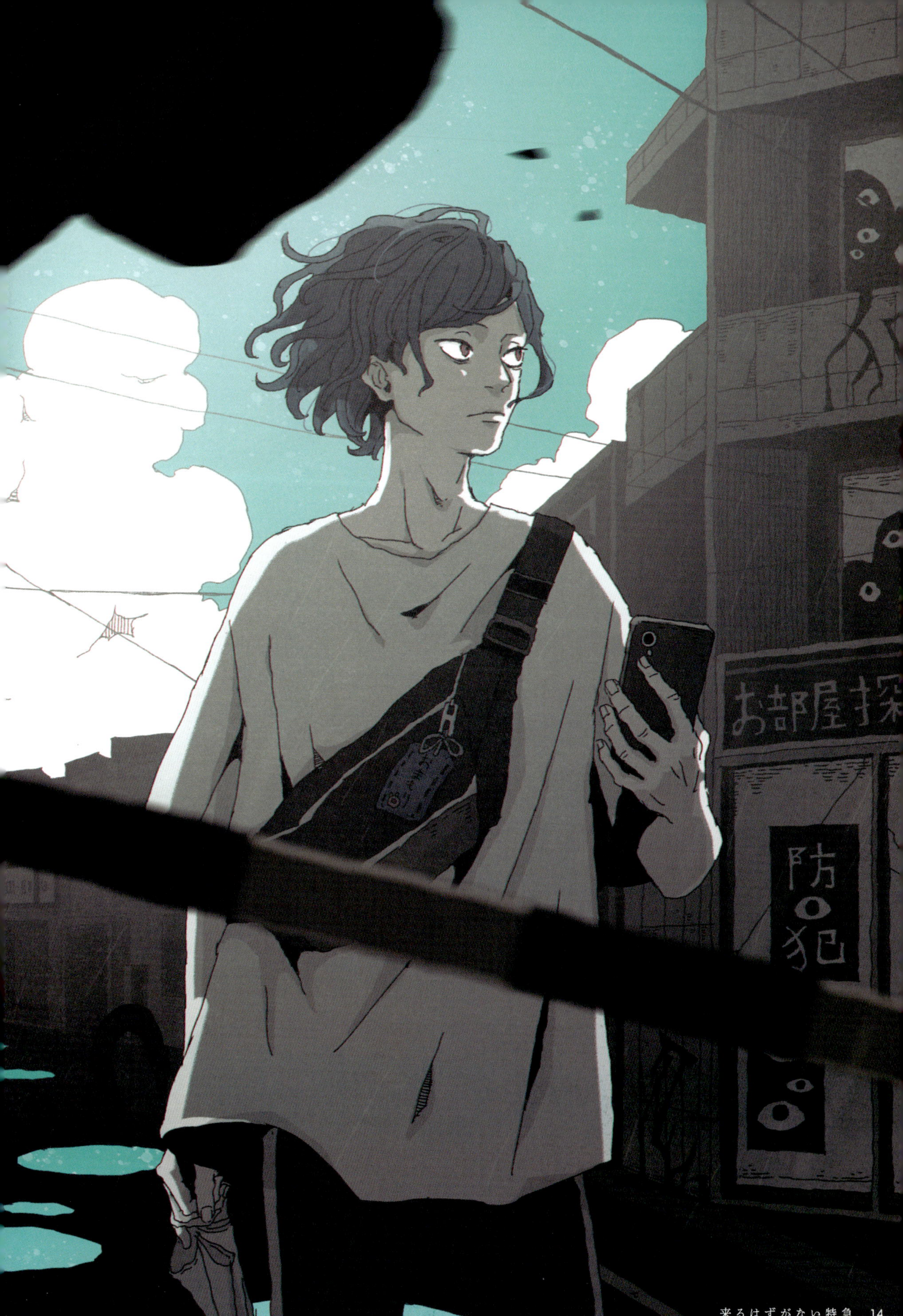
お部屋探
防犯

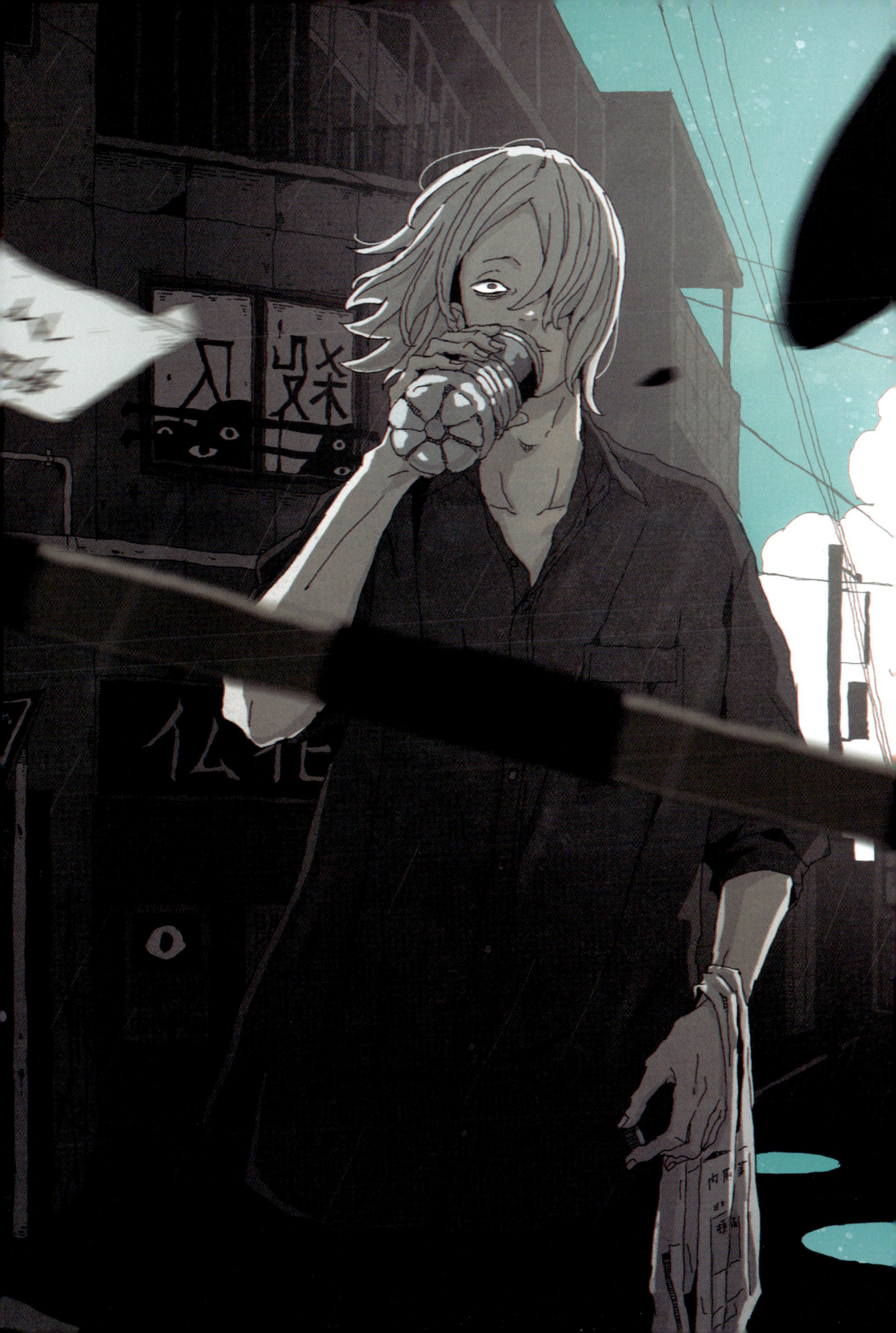

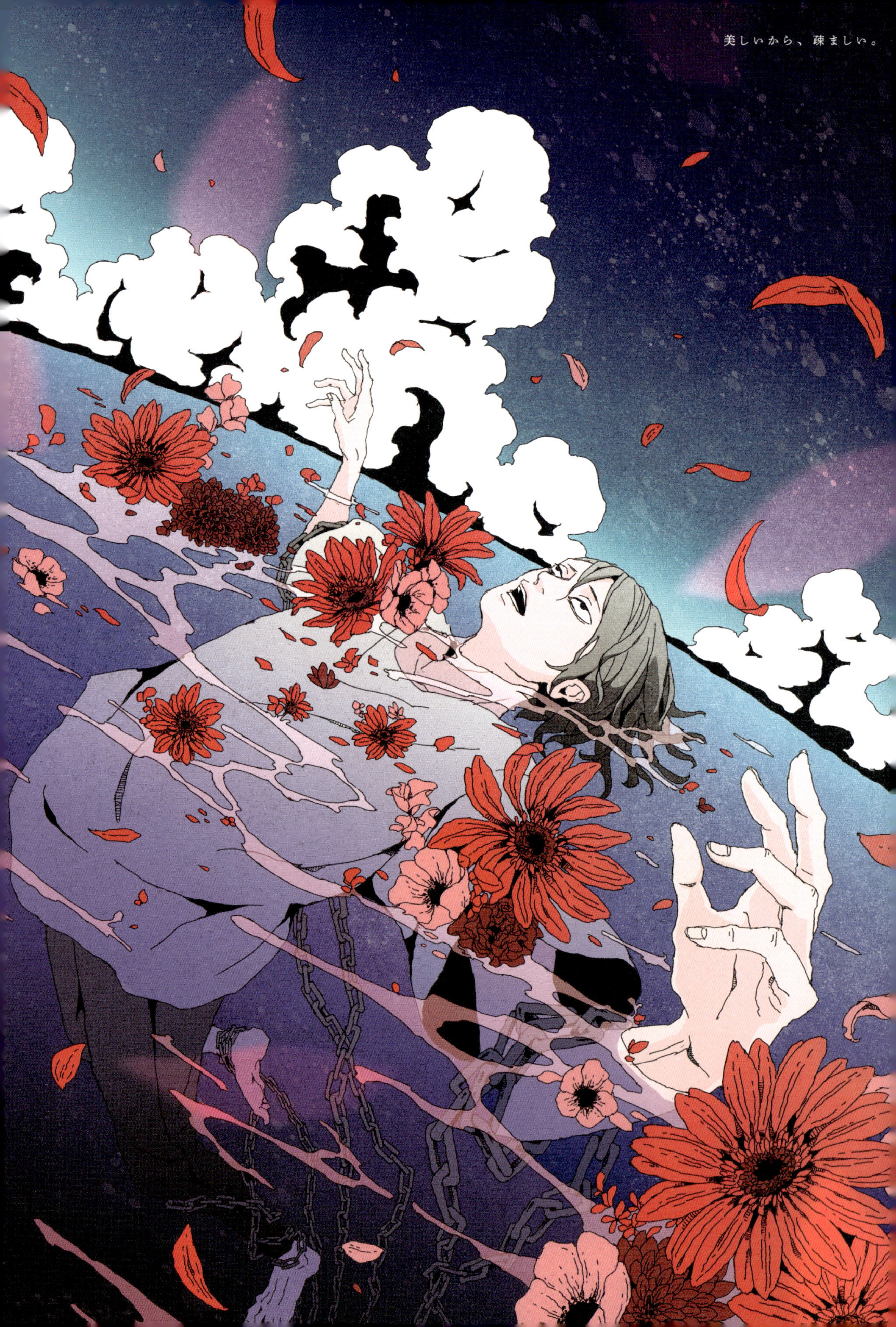

美しいから、疎ましい。

sakiyama(さきやま)

フリーランスのイラストレーター。会社員の傍ら2017年～SNSでイラストを公開、2019年からイラストレーターへ転職。イラストやアニメーションMV制作のほか、グッズやアパレルコラボなど幅広く活動中。

Twitter:@sakiyama8ma
Instagram:@sakiyama8ma

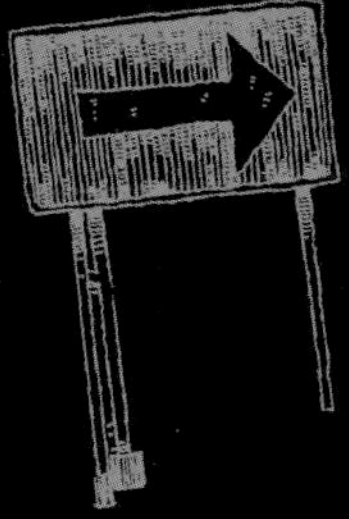

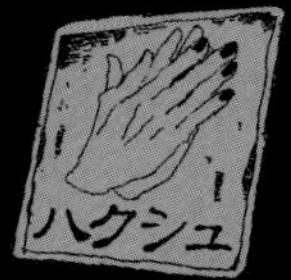

『解毒 sakiyama Artwork』

著者:sakiyama
アートディレクション:井上則人
デザイン:安藤公美・入倉直幹(井上則人デザイン事務所)
編集:斉藤 香
発行人:三芳寛要
発行元 :PIE International

定価 :本体2,400円+税
Size:257×182mm
Pages:172Pages(4C) +折り込み4丁(4C)
ISBN:978-4-7562-5589-1 C0079

紙書籍

電子書籍

本書は“×SS Special Version”として『解毒 sakiyama Artwork』の収録作品を厳選した試し読み冊子です。この冊子を読んで気になった方は、ぜひ書籍『解毒 sakiyama Artwork』を書店または電子書籍にてチェックしてみてください。

『解毒 sakiyama Artwork』には、ずっと真夜中でいいのに。「勘冴えて悔しいわ」をはじめとしたアニメーションMVやアルバムのアートワーク、アパレルコラボや漫画など、イラストレーターsakiyamaさんの幅広い活動が詰まっています。

さらに、描き下ろしも含むオリジナルイラスト・漫画・MVイラストからラクガキまでを幅広く収録した見応えのある一冊です。sakiyamaさんの世界観が濃縮された装丁もカッコいい！ 不穏でダークで毒気がありながらどこかユーモアもある、クセになる独自の世界観をじっくりとお楽しみください。

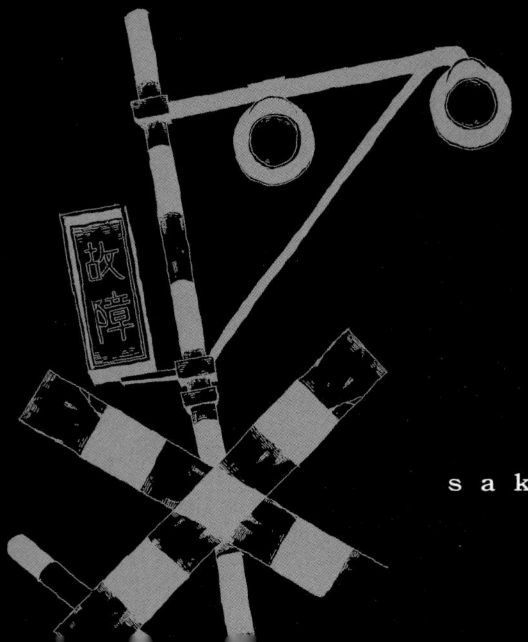

PIE

解毒

sakiyama Artwork

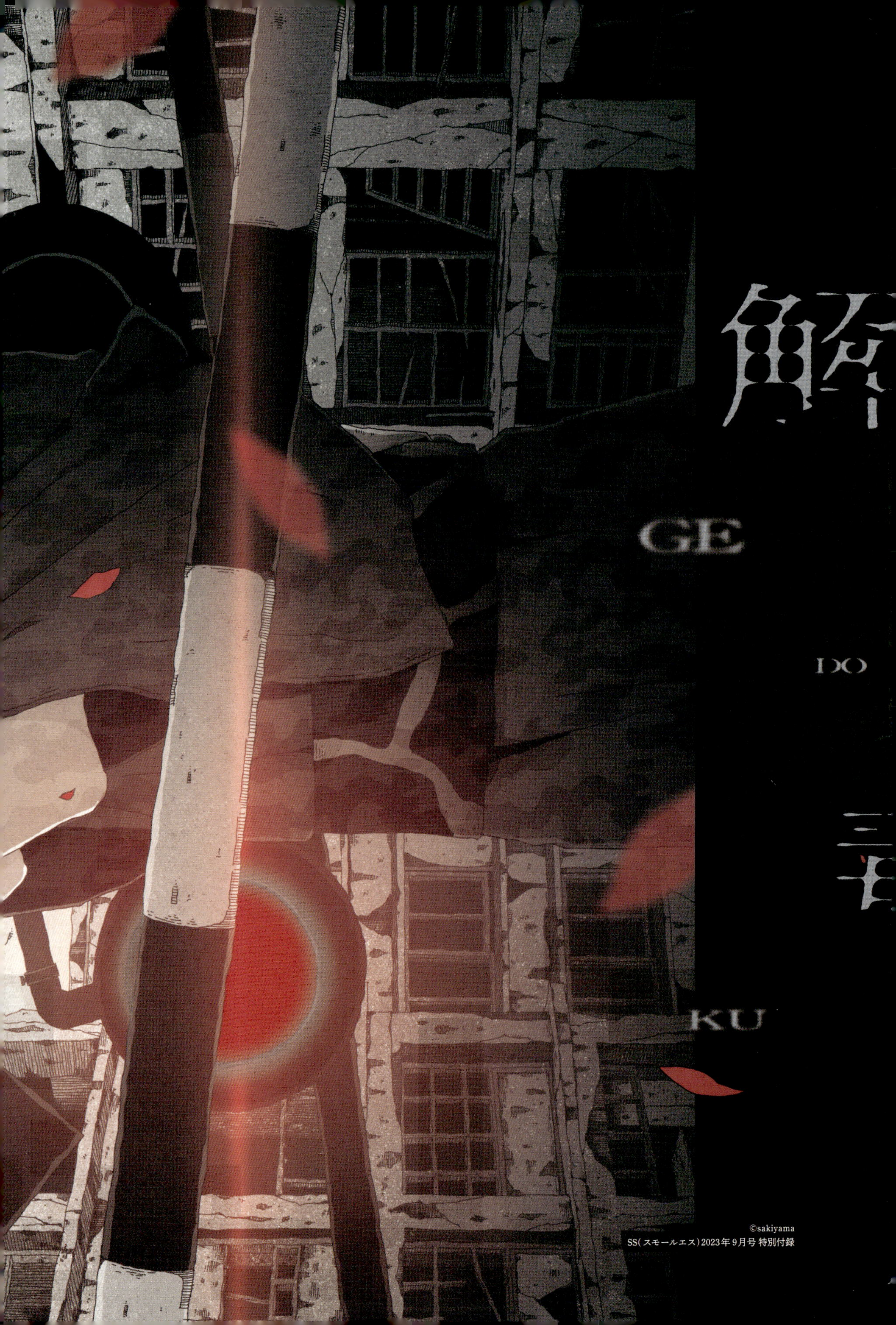
GE
DO
KU
©sakiyama
SS(スモールエス)2023年9月号 特別付録

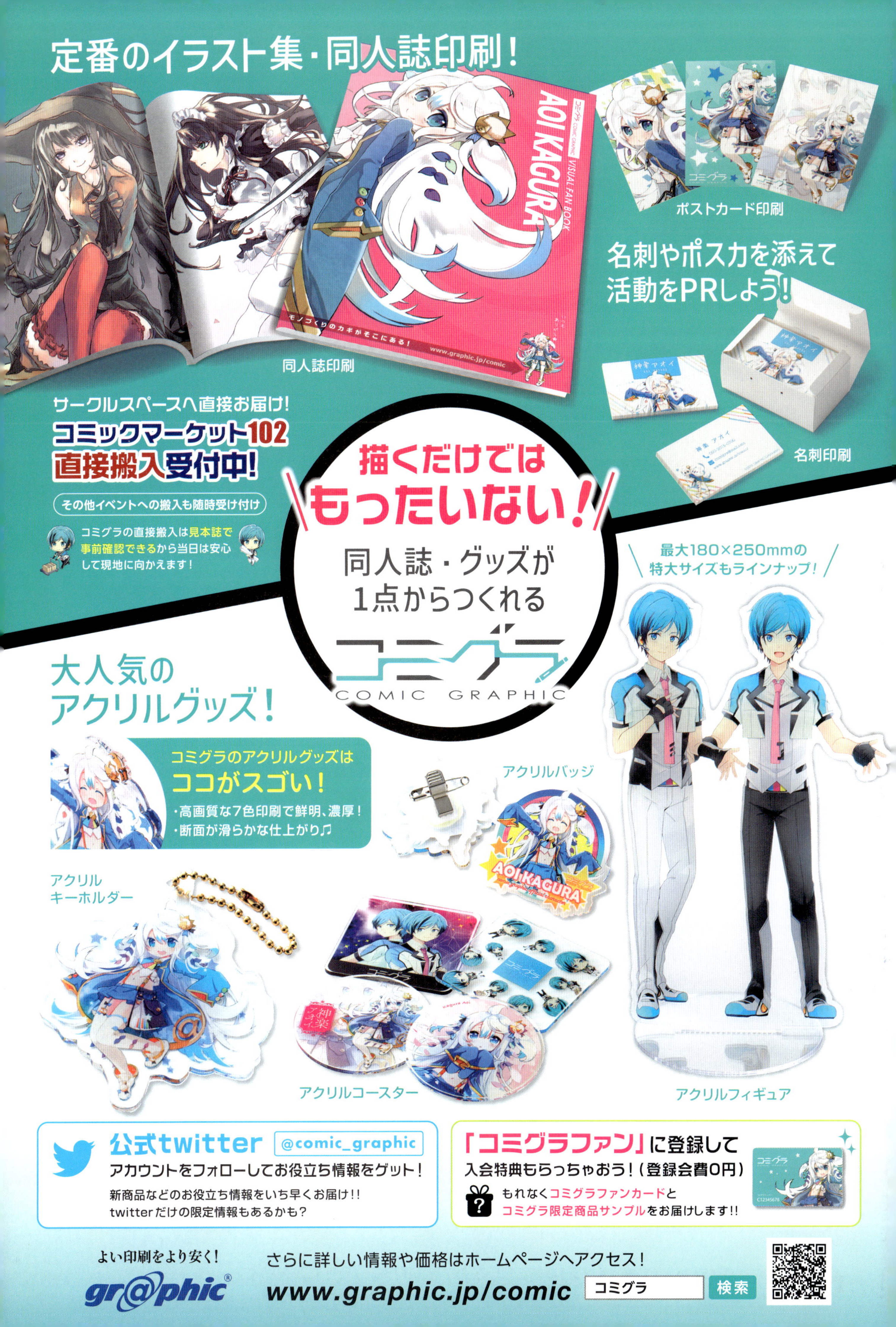

定番のイラスト集・同人誌印刷！
AOI KAGURA
VISUAL FAN BOOK
モノづくりのカギがそこにある！
www.graphic.jp/comic
同人誌印刷
ポストカード印刷
名刺やポスカを添えて
活動をPRしよう！
名刺印刷
サークルスペースへ直接お届け！
コミックマーケット102
直接搬入受付中！
その他イベントへの搬入も随時受け付け
コミグラの直接搬入は見本誌で
事前確認できるから当日は安心
して現地に向かえます！
描くだけでは
もったいない！
同人誌・グッズが
1点からつくれる
コミグラ
COMIC GRAPHIC
最大180×250mmの
特大サイズもラインナップ！
大人気の
アクリルグッズ！
コミグラのアクリルグッズは
ココがスゴい！
・高画質な7色印刷で鮮明、濃厚！
・断面が滑らかな仕上がり♫
アクリルバッジ
AOI KAGURA
アクリル
キーホルダー
アクリルコースター
アクリルフィギュア
公式twitter
@comic_graphic
アカウントをフォローしてお役立ち情報をゲット！
新商品などのお役立ち情報をいち早くお届け!!
twitterだけの限定情報もあるかも？
「コミグラファン」に登録して
入会特典もらっちゃおう！（登録会費0円）
もれなくコミグラファンカードと
コミグラ限定商品サンプルをお届けします!!
よい印刷をより安く！
gr@phic
さらに詳しい情報や価格はホームページへアクセス！
www.graphic.jp/comic
コミグラ
検索

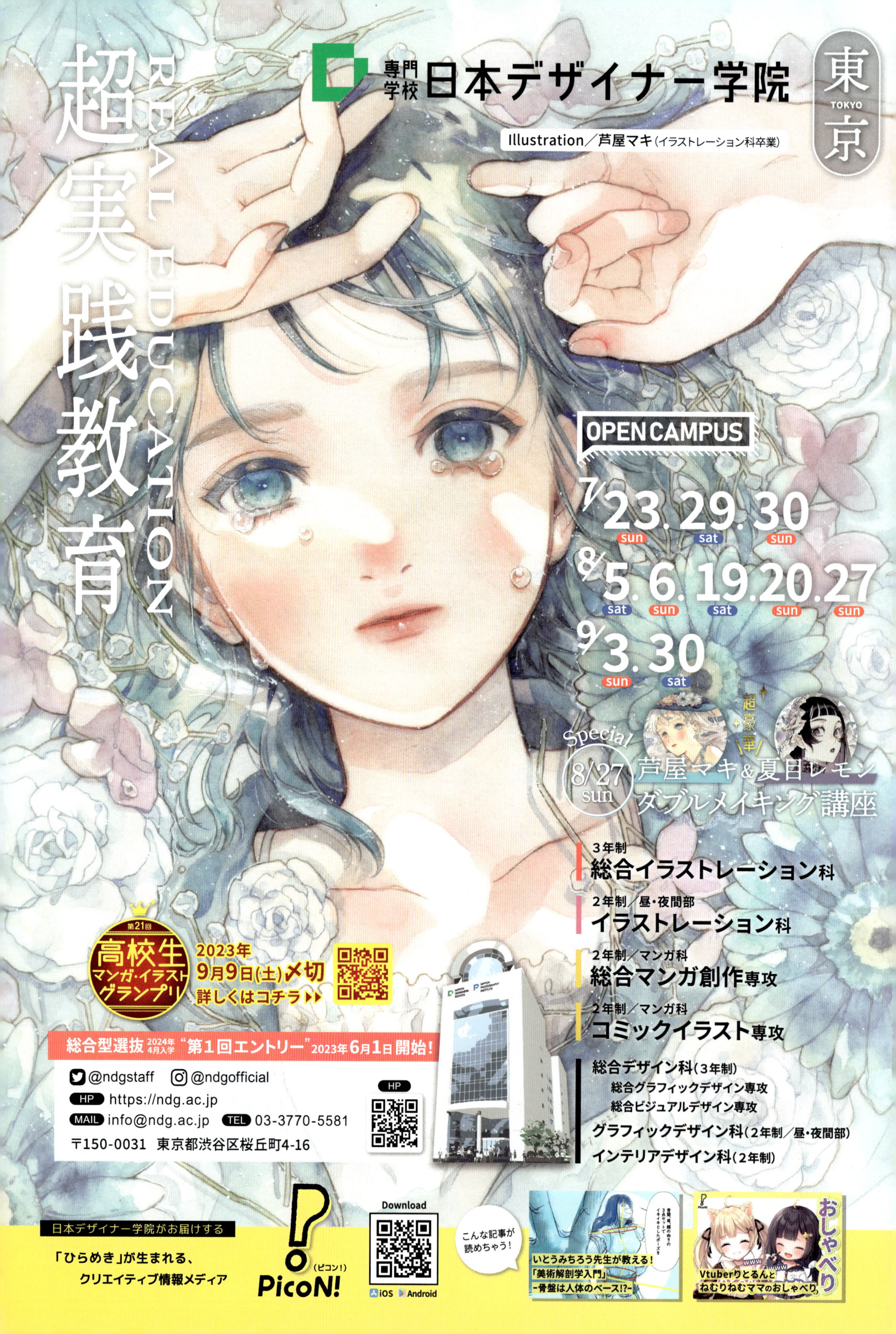

専門学校 日本デザイナー学院
東京 TOKYO
Illustration／芦屋マキ（イラストレーション科卒業）
超実践教育
REAL EDUCATION
OPEN CAMPUS
7/23 sun. 29 sat. 30 sun
8/5 sat. 6 sun. 19 sat. 20 sun. 27 sun
9/3 sun. 30 sat
Special 8/27 sun
超豪華
芦屋マキ&夏目レモン ダブルメイキング講座
3年制
総合イラストレーション科
2年制／昼・夜間部
イラストレーション科
2年制／マンガ科
総合マンガ創作専攻
2年制／マンガ科
コミックイラスト専攻
総合デザイン科（3年制）
総合グラフィックデザイン専攻
総合ビジュアルデザイン専攻
グラフィックデザイン科（2年制／昼・夜間部）
インテリアデザイン科（2年制）
第21回 高校生マンガ・イラストグランプリ
2023年9月9日（土）〆切
詳しくはコチラ
総合型選抜 2024年4月入学 "第1回エントリー" 2023年6月1日開始！
@ndgstaff
@ndgofficial
HP https://ndg.ac.jp
MAIL info@ndg.ac.jp
TEL 03-3770-5581
〒150-0031 東京都渋谷区桜丘町4-16
HP
日本デザイナー学院がお届けする
「ひらめき」が生まれる、
クリエイティブ情報メディア
PicoN!（ピコン！）
Download
iOS Android
こんな記事が読めちゃう！
骨盤、胸、顔の向きの3点セットでイキイキとしたポーズを
いとうみちろう先生が教える！
「美術解剖学入門」
-骨盤は人体のベース!?-
おしゃべり
Vtuberりとるんとねむりねむママのおしゃべり

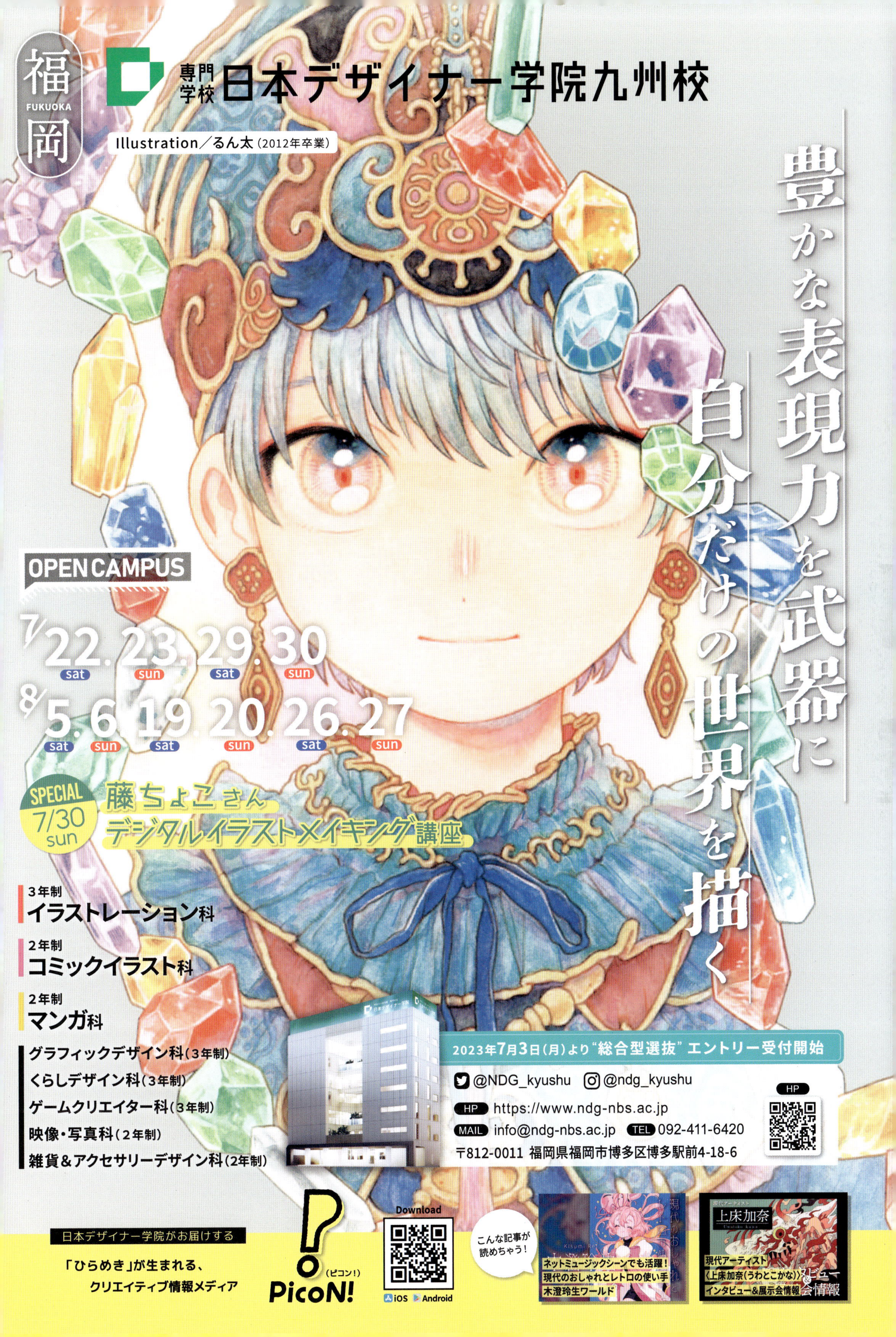
福岡 FUKUOKA
専門学校 日本デザイナー学院九州校
Illustration／るん太（2012年卒業）
豊かな表現力を武器に
自分だけの世界を描く
OPEN CAMPUS
7/22 sat 23 sun 29 sat 30 sun
8/5 sat 6 sun 19 sat 20 sun 26 sat 27 sun
SPECIAL 7/30 sun
藤ちょこさん デジタルイラストメイキング講座
3年制 イラストレーション科
2年制 コミックイラスト科
2年制 マンガ科
グラフィックデザイン科（3年制）
くらしデザイン科（3年制）
ゲームクリエイター科（3年制）
映像・写真科（2年制）
雑貨＆アクセサリーデザイン科（2年制）
2023年7月3日（月）より"総合型選抜"エントリー受付開始
@NDG_kyushu @ndg_kyushu
HP https://www.ndg-nbs.ac.jp
MAIL info@ndg-nbs.ac.jp TEL 092-411-6420
〒812-0011 福岡県福岡市博多区博多駅前4-18-6
HP
日本デザイナー学院がお届けする
「ひらめき」が生まれる、
クリエイティブ情報メディア
PicoN!（ピコン！）
Download
iOS Android
こんな記事が読めちゃう！
ネットミュージックシーンでも活躍！
現代のおしゃれとレトロの使い手
木澄玲生ワールド
上床加奈
現代アーティスト
《上床加奈（うわとこかな）》インタビュー＆展示会情報

CONTENTS

特別付録小冊子

巻頭イラスト

イラストメイキング・講座

SS学園

イラスト連載

カラーイラスト投稿コーナー

モノクロイラスト投稿コーナー

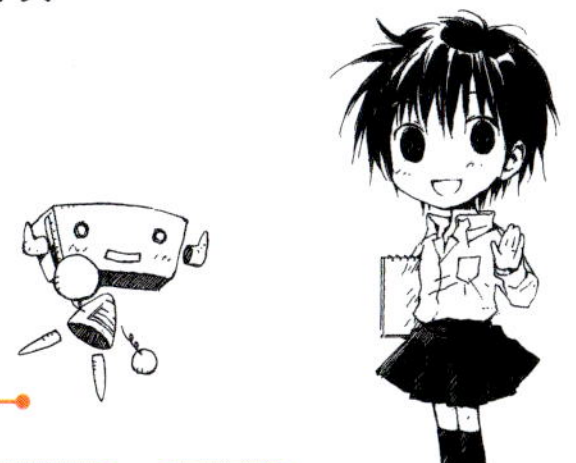

SS ナビゲーター　キャラクターデザイン：水谷ゆたか

今号のえす丸背表紙

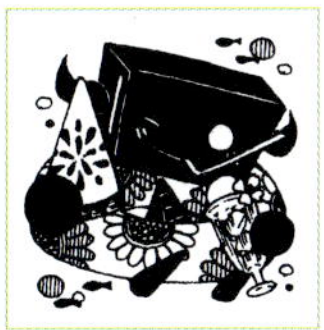

SSの背表紙に掲載されるえす丸は投稿イラストのなかから採用しています！今号は【長野県・大西】さんが描いてくださった、強い陽射しでこんがり日焼けしたえす丸です！　大きなスイカとドリンクを両手に抱えて夏を満喫中☀

スモールエス 2023 Vol.74
SS第74号／2023年9月1日発行
年4回発行（1,4,7,10月発売）

COVER **WOOMA**

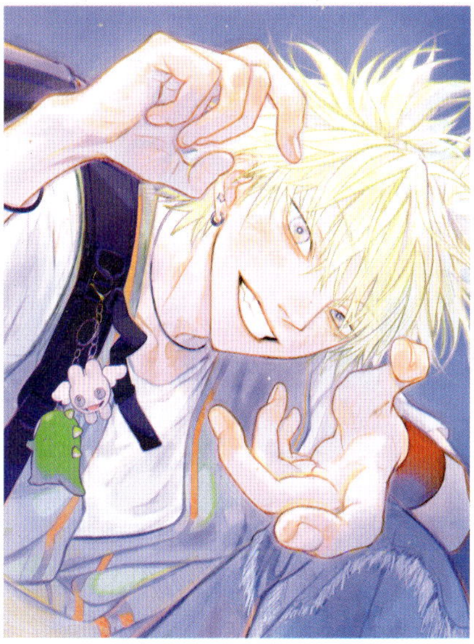

STAFF

Editor-in-Chief
天野昌直

Editor
高橋祐美
水谷文香
草野友美加
中村穂乃香

Design
佐々木弥生

Support Staff
斉藤真子
杉本歩美
杉山りん
紺野恵未
今井野乃歌

Publisher
三芳寛要

Printing Director
加藤弘貴（広済堂ネクスト）

●発売＝株式会社パイ インターナショナル
〒170-0005
東京都豊島区南大塚2-32-4
TEL：03-3944-3981（代表）

●制作＝株式会社パイ インターナショナル　エス編集部
〒150-0041
東京都渋谷区神南1-13-3アーク神南ビル2F
TEL：03-6455-0223（編集部直通電話）

●印刷＝株式会社広済堂ネクスト

PIE International Inc.
2-32-4 Minami-Otsuka, Toshima-ku, Tokyo 170-0005
email international@pie.co.jp
www.pie.co.jp/english

Printed in Japan

SSは季刊エスの「妹」雑誌です。小さなＳでスモールエス。1号目はSS(エスエス)と表記してましたが、正式名はスモールエス。通称はこれまで通りSS(エスエス)です。よろしくお願いします〜。

イラストが好き？マンガが描きたい？

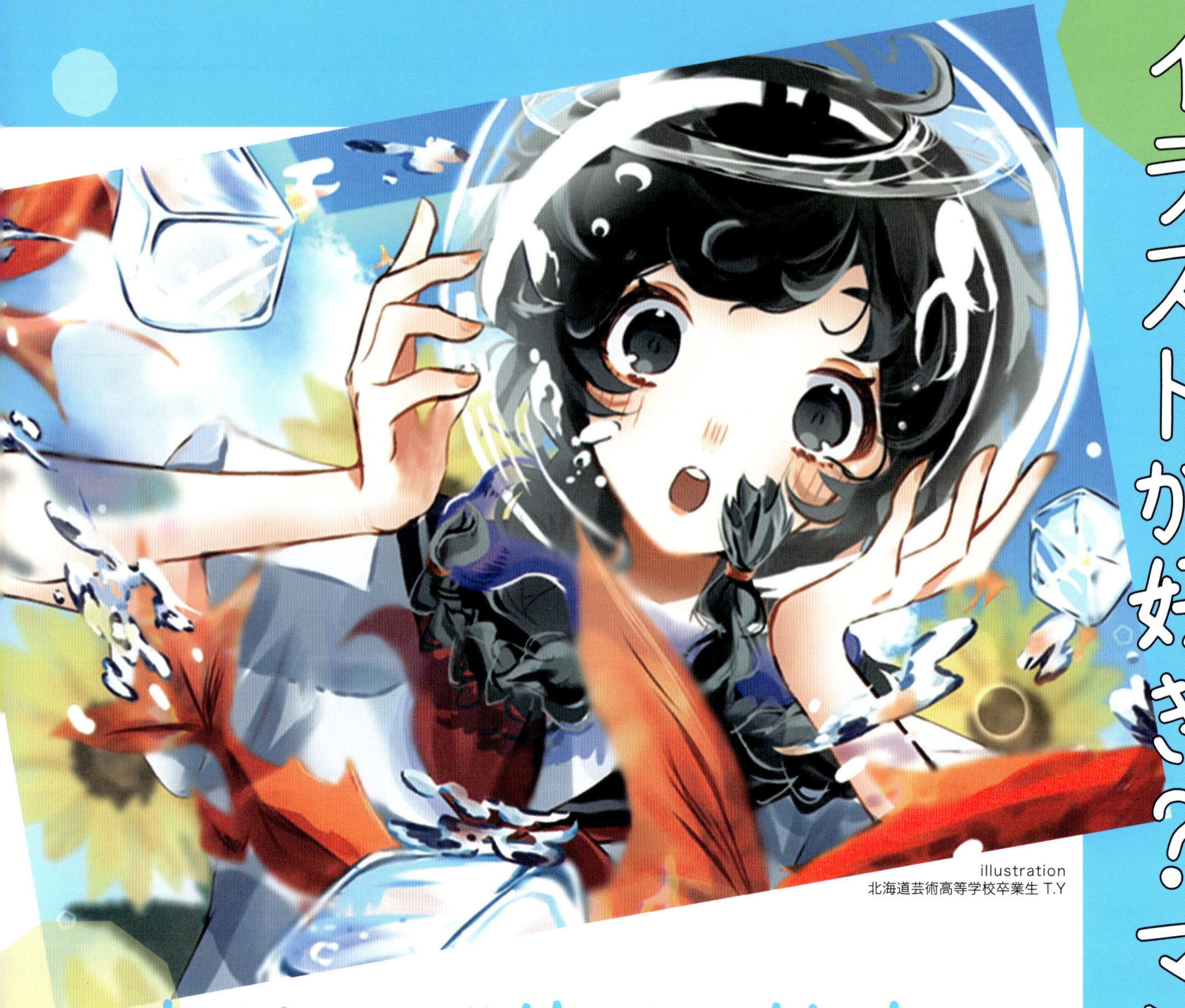

illustration
北海道芸術高等学校卒業生 T.Y

高校から“芸術”教育

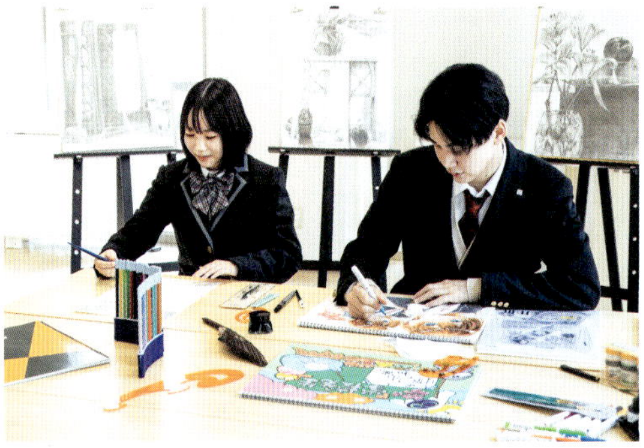

マンガ家デビュー、
イラストレーター、
芸術系大学進学者 多数輩出！

●マンガ・イラストコース
●美術コース

●声優コース
●美容師コース【美容師養成施設】
●ダンスコース
●eスポーツコース
（福岡芸術高等学校のみ）
●ファッション・ビューティーコース
●ミュージックコース
●ダンス＆ボーカルコース
●メディアクリエイターコース
（東北芸術高等専修学校のみ）

チガイはミライ

DX スクール宣言

それなら3年間しっかり学んでみませんか？

夏の体験入学開催！

夏ならではのイベントも！

特別講師来校あり！

お住まいの学校を選んで
フリーダイヤル、専用QRコードからお申し込みください。
お友達や保護者と気軽に来校してね！
★詳細はHPでご確認ください

学校法人恭敬学園 【広域通信制・単位制】
北海道芸術高等学校
札幌サテライトキャンパス

〒060-0042 札幌市中央区大通西19丁目1-27
kyokei.ac.jp
0120-154550

7月 22(土)・29(土)　8月 5(土)・26(土)　9月 23(土)

学校法人恭敬学園 【広域通信制・単位制】
北海道芸術高等学校
東京池袋サテライトキャンパス

〒171-0014 東京都豊島区池袋4丁目1-12
kyokei.ac.jp
0120-150296

7月 17(月・祝)・22(土)・23(日)・29(土)・30(日)　8月 19(土)・26(土)　9月 23(土)

学校法人恭敬学園
東北芸術高等専修学校

〒983-0852 仙台市宮城野区榴岡4丁目6-20
togei.kyokei.ac.jp
0120-105370

7月 22(土)・29(土)・30(日)　8月 5(土)・19(土)・26(土)　9月 23(土)

学校法人恭敬学園
横浜芸術高等専修学校

〒222-0032 横浜市港北区大豆戸町608番地3
yokogei.kyokei.ac.jp
0120-196026

7月 22(土)・29(土)・30(日)　8月 26(土)　9月 23(土)

学校法人恭敬学園
愛知芸術高等専修学校

〒462-0810 名古屋市北区山田2丁目2-33
aigei.kyokei.ac.jp
0120-758158

7月 22(土)・23(日)・29(土)・30(日)　8月 5(土)・26(土)　9月 23(土)

学校法人恭敬学園 【狭域通信制・単位制】
福岡芸術高等学校

〒812-0011 福岡市博多区博多駅前3丁目11-10
fukugei.kyokei.ac.jp
0120-290154

7月 22(土)・23(日)・29(土)・30(日)　8月 5(土)・26(土)　9月 23(土)

9月以降の体験入学も実施します！詳しくは各校のHPをご覧ください。

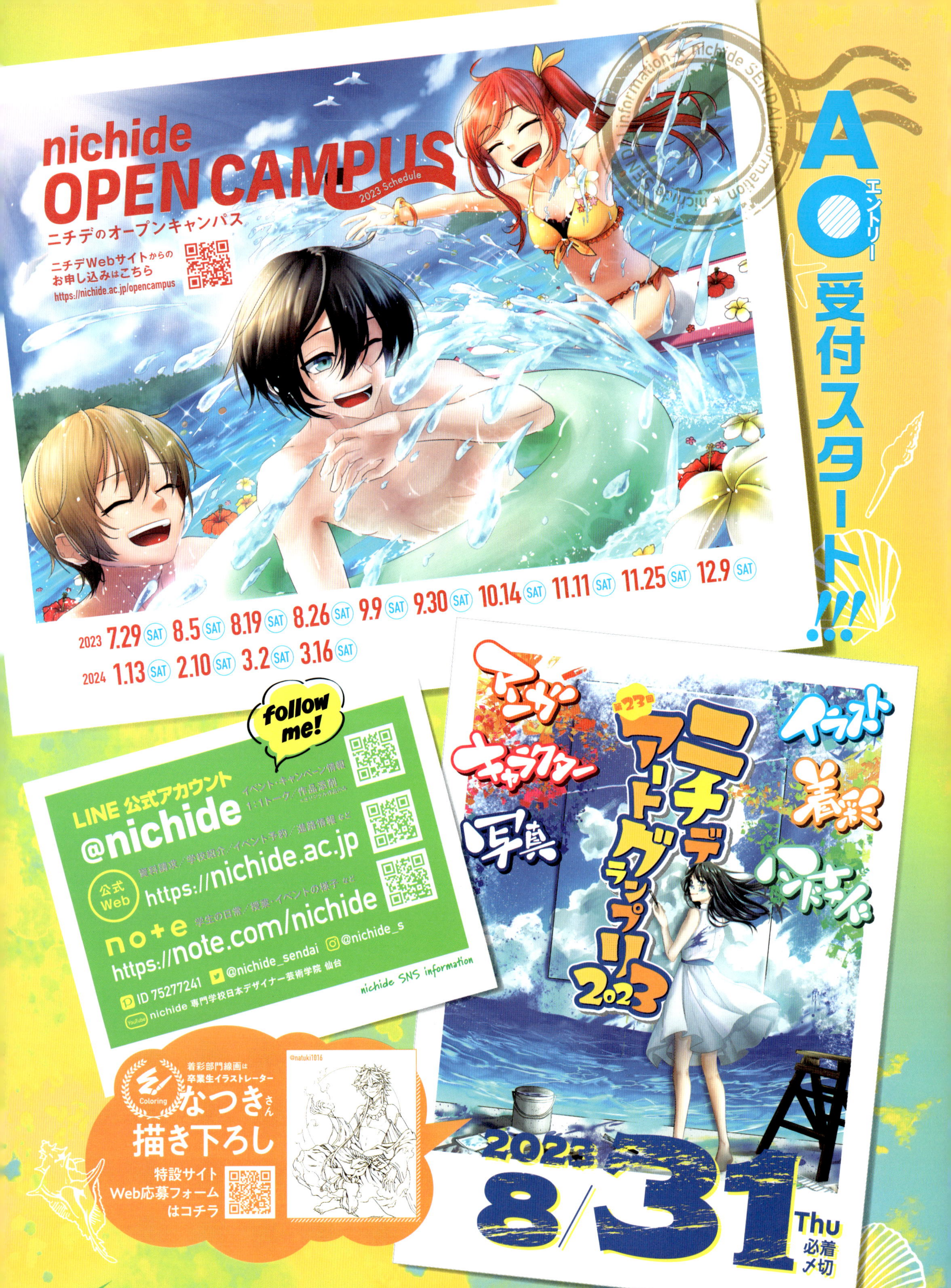

nichide OPEN CAMPUS
2023 Schedule
ニチデのオープンキャンパス
ニチデWebサイトからのお申し込みはこちら
https://nichide.ac.jp/opencampus
2023 7.29 SAT 8.5 SAT 8.19 SAT 8.26 SAT 9.9 SAT 9.30 SAT 10.14 SAT 11.11 SAT 11.25 SAT 12.9 SAT
2024 1.13 SAT 2.10 SAT 3.2 SAT 3.16 SAT
AO エントリー 受付スタート!!!
follow me!
LINE 公式アカウント
@nichide
イベント・キャンペーン情報
1:1トーク／作品添削
公式Web
資料請求／学校紹介／イベント予約／進路情報 など
https://nichide.ac.jp
note
学生の日常／授業・イベントの様子 など
https://note.com/nichide
@nichide_sendai
@nichide_s
ID 75277241
nichide 専門学校日本デザイナー芸術学院 仙台
nichide SNS information
着彩部門線画は卒業生イラストレーター
なつきさん描き下ろし
Coloring
@natuki1016
特設サイト Web応募フォームはコチラ
アニメ
キャラクター
写真
イラスト
着彩
第23回 ニチデアートグランプリ2023
2023 8/31 Thu 必着 〆切

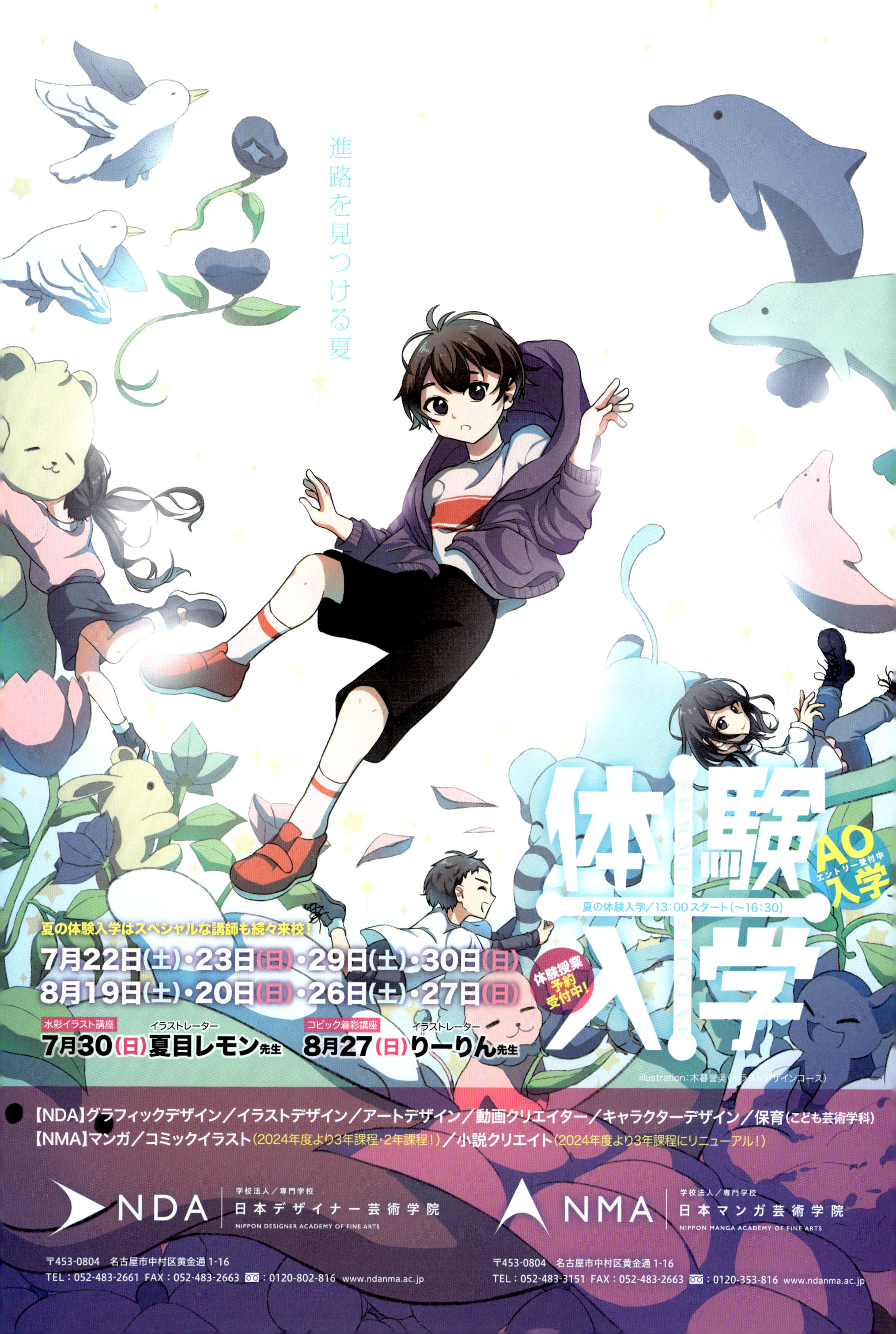

進路を見つける夏
体験入学
SUMMER SPECIAL
AO入学
エントリー受付中
夏の体験入学／13:00スタート(〜16:30)
体験授業予約受付中！
夏の体験入学はスペシャルな講師も続々来校！
7月22日(土)・23日(日)・29日(土)・30日(日)
8月19日(土)・20日(日)・26日(土)・27日(日)
水彩イラスト講座
7月30(日) イラストレーター 夏目レモン先生
コピック着彩講座
8月27(日) イラストレーター りーりん先生
illustration：木暮誉美(イラストデザインコース)
【NDA】グラフィックデザイン／イラストデザイン／アートデザイン／動画クリエイター／キャラクターデザイン／保育(こども芸術学科)
【NMA】マンガ／コミックイラスト(2024年度より3年課程・2年課程！)／小説クリエイト(2024年度より3年課程にリニューアル！)
NDA 学校法人／専門学校 日本デザイナー芸術学院 NIPPON DESIGNER ACADEMY OF FINE ARTS
〒453-0804 名古屋市中村区黄金通1-16
TEL：052-483-2661 FAX：052-483-2663 0120-802-816 www.ndanma.ac.jp
NMA 学校法人／専門学校 日本マンガ芸術学院 NIPPON MANGA ACADEMY OF FINE ARTS
〒453-0804 名古屋市中村区黄金通1-16
TEL：052-483-3151 FAX：052-483-2663 0120-353-816 www.ndanma.ac.jp

OSAKA SOGO DESIGN

DIGITAL CREATIVE 新しいクリエイティブスタイルの追求

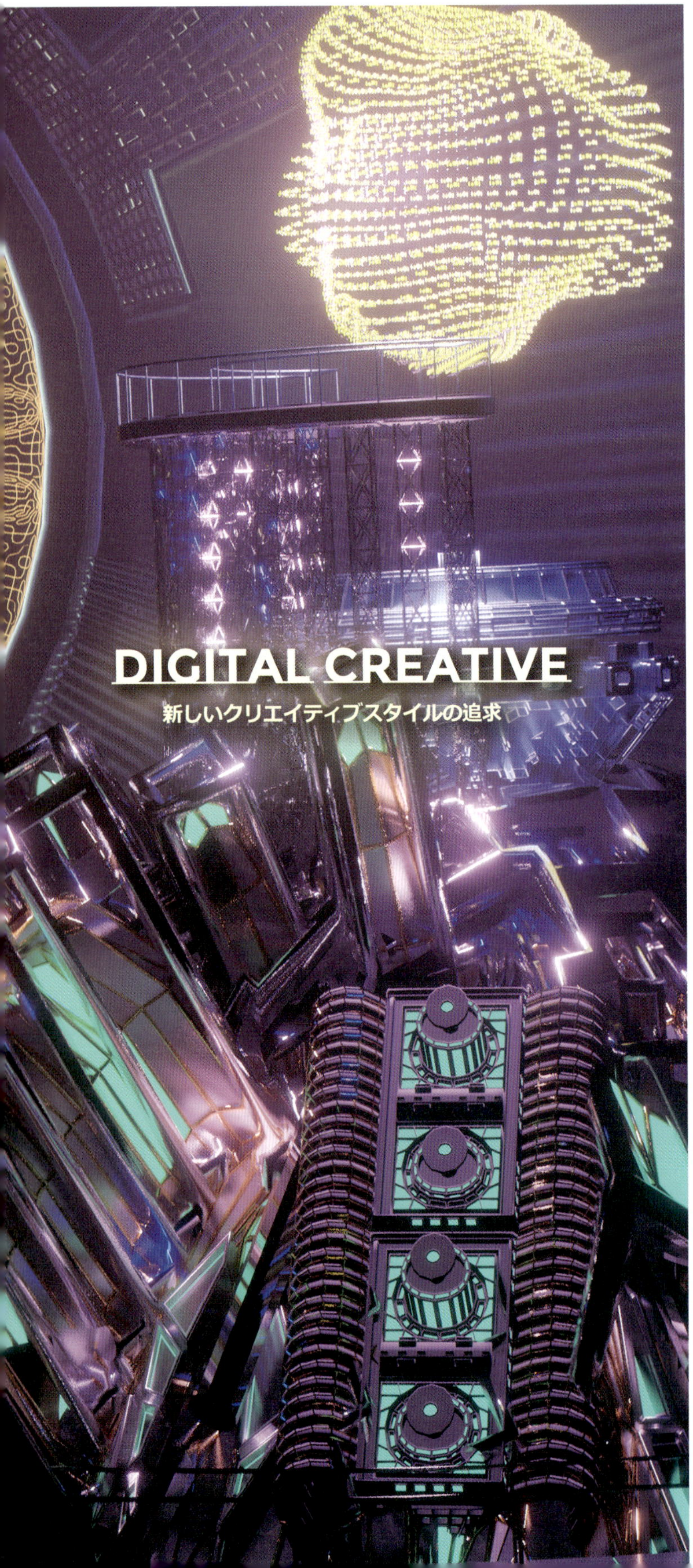

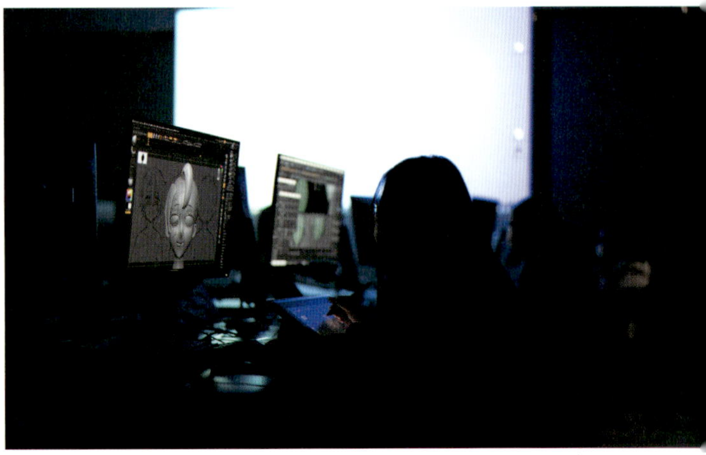

■デジタルクリエイティブコースの制作領域

・現在の 3DCG はゲームやアニメなどのエンタテインメントコンテンツに限らず、モノづくりの現場の効率性やヴァーチャルコミュニケーション機会の拡大を背景に、ファッションや空間開発をはじめ業種・業界は問わずニーズが拡大しています。

・デジタルテクノロジーの進化はコンテンツの可能性を拡げる一方、ツールの高度化やＡＩによる業務革新は従来型のクリエイターの在り方の変革を迫っており、それらと向きあいながら一段上のクリエイティブワークに挑戦していきます。

■デジタルクリエイティブコースの特徴

（1）必要なツールはすべて使える→得意な制作領域を突き詰める

・コンテンツのライフサイクルの短さ、仕事に求められるスピード、時間や人件費のコスト効率化など、デジタルコンテンツの開発環境の変化は予測をはるかに超えるスピードで進行しています。

・デジタルクリエイティブコースの基本方針は、スキルとはあくまで手段であり、それに依存せず、「何を達成することを目的にコンテンツを制作をしているのか」に忠実に、3DCG・空間開発・映像編集などのコアスキルは全員が１年生の早い段階で標準以降に操作できるようになる一方卒業後の計画を踏まえ自分の強みを発揮できる特化スキルを磨き上げます。

（2）ＯＳＣＤ内の他コースや姉妹校とのコラボレーション

・漫画、インテリアデザイン、コミックアートなど伝統と実績のある OSCD の学習分野との協業的な取組みが万博を視野に今後推進されますが、その中でも今後最も注目の分野は姉妹校の上田安子服飾専門学校との協業による「デジタルファッション分野」への取組みであり既に研究プロジェクトが進行中です。

（3）学生の男女比率は均衡

・３ＤＣＧを学ぶ学校では男性が多いイメージがありますが、OSCDのデジタルクリエイティブコースは女子学生の在籍率が比較的高いのも特徴の一つです。

・今後メタバースのコンテンツとしてファッションやアクセサリーなどの分野の市場の活性化は可能性が高く、これらに比較的詳しい知識をもつ学生の活躍が期待されます。

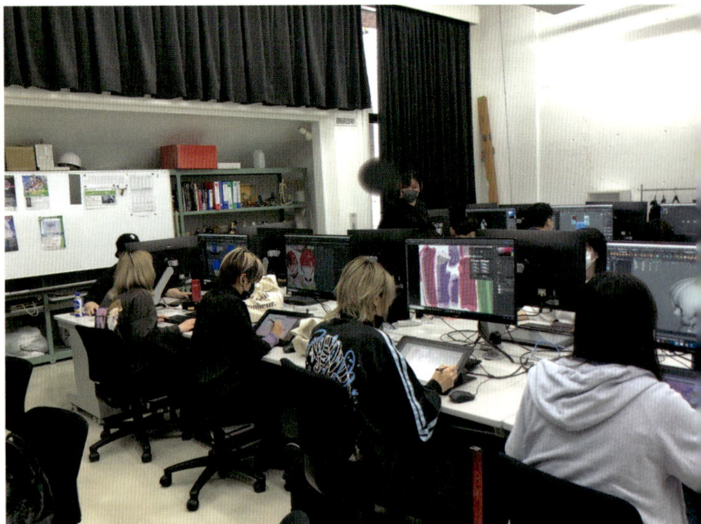

スタジオタイプの教室で授業を受けます。学生は各自が学校の補助を受けてハイスペックのノートＰＣを持ち自宅でも学習や作業ができる環境を確保しています。

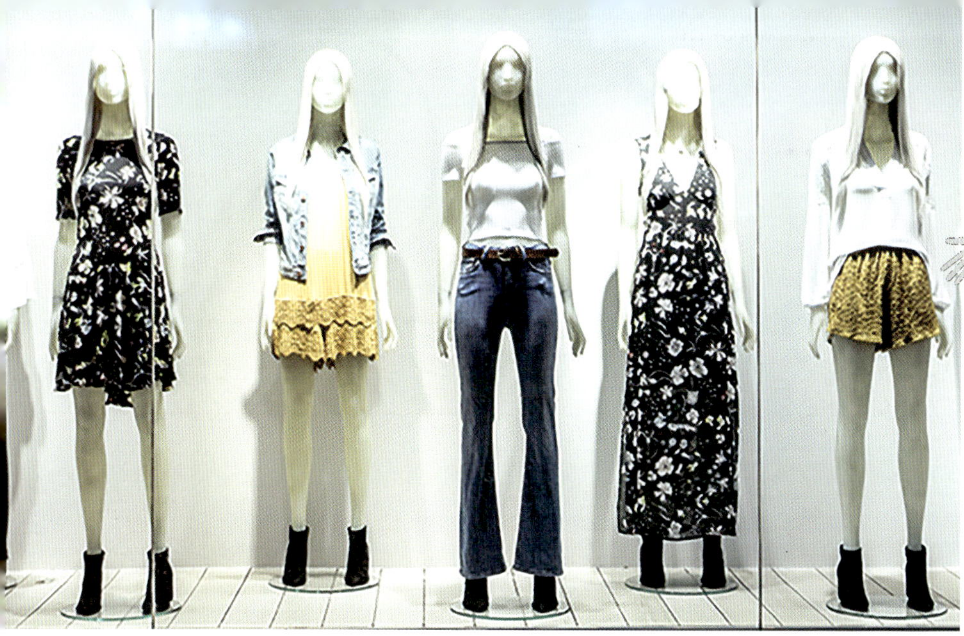

デジタルファッション

姉妹校である上田安子服飾専門学校との共同研究が進行中。ファッションのほか、アクセサリーやファッション雑貨、生活雑貨など、リアルとヴァーチャルの双方の知識とスキルが必要とされますが、こういったケースは今後様々な業界で拡がっていきます。

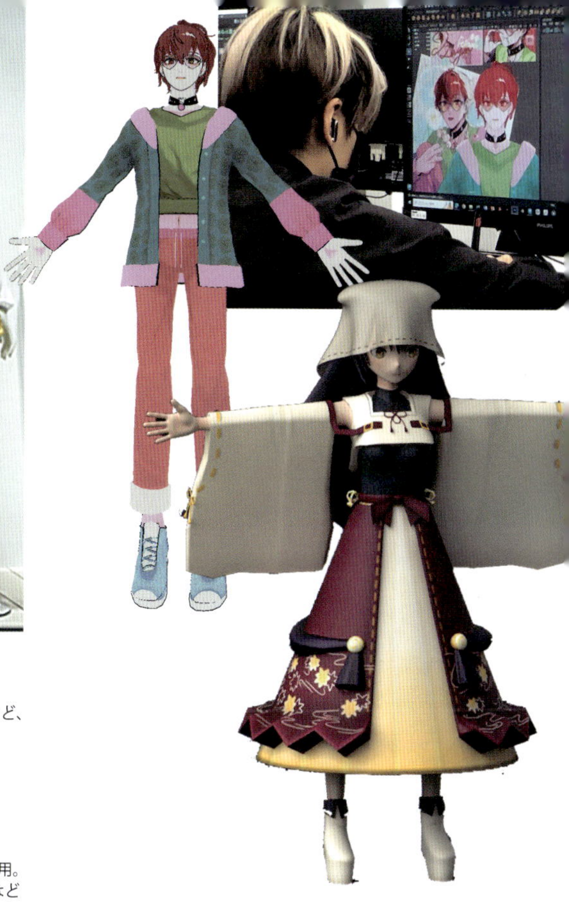

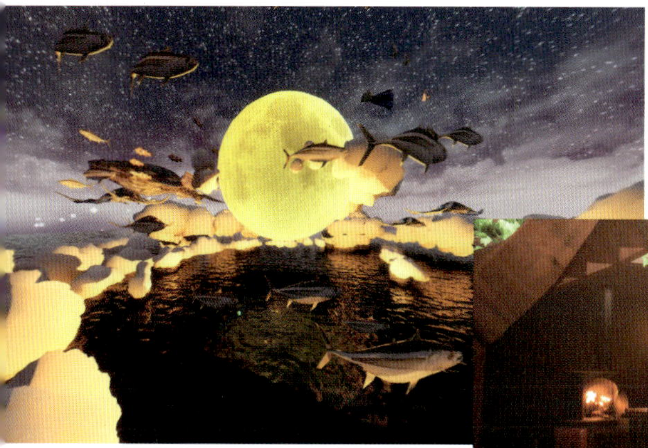

仮想空間開発

開発ツールのメインは UnrealEngine を使用。VR・AR コンテンツとして、また 360 度動画などに加工して公開するケースになります。もちろんインディーゲーム開発も可能です。

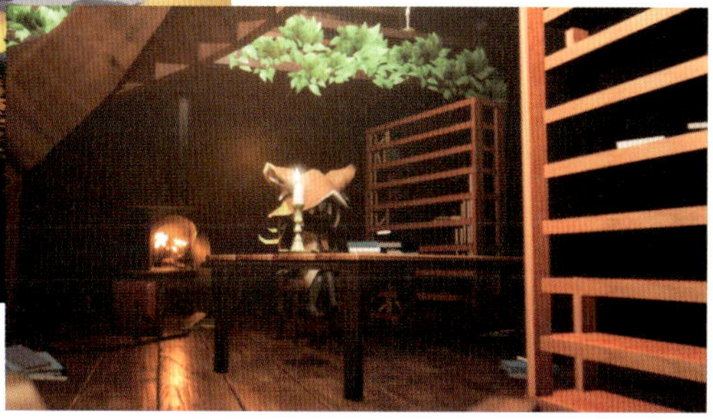

モデリングやモーションデザインを施したオブジェクトをゲームエンジンの中で空間として構成していきます。

キャラクター開発

ゲーム・アニメーション・Vtuber、メタバース用のアバターなどキャラクター開発を行います。ローポリゴンで造形、質感表現のテクスチュア、モーション用のリギングまでを含んでモデリング領域と位置付けています。

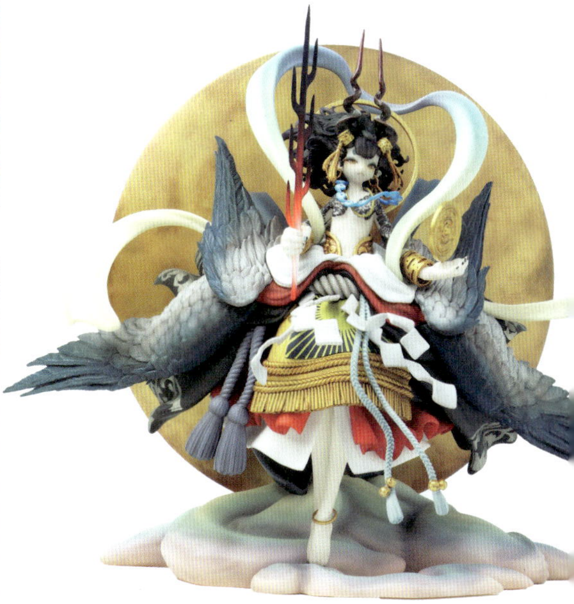

プロジェクションマッピング

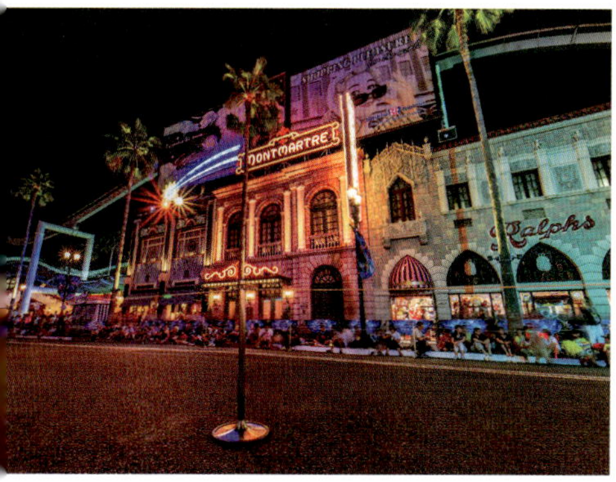

現在のプロジェクションマッピングは３Ｄデータを立体物に投射しモーションデザインも求められます。実際にテーマパークのお仕事をお手伝いすることもあります。

授業で使用する主要開発ツール

【モデリング・アニメーション等】
Blender MAYA Zbrush
【クロスシミュレーション】
CLO（デジタルファッション）
【XR エンジニアリング】
UnrealEngine Unity
【映像編集】
AfterEffects PremirePro Red Giant
【グラフィック】
Photoshop Illustrator Substance
【AI ツール】
既存 AI ツール / 独自 AI ツール

フィギュア造形

根強いマーケットニーズがあるフィギュアは Zbrush というツールを使ってハイポリゴン造形を行います。造形から３Ｄプリンターでの分割出力までを行います。

OPEN CAMPUS 好評開催中

学校法人 上田学園
大阪総合デザイン専門学校

IT・グラフィックデザイン／空間デザインコーディネイト／商品・雑貨クリエーション
漫画／アニメーション／コミックアート／デジタルクリエイティブ

フリーコール 0120-21-0069
http://www.oscd.jp

〒530-0012 大阪市北区芝田2丁目8番35号　大阪・梅田より徒歩5分

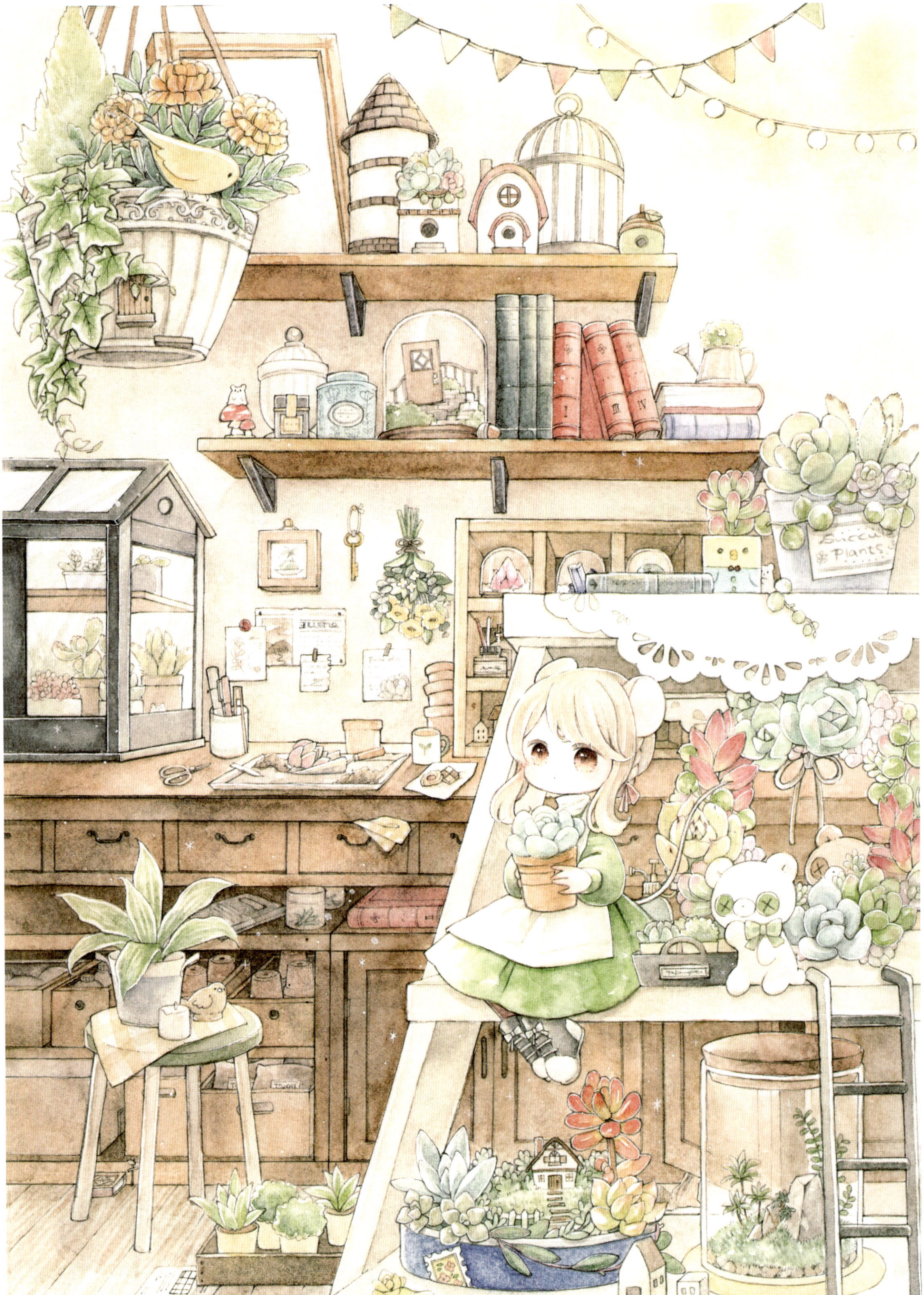

画材：透明水彩・アルシュ紙・コピックマルチライナー・ホワイト
Twitter【@Ruka_0n】

Rukaon「温室裏の緑」

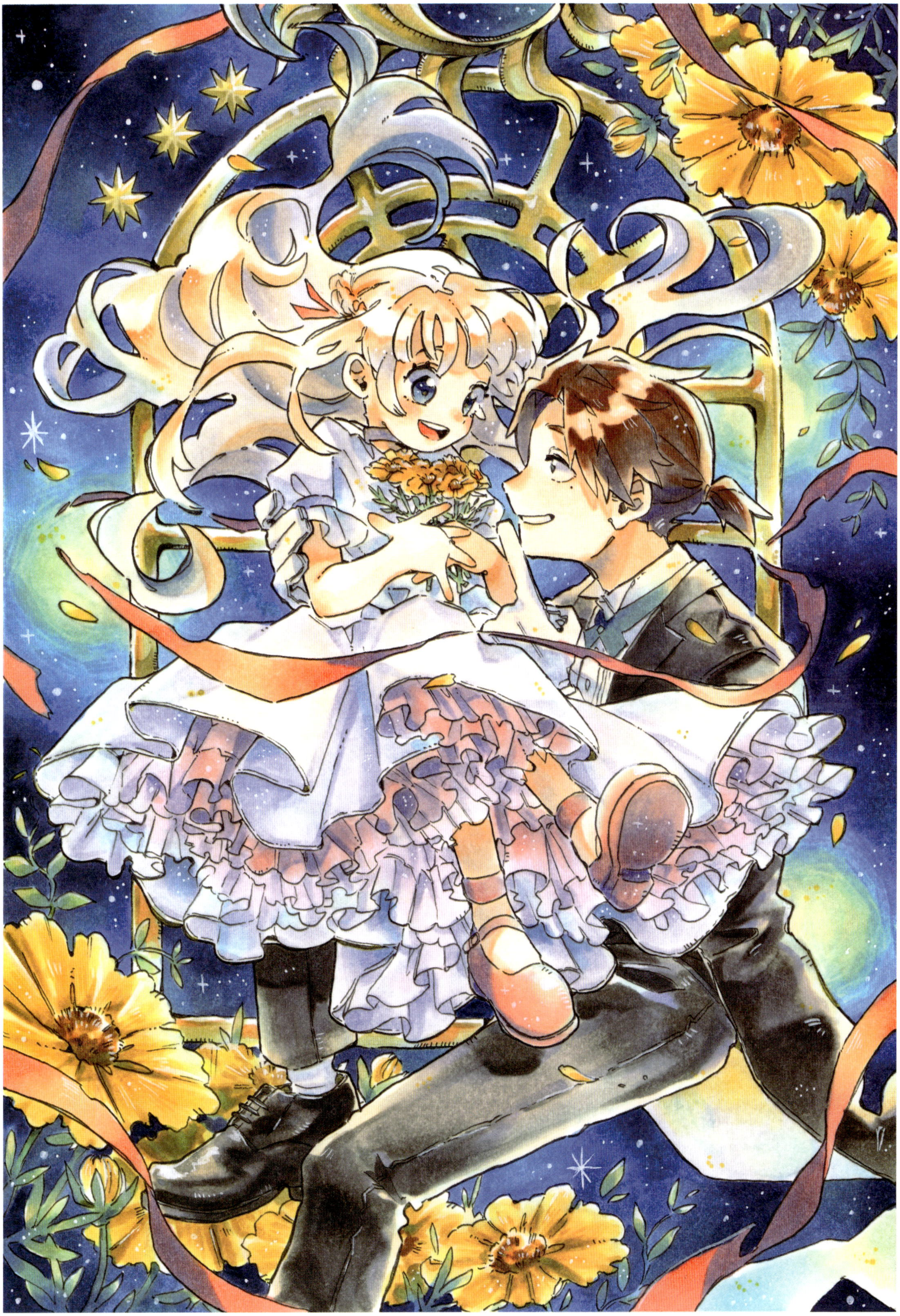

はた「ひみつの時間」

画材：コピック・コピックマルチライナー・ホワイト
Twitter【@hata_kiwi】

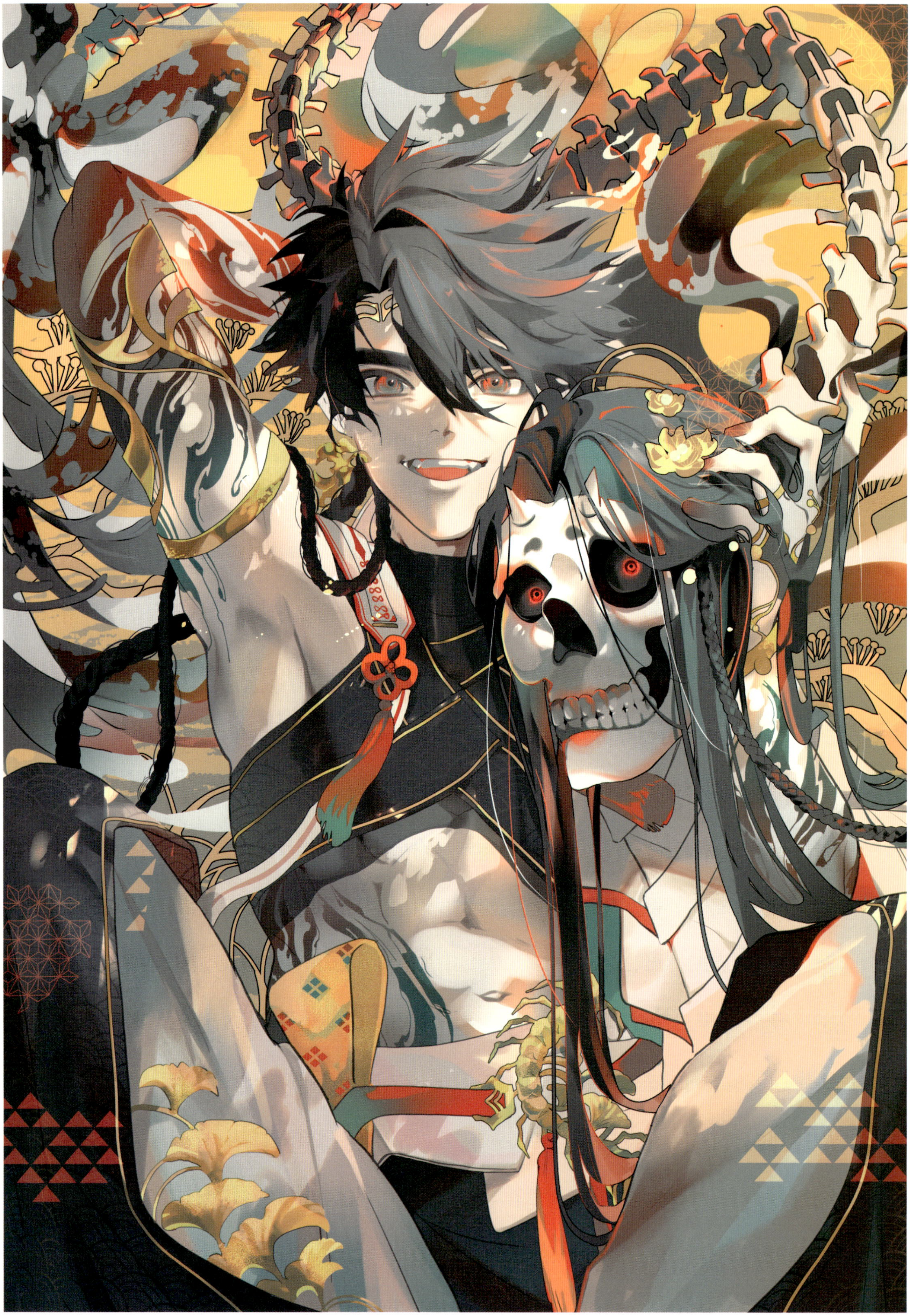

画材：CLIP STUDIO PAINT PRO
Twitter【@raracco_picture】

らっこ「錦恋逆上り」

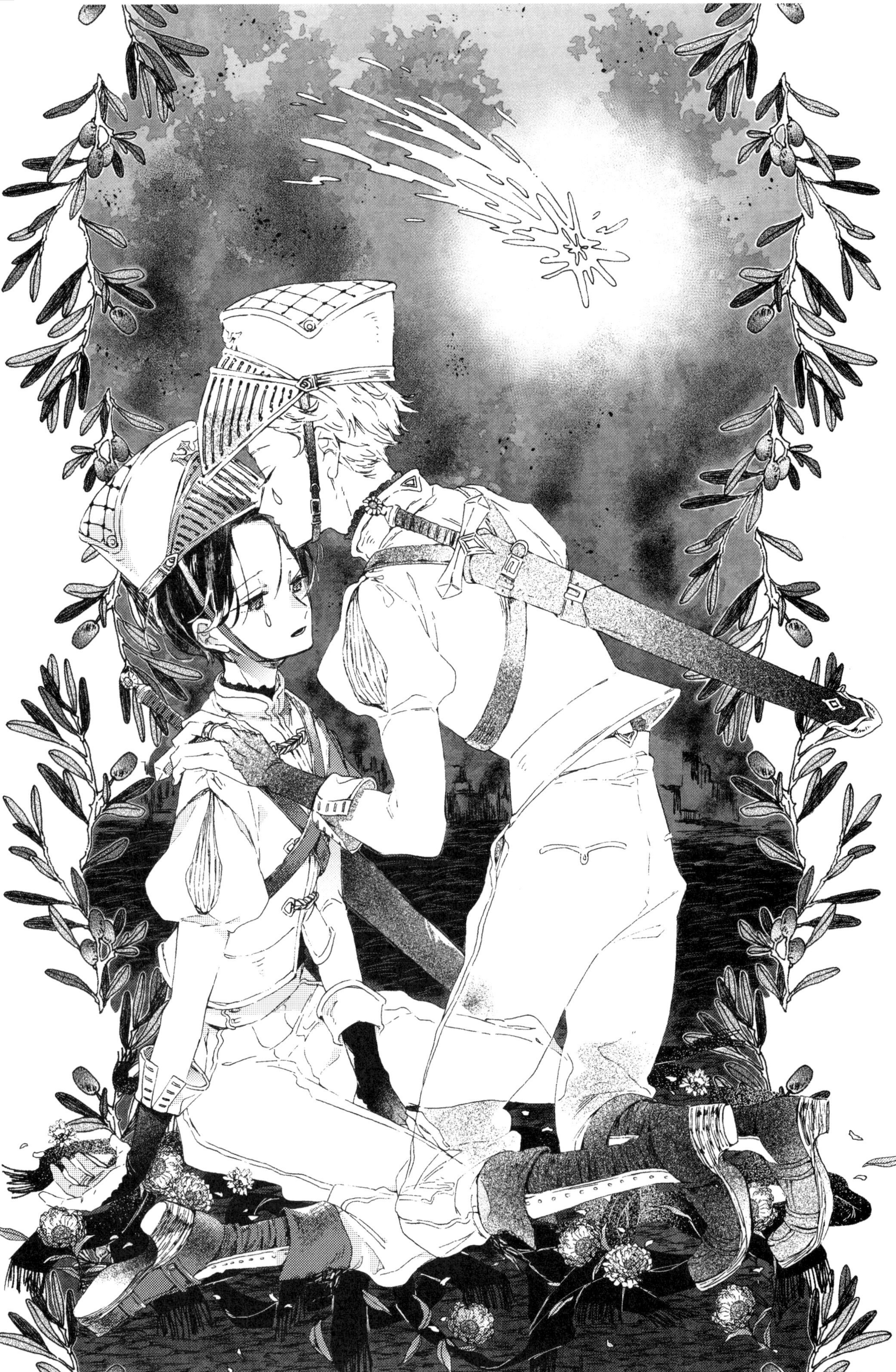

斉木琴「君は」

画材：シグノ（0.28）・CLIP STUDIO PAINT PRO
Twitter【@saiki_koto】

COVER ILLUST MAKING

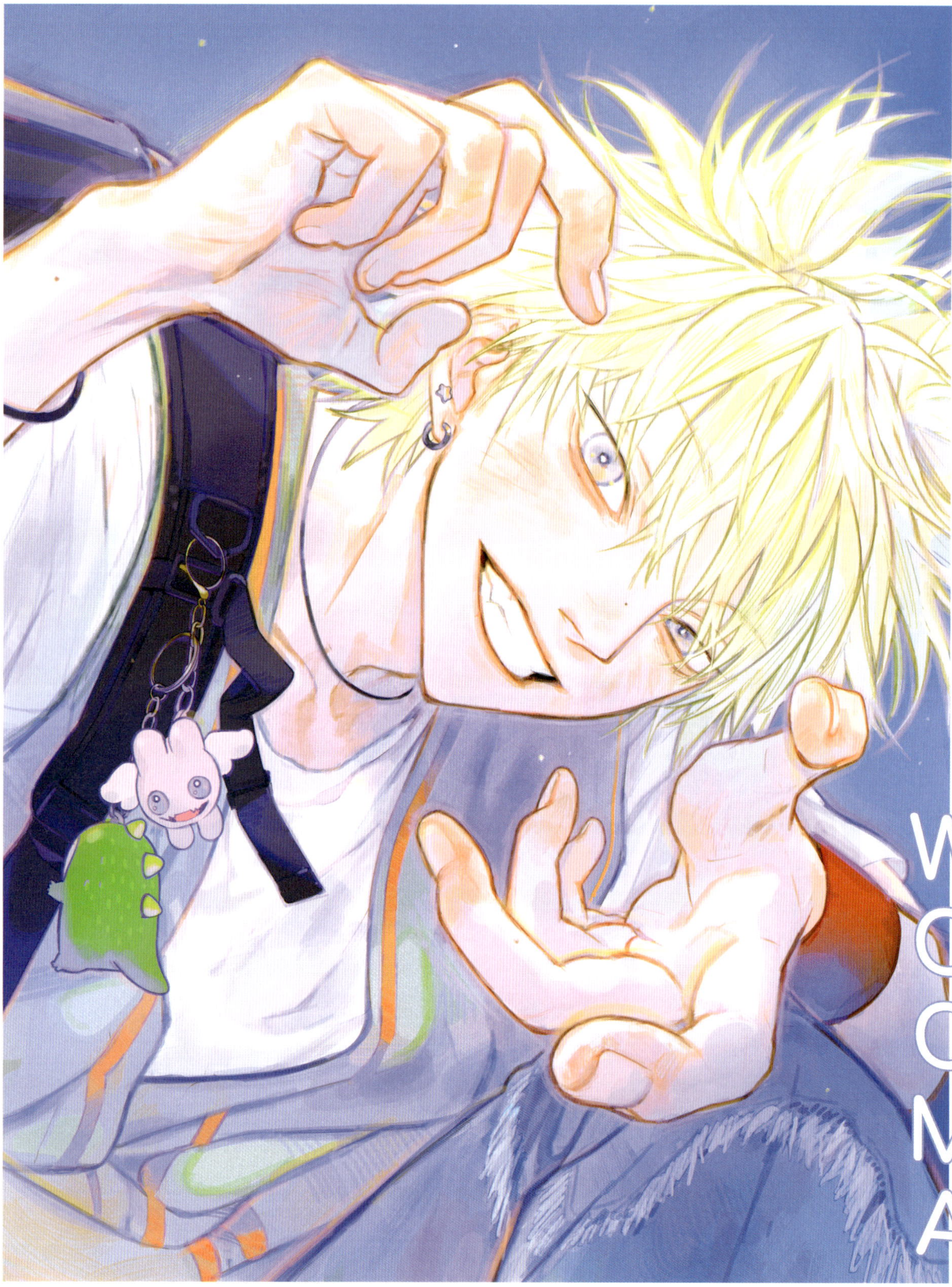

WOOMA

making of CLIP STUDIO PAINT EX

今号の「スモールエス」の表紙に、カメラを向けるようなポーズで、はにかむ男の子「ツグくん」を描いてくれたWOOMAさん。ヤンチャで元気そうな明るい表情に惹きつけられます。また、薄青紫がかった肌の透明感、手の肉厚で骨ばった描写にも注目。合わせてオレンジや黄緑の差し色がつかわれており、より魅力的な1枚に仕上げられています。CLIP STUDIO PAINTで描かれた、表紙イラストが完成するまでをお届けします！

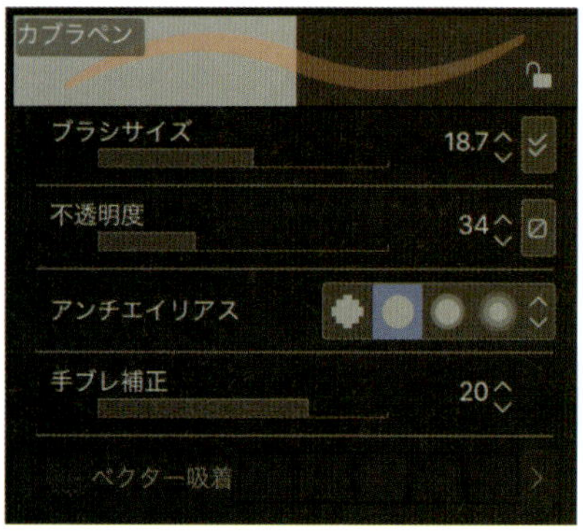

使用ブラシ

WOOMAさんが使用しているブラシ「カブラペン」。線画はブラシサイズを6～9、不透明度を20～50にして描いている。塗りは不透明度を10～60の間で数値を調整しながら、色を重ねて塗る。WOOMAさんは基本的にこのブラシをつかい、全体を描き進めている。

作業環境
◎描画ソフト：CLIP STUDIO PAINT EX
◎ペンタブレット
◎iPad

ラフ

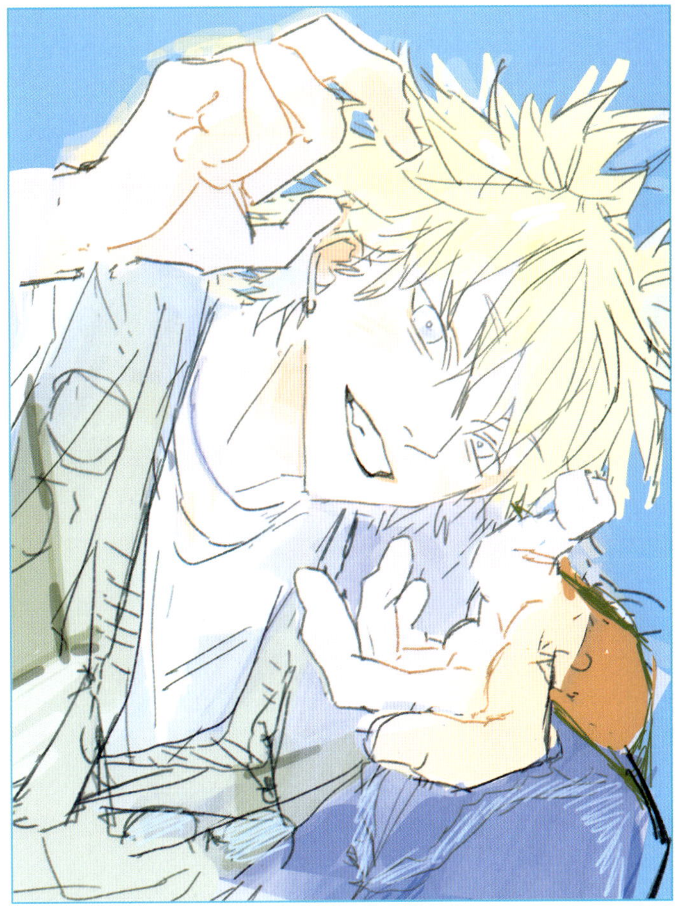

ブロンドヘアーの男の子「ツグくん」がカメラを構えるようなポーズで描かれたラフ。ラフの段階では男の子の服装が完成イラストとは異なっており、カーキ色のベストやメガネを身につけている。ツグくんについてはインタビュー記事で紹介！

線画を描く

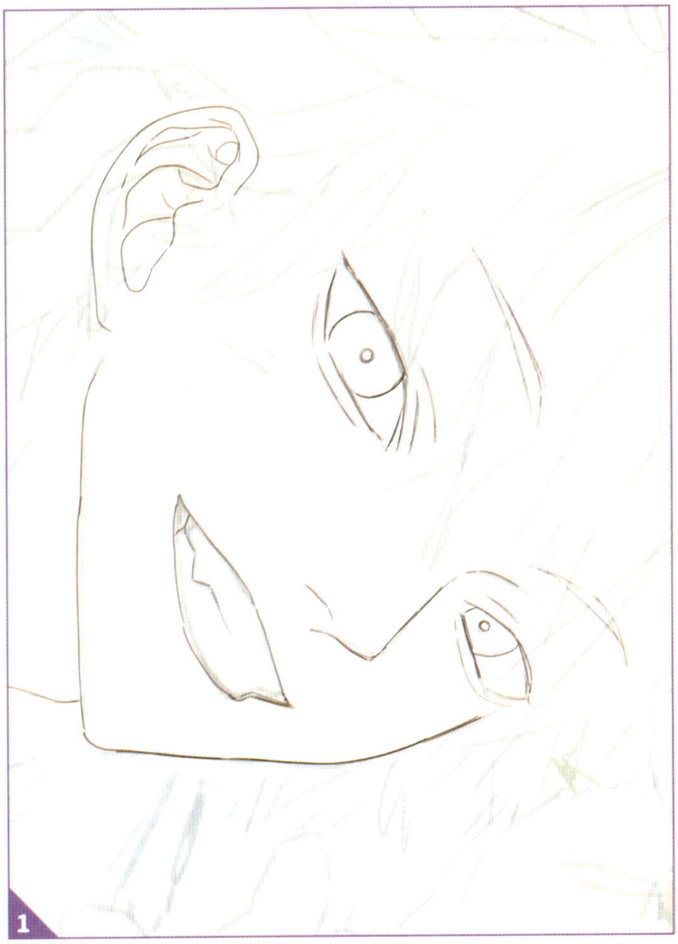

1

ラフのレイヤーを透かしつつ、上に新規レイヤーを作成し、ペン入れを進める。耳の形は線画を描く時に整えている。

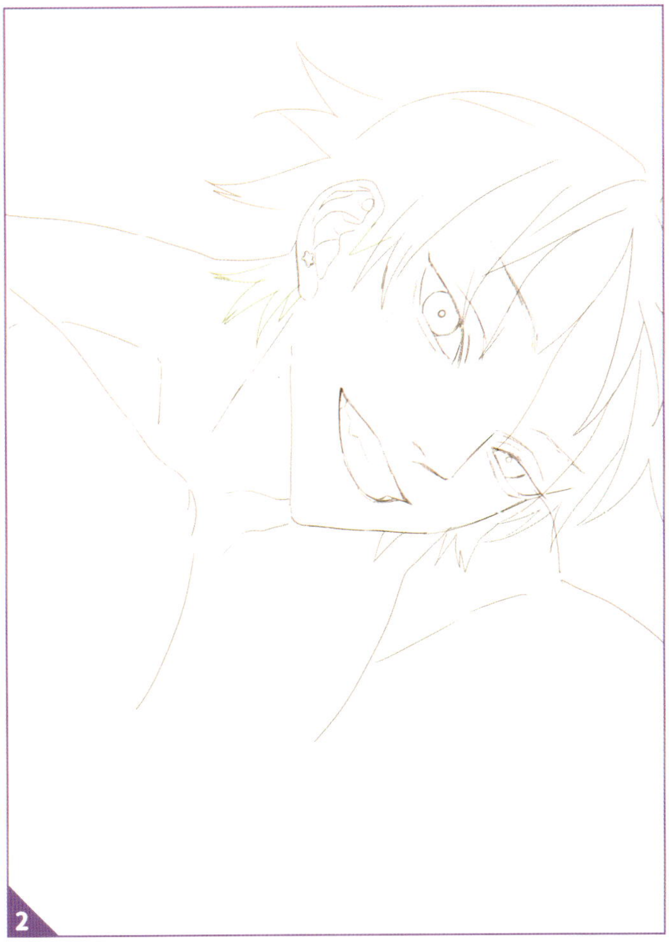

2

一度ラフのレイヤーを非表示にして、描き進める。眉毛は線を細かく重ねることで毛並みを表現する。

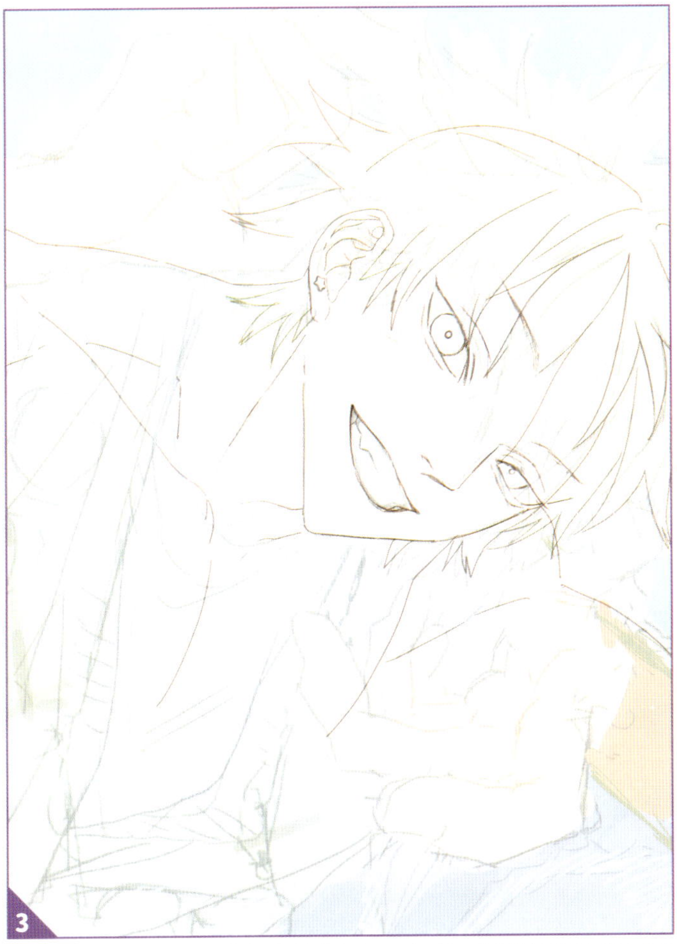

3

服を着せる前に鎖骨や胸筋の盛り上がりを描き、ラフのレイヤーを表示して体のバランスを確認する。

下塗りをする

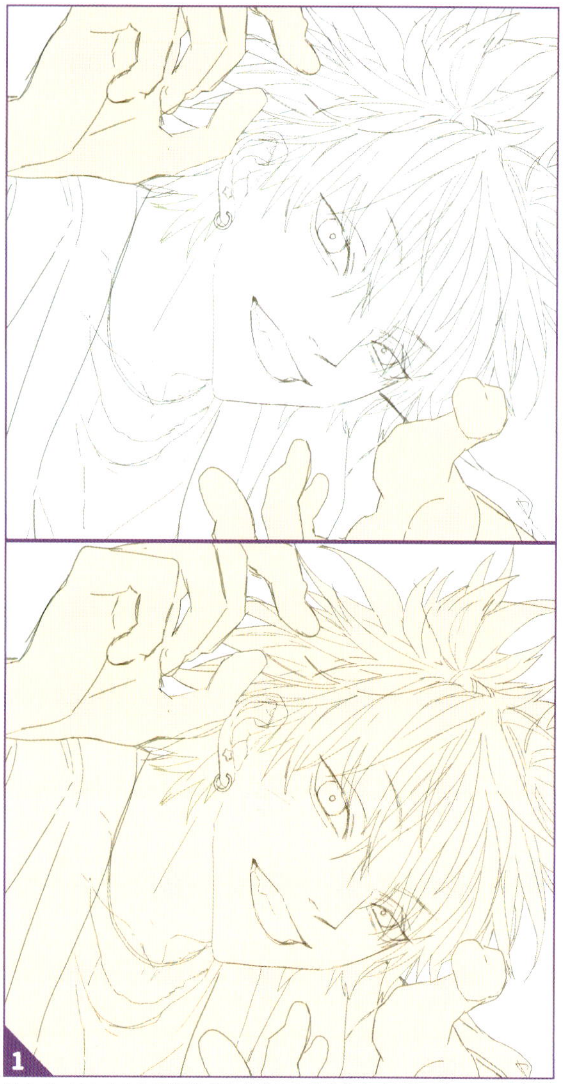

肌のベースとなる色を選び、服を含めた人物全体をベタ塗りする。この時、手や人物など、パーツごとにレイヤーを分けて前後感をイメージする。また、下塗りをすることで、塗り忘れを防ぐ。

完成した線画

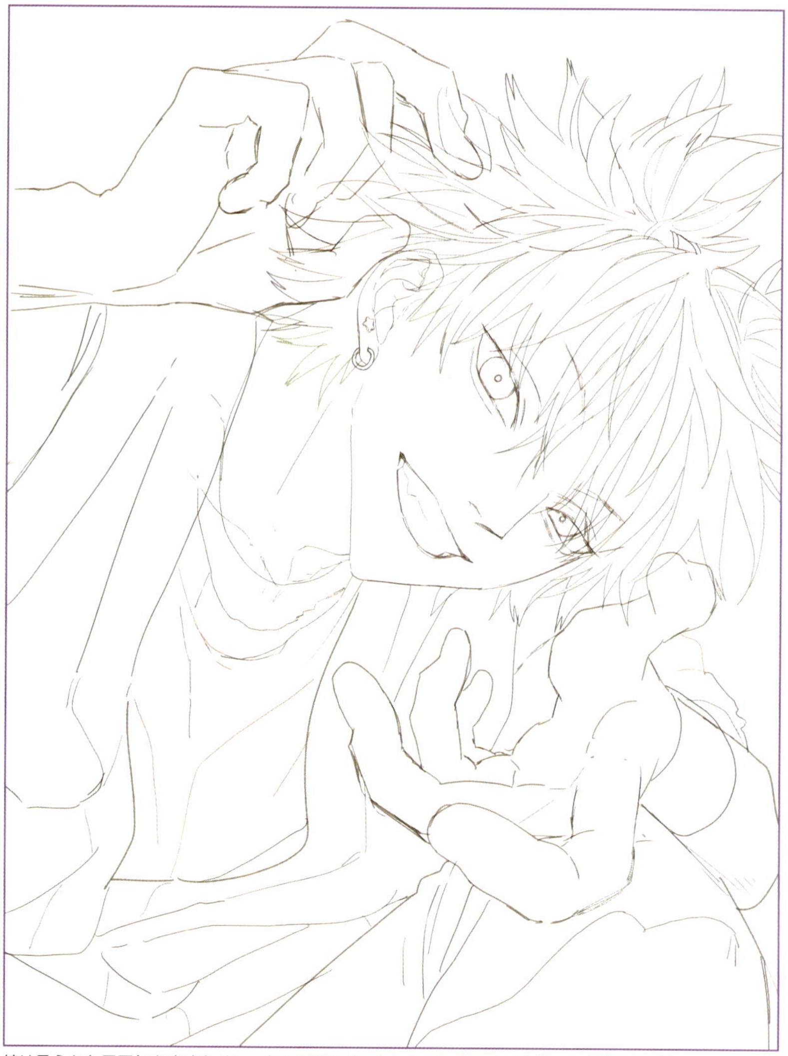

線は柔らかな雰囲気を出すために、暗めの暖色がつかわれている。男の子がニッと笑い八重歯の見える口元が可愛らしい。また、フワフワとした前髪の描写も素敵だ。カメラを構えるような手前にクイッと曲げた指がとても魅力的で、指の節目や皮膚の厚みを感じるような線が引かれている。

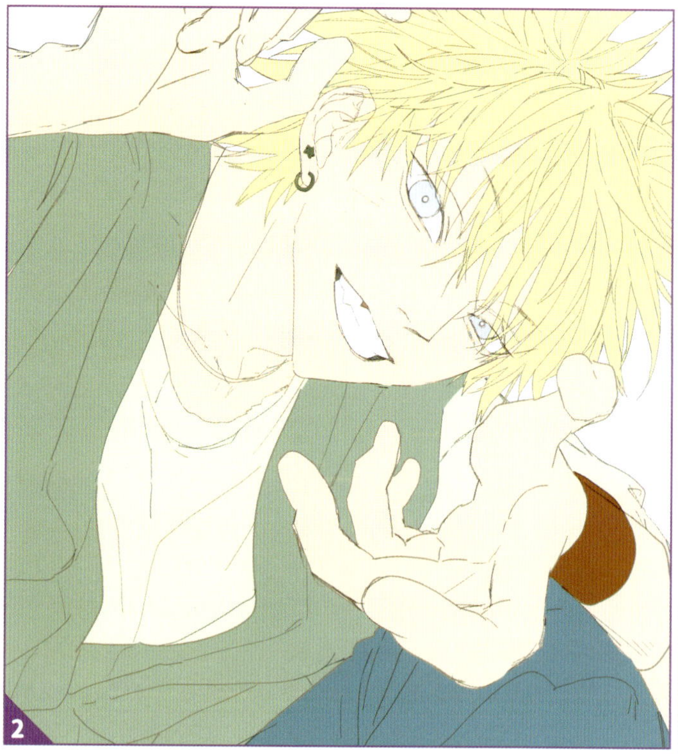

肌や髪、瞳、歯、服ごとに下塗りをした状態。この時点では、上着がカーキ色で塗られている。また、ピアスも黒く塗られた。

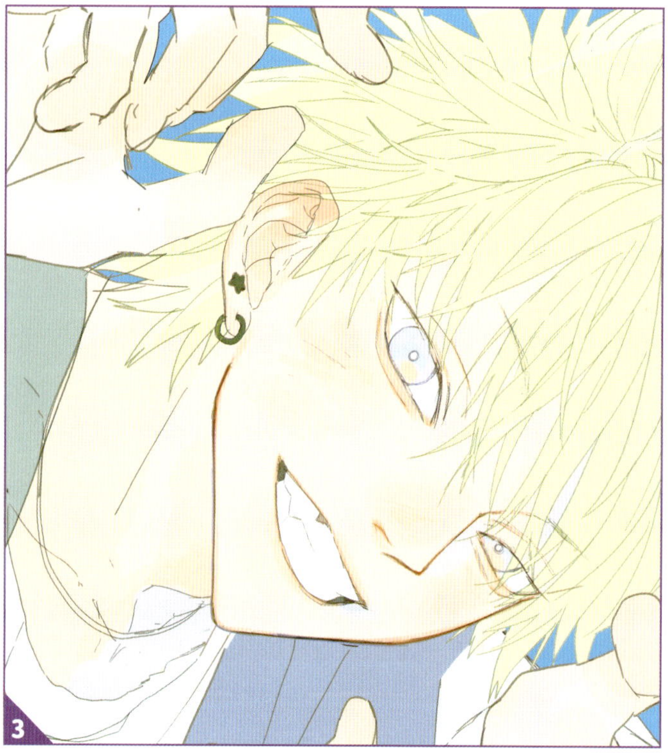

不透明度を下げた大きめのブラシサイズに設定し、顔の赤みや瞳の模様を塗る。頬だけでなく、鼻の頭や唇、指先などに赤みを重ねる。斜線を意識して赤みを付けることで、自然に頬を作れる。また、手の平には青紫を薄く重ね、肌の透明感を表現する。

加筆する①

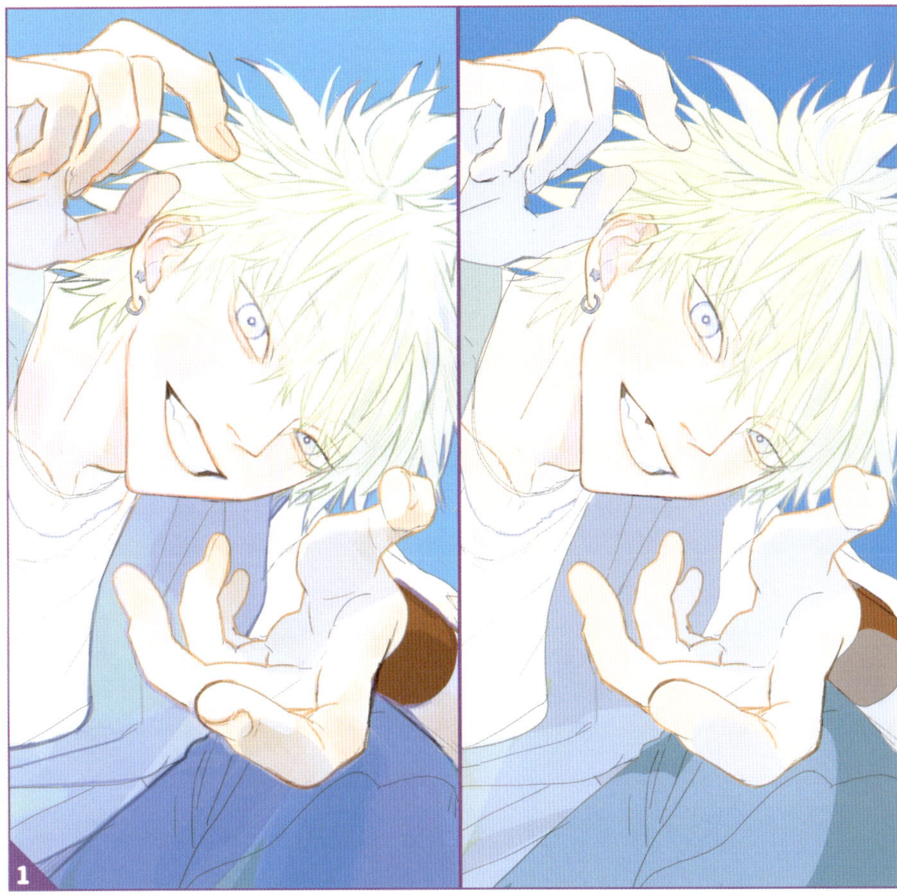

1

背景に青色を敷き、全体の印象をまとめる。また、線画レイヤーの上に厚塗り用のレイヤーを新規作成し全体を塗り進めている。新規レイヤー「乗算」モードを作成し、少しパッキリとしたカゲを描き、肌になじませる。また、「スクリーン」モードのレイヤーを新規で作成し、頭に柔らかなハイライトを入れる。ほかにも、瞳の輪郭に紫の線を重ねて、ジワジワにじむようなタッチにする。男の子の印象が柔らかくなり、透明感が増した。涙袋の厚みや髪の流れも描かれている。

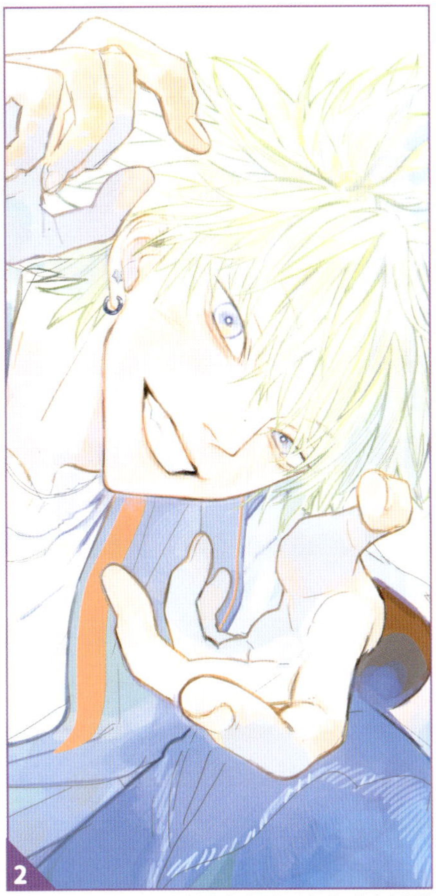

2

手を選択し、左手のサイズを小さくしたり右手の角度を調整する。また、上着にオレンジでクッキリとしたラインを追加している。さらに毛束を追加したり、ふわふわ感を描写した。

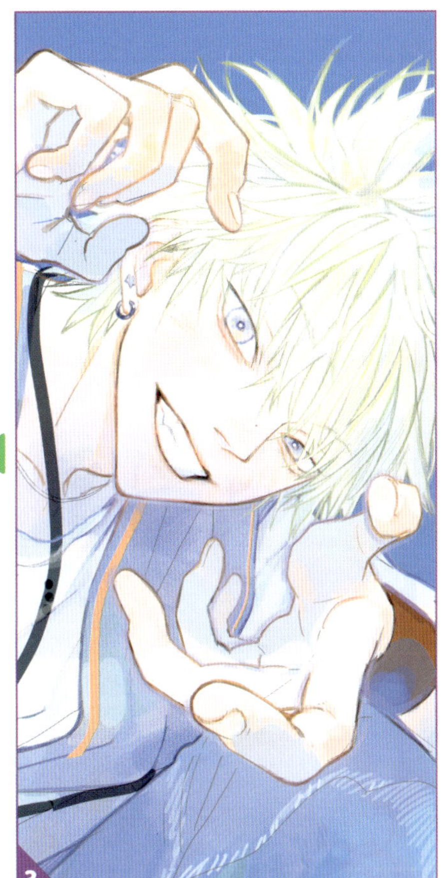

3

右手の角度をさらに調整し、もう少し内側に曲げた状態にする。男の子がレンズを覗き込むような姿が印象深くなった。また、首に黒でスマホケースの紐を描く。

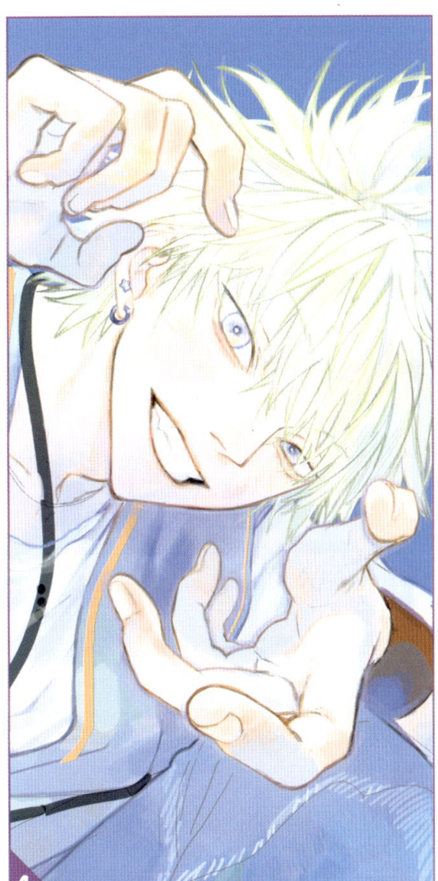

4

線画を整えつつ、淡い色を何層にも重ねて男の子の肌の厚みや骨格を描写する。また口角や歯の形を微調整し、よりニッと笑う印象に仕上げる。

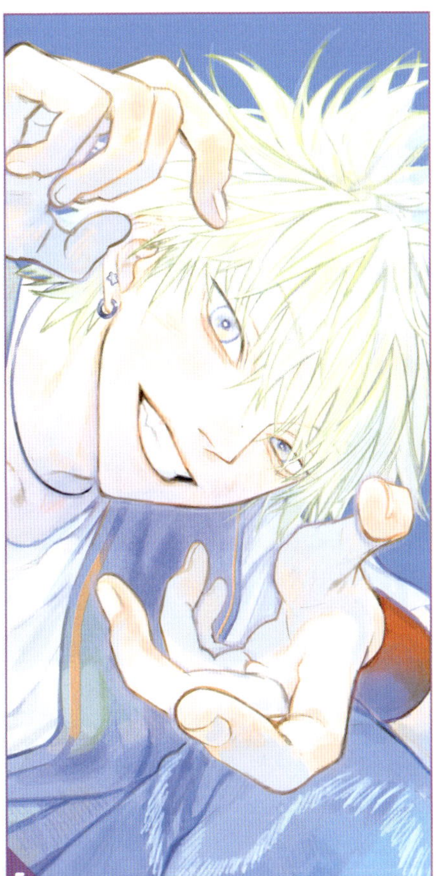

5

スマホケースの紐を無くし、チョーカーに変更。服のディティールを整えていく。細かな斜線でカゲを入れ、コットンの質感をプラス。また、ジーンズにも糸の毛羽立ちを追加した。

加筆する②

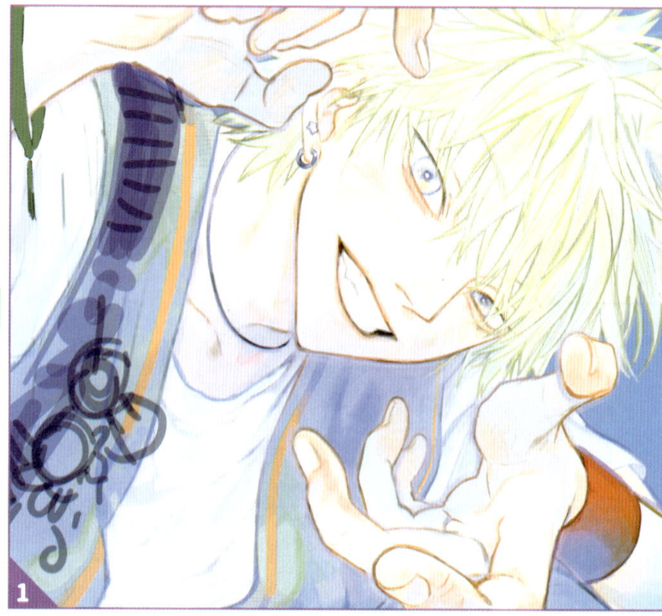

顔のバランスを確認しつつ、鼻のみを選択し大きさを調整する。また、手のシワや爪の輪郭を加筆する。男の子のリアリティが増した。

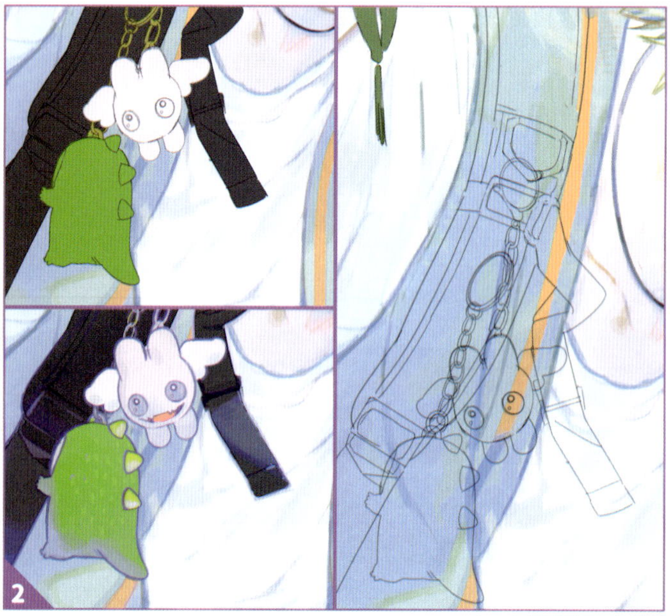

リュックの肩紐やキーホルダーの線画を追加し、固有色でベタ塗りする。恐竜やウサギのキーホルダーが可愛らしい。線画に青紫を重ねることで、作品全体になじんだ。

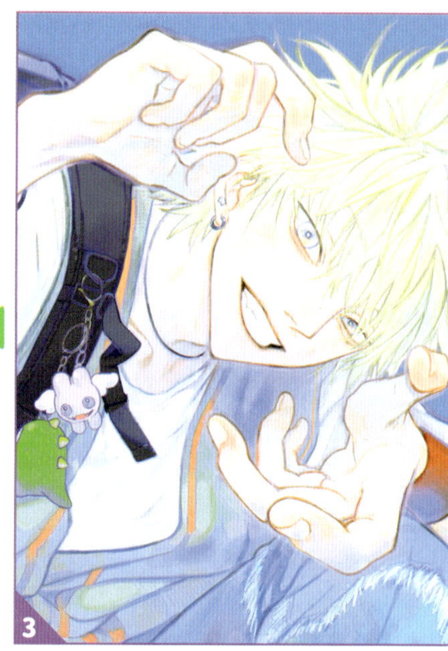

手のシワの流れを整えつつ、肌の表面を滑らかにする。皮膚の柔らかい印象が増した。また、服のシワが寄っている部分に濃いカゲを入れる。

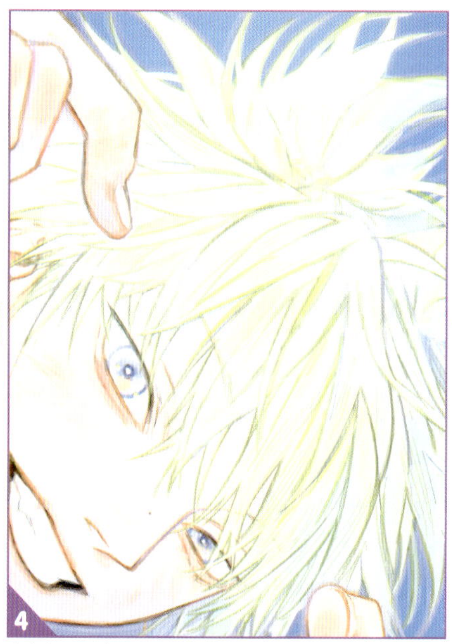

大きなエアブラシをつかい、毛先にふわっと白い光を入れる。また、右手のひらに青紫を重ねた。ほかにも、瞳の輪郭にちょんとハイライトを入れて顔の印象を明るくする。

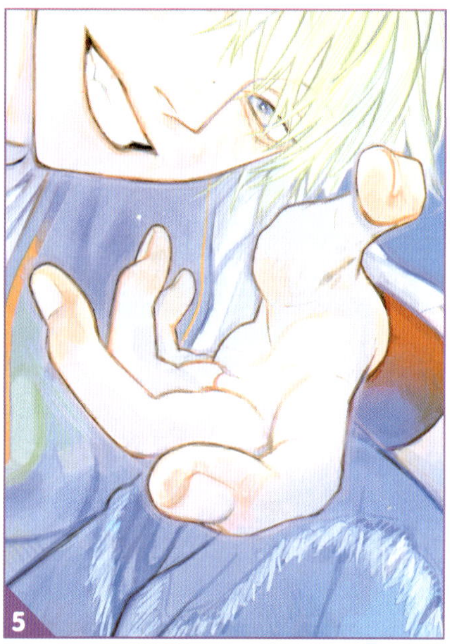

左手の人差し指の角度が気になったWOOMAさんは、人差し指の一部を消し、描き変えている。人差し指の開きを広げたことで、見ている側を受け入れるような印象が増した。

鎖骨のラインを整え、男の子の骨っぽさを強める。また、大きなエアブラシをつかい、青紫を重ね奥行き感を出したり、斜め上から差し込む光を描いた。空気中に舞う埃の粒もある。仕上げに鼻、右手首、左中指にホクロをちょんと置き、男の子の実在感を描き出す。

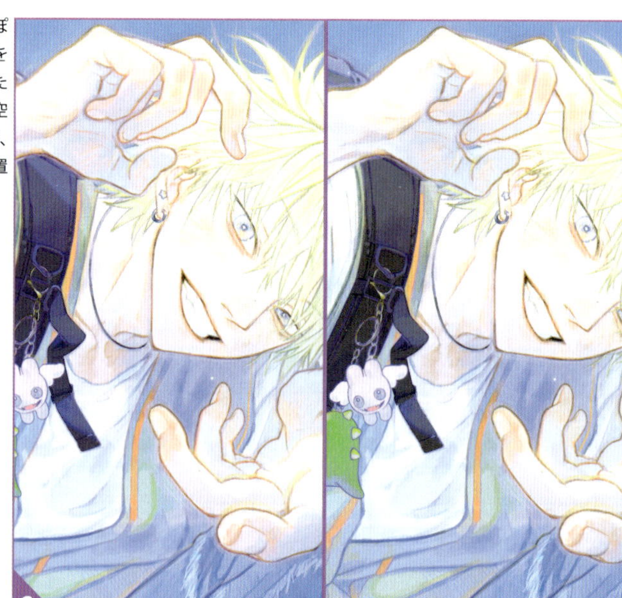

まとめ

ふとした瞬間の笑顔に惹きつけられる、ブロンドヘアーで青紫の瞳が美しい男の子が描かれた作品の完成！　WOOMAさんは青紫をつかうことで、肌の透明感や奥行き感、繊細な雰囲気を表現しています。また、指の表情を細かく調整することで魅力的なシチュエーションが描かれました。みなさんもWOOMAさんのメイキングを参考に、男の子を描いてみてくださいね！

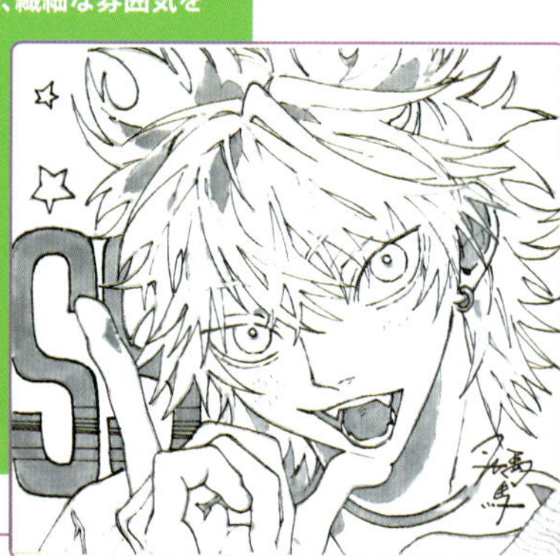

色紙プレゼント

SS INTERVIEW
インタビュー WOOMA

今号の「SS（スモールエス）」の表紙を飾るのはWOOMAさん。鋭い眼差しを持ち、憂いを帯びた表情を見せる美しい人物を魅力的に描かれます。また、ホワイトベースの色づかいは、儚げな透明感があります。インタビューでは表紙に登場した人外の男の子「ツグくん」についてや、MVの作り方、学生時代のお話、これまでのお仕事についてなど伺いました。

WOOMA（ウーマ）／イラストレーター、映像クリエイター。数多くのボカロP楽曲のMVや歌い手の楽曲のMVを制作している。音楽ユニット『BIN』のトマトとは親友である。
Twitter ID＝@tomapocpo

「寅」

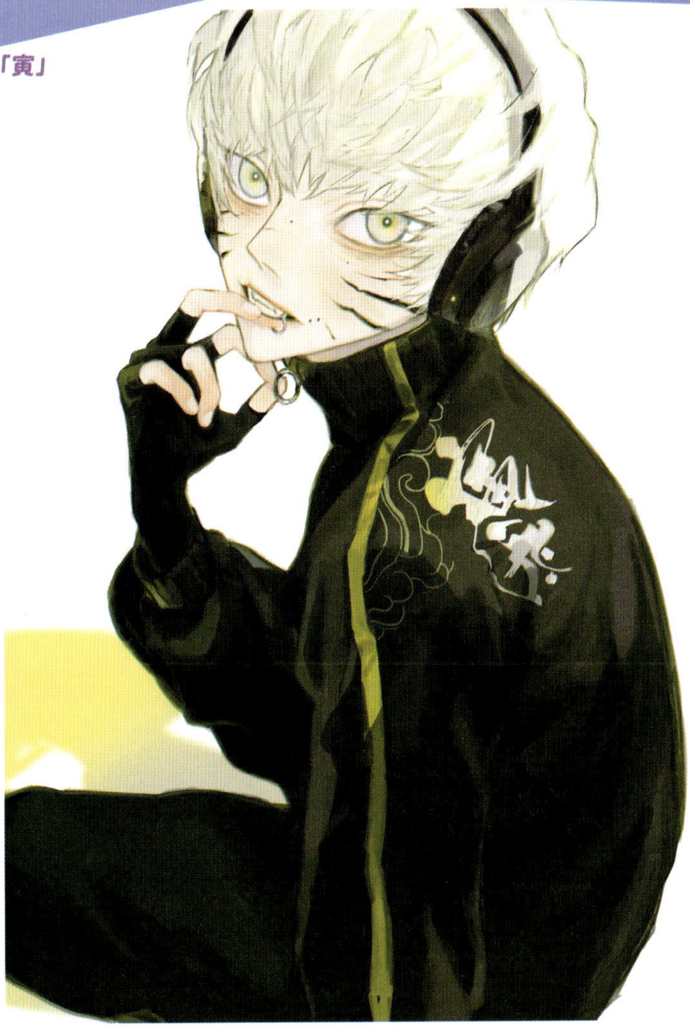

——今号の「SS（スモールエス）」では笑顔の素敵な男の子を描いてくださいました。歯をニッと見せて笑う表情に惹きつけられます！　表紙の男の子はどのようなイメージで描かれたのでしょうか？　名前も教えていただきたいです。

WOOMA　この子は「ツグくん」という名前にしました。元気で少し子どもっぽくて、すぐ友達にあだ名を付けるタイプのヤンチャな性格の男の子です。年齢は高校生くらいですかね。実は彼は人間ではなく、人外で（ツグくんの人外姿は二五ページに掲載！）。表紙では人間界の友達と遊んでいる時のツグくん人間バージョンを描きました。

——人間界に降り立ったツグくんの無邪気な姿が素敵です！　また、リュックに付けている恐竜のストラップも可愛いですね。ツグくんは可愛いものが好きなのでしょうか？

WOOMA　そこまで細かく「こういう子」という設定はないのですが、絵の構図として左側が少し空いていたのでストラップ付けてバランスを取りました。

——ポーズはどのように思いついたのでしょうか？　ツグくんがカメラを構えて目の前にいる人を撮ろうとする姿に親近感を抱きます。

WOOMA　ふと、カメラを持つようなポーズを描いてみたいなぁ、と思ったんです。

——ツグくんでWOOMAさんの好みが出ているなと思うところは？

WOOMA　八重歯っぽいところでしょうか。ツグくんは金髪で、ハーフアップのツインテールみたいに上で二つに結んでいるんですよね。今まであまり描いたことがない髪型だったので、特別可愛いキャラクターデザインになっているかなと思います。

——髪が少し長めなんですね。上で結ぶ感じが可愛いです！

WOOMA　ツインテール男子は良いですね。長い髪の男の子は結構好きです。

——ツグくんはホクロの描写もされていて実在感があります。

WOOMA　鼻と腕、指にありますね。キャラクターを描いてると人間味を足したくなるというか。

——WOOMAさんの作品を見ていると、血管が透けて見えたり筋肉や骨格がしっかり描かれていると感じます。二次元のイラストでありますが、リアリティを感じさせる描写があり、かといって生々しすぎず、WOOMAさんの中でしっかりとデフォルメされているように思いました。

WOOMA　人間はホクロやシワもあれば、血管も見えますよね。そういった要素を絵の中で表現できると愛着が湧きます。リアルに描く部分とデフォルメする部分のバランスはこれまでかなり模索してきました。

——また、WOOMAさんの色づかいは作品によって色が強く前に出てくる鮮烈なものもあれば、儚げで淡い雰囲気もあると感じています。今回の表紙のイラストでは、ホワイトベースの色づかいに蛍光オレンジや黄緑もあって明るい雰囲気を感じます。

WOOMA　雑誌の発売が7月なので、夏っぽさが出ればいいなと思い、この配色にしました。この絵にもつかっている薄青紫色は自分も気に入っていて、積極的につかいたい色だと思っています。

——反射光として、人物の肌にも薄青紫色が入っていますね。WOOMAさんは柔らかい色合いがお好きなんですか？

WOOMA　そうですね。柔らかい色はよくつかいます。

——なるほど。また、ツグくん以外にWOOMAさんが描きたくなるようなキャラクターのビジュアルや内面について教えてください。

WOOMA　白い髪やウルフ髪の男の子ですかね。自創作キャラに白い髪の子がいて、白い髪の子を描くときはだいたい同じキャラクターですね。普段は明るいけど、ちょっと闇を抱えている男の子なんです。その子を描くときは暗めだったり、儚げな雰囲気にすることが多いです。

——普段の姿とは違う、ギャップみたいなのもお好きなんですね。内に秘めている暴力性や破壊性といったものもお好きだったりし

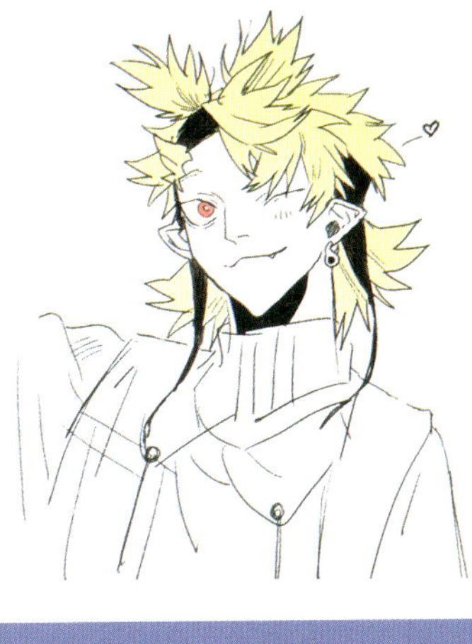

「ツグくん」のキャラクター設定

今回の表紙に登場している人外の男の子、「ツグくん」。WOOMAさんのスケッチでは、人外の姿であるツグくんの姿が描かれており、赤目で耳も尖っている。ウインクがとってもキュート♡

柊キライ×WOOMA

【柊キライ】YouTube:柊キライ　Twitter id=@Kirai_dark

これまでに柊キライさん楽曲「ボトム」や「オートファジー」、「メビウス」、「ボッカデラベリタ」、「エバ」、「ヴィータ」のイラストと動画をWOOMAさんが担当。どのキャラクターも鮮烈な色づかいと、インパクトのある表情で描かれており、激しい感情を思わせる。MVに登場したキャラクターは全てWOOMAさんがキャラクターデザインを行っており、立ち絵では髪の構造や衣装のデザイン、後ろ姿なども描かれている。

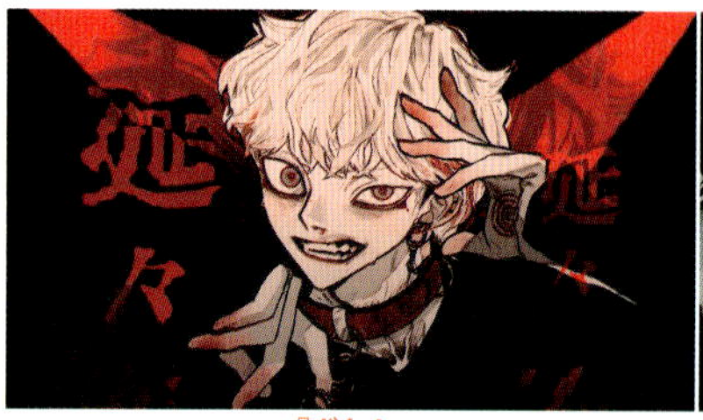

『ボトム』

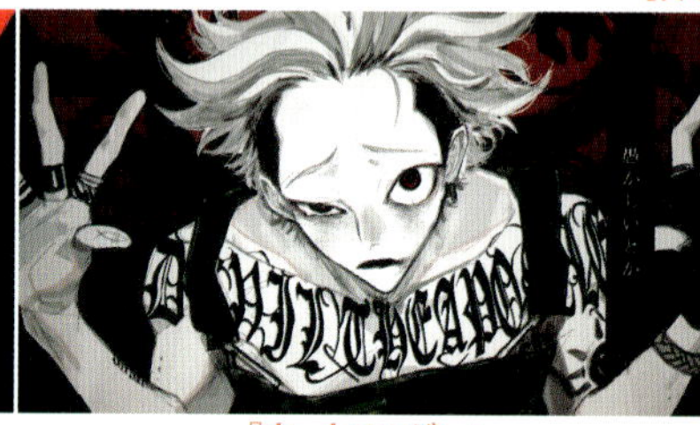

『オートファジー』

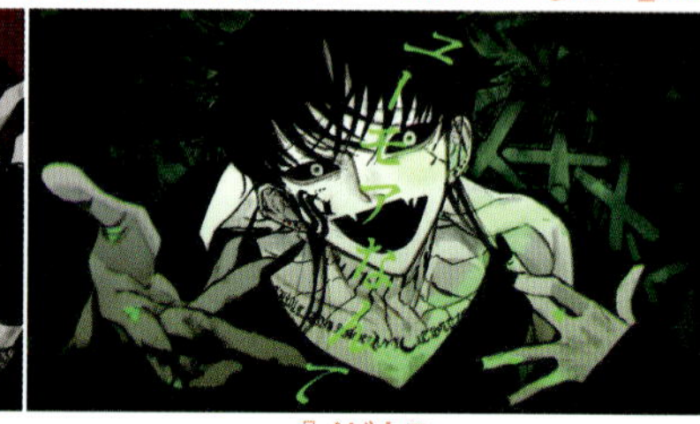

『メビウス』

『ボッカデラベリタ』

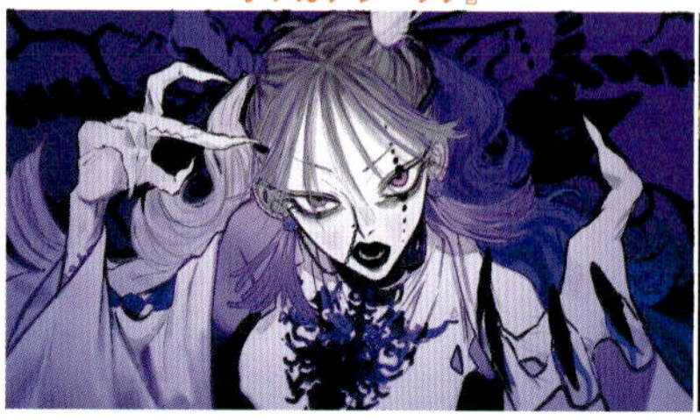

『エバ』

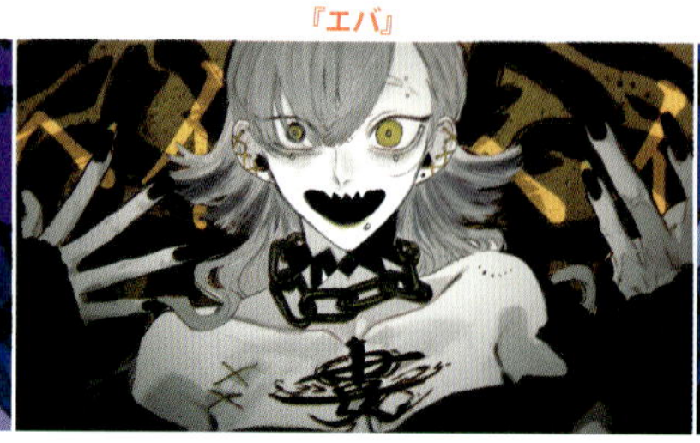

『ヴィータ』

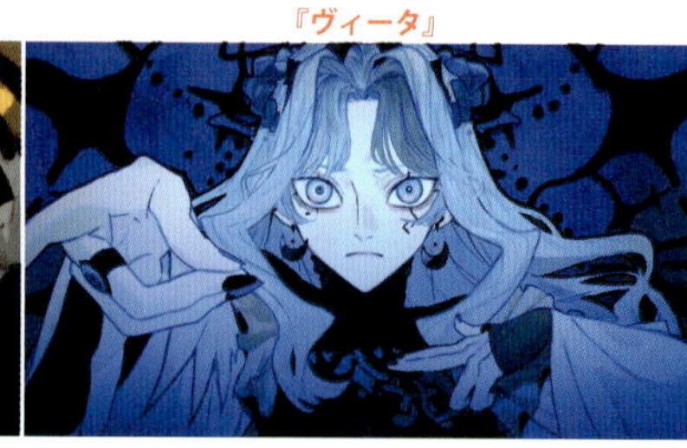

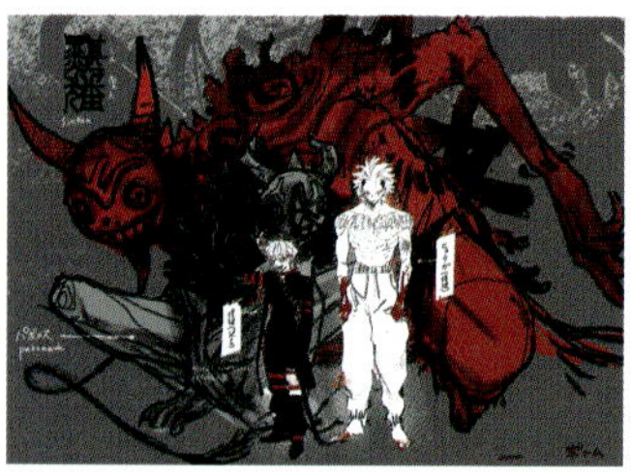

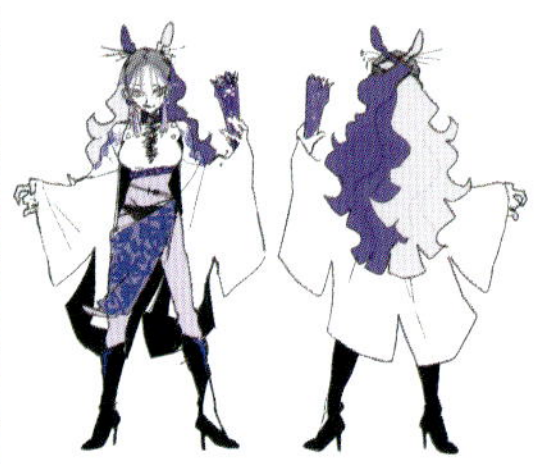

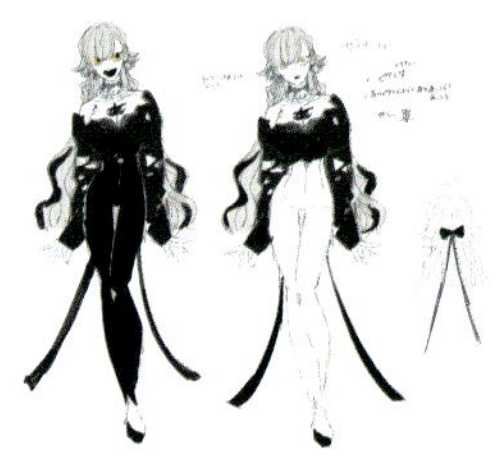

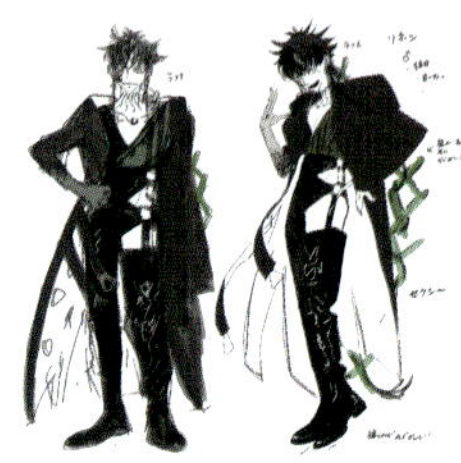

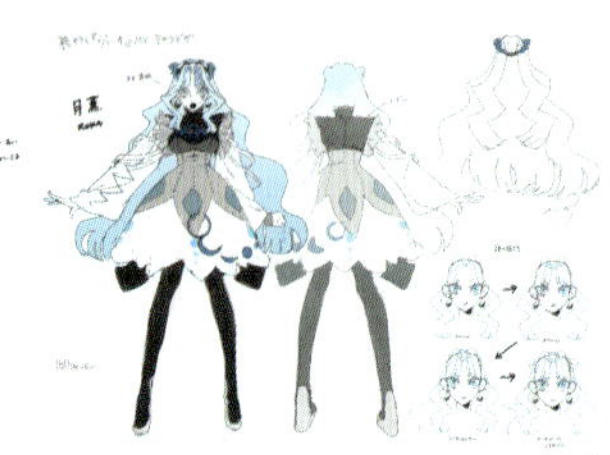

ますか？

WOOMA　好きですね。自創作では、復讐心や恨みを内に秘めている子が多いです。

——逆境でも負けてばかりではない、美しい少年少女が復讐心に燃えている姿は更に磨きがかかるということでしょうか。では、人物で描いていて楽しいと感じるのはどういう部分ですか？　歯が奥まで見えるような奥行感のある描写が好きです。

WOOMA　やっぱり顔が描いていて一番楽しいです。鼻筋だったり、目の瞳とか。瞳は毎回決まった色ではなく、気分で配色を変えたりします。口もいろんな表情があって、目と口の形の組み合わせによって感情がそれぞれ変わってくるので毎回模索しながら表情を決めたりします。キャラクターに合った表情を見つけられたり難しい感情を表現できたときが楽しいです。

——なるほど。その子らしさが表情に表れますか？

WOOMA　今回の表紙は、その子らしさという設定をあまり詰めてはいませんが、表情に表れているかもしれませんね。

——他にも、体の部分で描いていて好きなところはありますか？

WOOMA　手とかですかね。スラっとしていて長い指を描きたくなります。親指の関節が柔らかい感じ…。

——メイキングでも、指の表情を途中で描き変えてらっしゃいましたよね。WOOMAさんは人外キャラもよく描かれると思いますが、人外で描いていて楽しい部分はありますか？

WOOMA　人外にも色々ありますが、角が生えてたり腕が四本以上あったりするのは好きです。普通の人間ばかり描いていると飽きてしまうので、角を生やしたり肌の色を変えたりすると創作の幅も広がりますし、楽しさも増えます。

——タトゥーや反転目もドキッとしてしまいます。例えば、柊キライさんのMVの子たちのように、ビジュアルに要素が多いほうが見栄えが良くなる感覚はありますか？

WOOMA　柊キライさんの楽曲はかなり個性が強かったので、その分絵も密度を高くしたほうが良くなると思いました。自分にとって最初はお仕事として考えていましたが、実際に描いてみたらとても楽しかったです！

——情報の多さが見応えにも繋がり、とてもカッコイイです！　WOOMAさんはいつ頃から絵を描くようになりましたか？

WOOMA　何歳から始めたかは覚えてないですが、小さい頃から絵を描くのは好きです。小学生の頃から授業中でも休み時間でも落書きをしてるような感じでした(笑)。

——学校や身の回りに絵描き友達はいましたか？

WOOMA　小学生の頃は一緒に絵を描いてくれる友達がいたんですけど、中学・高校は部活が運動部だったこともあり、絵に興味

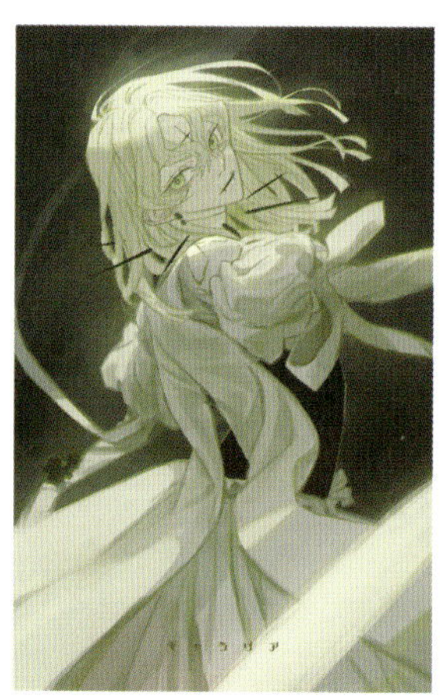

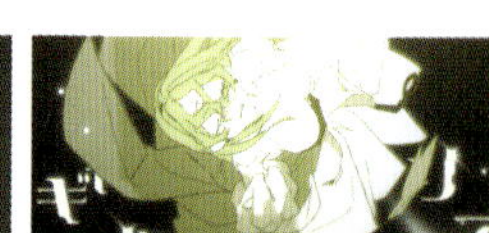

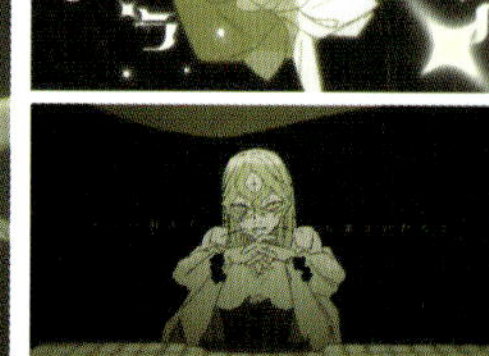

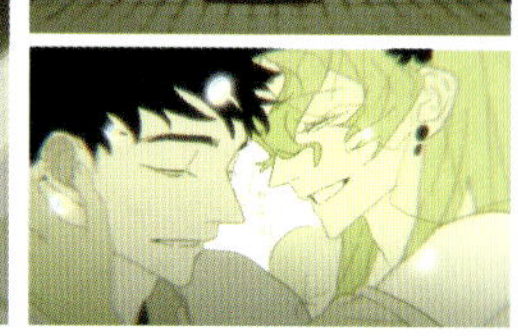

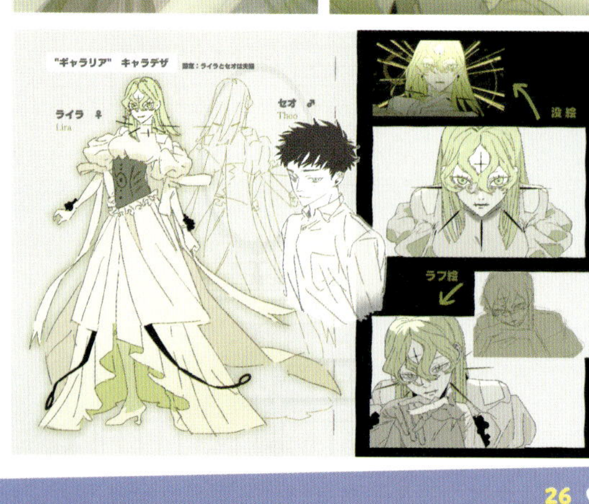

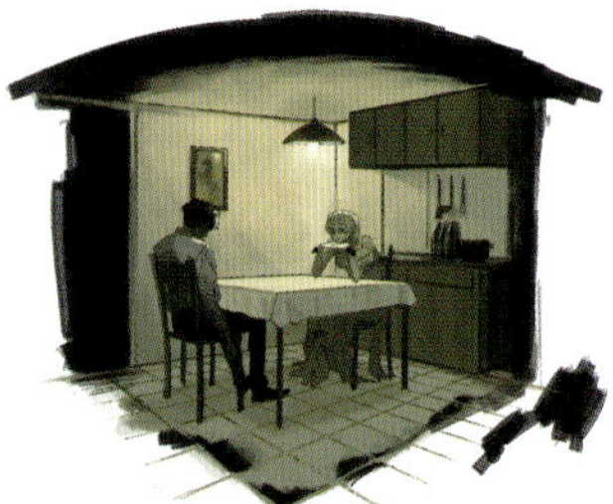

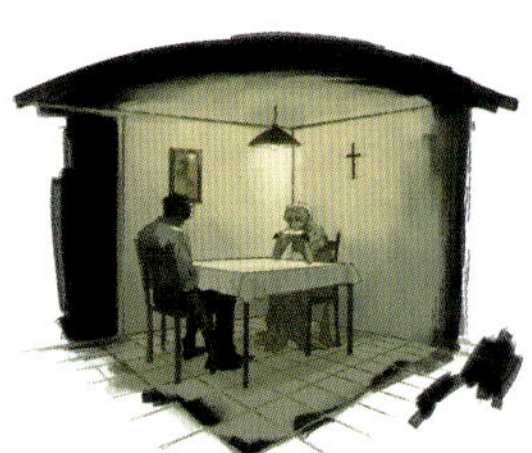

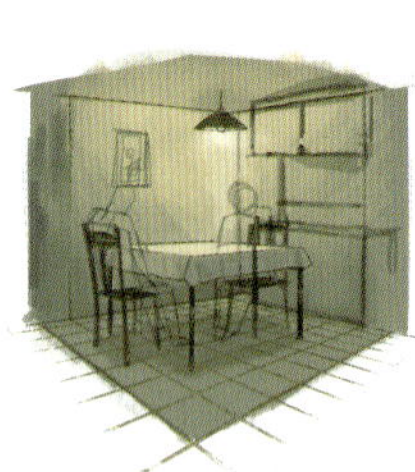

柊キライ×WOOMA『ギャラリア』

物語に登場するライラとセオのキャラクターデザインや、動画内のカットがイメージされている。ライラの鋭い目つきや裂けている口元が痛々しい。MVでも彼女の舞う姿がとても美しく、いつしかの微笑み合う夫婦の姿により切なさが募る。また、物語の舞台である夫婦の一室のデザイン案もあり、ライラがセオをじっと見つめている。

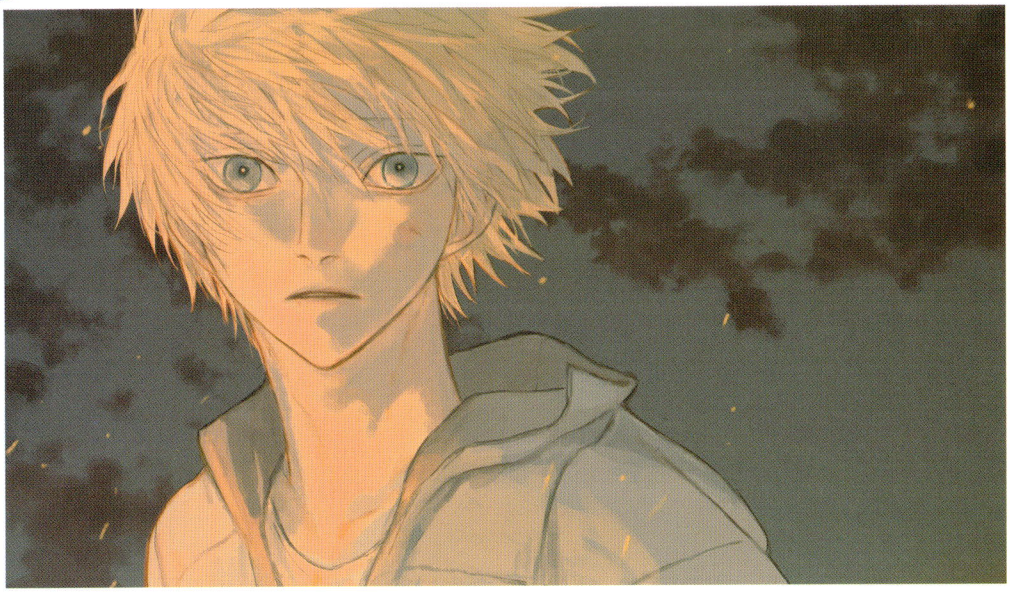

音楽ユニット「BIN」
『シュシュタイト』

ボーカルは山下さん、映像やイラストはWOOMAさんの親友・トマトさん、楽曲をTさんが担当している音楽ユニット「BIN」。『シュシュタイト』で描かれる、白髪の青年のぼんやりと向こう側を見つめる表情が美しい。オレンジの光を受けて、肌が燃え上がっているような印象も受ける。

YouTube：BIN official
公式HP：https://bin-official.jp/
Twitter id=@bin_0001

を持ってくれる友達があんまりいなかったですね。

――学校の授業中に落書きはしても、普段の学校生活では絵を描くより、運動して遊ぶ感じでしたか？

WOOMA　文化祭や体育祭などのイベントでポスターを担当するなど、そういったお絵かきは積極的にチャレンジしていたと思います。

――また、小学生の頃はどんな落書きをしていましたか？

WOOMA　よく、可愛い絵を描いていたと思います。「一期一会」のイラストが流行っていたこともあり、落書きはそういう可愛い女の子が多かったですね（笑）。

――「一期一会」の可愛い雰囲気から「うごメモ」（「うごくメモ帳」）のカッコイイ雰囲気になるまではどんなものを見ていましたか？

WOOMA　久保帯人先生の『BLEACH』や冨樫義博先生の『幽☆遊☆白書』を読んでいました。父が「週刊少年ジャンプ」を毎週買っていたので、置いてあるのをよく読んでいました。可愛い絵だけでなく、カッコイイ絵にも小、中学生の頃は憧れていました。

――WOOMAさんが作品を発表して世に出される中、キッカケとなったコミュニティなど、仲間ができた場はどういったところでしたか？

WOOMA　仲間ができたのはTwitterです。当時、高校生になるまで携帯を持っていなかったので、パソコンからアカウントだけを持っているような状況でした。絵の仲間の幅が広がったのは絵のお仕事を始めてからです。それまでは地道に活動していました。

――Twitterに絵を投稿していましたか？

WOOMA　Twitterにも絵を上げていました。高校一年生の時に初めてMV制作をしたのですが、今はもう閉鎖されてしまったサイト「ボカ★マッチ」という絵師や動画師、作曲者を結びつけるサイトが携わるキッカケでした。そこでイラストを描きますよ、という募集をかけたら依頼をいただけたんです。

――絵のお仕事はゲームや漫画、小説など様々にありますが、WOOMAさんが絵を発表するなら音楽で活動したいと思われていましたか？

WOOMA　自分の絵を公に出したのは「うごメモ」が初めてでした。その影響でボカロの曲やMVに触れることが多くなり、いつか自分もボカロ曲のMVを作ってみたいと思うようになりました。色々作品を作っていく中で、今でも憧れている、しづさんや△〇□×さん、わんにゃんぷーさんやりゅうせーさん達と肩を並べられるほどになりたいという強い気持ちが生まれました。しづさんの『脱獄』や△〇□×さんの『夕暮れ蝉日記』、りゅうせーさんの『少年少女カメレオンシンプトム』などを繰り返しよく見ていました。

――その方々が、WOOMAさんにとってこの業界に進みたいなと思わせる存在だったのですね。音楽系で活動する、どのようなところに魅力を感じていましたか？

WOOMA　単純にアニメーションと音楽が好きだったんだと思います。魅力というか、MVを担当する前に憧れていたことは正に「カゲプロ」（「カゲロウプロジェクト」）のようなもので、自分の考えたキャラクターにイメージソングのようなものが出来るような感じがして、「良いなぁ、いつか私も作りたいなぁ」と思っていました。

――SSの読者の中にはWOOMAさんのように動画作品を作りたいという人もいるので、どのように制作されているのか技術的な面も伺えたらと思います。楽曲の提供者さんからはお任せで依頼されることが多いですか？

WOOMA　個人の方からの依頼はお任せで作ることが多いです。

――曲を聴いたあと、絵コンテや素材を作る過程など、どのような手順で制作されますか？

WOOMA　楽曲をいただいてから、一枚絵かMVの依頼かで変わってきます。MVの場合だと最初に色合いやキャラクターデザインなど、浮かんだイメージを真っ白のキャンバスに敷き詰めて描いていきます（※『ゴースト・イン・カンサイ』のイメージボードを二八ページに掲載）。

――イメージボードは曲を聴きながら描くのでしょうか？

WOOMA　そうですね。曲を流しっぱなし

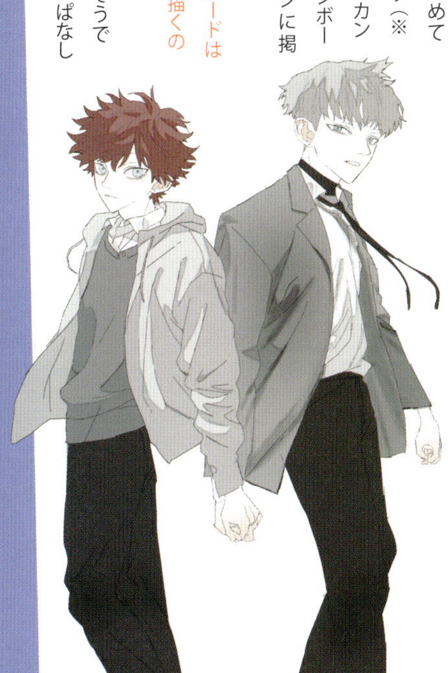

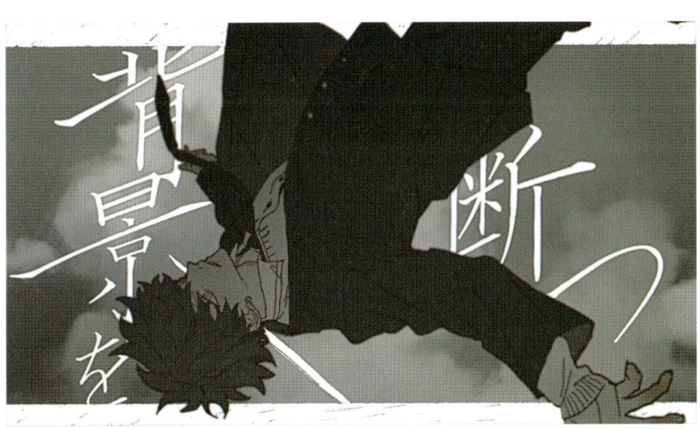

BCNO×WOOMA
『背景を断つ』

WOOMAさんがイラストと動画を手掛ける『背景を断つ』。最初のイメージでは、黒髪の青年が赤髪であった。2人が背を合わせながら手を繋ぐ様子にグッとくる。

【BCNO】
YouTube：BCNO
Twitter id=@bcno01

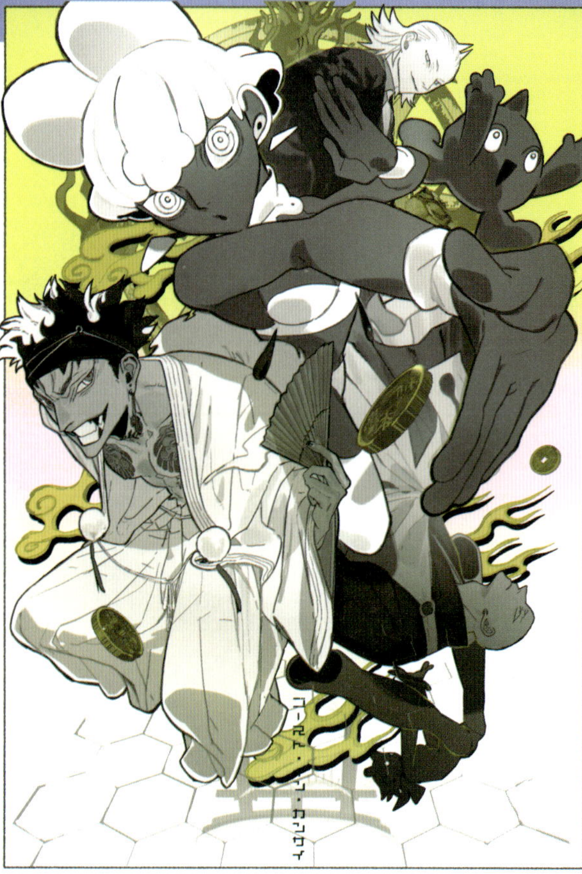

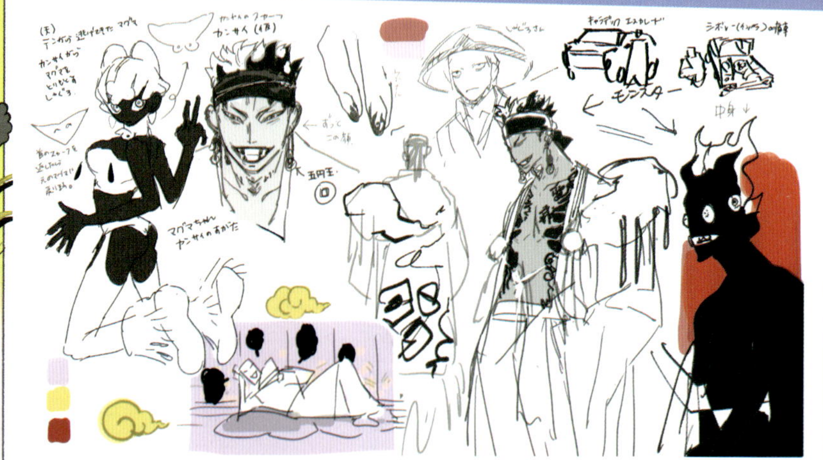

犬飼×WOOMA『ゴースト・イン・カンサイ』

『偶像崇拝』の犬飼さんとの共作に続き、手掛けられた『ゴースト・イン・カンサイ』。1枚にまとめられたイメージボードでは、マグマの「カンサイの姿」が描かれており褐色に白い衣装が映えている。首のスカーフを付け替えることで意識や姿が変化するそうだ。また、カンサイの笑顔が不気味である。MVの場面や物語のメモも描かれている。

【犬飼】
YouTube：犬飼　Twitter id=@inukaiv

にして、こういうキャラクターが出たらいいなという感じです。

――アイデアを出してからは、一般的なアニメーション制作のように絵コンテを作られているのでしょうか？

WOOMA　『ゴースト・イン・カンサイ』の場合は絵コンテではなく、Vコン（ビデオコンテ）に近いものを作りました。

――大まかな流れをラフに動画として作っているんですね。WOOMAさんが曲を聴いたときに先にイメージが出てくるのはキャラクター像ですか？　それとも場面的なものが多いですか？

WOOMA　場合によりますね。どっちかというと場面や構図が先に思い付くことが多いかもしれません。仕事外でもキャラクターをデザインしていることがあるので、キャラクターが思いつかないときはそのストックの中から曲に合っているキャラクターを使ったりすることもあります。ちなみにMVを作るにあたって、アイデア出しの時に演出とキャラデザをある程度固めておくとスムーズに作業が進むと思います。

――少し具体的なお仕事にさかのぼりお聞きします。煮ル果実さんや柊キライさんなど、動画では宗教的な世界観のバックグラウンドの着想があるのではと感じております。

WOOMA　『キルマー』や『紗痲』あたりはキリストの世界観を取り入れています。キリストの中でも宗派によって教会の造りが変っていたり、内装なども違います。そういったところで、キャラクターが育ってきた

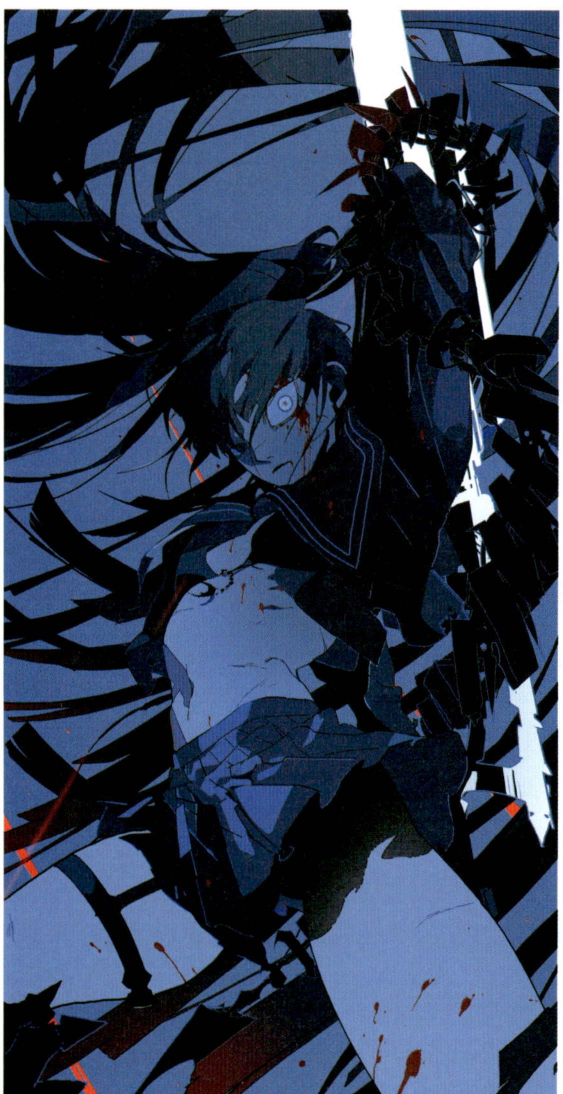

Ado×syudou×WOOMA『うっせぇわ』

『うっせぇわ』MVをWOOMAさんが手掛ける。楽曲の公開から2周年を記念したファンアート。

【Ado】YouTube：Ado　Twitter id=@ado1024imokenp

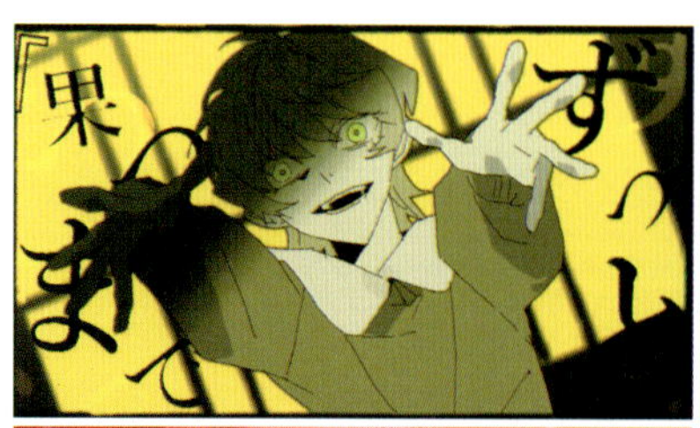

『アランダーノ』

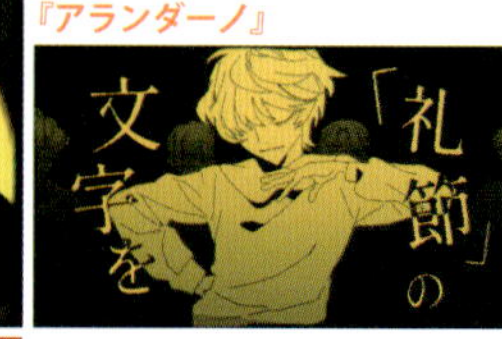

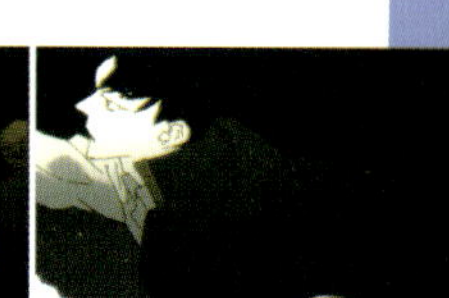

『キルマー』

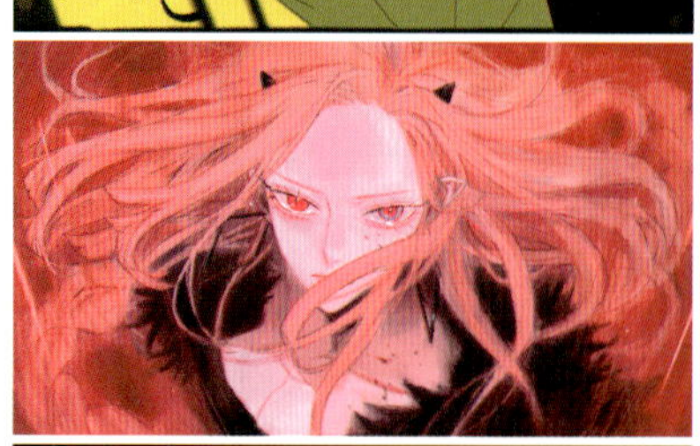

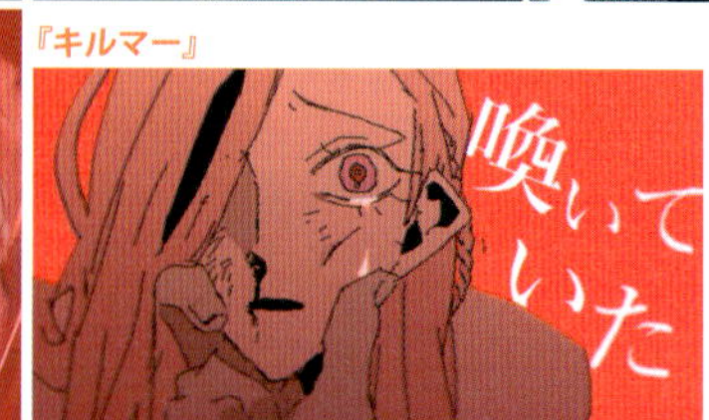

『紗痲』

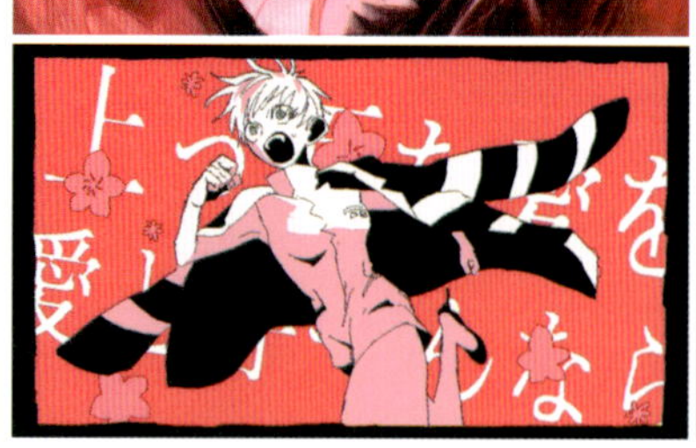

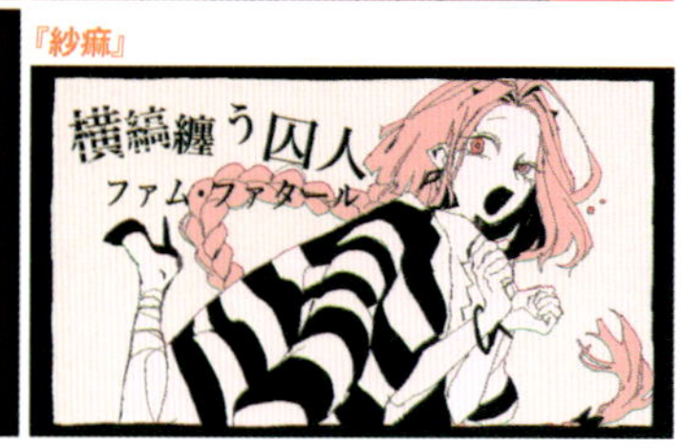

煮ル果実×WOOMA

これまでに煮ル果実さん楽曲『アランダーノ』や『キルマー』、『紗痲』のイラストと動画をWOOMAさんが担当している。3作品は繋がっており、カルミアという名の赤い瞳を持つ女性の悲劇、ガイの幼き時の過去、囚人となったカルミアなどが語られる。

【煮ル果実】YouTube：煮ル果実／NILFRUITS　Twitter id=@vinegar_vinegar

音楽ユニット「BIN」『朔の贄』

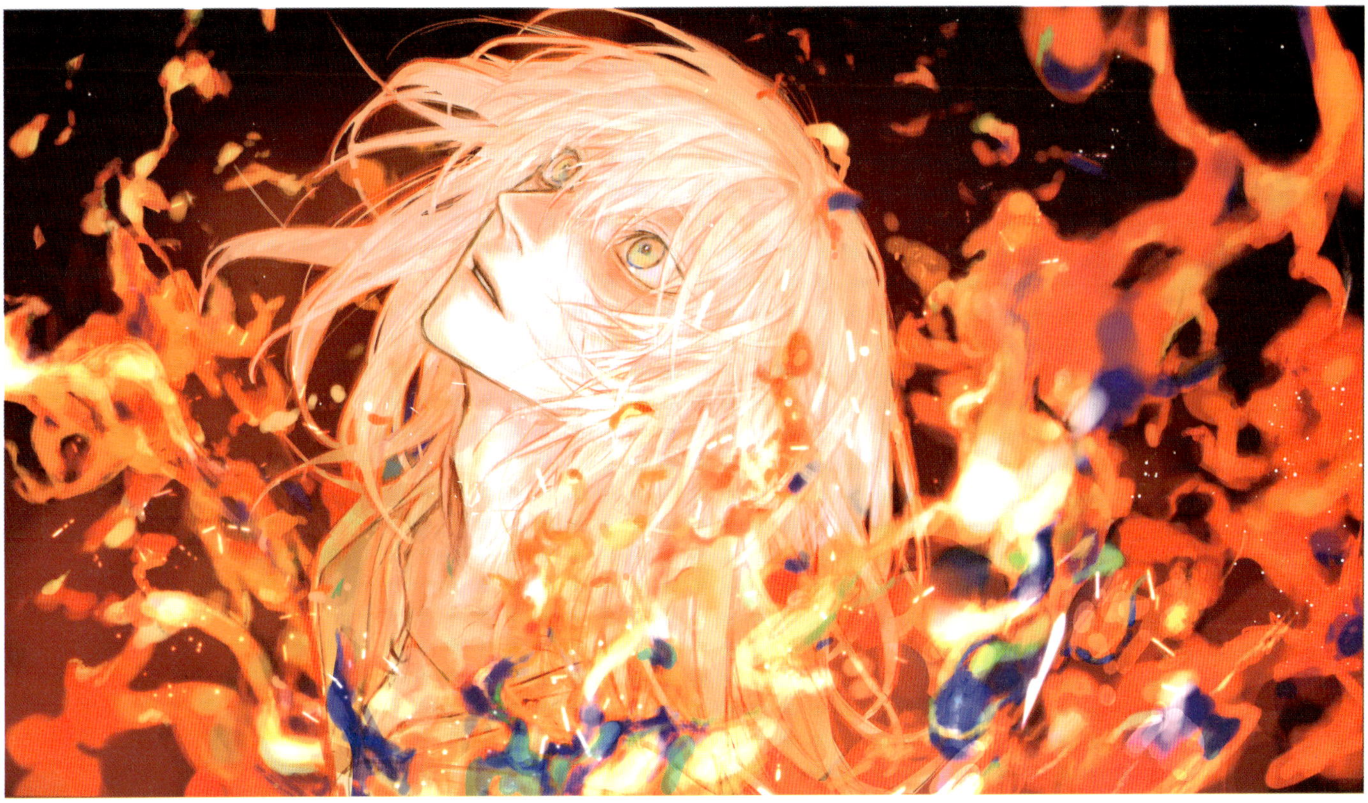

環境や価値観が説明しやすいと感じています。犬飼さんとの作品は、仏教から着想を得ていますが、『キルマー』や『紗痲』のようなバックグラウンドは特に考えておらず、仏教の世界観にSF感が組み合わさったら面白いと思い、好き勝手自由に描かせていただいています（笑）。

――また、煮ル果実さんの動画の設定やストーリーはWOOMAさんが考えていると思います。お任せで依頼を受けて、ストーリーを提案されているのでしょうか？

WOOMA 『紗痲』は曲を聴いてから物語を自由に作りました。『キルマー』以降は私が先にストーリーを作り、そこから煮ル果実さんに歌詞を当てていただきました。

――なるほど。作り方が途中で変化したのですね。作曲者さんによって作風の色を変えようと意識されてますか？

WOOMA そうですね。自分の世界観を全面に押すより、寄り添った形でお仕事をさせていただくことが多いです。

――様々なクリエイターさんと作品を作り続けていく中で、WOOMAさんとして、こういうことをしてみたいという気持ちが出てきた時期はいつ頃でしたか？

WOOMA いろんなことをやってみたいと思い始めたのは、柊キライさんからお仕事をいただいてからです。それまではシンプルなキャラクターデザインが多かったのですが、柊キライさんとお仕事をするうちに、凝ったキャラデザにも挑戦するようになりました。

――WOOMAさんの描かれるキャラクターたちは、表情が強いのも印象的です。柊キライさんとの作品もですが、パッと見て印象に残ります。

WOOMA 一度見たら目を離せないようなイラストを描けるようになりたいと常に思いながら描いてきたので、印象に残ると言っていただけて嬉しいです。

――『オートファジー』の、ヒョウガの記憶がない設定などは、WOOMAさんの中で色々作られた感じでしたか？

WOOMA そうですね。悪魔というテーマを最初に決めて設定を構築していきました。

――「BIN」では『チルドレン』のMVでWOOMAさんの創作っ子が出てきたり、より自分の世界に近付けて作られているように思います。

WOOMA そうですね。「BIN」のほうがWOOMAしてるんじゃないかなという感じです。あっ…でも「BIN」のお仕事は私じゃないですからね！ 親友のトマトくんがやってますから（笑）！

――そうでした（笑）。「BIN」はどういった経緯で結成されたんですか？

WOOMA 『チルドレン』は私が依頼を受けたのですが、そのあと作曲者のTさんにおこがましいんですけど、チームに親友のトマトくんを入れてほしいと頼みまして（笑）。

――（笑）。楽しそうに見えたから頼んだのでしょうか？

WOOMA そうですね。あと山上さんのことがめちゃくちゃ好きだったので、トマトくんも一緒に活動できたらなっていう思いで。今もみんなで楽しくやってるようです（笑）。

――それは楽しそうです！ 以前、アルセチカさんとも『絶対敵対メチャキライヤー』を一緒に作られてましたよね。このMVはWOOMAさんとアルセチカさん、どちらからお声掛けしたのでしょうか？

WOOMA 前々から二人で「ボカコレ」で何か合作したいよね、という話をしていました。誰か作曲をしてくれないかなという話をしていた時に、アルセチカさんの人脈がすごくて（笑）。メドミアさんにお願いしたら引き受けてくださって、一日か二日くらいで楽曲が送られてきました！

――素晴らしいスピード感ですね！ 最後に、今後MVに限らずしてみたい活動はありますか？

WOOMA VTuberやゲームなど、キャラクターデザインをしてみたいです。あとは小説の表紙など、将来はオリジナルの漫画なども描きたいと思っています！

――VTuberはWOOMAさんのキャラデザがとても映えそうです！

WOOMA 中の人も強い人がいいかもですね（笑）。

――（笑）。本日はお忙しいところお話しくださり、ありがとうございました！

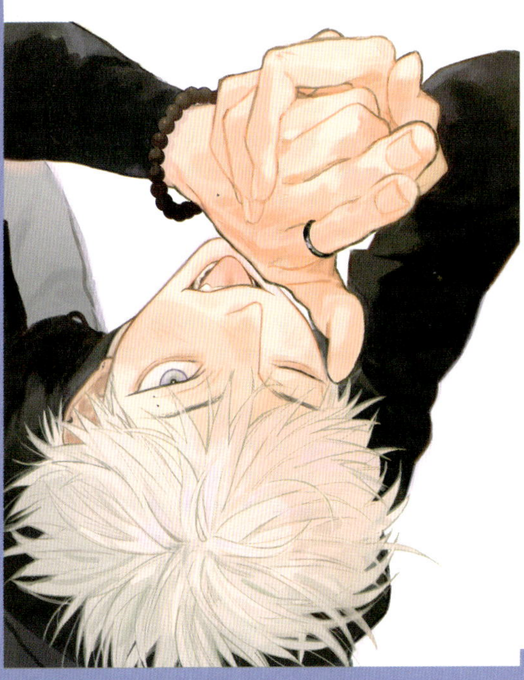

『ばーん☆』

作家名 時雨

透明水彩が持つ、きらめきや繊細な美しさを、月や星・宝石というモチーフを用いながら、作品を紡ぎ出す時雨さん。今回は、7月28日～8月6日に、原宿にあるデザインフェスタギャラリーで開催する「エス20周年記念展」で展示する、時雨さんのイラストをメイキング！　これまで時雨さんが雑誌「スモールエス」の表紙やメイキングなどで描いてくれたキャラクターを集合させた、華やかな作品です。今回は、それぞれのキャラクターの塗りをクローズアップして紹介します。

画材　シュミンケ ホラダム透明水彩絵具／ホルベイン 透明水彩絵具／クサカベ専門家用透明水彩絵具／コピックマルチライナー ブラック（0.05、0.1、0.3）、コピックマルチライナー セピア（0.05、0.1、0.3）、コピックマルチライナー ウォームグレー（0.1）、コピックマルチライナー クールグレー（0.3）／色鉛筆／アイシープレミアム ホワイト
用紙　ホワイトワトソン水彩紙（300g）

時雨
Twitter【@shigure0528】
Instagram【sh0_gu_nh】
pixiv【72830016】

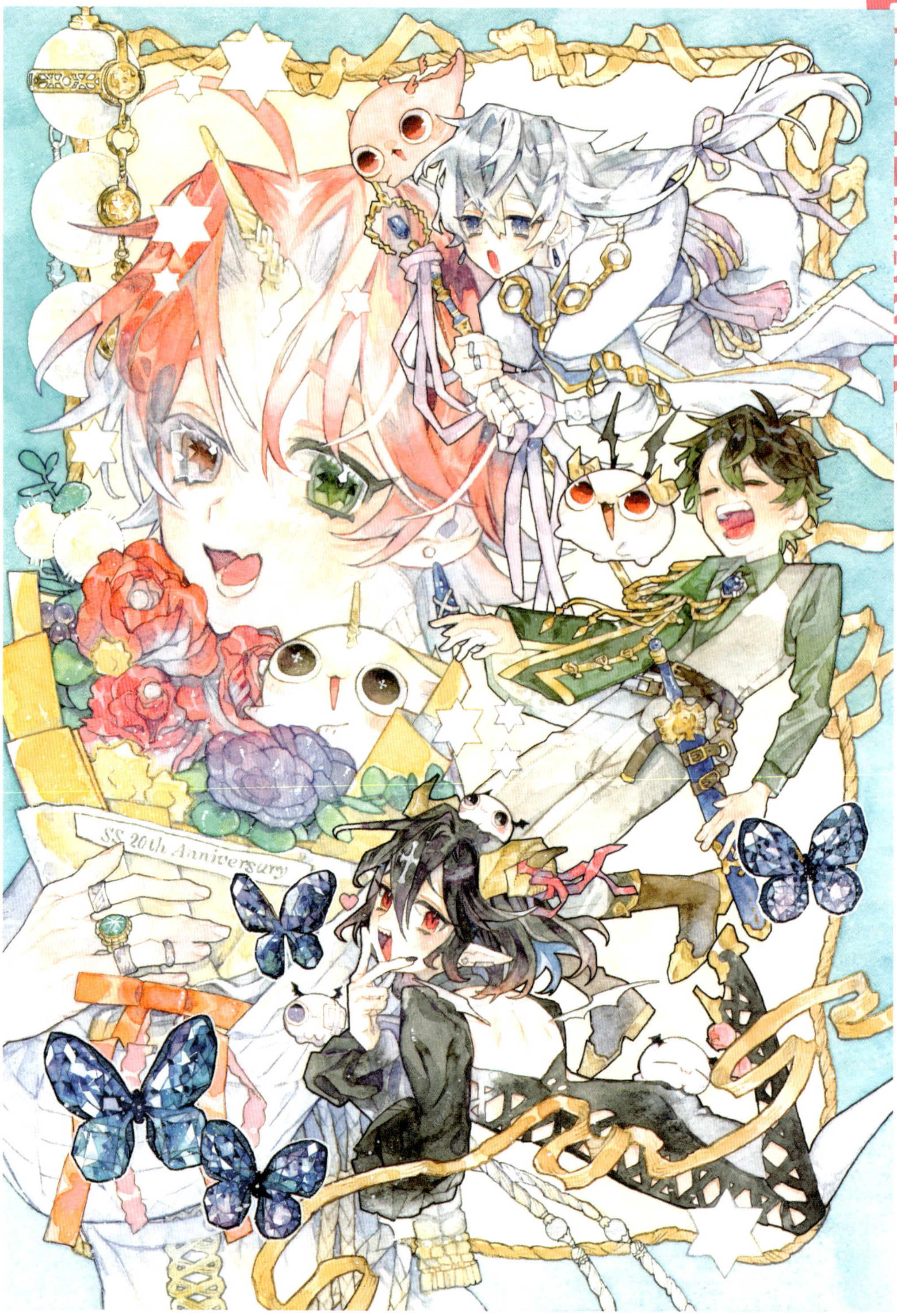

making of 透明水彩絵具

今回描いたキャラクターたち

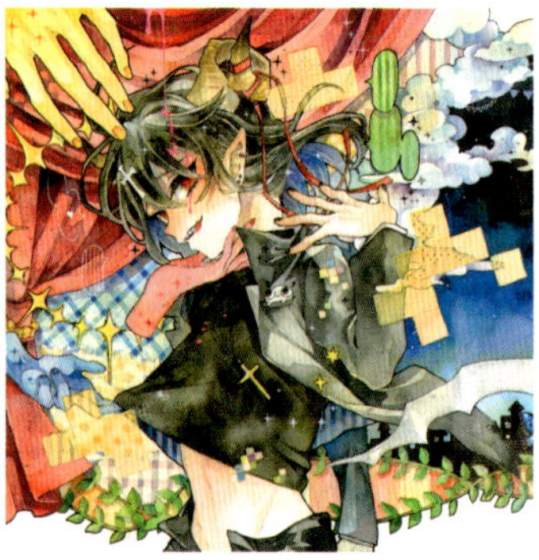
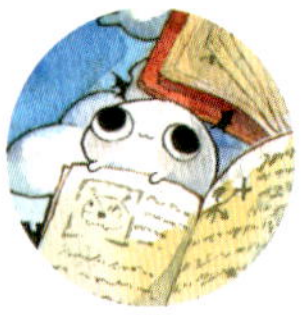

SS52号・描き下ろしイラスト
右図3人とは異なる世界観にいる悪魔のような男の子。「色気」をテーマに描いた1枚。この作品には、複数のギョロ目が登場しているのがわかる。

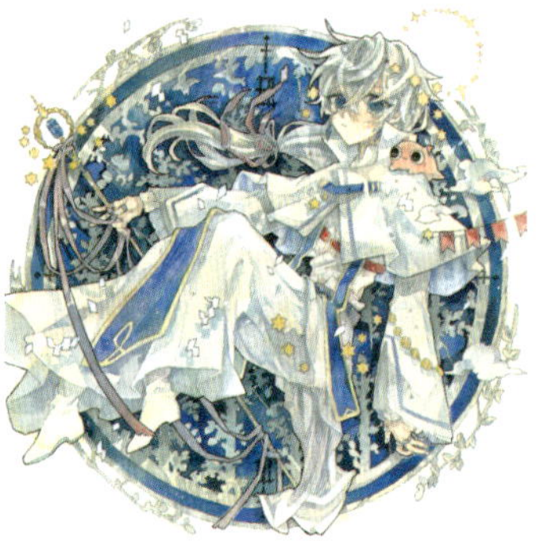
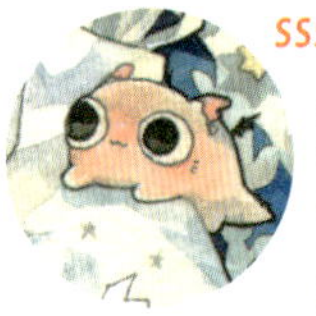

SS54号・メイキングイラスト
主人公に攻撃魔法を教えてくれる魔法使い。見た目は若いが実はかなりの年上…？　ウーパールーパーに似たギョロ目が愛らしい。

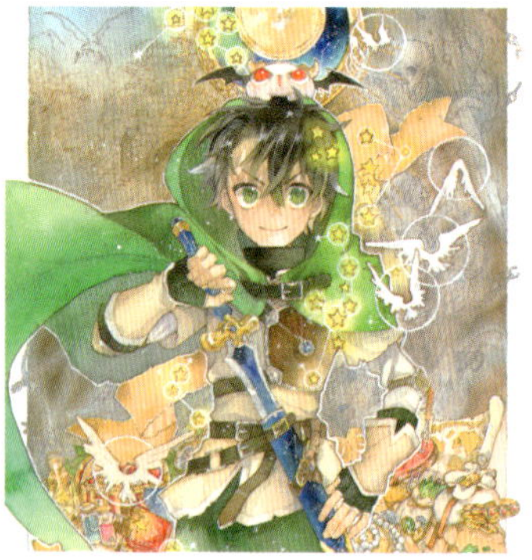
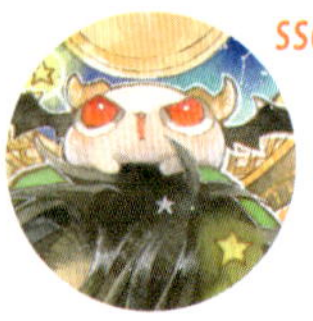

SS66号・Sky Sフリー扉イラスト
この世界の主人公・勇者くん。頭に乗ったギョロ目は、ドラゴンにもなれるそう。そのため、表情も他のギョロ目に比べて勇ましい。

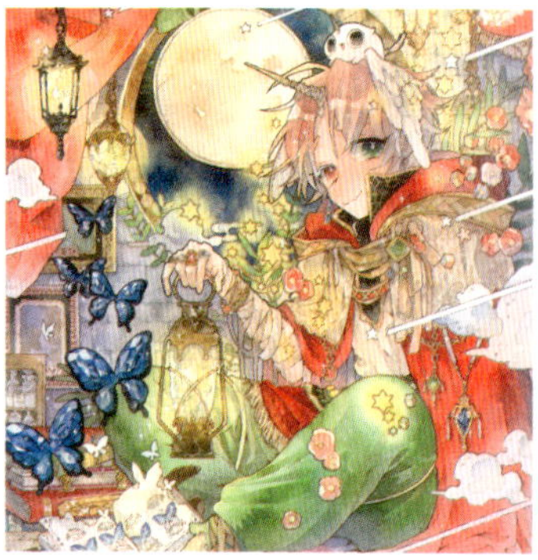
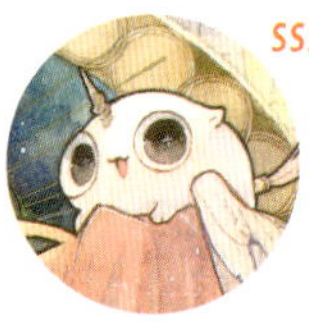

SS58号・表紙描き下ろしイラスト
アトリエの一室で研究をしている賢者。見た目は少年だが実年齢は…？　頭に乗ったギョロ目は、ユニコーンの姿にもなれるそう。

※色名のあとにシュミンケは（シュ）、ホルベインは（ホ）、クサカベは（ク）と表記。

下塗りをする

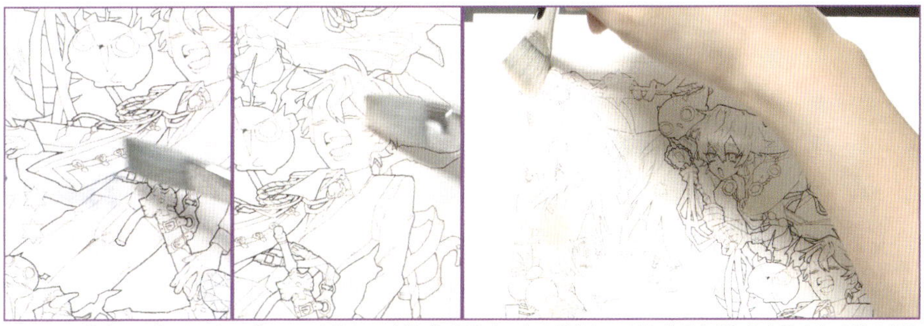

クサカベの「ピーチピンク＋ネイプルスアイボリー」を混ぜて温かみのある肌色をつくり、作品全体に色を乗せる。人物の頬や関節など、赤みを加えたい場所には肌色を濃く置く。逆に、紙の白さを残したい蝶々などは、ティッシュで色を落とす。色が乾いたら、奥にあるモチーフやカゲになる場所に、ラベンダー（ホ）をちょんちょんと重ねる。

賢者の子の肌を塗る

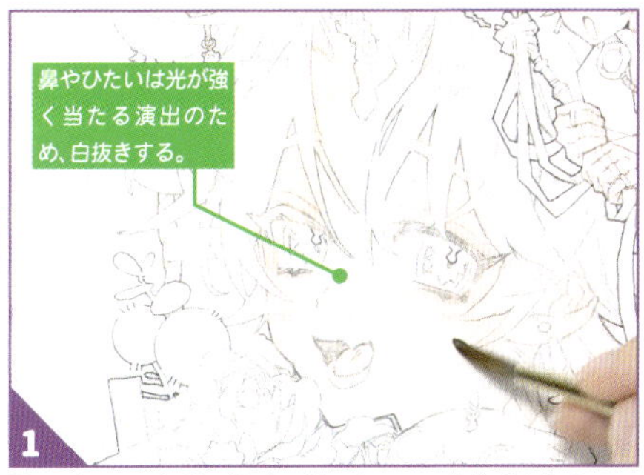

肌のベースの色は下塗りで塗ったので、立体感を加えていく。ネイプルスイエローレディッシュ（シュ）にピーチピンク（ク）を混ぜてつくった、ピンクがかった肌色でカゲを描く。他の人物も同様に肌のカゲ、指先、関節に色を置いた。

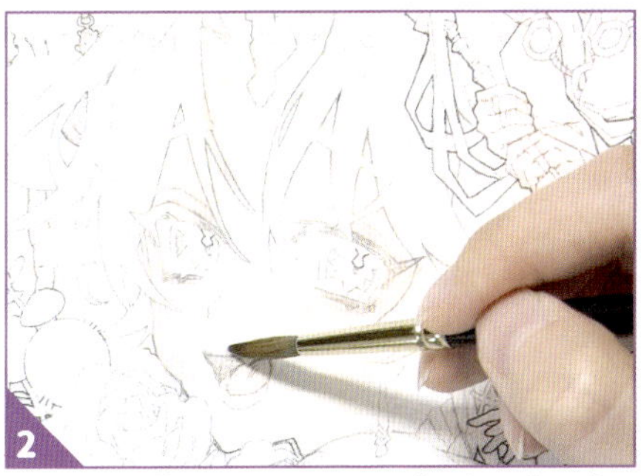

シュミンケの「ウルトラマリンファイネスト＋パーマネントカーマイン」を混ぜて紫色をつくる。水で薄めた淡い紫色を右頬（向かって左側）に乗せる。乗せた色が少し濃かったため、ティッシュでオフする。

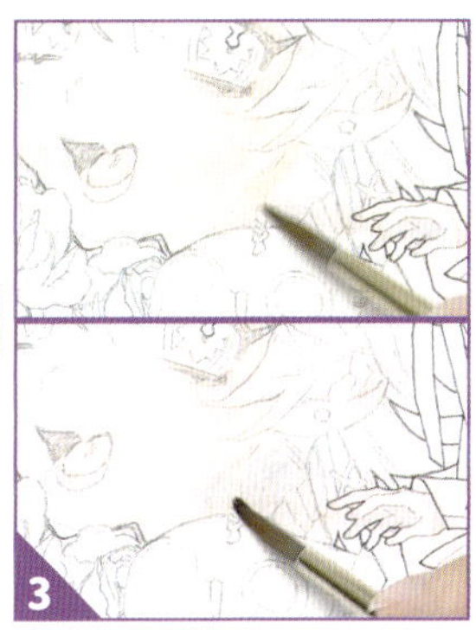

首の下にカゲを入れる。ネイプルスイエローレディッシュ（シュ）でカゲを描いたら、上からラベンダー（ホ）を重ねる。

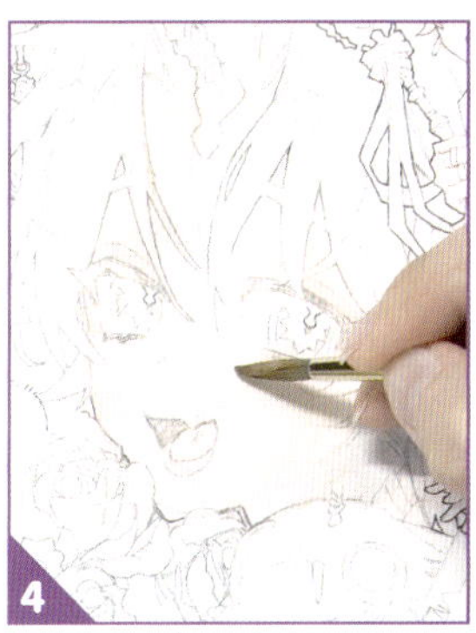

ライティングを引き立たせる。鼻のライティング部分にできた、水彩境界部分にピーチピンク（ク）を重ねた。

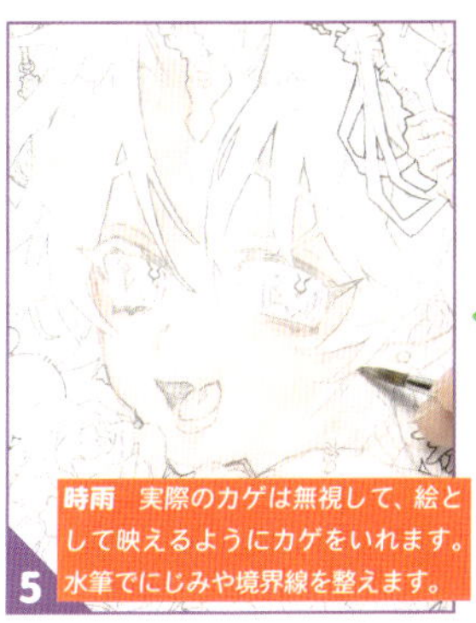

色が乾いたら、シュミンケの「ウルトラマリンファイネスト＋パーマネントカーマイン」でつくった紫色で、顔に落ちる髪のカゲを描く。

ラフ＆線画

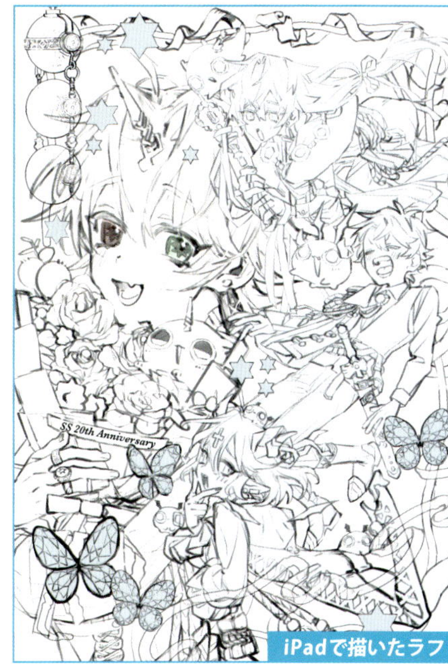

iPadで描いたラフ

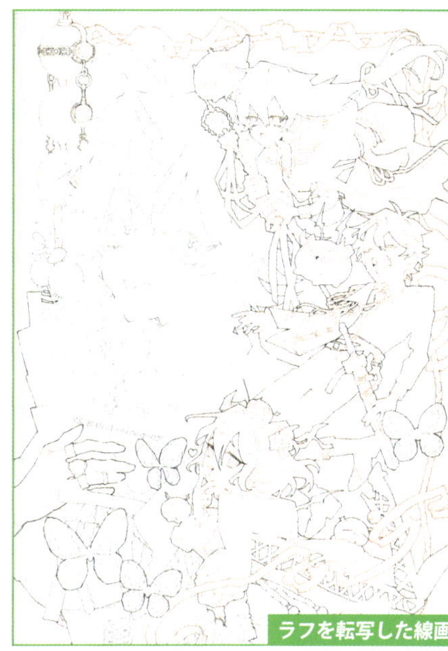

ラフを転写した線画

時雨　今回使用した紙は、普段つかっているホワイトワトソン水彩紙（300g）です。ブロックタイプの水彩紙は、水張りをしなくていいので、時短にもなります。大きく描いた賢者の子の、顔や手前にくる髪は繊細な印象にしたいので、コピックマルチライナーの0.1をつかいました。

賢者の子の髪を塗る

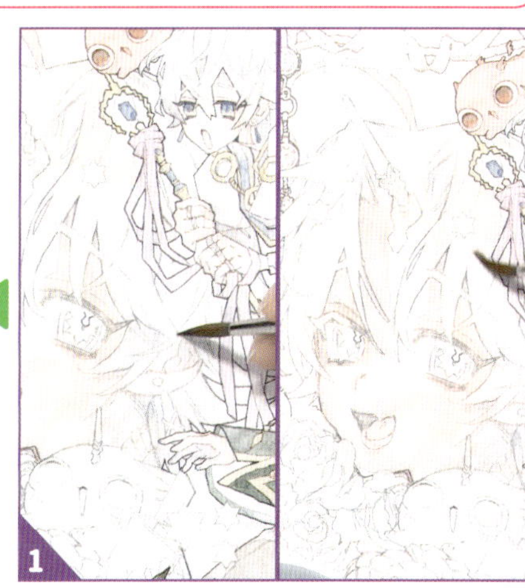

ピーチピンク（ク）で髪全体の下塗りをする。前髪の毛先にはネイプルスアイボリー（ク）を乗せてなじませる。顔の左右の毛先にはラベンダー（ホ）を入れ、透明感を演出。

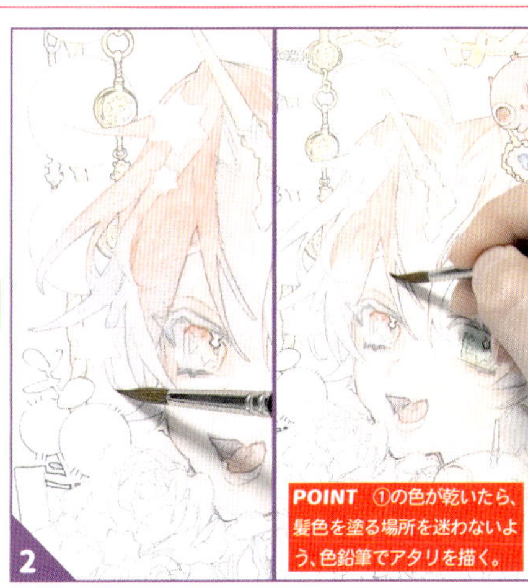

シュミンケの「カドミウムレッドライト＋ネイプルスイエローレディッシュ」でピンク色をつくり、髪を塗る。下塗り同様、毛先や奥まっている所にはラベンダー（ホ）を重ねた。

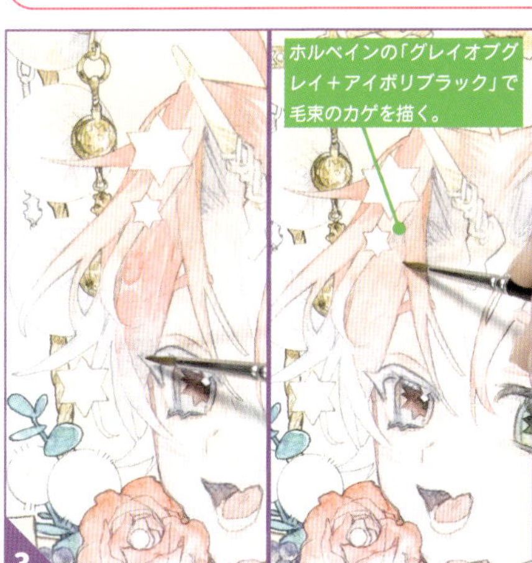

ホルベインの「オペラ＋バーミリオンヒュー」を混色してつくった鮮やかなサーモンピンク色で髪色を濃くしていく。毛先に向かってラベンダー（ホ）でグラデーションにする。

※色名のあとにシュミンケは(シュ)、ホルベインは(ホ)、クサカベは(ク)と表記。

賢者の子の瞳の中を塗る

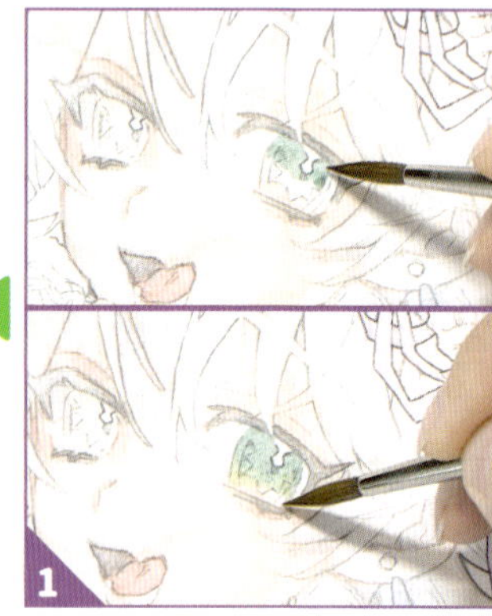

左目を塗る。瞳上部はフタログリーン(シュ)を置く。フタログリーン(シュ)にカドミウムイエローライト(シュ)を混ぜてつくった黄緑色を瞳下部に乗せ、2色の境目をなじませる。瞳下部には、黄色の印象を強めるために、レモンイエロー(シュ)を重ねた。

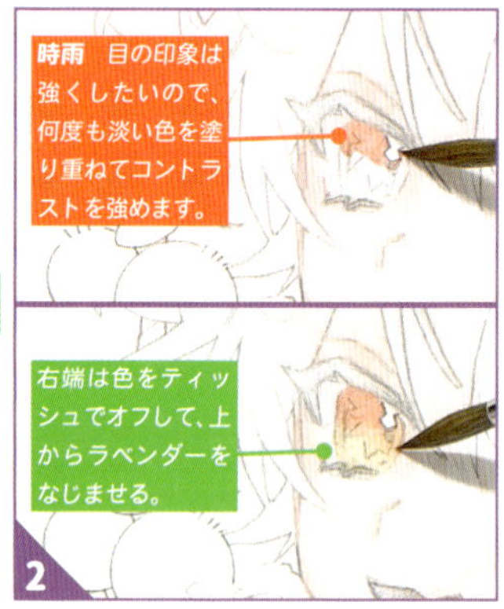

右目上部には、カドミウムレッドライト(シュ)を置く。その色のフチを「カドミウムレッドライト(シュ)＋カドミウムイエローライト(シュ)」を混ぜてつくったオレンジ色で、なじませる。瞳下部には、レモンイエロー(シュ)を乗せてグラデーションする。

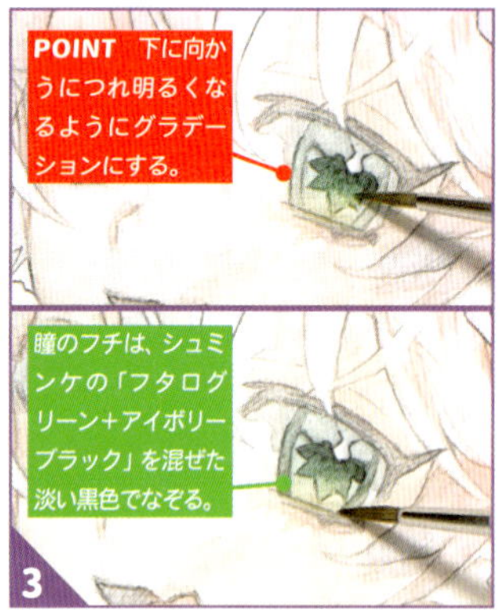

シュミンケの「フタログリーン＋アイボリーブラック」で濃い緑色をつくり、瞳の中の星柄の上部を塗る。中央には、パーマネントグリーンオリーブ(シュ)を置き、下部に向かってカドミウムイエローライト(シュ)をなじませながら塗り伸ばす。

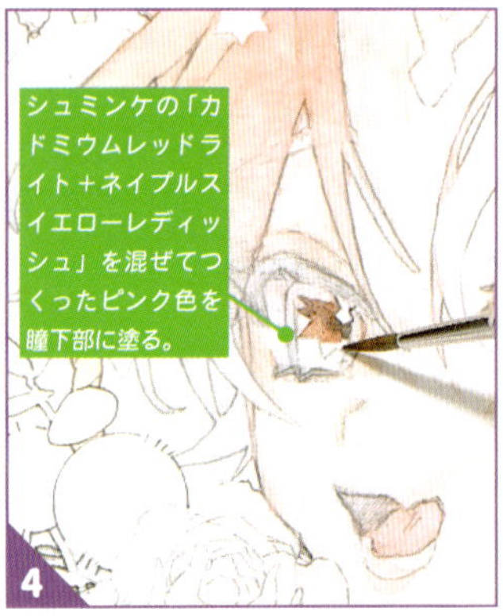

右目の瞳の中の星柄も塗る。「カドミウムレッドライト(シュ)＋アイボリーブラック(シュ)」を混ぜた黒っぽい赤色を瞳上部に塗り、カドミウムレッドライト(シュ)をたらし込む。瞳下部は、図示で記載した2色を混ぜてつくったピンク色を塗る。

悪魔くんを塗る

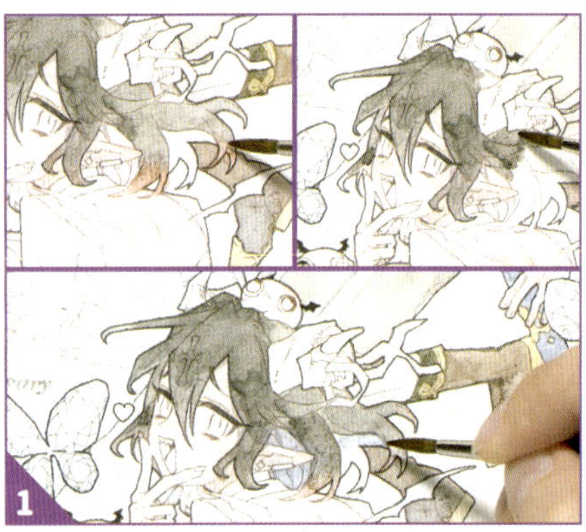

髪を塗る。まず、アイボリーブラック(シュ)で髪をベタ塗りする。毛先にはカドミウムレッドライト(シュ)を置いてなじませる。インナーカラーはウルトラマリンファイネスト(シュ)で塗った。

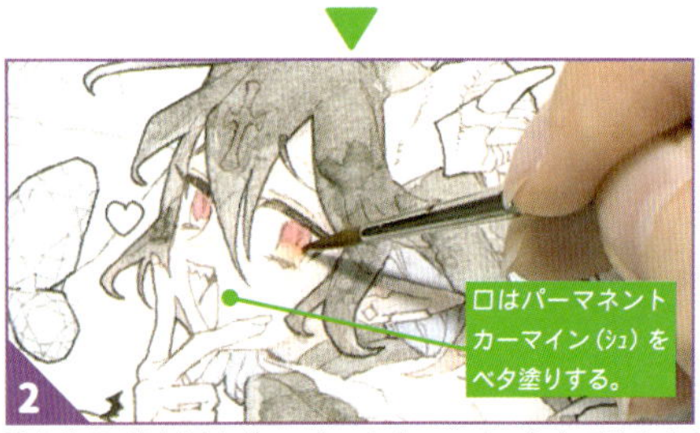

瞳を塗る。瞳上部はパーマネントカーマイン(シュ)で塗る。下部にはカドミウムイエローライト(シュ)を置いて、2色の境目をなじませる。

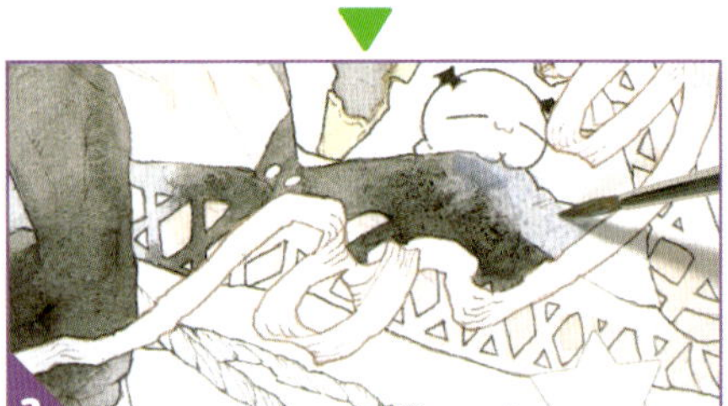

服を塗る。悪魔くんの服はホルベインのラベンダーとアイボリブラックをつかう。脇部分や奥にある右足部分は、ラベンダーを敷いて奥行きを演出。ラベンダーとなじむように、アイボリブラックを乗せて服全体に色を塗り広げていく。

時雨　基本のカゲにはラベンダー(ホ)をつかい、青みが強すぎる所には、ピンク系の紫・ライラック(ホ)を入れることでアクセントにしています。パーツごとにバランス見て色を選びます。ラベンダーとライラックは他の絵具より不透明度がちょっとだけ高めなので、マットに塗り直したい、にじみを隠したいところにもつかえます。

勇者くんを塗る

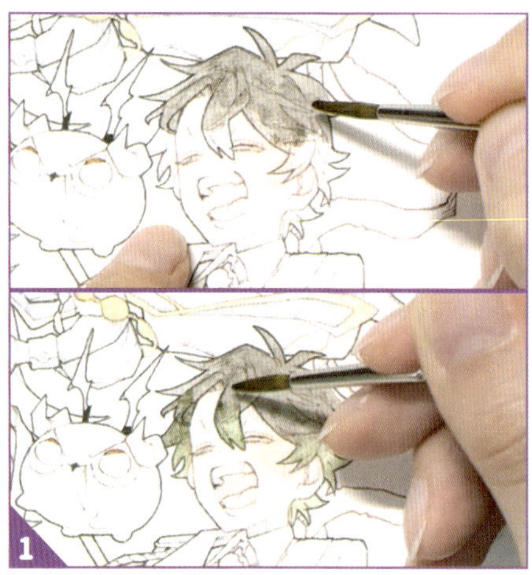

髪を塗る。頭上から毛先に向かい、セピアブラウン(シュ)を塗り広げていく。毛先にはシュミンケの「パーマネントグリーンオリーブ＋カドミウムイエローライト」を混ぜた黄緑色を置いてなじませる。

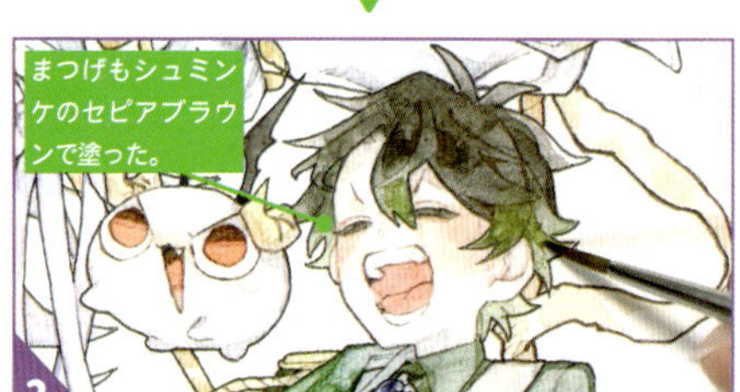

①で塗った色が乾いたら、セピア(ホ)で髪の毛束感を描く。光が当たる場所を塗り残しながら、カゲになる場所に色を置く。毛先にはサップグリーン(ホ)を重ねた。髪のコントラストを濃くするためシュミンケの「セピアブラウン＋アイボリーブラック」でこげ茶色をつくり、カゲを加筆。

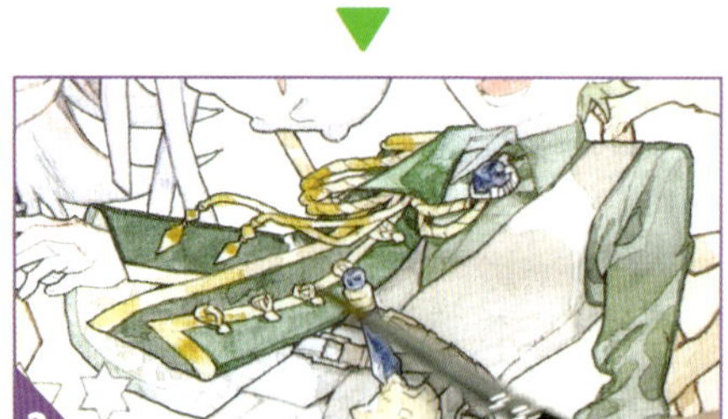

ゴールドのパーツは、まずイエローオーカー(シュ)でベタ塗り。濃く取ったイエローオーカー(シュ)で金属の光沢感(カゲ)を描き、ところどころセピア(ホ)を混ぜてつくったカラシ色を置けば、キラッと光る金色の装飾の完成。

魔法使いを塗る

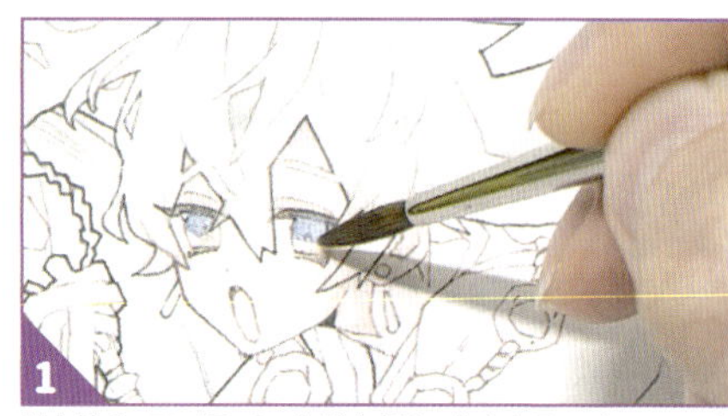

瞳を塗る。アイラインと瞳上部は、ウルトラマリンファイネスト(シュ)でベタ塗り。瞳下部には、ネイプルスイエローレディッシュ(シュ)を置き、2色の境目をぼかす。

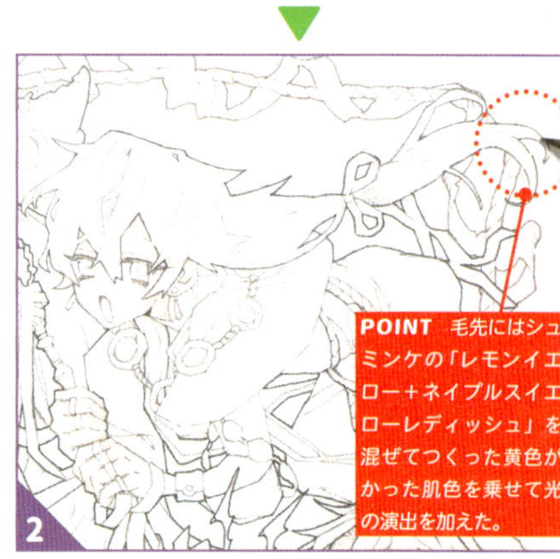

髪はシュミンケの「アイボリーブラック＋ウルトラマリンファイネスト」を混ぜた青っぽい黒色で、毛先に向かって色が薄くなるように、水筆でグラデーションをしながら塗る。

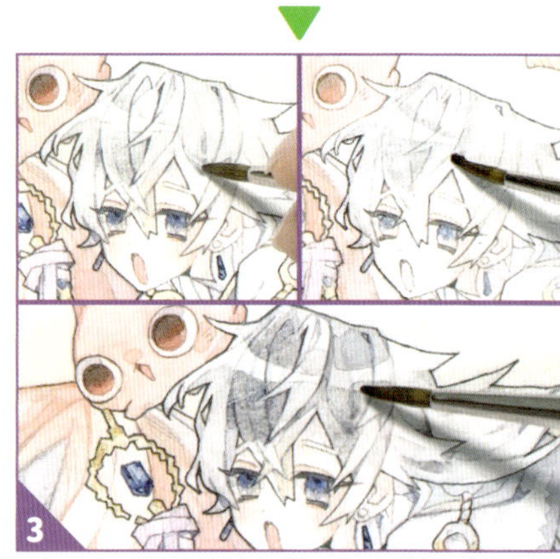

ホルベインの絵具で髪を加筆していく。「ランプブラック＋ミネラルバイオレット」を混ぜてつくった濃い紫色で、頭の丸みを描く。ところどころ前髪の髪スジにライラック(ホ)をなじませる。最後に「ランプブラック＋ミネラルバイオレット」で紺色をつくり、髪に大きなカゲを描く。

※色名のあとにシュミンケは(ｼｭ)、ホルベインは(ホ)、クサカベは(ク)と表記。

バラを塗る

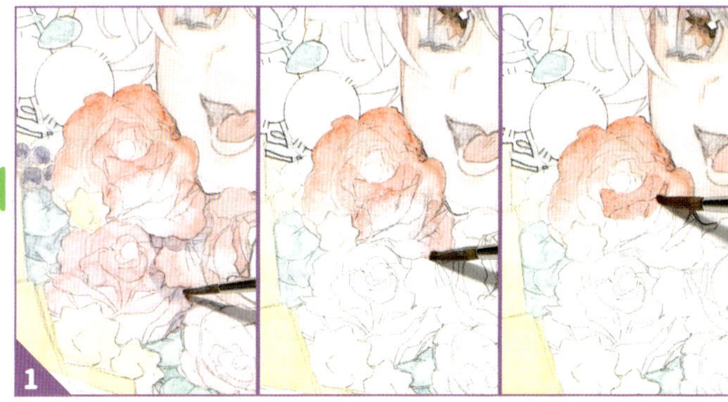

シュミンケの「カドミウムレッドライト＋パーマネントカーマイン」でつくった朱色で花びらを塗る。花びらの端から中央に向かって色を塗り伸ばすのがポイント。奥行きを出したい場所はラベンダー(ホ)をにじませる。シュミンケの「ウルトラマリンファイネスト＋パーマネントカーマイン」にラベンダー(ホ)を混ぜて紫色をつくり、カゲを描いて前後感を表現。

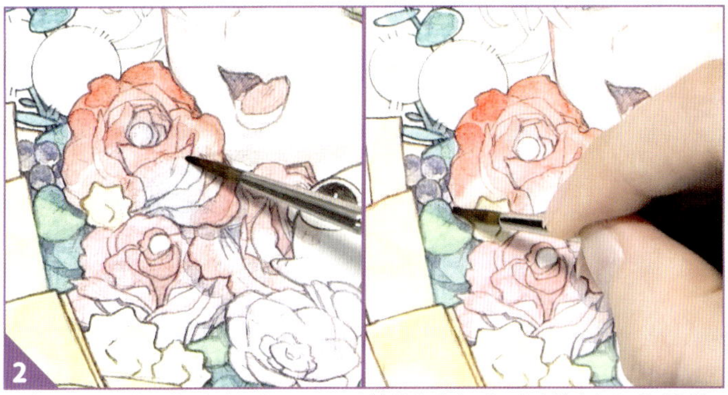

花びらのツヤを塗り残しながらピロールレッド(ホ)を乗せて花の色を濃くする。花びらがつぼまっている中央部分やカゲには、ラベンダー(ホ)を重ねた。ラベンダー(ホ)の上からセルリアンブルー(ホ)を乗せ、グレイオブグレイ(ホ)で塗り伸ばして、カゲの色を濃くした。セルリアンブルー(ホ)を重ねたことで透明感が出た。

宝石の蝶々を塗る

※全てホルベイン透明水彩絵具を使用

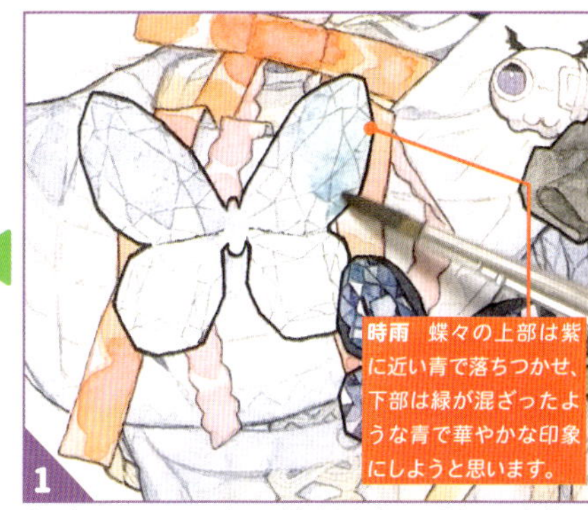

ウルトラマリンライトで下塗りをした。一番キラッと光る場所は白抜きをするのがポイント。向かって右側にはターコイズブルーを淡く重ねる。その上にマリンブルーも乗せた。

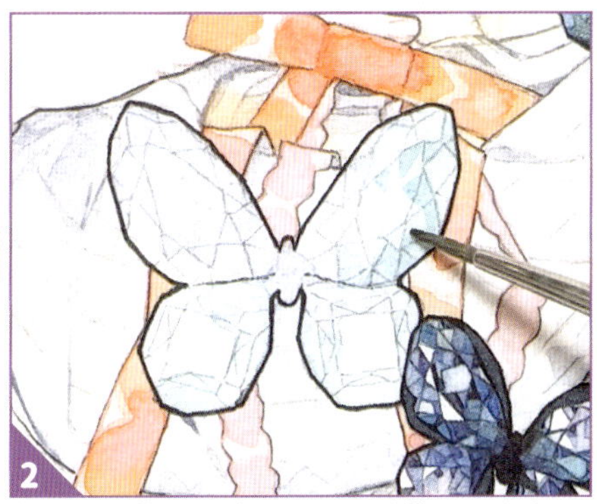

①の下塗りが乾いたら宝石のカット面を描いていく。ターコイズブルーをつかった。大きなカット面には、三角形をアドリブで描き、カット面を増やすことできらめく様子を表現。

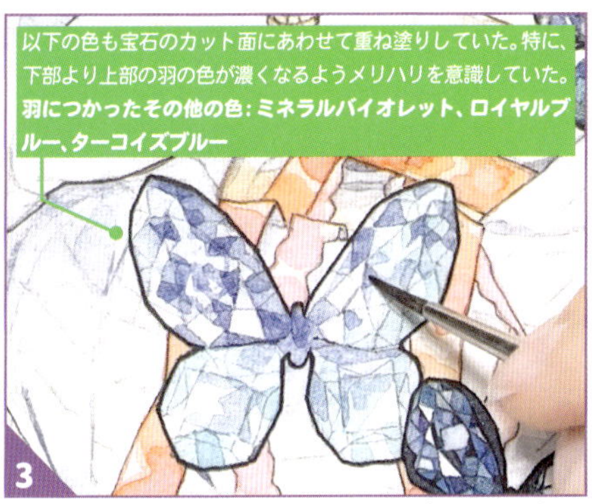

向かって左側には、ウルトラマリンディープやマリンブルーを薄めた色でカット面を描く。向かって右側は、ウルトラマリンライトやマリンブルーでカット面を加筆した。

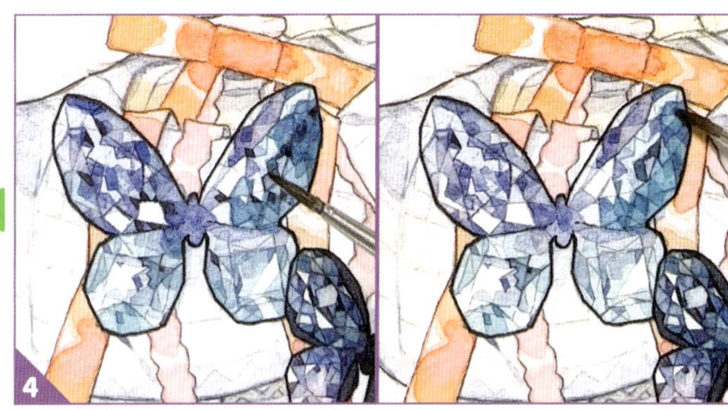

羽の形に合わせて濃いピーコックブルーを乗せる。「インジゴ＋ミネラルバイオレット」で紺色をつくり、細かい三角形やひし形を描いて、コントラストを強めた。

時雨　今回は蝶々の羽の曲線を意識して、ピーコックブルーを置きました。

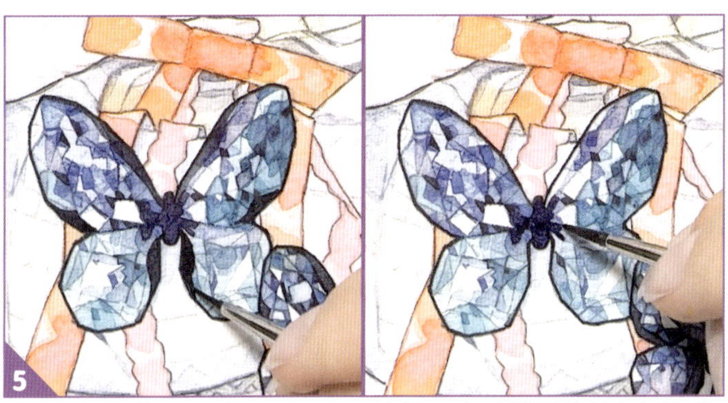

蝶々の中央部は、「ミネラルバイオレット＋インジゴ」でつくった紺色を濃くなじませた。「ミネラルバイオレット＋インジゴ」にランプブラックを混ぜてつくった青っぽい黒色で、蝶々の線画をなぞっていく。

仕上げ

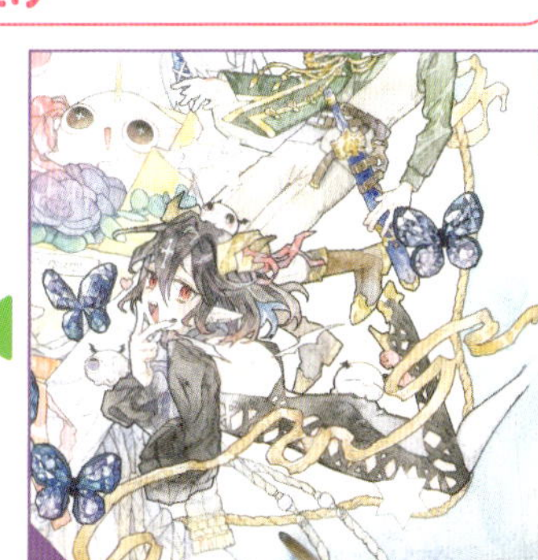

背景は、ホリゾンブルー(ホ)でベタ塗りする。下部に向かうにつれ色が濃くなるよう、ウルトラマリンライト(ホ)を混ぜた青色でグラデーションになるように塗り広げていく。

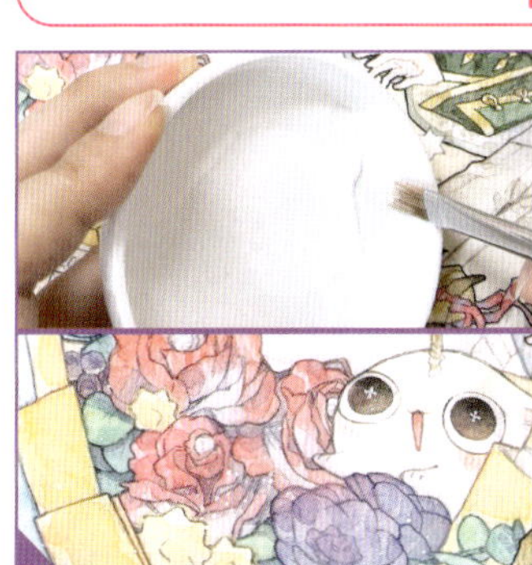

筆と絵皿をつかい、スパッタリングをする。花や人物の髪、蝶々あたりに、水で溶かしたアイシープレミアムホワイトを散らす。水分量で濃さをコントロールする。

まとめ

時雨さんは、下塗りにシュミンケ、肌の塗りはクサカベ、塗り込みはホルベインの水彩絵具をつかっていました。作品全体のカゲや奥行きにはホルベインのラベンダーをつかうことで、「水色の光が反射して晴れ空の下にいるような空気感」をイメージしたそうです。それにより、統一感も生まれていました。瞳や宝石の蝶々など、強いきらめきを持つモチーフは、何度も淡い色を重ねて、コントラストを強くすることで、モチーフが光っているような印象に描き上げていました。

※原画は原宿のデザインフェスタギャラリーで展示されます。ぜひ、見に来てください♪　詳しくは今号の69ページをご覧下さい。

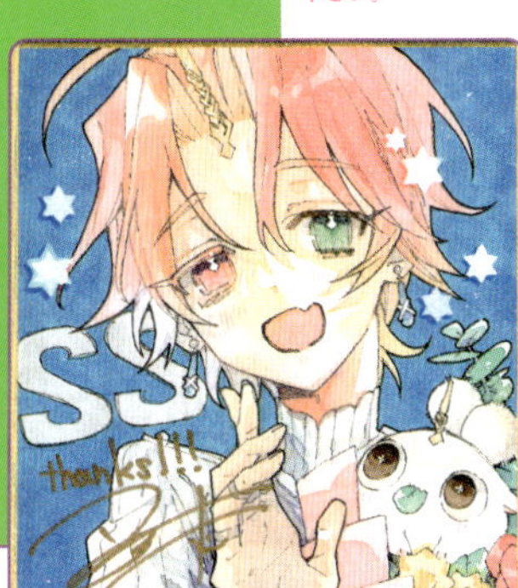

色紙プレゼント

作家名 梨玖

主にコピックをつかい、ケモ耳やフルーツ耳を持つ愛らしい女の子を描き出す梨玖さん。朗らかな笑顔に心があたたかくなります。また、コピックによるじわっとしたにじみのタッチも美しいです。今回はそんな作品を描き出す、梨玖さんのメイキングをお届けします。

画材 コピックスケッチ／コピックチャオ／コピックマルチライナー（セピア0.05、0.1／ピンク0.05／オリーブ）／シャープペンシル／ポスカ白（極細）／シグノホワイト
用紙 マルマン（図案スケッチパッドA4）

梨玖
Twitter【@warabi_riku】

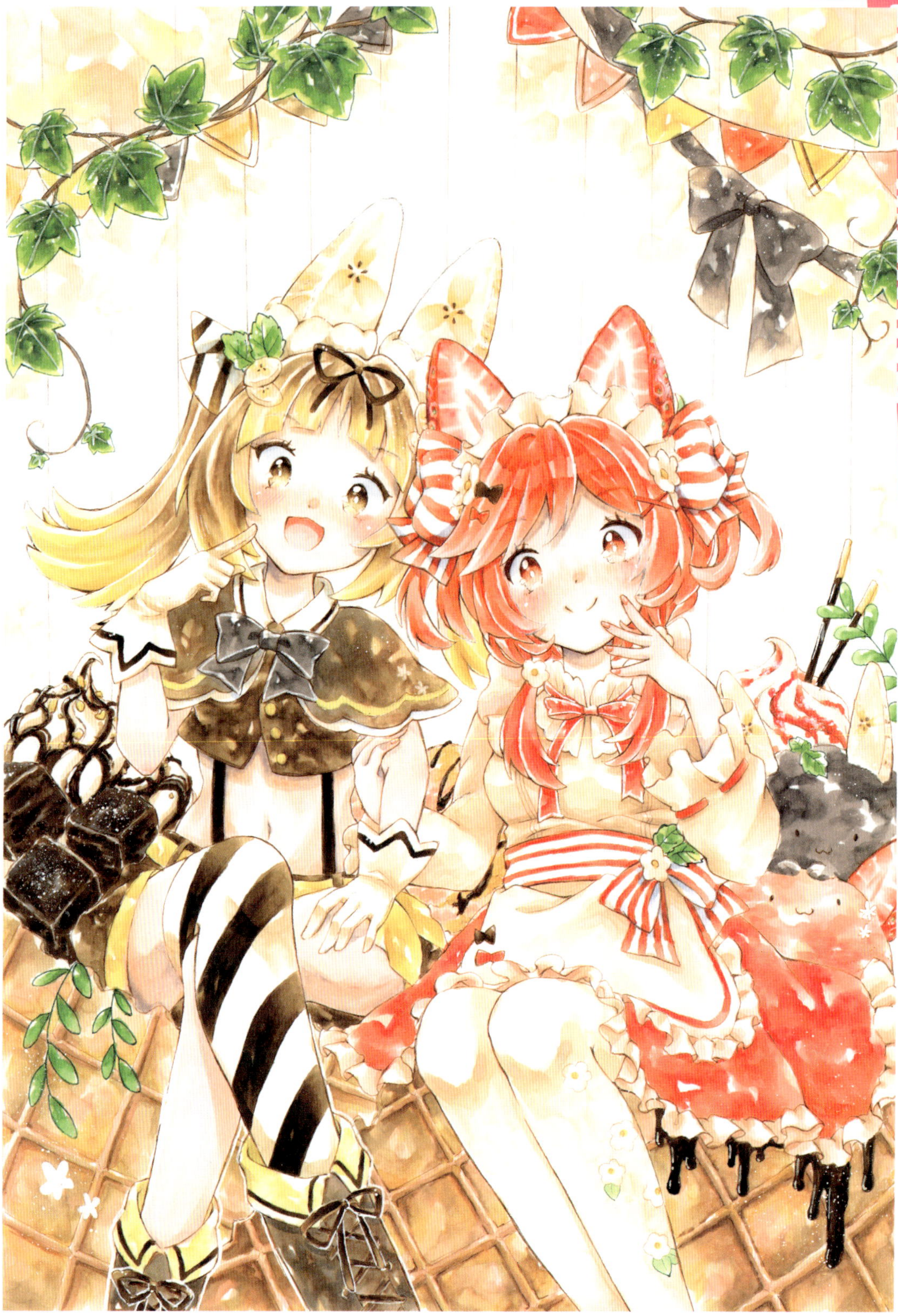

making of コピック

今回使用する画材

【コピックの特徴】

●コシがある筆状のニブ「スーパーブラシ」が丈夫で塗りやすい。
●色数が豊富で、ビビッドな色から肌色、極薄色まで揃う。

コピックスケッチ 各価格：462円（税込）

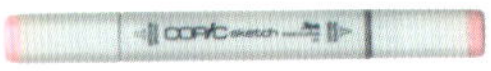

色数：358色
成分：アルコール染料インク

コピックチャオ 各価格：308円（税込）

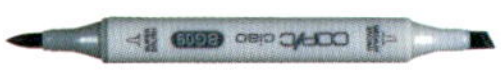

色数：180色
成分：アルコール染料インク
初心者向けで、手頃な値段。描き味や色味はコピックスケッチと同じ。

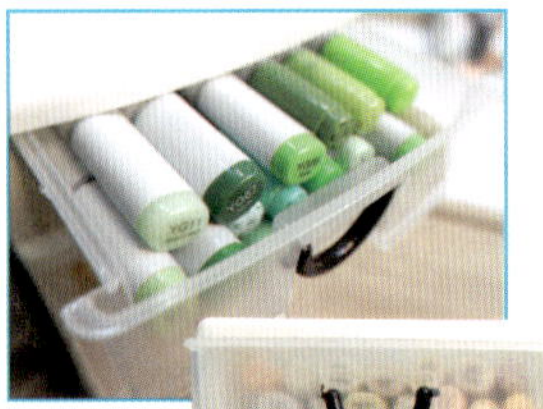

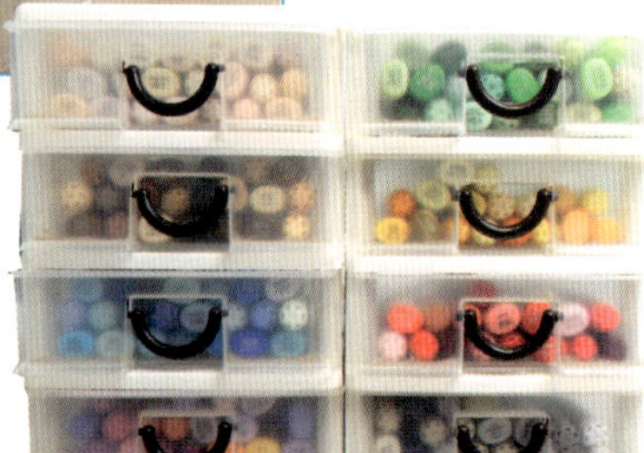

梨玖さんは4段の引き出し付きケースにコピックを色系統ごとに収納している。半透明のケースなので、パッと見た時にどの色が収納されているかがとても分かりやすい。

線画

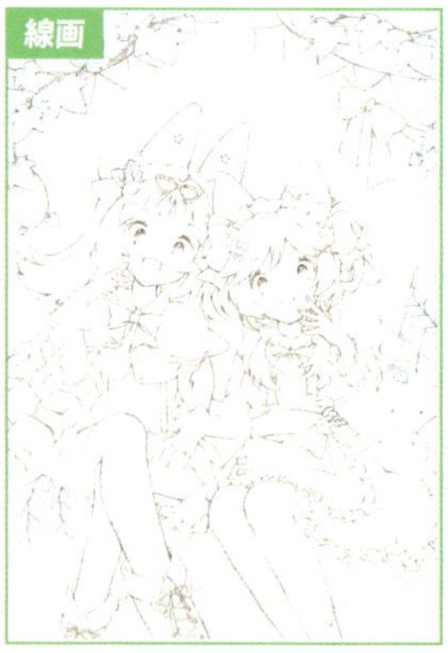

マルマンの紙に、コピックマルチライナーをつかい描かれた線画。人物はセピアで、葉はオリーブをつかい描かれている。いちごの種やリボンのストライプは、塗る時にシャープペンシルで線画を描き足している。

ラフ

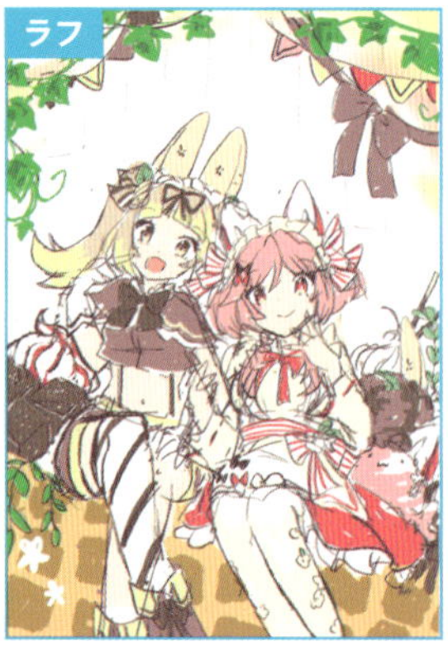

梨玖さんのオリジナルキャラクターである、いちご×ねこ、ばなな×うさぎのフルーツケモミミっコが登場。甘いワッフルコーンパフェに座り、仲良く腕を組む姿がとってもキュート！

キャラクターデザイン

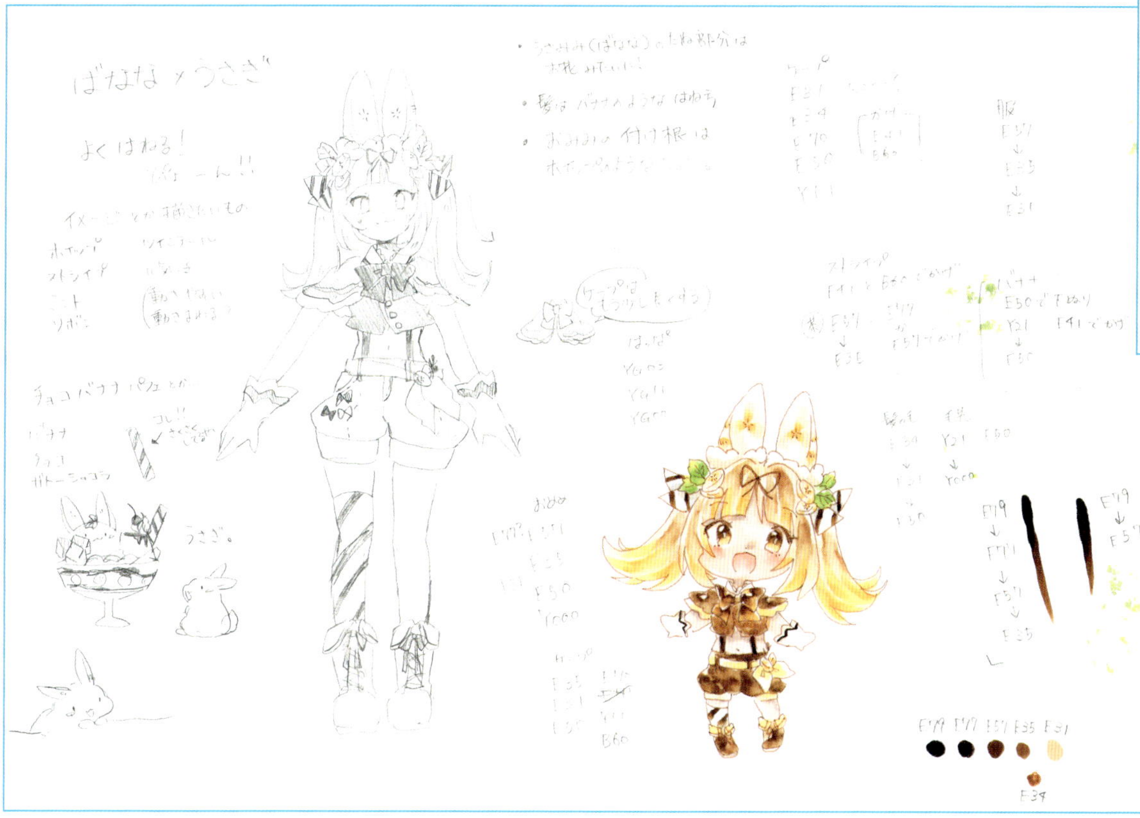

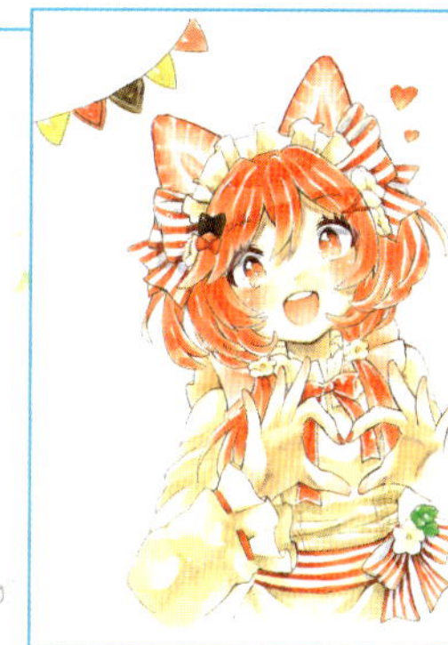

今回のメイキングをキッカケに、新キャラクター「ばなな×うさぎ」が誕生！　バナナのウサギ耳が特徴的で、もにょっとしたウサギ口も可愛らしい。よく跳ねる元気な性格で、快活そうなヘソ出しスタイルでもある。衣装はチョコバナナパフェがイメージされており、チョコレートの色合いにまとめられている。また、梨玖さんのオリジナルキャラクター「いちご×ねこ」も登場しており、フレッシュなイチゴのカラーリングがとても愛らしい！

肌を塗る

使用色（0番／R11／E93／R000／YR0000／E0000／V91）

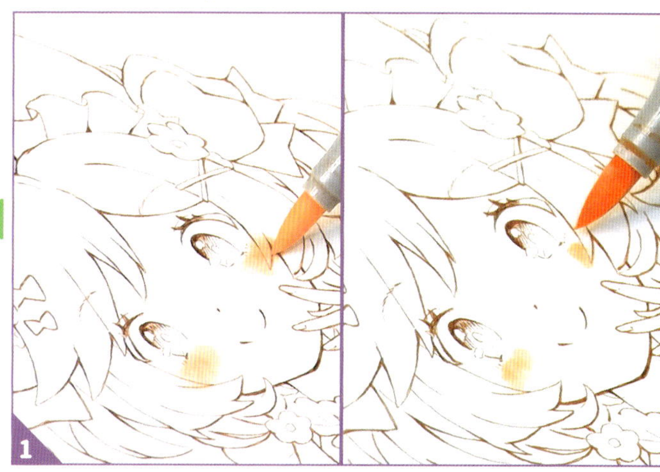

1

透明の０番で下塗りをしてから、淡いピンクR11で頬に赤みをつける。R11が乾かないうちにくすみピンクE93でちょんちょんとさらに赤みを足して、とても淡いピンクR000でなじませる。

梨玖　0番で下塗りをしておくことで、ムラを防止します。

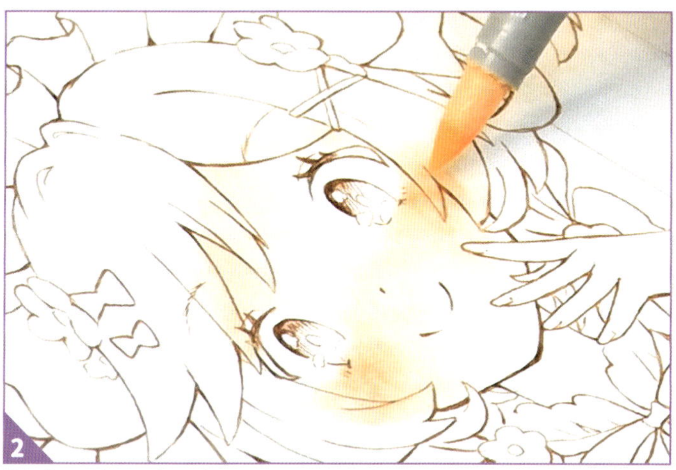

2

黄色がかった極めて淡い肌色YR0000で、おでこや鼻周りから下に向かって塗り広げる。頬と鼻のラインにインクを重ねることで、立体感や血色感を表現する。

梨玖　はみ出しはあまり気にせず、塗り広げます。

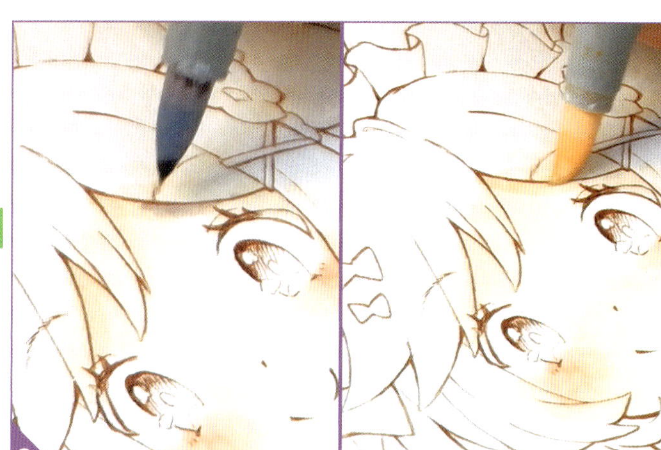

3

極めて淡いベージュE0000をつかい、前髪のカゲのアタリを作る。インクが乾かないうちに、とても淡い紫V91をつかい、E0000のアタリからはみ出さないように重ねる。

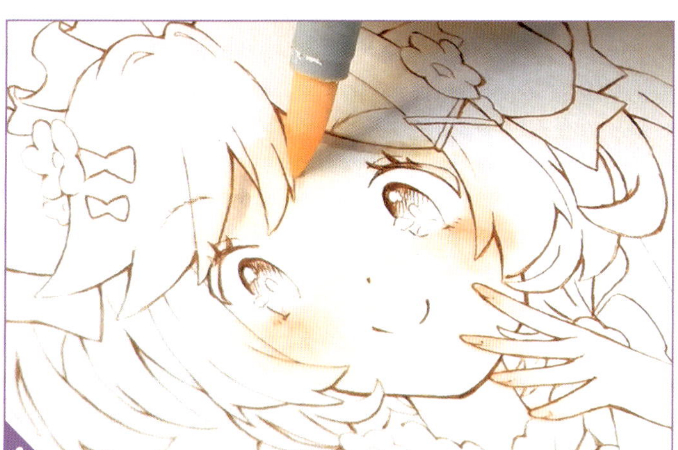

4

カゲを肌となじませるために、YR0000を重ねる。

梨玖　E0000でアタリを描いているのでカゲのラインが太くならずに描けます。

いちご×ねこの髪を塗る

使用色(E000／R14／R02／R11／R00)

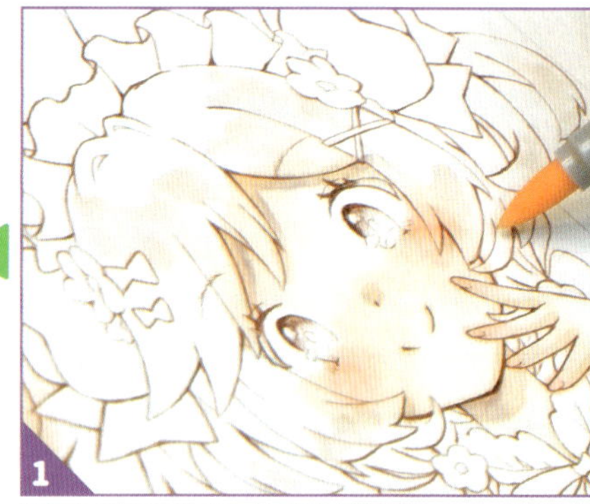

1 E000をつかい、ハイライトを白く塗り残しつつ、毛束をザクザクと下塗りする。上から色を重ねる時、にじみを防ぐために下塗りはしっかりと乾かす。

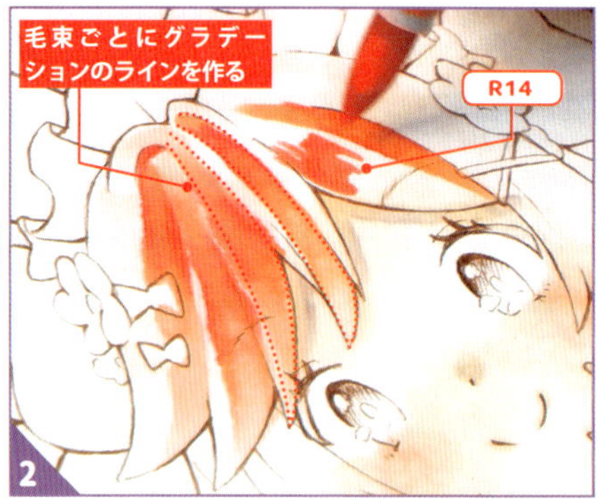

2 ニブをコントロールしながら、ちょんちょんと濃い紅色R14や鮮やかな赤R02を塗る。R02が乾かないうちに、素早くR11でにじみのあるグラデーションを作る。

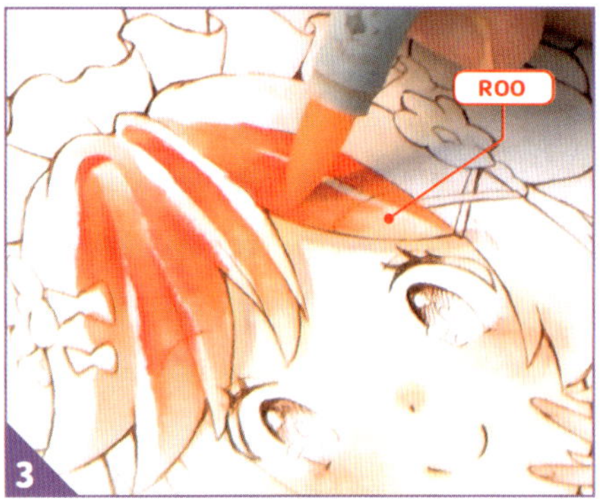

3 R00をつかい、毛先やつむじに向かってなじませつつ、毛束をグラデーションにする。じわっとにじんだタッチが生まれながら、美しい毛束が描かれた。

ばなな×うさぎの髪を塗る

使用色(Y000／E50／E34／E31／Y21／Y11)

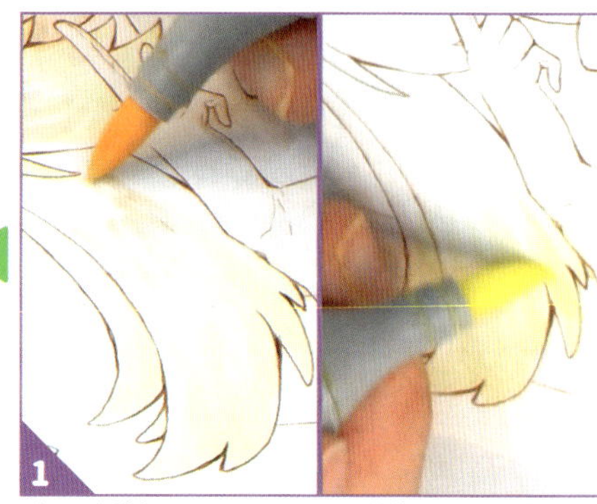

1 ピョンと跳ねているツインテールを塗る。とても淡いY000で毛先を下塗りする。また、淡いベージュE50をつかいハイライトのアタリを描く。

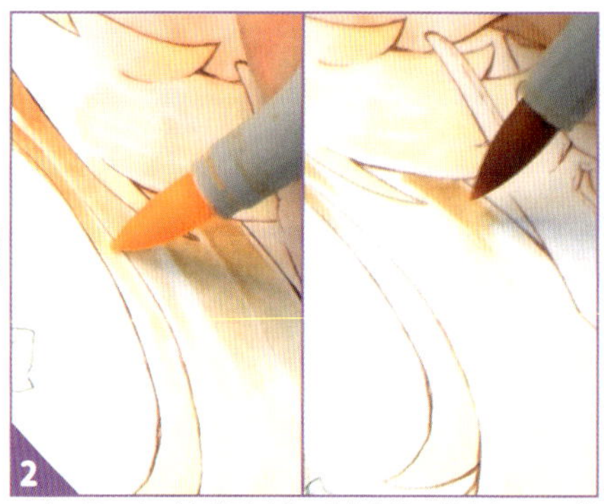

2 ツインテールの結び目に近い毛束を濃い黄土色E34で描き、淡い黄土色E31やE50で下に向かってグラデーションにする。

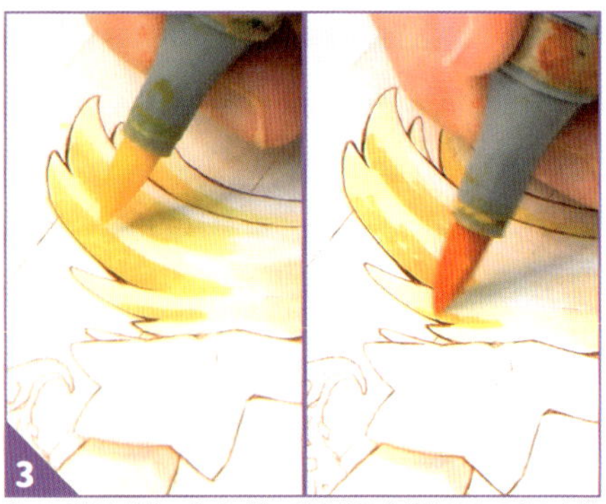

3 ①の下塗りが乾いたら、濃い黄色Y21や黄色Y11で毛束を描く。

梨玖　バナナの房をイメージした毛束を描いています！

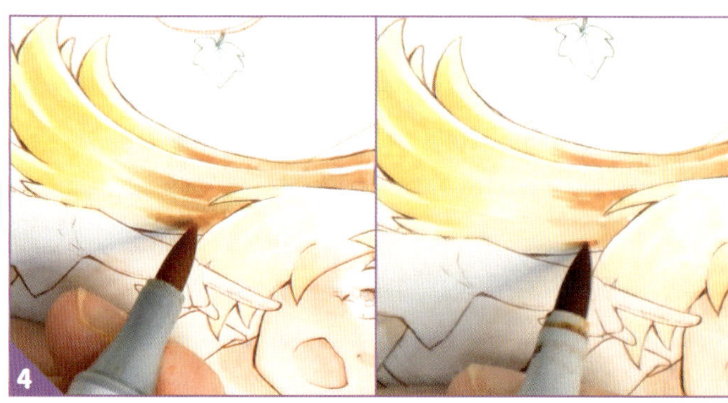

4 結び目と毛先の境目にE34を置き、E31で毛先に向かってグラデーションにする。黄色と黄土色の間をE50でさらにグラデーションをなじませる。完熟したバナナのような色合いになった。

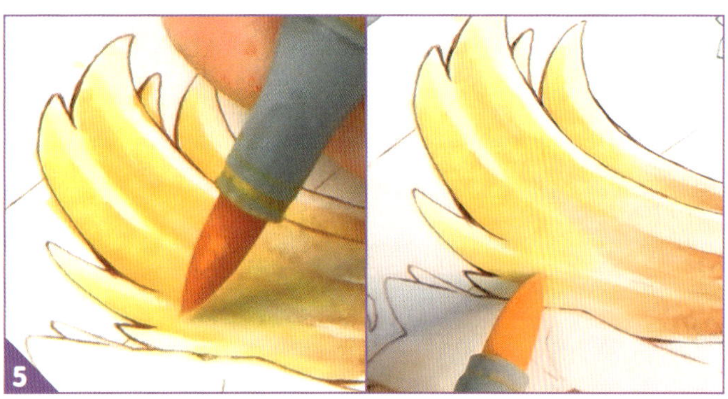

5 毛先にY11を重ね、黄色味を強める。また、Y21で毛束の輪郭を強調した。

梨玖　基本的に2～3色でグラデーションを作っています。

いちご×ねこの瞳を塗る

使用色(B60／R14／R02／R11／R000／YR0000／R37／R05／コピックマルチライナー(セピア／0.05))

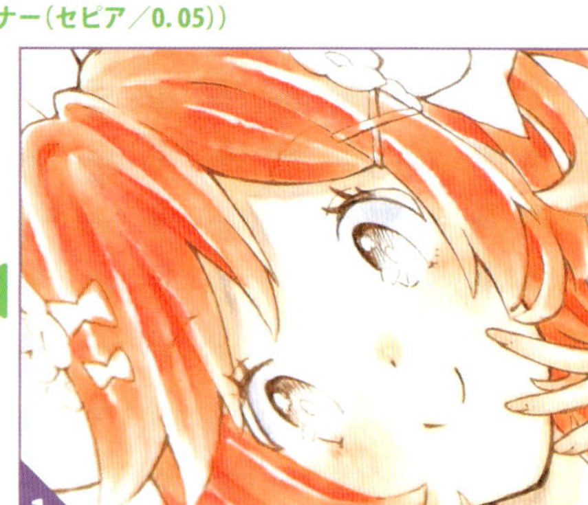

1 極めて薄い青色B60をつかい、白目に落ちるまつ毛のカゲを塗る。白目のカゲを塗ることで、瞳の丸みが表現できる。

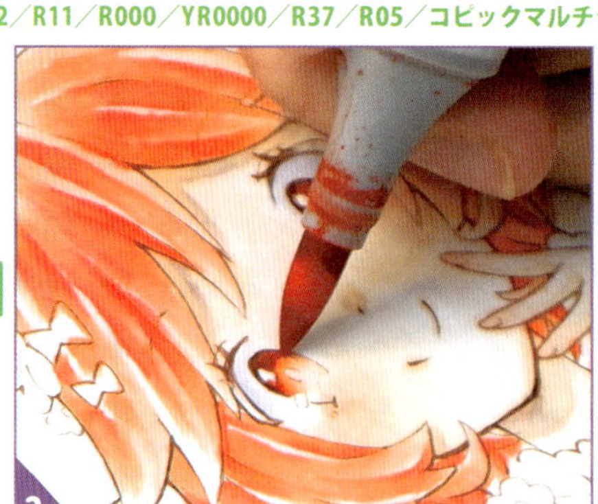

2 R14を瞳の上部に塗り、下に向かってR02やR11、R000、YR0000でグラデーションにする。とても濃い紅色R37を白目のカゲのラインに合わせて瞳の上部に塗り、印象を強める。

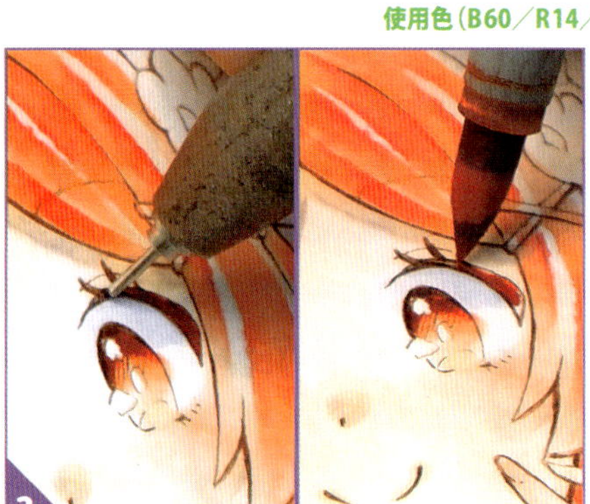

3 R37でまつ毛を塗り埋めつつ、R05でなじませる。また、コピックマルチライナーのセピア(0.05)をつかい、束感をプラスする。

いちご×ねこのイチゴ耳を塗る

使用色（R000／R14／R11／0番／R02／R35／YG11／コピックマルチライナー（セピア／0.05））

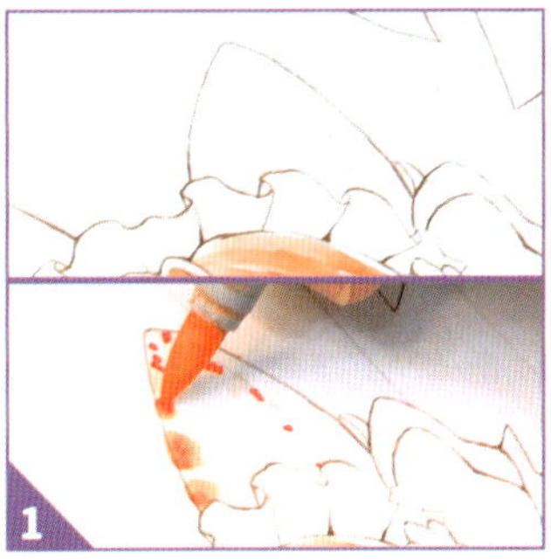

1 R000をつかい、イチゴの断面の果肉を描く。断面のラインに沿ってR14でちょんちょんと色を置いたら、R11やR000、0番で中央に向かってぼかしグラデーションにする。

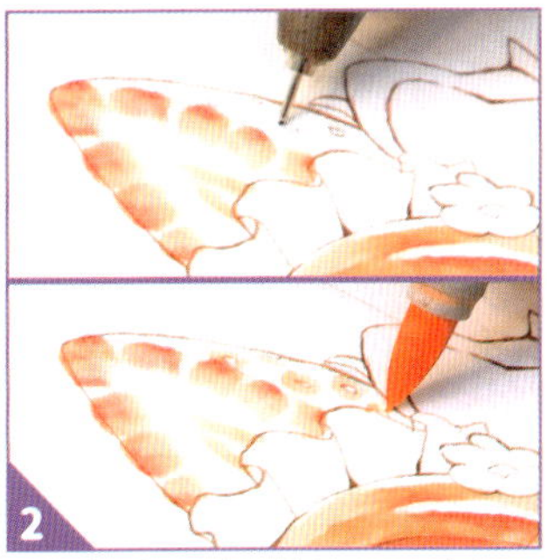

2 イチゴの表面にある種をシャープペンシルで下書きし、コピックマルチライナー（セピア／0.05）でペン入れをする。乾いたら、種の周りをR11で囲む。

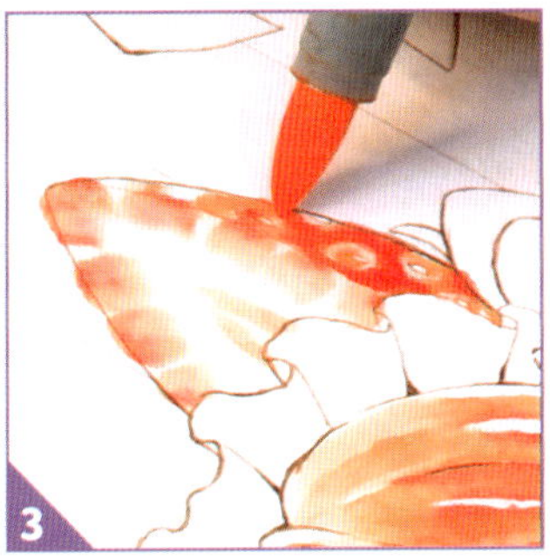

3 イチゴの表面を塗る。 下から順番にR14→R11→R02→R11のグラデーションにする。種のキワは塗り残すことで粒感が増す。また、果実感を出すために、イチゴの下部に濃い朱色R35やR14を重ねる。

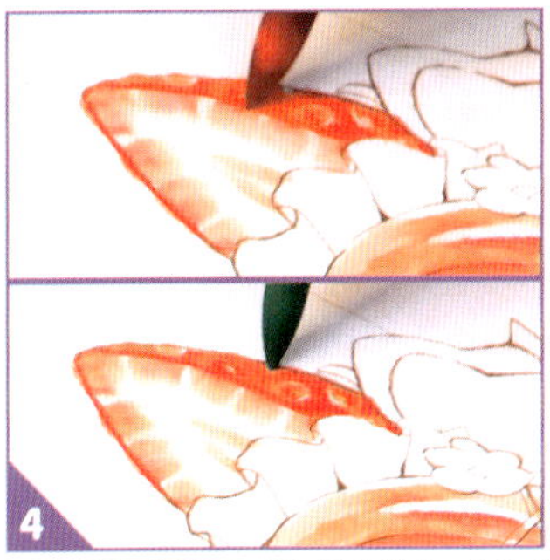

4 R14で断面と側面の間に線を描く。イチゴの存在感が増した。また、粒を淡い緑YG11で塗る。ジュワッとフレッシュなイチゴ耳が描けた。

ばなな×うさぎのバナナ耳を塗る

使用色（0番／E50／Y21／E11）

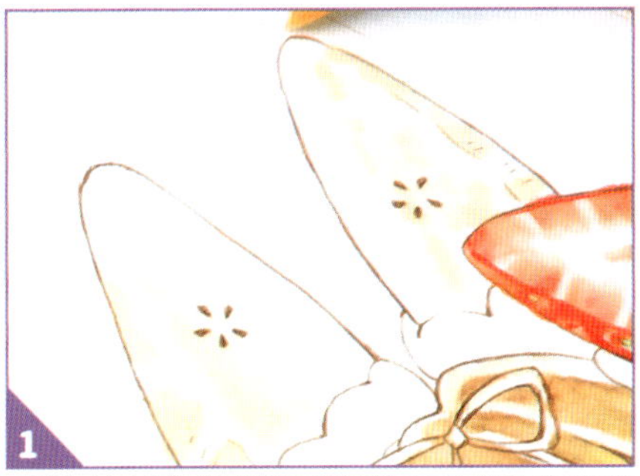

1 0番でバナナ全体を下塗りし、乾かないうちにE50で表面を塗る。バナナの形を意識しながらフチを塗り残す部分もつくる。

梨玖　力を入れて描くと色が濃くなってしまうので、軽いタッチで塗ります。

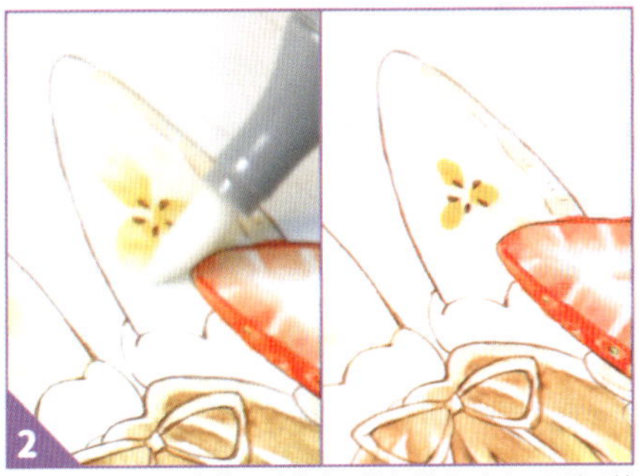

2 Y21をつかい、三本線でバナナの種を描く。また、0番で外側に向かってグラデーションにする。お花のような可愛らしいイメージも抱く。

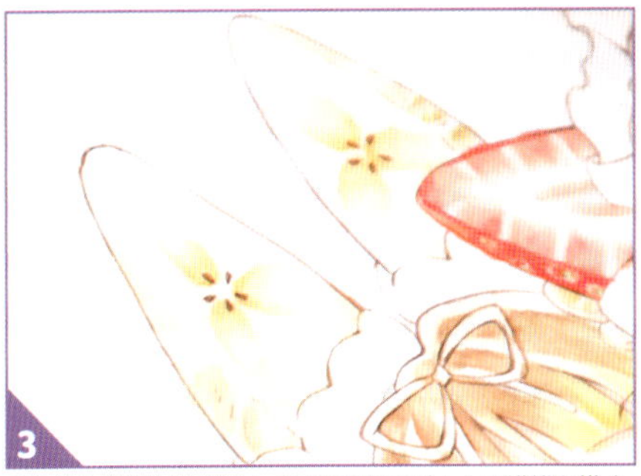

3 ①のE50が乾ききる前に、側面にE11でバナナの繊維を描く。また。E50やY21でなじませる。

いちご×ねこのワンピースを塗る

使用色（E50／R000／R14／R02／R11）

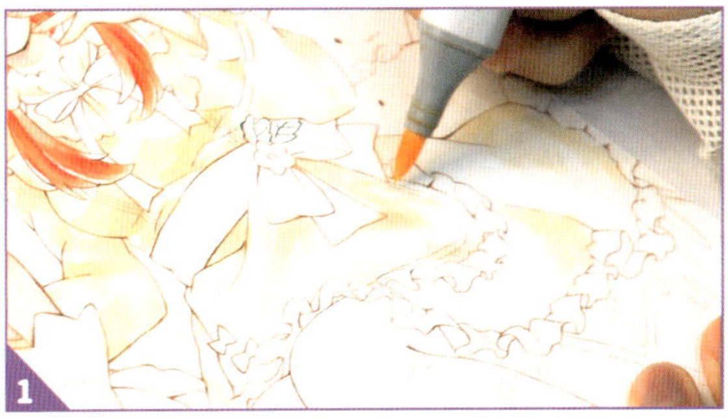

1 ワンピースのリボンやフリル以外をE50とR000でザクザクと下塗りしつつ、インクを重ねて立体感を描く。上からインクを重ねてにじみのタッチを付けるため、下塗りはしっかりと乾かすのがポイント。

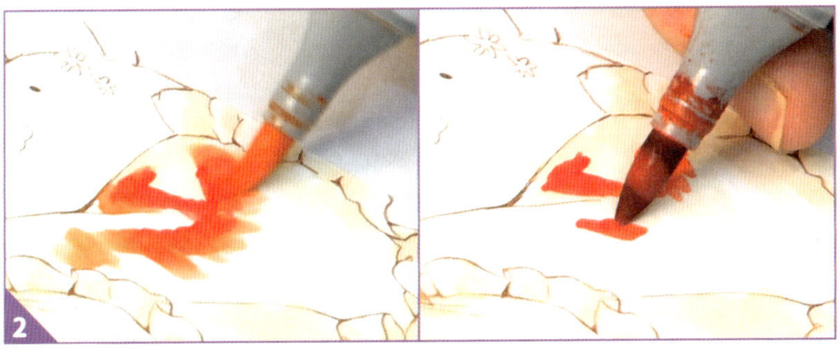

2 R14で色をざっくりと置いたら、素早くR02やR11、R000でジワジワと塗り広げる。これを何回かランダムに繰り返し、水彩のようなにじみ模様を生み出す。

梨玖　かなりランダムにおこなうので、毎回違ったにじみ模様が生まれます！

まとめ

可愛らしくぴょこっと耳を揺らす、フルーツ耳の女の子たちが描かれた作品の完成！とっても甘い香りがしそうな、フレッシュでフルーティーな1枚に仕上がっています。梨玖さんは、キャラクターを塗る時、同じ色をつかうことでイメージに統一感を出しています。みなさんも梨玖さんのメイキングを参考に、コピックで美しいにじみのタッチを生み出してみてくださいね！

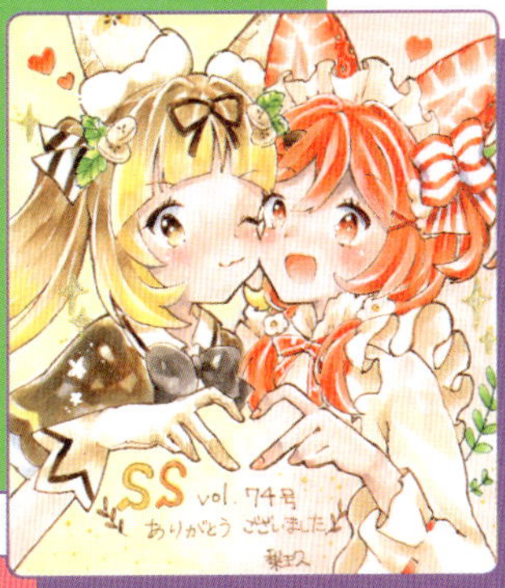

色紙プレゼント

極細のポスカでホワイトのスパッタリングをおこなう

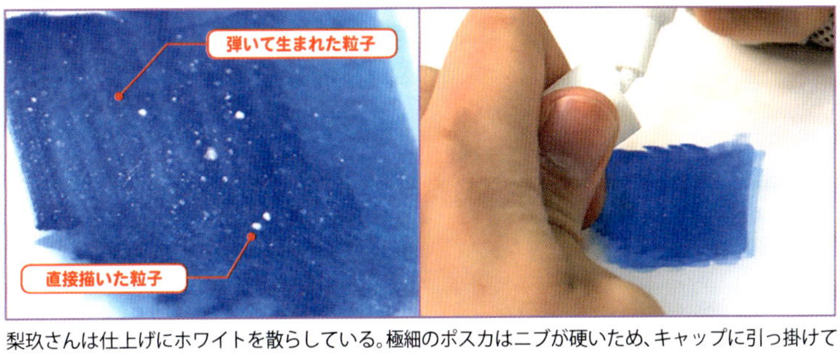

梨玖さんは仕上げにホワイトを散らしている。極細のポスカはニブが硬いため、キャップに引っ掛けて強く弾くと細かい粒子のインクを散らすことができる。何回か引っ掛けながらスパッタリングのようにインクを散らし、作品に輝きをプラスする。インクを乗せたくない部分は別紙で隠しておこなうそうだ。細かい粒子のホワイトを散らしたら、ちょんちょんと粒を描き足している。

作家名 夏目レモン

夏目レモンさんに色々な画材でイラストを描いてもらう画材試し連載・第24回！今回は、レンブラント固形水彩です。白雪姫を侵食するように咲く鮮やかな花々と、儚くも美しい白雪姫の透明感が、どんなふうに表現されるのか、レポートします！

画材 レンブラント固形水彩／コピックマルチライナー（ウォームグレー）
用紙 アルシュ水彩紙（極細目）

夏目レモン
Twitter【@Natsume_Lemon0】
instagram【remon10112】
YouTube【夏目レモン】

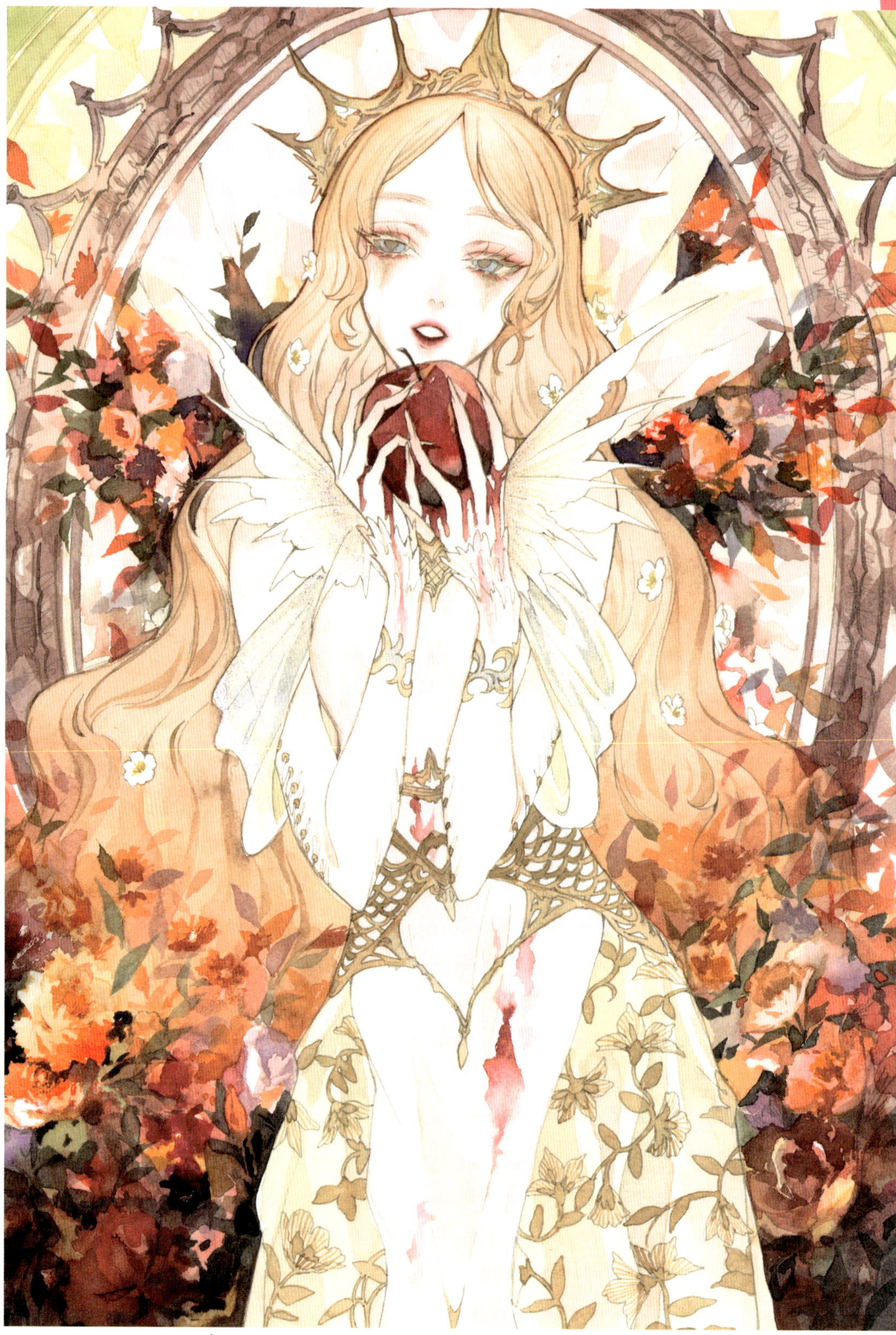

レモンの色んな画材をつかってみよう！
レンブラント固形水彩編

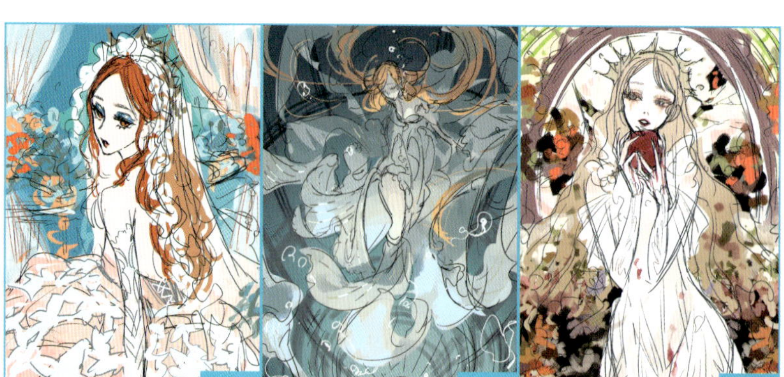

ラフ

今号の投稿テーマ「王子さま・お姫さま」に寄せて、お姫さまのラフ3案を考えてくれたレモンさん。ラフ1は白雪姫、ラフ2は人魚姫で、ラフ3は特にモチーフなくプリンセスを描いてくれたそう。それぞれに構図や雰囲気などだいぶ異なるなかで、妖しくも美しいダークな白雪姫のラフ1に決定。

今回使用する画材

【レンブラント固形水彩の特徴】

●オランダ王室から「royal」の称号を授けられたロイヤルターレンス社が誇る水彩絵具の最高峰。
●厳選されたきめ細かな最高級の顔料による鮮やかな発色と優れた耐光性が特徴で、輝きのある純粋な透明感を表現できる。
●メタル色、偏光色、パール色など、時代のニーズを汲んだスペシャリティカラーも充実。

レンブラント固形水彩 10ml

色数：120色
価格：660～880円（税込）

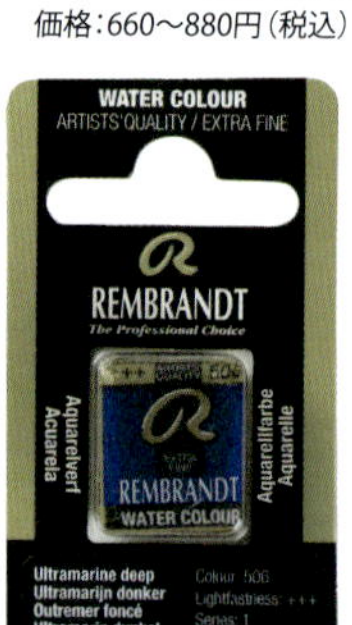

発売元：ターレンスジャパン
https://www.talens.co.jp
※価格は税込表示です

花を描く

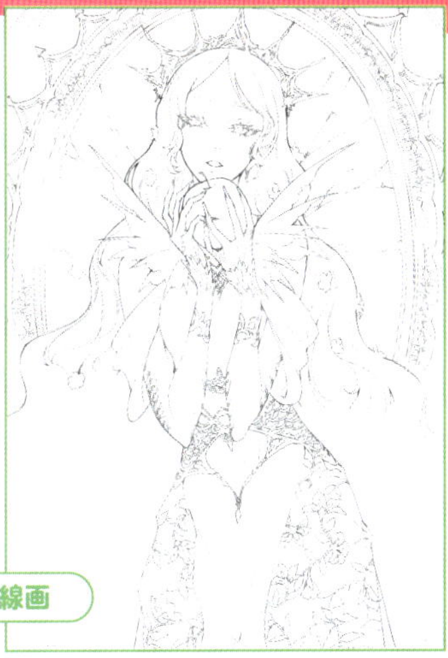

線画

コピックマルチライナーのウォームグレーで線画を描く。髪や服のシワは塗りで表現したいので、描き込み過ぎない。逆に柄や装飾はデザイン的に表現したいので、しっかり描く。

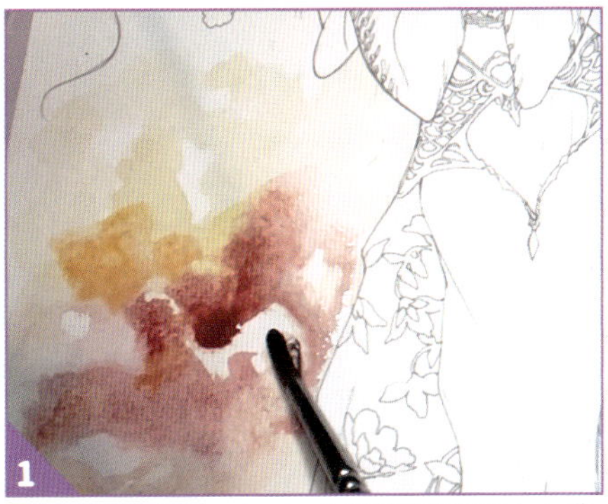

1

下塗り。227（イエローオーカー）、305（カドミウムレッド）、336（パーマネントマダーレーキ）、248（アゾイエローディープ）、708（ペイニーズグレー）を置いて滲ませていく。

夏目レモン　白抜きを多めにし、綺麗に混ざりすぎないよう敢えてムラにすることで、毛先にいくほど髪がお花に侵食されていく雰囲気を出したいと思いました。

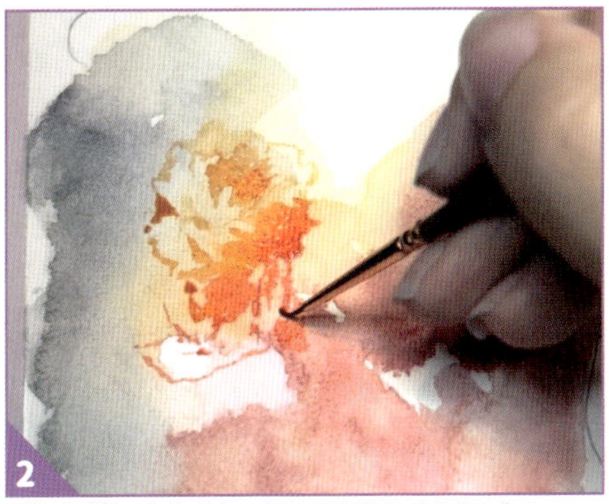

2

下塗りが乾いたらオレンジの花を描く。248（アゾイエローディープ）、305（カドミウムレッド）、336（パーマネントマダーレーキ）の3色を混ぜて使う。光が当たる部分は白抜きにしてカゲにだけ色をのせる。カゲが濃く落ちる部分ほど赤みを強くする。最初に形を取ってから、色を置いていく。

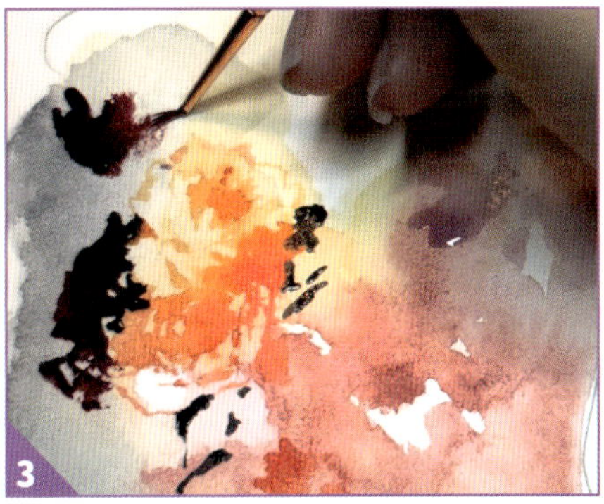

3

525（ラベンダー）＋366（キナクリドンローズ）で紫色の花の下塗りをしたら（画面右側）、赤い花を描く。366（キナクリドンローズ）＋416（セピア）の暗い赤を基本に、708（ペイニーズグレー）を足してさらに暗いカゲ色を塗る。

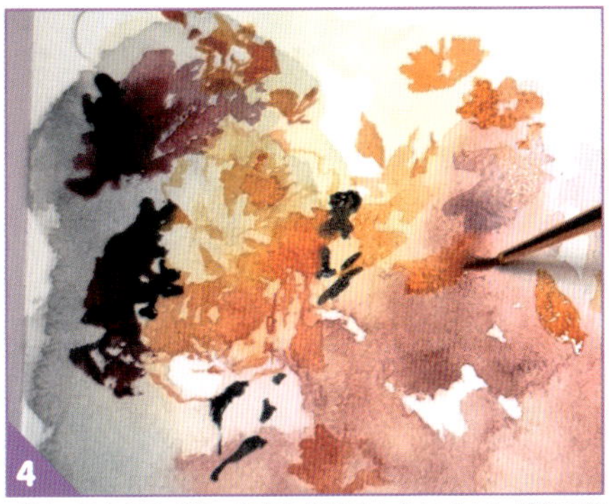

4

バランスを見ながら、空間を埋めるようにオレンジ色の花を追加していく。色は工程②で使用した3色を使用。

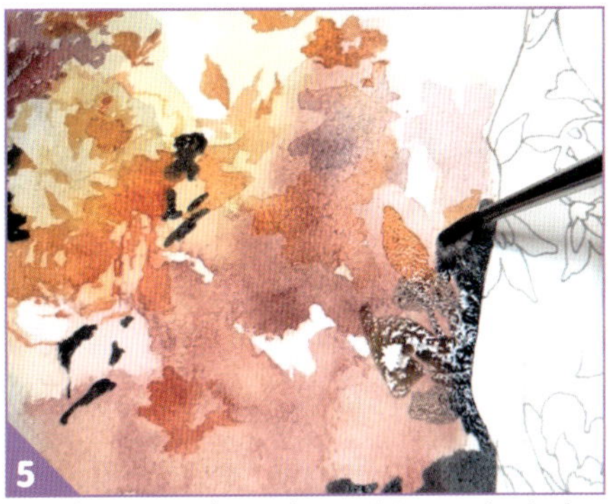

5

662（パーマネントグリーン）＋227（イエローオーカー）＋416（セピア）で葉のカゲを描く。

夏目レモン　ランダムに描いたお花同士を、葉っぱで繋げるようなイメージです。

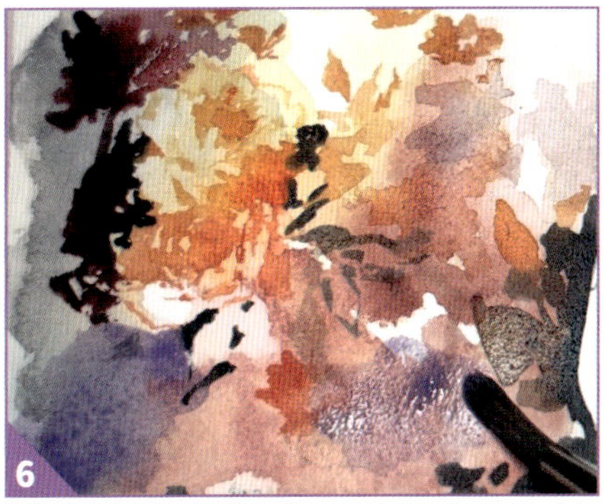

6

紫色（506ウルトラマリンディープ＋336パーマネントマダーレーキ）、赤色（336パーマネントマダーレーキ＋305カドミウムレッド）、灰色（708ペイニーズグレー＋416セピア）などをぽんぽんと置いていく。

夏目レモン　引きで見た時に画面の端が暗くなるように。

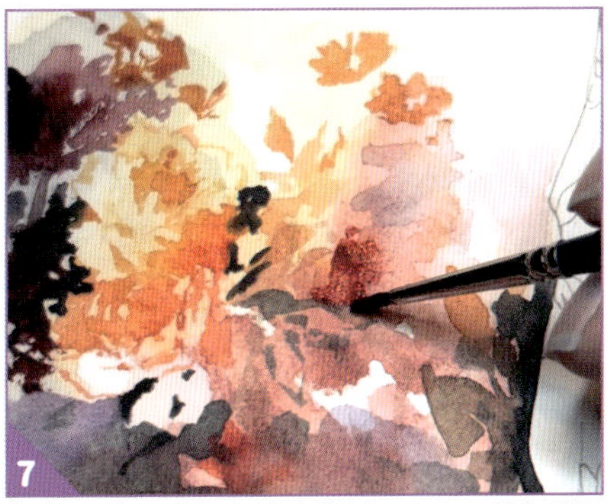

7

花がランダムに散らばり余白が目立つので、工程⑤の葉の色や、赤色（366キナクリドンローズ＋336パーマネントマダーレーキ）で不要な余白を埋めていく。

夏目レモン　オレンジが多めなので、赤を増やしました。

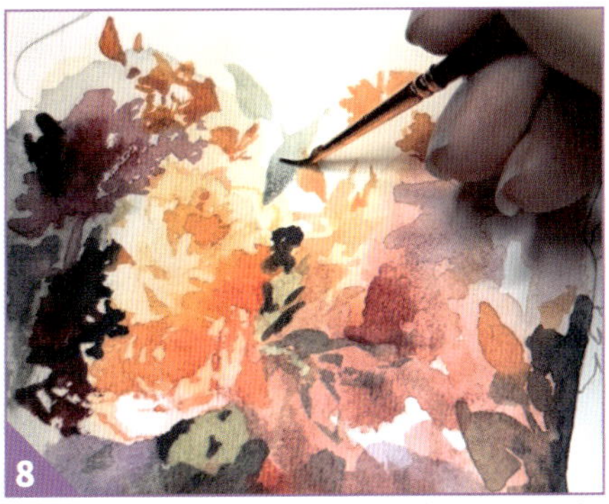

8

葉っぱを描く。まずは662（パーマネントグリーン）＋227（イエローオーカー）の薄い緑色でベースを塗る。その薄い緑色に416（セピア）と506（ウルトラマリンディープ）を足して、グラデーションにする。

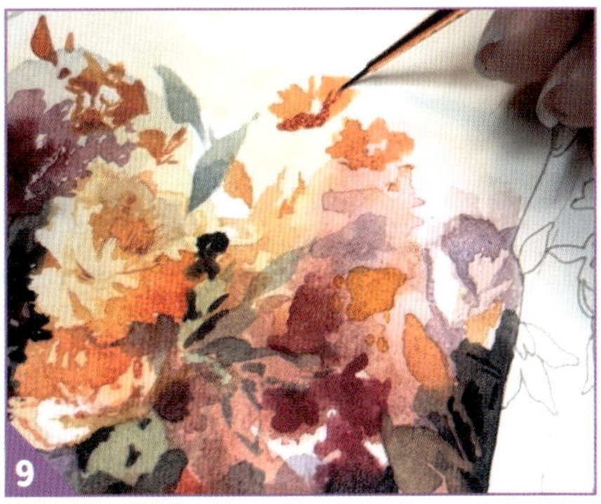

9

大体の花の位置を決めたので、描き込む。オレンジ色の花は、411（バーントシェンナ）＋248（アゾイエローディープ）＋336（パーマネントマダーレーキ）でカゲ部分を塗り立体感を出す。紫色の花は、525（ラベンダー）＋366（キナクリドンローズ）で形を明確にする。

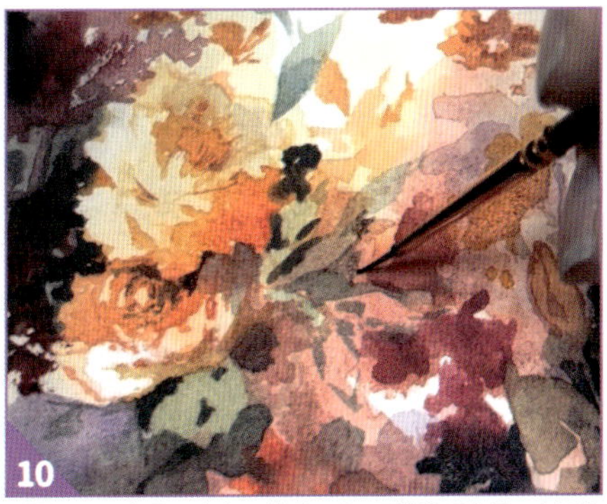

10

画面にコントラストをつけていく。工程⑥でも使った灰色で、ポイントとなる花が目立つよう境界線を引いたり、明暗差が出るよう、葉っぱの形を際立たせたりする。

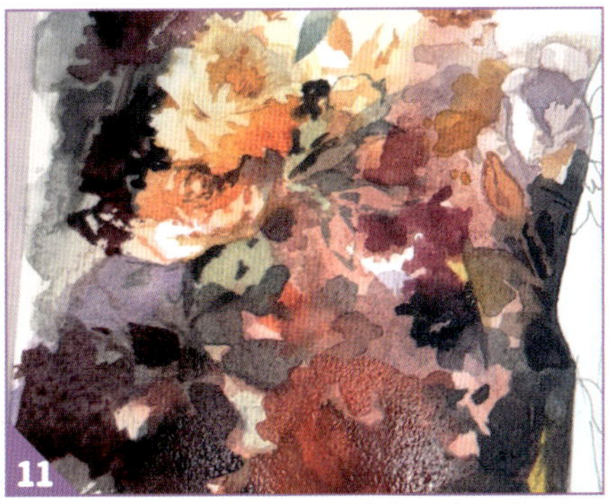

11

下部を暗くする。左側には暗い赤色（336パーマネントマダーレーキ＋506ウルトラマリンディープ＋708ペイニーズグレー）、右側には鮮やかな赤色（305カドミウムレッド）。

夏目レモン　下側はあまり描き込まず、フェイドアウトしていくようなイメージです。

顔を塗る

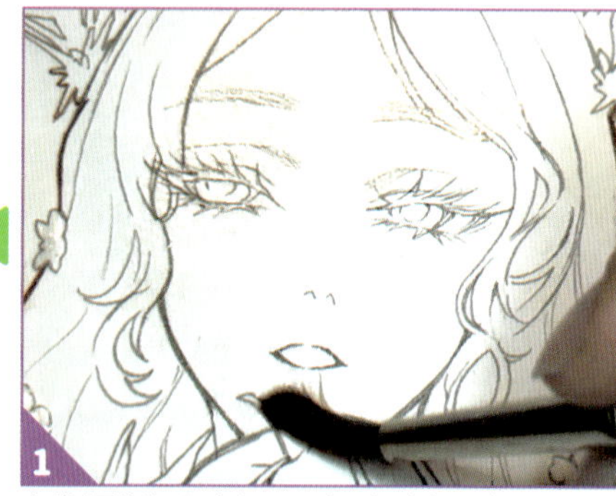

まずは下塗り。227（イエローオーカー）と366（キナクリドンローズ）を薄く混ぜたベージュを顔全体に広げる。
夏目レモン　今回の人物は真っ白なイメージにしたいので、肌もメイクもあまり塗り込みません。

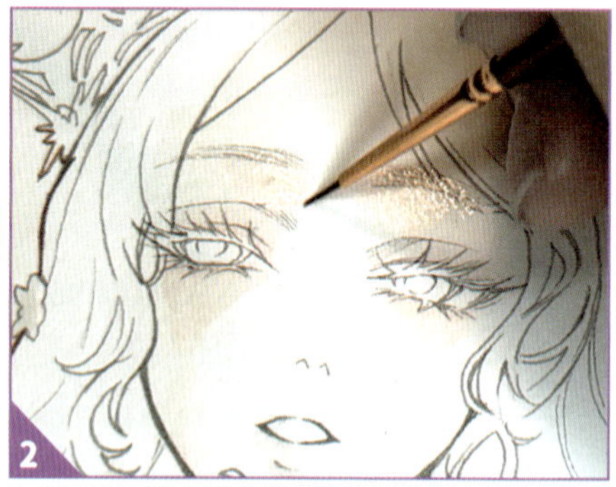

工程①のベージュをもう少し濃く混ぜて、目もとの赤み、鼻や口の立体感、髪の下のカゲ、そしてメイク崩れの跡などを下塗りする。

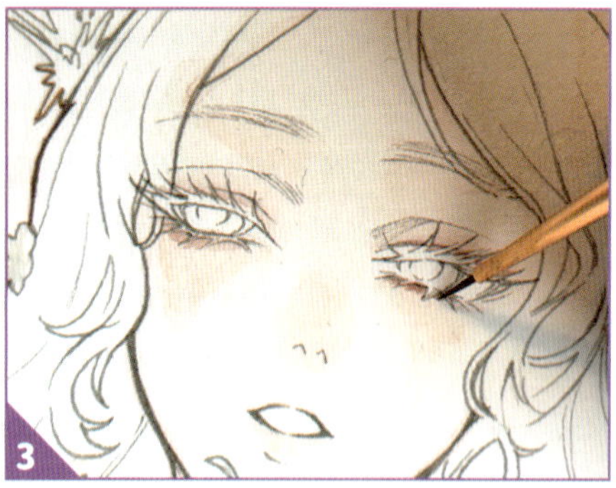

アイメイクは、336（パーマネントマダーレーキ）＋411（バーントシェンナ）の暗い赤色で目の上下を色づける。
夏目レモン　目もとはふわっと赤くなるように。

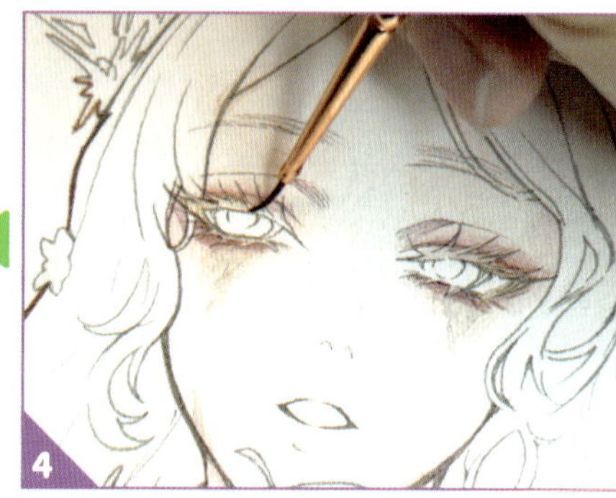

涙で流れるメイクは411（バーントシェンナ）＋366（キナクリドンローズ）＋708（ペイニーズグレー）。まつげは248（アゾイエローディープ）＋411（バーントシェンナ）＋708（ペイニーズグレー）。まつげは普段よりだいぶ薄く塗る。

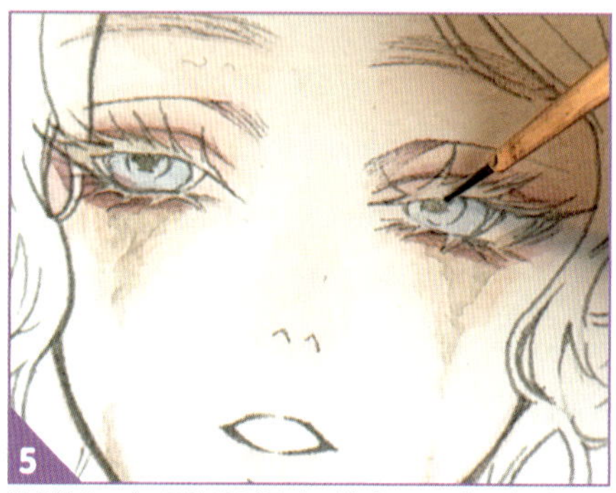

瞳を塗る。ベースは525（ラベンダー）＋586（コバルトターコイズブルー）。瞳孔は416（セピア）＋708（ペイニーズグレー）。
夏目レモン　あまりコントラストがつかないように。

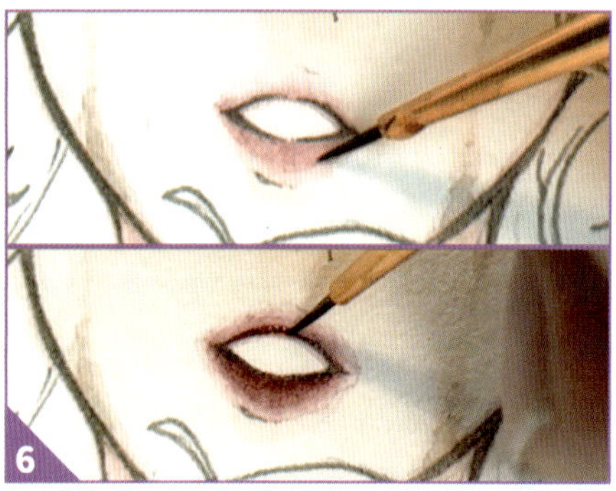

唇を塗る。まずは366（キナクリドンローズ）＋336（パーマネントマダーレーキ）で形を取り、唇の中心にいくにつれ、708（ペイニーズグレー）と506（ウルトラマリンディープ）を混ぜて、濃くしていく。

りんごを塗る

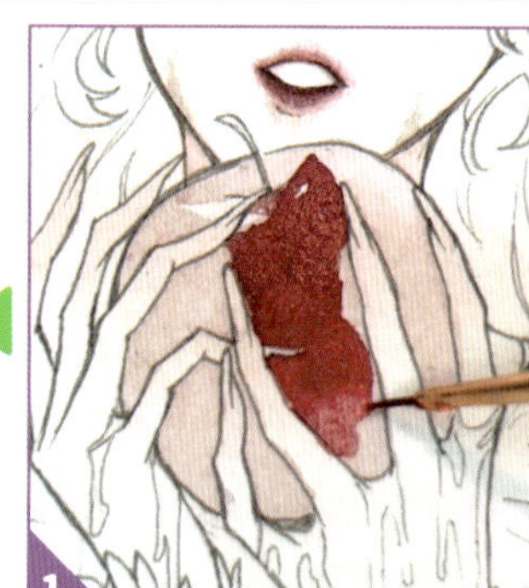

305（カドミウムレッド）＋506（ウルトラマリンディープ）＋411（バーントシェンナ）で下塗りし、336（パーマネントマダーレーキ）を混ぜ、ハイライトを残しながら本塗り。

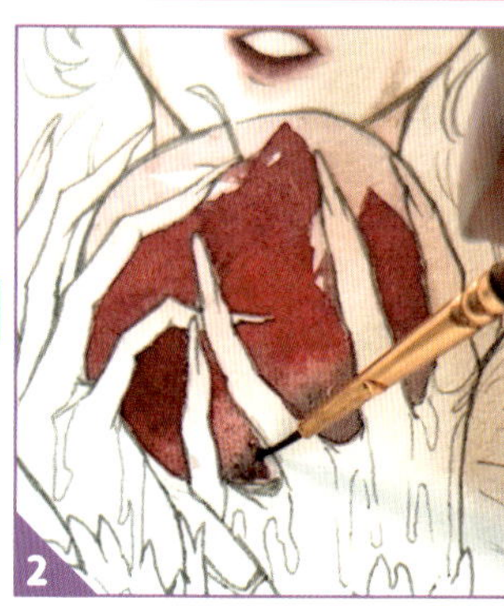

708（ペイニーズグレー）と506（ウルトラマリンディープ）でカゲを入れる。
夏目レモン　ハイライトを広めに取ることと水彩らしい滲みで塗るのがポイントです。

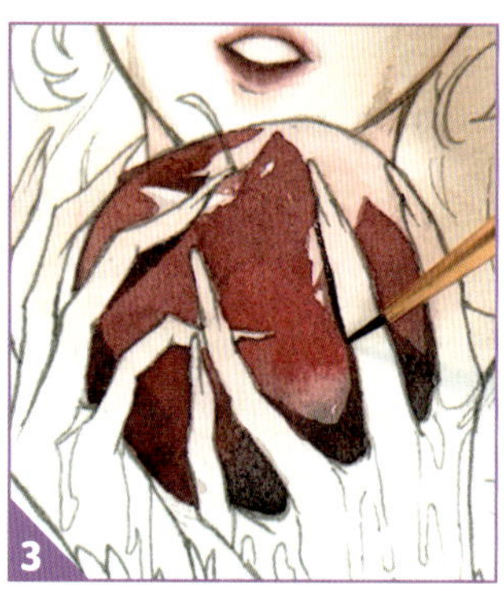

指のカゲは工程②のカゲ色に336（パーマネントマダーレーキ）を追加して塗る。指のすぐ下は濃く細く、指とりんごが少し離れている部分は広く薄く塗って距離感を出す。

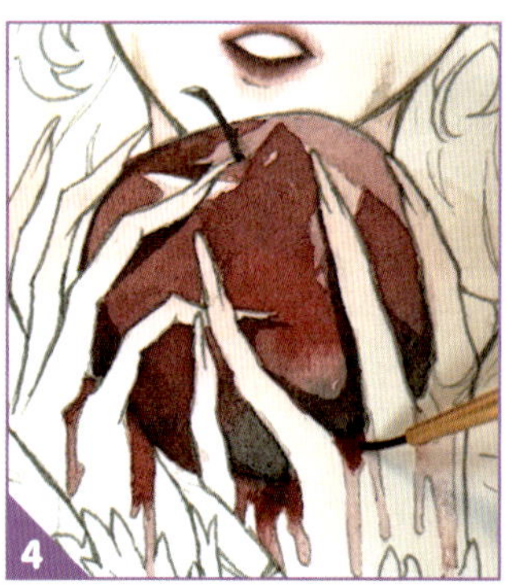

果汁は336（パーマネントマダーレーキ）＋411（バーントシェンナ）で塗る。りんごに近い部分は濃いめにし、下にいくほど薄くなるようグラデーションにする。

髪を塗る

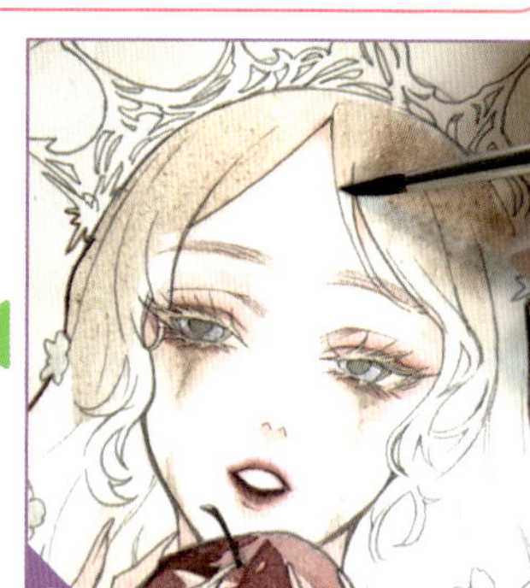

下塗り。248（アゾイエローディープ）＋411（バーントシェンナ）＋708（ペイニーズグレー）＋336（パーマネントマダーレーキ）の薄い茶色を頭頂から全体に広げる。

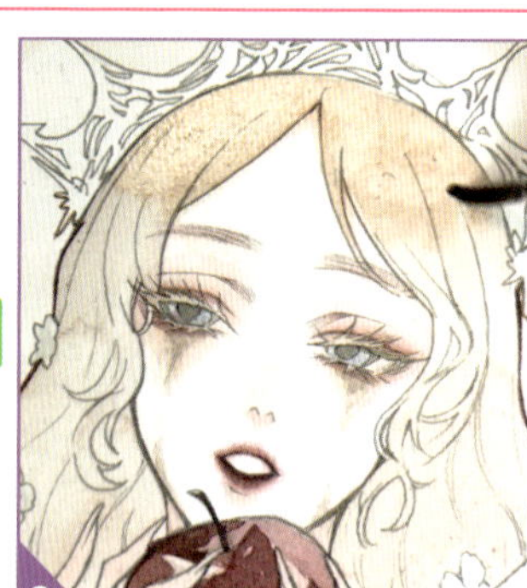

工程①の色をもう一度重ねて少し濃くする。
夏目レモン　柔らかな髪にしたいので、今回は全体的に薄めの色を使っています。カゲも濃い色は入れません。。

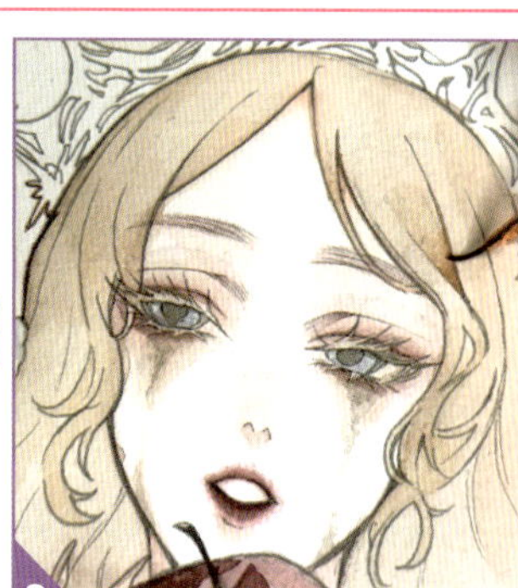

カゲを塗る。248（アゾイエローディープ）＋416（セピア）＋336（パーマネントマダーレーキ）で毛束に立体感を出す。毛先が少し濃くなるよう、緩やかなグラデーションに。

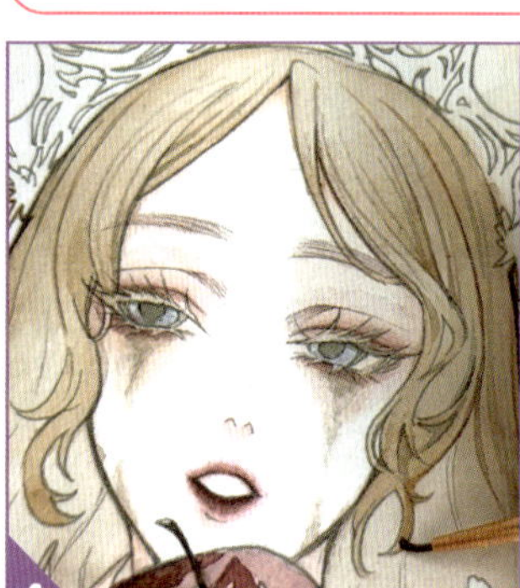

248（アゾイエローディープ）＋708（ペイニーズグレー）で髪の毛を描き、毛先は工程③のカゲ色で少しだけ濃くする。

ドレスを塗る

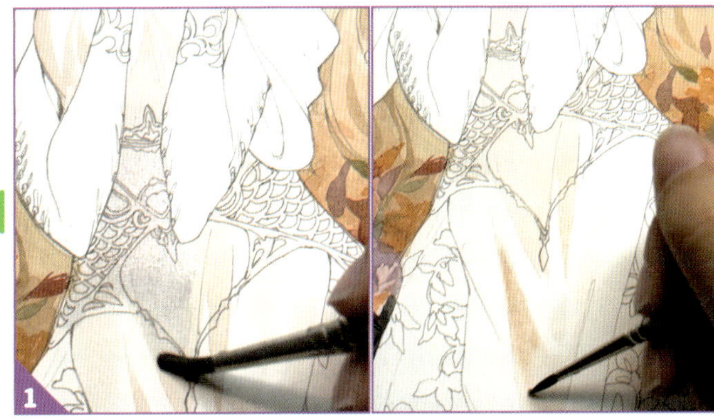

1

前身頃は紙の白を活かして下塗りしない。366（キナクリドンローズ）＋207（カドミウムイエローレモン）＋416（セピア）で黄土色のカゲを入れ、525（ラベンダー）で青みを加える。

夏目レモン　暖色が多い絵なので、青のグラデーションで変化をつけました。

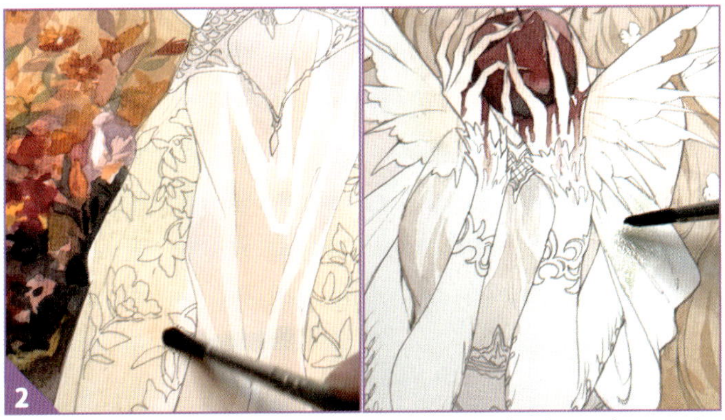

2

透け感のあるチュール素材の袖とスカートを下塗り。616（ビリジアン）＋227（イエローオーカー）のくすんだ緑色を薄く塗り広げる。

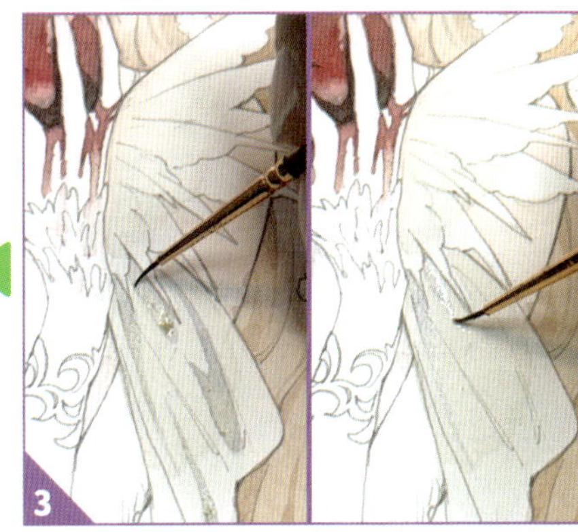

3

袖のカゲを塗る。525（ラベンダー）でざっくりとカゲを置いたあと、絵具が乾く前に工程②の下塗りに使ったくすんだ緑色を重ねてグラデーションにする。

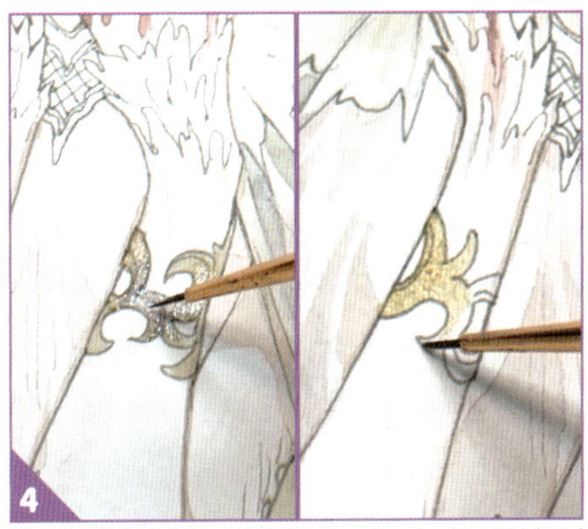

4

腕の金の装飾を塗る。227（イエローオーカー）＋416（セピア）＋336（パーマネントマダーレーキ）の金色をベースに、525（ラベンダー）で青みを加えて、グラデーションをつくる。腰の金の装飾も同様に進める。

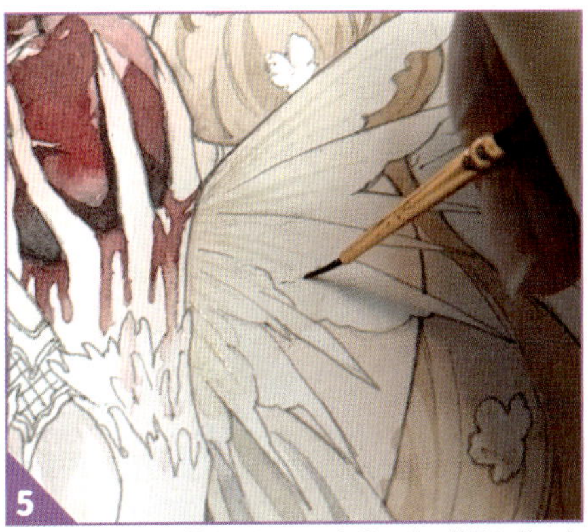

5

羽の装飾に質感を描き入れる。工程⑤の金の装飾に使った金色で放射状にラインを引く。

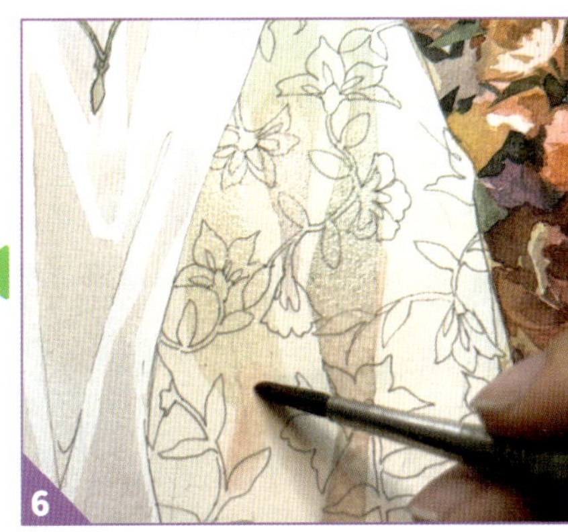

6

スカートのカゲを塗る。227（イエローオーカー）＋416（セピア）の暗い緑色でざっくりとカゲを入れたあと、305（カドミウムレッド）を少し足して緑から赤のグラデーションに。

夏目レモン　前身頃を白く見せたいので、サイドのスカートは広めにカゲを入れて色差をつくります。

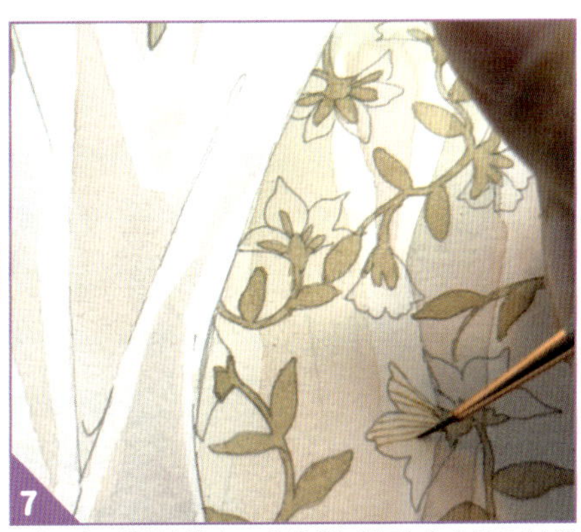

7

スカートの模様を描く。工程④⑤に使用した金色でベタ塗り。デザイン的に見せたいので、立体感や陰影はつけない。

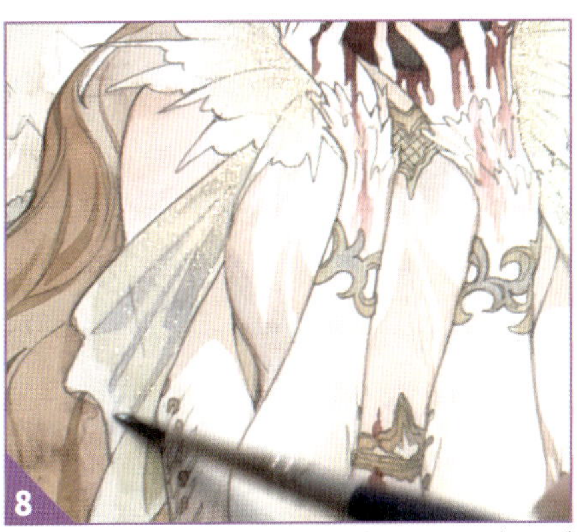

8

羽の装飾とチュール素材の袖に863（カメレオンブルーグリーンゴールド）を広げる。羽は中心にいくほどラメが多くなるように。一気に華やかな印象に。

まとめ

今回は、まず最初に水彩らしい雰囲気づくりを意識したとのことで、背景の花から塗るというイレギュラーなメイキングかつ、花の塗りはかなりの上級者向けでしたが、滲みを活かした水彩ならではの着彩が楽しめたのではないでしょうか。一方でドレスのような白っぽい素材や透けた素材のカゲの入れ方や、りんごの塗り方などは参考にできることが多々あったと思います。みなさんも、ぜひ色々塗り試してみてくださいね。

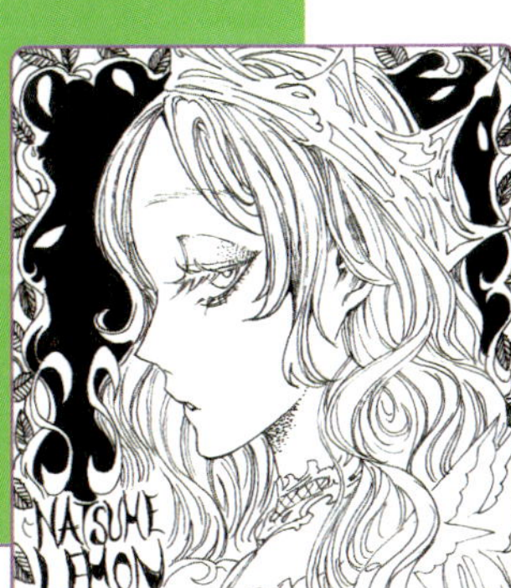

色紙プレゼント

夏目レモンさんの「レンブラント固形水彩」の感想

夏目　発色が良く使いやすいです。最初に試すなら12色や28色などのセットが便利ですが、色数が豊富なので、セットに入っていない色でも気になるものは一色ずつ使い試してみると、表現の幅が広がり、楽しいと思います。

好きな色について

●525（ラベンダー）………暗くならず、くすませることができるので、空気感を出したり、カゲとして塗ったり、何かと使い勝手が良いです。

●227（イエローオーカー）………ちょうど良い中間色で、肌にも髪にもお花にもたくさん使いました。便利です。

●863（カメレオンブルーグリーンゴールド）………最後にドレスの羽の装飾と袖に使いましたが、一気に画面が華やかになるので、いいなと思います。

作家名
古島紺

水彩色鉛筆をはじめ、アナログからデジタルまで様々な画材を使って、ドラマチックに瞬間を魅せる古島さん。そんな古島さんがZIGクリーンカラーリアルブラッシュに挑戦！ 古島さんらしい翼耳の女の子と幽霊キャラも登場するこのイラストがどんなふうに完成するのか、レポートします！

画材 ZIGクリーンカラーリアルブラッシュ・ZIG Cartoonist MANGAKA（005/01）・呉竹フィス水筆ぺん・ホルベイン不透明水彩絵具（パーマネントホワイト）
用紙 ワトソンボード
古島紺
Twitter【@concon38】

今回使用する画材

【ZIGクリーンカラーリアルブラッシュの特徴】
●豊富な色数でイラストやデザイン、漫画など幅広い用途に使える。
●毛筆タイプのカラーペンなので細描き、ベタ塗り自由自在！
●インクの伸びが良く、テクニック要らずでグラデーションができる。

リアルブラッシュ 各価格：220円（税込）

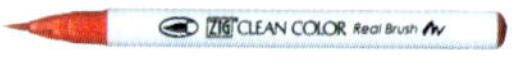

色数：180色
成分：水性染料インキ

MANGAKA 各価格：165円（税込）

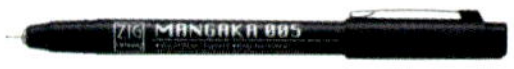

マンガやイラストの主線や枠線、デザインの線描きに便利なミリペン。乾いた後に上からアルコールベースのマーカーを塗っても滲みにくいのが特長。
成分：水性顔料インキ

呉竹フィス水筆ぺん

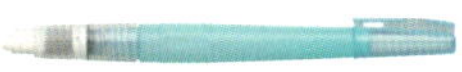

大：550円・中：440円・小：330円（税込）

発売元：株式会社呉竹
https://kuretake.co.jp
※価格は税込表示です

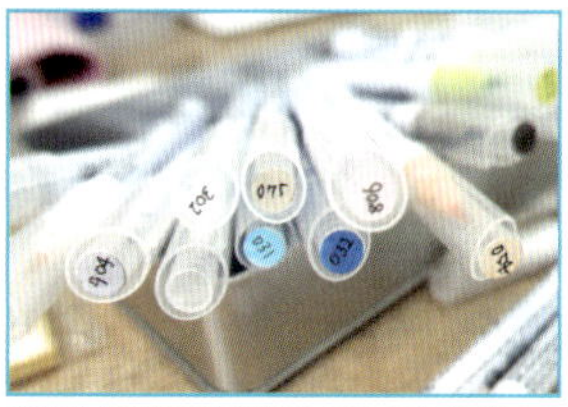

使いたい色をすぐに見つけられるよう、キャップにシールを貼って分類。

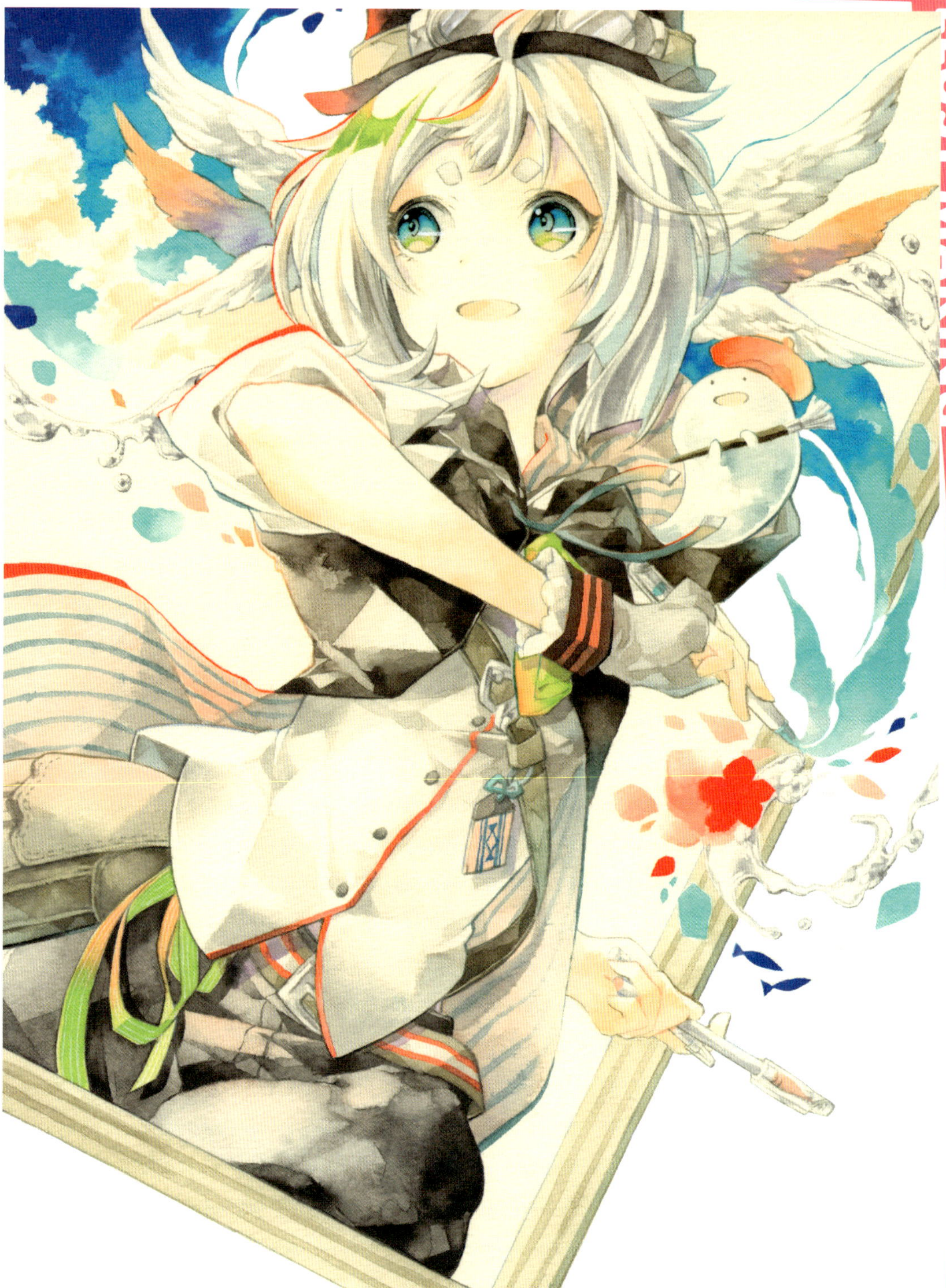

making of 呉竹 ZIG
クリーンカラーリアルブラッシュ

自作色見本

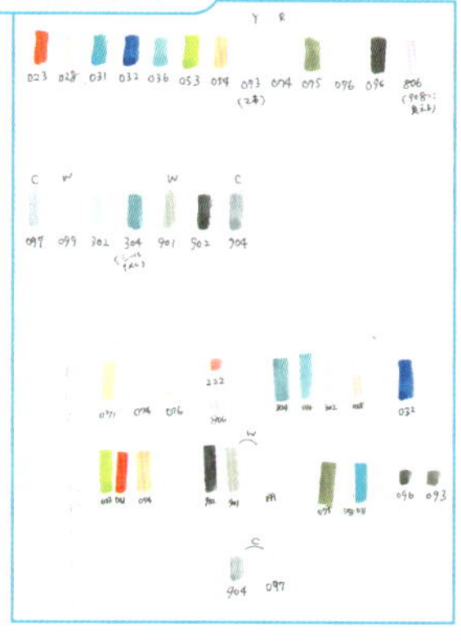

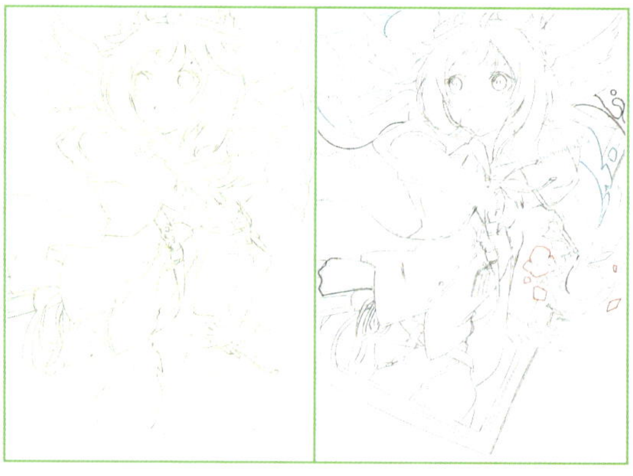

線画

「想像力で世界の枠を超えていく」というテーマで、絵を描いている女の子をモチーフにした作品。額縁に入っているけれど、筆先から広がる世界は枠を超えている……という素敵なイメージ。右は、そのイメージを詰めたラフ兼線画で、右の線画をもとにした実際に彩色する線画が左。

肌を塗る

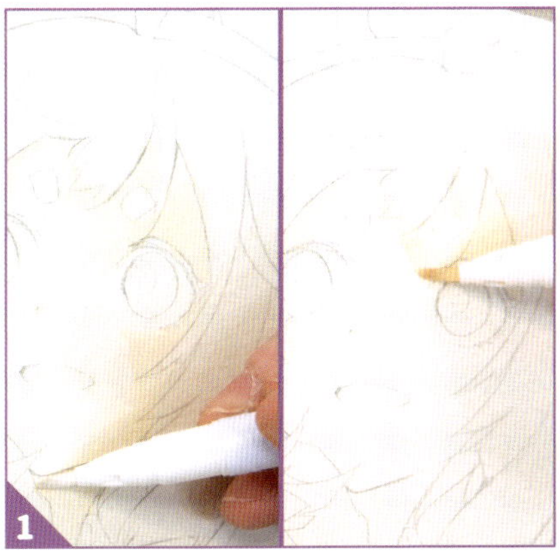

073のバニラで、髪の下や首などカゲが落ちる部分を塗る。ムラにならないよう、塗った部分のキワを999のブレンダーでぼかして馴染ませる。

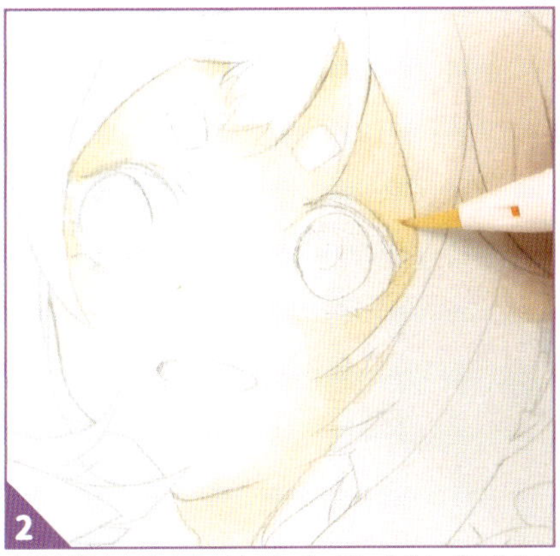

カゲを濃くする。074のライトベージュを少しずつ全体に重ね、目周りなどさらに濃くしたい部分は076のミディアムベージュを重ねる。塗りすぎると日焼けした肌になるので、気をつける。

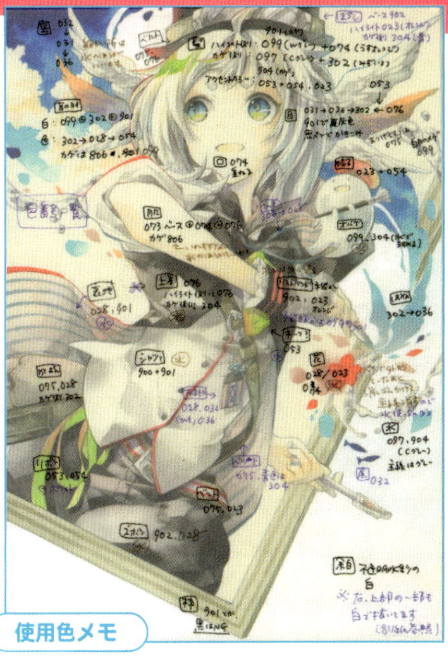

使用色メモ

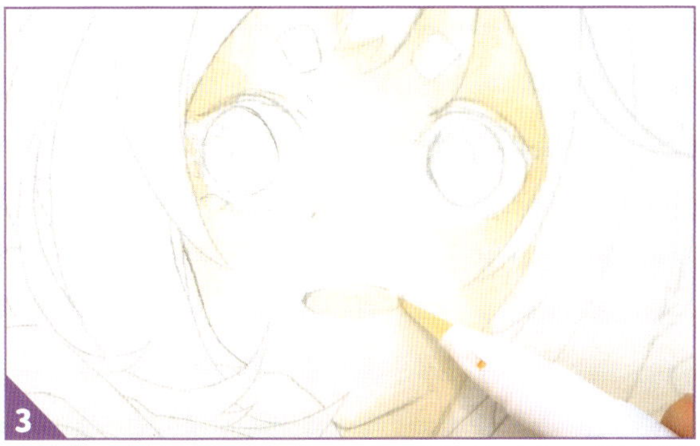

口の中もカゲに使った074のライトベージュで塗る。ピンク色の口があまり好きじゃないからだそう。074を何度か塗り重ねることで、しっかり色づける。

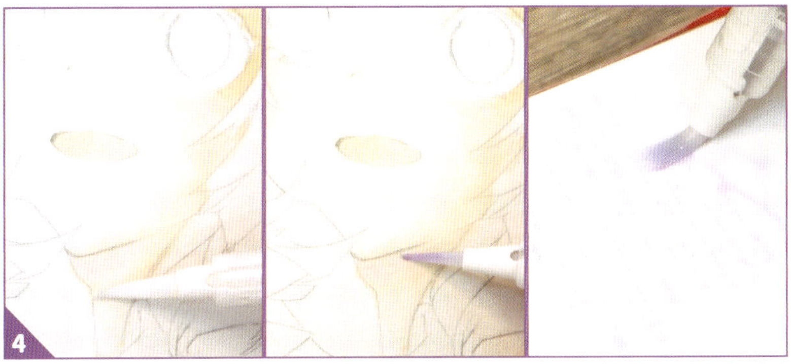

806のペールバイオレットで、首にカゲを入れる。ペンで直接塗るのではなく、紙パレットにのせて水を含ませた筆（＝今回のメイキングでは全て呉竹フィス水筆ぺんを使用）に取って塗る。水を混ぜて使うことで滲みを防げるそう。淡く色づけたいので色をのせたら水筆でぼかす。顔色が悪くならないよう、狭い範囲に塗る。

目を塗る

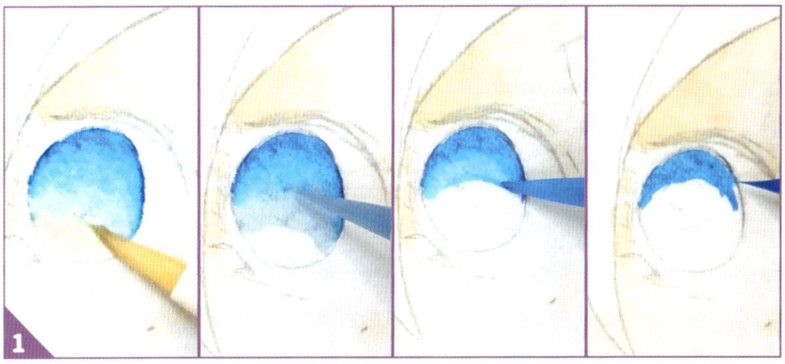

瞳は上から下に向かって、青から黄色の4色グラデーションにする。上から順に031のコバルトブルー、036のライトブルー、302のヘーズブルーと、だんだん淡くなる青のグラデーションに。最後に下から上に向かって076のミディアムベージュを塗る。インクがよく伸びるので、補色の組み合わせでも塗るだけで自然に美しいグラデーションができる。

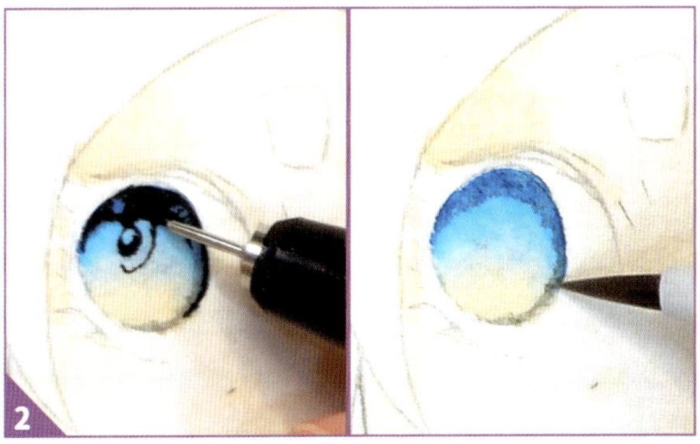

901のウォームグレイ2で瞳の輪郭を整えたあと、瞳の内部はMANGAKA005のブラックで描き込む。この作業はペンだと、どうしても滲んでしまうためミリペンで行う。シャープペンシルで軽くアタリをつけ、グラデ部分は斜線にする。

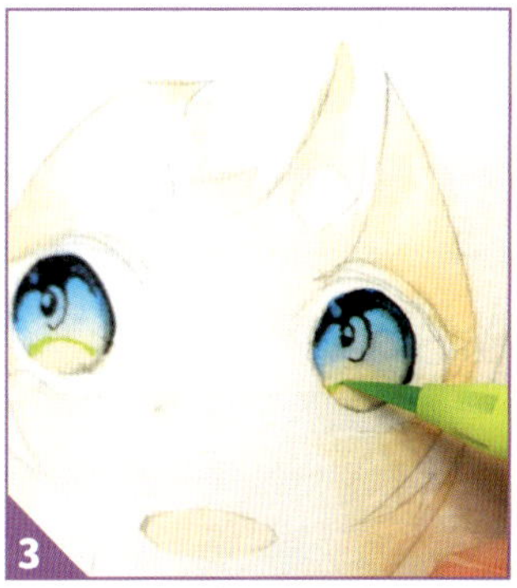

053のイエローグリーンで瞳の下側の半月部分をなぞる。カラーペンならではの鮮やかな差し色で華やかな印象に。濃すぎたら、999のブレンダーでぼかして調整。

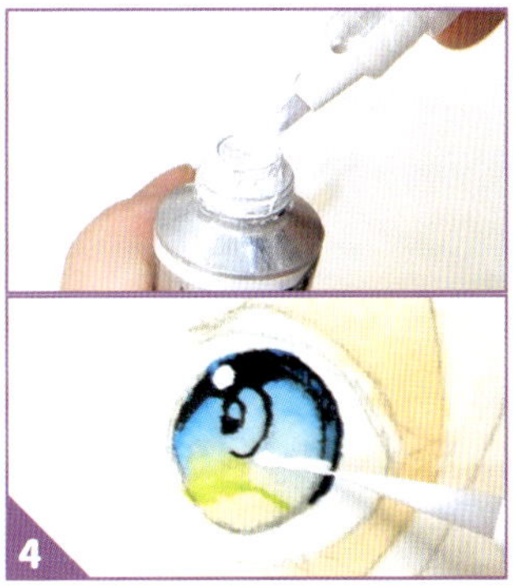

瞳にハイライトを入れる。ホルベイン不透明水彩絵具のパーマネントホワイトを、水筆ぺんに直接取って塗る。

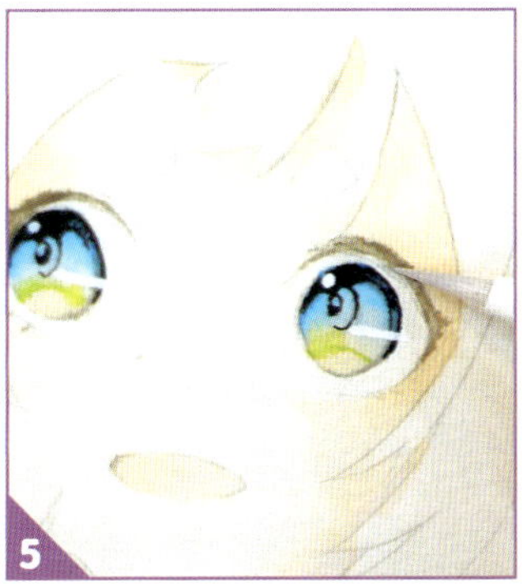

075のブリックベージュでまつげ、099のクールグレイ1で白目のカゲを塗る。滲みを防ぐため紙パレットにインクを塗りつけ、水筆ぺんに取って塗る。

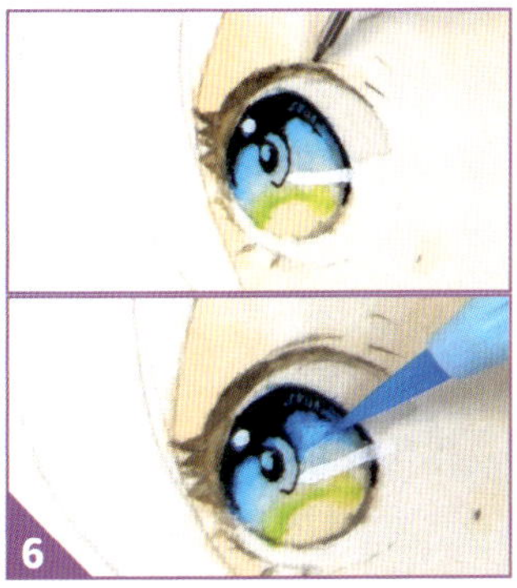

仕上げ。MANGAKA01のグレイでまつげの形を整え、二重のラインをなぞる。最後に瞳の青みが弱く感じたので、工程①で使用した031を瞳上部に塗り、036で馴染ませて完成。

髪を塗る

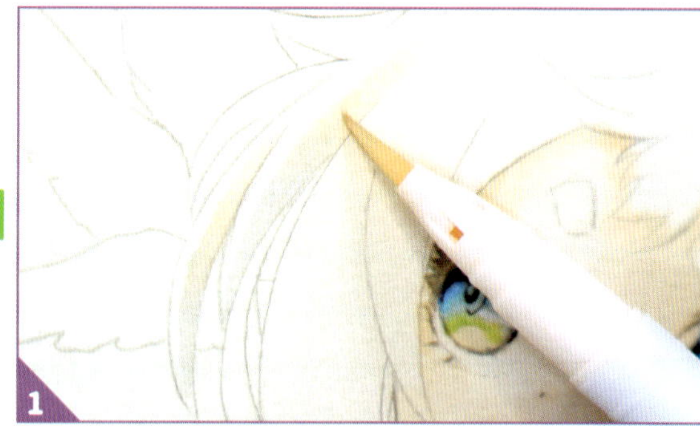

左側に光源があるので、ベースのグレイは左右で色みを変え、左側はオレンジ色の光、右側は水色のカゲでグラデーションをつくる。まずは左側から。074のライトベージュを上から下へ、099のクールグレイ1を下から上へ伸ばすことで自然なグラデーションをつくる。

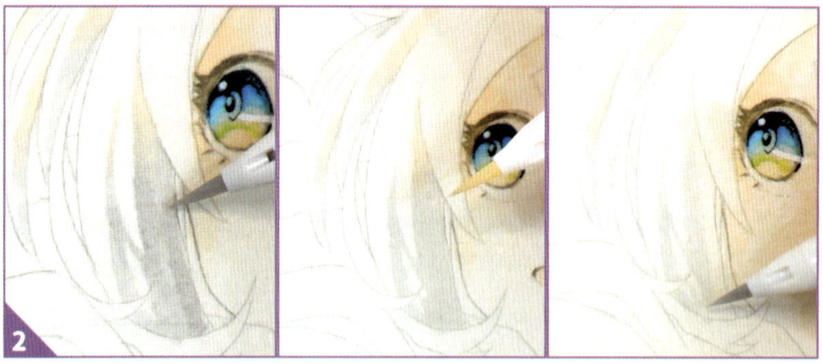

左側の顔に近い部分の髪を塗る。①ほど光は当たらないので、099のクールグレイ1でギザギザとカゲになる部分を塗り、074のライトベージュはカゲの形を整える程度に塗る。再び099を上から重ねて、カゲに濃淡をつける。

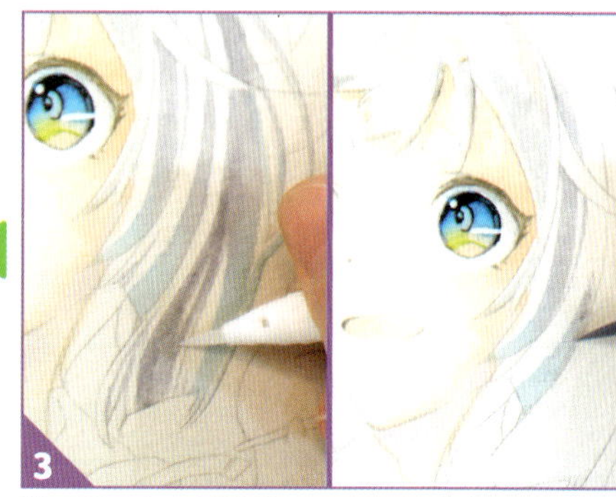

光の当たらない右側を塗る。302のヘーズブルーで毛先から上に向かってカゲを入れ、上から毛先に向かって097のペールグレイを伸ばしてグラデーションにする。バランスを見て毛先にも097を重ね、ムラや濃いところは999のブレンダーでぼかす。

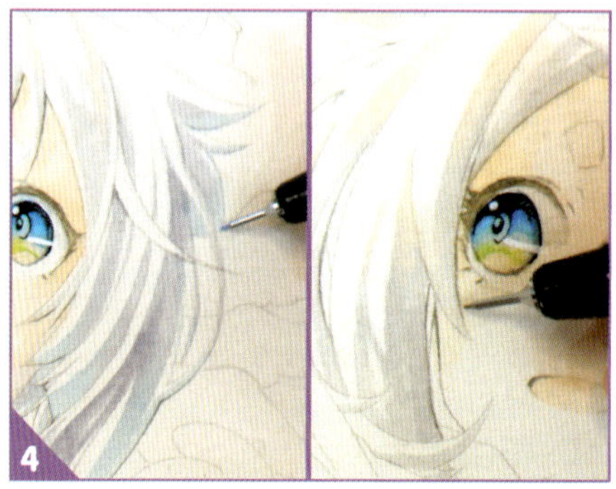

MANGAKA01グレイでペン入れ。鉛筆線に近い色みなので馴染みやすい。ハイライト部分はなぞらず、カゲ部分の線だけなぞる。また水色のカゲには、MANGAKA01ライトブルーを使用。

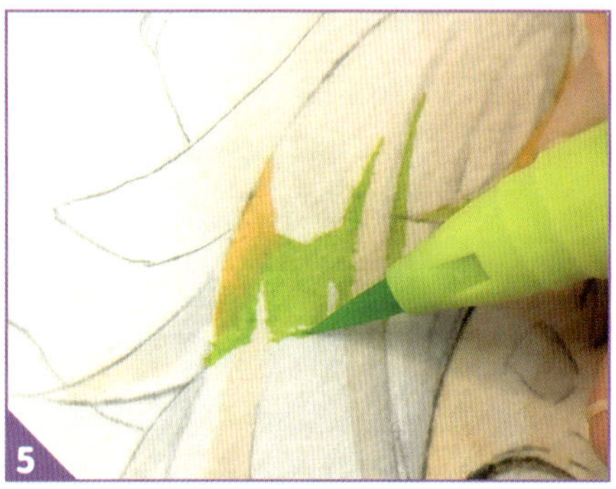

アクセントハイライトを入れる。シャープペンシルでアタリを入れて053のイエローグリーンで形を取ったあと、光のニュアンスを足すために054のペールオレンジも重ねる。消しゴムをかけたあと053で微調整。リアルブラッシュは、水を使っていなければ、塗り重ねた上からでも鉛筆線を消せるので便利。

翼の耳を塗る

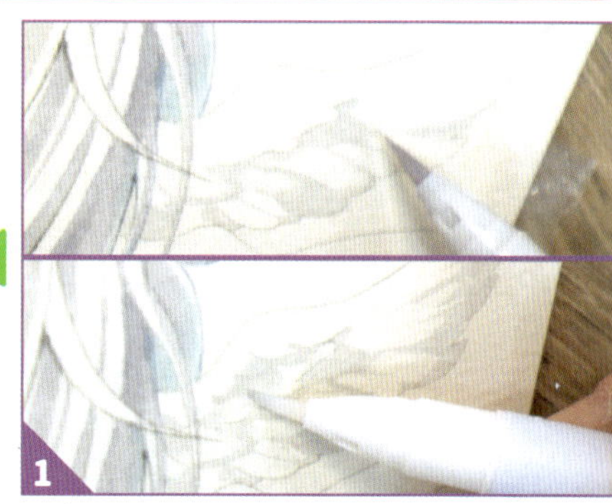

まずは、手前の白い翼から塗る。翼の真ん中にシャープペンシルで一本アタリの線を入れて、その線の下から099のクールグレイ1で羽の凹凸を意識して質感を入れていく。細かくなりすぎるとバランスが悪いので、999のブレンダーで部分的にぼかして潰す。

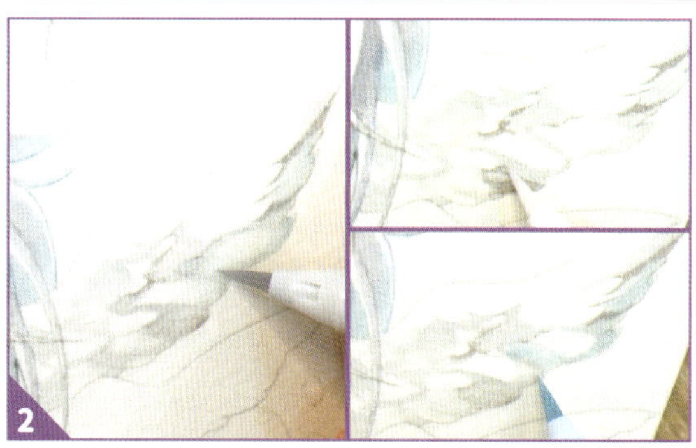

901のウォームグレイ2で羽の先端にエッジを立て、999のブレンダーで少しだけぼかしたら、302のヘーズブルーでカゲを入れる。バランスを見ながら999のブレンダーでぼかしたり、099のクールグレイ1で微調整したり。ぼかしすぎると羽らしい立体感が出なくなるので注意。

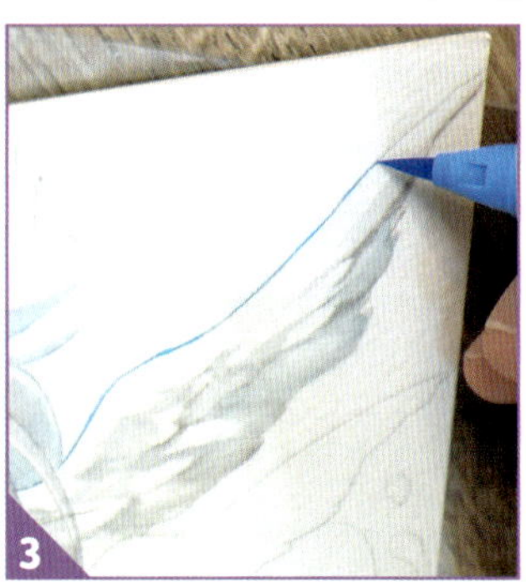

翼の輪郭線をペン入れ。羽の上部は031のコバルトブルー。リアルブラッシュはペン先が繊細なので細い線も引きやすい。下部はMANGAKA01グレイでカゲ部分だけペン入れ。

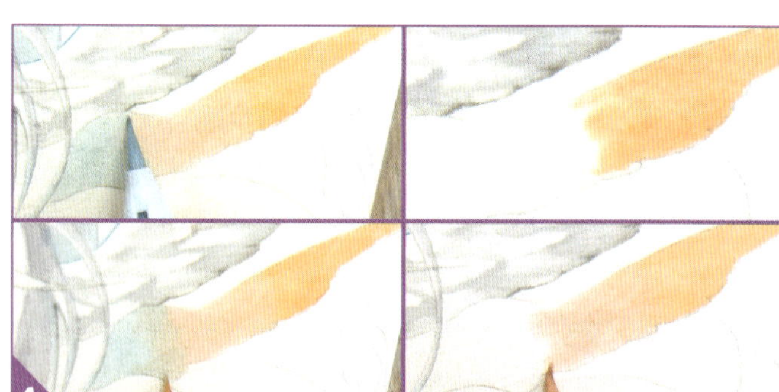

真ん中の翼はピンクから水色のグラデーションに。あらかじめ色の境目となる部分に999のブレンダーをしいてから054のペールオレンジを伸ばすと自然な滲みができるので（写真右上）、028のペールピンクを混ぜて、999のブレンダーでぼかす。続いて302のヘーズブルーを伸ばし、色の境目に再び028のペールピンクを重ねて馴染ませる。

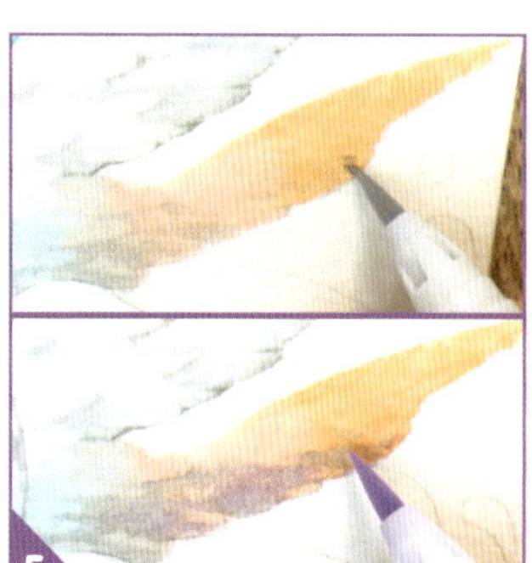

羽の質感を描く。インクがのっていてシャープペンシルが使えないので、099のクールグレイ1でアタリ代わりの薄いカゲを入れ、806のペールバイオレットでさらに質感を描き加える。

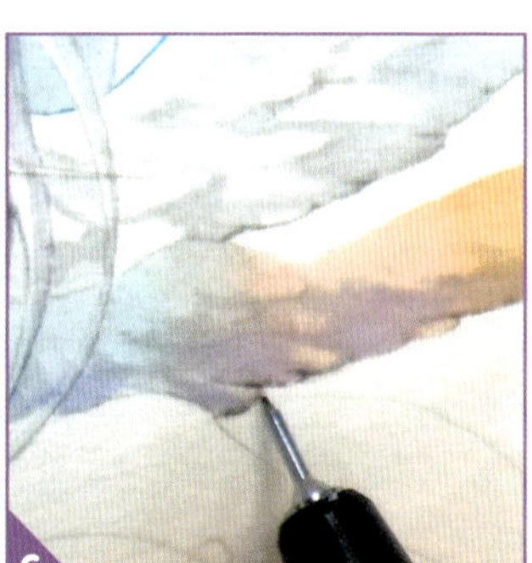

仕上げ。白い羽のカゲ部分と同じように、MANGAKA01グレイで羽の下側だけペン入れ。エッジを立てるように強弱をつけてなぞる。

水を塗る

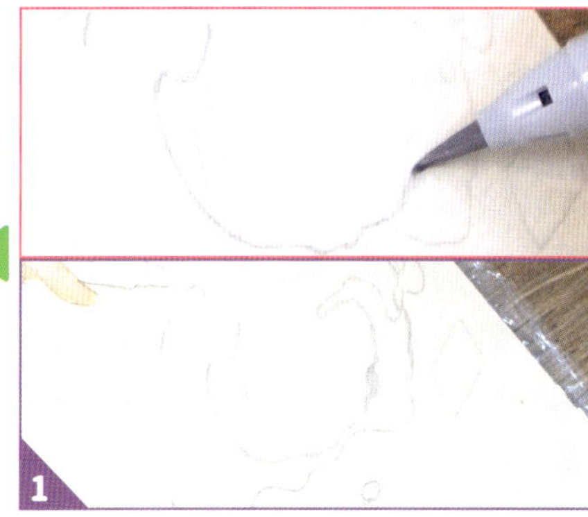

1 097のペールグレイで水の輪郭を描く。ペン先に力を入れてところどころ太くすると水らしくなる。描き終わったら鉛筆線は消しゴムで消す。水と混ぜていなければ、リアルブラッシュを塗った上からでも、鉛筆線を消すことができる。

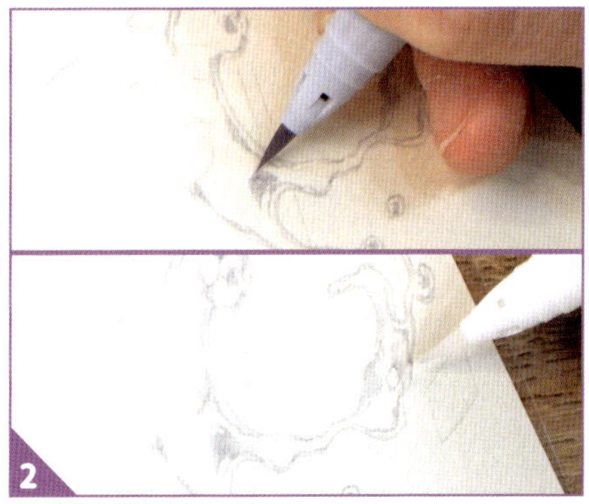

2 ①と同じ097のペールグレイで輪郭の内側にもう一本線を引く。線は太くしたり歪ませたりすることで水らしい質感になる。カゲも合わせて入れていく。グレイが目立つと汚くなるので、999のブレンダーで多めにぼかしを入れる。

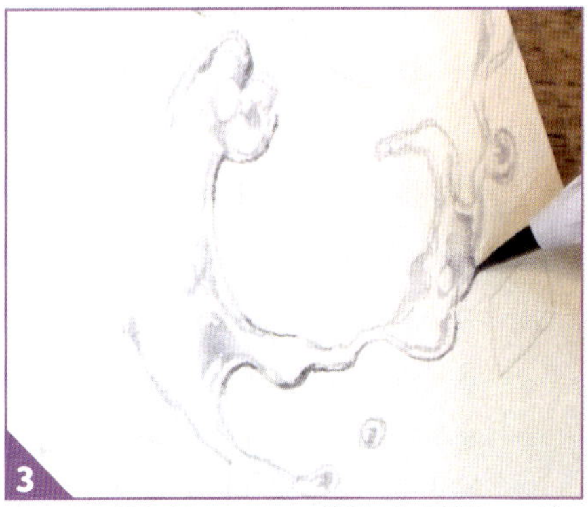

3 ペン入れの代わりに、904のフォググレイで輪郭にエッジをつけていく。全部なぞるとチープな印象になるので、カゲになる部分を少しだけなぞる。

服を塗る

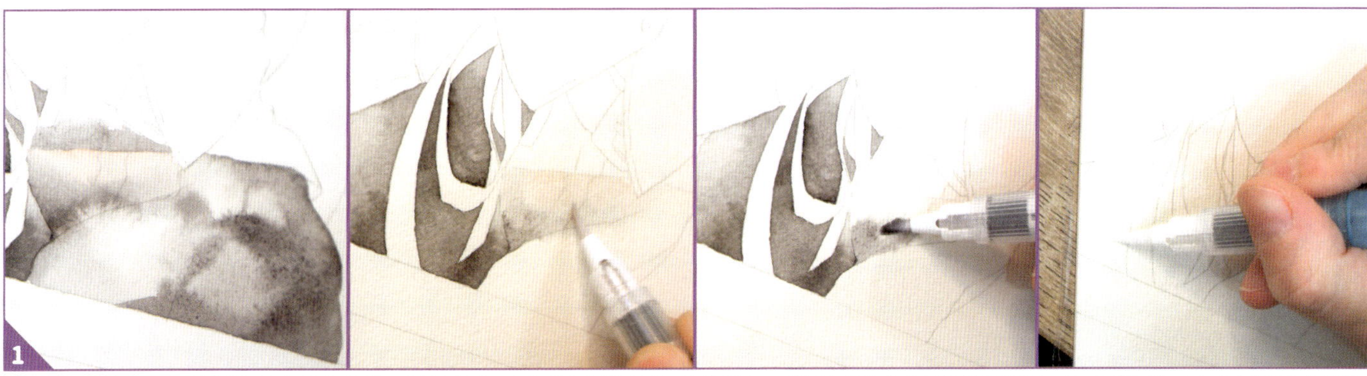

1 黒いズボンを902のナチュラルグレイで下塗り。リボンにはみ出さないよう、あらかじめリボンのキワを1mm残して水をしく。広い面の彩色なので、インク量をコントロールしやすいようパレットに出して塗る。水筆ぺんでぽんとインクを置いて、別の水筆ぺんで伸ばすなど、手法としては透明水彩に近い。ハイライトとして028のペールピンクも入れる（写真右から3枚目）。

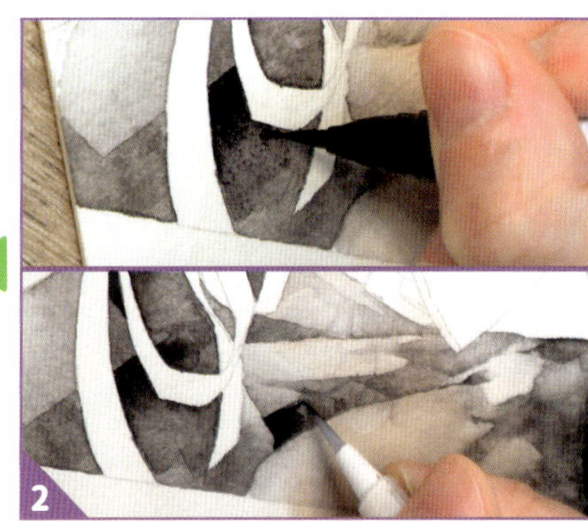

2 ズボンに幾何模様のようなカゲを入れる。これは古島さんらしい描写の一つ。パキッと入れたいので、濃くしたい部分はペンで直接塗って、水筆ぺんで整える。濡れた紙に直接塗っても紙を傷めないのがリアルブラッシュの良いところ。

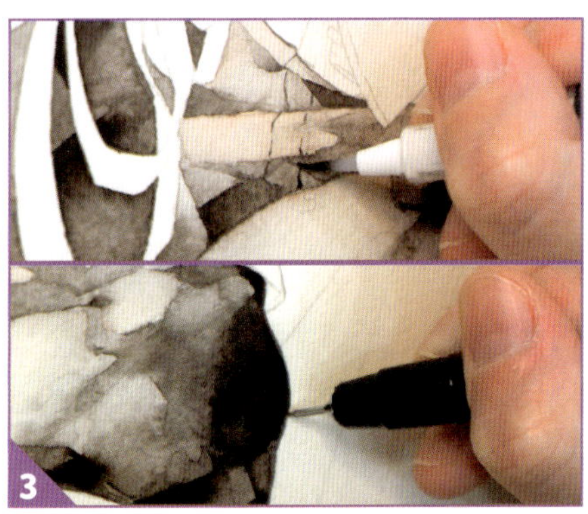

3 ズボンのステッチにも902のナチュラルグレイを使用。滲まないよう、水筆ぺんに取って描く。最後に、リアルブラッシュだと形を取りにくい部分をMANGAKA01グレイで整えたら、黒いズボンは完成。

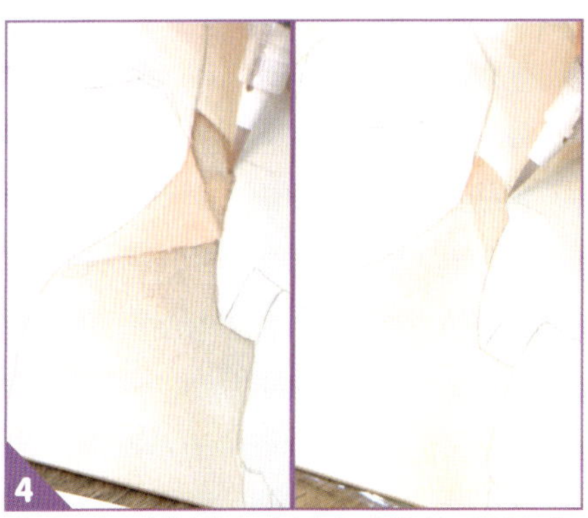

4 ジャケットの裏地を塗る。水をしき、水筆ぺんで028のペールピンクを全体に広げ、カゲ部分には901のウォームグレイ2を重ねる。一度乾かし、再度901を重ねてグラデーションに。最後に028をフチなどに重ねて微調整。

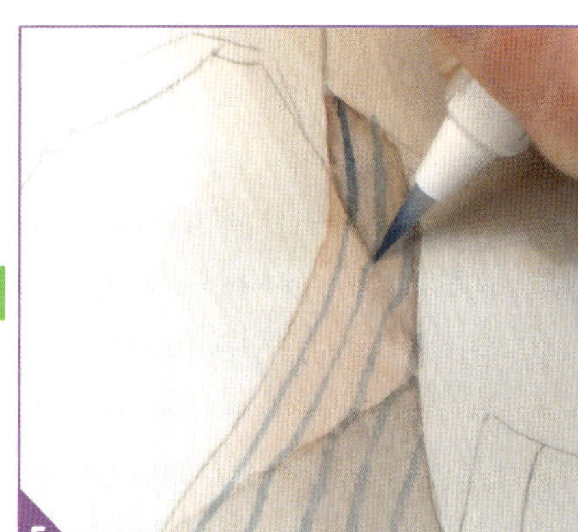

5 ストライプ模様を描く。304のアクアマリンブルーを水筆ぺんに取って塗る。細い線なので、筆を立てて塗ると良い。布がひるがえってカゲになる部分は304を重ね塗りして濃くする。

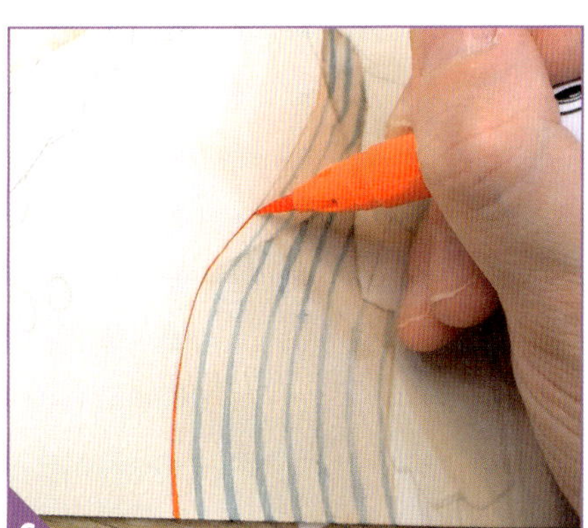

6 最後に023のスカーレットレッドで輪郭線を描く。瞳や髪に使用した053のイエローグリーン同様、カラーペンならではの鮮やかな発色で、差し色として使い勝手が良い。

まとめ

リアルブラッシュで直接塗る、パレットに取って水筆ぺんで塗る、ブレンダーでぼかす、など様々な表現方法を見せてくれた古島さん。特にグラデーションはテクニック要らずで美しくつくることができるので、試しやすいと思います。またカラーペンならではの鮮やかな差し色づかいや、テクニックは必要ですが、服の彩色における透明水彩のような表現も、ぜひ参考にしてみてくださいね！

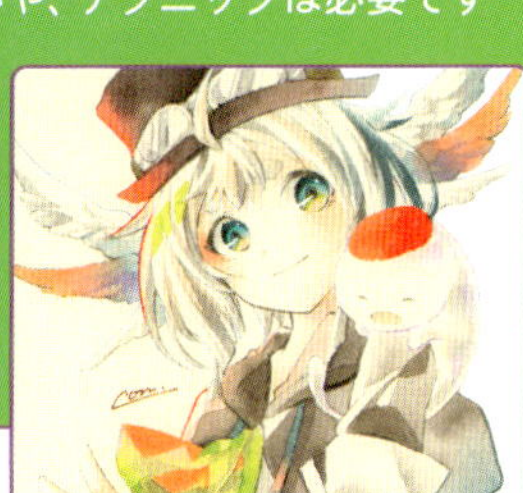

色紙プレゼント

CLIP STUDIO PAINT × SS

第4回ナビゲーター 村カルキ

「CLIP STUDIO PAINT(クリスタ)」は、スモールエスに届くイラストで多く使われているだけでなく、使用したい画材の上位に入っているお絵描きアプリです。初心者講座の第4回目は、「デジタル画材が得意とする絵が映える演出」に着目して紹介します。目を引く作品づくりのポイントやこだわりの演出について教えてくださるのは、普段からCLIP STUDIO PAINTで描いている村カルキさん。「気になる作品にはどんな演出や技法が使われているのか」に注目して、作品づくりに取り入れているそうです。デジタル画材を使い始めた頃のエピソードや今回の描き下ろしイラストで意識したことも伺いました。目指したい表現に合うツールや、デジタルが得意とする機能の使い方を参考にしてみてください！ みなさんからも「こんな使い方をしてみたい」「こういった絵を描くときはどうすればいい？」など、CLIP STUDIO PAINTを使ってみて気になること、描き方について聞いてみたいことを募集しています。巻末のアンケートハガキに書いて送ってくださいませ！

村カルキTwitter【@murakaruki】
村カルキさんの作画環境：Cintiq22 FHD
作例・工程紹介の表示画面：NEC LAVIE Tab T12

絵を描く道具を準備しよう

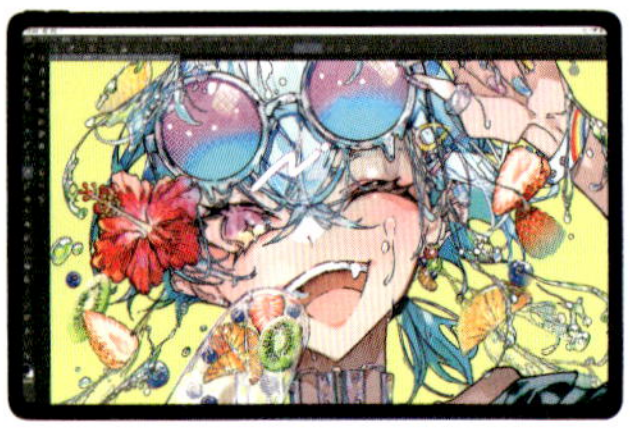

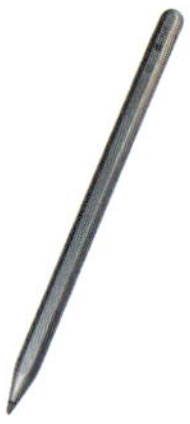

タブレット
NEC「LAVIE Tab T12」
(T1295DAS)

【CLIP STUDIO PAINT for Android動作環境】
・OS: Android 9以降(ARM32 / ARM64)
Android 9以降(ARM64) に対応した HarmonyOS / EMUI
・メモリ:3GB以上のメモリ必須 6GB以上推奨
・サイズ:10.4インチ以上のディスプレイサイズを推奨
・ストレージ空き容量:6GB以上の空き容量のあるストレージ

筆圧対応ペン
AC-AD033C
デジタルペン

※AC-AD033C デジタルペン以外でも描くことはできますが、筆圧対応していない場合、線や濃淡の強弱が反映されません。

今号紹介するCLIP STUDIO PAINTを使える端末は「LAVIE Tab T12」。12.6型（約27cm×17cm）の有機ELディスプレイを搭載しているので、広いキャンバスに描けるのが魅力です。Android対応の高性能タブレットでメモリや機能面もバッチリ。LAVIEシリーズはサイズや駆動時間などラインナップが豊富なので、自分に合うスペックを見つけてみてはいかがでしょうか。
公式サイト【https://www.nec-lavie.jp/products/】

スマートフォン、タブレット、パソコン対応 お絵描きアプリ

CLIP STUDIO PAINT タブレット版

今回利用したAndroidタブレットで利用する方法は？

タブレットでGoogle Playからアプリをインストールする。アプリケーションからのお申込みで最大3ヶ月無料で利用することができます。
※3ヶ月の無料期間の終了後に、月額利用料が発生します。
※スマートフォンプラン以外のプランが対象です。
※PC版（Win/Mac）のライセンスはAndroid版では使用できません。

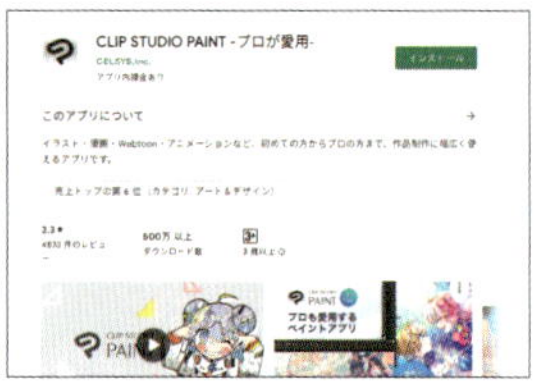

おしらせ
SSの過去の連載講座をセルシスのWebで公開中です！
クリップスタジオ スモールエス で検索してみて！

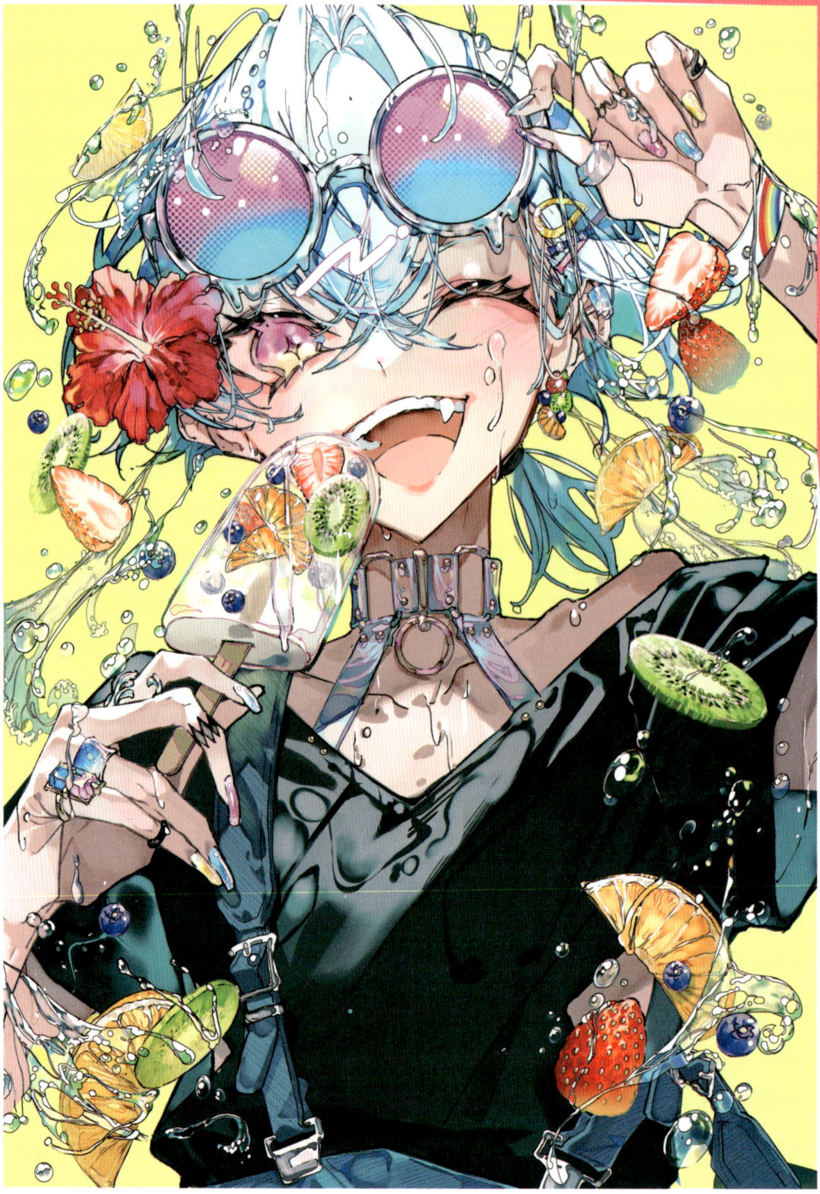

「CLIP STUDIO PAINT」初心者講座
絵が映える演出について考えてみよう 編

タブレットを使ってデジタル画材に挑戦してみよう

大きな画面で描きやすい

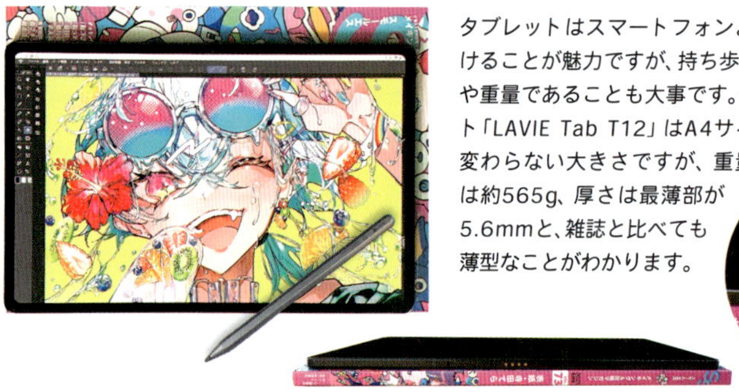

タブレットはスマートフォンよりも大きな画面で描けることが魅力ですが、持ち歩きに負担のないサイズや重量であることも大事です。今回紹介するタブレット「LAVIE Tab T12」はA4サイズのスモールエスと変わらない大きさですが、重量は約565g、厚さは最薄部が5.6mmと、雑誌と比べても薄型なことがわかります。

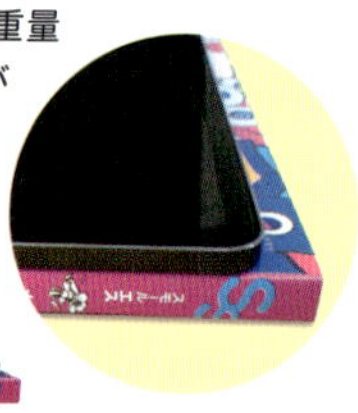

充電や保管に便利なデジタルペンでサクサク描こう！

今回紹介する「LAVIE Tab T12」に対応しているデジタルペン「AC-AD033C」は、4096段階の筆圧感知で強弱も再現してくれます。軽量で傾けて描くこともできるので、手首のスナップを利かせた作画もできます。また、ペアリングや充電もワイヤレスで行える簡単仕様。タブレットの背面にある磁石部分に取り付けるのみでOKです。側面にもマグネットがついているので、ペンの保管もスムーズ。

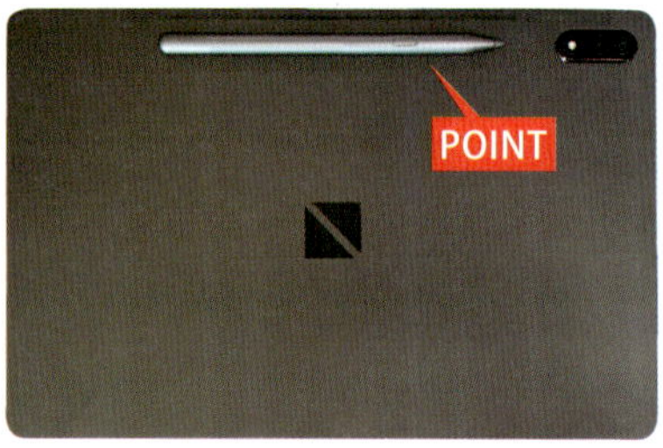

デジタル画材を使い始めた頃のエピソードや、描き方の変化について伺いました！

――デジタルでイラストを描き始めたのはいつ頃からでしたか？

村カルキ　私が中高生の頃は今のようにスマホで絵を描くことはできず、実家にパソコンもなかったので、ずっとアナログ画材で描いていました。高校は美術コースだったのですが、アナログ画材が主体の学校だったのでデジタル画材に触れる機会がないまま…。デジタル画材に触れたのは専門学校に入学してからです。ずっと好きなコンシューマーゲーム業界を目指すために進学しました。でも、描いてみたら肌に合わなくて。

――デジタル画材が苦手だったのですか!?

村カルキ　「レイヤーってなんだ」と（笑）。今ではレイヤーのありがたみを実感できますが、当時使っていた透明水彩絵具とあまりにも違っていたんです。水を使って絵具をコントロールする感覚と、レイヤーを組み合わせて絵を作る感覚のギャップに戸惑いました。さらに、ブラシを凝るという発想もなかったのでデフォルトの設定で頑張っていたのですが、アナログ画材の質感や風合いを出せないことがストレスだったんです。

――満を持してのデジタルでしたが…。

村カルキ　すごく楽しみだったんですけど、専門学校の在学中にはデジタル画材で満足のいく作品を残せず、ゲーム会社にも就職できませんでした。

――そこからデジタルイラストで仕事をするようになるまでに、どのような過程があったのでしょう？

村カルキ　卒業してからしばらくしてソーシャルゲームのイラスト制作会社に就職したのですが、強制的にデジタルを使う環境に置かれたんです。かなり仕事量が多かったので、使い方に悩む時間もなく覚えていきました。そこからしばらくはPhotoshopを使って描いていました。CLIP STUDIO PAINTを使うようになったのは、フリーランスになってからです。『デジタルイラストの「塗り」事典 BOYS CLIP STUDIO PAINT PROで描く！美麗な描画のテクニック55』という仕事をきっかけに使いはじめました。

――なんと！　仕事がきっかけだったのですね。

村カルキ　書籍の担当さんに「普段はPhotoshopを使っているのですが、メイキングの仕事はしていみたいこと」「読者はベテランの使い手に期待しているのではないか」という点を相談した上で、イラストレーターさんの描き方に注目するので大丈夫だと言っていただき、CLIP STUDIO PAINTに挑戦しながら参加させていただくことになりました。

――実際にCLIP STUDIO PAINTを使ってみていかがでしたか？

村カルキ　私は水彩境界に強い憧れがあるので、それができるブラシを見つけて感激しました。他にも、数値を変えて自分で手軽に元からあるブラシをカスタムできるので、すごく使いやすく、とてもありがたかったです。ソフトの動作が軽いこともポイントでしたね。

――続いて、村カルキさんの作品づくりに欠かせない演出について伺いたいです。色収差や装飾など、バリエーションがとても豊富だと感じます。

村カルキ　私は色や表現のトレンドを取り入れたいと思っているんです。自分の絵やテーマに合うならば、色収差やノイズのテクスチャ、質感にドット、ライティングなど積極的に試しています。

――あげていただいた手法はデジタルが得意とする効果が多いですね。

村カルキ　最近よく実践しているのは「厚塗りだけどライトな印象のタッチ」です。すごくリッチな雰囲気で立体感はあるけれど、重く見えないんです。とても繊細なバランスなので、やり直しがきくデジタルに向いていると思います。あとはトレンドとは関係なく、自分の配色がくどくなりがちなので、もう少しあっさりさせたいなと思っています。質感を損なわずに、スッキリ見せるバランスを考えながら描いています。

――絵を描く仕事を続けながら、常に新しいことに挑戦する姿勢に刺激をいただきました。作品への解説もいただいたので、ぜひ読んでみてください！　最後に今後の目標を教えていただけますか？

村カルキ　中学生の頃から買ってた「SS（スモールエス）」の表紙をいつか描いてみたいと思っています！　絵の仕事を目指すきっかけとなったコンシューマーゲームにも携わってみたいです！

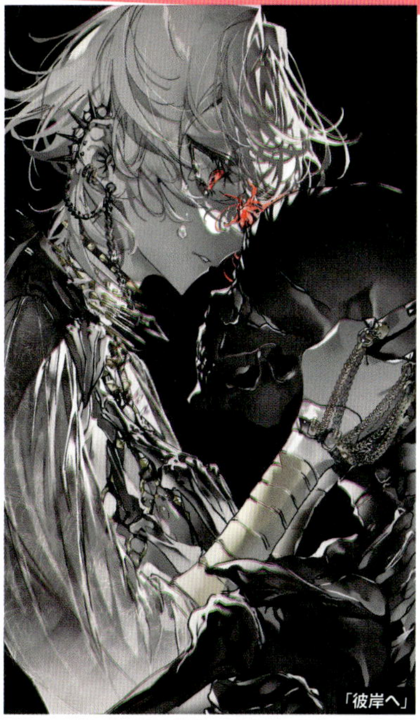

「彼岸へ」

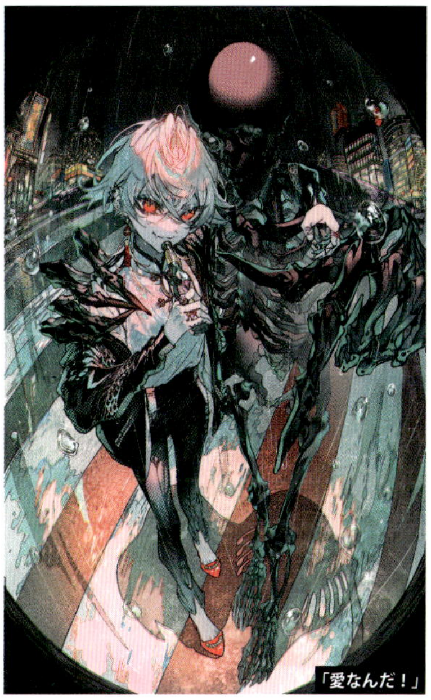

「愛なんだ！」

仕事と趣味のバランスを取るために大事にしていること

――絵の仕事をする際に大事にされていることを教えてください！

村カルキ　気分に左右されないようにしています。基本的に仕事は夜の9時で切り上げて、その後はゲームや休息、趣味の絵を描こうと時間割りを決めているんです。クライアントさんとの仕事と自分の趣味の絵を切り替えて、バランスを取るようにしているんです。その生活を見ている友達からは「修行僧なの？」なんて言われました（笑）。でも、ルーティンがあることが、すごく幸せなんです！

おしらせ

『村カルキ画集　我』

A4変形・176P
定価：3,000円＋税
発売：玄光社

村カルキさんが自分の趣味100％で描いている創作シリーズから、『終焉ノ花嫁』（著・綾里けいし）をはじめとした小説の挿画、ジャケットイラスト、商業作品などを150点以上収録。巻末にはインタビューも掲載されています。そして、画集の発売を記念した個展『我』大阪巡回展を8月1日（火）まで大阪・阪神梅田本店８階ハローカルチャー４にて開催中。新規グッズもあるので要チェックです！

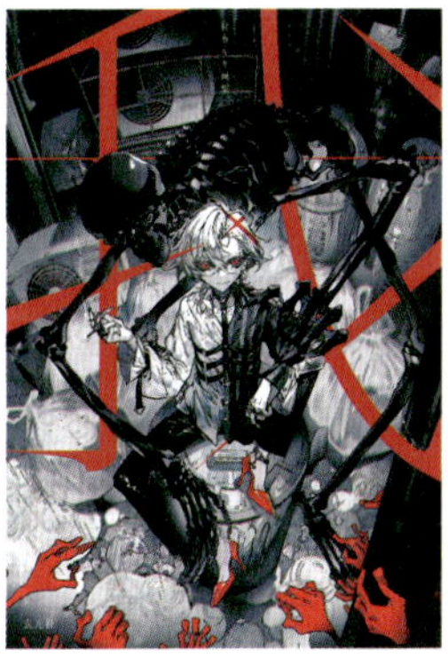

BLACK シリーズ

村カルキ　画集の表紙をはじめとしたオリジナルイラストの「BLACKシリーズ」のテーマはダークな世界観です。モノトーン＋原色的な色合いで、少年と骨というモチーフを描いています。基本的に絵に使う色は描きたい世界観に合わせて決めるので、作品によって雰囲気をガラリと変えることが多いです。

＼村カルキさんの方法で実践！／ インパクトを出す一手間を加えてみよう

CLIP STUDIO PAINTで色収差を作る方法

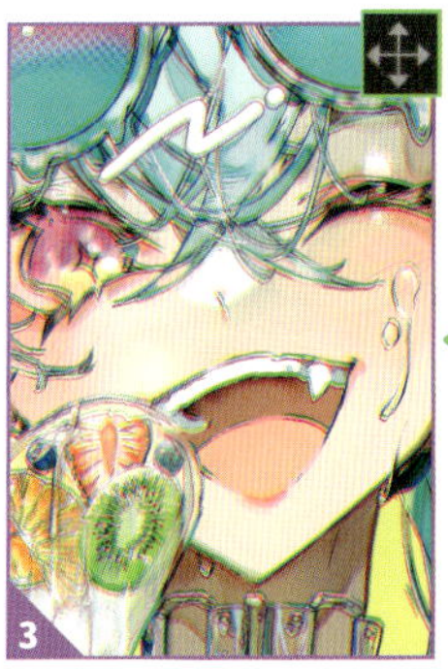

3　3枚のレイヤーを【レイヤー移動ツール】でズラすと赤や緑のラインが出てくる。色収差の特徴的な効果を作ることができた。

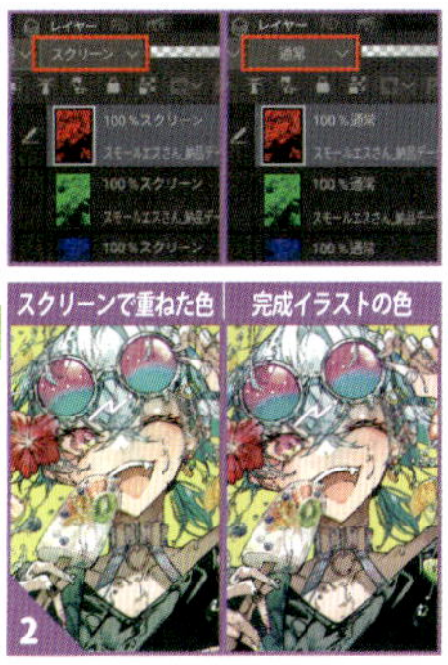

2　結合したレイヤー3枚を全て「スクリーン」に変更するとフルカラーに。自作で「赤」「緑」「青」を作っても近い印象に仕上がる。

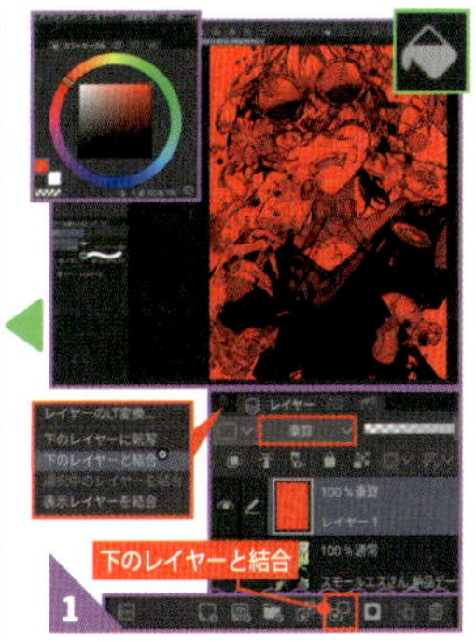

1　「レイヤー→画像を統合」したレイヤーを3枚用意します。「新規レイヤー（乗算）」を3枚作成し「赤」「青」「緑」でべた塗りしたら、それぞれを統合したレイヤーに「下のレイヤーと結合」する。

「色収差」とは、デジタルのカラーモード【R（レッド）】【G（グリーン）】【B（ブルー）】を分解して、それぞれの色をズラして作る効果。線や塗りに動きが出て雰囲気が増します。この手法はデジタルに向いている分、発表の場を選ぶとのこと。

村カルキ　色収差は情報量が物足りないと思うときに入れることが多いです。

気を付けること：スマホやPCではあまり悪目立ちすることはないのですが、印刷すると絵がぼやけて見えたり、画質が悪く見えることも。顔の周囲の色のズレを控えめにするなど、バランスが大事。

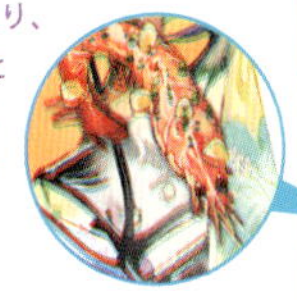

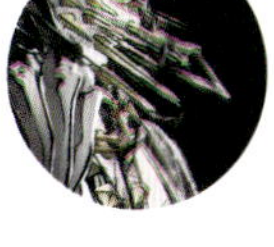

同ページ掲載「彼岸へ」の色収差は黄色と紫でインパクト大。

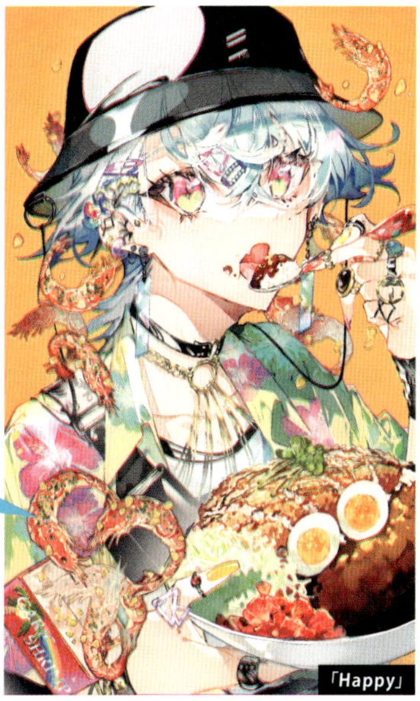

「Happy」

描き下ろしイラストのポイントを村カルキさんに解説してもらいました！

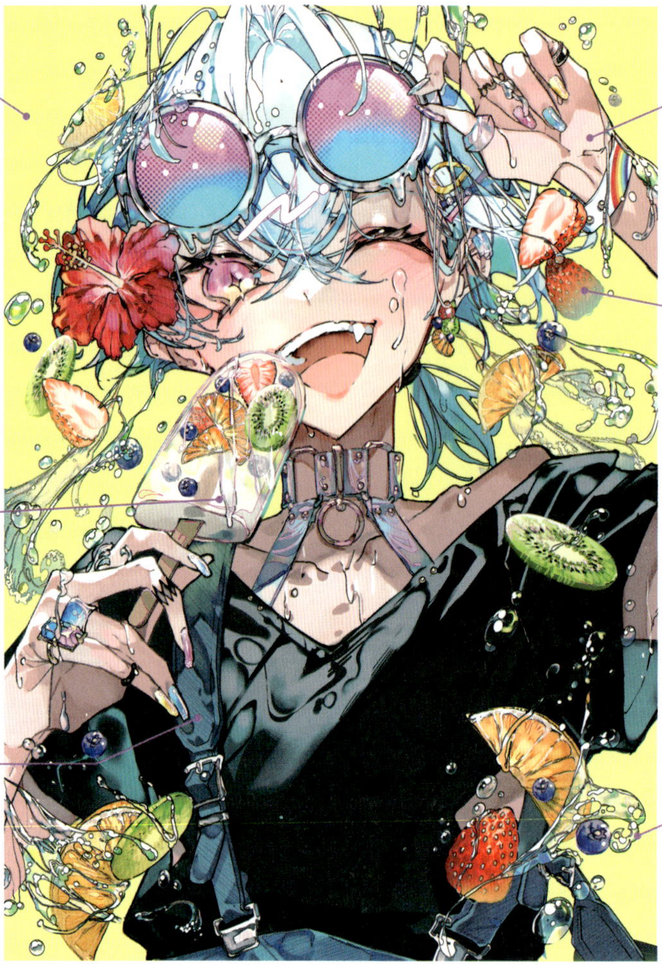

背景の色

村カルキ　背景の黄色はラフの初期段階から決めていました。着彩を進めている途中で「黄色が濃いな」と思ったら、上から【レイヤー→新規色調補正レイヤー→トーンカーブ】や、レイヤーの合成モードの【オーバーレイ】などで調整します。元々背景を描く仕事もしていたので、キャラクターがメインでも背景から考えます。

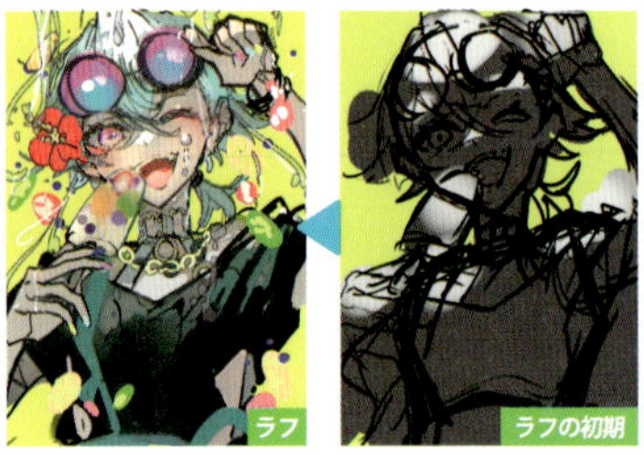

ビビッドなラインを入れる

村カルキ　この絵には色収差の効果をかけないのですが、ポイントでビビッドな輪郭線を入れました。ハイライトの境界にラインを引くとライトな印象になります。

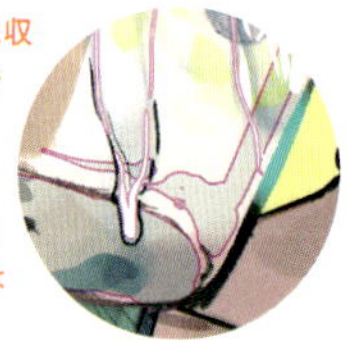

斜線のテクスチャ

村カルキ　男の子が着ているオーバーオールに手描きで斜線を入れています。質感のテクスチャのような感覚で試しに入れてみました。ジーンズ生地のような質感にしたかったので、他の質感表現と差別化しています。

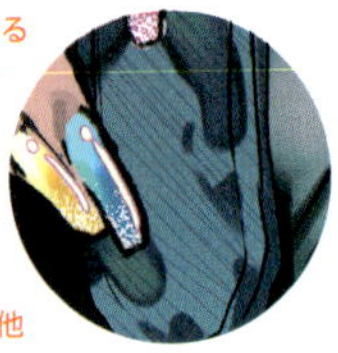

肌の色

他の作品より

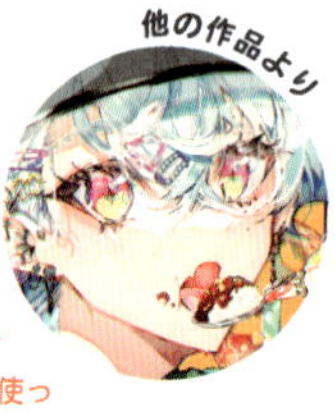

村カルキ　肌はいつもより濃いめの色で塗りました。背景の黄色はビビットですが、キャラクターやアイテムには彩度が低い色を使っています。その中であまり暗くならないようにしたり、白飛びしないように気をつけました。

フルーツの色

村カルキ　人物の周りに飛んでいるフルーツの色を描いた後で調整しました。フルーツは描き込みが多いので、くどく見えてしまったんです。この絵の主体はキャラクターなので、人物と近い位置にあるフルーツを背景の黄色に寄せて、キャラクターに焦点が当たるようにしました。

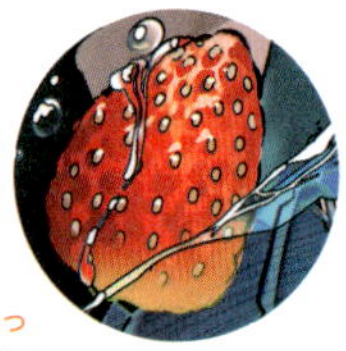

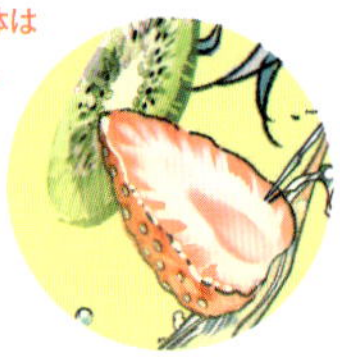

水の描写

村カルキ　水滴や水の表現はCLIP STUDIO PAINTの「境界効果」を活用できるモチーフです。人物の手前と奥で不透明度を変えて遠近感を出しています。

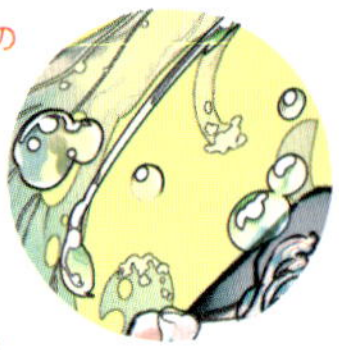

描き下ろしイラストの作画工程を紹介！

厚塗りだけれどこってりすぎない加減に

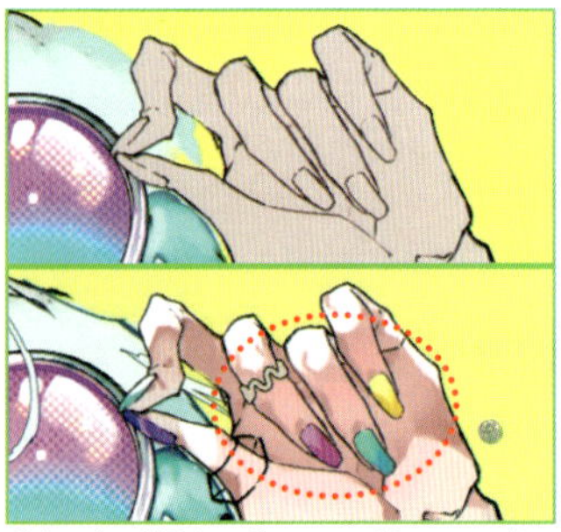

彩度の高い背景とのバランスで、肌のベース色の彩度を少し低めにした。ハイライトとの境目に濃い色を入れて立体感を出しつつ、内側に明度の高い肌色を乗せることで、塗り全体を引きで見たときに軽い印象になる。

肌を塗る

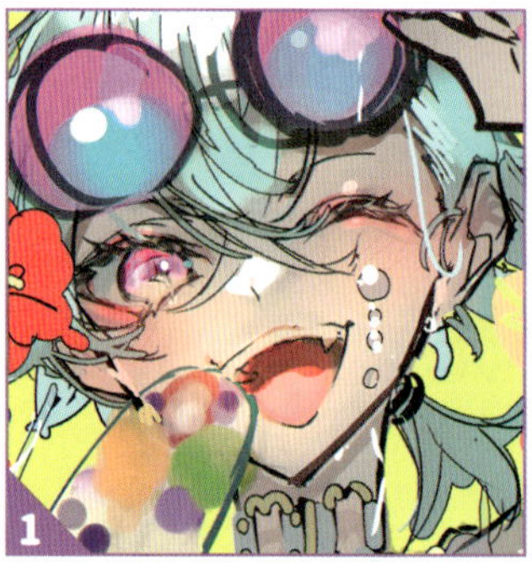

ラフを元に顔の周りから塗っていく。村カルキさんはラフをベースに描き込んでいくので、この段階で光源や色も決めている。

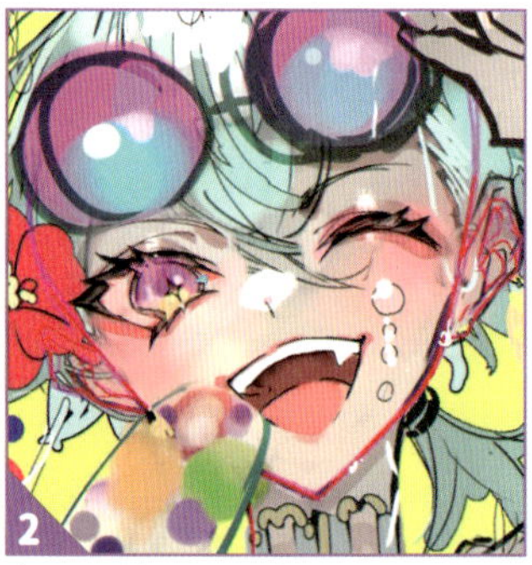

瞳や口を描き進めながら、気になった形は調整する。新規レイヤーを作成し、わかりやすいように濃いピンクで輪郭を描いた。

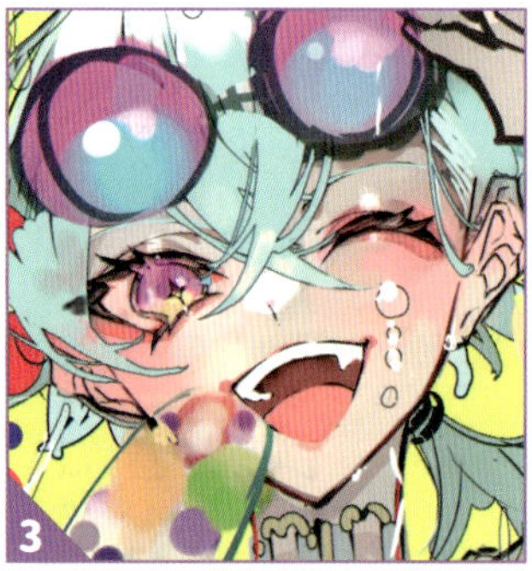

ピンクのガイドを元に別のレイヤーに輪郭線を描く。輪郭線は黒をベースに描きつつ、部分的に明るい茶色を乗せている。

トレンドを意識した特徴を取り入れる

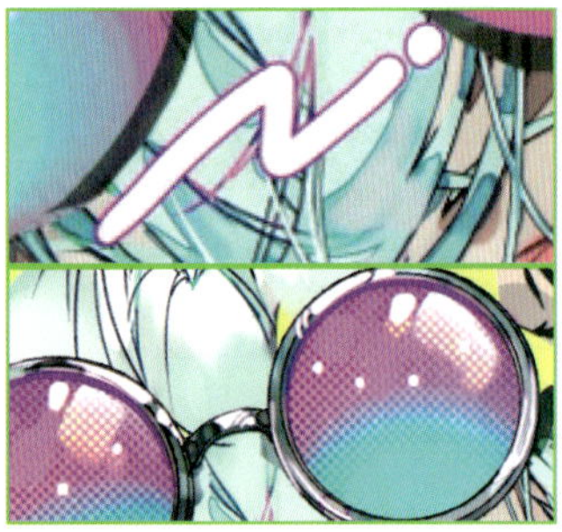

村カルキ　トレンドの表現でも絵に合わないと思ったら無理には入れません。前髪に加えた記号的なハイライトは今回の絵に合いそうだと思って取り入れてみました。他にもサングラスにドット柄を入れて全体的にポップにしています。

髪を描く

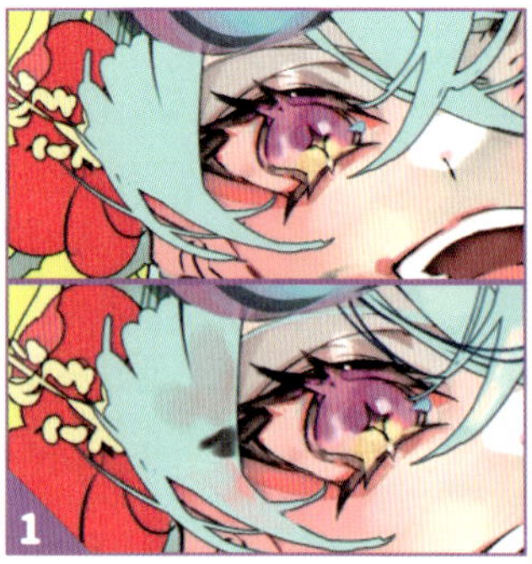

「レイヤープロパティ→境界効果→フチ」で髪のシルエットに輪郭をつけた。新規レイヤーに肌や瞳の色を乗せて透け感を表現。

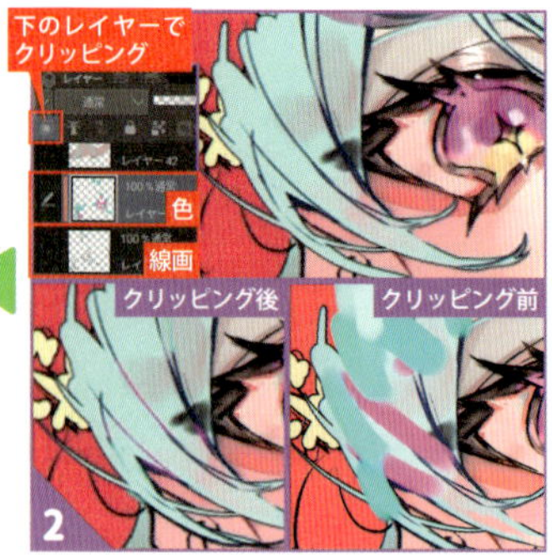

内側に毛束のラインを引いて、上から鮮やかな色を足した。「下のレイヤーでクリッピング」により、色がはみ出していない。

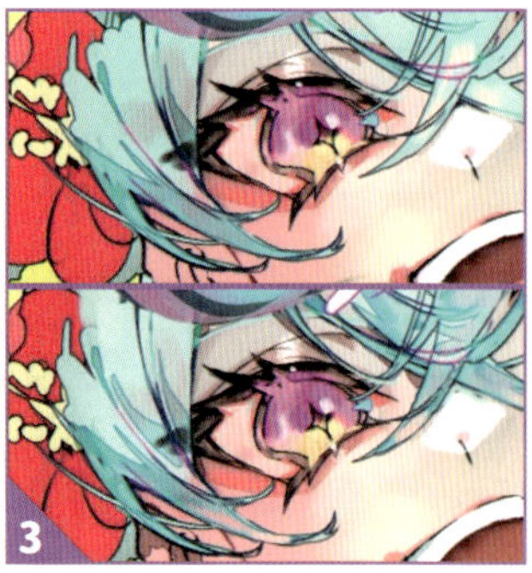

村カルキ　髪が水色や白など明度が高いときは、カゲ色に同系色を選んだり、塗りの中に白っぽい色を混ぜて軽くします。

差し色や柄を加えて塗り面を軽やかな印象に

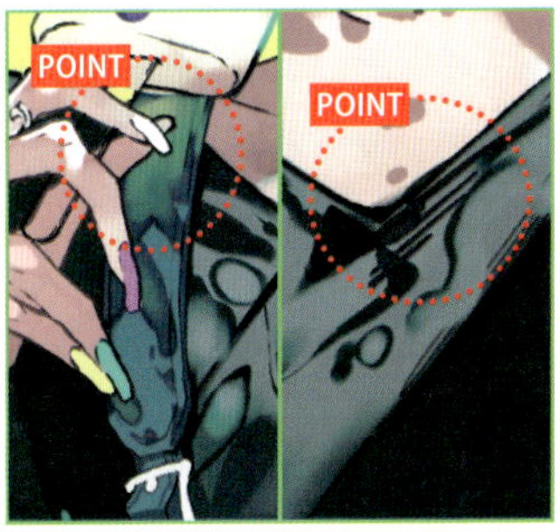

村カルキさんがインタビューでも取り上げていた、厚塗りだけれどライトな印象に見せるポイント。シワや光沢が細かくつく衣装は、濃淡の一部をペンのタッチに置き換えたり、カゲに彩度の高い色を加えて重くなりすぎないようにしていた。

フルーツアイスの透明感は控えめにする

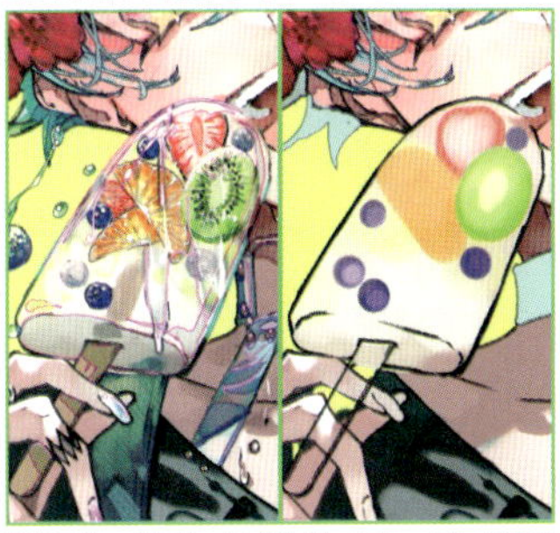

同じフルーツでも、アイスバーのトッピングの色は少し変えている。透明度の高い素材でできたアイスバーではあるが、表面付近のフルーツの色は濃いめ、内側は少し不透明にした。アイスの棒も淡く描くことでアイスバーらしく仕上がる。

テクスチャを使って画面に統一感を出す

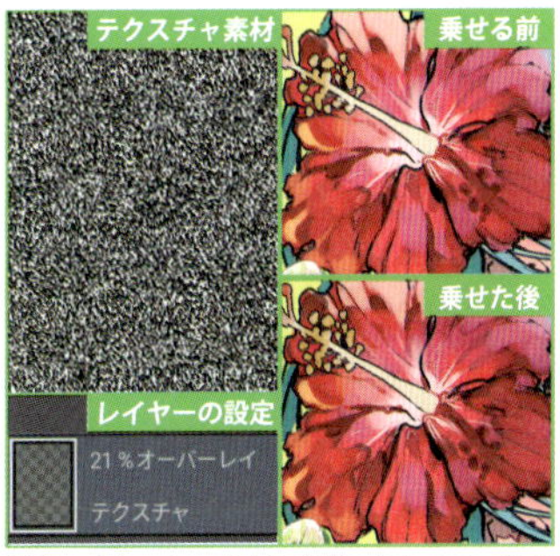

新規レイヤーを一番上に作り、テクスチャ素材を加える。村カルキさんが今回使用したのは、ザラっとしたノイズ。合成モード「オーバーレイ(21%)」でイラスト全体に乗せた。乗せる前と比べると、色が少し落ち着いて風合いが出た。

オーロラ素材の装飾を描く

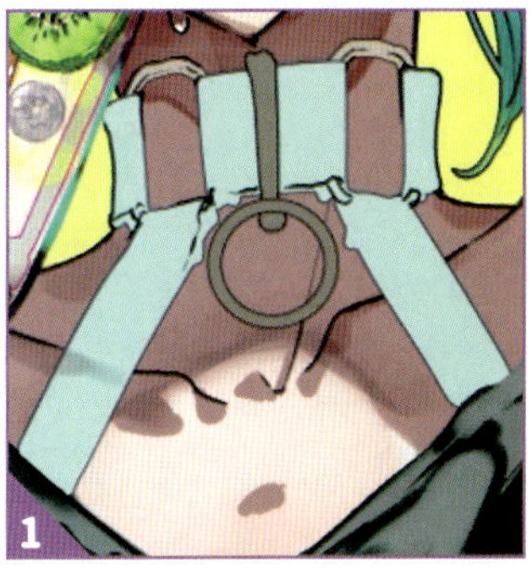

1 首元の装飾も「レイヤープロパティ→境界効果→フチ」でベースを作る。金属パーツやベルトの厚みを表現するラインも加えた。

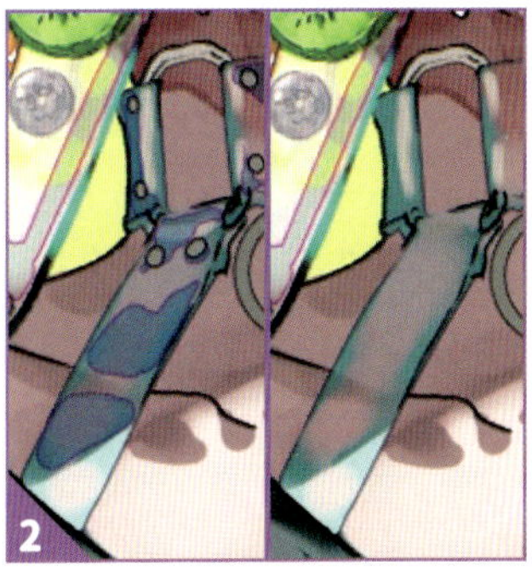

2 厚塗りの【塗り&なじませ】で中央に肌色、端に水色を塗って素材の透明感を表現。鎖骨の凹凸を意識しつつ明暗をつける。

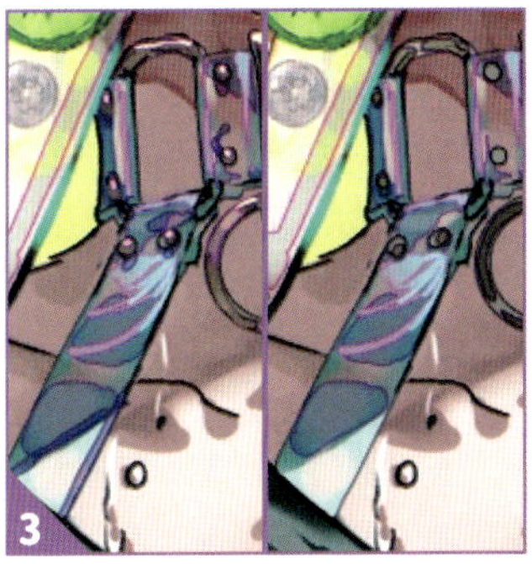

3 ピンクやブルーでゆらぎのあるラインを描き加えてオーロラ素材らしく見せる。金属にも光沢とピンクの反射光を入れた。

いちごを描く

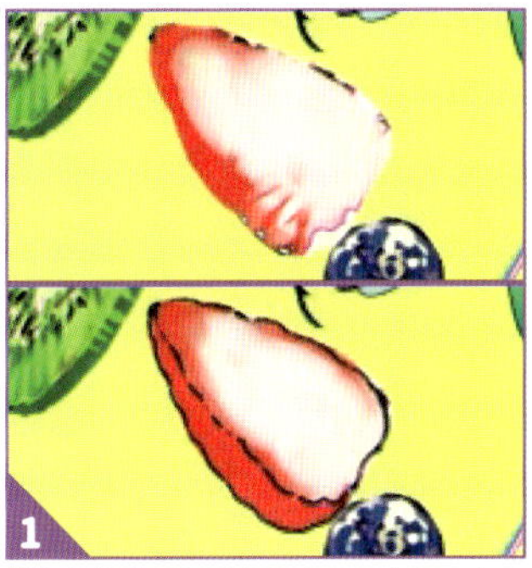

1 鮮やかな背景に映えるカラフルなフルーツ。いちごのアタリを描いたら、輪郭線を描く。種の凹凸を意識して引いている。

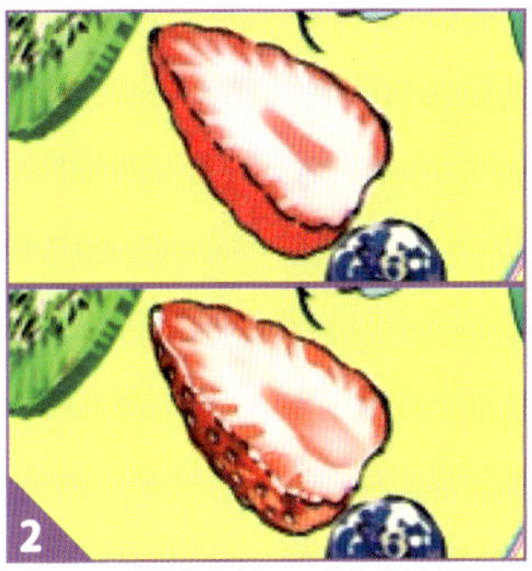

2 いちごの特徴的な断面の果肉を描き込む。切り口にツヤを入れたり外側に種を描いた。作りものに見えないように仕上げる。

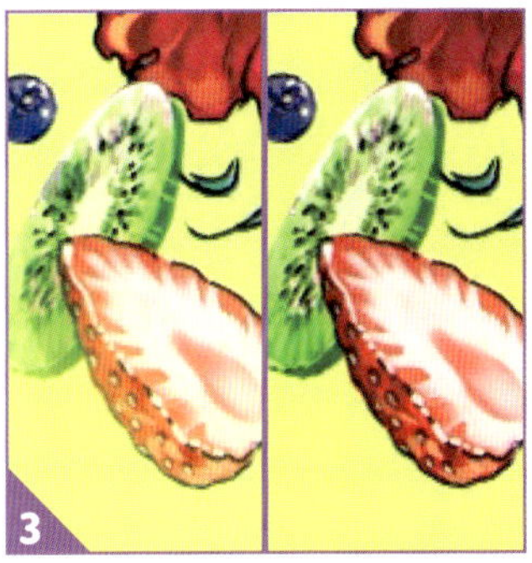

3 位置とサイズを調整する。描いたままの色だと目立ちすぎてしまうので、背景の黄色を馴染ませて印象を調整する。

細部の加筆・差し色を加えて鮮やかに

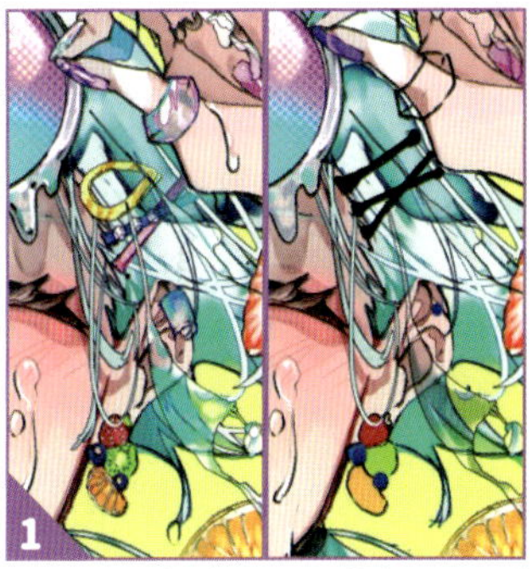

1 描き進めながら色や形を調整する。ヘアピンは形や種類を変えて華やかに。ピアスはイヤーカフに変えてボリュームを出した。

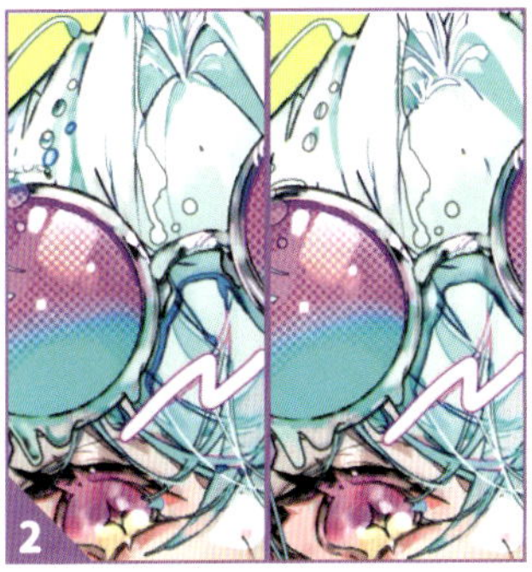

2 髪は線を加えて毛束をくっきりと見せた。メリハリをつけるカゲも追加するが、鮮やかな水色を使って乗せている。

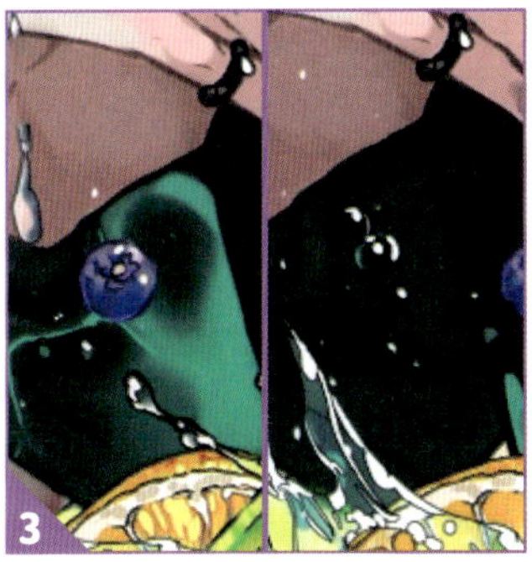

3 見えづらくなっている水滴は、衣装側の色を明るく調整。バランスを見て最終的に水滴からブルーベリーに変更した。

知っていると便利！ 中級編「境界効果」で特徴的な線画を作る

村カルキ 「境界効果」はブラシで塗った色面のフチに境界線をつけられるCLIP STUDIO PAINTの機能です。かなり活用していて、今回の絵でも、髪や衣装、アクセサリー、フルーツ、水など、全体的に使っているんです。いろんな使い方があるのですが、水滴を例に紹介します。

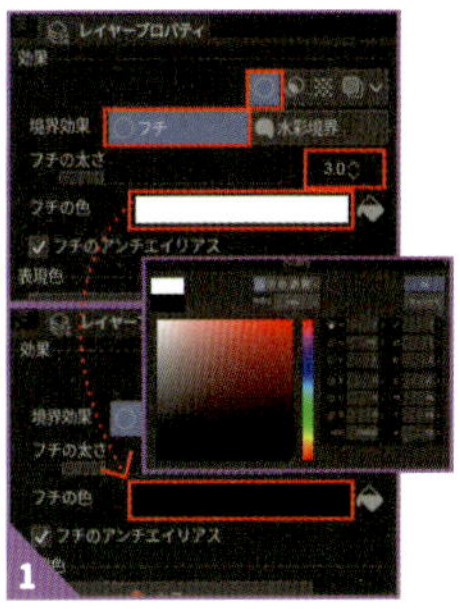

1 「レイヤープロパティ→境界効果→フチ」でフチの色を「黒」にした状態で描いていく。

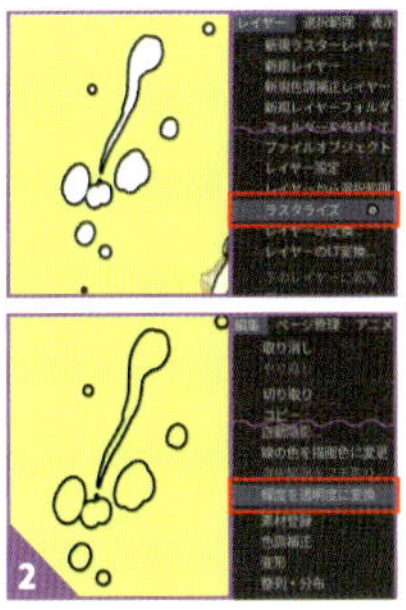

2 「レイヤー→ラスタライズ」→「編集→輝度を透明度に変換」。塗りが透過された状態の線画になる。

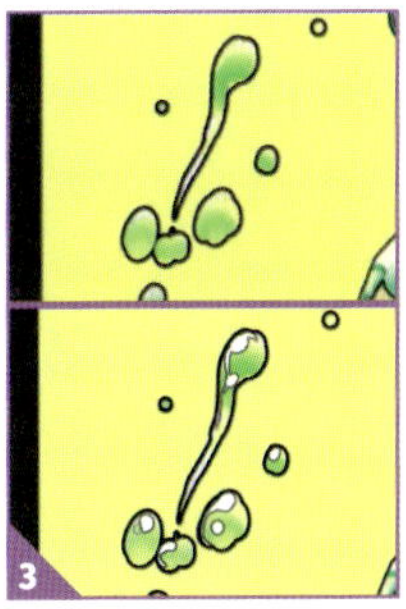

3 通常の線画のように内側を【塗り&なじませ】で彩色。ハイライトも「境界効果」で表現した。

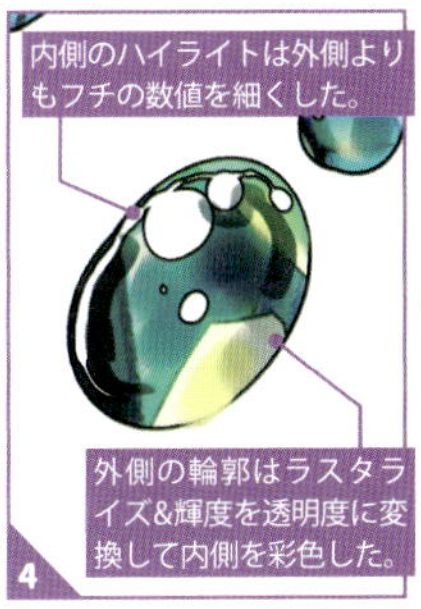

4 完成イラストより。直感的に引きたい線画やシルエットに強弱をつけたい場所に向いている。

村カルキ どんな技法にも描きたい作品や作風との相性があると思います。私も合わずに使っていない効果などがあります。自分で描き方を模索したいと思う気持ちや探究心も大事だと思うので、ぜひ気になる描き方に挑戦してみてください。

まとめ

今回は村カルキさんにお話やCLIP STUDIO PAINTのイラスト制作を通してデジタル画材が得意とする表現や機能を紹介しました。デジタル画材ならではの特徴のあるブラシを探したり、オリジナルの素材を作って取り入れるなど、作品づくりに決まりはありません。気になる技法や色使いを試してみてはいかがでしょうか？ 自分の絵やテーマに向いている加工や演出を使いこなせるとオリジナリティも出ますし、デジタルイラストの制作がさらに楽しくなりますよ！ ぜひ挑戦してみてください。

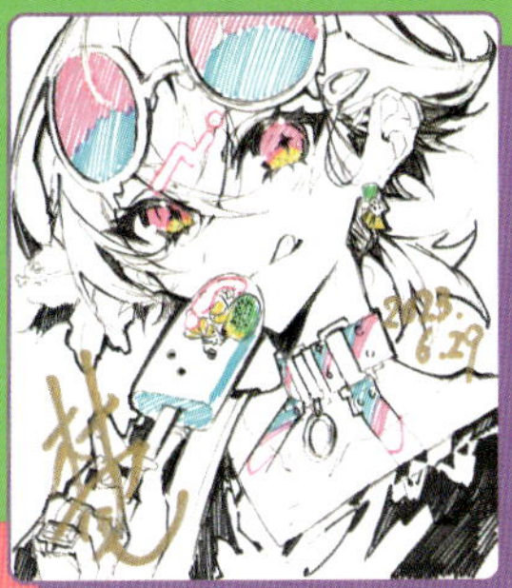

色紙プレゼント

グッズ制作レポート
アクリルキーホルダー 編 初心者向け

ナビゲーター さくしゃ2 みひろ お天気屋

近年、イベントに出店する時やキャラクターグッズとして定番となっているアクリルキーホルダー。アクリル製品は会社ごとによって、色の出方の印象が他のグッズに比べると大きく異なります。そのため、実際にグッズが手元に届いてからでないと分からない「色味の悩み」は常につきません。
今回は特にみなさんからよく聞く「本当はこんな色味じゃなかったのに！」「思ったよりも色がくすんじゃったかも…」という、色についてのお悩みを少しでも解決するために、４つの会社でアクリルキーホルダーの色味を比較します。
普段はアナログをメインに描いている人も、グッズ制作は初心者のデジタル作家の方も、「気軽に入稿できる」会社を選びました。そのため、アクリル製品に必須のカットパス（アクリルのカットライン）・白版（裏面のデザイン）は全ておまかせできる、pixivFACTORY、おたクラブ、MYDOO（まいどぅー）、オレンジ工房.comの４社を今回は紹介します。また、さくしゃ2さん、みひろさん、お天気屋さんの３人をお迎えして、pixivFACTORY、おたクラブ、MYDOO（まいどぅー）、オレンジ工房.comの色の出方や傾向を紹介していきますので、ぜひお気に入りの会社を見つけて、自分だけのグッズを作ってみてください！

グッズ作りについて聞いてみました！

さくしゃ2さん　Twitter【@sakusya2honda】

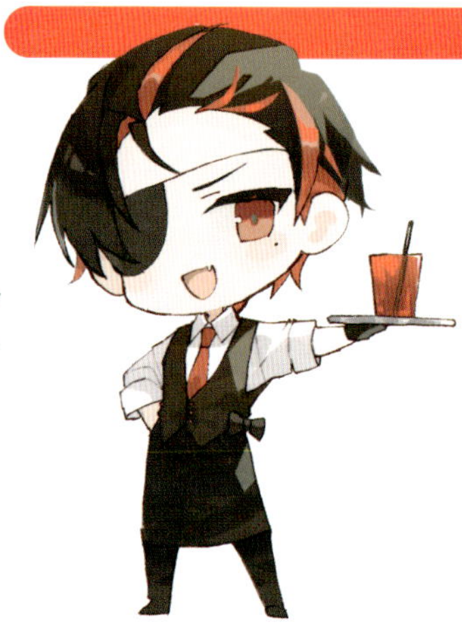

Q1　これまでつかった印刷所を教えてください。
A1　個人でつくったアクリル製品は、おたクラブ、アクリルグッズの達人、トリニティ、ray art worksに入稿したことがあります。缶バッチは、缶バッチの達人、UCANBADGE。イラスト本はSTARBOOKSや、凝った本をつくれる関西美術印刷などをつかったことがありますね。他にも、グラフィック、SUZURI、pixivFACTORYを利用したことがあります。
Q2　アクリル製品を入稿する時に必要な、カットパス（アクリルのカットライン）・白版（裏面のデザイン）を自分で作成したことはありますか？
A2　私はIllustratorもつかえますが、少しでも絵を描く時間が欲しいので、カットラインと白版はおまかせできる会社を選んでいます。また、お金を払えばカットライン＆白版をつくってくれる印刷所もありますよね。あとは、凝ったグッズを作る時は、デザイナーさんにお願いすることもあります。
Q3　これまでどんなグッズを作ってきましたか？
A3　自分で欲しいと思って入稿したグッズは、アクリルキーホルダー、缶バッチ、ポストカード、イラスト集、漫画、ポスター、メガネ拭き、トートバッグ、ステッカー、スマホケース、Tシャツ、キャンバスアート、コースター、しおり、ブランケットです。一番感動したのは、A4のイラストを長方形の缶バッチにした時です。缶バッチは色味が綺麗に出やすいので、とてもテンションが上がりました！
Q4　お気に入りの印刷所を教えてください。
A4　おたクラブが大好きでお気に入りです。結局みんな辿りつきますよね（笑）。入稿方法が分かりやすいし、HPも見やすい。複数の絵柄をまとめて入稿できるのもいいですよね。例えば、100個注文する時でも100個のなかに、絵柄を3種でも4種でも入れて入稿できます。発色も良いと思いますし、値段も比較的安く、納期も早いので、おたクラブさんが最強だと思っています！
Q5　グッズを入稿する時の作業環境を教えてください。
A5　iPadです！

みひろさん　Twitter【@mihiro_00122】

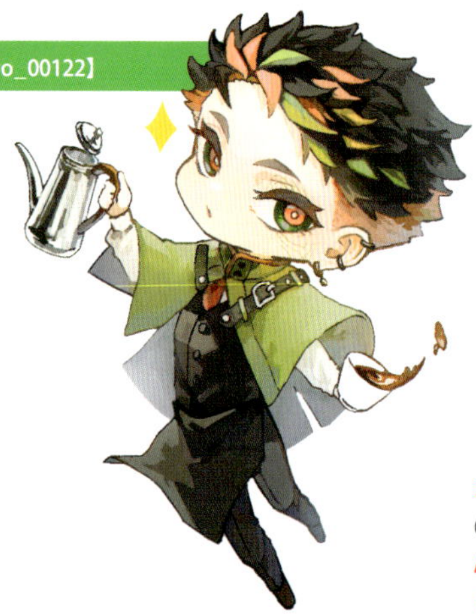

Q1　これまでつかった印刷所を教えてください。
A1　グラフィック、おたクラブ、ナナイロヤ、アクリルグッズの達人に加え、クリケというアプリを利用したことがあります！　そこではアクリルスタンドを作りました。グラフィックは相互さんからおすすめしてもらったのですが、他の印刷所は自分で調べました。ナナイロヤは学生にも優しい価格ですが、私の絵には合っていなくて…。黒は綺麗に出るのですが、彩度が落ちてしまう癖が印刷にありました。
Q2　アクリル製品を入稿する時に必要な、カットパス（アクリルのカットライン）・白版（裏面のデザイン）を自分で作成したことはありますか？
A2　はい。Illustratorをつかって作ったことがあります。授業で必修だったのでなんとかつくった感じです…。
Q3　これまでどんなグッズを作ってきましたか？
A3　アクリルキーホルダー、ステッカー、名刺、イラスト本、キャンバスアート、トートバッグ、ポストカードくらいですね。グッズはイベントに合わせて作ることが多いので、フォロワーさんにアンケートをとったり、友達に聞いたりして、作るグッズを決めます。なかでも、ポストカード、缶バッチは、よく作って欲しいアイテムとして名前が上がります。
Q4　お気に入りの印刷所を教えてください。
A4　まだ色々と試している段階なのでなんとも言えないのですが、今回試した印刷所がどこも、とてもよかったです。特に、おたクラブさんとMYDOOさんがいいなぁと思いました！
Q5　グッズを入稿する時の作業環境を教えてください。
A5　iPadかMacを使用しています。

お天気屋さん　Twitter【@otenkiyasan_】

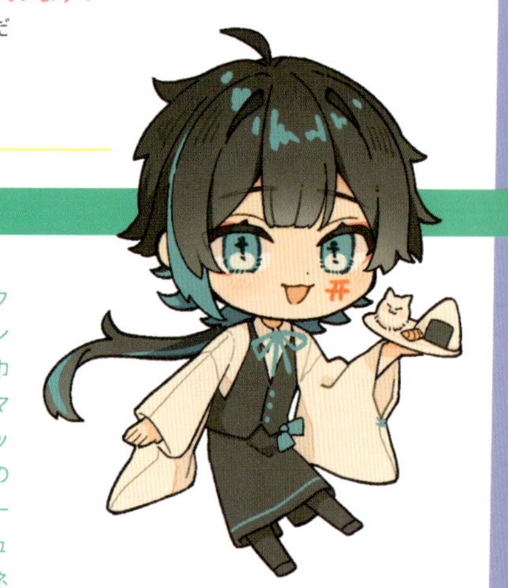

Q1　これまでつかった印刷所を教えてください。
A1　おたクラブ、グラフィック、Yousei印刷、Chobitグッズ屋さん、SUZURI、pixivFACTORYです。Chobitグッズ屋さんは「SS学園」の曙くんのぬいぐるみが欲しいと思って。Twitterで検索をしたら、グッズマニアの方がChobitグッズ屋さんの入稿方法などを丁寧に紹介していたんです。そこで印刷所さんを知って、実際に作りました！
Q2　アクリル製品を入稿する時に必要な、カットパス（アクリルのカットライン）・白版（裏面のデザイン）を自分で作成したことはありますか？
A2　自分のイメージ通りのものを作りたいので、全て自分で作成します。ですが、AdobeのPhotoshopとIllustratorが全く使えないので、CLIP STUDIO PAINTを駆使します！　まず、境界効果を設定して、イラストを全て白で塗りつぶして白版をつくります。その外側に黒い水彩境界を境界効果で作って、カットパスのようなものを作成するんです。境界効果で作る水彩境界は絵の形に沿ってくれるので、とても便利です。おたクラブ、アクリルグッズの達人、Chobitグッズ屋さんは、その方法で入稿できましたが、パスを作成しないと入稿を受け付けない印刷所さんもあるので確認が必要かと思います。
Q3　これまでどんなグッズを作ってきましたか？
A3　アクリルキーホルダー、アクリルスタンド、アクリルブロック、クリアファイル、缶バッチ、クッションストラップ、ミニキャンバスアート、トートバッグ、巾着、メガネ拭き、コースター、缶製品の小物入れ、スマホケース、印鑑、イラスト集、しおり、ポスター、スケッチブック、マグネット、ステッカー、手帳カレンダーの小さいシール、ポストカード、名刺、フライヤー（ペーパー）、うちわ、ブランケット、絵馬、チェキ、ミニチュアアートフレーム、マグカップ、木札、アクリルパネル、Tシャツです。一番感動したのは、Chobitグッズ屋さんで作ったクッションストラップです。あまりの可愛さに驚愕して…！　販売をせずに痛バックを自分で作ってしまおうかと思うくらいです（笑）！
Q4　お気に入りの印刷所を教えてください。
A4　自分は、HPの分かりやすさが大切だと思っているので、おたクラブさんが一番合っていると感じています。また、バリエーションが豊富で、品質もいい。新規でつくりたい方は不安も多いと思うのですが、そういった悩みを解決してくれると思います。他には、pixivFACTORYさんもいいと思います。ですが、CMYKでしか印刷できないので、私のようにRGBの色を生かしたい人は、おたクラブさんの方があっていると思います。
Q5　グッズを入稿する時の作業環境を教えてください。
A5　Windowsを使用しています。

グッズチャート

アクリルキーホルダーをつくる会社も様々な場所があります。今回比較をする、pixivFACTORY、おたクラブ、MYDOO（まいどぅー）、オレンジ工房.comはとても簡単にアクリルキーホルダーを作りやすい印刷所です。次のページで紹介する４社のうち、あなたにあった印刷所が、このYES/NOチャートで見つかるかも…!?

①pixivFACTORY

入稿方法は、ファイル選択のみ！　色味は印刷用（CMYK）に自動変換してくれます。グッズを一人で楽しみたい人、簡単にネットでグッズを販売したい人におすすめ。また、グッズの完成イメージもサイト上で見れるので、一番簡単に安心して気軽にグッズが作れます。

②おたクラブ

HPがわかりやすく、データのチェックが細かい会社です。RGBのような色を再現してくれます。最大４種の絵柄をまとめて入稿できるので、色々な種類のアクキーを作りたい人におすすめ。またテンプレートに対して斜めに絵を配置することができます。緑がかって印刷が出る傾向があるよ！

③MYDOO

RGB用のテンプレートを使用すると、色味はCMYKに自動変換されます。また、複数個製造する場合は、比較的安価に作れるので、数を作りたい人におすすめ。テンプレートに対して斜めに絵を配置すれば少し大きめのグッズが作れます！　ピンクみがかって色が出る傾向があるよ～！

④オレンジ工房.com

色がとても綺麗です。入稿できるアクリルサイズは２種（大・小）と限られていますが、穴の位置が頭上で固定されているので、絵を配置するだけで入稿データが完成します。少し粒子が荒い印象がありますが、データ状で見た色味がそのまま再現されて印刷されるので、再現度を求めるならここ！

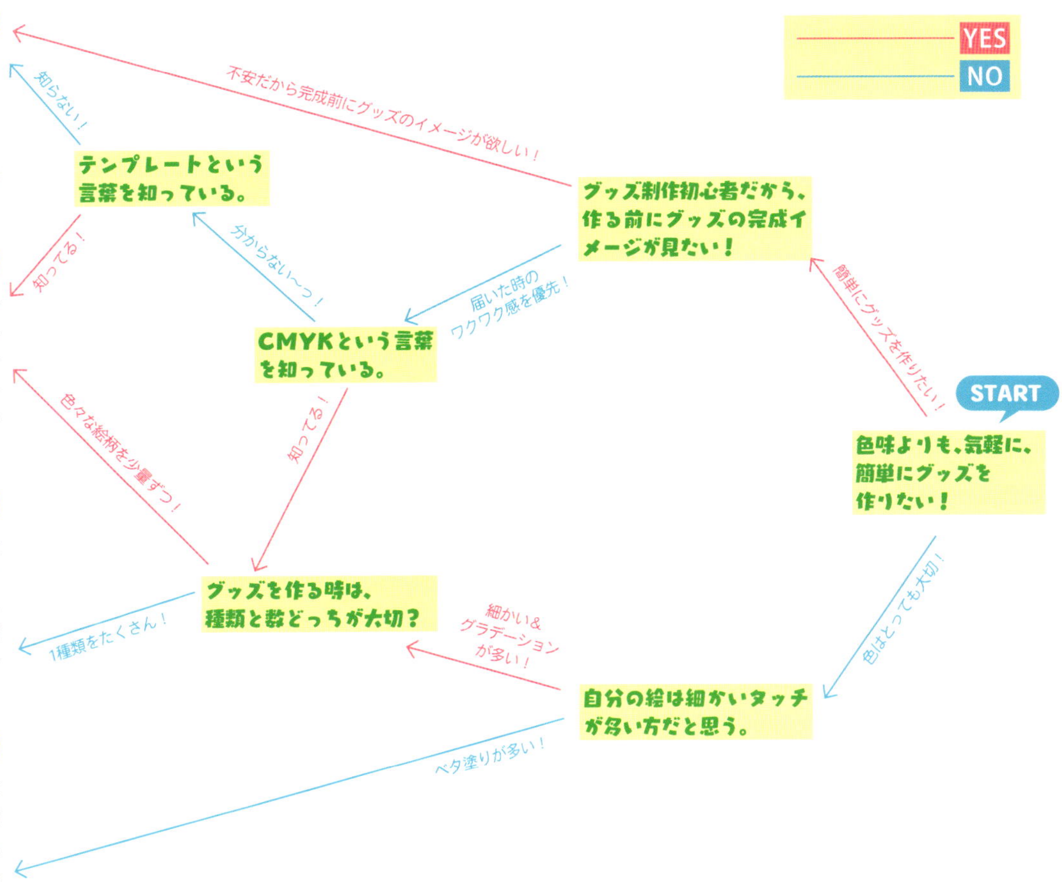

さくしゃ２さんによるグッズの色味比較

完成したアクリルキーホルダーを見て、印刷所の色味の出方の傾向をさくしゃ2さんが図解！　自分好みの色の出方をする会社を探してみましょう～！　また、印刷所の色の出方の癖がわかれば、その癖を逆算して、イラストを入稿する前にイラストの色を調整するのも良いと思います。

さくしゃ2　印刷の色の出方は、最終的には好みだと思います。また、どの印刷所さんも品質は変わらないと思うので、何を優先するか、大切にしたいのかを考えるといいと思います。例えば、時間なのかお金なのか手間なのか…。それを考えると印刷所を選びやすいと思います。

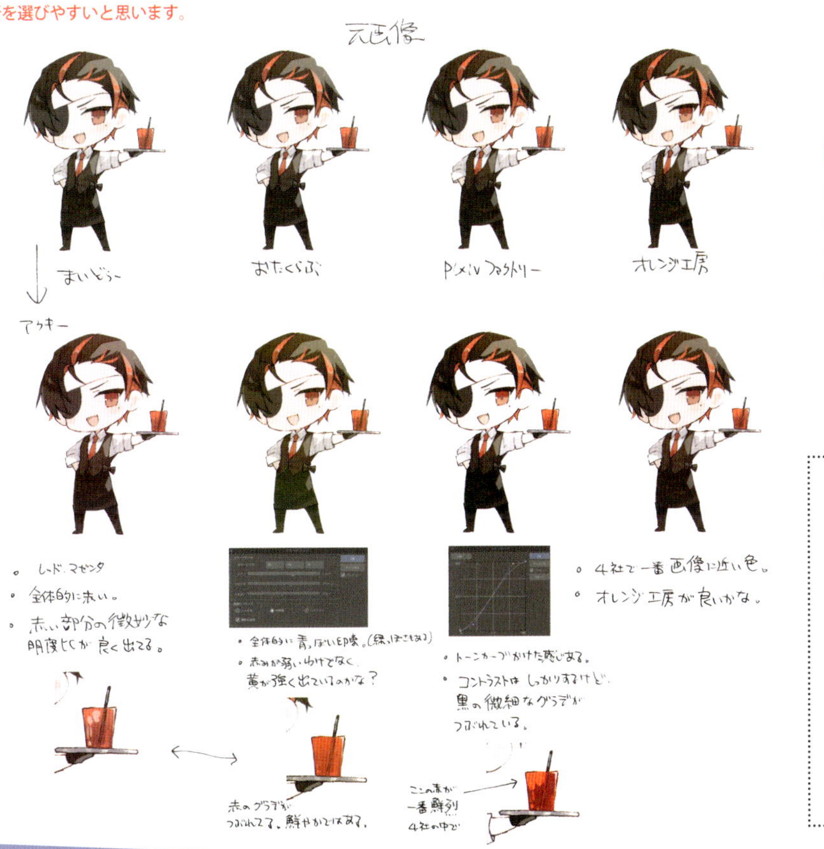

入稿のポイント

オレンジ工房.comは、アクリルキーホルダーのチェーンを通す穴の場所（下図の赤色部分）が固定されています。pixivFACTORYはネット上で穴の位置は移動可能ですが、絵を回転させることはできません。一方、おたクラブ、MYDOOは穴の位置を印刷会社さんにおまかせで配置してもらうこともできますが、自分で設定することもできます。ここでは、自分で穴の位置を設定できる方におすすめの入稿方法を紹介します！

チェーンを通す穴の位置

テンプレートサイズ

この黒枠の内側にイラストとチェーンを通す穴を配置します。

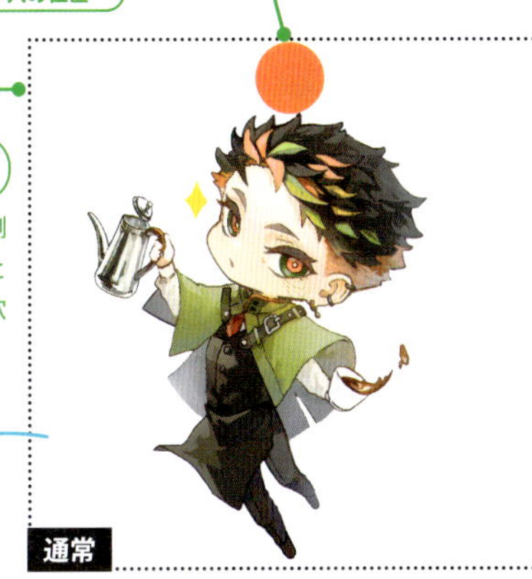

通常

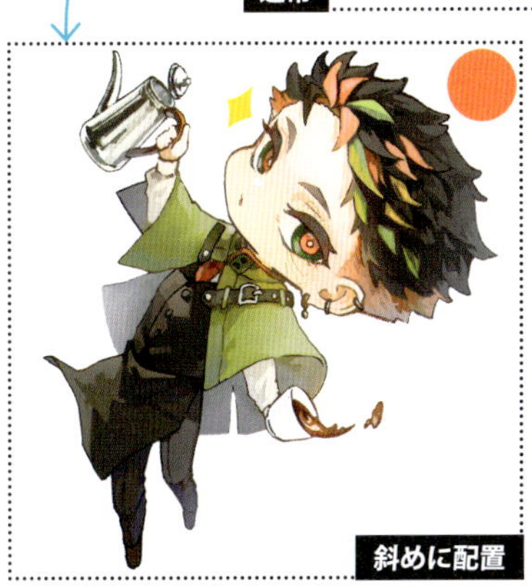

斜めに配置

テンプレートの内側に絵が入っていれば、角度は変更OKです。絵を収める時に、絵を斜めに配置すればアクリルキーホルダーが少し大きく作れます。同じ値段でもちょっとお得に大きめのアクリルキーホルダーが作成できますので、ぜひ試してみてください♪

印刷所の基本情報

pixivFACTORY

【入稿データ形式】PNG、JPEG、JPG、psdデータ

【対応サイズ】50mm、70mm、100mm

【最小ロット】1個～

【ストラップ】ナスカン1種

【納品】約 7 営業日から

【テンプレート】CMYK／RGB
※RGB形式で入稿後、工場でCMYK形式に変換

【支払い方法】
銀行振込／クレジットカード／コンビニ決済など

【送料】400～840円
※送料は、組み合わせによって変化します

おたクラブ

【入稿データ形式】psd、PNGデータ

【対応サイズ】40mm~80mm

【最小ロット】5個～

【ストラップ】ナスカン:40種類(12色)
ストラップ:12色／ボールチェーン:10色

【納品】9営業日発送

【テンプレート】CMYK／RGB
※RGBで入稿後、おたクラブでRGBを再現するため色調整しながらCMYKに変化されます

【支払い方法】郵便振替／銀行振込／クレジットカード／代引き

【送料】ネコポス:10個まで330円／ヤマト運輸600～1200円

MYDOO

【入稿データ形式】psdデータ

【対応サイズ】
40×40mm～100×130mm(全7サイズ)

【最小ロット】1個～

【ストラップ】ナスカン:6種類(2色)
マツバ／根付ストラップ(赤)／カニカン／ボールチェーン／傘用リング／穴無し／ワイヤー

【納品】注文日含め10営業日出荷

【テンプレート】CMYK／RGB
※RGBのテンプレートを使用すると
自動でCMYKに変換されます

【支払い方法】銀行振込／クレジットカード／代金引換

【送料】宅急便:800～1500円／ネコポス:300円

オレンジ工房.com

【入稿データ形式】psd、PNGデータ

【対応サイズ】2種
①Sサイズ:W50×H50mmまで
②Lサイズ:85×85mmまで

【最小ロット】1個～

【ストラップ】ナスカン:5種類(2色)／ボールチェーン

【納品】営業日10日間仕上げ

【テンプレート】CMYK／RGB
※RGBモードでもCMYKで印刷されます
※穴の位置は固定

【支払い方法】銀行振込／クレジットカード／郵便振替／後払い

【送料】660円(宅配／1種類で1ヶ所)

今回の入稿内容

pixivFACTORY

【商品名】アクリルキーホルダー
【入稿サイズ】50mm
【実物サイズ】縦:50mm
【注文内容】
・片面印刷／白版&カットラインおまかせ
・穴位置は左右にズラすことが可能です

【商品代】8,250円(3種・各5個)
※1種5個:2,750円
【単価】550円
【送料】840円
【合計】9,090円
【その他】
他の作家のイラストを入稿する時は、許諾のやり取りを送る必要があります。イラスト権利を細かくチェックしてくれるので、安心感があると思います。

おたクラブ

【商品名】アクリルキーホルダー
【入稿サイズ】50mm
【実物サイズ】6.5mm(アクリルサイズ)
【注文内容】
・片面印刷／白版&カットラインおまかせ
・穴位置は指定をして、絵を斜めに配置
(穴の位置はおまかせもあります)

【商品代】6,000円(3種・各5個)
※1種・5個／2,000円
【単価】400円
【送料】700円
【合計】6,700円
【その他】
複数入稿:4絵柄まで同数割の場合、合計部数で発注可能です。また、イラストデータの塗り残しなど、一番細かくデータをチェックしてくれます。

MYDOO

【商品名】ダイカット-アクリルキーホルダー(透明)
【注文内容】
・片面印刷／白版&カットラインおまかせ
・穴位置は指定をして、絵を斜めに配置
(穴の位置はおまかせもあります)
【入稿サイズ】50×50mm
【実物サイズ】実物サイズ:6.5mm(アクリルサイズ)

【商品代】5,100円(3種・各5個)
※1種・5個／1,700円
【単価】340円
【送料】800円
【合計】5,900円

オレンジ工房.com

【商品名】アクリルキーホルダー(片面印刷)
【注文内容】
・片面印刷／白版&カットラインおまかせ
・穴位置固定
【入稿サイズ】入稿サイズ:Sサイズ(W50×H50mmまで)
【実物サイズ】縦:50mm

【商品代】6,000円(3種・各5個)
※1種・5個／2,000円
【単価】400円
【送料】660円
【合計】6,660円

アクキーの色味について

pixivFACTORY

さくしゃ2　pixivFACTORYは、レベル補正がかかっているような、グラデーションが苦手そうな印象があります。その為、反映される色数が少ないというか…。特に、暖かい色の再現が苦手なのかなと思ったのと、黒が潰れている印象がありました。ですが、イラストさえあれば入稿できるので、本当にとても便利です。

みひろ　私は黒が綺麗に印刷されているので、pixivFACTORYの印刷は結構好きです。マントの内側の水色は、鮮やかに濃く印刷されている気がしますが、全体的なバランスとしては綺麗だと思います。

お天気屋　イラストさえあればグッズがつくれますし、支払い方法も豊富です。スマホやiPadからも入稿できるので、とにかく手軽に作れます。それにグッズの完成イメージが出てくるのもいいですよね。グレーっぽい絵や、パステルカラーのイラストを描く作家は、pixivFACTORYがあっていると思います。

おたクラブ

さくしゃ2　おたクラブは印刷の粒子が一番細かいように感じます。そのため、色数を繊細に、絵柄を細かく印刷できると思います。ですが、全体的に緑がかって印刷されてしまう特徴があります。例えば、千鶴の黒い髪や服も全部緑がかって出てきますね。なので、逆に黄緑っぽいカラーの万くんは一番綺麗に印刷されているんじゃないかと思います。千鶴の赤は綺麗に出てくれていますが、黄緑の補色であるピンクっぽい印象の絵の印刷は苦手だと思います。

みひろ　超っっ綺麗です～！　グラデーションが本当にとにかく美しくて。緑が濃くも薄くもない、きちんとした緑として印刷されていて、とても好きです。

お天気屋　万くんのイラストはあっていると思います！　私も、色についての文句はそんなにないです。さくしゃ2さんが言っていたように、印刷の粒子が細かいからなのか、描写が潰れにくい印象があります。それに、質がよく見えるのが一番いいですね。

MYDOO

さくしゃ2　MYDOOは初めて印刷してみたのですが、すごくいいなと思いました！　ピンクっぽいフィルターがかかったような印象になりました。赤色の明度比が繊細に出てくれたのも良かったと思います。それに、脳内で私がイメージしていた「可愛いアクキー」のイメージに近かったです。

みひろ　好きです！　それに、安くていいなって。あとは、支払い方法も代金引換があったり…。こっそり、自分だけのグッズをつくりたい人にも向いていると思います。

お天気屋　とにかく単価が安い！　色味と価格を考えるといいですよね。普段利用しているおたクラブと同じくらいテンプレートもわかりやすいと思いました。個人的には、今回比較した4社だと、MYDOOが一番よかったので、次回は利用してみたいです。

オレンジ工房.com

さくしゃ2　色としては、自分が見ているデジタルイラストの色味の再現度が一番高く感じました。アクリルのカットラインがゆるくて、もちもちしているというか…。穴のフォルムがゆるやかで、プラ板っぽさもあり、可愛いです。色の階調が少ない人は、印刷した時の粒子の粗さも気にならないと思います。

みひろ　個人的にはちょっとざらっとした質感が、画質の粗さのように見えてしまい、気になります…。印刷の粒子が少し粗いというか…。私はペン画も描くので、アナログなど細かい絵を視野に入れている人は、向かないかもしれません。

お天気屋　色の発色としては絵に一番近くて、再現度が高いと思います。私はアクキーでも自分の絵の色を再現したいので、オレンジ工房さんはいいなと思いました。また、私はアニメ塗りなので、線が太めの絵師は、粒子の粗さのようなものは気にならないと思います。

※写真向かって左から、暦(絵・お天気屋)、万(絵・みひろ)、千鶴(絵・さくしゃ2)

①pixivFACTORY

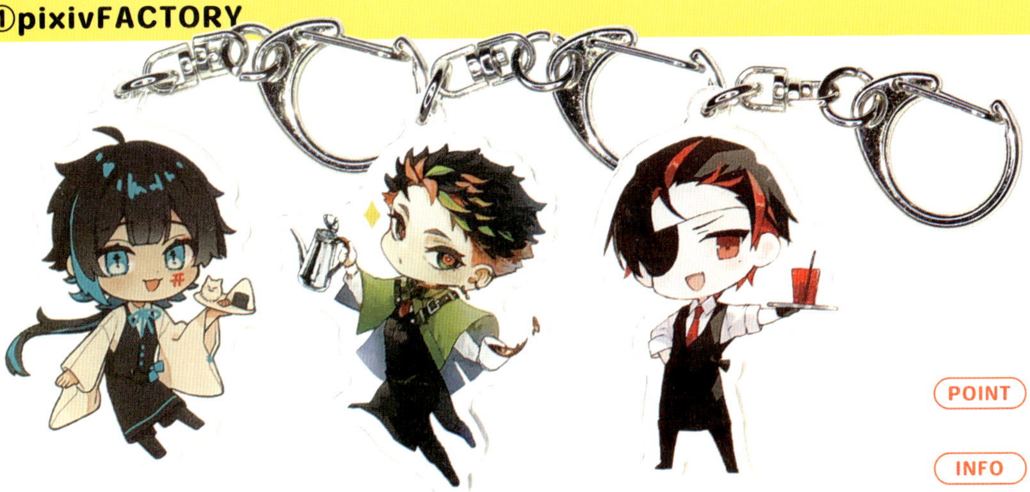

入稿データの作り方が分からない人におすすめ!

POINT
★入稿がとにかく簡単!
★コントラストが強く出る癖がある
★黒&寒色系が得意かも!

INFO
HP=https://factory.pixiv.net/
Twitter id=@pixivFACTORY

②おたクラブ

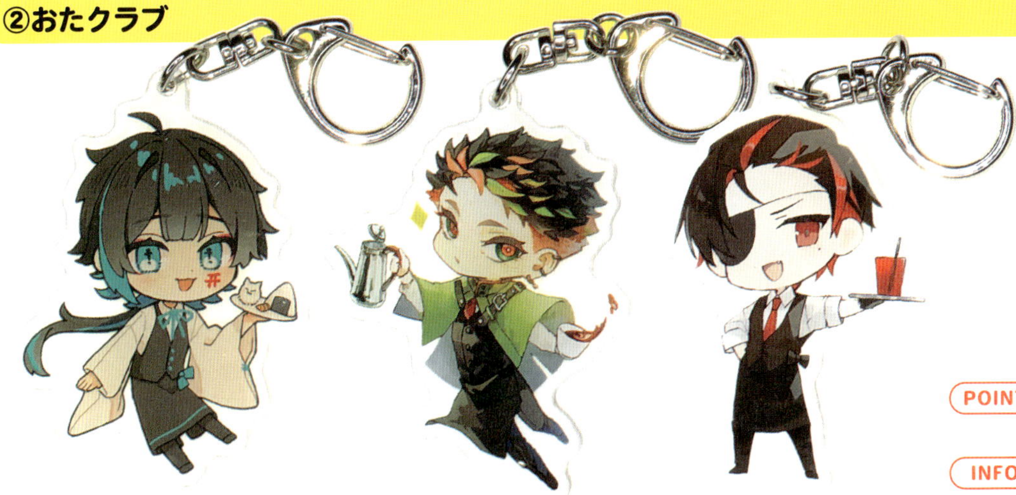

どこを選んでいいのか分からない人は、とりあえずココ!

POINT
★HPがわかりやすい!
★緑がかって印刷される癖がある
★グラデーションが綺麗!

INFO
HP=https://otaclub.jp/
Twitter id=@otaclub

③MYDOO

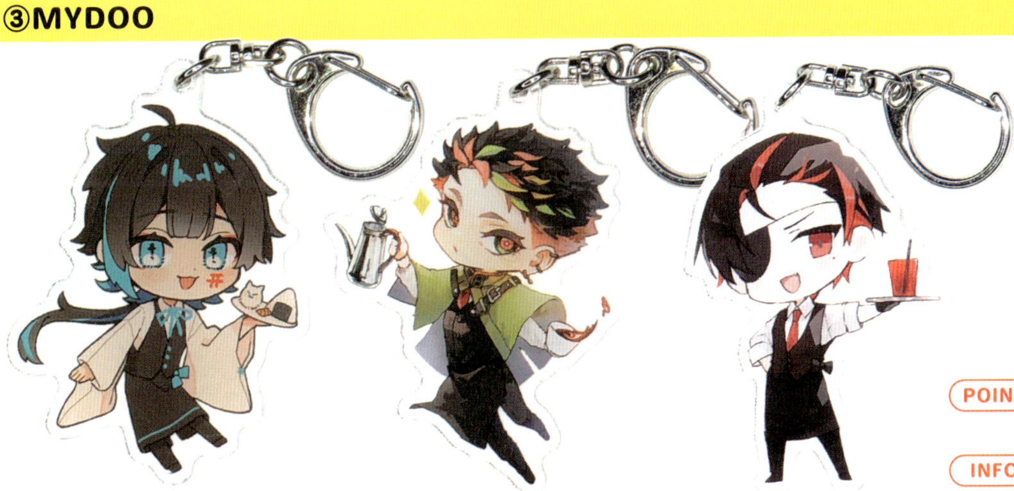

赤っぽく可愛らしい印象のグッズを作りたい人にオススメ!

POINT
★お得にグッズを作りたい!
★ピンクがかって印刷される癖がある
★HPもみやすい!

INFO
HP=https://mydoogoods.com/
Twitter id=@mydoogoods

④オレンジ工房.com

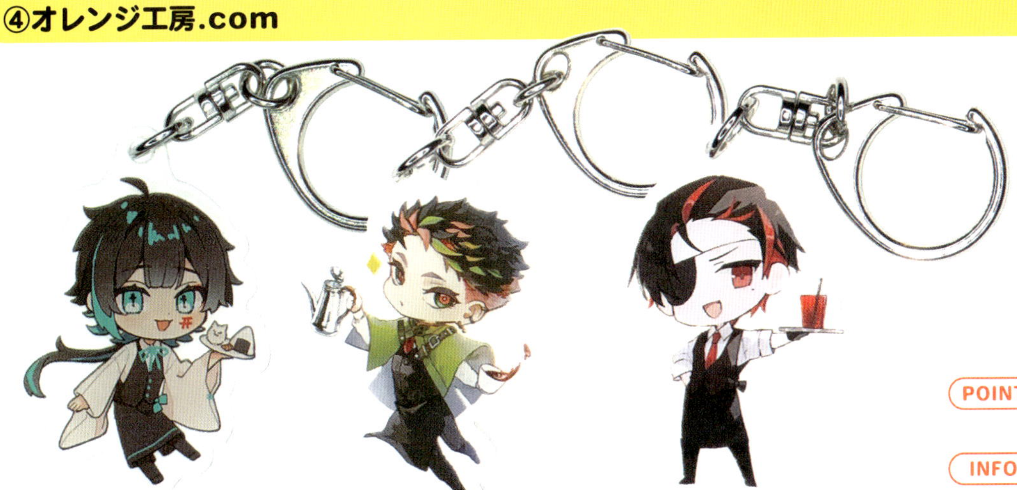

とにかくイラストの色味を再現したい人にオススメ!

POINT
★色がとにかく綺麗に印刷される!
★カットラインが緩やかでモチっと感がある!
★ちょっと粒子が粗めに見えるかも?

INFO
HP=https://www.orangekoubou.com/
Twitter id=@orangekoubou

★次回は3人の座談会もお届け予定! お楽しみに♪

人体講座
がらくたおつむ

このコーナーでは、作家さんがどのようなことに気をつけてキャラクターを描いているのかを、作例とともにお伝えしていきます。今回は、「年齢の描きわけ」編。少年が成長し、老人になるまでをがらくたおつむさんに描いていただき、作画工程や意識したことなどを伺いました！

がらくたおつむ
pixiv ID【10023496】

少年

剣士に憧れている子供時代。おおよそ7歳くらい。

がらくたおつむ 少年は、丸みやややわらかさがでるように描いています。女性キャラクターを描くときと近いイメージです。

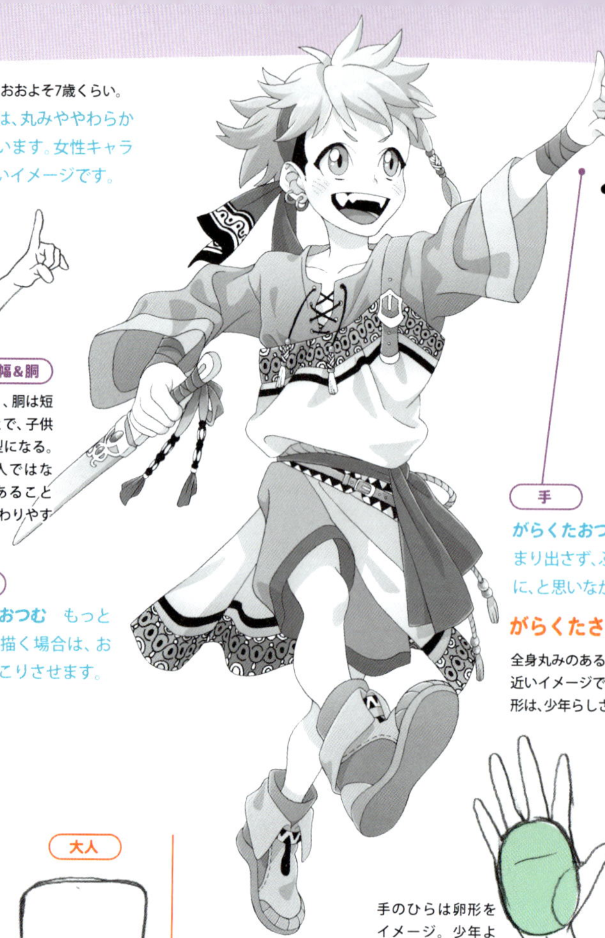

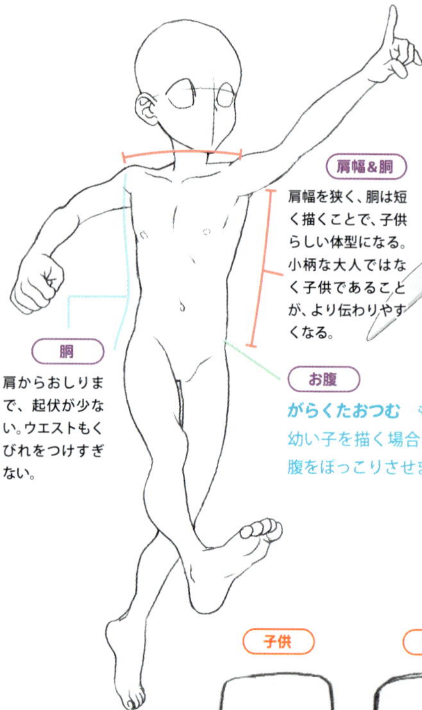

肩幅＆胴
肩幅を狭く、胴は短く描くことで、子供らしい体型になる。小柄な大人ではなく子供であることが、より伝わりやすくなる。

胴
肩からおしりまで、起伏が少ない。ウエストもくびれをつけすぎない。

お腹
がらくたおつむ もっと幼い子を描く場合は、お腹をぽっこりさせます。

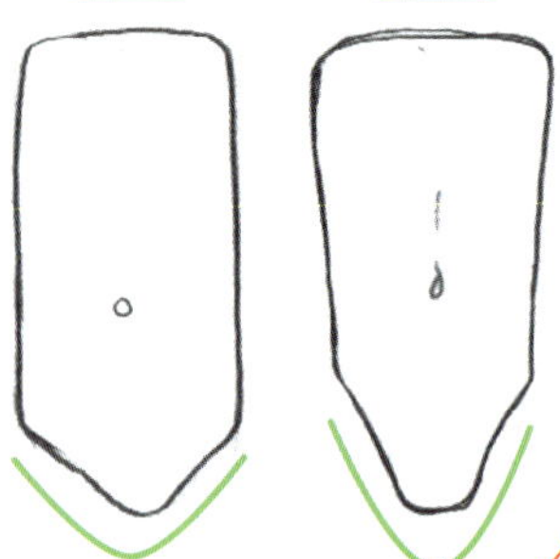

がらくたおつむ 子供を描くときは、大人に比べて脚のつけねの角度がなだらかになるように意識しています。

手
がらくたおつむ 手は骨っぽさをあまり出さず、ぷにぷにして見えるように、と思いながら描いています。

がらくたさんの手の描きわけ

全身丸みのあるフォルムは、女性に近いイメージで描いているが、手の形は、少年らしさを意識している。

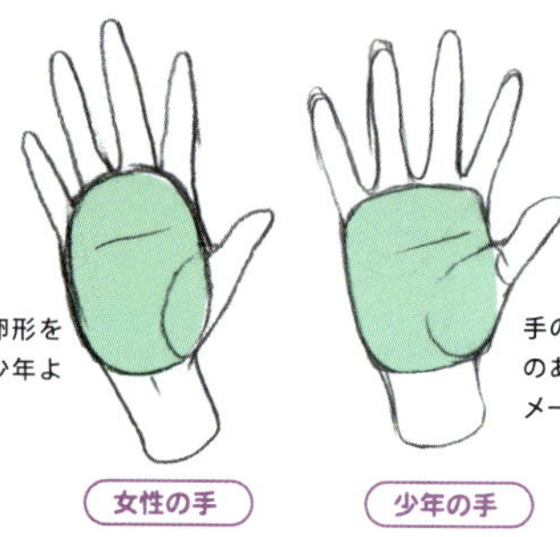

手のひらは卵形をイメージ。少年より、幅が狭い。

手のひらは丸みのある四角をイメージ。

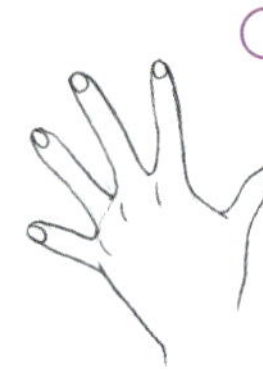

爪
爪は小さめ。かわいらしい印象になる。

がらくたおつむ 大人は、パーツ（「指」「手のひら」「手首」など）の切り替わりを意識すると立体的に描きやすいのですが、子供はその切り替わりがあまりはっきりしない印象になるように描いています。

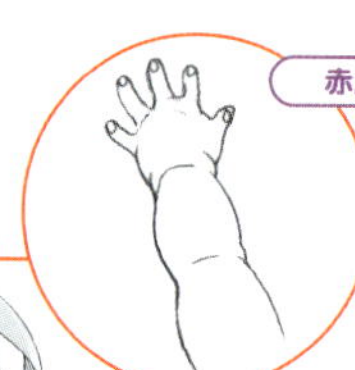

赤んぼうの手
がらくたおつむ ベイビーはちぎりぱんみたいなイメージです。

青年

剣士になった青年時代。まだ少し少年のような雰囲気が残っている。

がらくたおつむ 身長はもう大人になっているので、骨格は中年期とあまり変えずに描いています。肉付きで体型が違って見えるように調整しました。

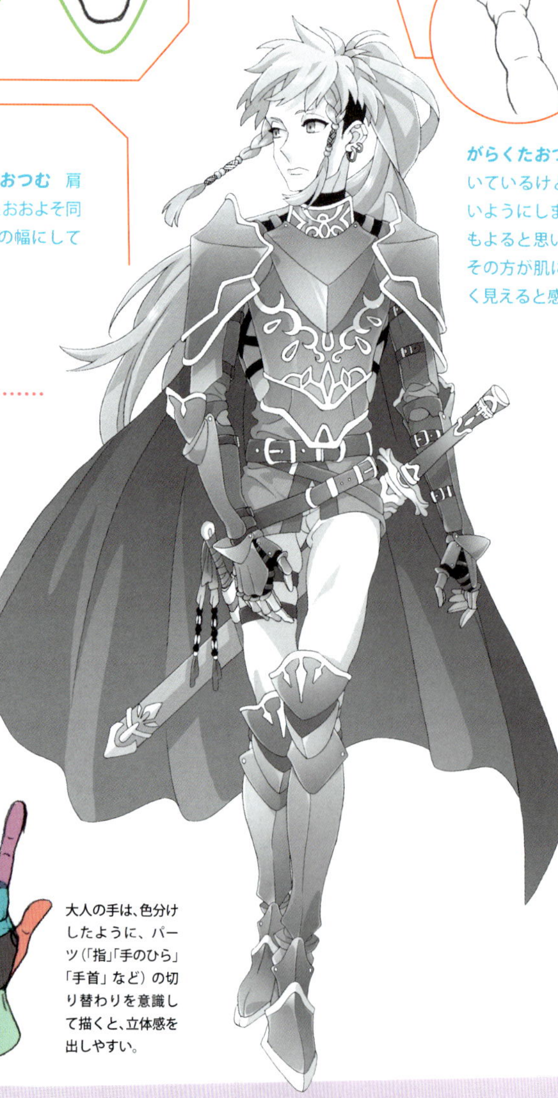

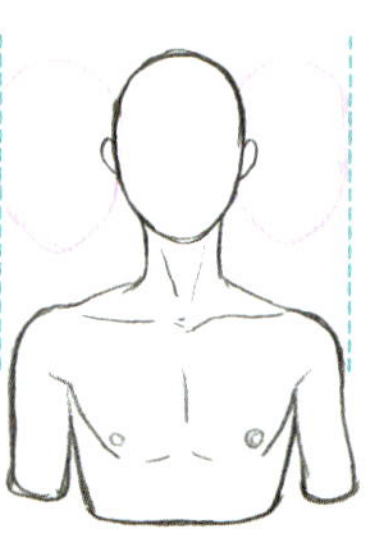

肩幅
がらくたおつむ 肩幅は、頭とおおよそ同じくらいの幅にしています。

胴体
胴体は、中年期と比べると、まっすぐなシルエットを意識して描いている。まだ、子供の体型が少し残っている印象。

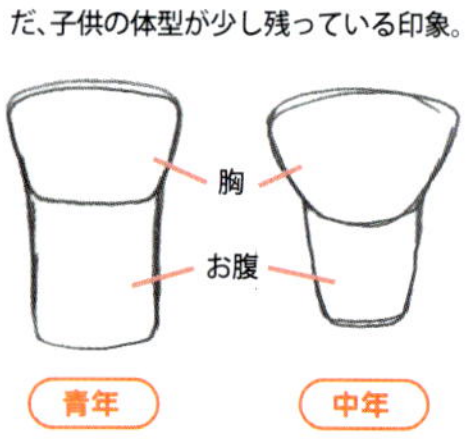

手
子供のときは、丸く描かれていた爪。青年期では、四角に近い形に描かれている。

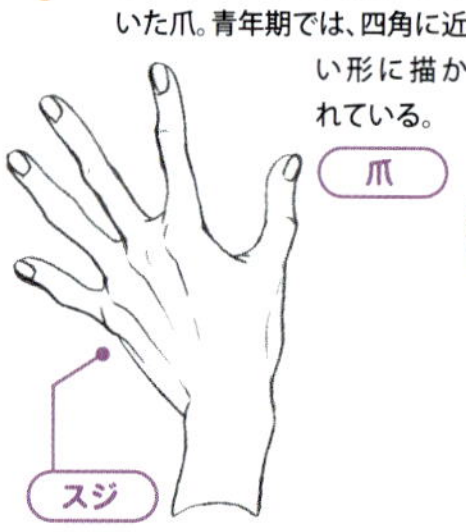

スジを描き込むと、男性的な手になる。どのくらいスジを描くかは、絵柄に合わせて、自然に見える程度に調整する。

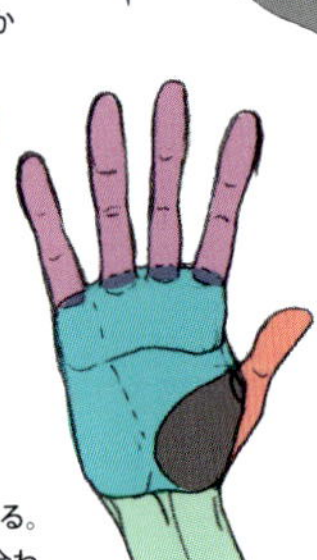

大人の手は、色分けしたように、パーツ（「指」「手のひら」「手首」など）の切り替わりを意識して描くと、立体感を出しやすい。

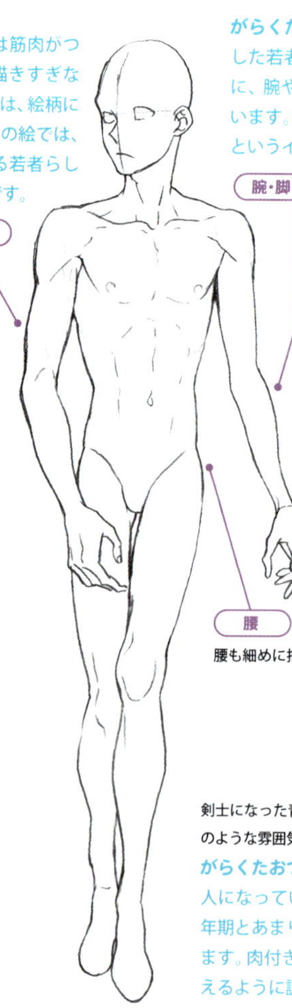

上腕
がらくたおつむ 上腕は筋肉がついているけど、スジを描きすぎないようにしました。これは、絵柄にもよると思いますが、私の絵では、その方が肌にハリのある若者らしく見えると感じたためです。

腕・脚
がらくたおつむ すらっとした若者らしさを出すために、腕や脚は細めに描いています。筋肉がまだ未完成、というイメージです。

腰
腰も細めに描いている。

中年

戦うことに疲れてしまい、放浪の旅をしている中年時代。スタイルの良さは保ったまま、年齢を重ねたキャラクターを描いていただいた。

がらくたおつむ 青年らしいやや華奢な体格から成長し、全身が太くがっしりしたイメージです。

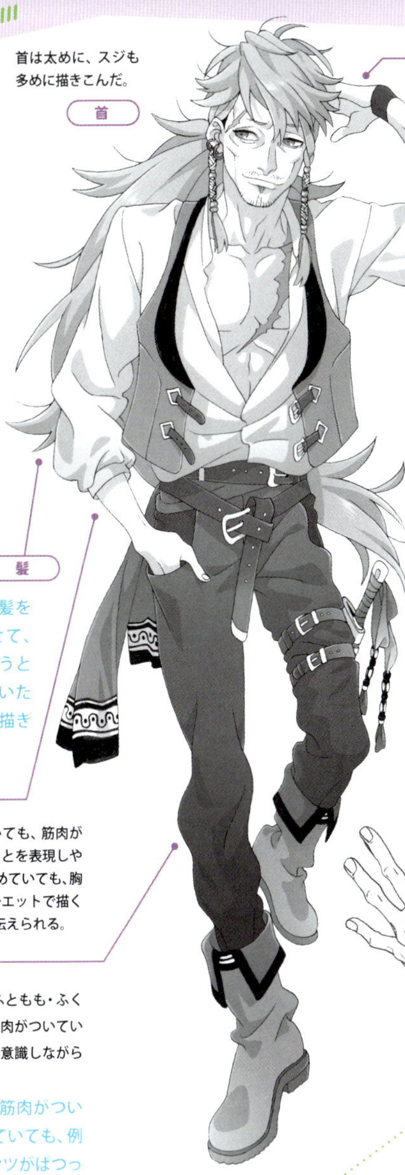

首

首は太めに、スジも多めに描きこんだ。

鼻

鼻は、がらくたさんが普段描いている少年、青年のキャラクターと比べると、リアルなデザインになっている。そのほうが年齢を重ねた顔に見えると感じたため。

髪

がらくたおつむ 髪を少しぼさっとさせて、くたびれ感を出そうと思い、一本線で描いた毛もところどころ描き込みました。

上半身

首や胸は、服を着ていても、筋肉がしっかりついていることを表現しやすい部分。ボタンを閉めていても、胸板の厚みを感じるシルエットで描くことで、体格の良さが伝えられる。

脚

服で隠れて見えないふともも・ふくらはぎも、なるべく筋肉がついている感じが出るように、意識しながら描いた。

がらくたおつむ 筋肉がついていると、服を着ていても、例えば座ったら、パンツがぱつっとするかな、と思います。

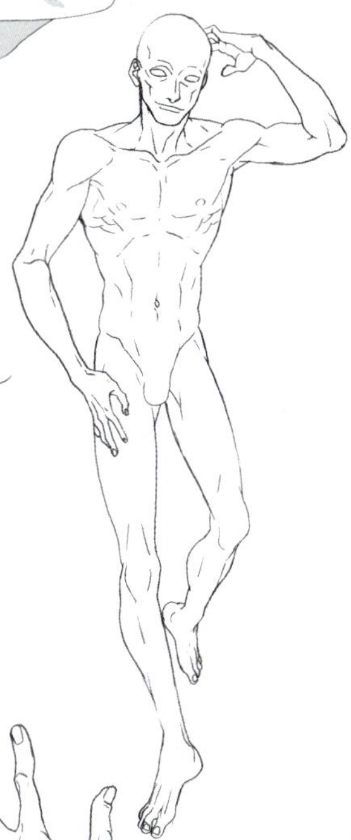

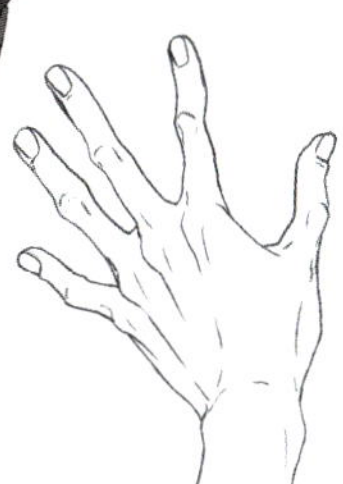

手

青年の手よりスジの線を多く描き込んでいる。また、関節の凹凸も目立つ。

顔の描きわけ

がらくたおつむ 顔も年齢の描きわけには大事なポイントだなあと思います。中年、老人になるにつれ、だんだん骸骨に近づいていくように描きました。

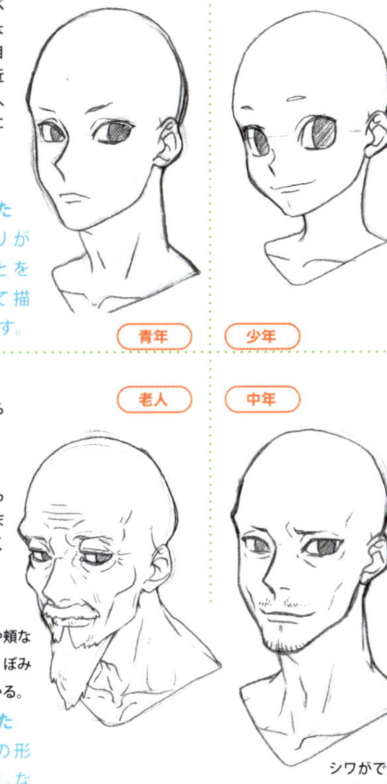

青年

子供に比べ面長になる。眉と目の距離が近いと、大人びた印象になる。

がらくた 肌に張りがあることを意識して描いています。

少年

全体的に丸みのある形。目鼻口は大きめ。

老人

シワがさらに増える。

重力に引っぱられ、まぶたも重くなる。

目の周りや頬などに深いくぼみが出来ている。

がらくた 頭蓋骨の形を意識しながら描いています。

中年

眉と目の距離が、青年期よりもさらに近くなっている。

あごはやや四角っぽくなった。

シワができたり、全体にゴツゴツしてくる。目の周りや頬がややくぼんでいる。

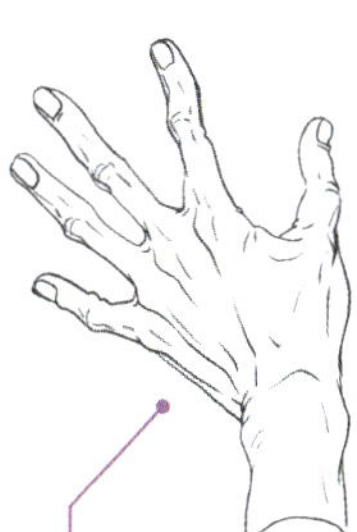

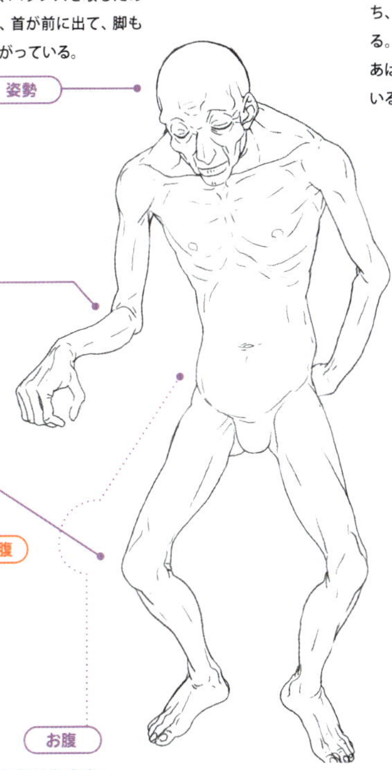

姿勢

腰が曲がって前傾姿勢になっている。それに伴い、バランスを取るために、首が前に出て、脚も曲がっている。

シワの描写

指、腕、脚などの関節にはシワが多くある。

がらくたおつむ 肉が無くなり、皮が余っているイメージで描いています。

お腹

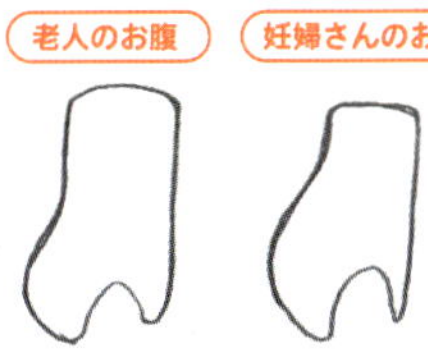

下腹が出ている。

がらくたおつむ 妊婦さんのようにならないように気をつけました。おじいさんは、膨らみにハリがなく、重力に引っぱられて下に下がるような形を意識しています。

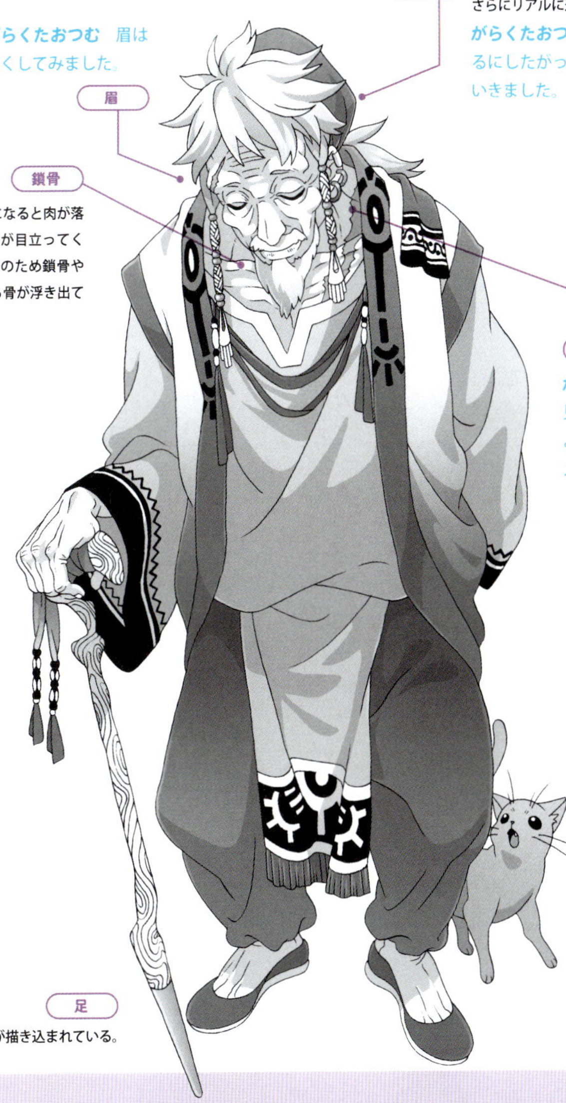

顔

顔は、おでこや唇にもシワが描かれ、中年期よりもさらにリアルに近いデザインになっている。

がらくたおつむ 中年以降は、年齢が上がるにしたがって、デフォルメを少なくしていきました。

眉

がらくたおつむ 眉は薄くしてみました。

鎖骨

高齢になると肉が落ち、骨が目立ってくる。そのため鎖骨やあばら骨が浮き出ている。

首

がらくたおつむ この絵では見えていませんが、首は青年よりも細く、筋張っているイメージです。

足

足にもシワが描き込まれている。

老人

村に帰って落ち着いた老後を過ごしている高齢期。

がらくたおつむ 穏やかな老後を過ごしているので、髪のボサボサも落ち着いています。

SS学園通信

はいどうも～！　絵澄えすです。今号のSS学園通信のはじまりです！　私たちで学園のことをお伝えする係をつとめさせていただきます～。

えす丸です。このコーナーは、SS学園の生徒たちのグラビアや、その活躍をとらえた物語を紹介する「SS学園通信」です。この後のページの投稿コーナーでは、SS学園の新しい生徒さんを紹介していますが、投稿者さんの描き下ろしも実施中！

そうですね。投稿者の皆さんへのお知らせとしましては、自分の描いた生徒が一度掲載されたら、その次からは学園での暮らしぶりや他の生徒と絡む様子を描いて送ってください。自己紹介が済んだ後はどんどん展開させたイラストや、1ページ漫画を送ってくださいね～。その場合も、どのキャラかわかるように、ぜひキャラ名を絵の中に書いてください。覚えてもらえるように！

ではSS学園通信第13号の内容を紹介しましょう。今回も投稿作品からの描き下ろしがあります。82（やづ）さん！　凩兄弟は猫耳が可愛いですね～。さらに凩家のねこ「マスター」が大暴れ！　凰くんの新作の裁縫を持って行ってしまいました。

学園の中等部用の水着を作っていたんでしょう？　しかも、目視で観察してサイズを計測してたという…。おそるべし少年への視線。3Dスキャナーのように…。えす丸にも通じるところあるね。

ホントです！　SS創刊当時は、「少年！少年！」と騒ぐ僕を癒すように少年作品がたくさん投稿されていました。すごく少年に熱い雑誌でしたね。いま凪くんの水着が掲載され、少年ヌード時代が始マル…。！

ヌードって…。水着だから。フリルとシッポもついた可愛い水着でした～。そして、今回なんと新しい生徒さん三人のご紹介です！　香琳さんの古紺團八くん、くりゅうさんの夜くん、ぷぅさんの御縁ゆいちゃん。古紺團八くんは落語家を目指している妖狐。芸能文化を学ぶためにSS学園に来たそうです。

和風制服だけど…、ほとんど裸！　やっぱりついに少年ヌード時代が…、

はいはい。夜くんを紹介しましょう！　孤児院で育った天才ハッカー。闇の組織で働いていたんだよ。

裸で？　あ、水着で？

なんでやねん。言い直しても違うから。真泉心ちゃんのことが気になっているというのが注目ですね～。肩にモンスター「マシュ」もいます。

脳内にデータを送ってくれる凄い子ですね～。そして、御縁ゆいちゃんは見習い魔法少女。「魔法の力で百の恋を成就させる」目的を持っています！　それが卒業試験なんだって。

SS学園でどんな恋が繰り広げられているのか気になりますね～。今後のエピソードが楽しみです。

そして今号は天嶺ジウさんによる、狗塚晴臣くんの日常を描いた4コマもありますよ。生徒会や社交界での様子、中等部と戯れるひととき、眠ってしまう朱青兄弟とエルユーくん可愛いですね～。千鶴くん絡みでカレンちゃんから被害をこうむっているのも面白い。晴臣くんが見せる気の抜けたシーンは魅力的！

ホントですね～。そして雲母蘭湖ちゃんのパンツプロデュース・ストーリーも紹介！　今回はかんきつさんの舞四一ちゃんと、82さんの凩凪くんが登場！　蘭湖キャッチャーの防具がパンツというトンデモ野球を繰り広げながら、最後は舞四一ちゃんの剛速球で二人が飛ばされてしまう勢いマックスのストーリー。舞四一ちゃんの押しに負けてしまう凪くんが可愛いですね。蘭湖ちゃんのパンツパワーはどこまで及んでいくんだろうね～。

あらゆる難題をパンツで解決。名パン偵（ティ）ランコ！　さて、今後もSS本誌では描き下ろし企画を実施します。皆さんが描かれる学園生徒の投稿もお待ちしております！　よろしくお願いします～。

SS学園21人選抜メンバー相関図

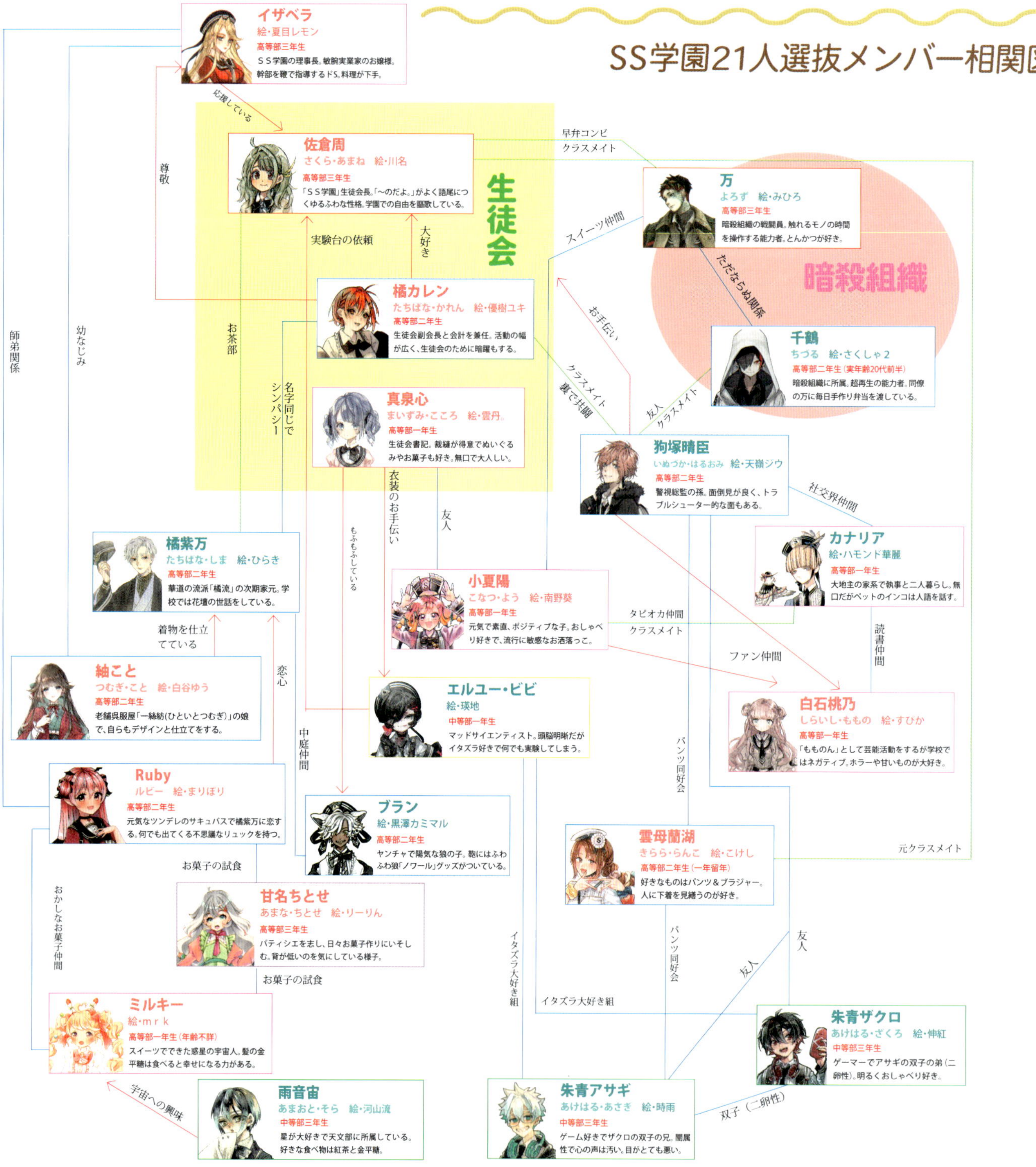

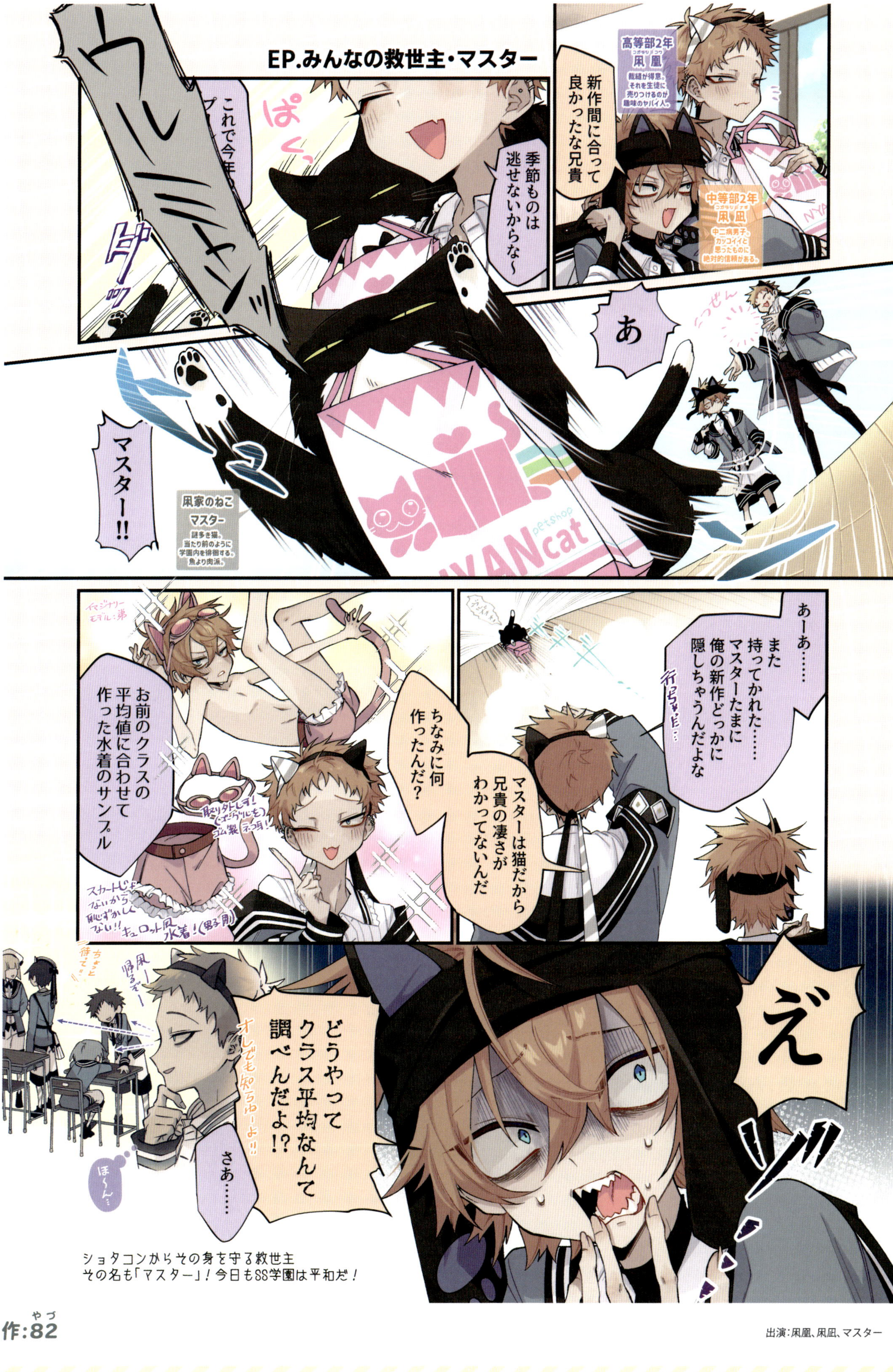

作:82（やづ）

出演:凩凰、凩凪、マスター

SS学園4コマ「狗塚晴臣（いぬづかはるおみ）」の巻　作者:天嶺ジウ

同級生からの扱い

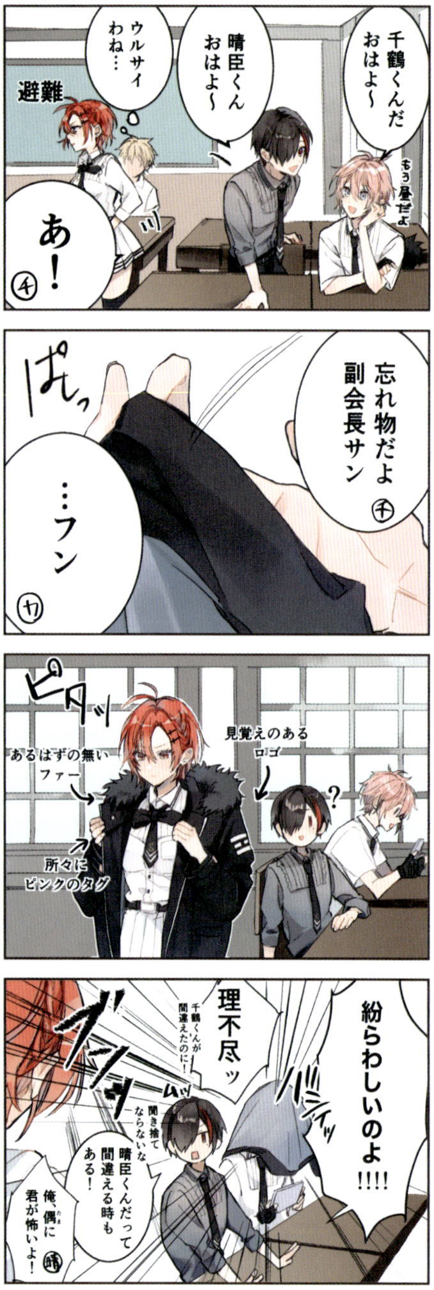

大きめな兄心

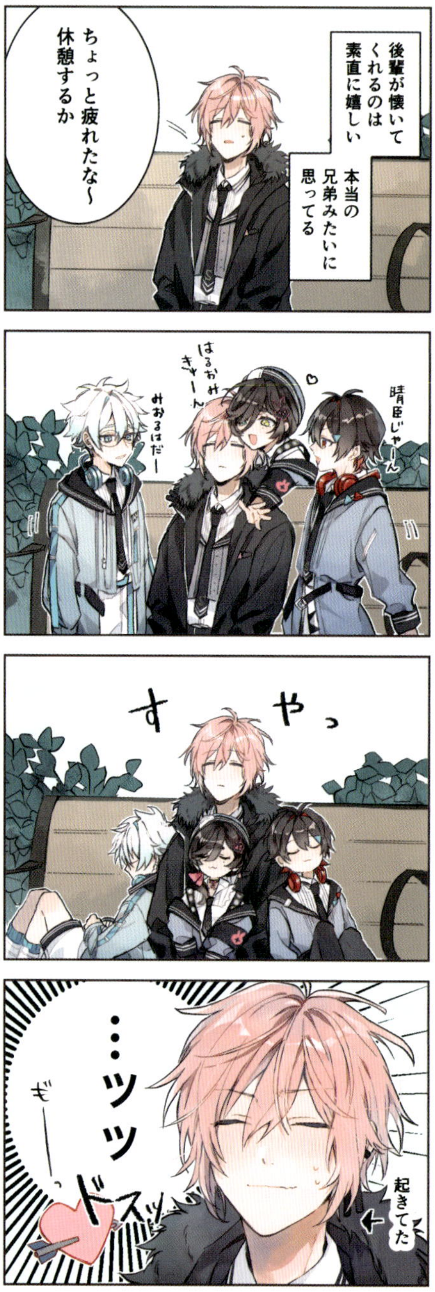

自己紹介

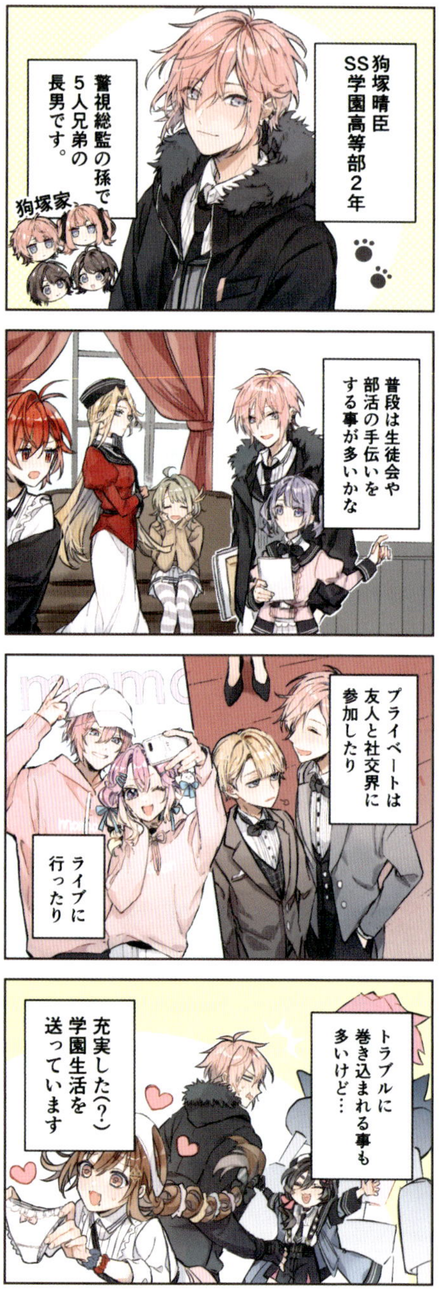

出演：狗塚晴臣、狗塚弟妹、イザベラ、佐倉周、橘カレン、真泉心、カナリア、小夏陽、エルユー・ビビ、雲母蘭湖、朱青アサギ、朱青ザクロ、千鶴

「SS学園」生徒名簿

古紺團八（ここん だんぱち）

絵・香琳

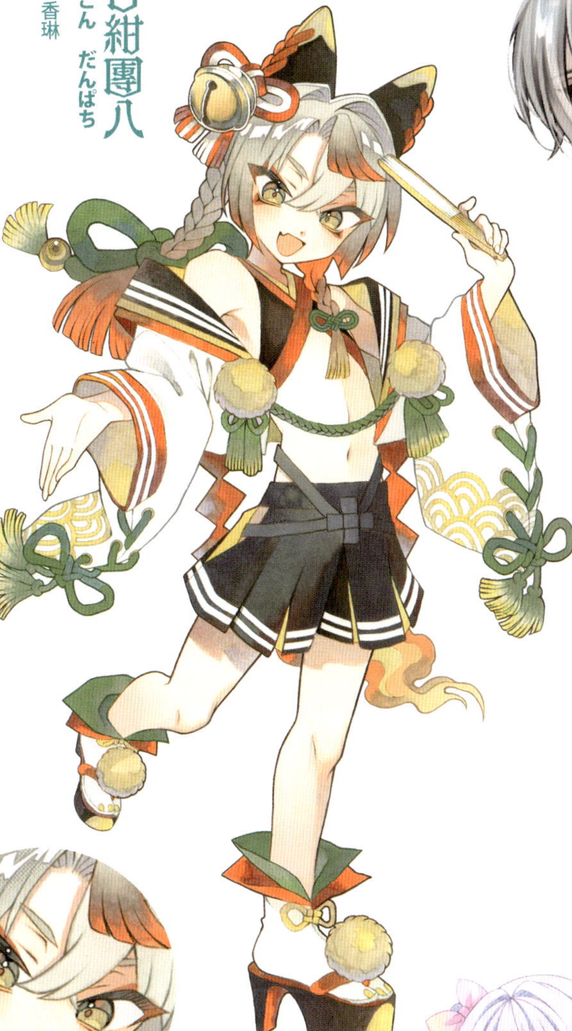

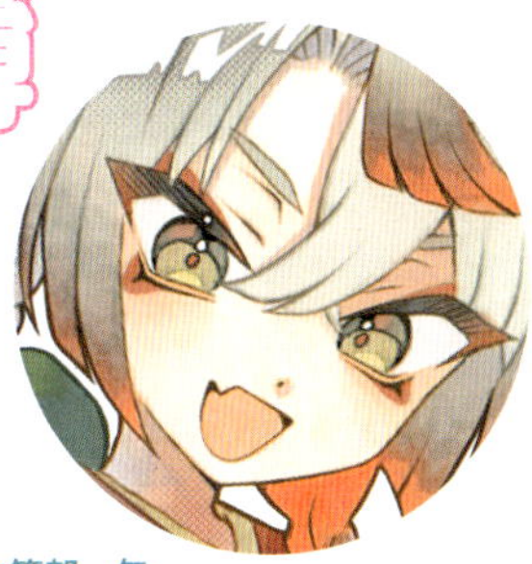

中等部一年
落語研究会所属

かつて世話になった恩人が落語家だったことから、落語家を目指すようになった妖狐。SS学園には、人間界の芸能文化を学ぶために入学。学内で浮かないよう、本来の成熟した姿から少年の姿に化け、中等部に所属している。自分では妖狐であることを隠し、上手に人間に擬態しているつもりだが、そこそこバレている。たびたび若者が使わないような関西弁を使うため、年齢詐称疑惑も浮上している。なお、團八の「團」は、恩人の落語家の名より拝借。

「SS学園」に今回より、3人の選抜メンバーが加わりました！
これまでの21人のメンバーと交流する様子は、これから漫画やイラストなどで発表していきます。今後も新しい生徒たちが参加する予定です！
次号の「SS学園」もお楽しみに～！

夜（よる）

絵・くりゅう

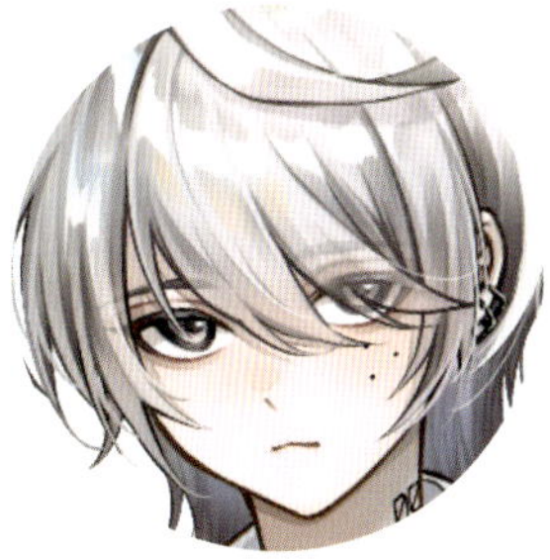

高等部二年

孤児院育ち。天才ハッカー「スィフル」として、闇組織で働いていた過去を持つ。ある時、闇の組織から抜け出し、狗塚晴臣に拾われたことをキッカケにSS学園へ入学することとなった。そのため、晴臣のことを家族のように慕っている。学園生活では持って生まれたハッキング能力を使い、晴臣をサポートしている。さらに、夜は千鶴や万が暗殺組織に所属していることを知っている。また、真泉心のことが気になっている様子。肩に乗った生き物は、脳内に直接データを送ってくれるモンスター「マシュ」。

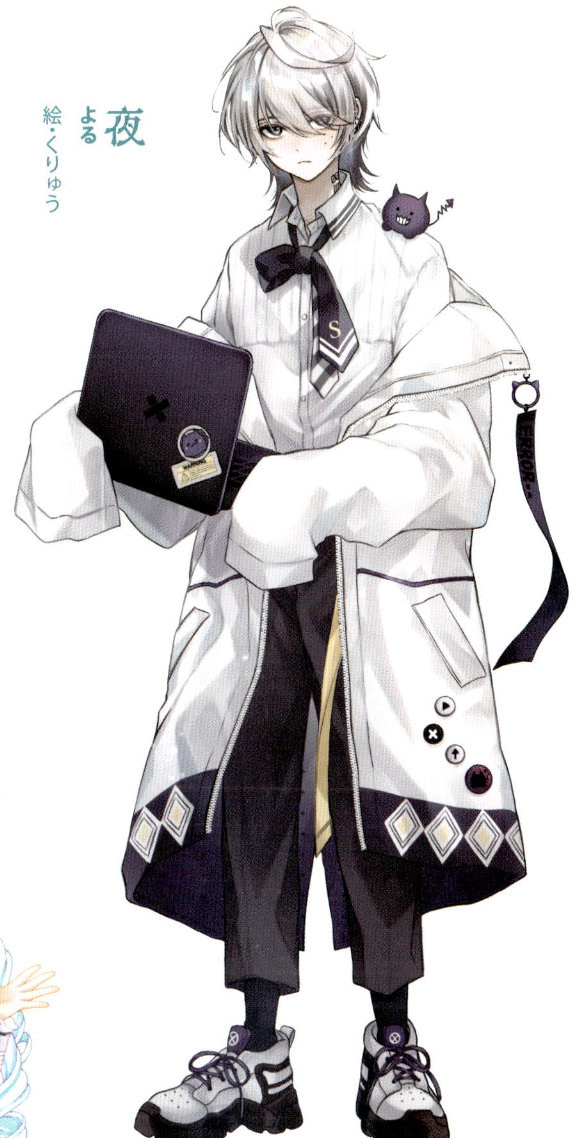

御縁ゆい（みえにし ゆい）

絵・ふぅ

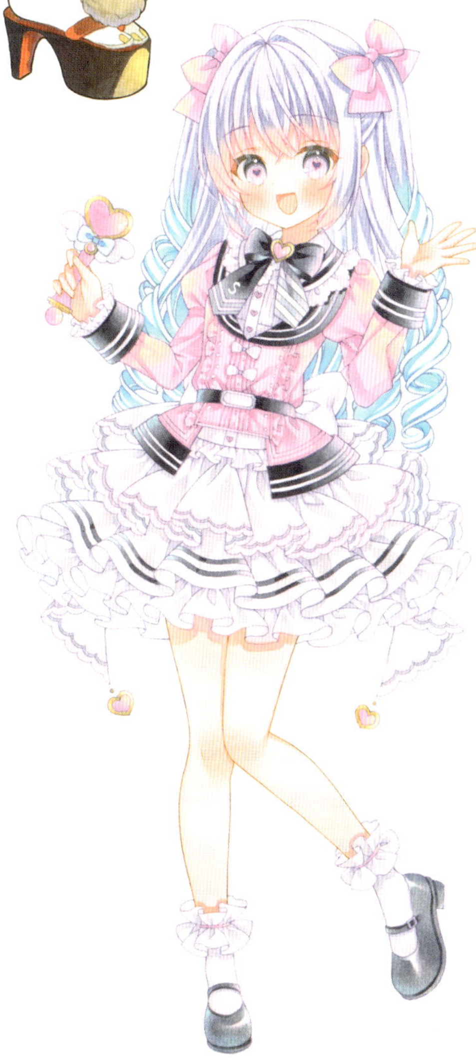

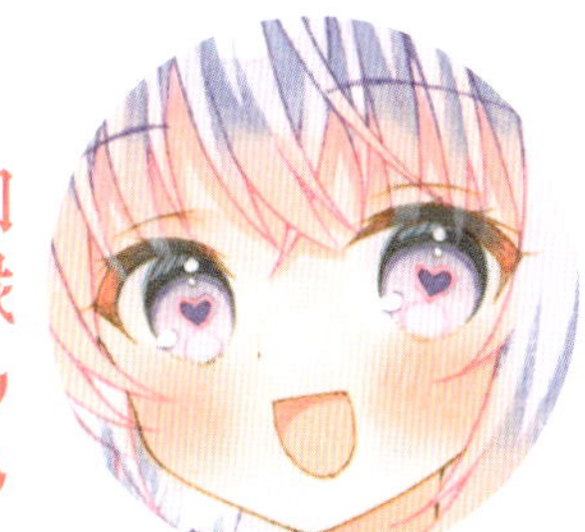

中等部一年
手芸部所属

魔法使いの母と日本人の父を持つ、見習い魔法使い。おっとり、楽観的な性格でマイペースに修行中。母の母校である辺境の魔法学校で学んでいたが、「魔法の力で百の恋を成就させる」という卒業試験のため、6年ぶりに日本に帰ってきた。ゆいが卒業試験の場として選んだのは、父と母が出会ったというSS学園。晴れてSS学園中等部に入学したゆいは、試験をクリアして立派な魔法使いになるべく、恋に悩む男女を探し始める。

こんにちは！　梅雨の季節はパンツをガーランドのように部屋干ししてパンティパーティー気分な雲母蘭湖ですぅ〜。今の季節は雨が続いていますが８月２日のパンツの日には、パンツも心も晴れやかになるように窓辺に、てるてるパンツを吊るしてお祈りしなくては！　さてさて、本日は舞四一さんに誘われて、凪さんと一緒に野球の練習をした日のお話をお届けしますぅ〜！

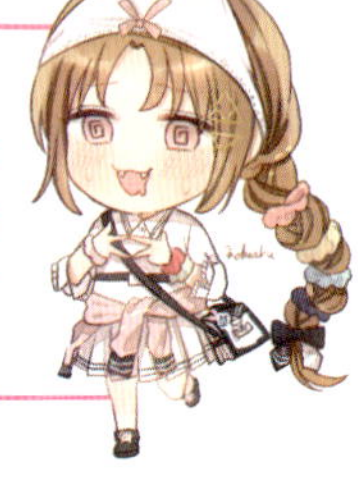

らんこのランランPP

パンツプロデュース

13まいめ

作：こけし

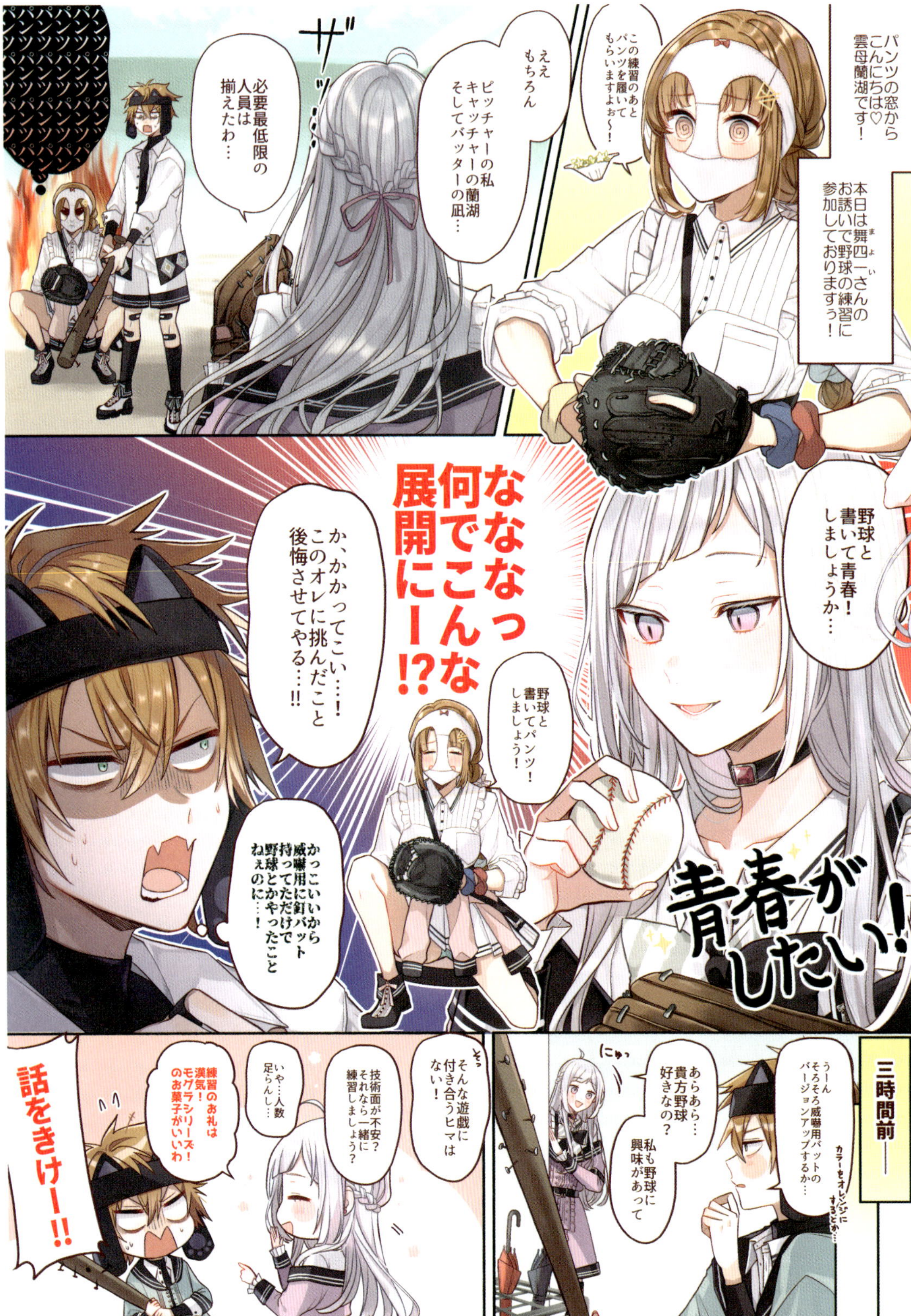

舞四一（まよい）

キャラクターデザイン：かんきつ

イラスト：こけし

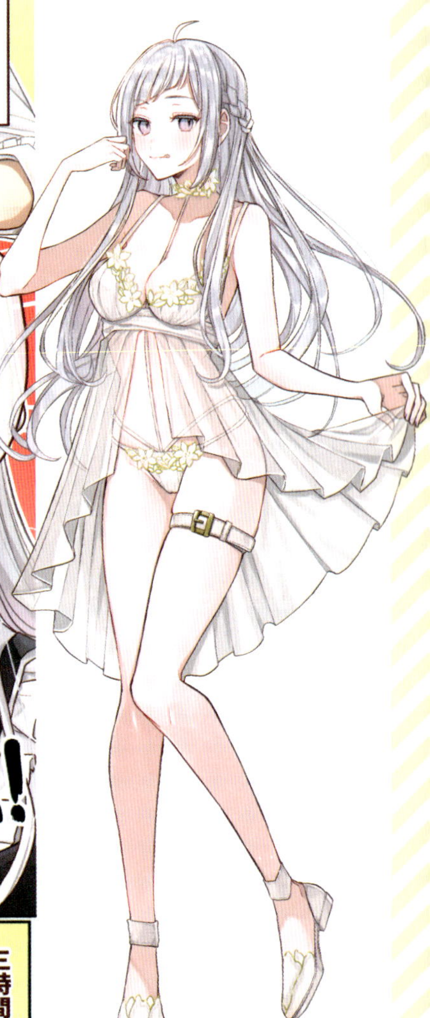

PP 高等部一年生の舞四一さんは、珍味菓子の収集が趣味らしいですぅ〜！　最近は特に「漢気！モグラ味」シリーズがお気に入りみたいで、よくスナック菓子を持ち歩いているのを見かけますぅ！　きららも舞四一さんが持ち歩きたくなるようなパンツカタログ「激レア！パンティ集」を制作して、世界三大パンティを皆さんに広めたいですぅ〜！

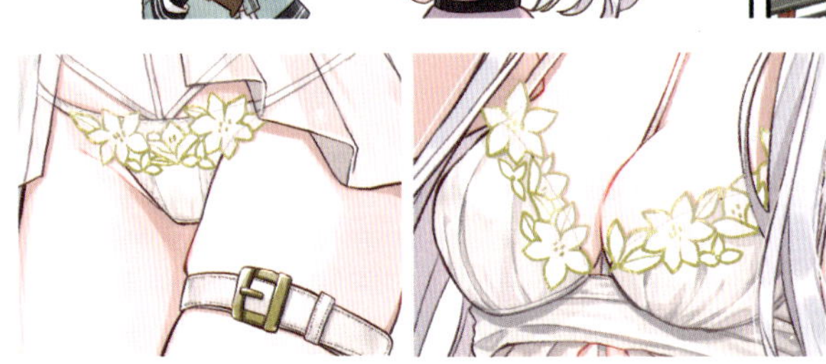

PP 舞四一さんの綺麗な銀髪とトーンを合わせてホワイトカラーの生地をチョイス！　チョーカーからパンツにストラップをつなげて、彼女のしなやかなボディラインを引き立てていますぅ！　そして美しさと可愛らしさを兼ね備えた白百合モチーフの刺繍を飾り付け。刺繍はオーガンジーと金糸で作られていて丁寧な口調の彼女のイメージを表現しています！

こがらしなぎ
凩凪

キャラクターデザイン：82
イラスト：こけし

PP 中等部二年生の凪さんには、三歳年上の高等部二年生の兄・凪(こう)さんがいるみたいですぅ！　きららが髪を縛っているシュシュがパンティだと分かると、なぜか逃げられてしまったので、いつか裁縫が得意だと話をしていた凪さんと一緒に、凪さんが被らずにはいられないほどの最高のパンツを作りたいですぅ！

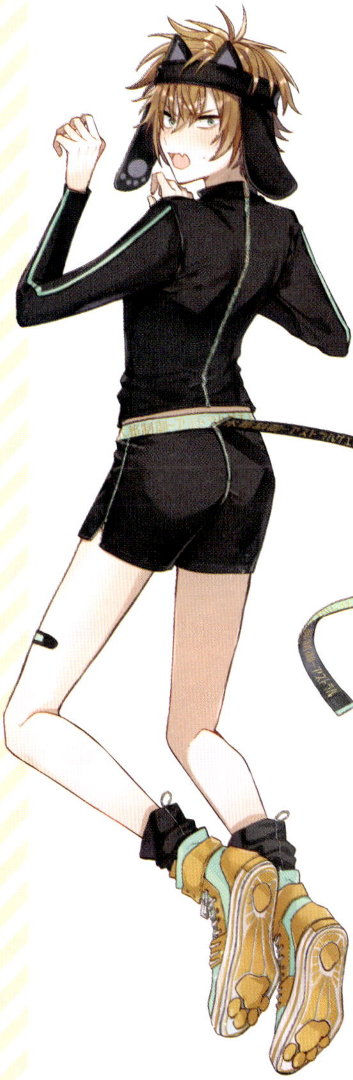

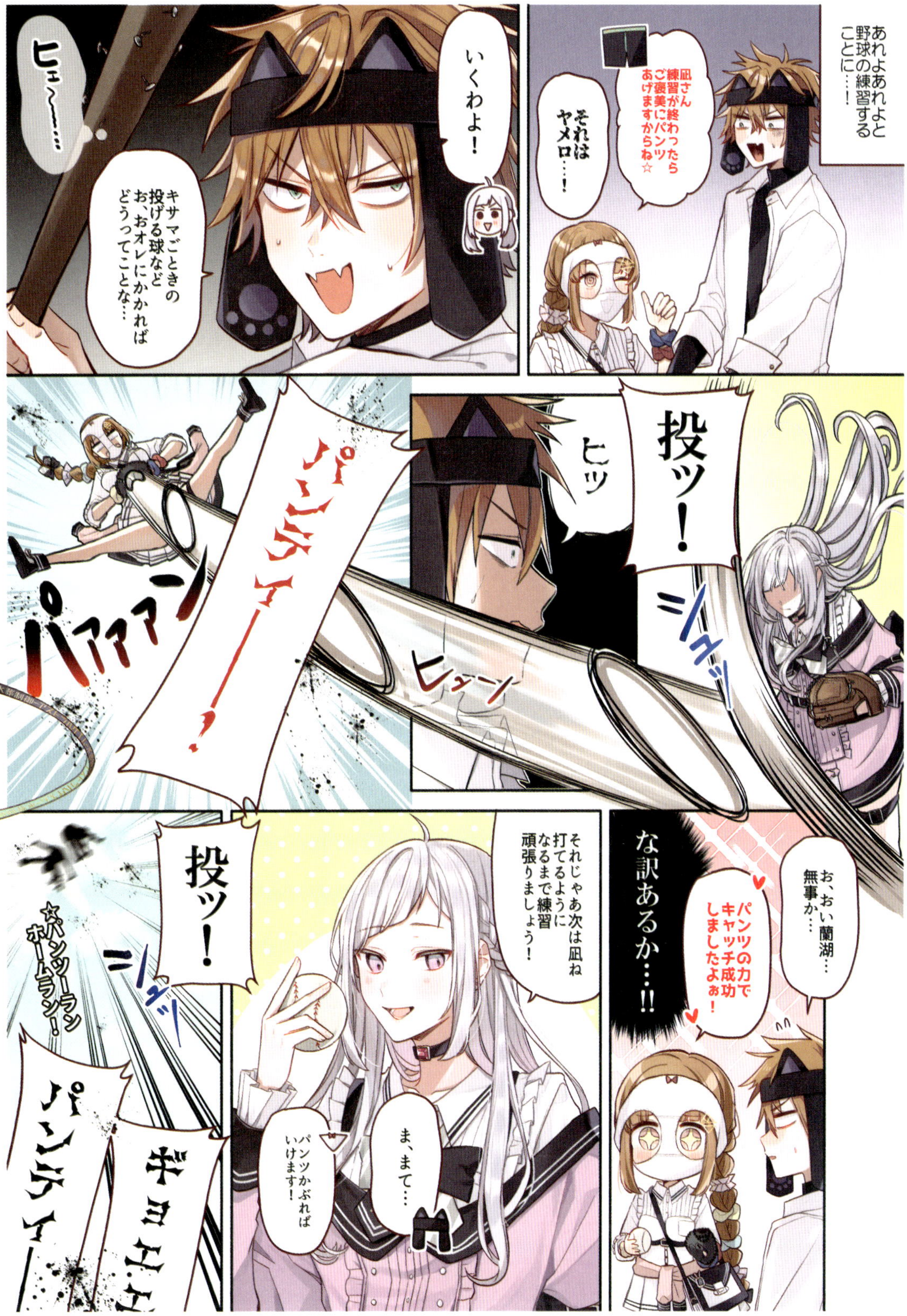

今日の
プロデュースポイント
PP♥♡

PP シンプルなシルエットのボクサーパンツにジッパーを取り付けて個性的なデザインに！凪さんのノートに「水葬制御-アストラルゲエム-」と書いてあったのでパンツのゴム部分の文字にお借りしています。お尻部分のジッパーにはヘアバンドのデザインに合わせて尻尾イメージの紐をつけましたぁ！

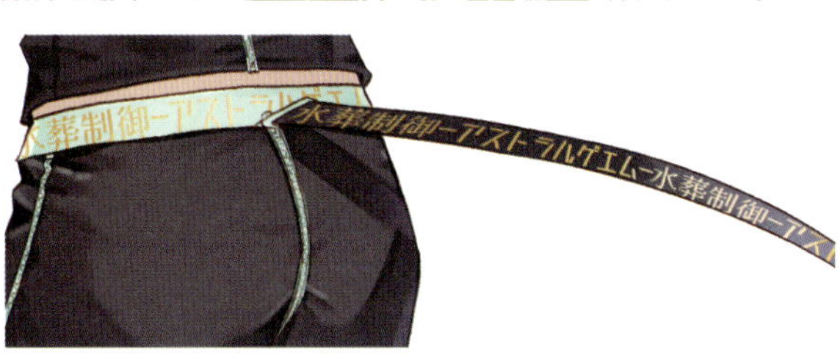

「SS学園」投稿ガイド

制服ベースデザイン：ハモンド華麗

「ＳＳ学園」の生徒を自分で考える際は、このデザイン画を参考に、制服を描いてください。

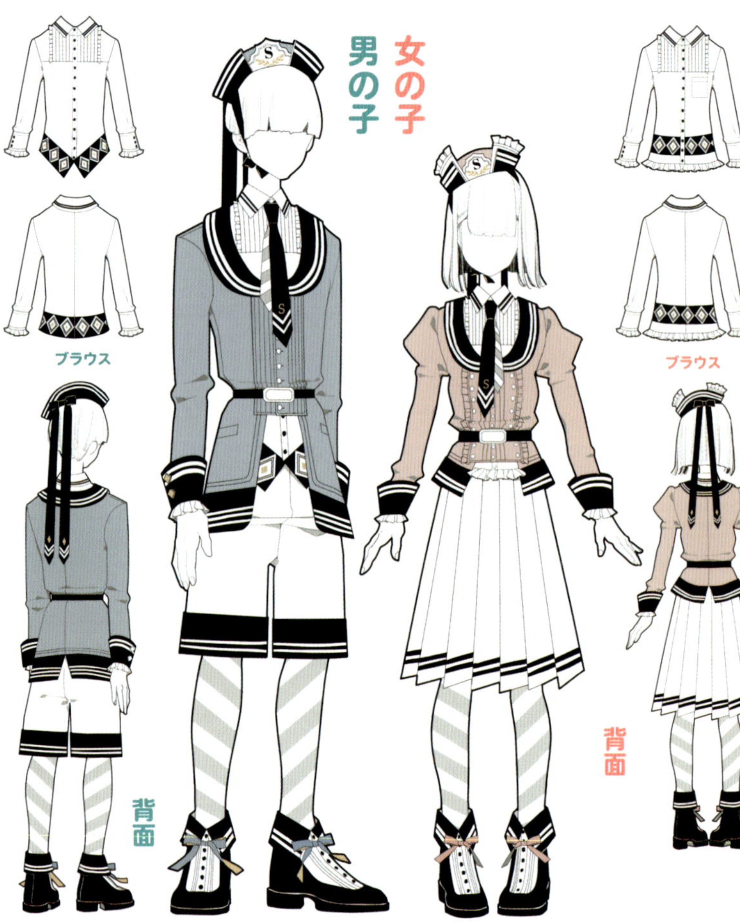

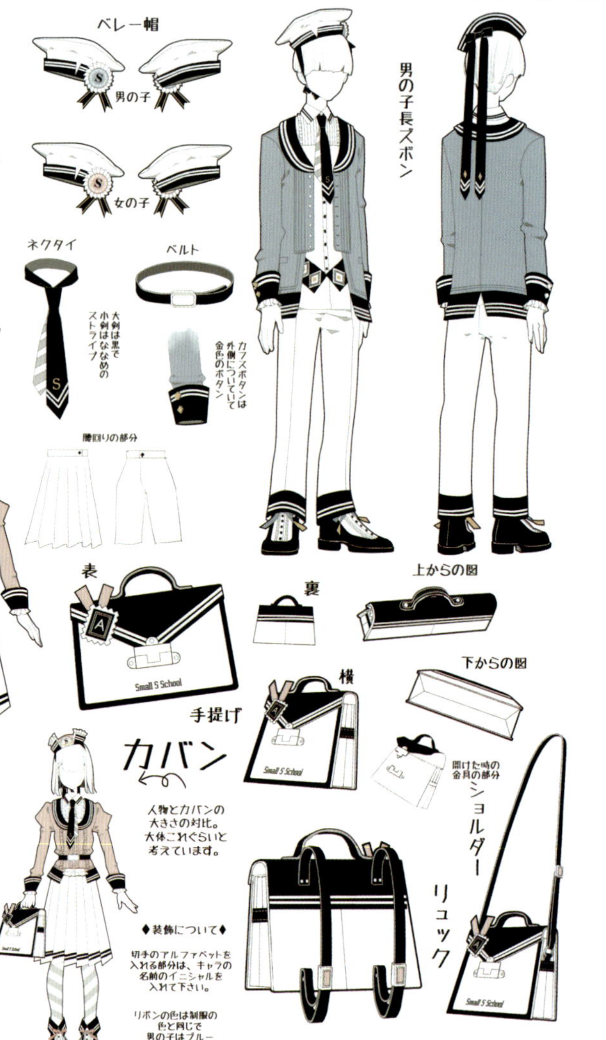

男子の半ズボン、長ズボンは自由に選んでください。帽子やベルトは装着自由。制服の色は、男子は青系、女子はピンク系ですが、細かな色味は自由です。全体的に制服はアレンジがOKです。細部は考えてくださいませ！

「SS学園」とは、とある国に、1388年に設立された私立の学校。もともとは全寮制のパブリックスクールだったが、現在は日本式の初等部、中等部、高等部で構成されている。世界中から入学を受け付けており、どんな出身、どんな生い立ちでも学校に入ることが可能。各国の政治を担う人材や警察関係者の子息も通っているが、「善に寄りすぎず、悪の美学も知れ」との教えから、闇社会や秘密組織の学生たちも在校。目立った立場の生徒も多いが、大半は普通の生活をする家庭の子供。様々な人と交流できるのも「SS学園」の魅力とされる。

入学案内

注意!!

【創作物への注意事項】 SS学園を扱った有償のグッズや同人誌の販売は今後OKになります。
その際は同人誌の奥付、グッズの場合は告知文の中で、以下の事項を記してください。
●「SS学園」は、雑誌「スモールエス」の誌面企画です
●制服ベースデザイン：ハモンド華麗　（※こちらは公式の制服を描いた場合に入れてください）
また、他の作家のキャラを描いて販売をする際は、必ずお互いの作家同士で了解をとってください。

【渋谷でSS学園オフ会開催！　参加者募集！】

■開催日：2023年7月30日（日）
■会場　SSが運営するギャラリーエクリ（渋谷駅から徒歩8分）
■詳細は、巻末のハガキをご覧ください！

「SS学園」の生徒イラスト投稿募集！

1枚の紙に自分が考えた「SS学園」の生徒、もしくは今号に掲載された生徒を描いてください。絵の中に、キャラクターの名前、紹介文を書き入れてください。なければ掲載できない場合があります。人物紹介の文体は自由です。また、複数のキャラを描いても良いですが、それぞれの名前がわかるようにしてください。

最初の人物紹介が掲載された生徒は、その後に自由な形式で、絵や漫画を描いてOK。ただ、皆が分かるように人物名は絵に入れる！

●生徒は人外やファンタジー設定でもＯＫ。生徒会長や理事長など、選抜メンバーで描かれたキャラ設定は避けてください。なお、血縁や恋人など、近すぎる固有の関係は避けてください。相手のキャラ設定に大きな影響が出ます。

●他の作家さんの生徒を描く場合は、その人のペンネームとキャラ名も絵に入れてください。

郵送時の応募コーナー名
「スモールエス●●号　SS学園係」

カラーイラスト、モノクロイラスト、1ページ漫画を募集します。掲載はカラーページです。

※●●には、送付時に募集している号数をお書きください。

※データ投稿の場合、応募コーナー名は投稿画面での選択式になります。応募時に「SS学園」を選択ください。

※絵の中に、キャラクターの名前と設定文を書き入れてください！　絵のみの投稿は不可。キャラ名と、初回はキャラ説明を入れるのが必須です。

NEXT　投稿の締切

2023 8/24 当日消印有効

「SS学園」公式設定資料集　発売中

「SS学園」の初代選抜メンバー18人のキャラクターの設定、学園の建物などの美術設定が収録されたSS学園公式設定資料集が、BOOTHで販売中。18人それぞれをメインとしたイラストや漫画作品も掲載されています。電子書籍です！ぜひチェックしてみてください～！

https://kikan-s-ss.booth.pm/

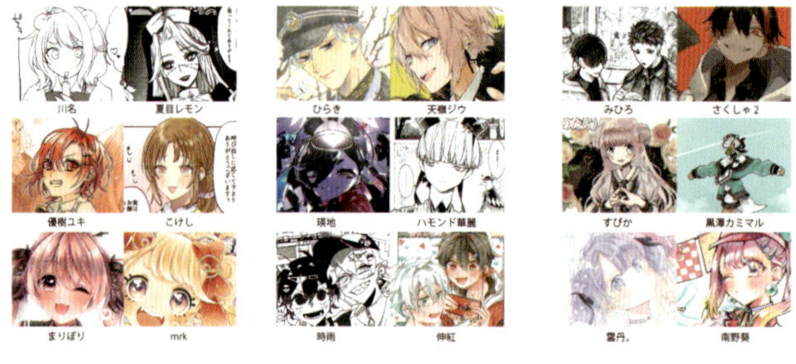

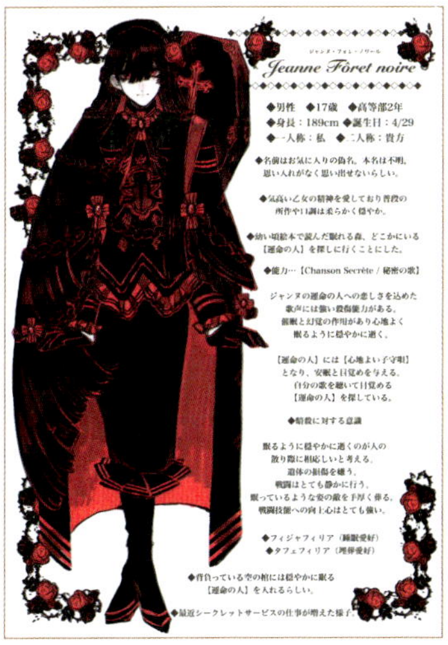

高知県・まろやか

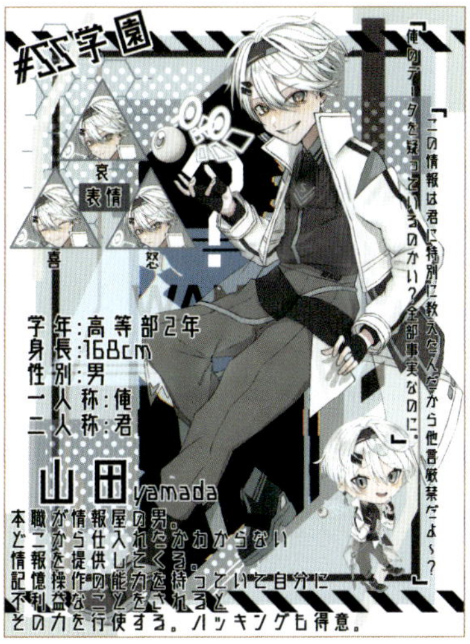

神奈川県・予備軍

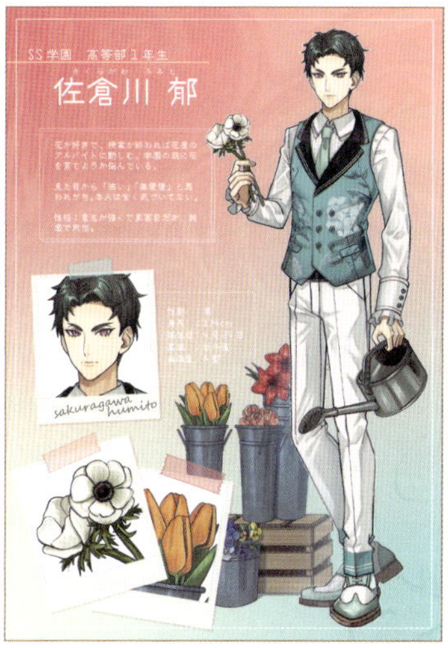

埼玉県・帳アヲ

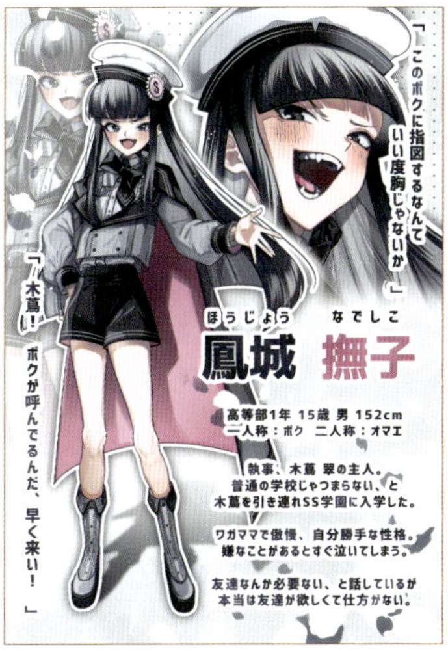

滋賀県・真田しろ

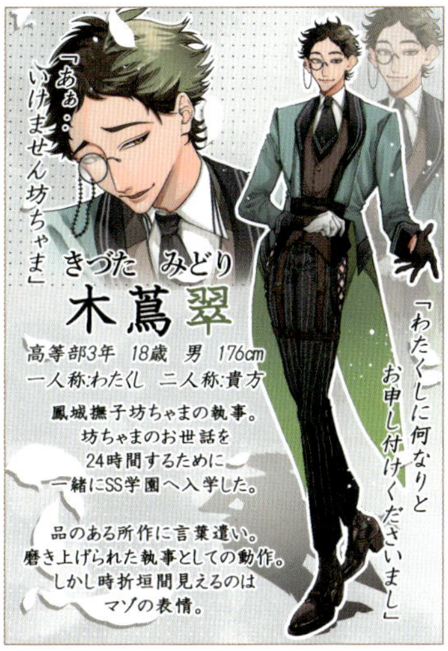

佐賀県・紅葉

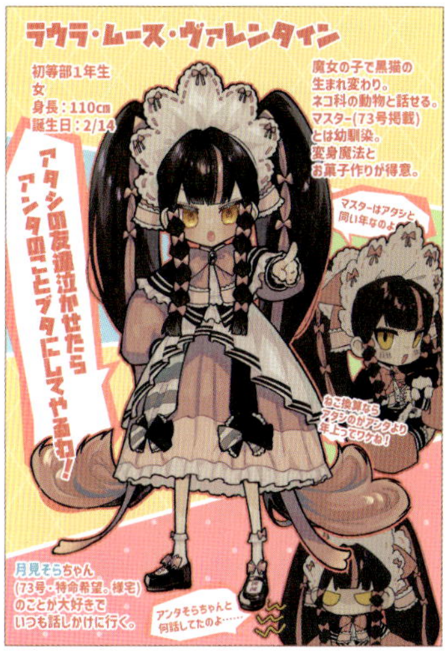

埼玉県・82

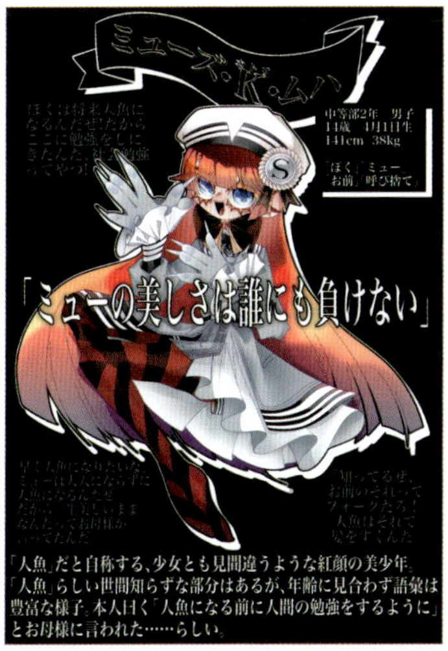

千葉県・御菓子屋花畑・23歳

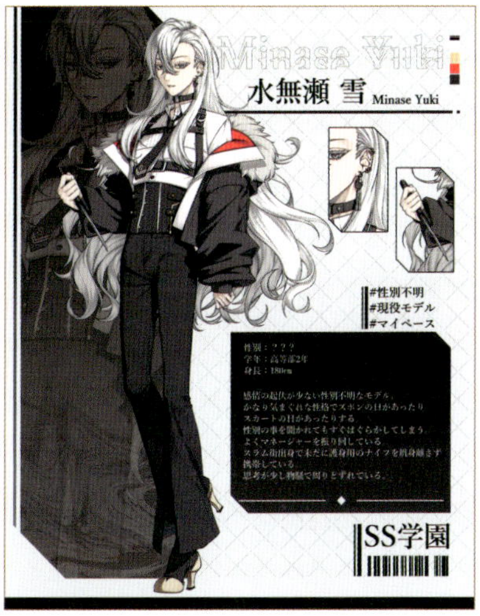

愛知県・排気ガス

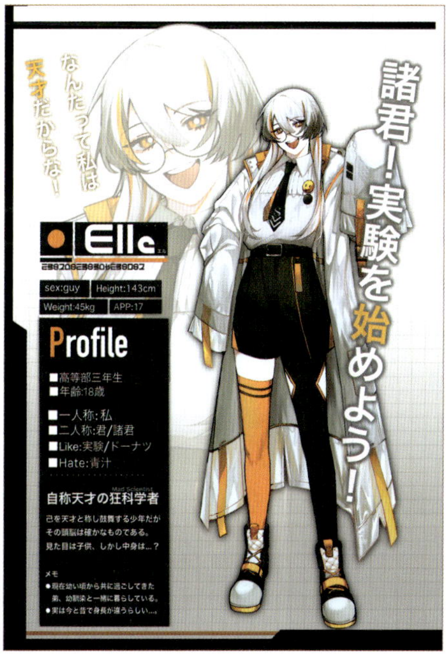

埼玉県・烏海鶏己

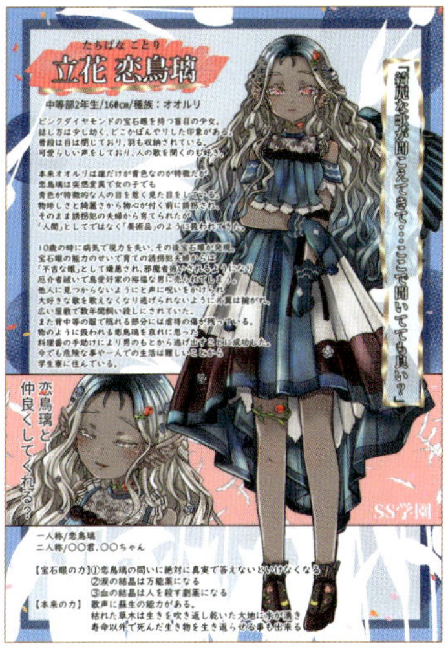

福岡県・杏蜜花

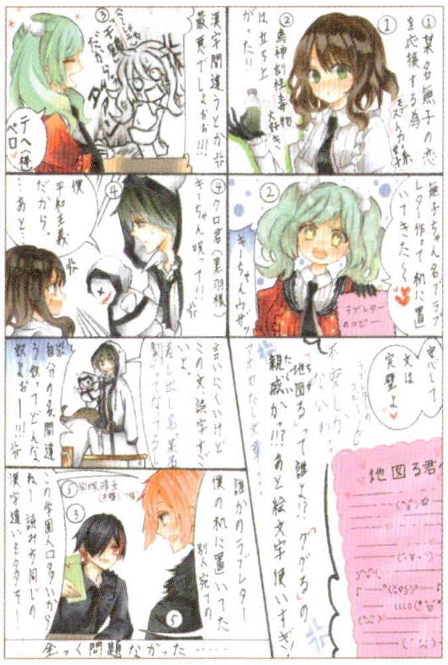

大阪府・ラブバード

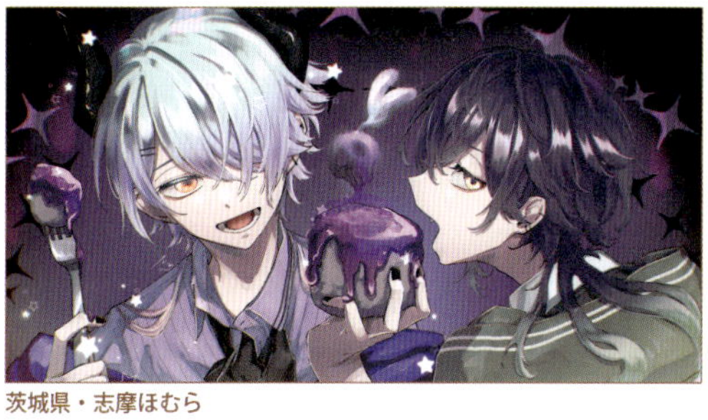
茨城県・志摩ほむら

栃木県・うさた。22歳

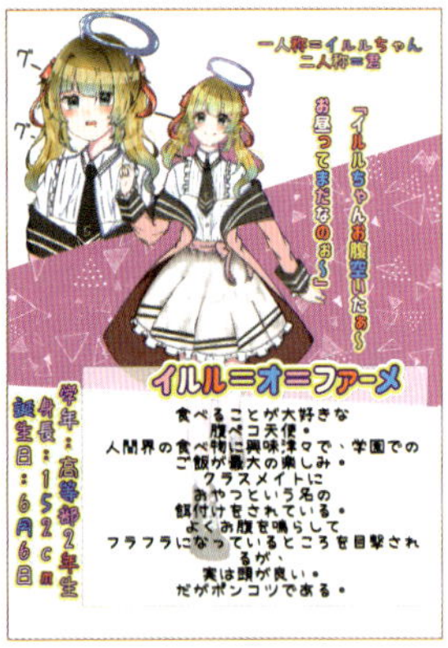

滋賀県・Datch

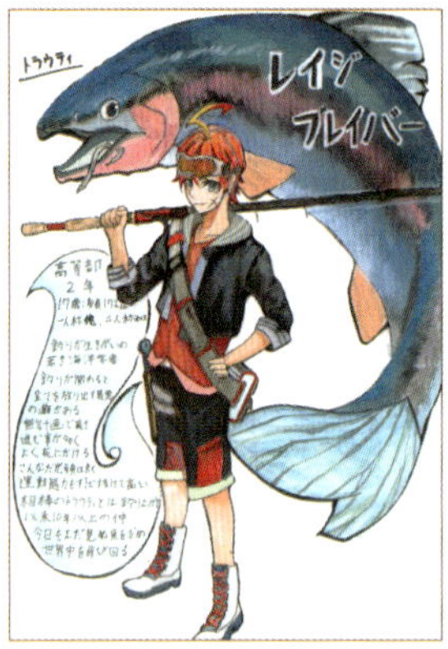

静岡県・ゆゆてる。

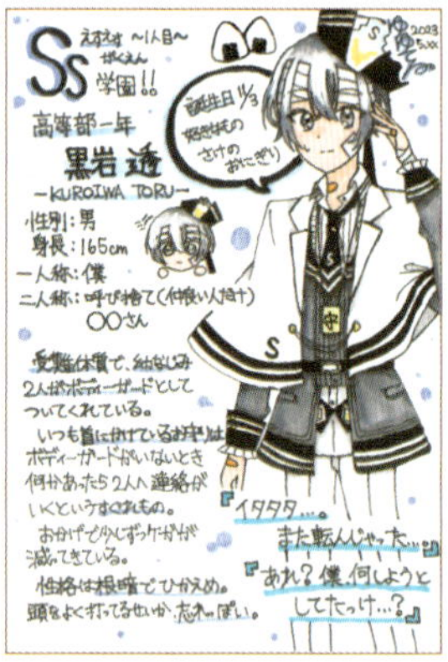

兵庫県・星河夕夏

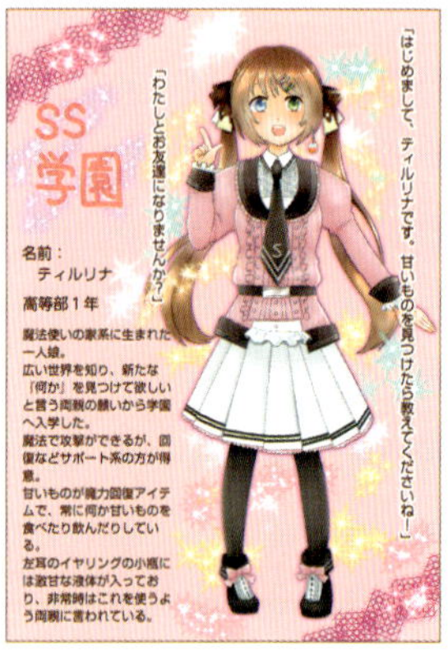

埼玉県・橙樋・24歳

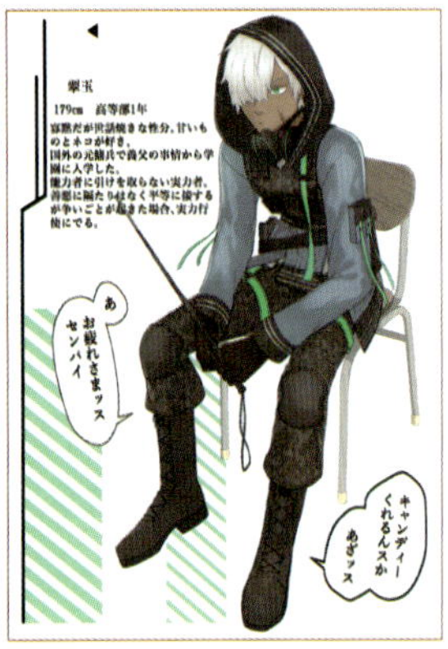

東京都・高野鈴蘭・23歳

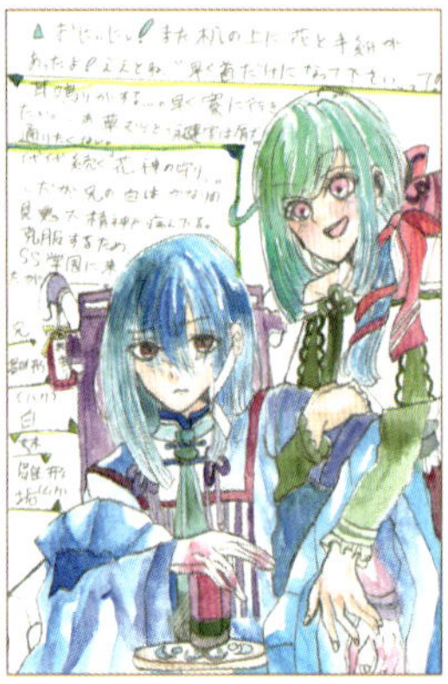

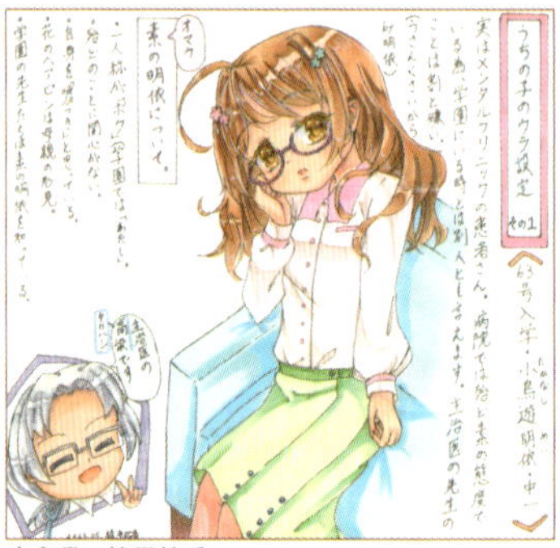

広島県・榛原祐香

岩手県・天宮雅・11歳

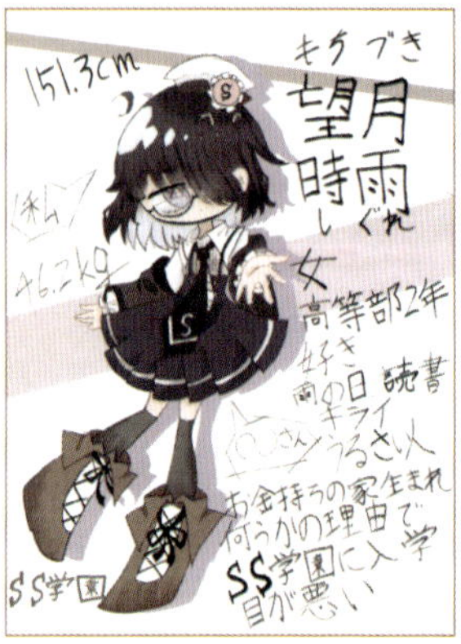

山口県・神音色花

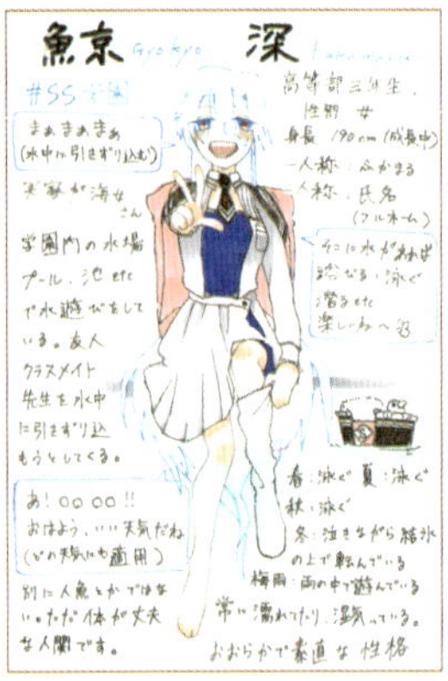

愛知県・瑠璃萩・12歳

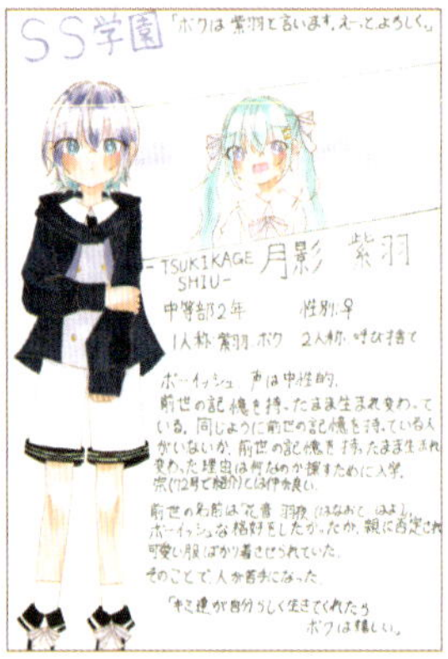

東京都・ひろくまひろみ

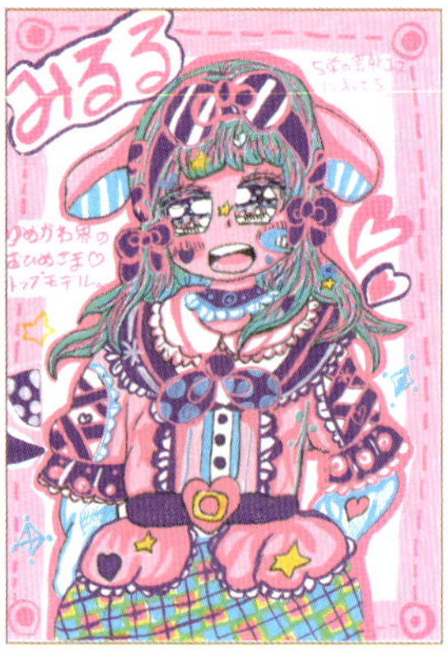

広島県・貴希

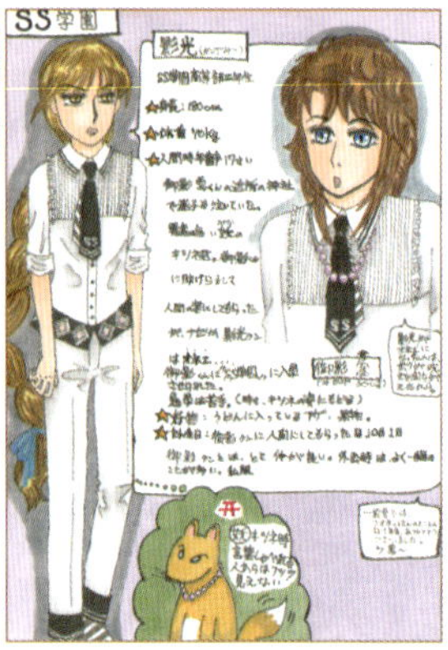

千葉県・伯ミシェル（ミシェル改め）・18歳

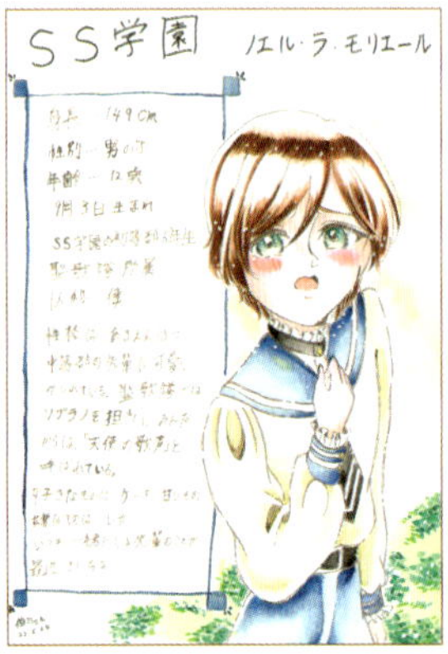

兵庫県・やお

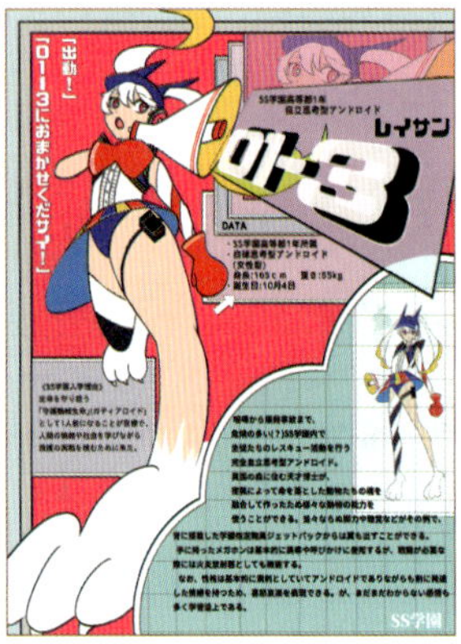

大分県・れい・14歳

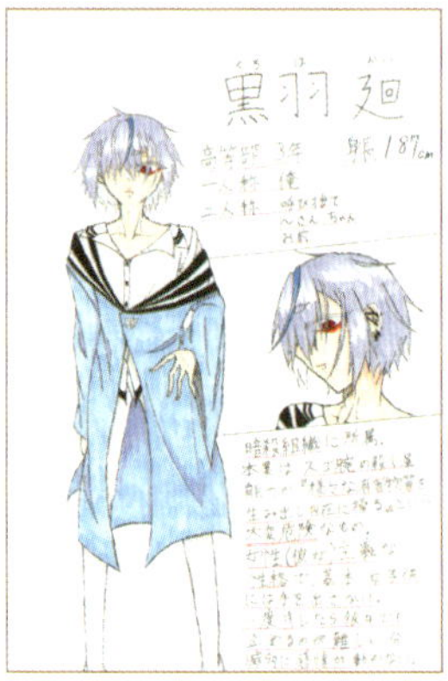

愛媛県・黒カガチ・29歳

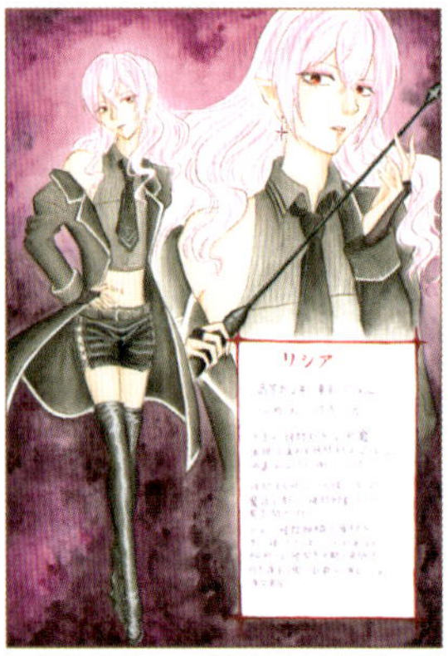

神奈川県・野々江蓮

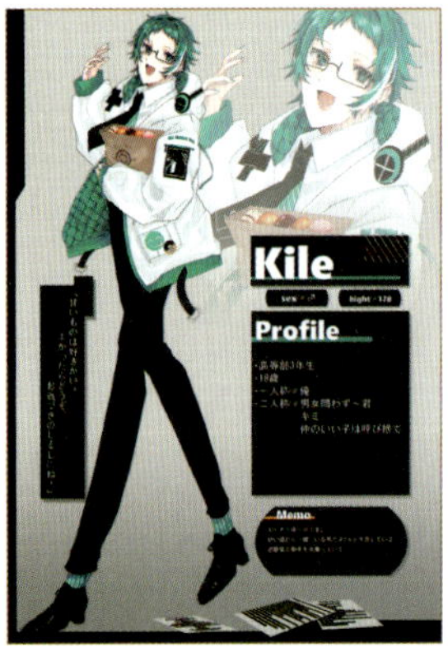

長野県・なす

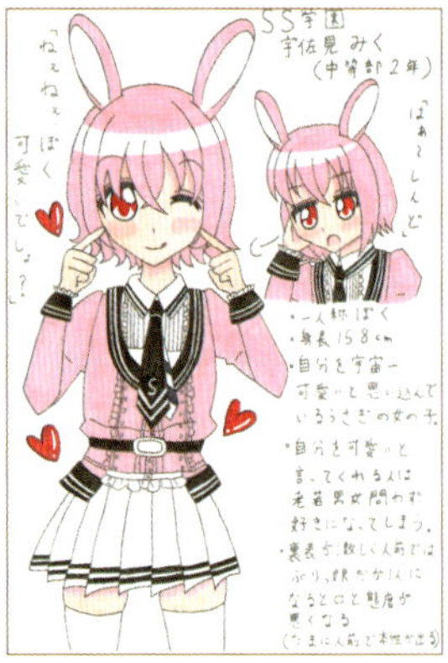

神奈川県・雪月冬凜（冬凛改め）・16歳

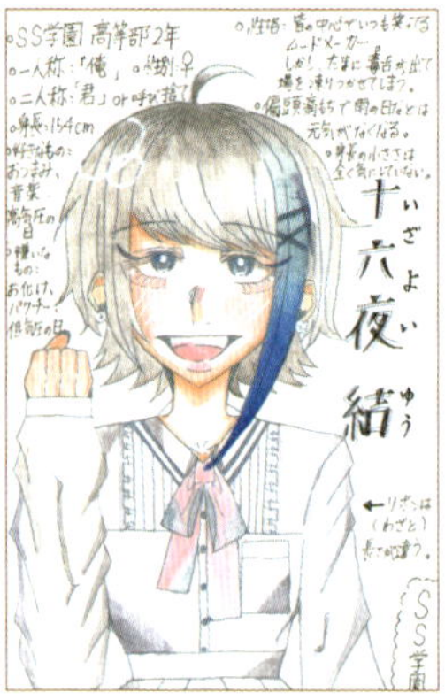

福岡県・とぉくりえいた

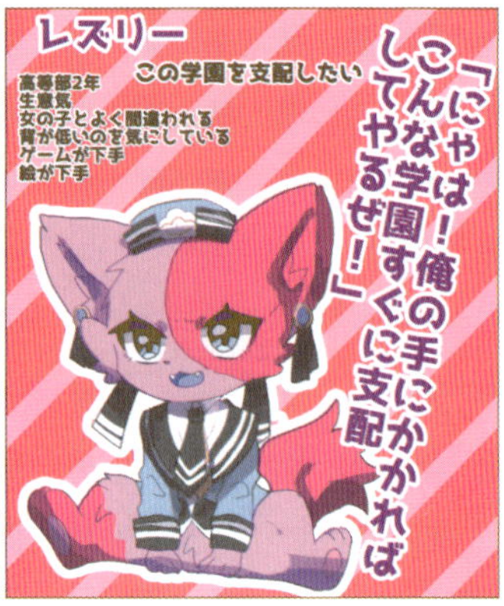

京都府・ゆらさん。・16歳

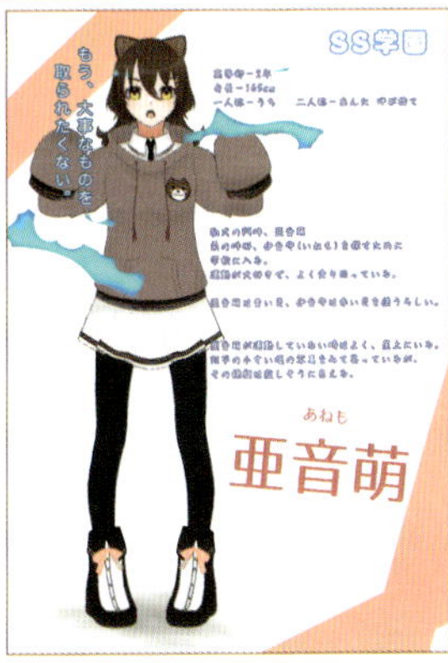

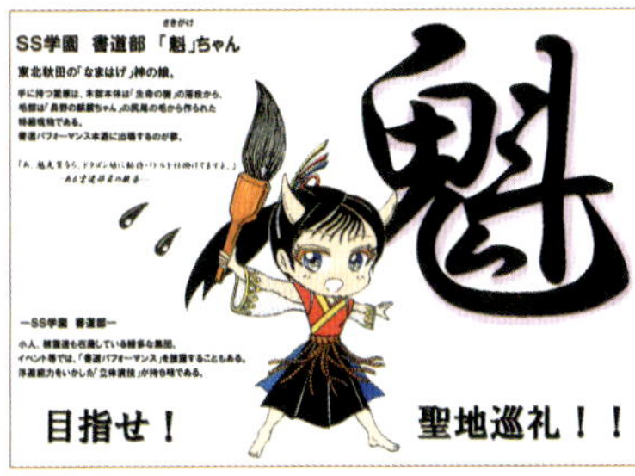

愛媛県・島田隆弘

長崎県・橘らのま

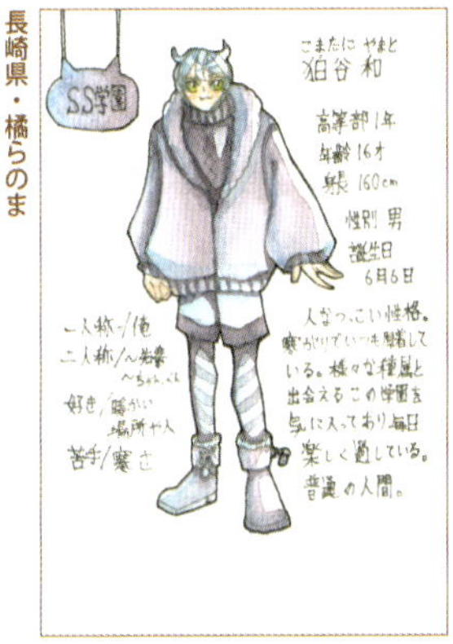

岩手県・あひるフロスト

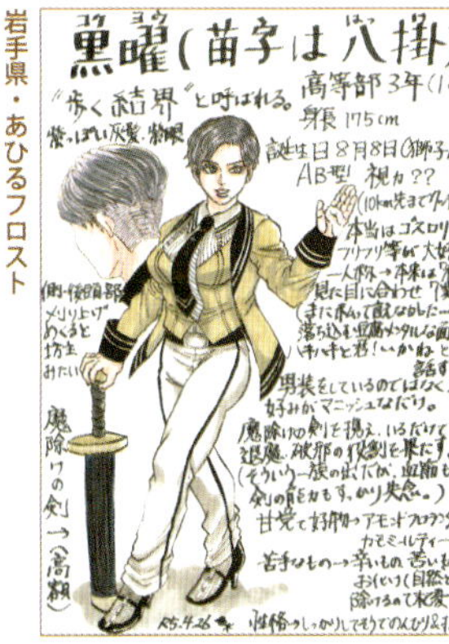

東京都・特命希望。

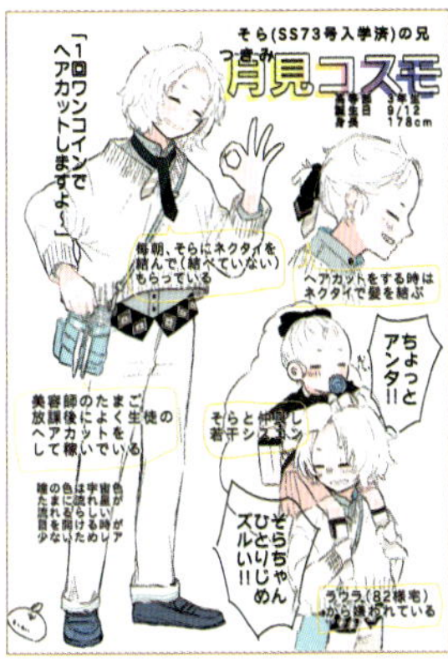

鹿児島県・ミセト

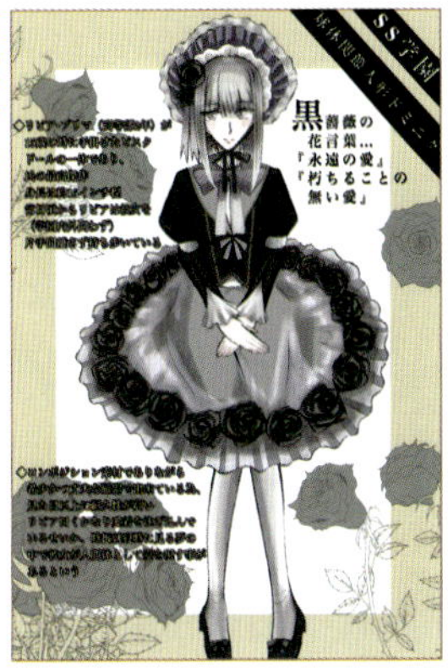

新潟県・だはちん

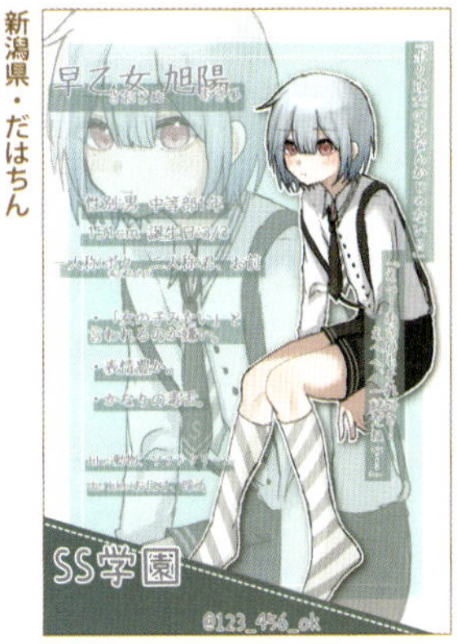

和歌山県・田中

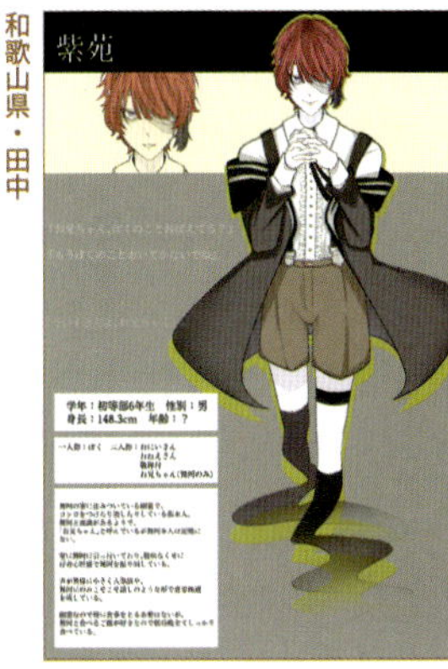

静岡県・IZUMO

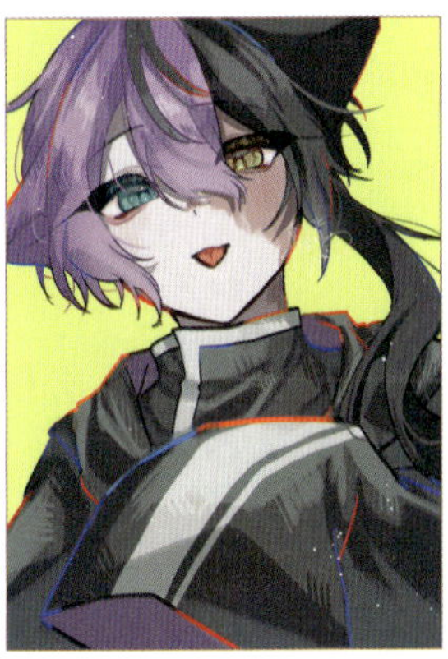

長野県・谷川りおん

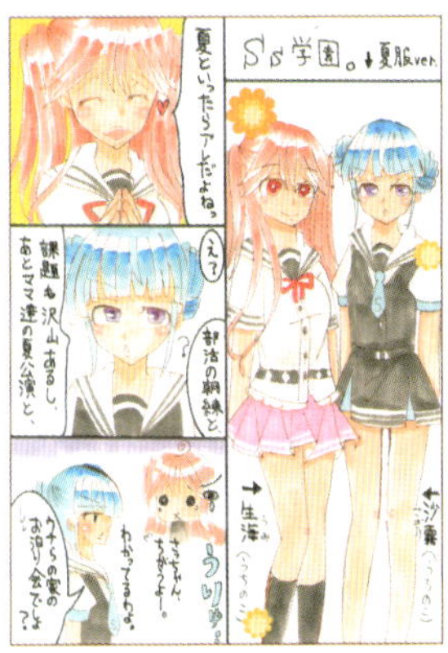

石川県・かさぶた・14歳

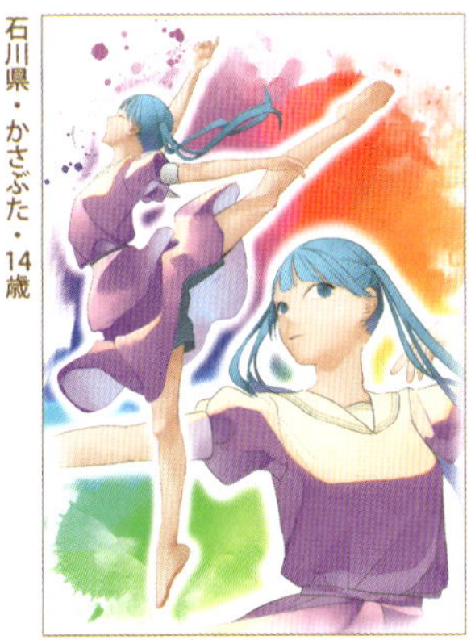

埼玉県・セコイ也

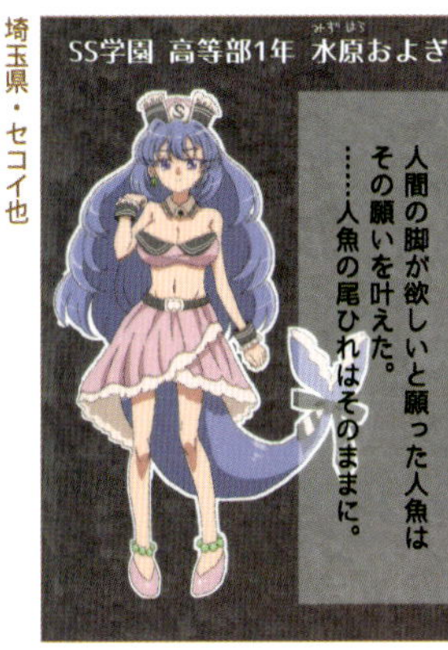

埼玉県・かんきつ

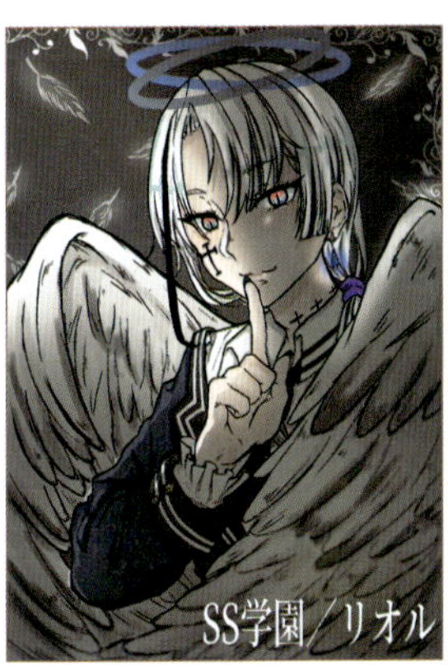

埼玉県・黎羽月雫

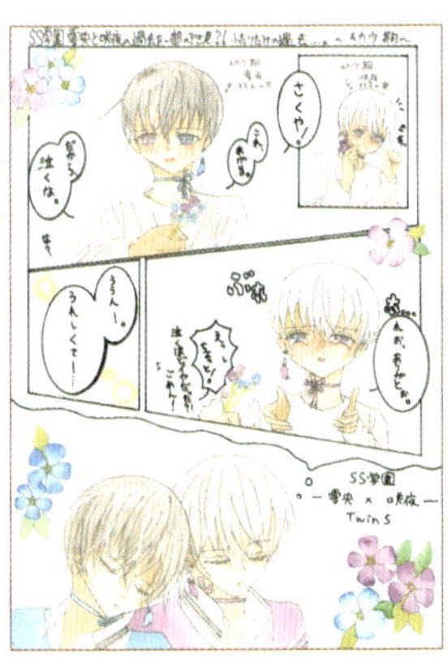

新潟県・鬼羅

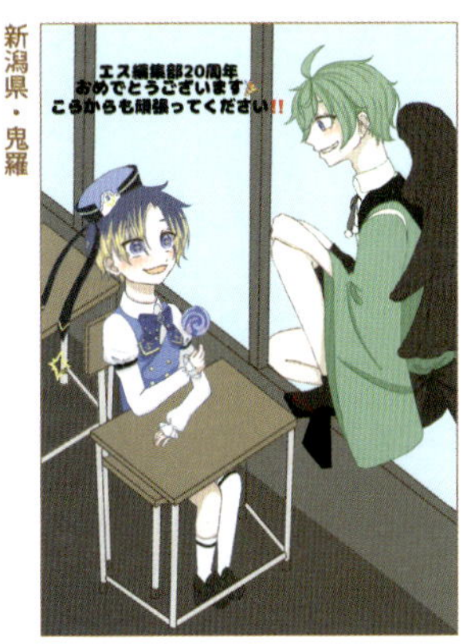

佐賀県・リオネット

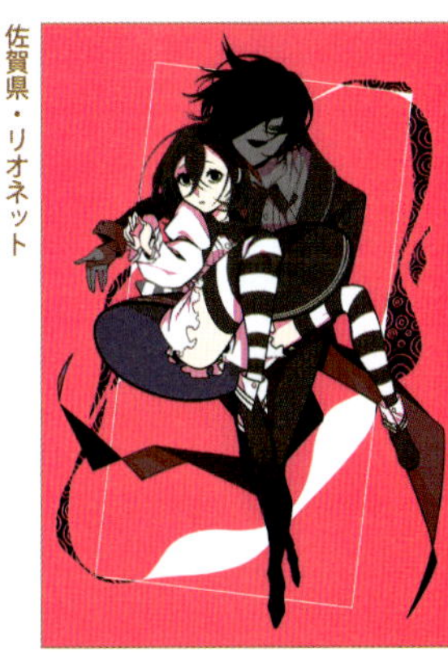

兵庫県・包み草（のーまる改め）

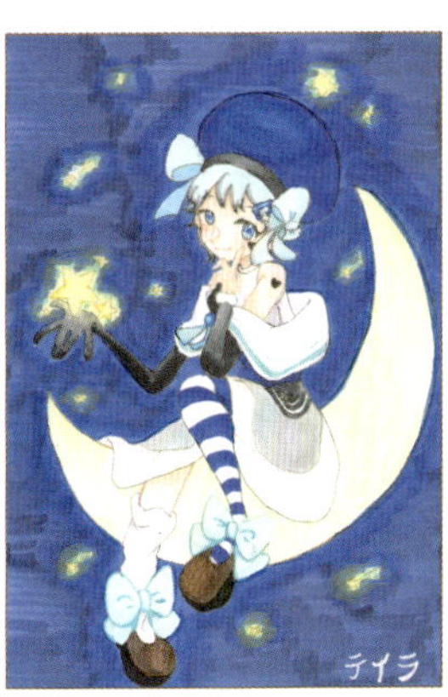

宮城県・刹那

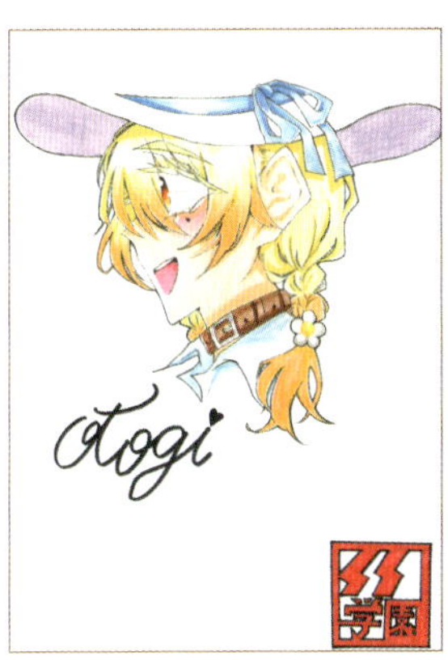

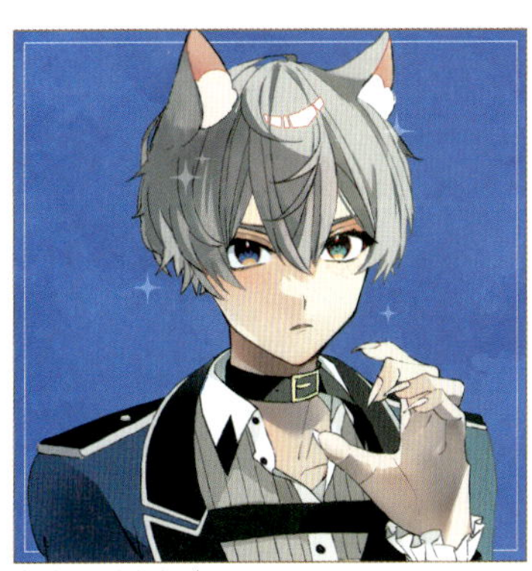

宮城県・またたび

神奈川県・碧月しず

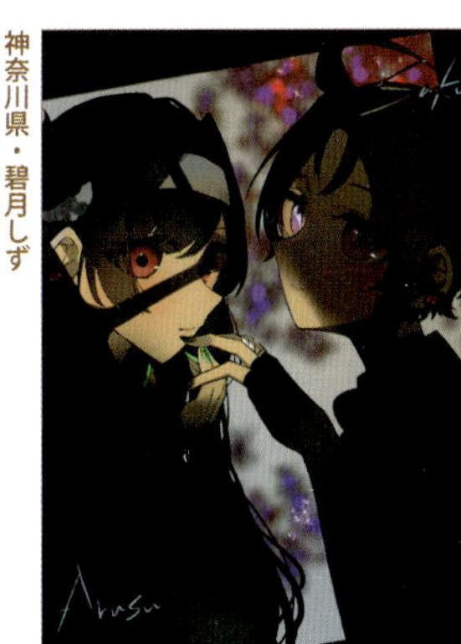

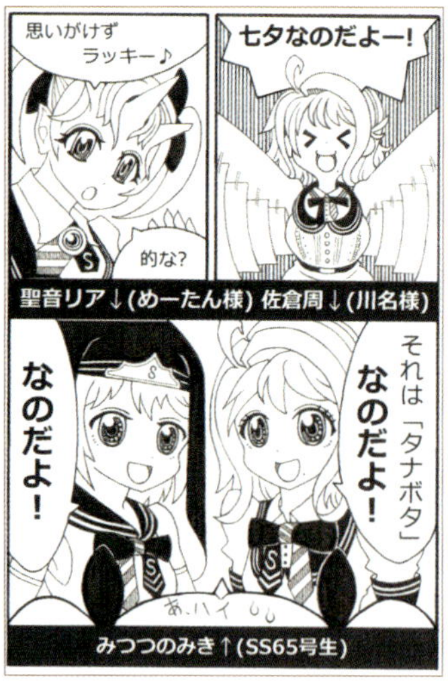

東京都・品一そとと

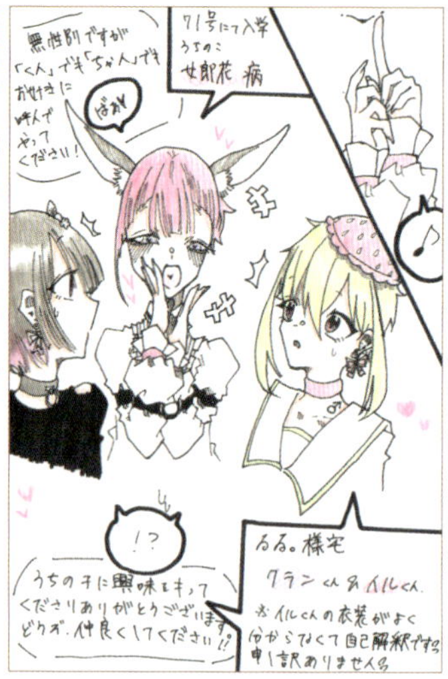

鹿児島県・貧欲幽霊（hime 改め）・15歳

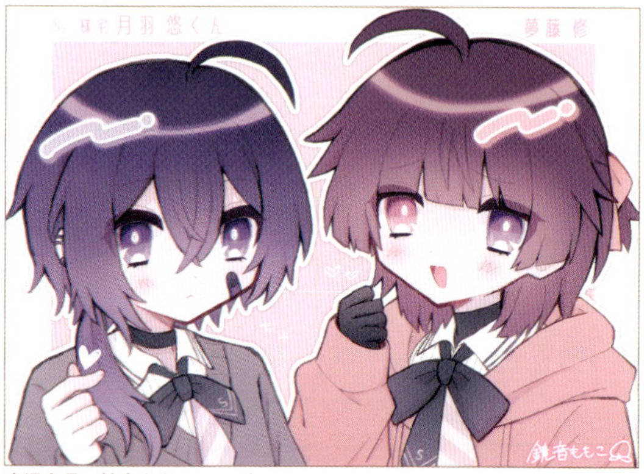

鹿児島県・鏡音ももこ・21歳

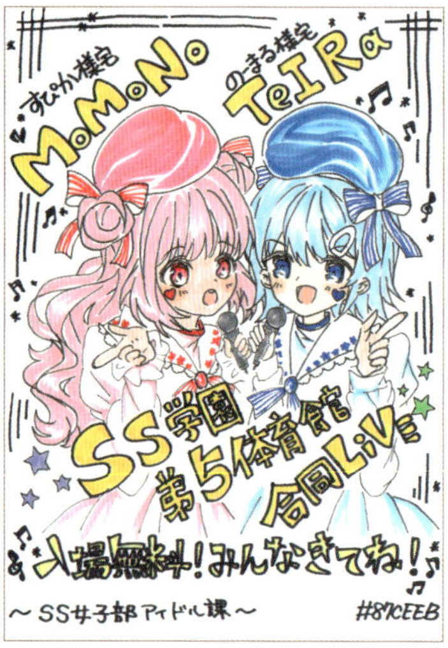

三重県・#87CEEB

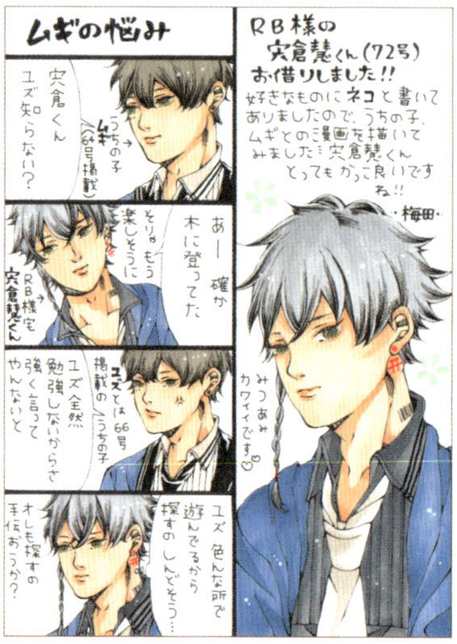

福岡県・梅田

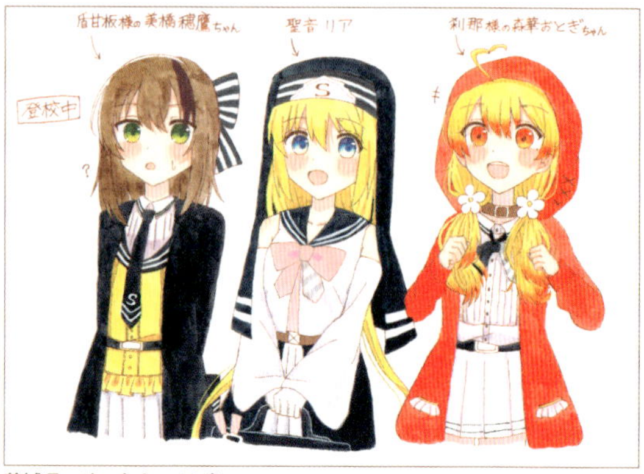

茨城県・めーたん・14歳

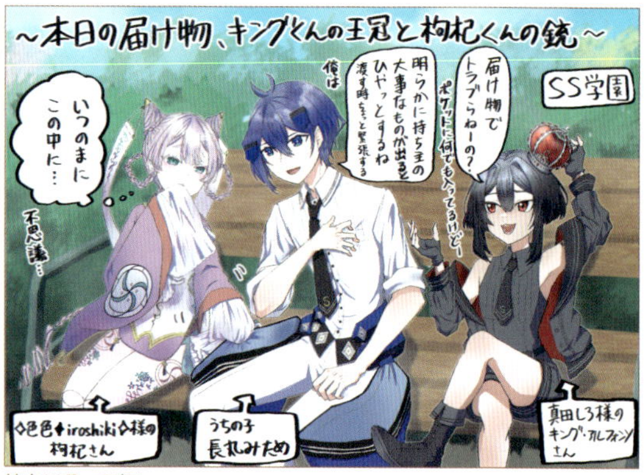

神奈川県・石垣

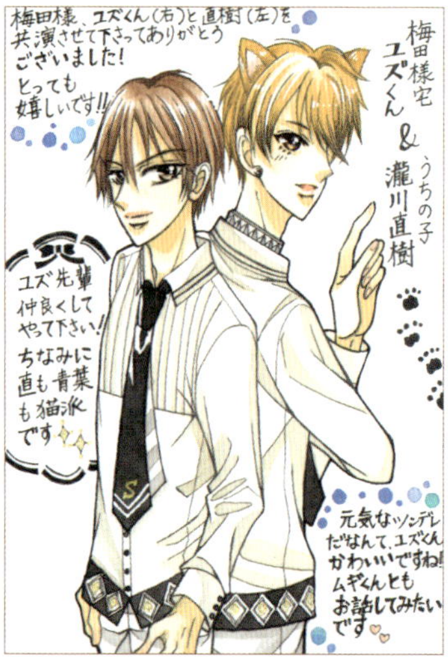

静岡県・紗雪

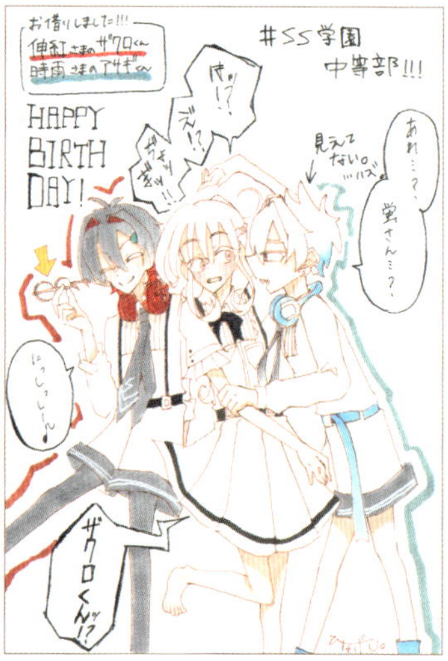

静岡県・ひなげし。13歳

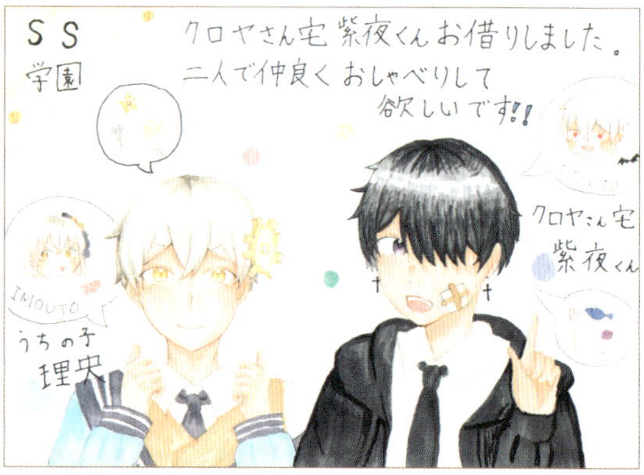

兵庫県・みにゃ・14歳

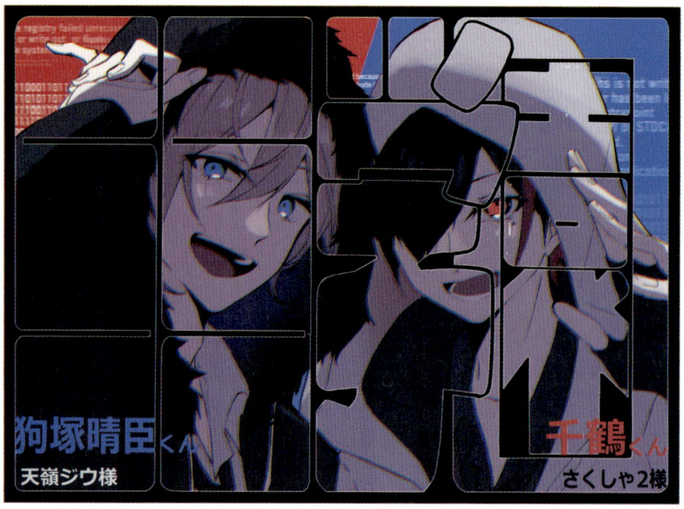

和歌山県・キ海月

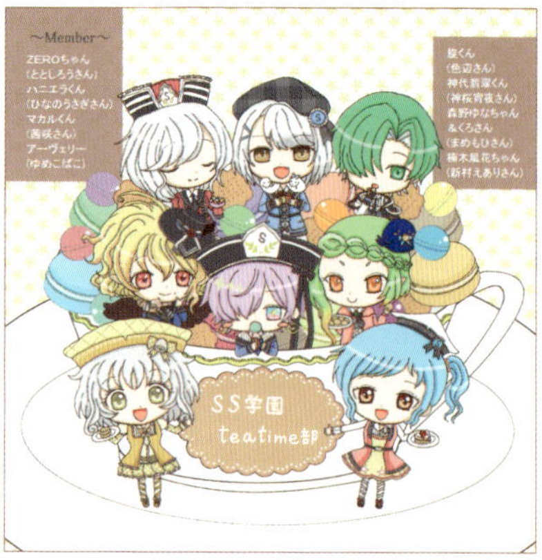

神奈川県・ゆめこばこ

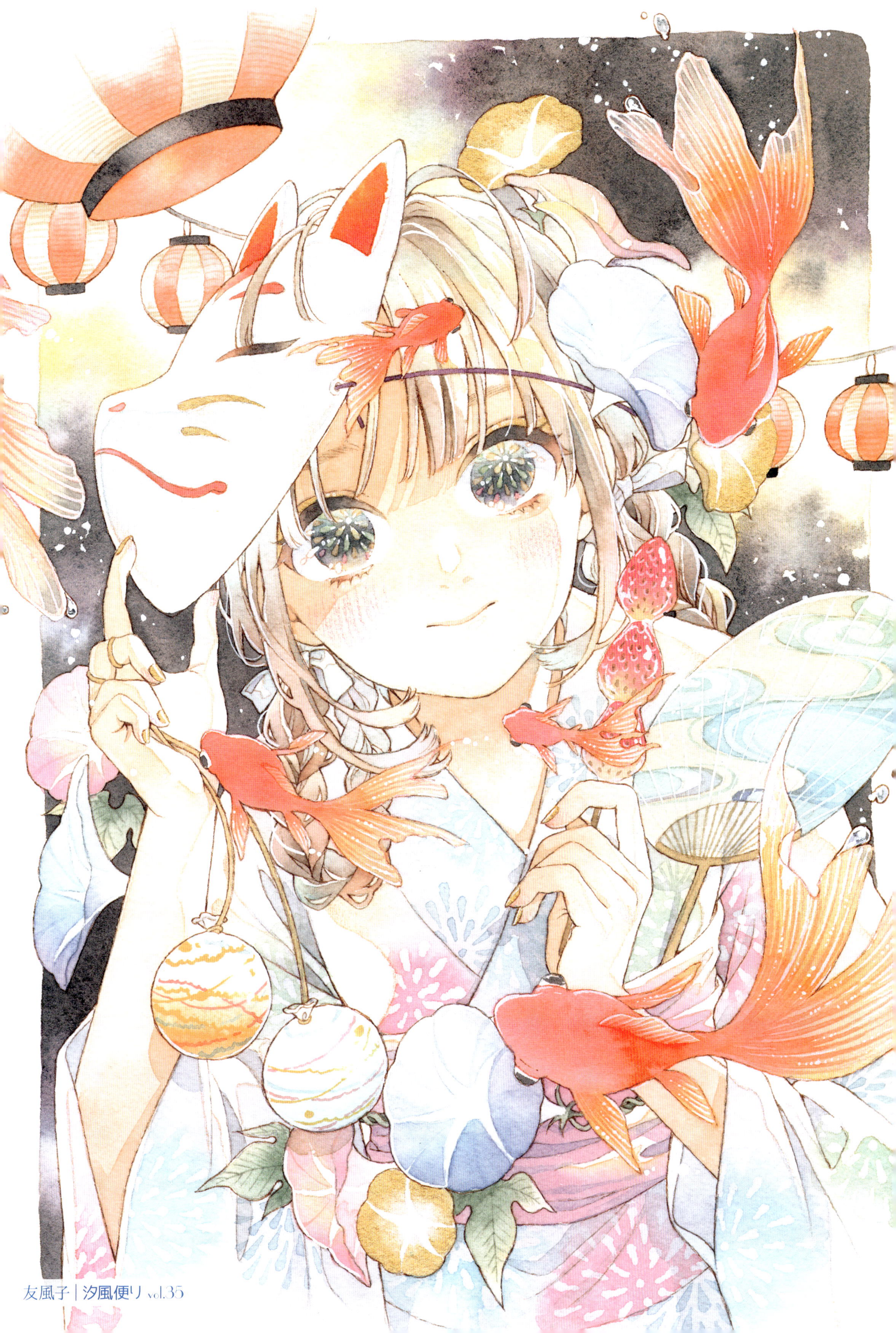

友風子｜汐風便り vol.35

SS-mono Software Hardware Materials etc

水彩画や色鉛筆などにオススメの コットン100%国産水彩紙!!

Doアートペーパー/Beアートペーパー

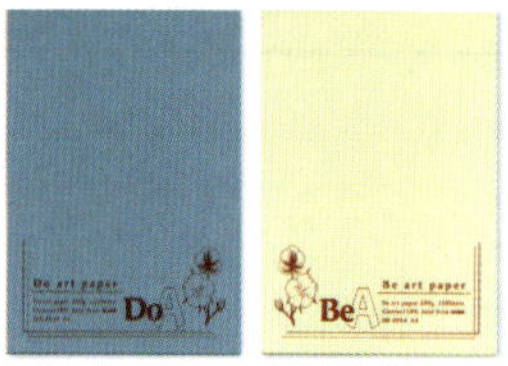

コットン100%ペーパー
209g/㎡・中性紙
ナチュラルホワイト色
(各紙共通)
パッド:
サイズ、価格、天糊・15枚入
A3規格:2,970円(税込)
A4規格:1,650円(税込)
B5規格:1,100円(税込)
シート:サイズ、価格
4/6判(1,091mm×788mm)
Y目 726円(税込)

Do art paper [ドゥーアートペーパー](左)
適度なザラつきのある紙肌と柔軟性を持った風合いある表面が特徴で、自然な水彩表現が可能です。

Be art paper [ビィーアートペーパー](右)
滑らかな紙肌(細目)と柔軟性を持った表面が特徴で、絵具も適度に吸い込み、発色に優れます。

ミューズ オンラインショップ

● 株式会社ミューズ ☎03-3877-0123(代)
● www.muse-paper.co.jp

muse DRAW ON OUR EXPERIENCE

マンガ・コミックイラスト制作を始めるにはコレ

「Wacom Intuos Small ワイヤレス」

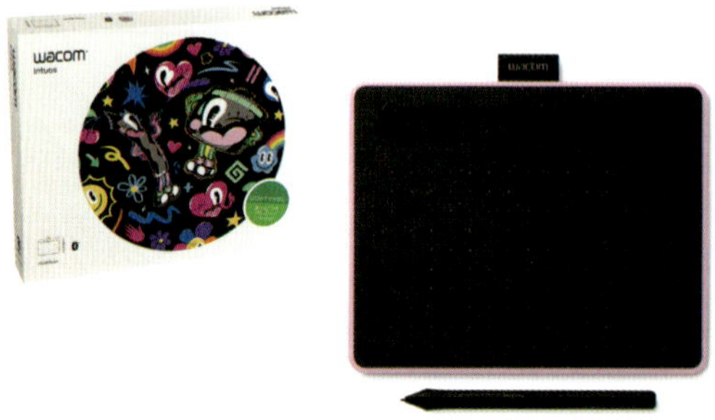

マンガやイラストの下書き、ペン入れ、色塗りだけでなく、マンガのトーン貼りまで行えるソフトを無料でダウンロード可能。さらに Bluetooth 機能を内蔵しているため、PC にケーブルなしで接続できます。

*1 コンピュータに標準装備されたUSBポート以外での動作は保証していません。
*2 専用ペンによる入力が可能なタブレットPCなどのコンピュータでの動作は保証していません。

■型番(カラー)/ サイズ(外形寸法)/ 価格
・型番:CTL-4100WL/K0(ブラック)、CTL-4100WL/P0(ベリーピンク)、CTL-4100WL/E0(ピスタチオグリーン)
・サイズ:Small 20.0(w)×160(D)×8.8(H)mm
・価格:オープン

■購入特典ソフトウェア
この中から、ソフトウェアを 3 つダウンロードできます。
スケッチ :Corel® Painter® Essentials™ 8 (90 日間体験版)
写真加工 :Corel® AfterShot™ 3 (90 日間体験版)
イラスト & マンガ :CLIP STUDIO PAINT PRO(2 年ライセンス)
※ソフトウェアのダウンロードには Wacom ID への登録が必要です。
※CLIP STUDIO PAINT PRO(2 年ライセンス)はバンドル版です。製品版に限定特典として収録されている素材データは収録されておりません。ライセンス期間が終了した後は、CLIP STUDIOPAINT PRO バンドル版は、優待価格で CLIP STUDIO PAINT PRO 製品版に変更、または CLIPSTUDIO PAINT Debut として利用が可能です。

■対応システム
【Windows】
・Windows® 7 以降(最新の SP 適用。Windows 10 S を除く)
・パソコンに標準搭載の USB A ポート
・ワイヤレス接続 (Bluetooth 2.1 以上 (Bluetooth Classic))
・インターネット接続(タブレットドライバ、ソフトウェア ダウンロードに必要です。)
【Mac】
・OS X 10.11 以降
・パソコンに標準搭載の USB A ポート
・ワイヤレス接続 (Bluetooth 2.1 以上 (Bluetooth Classic))
・インターネット接続(タブレットドライバ、ソフトウェア ダウンロードに必要です。)

●株式会社ワコム ☎0120-056-814(土日祝を除く 9:00~12:00/13:00~18:00) ● https://tablet.wacom.co.jp/article/wacom-intuos

ラインもカラーも自由自在。 全108色のデュアルブラッシュペン。

水性グラフィックマーカーABT

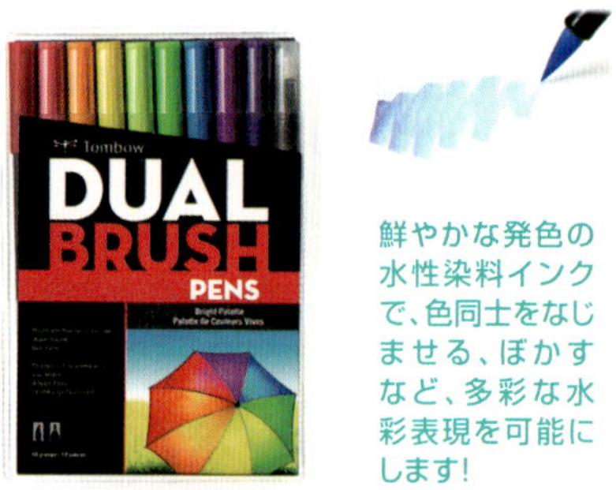

鮮やかな発色の水性染料インクで、色同士をなじませる、ぼかすなど、多彩な水彩表現を可能にします!

単色全108色 1本330円/10色セット 3,300円/12色セット 3,960円
24色セット 7,920円/36色セット 11,880円

●株式会社トンボ鉛筆 ☎0120-834198
●https://www.tombow.com/

線画と彩色を１つのセットで 人気のペールカラーを収録

リアルブラッシュ+MANGAKA

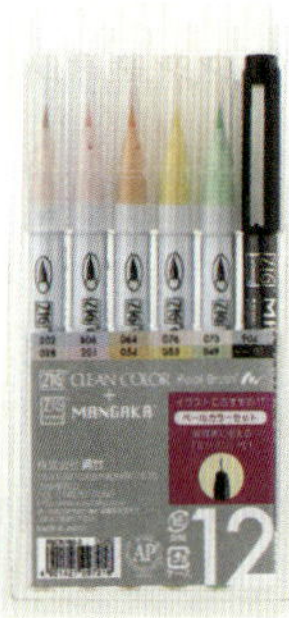

<内容品>
■ZIG クリーンカラーリアルブラッシュ
302 806 064 076 073 904
028 201 054 055 049
■ZIG Cartoonist MANGAKA
CNM-01
010
BLAKC

線描き用の「MANGAKA」と彩色用の「リアルブラッシュ」のペールカラーを集めたセットです。

価格:2,585円 (税込)

● 株式会社 呉竹 ☎0742-50-2050
● https://www.kuretake.co.jp/

Ver.2

スマホ・タブレット パソコンで描ける

CLIP STUDIO PAINT PRO

クリップスタジオペイント プロ

デジタルでお絵描きするなら
みんなが使っている安心定番のペイントアプリ!
[Windows/macOS/iPad/iPhone/Galaxy/Android/Chromebook]

CLIP STUDIO PAINT PRO
[一括払い] Windows / macOS
5,000 円(税込)
[月額利用プラン] Windows / macOS
iPad / iPhone / Galaxy / Android / Chromebook
初回申込み時最大 3 ヶ月無料
年間契約で最大 51%OFF
240 円 / 月(税込)~

- リアルで自然、思い通りの描き味
- ペンも UI も自由自在にカスタマイズ
- 無限に追加される数万点のブラシ・素材
- スマホなら毎日 1 時間無料

【CLIP STUDIO PAINT 公式サイト】www.clipstudio.net/

● 株式会社セルシス ● www.celsys.com/

厳選された原料による鮮やかな発色 ターレンスの最高級ブランド

レンブラント透明水彩絵具

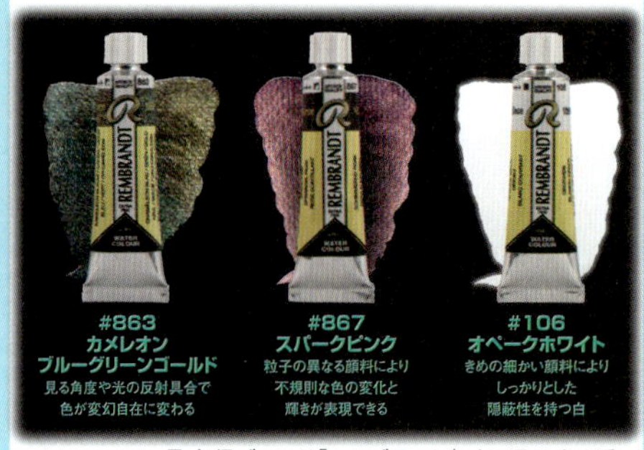

ターレンスの最高級ブランド「レンブラント」がお届けする透明水彩絵具。きめが細かい顔料と無色のアラビアゴムが、輝きのある純粋な透明感を表現します。

色数:全 120 色
価格:10ml チューブ 各 770 円~990 円(税込)

● 株式会社ターレンスジャパン ● www.talens.co.jp/
@talensjapan @talens_japan

同人誌からオリジナルグッズまで 高品質・格安印刷でお届けします!

同人誌印刷・同人グッズ制作なら コミグラ

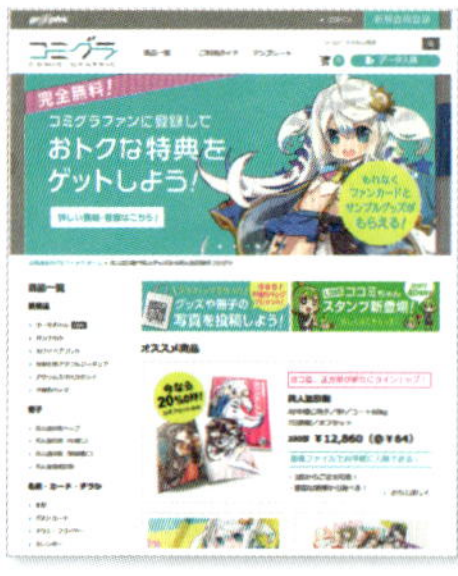

同人誌やイラスト集はもちろん、iPhoneケースやアクリルバッジ、キャンバスプリントなど様々なグッズが作れます。各種イベントでも多くの絵師様にご愛用いただいております。当社自慢のフルカラー印刷であなたの創作活動を応援します!

24時間いつでも
注文・入稿受付 OK

[コミグラ] www.graphic.jp/comic/

新規会員登録ですぐに使える500円分のポイントをプレゼント! さらに初回ご注文納品時のアンケートに回答して500ポイント!

● 株式会社グラフィック
● www.graphic.jp/

gr@phic®

色の純粋さにこだわった 透明水彩絵具

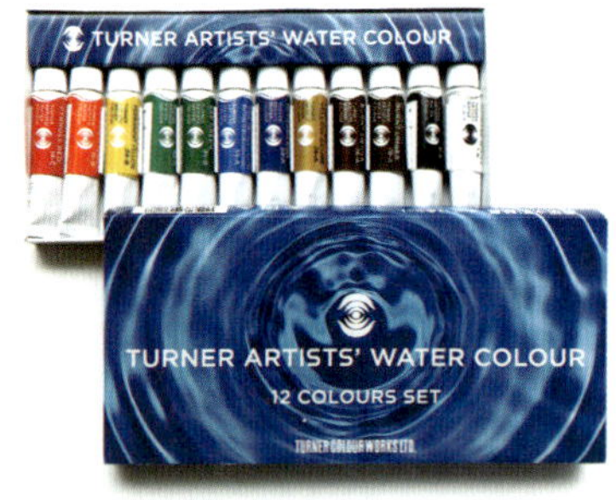

全54色のうち36色が単一顔料で作られており、混色しても色が濁りません。また、耐候性に優れた顔料を使用、描いたままの美しい色彩を長期間保つことができます。

価格:単色 (5ml) 全 54 色/各 209 円~418 円 (税込)
12 色セット (5ml):2,475 円 (税込)

●ターナー色彩株式会社 ☎ 06-6308-1212(代表)
●https://www.turner.co.jp

「COMIC UP」と「スモールエス、季刊エス」のイラストコンテスト開催！

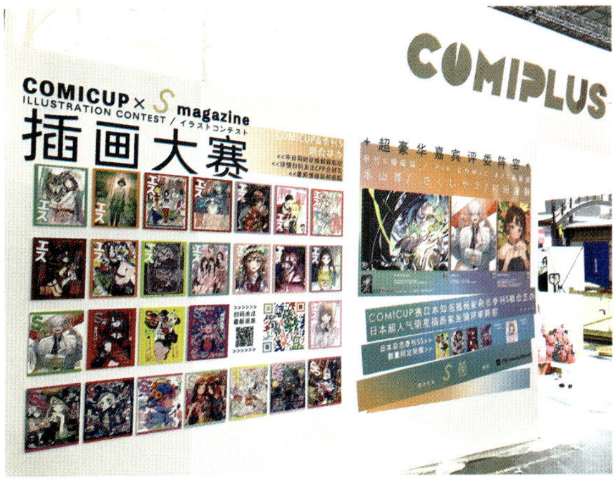

「COMIC UP」は中国最大規模の同人誌即売会。アニメ・マンガ・ゲーム・小説ファンのために、上海で開催されるイベントです。現在29回ほど開催されています。この会場にて、「スモールエス、季刊エス」が「COMIC UP×S magazineイラストコンテスト」を開催！　上位入選作品は12月開催のCOMIC UP会場での展示とあわせて、2024年1月20日に発売される「スモールエス 76号」の誌面にも掲載！　コンテストの審査員は、村田蓮爾、米山舞、さくしゃ2さんです。エス編集部とPIE COMIC ART編集部も審査に参加します。豪華審査員にイラストを見てもらえるチャンス！　個人賞も設けます。ぜひご応募ください。

■応募締切　**2023年10月2日（月）**

●応募要項　氏名、メールアドレス、ペンネーム、年齢、使用した画材＆ソフトウェア、SNSのアカウント（お持ちの人のみ）を明記して、ご自身が描いたオリジナルイラストを投稿してください。

●応募方法　スモールエスのサイトのネットワーク投稿のみ
https://www.s-ss-s.com/events/74 →

作品応募はこちらから

●発表　上海のCOMIC UP30会場（2023年12月開催）
「スモールエス76号」（2024年1月20日発売）

●審査員　村田蓮爾、米山舞、さくしゃ2

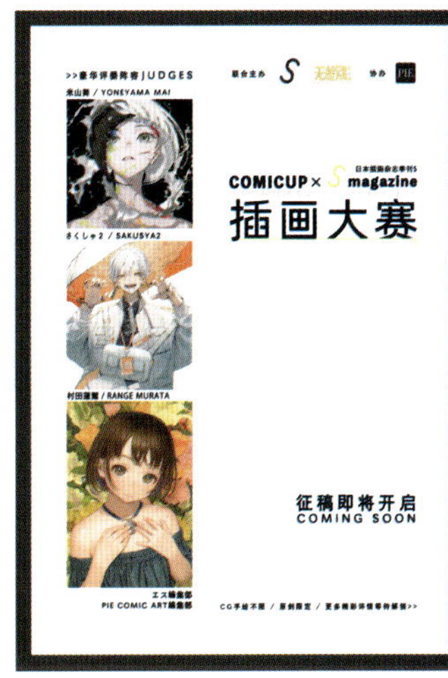

東京・原宿のデザインフェスタギャラリー スモールエス編集部20周年記念イベント「イラストフェスSP」7月28日（金）～8月6日（日）開催！

皆さんのお祝いイラストも会場で展示します！

望月けいさん、茶々ごまさんたちの描き下ろしも展示！

各種グッズも販売します！

スモールエスを刊行するエス編集部の設立20周年を記念したイベント「イラストフェスSP」が7月28日（金）より開催されます！　会場では、「スモールエス」と、そのお姉さん雑誌「季刊エス」に登場した作家さんの作品が展示されて、同時に、たくさんのイラストレーター、漫画家さんのお祝いメッセージも飾られます。前号に募集した皆さんからのお祝いイラストも展示します。お絵かきコーナーも設置！　ぜひお越しくださいませ！

●参加予定作家：赤倉、浅田弘幸、いわたきぬよ、上倉エク、okama、小岐須雅之、奥浩哉、加藤和恵、久米田康治、小林系、坂本眞一、佐倉おりこ、時雨、白身魚 、新房昭之、鈴木ジュリエッタ、竹内絢香、種村有菜、ためこう、茶々ごま、出水ぽすか、寺田克也、問七、中村佑介、夏目レモン、ねこ助、林田球、平尾アウリ、博、藤ちょこ、フライ、古屋兎丸、細田守、ホノジロトヲジ、マツオヒロミ、ミギー、水屋洋花・美沙、碧風羽 、六七質、村田蓮爾、望月けい、やまもり三香、友風子、夢ノ内千春、夜汽車、米山舞、よむ、れおえん、ワダアルコ（敬称略50音順）

●会場　東京都渋谷区神宮前3-20-18
デザインフェスタギャラリー　EAST101

●会期　7月28日（金）～8月6日（日）
12：00～20：00（最終日は17時閉場）

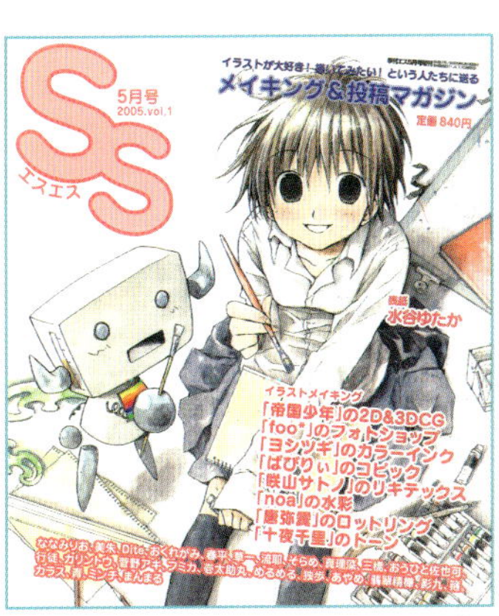

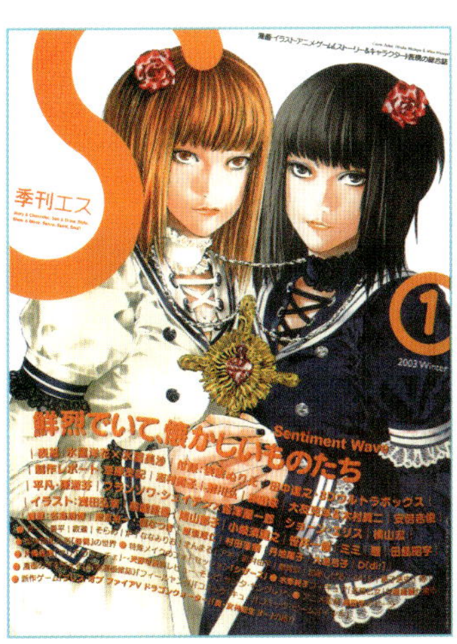

「スモールエス」と「季刊エス」の創刊号です。

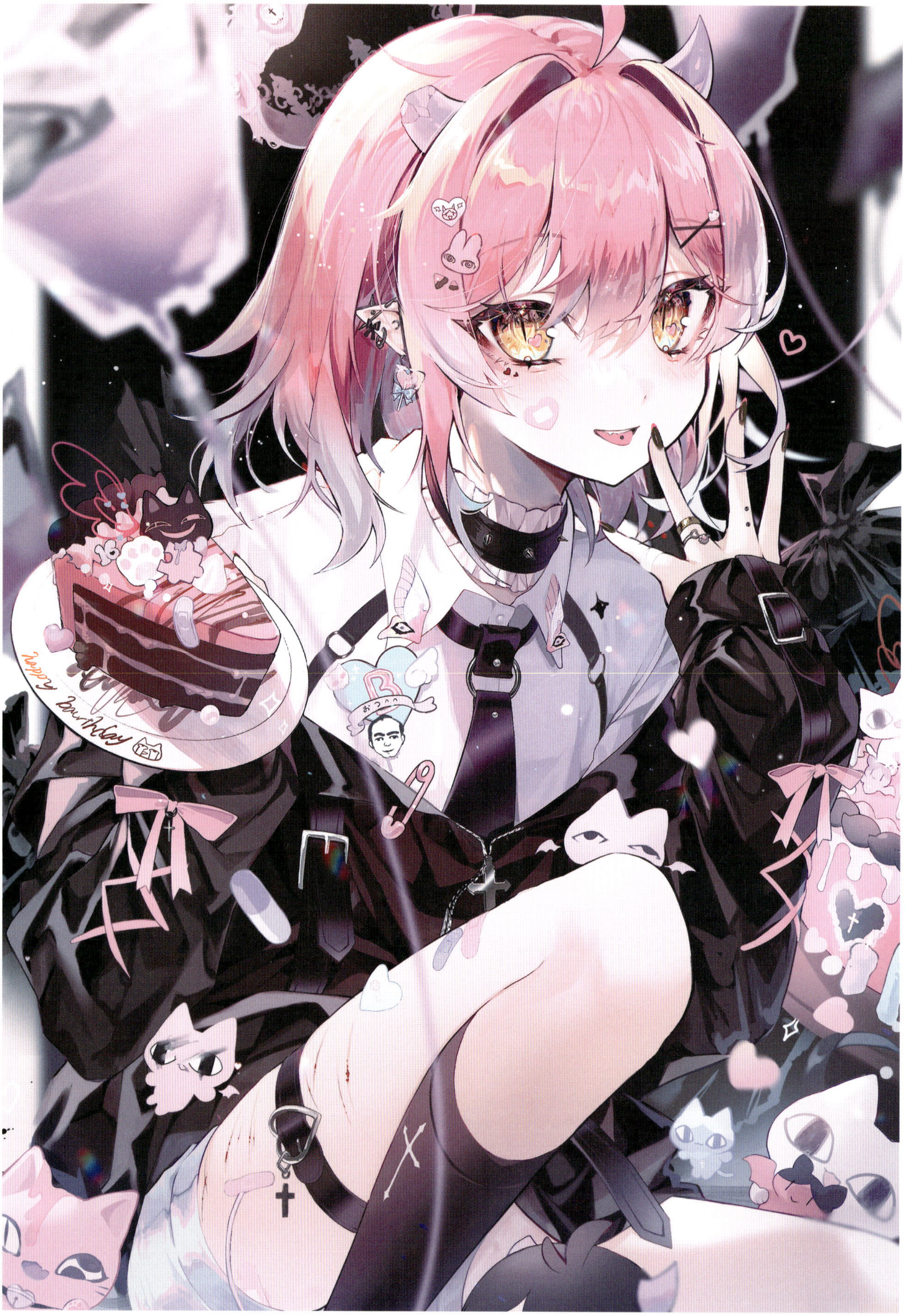

東京県・ゑいた【ibisPaint X】

今号も投稿ありがとうございます〜！　今回のフリー扉の絵は、ゑいたさん。「うちの子の可愛さを全力で押し出した作品です。」とのコメント。ゑいたさんのうちの子、可愛いですね〜。目がキラキラでピアスやアクセサリー、絆創膏、点滴パック、そしてネコちゃんも、可愛くて刺激的なものがいっぱいです！　ピンク色も可愛い！　いろんなうちの子が見たい。

本当ですね。71 ページのぴいのさんは、「2 人だけが知る秘密の場所」をイメージしていて、お花と光が美しい！　逆光の人物がドラマチックに見えます。深翠うりさんは、二人のアリスが渦に吸い込まれるようで、光の描写も透明水彩でまばゆく描き出しています。華やかですね。mink さんは、アクリルガッシュの青が鮮烈で、臨場感のある人物描写と、いろんな色が入った植物のラフなタッチが味わい深い！

72 ページのこもりひっきさんは「絵画世界のリゾート地へ魔法の旅行へ出かける魔女のバカンスを描いたイラストです」とのコメント。青い水の描写やクラゲやクマノミが泳ぐ姿、爽やかで気持ち良い世界です！　72 ページの木惺さんは、「ご主人に無理やりメイド服を着せられた召使いたち」とのことで大興奮！僕も美少年メイドにお手伝いしてもらいたい！

またえす丸の少年狂いが…。松峰さんは、初夏の爽やかさを意識した遅めの朝食風景。心地よい生活の楽しさが感じられる素晴らしい作品！　なかだ絵眞さんは。かな助として SS に参加いただいた作家さん！　中華と着物ミックス衣装のデザインやポーズが可愛い〜。

pipi さんは「植物の弱肉強食をイメージ」したそうで、食虫植物が妖しくも美麗に描かれています。74 ページのほしづきせれなさんは、室内のディテールやシックな色味の描写が味わい深い。ヨシサトさんの空と海の風景も素敵。ネコちゃんも可愛い表情です！　しらうおさんはキャラクターデザインがカッコよくて、ダークでサイバーなムードが魅力的です。

パチさんの画面を彩る緑も素晴らしい！　カゲに入った緑も綺麗ですね〜。それでは、今号も投稿ありがとうございました。次回もぜひ皆さんの作品をお待ちしております！

神奈川県・ぴいの【Photoshop・Blender】

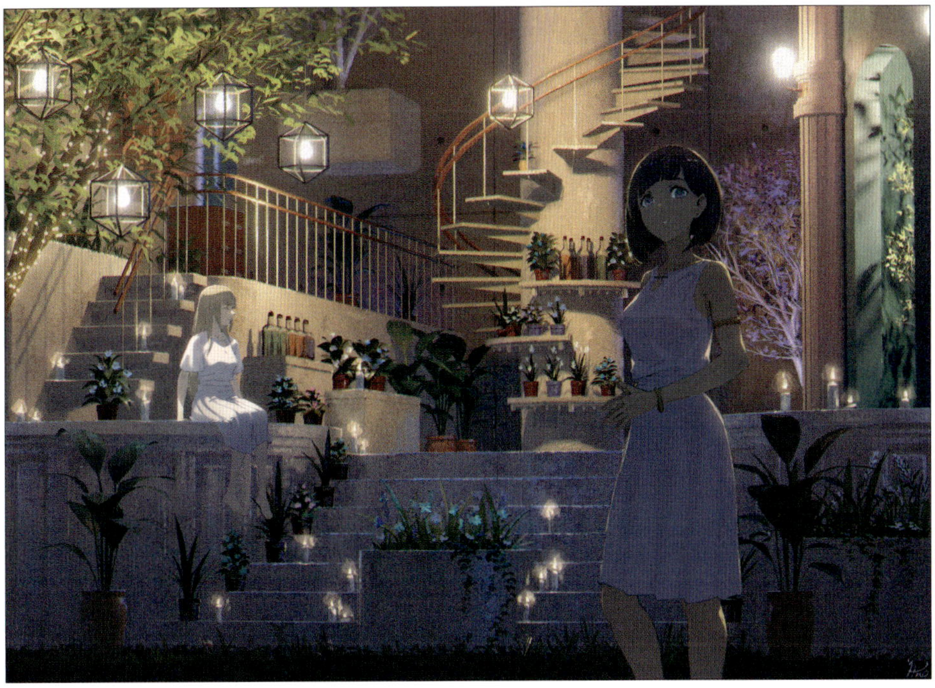

北海道・深翠うり【透明水彩】

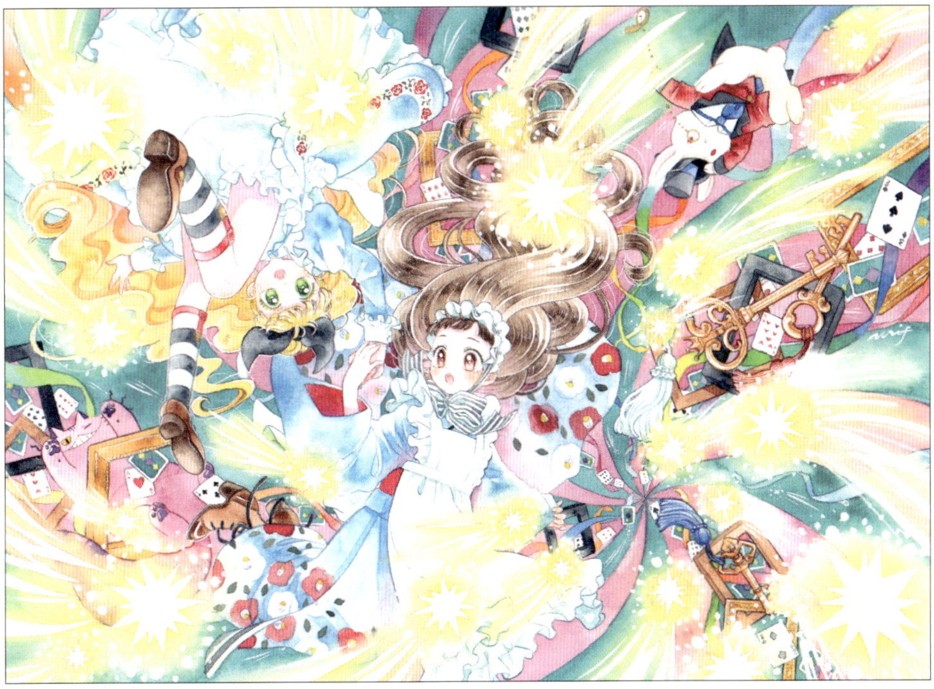

北海道・mink【アクリルガッシュ】

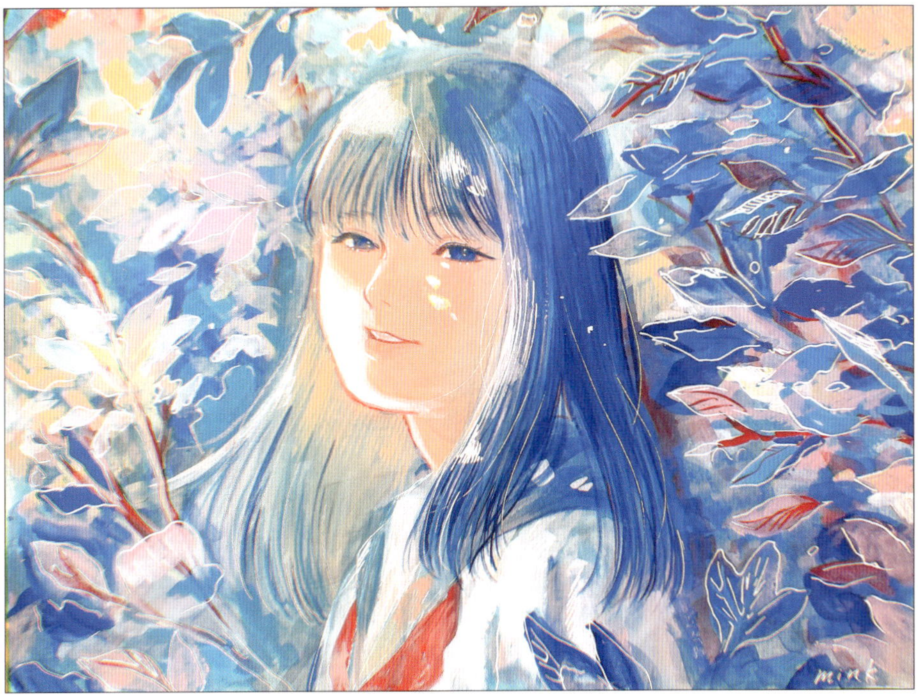

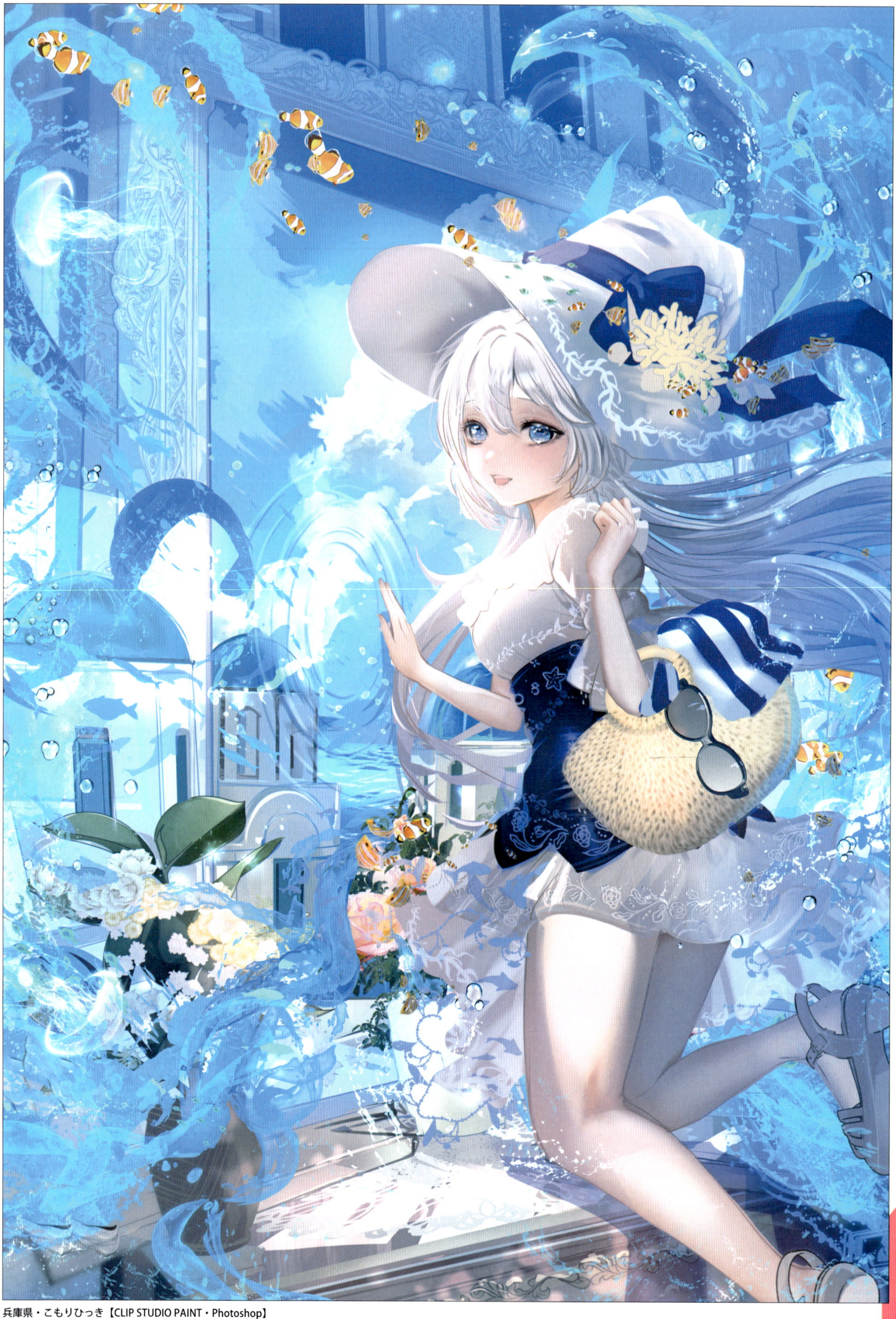

兵庫県・こもりひっき【CLIP STUDIO PAINT・Photoshop】

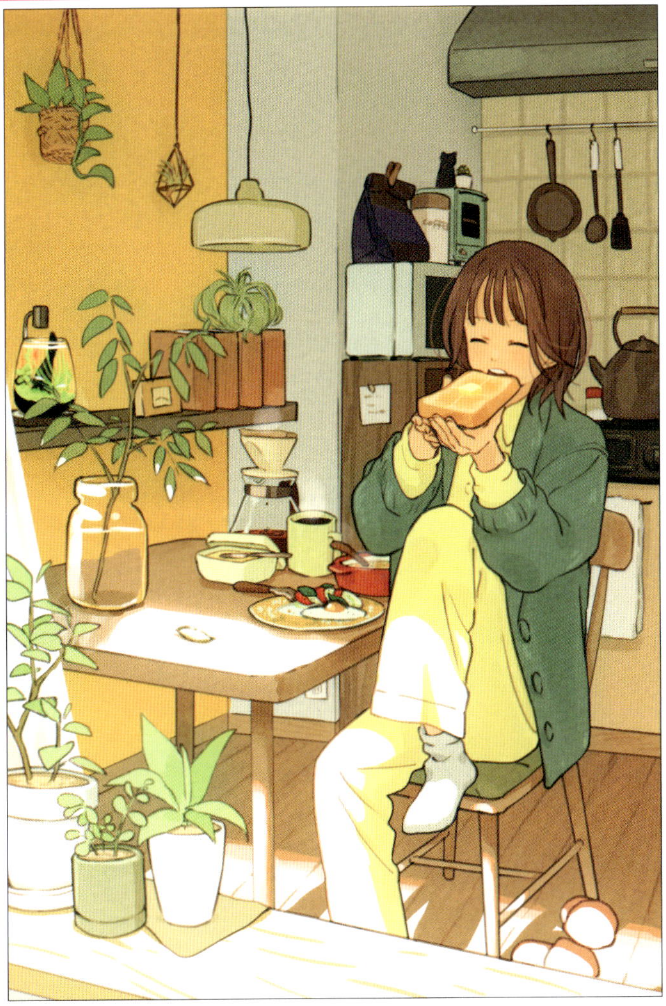

秋田県・松峰【CLIP STUDUO PAINT EX】

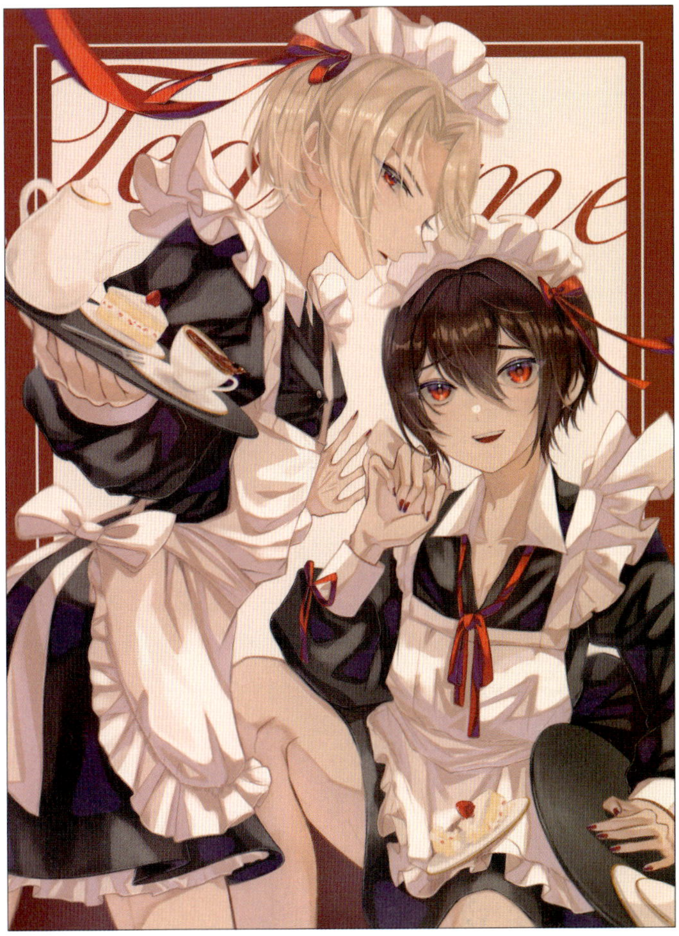

秋田県・木惺【アイビスペイント】

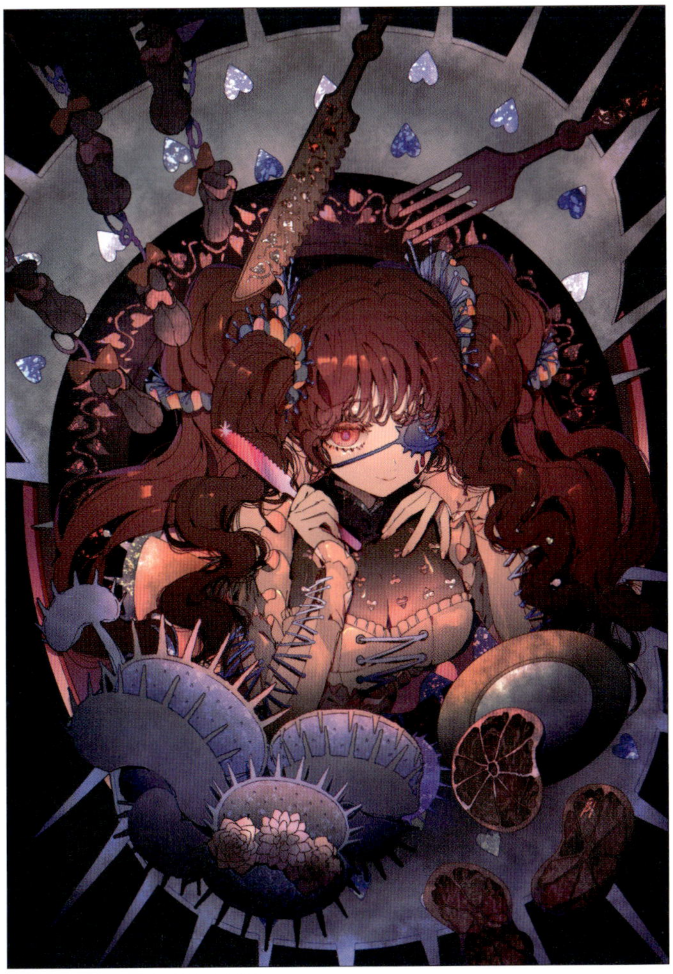

宮城県・pipi【CLIP STUDUO PAINT】

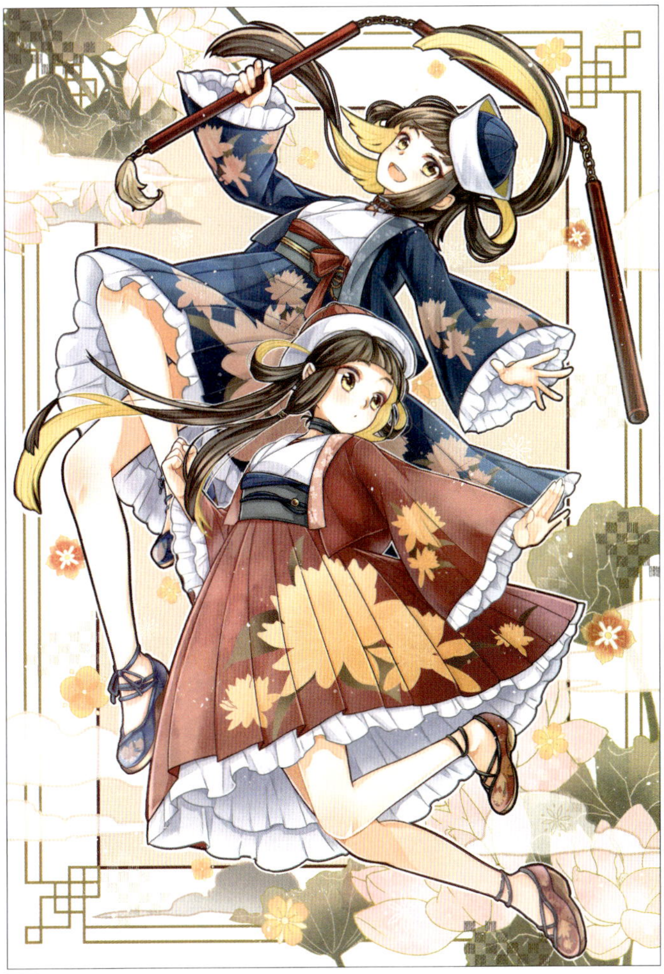

石川県・なかだ絵眞（かな助 改め）【CLIP STUDUO PAINT】

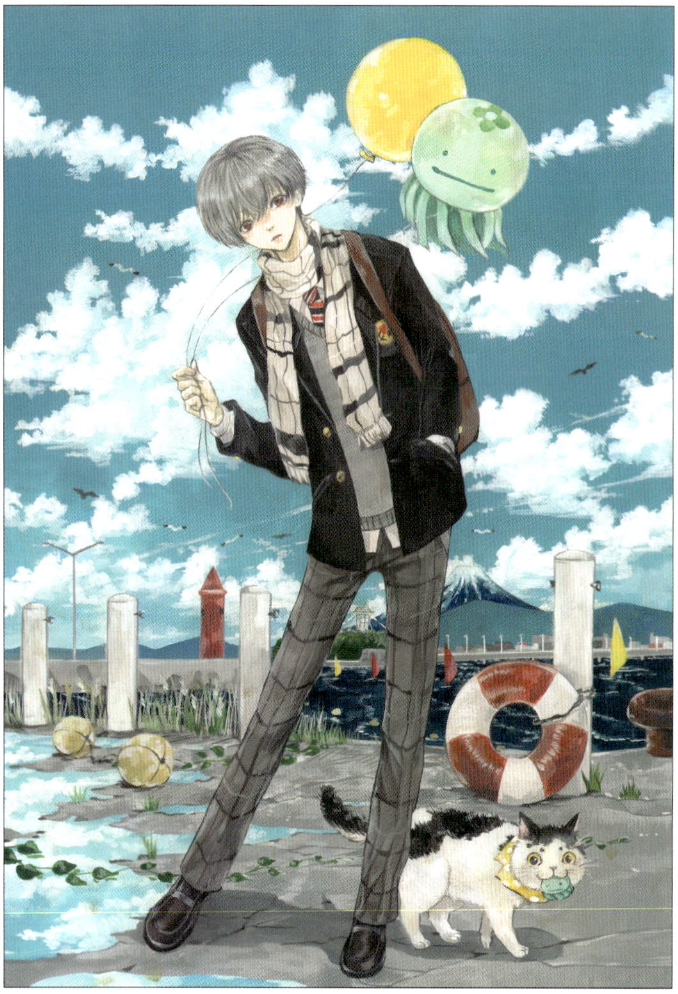

神奈川県・ヨシサト【アクリル絵具・イラストボード】

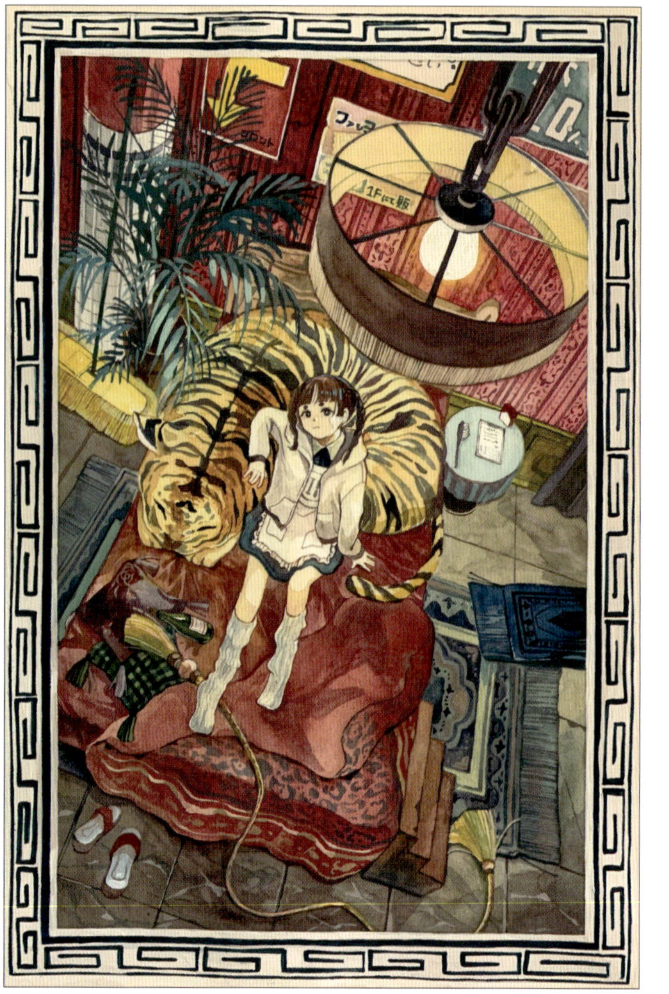

東京都・ほしづきせれな【透明水彩・アクリルガッシュ・水彩紙】

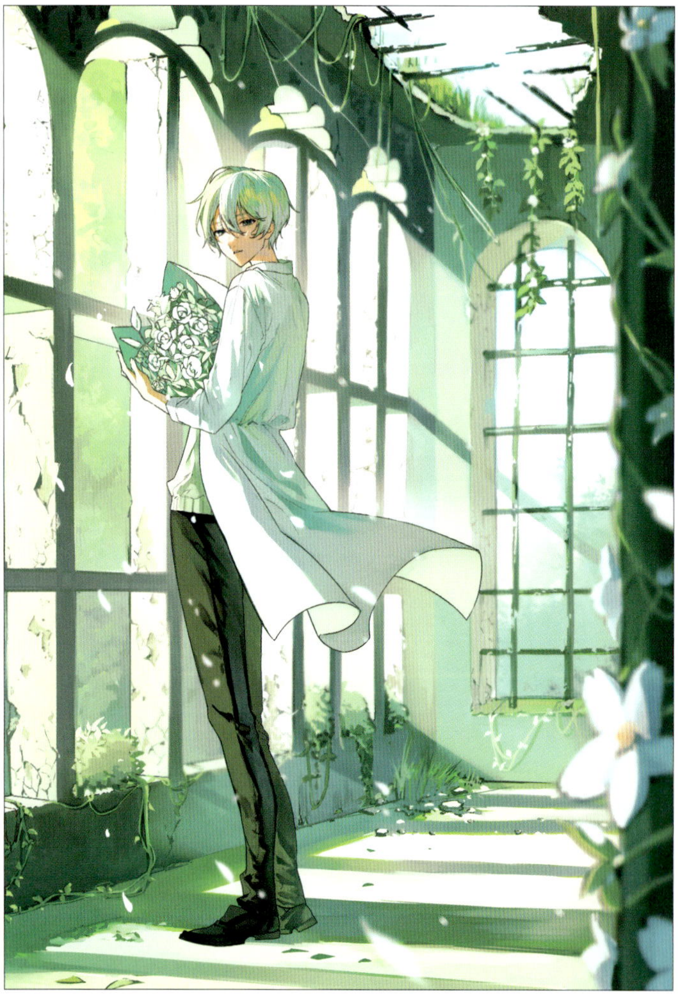

福岡県・パチ・19歳【CLIP STUDIO PAINT】

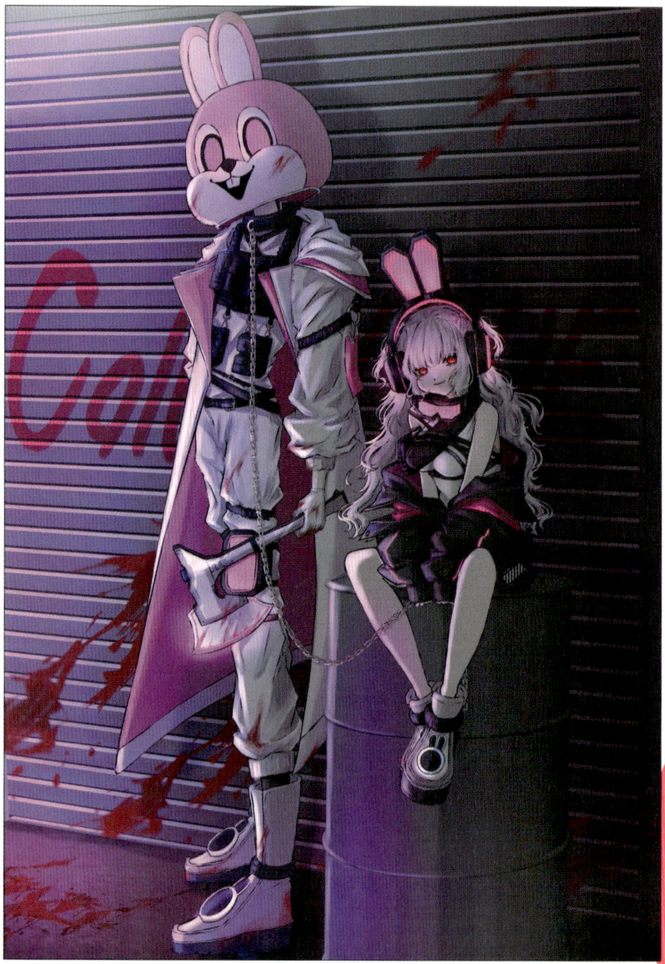

広島県・しらうお【CLIP STUDIO PAINT PRO】

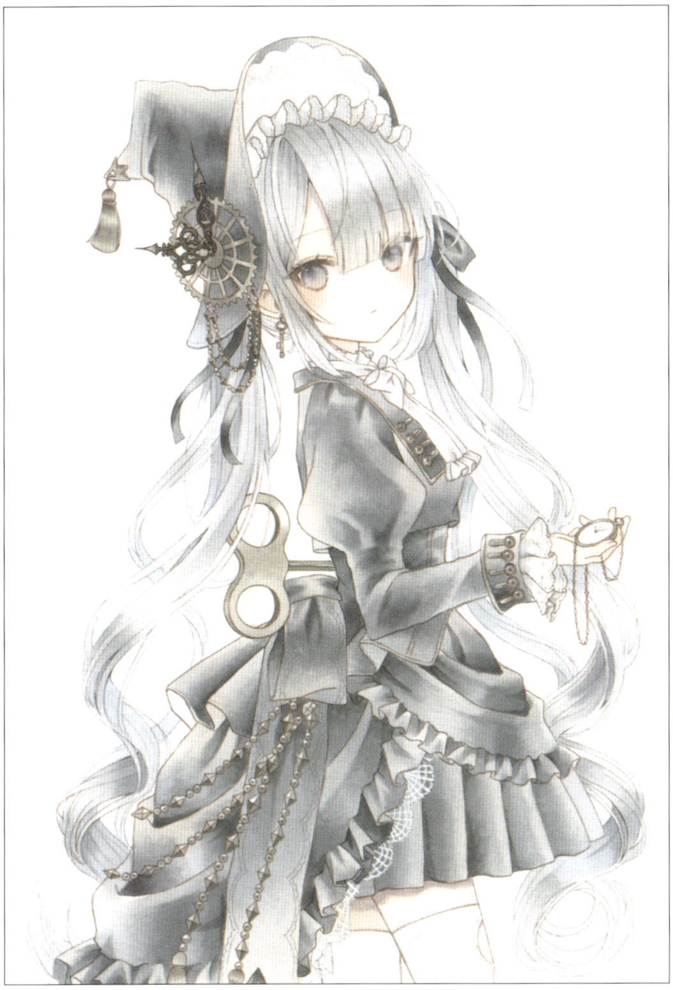

兵庫県・ぱる野【コピック】

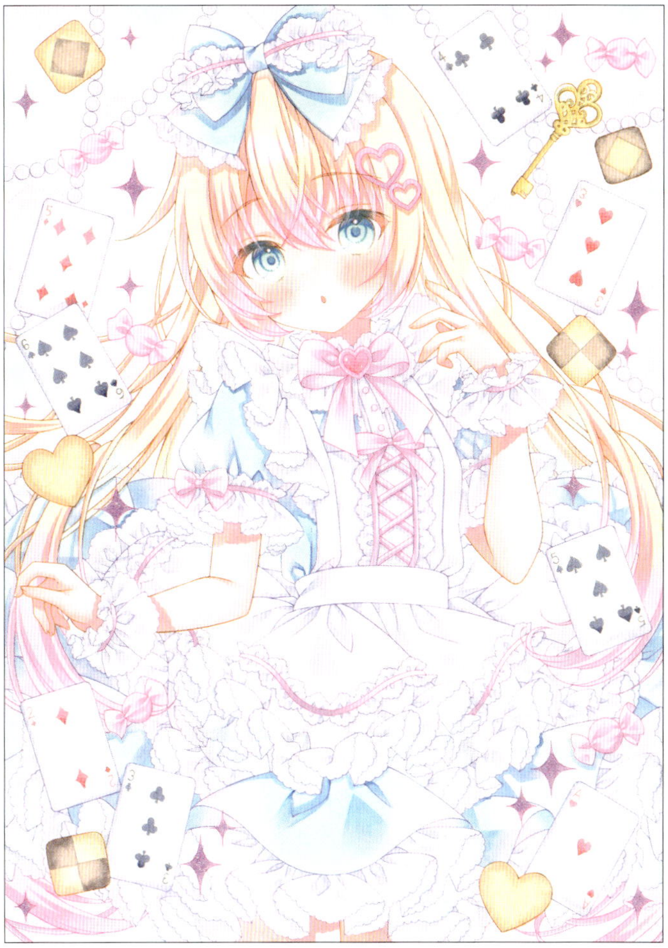

三重県・ぷぅ【コピック】

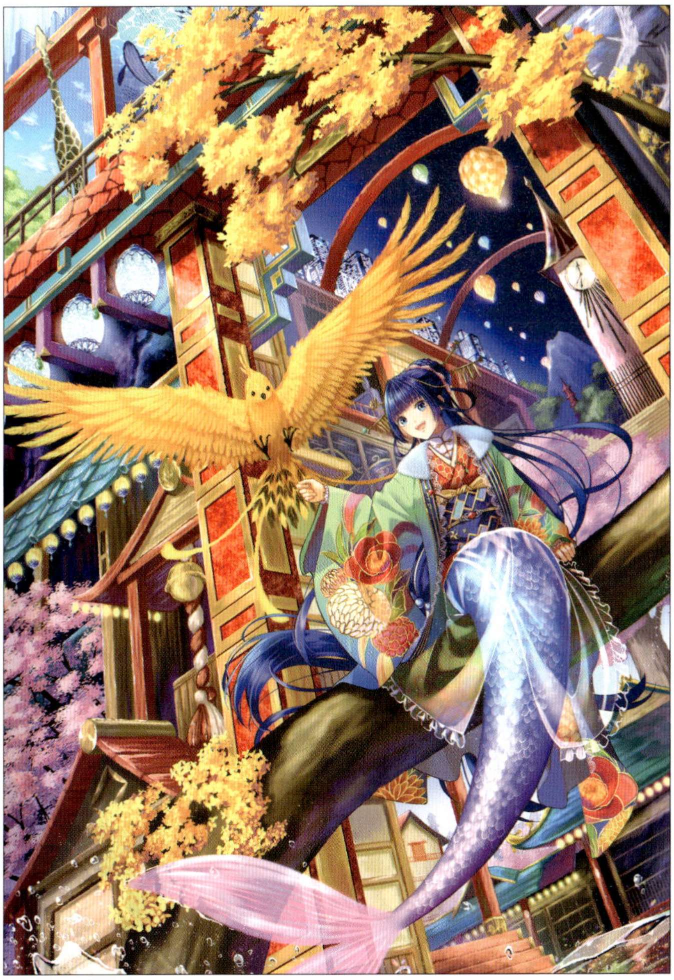

長野県・Minatsu YUI【CLIP STUDIO PAINT】

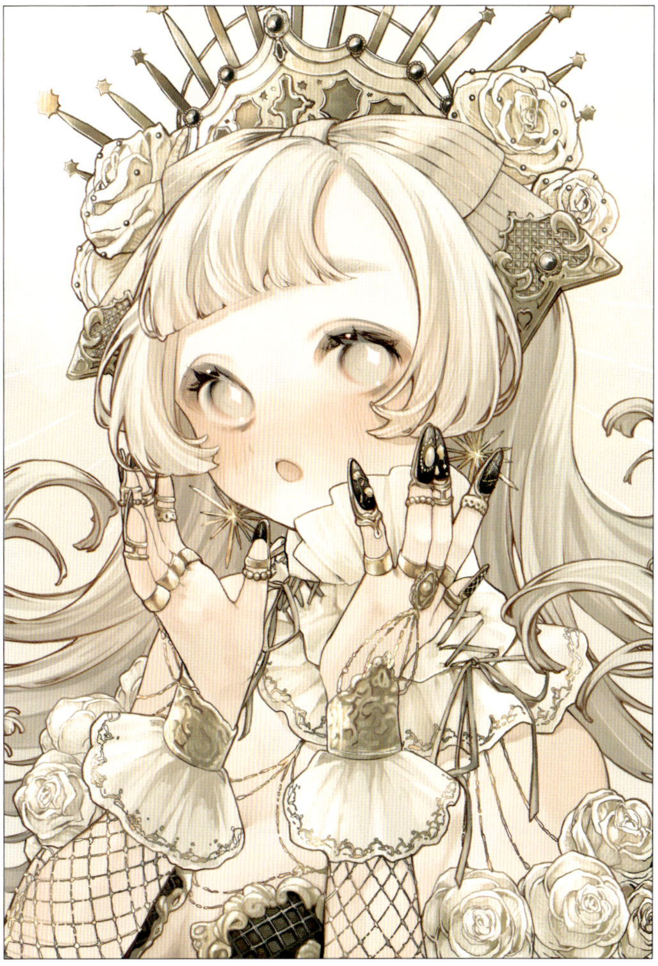

東京都・しいろ【CLIP STUDIO PAINT】

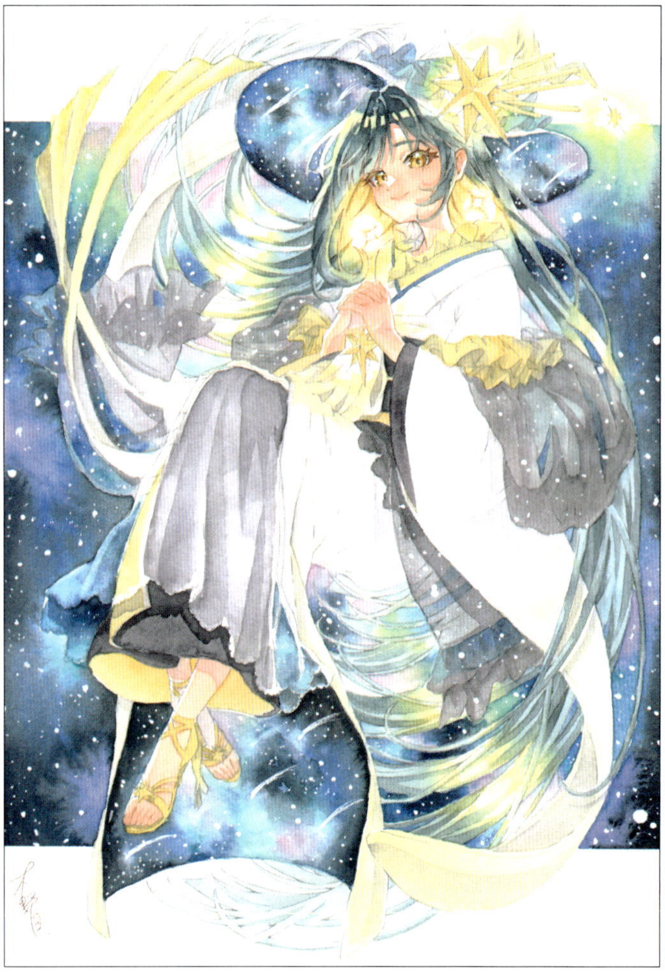

埼玉県・木野白・28歳【透明水彩・ホワイト・ランプライト水彩紙・コピックマルチライナー】

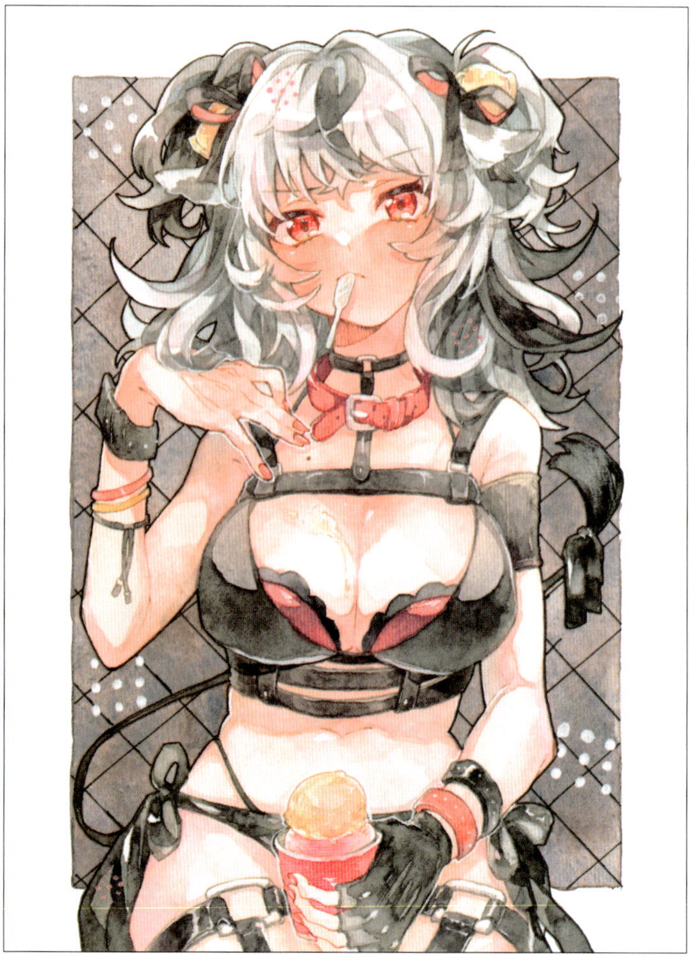

北海道・伸紅【透明水彩・ホワイトワトソン水彩紙】

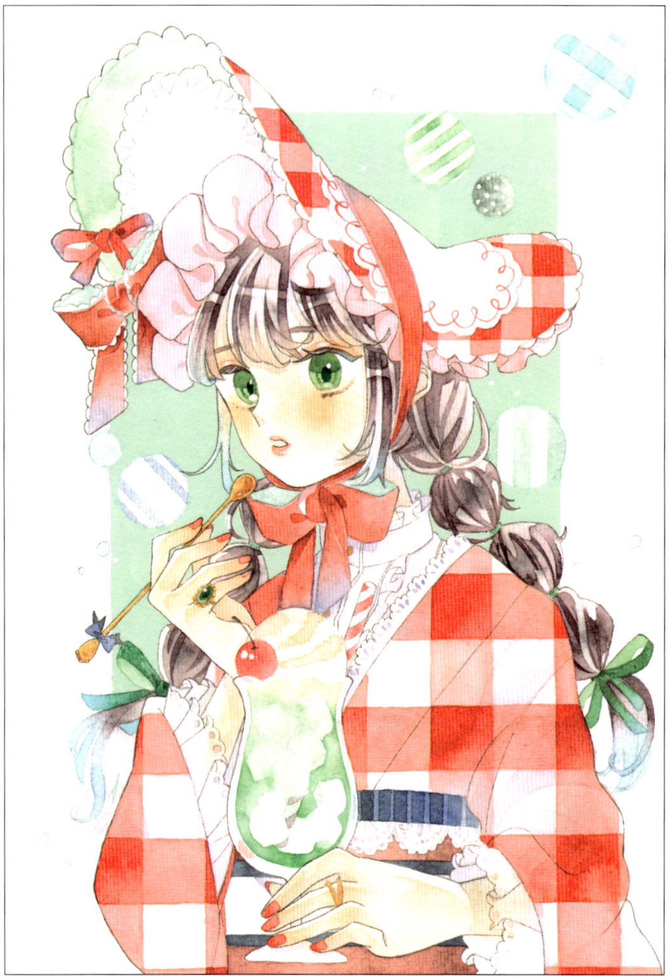

埼玉県・わさび【透明水彩・ホワイトワトソン水彩紙】

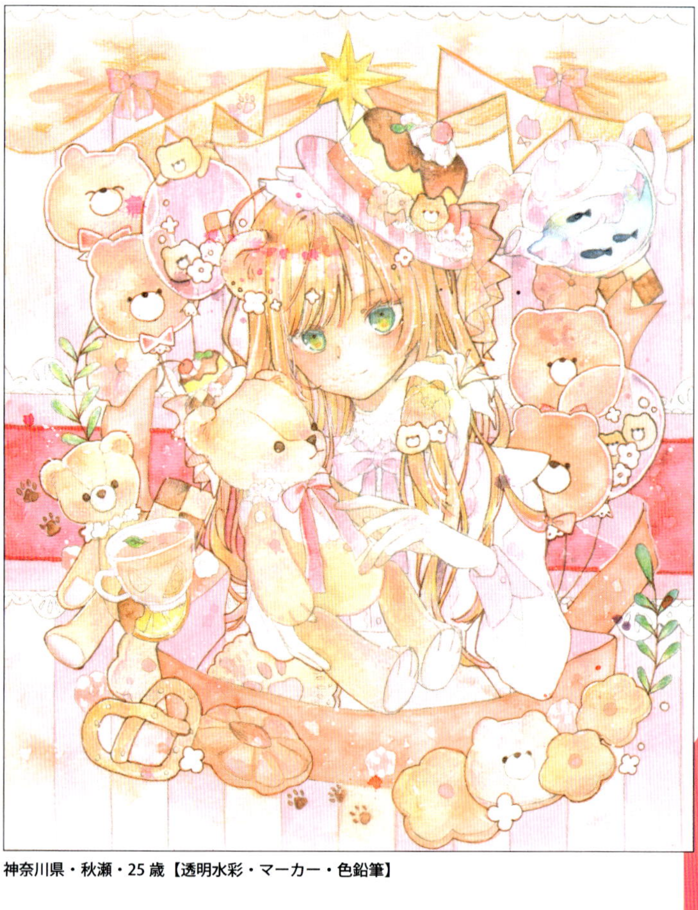

神奈川県・秋瀬・25歳【透明水彩・マーカー・色鉛筆】

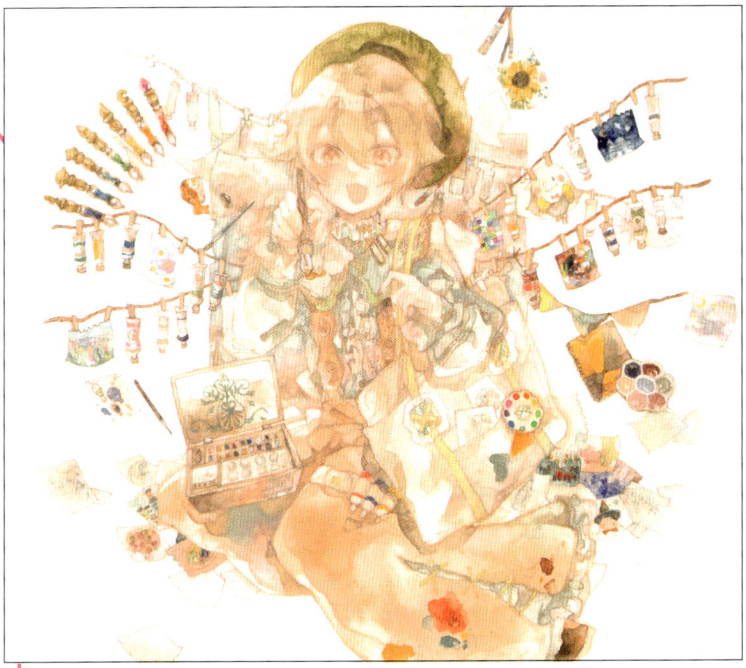

大阪府・あやねえ【透明水彩・コピック・色鉛筆・ヴィファアール水彩紙（荒目）】

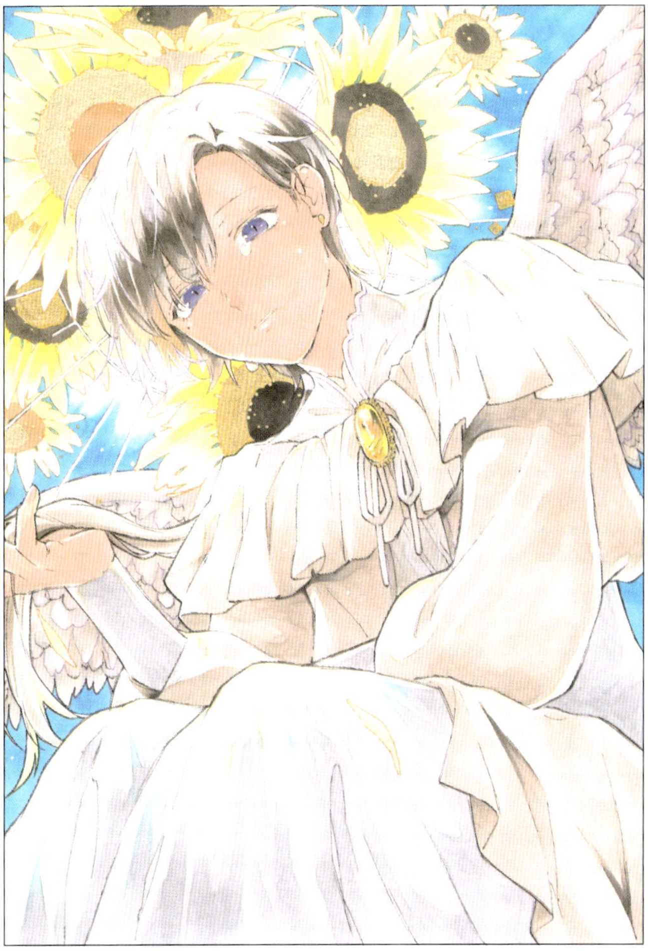

福岡県・多雨【コピック・色鉛筆・ポスカ・画用紙】

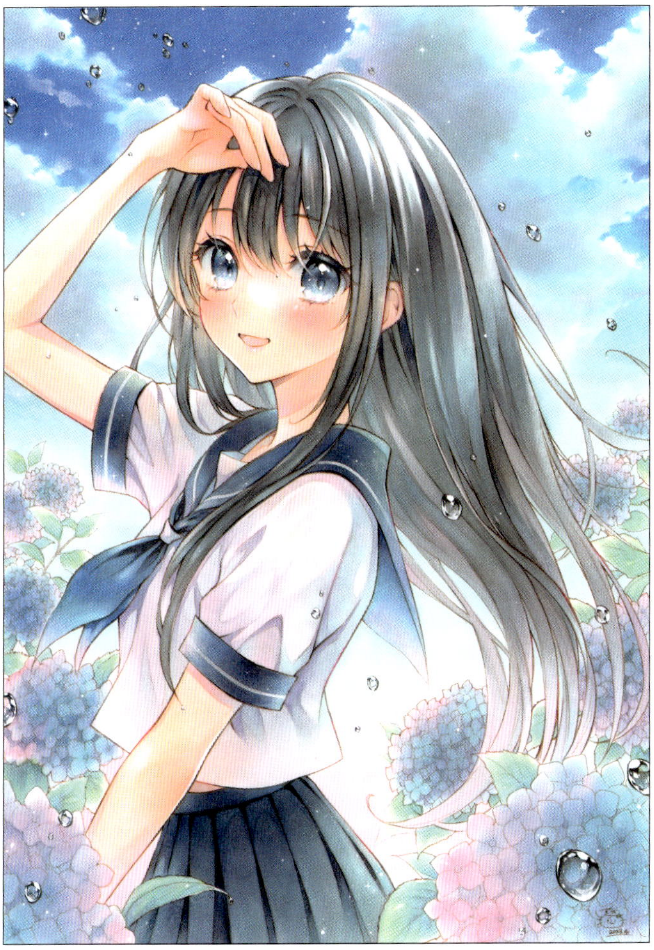

北海道・星猫しずか【コピック】

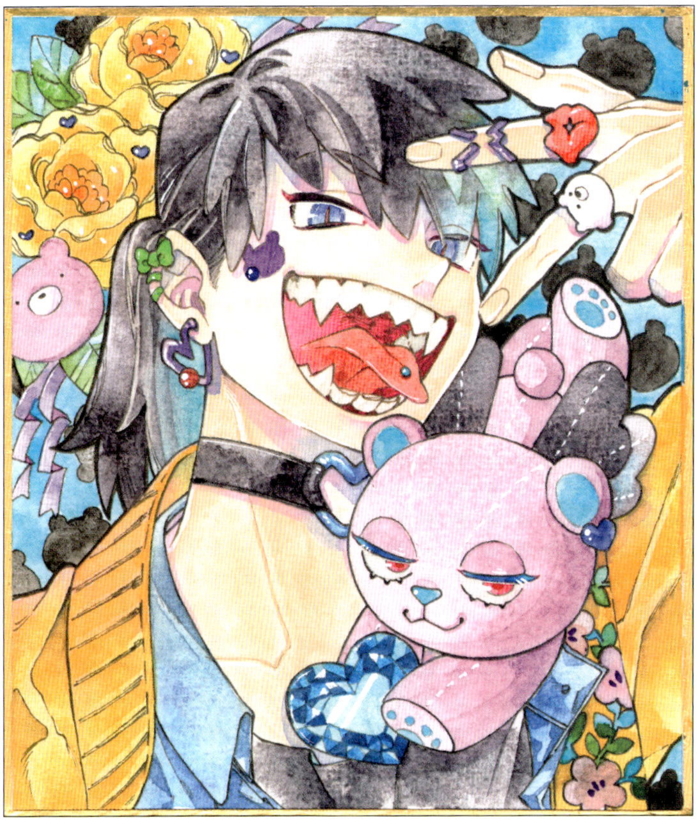

静岡県・黒羽【アクアパッド・水彩絵具】

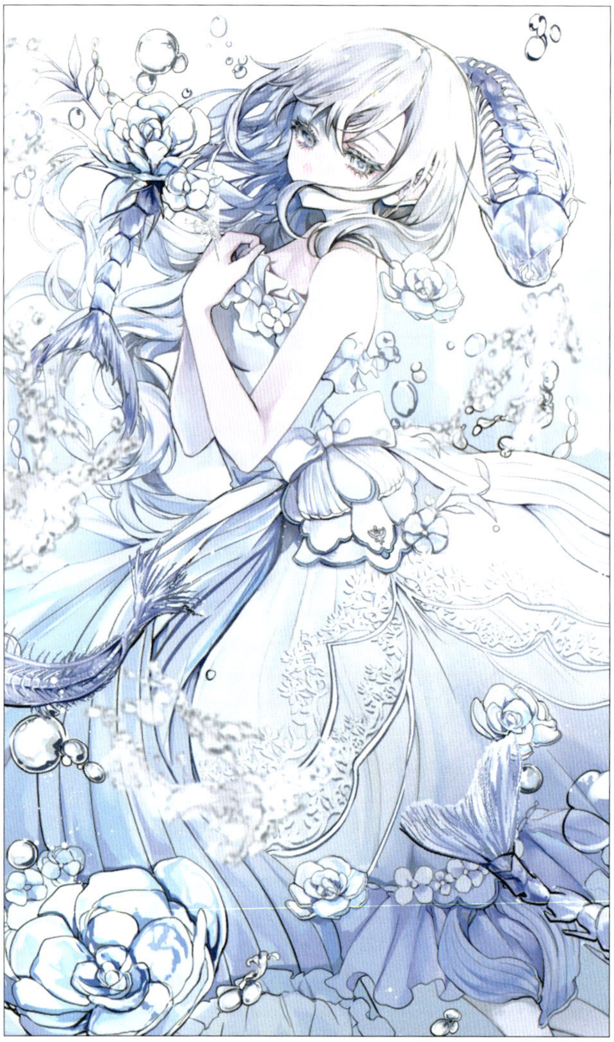

北海道・槇島【CLIP STUDIO PAINT PRO】

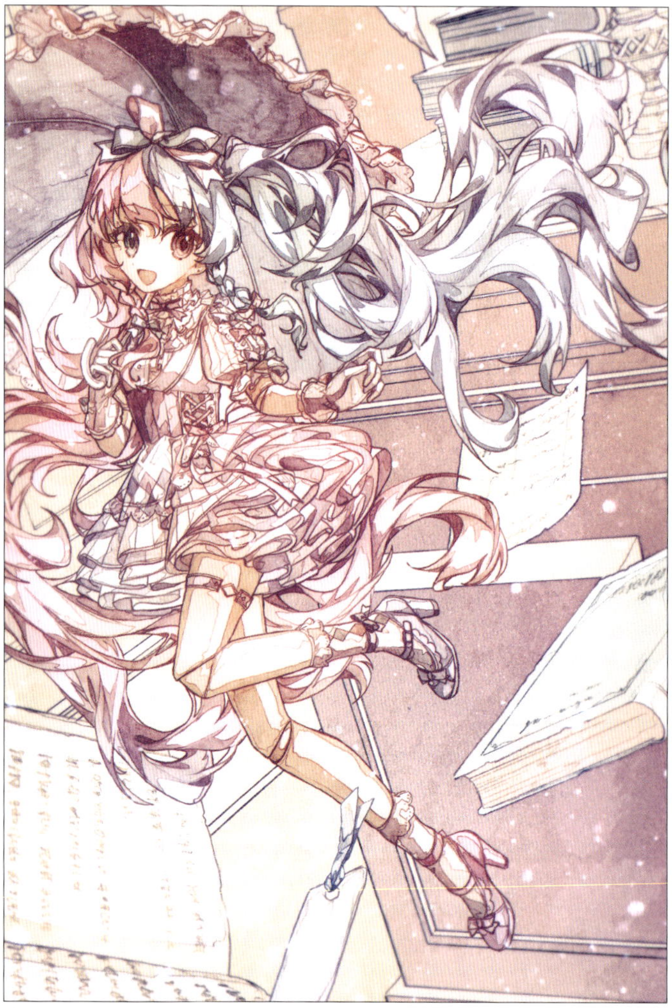

静岡県・鴉堂【鉛筆・シャープペンシル・CLIP STUDIO PAINT】

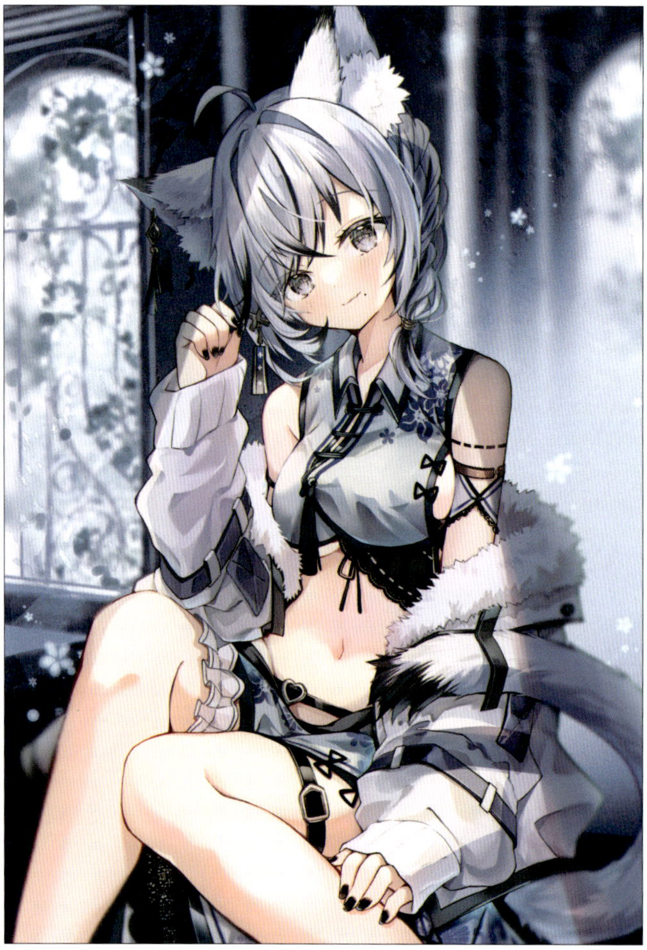

広島県・とうか【CLIP STUDIO PAINT】

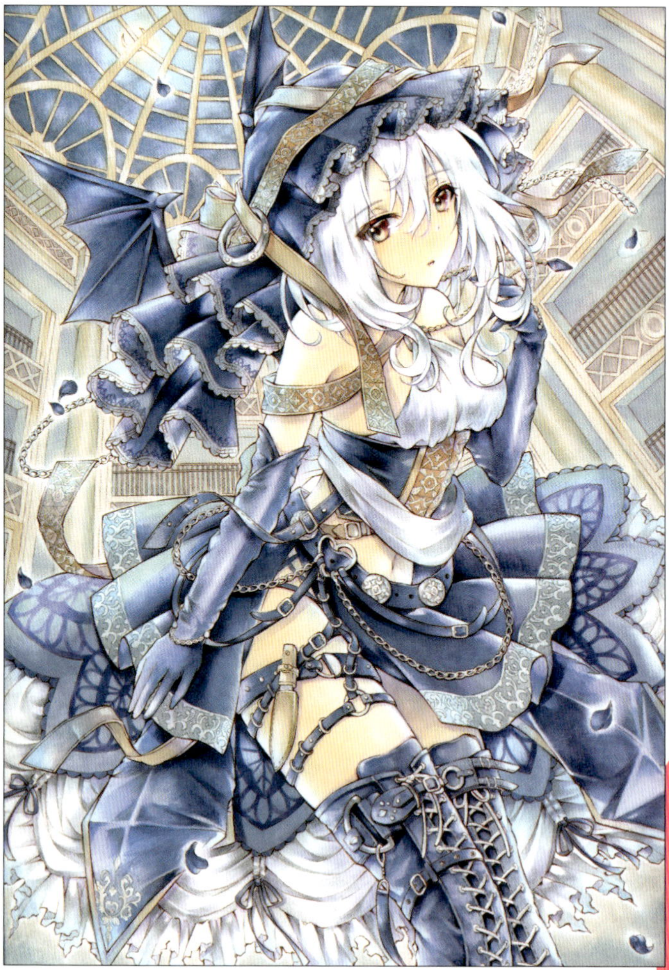

埼玉県・besanten【透明水彩・カラーインク・コピック・油性色鉛筆】

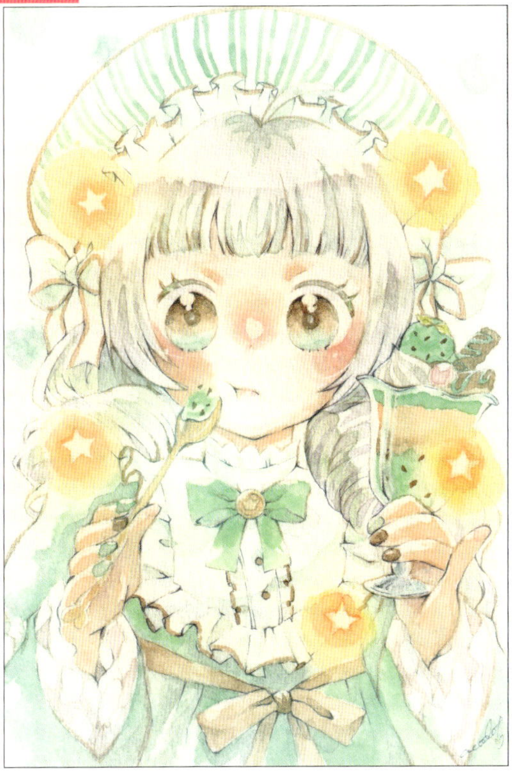
大阪府・acodot【透明水彩】

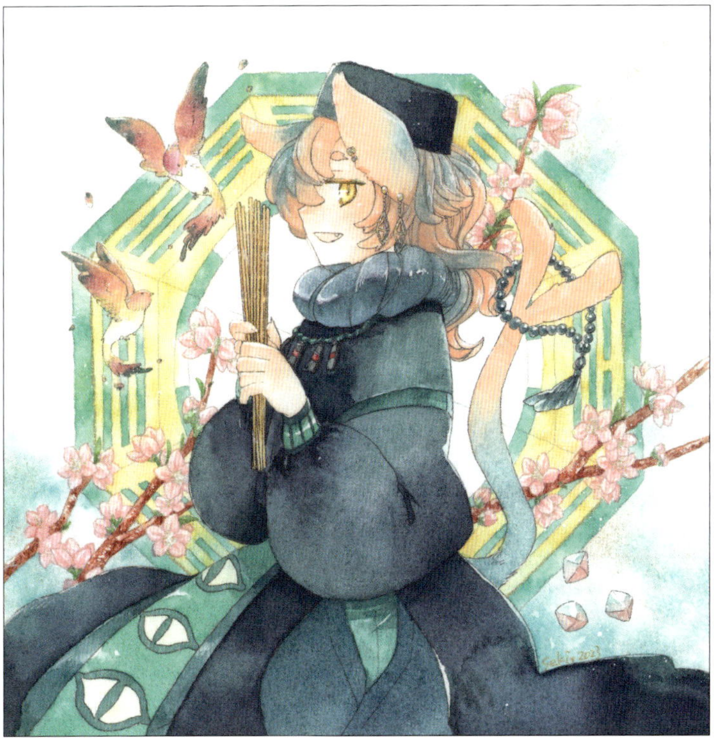
東京都・セキ【透明水彩】

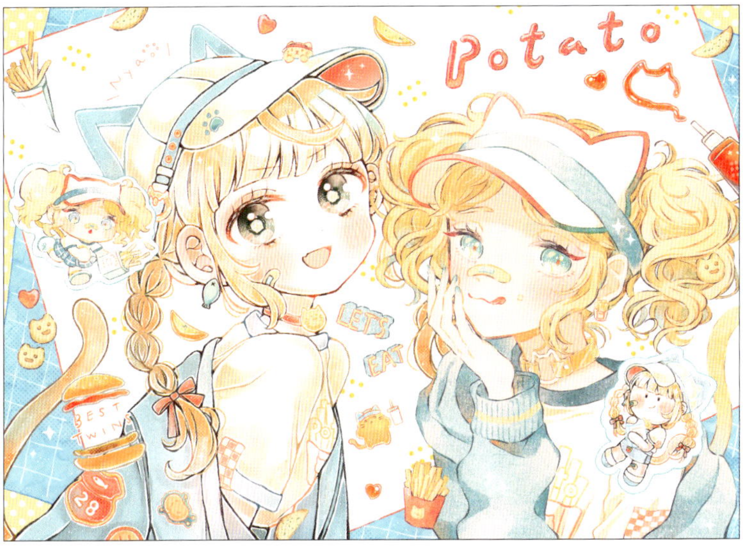

緑乃＆八十九ばぐ（合作）【FireAlpaca・CLIP STUDIO PAINT】

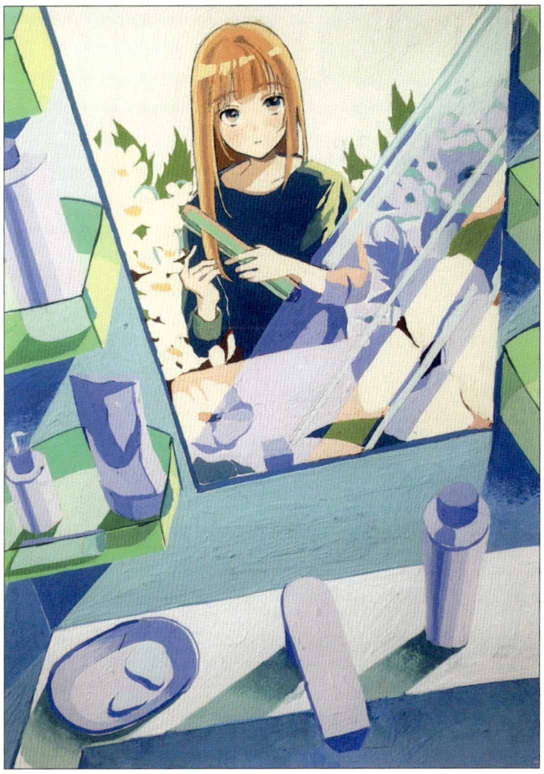
京都府・そちら【アクリルガッシュ】

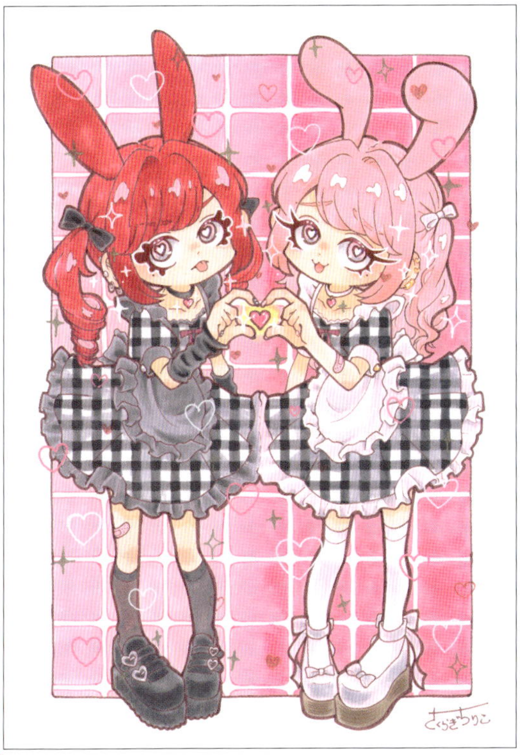
埼玉県・さくらぎちりこ【コピック・コピックマルチライナー・ポスカ・コピック特選上質紙】

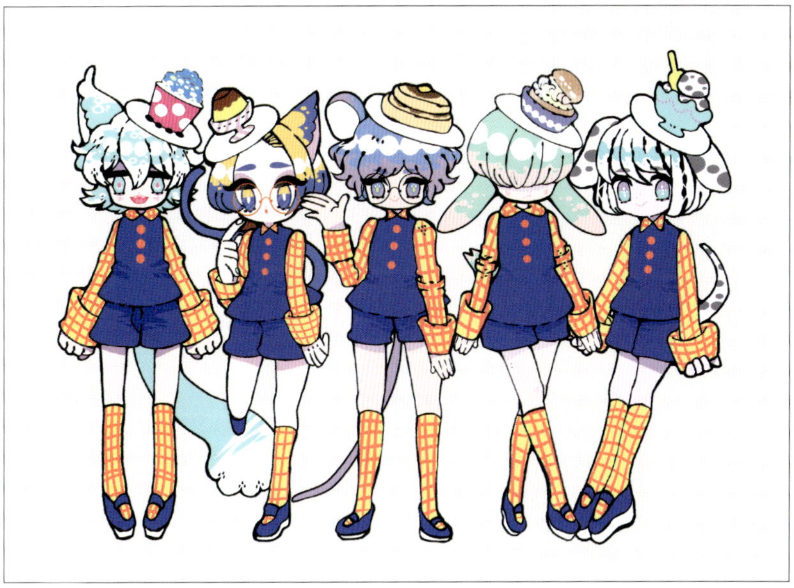
栃木県・ワトロ【ピグマ・アイビスペイント】

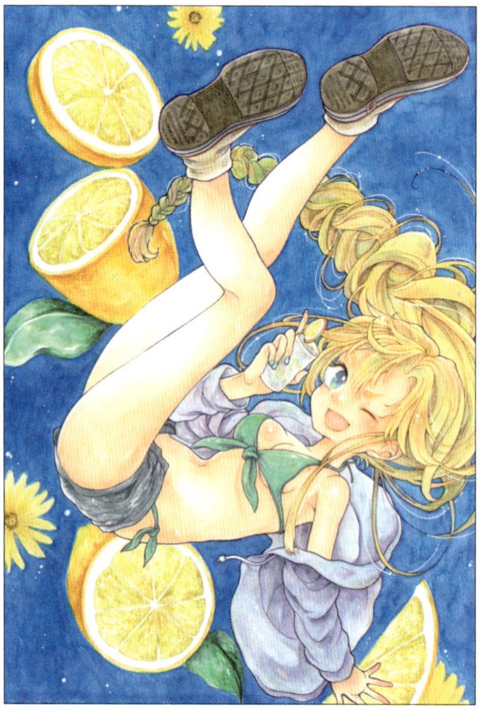

鹿児島県・ハゲヅラ・42歳【マルマンスケッチブック・シグノDX（紫／0.28）・コピックマルチライナー（セピア／0.05）・ホルベイン透明水彩】

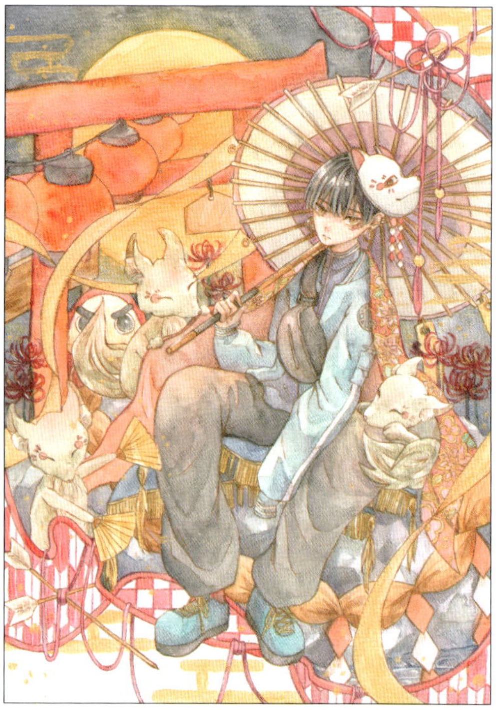

福岡県・桃っ子・15歳【透明水彩・色鉛筆・コピックマルチライナー・ホワイト・アクリルガッシュ】

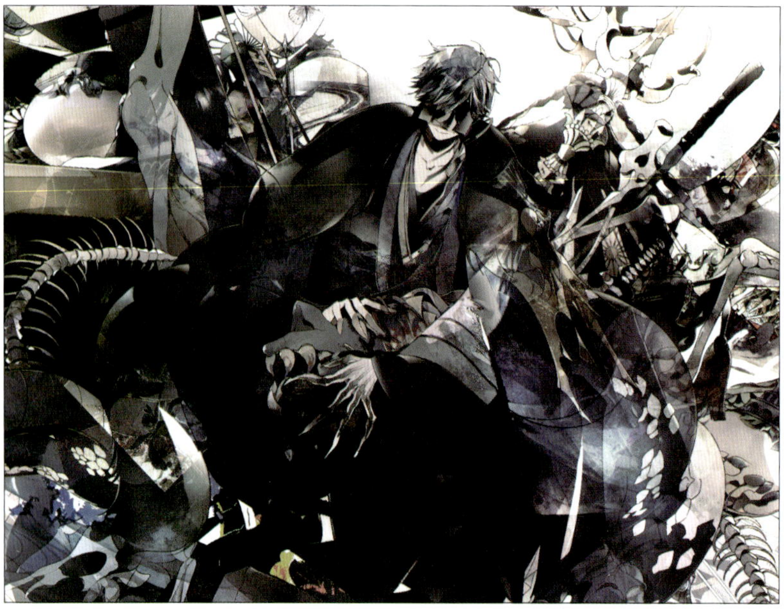

熊本県・蛇運【CLIP STUDIO PAINT】

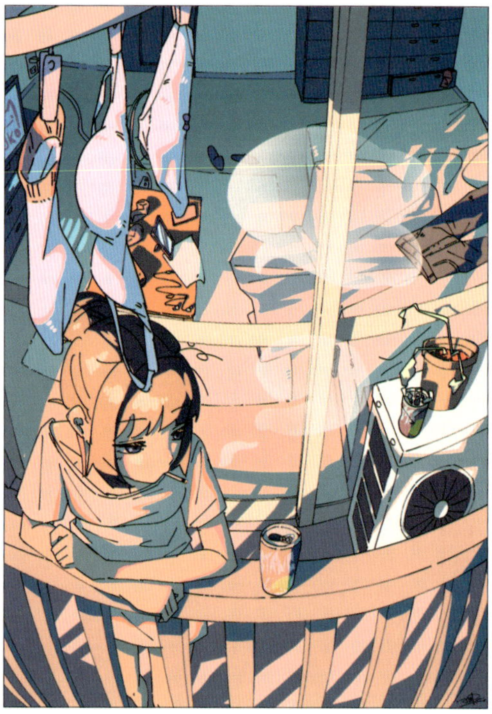

佐賀県・JoDo.・19歳【CLIP STUDIO PAINT】

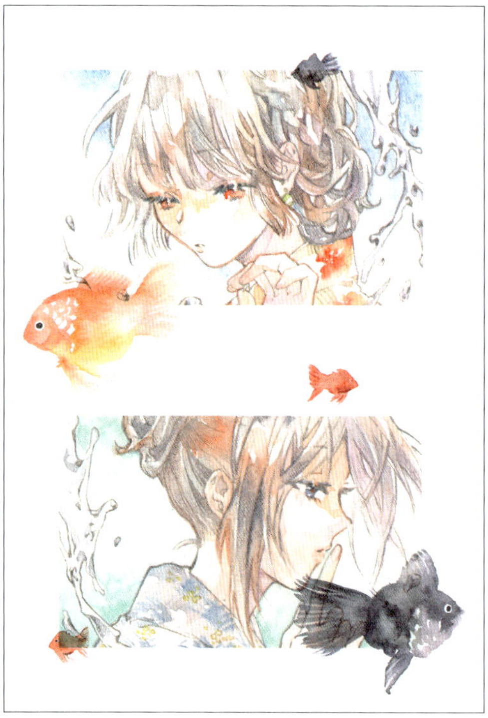

埼玉県・あじま静丁【透明水彩・コピックマルチライナー】

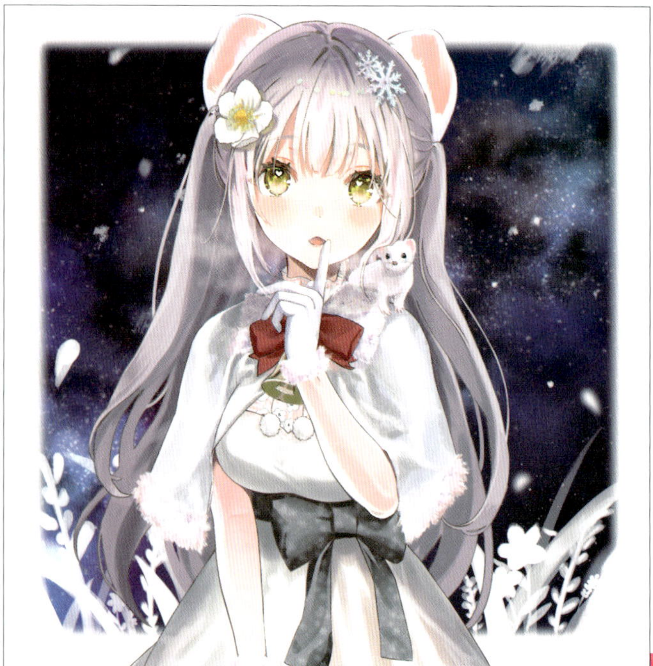

愛媛県・ざらめ9【CLIP STUDIO PAINT】

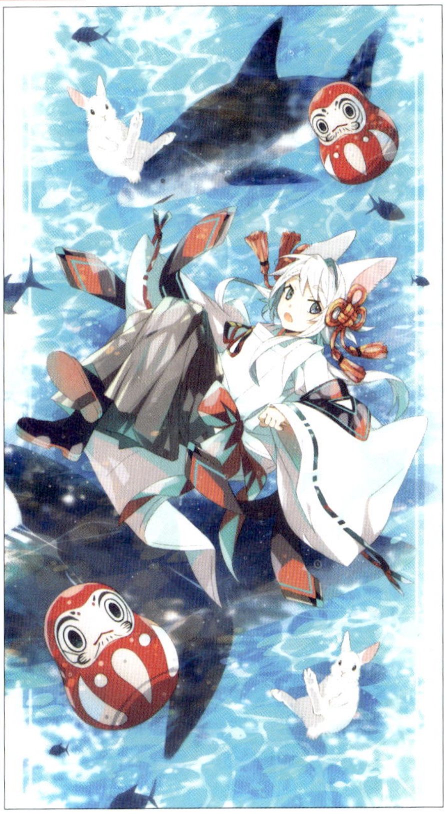
東京都・サトツキ【Photoshop】

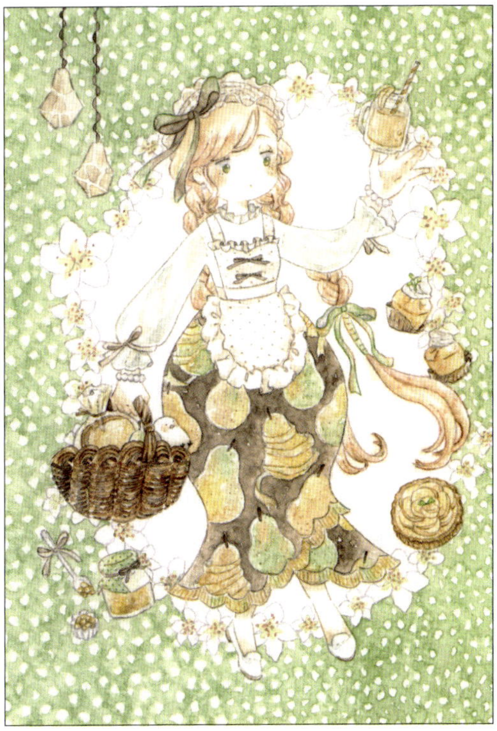
愛知県・henachoco【透明水彩・水彩色鉛筆・モンバル水彩紙（中目）】

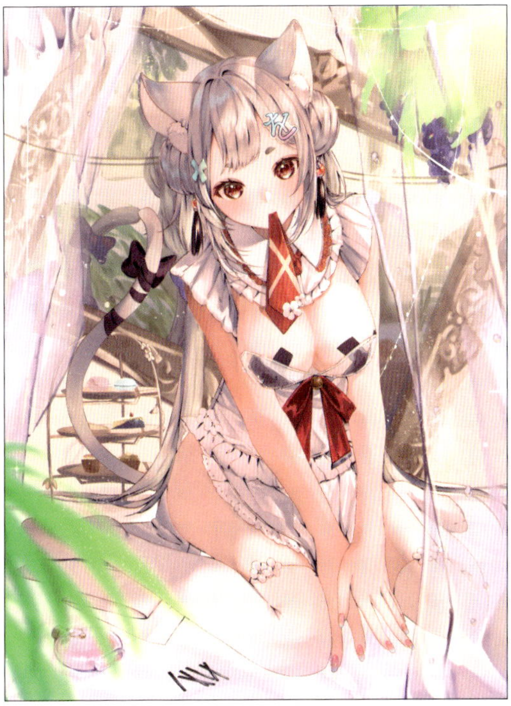
埼玉県・Woz【CLIP STUDIO PAINT PRO】

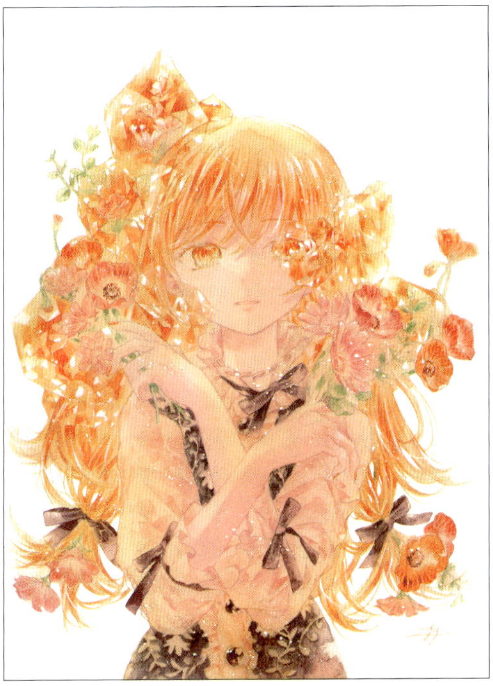
栃木県・mg3/めぐみ【シャープペンシル・透明水彩・不透明水彩・ボッキングフォード水彩紙】

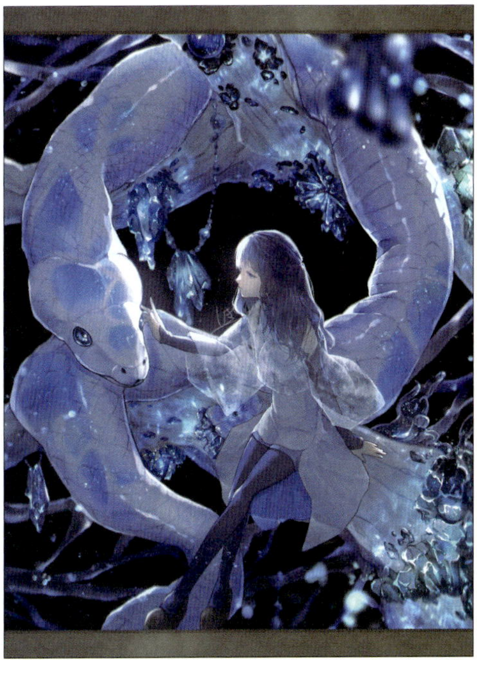
千葉県・しき【CLIP STUDIO PAINT】

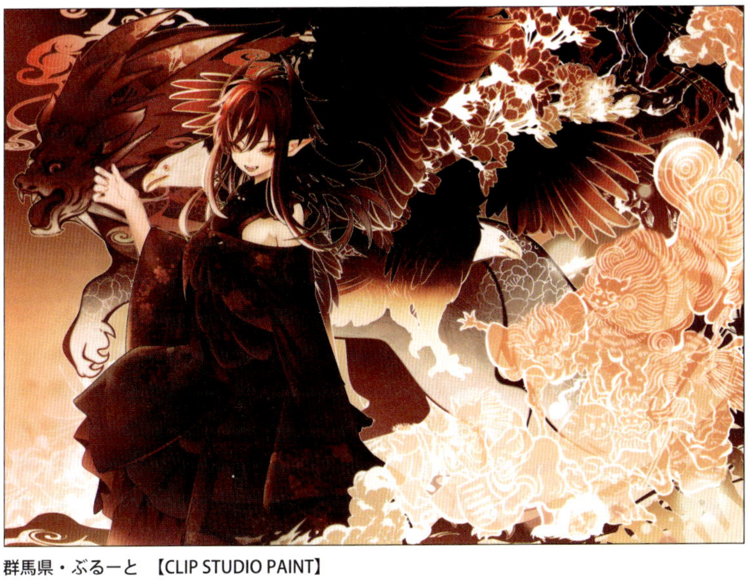
群馬県・ぶるーと　【CLIP STUDIO PAINT】

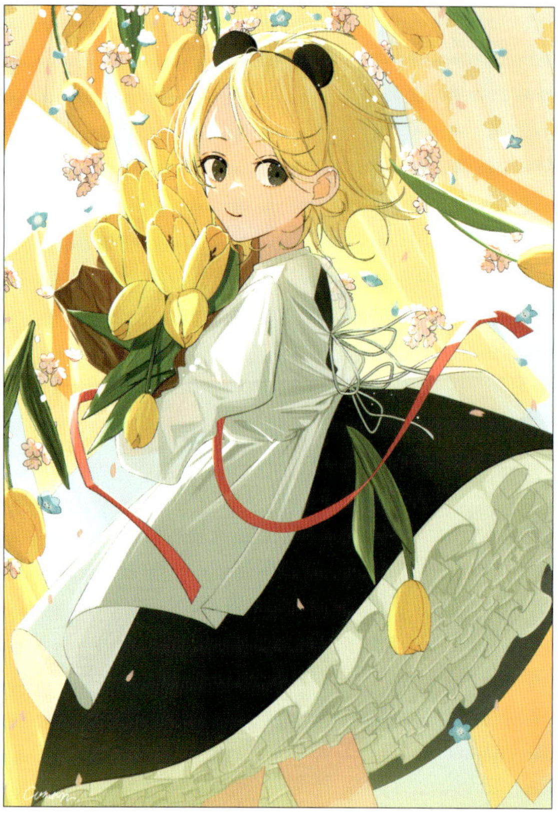

栃木県・こまる【CLIP STUDIO PAINT】

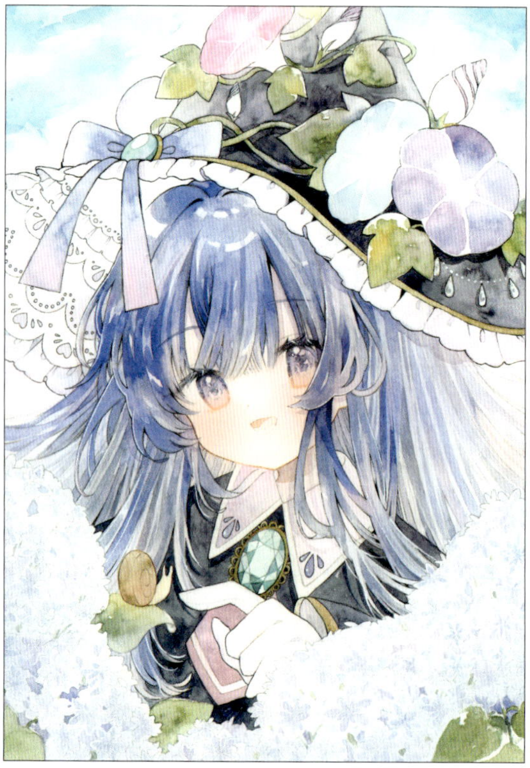

岩手県・くりせゆう【透明水彩・アルビレオ水彩紙】

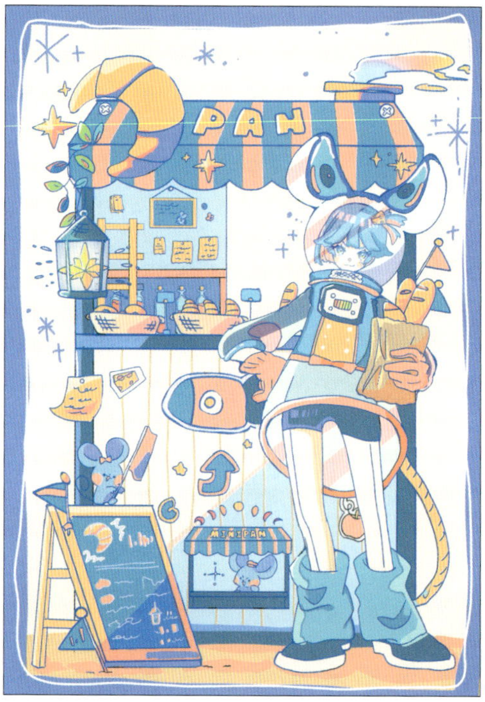

愛知県・あまね【CLIP STUDIO PAINT】

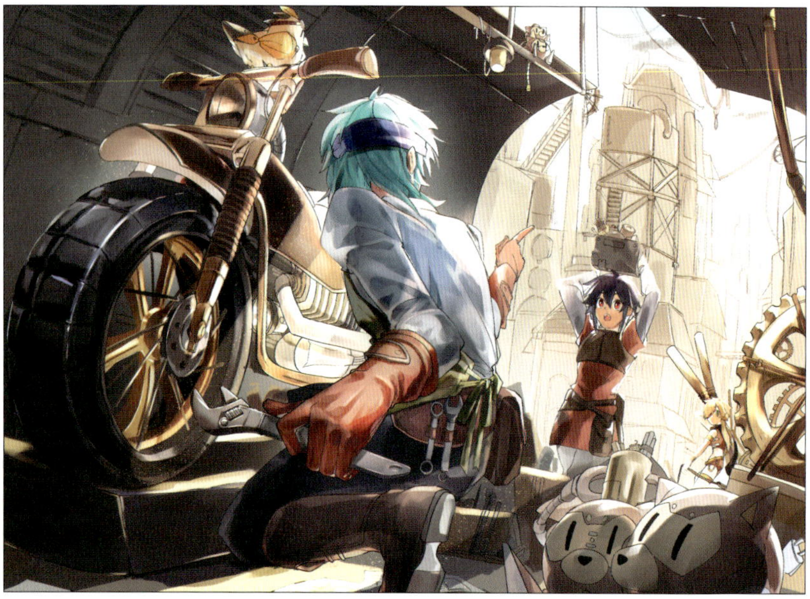

福岡県・オカザキヨシノブ【CLIP STUDIO PAINT・iPad】

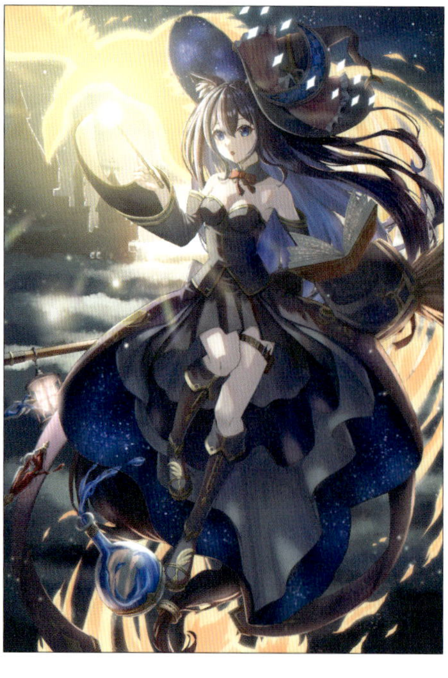

滋賀県・おせろ【CLIP STUDIO PAINT】

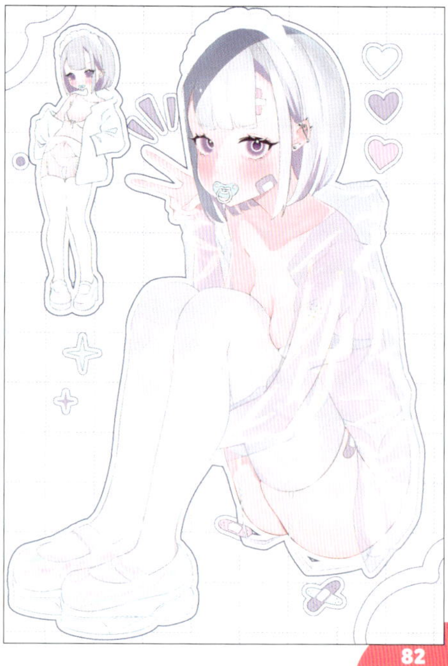

岐阜県・ミイラキャット【CLIP STUDIO PAINT】

SKY S FREE

香川県・kuru.e（くるぇ）【コピック】

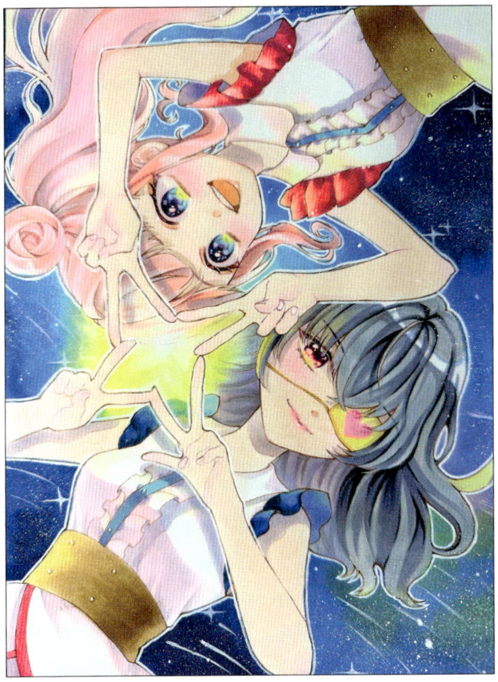

青森県・斉木琴【シグノ（ダークブラウン／028）・透明水彩】

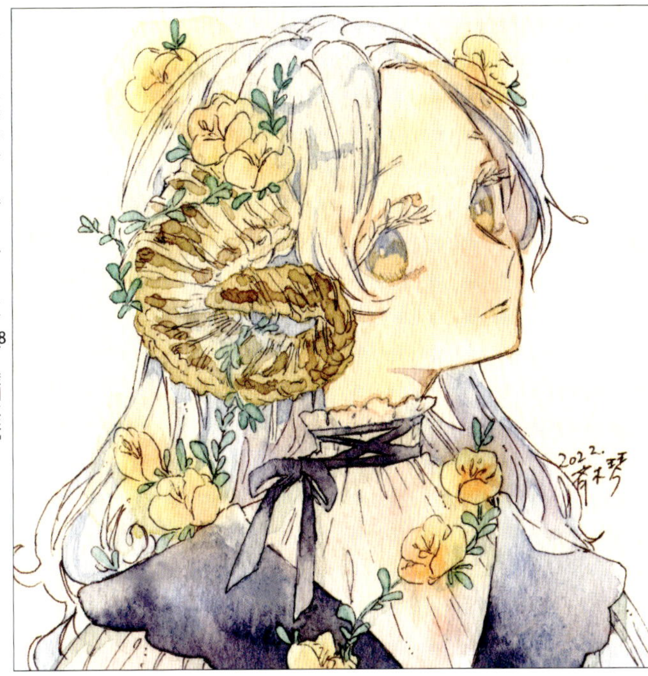

福井県・飛車【ミリペン・水彩絵具】

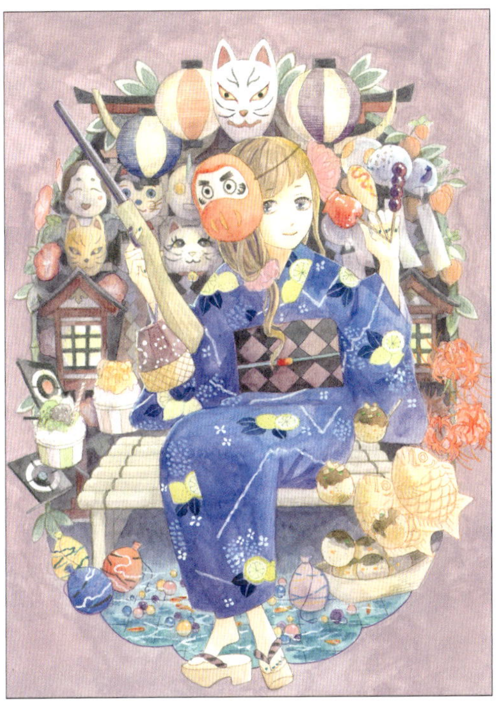

大阪府・のた丸・27歳【CLIP STUDIO PAINT】

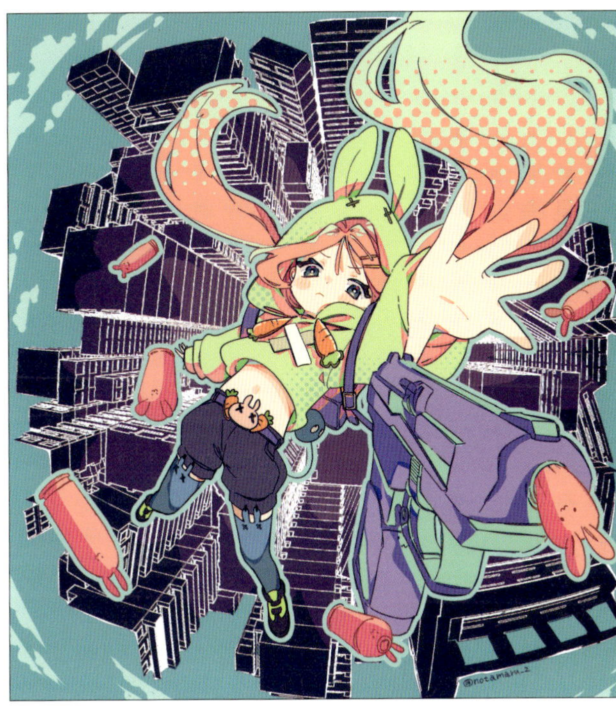

埼玉県・参崎シュリ【コピック・ヴィファール水彩紙】

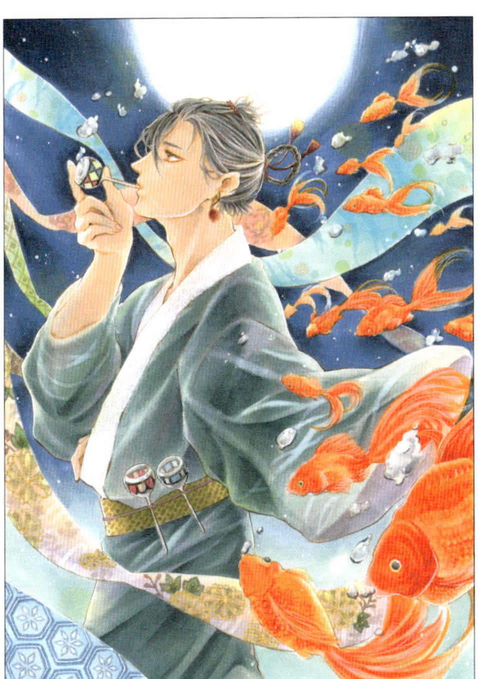

岐阜県・ずめ子【ホルベイン透明水彩・マルマンスケッチブック・ファーバーカステル・水彩色鉛筆】

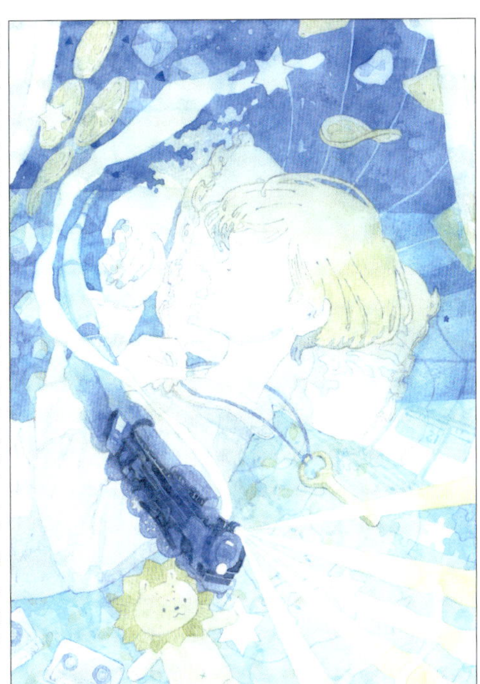

愛媛県・4284

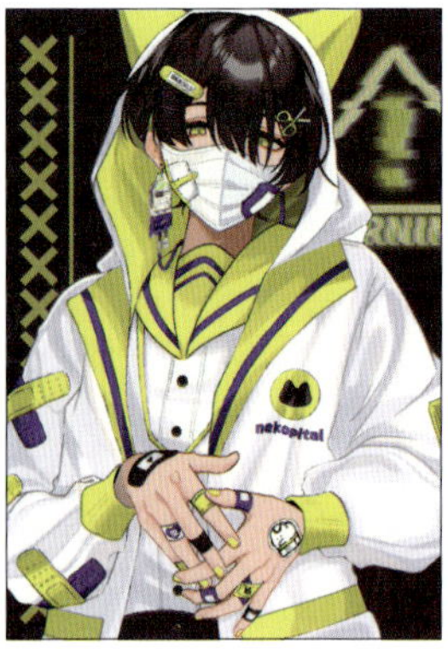

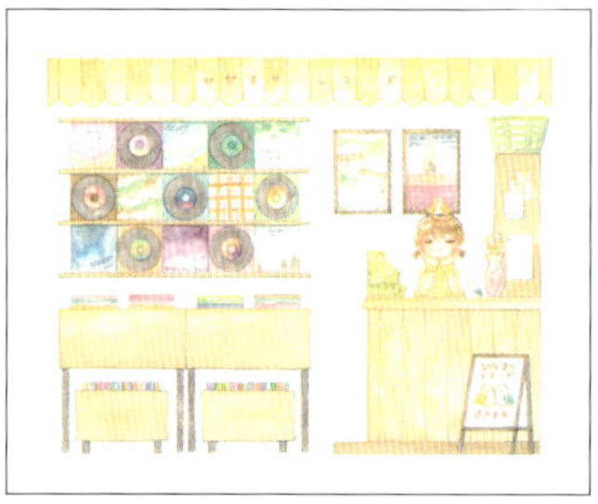

大阪府・融月りる

香川県・@・18歳

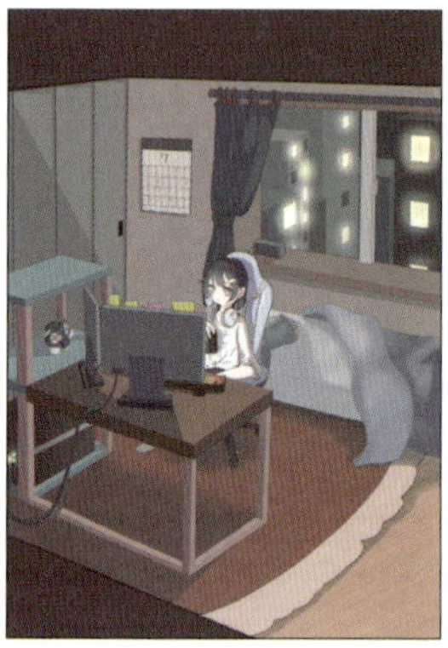

山口県・まや・9歳

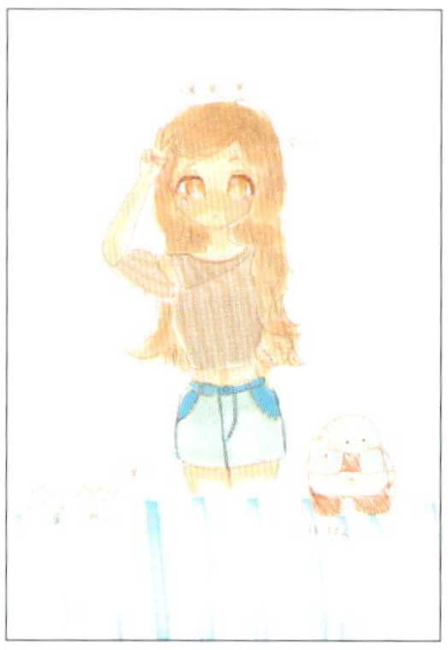

福島県・Bora・18歳

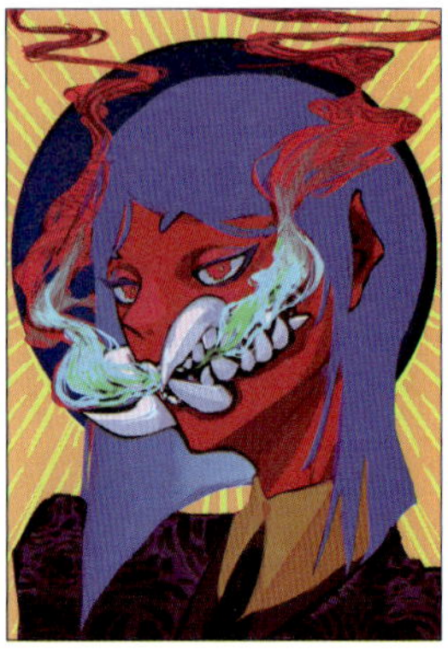

滋賀県・泉あひる

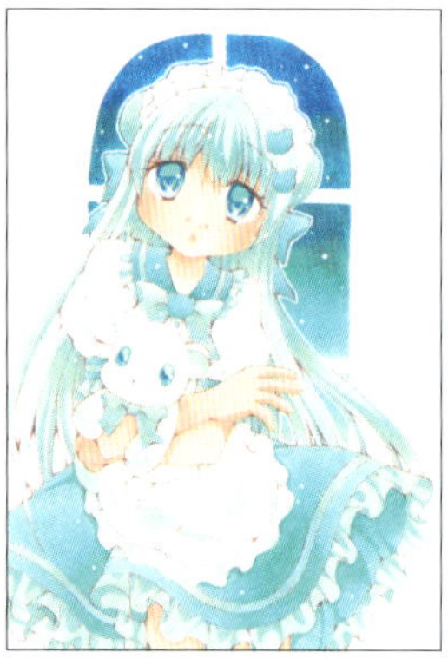

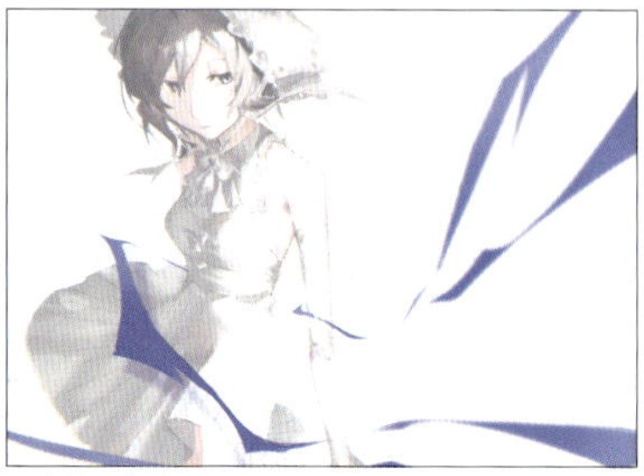

岡山県・未透明

香川県・AM4・18歳

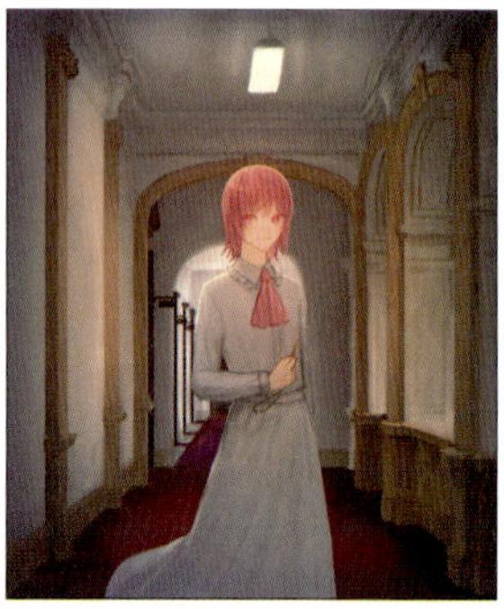

福岡県・enki

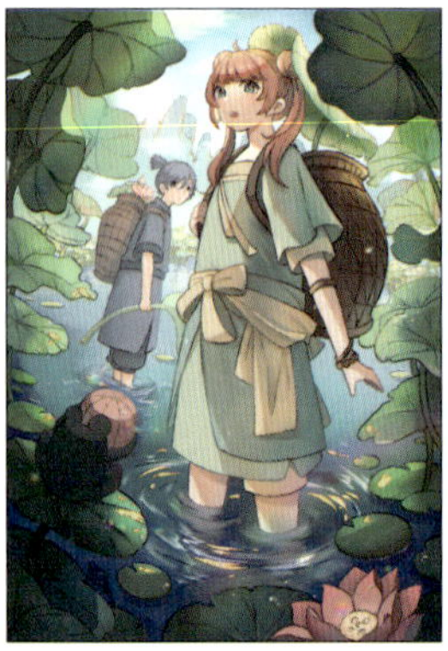

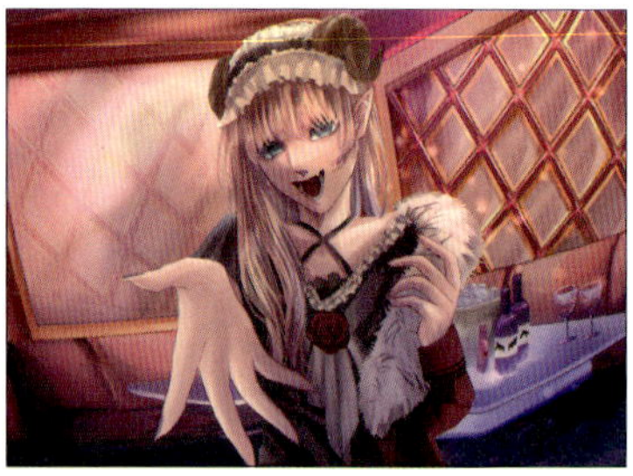

福岡県・碧愛

岩手県・かんな

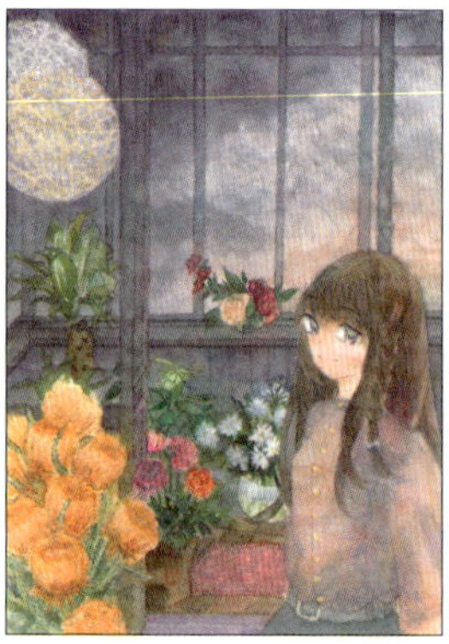

愛知県・ChiLL・19歳

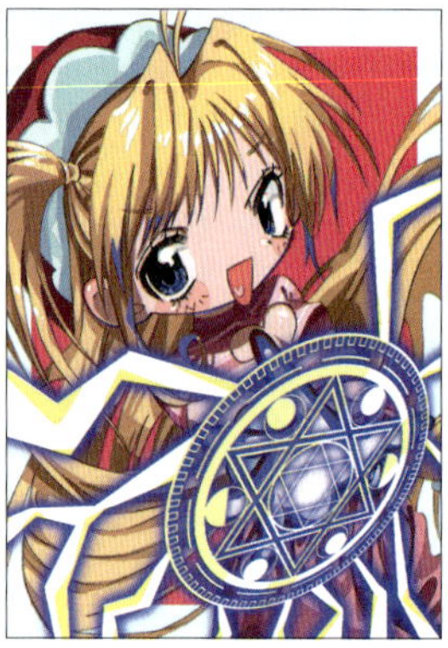

高知県・柴イヌ

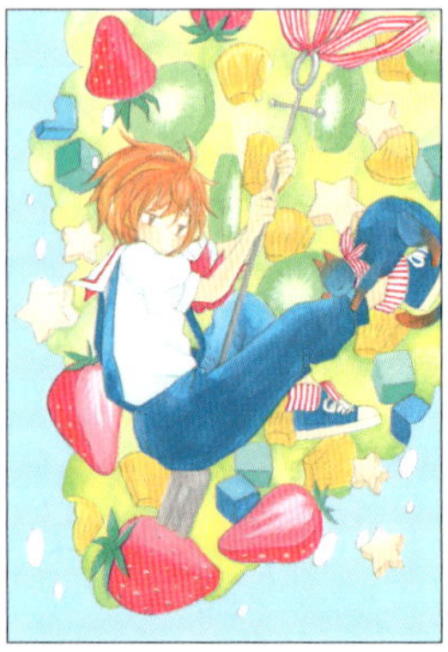

福島県・G-3

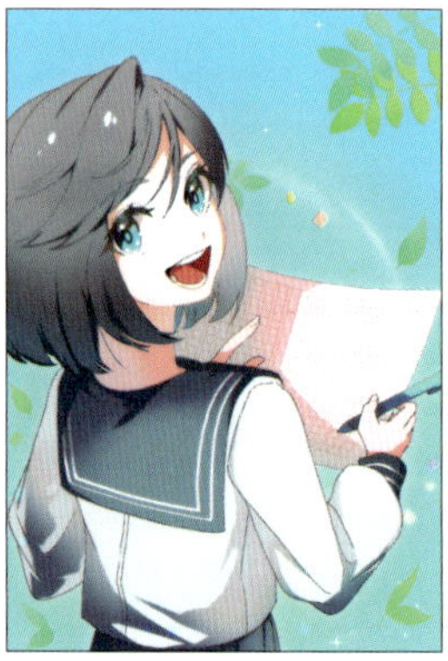

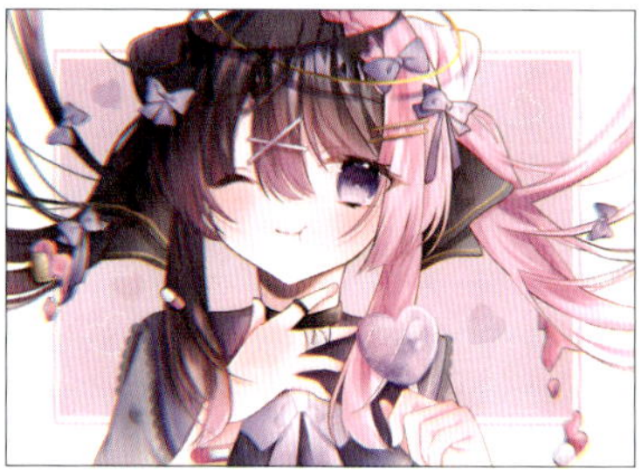

岡山県・桃野さん家・16歳

福井県・FUYUKO

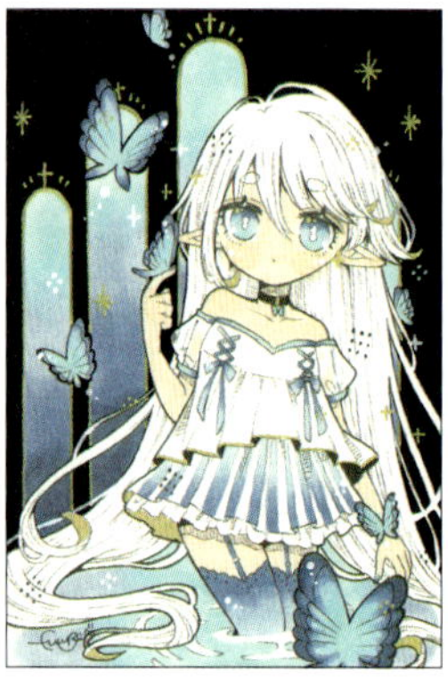

静岡県・IZUMO

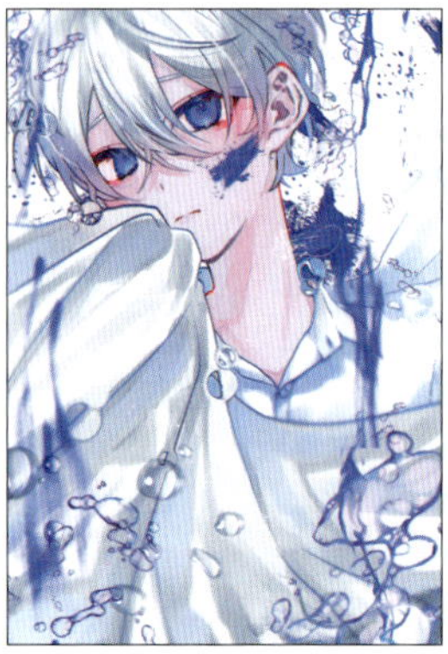

石川県・香糸月むく

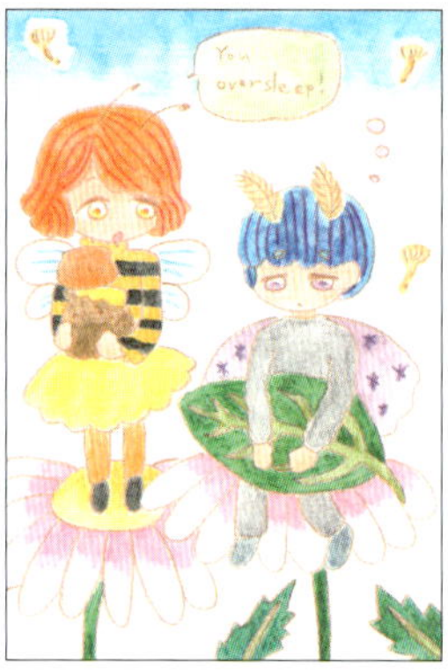

福島県・HANATSUKI

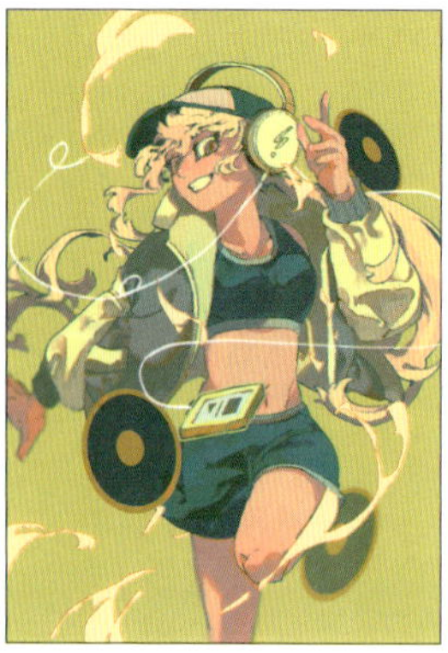

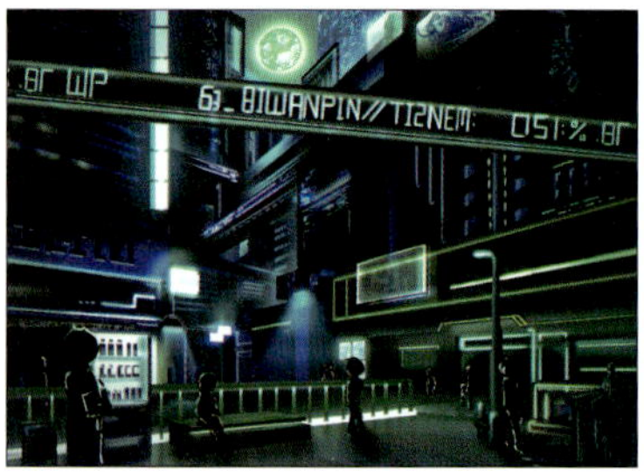

愛知県・羽二重餅・20歳

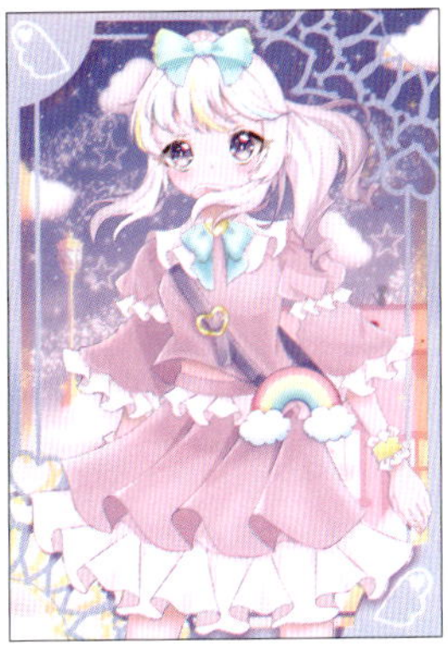
東京都・KINOのアトリエ

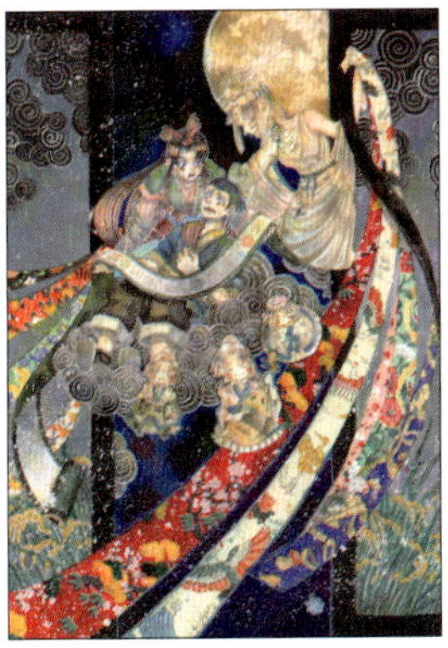
大阪府・夢生・25歳

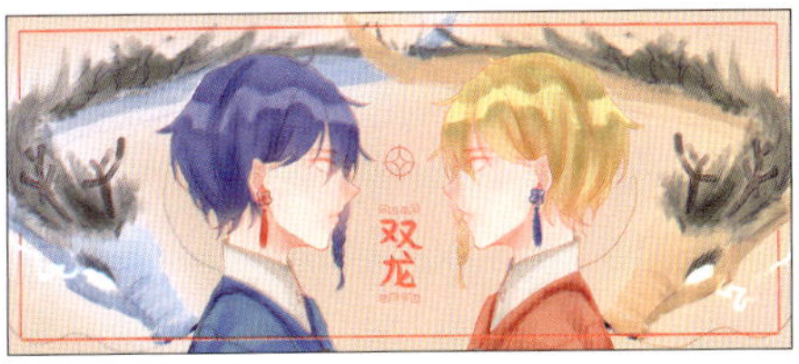

広島県・りつ・12歳

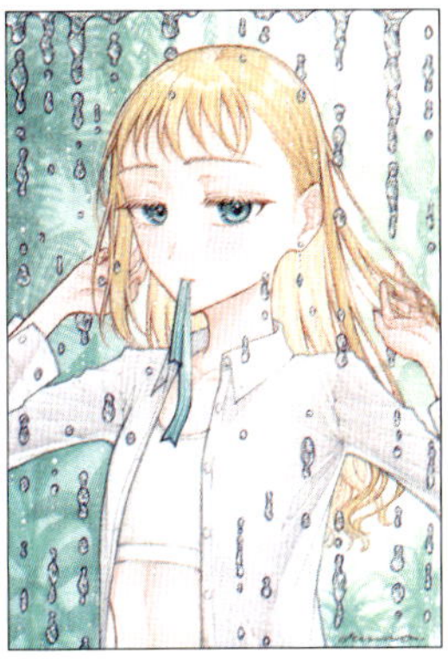
沖縄県・junna

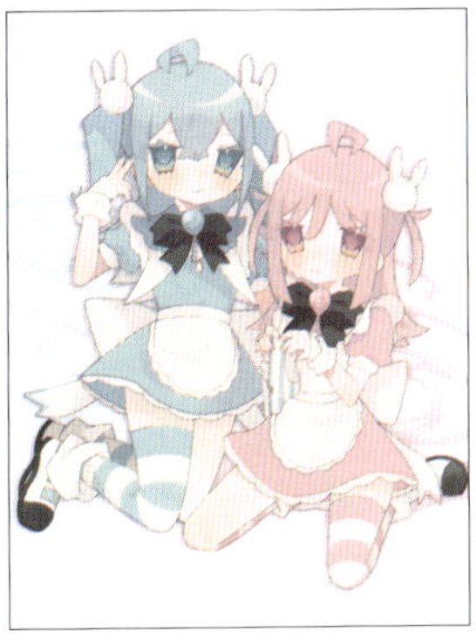
広島県・MAPORO

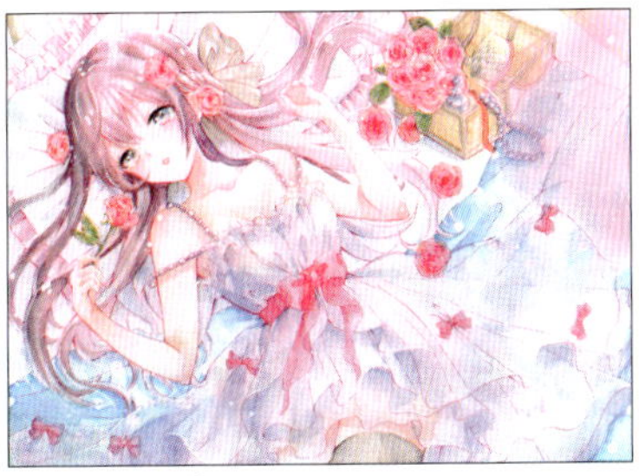
新潟県・もねぎ

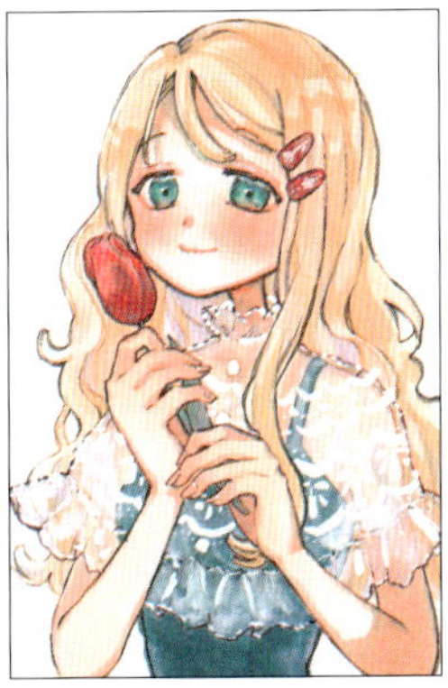
奈良県・みすのペン・14歳

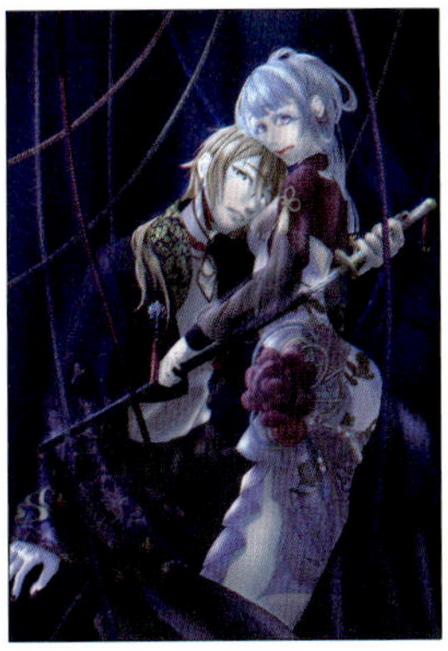
大阪府・K吉

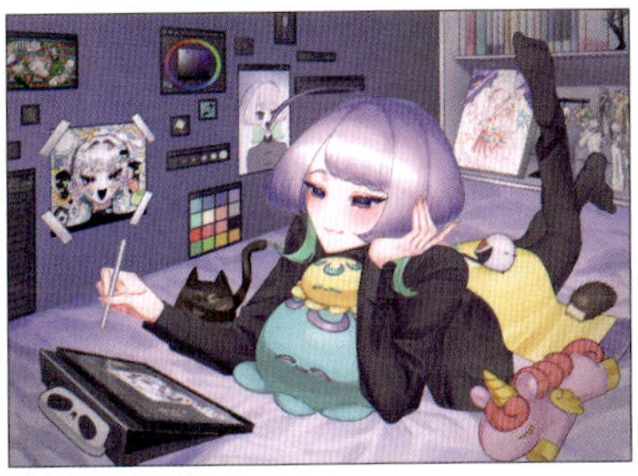
岐阜県・めとめ

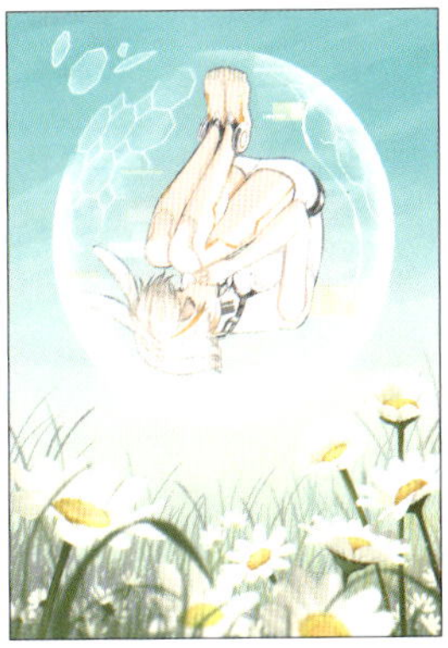
奈良県・Nai2

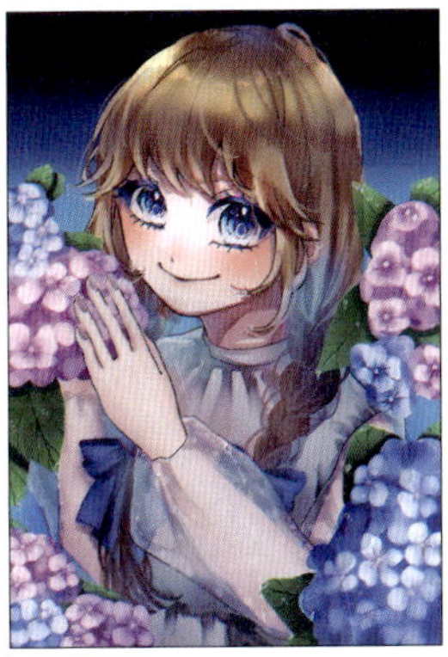
愛知県・mashiro

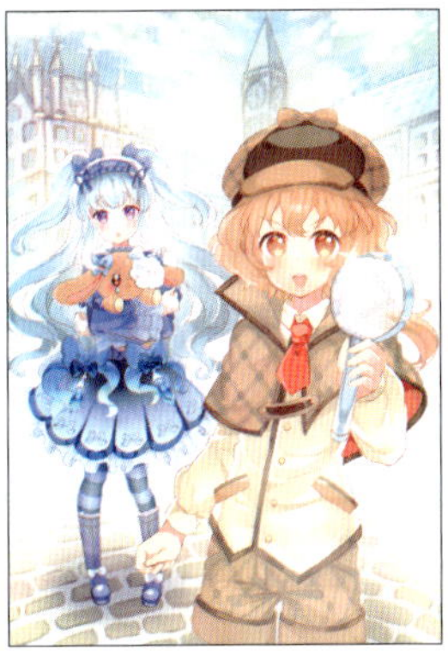
愛知県・虎目ちりか

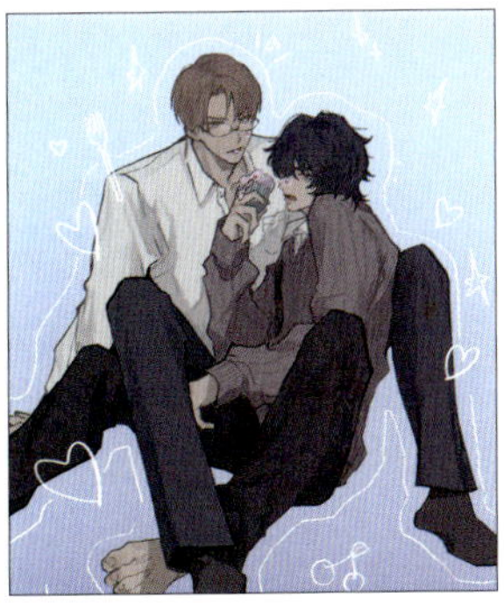
熊本県・O－O

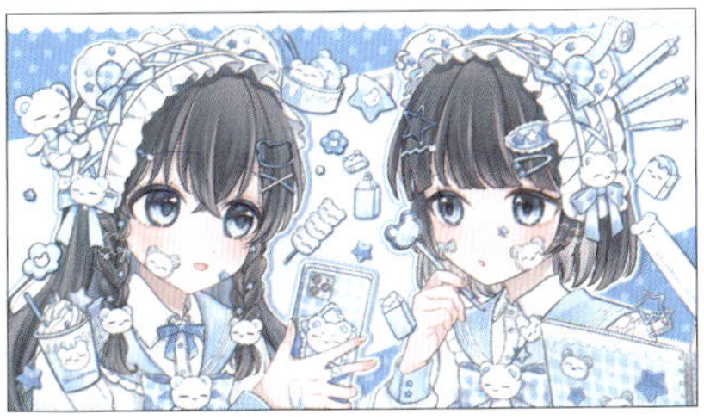
埼玉県・みずきはゆ

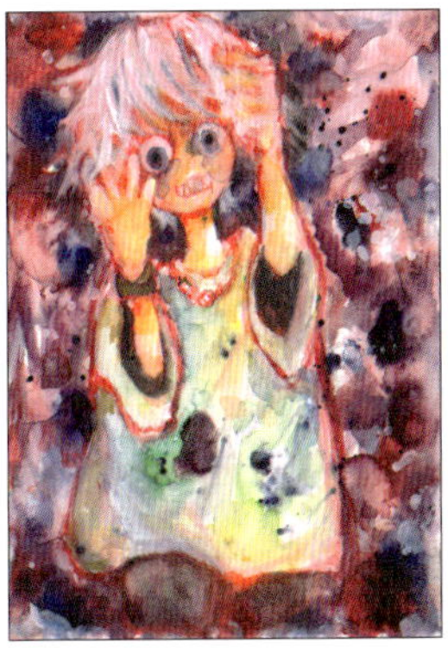
和歌山県・ひろいうみ

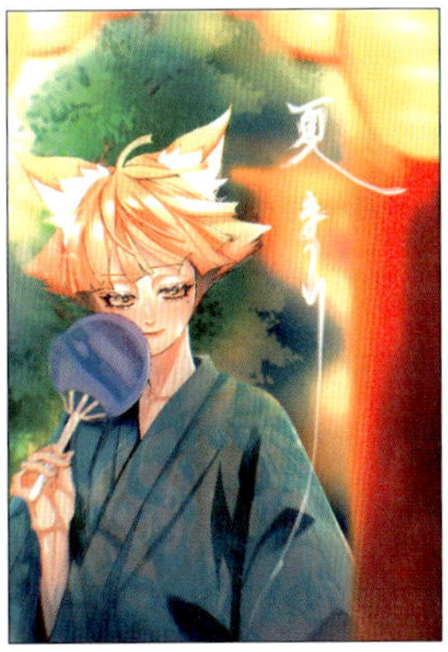
岐阜県・nekoshama

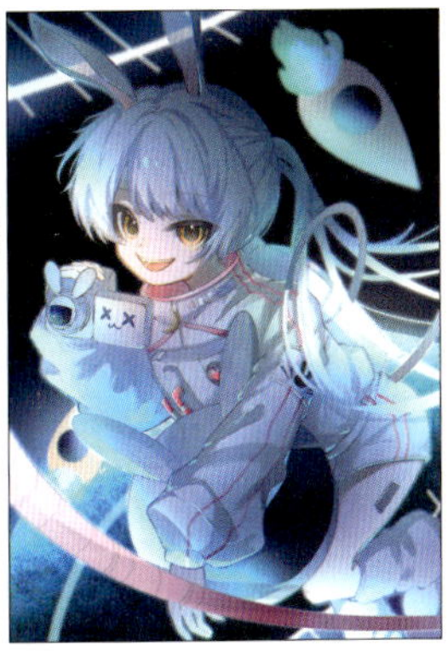
群馬県・RO・18歳

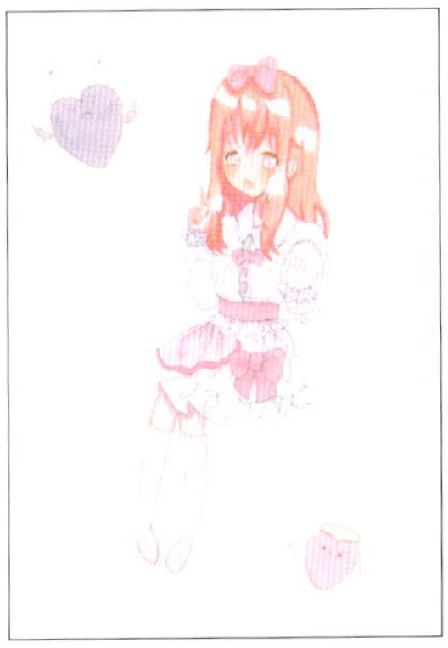
大阪府・シマエナガ・11歳

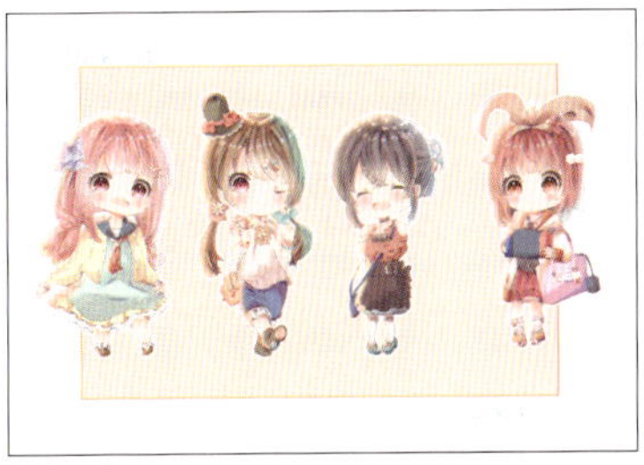
神奈川県・のにのー

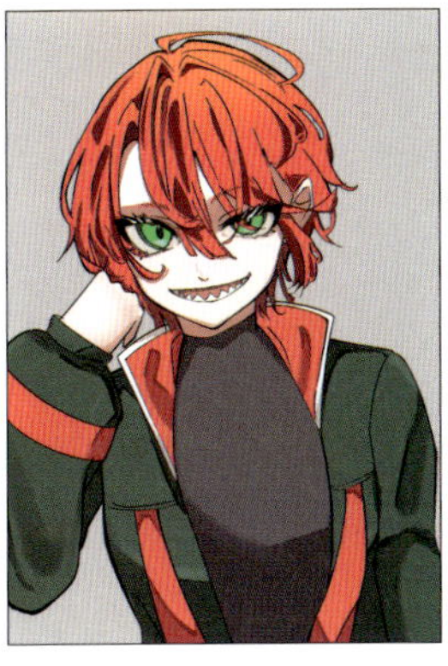
福島県・Pこ

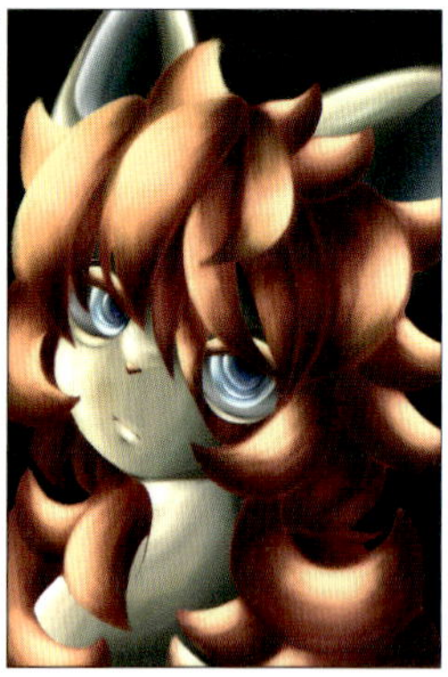

埼玉県・wolf君

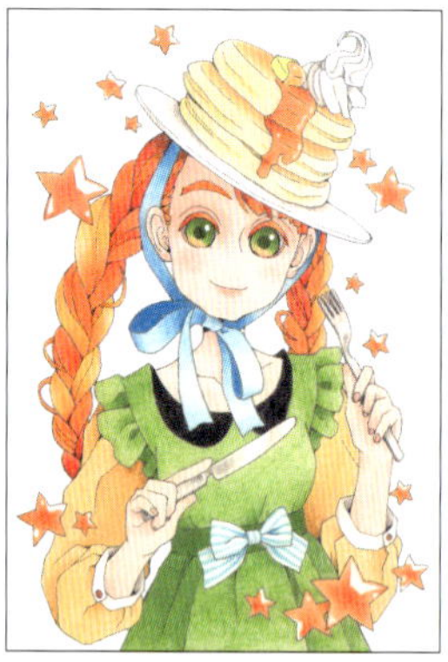

三重県・森野もりの

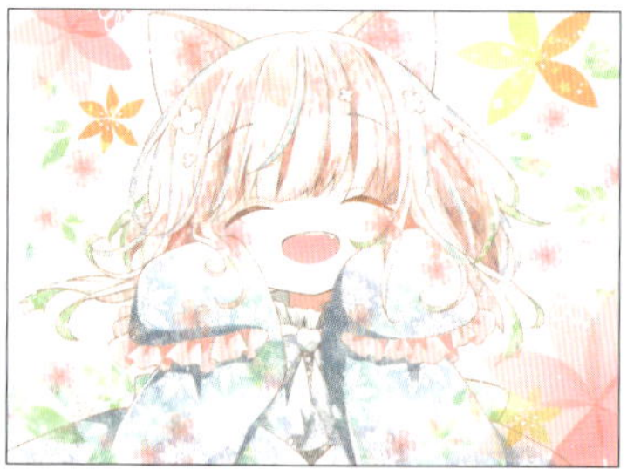

兵庫県・ねこの庵

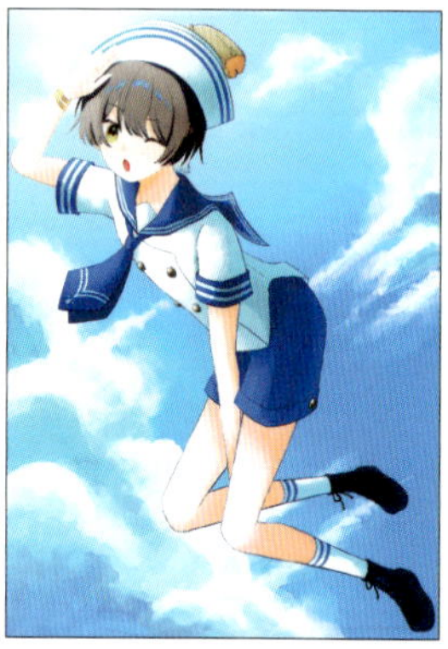

福島県・us・18歳

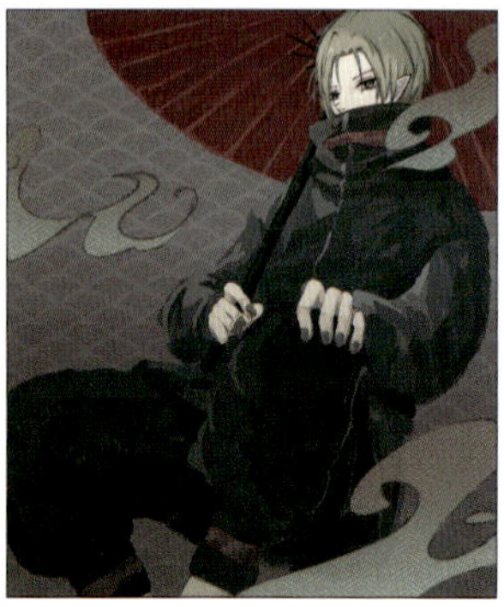

愛知県・あじたす

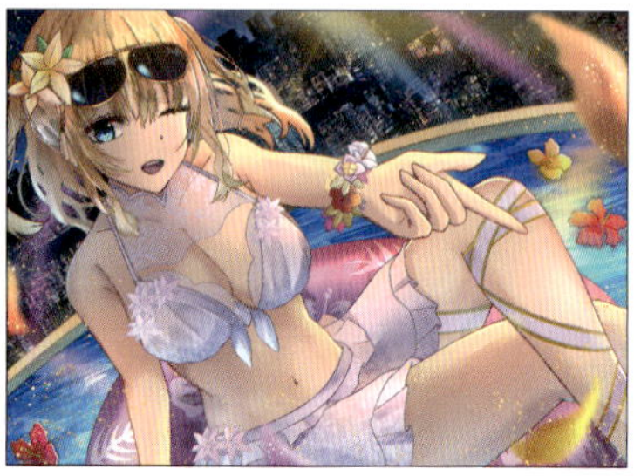

愛知県・さばかん・19歳

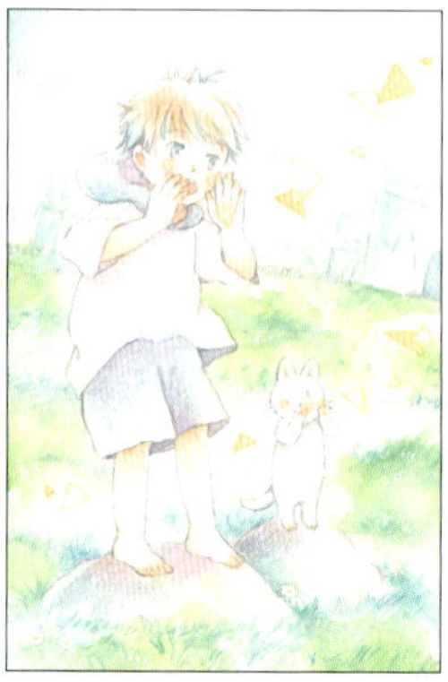

福岡県・ヒサ・41歳

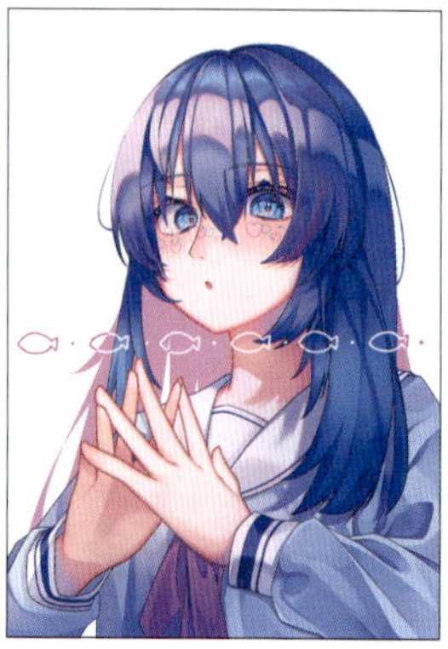

埼玉県・yuto・14歳

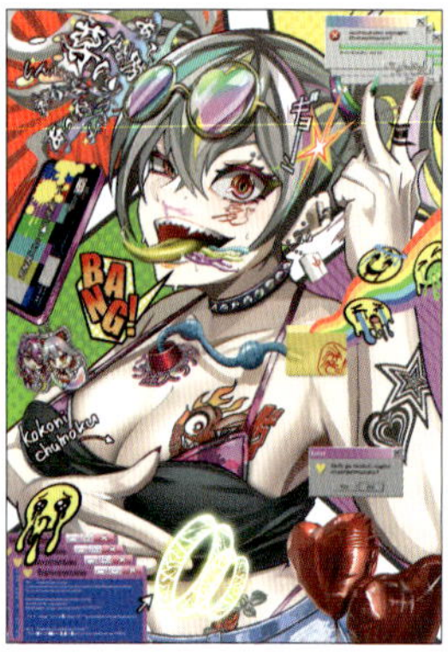

大阪府・アロハ部長

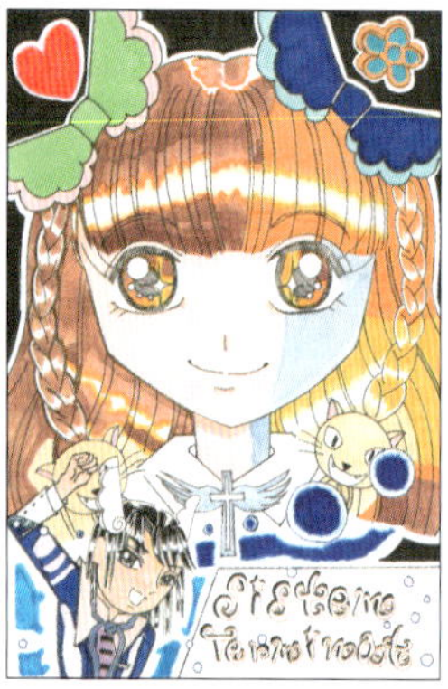

岐阜県・越智早苗

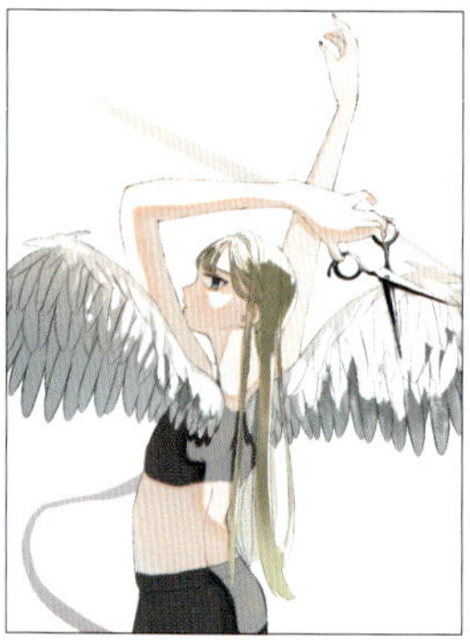

京都府・あはちゃ・18歳

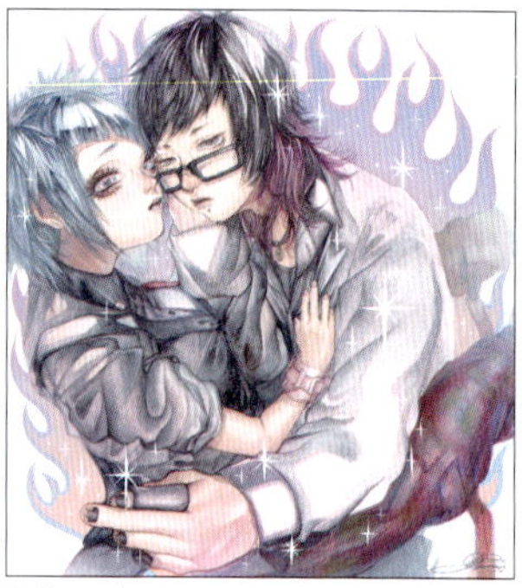

長崎県・帆足リカ

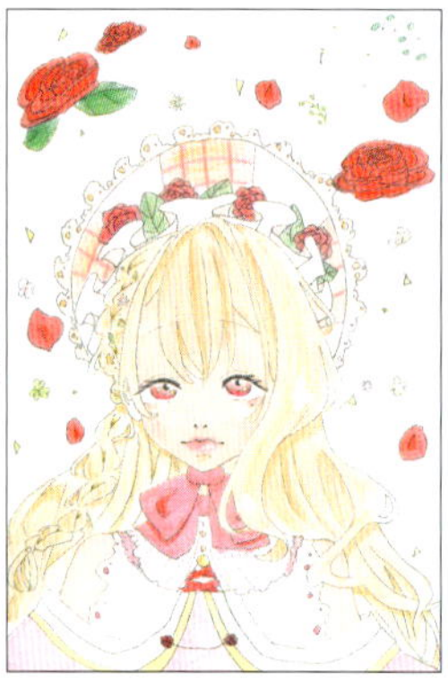

岩手県・寝不足反抗期・14歳

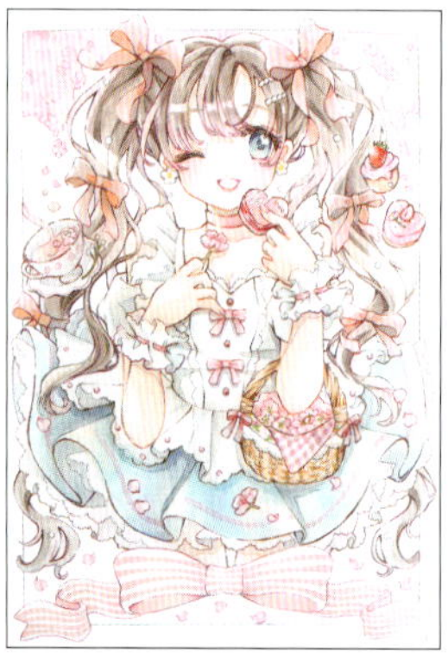

石川県・えな

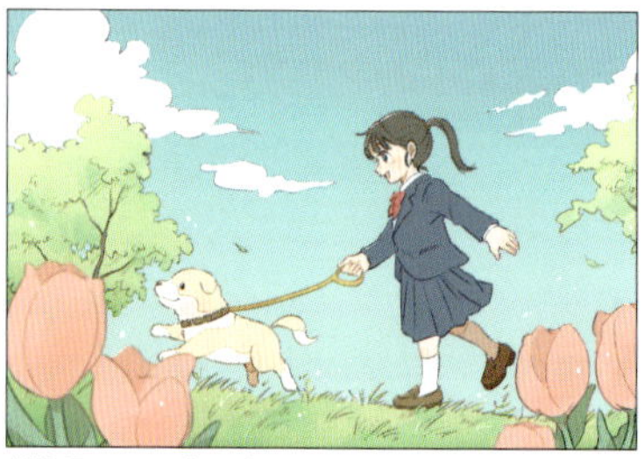

新潟県・こんがりパン

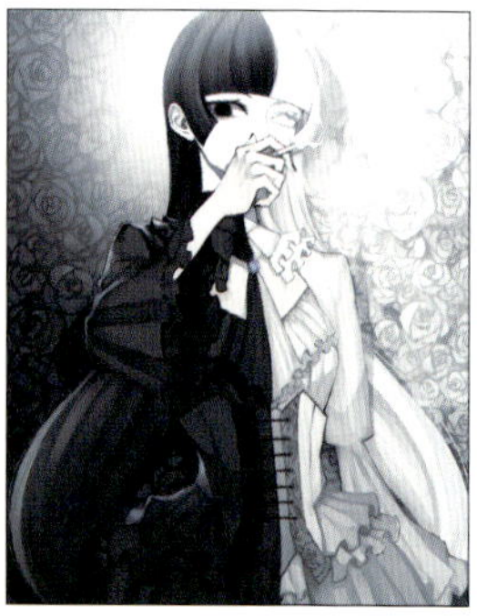

北海道・いのた

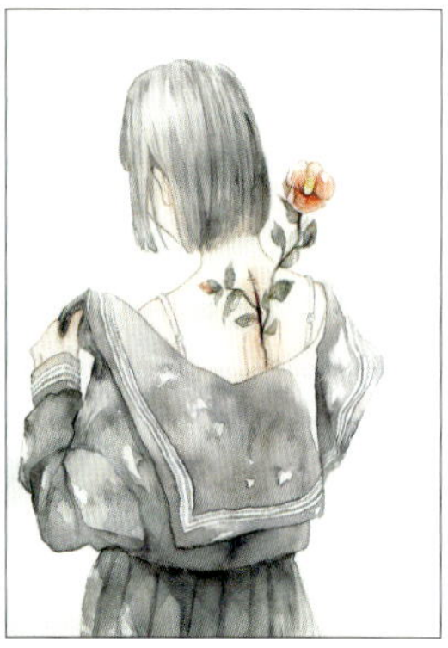

新潟県・カリフラワー・14歳

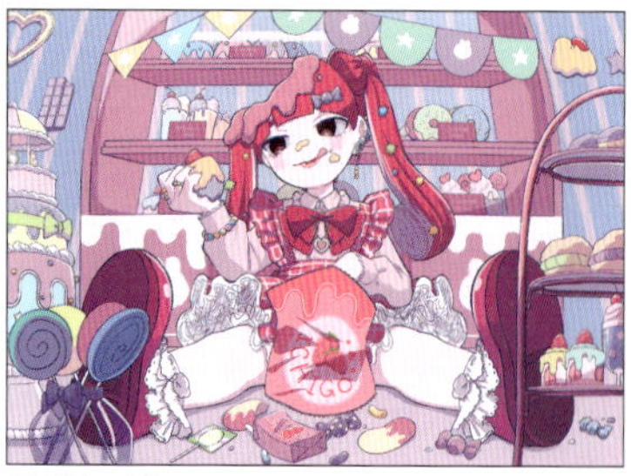

福岡県・オム

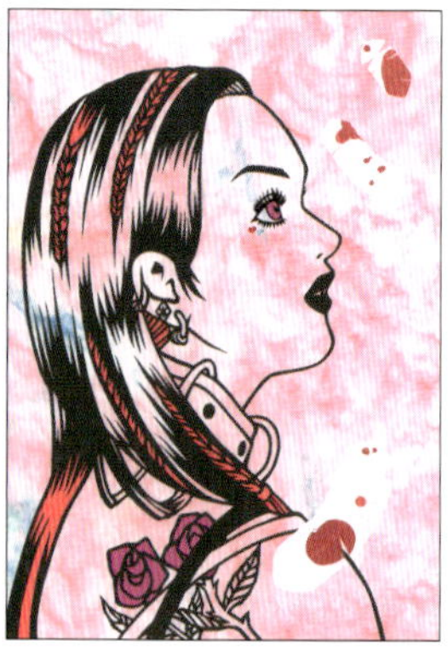

長野県・紅朱雀

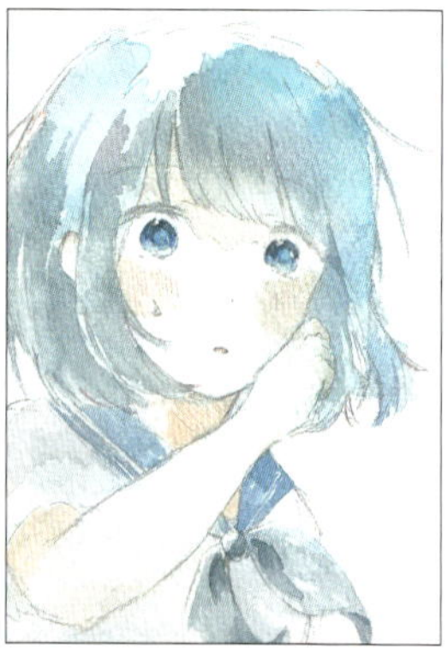

岩手県・おさかな・23歳

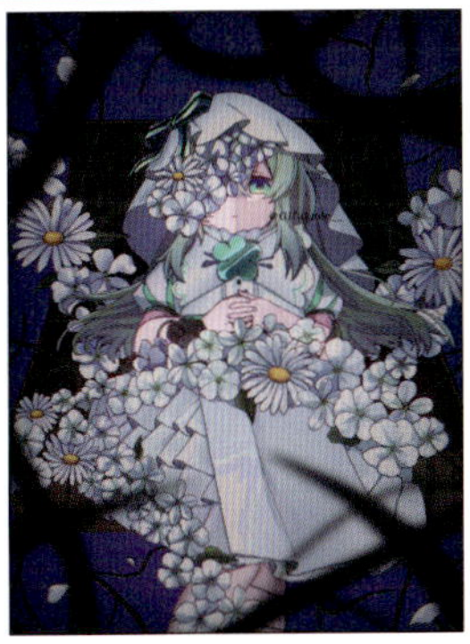
北海道・ギフカデ

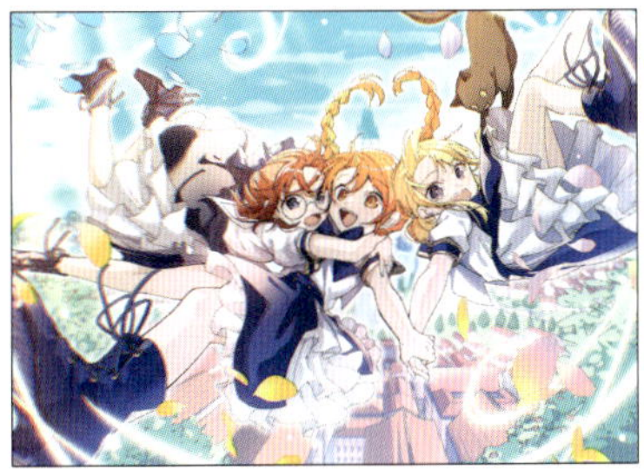
滋賀県・うさ丸

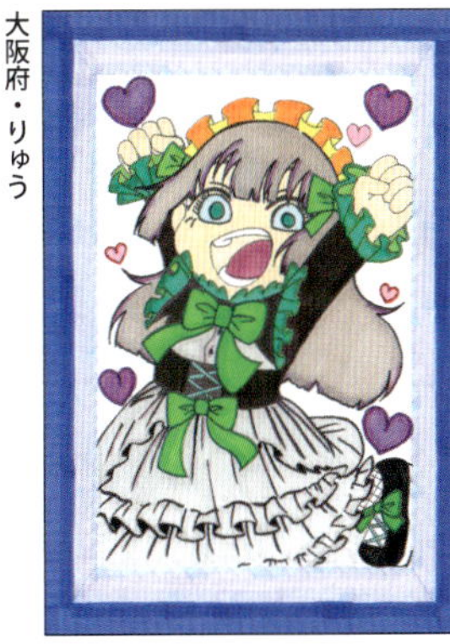
大阪府・りゅう

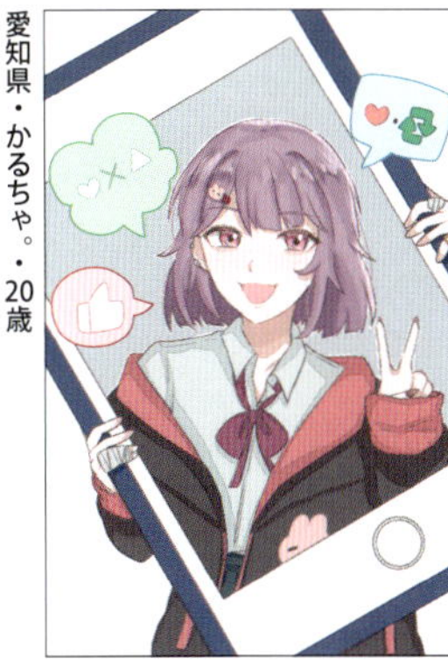
愛知県・かるちゃ。・20歳

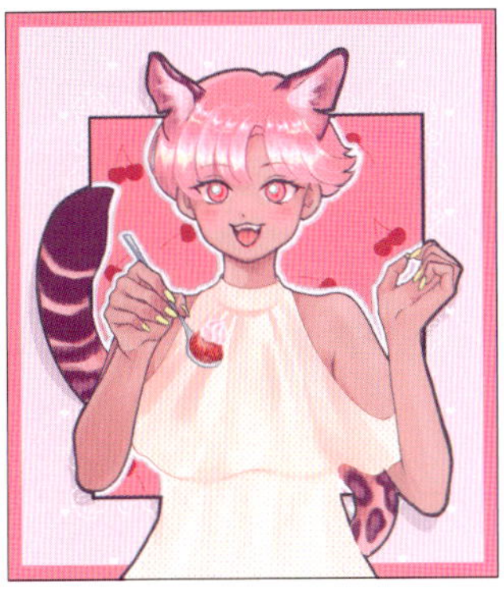
千葉県・くろむ

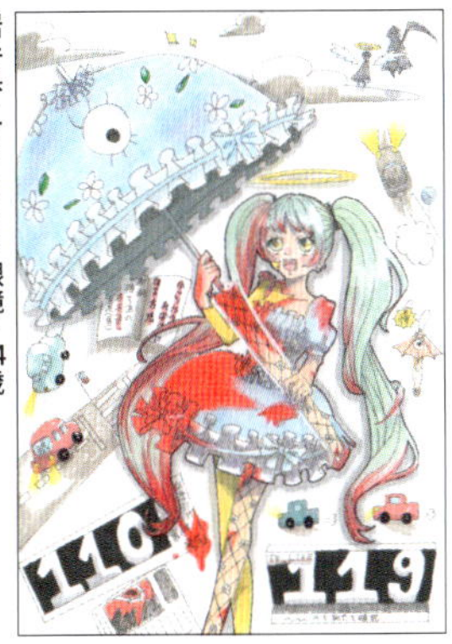
岩手県・konamono眼鏡・14歳

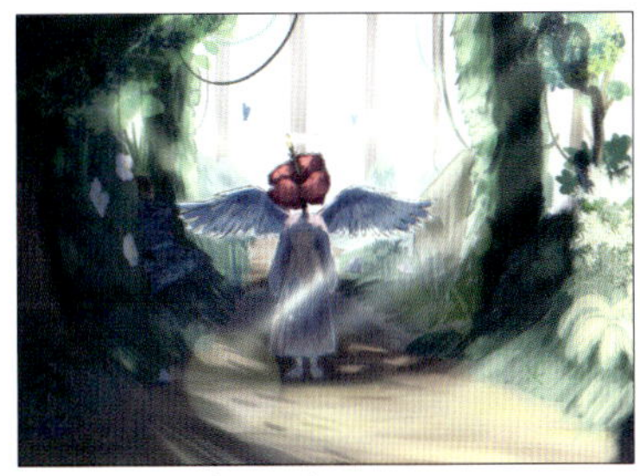
香川県・アヤツネ・18歳

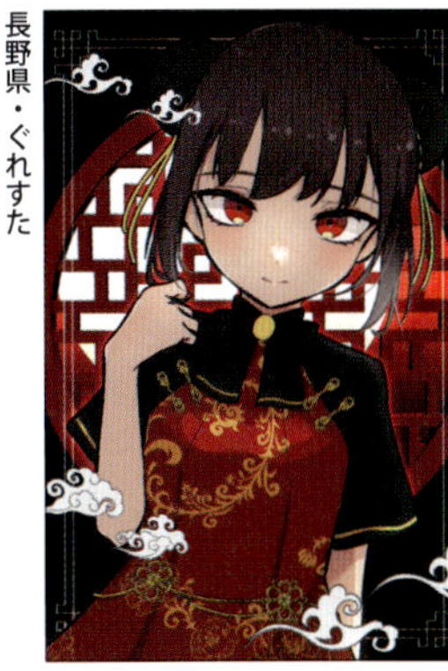
長野県・ぐれすた

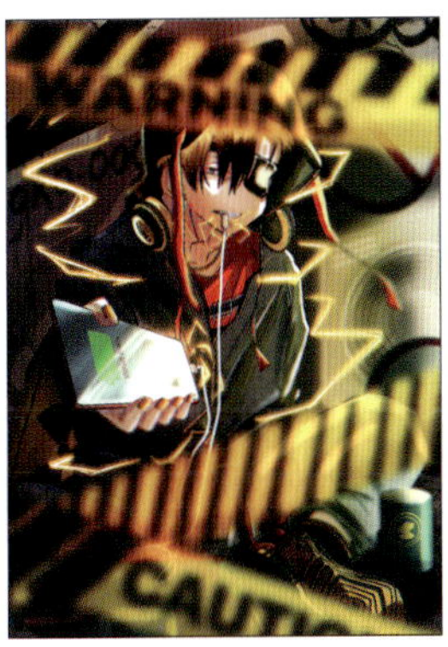
岐阜県・こまおくり・22歳

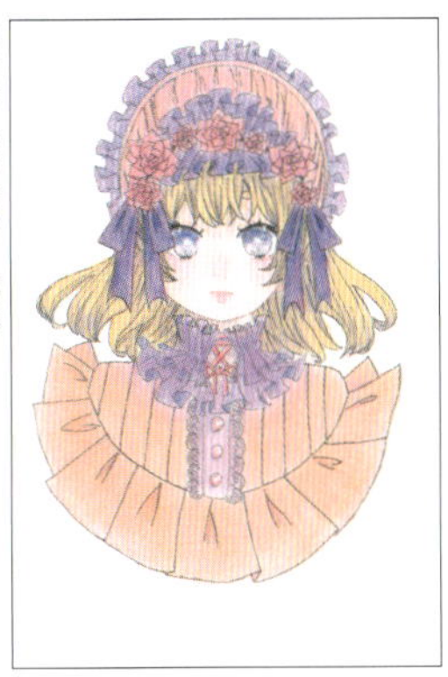
岩手県・城間璃音・14歳

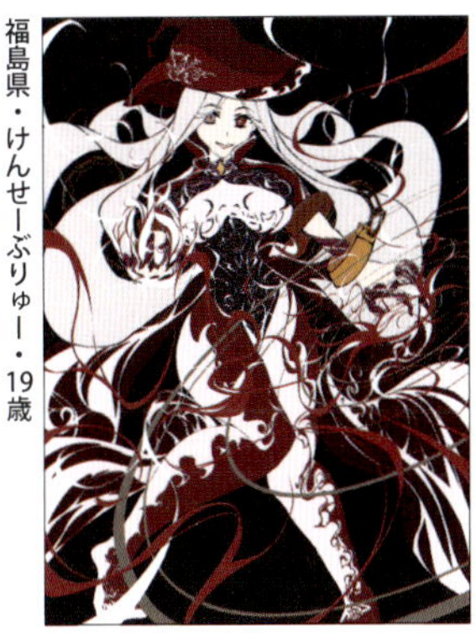
福島県・けんせーぷりゅー・19歳

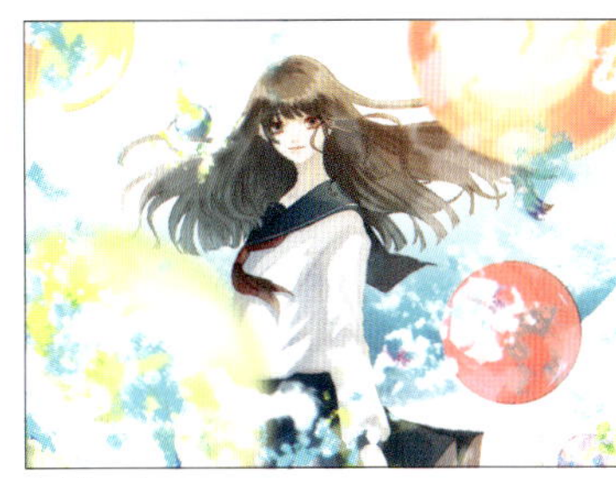
東京都・あこ

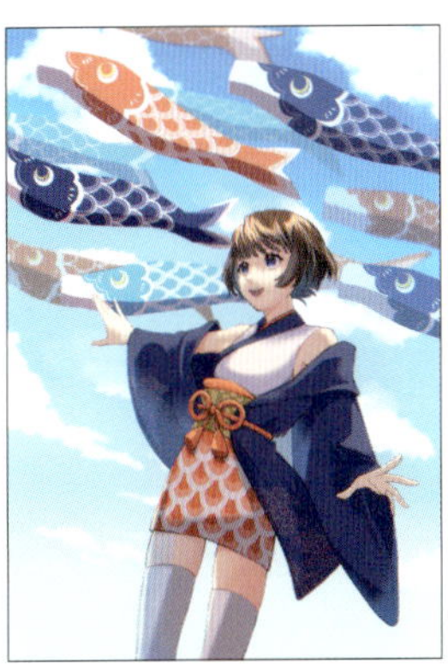
新潟県・ししやこ

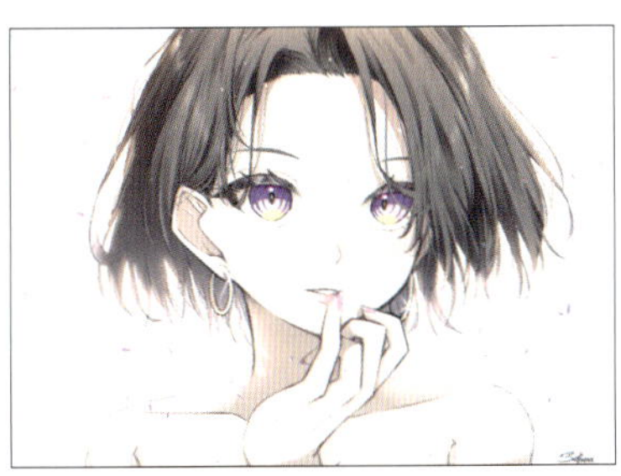
静岡県・Setsuna.

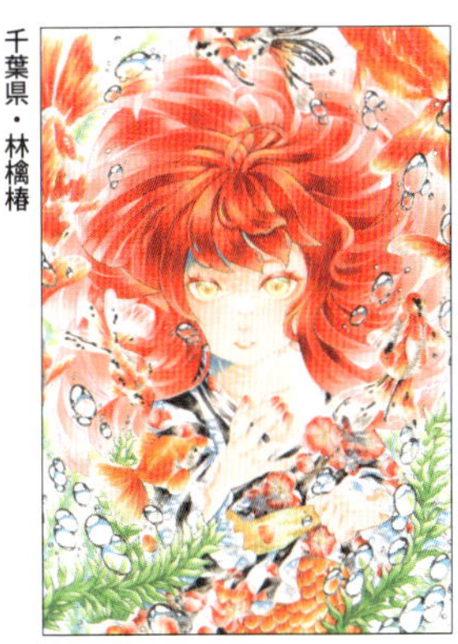
千葉県・林檎椿

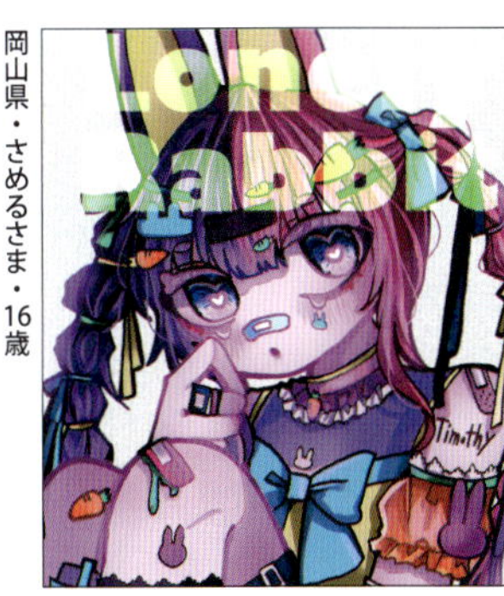
岡山県・さめるさま・16歳

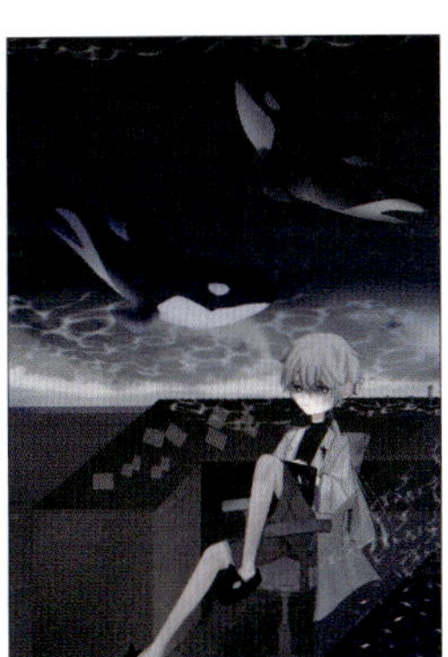
福島県・せきう

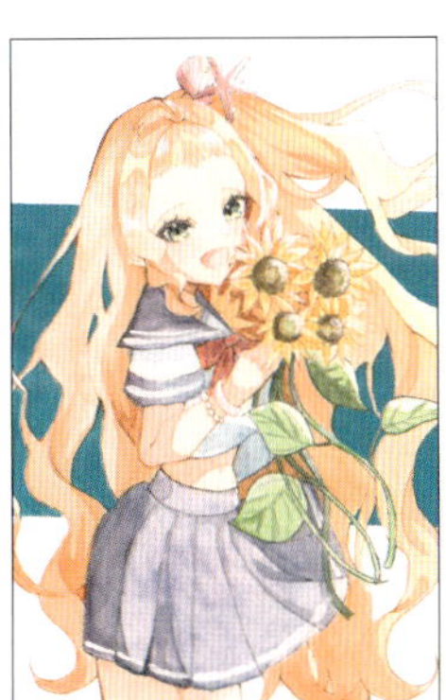
滋賀県・すずらん

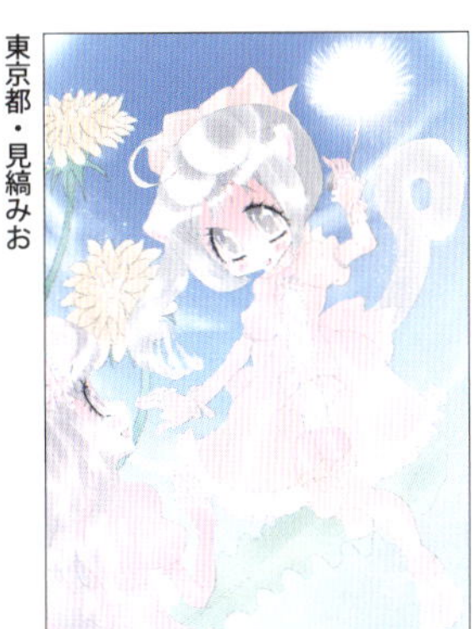
東京都・見縞みお

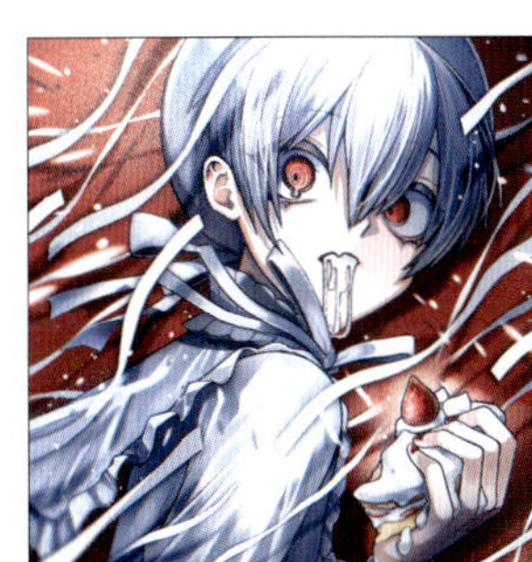
滋賀県・真田しろ

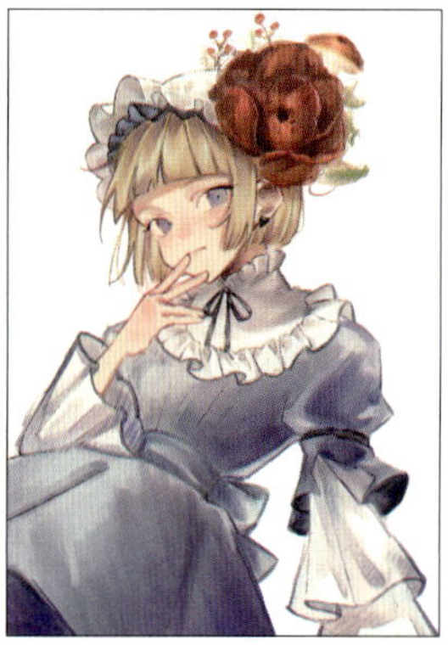
岐阜県・とりてん

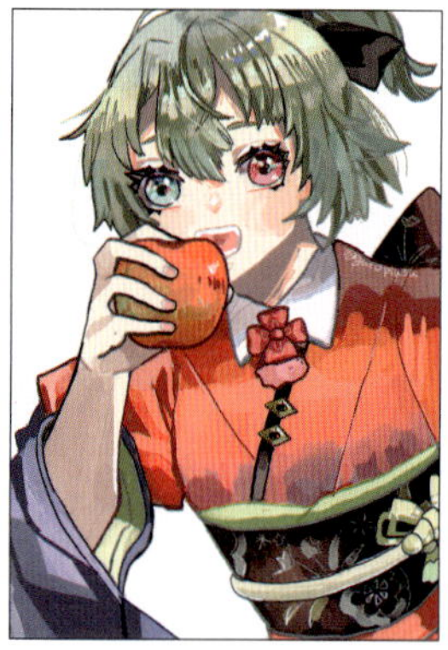
東京都・タルトtatin

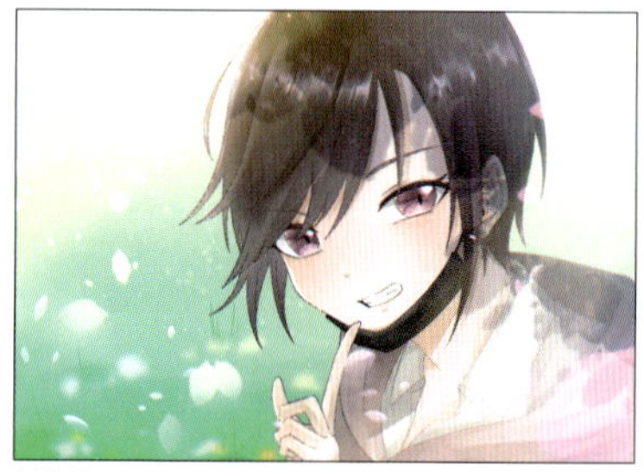
新潟県・Oswald

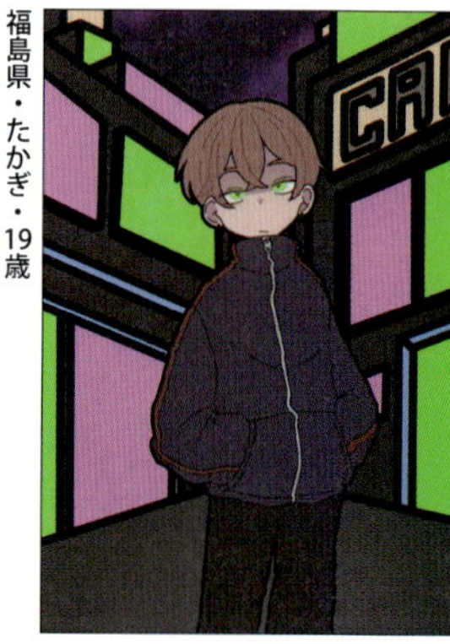
福島県・たかぎ・19歳

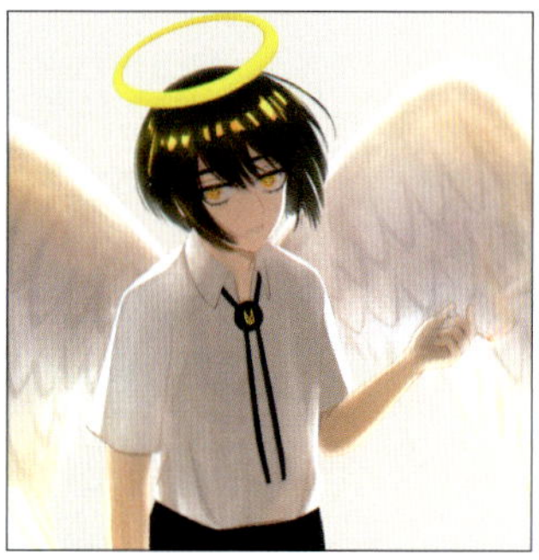
東京都・ヤド3

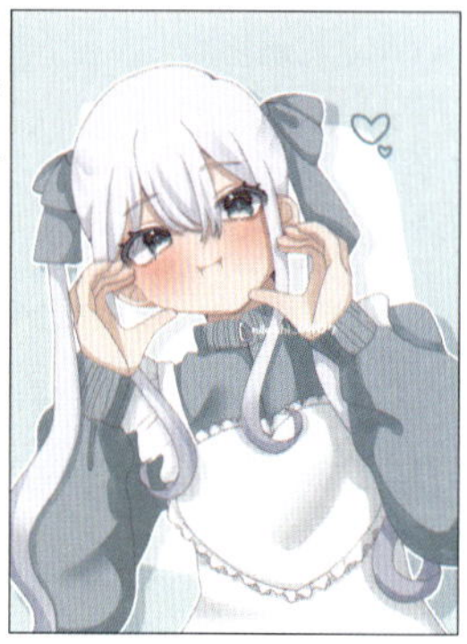
岡山県・にぼし

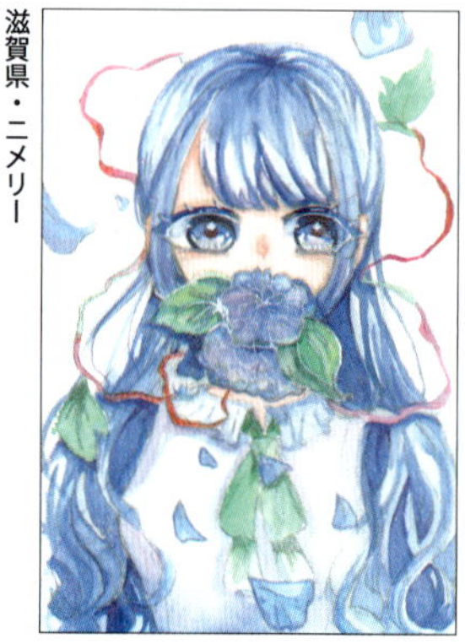
滋賀県・ニメリー

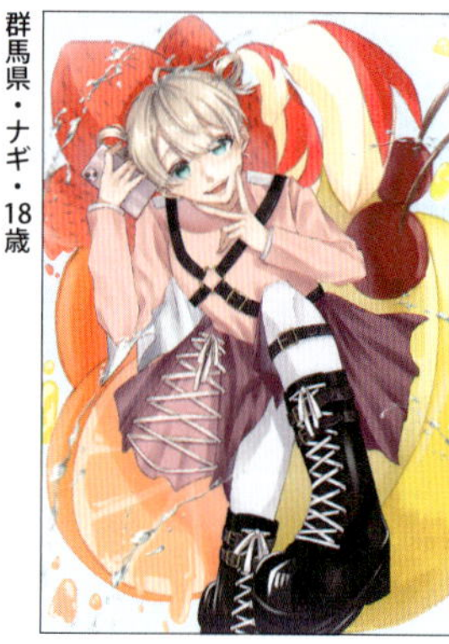
群馬県・ナギ・18歳

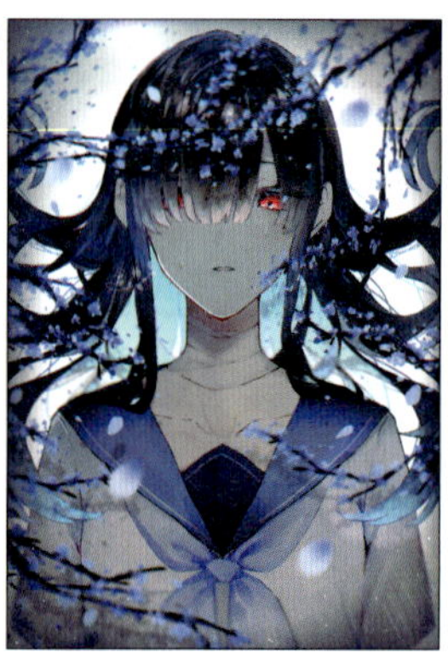
神奈川県・ひなた・13歳

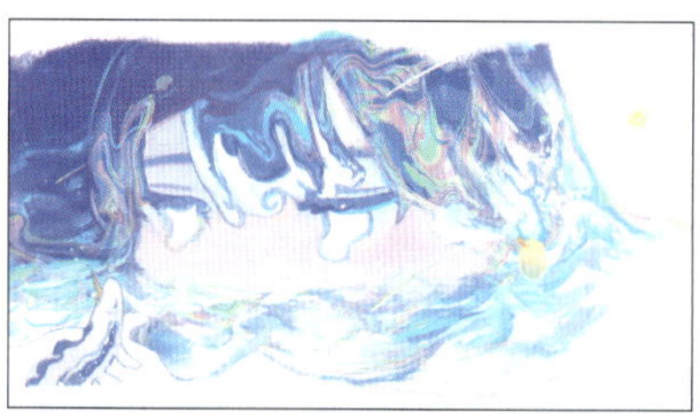
大阪府・ken2pa_a

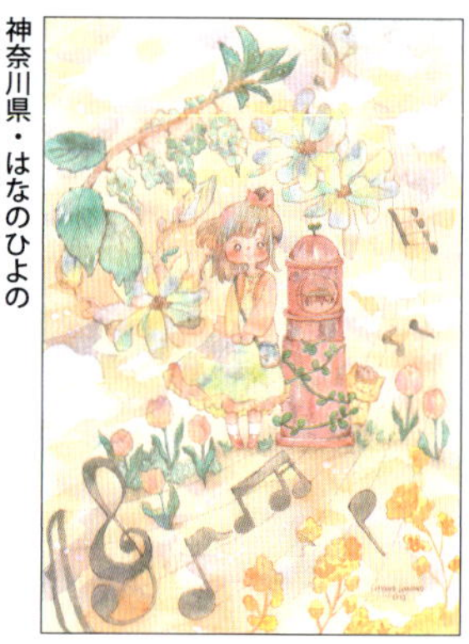
神奈川県・はなのひよの

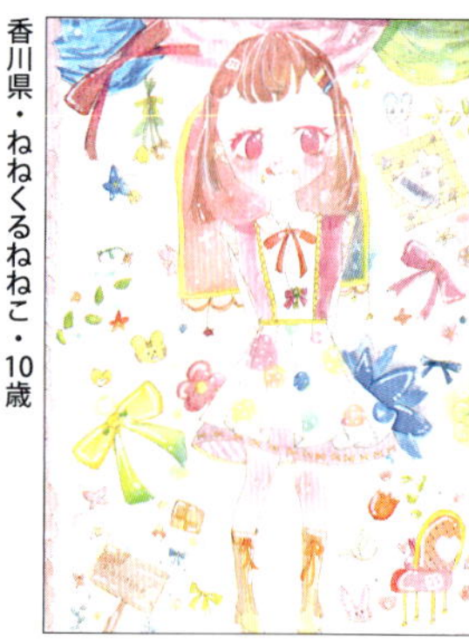
香川県・ねねくるねねこ・10歳

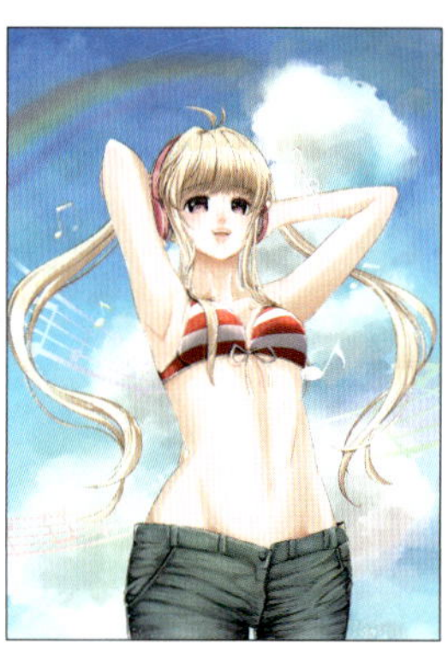
静岡県・ぽていとん・18歳

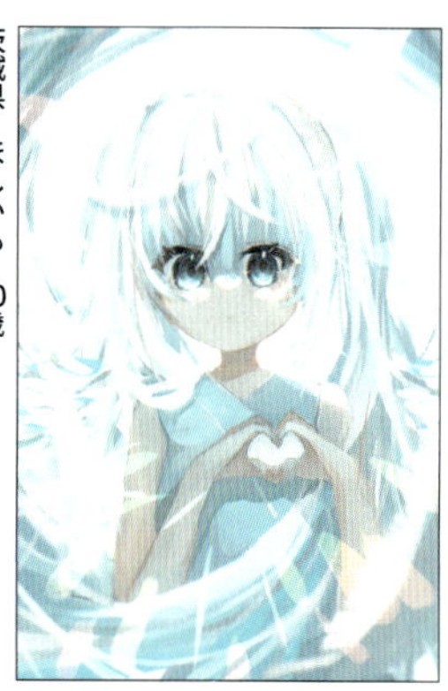
茨城県・ほしいも・10歳

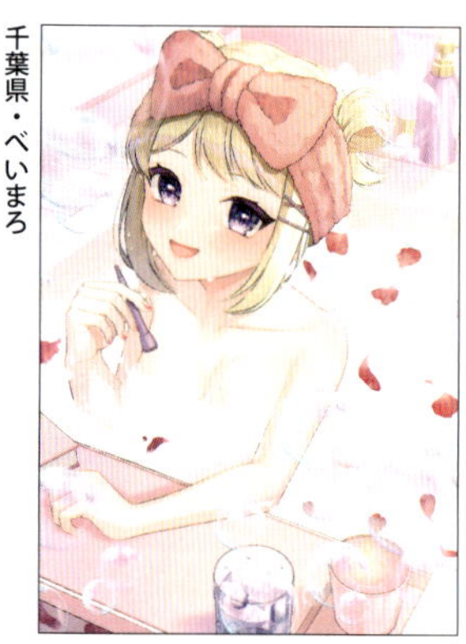
千葉県・べいまろ

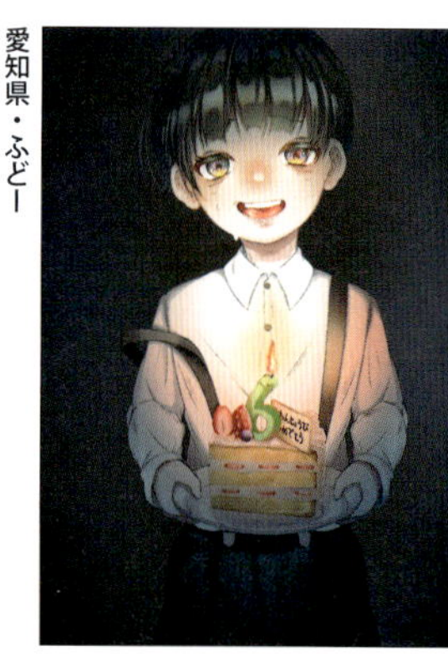
愛知県・ふどー

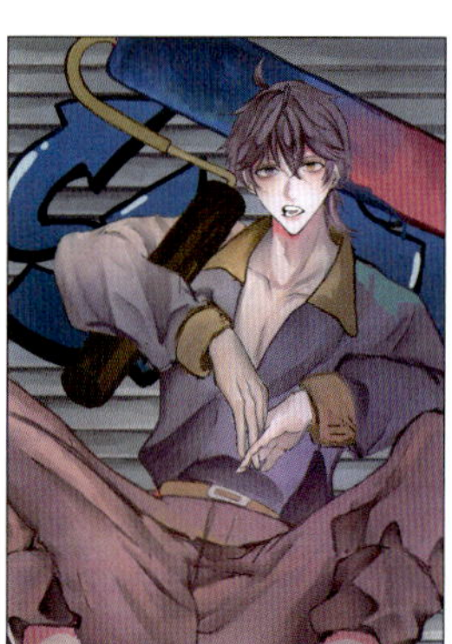
愛知県・もたの

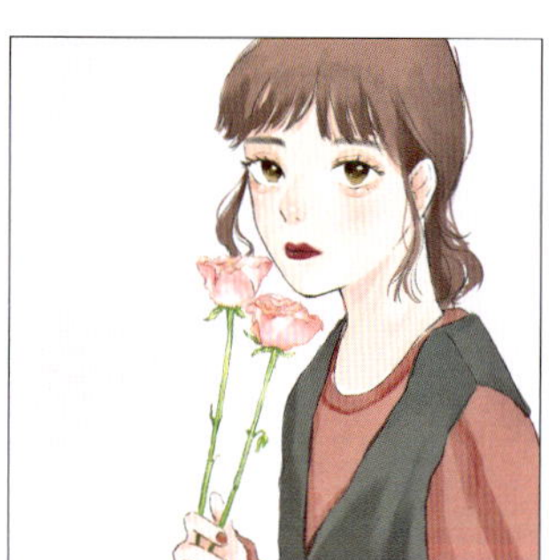
埼玉県・ふみ

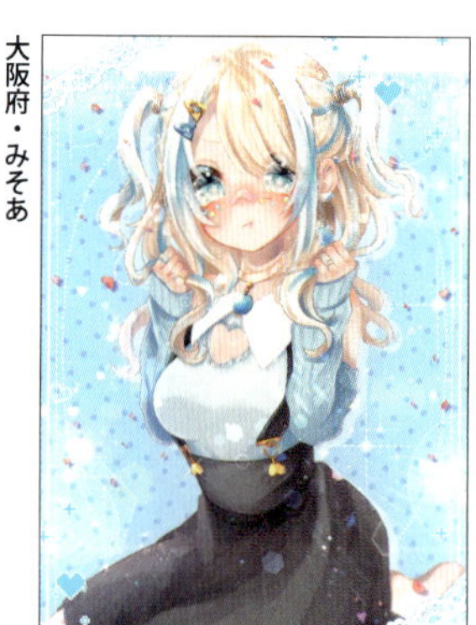
大阪府・みそあ

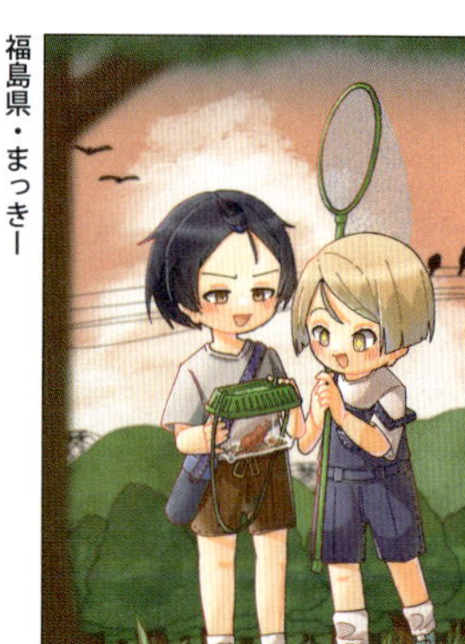
福島県・まっきー

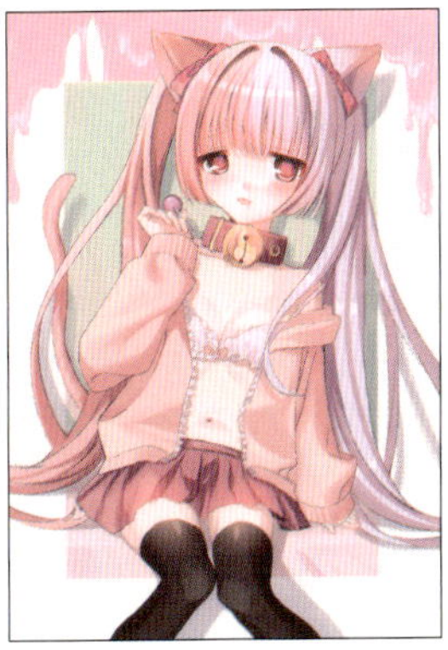
兵庫県・ららち・19歳

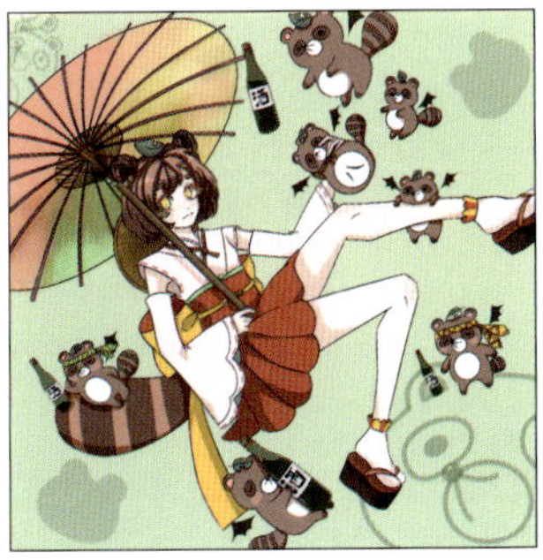
滋賀県・Mizu・11歳

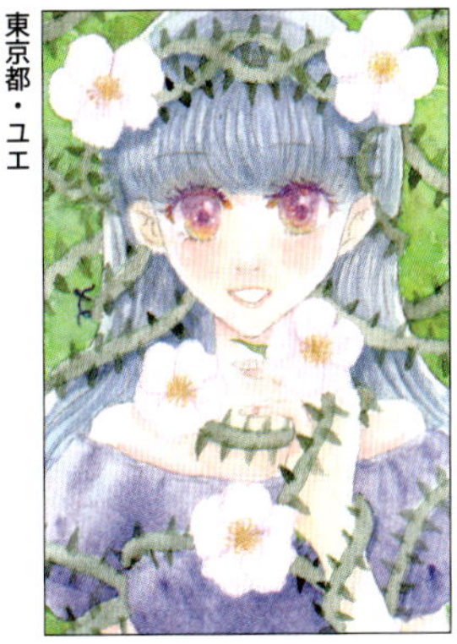
東京都・ユエ

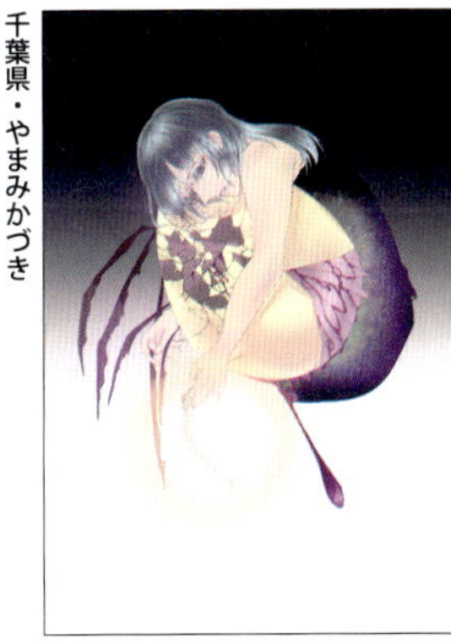
千葉県・やまみかづき

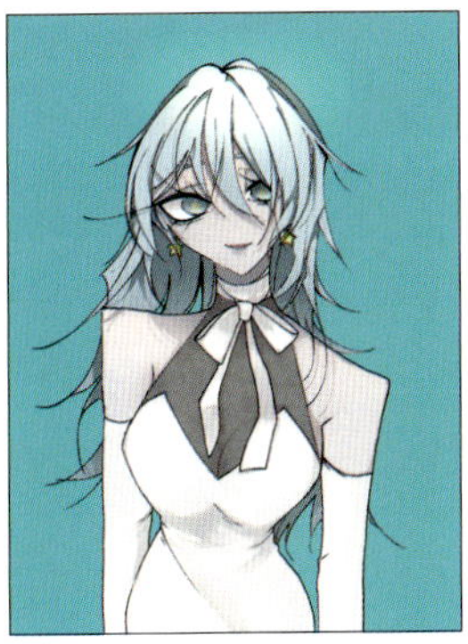
埼玉県・わさび。・13歳

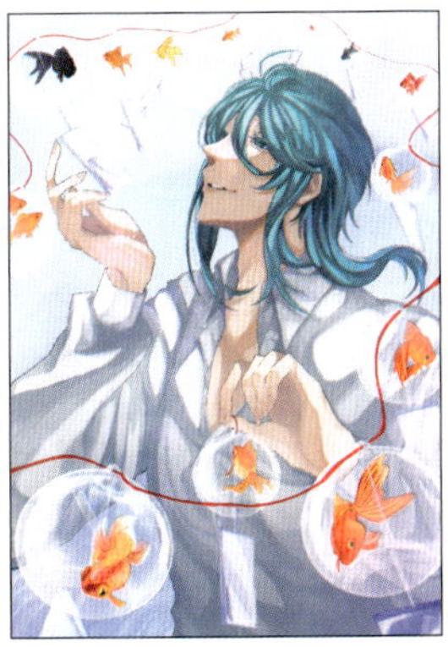
香川県・るーてぁん

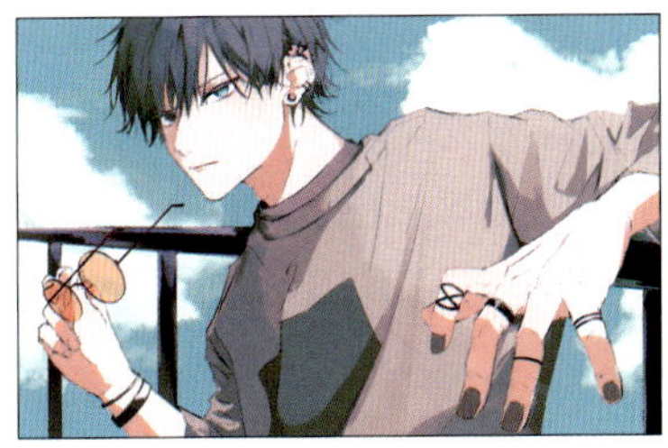
愛知県・Ao。

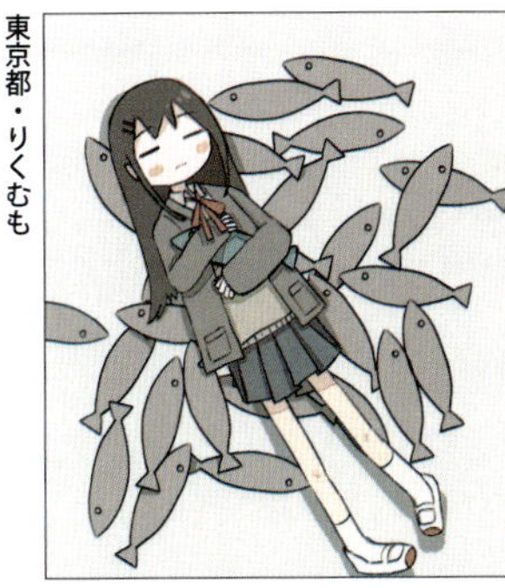
東京都・りくむも

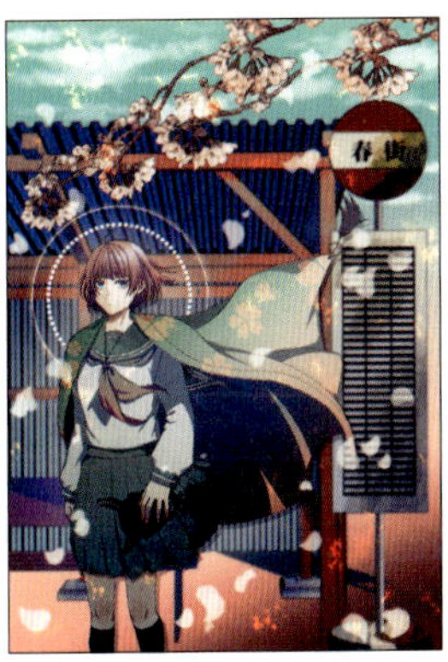
青森県・影ちょす

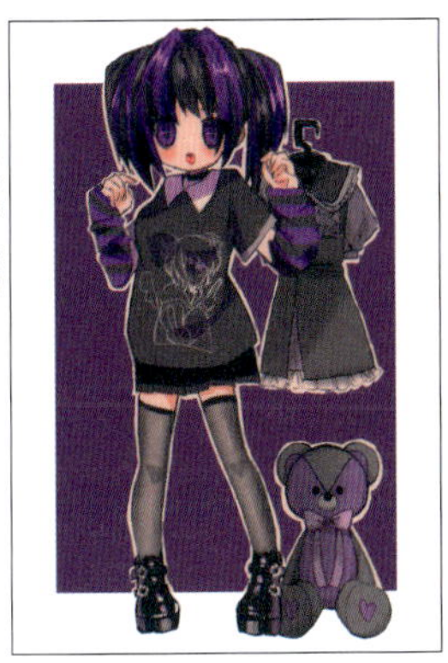
福岡県・雨衣丸・15歳

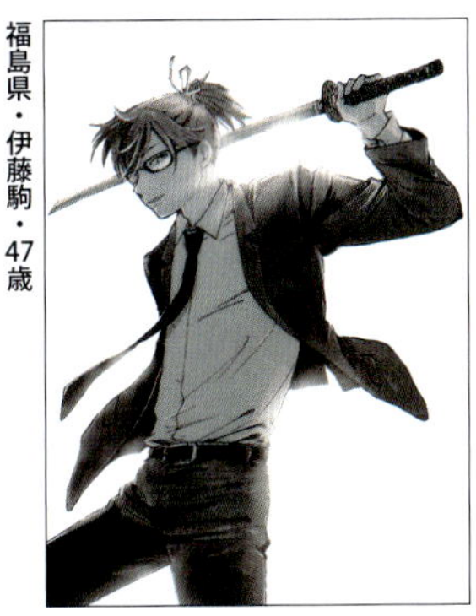
福島県・伊藤駒・47歳

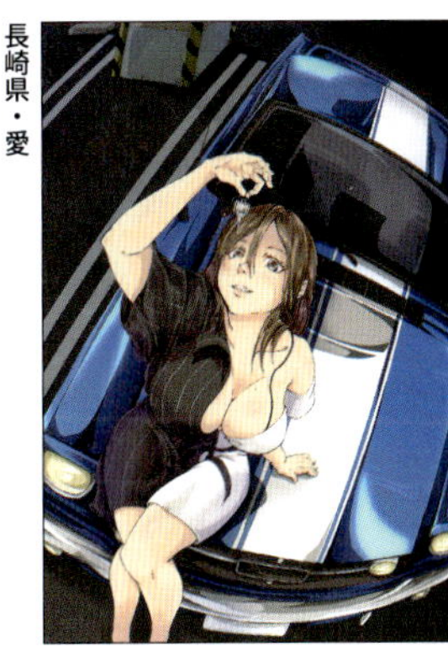
長崎県・愛

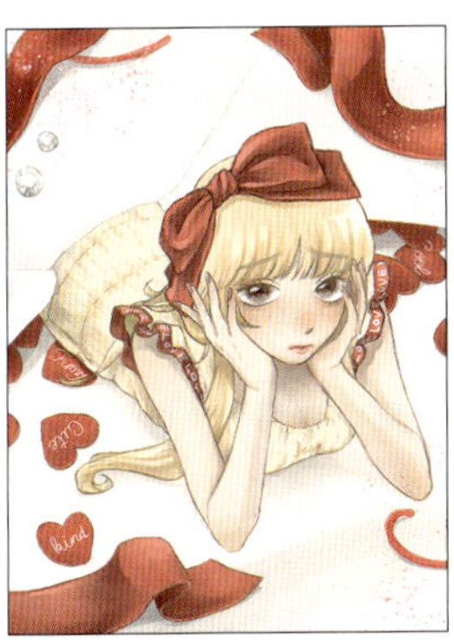
高知県・柑橘林檎

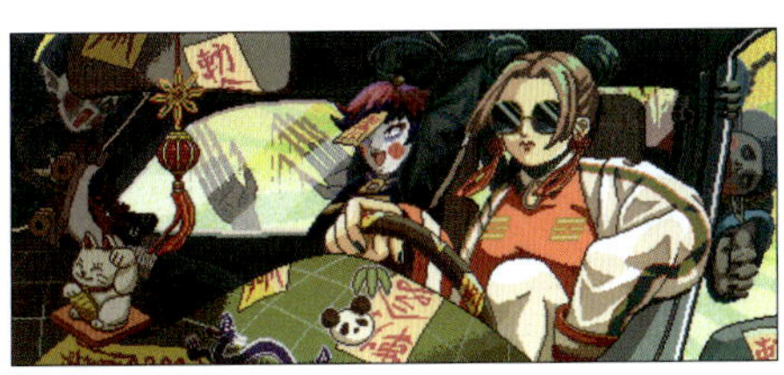
秋田県・□■□■

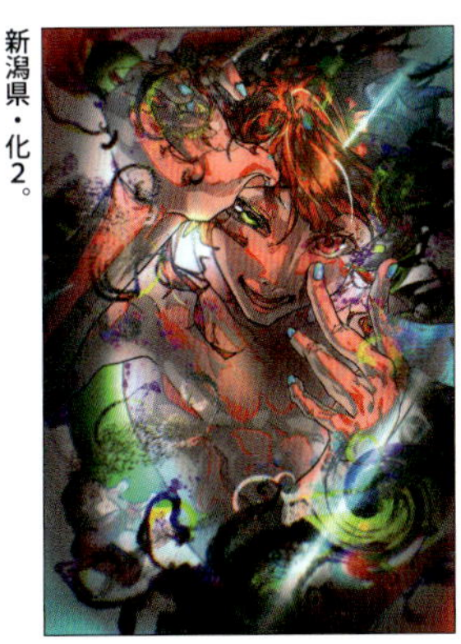
新潟県・化2。

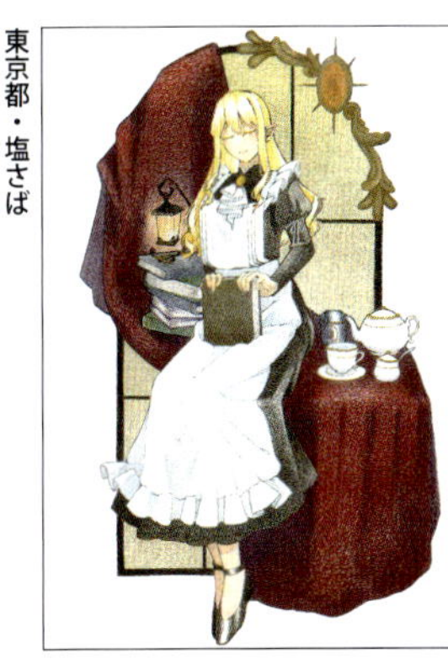
東京都・塩さば

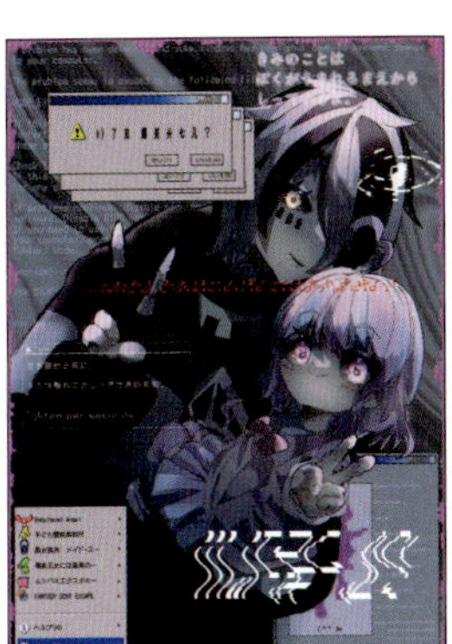
愛知県・白#時影・20歳

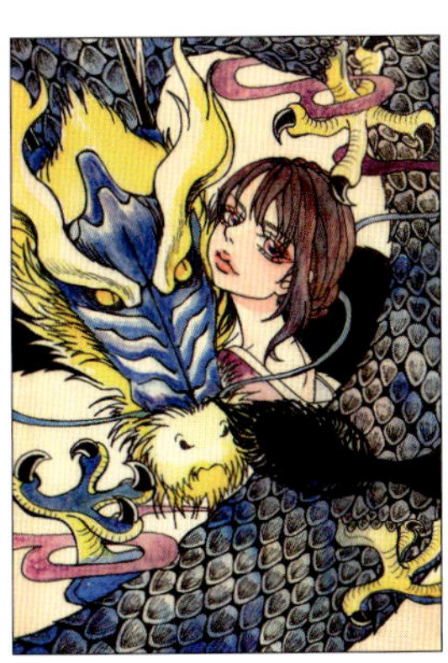
和歌山県・月霧丸

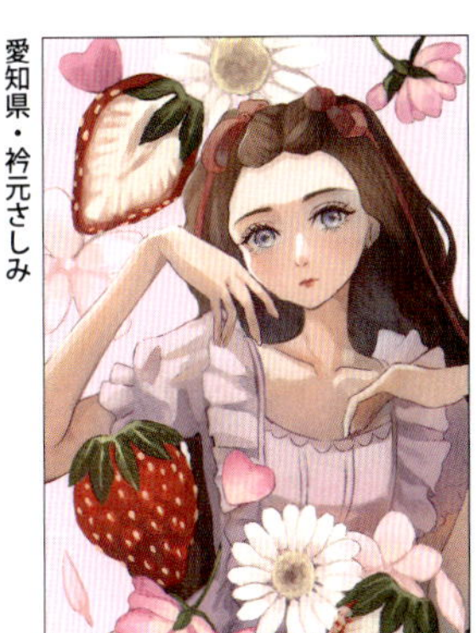
愛知県・衿元さしみ

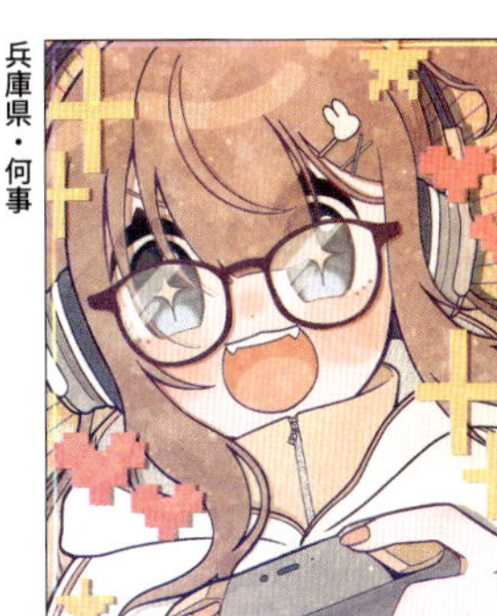
兵庫県・何事

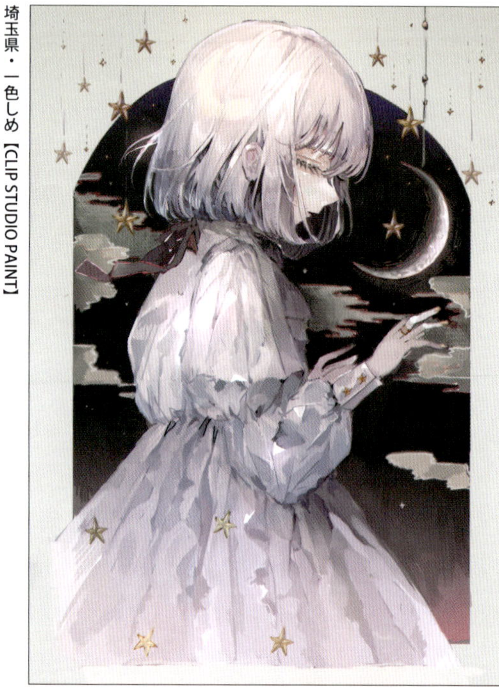

埼玉県・一色しめ【CLIP STUDIO PAINT】

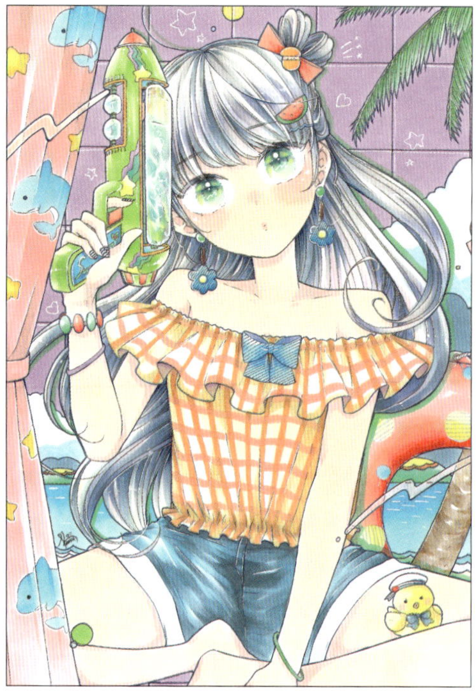

大阪府・紅梅アヤ【コピック・ピュアホワイト・コピックマルチライナー・Procreate】

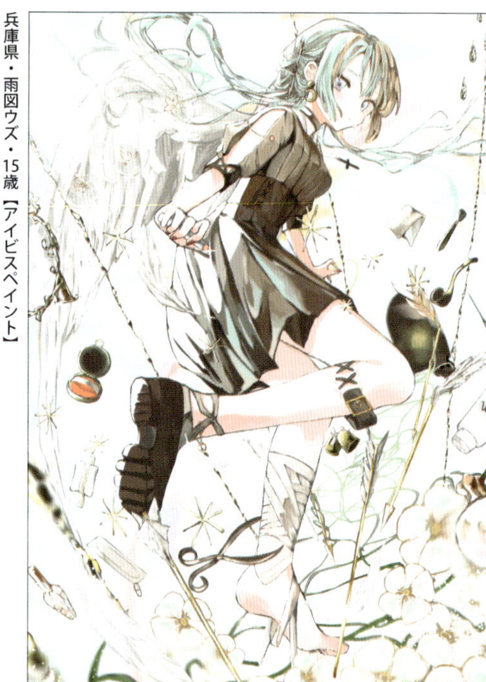

兵庫県・雨図ウズ・15歳【アイビスペイント】

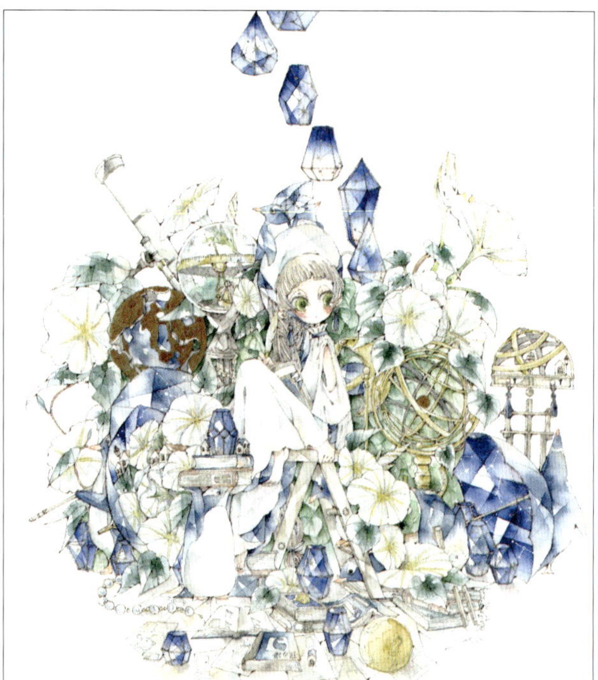

神奈川県・つぶ【透明水彩・アクリル絵具】

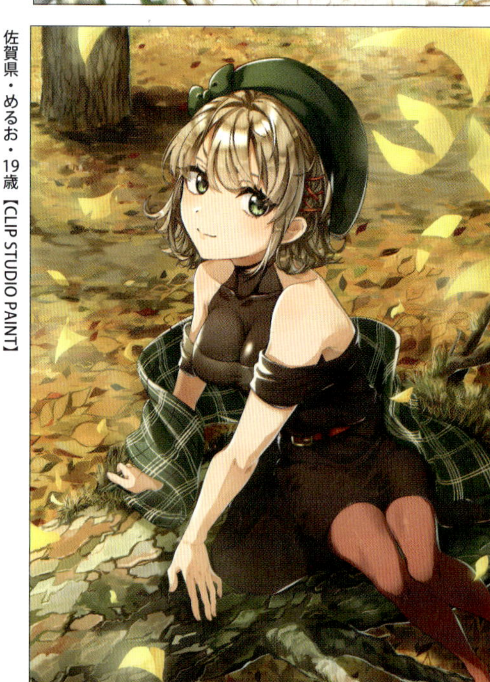

佐賀県・めるお・19歳【CLIP STUDIO PAINT】

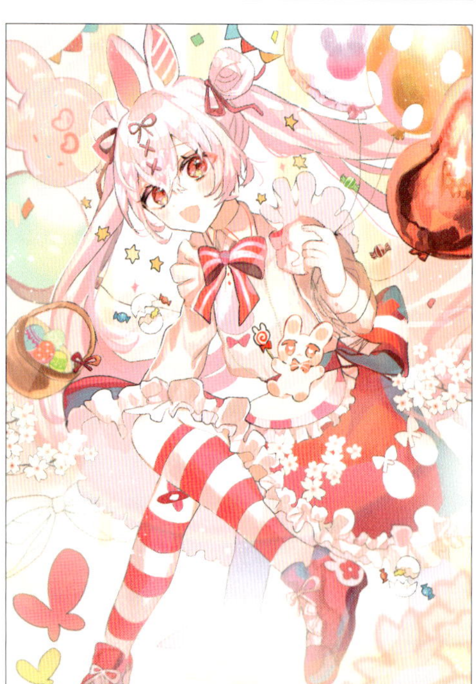

福島県・骨董ひつじ【CLIP STUDIO PAINT】

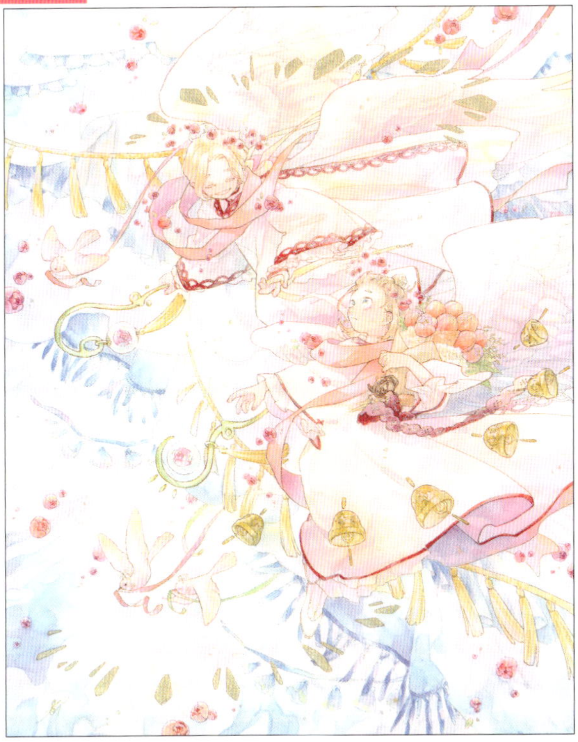

岩手県・春木【コピック・コピックインク・顔彩】

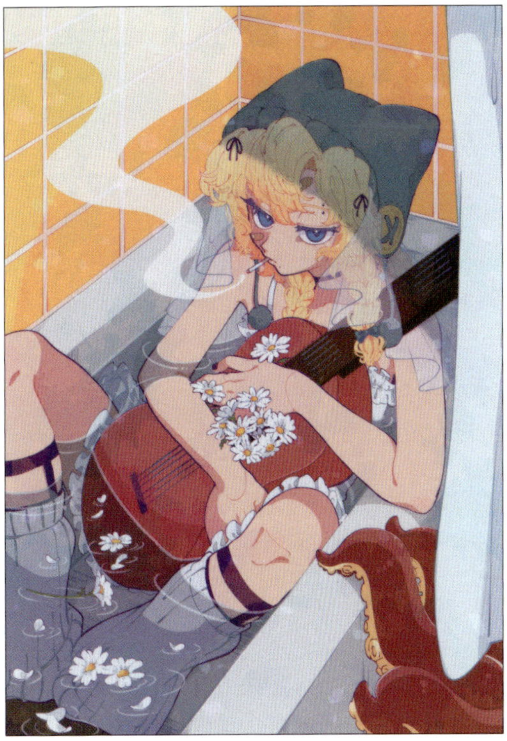

愛知県・蛸屋【CLIP STUDIO PAINT】

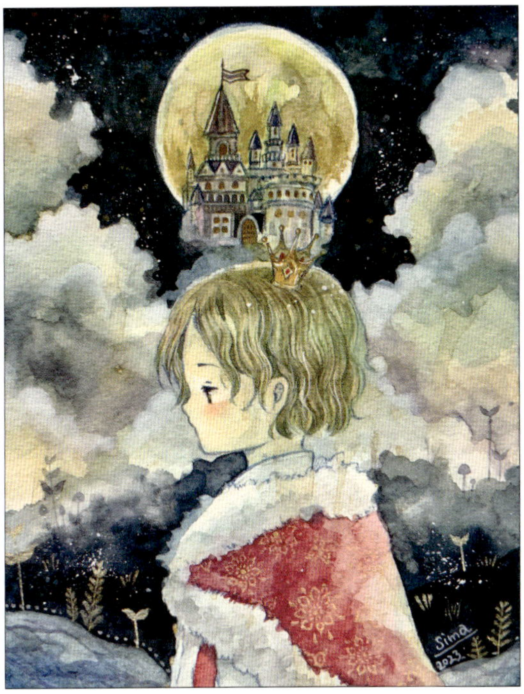

香川県・嶋波誌麻【透明水彩・顔彩・ホワイト】

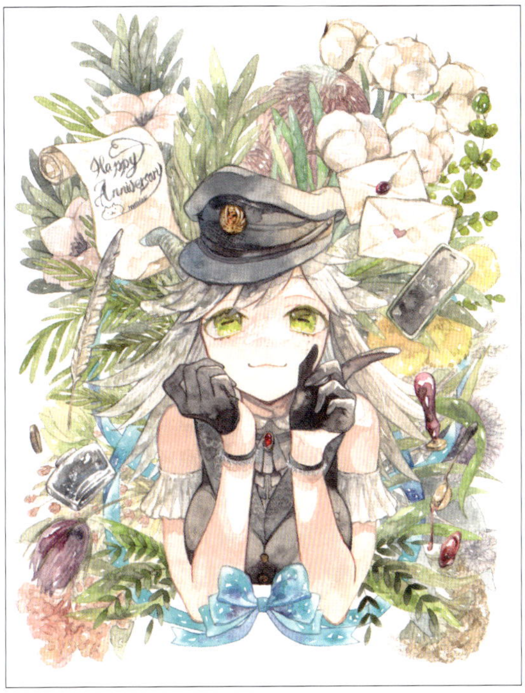

大阪府・メトレス【透明水彩・アルビレオ水彩紙】

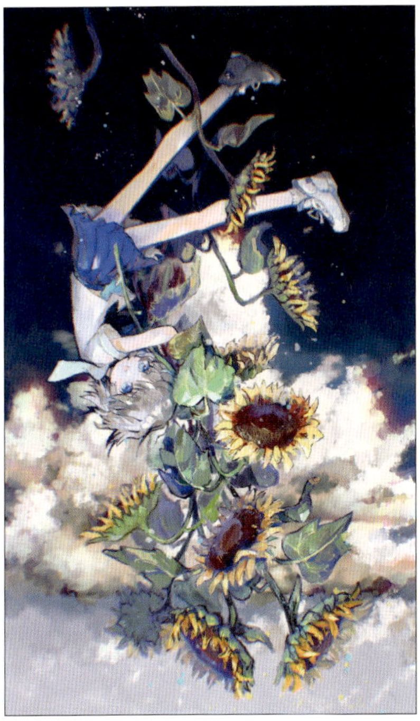

東京都・イヌケーキ【Procreate】

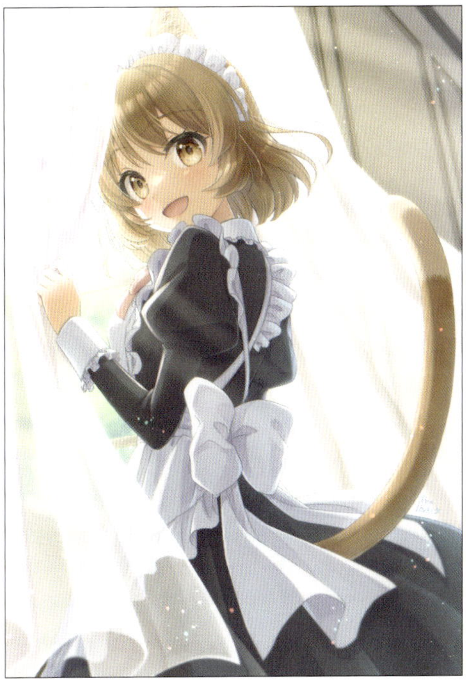

愛知県・いぶき柄那【CLIP STUDIO PAINT】

大阪府・遊山しゃき【CLIP STUDIO PAINT】

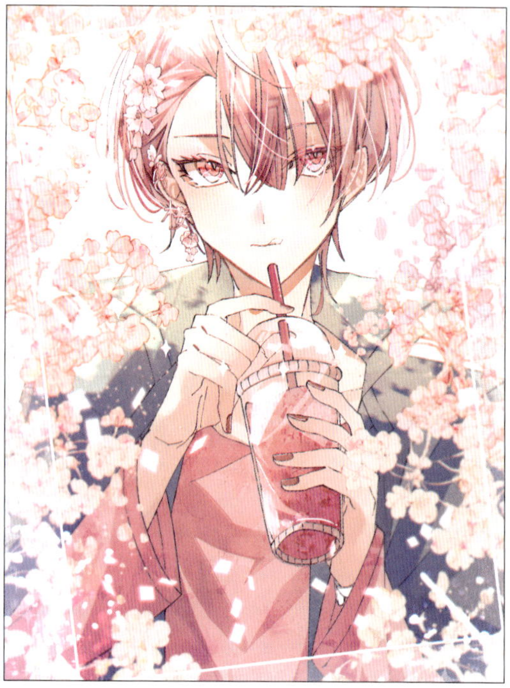

大阪府・茉莉花もも【透明水彩・顔彩・コピックマルチライナー】

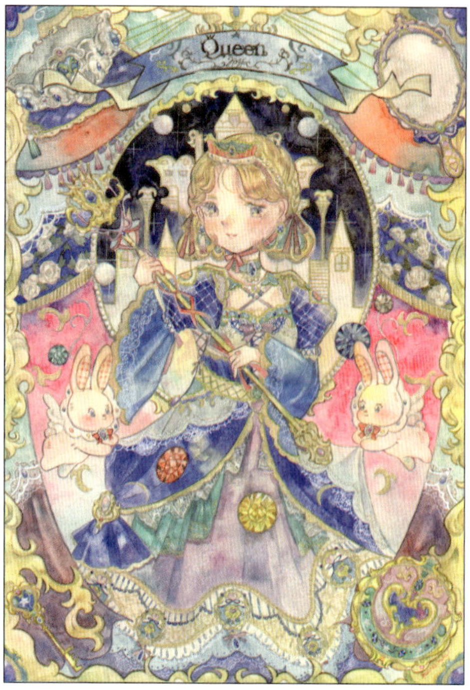

青森県・森咲ユリエ【透明水彩】

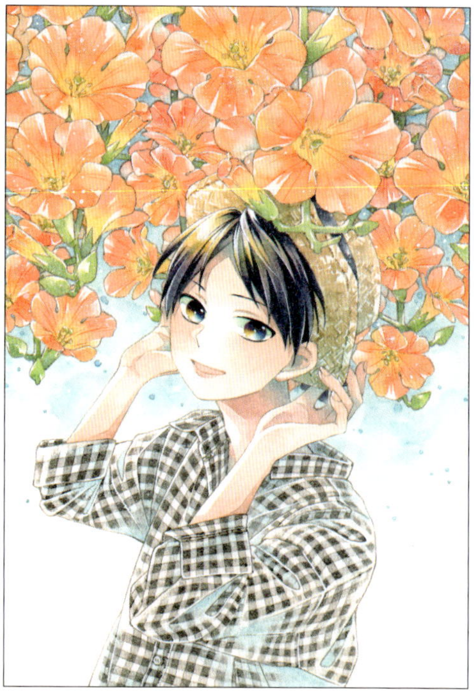

埼玉県・統原一【コピック】

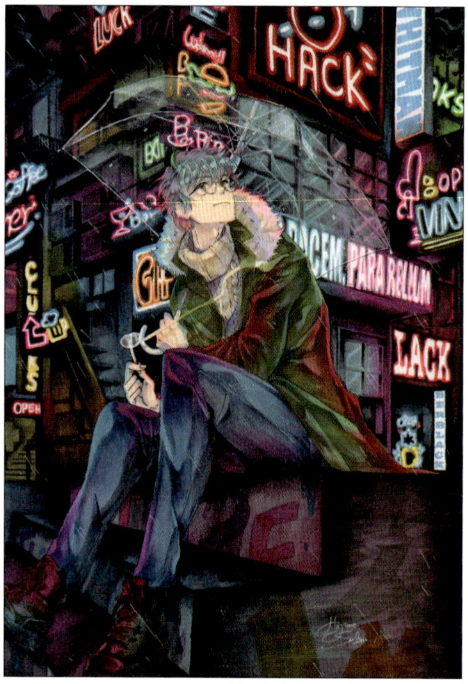

長野県・二ノ宮。【CLIP STUDIO PAINT EX】

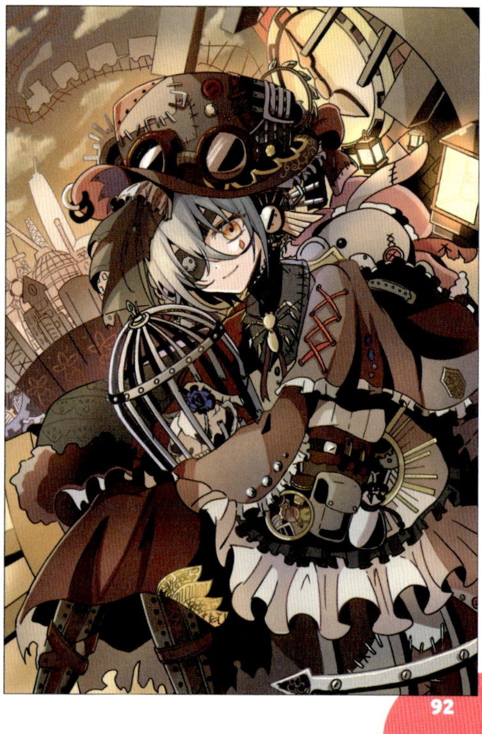

山口県・劣性遺伝【CLIP STUDIO PAINT PRO・アイビスペイントX】

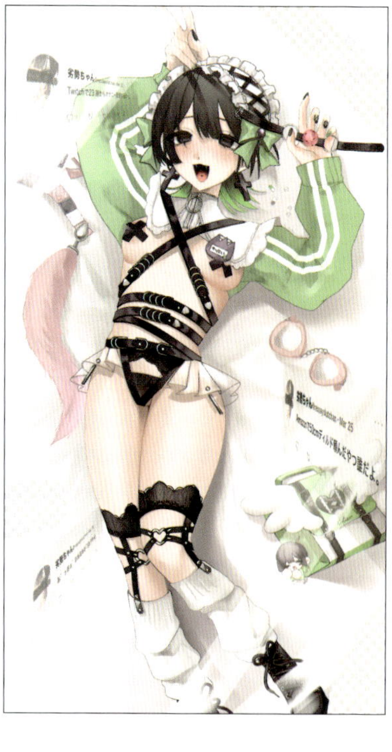

鹿児島県・Lilixia

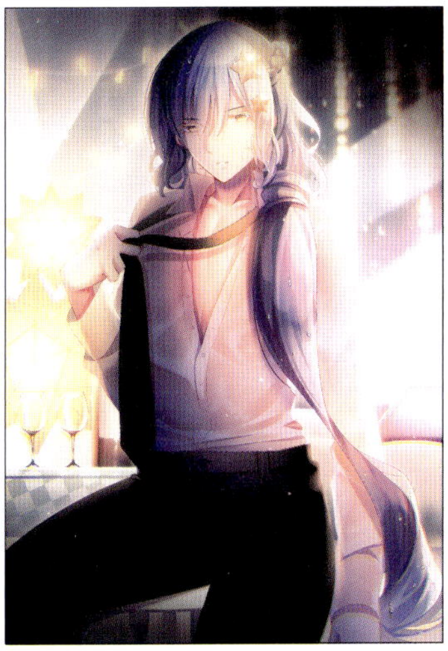

栃木県・Asa

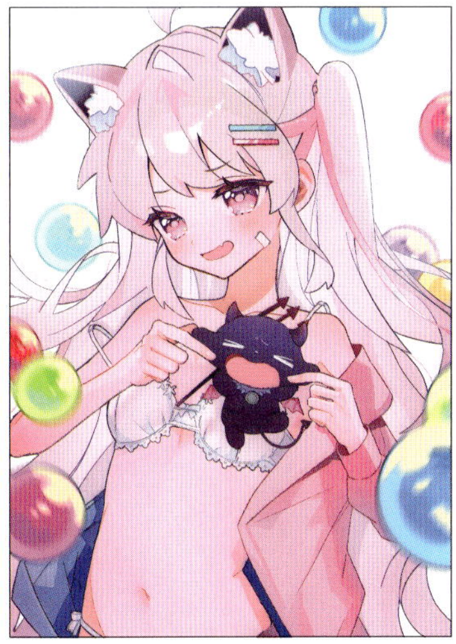

茨城県・練乳。

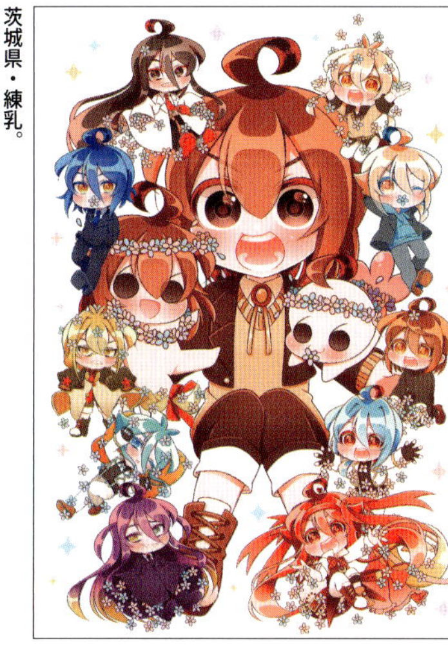

埼玉県・イシノ

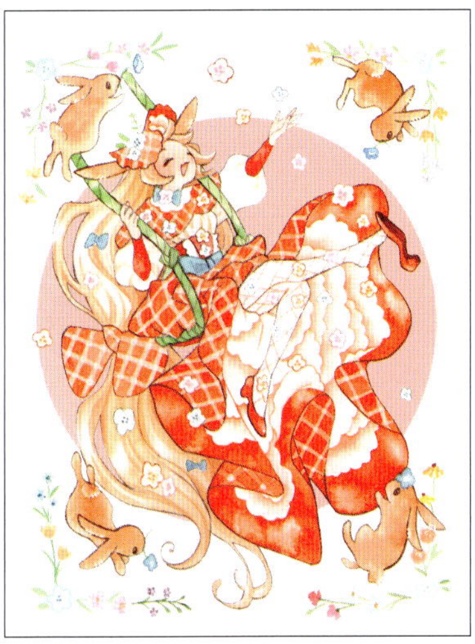

神奈川県・るりるり・38歳

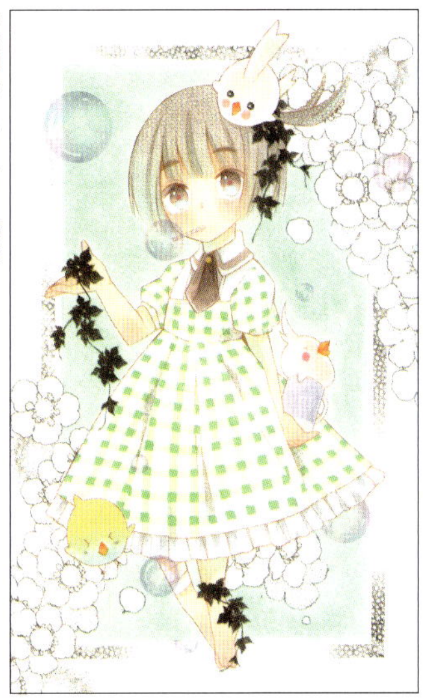

大阪府・potato

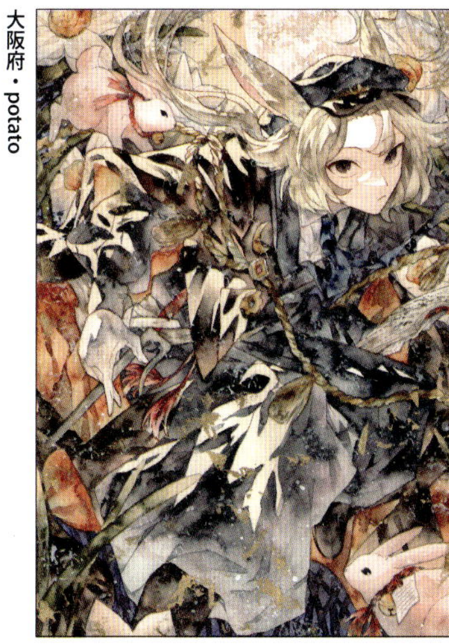

宮崎県・お時

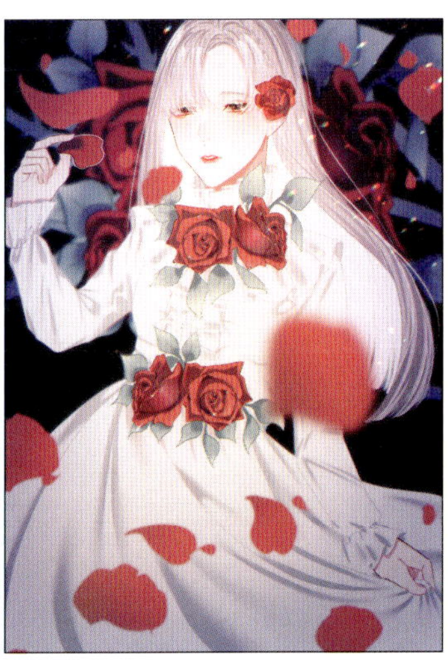

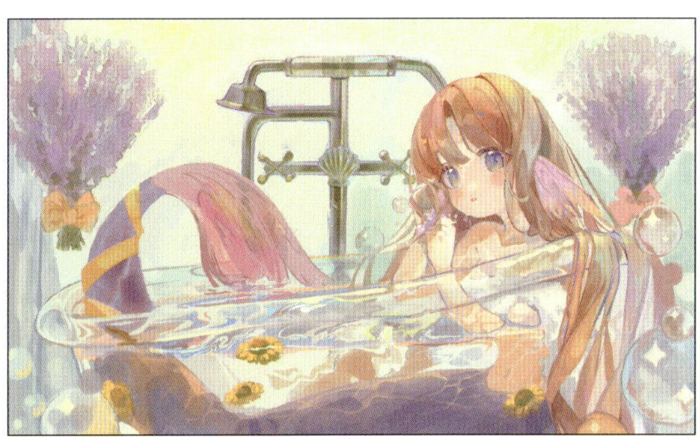

兵庫県・里ひかり

群馬県・おかだ・18歳

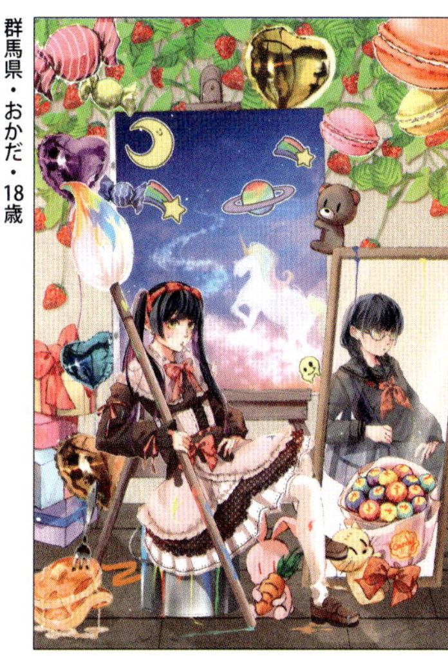

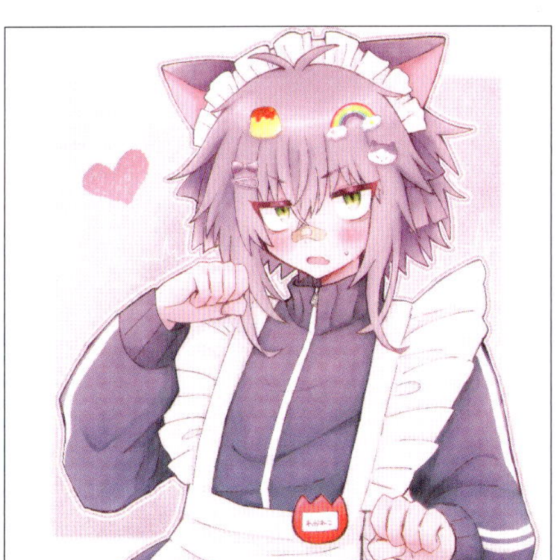

鹿児島県・鏡音ももこ・21歳

静岡県・かのちゃまんω

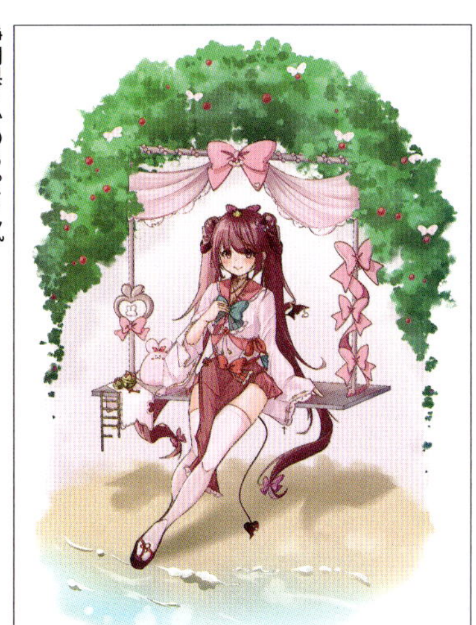

東京都・板倉三日月・16歳

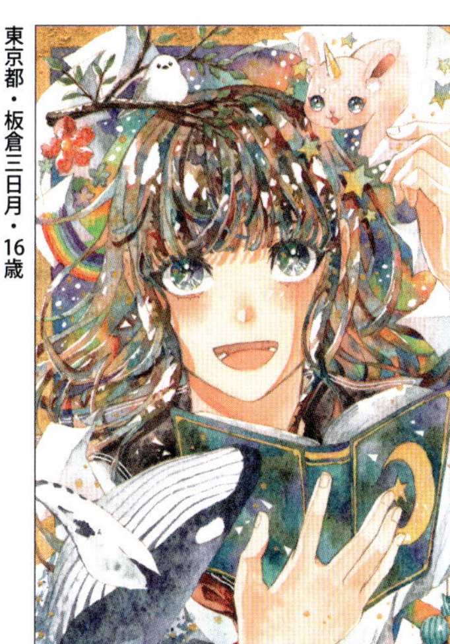

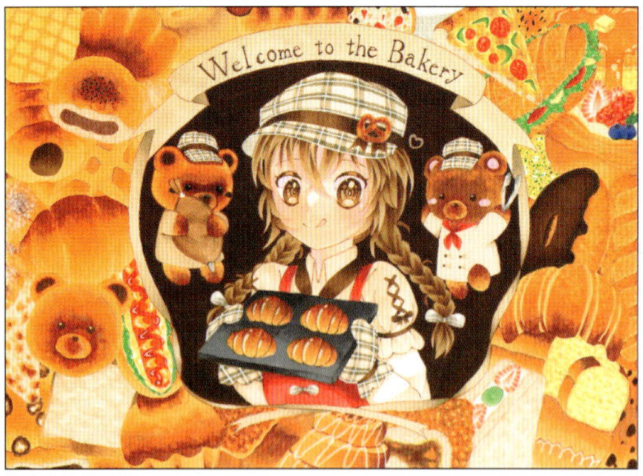

北海道・夢現まーや

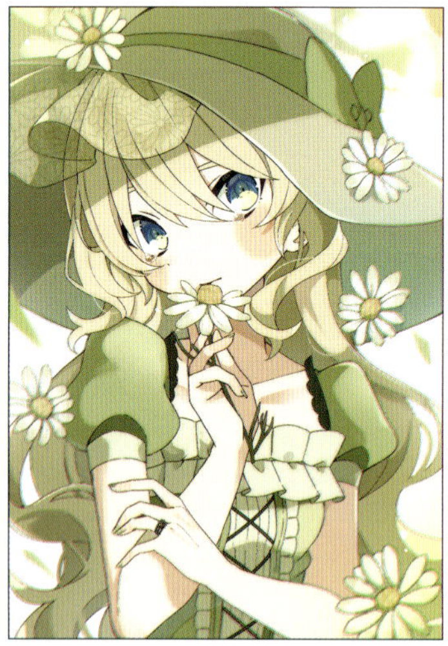

神奈川県・クスノキ

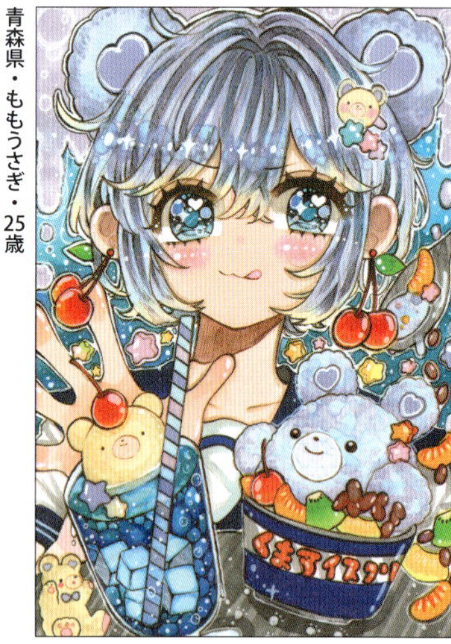

青森県・ももうさぎ・25歳

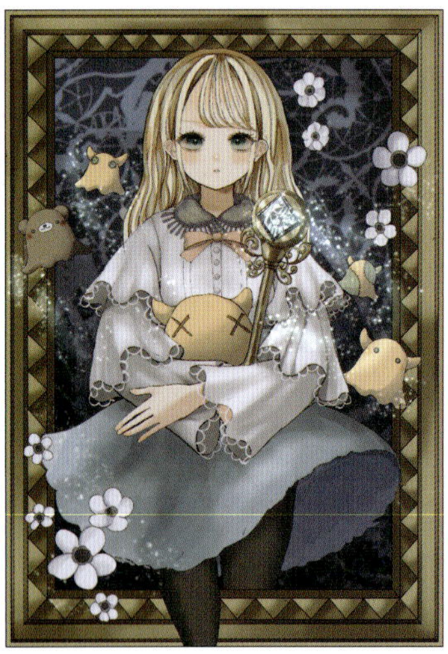

京都府・くまま・20歳

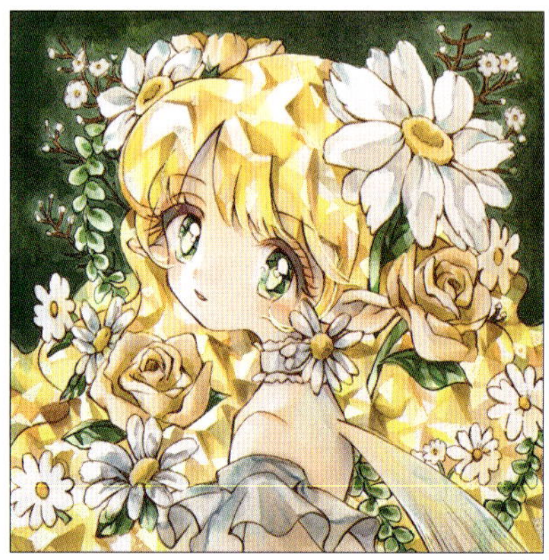

神奈川県・吉田南ナ子・22歳

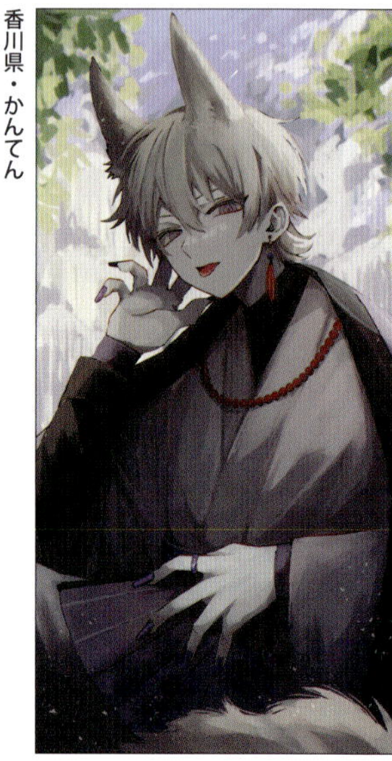

香川県・かんてん

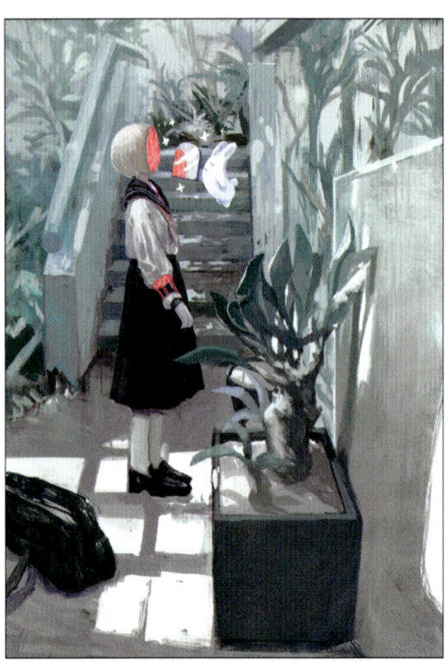

京都府・けるむ

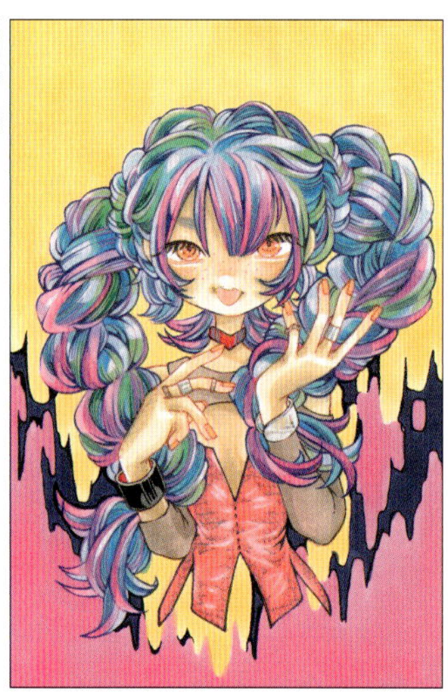

福岡県・無月

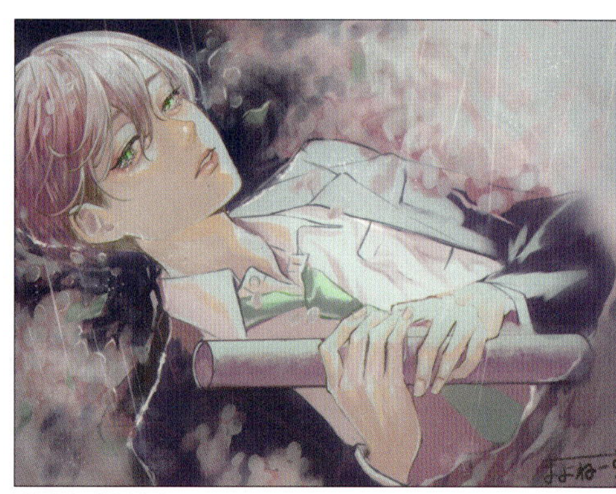

群馬県・夢見まよ

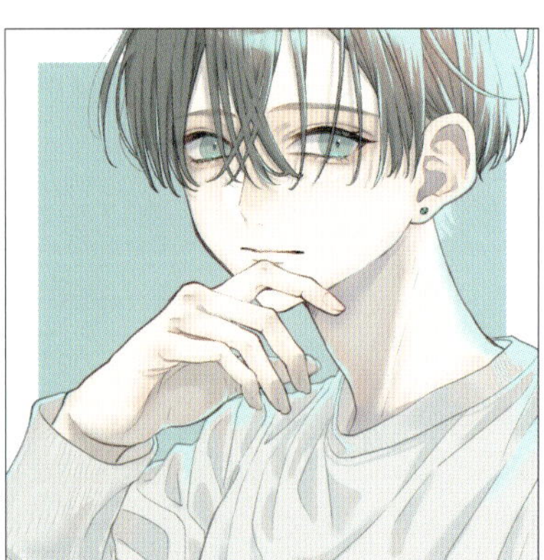

長野県・ましき

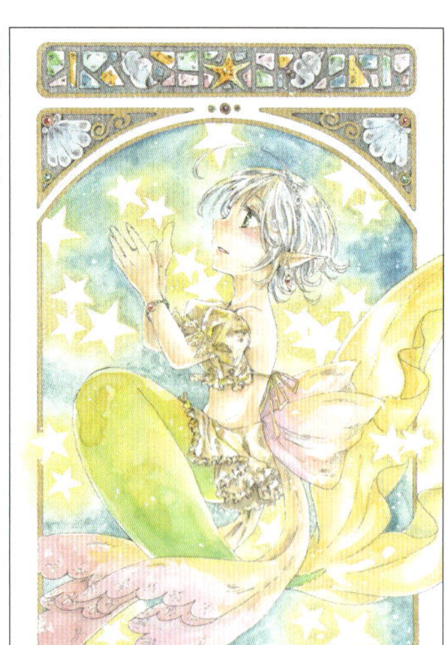

千葉県・シマシマ

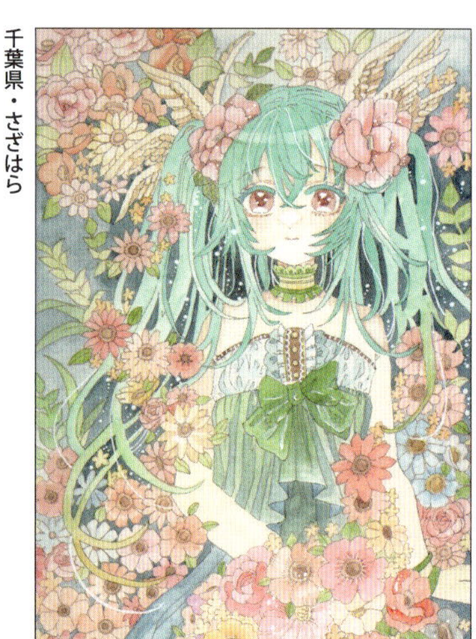

千葉県・さざはら

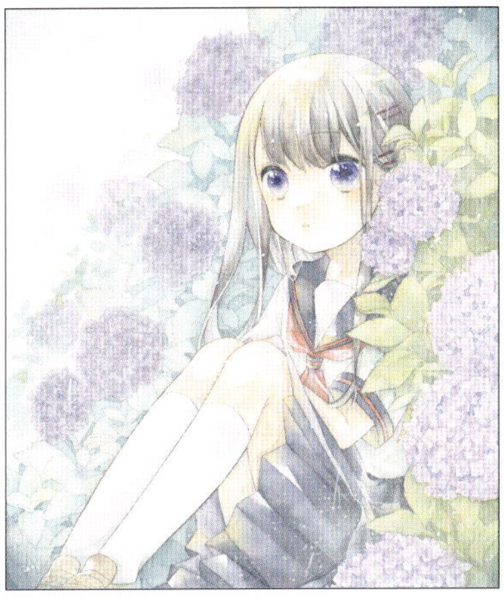
愛知県・ソライロ

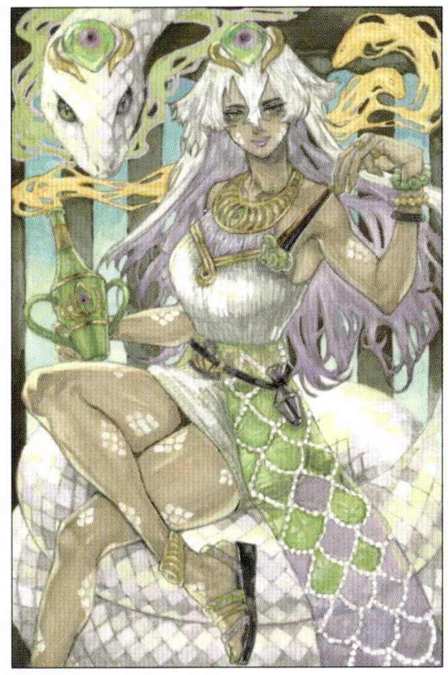
滋賀県・メロン爽太夫

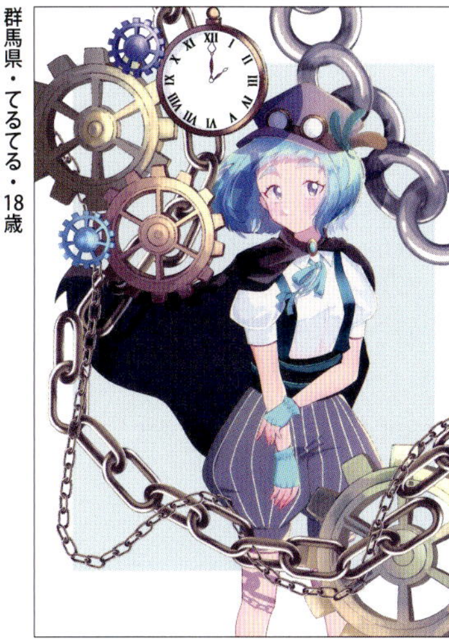
群馬県・てるてる・18歳

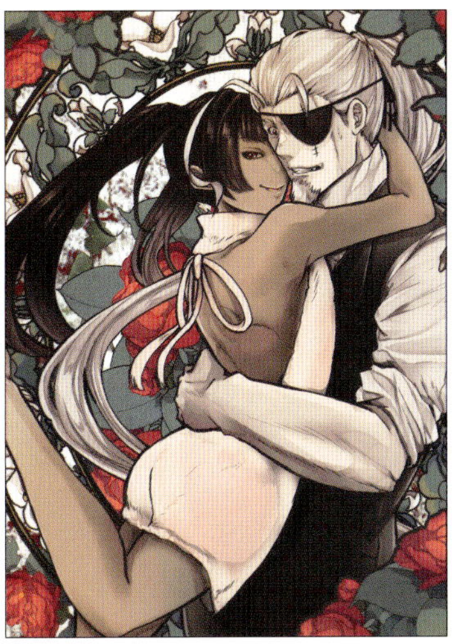
佐賀県・吉原留偉

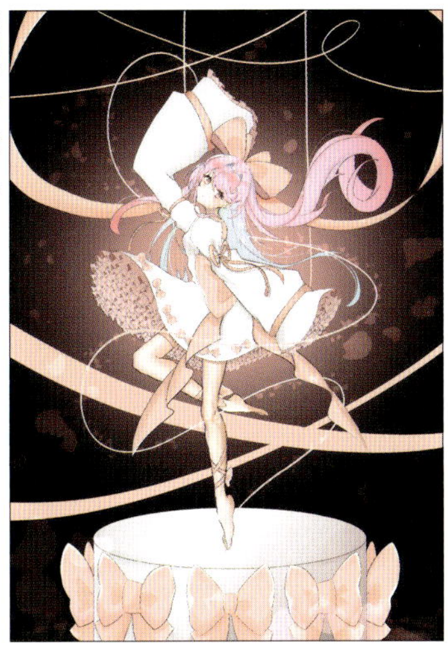
愛知県・ゆとぷりん

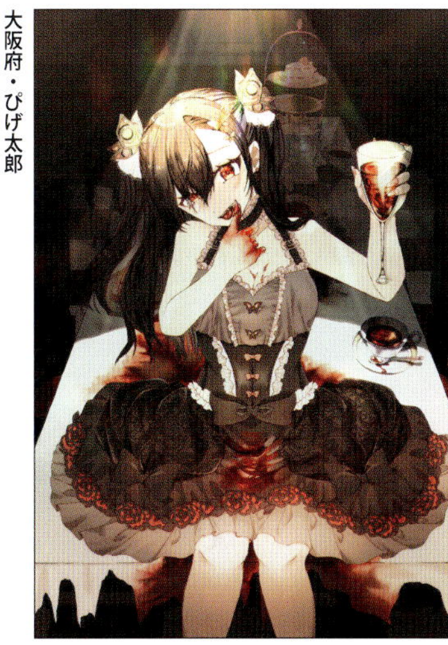
大阪府・ぴげ太郎

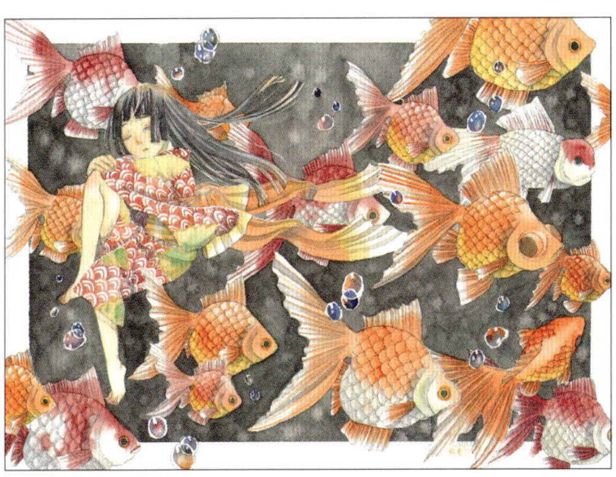
岐阜県・兎亜

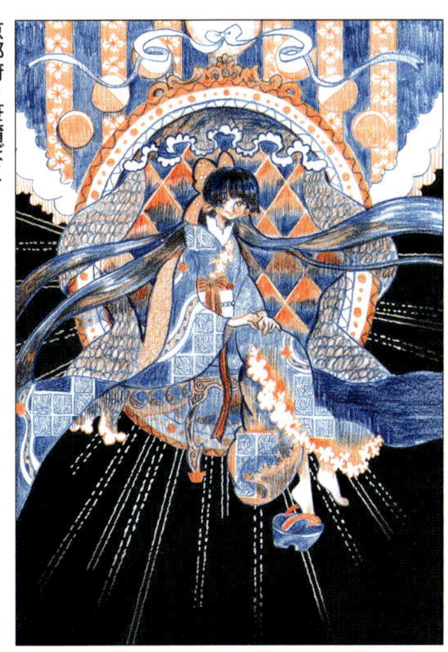
京都府・笹蒲ぼこ

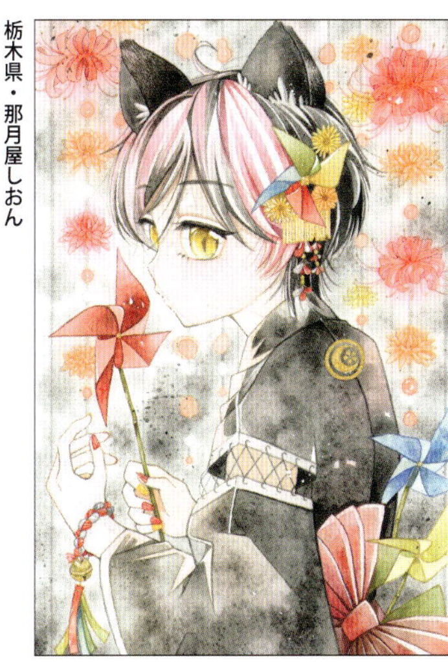
栃木県・那月屋しおん

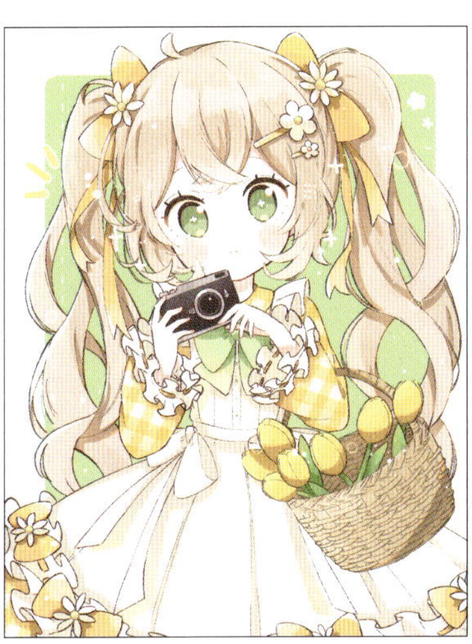
福岡県・青羽星乃

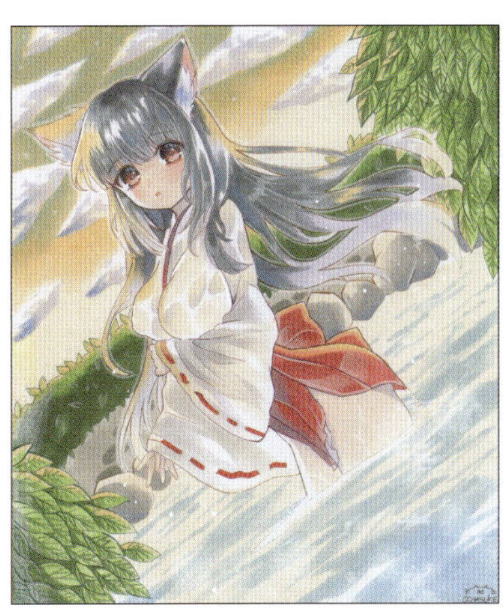
千葉県・お茶助

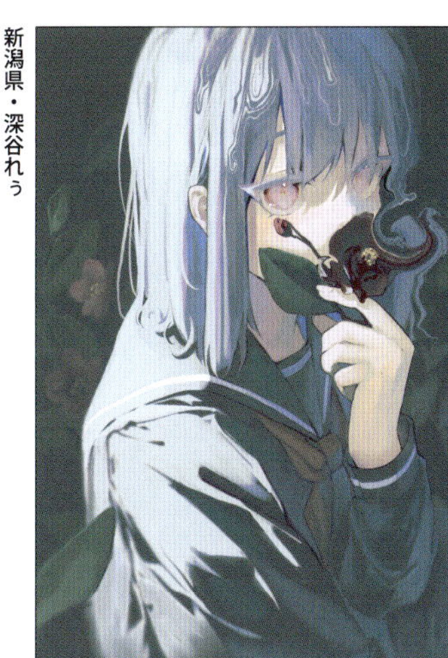
新潟県・深谷れぅ

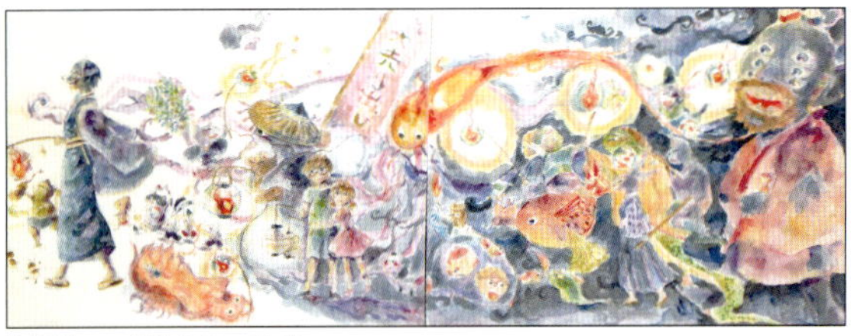

福島県・ユビキタス・22歳

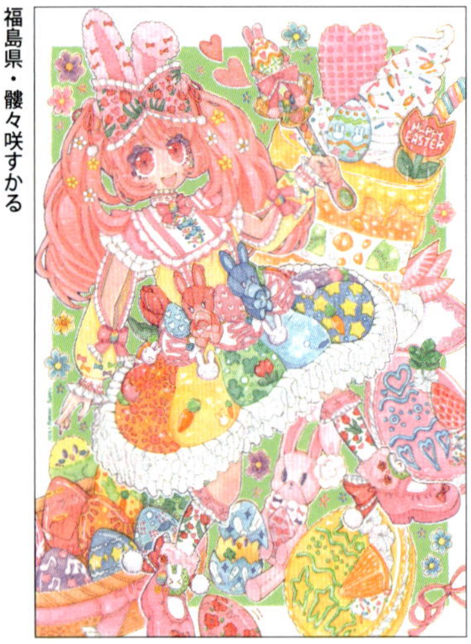

福島県・髏々咲すかる

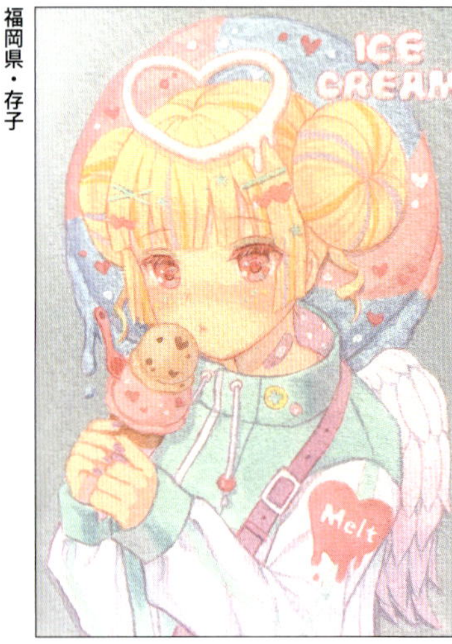

福岡県・存子

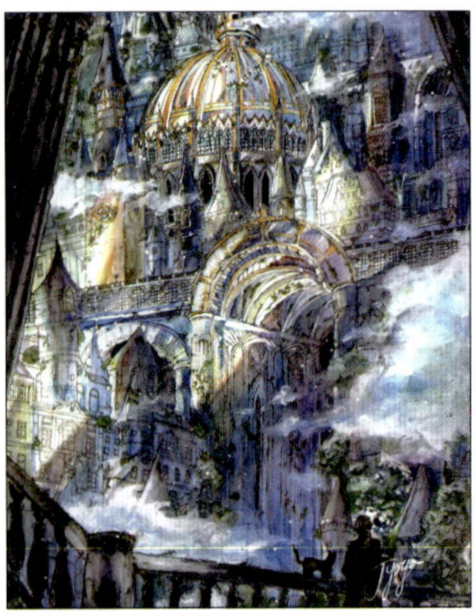

福岡県・丁夜_tyoya

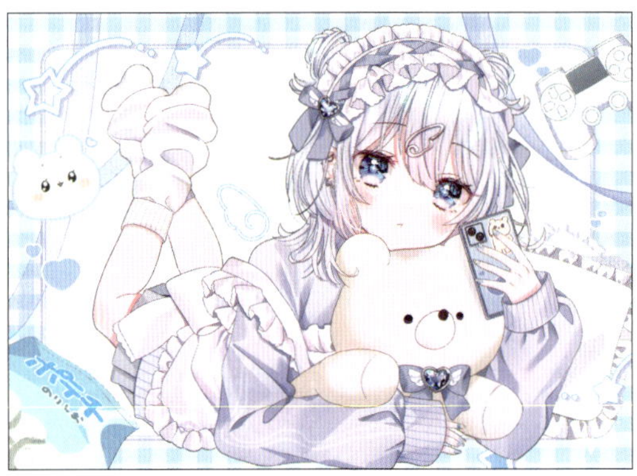

兵庫県・あでりーぬ

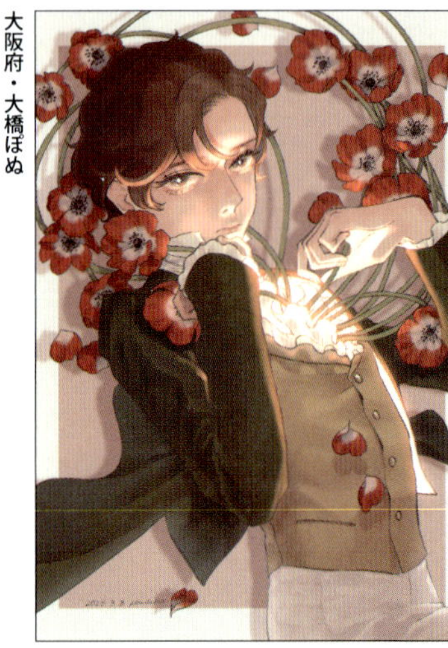

大阪府・大橋ぽぬ

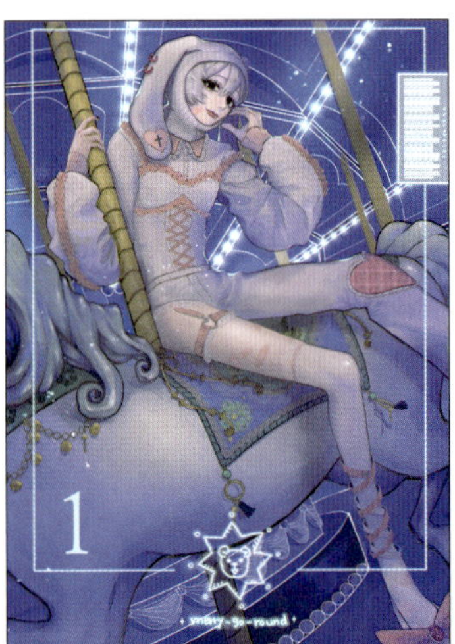

三重県・田

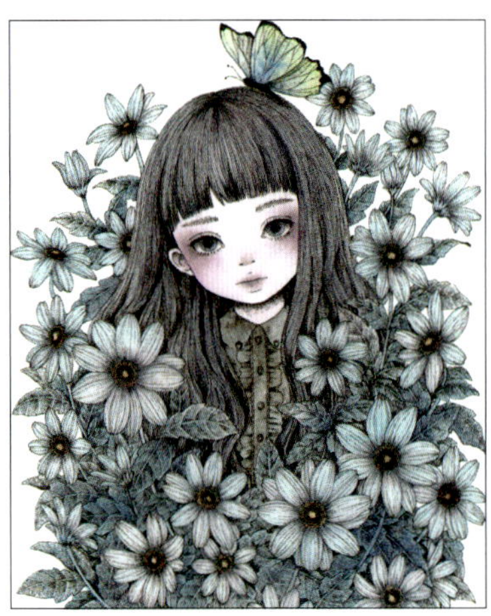

神奈川県・朝木麻貴

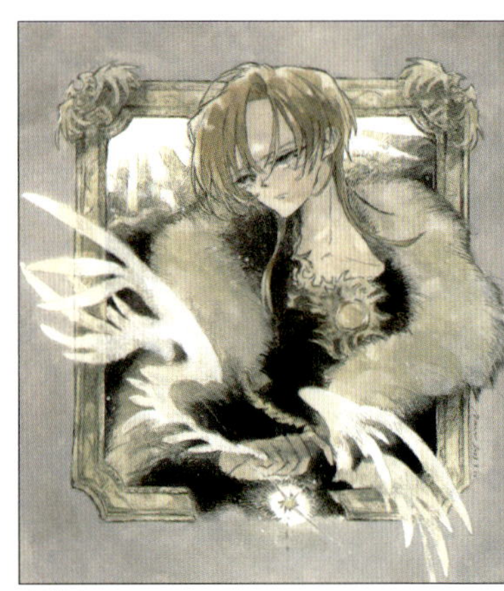

山梨県・ｓａｕ

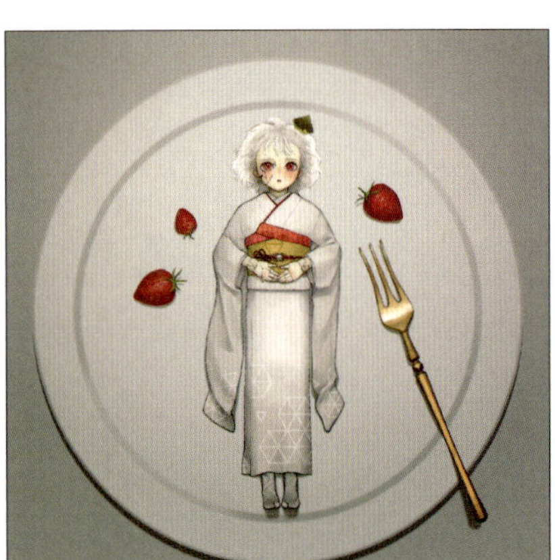

兵庫県・inui

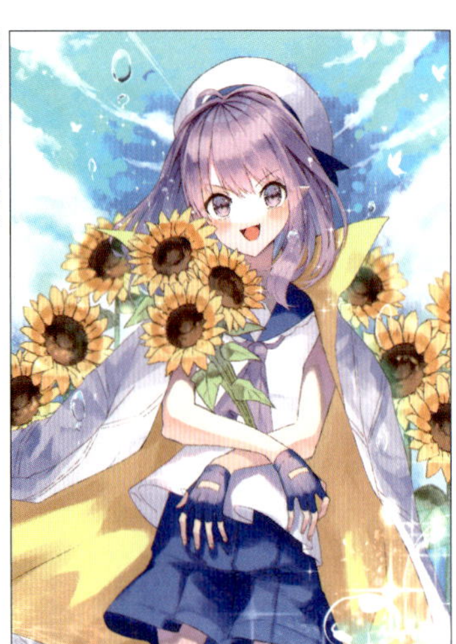

福島県・桃寸（もす）

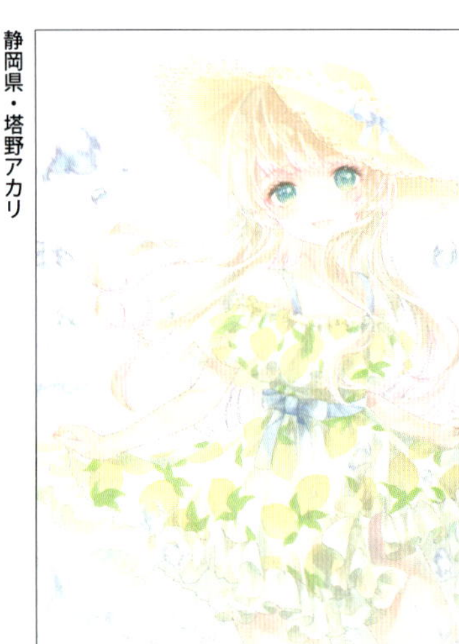

静岡県・塔野アカリ

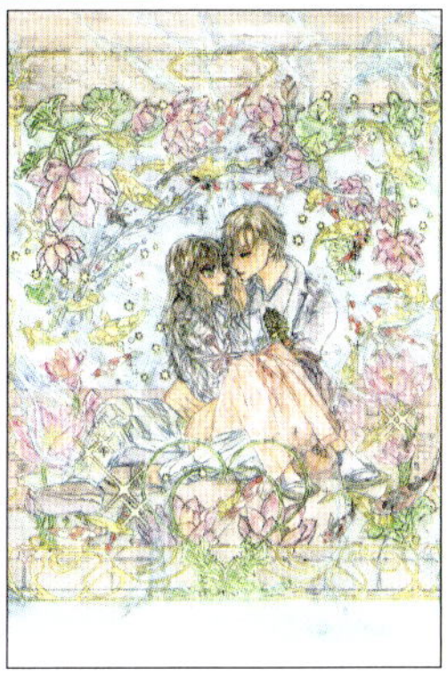
福岡県・arise

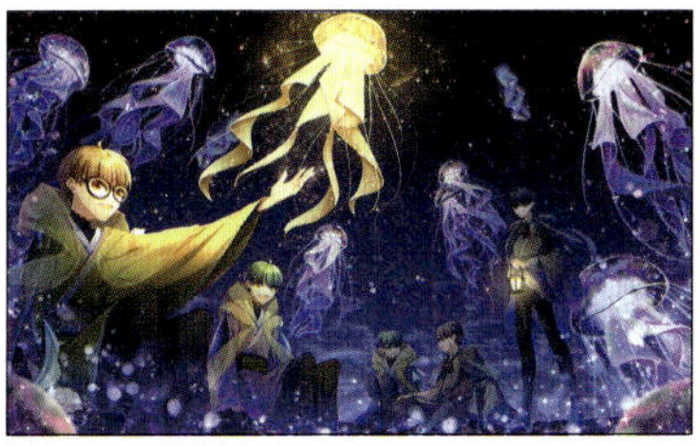
神奈川県・袂滝輝ユタ

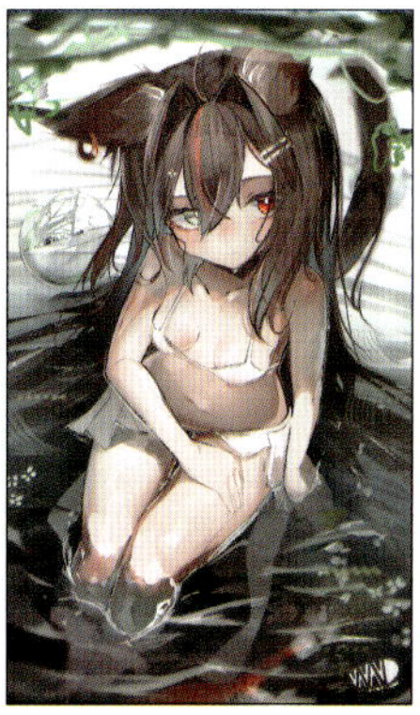
山形県・@nnSAKnmn・18歳

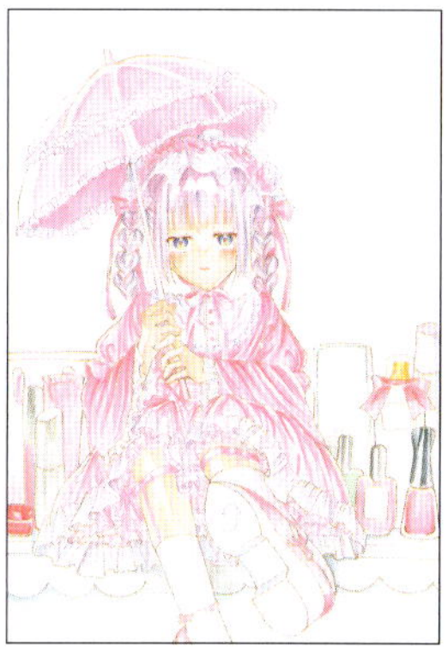
富山県・月森・16歳

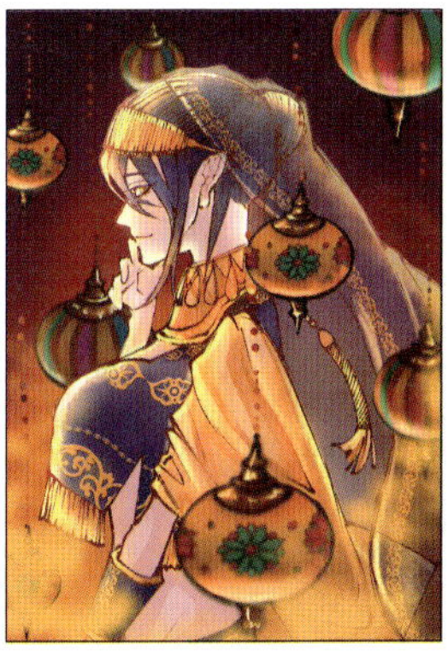
福島県・KISA

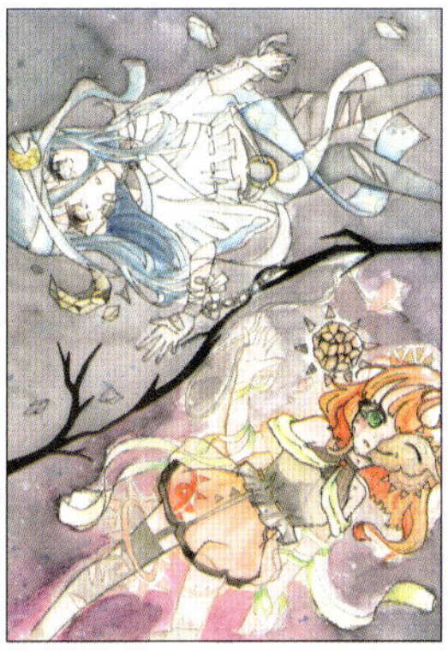
ニメリー&LUU（合作）

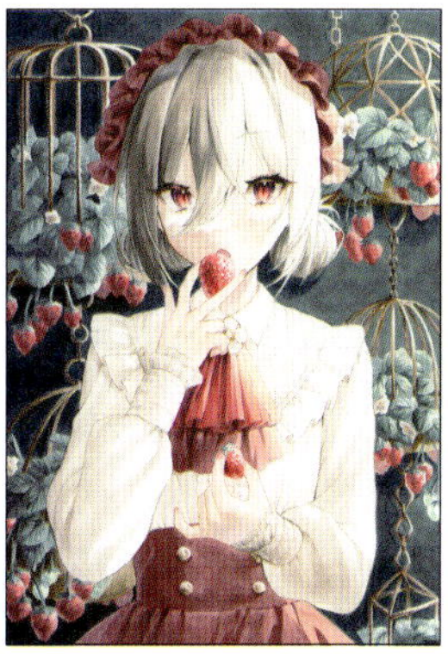
東京都・katahana

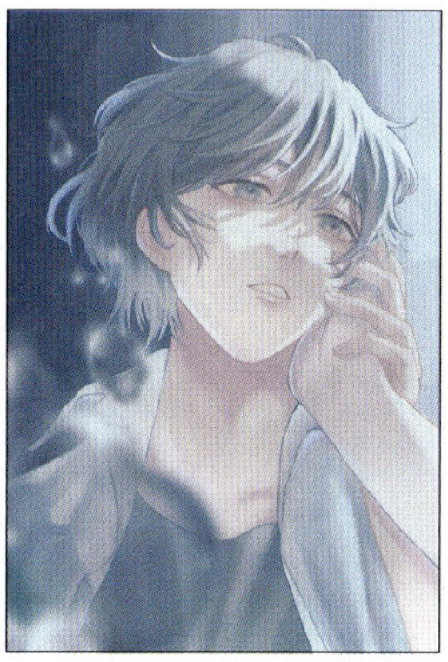
京都府・Fuji

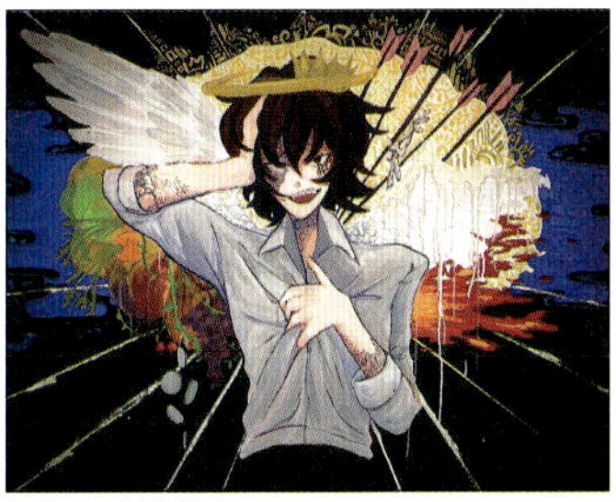
福島県・妖心純白

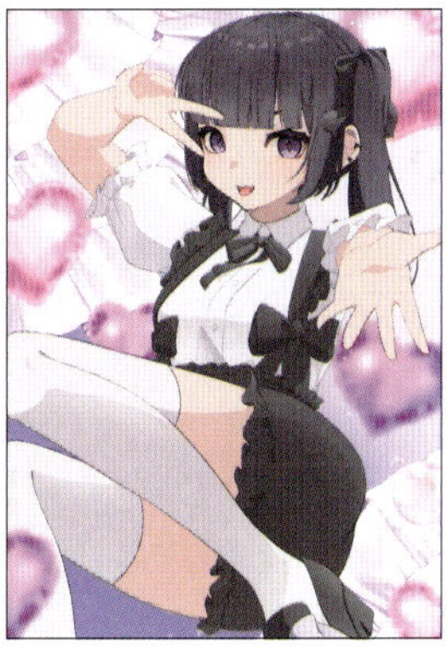
奈良県・NAGISA

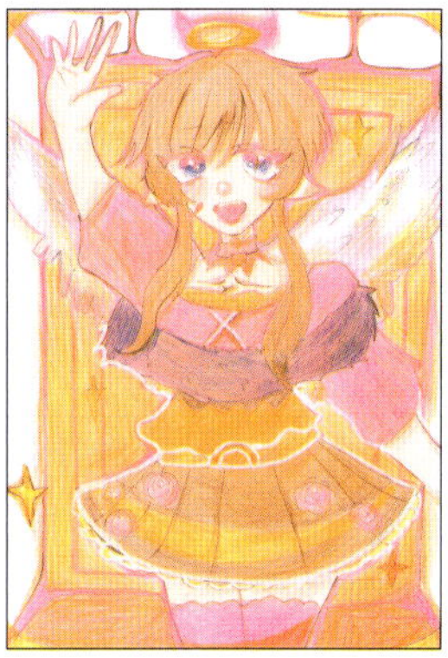
滋賀県・yuuna・11歳

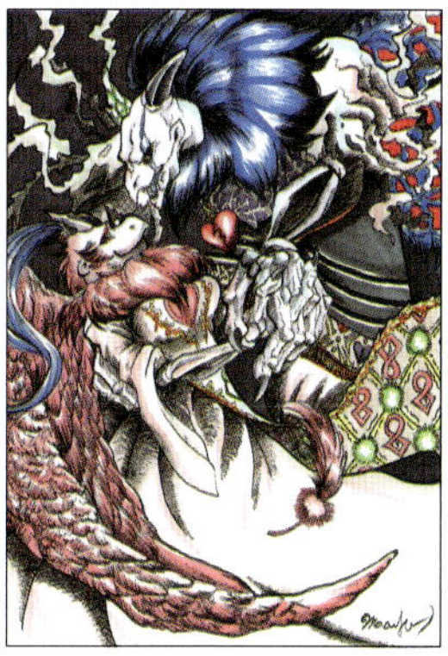
宮城県・Maaya・14歳

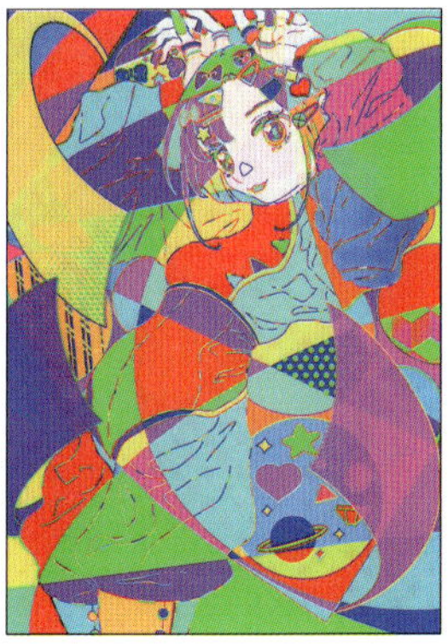
千葉県・UMIUSHi

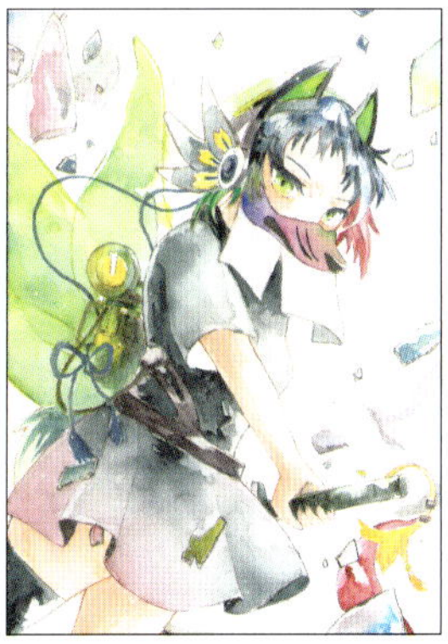
石川県・化野あしら

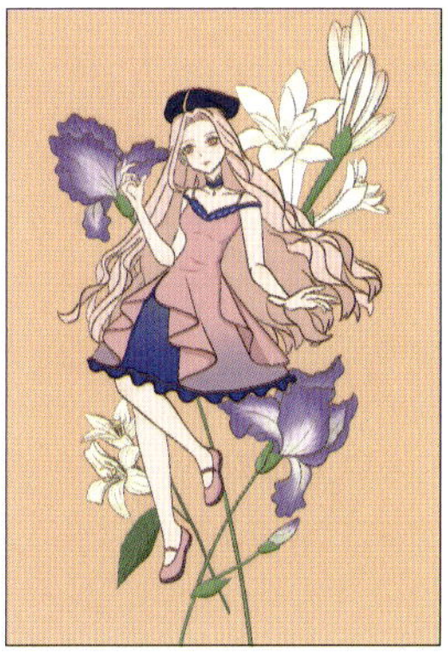
岡山県・Ray

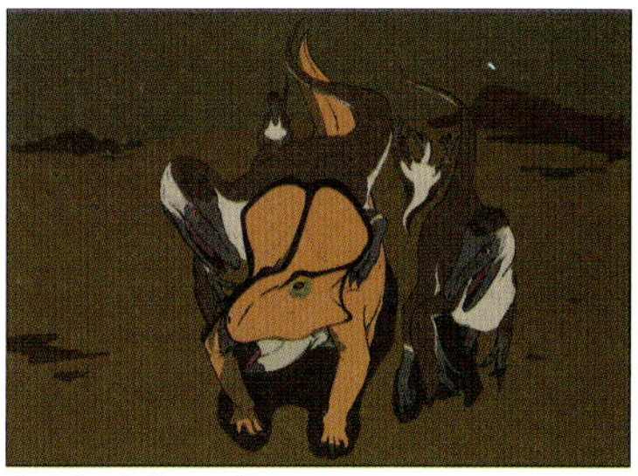
香川県・麦茶・19歳

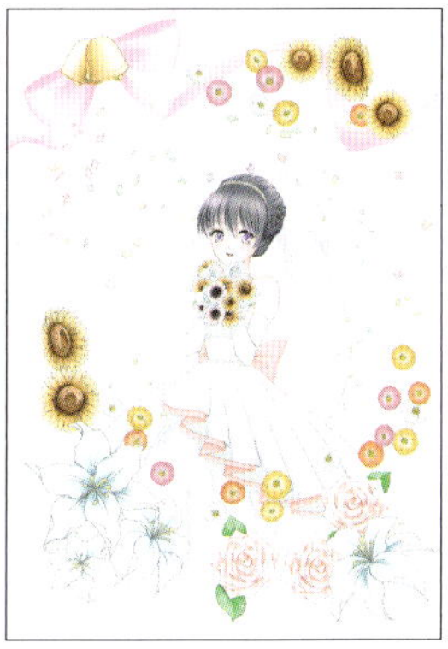
鳥取県・いすず悠

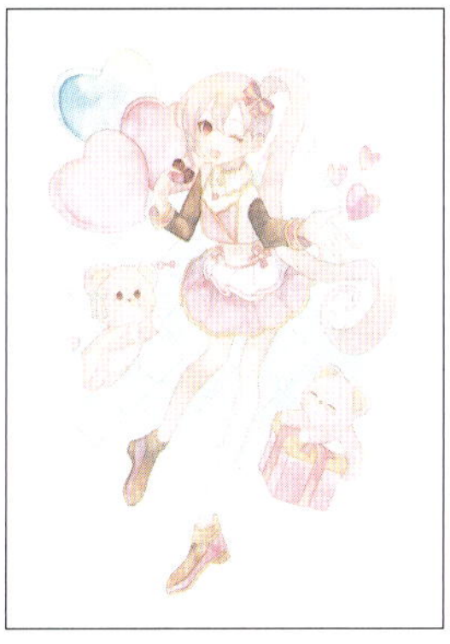
宮城県・あまも

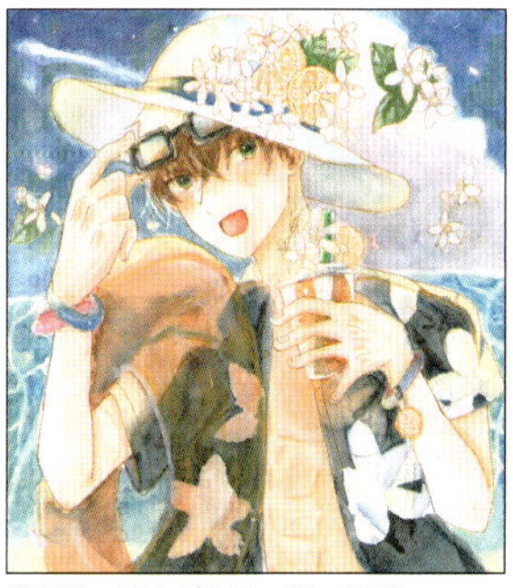
静岡県・うさぎしろっぷ・13歳

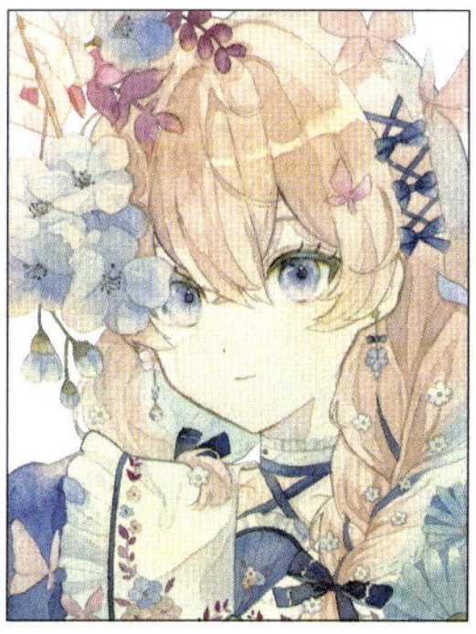
山梨県・あおやぎ

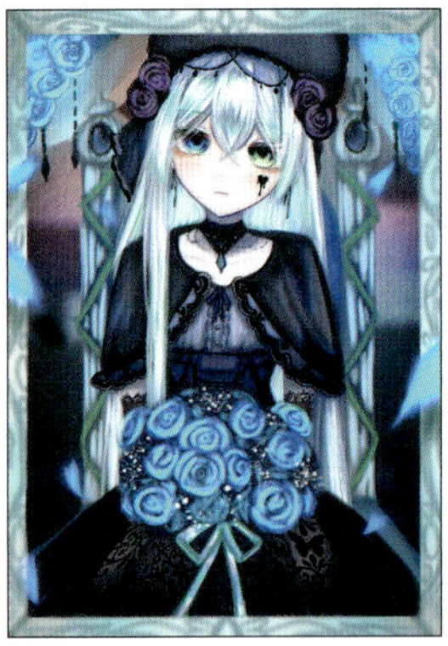
神奈川県・クロネコ

秋田県・鈴河馬

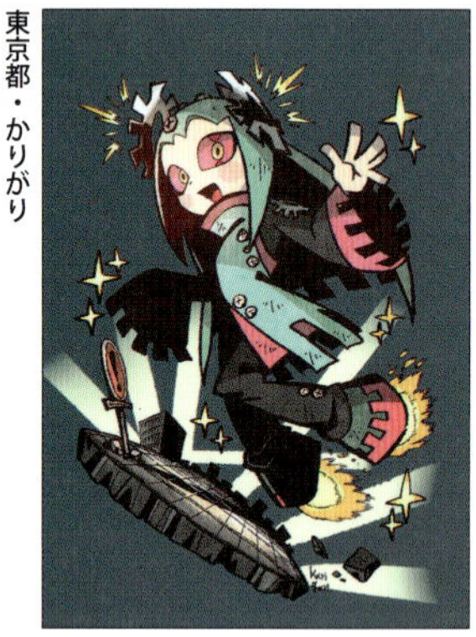
東京都・かりがり

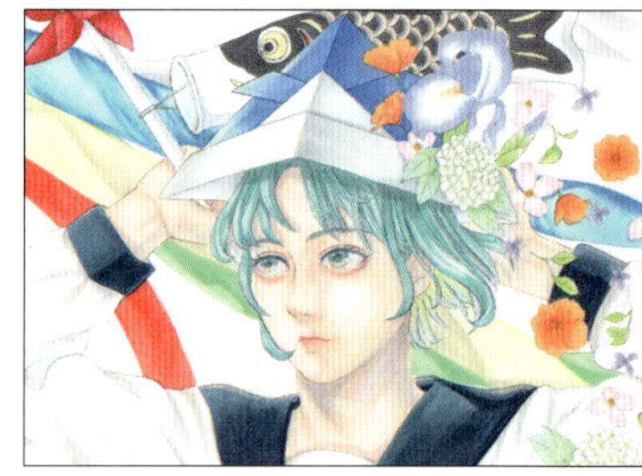
東京都・藤野深生

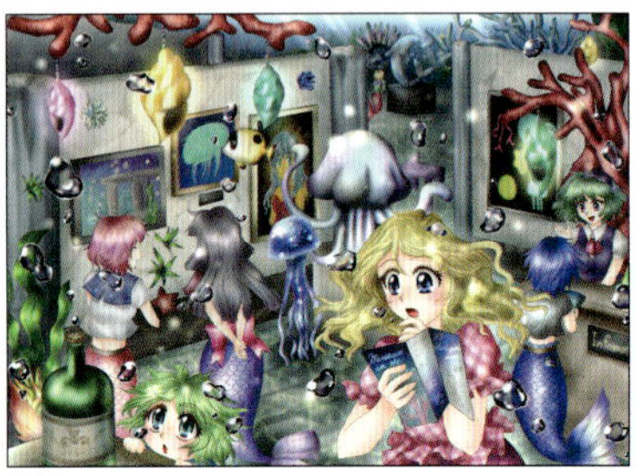
愛媛県・槻海藍

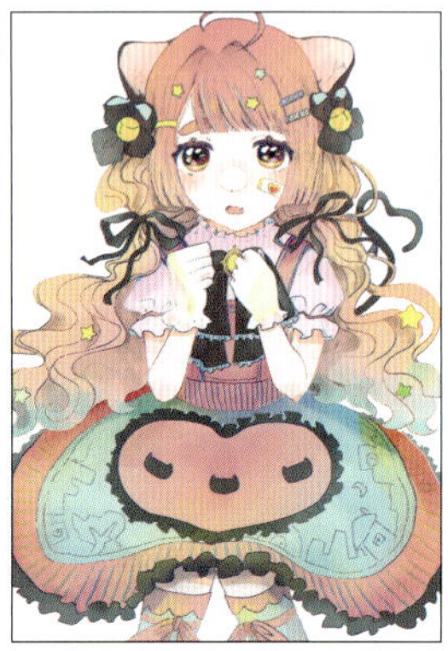
福岡県・なつるり

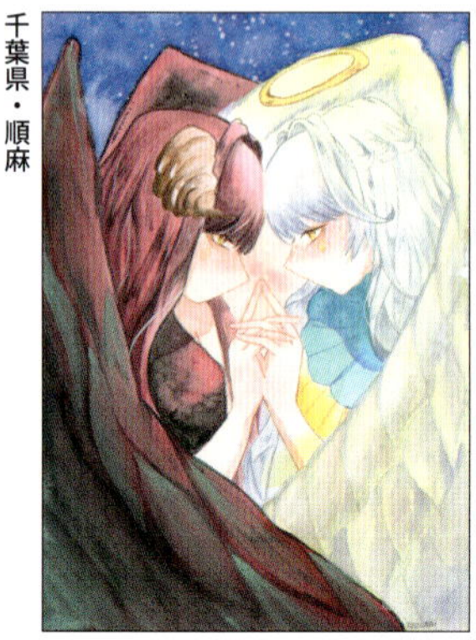
千葉県・順麻

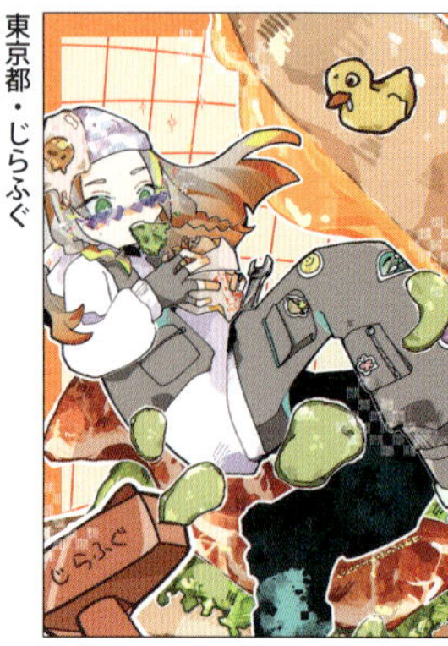
東京都・じらふぐ

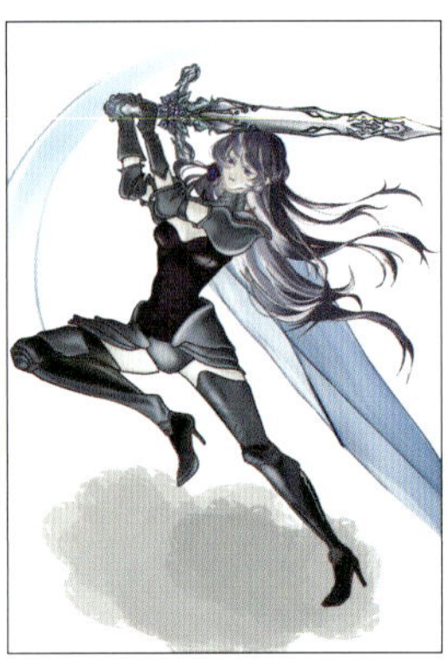
福島県・フルーツ

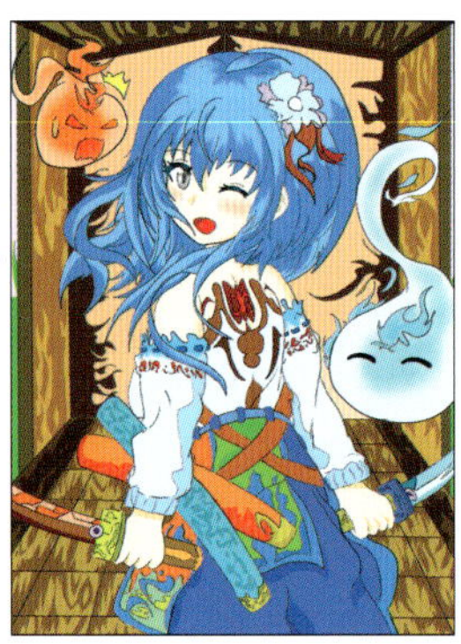
群馬県・ハルト・19歳

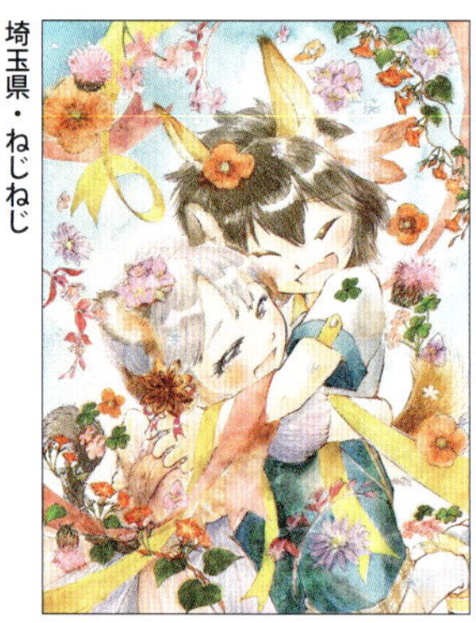
埼玉県・ねじねじ

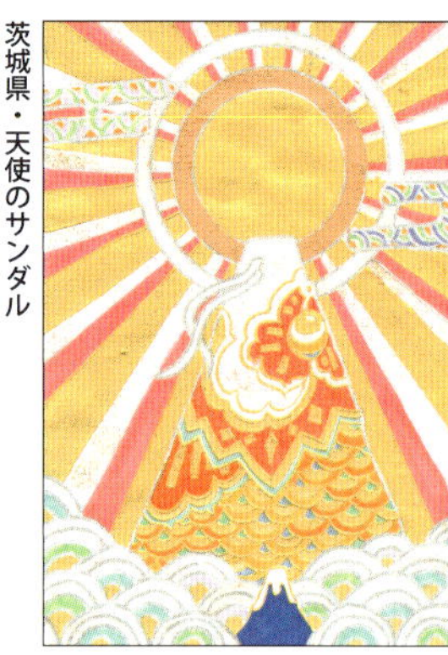
茨城県・天使のサンダル

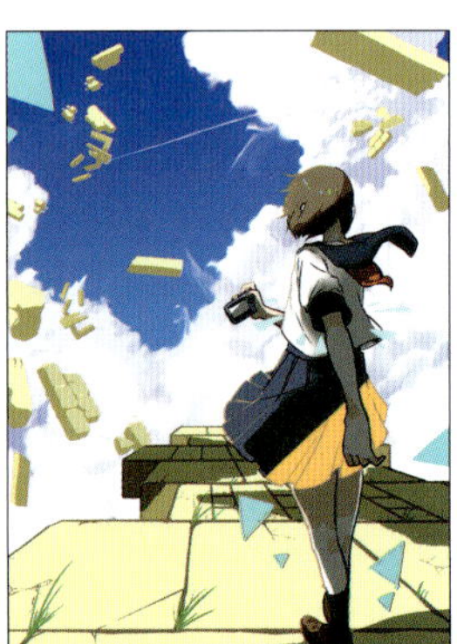
埼玉県・みづきとな

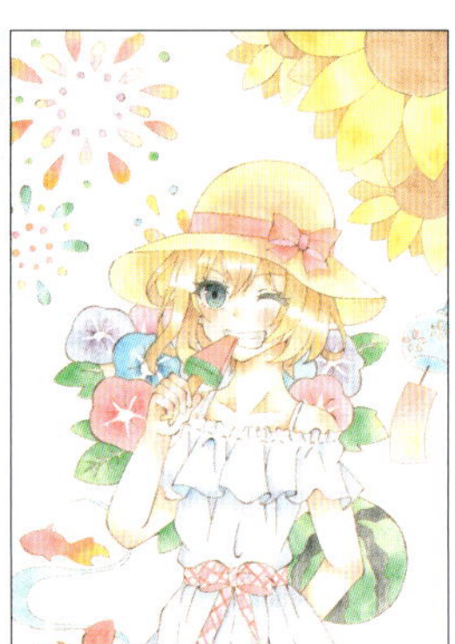
新潟県・チョコラ

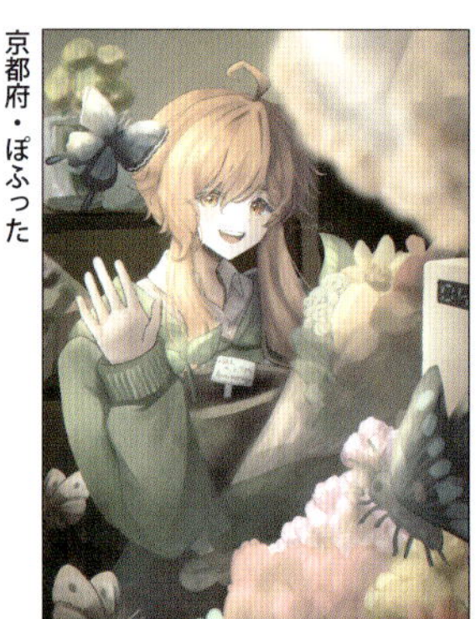
京都府・ぽふった

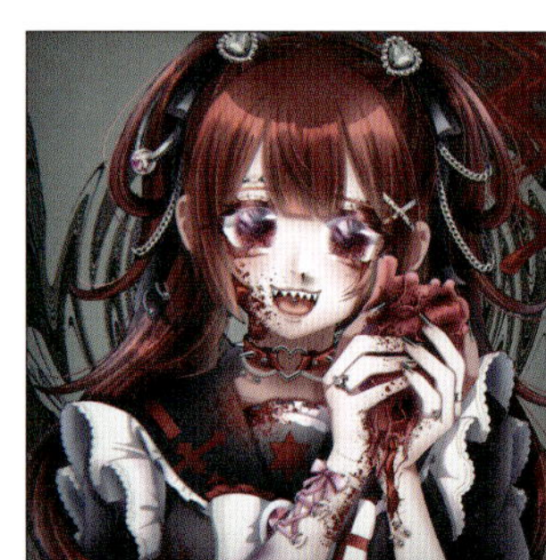
埼玉県・来世の林檎しゃん

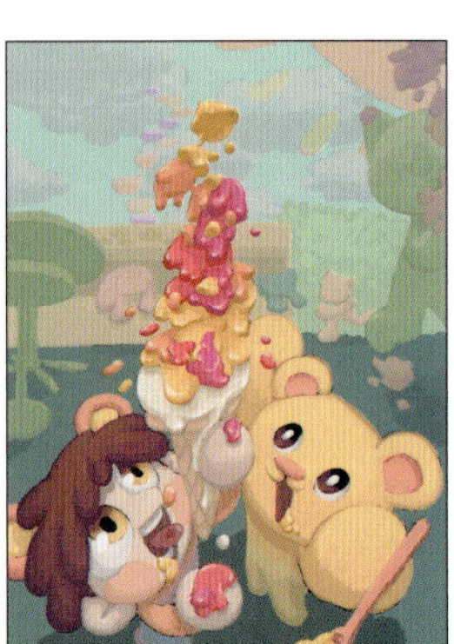
福島県・らいんせおる

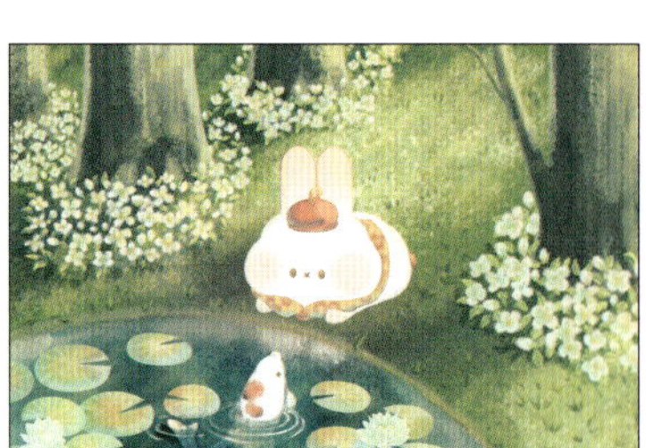
静岡県・津久井紫乙

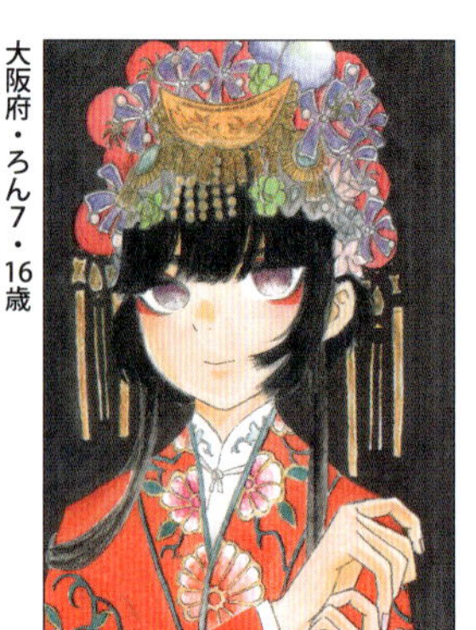
大阪府・ろん7・16歳

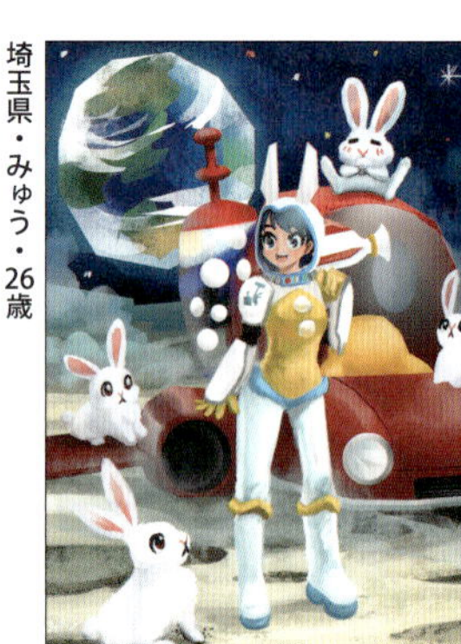
埼玉県・みゅう・26歳

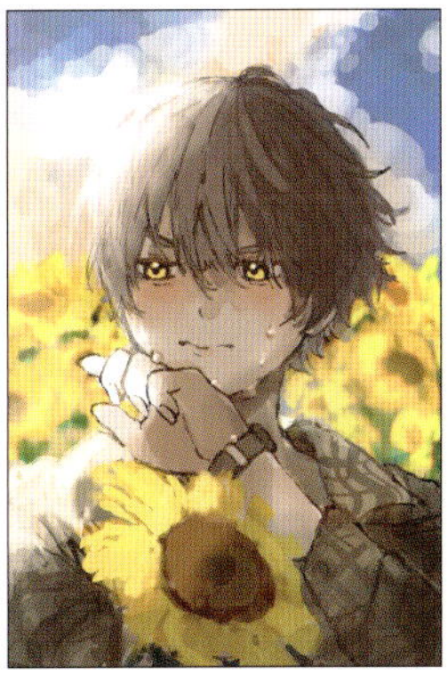
福島県・りんご。

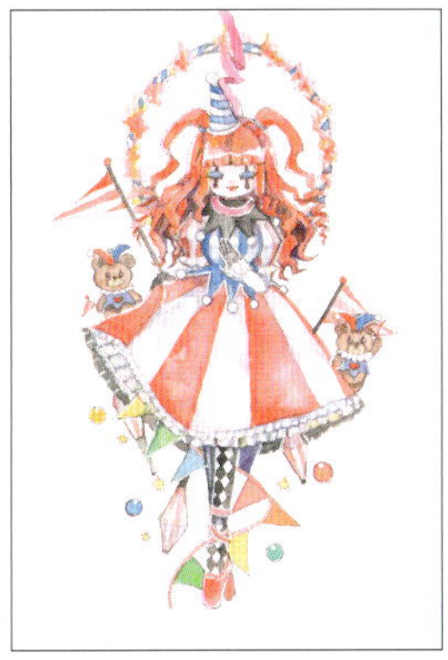
新潟県・ろっこ

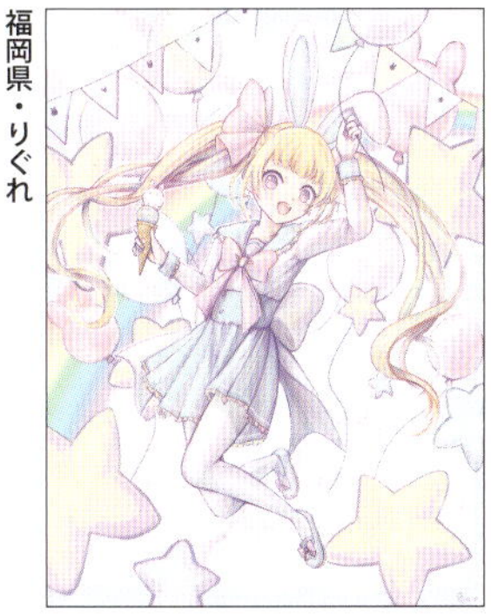
福岡県・りぐれ

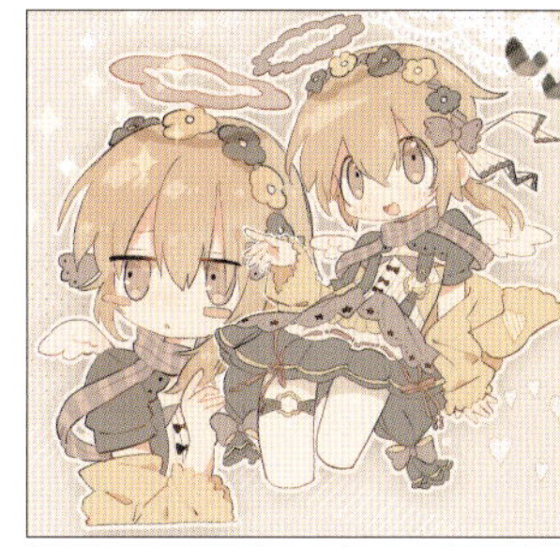
沖縄県・高橋ごむた

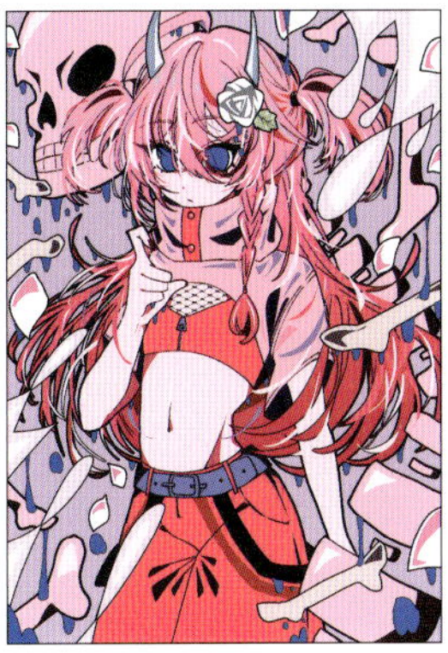
大阪府・わこまる

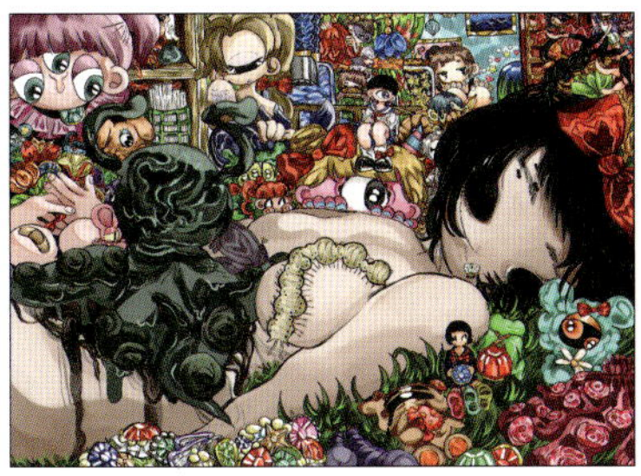
兵庫県・月子・16歳

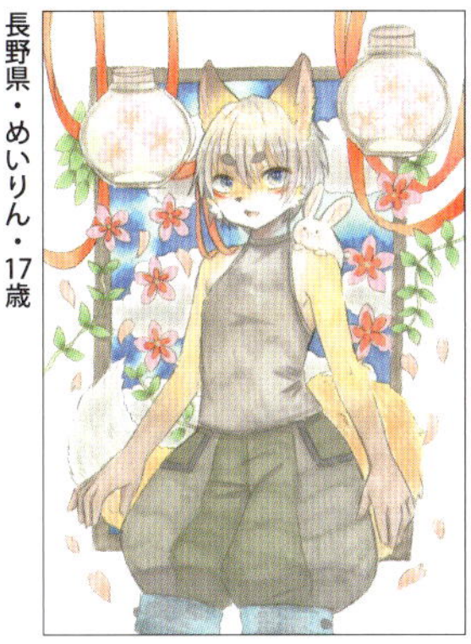
長野県・めいりん・17歳

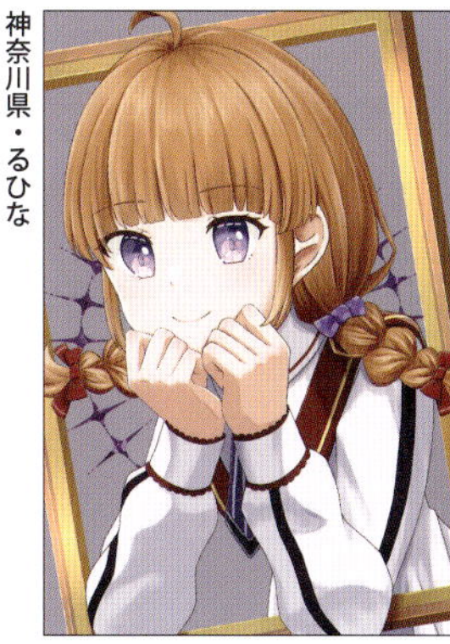
神奈川県・るひな

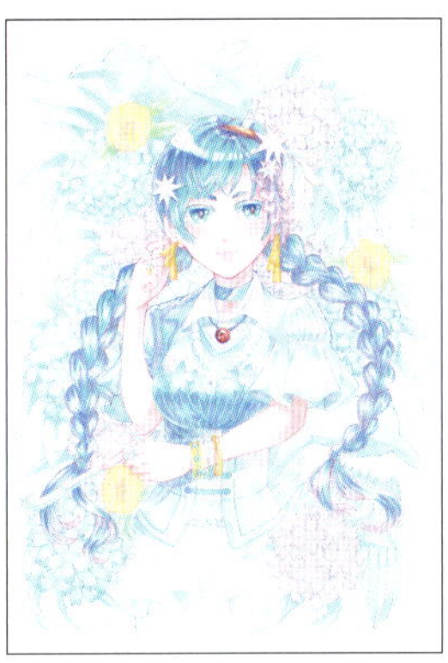
三重県・宇ノ沢茂

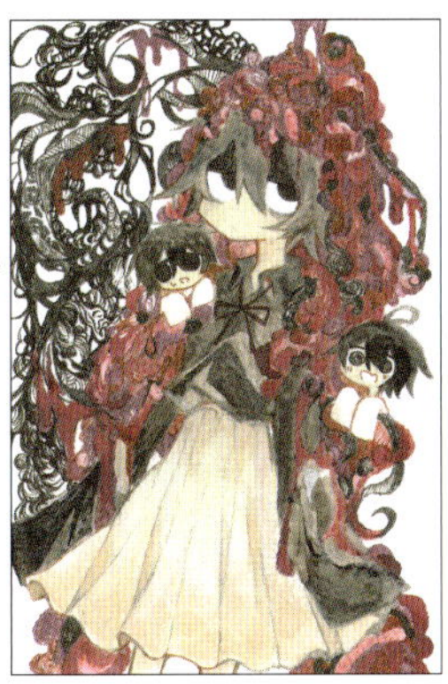
宮城県・ねくつ・14歳

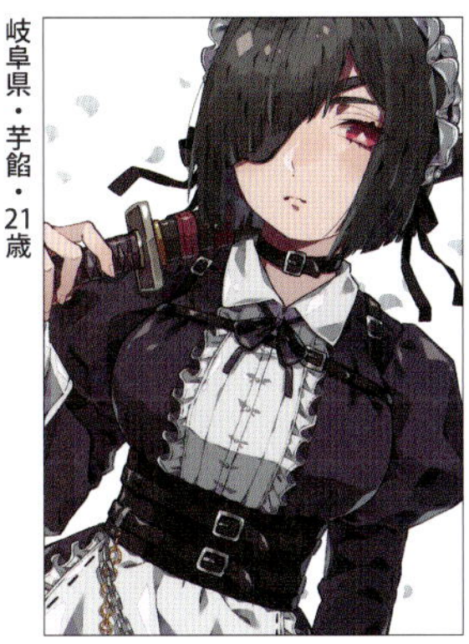
岐阜県・芋餡・21歳

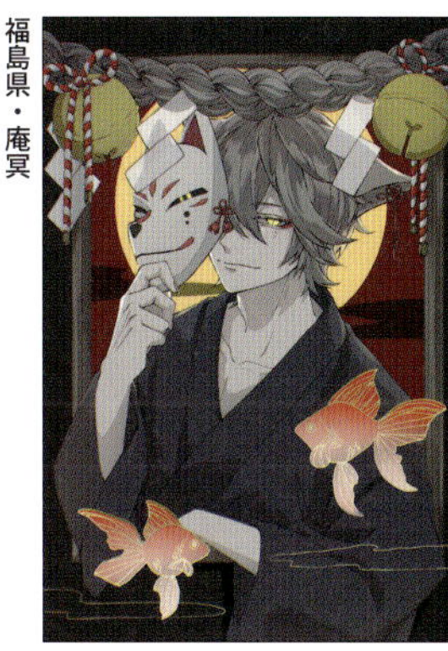
福島県・庵冥

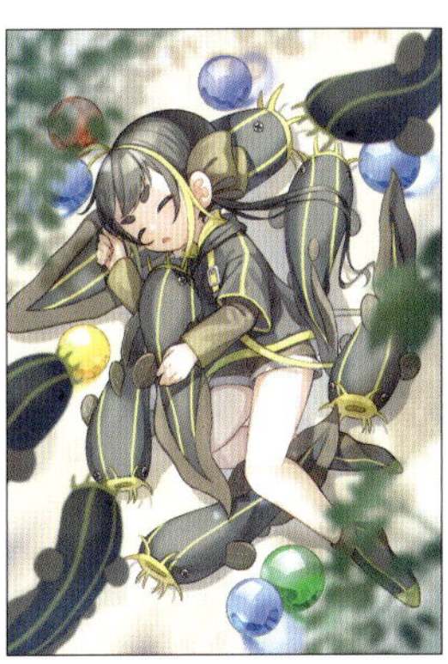
新潟県・鉛寺ほのか

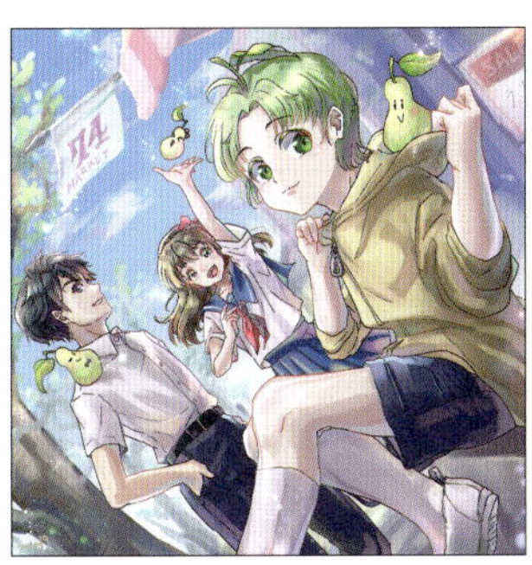
静岡県・めろんぱん

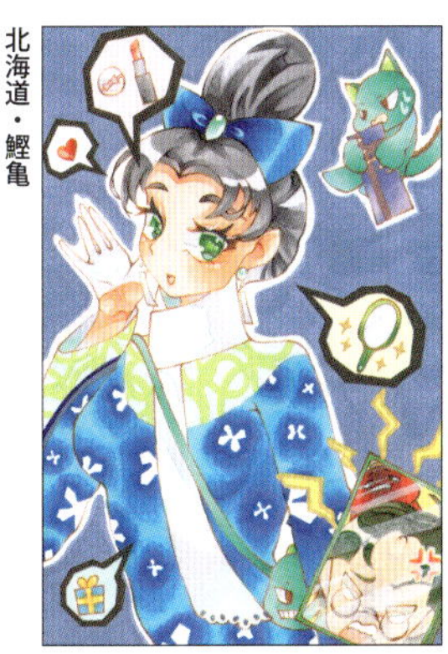
北海道・鰹亀

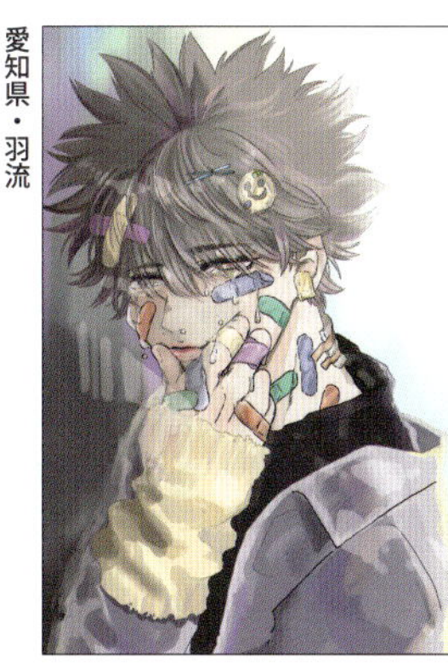
愛知県・羽流

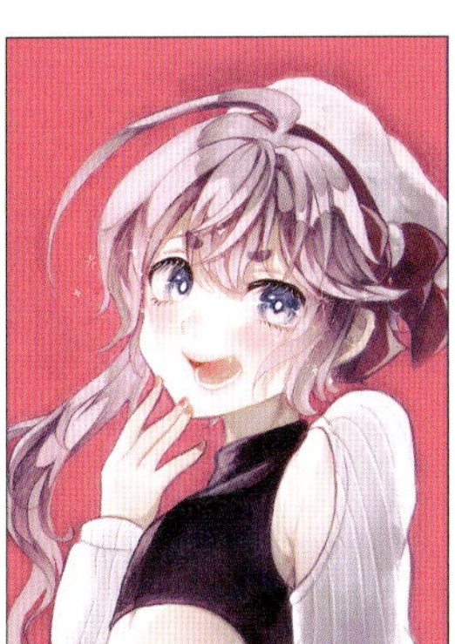
埼玉県・皆見成海

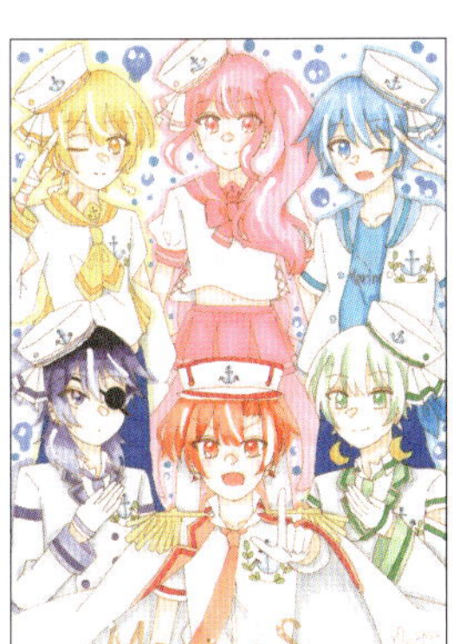
静岡県・ゆゆてる。

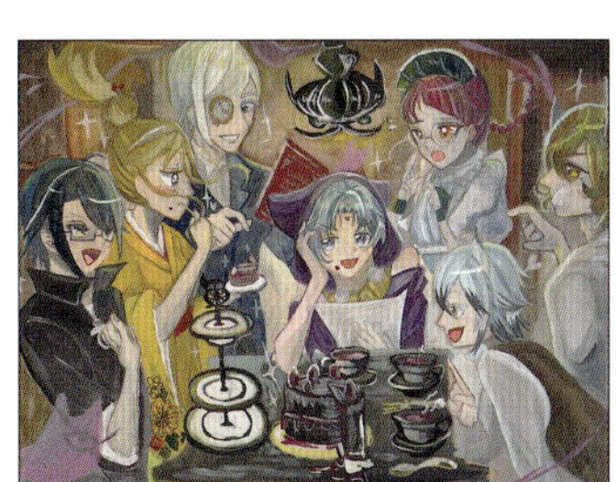
群馬県・銀海りきる

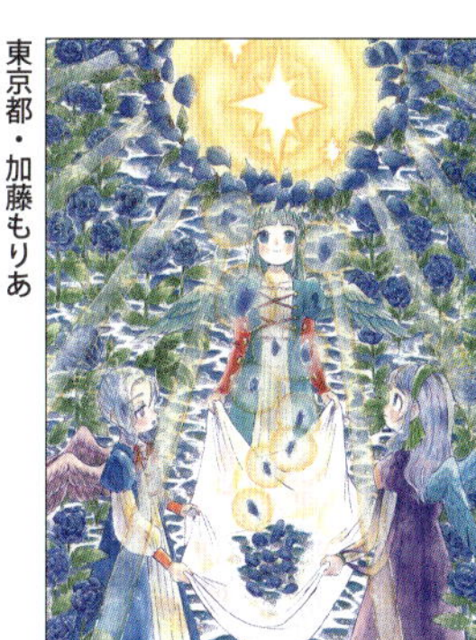
東京都・加藤もりあ

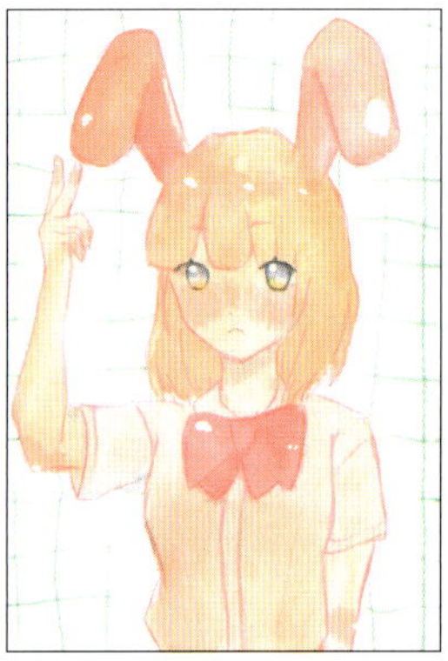
茨城県・瀬野侑也・14歳

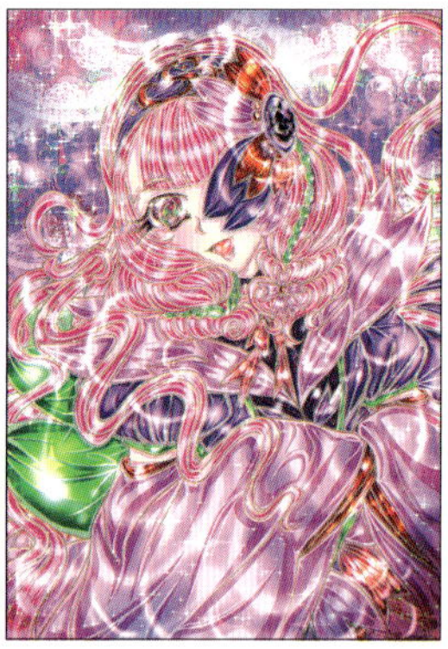
石川県・骨光環鳴

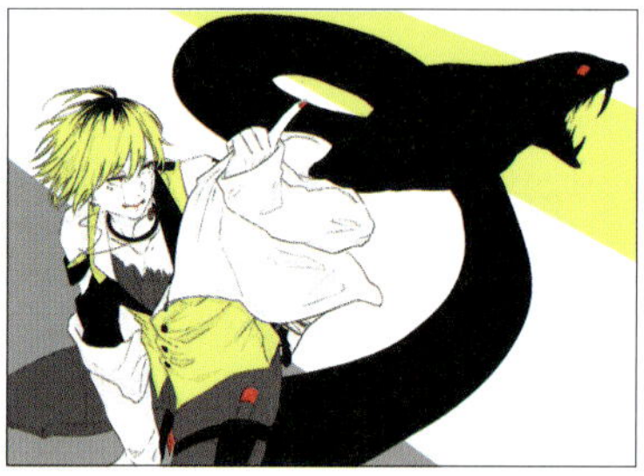
福島県・黄泉

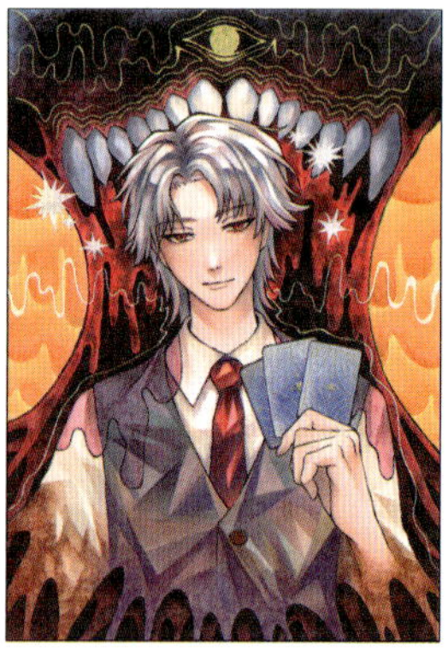
東京都・呉鯛

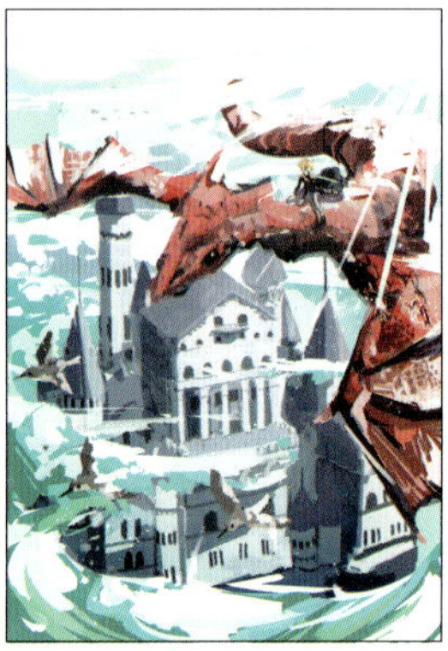
三重県・三羽根

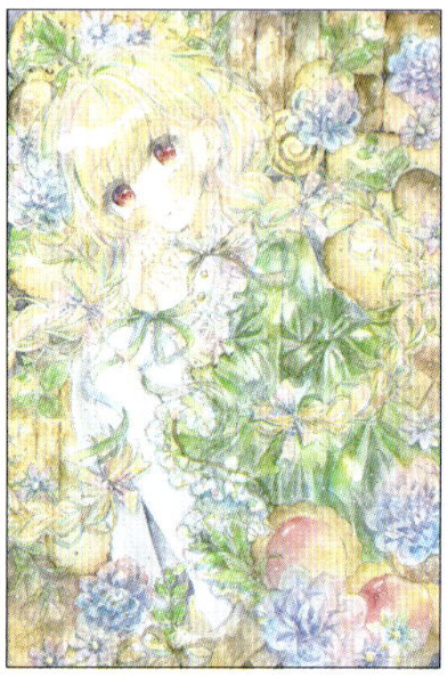
京都府・彩月さき・18歳

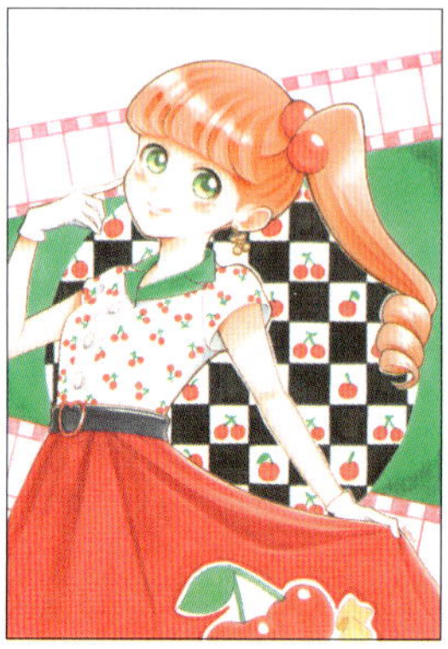
兵庫県・コユミ

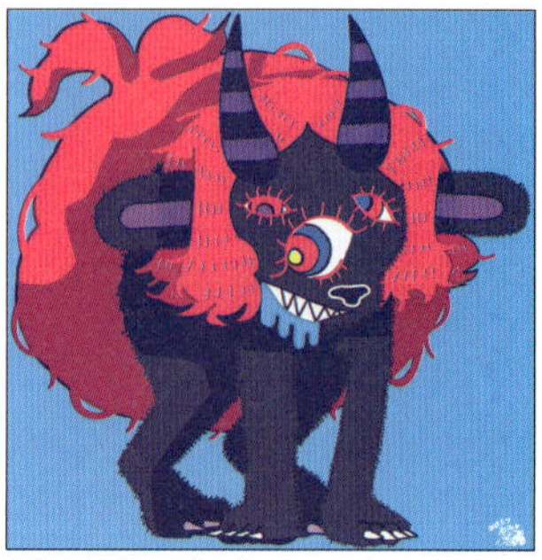
愛知県・あけだ にちほ・29歳

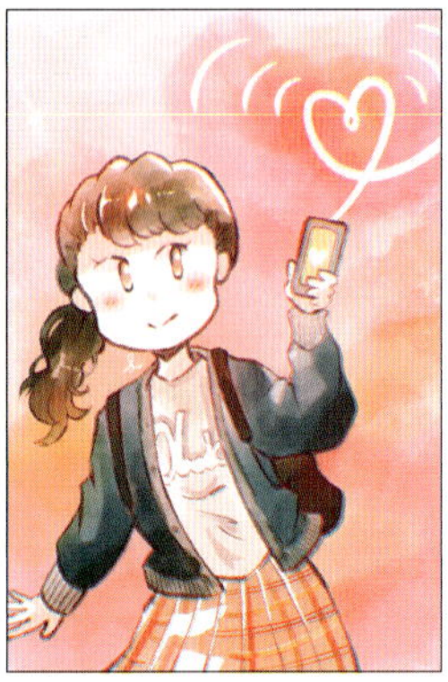
東京都・小津沼静葉

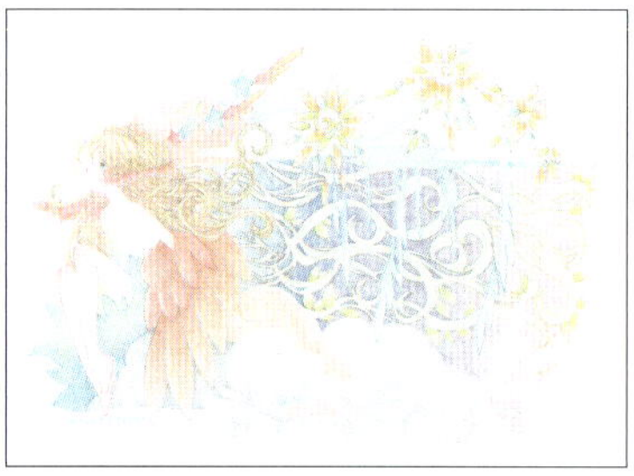
大阪府・のもり

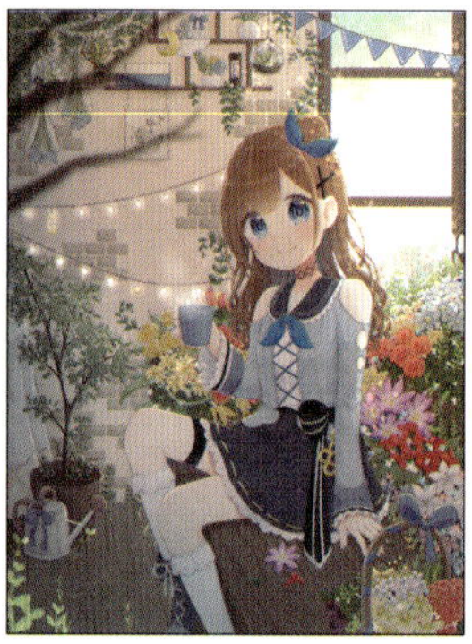
愛媛県・秋乃みん

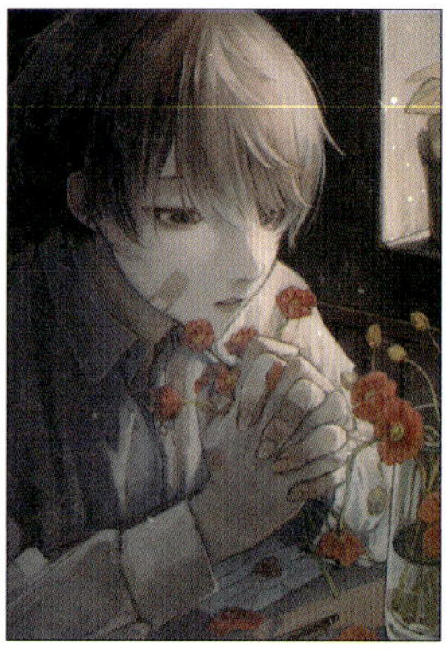
香川県・樹都

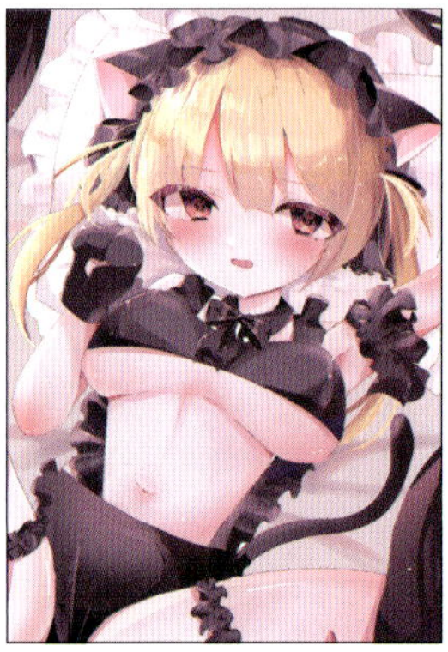
福島県・中野ぷりん

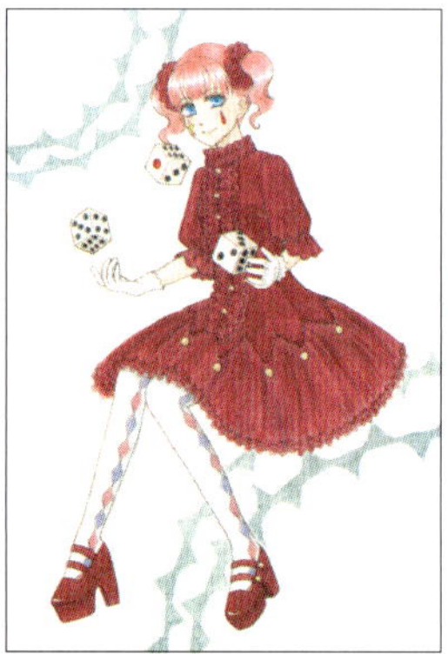
京都府・高田幸緒

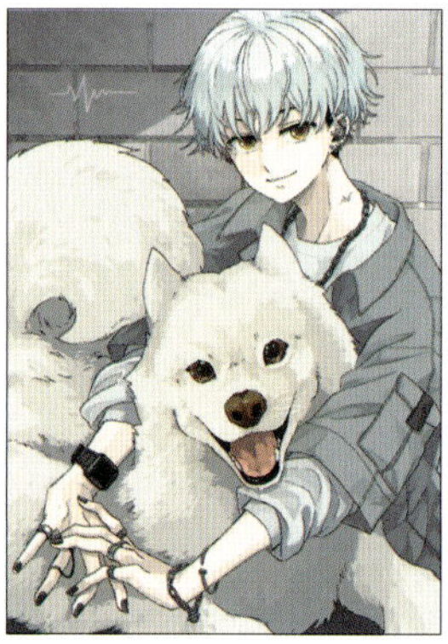
福島県・茶茶釜

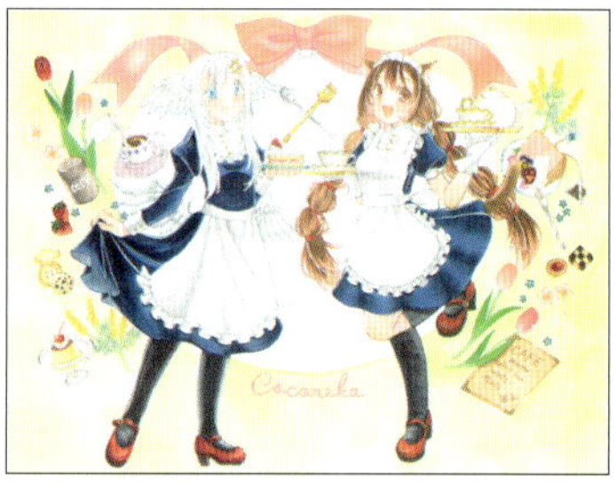
神奈川県・ここねこ

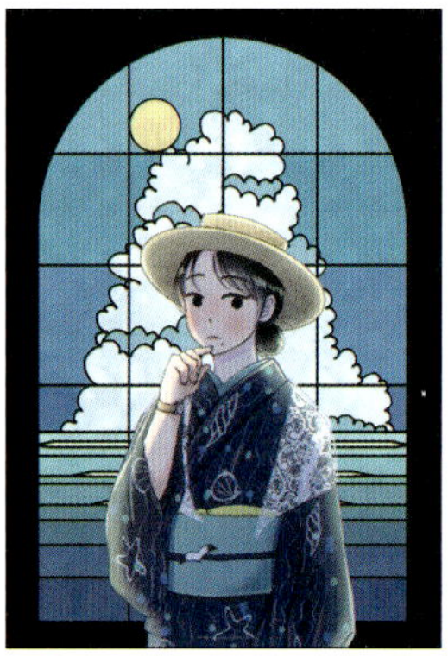
静岡県・渡邊野乃香・26歳

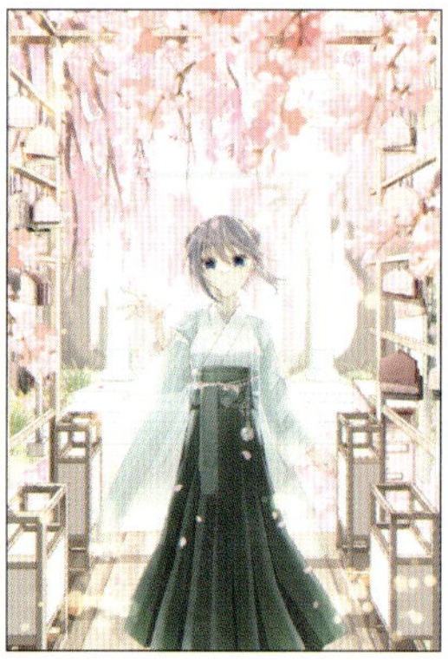
千葉県・天宮雪見

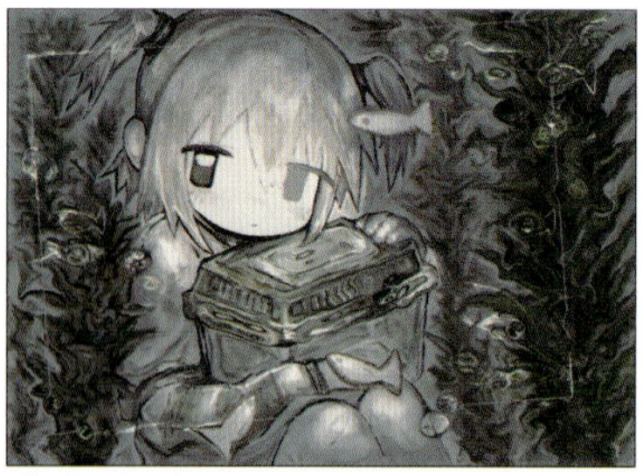
群馬県・きぬたく

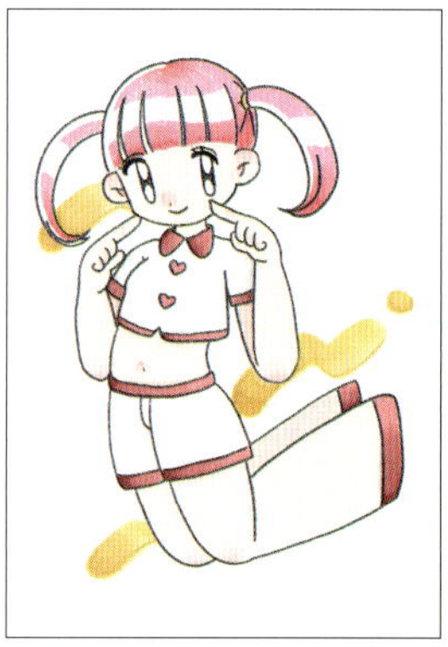
愛知県・潮美杏

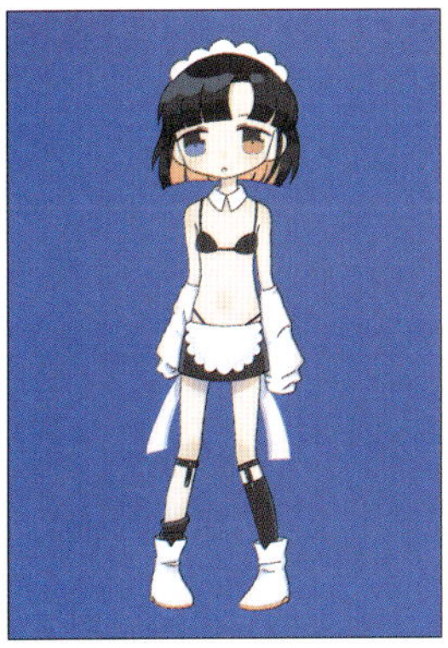
福島県・匿名A

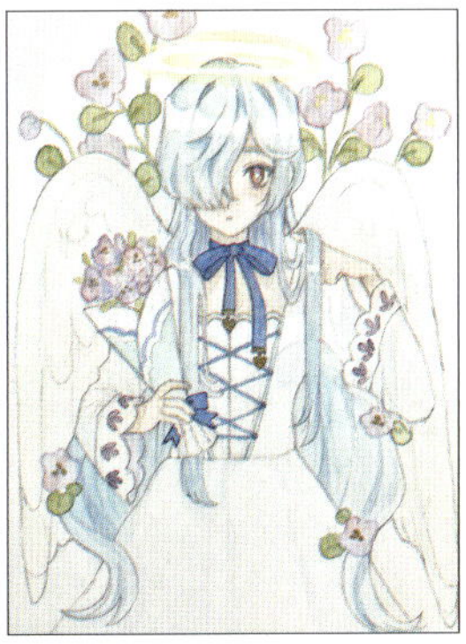
滋賀県・藤乃はな

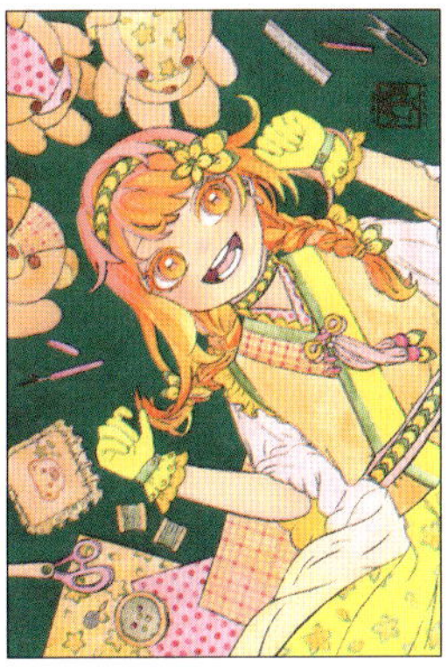
新潟県・鴉ノ伊草

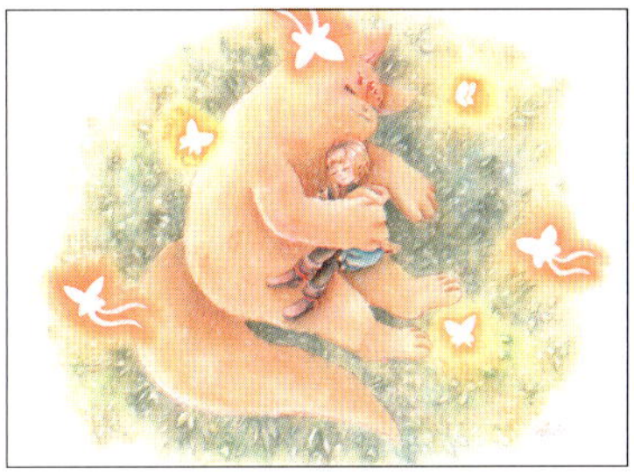
兵庫県・あつと

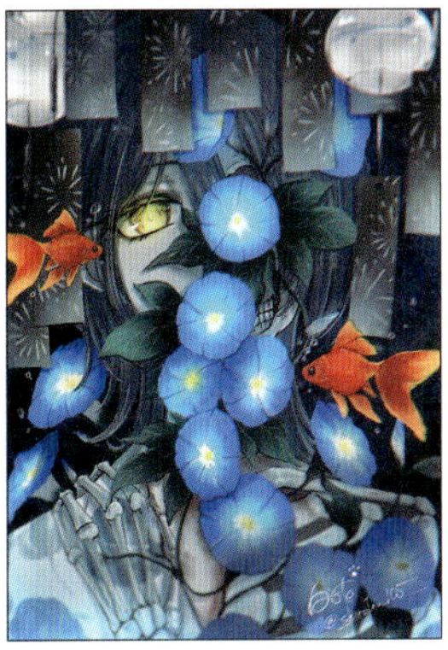
神奈川県・白戌

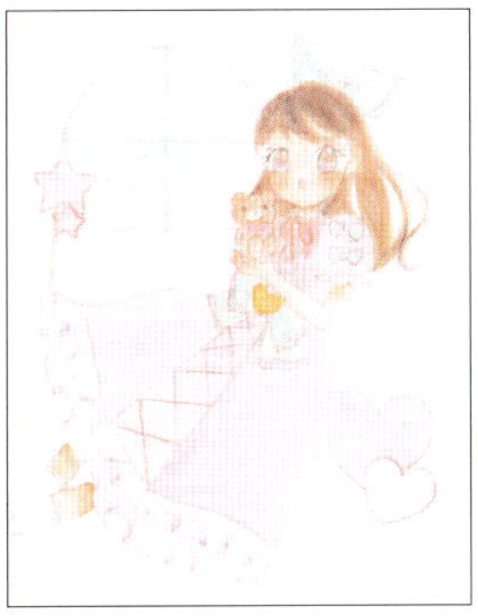
埼玉県・うさぎもち・11歳

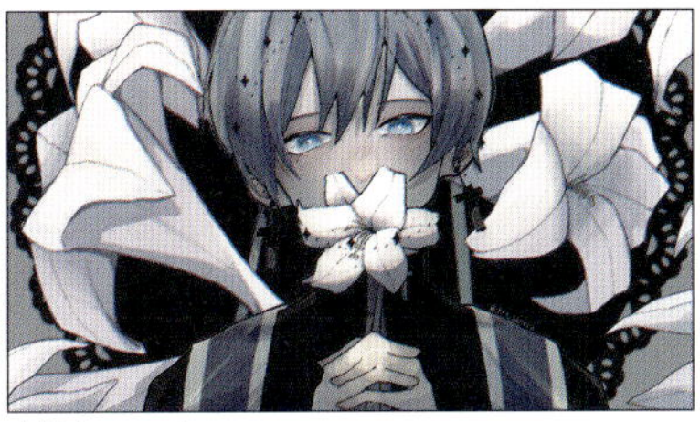
京都府・saneko.

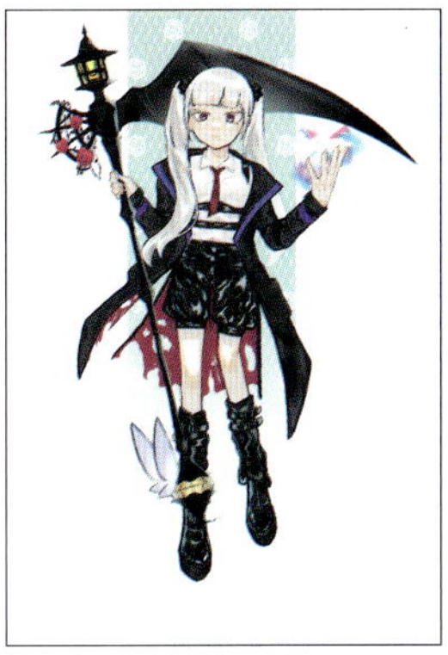
香川県・白猫☆

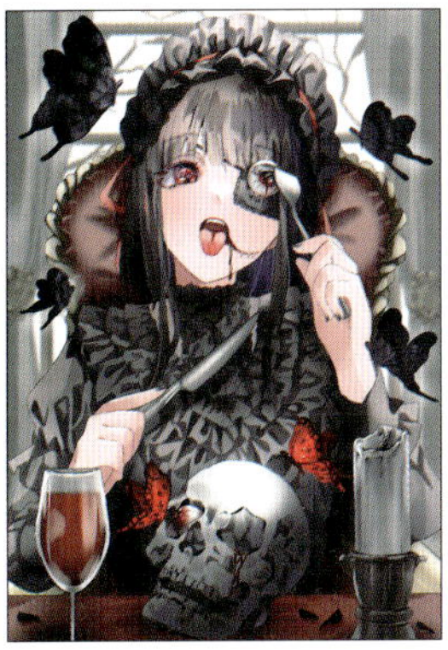
福岡県・姫うさの・19歳

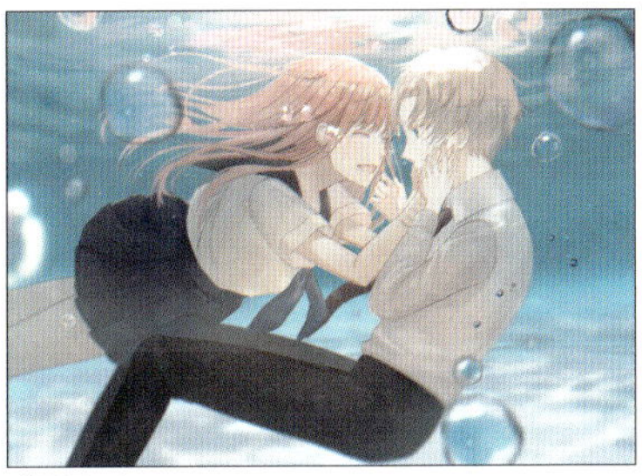
群馬県・kumo

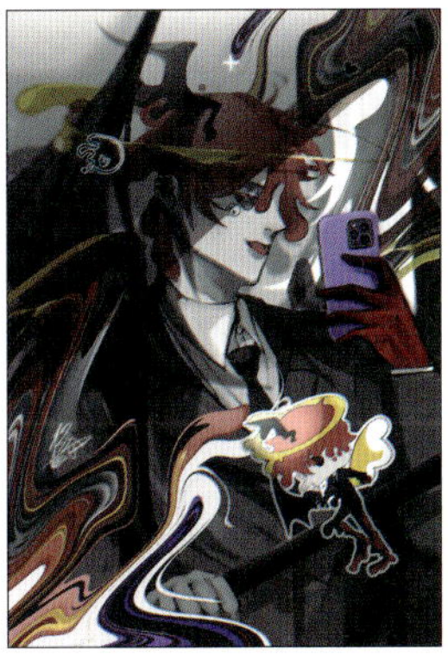
京都府・柊SS

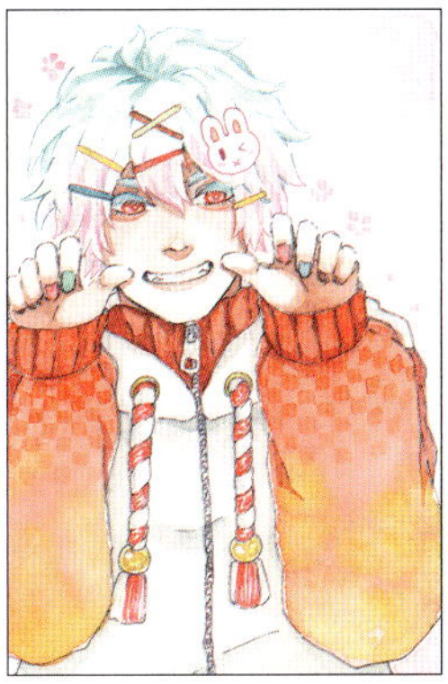
群馬県・八咫雅

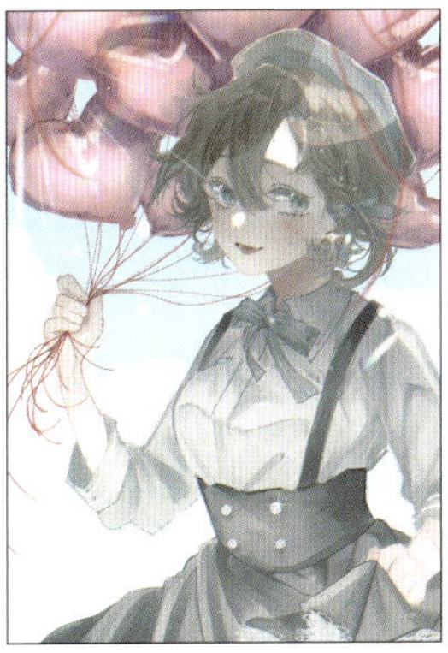
群馬県・朶えだ

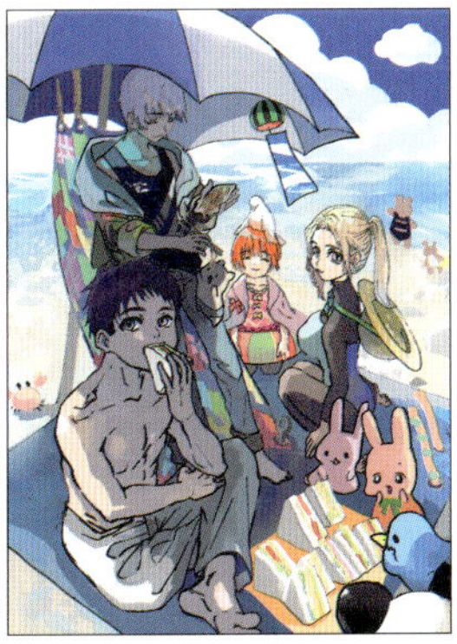
滋賀県・兌割

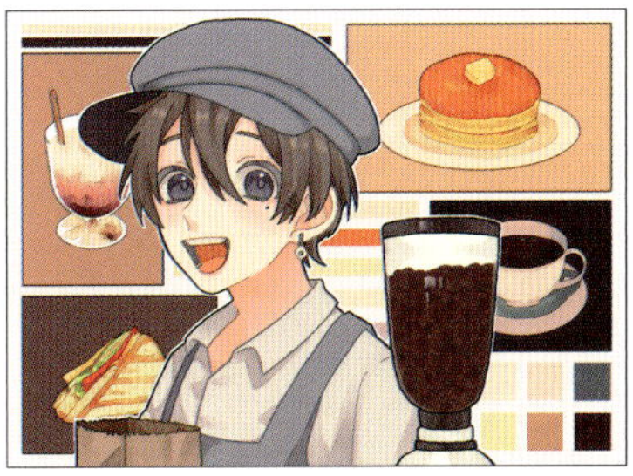
福島県・goo.

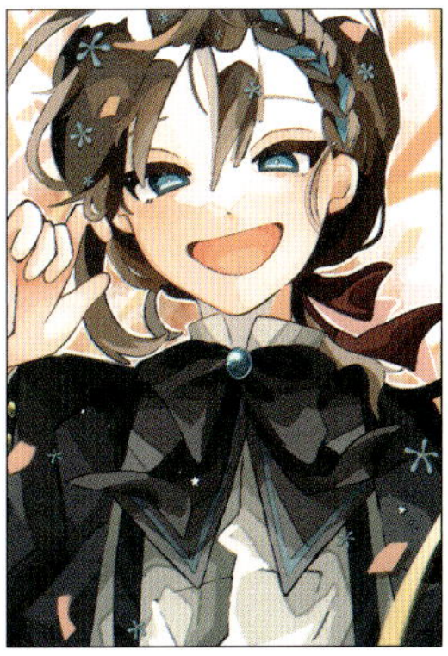
宮城県・瓶田ゆるめ

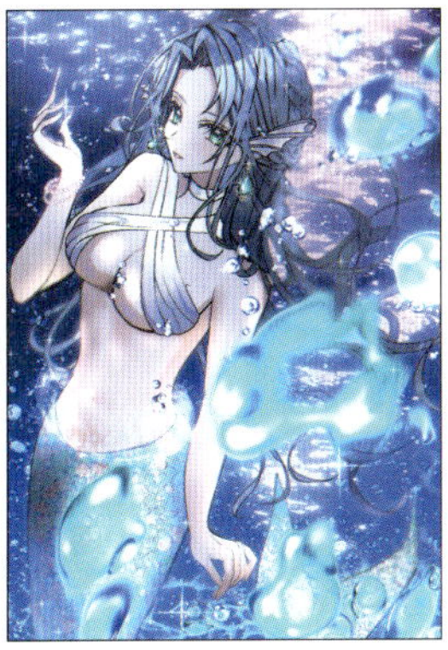
福島県・綺咲ゴンザレス・18歳

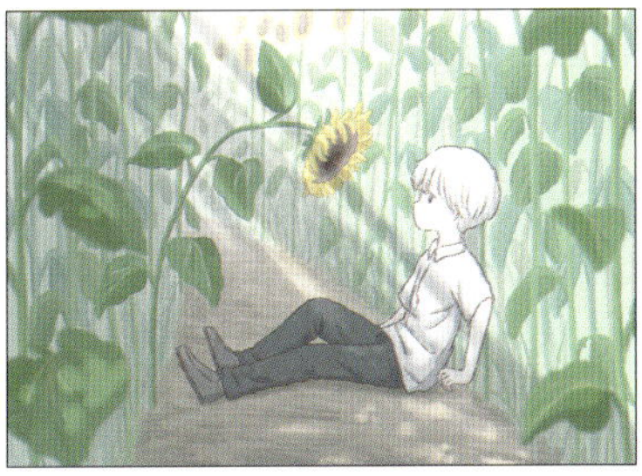
大阪府・Akari

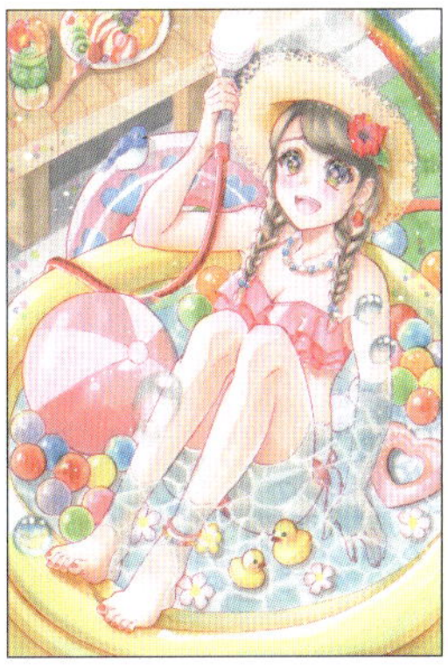
長崎県・櫻華

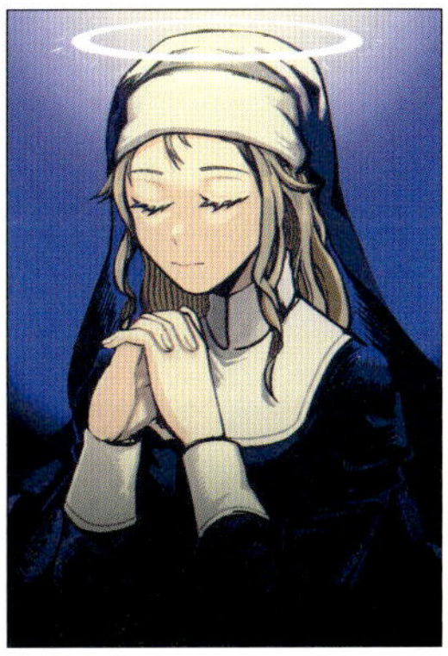
群馬県・椰木

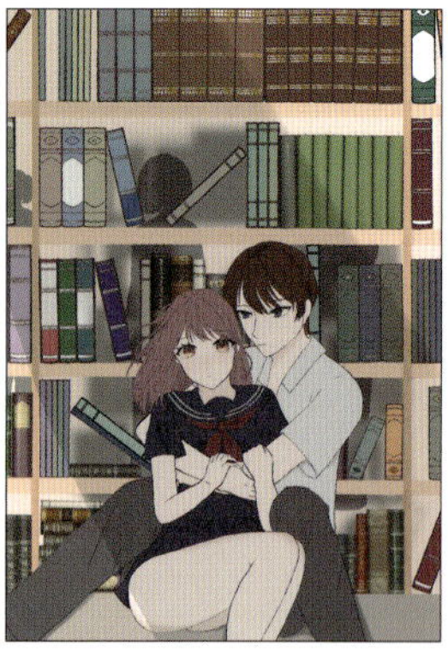
香川県・Amo・18歳

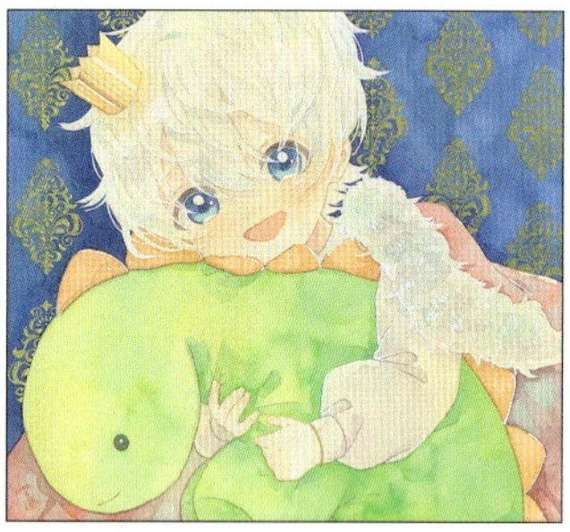
岡山県・柚丸太

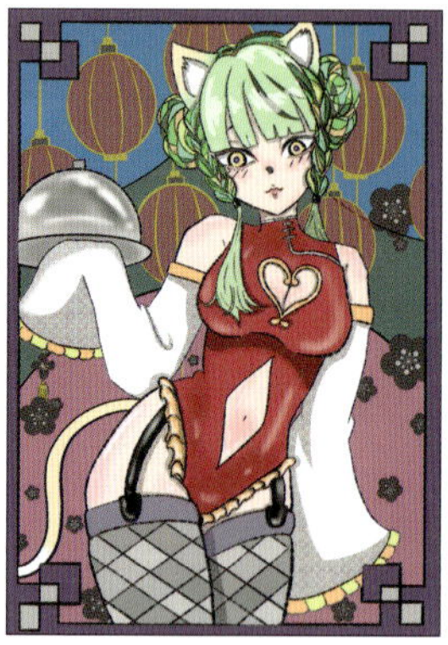
福岡県・〇〇さん・19歳

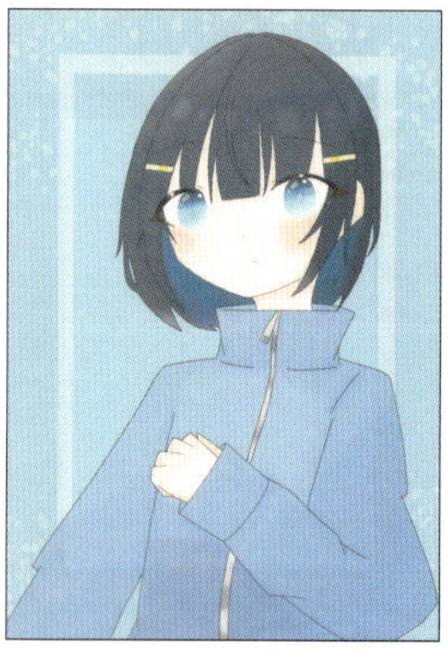
愛知県・瑠璃萩・12歳

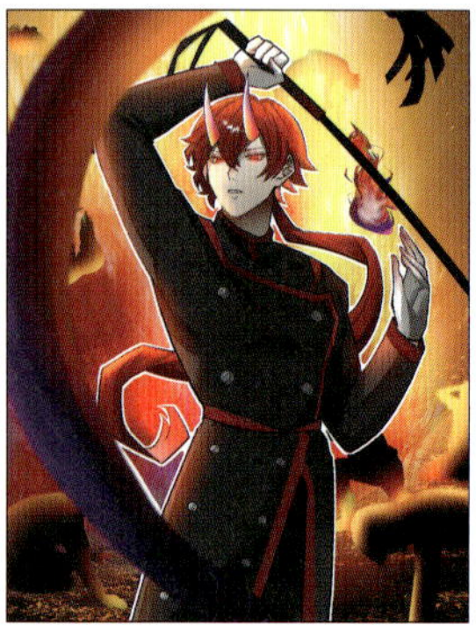
香川県・Kenn10

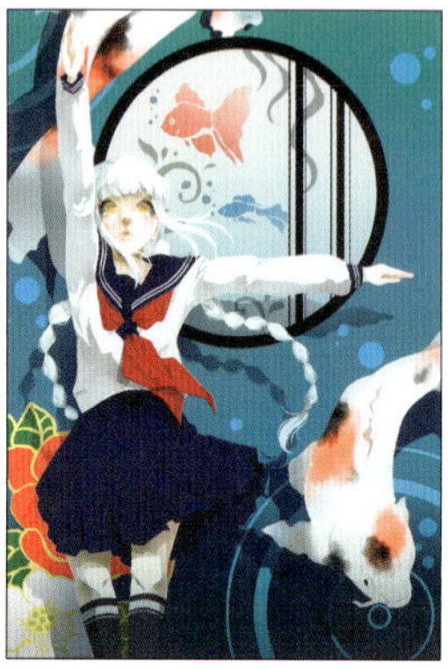
大阪府・まゆすけ・30歳

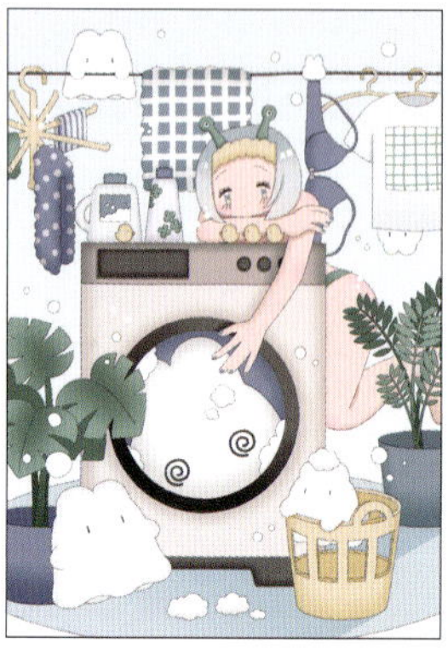
山口県・fu-cha

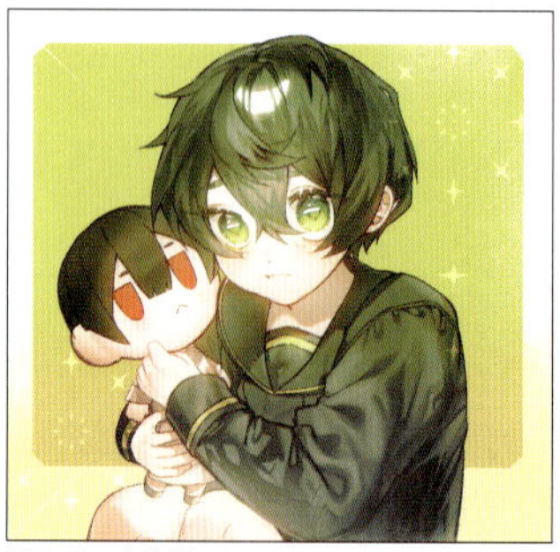
埼玉県・鳥海鵜己

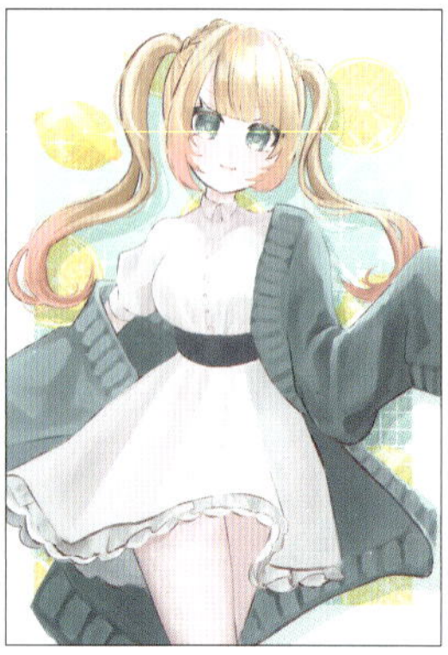
岐阜県・maura・19歳

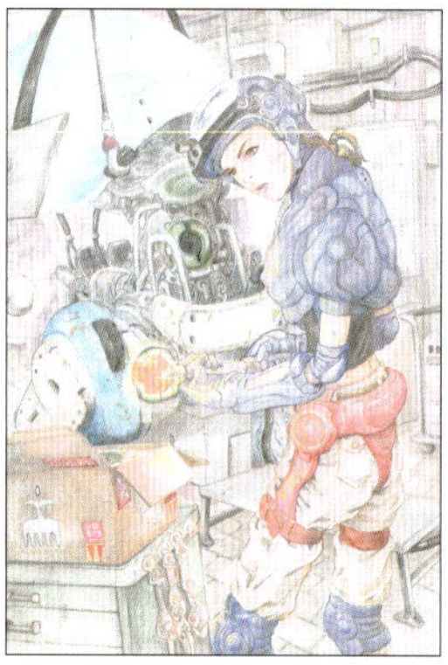
鳥取県・樵学・53歳

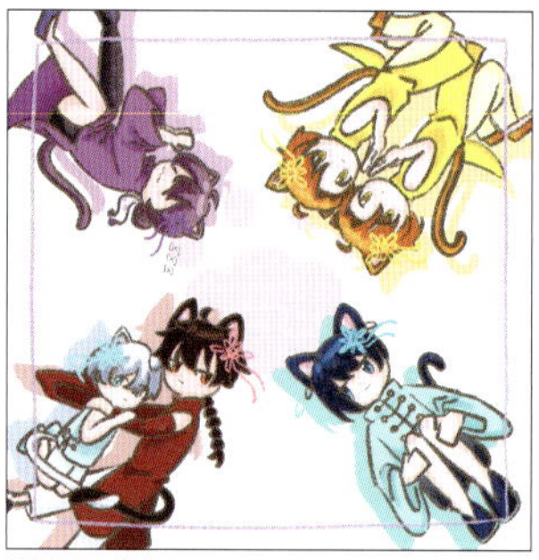
香川県・青雨

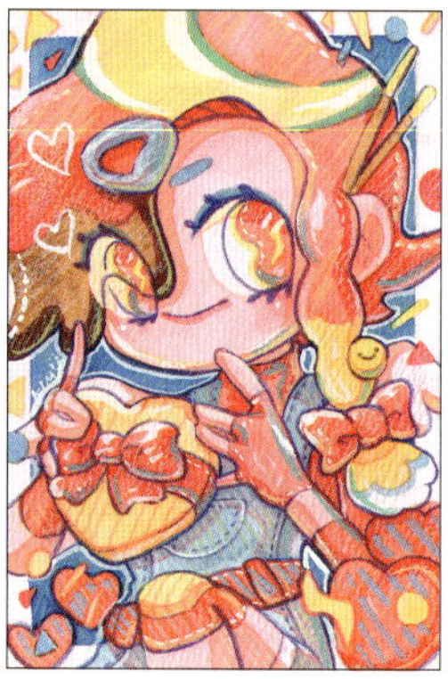
愛知県・kimu ちゃん

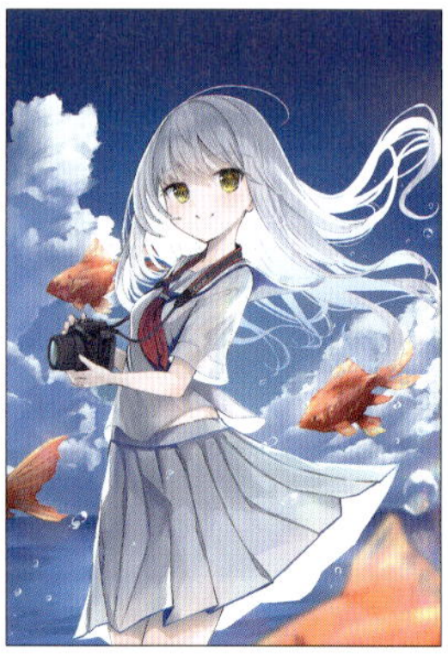
大阪府・New3kin

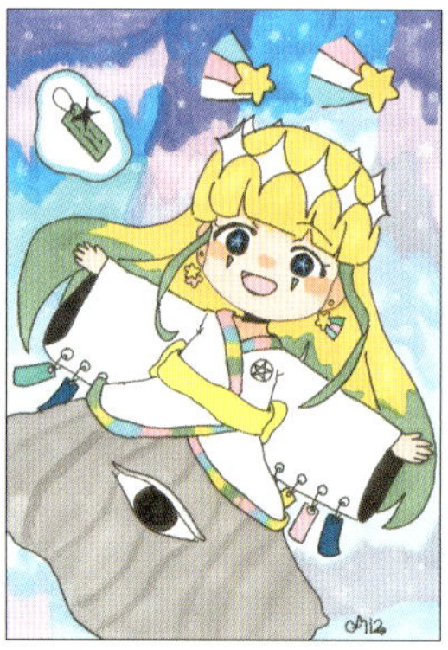
兵庫県・chi2（ちーつー）・12歳

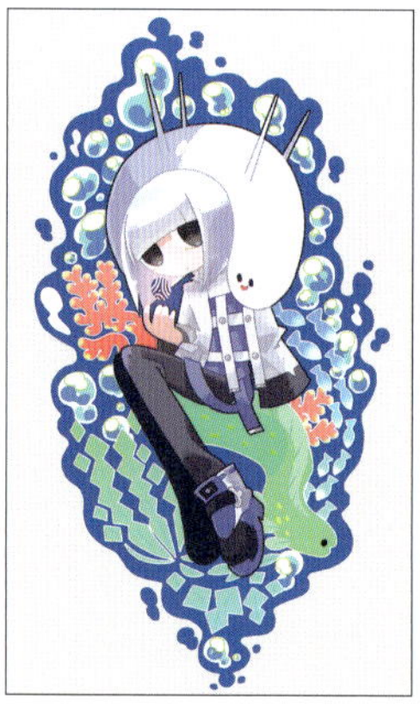
福島県・MITSUKADO

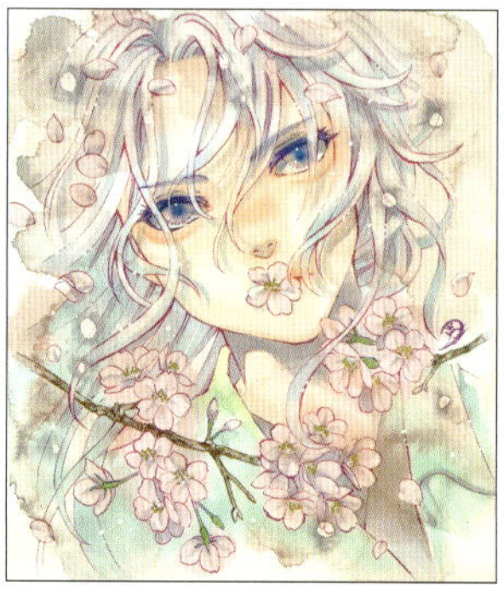
新潟県・朔

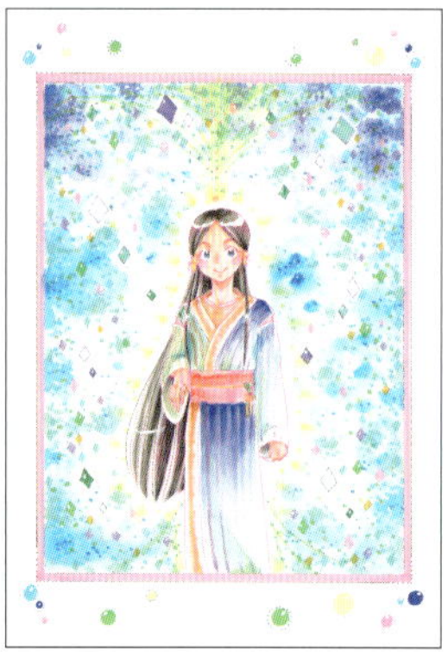
福岡県・まそら。

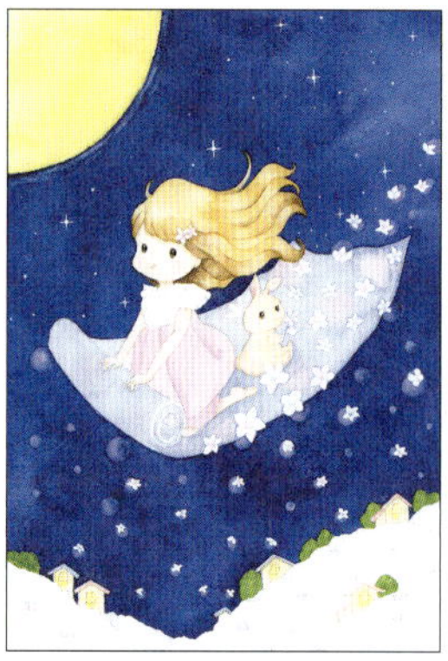
福岡県・ryo.suzuka

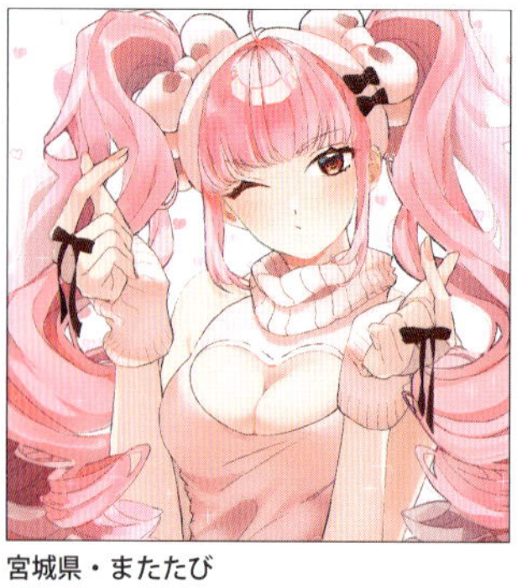
宮城県・またたび

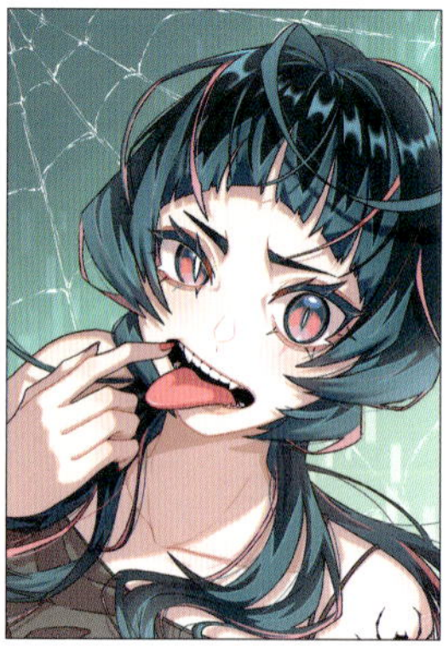
埼玉県・nova

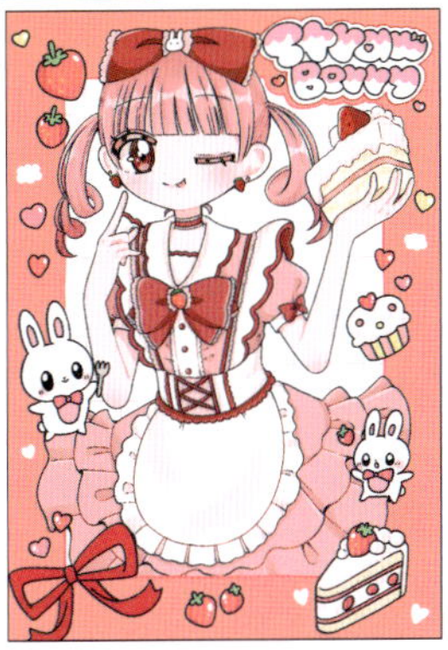
兵庫県・あここ・20歳

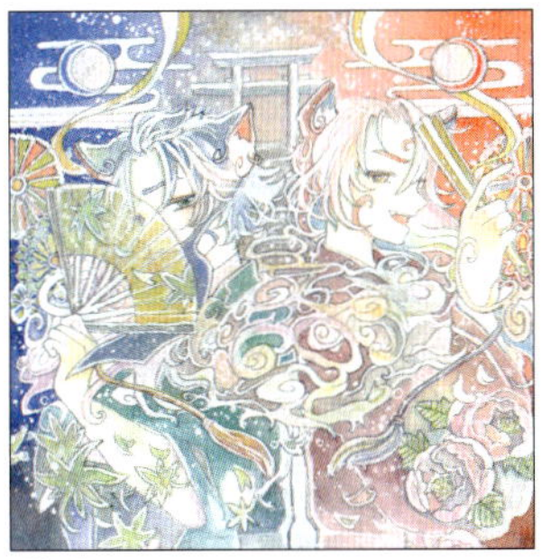
愛知県・senri

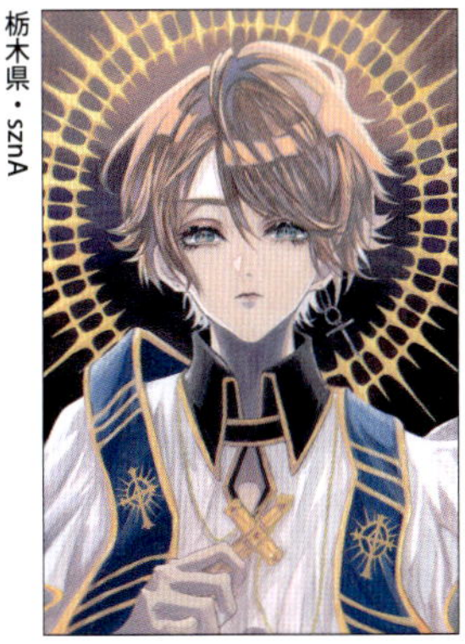
栃木県・sznA

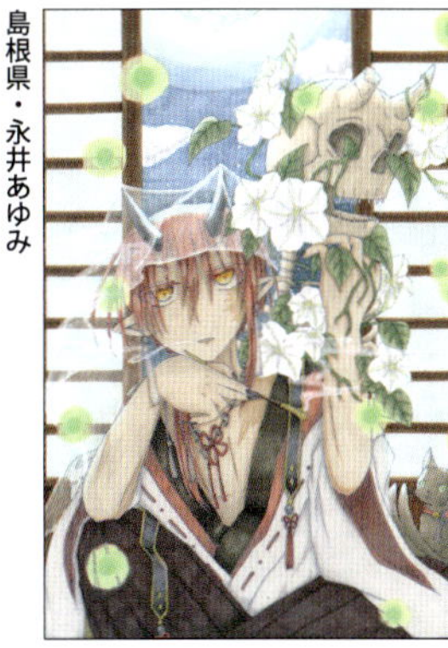
島根県・永井あゆみ

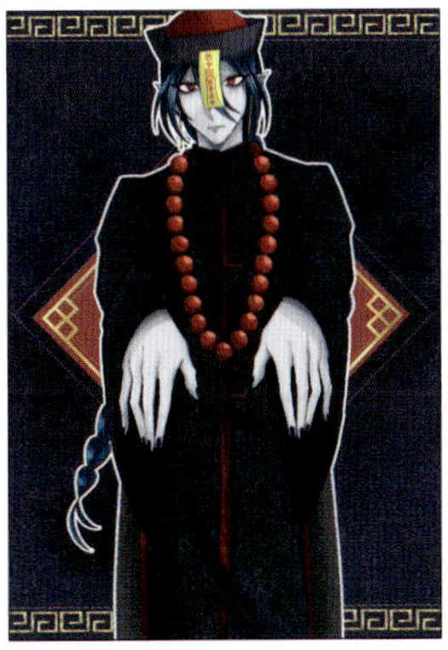
福島県・いぶき

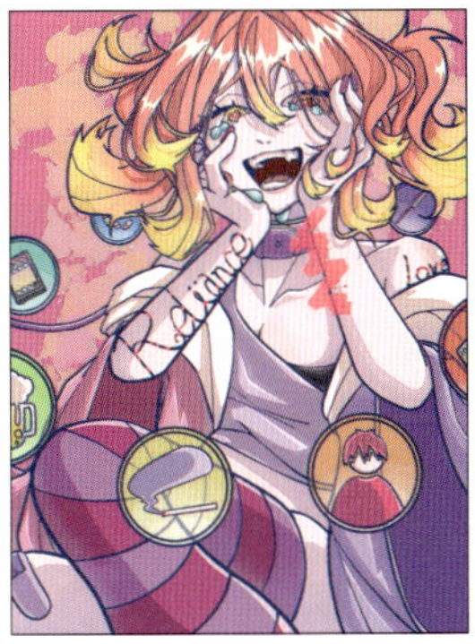
福島県・アモ

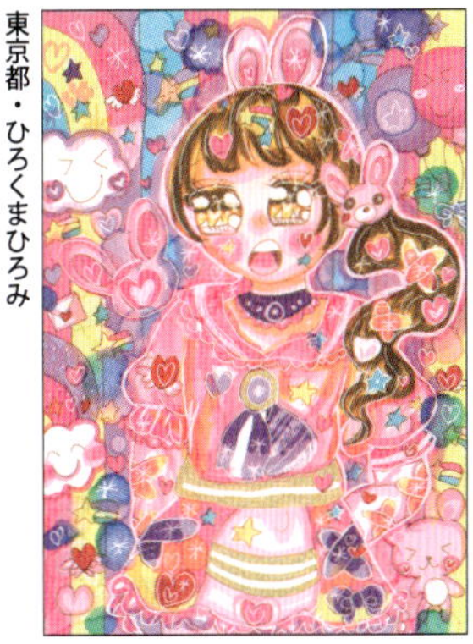
東京都・ひろくまひろみ

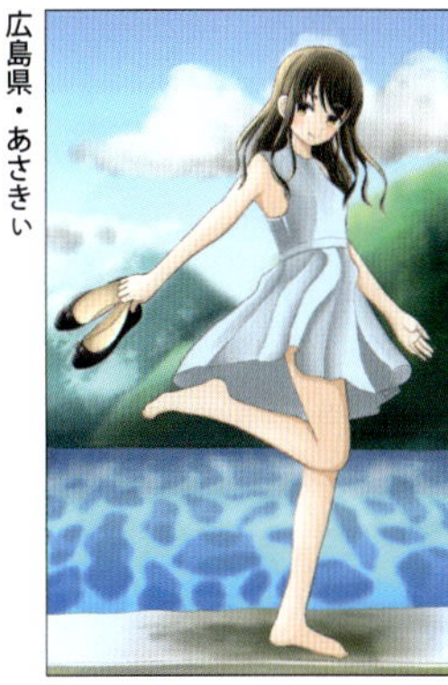
広島県・あさきぃ

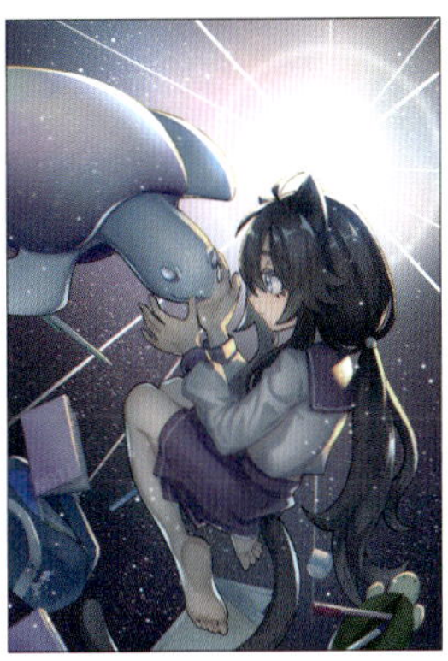
岐阜県・オフロ

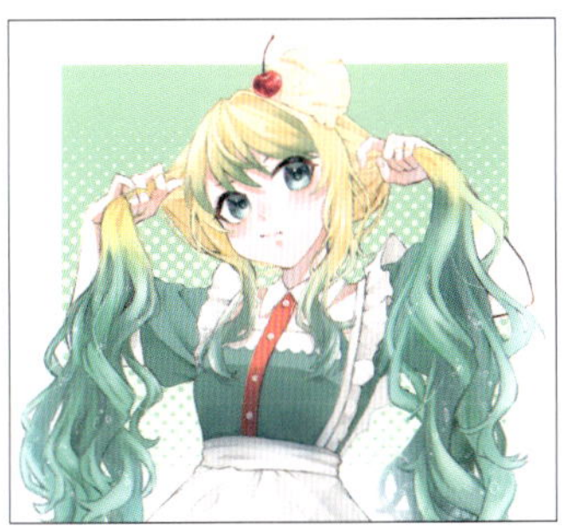
埼玉県・無味まみむ

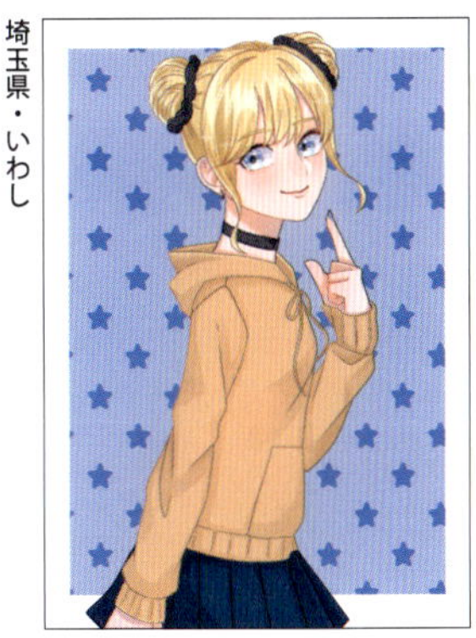
埼玉県・いわし

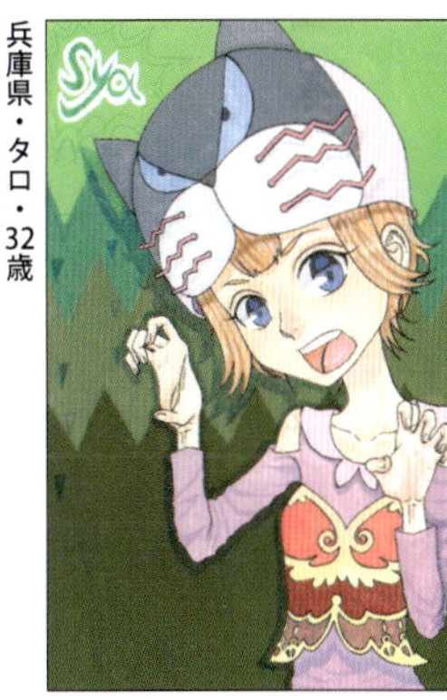
兵庫県・タロ・32歳

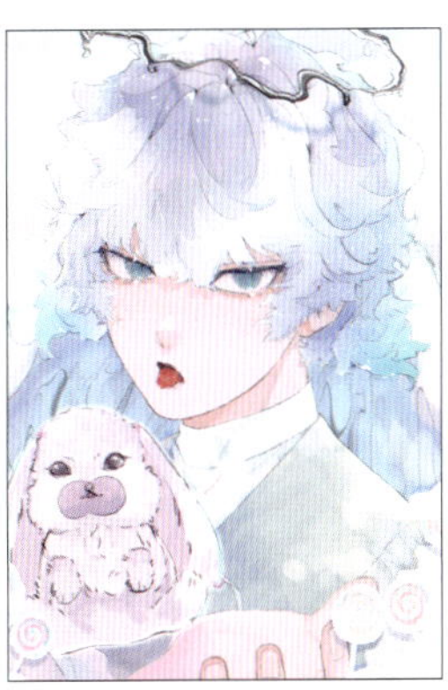
島根県・くろつき

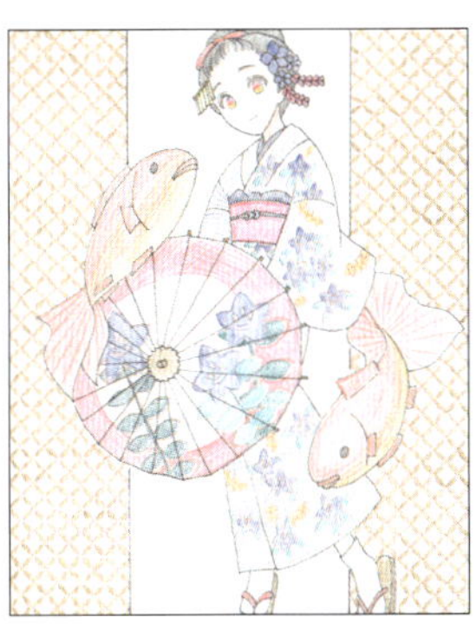
宮城県・如月祐

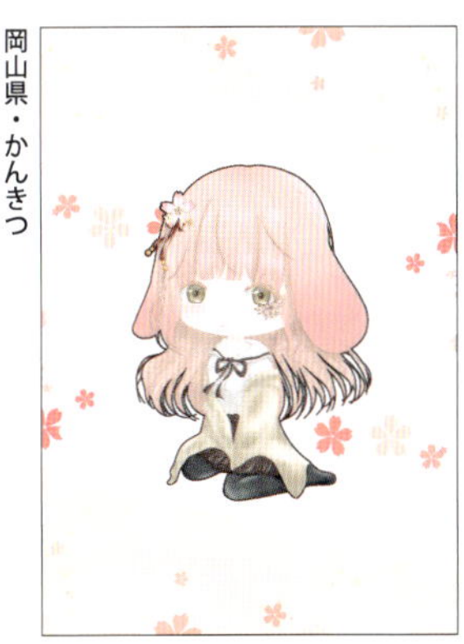
岡山県・かんきつ

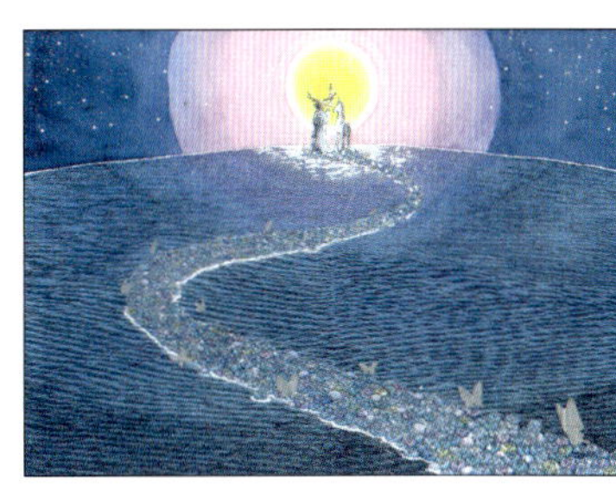
神奈川県・夜野

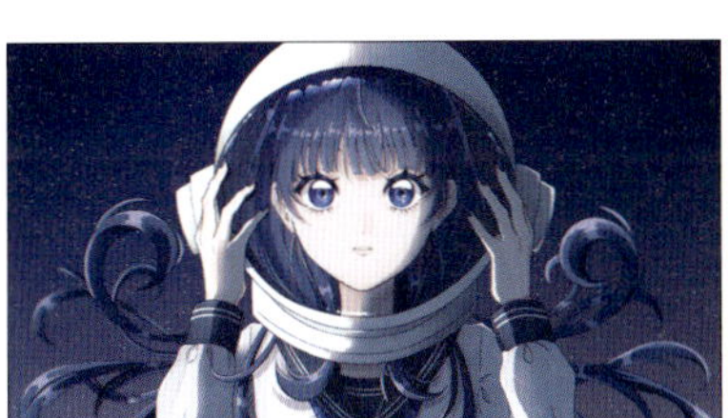
熊本県・無夏月

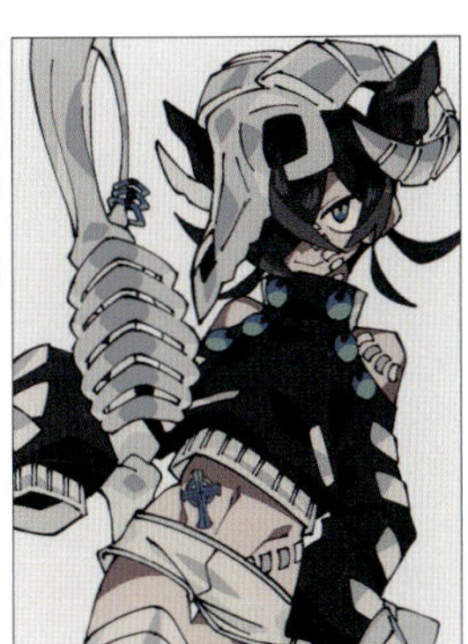
岐阜県・さヌ・21歳

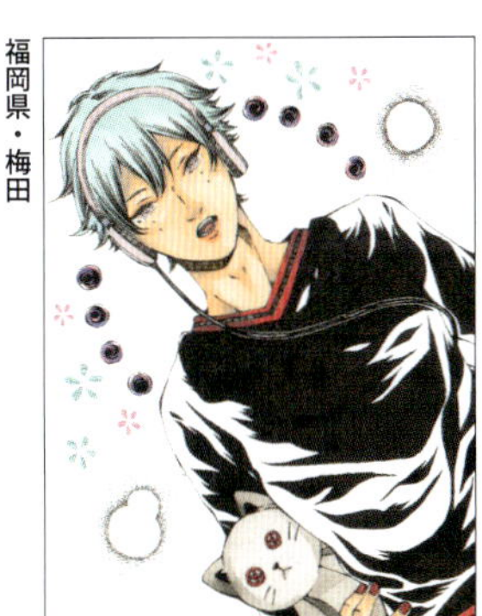
福岡県・梅田

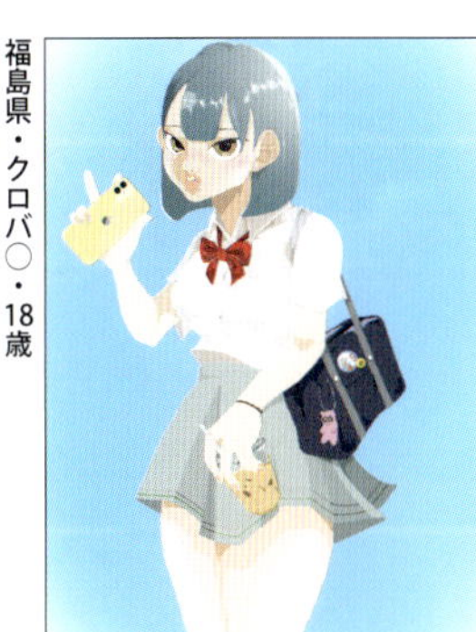
福島県・クロバ○・18歳

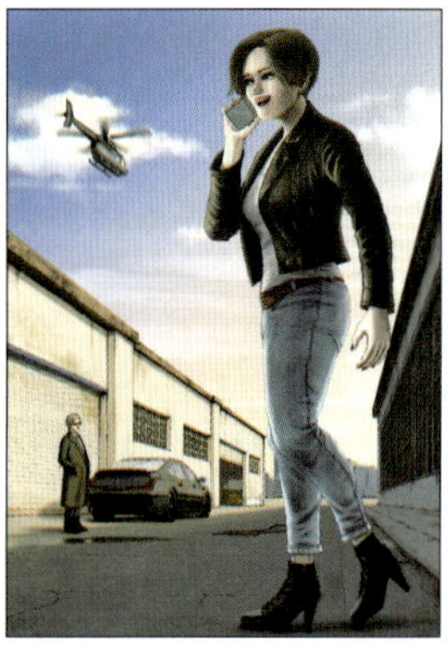
群馬県・スマくん・23歳

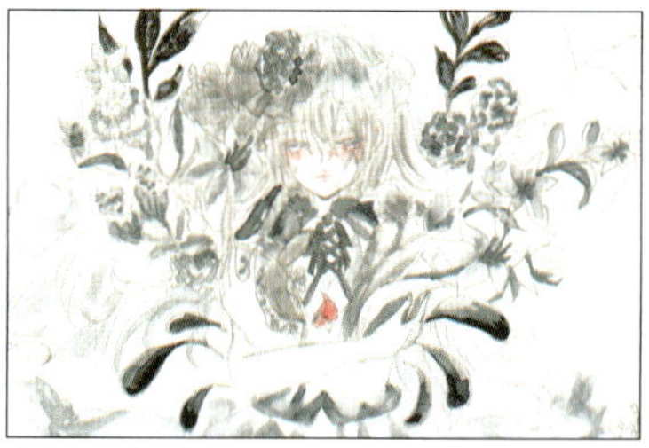
東京都・高野鈴蘭・23歳

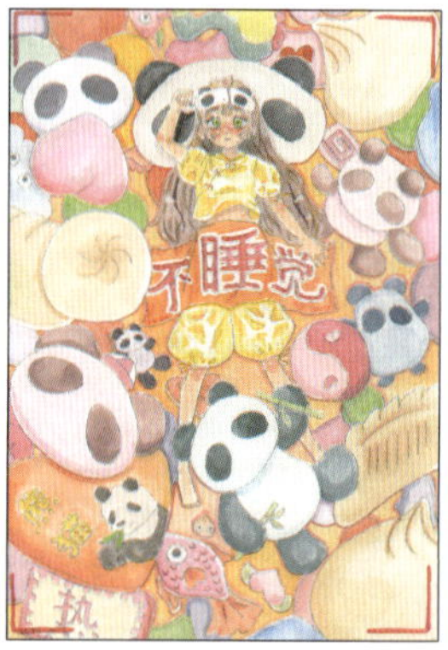
福島県・ずい

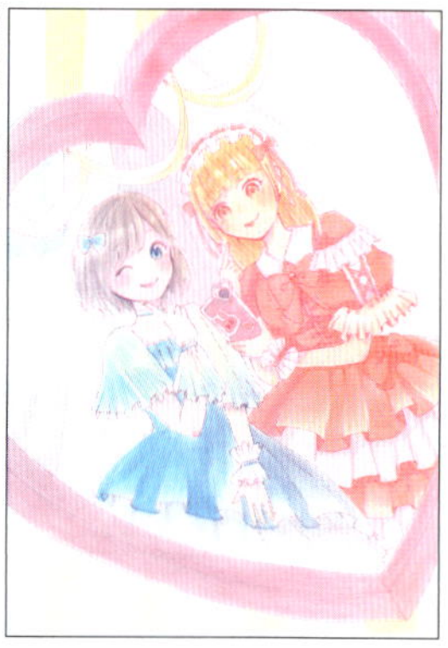
群馬県・しょきびどう

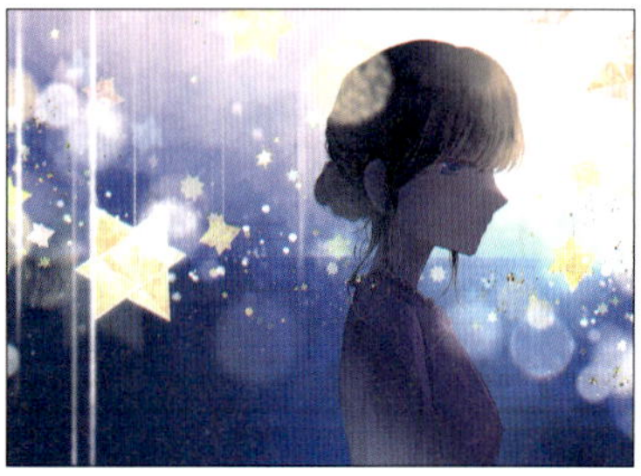
滋賀県・西卯月そら

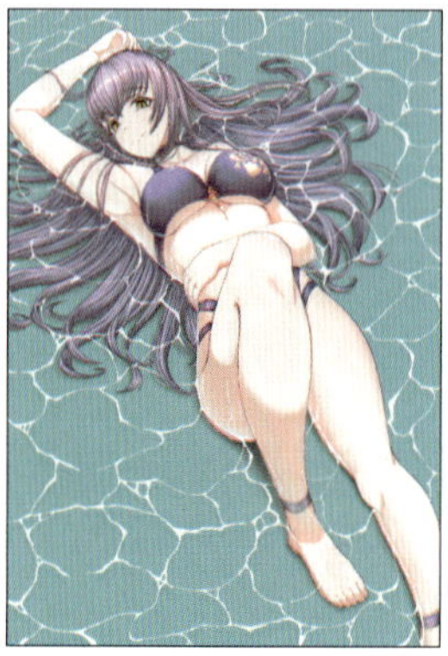
岐阜県・タヌウサギ・21歳

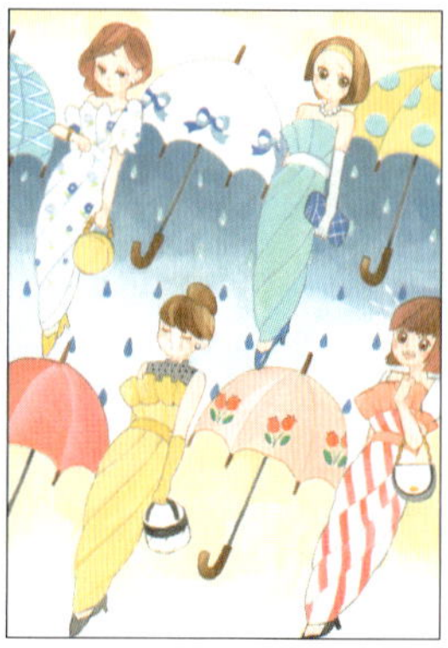
埼玉県・新倉なつな・38歳

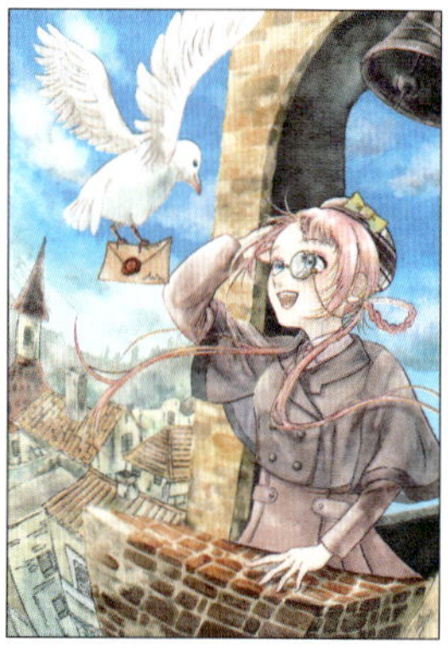
山口県・たきゃ・19歳

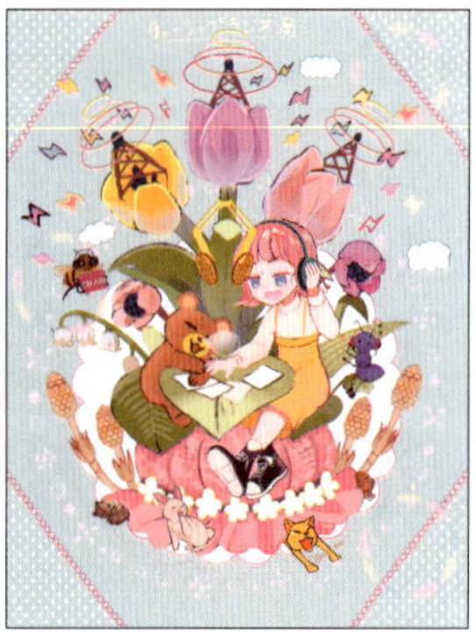
大阪府・どみの

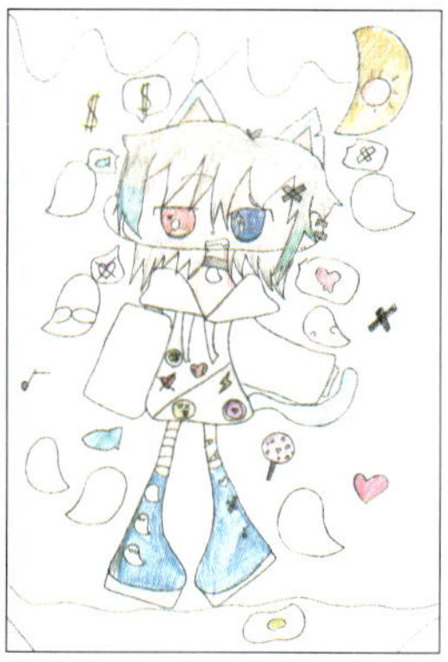
大阪府・和桜恋・11歳

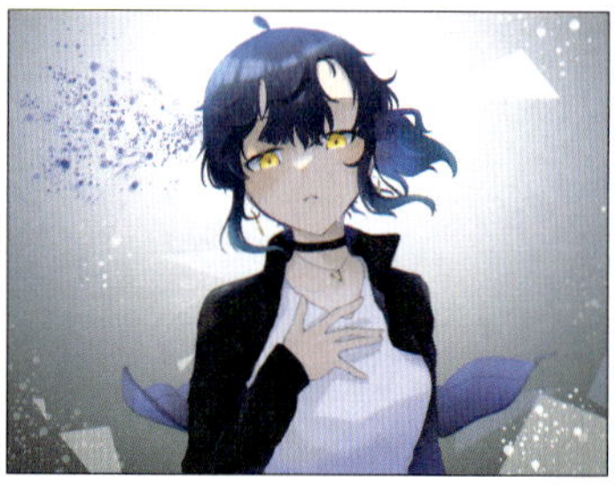
愛知県・小鳥遊 千秋＊

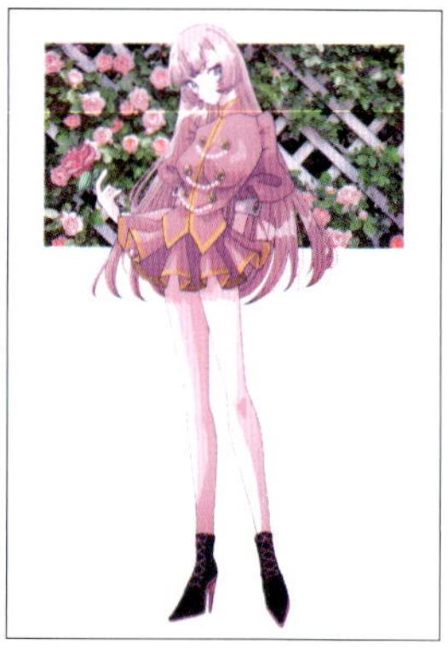
宮城県・たぴよ・28歳

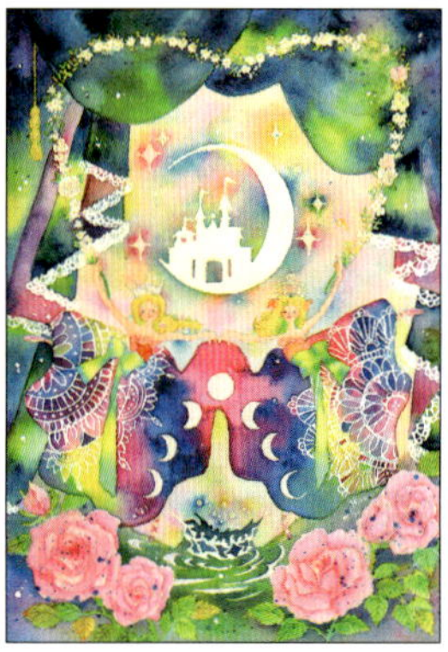
鹿児島県・ニシヒロミ

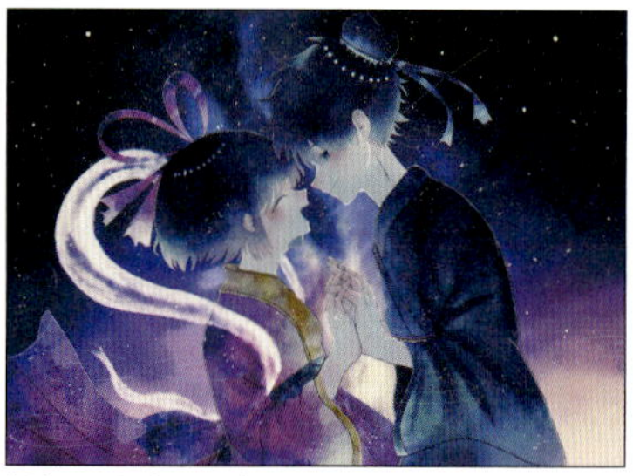
福島県・仔空・18歳

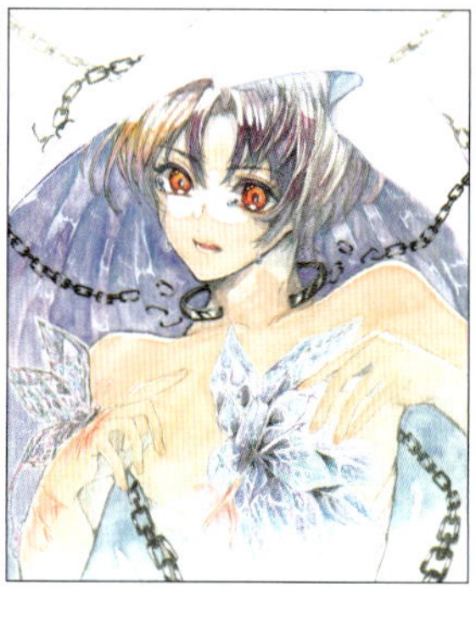
北海道・シズ

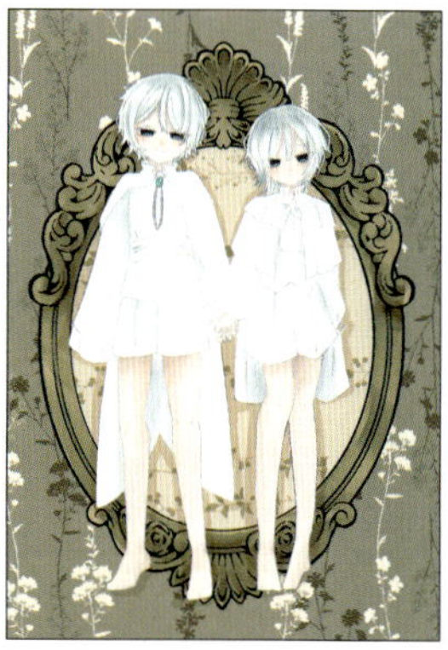
大阪府・ななしの

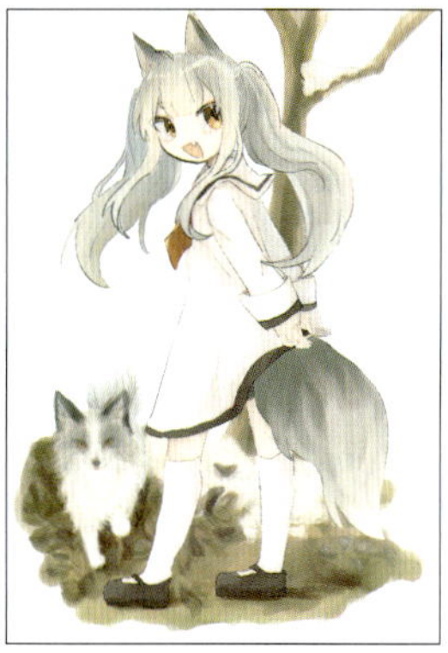
岐阜県・ひので

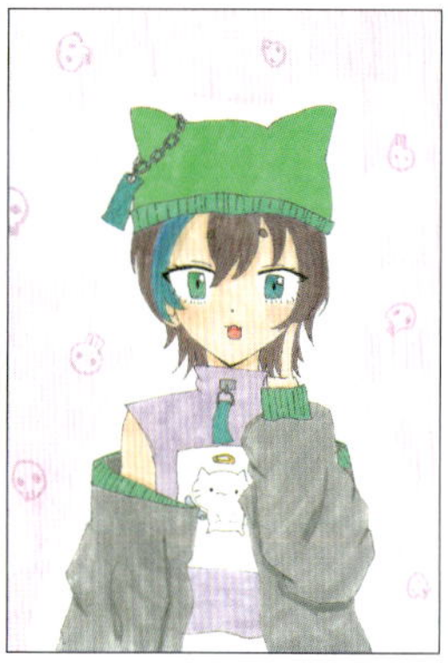
神奈川県・るいえ・11歳

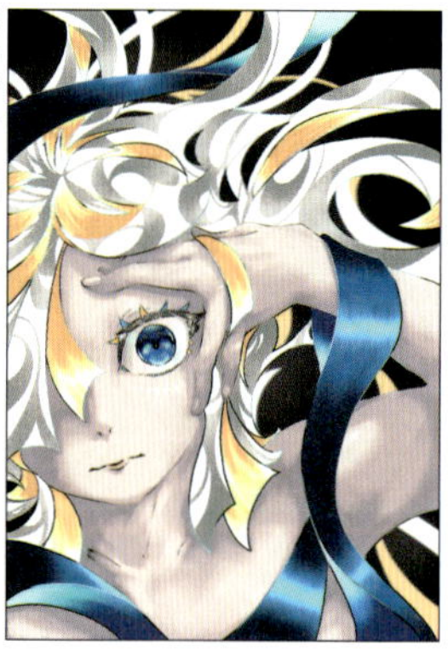
群馬県・ぱりパリしか

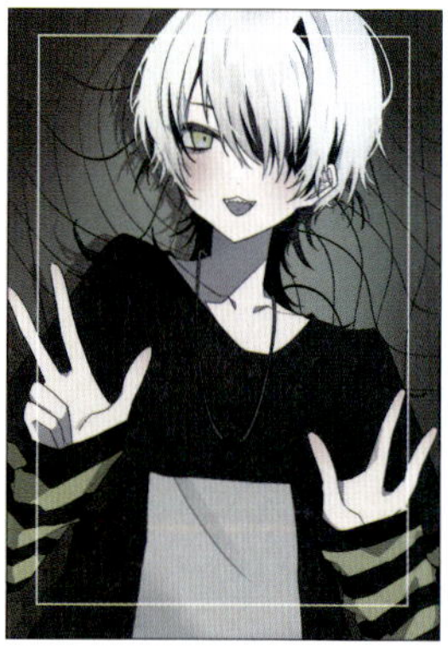
愛知県・ねむ

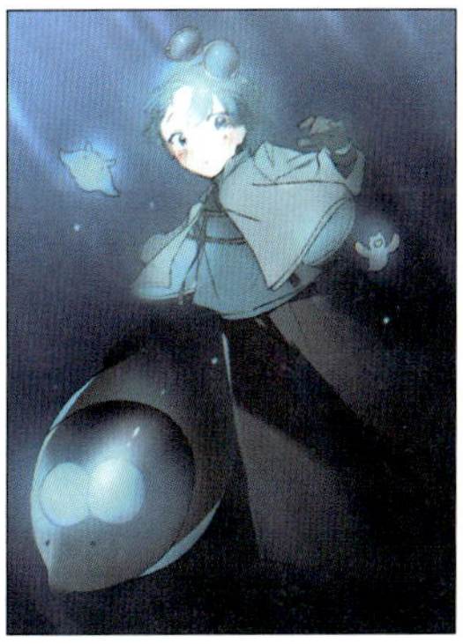
香川県・ぽたる・19歳

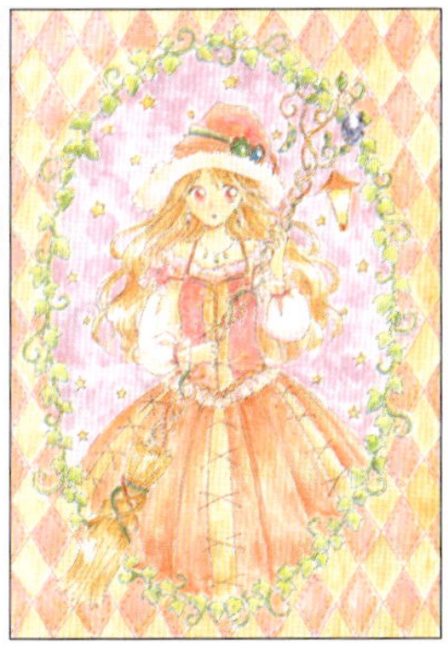
千葉県・まき・42歳

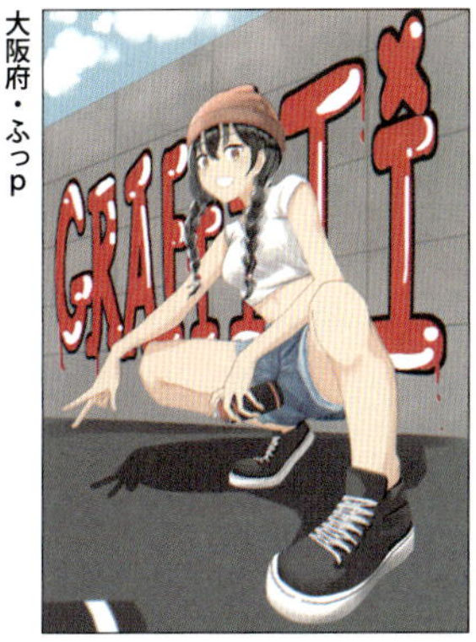
大阪府・ふっp

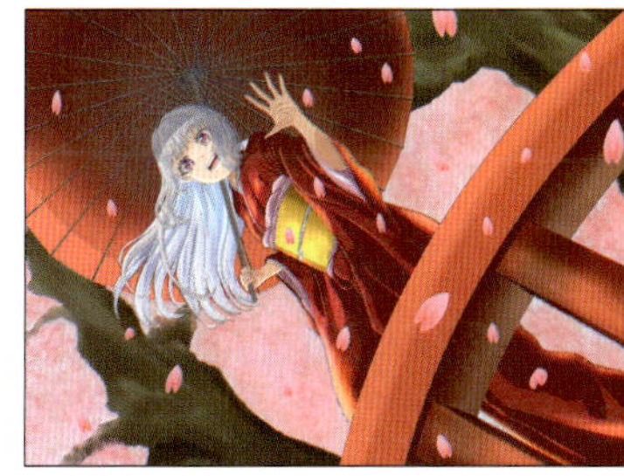
愛知県・桜田ラミ

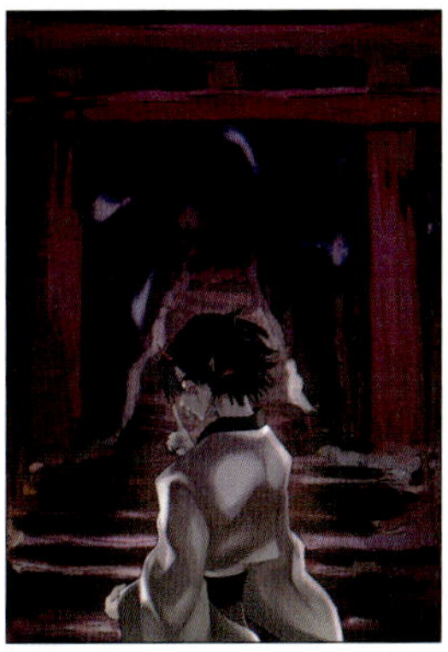
香川県・みや

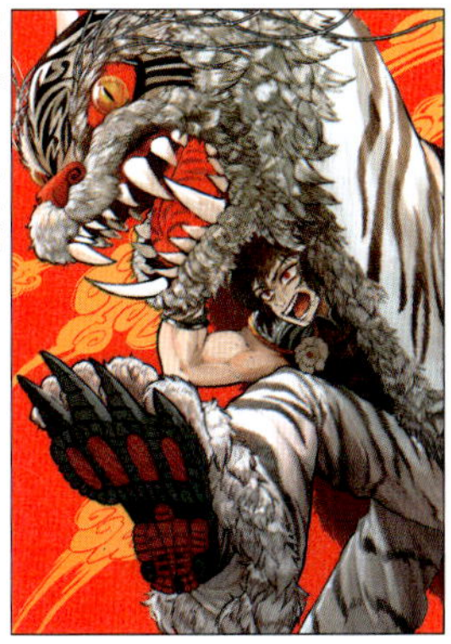
愛知県・まえだ次郎

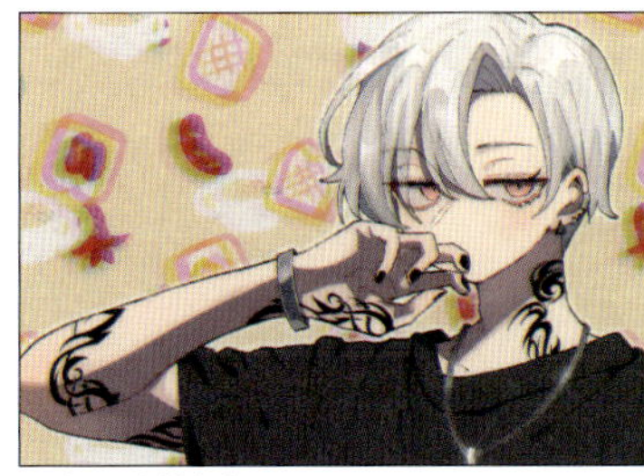
三重県・左桃右京

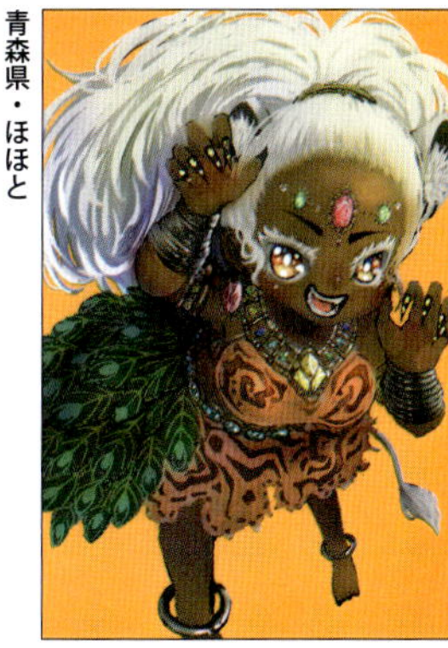
青森県・ほほと

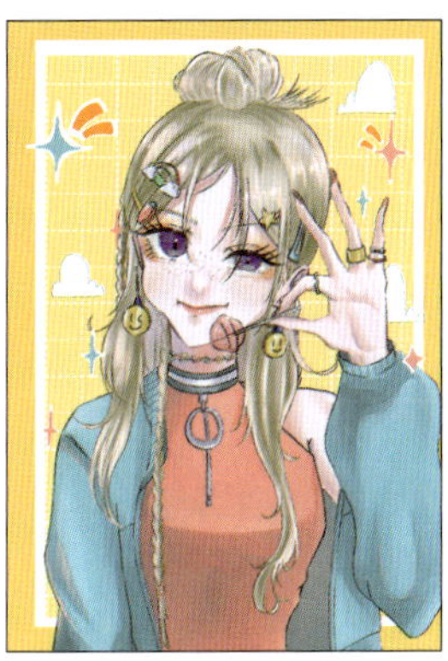
兵庫県・阿古屋アオ

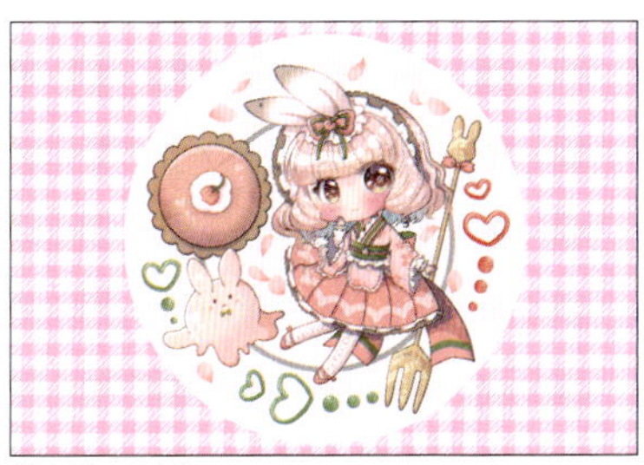
栃木県・羽鳥しーの

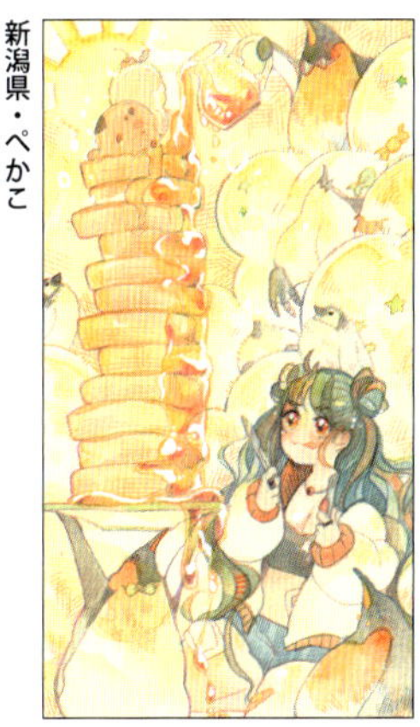
新潟県・ぺかこ

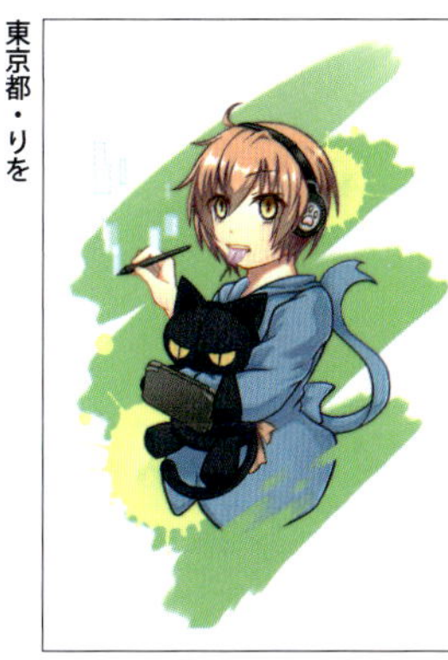
東京都・りを

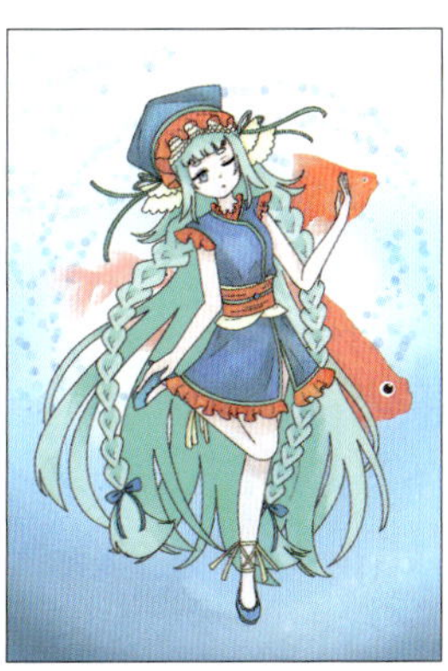
福島県・花宮アリス・18歳

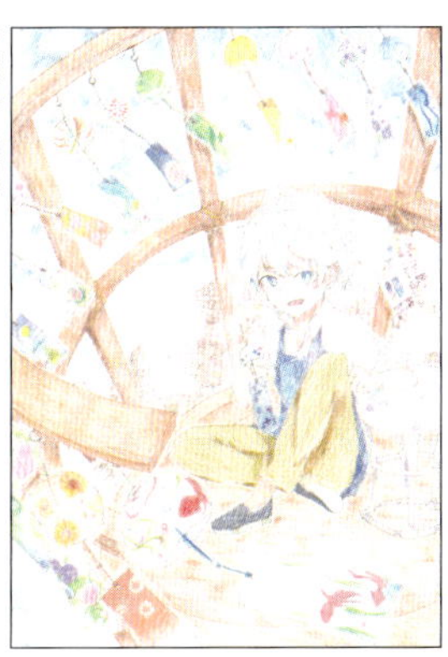
宮城県・架山さと

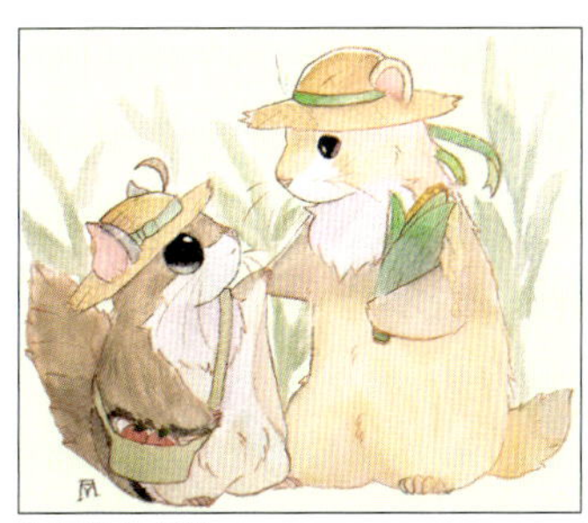
神奈川県・伊達

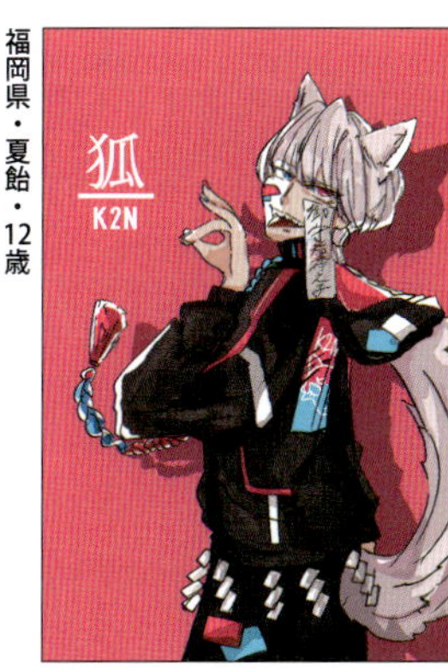

福岡県・夏飴・12歳

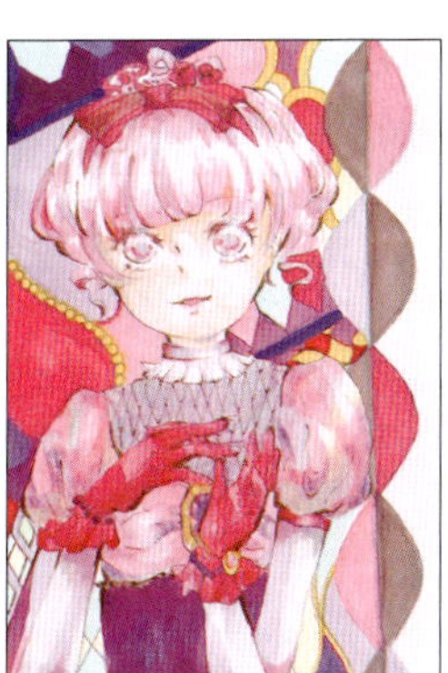
岩手県・海松

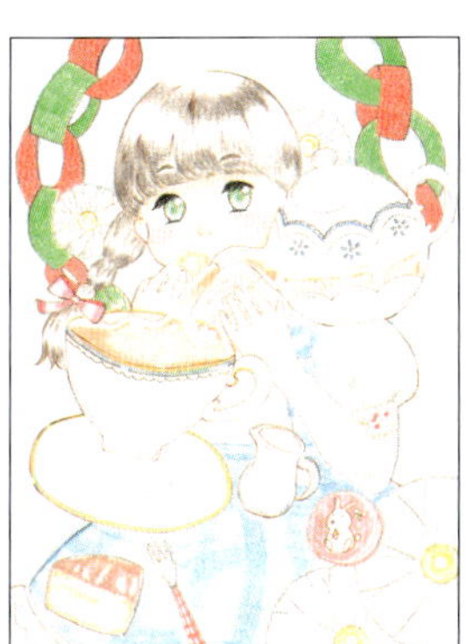
宮城県・マサキえり

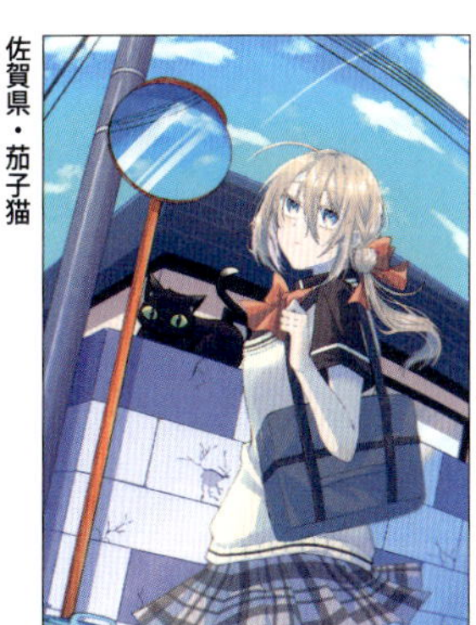
佐賀県・茄子猫

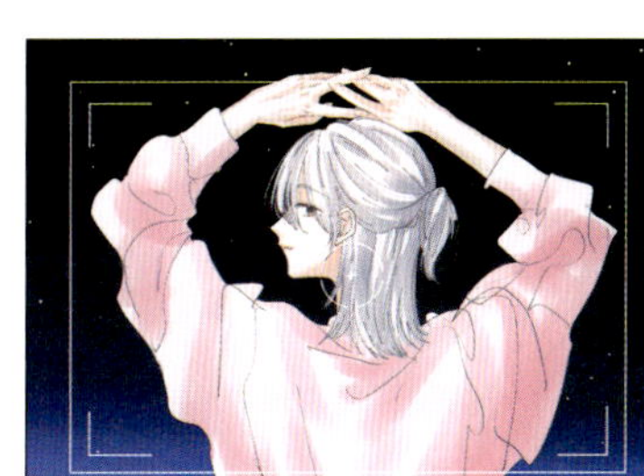
東京都・ろく

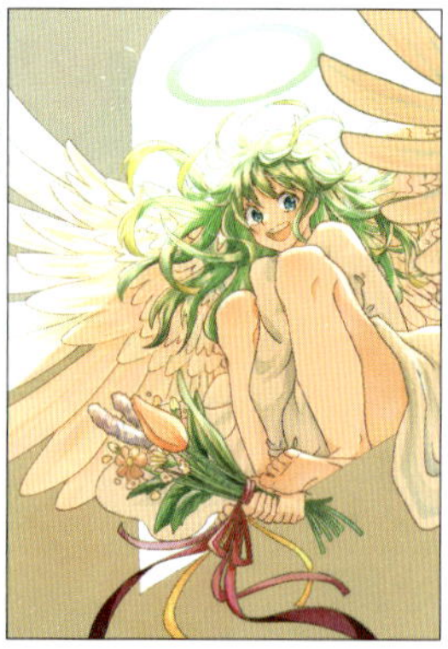
埼玉県・祭燈

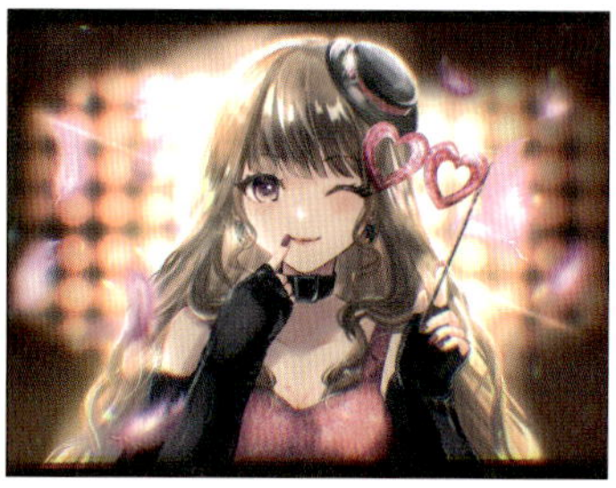
福島県・りぃ＆かぁ

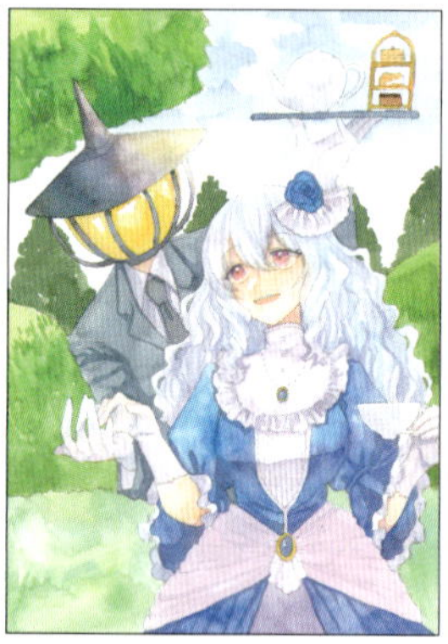
群馬県・RB

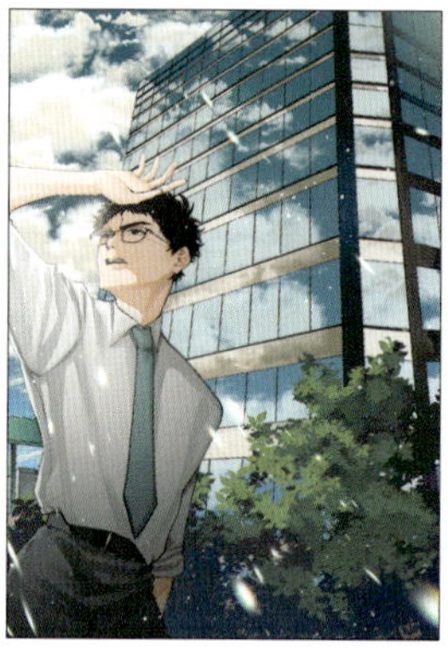
佐賀県・紅葉

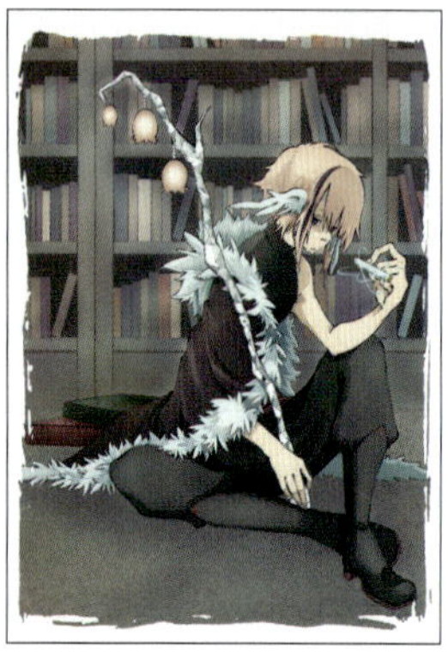
京都府・三柚

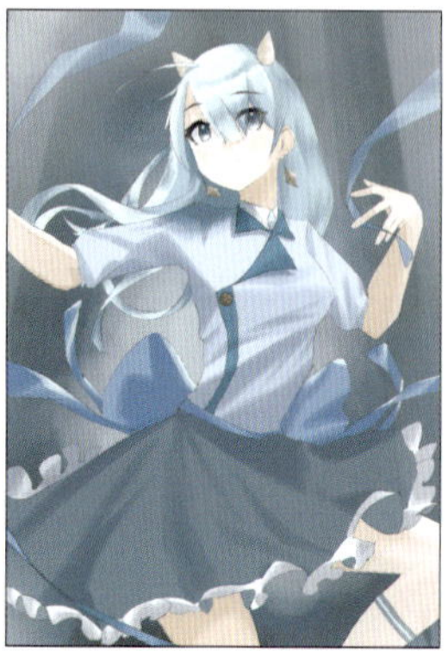
大阪府・錆納戸・21歳

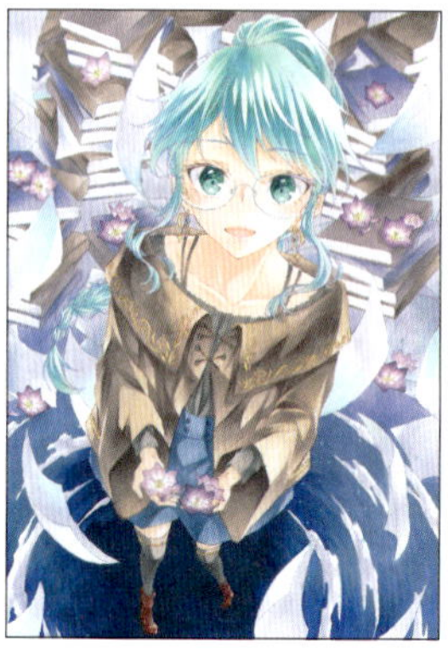
兵庫県・桜ノ木日

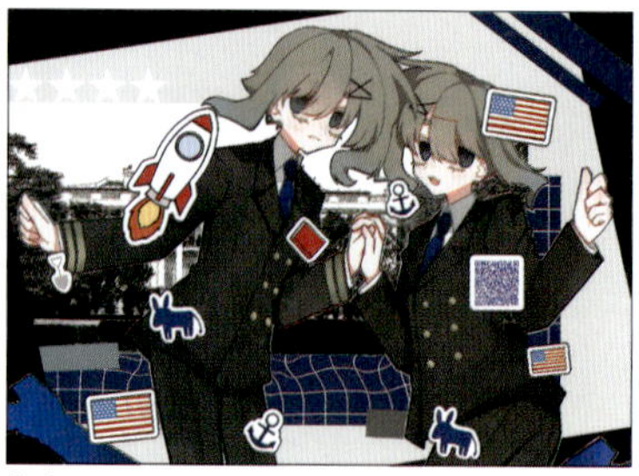
神奈川県・みぐ・20歳

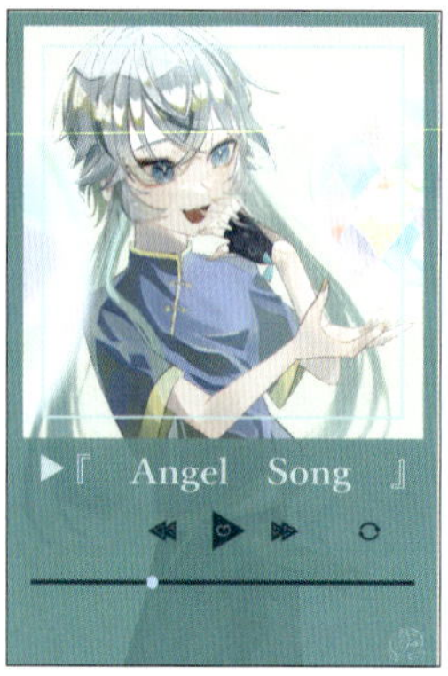

福岡県・四ツ目海月

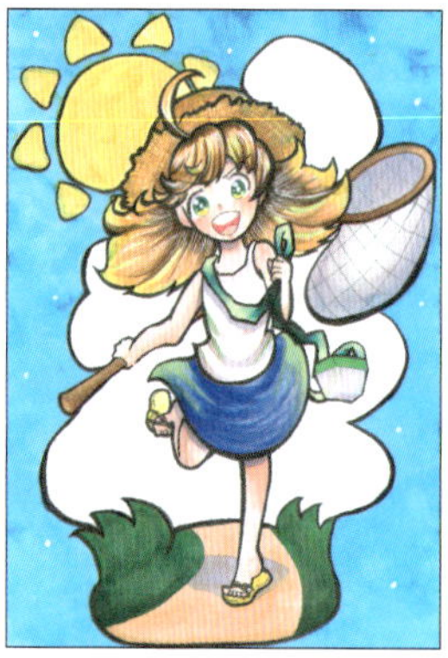
秋田県・とづき

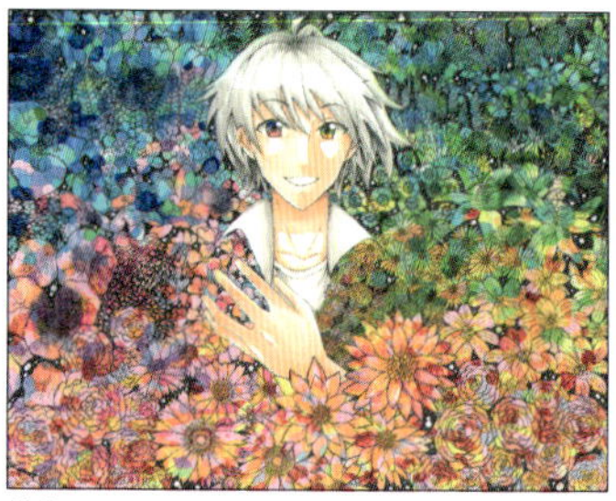
神奈川県・マヨミ

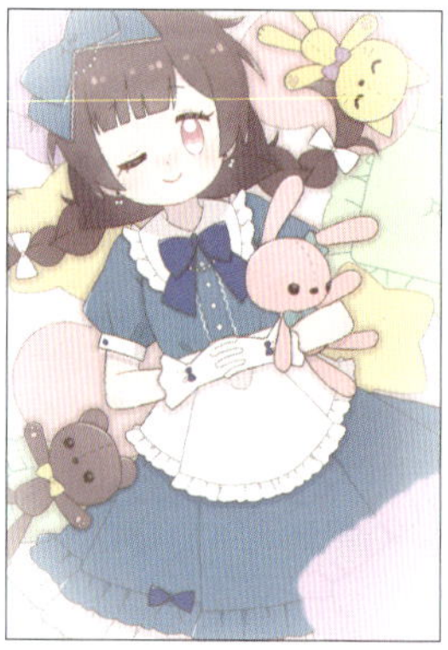
群馬県・斬香

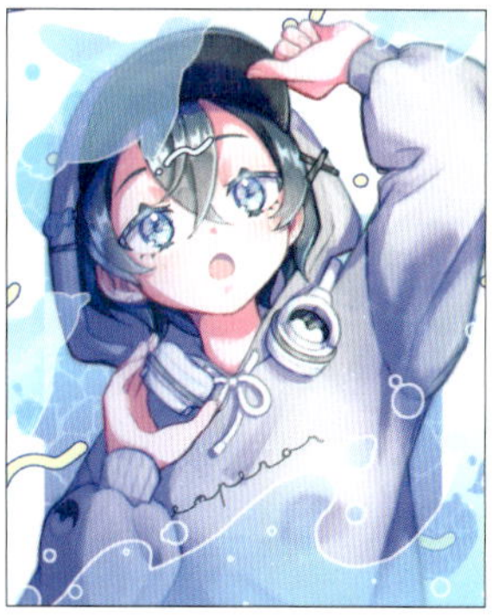
愛知県・水咲コエル・18歳

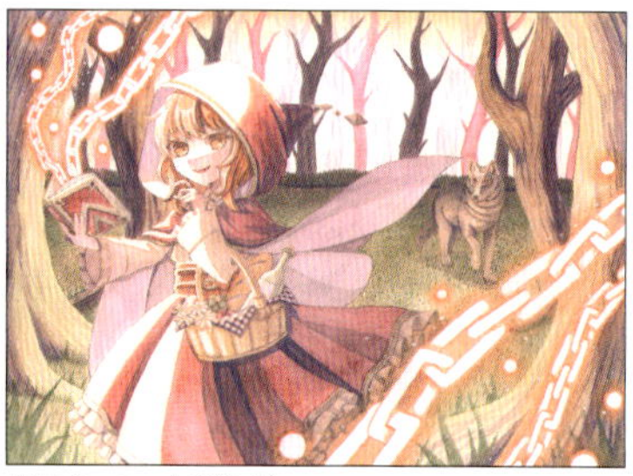
大阪府・ひつじぱんだ

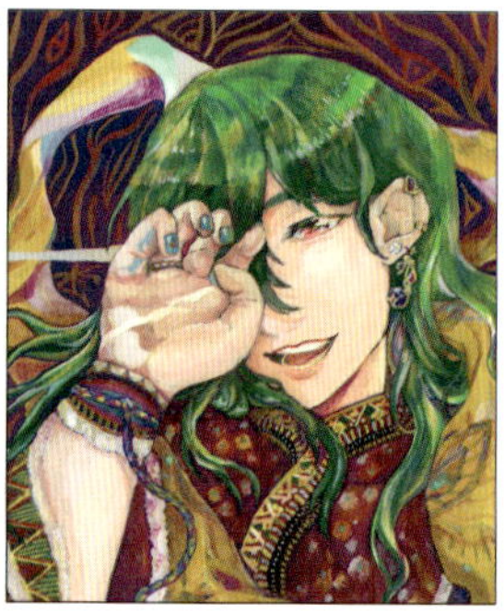
埼玉県・松芭

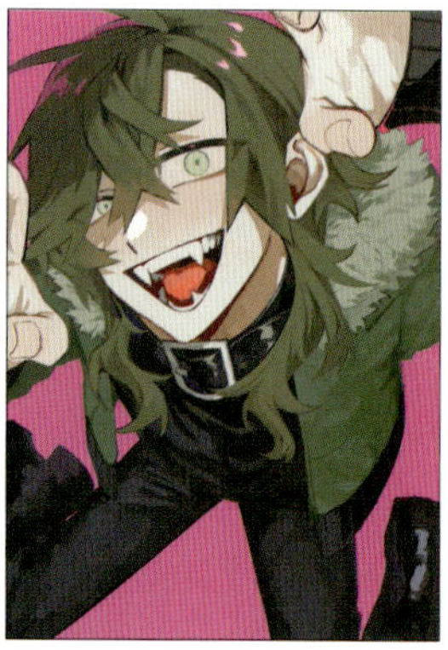
岡山県・小津名

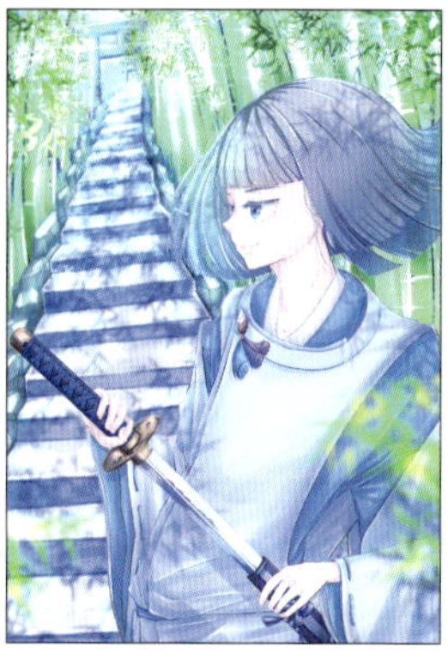
愛知県・村崎しじみ

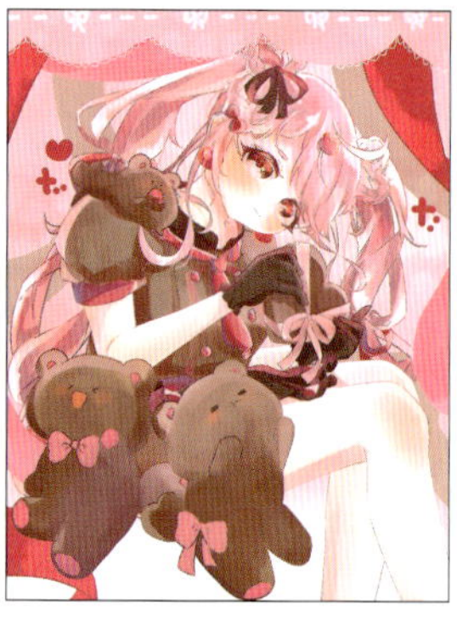
神奈川県・雪奈・18歳

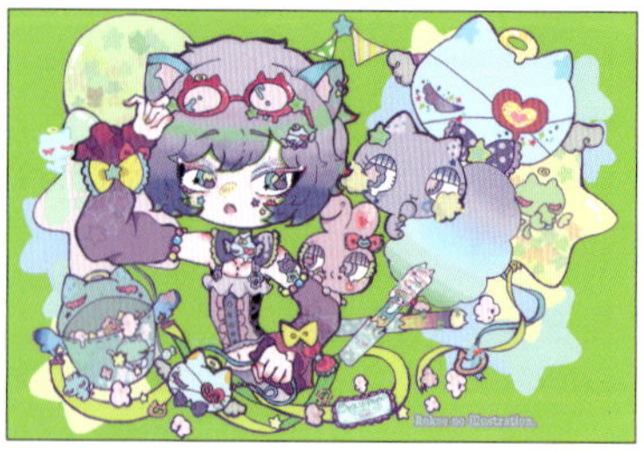
群馬県・Rokse

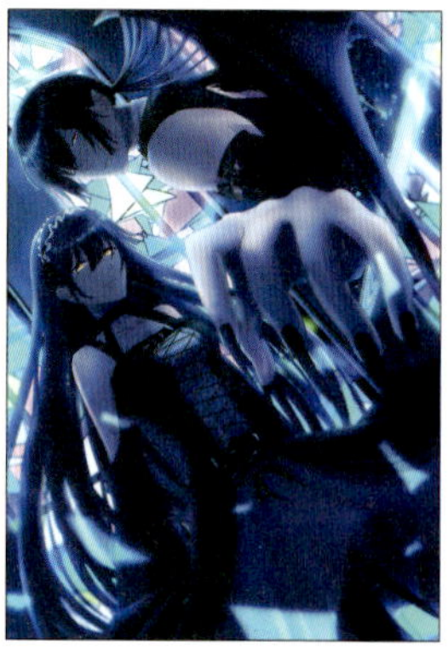
東京都・雛咲ひな

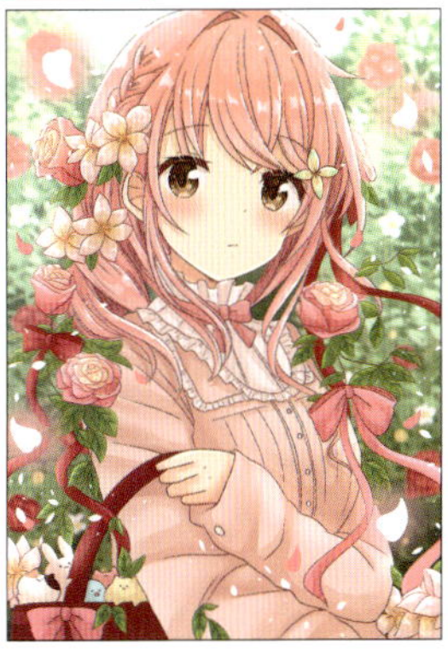
大阪府・猫城寺ユーリ

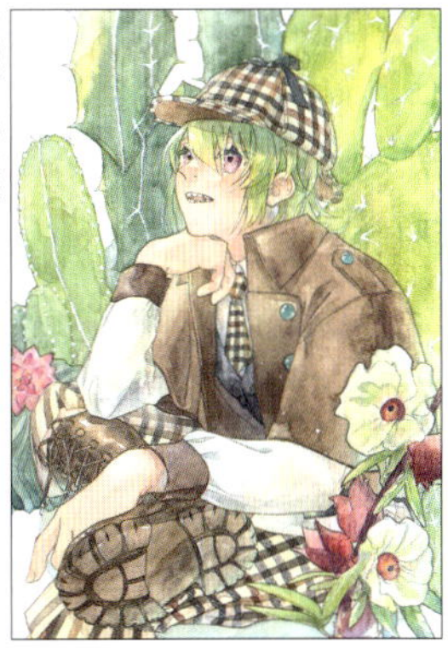
京都府・茶屋径

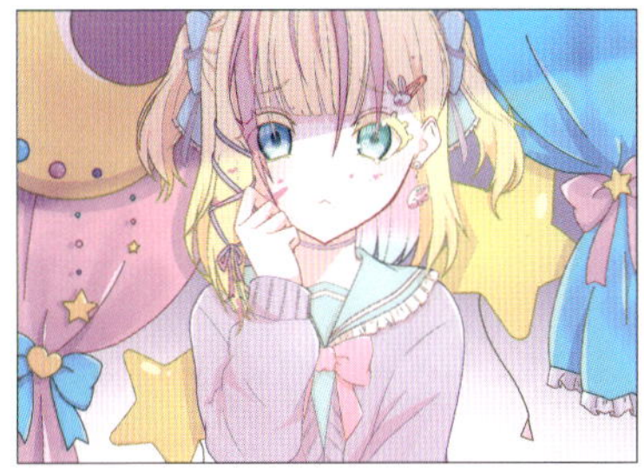
群馬県・ｏｒｉ

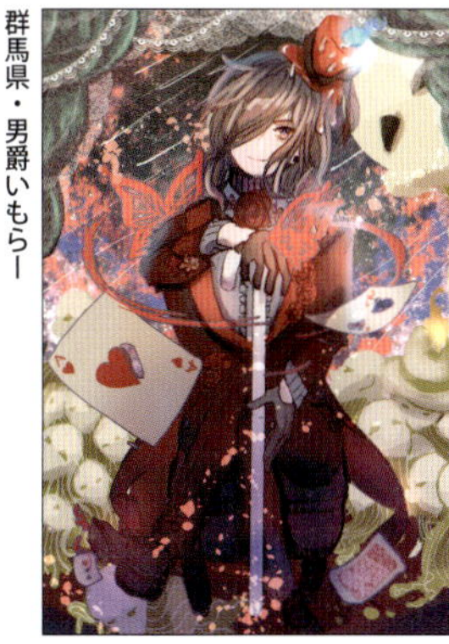
群馬県・男爵いもらー

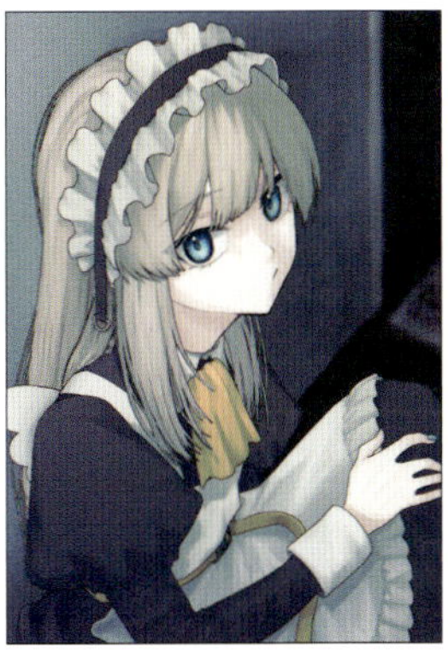
茨城県・白米たきナ

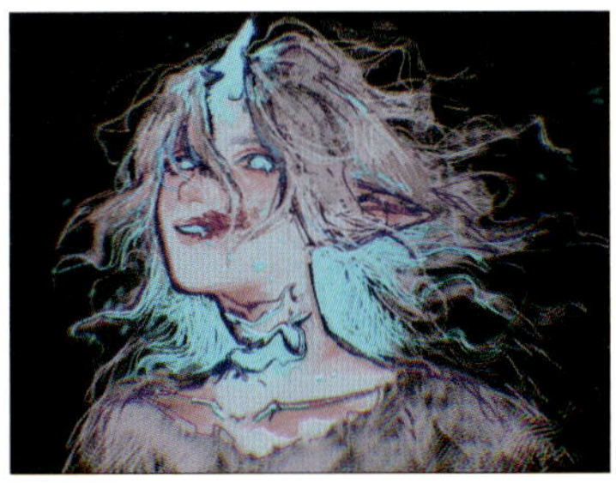
秋田県・O2 β

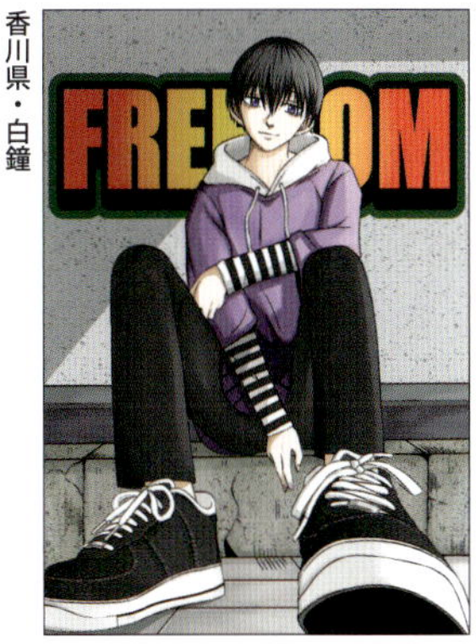
香川県・白鐘

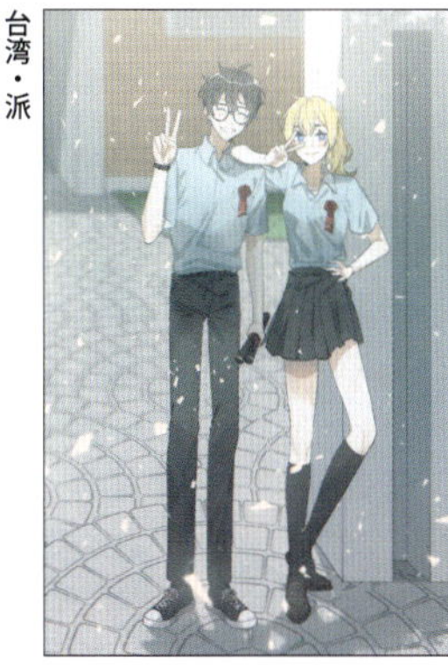
台湾・派

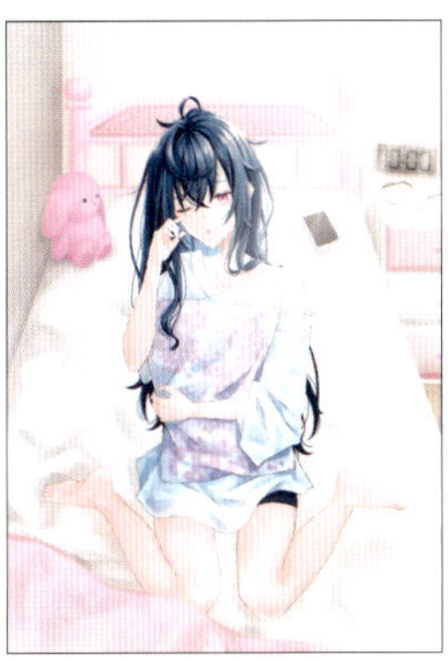
愛知県・薬味

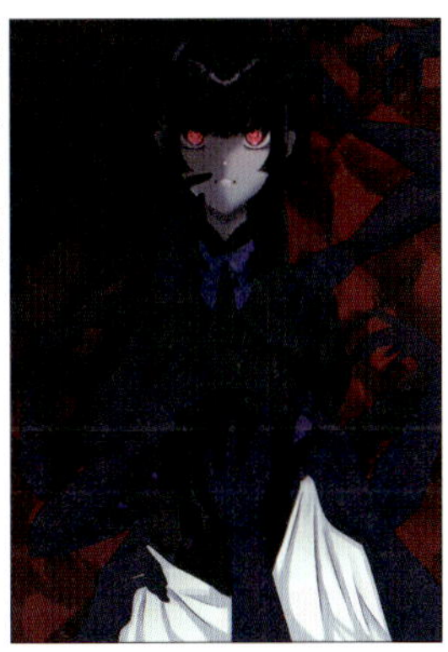
神奈川県・野々江蓮

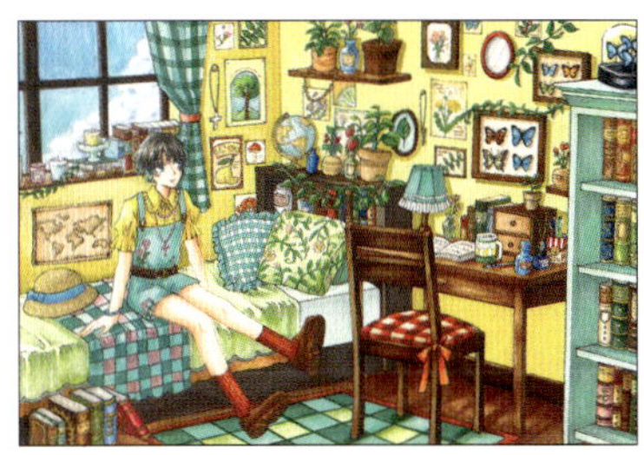
青森県・Mori.Harz・26歳

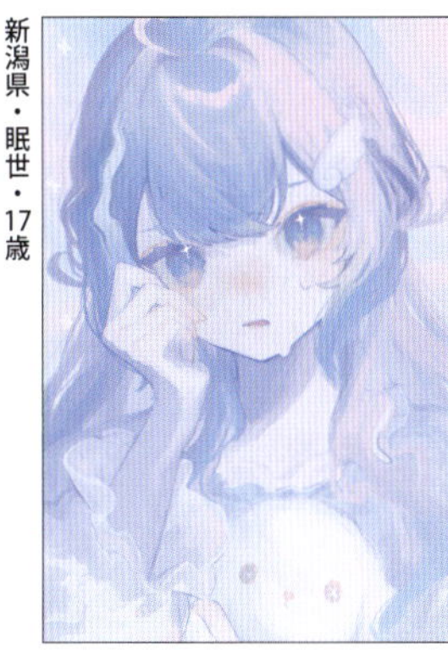
新潟県・眠世・17歳

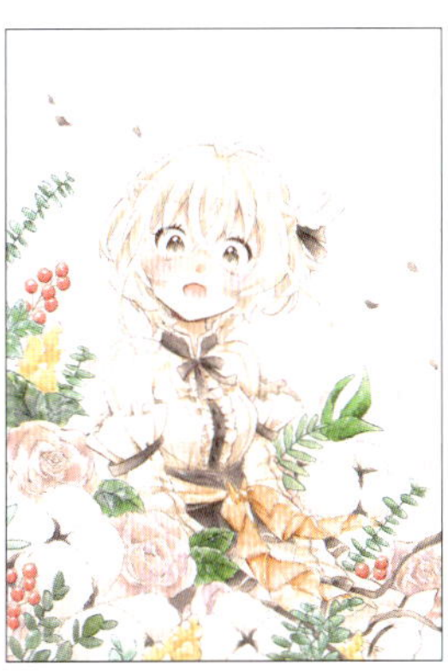
神奈川県・梨玖

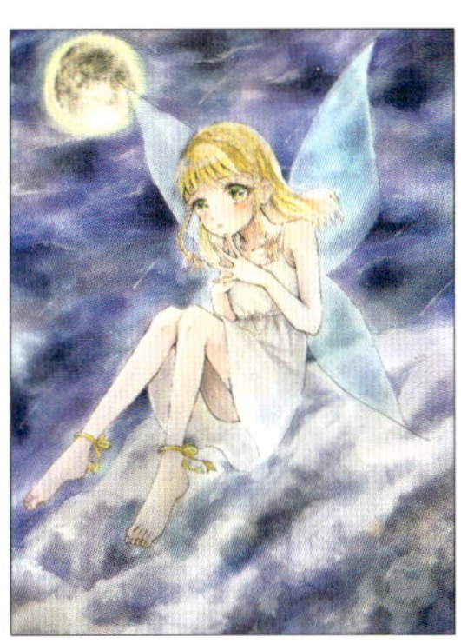
愛知県・陽彩-hiiro-

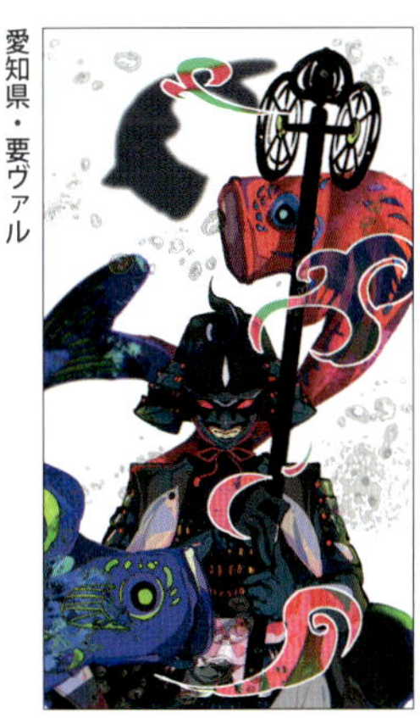
愛知県・要ヴァル

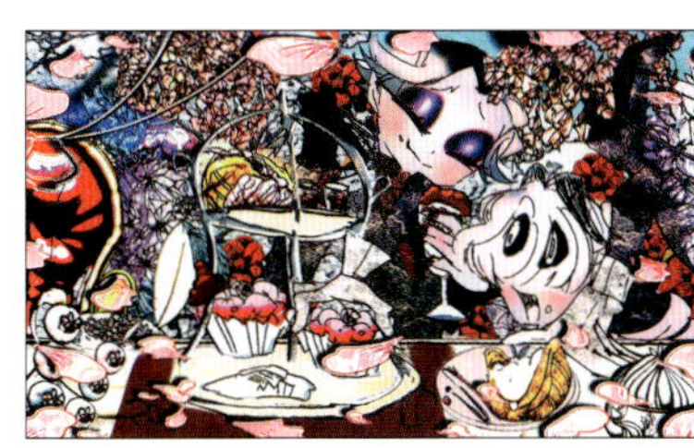
神奈川県・dolce 毒

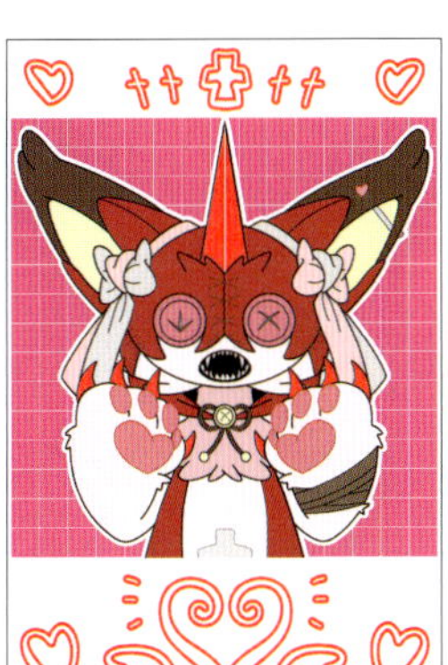
福島県・狼狽ワヅロ

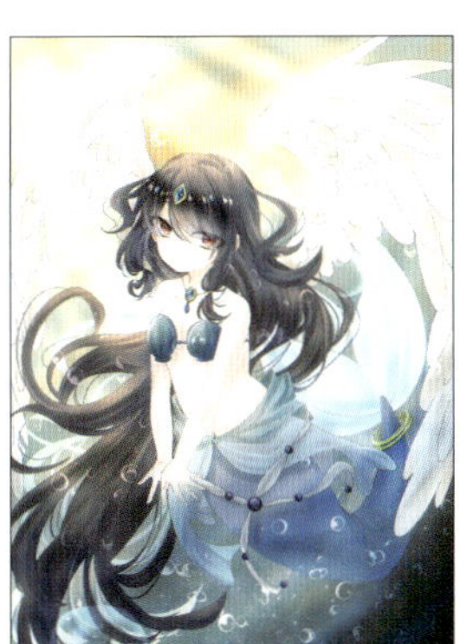
香川県・苓珠。

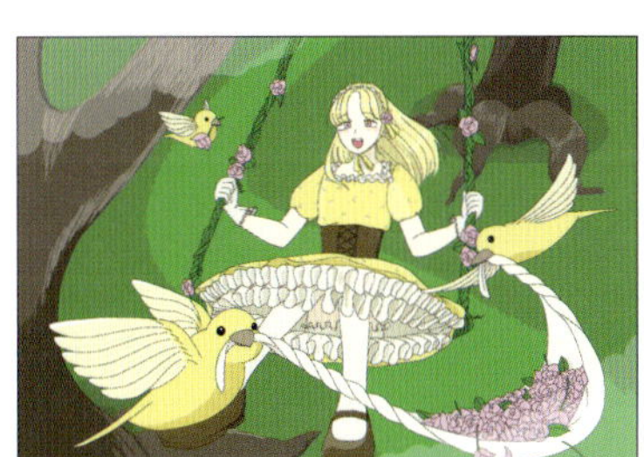
福島県・Ayaml

新潟県・竜みそ

SKY S THEME「王子さま・お姫さま」

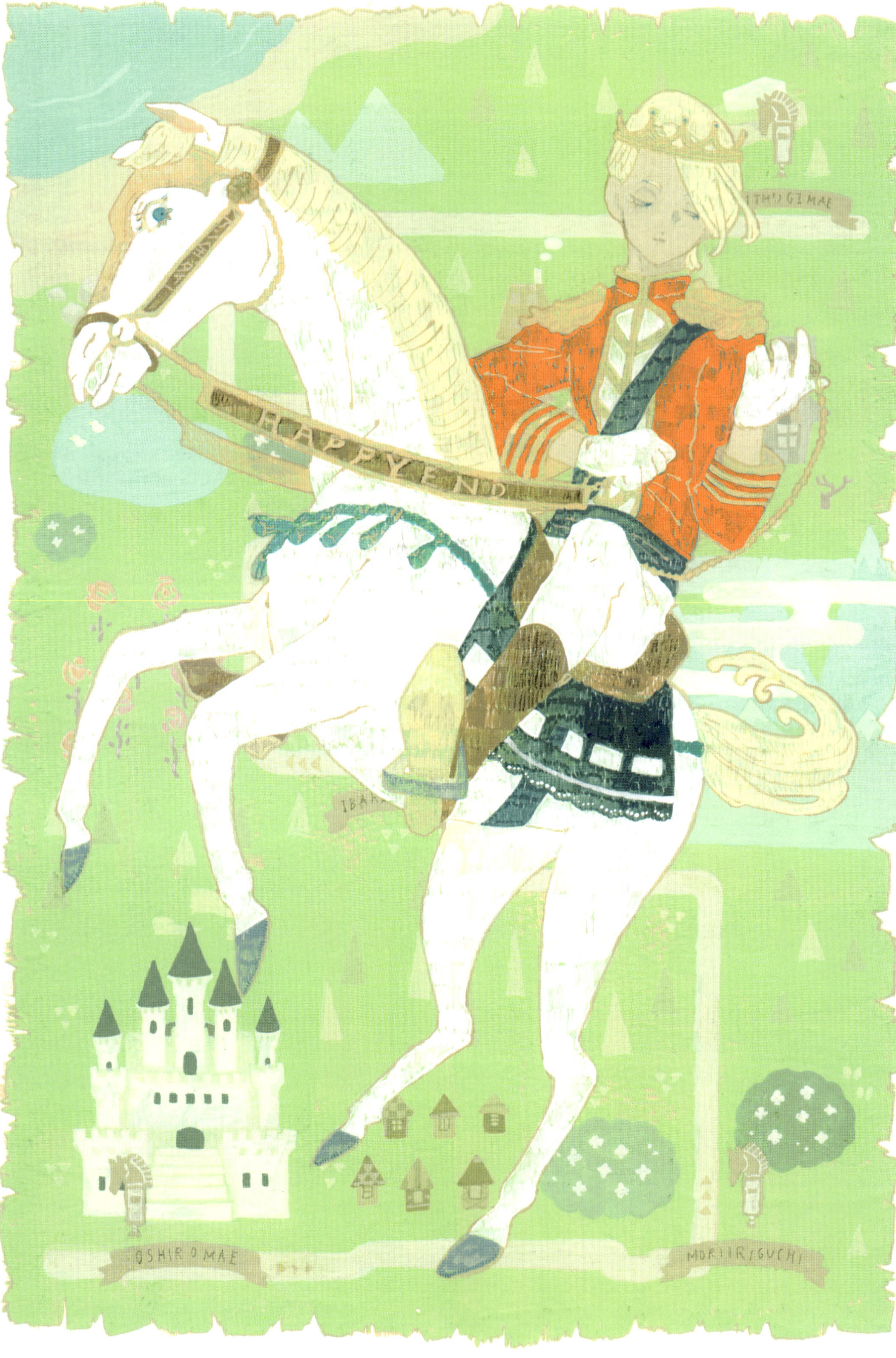

岐阜県・ずめ子【ターナーアクリルガッシュ・マルマンスケッチブック・ファーバーカステル・水彩色鉛筆】

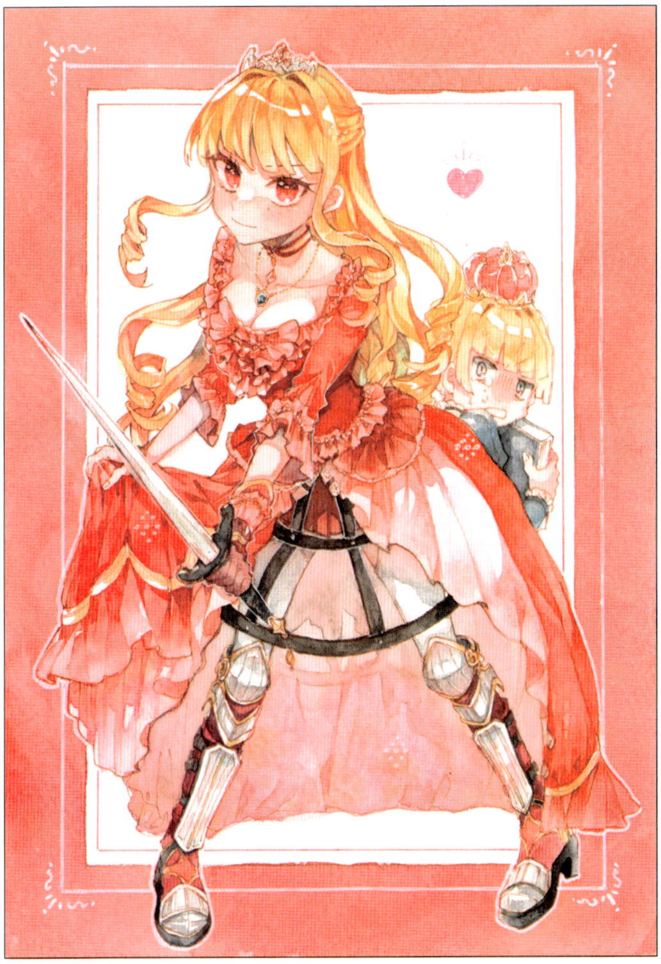

北海道・伸紅【透明水彩・ホワイトワトソン水彩紙】

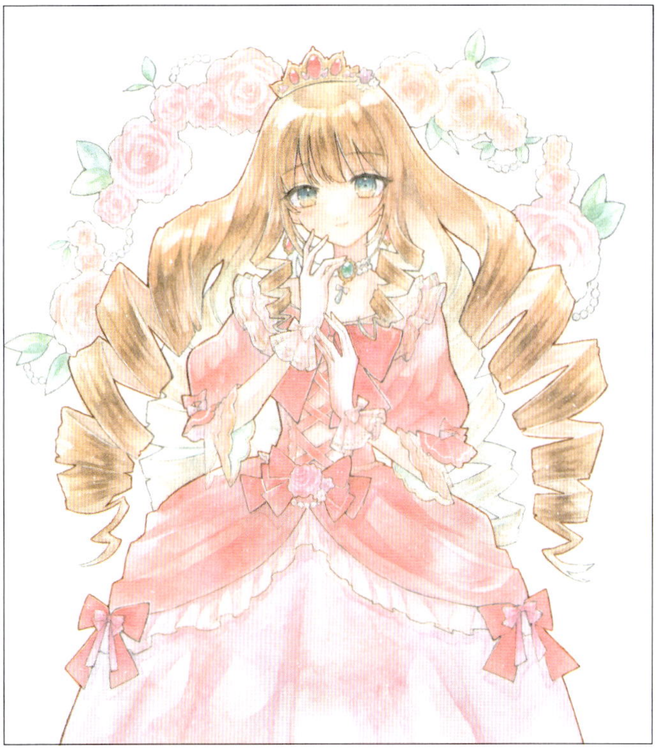

静岡県・梨茶【透明水彩・アクリルガッシュ・色鉛筆・ウォーターフォード水彩紙（中目）】

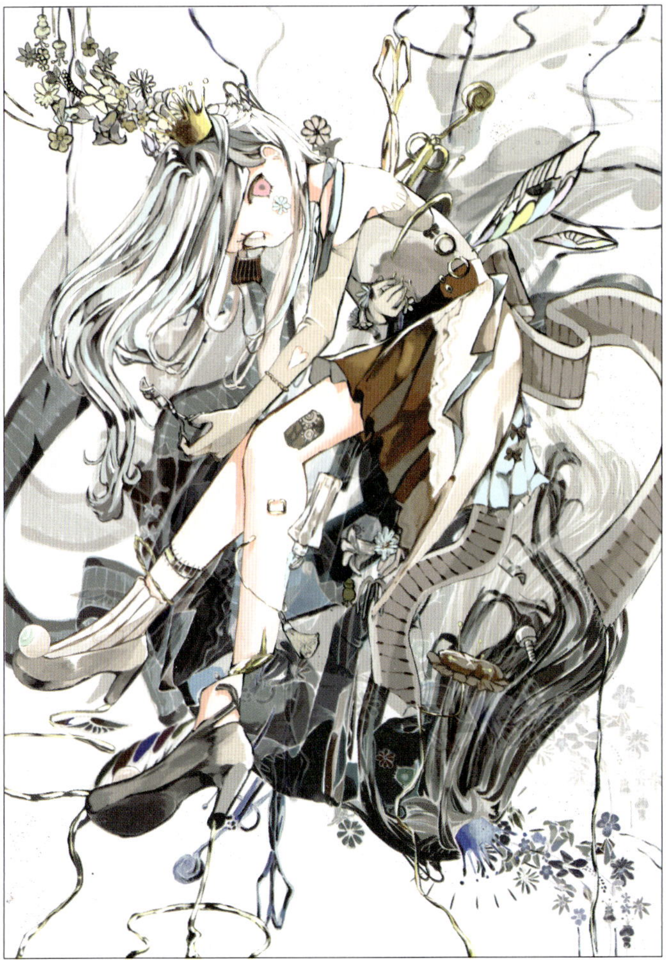

兵庫県・雨図ウズ・15歳【アイビスペイント】

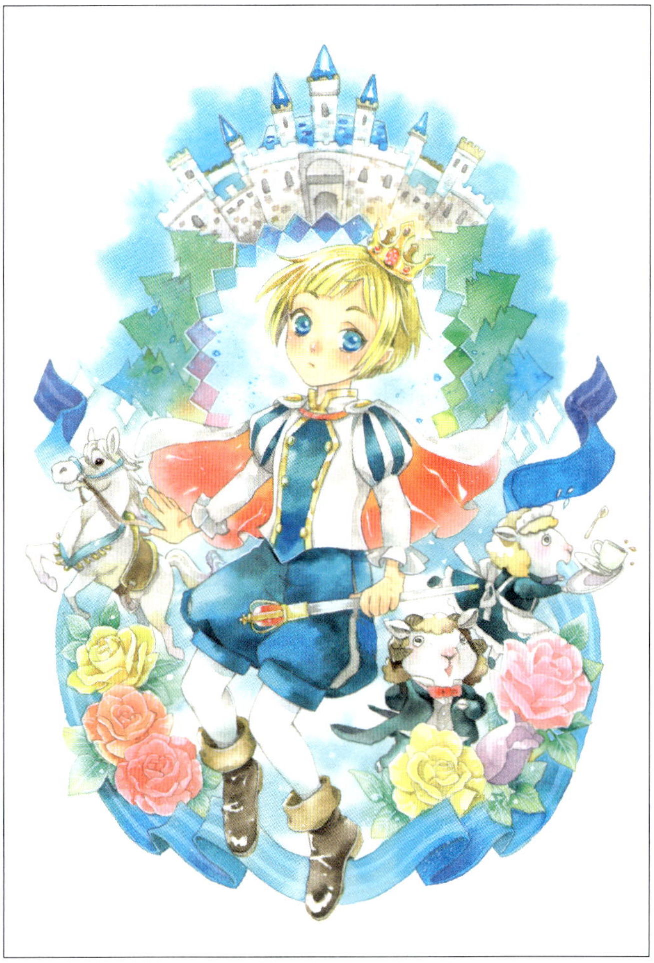

千葉県・こお【ワトソン水彩紙・カラーインク】

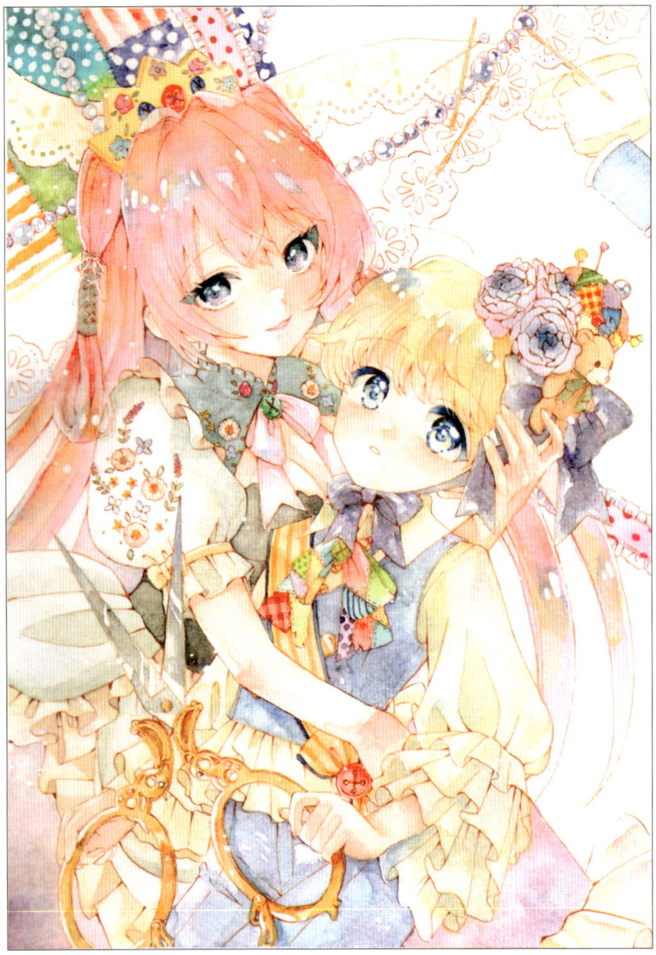

新潟県・もねぎ【透明水彩】

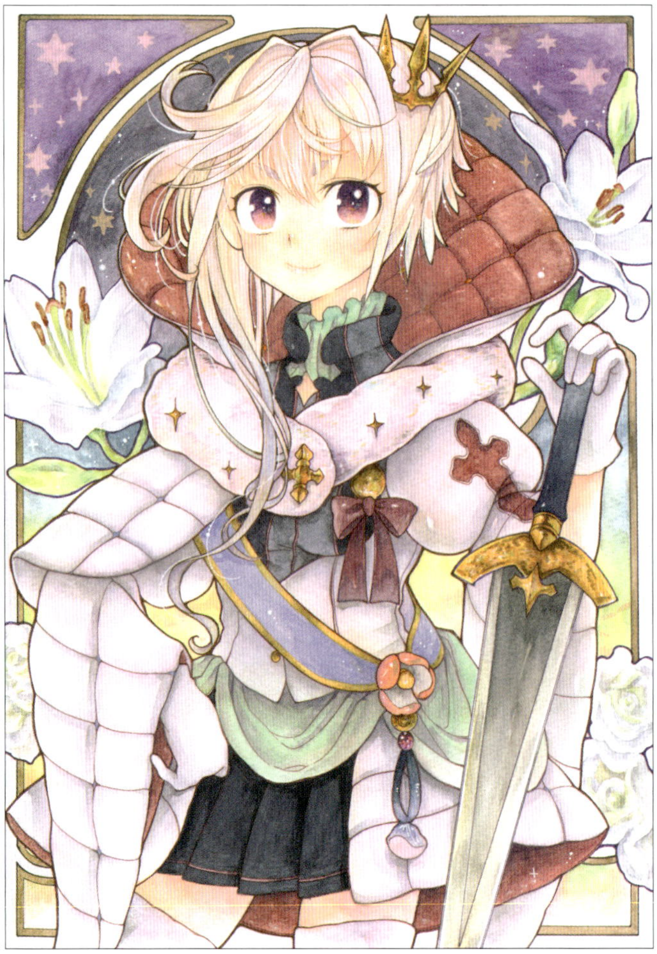

鹿児島県・ハゲヅラ・42歳【マルマンスケッチブック・SARASA（茶）・シグノ（紫）・Juice（ダークレッド）・コピックマルチライナー（セピア）・ホルベイン透明水彩】

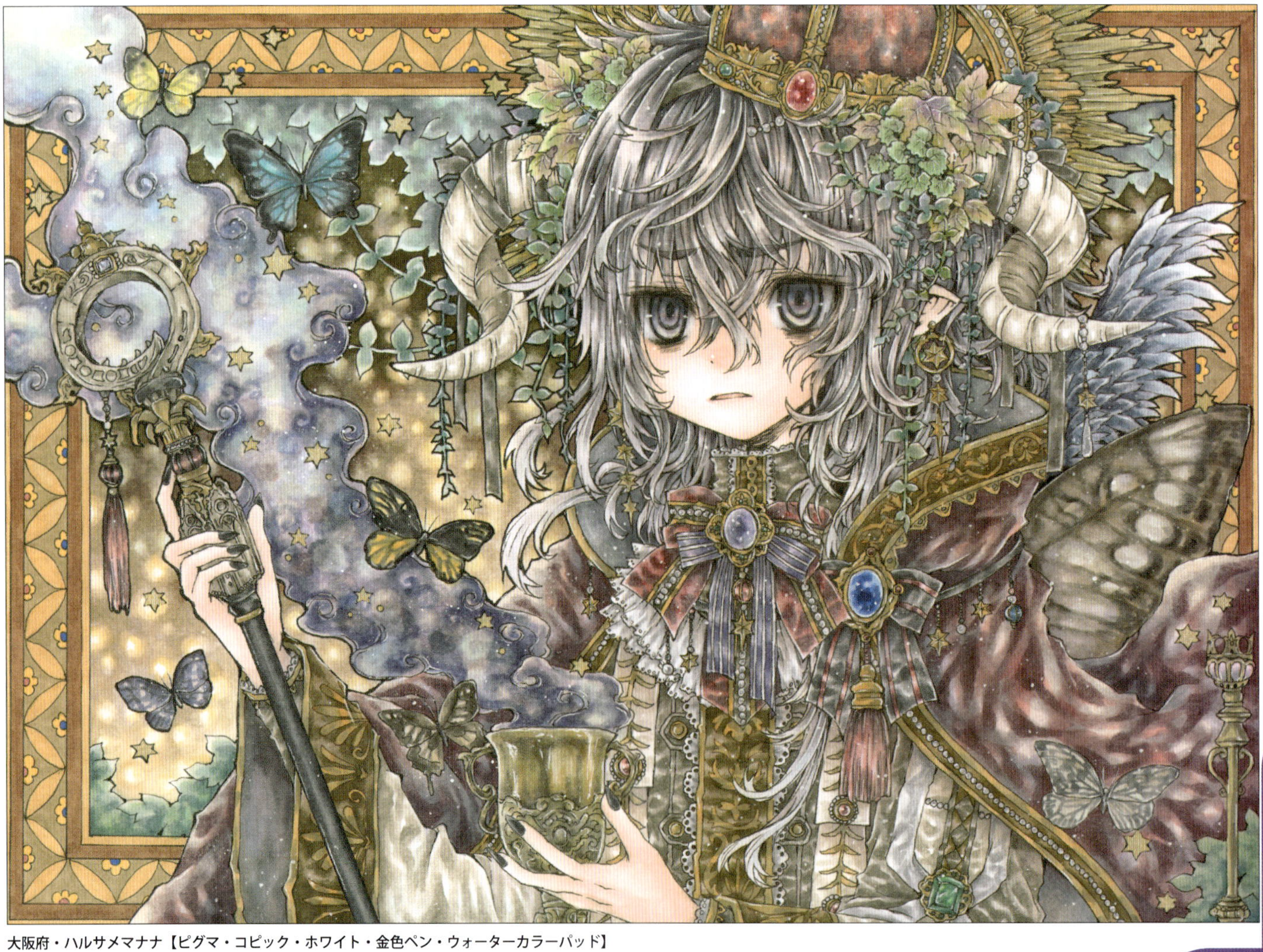

大阪府・ハルサメマナナ【ピグマ・コピック・ホワイト・金色ペン・ウォーターカラーパッド】

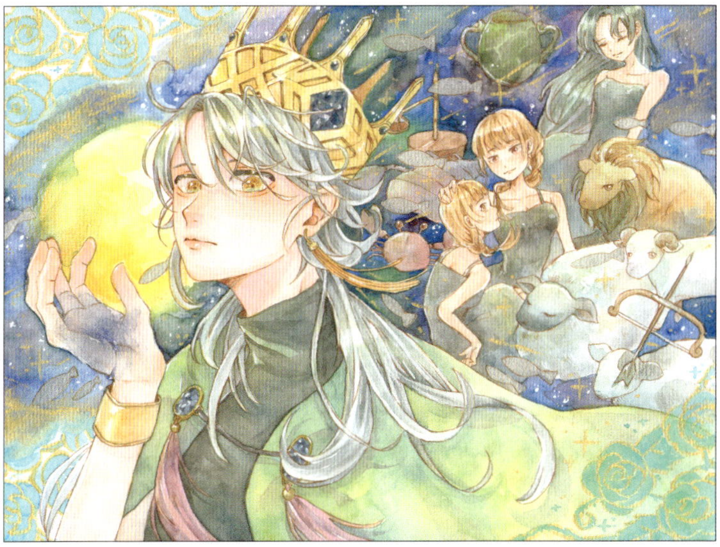

福岡県・桃っ子・15歳【透明水彩・コピックマルチライナー・ホワイト・色鉛筆・アクリルガッシュ・カラーインク】

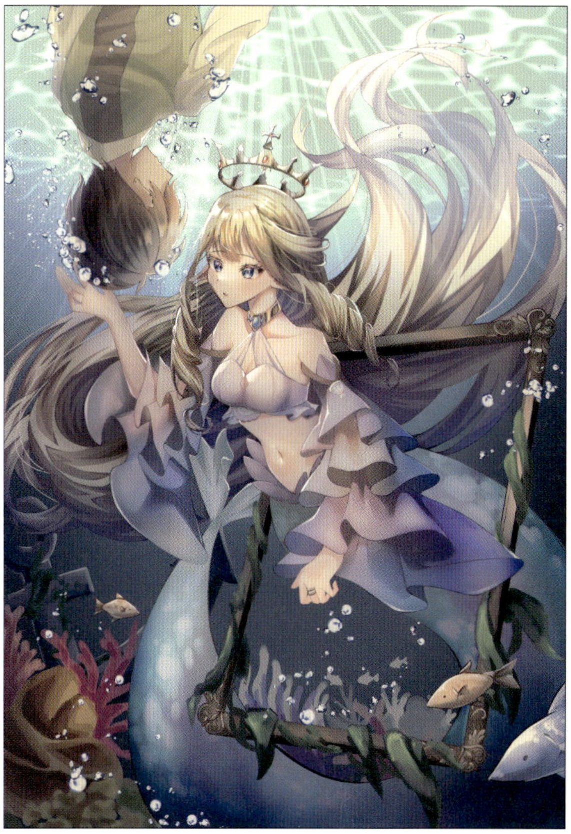

愛知県・Cube。【CLIP STUDIO PAINT】

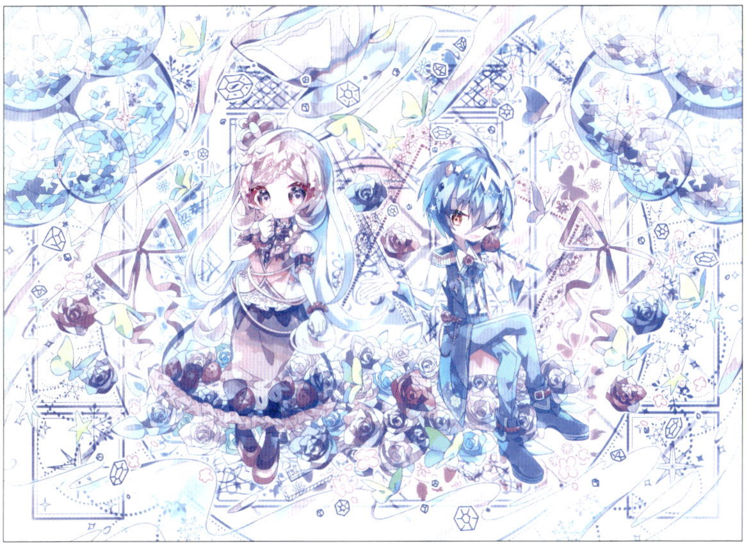

富山県・天音れもん【CLIP STUDIO PAINT】

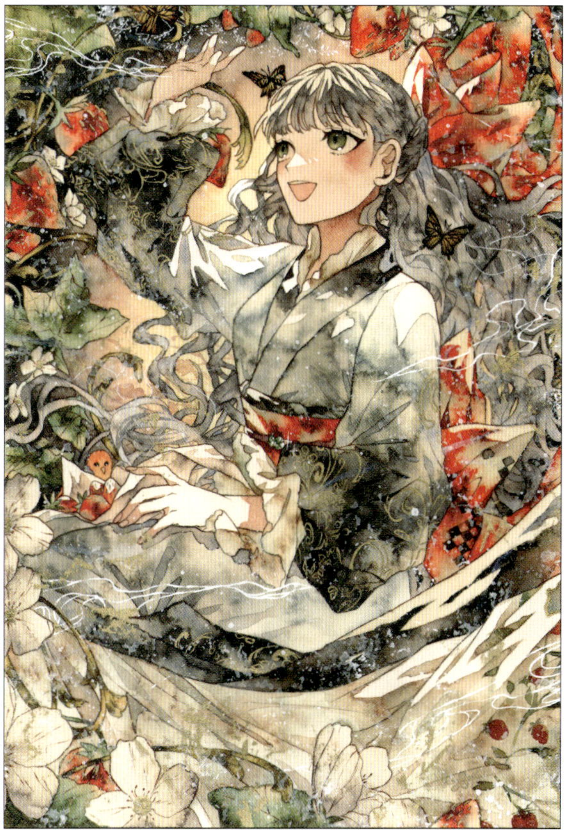

大阪府・potato【透明水彩・コピックマルチライナー】

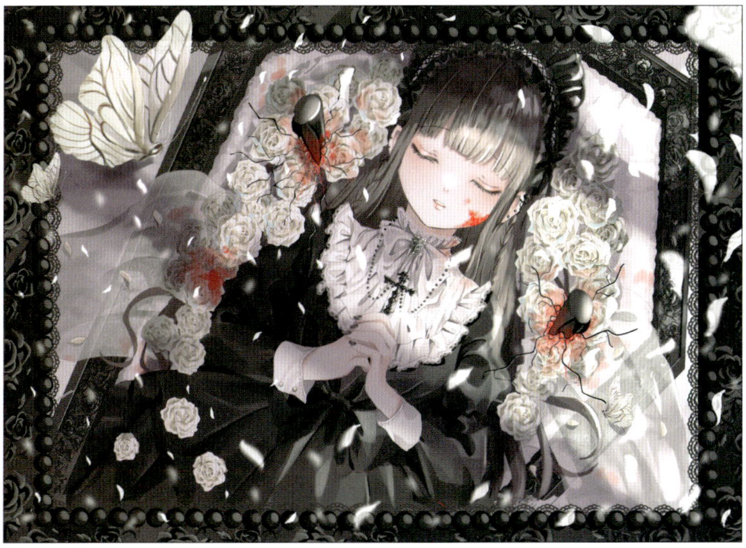

福岡県・姫うさの・19歳【CLIP STUDIO PAINT EX】

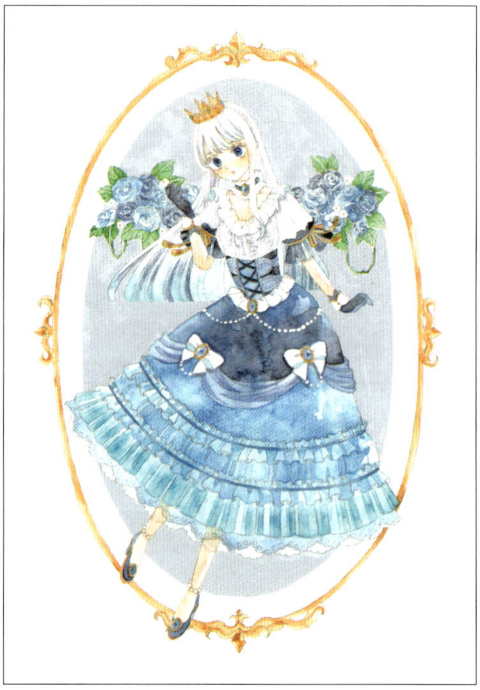

埼玉県・わさび【透明水彩】

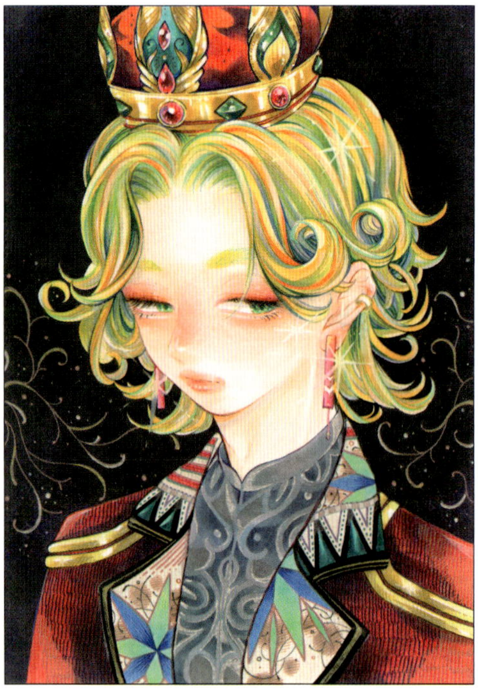

福岡県・無月【特選上質紙・コピック・コピックマルチライナー・Juice・シグノ】

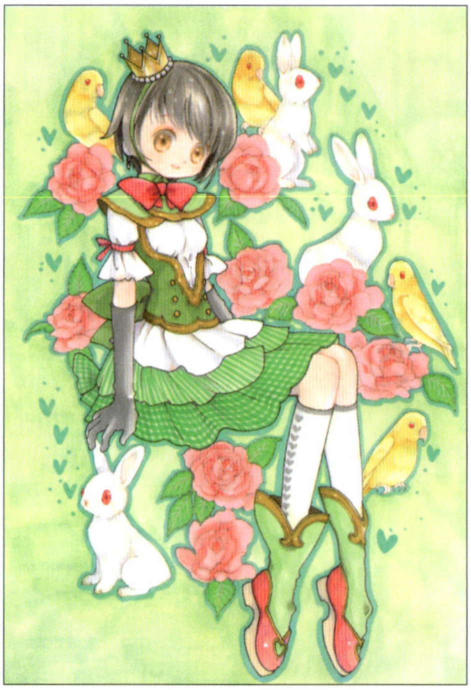

石川県・彩鳥【コピック・色鉛筆・アルデバラン紙・コピックマルチライナー（ブラック／セピア）】

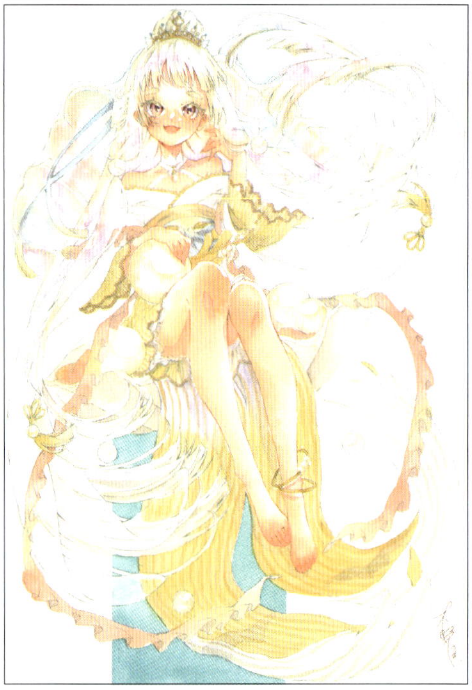

埼玉県・木野白・28歳【透明水彩・ランプライト水彩紙・コピックマルチライナー】

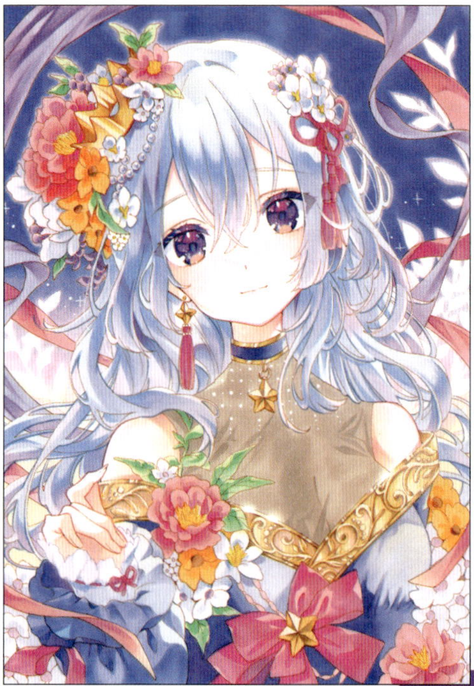

兵庫県・彩木ぴすこ【コピック・Juice Paint・uni WATER COLOR】

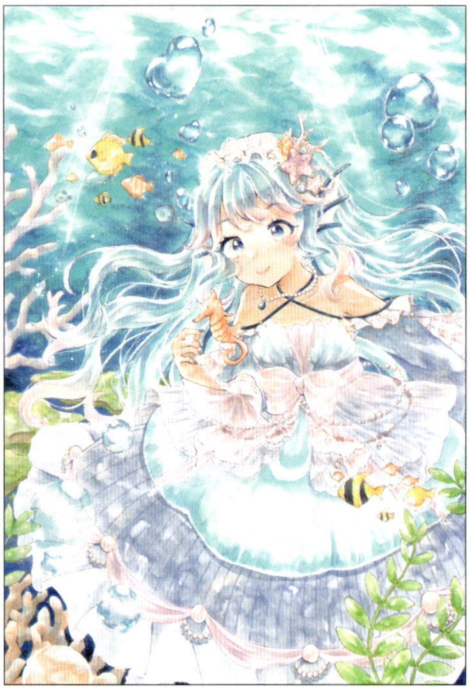

神奈川県・梨玖【マルマンスケッチブック・コピック・コピックマルチライナー・ホワイト】

埼玉県・82【CLIP STUDIO PAINT EX】

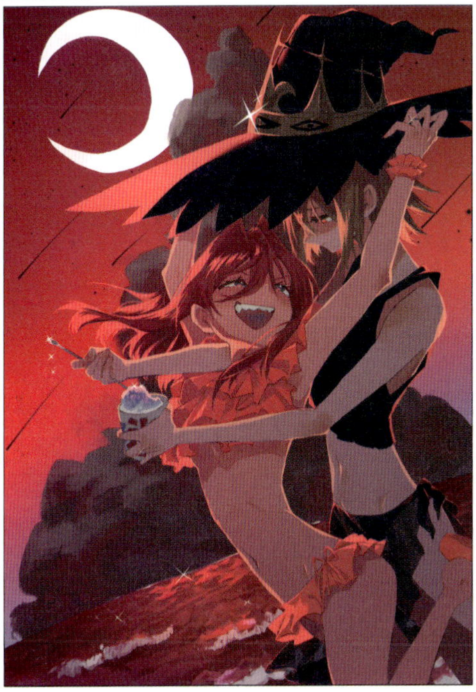

新潟県・もたろの【CLIP STUDIO PAINT EX】

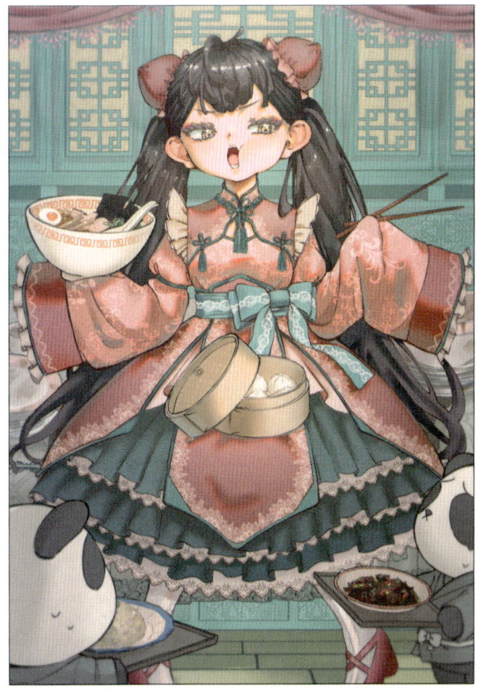

埼玉県・参崎シュリ【コピック・ヴィファアール水彩紙】

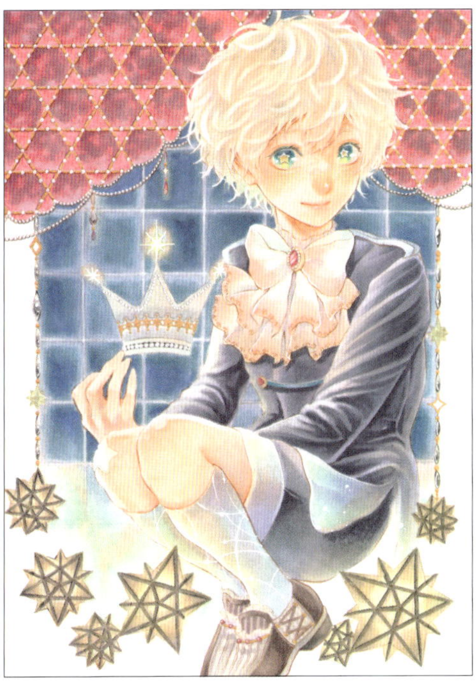

新潟県・бабочка【Procreate】

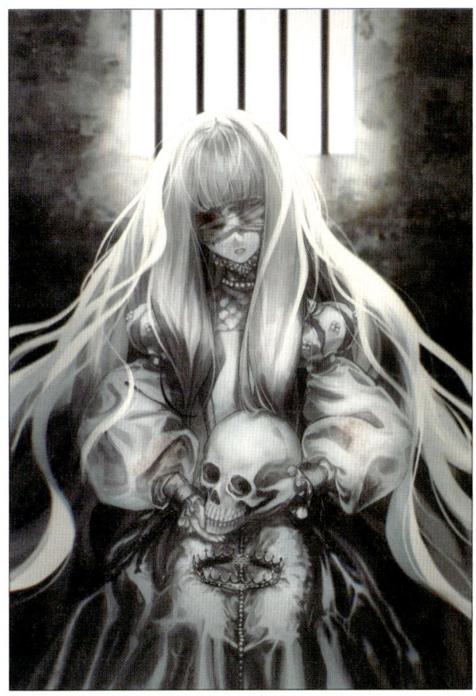

佐賀県・shuri【CLIP STUDIO PAINT】

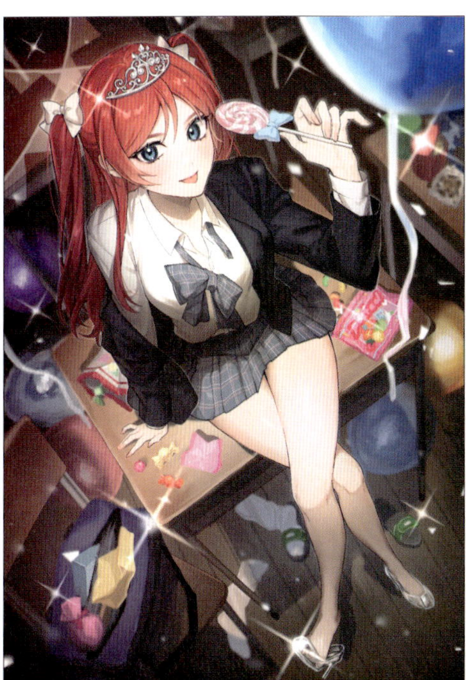

福岡県・基山夕一・18歳【CLIP STUDIO PAINT PRO】

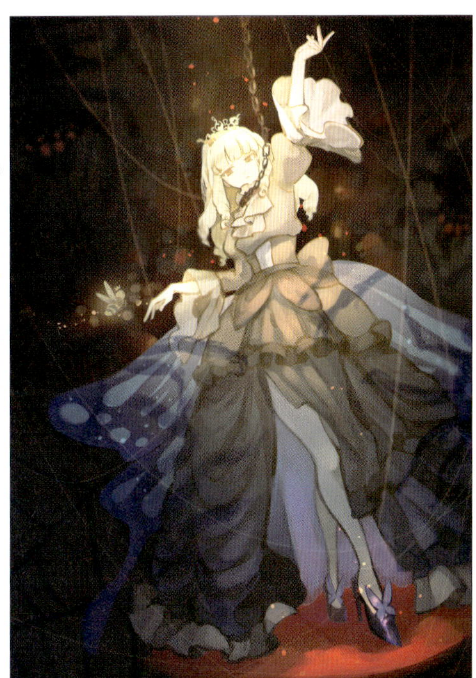

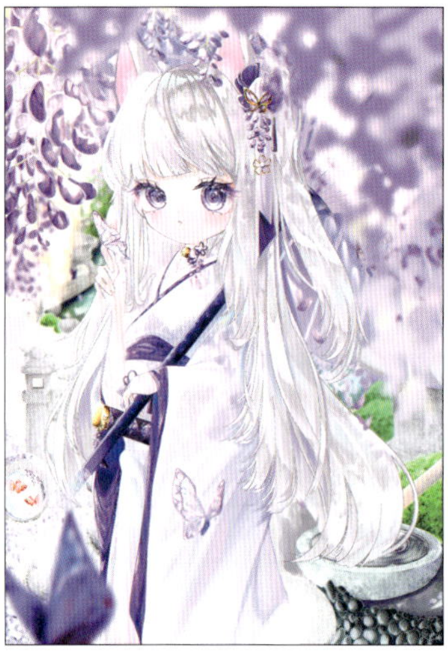

北海道・膵臓てゃん・17歳

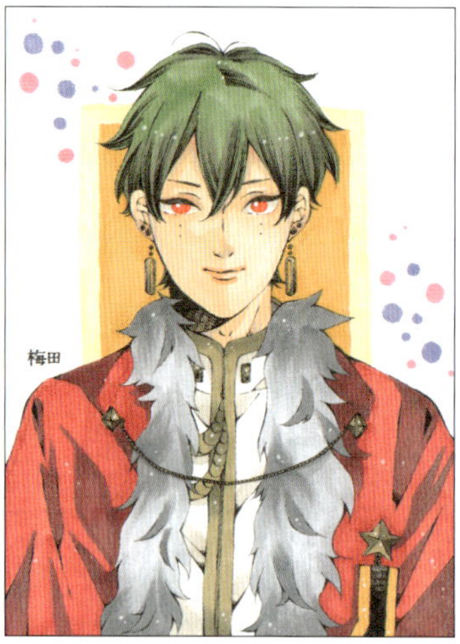

福岡県・梅田

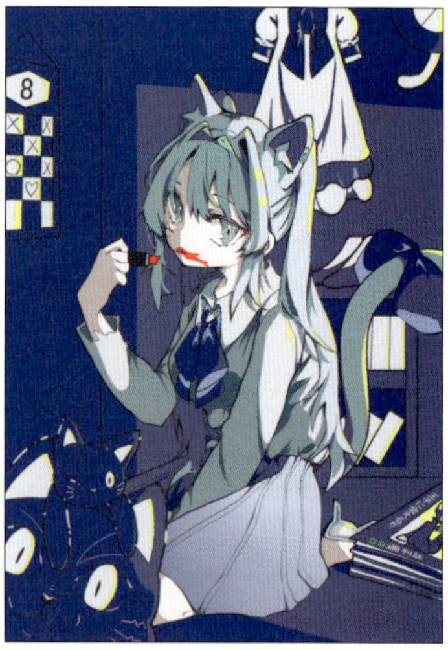

福岡県・AND

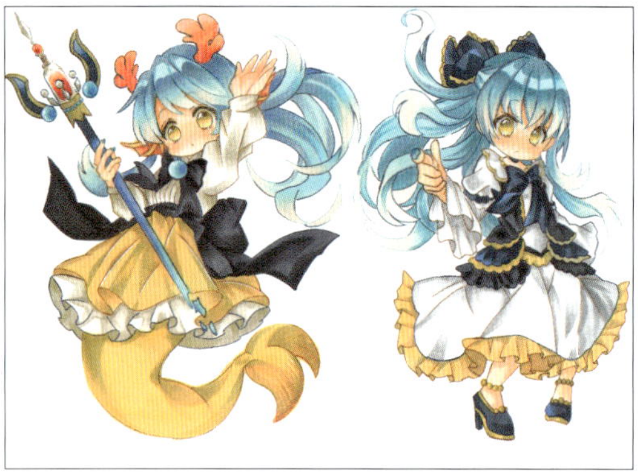

大阪府・ラブバード

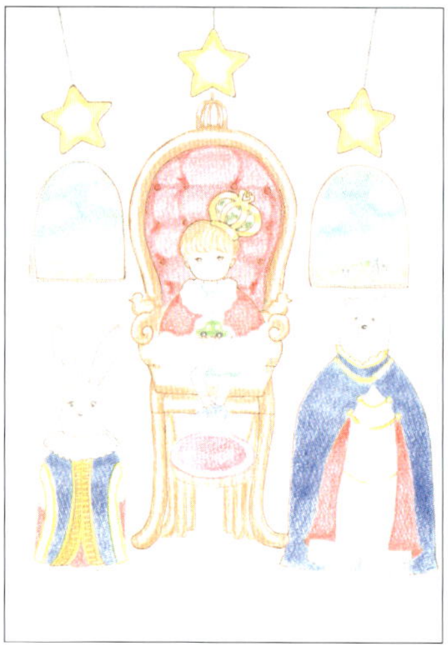

宮城県・マサキえり

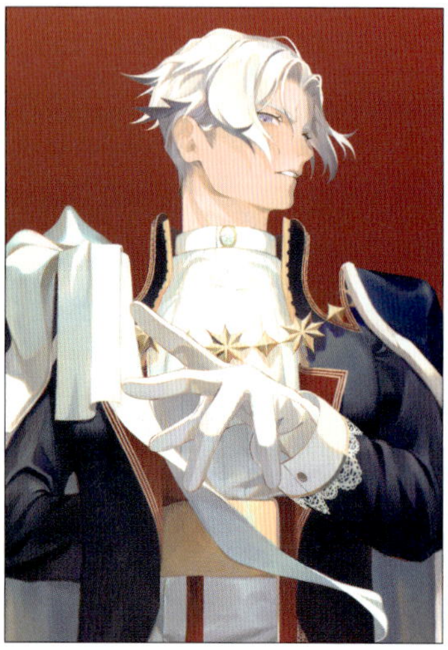

広島県・ぶろっこりー

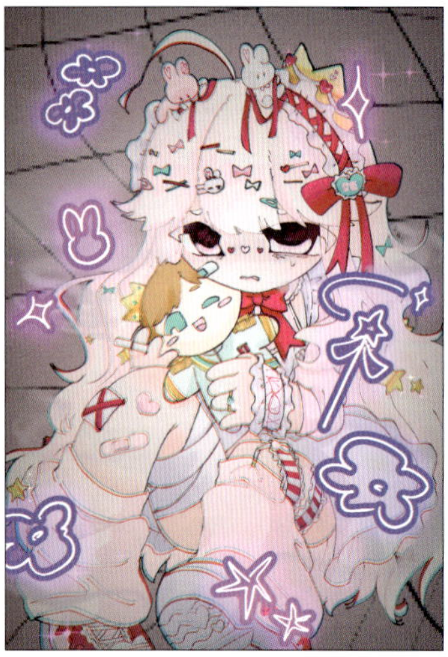

新潟県・いわゆる肉片

新潟県・咲月くろね

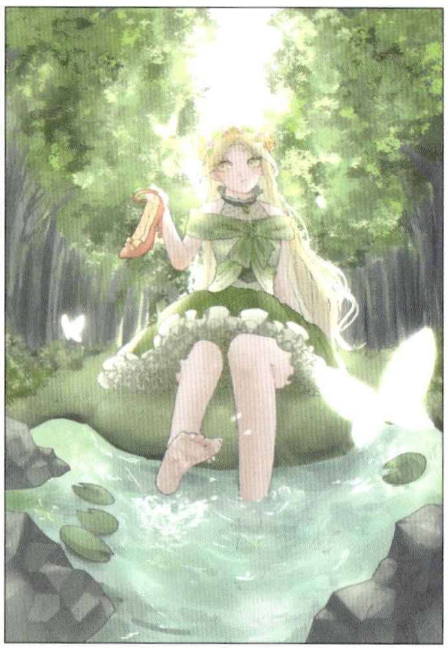

福岡県・ゆず

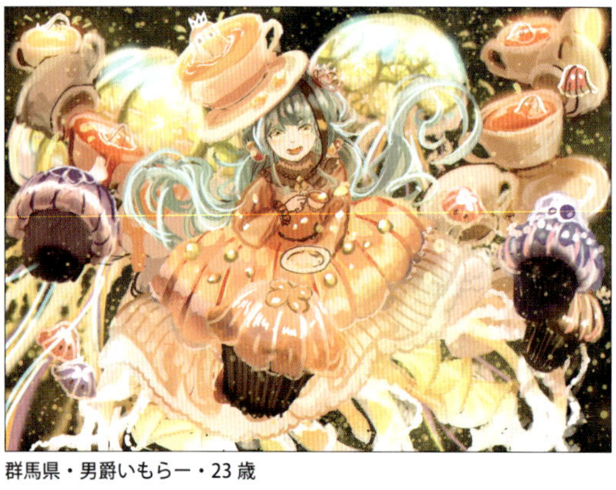

群馬県・男爵いもらー・23歳

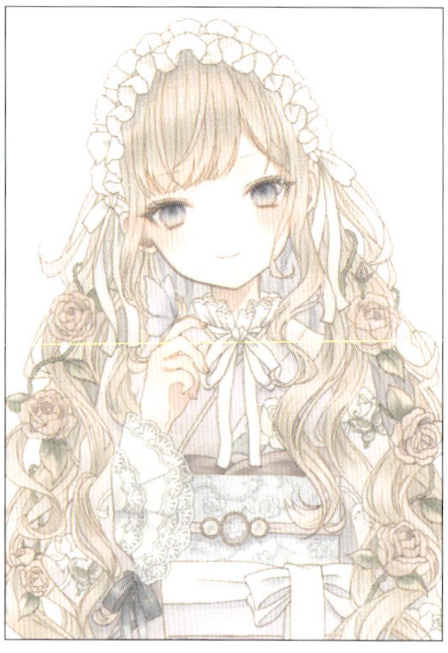

兵庫県・ぱる野

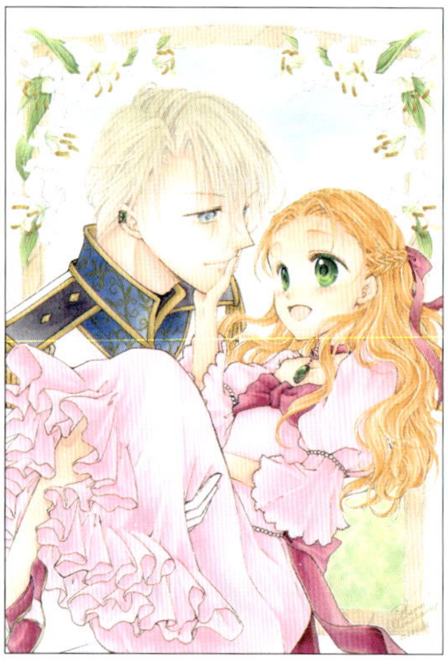

埼玉県・水上侑

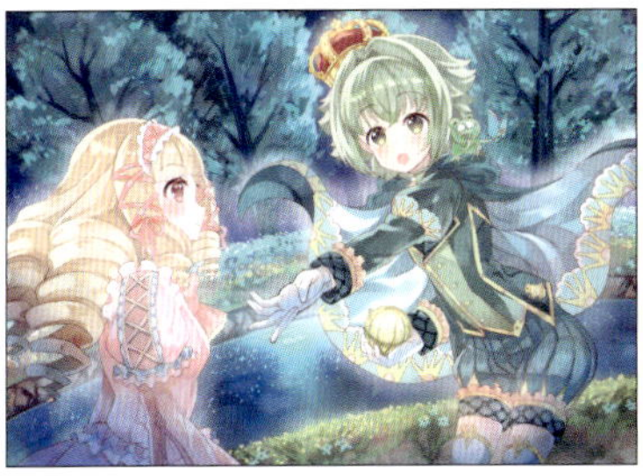
愛知県・虎目ちりか

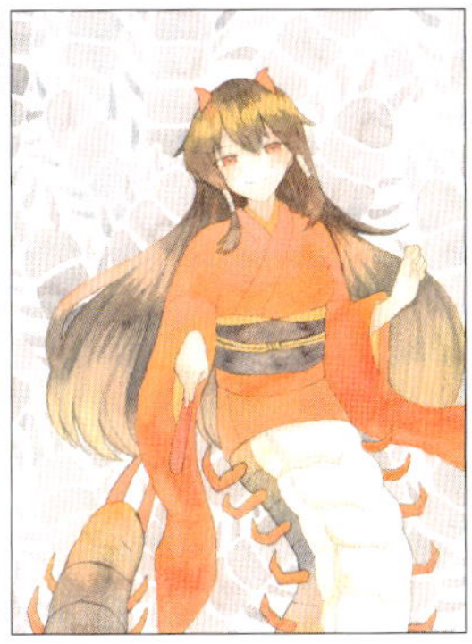
群馬県・RB

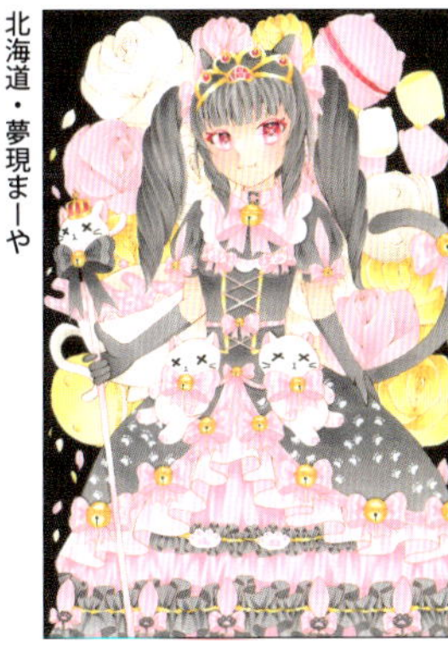
北海道・夢現まーや

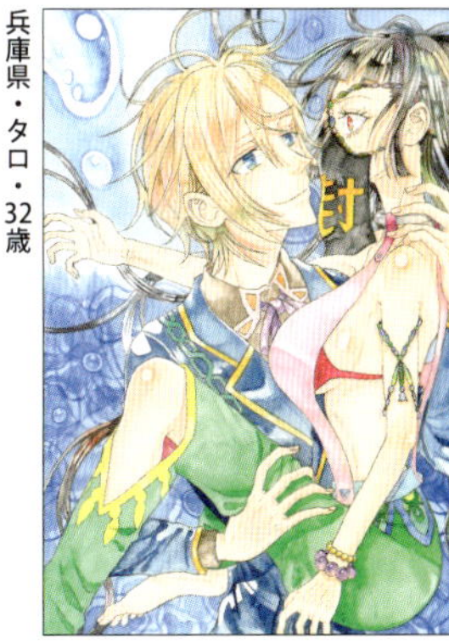
兵庫県・タロ・32歳

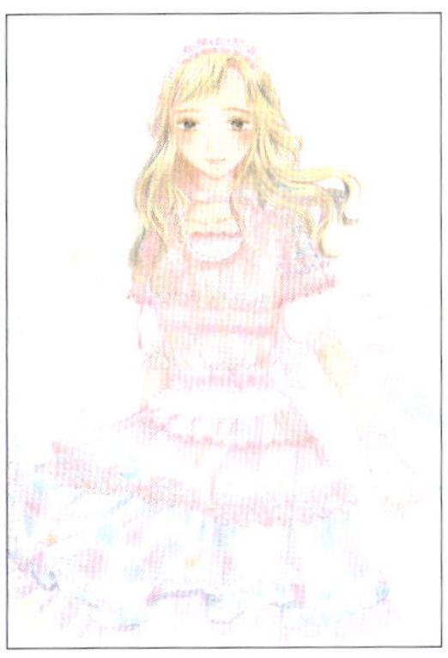
沖縄県・いちごあめ

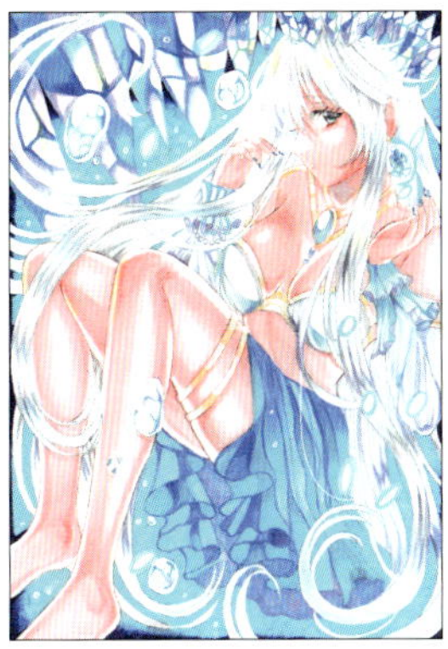
兵庫県・☆ビスマルク

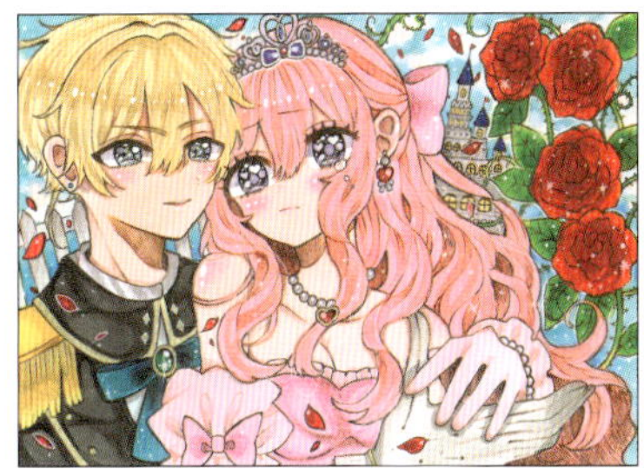
青森県・ももうさぎ・25歳

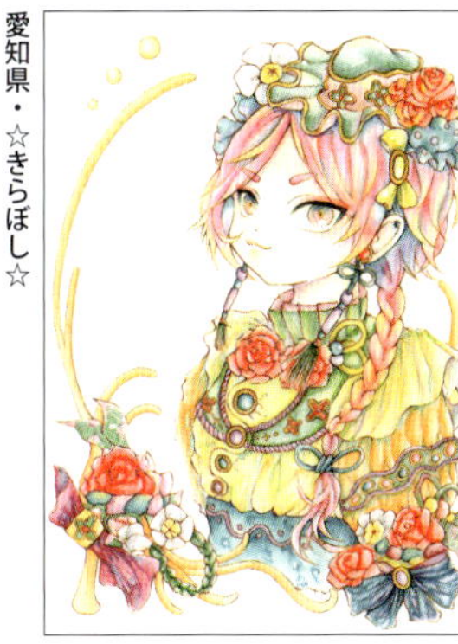
愛知県・☆きらぼし☆

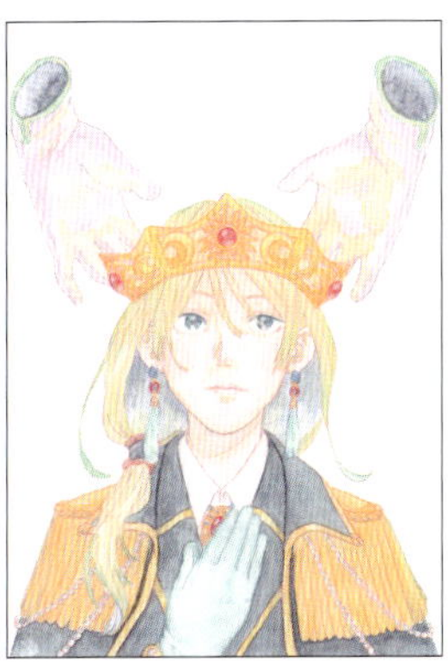
東京都・ayuko

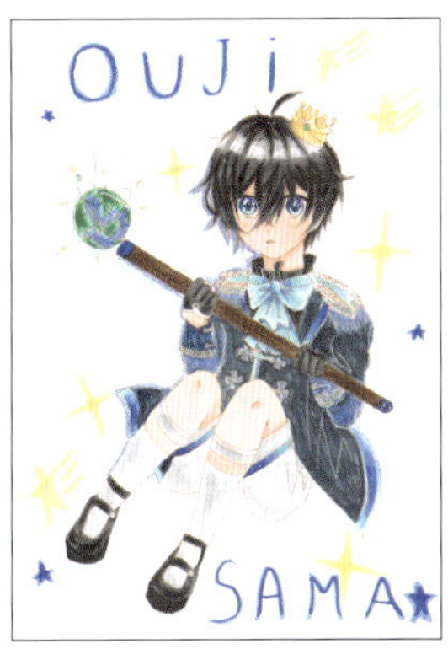

兵庫県・yakumo

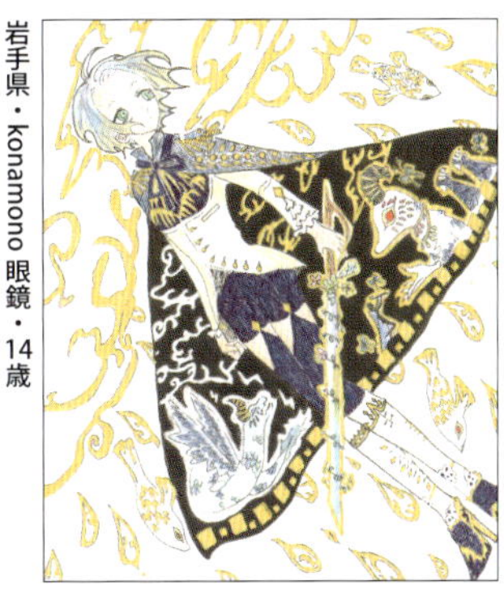
岩手県・konamono 眼鏡・14歳

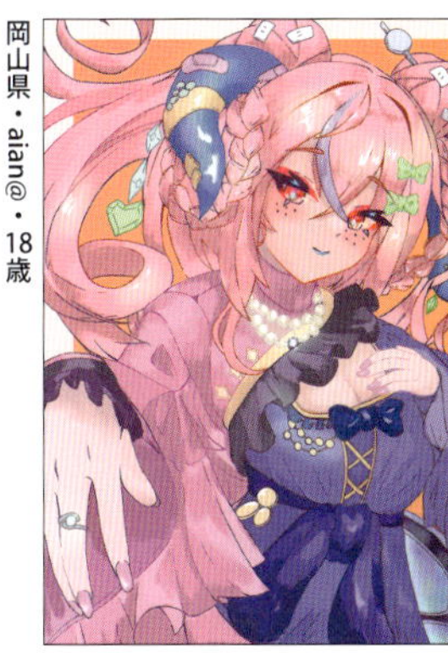
岡山県・aian@・18歳

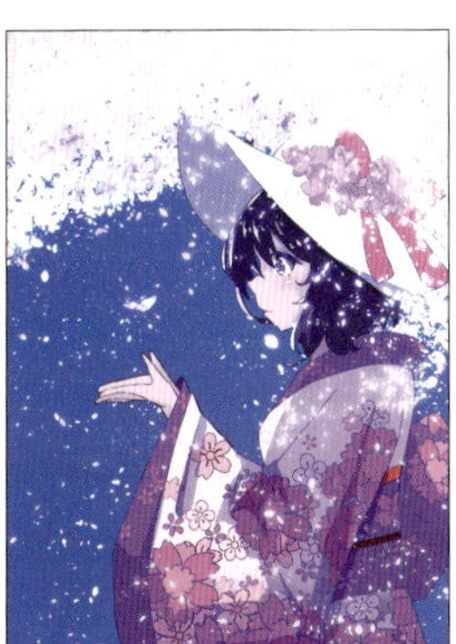
福岡県・daia

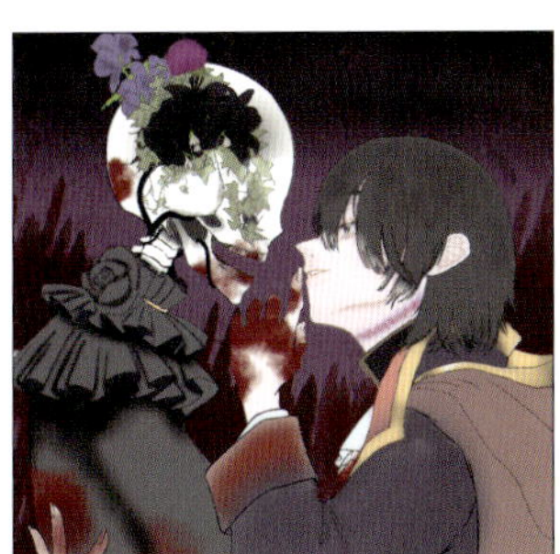
新潟県・Tsukiyo 鳩

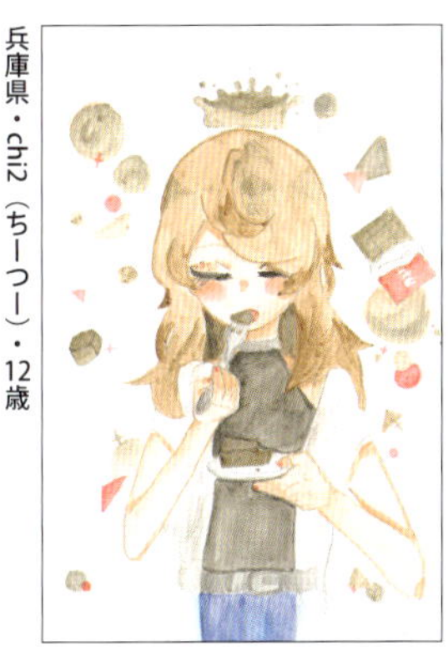
兵庫県・chi2（ちーつー）・12歳

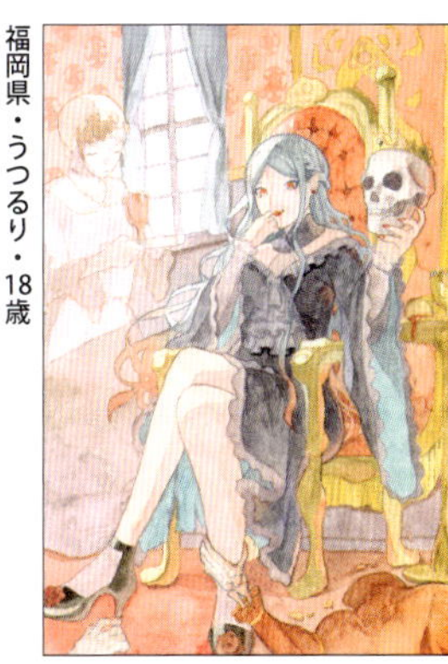
福岡県・うつるり・18歳

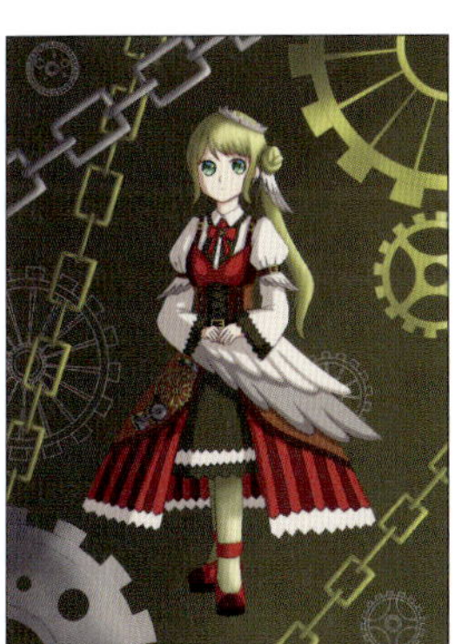
新潟県・Mint

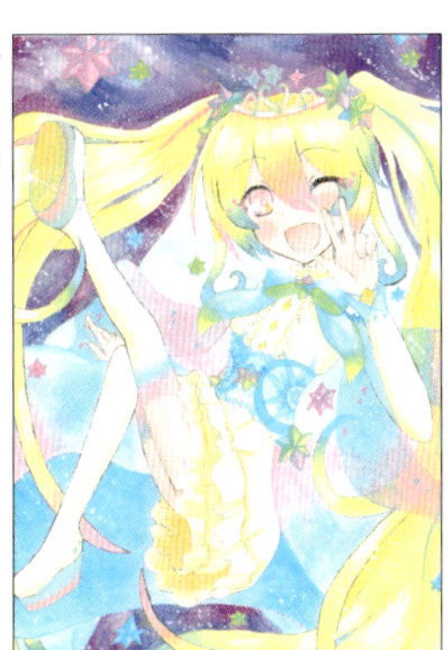
北海道・神守天音

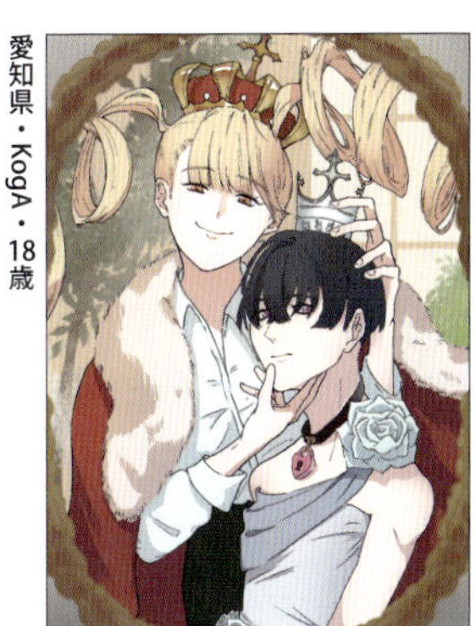
愛知県・KogA・18歳

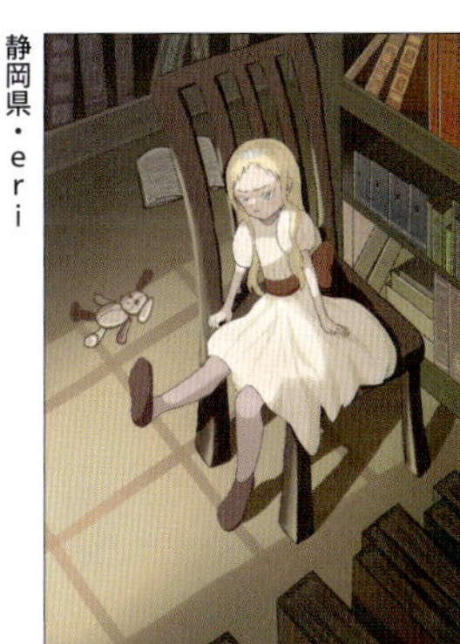
静岡県・eri

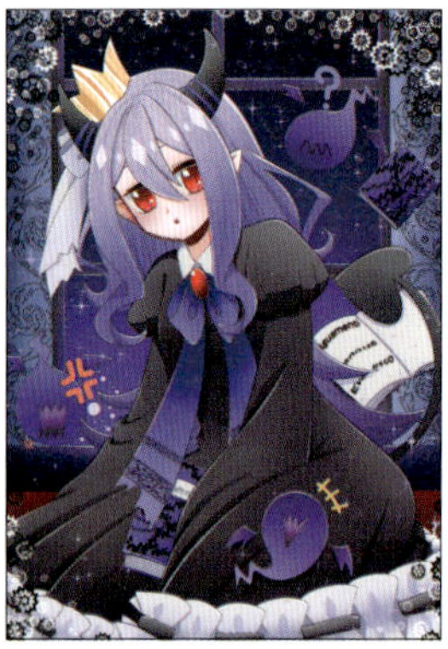
新潟県・NEVE

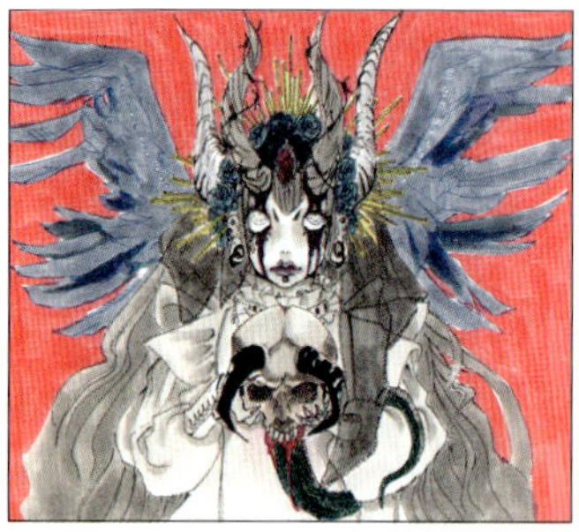
新潟県・露堂遥晞

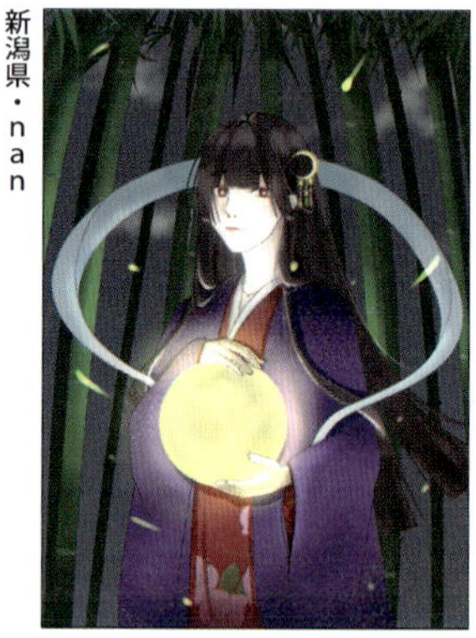
新潟県・nan

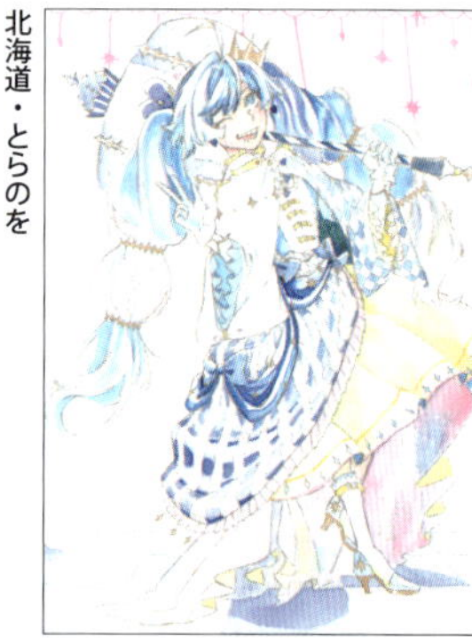
北海道・とらのを

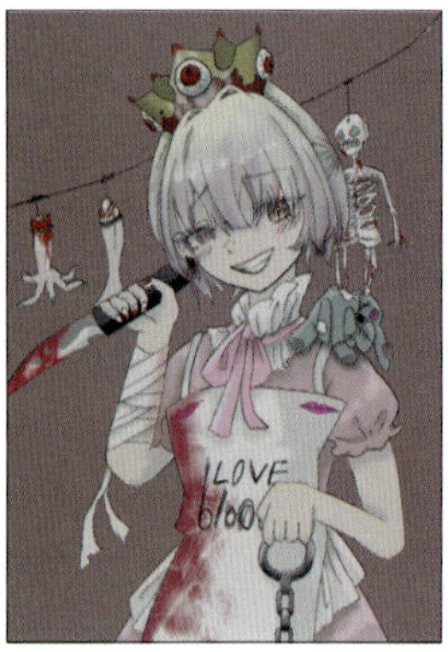
滋賀県・アイス・11歳

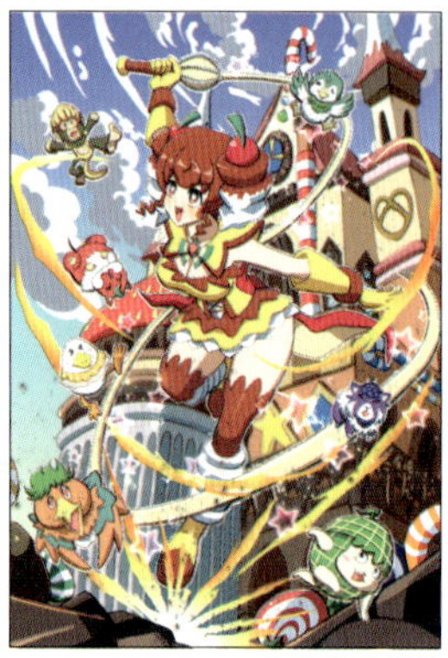
福岡県・Shiya

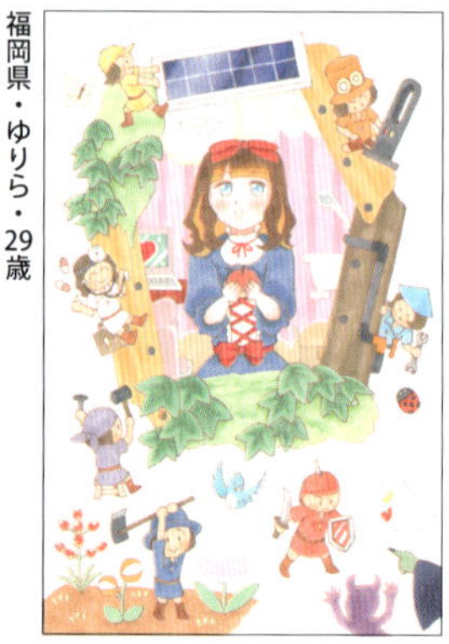
福岡県・ゆりら・29歳

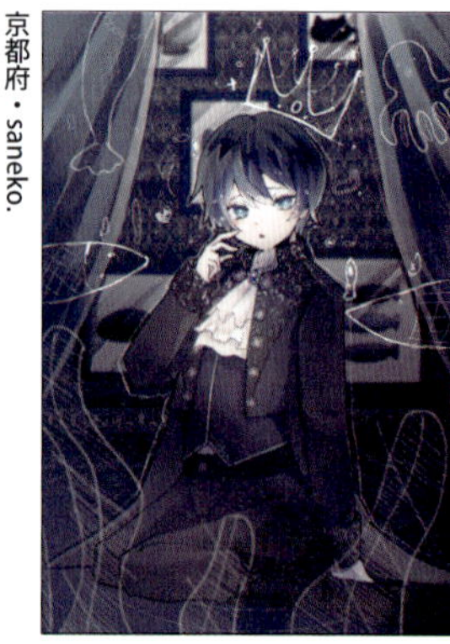
京都府・saneko.

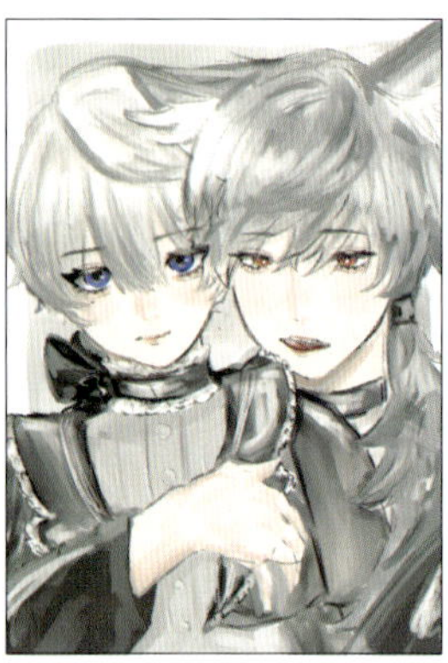
新潟県・あるふ

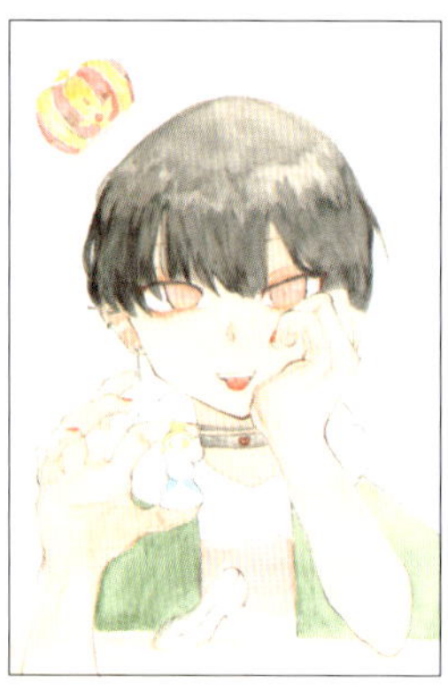
群馬県・ちーたら・12歳

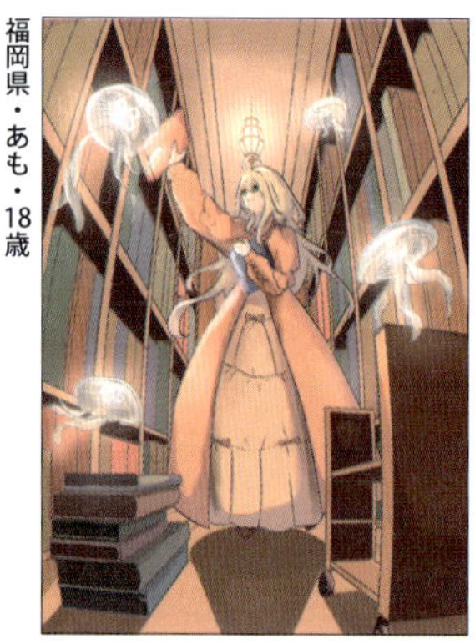
福岡県・あも・18歳

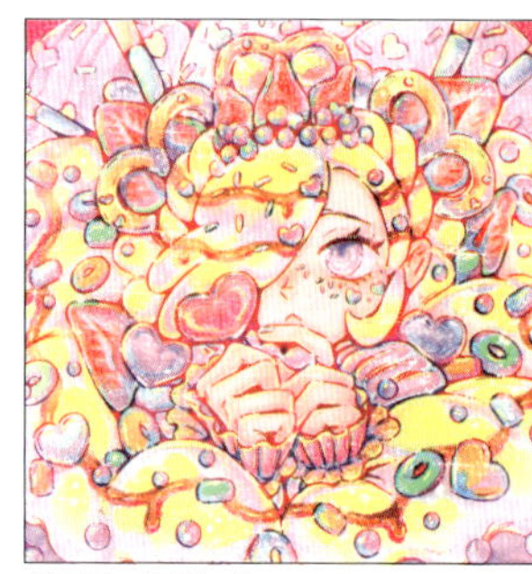
秋田県・ヒビュウ

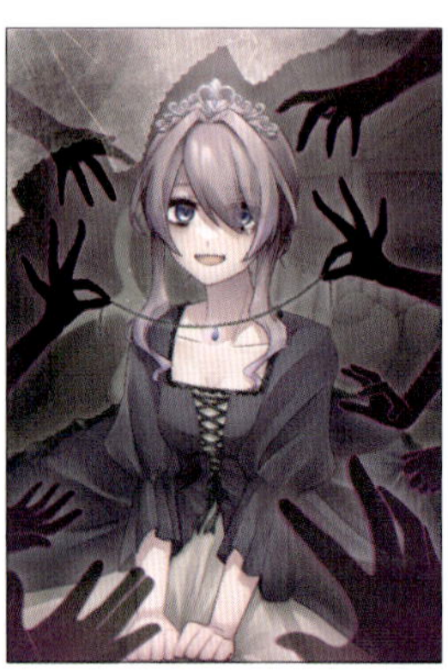
新潟県・うえだ

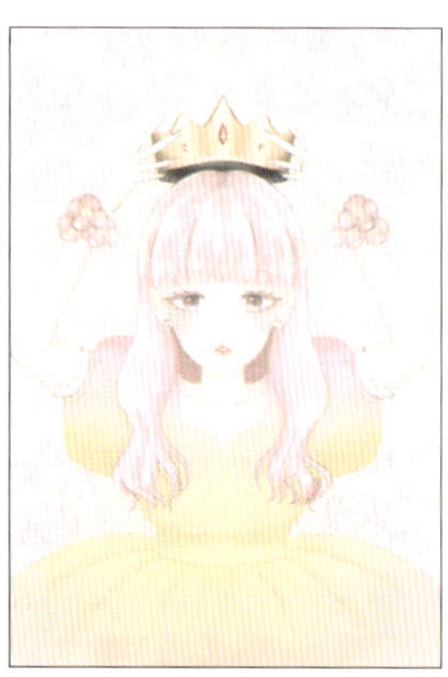
岡山県・いか・18歳

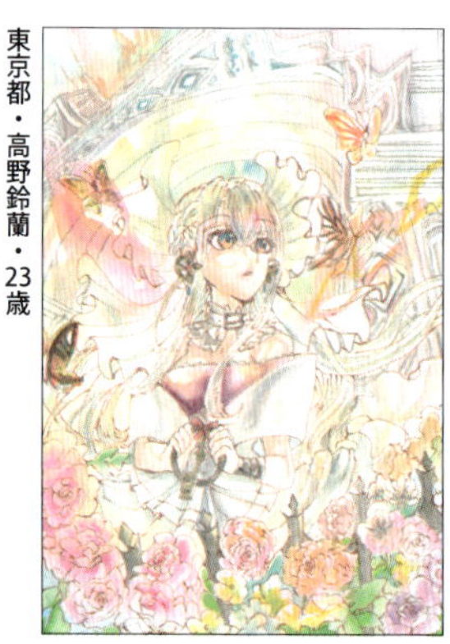
東京都・高野鈴蘭・23歳

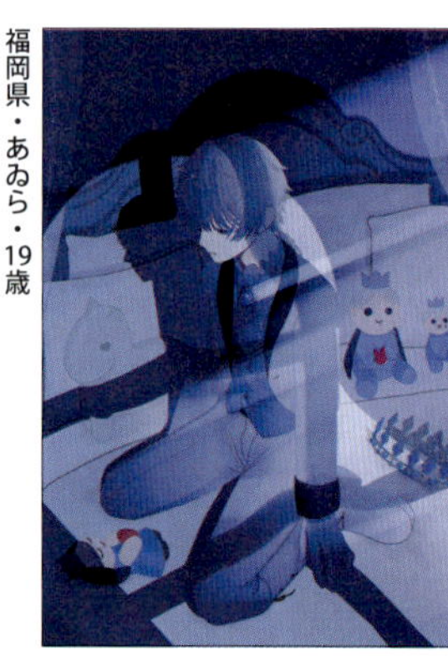
福岡県・あゐら・19歳

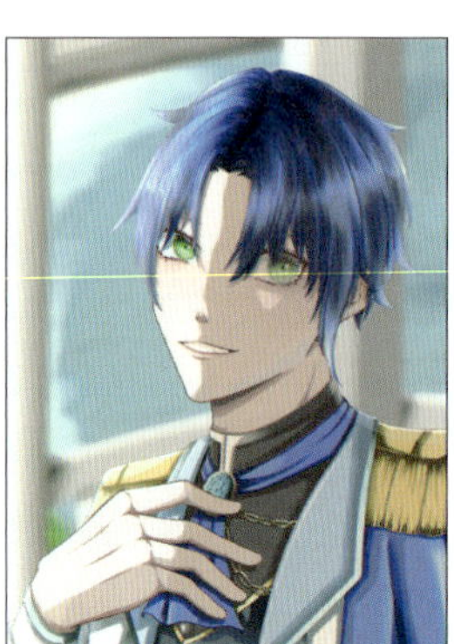
福島県・けい

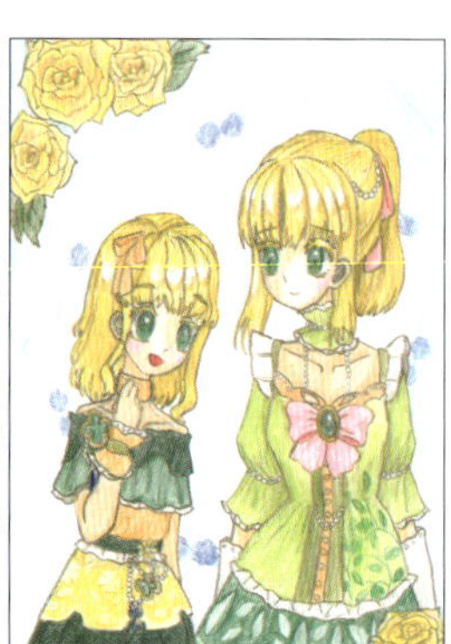
神奈川県・おちょ（すちょ改め）・11歳

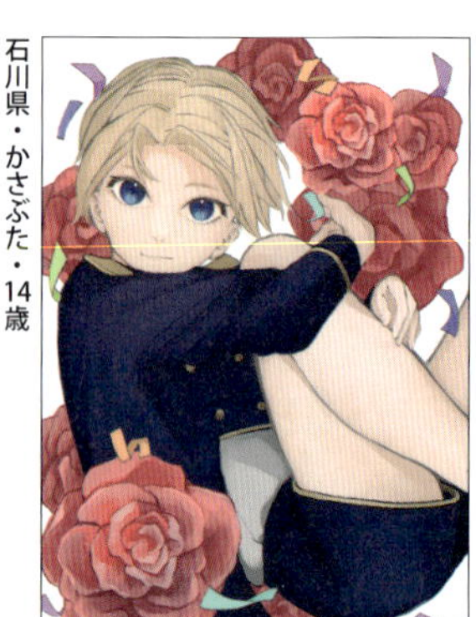
石川県・かさぶた・14歳

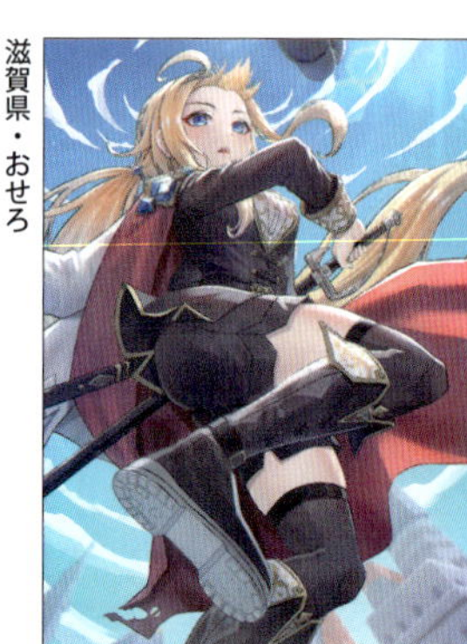
滋賀県・おせろ

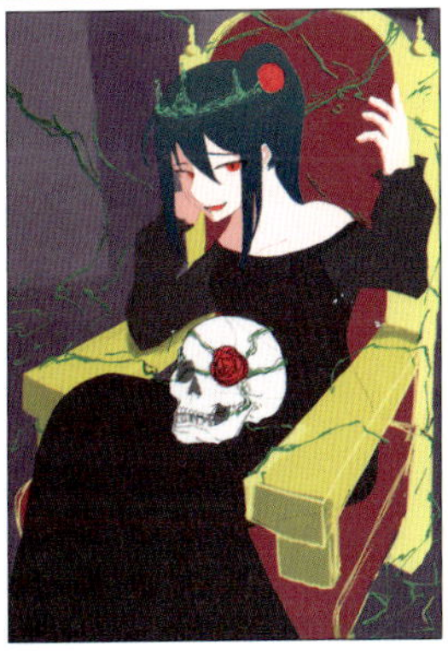
福岡県・ソルト

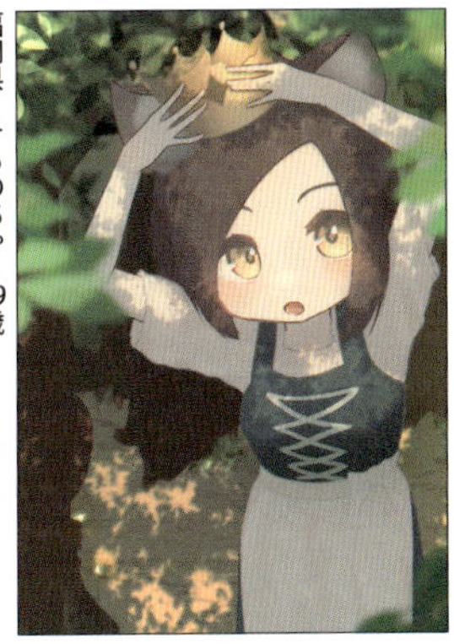
福岡県・そらのちゃ・19歳

宮崎県・しゅに・22歳

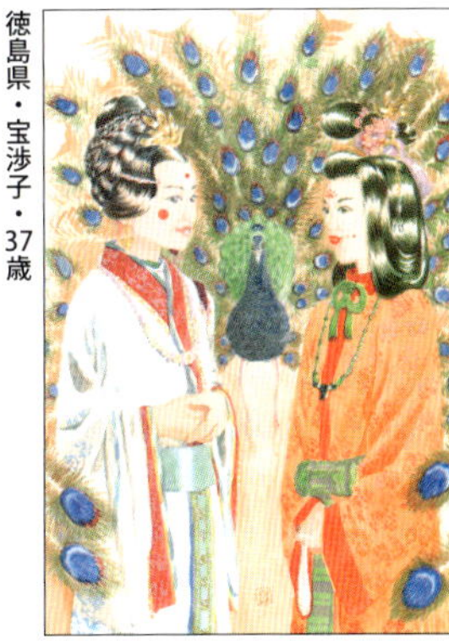
徳島県・宝渉子・37歳

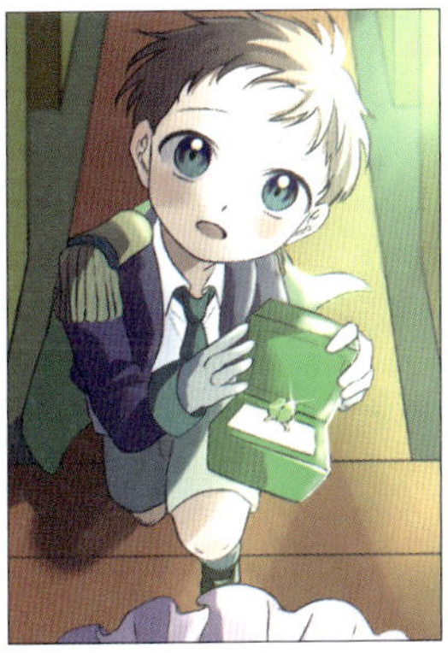
新潟県・たをた

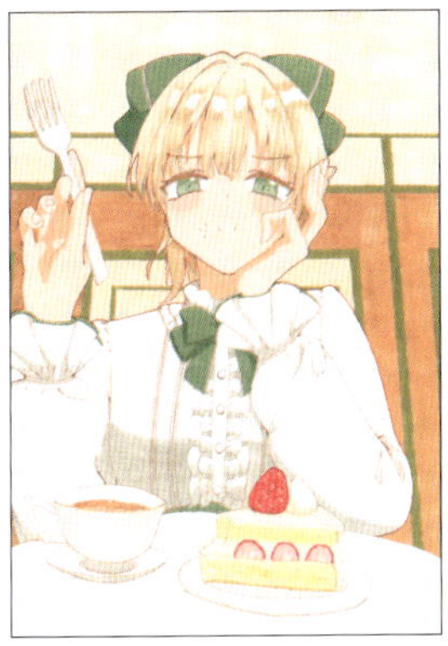
福岡県・ヒスイ・18歳

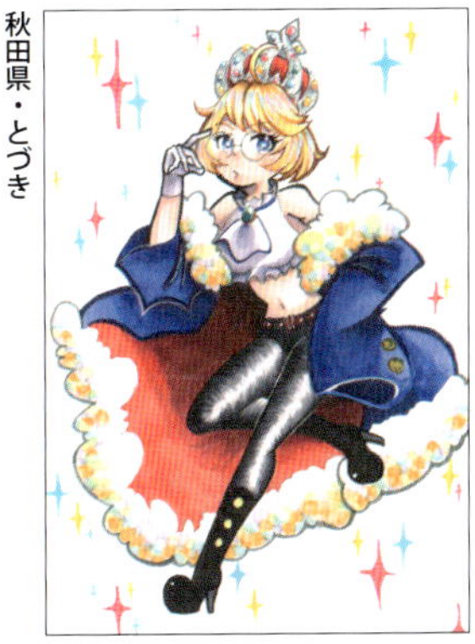
秋田県・とづき

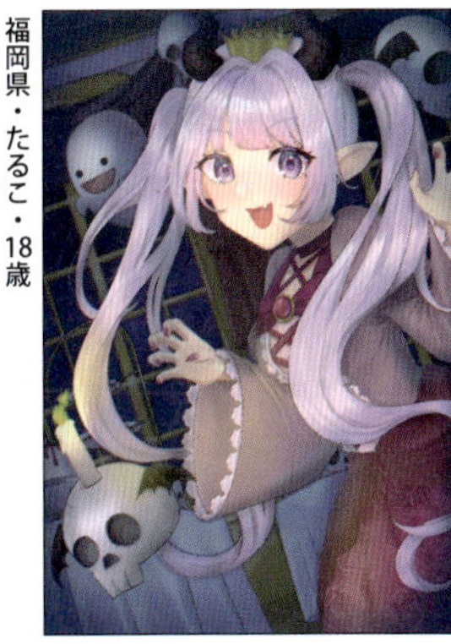
福岡県・たるこ・18歳

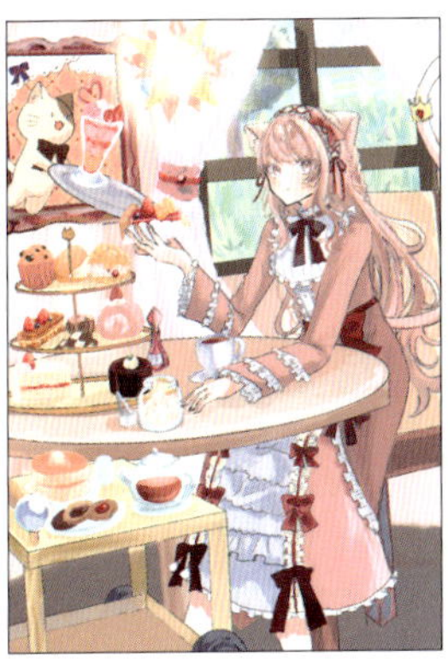
福岡県・ながら

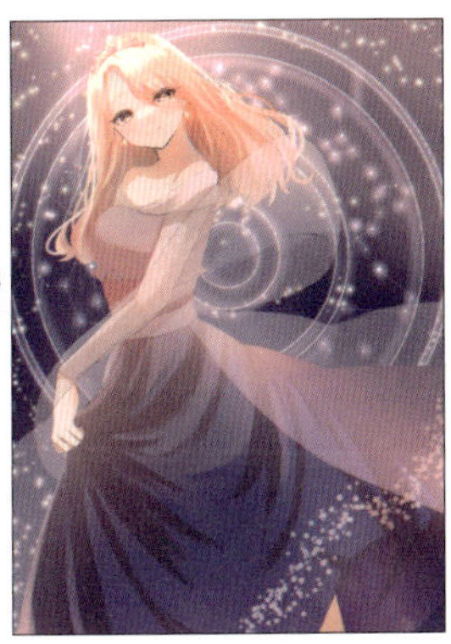
福岡県・とらふゆ・18歳

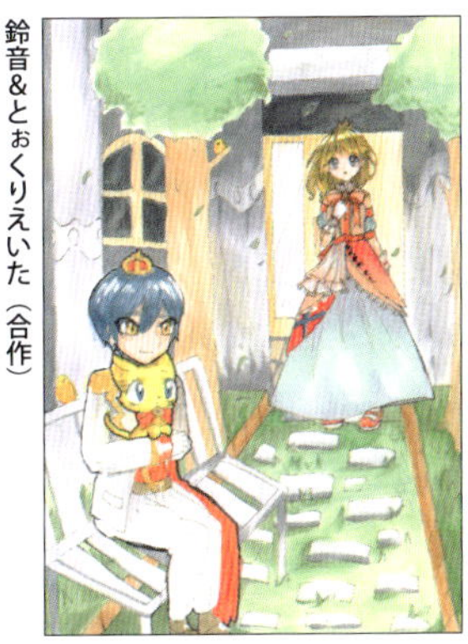
鈴音&とぉくりえいた（合作）

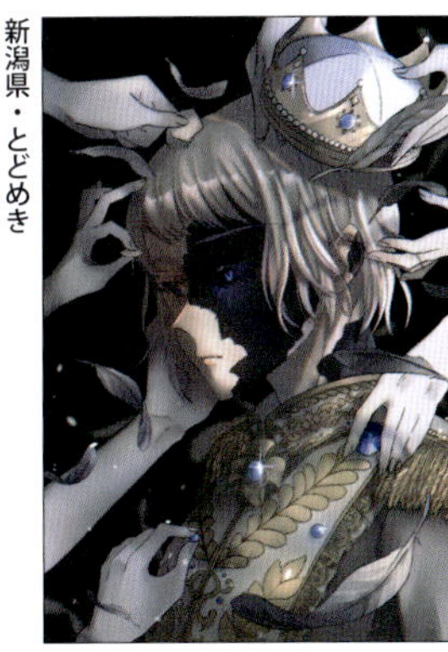
新潟県・とどめき

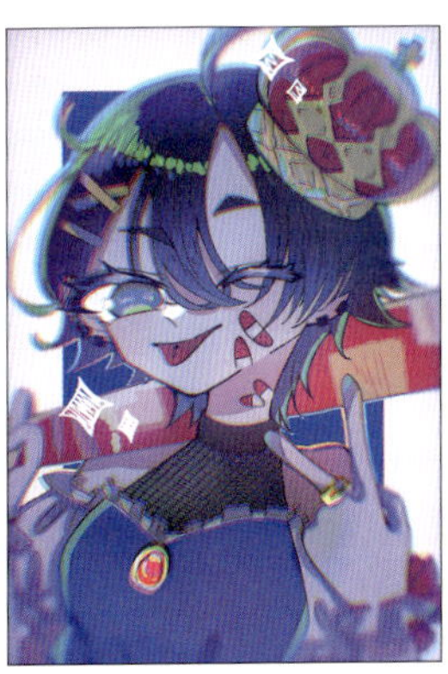
滋賀県・ニメリー・12歳

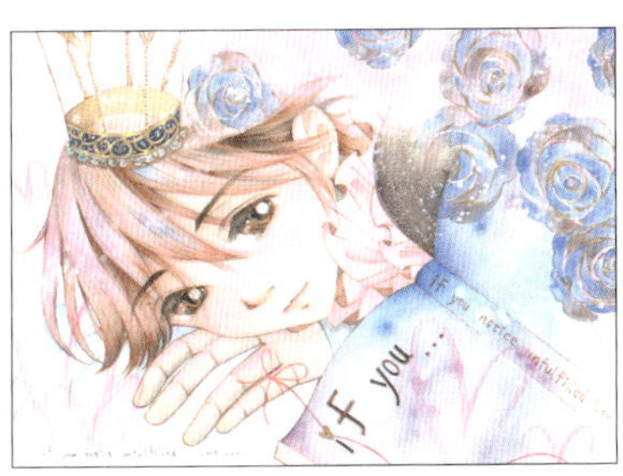
奈良県・春道

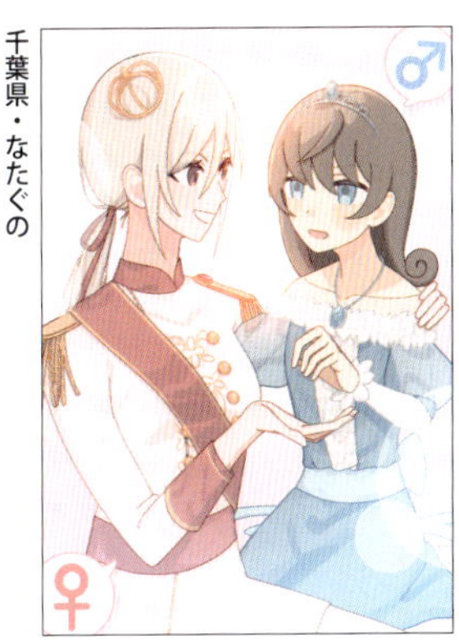
千葉県・なたぐの

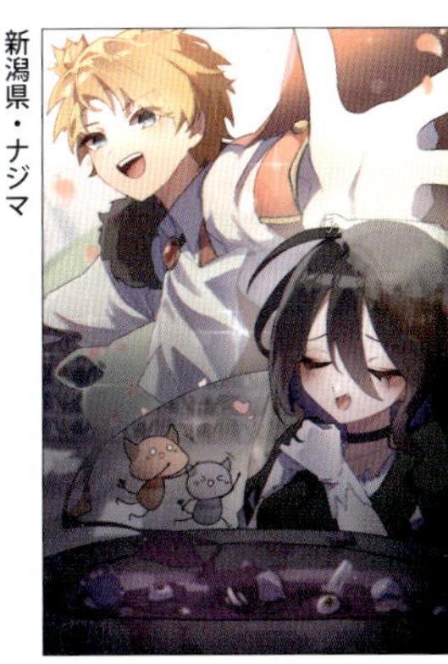
新潟県・ナジマ

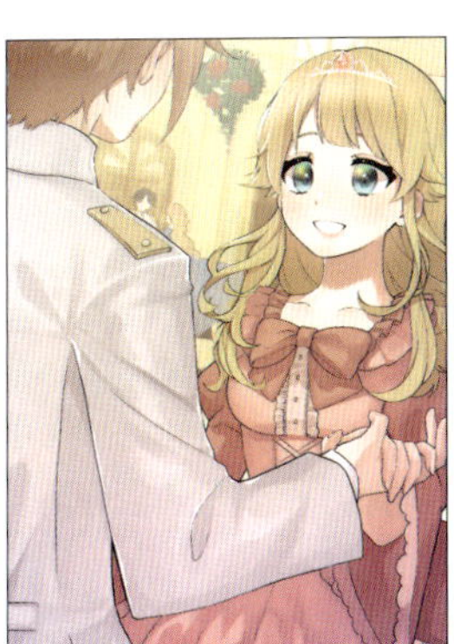
愛知県・のやたろう

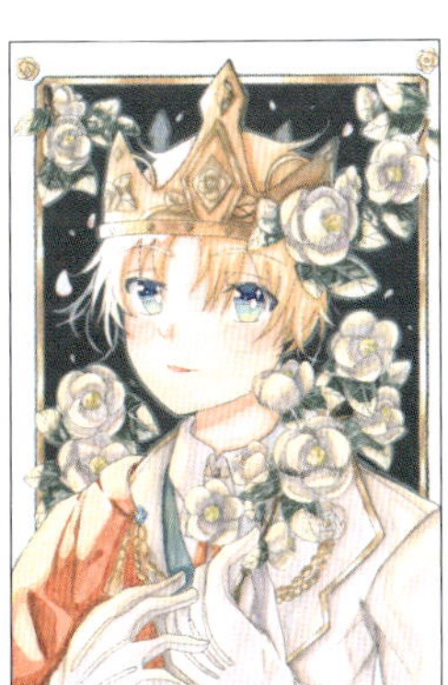
静岡県・うさぎしろっぷ・13歳

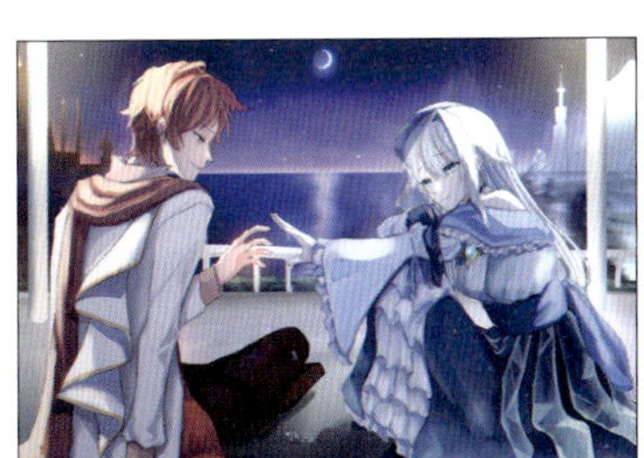
新潟県・望冬（みふゆ）・19歳

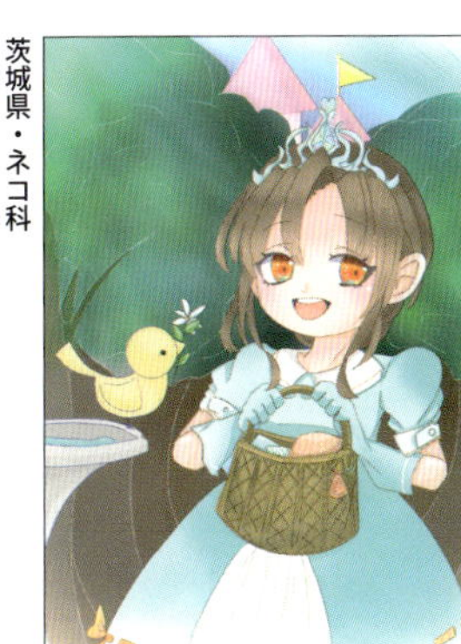
茨城県・ネコ科

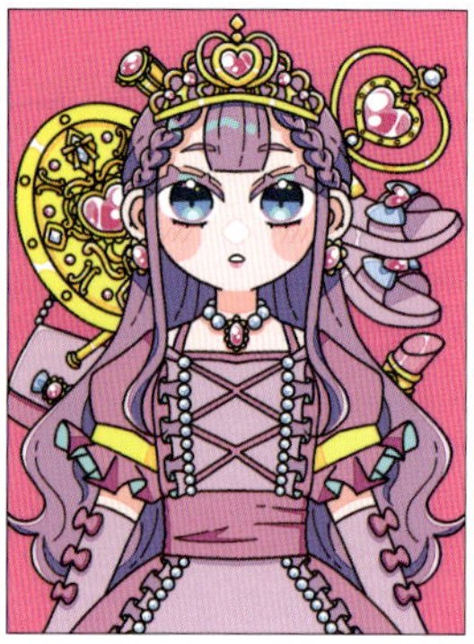
山口県・はむむ・18歳

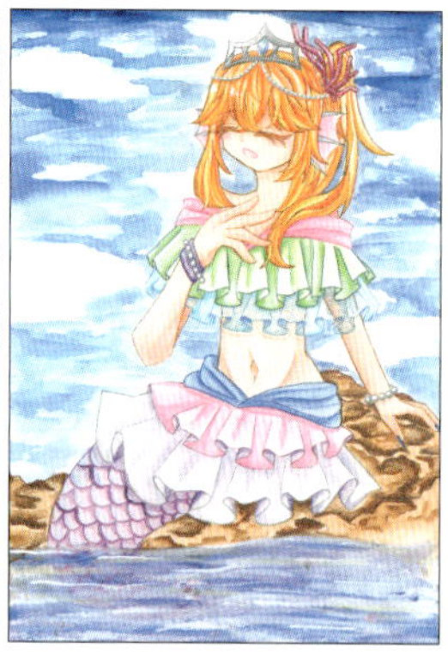
新潟県・やきどうふ。・18歳

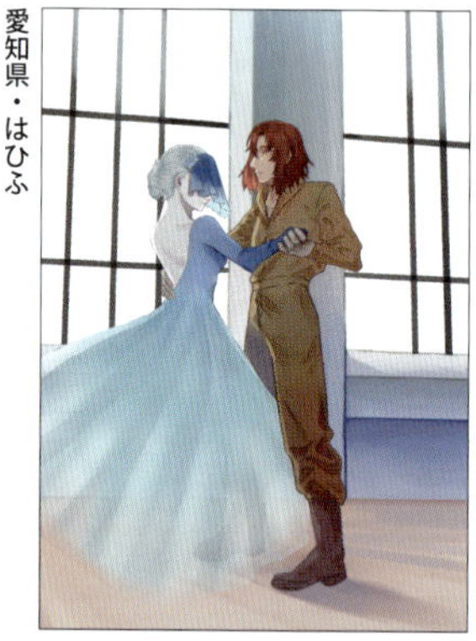
愛知県・はひふ

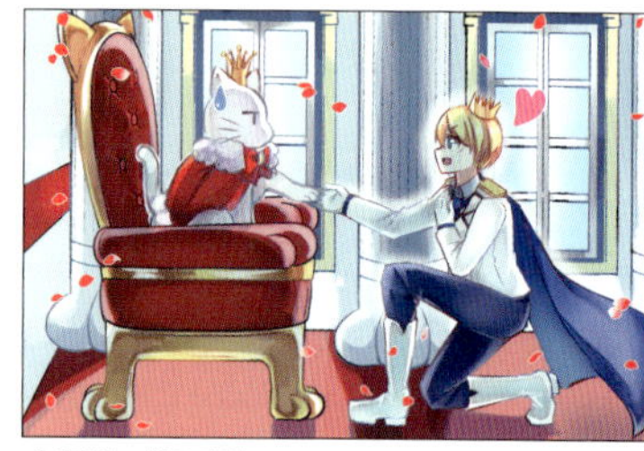
大阪府・柊こまち

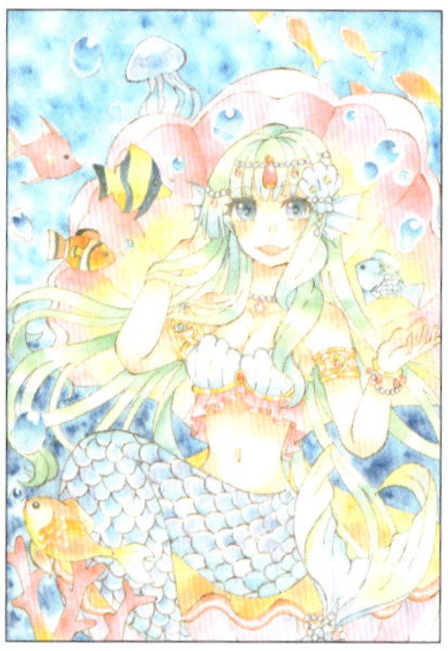
新潟県・チョコラ

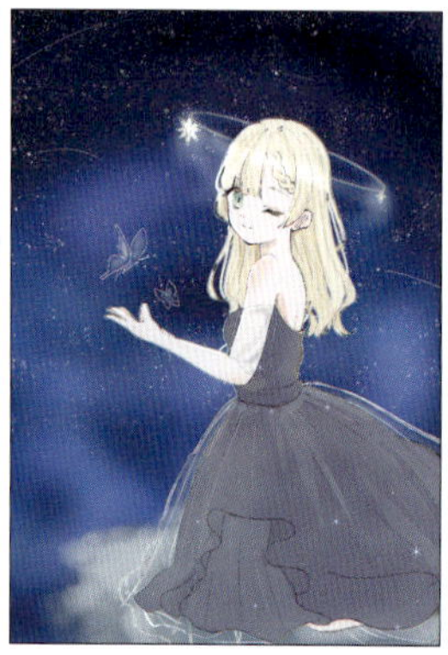
新潟県・ぷっこ・19歳

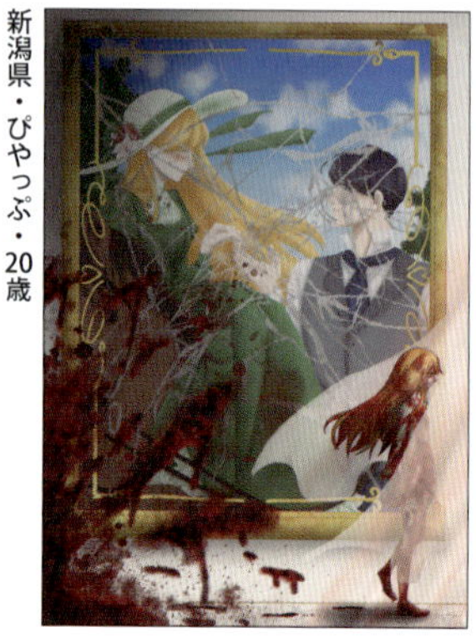
新潟県・ぴやっぷ・20歳

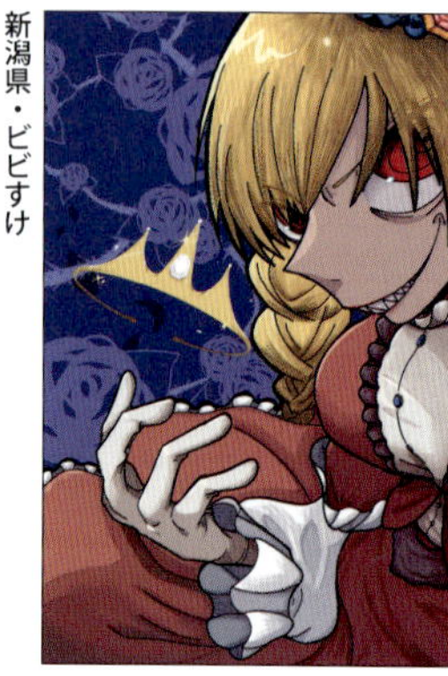
新潟県・ビビすけ

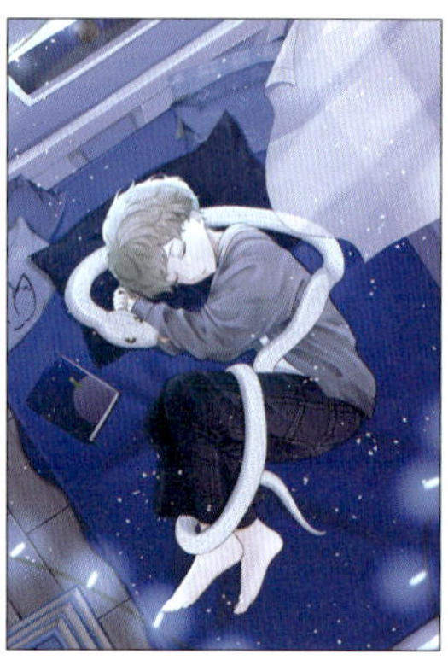
福岡県・へんにむ

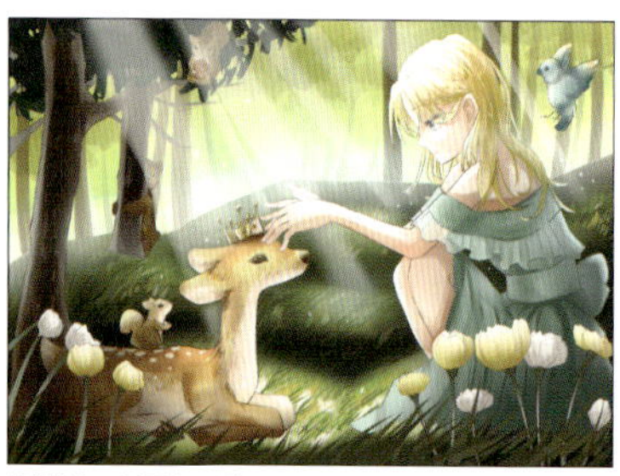
福岡県・水戸ひいろ

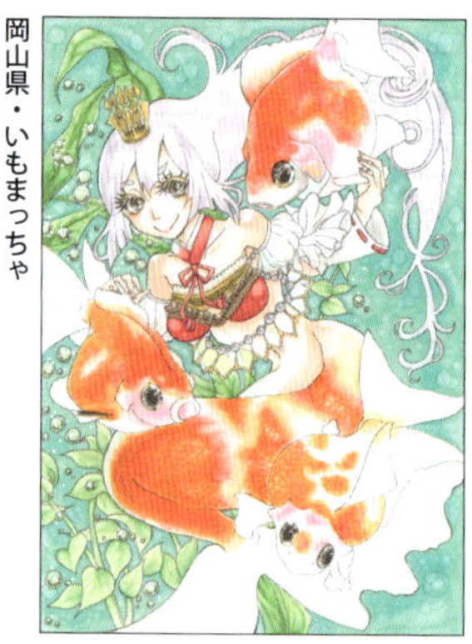
岡山県・いもまっちゃ

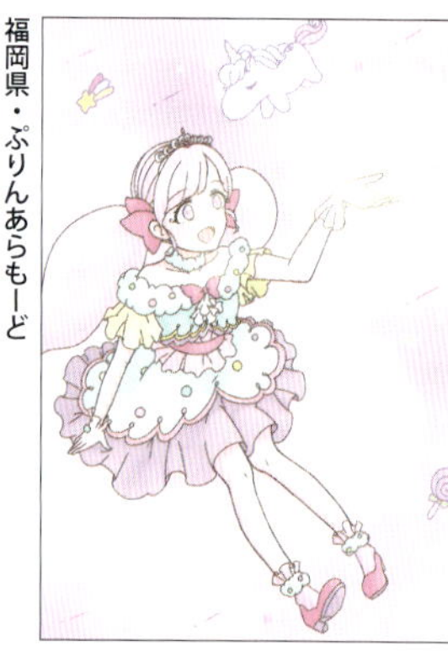
福岡県・ぷりんあらもーど

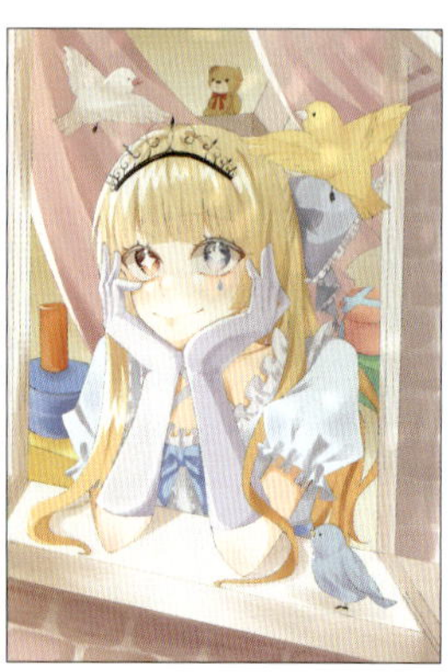
福岡県・まろ。

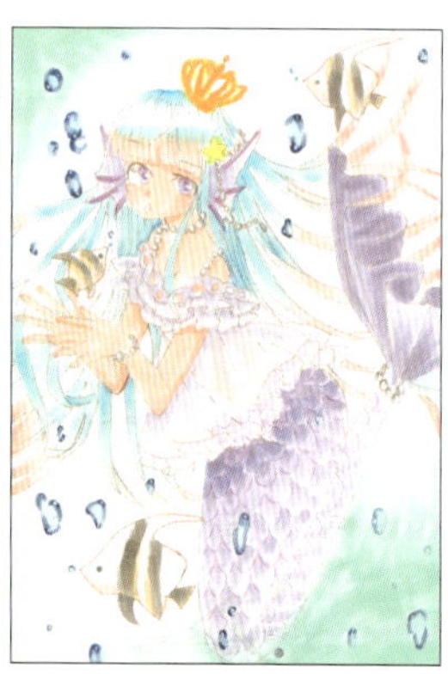
長野県・谷川りおん

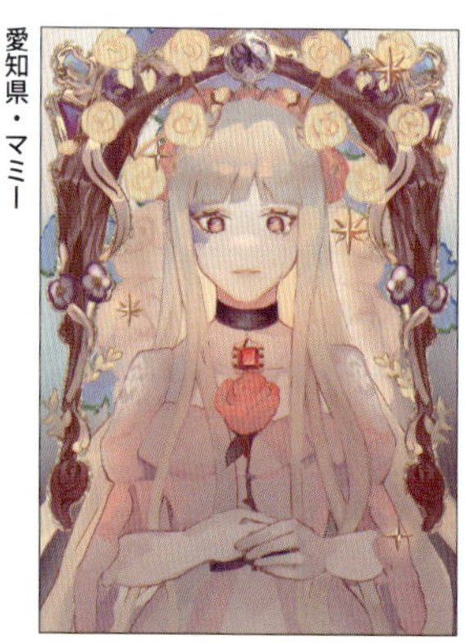
愛知県・マミー

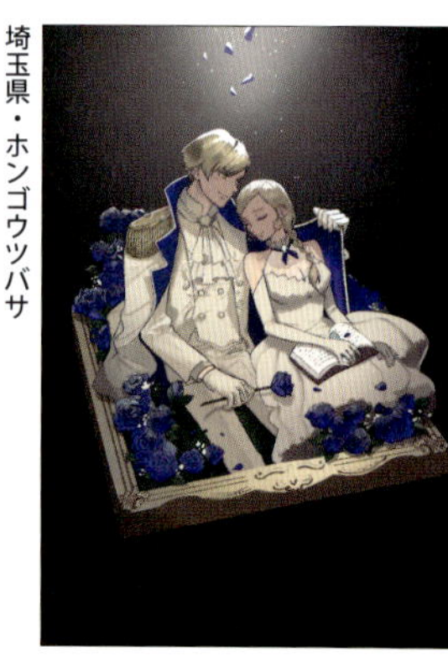
埼玉県・ホンゴウツバサ

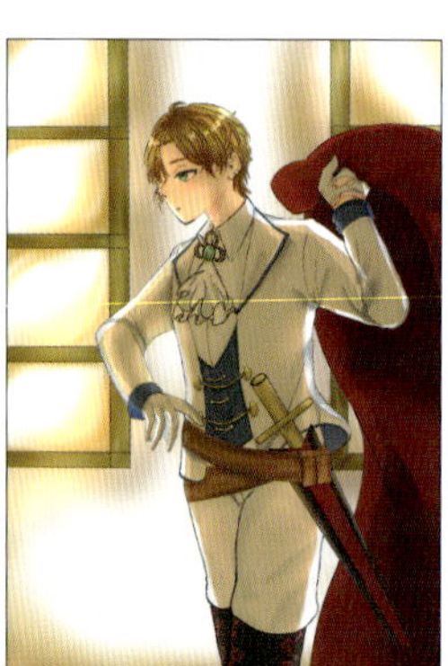
新潟県・ゆきうさぎ

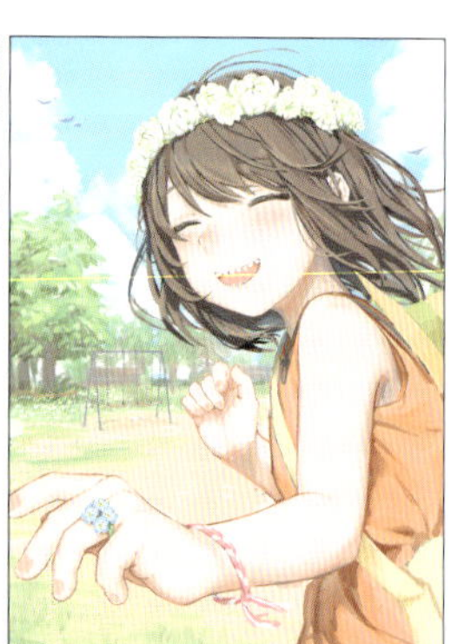
福岡県・ゆえに

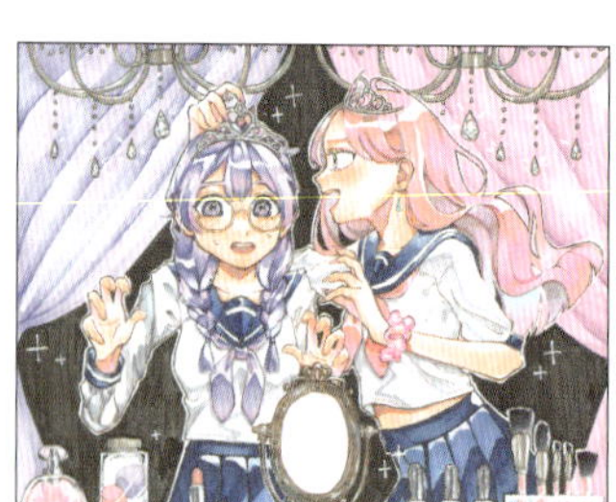
京都府・あはちゃ・18歳

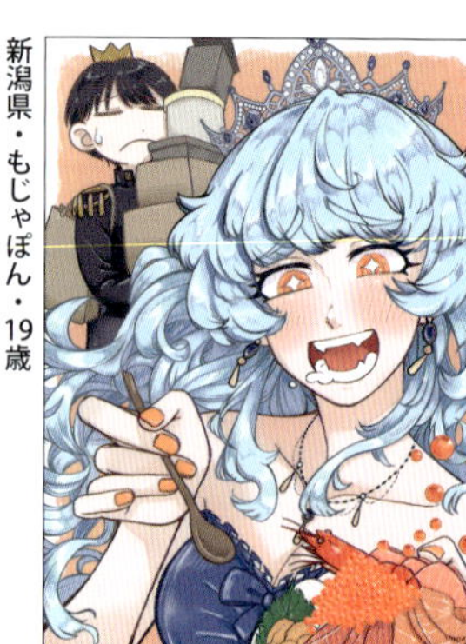
新潟県・もじゃぽん・19歳

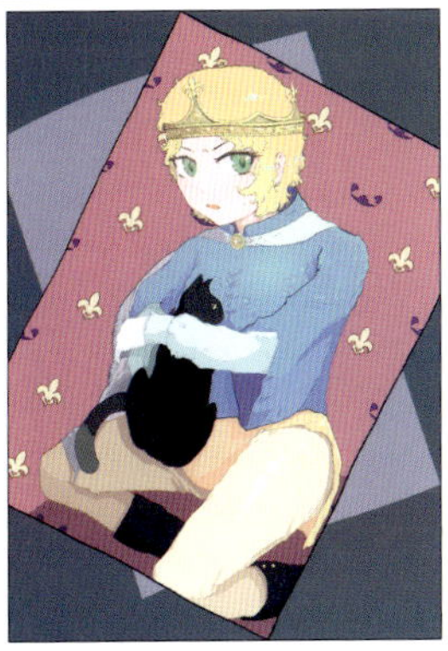
岡山県・るうなあるちゅ

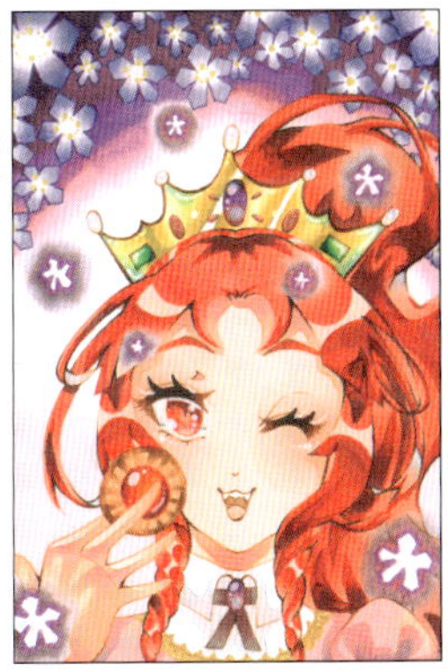
北海道・鰹亀

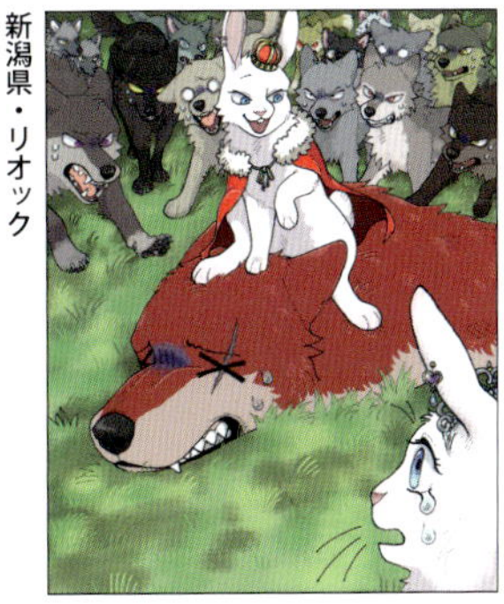
新潟県・リオック

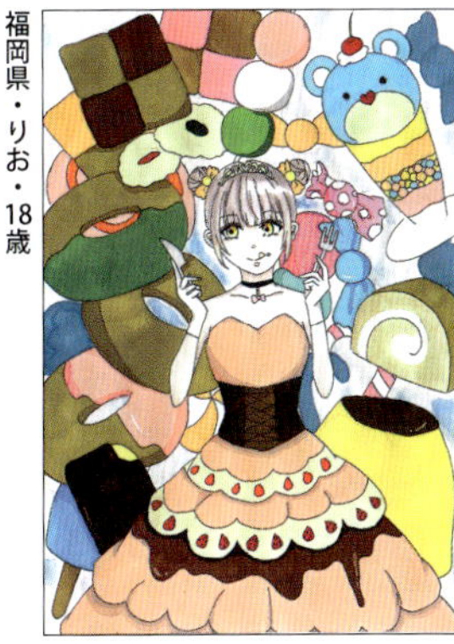
福岡県・りお・18歳

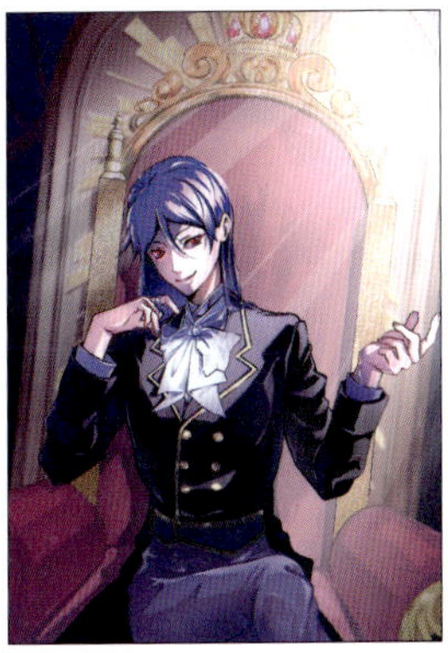
福岡県・旭七瀬

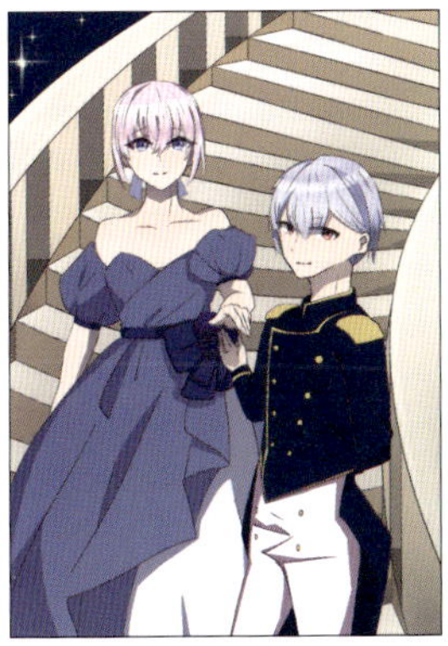
岐阜県・阿Rey・18歳

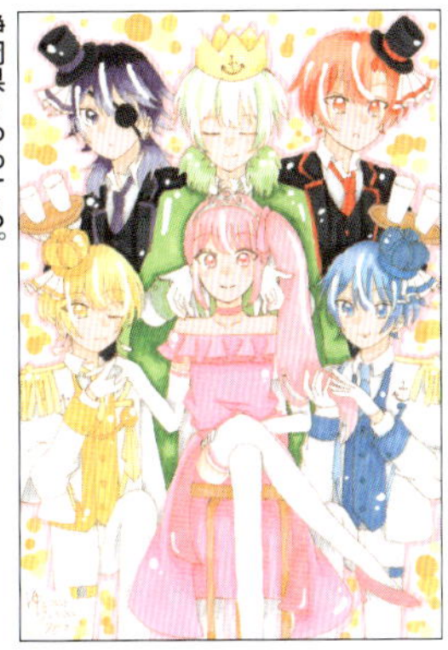
静岡県・ゆゆてる。

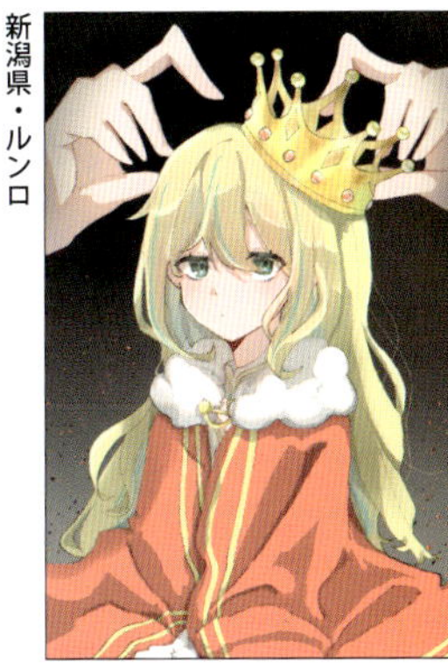
新潟県・ルンロ

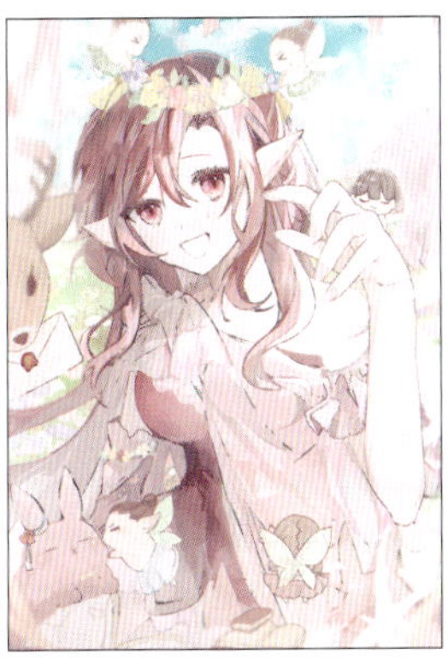
福岡県・卯崎らみ

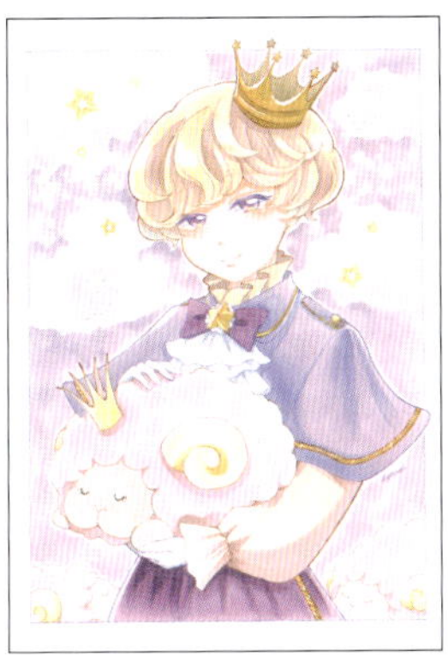
兵庫県・コユミ

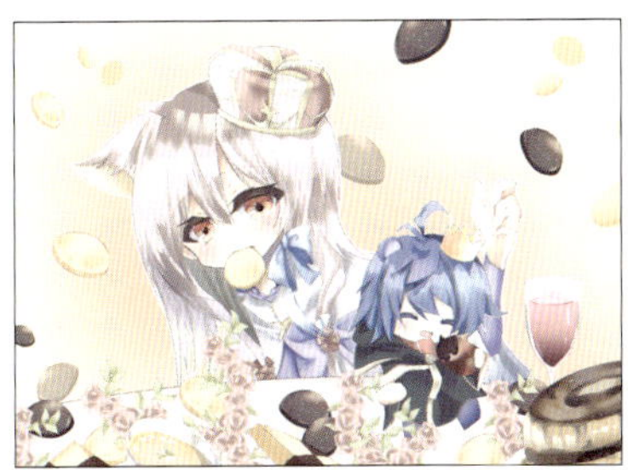
愛知県・四季万里

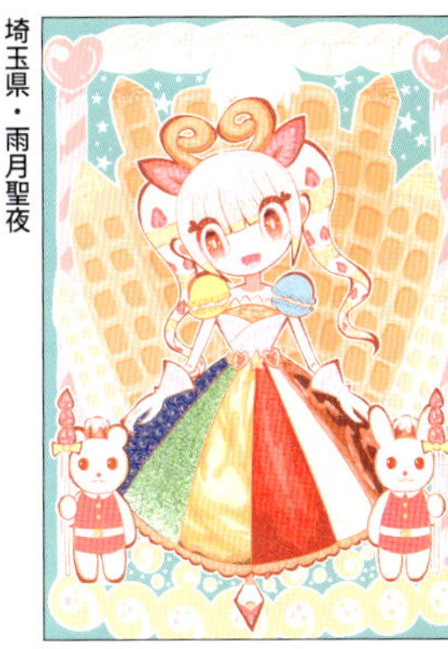
埼玉県・雨月聖夜

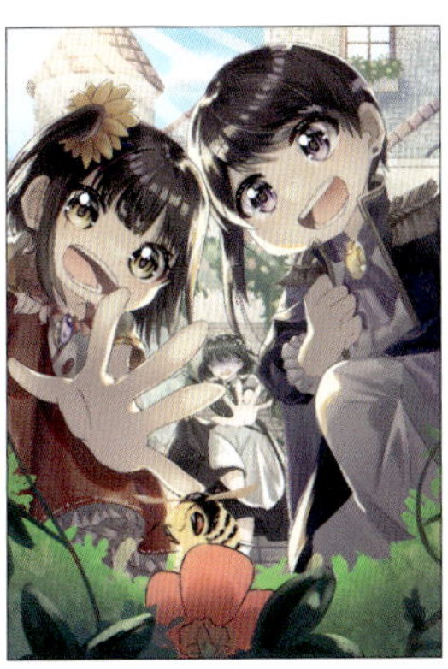
岐阜県・茄季

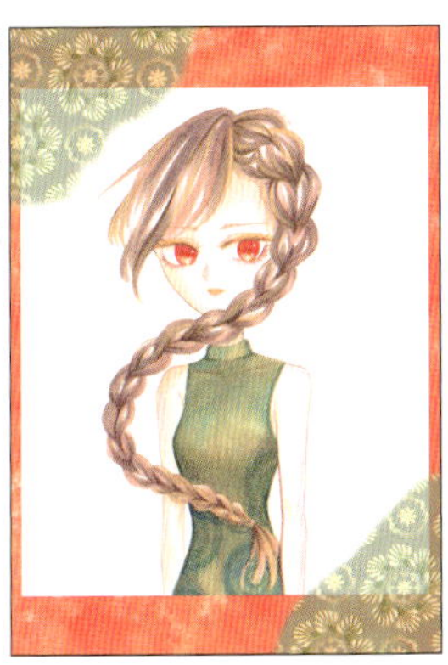
岩手県・花灯こはく

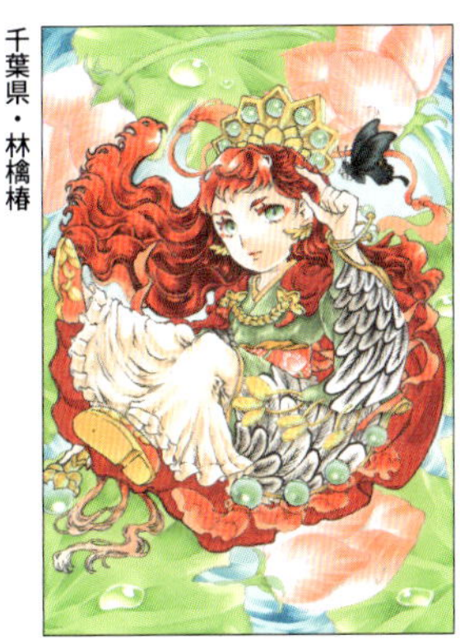
千葉県・林檎椿

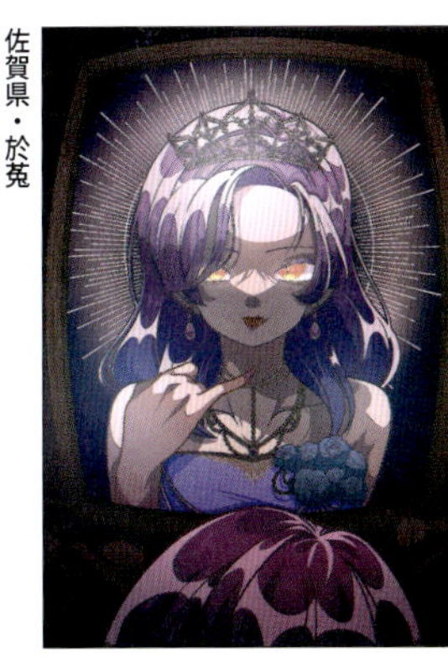
佐賀県・於菟

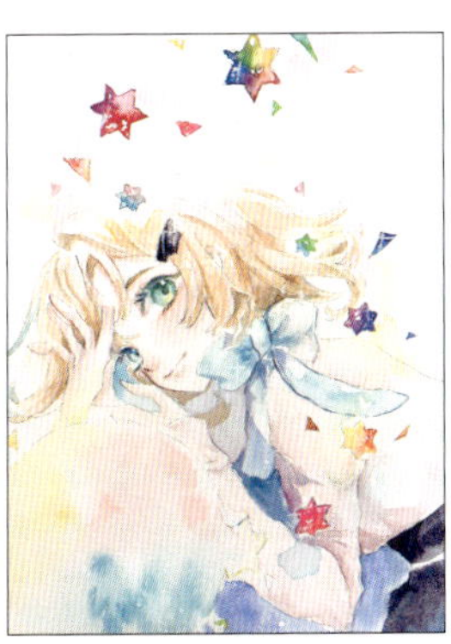
東京都・黒椿

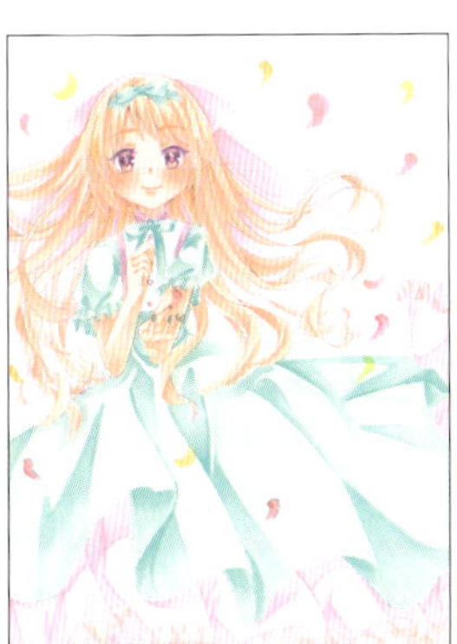
広島県・榛原祐香

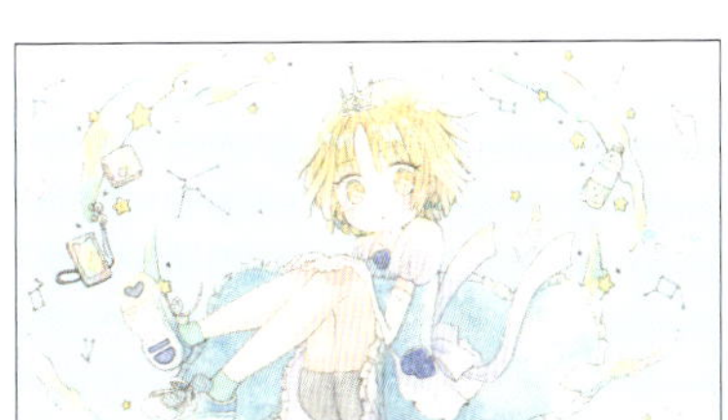
兵庫県・桜羽こすも

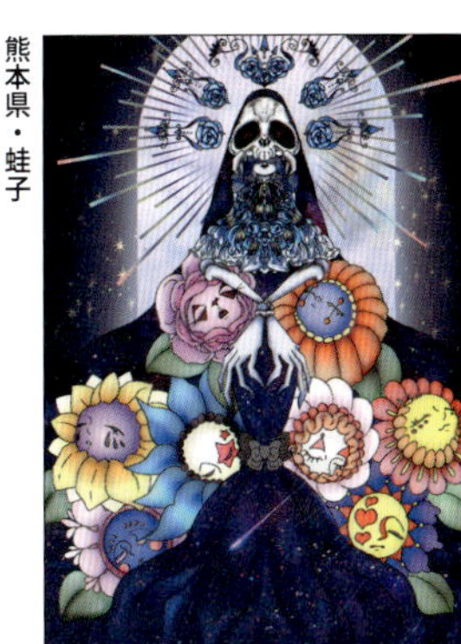
熊本県・蛙子

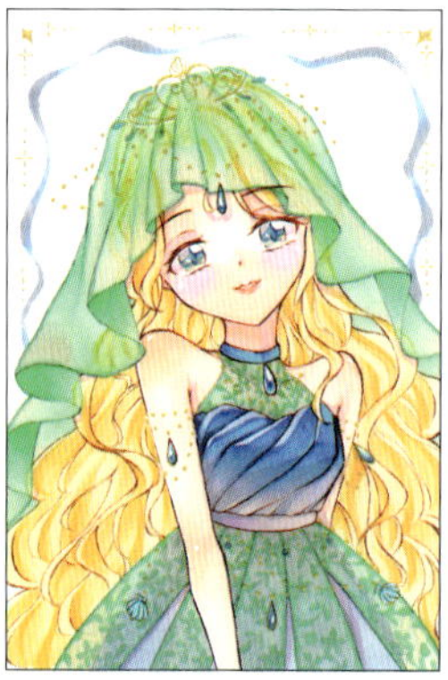
神奈川県・桜音

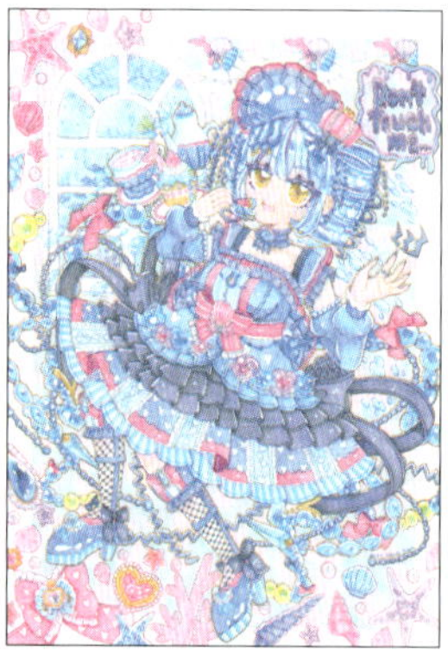
福島県・髏々咲すかる

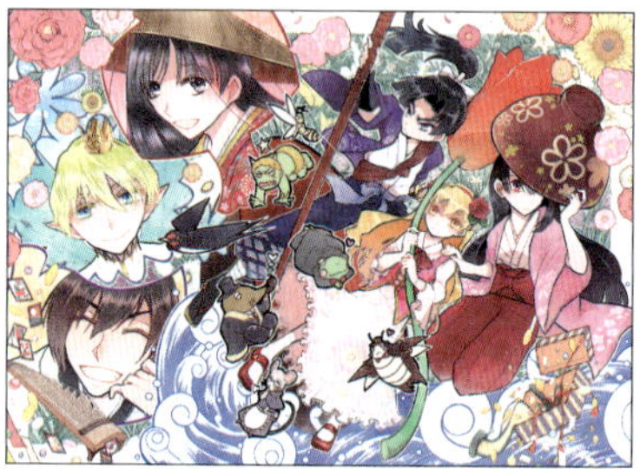
神奈川県・削木・31歳

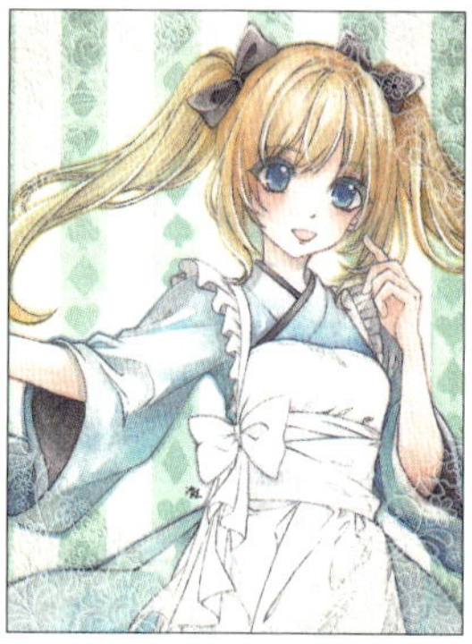
神奈川県・沙姫

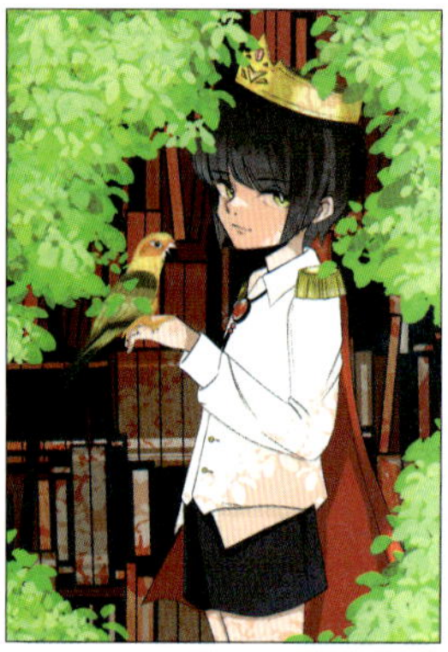
福岡県・秋月夜雨

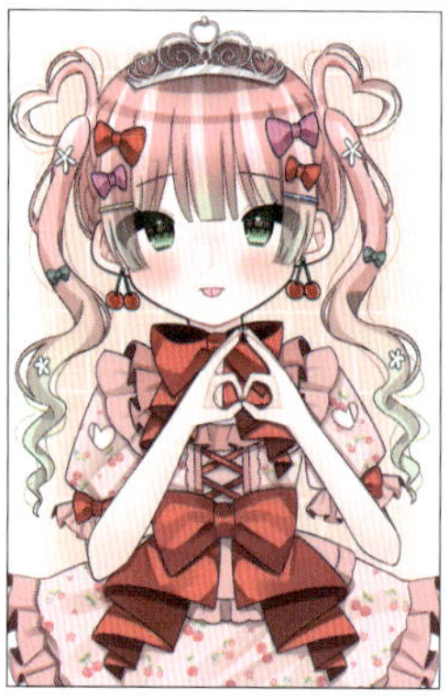
福岡県・紫月・14歳

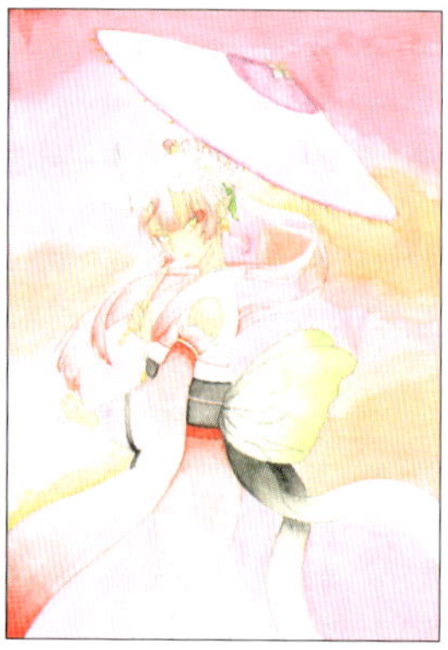
福岡県・匿名希望

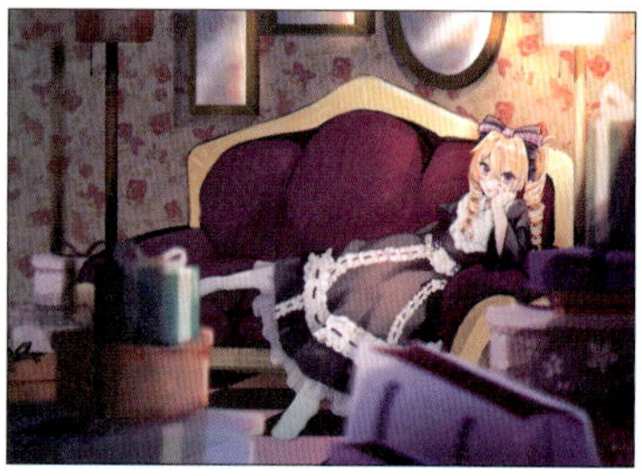
福岡県・血尿

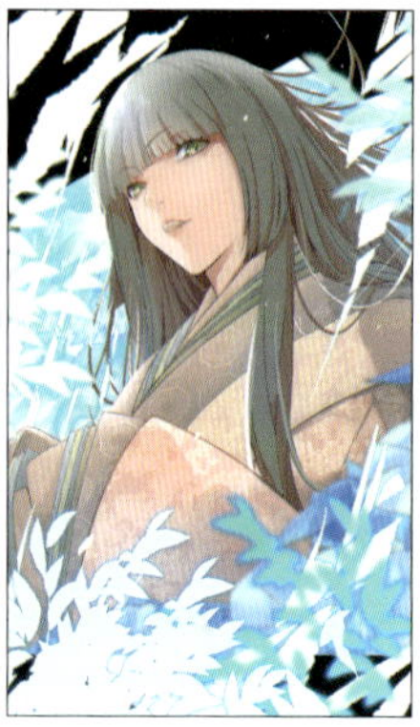
北海道・青園アイス

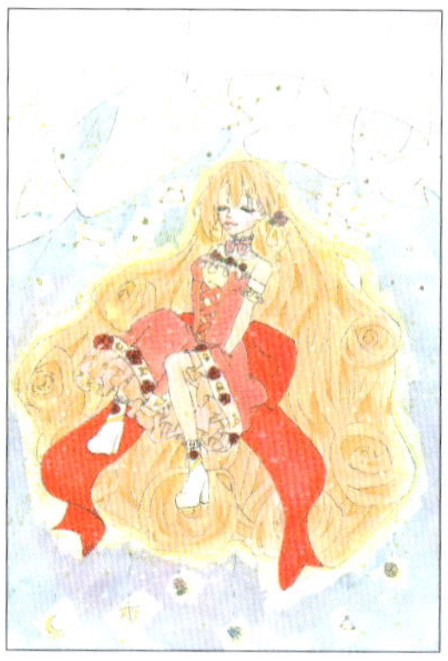
岩手県・寝不足反抗期・14歳

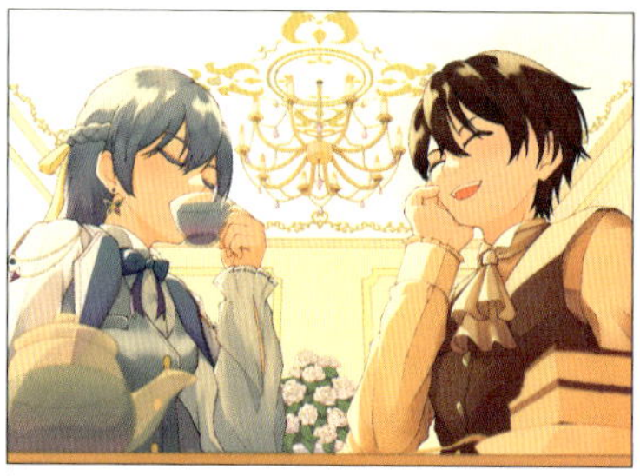
福岡県・甘雨

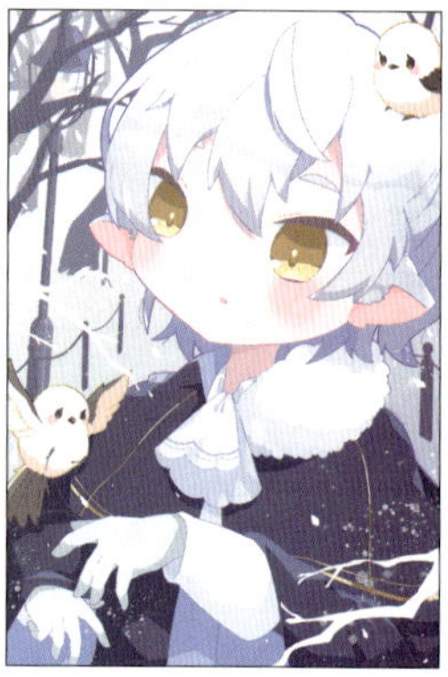
神奈川県・星夢フタバ

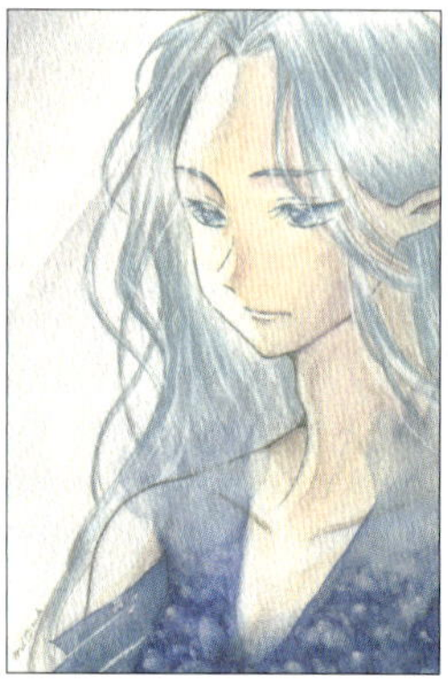
福島県・蒼名光

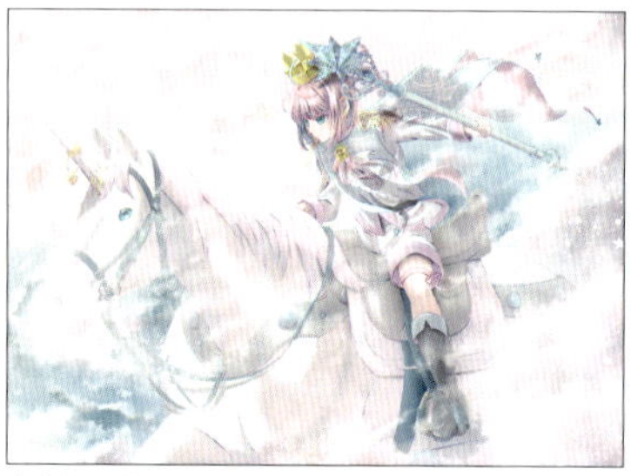
東京都・花糸撫子

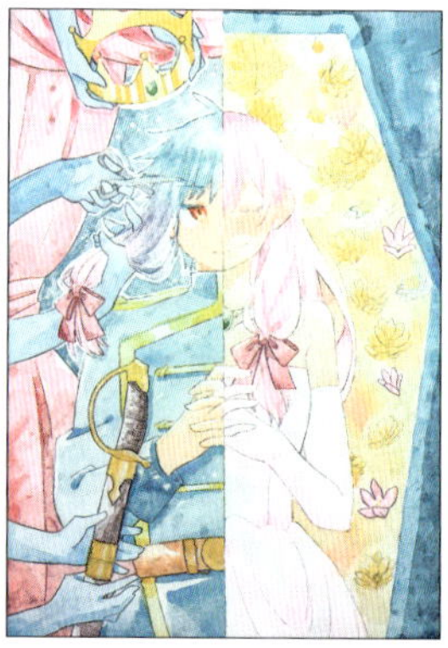
福岡県・雪白。・18歳

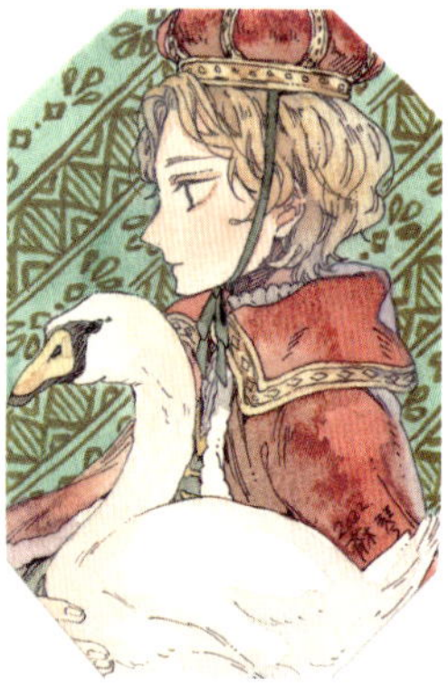
青森県・斉木琴

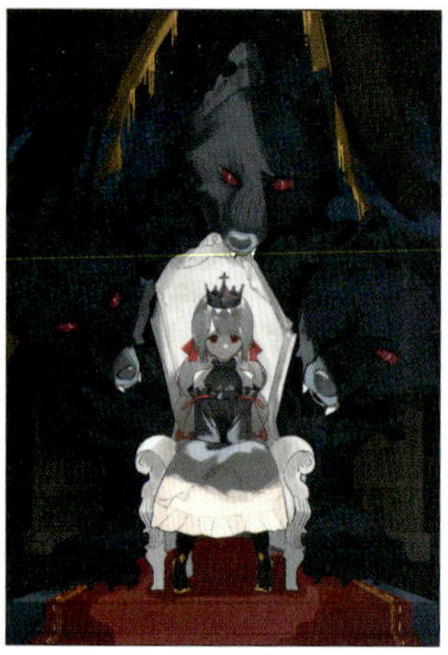
福岡県・茶

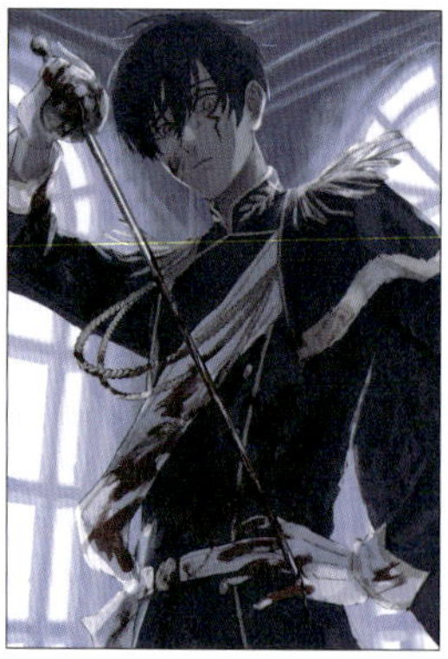
福岡県・炭火焼き

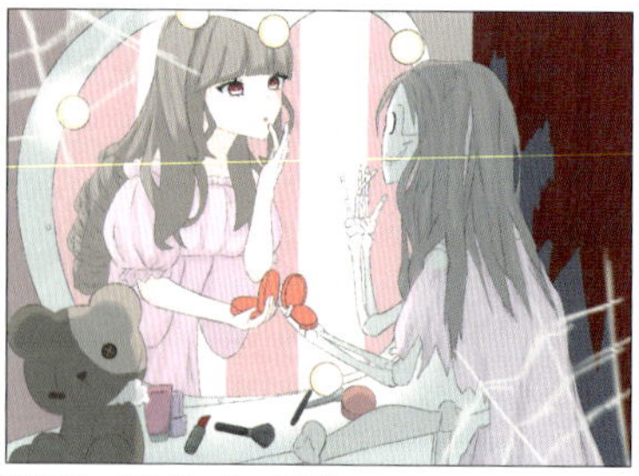
福岡県・やえちゃん・18歳

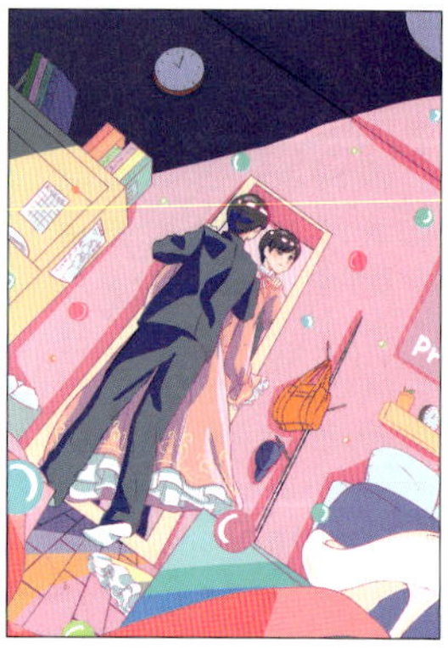
福岡県・大福もち

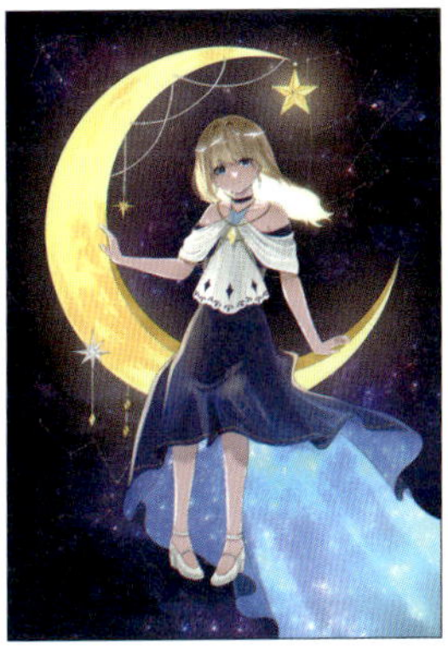
熊本県・猫屋あさ

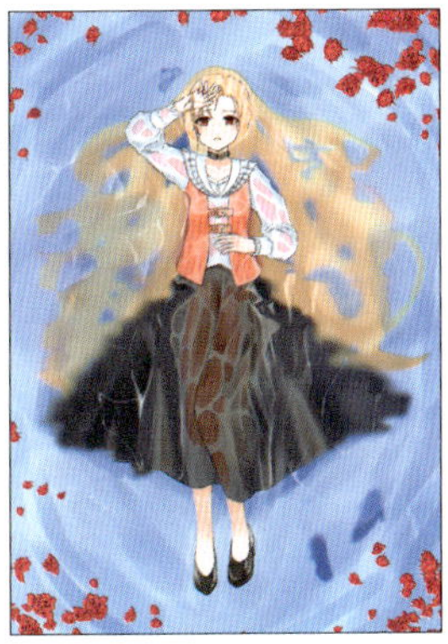
福岡県・椎木

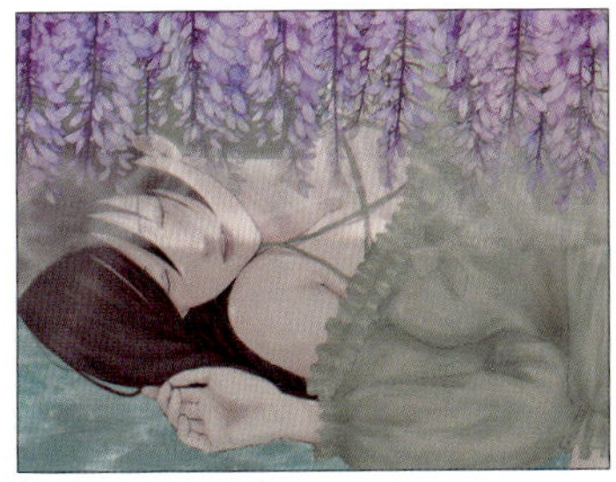
福岡県・ひな・18歳

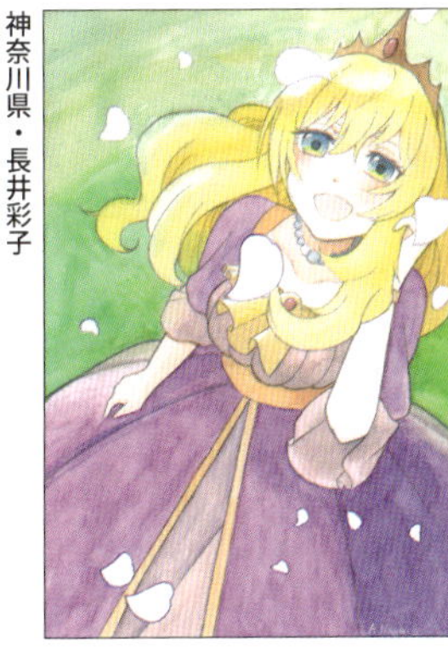
神奈川県・長井彩子

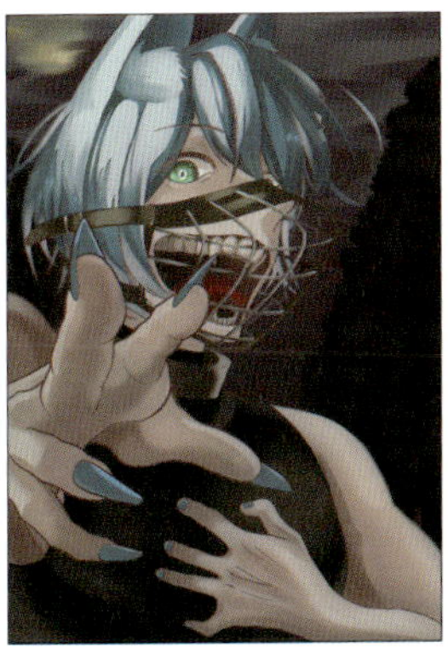
新潟県・柏尾。

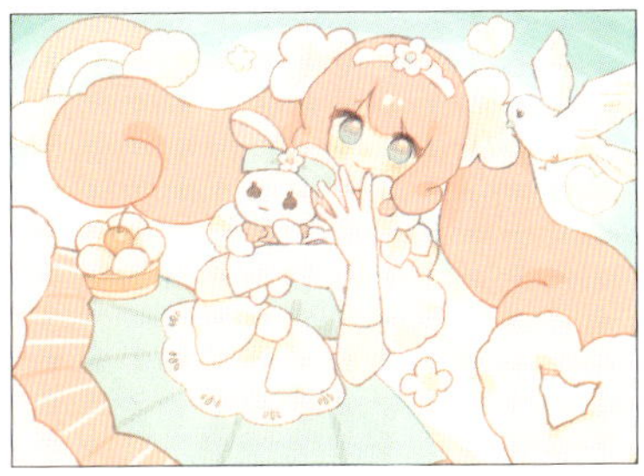
福岡県・のじ

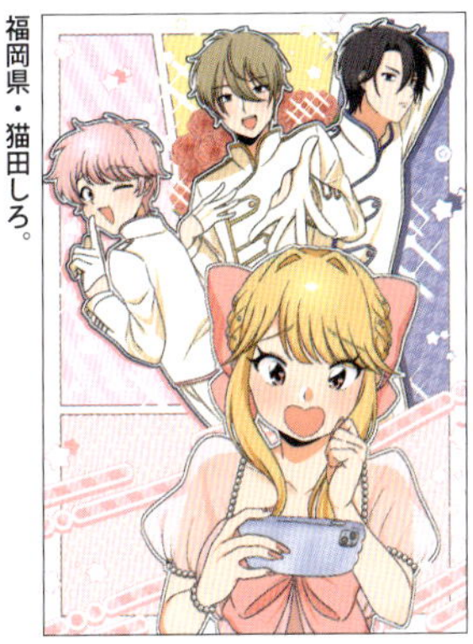
福岡県・猫田しろ。

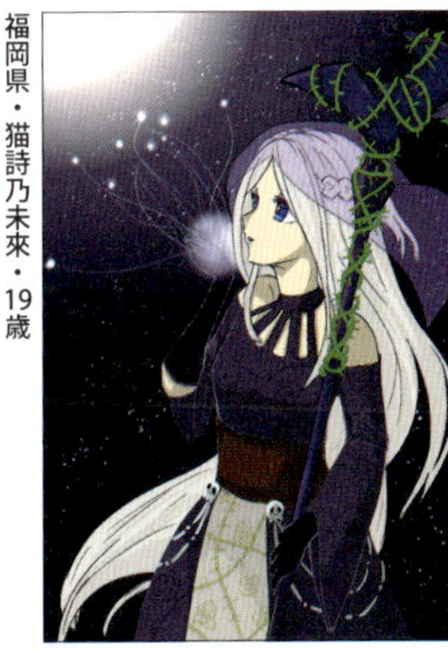
福岡県・猫詩乃未來・19歳

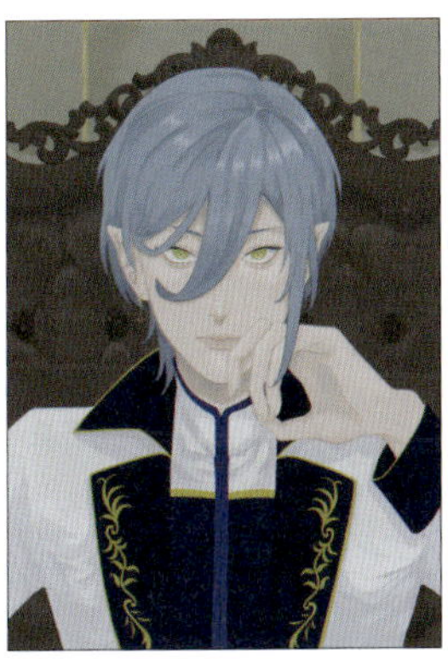
新潟県・冥夜・19歳

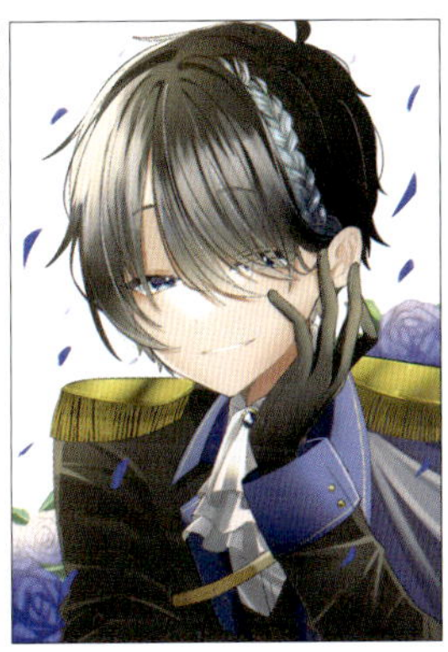
新潟県・抹茶の助

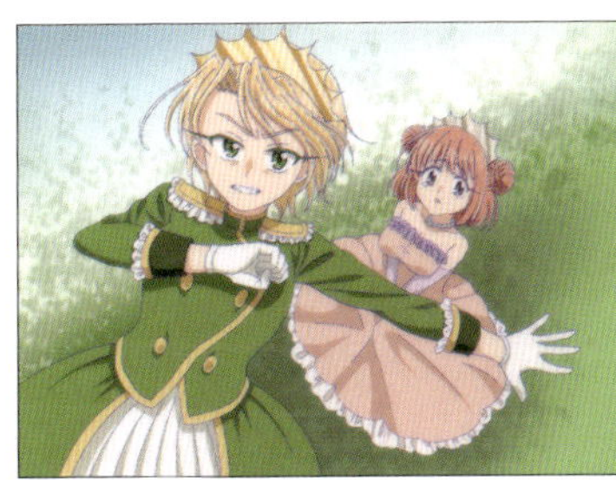
埼玉県・セコイ也

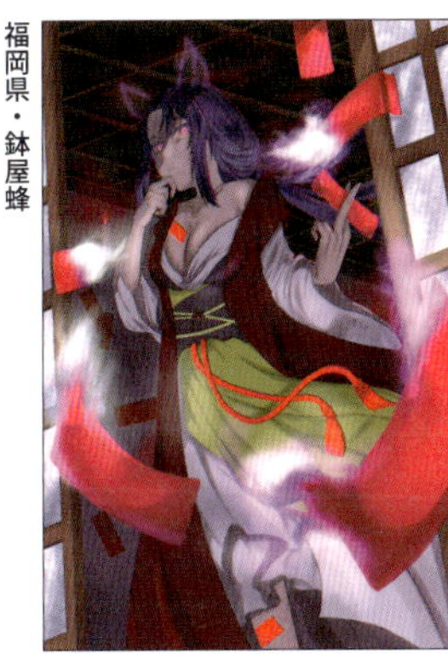
福岡県・鉢屋蜂

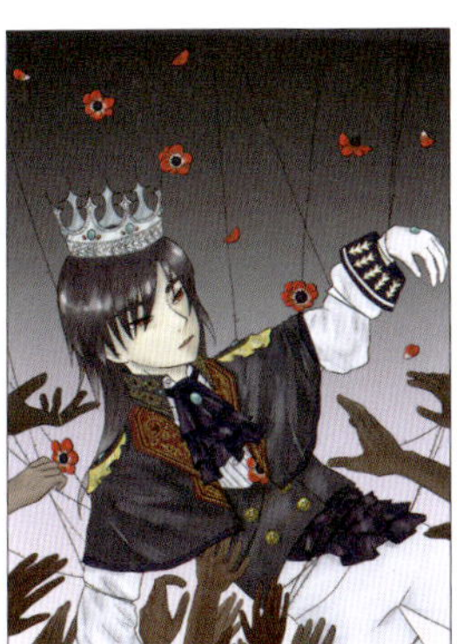
新潟県・柚井凪

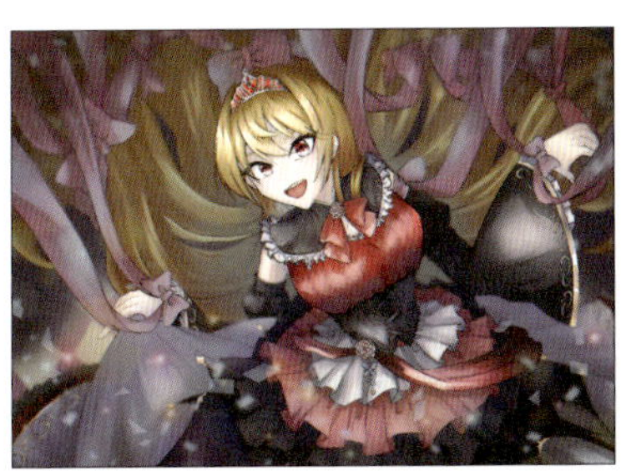
愛知県・スルメ

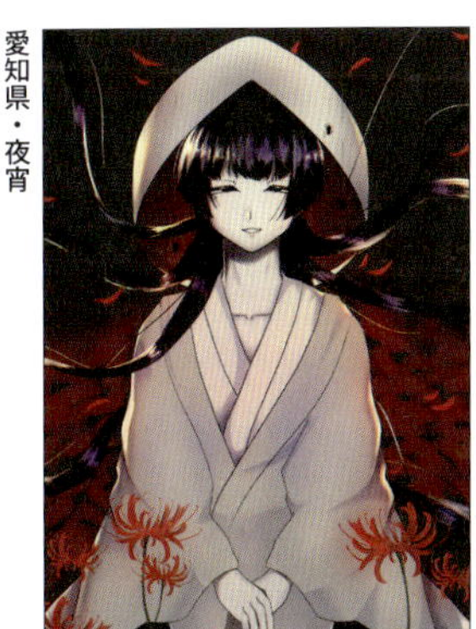
愛知県・夜宵

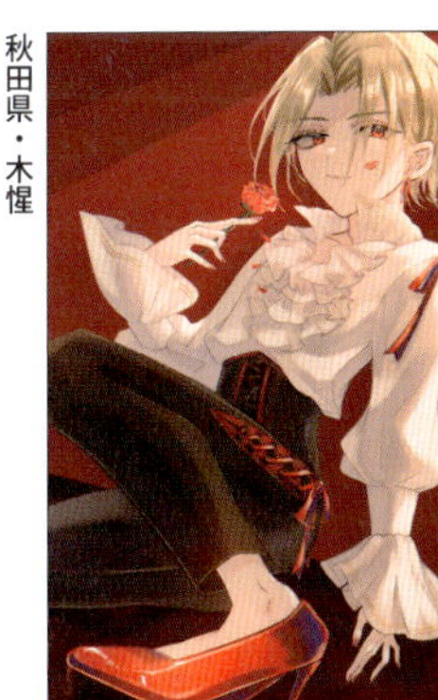
秋田県・木惺

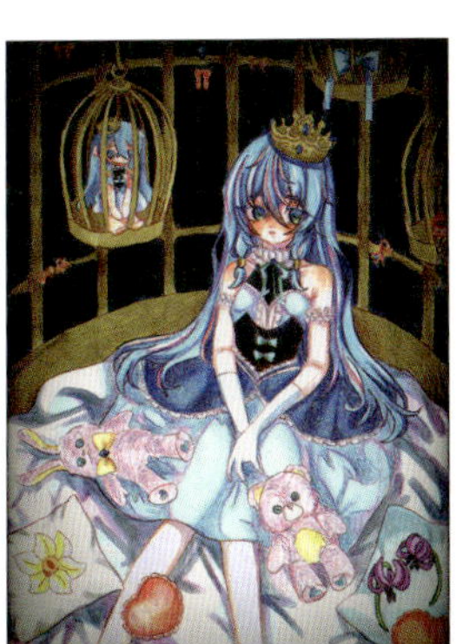
奈良県・蓮音・15歳

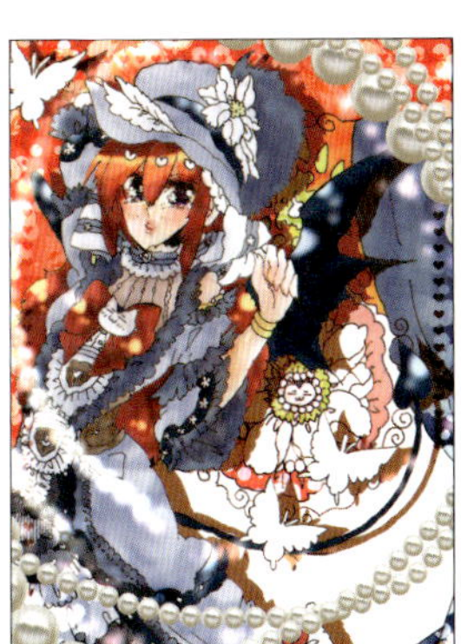
宮城県・流良戒

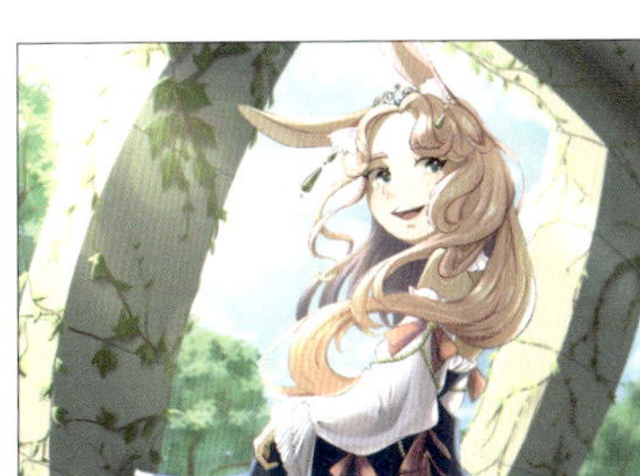
福岡県・かにこ

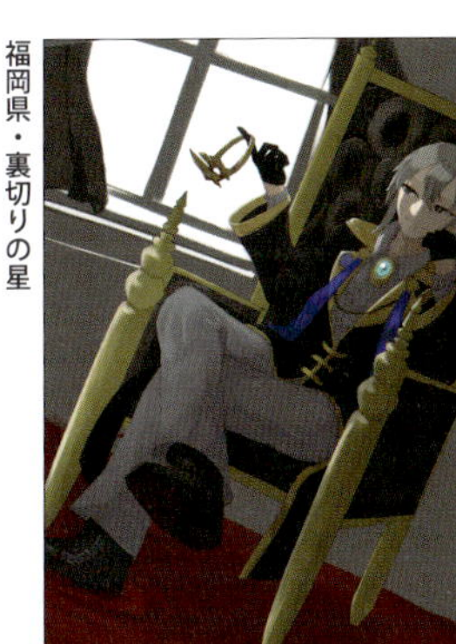
福岡県・裏切りの星

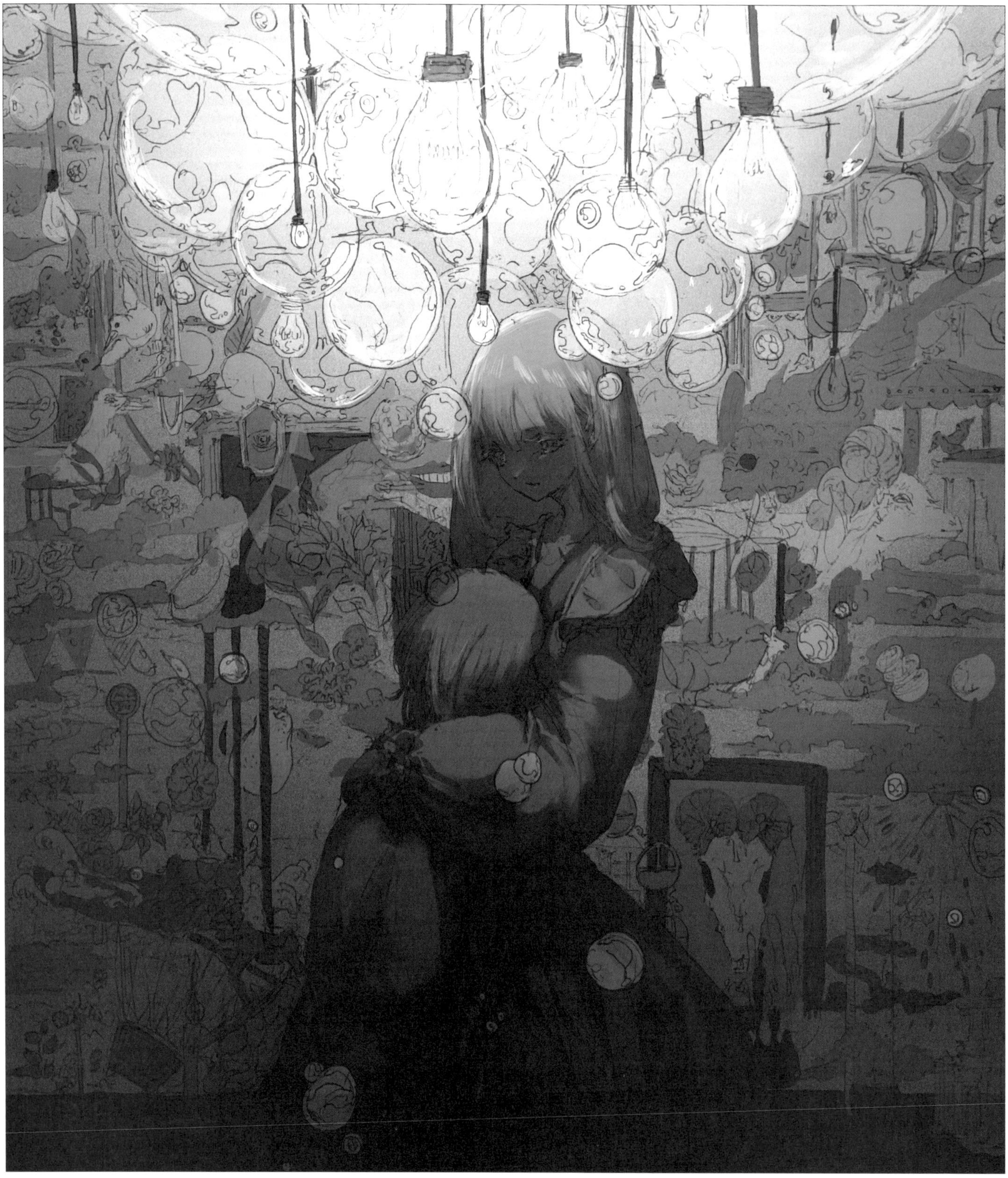

東京都・あおれもん・17歳【シャープペンシル・アイビスペイント】

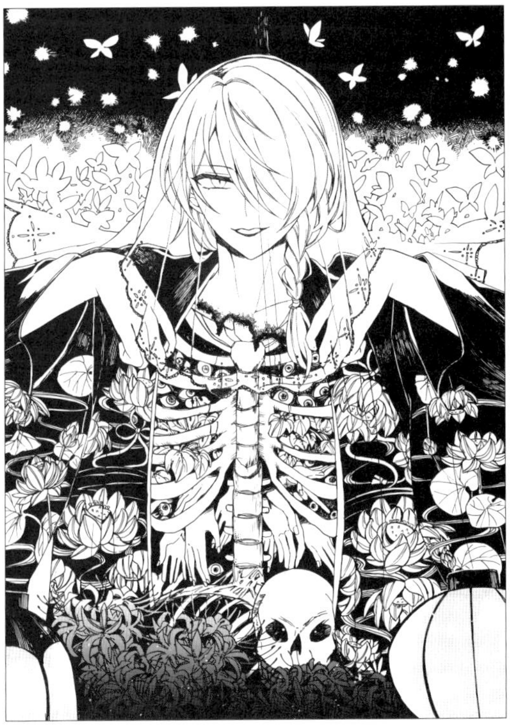

神奈川県・萩原あろ【つけペン・スクリーントーン・ホワイト】

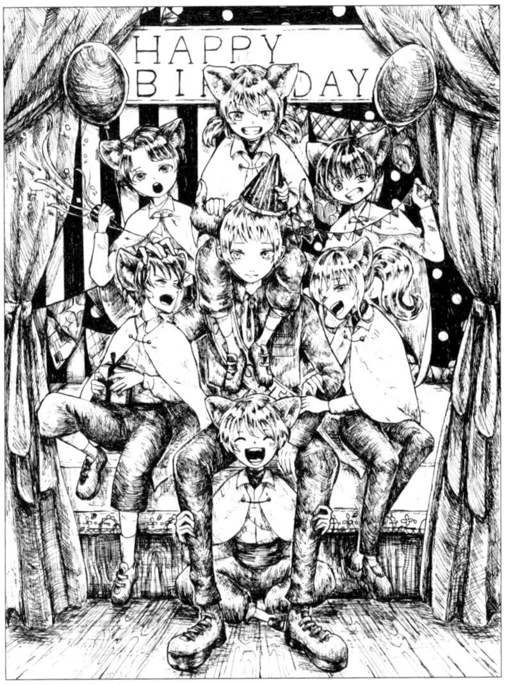

福岡県・桃っ子・15歳【コピックマルチライナー・SARASA・ホワイト】

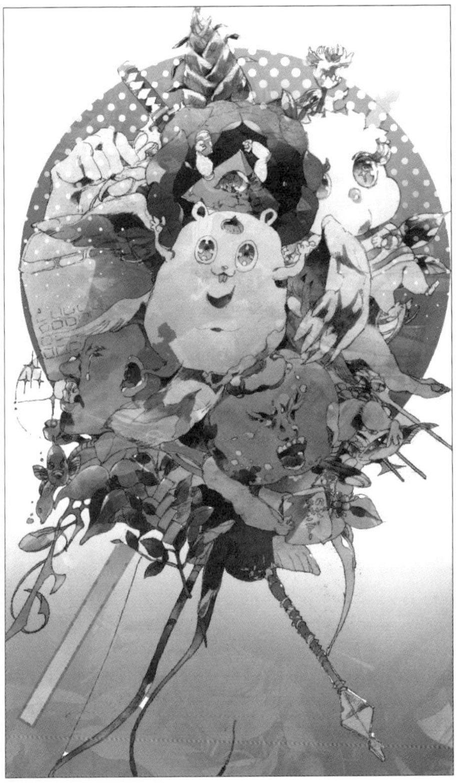

熊本県・蛇運【CLIP STUDIO PAINT】

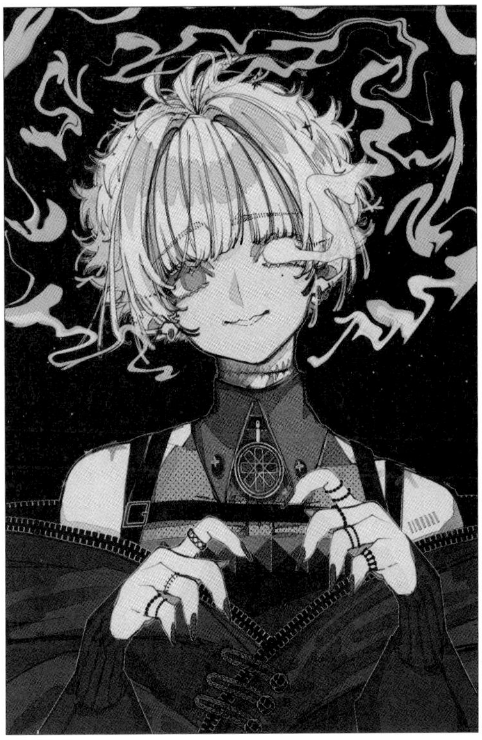

佐賀県・OYAKATA【CLIP STUDIO PAINT】

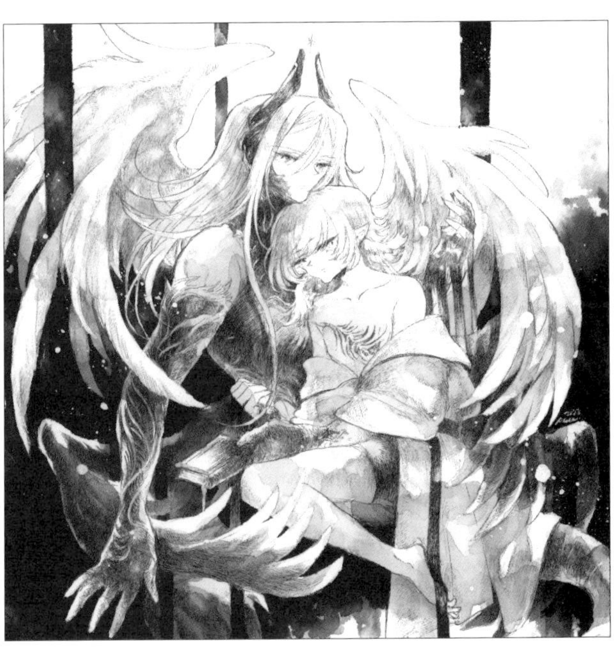

山梨県・sau【コピックマルチライナー・リキテックスリキッド・透明水彩・セザンヌ水彩紙】

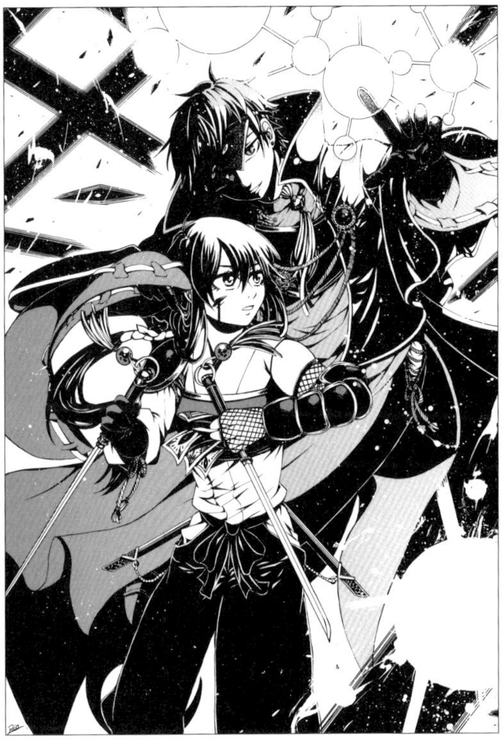

神奈川県・璃緒【アイシー漫画原稿用紙・Gペン・丸ペン（タチカワ）・コピックマルチライナー（0.1/0.3）ゼブラマッキー（極細／太）・ミスノンホワイト・スクリーントーン】

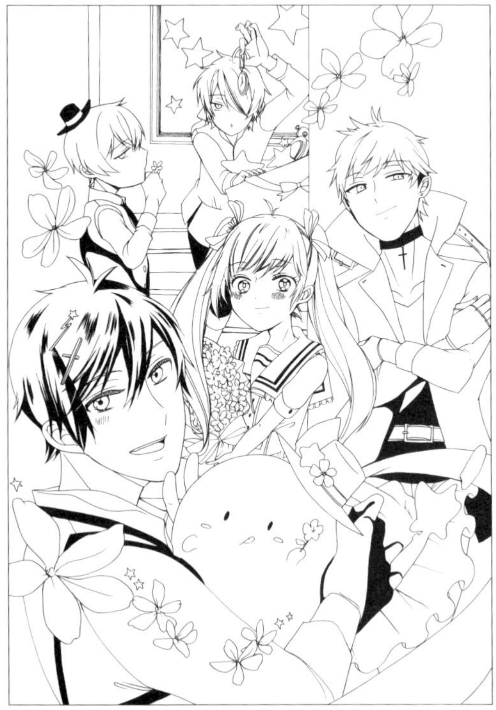

福島県・風波【アイシー漫画原稿用紙・ミリペン・ドクターマーチン（ホワイト）】

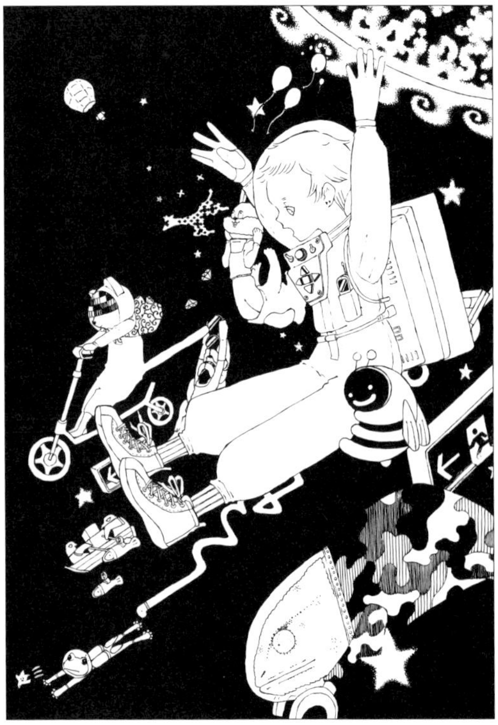

岐阜県・ずめ子【丸ペン・ミリペン・ミューズ漫画原稿用紙】

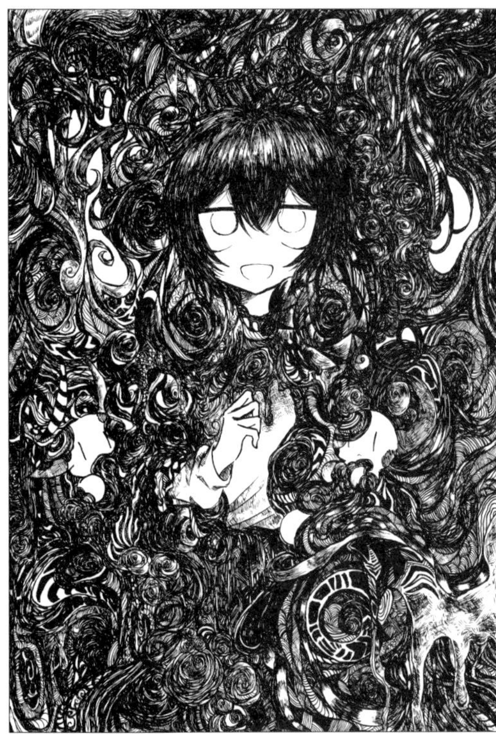

宮城県・ねくつ・14歳【ケント紙・Gペン（タチカワ）・丸ペン】

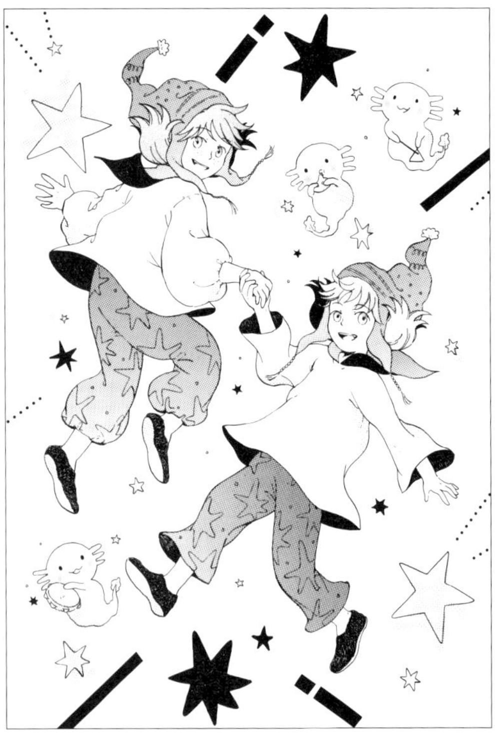

福岡県・ヒサ・41歳【丸ペン・漫画インク・スクリーントーン・アイシープレミアムホワイト・漫画原稿用紙】

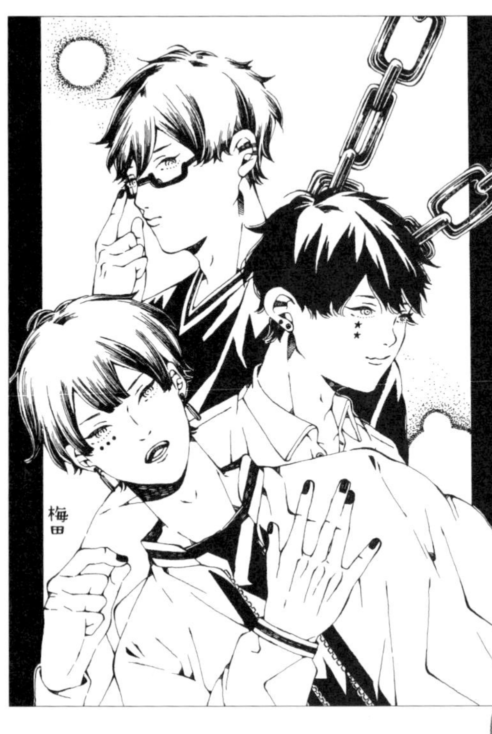

福岡県・梅田【マルマンスケッチブック・HI-TEC-C（0.25/0.3）・筆ペン】

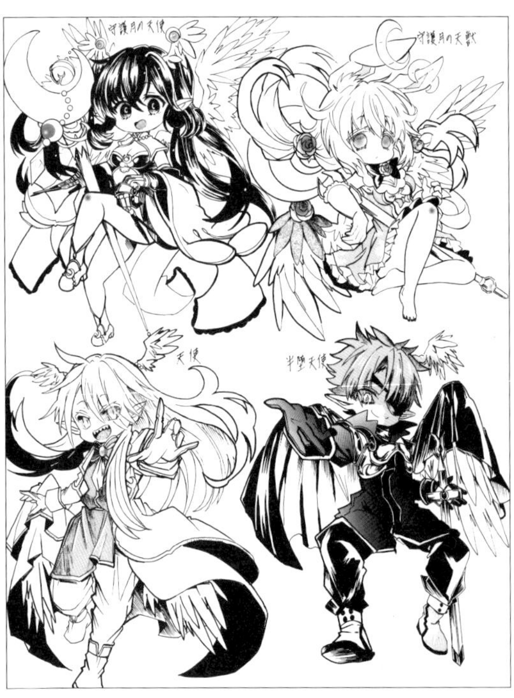

大阪府・ラブバード【漫画原稿用紙・スクリーントーン・コピックマルチライナー・ホワイト・シャープペンシル】

福井県・FUYUKO

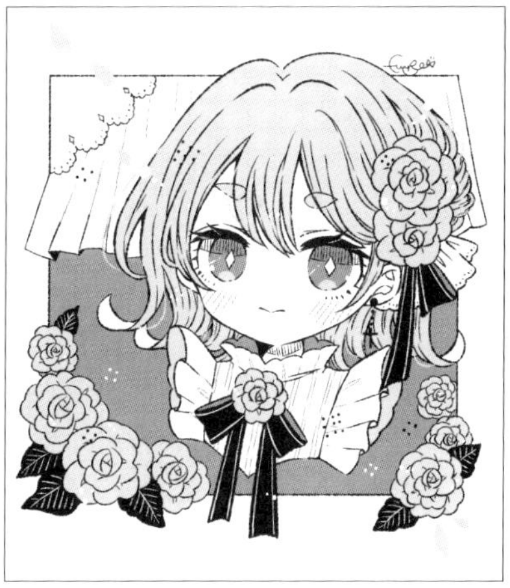

福岡県・無月

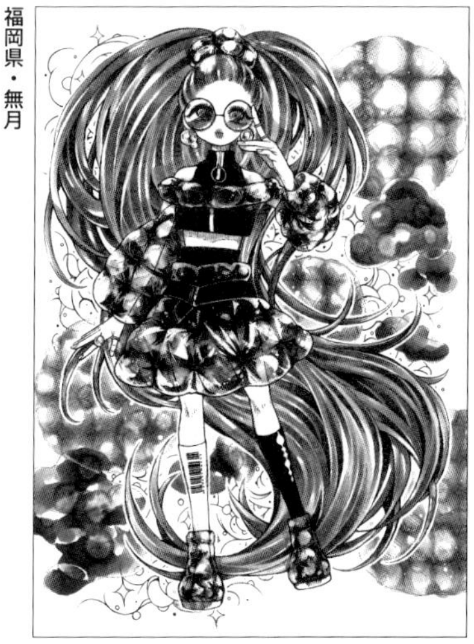

青森県・斉木琴

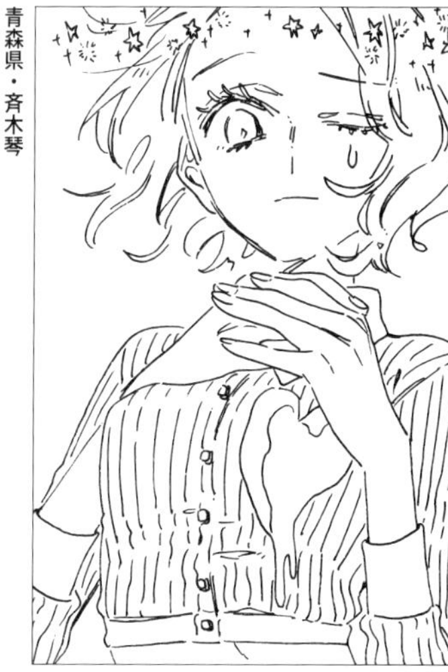

栃木県・夏鳥葵

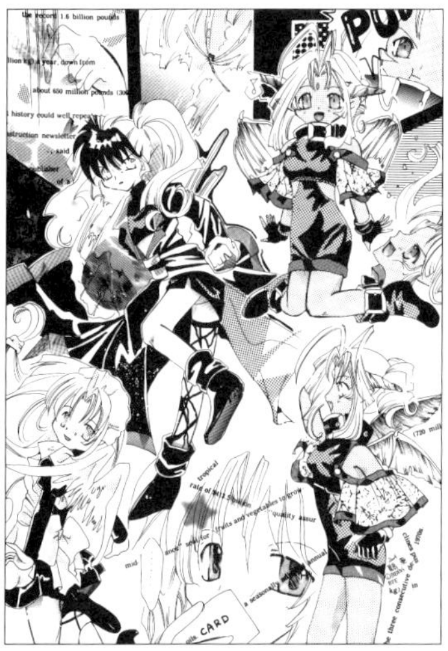

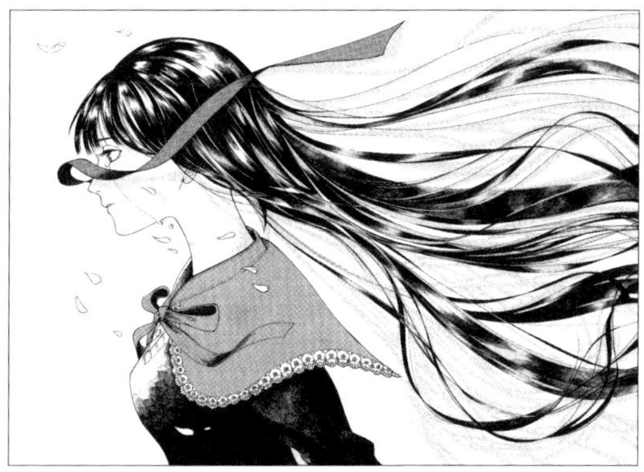

東京都・呉鯛

群馬県・RB

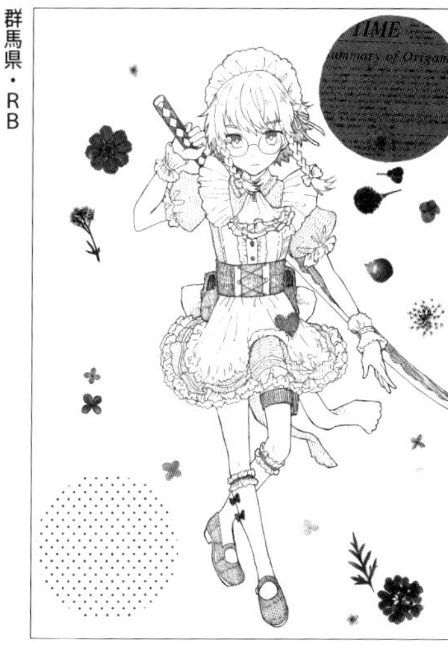

千葉県・林檎椿

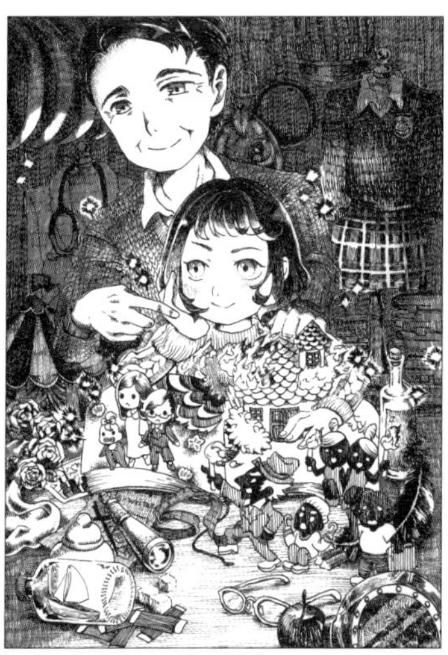

鹿児島県・ハゲヅラ・42歳

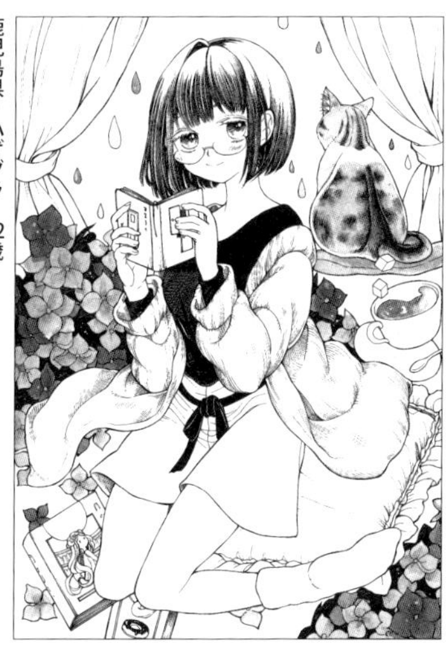

兵庫県・紫山四子

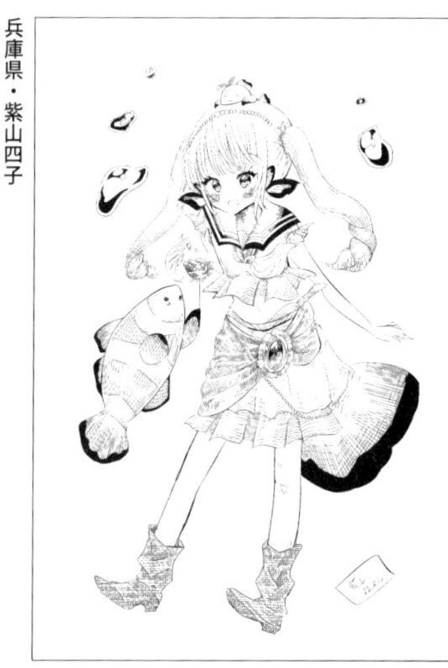

埼玉県・青魚

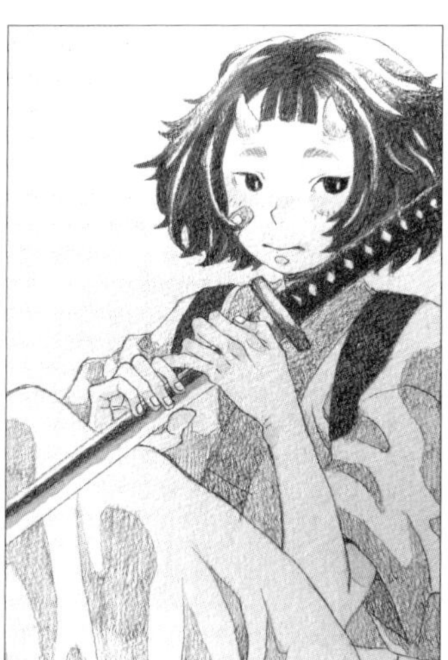

滋賀県・真田しろ

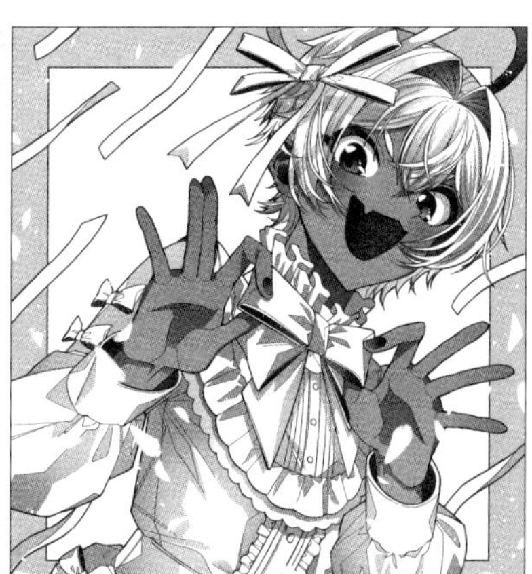

高知県・柴イヌ

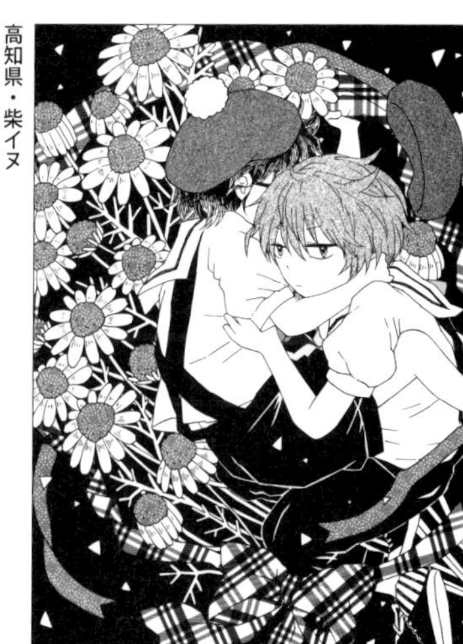

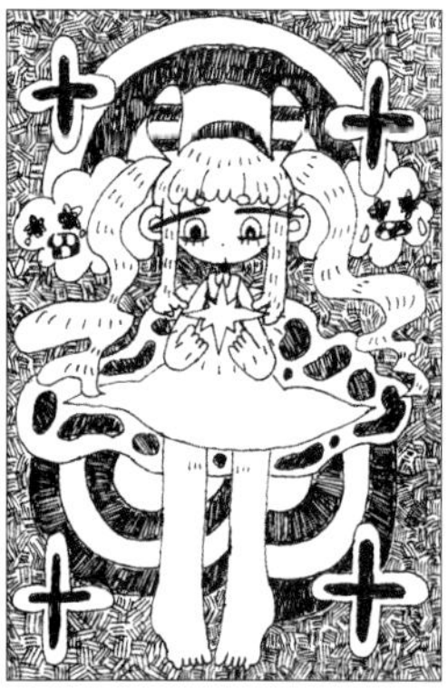
愛知県・あけだにちほ・29歳

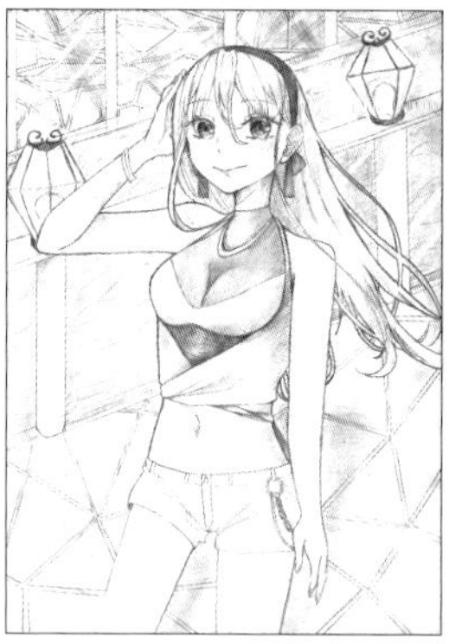
滋賀県・てんぷら・18歳

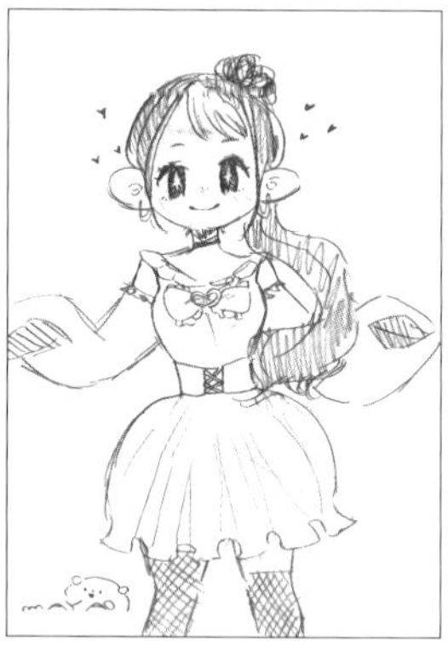
山口県・まや・9歳

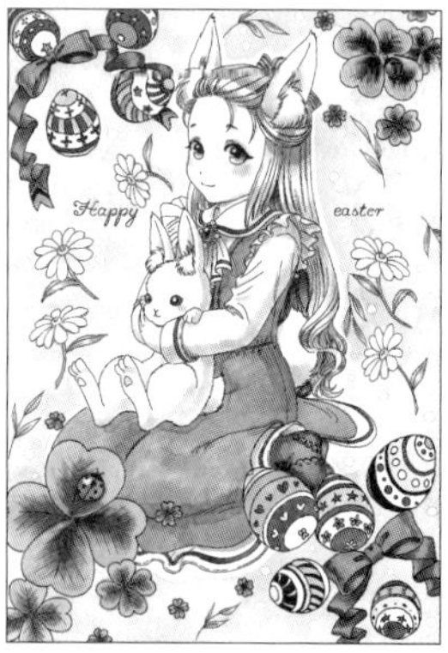

島根県・102gasa7b6

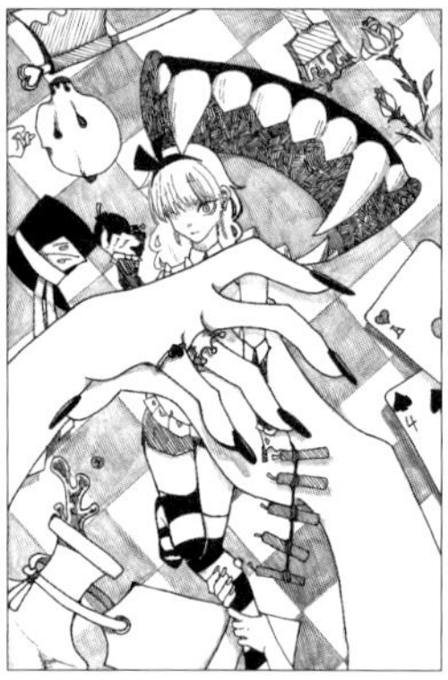
鹿児島県・貪欲幽霊（hitme改め）・15歳

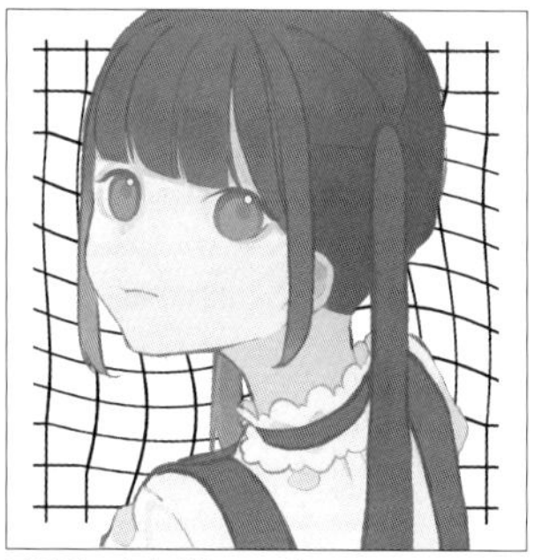
石川県・かさぶた・14歳

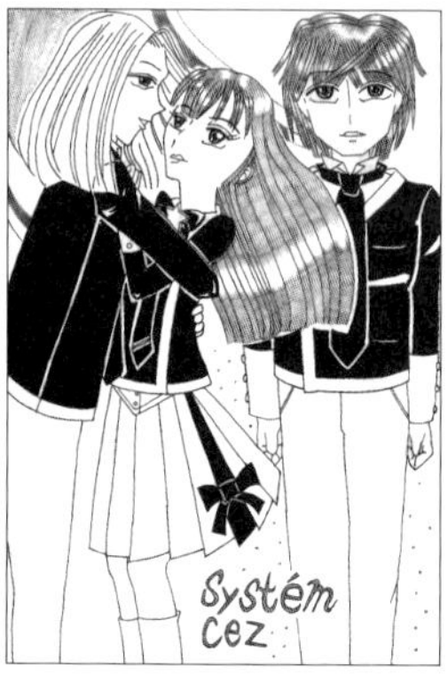

岐阜県・越智早苗

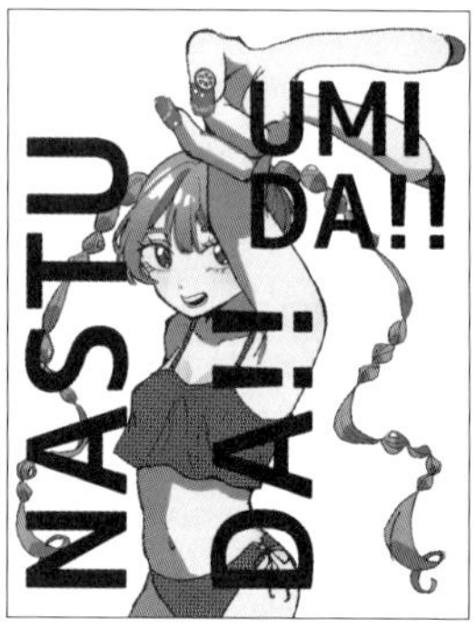

京都府・あはちゃ・18歳

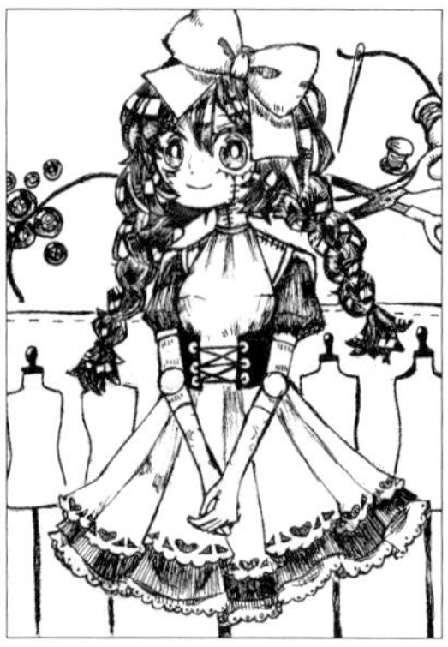
栃木県・オオサキ

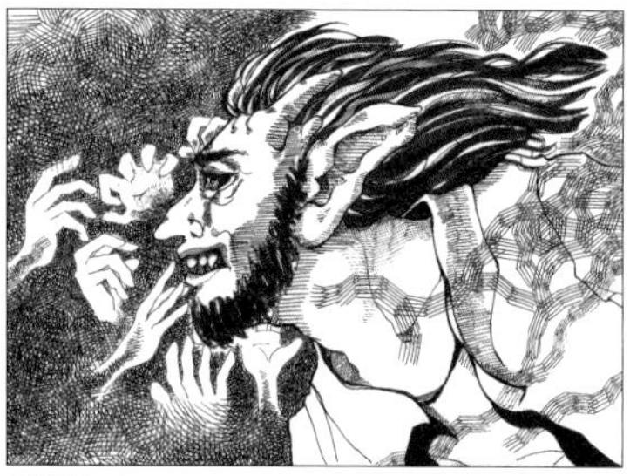
福島県・Azzurro.

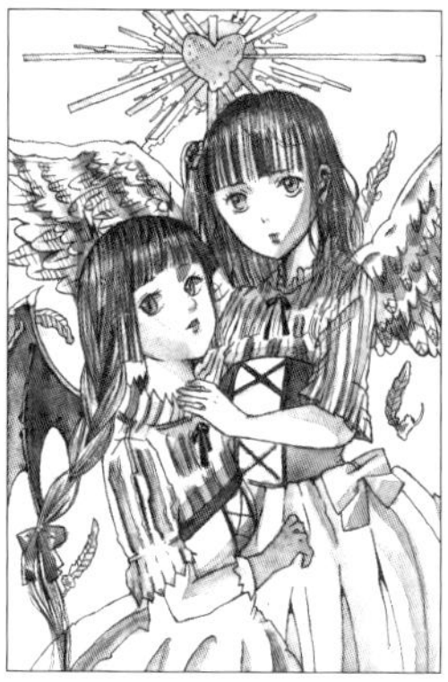
福岡県・まがり竹

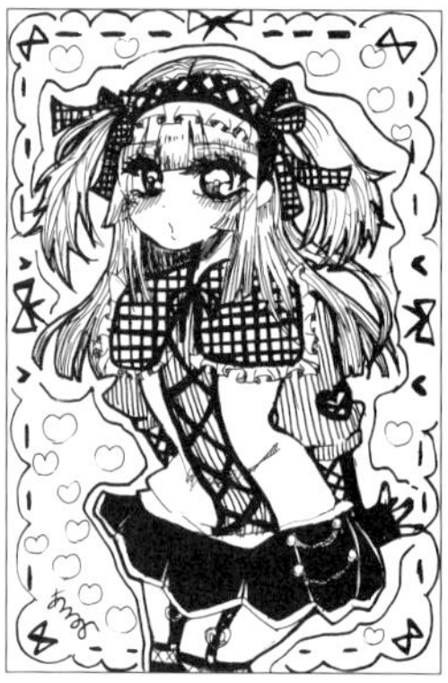
大分県・或華・27歳

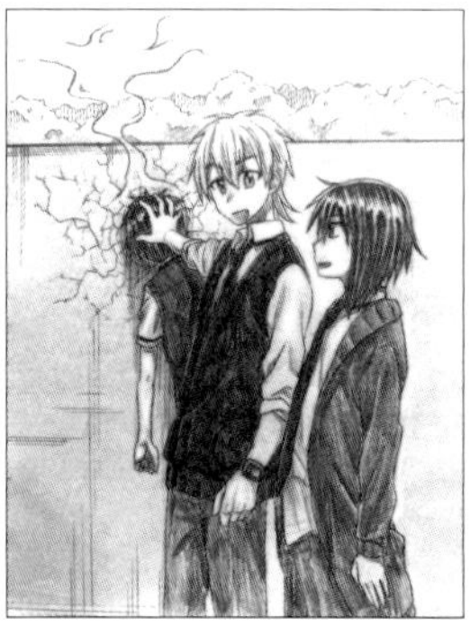
埼玉県・セコイ也

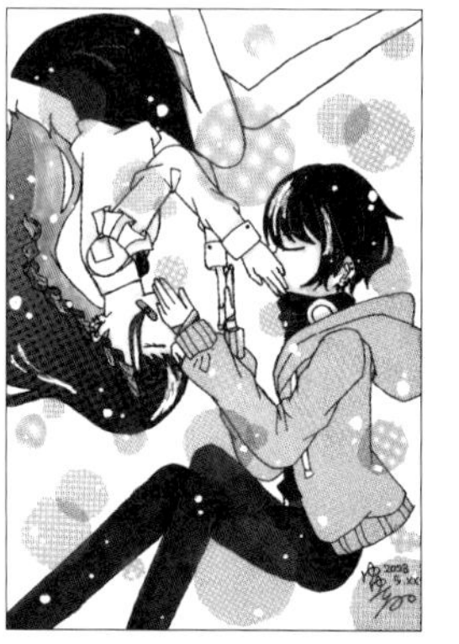
静岡県・ゆゆてる。

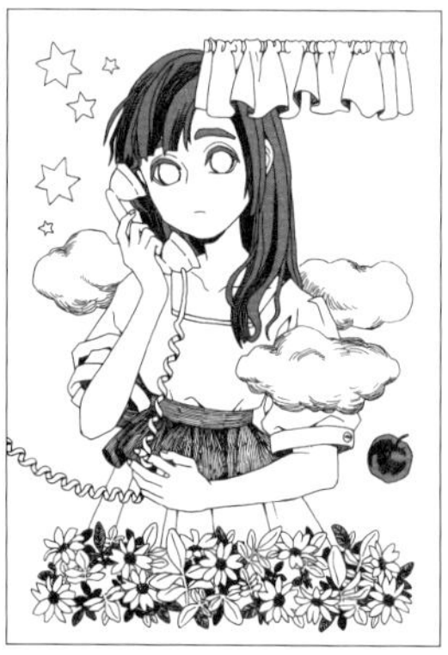
三重県・森野もりの

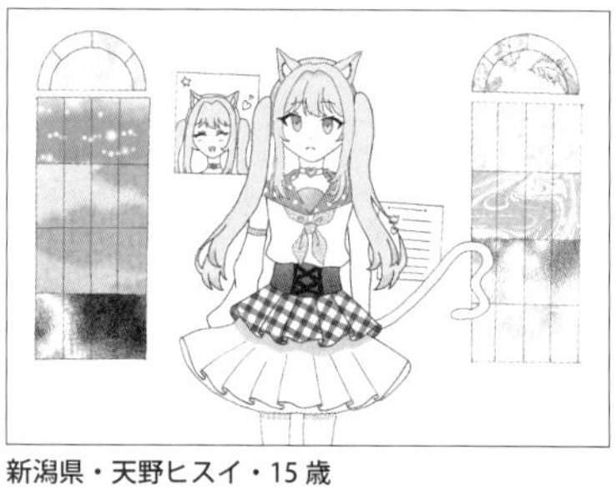
新潟県・天野ヒスイ・15歳

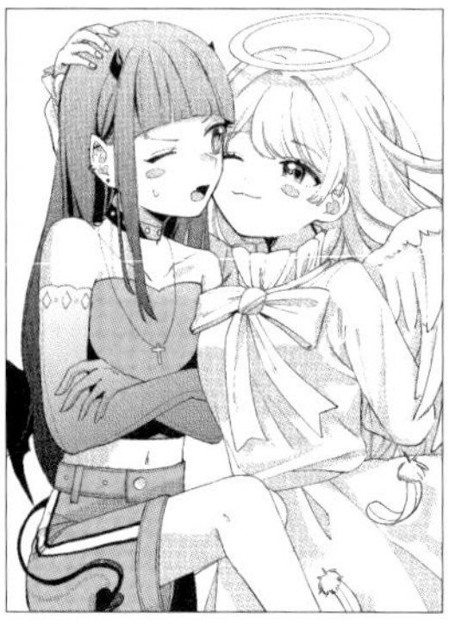
千葉県・なたね

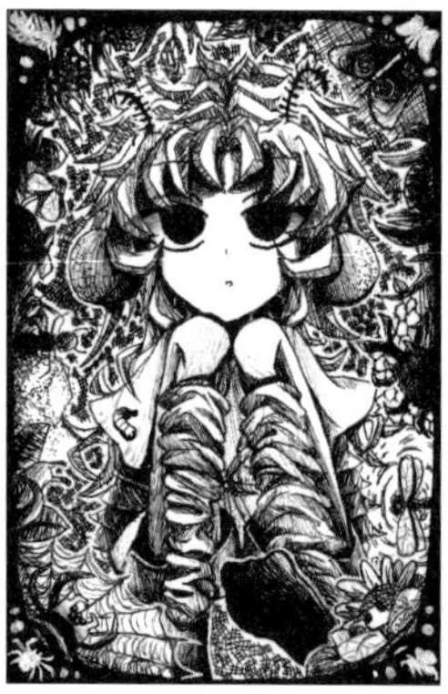
鹿児島県・ごまたに

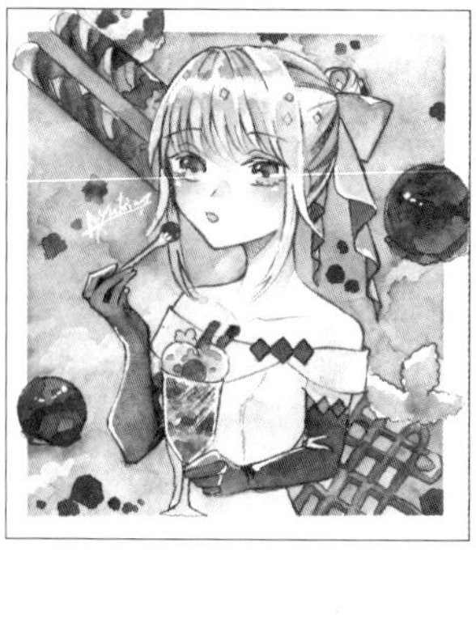
千葉県・天宮雪見

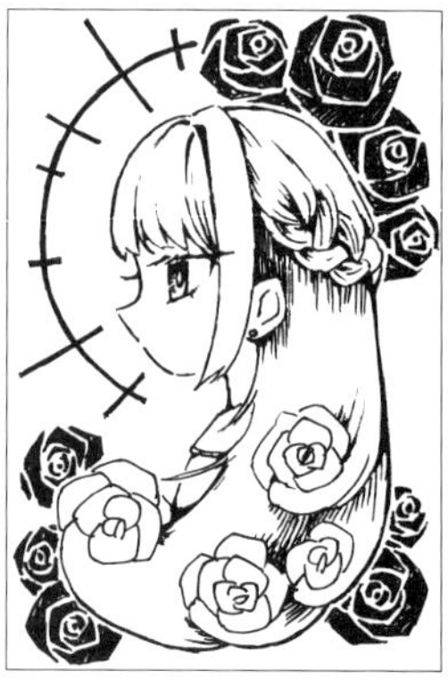
東京都・塩さば

新潟県・ひなた・17歳

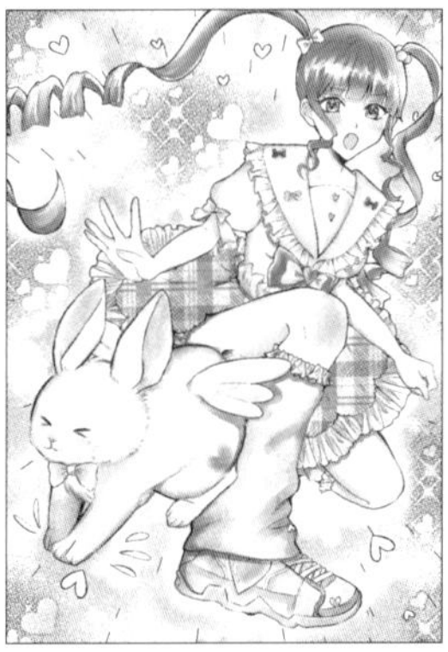

大阪府・融月りる

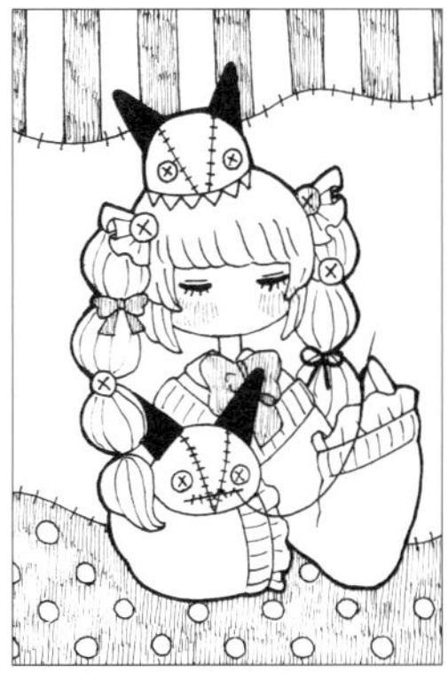

新潟県・ぱもち

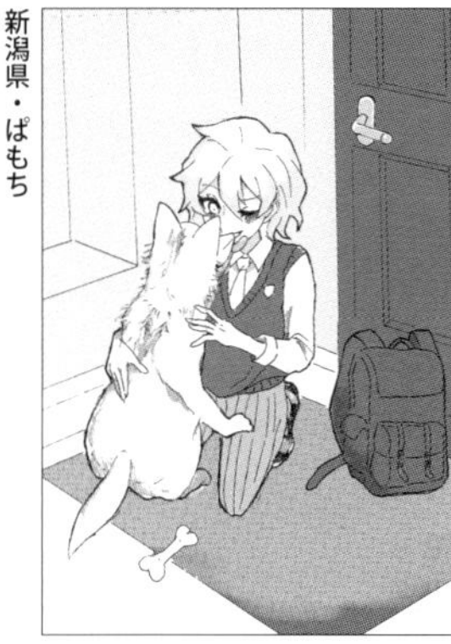

東京都・品一そとと

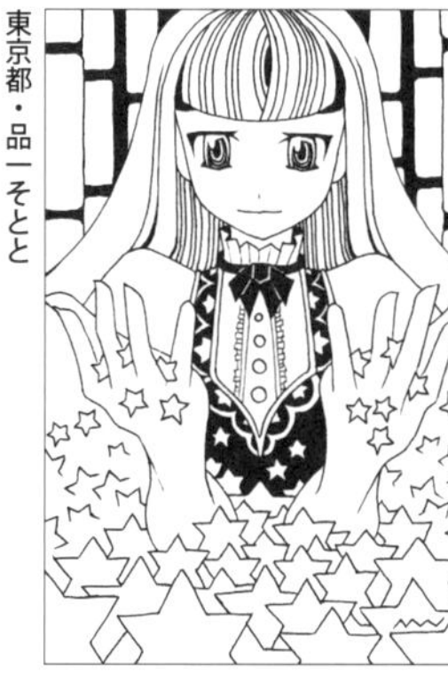

長崎県・ー□○▲

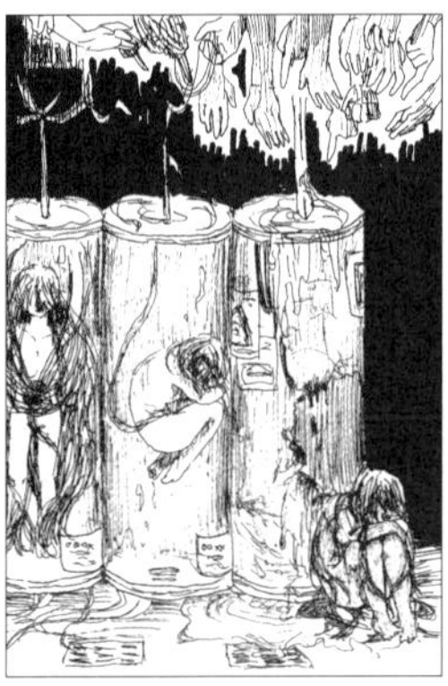

愛知県・華

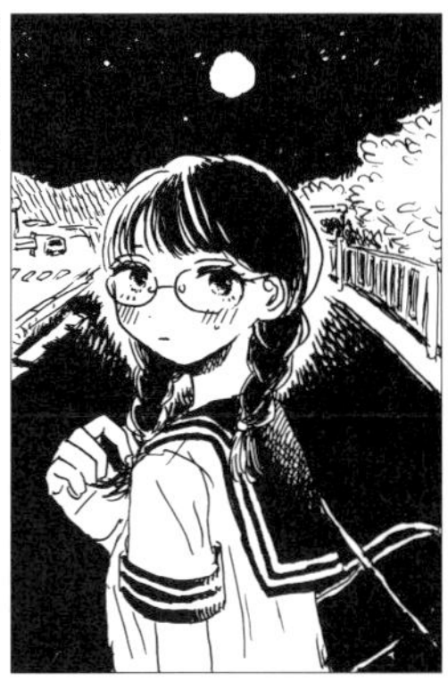

神奈川県・沙姫

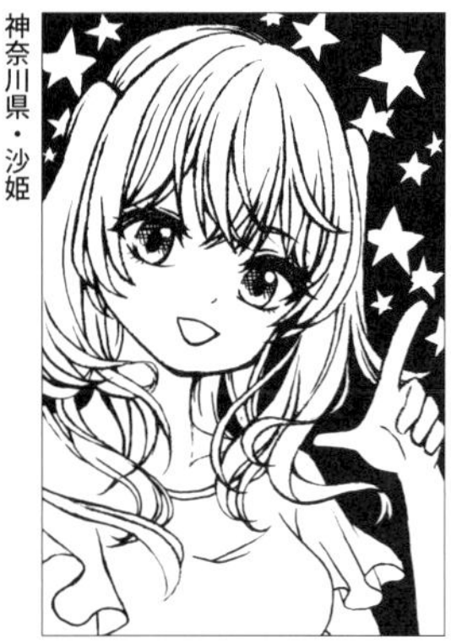

新潟県・ふうか

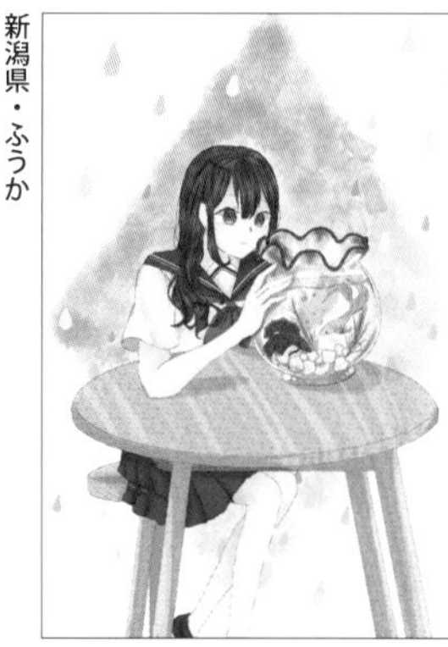

新潟県・ラクらっくん

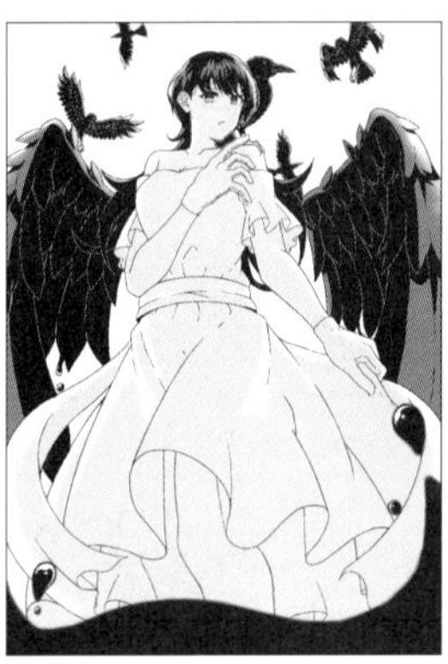

埼玉県・うねぎ

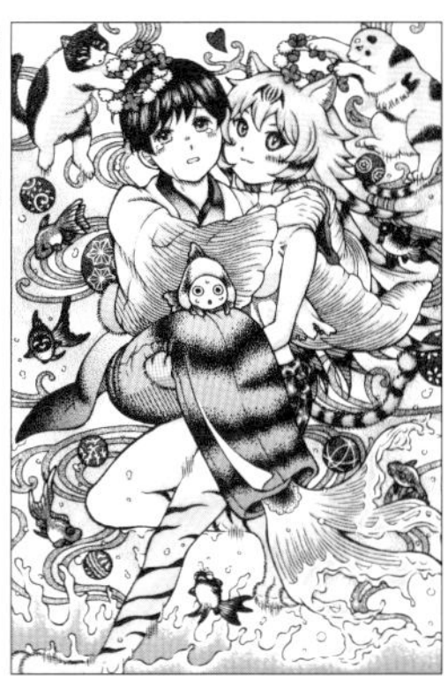

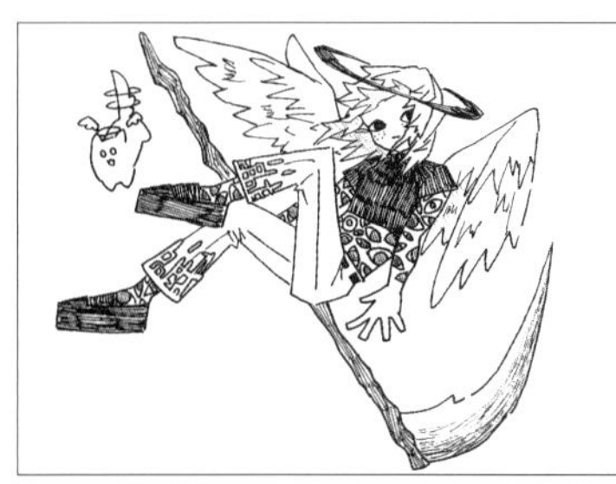

富山県・びっと缶

長崎県・橘らのま

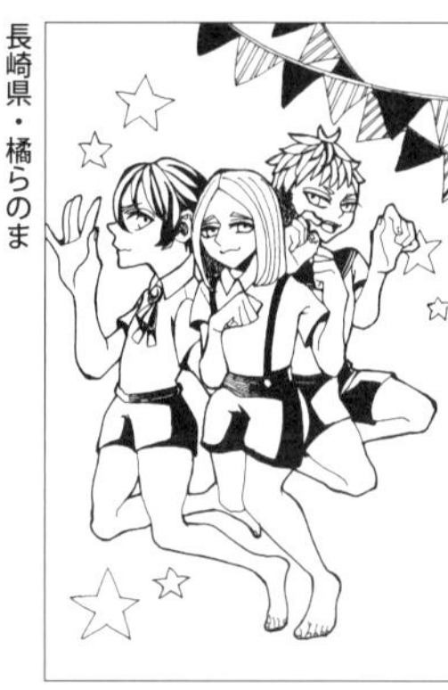

岩手県・花灯こはく

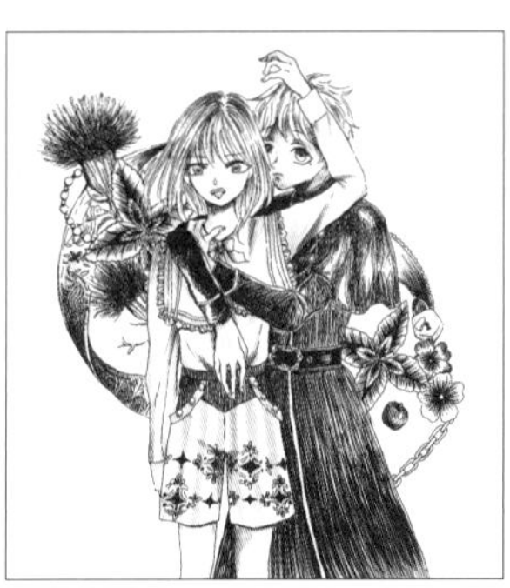

千葉県・橘世海

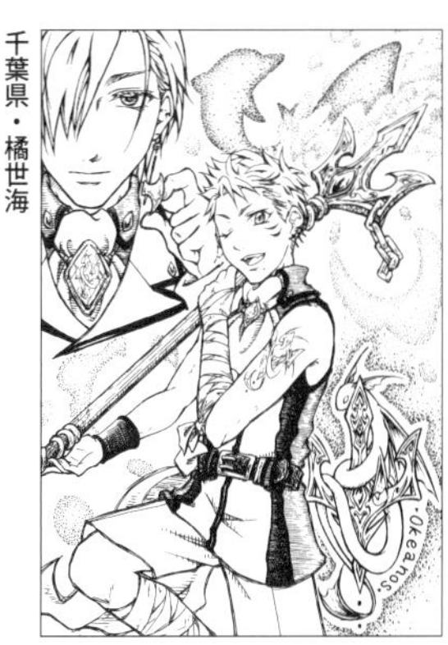

東京都・さけ

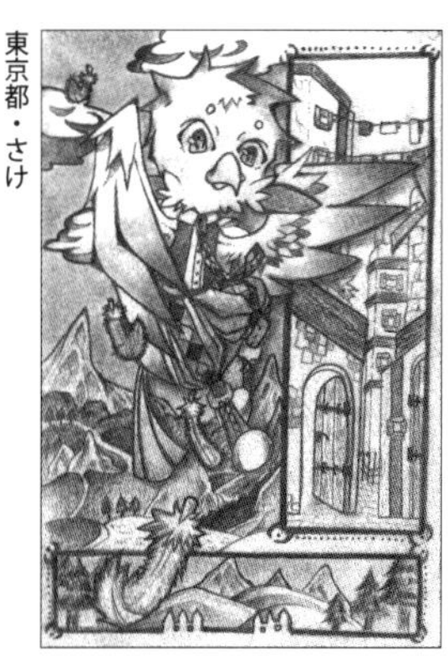

埼玉県・雨月聖夜

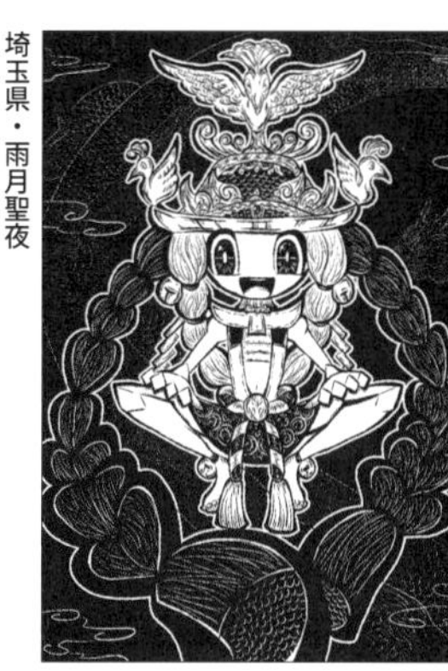

埼玉県・皆見成海

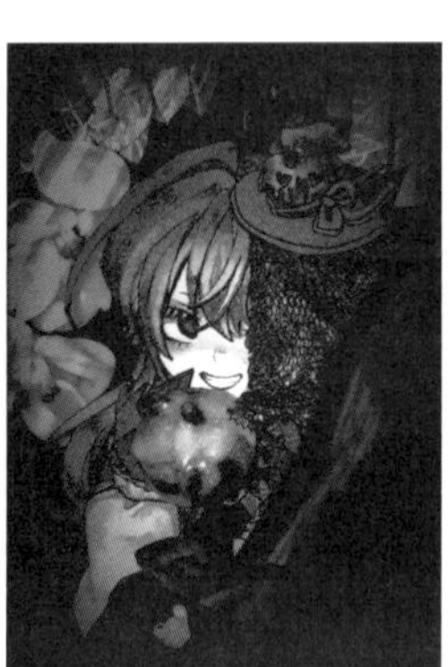

茨城県・練乳。

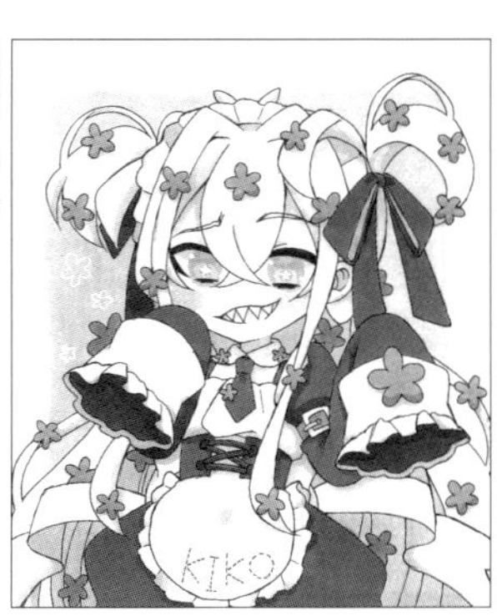

埼玉県・風見☆鶏・66歳

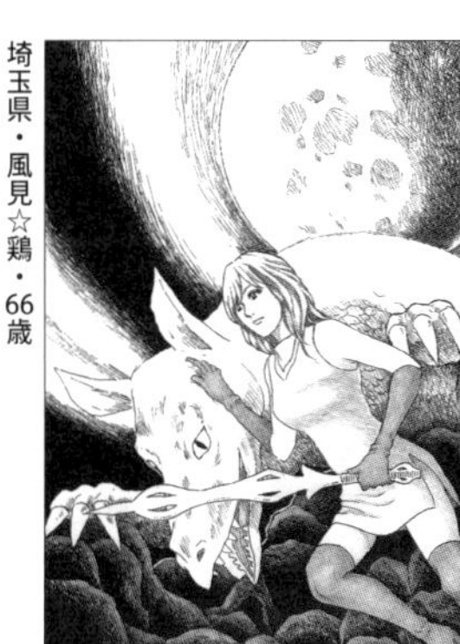

宮城県・まめもひ

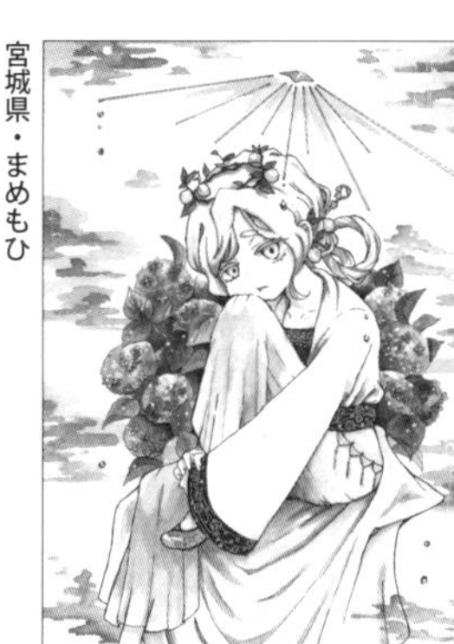

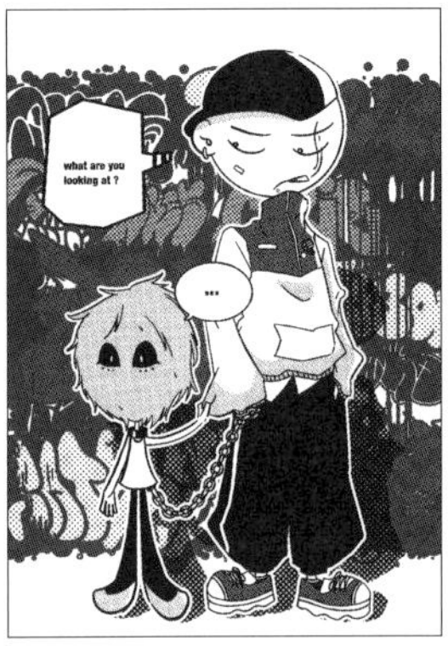

新潟県・空しょ

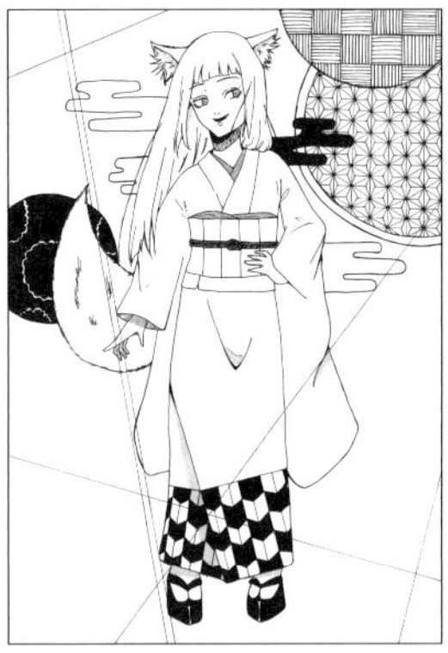

新潟県・ほのか

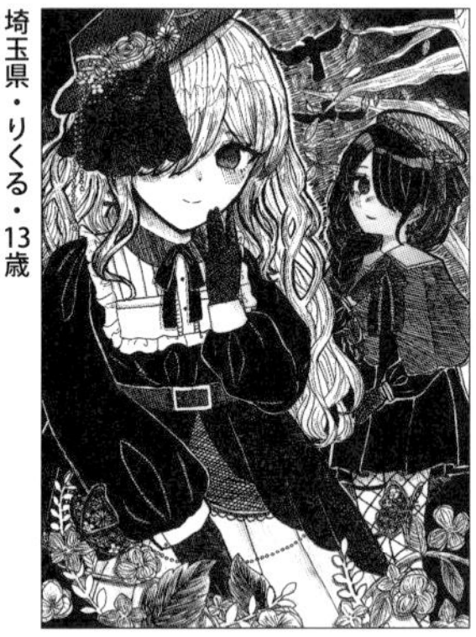

埼玉県・りくる・13歳

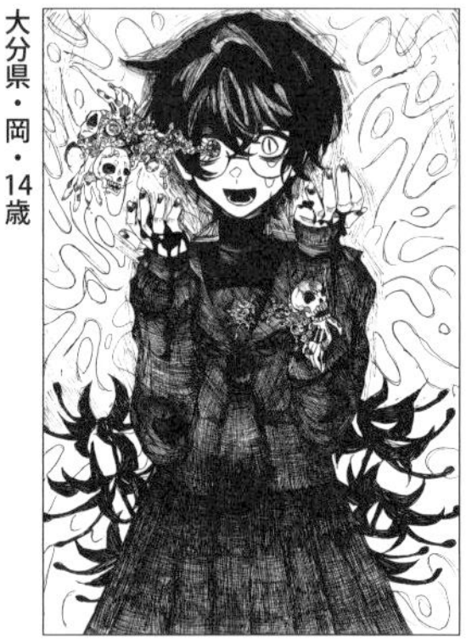

大分県・岡・14歳

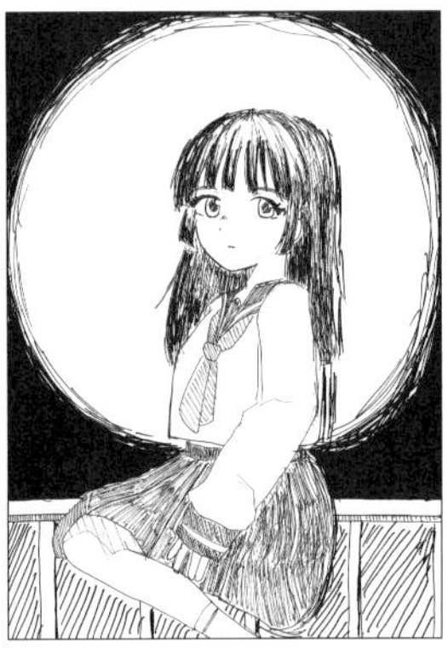

青森県・奏あや・14歳

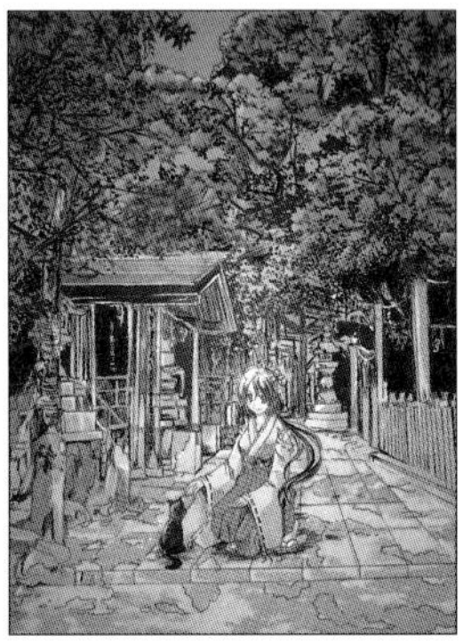

大阪府・神奈未来

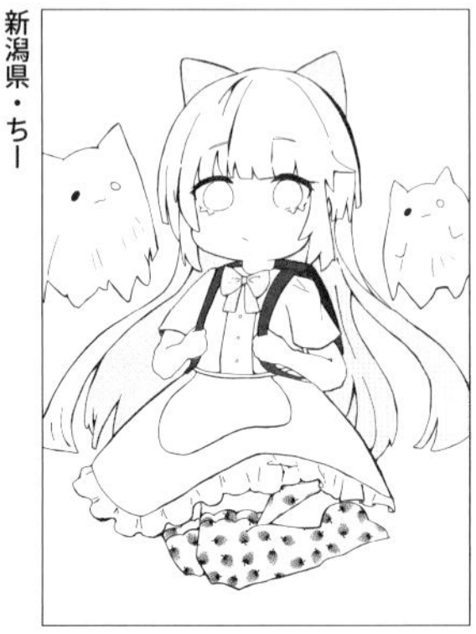

新潟県・ちー

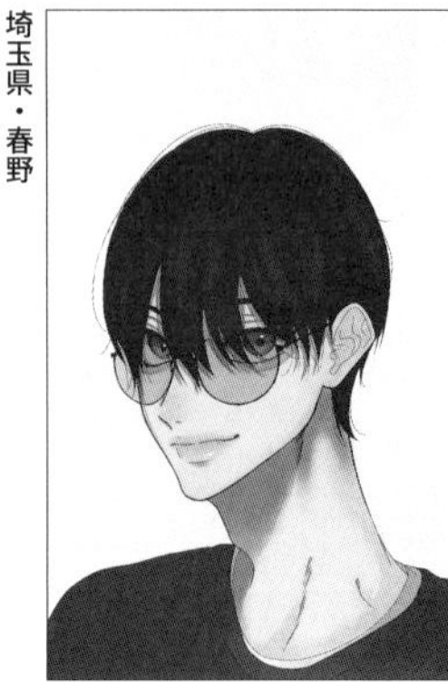

埼玉県・春野

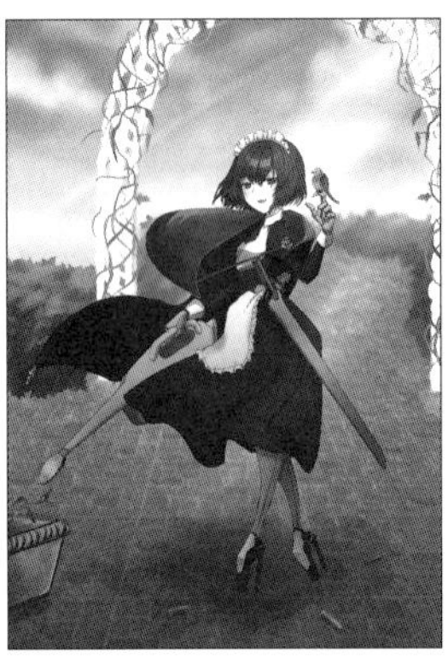

神奈川県・石垣

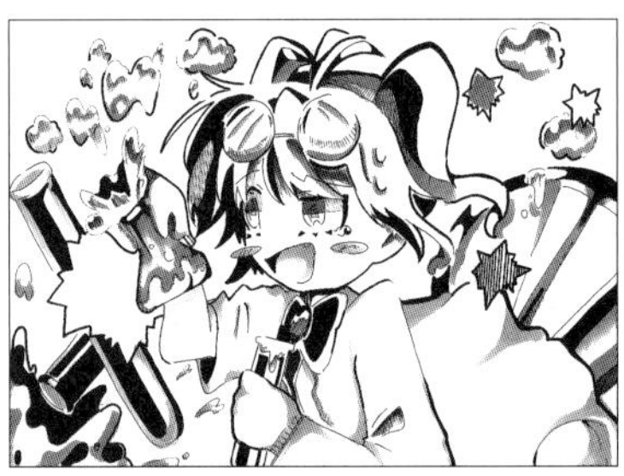

神奈川県・キカいオん・16歳

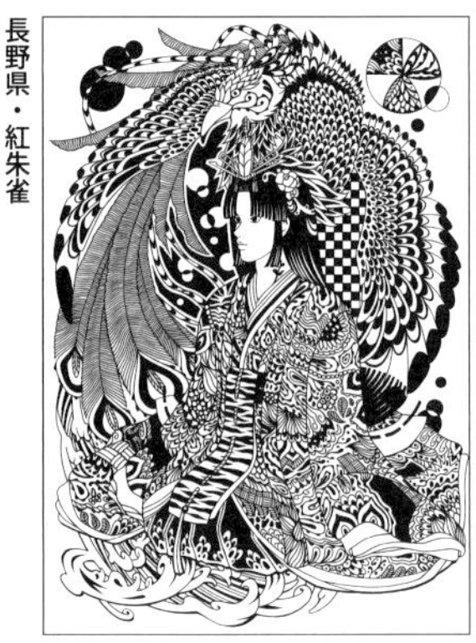

長野県・紅朱雀

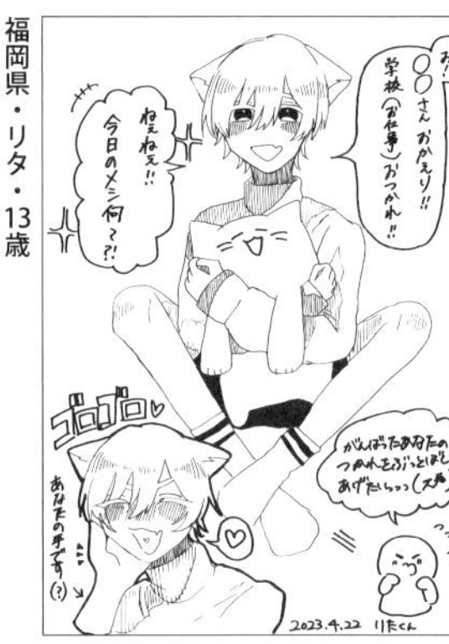

福岡県・リタ・13歳

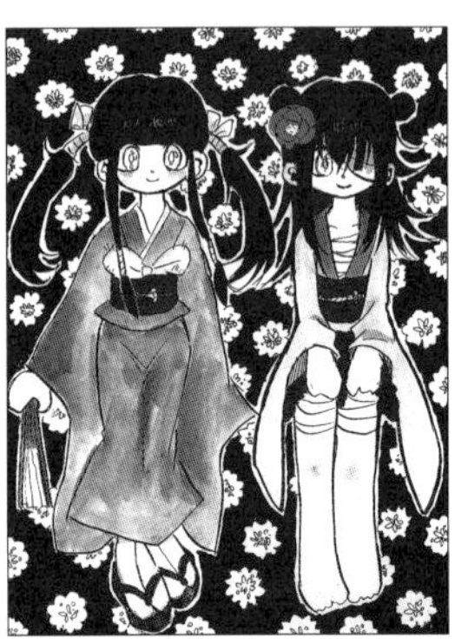

岡山県・おでん・16歳

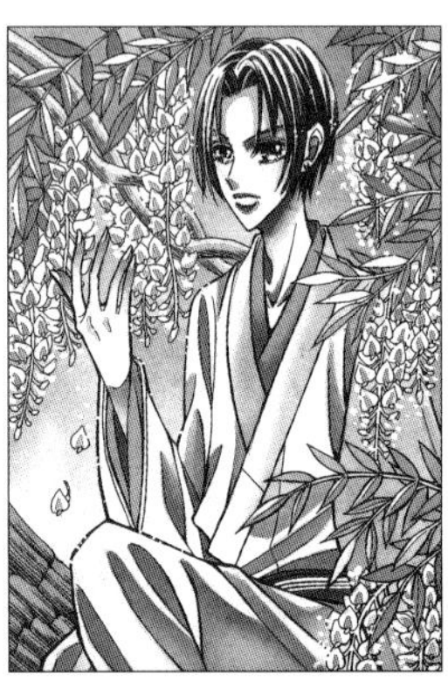

静岡県・紗雪

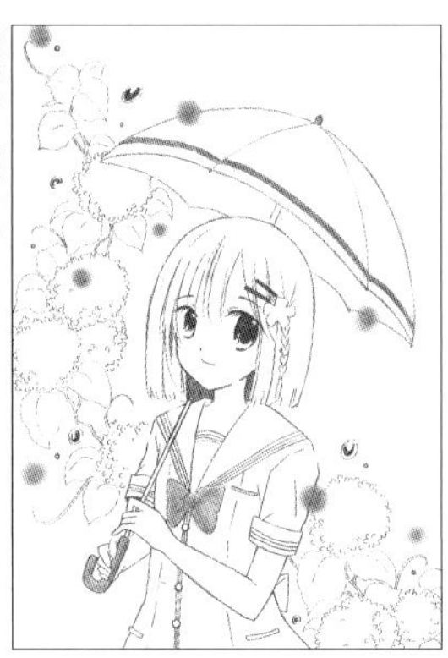

茨城県・あおいみう

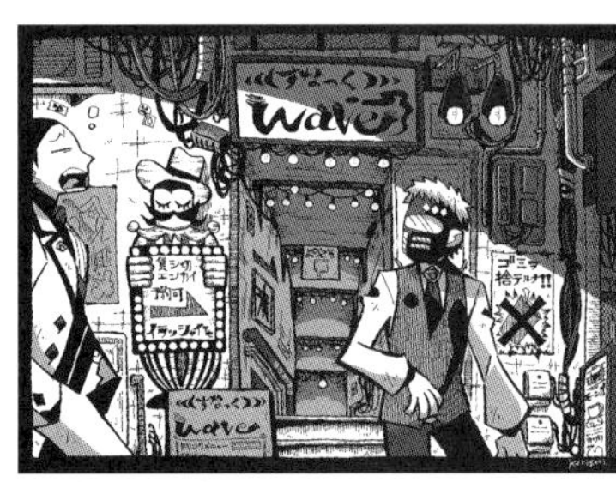

東京都・かりがり

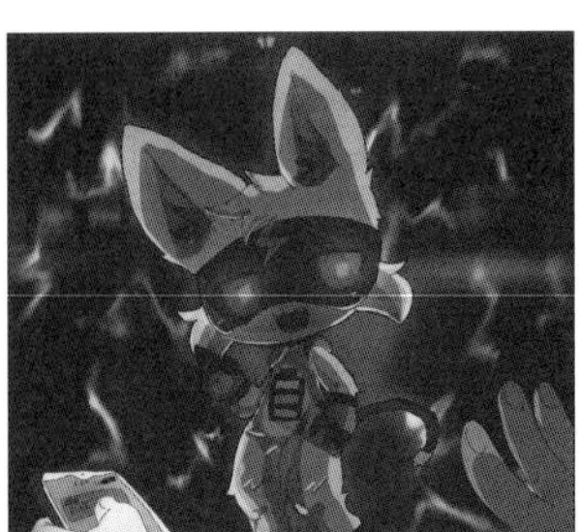

福岡県・とぉくりえいた

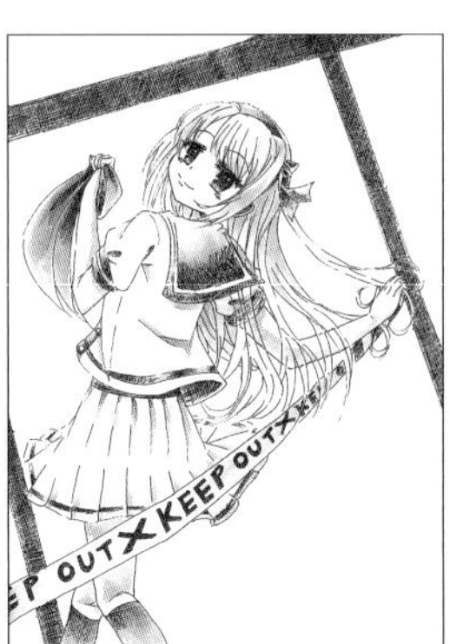

広島県・榛原祐香

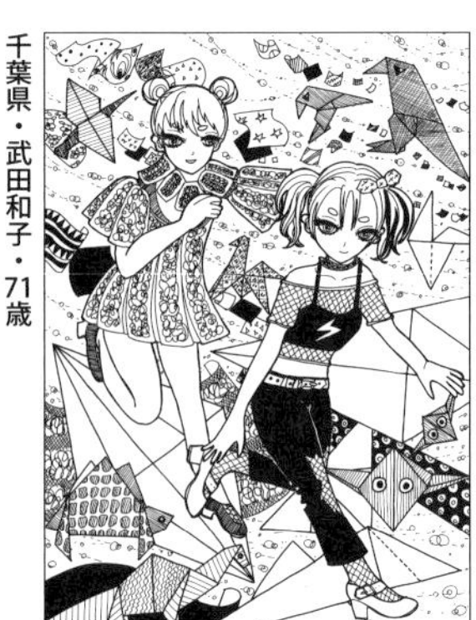

千葉県・武田和子・71歳

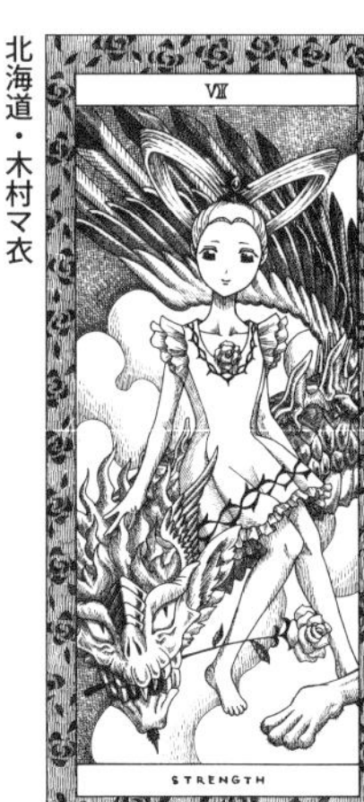

北海道・木村マ衣

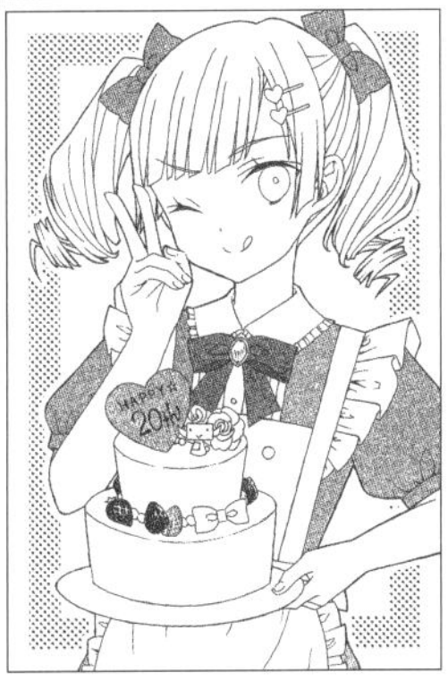
広島県・夜万尋

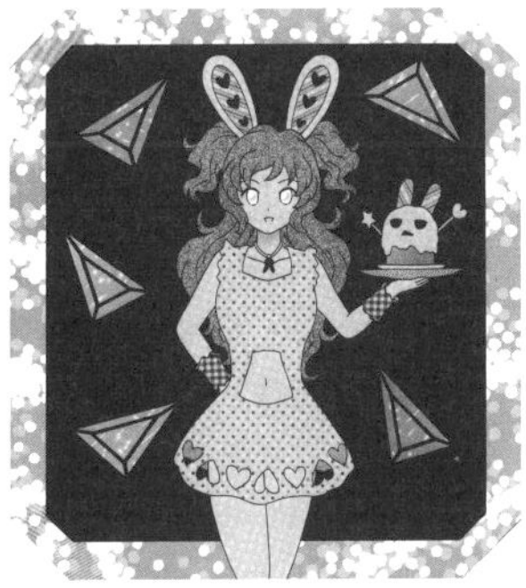
東京都・三田由子

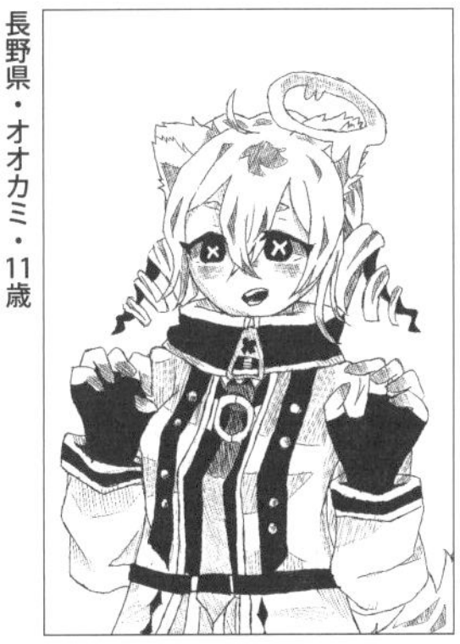
長野県・オオカミ・11歳

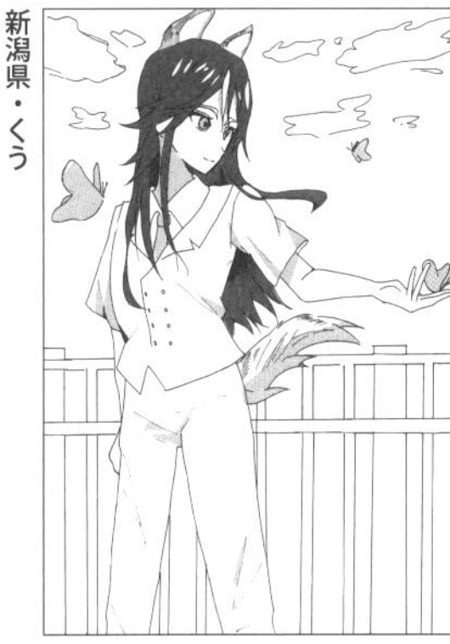
新潟県・くう

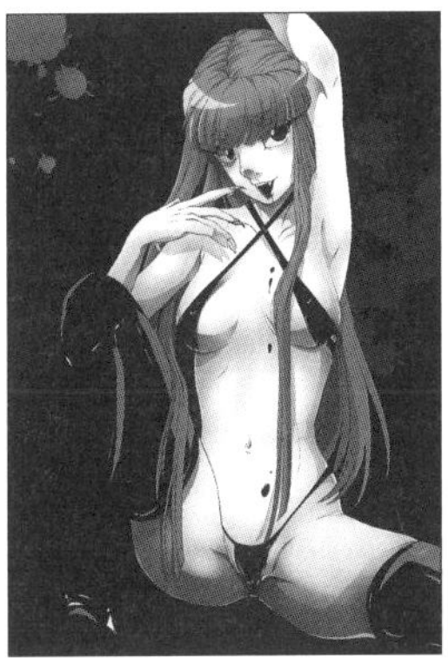
大阪府・まゆすけ・30歳

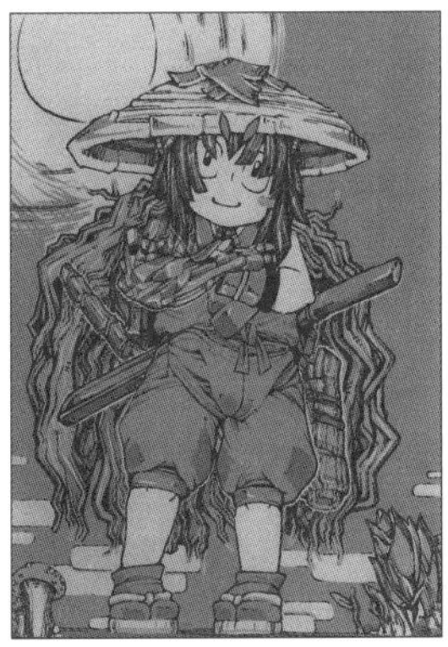
神奈川県・青雀

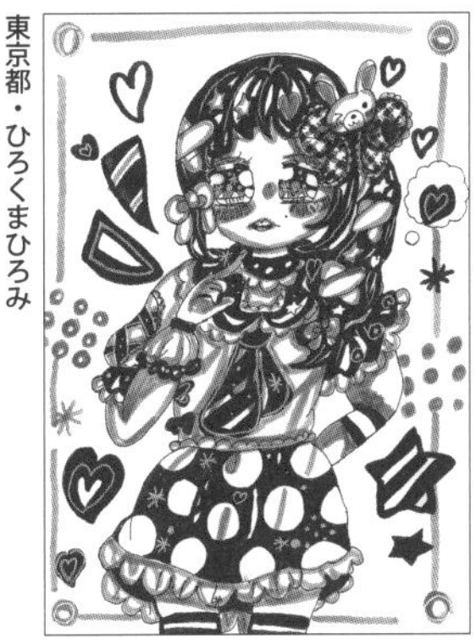
東京都・ひろくまひろみ

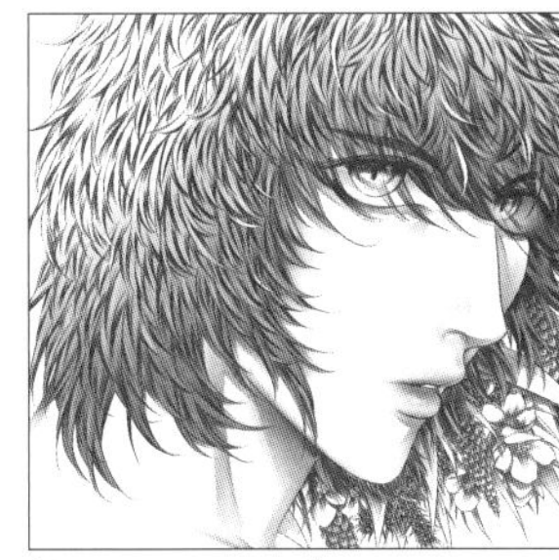
福岡県・touka・25歳

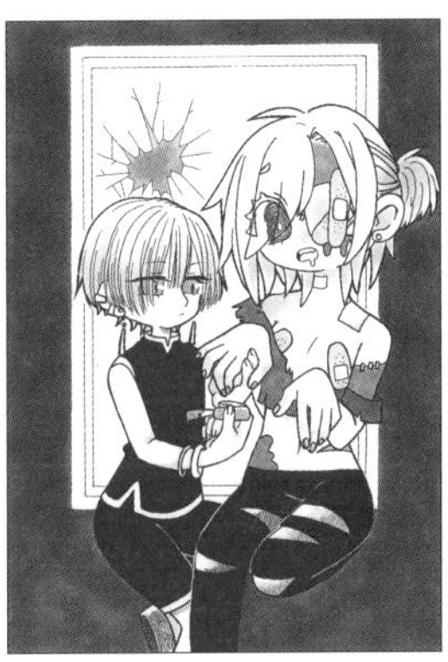
愛媛県・なご。

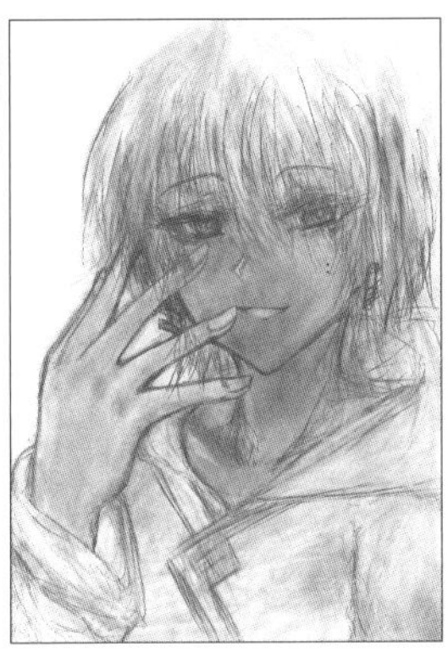
新潟県・色

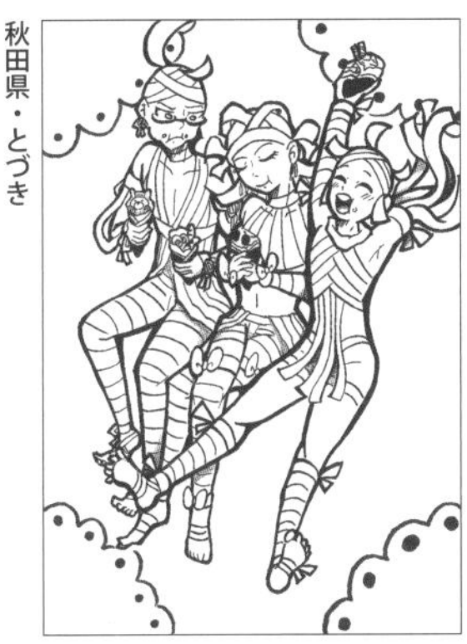
秋田県・とづき

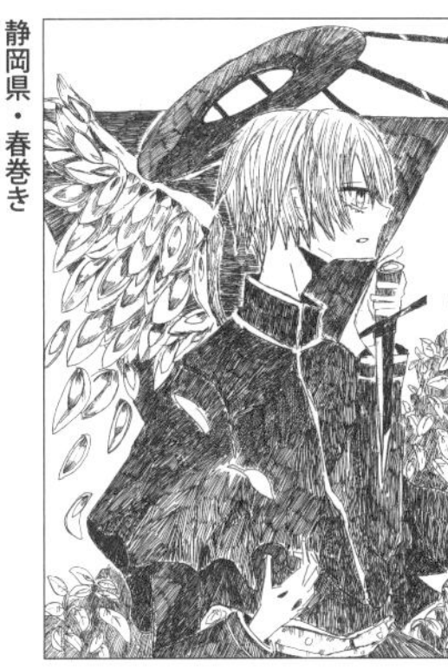
静岡県・春巻き

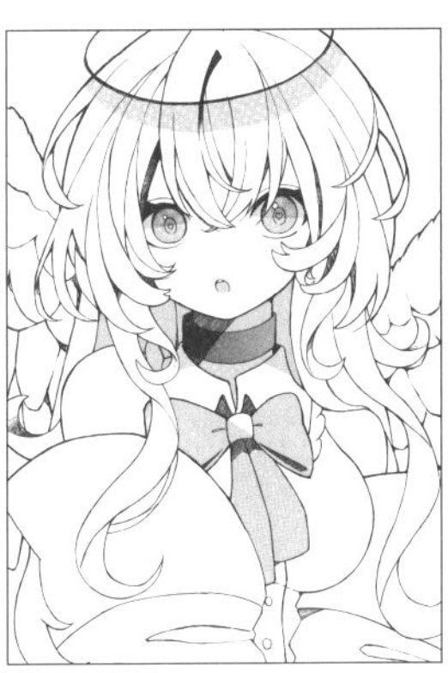
福岡県・和ノ飴・18歳

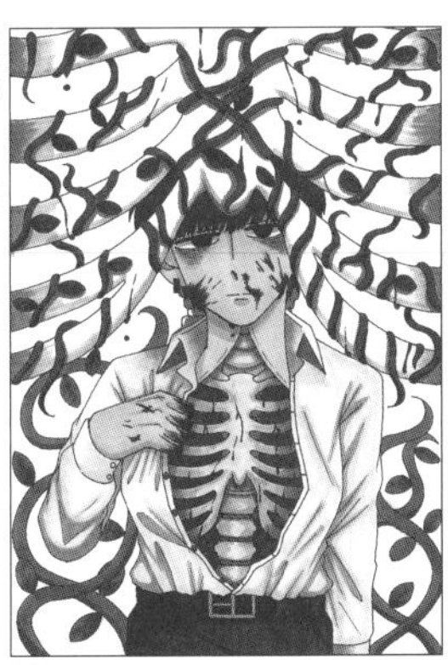
大阪府・うちや

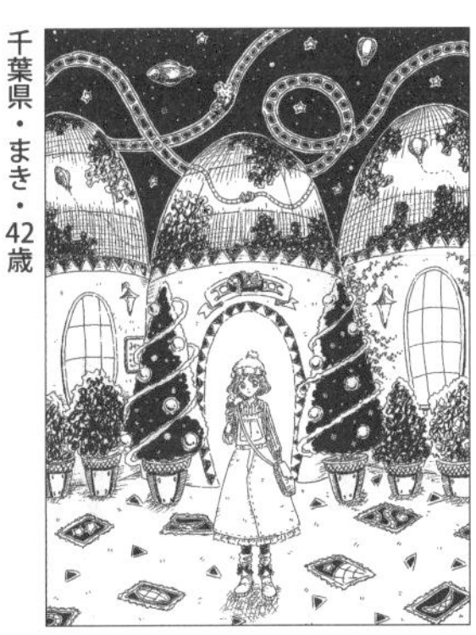
千葉県・まき・42歳

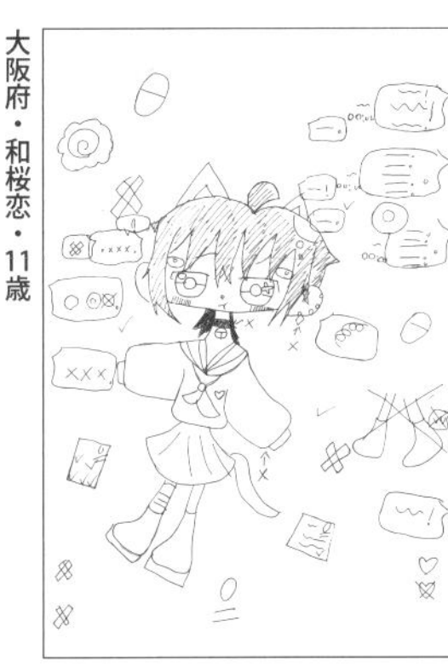
大阪府・和桜恋・11歳

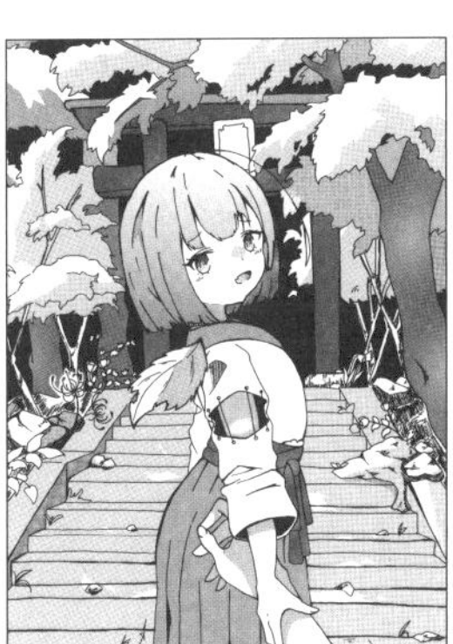
福岡県・こる

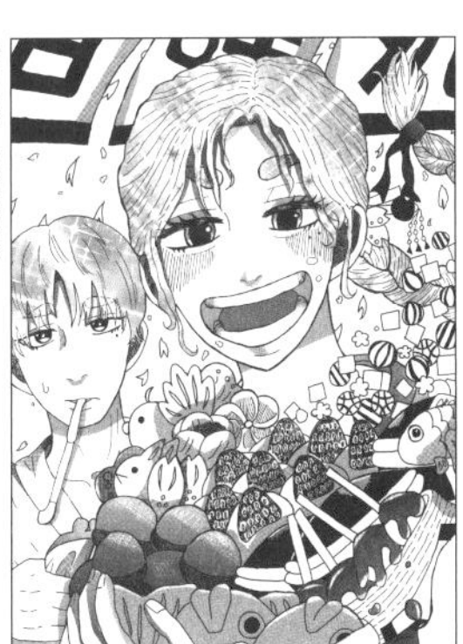
福岡県・宮城夏恋

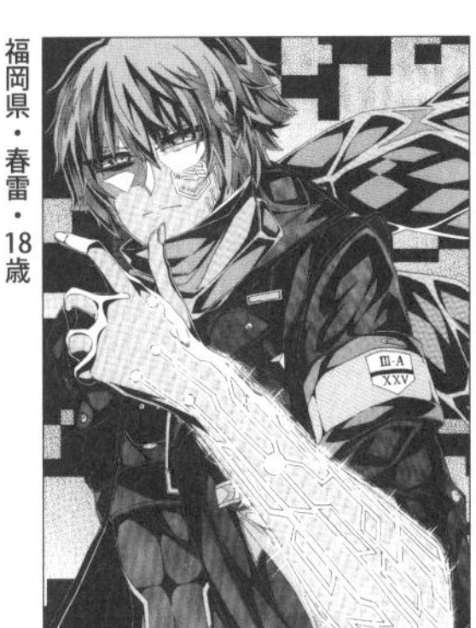
福岡県・春雷・18歳

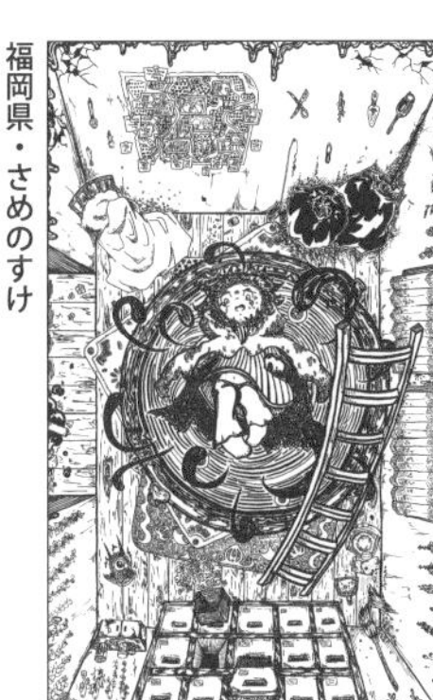
福岡県・さめのすけ

SEA S SELECT

「王子さま・お姫さま」

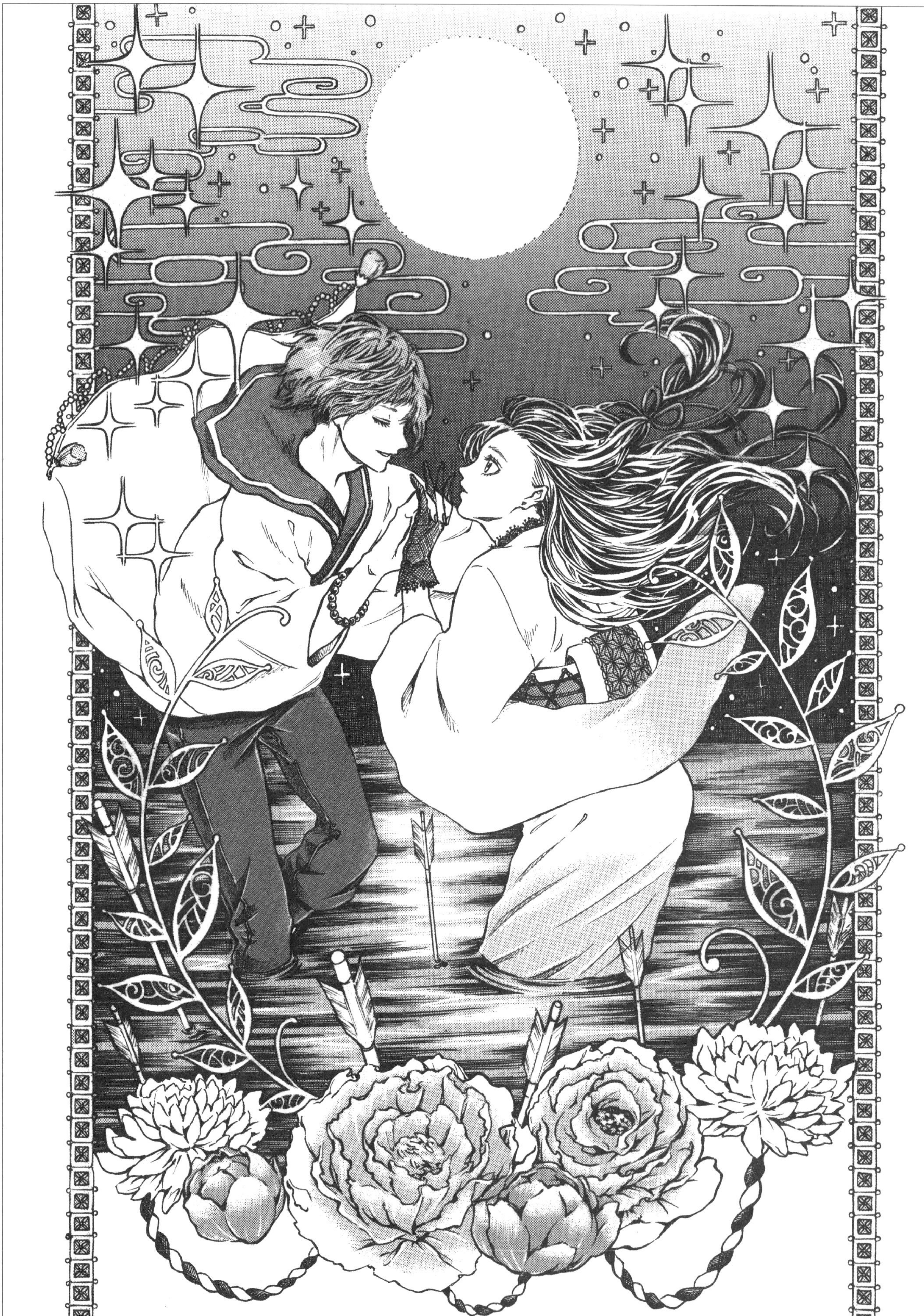

埼玉県・参崎シュリ【シグノ・コピックマルチライナー・スクリーントーン・ケント紙】

三重県・宇ノ沢茂【アイシー漫画原稿用紙・つけペン・CLIP STUDIO PAINT】

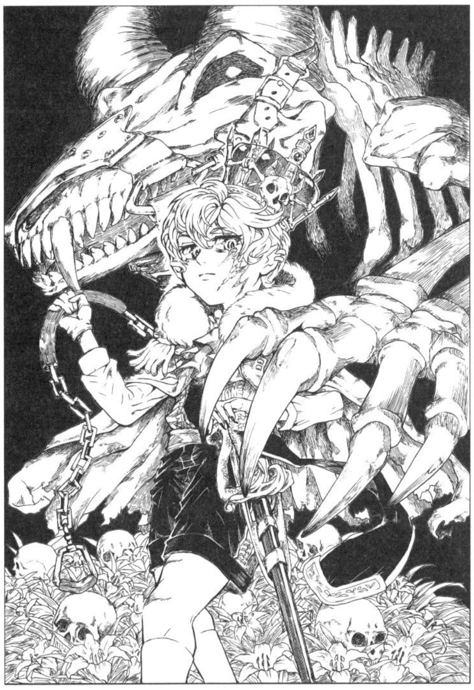

高知県・柴イヌ【コピックマルチライナー・上質紙・デリータースクリーントーン】

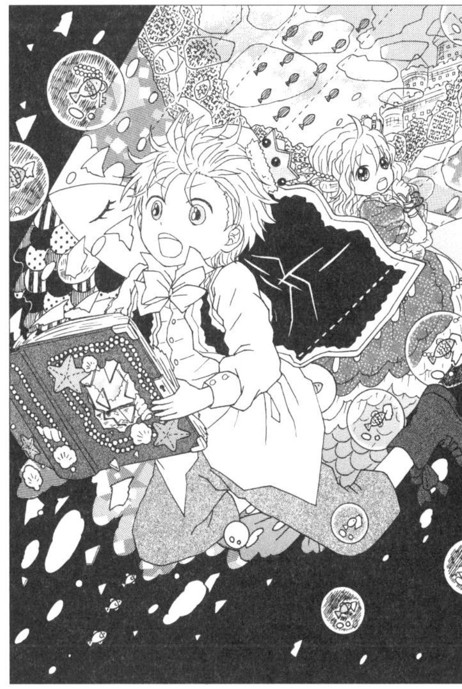

福島県・風波【アイシー漫画原稿用紙・ミリペン・ドクターマーチン（ホワイト）】

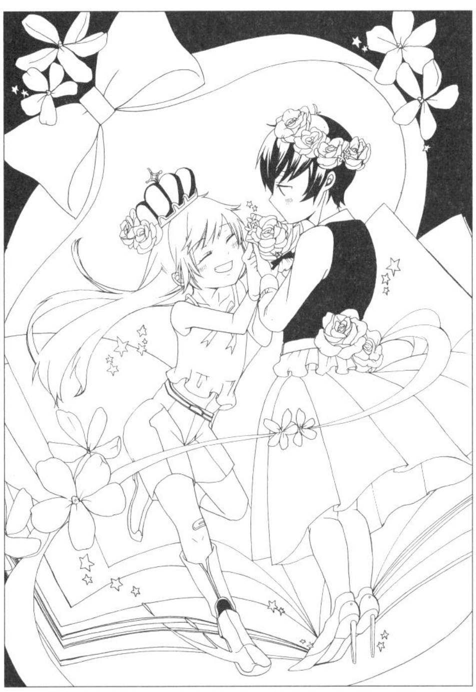

岐阜県・ずめ子【丸ペン・ミリペン・ミューズ漫画原稿用紙】

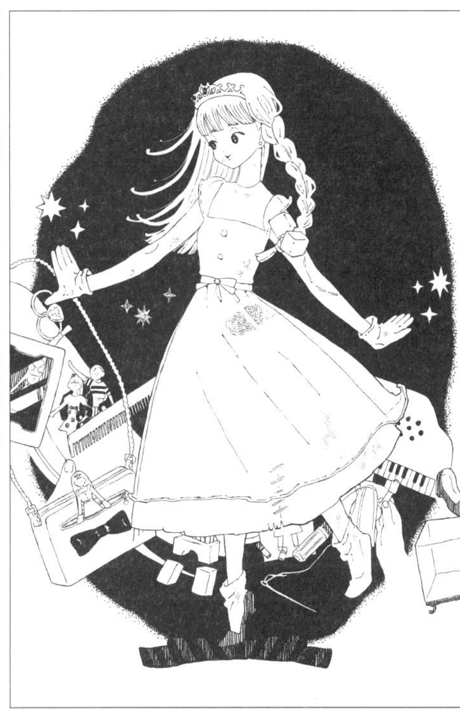

鹿児島県・ハゲヅラ・42歳【シグノ（0.28）・MANGAKA(005)・ブロッキー】

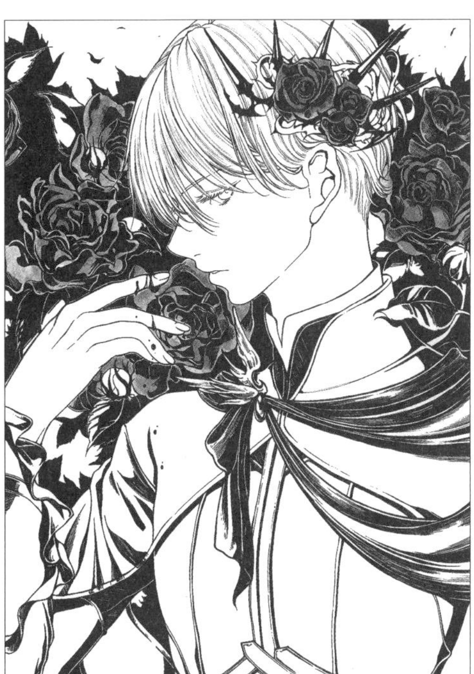

神奈川県・削木・31歳【ケント紙・つけペン・証券用インク・ブロッキー・スクリーントーン・シグノ】

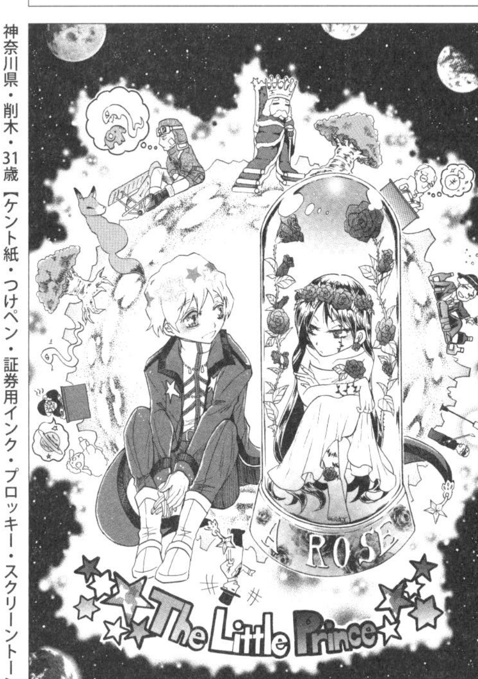

東京都・かりがり

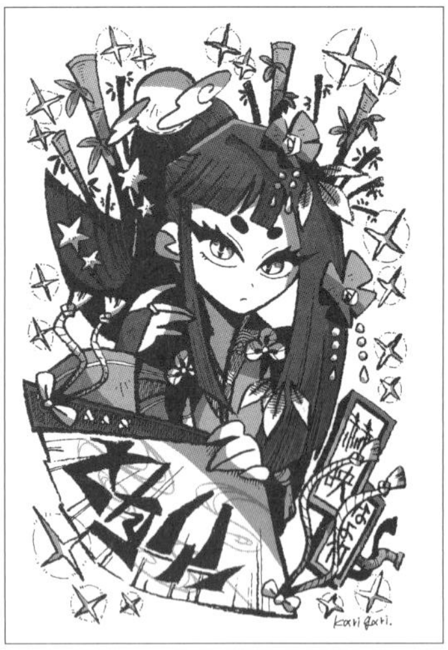

栃木県・MOONSTAR

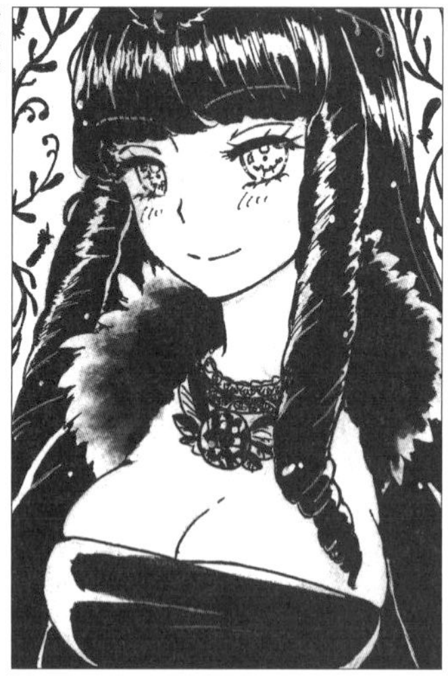

宮城県・Nio

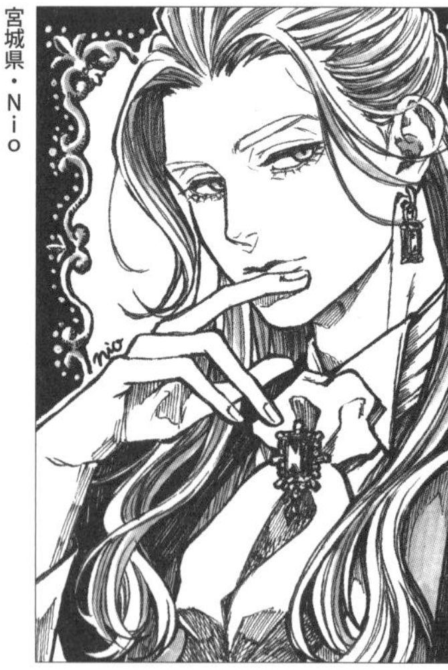

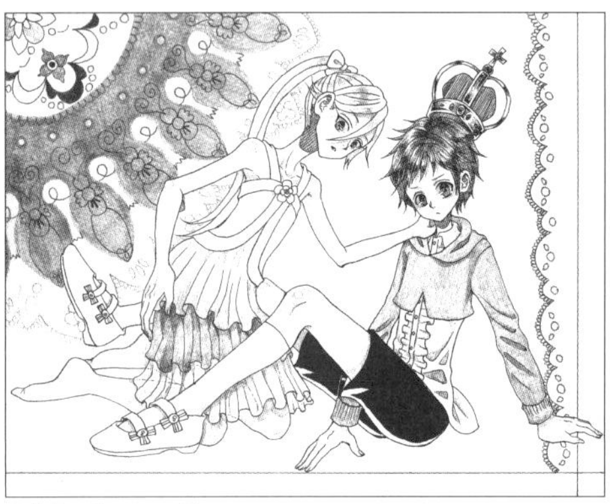

兵庫県・タロ・32歳

青森県・iki

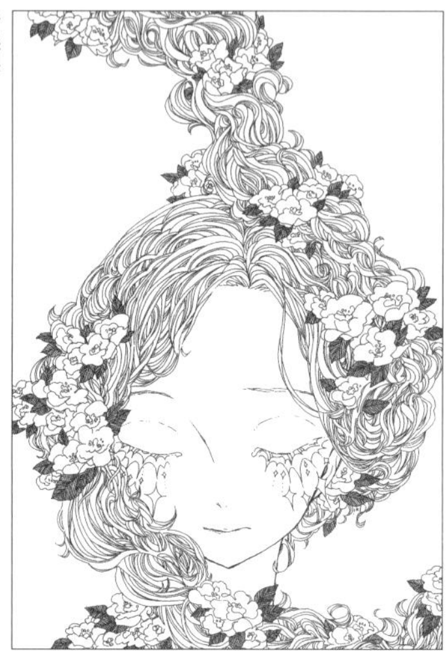

福岡県・まがり竹

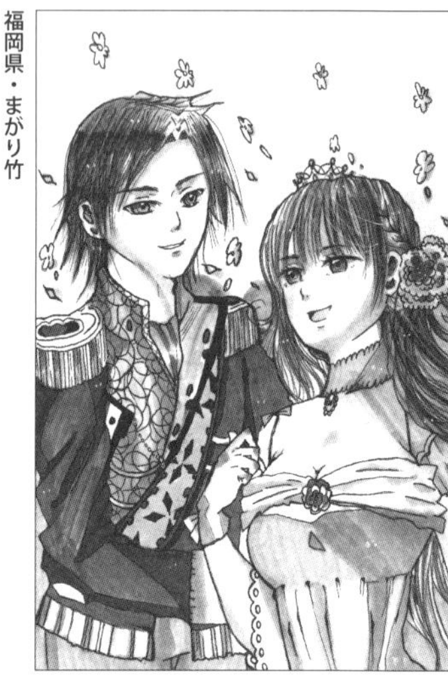

大阪府・ラブバード

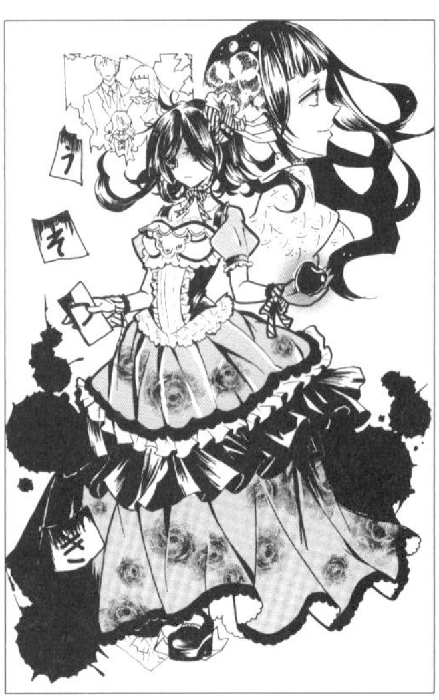

奈良県・春道

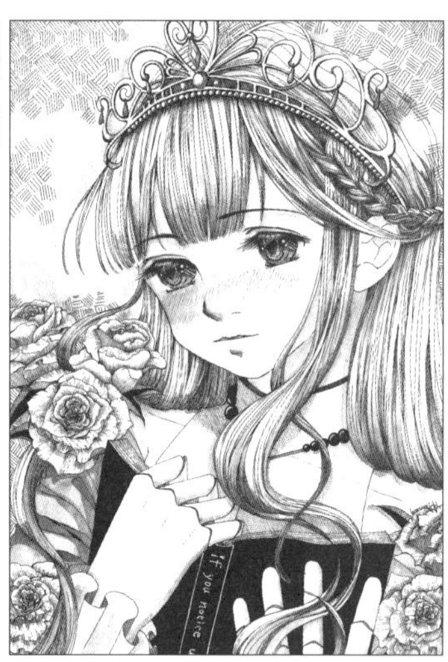

茨城県・練乳。

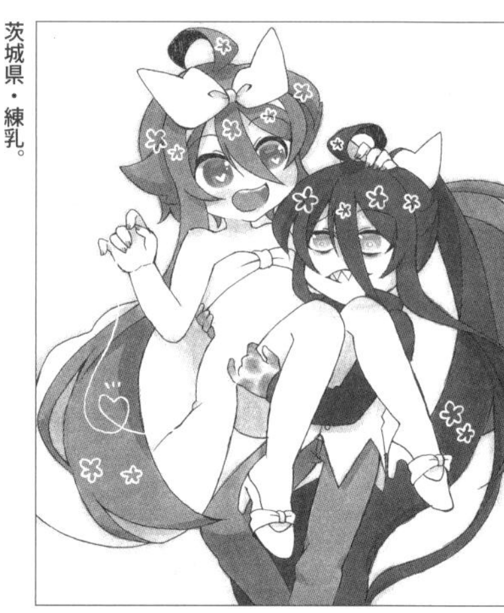

北海道・シズ

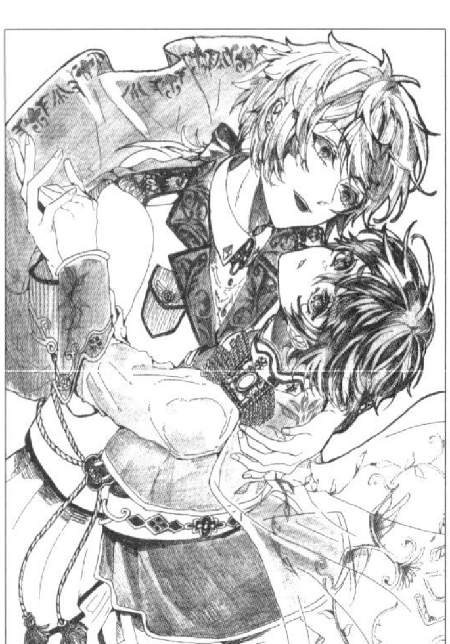

鳥取県・撫学・53歳

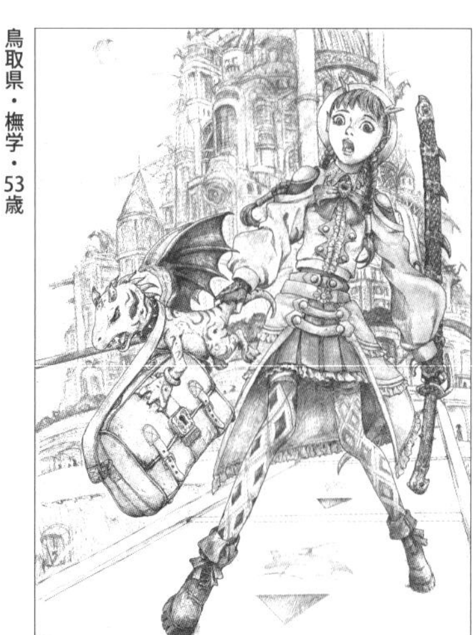

福岡県・梅田

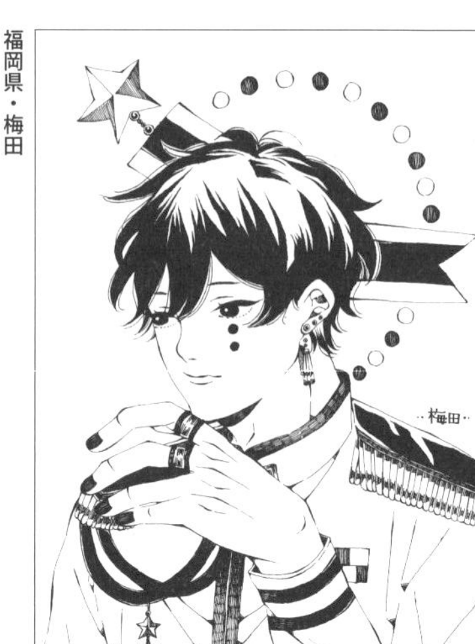

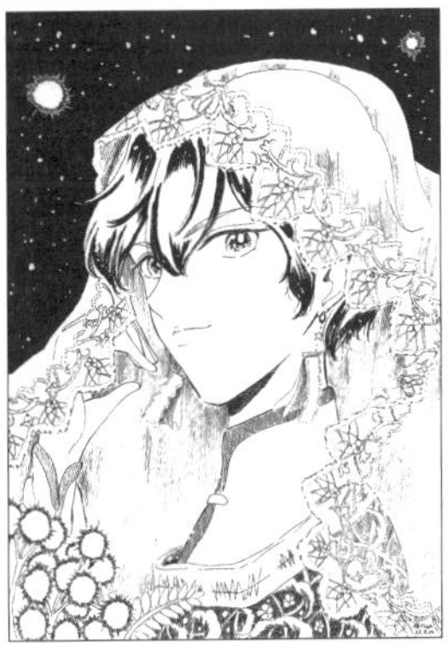
千葉県・伯ミシェル（ミシェル改め）・18歳

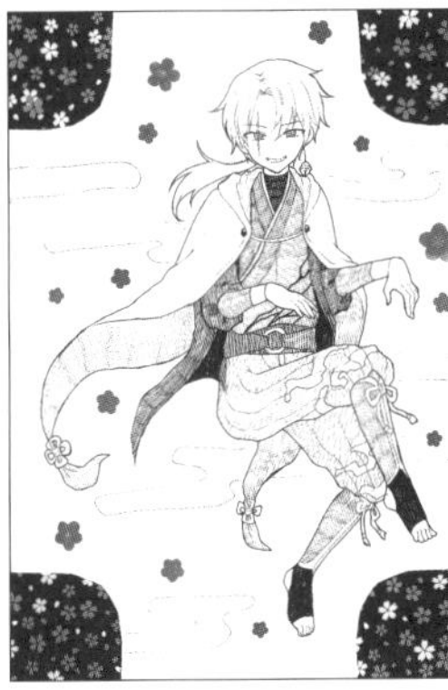
群馬県・RB

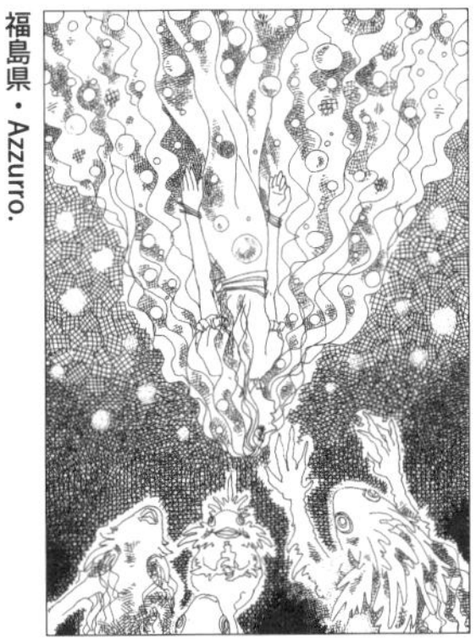
福島県・Azzurro.

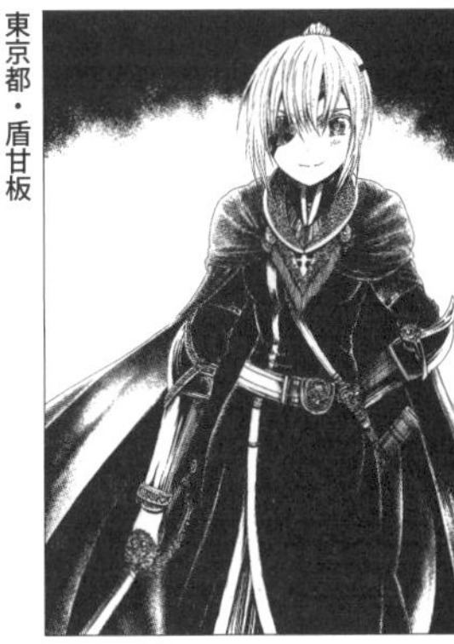
東京都・盾甘坂

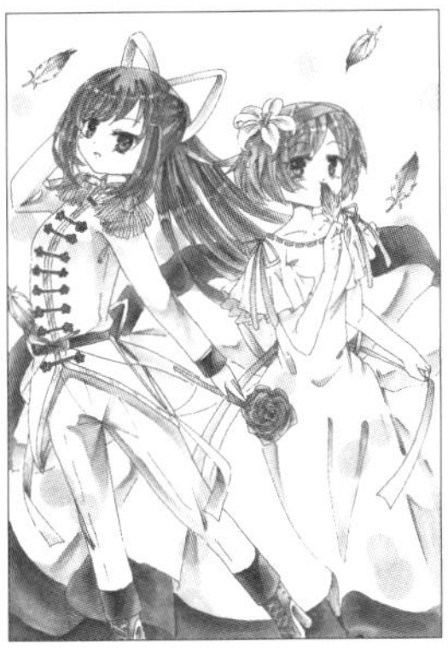
広島県・榛原祐香

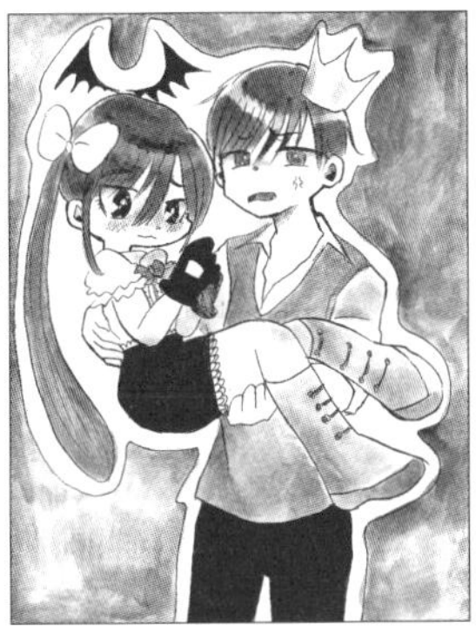
岡山県・おでん・16歳

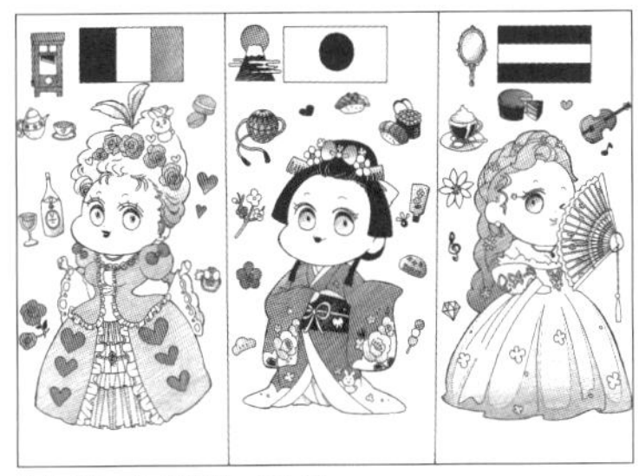
大阪府・大井淑世・35歳

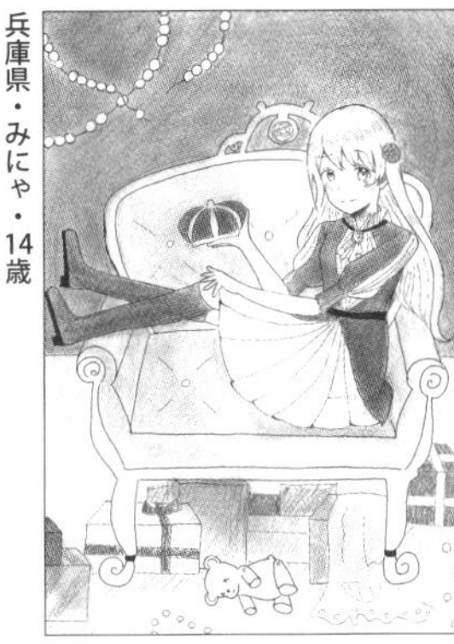
兵庫県・みにゃ・14歳

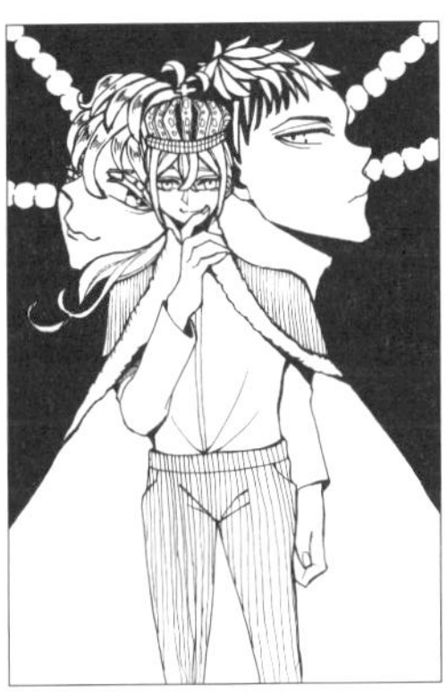
長崎県・橘らのま

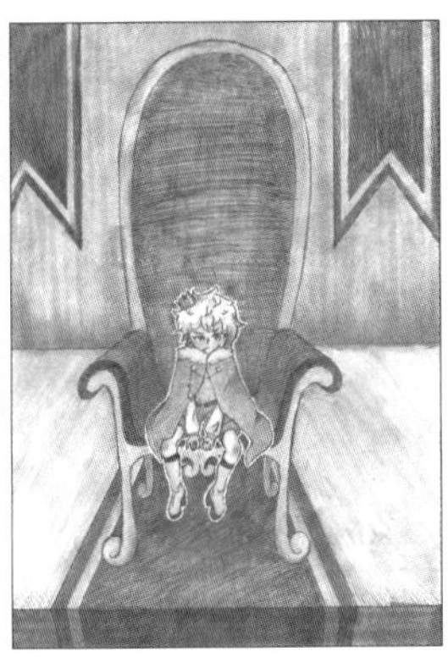
兵庫県・包み草（のーまる改め）

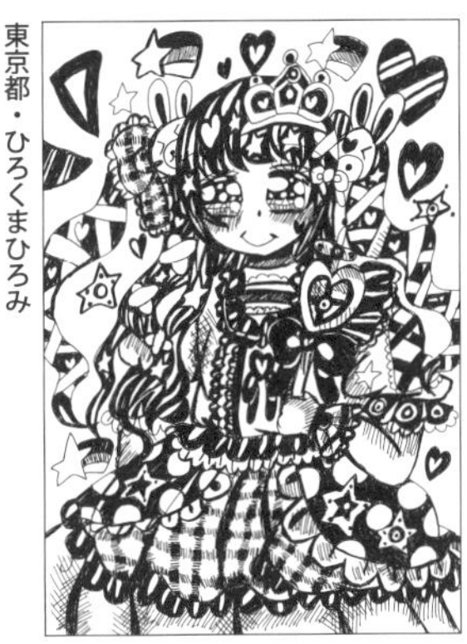
東京都・ひろくまひろみ

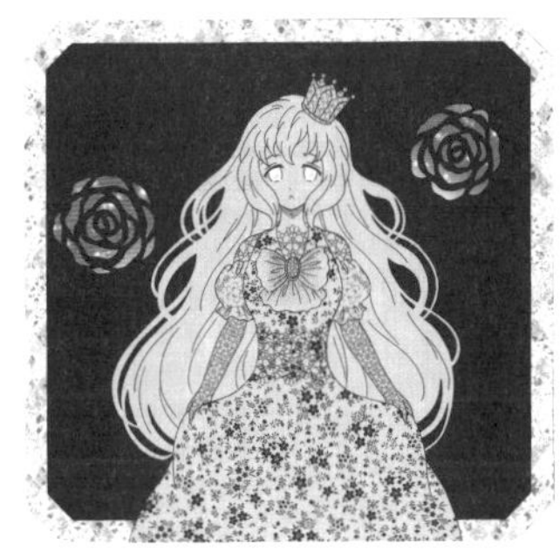
東京都・三田由子

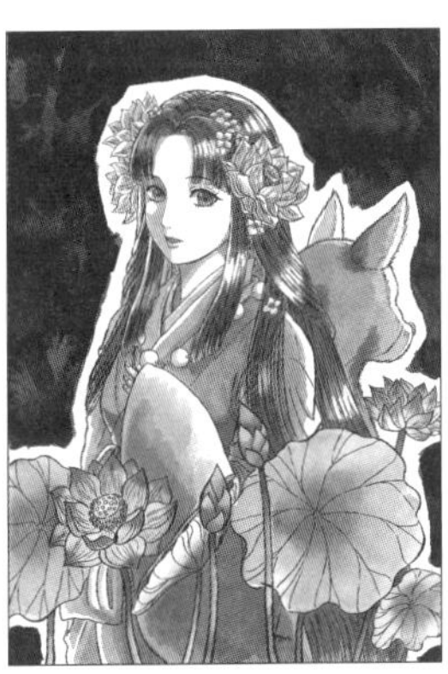
島根県・t02gasa7b6

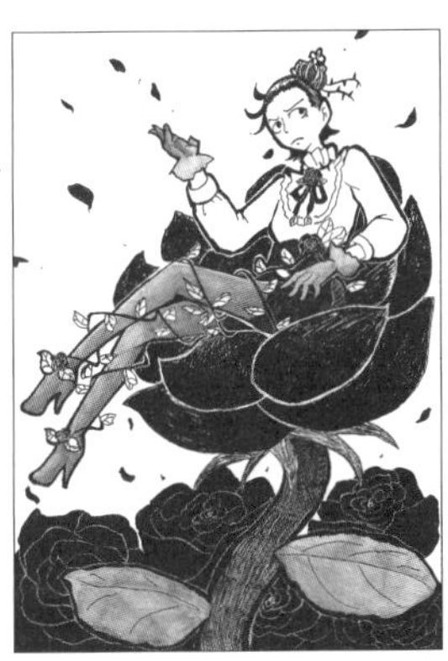
秋田県・とづき

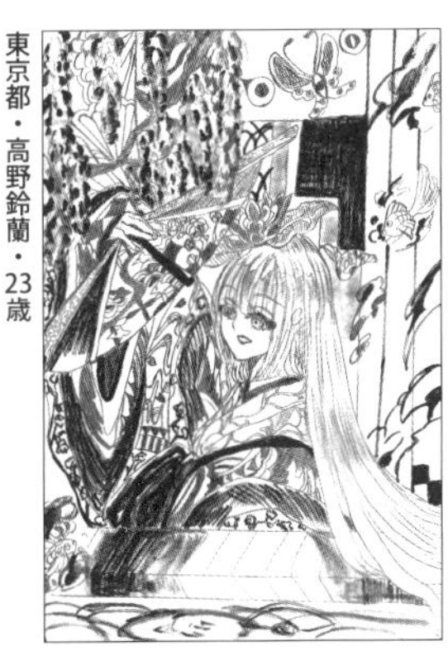
東京都・高野鈴蘭・23歳

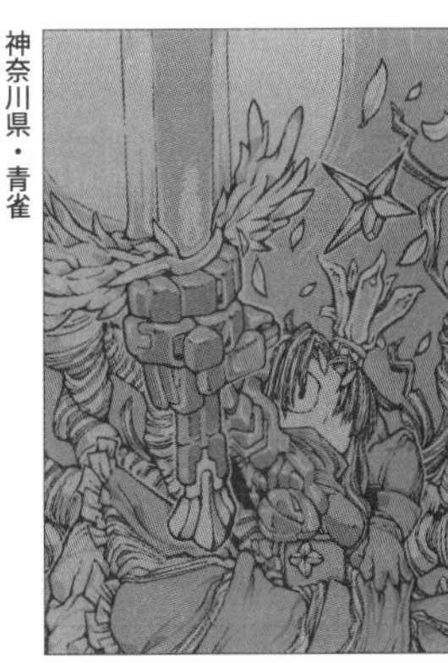
神奈川県・青雀

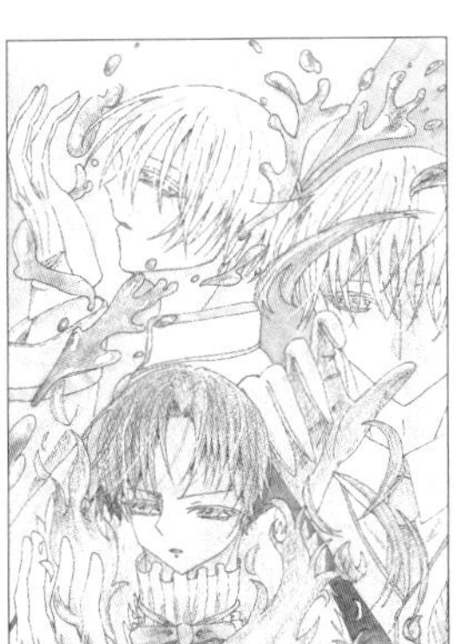
埼玉県・黎羽月雫

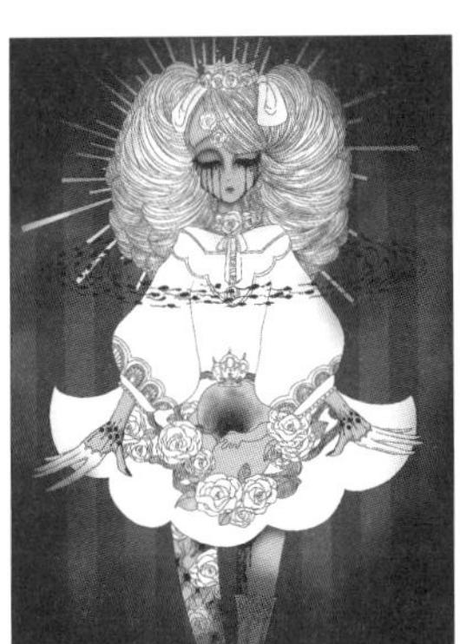
熊本県・蛙子

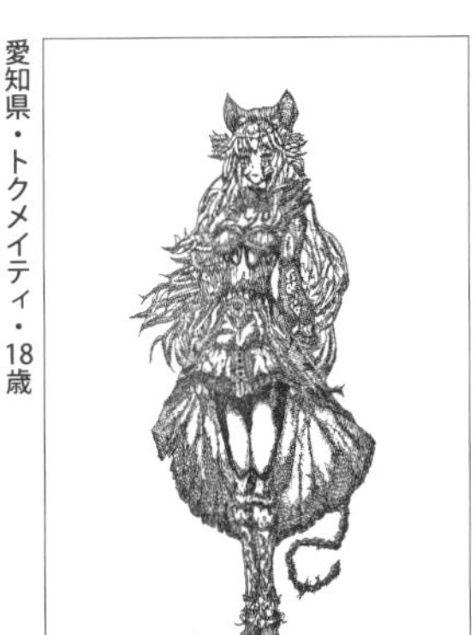
愛知県・トクメイティ・18歳

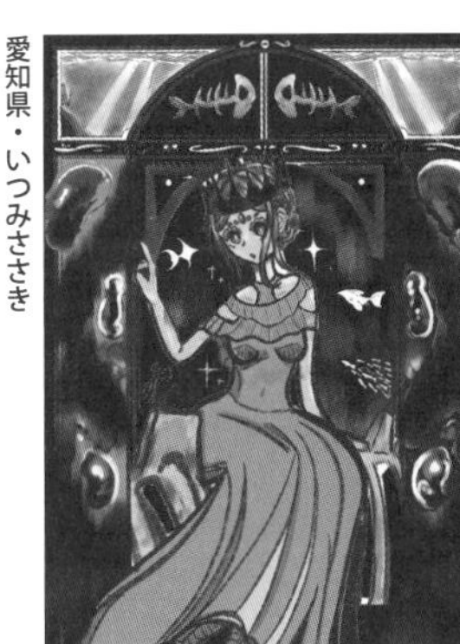
愛知県・いつみささき

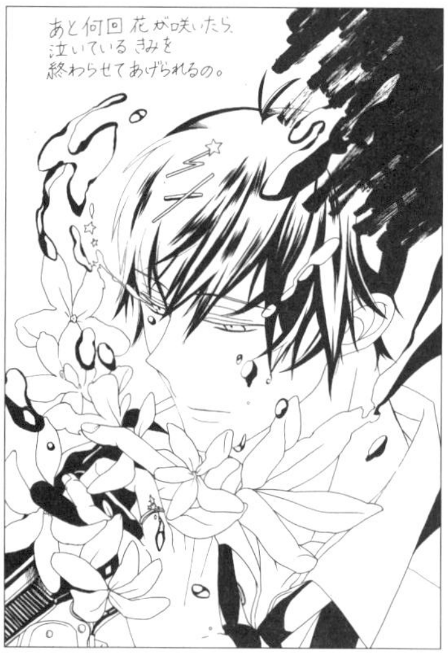

福島県・風波

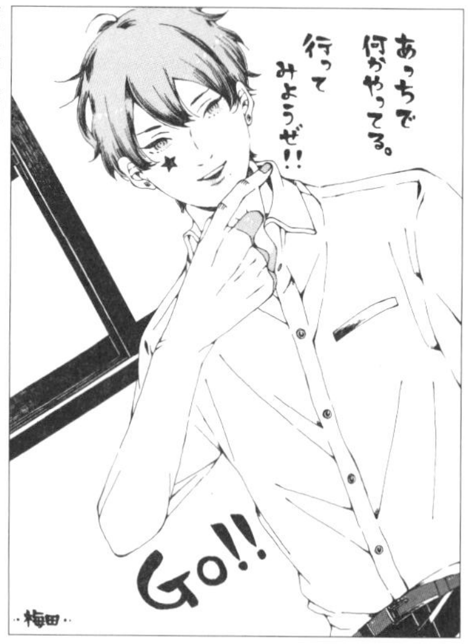

福岡県・梅田

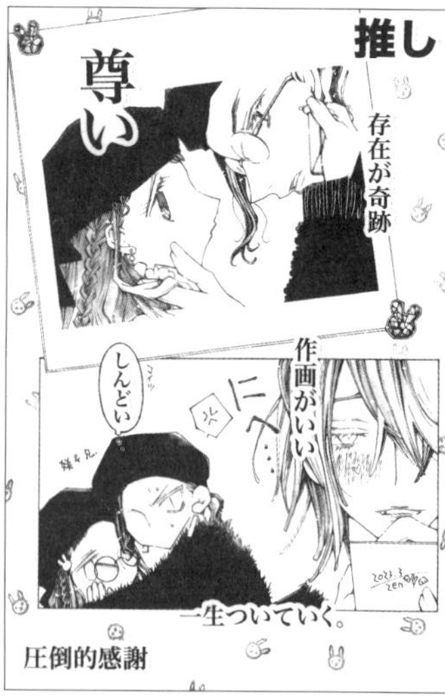

新潟県・チュチュ

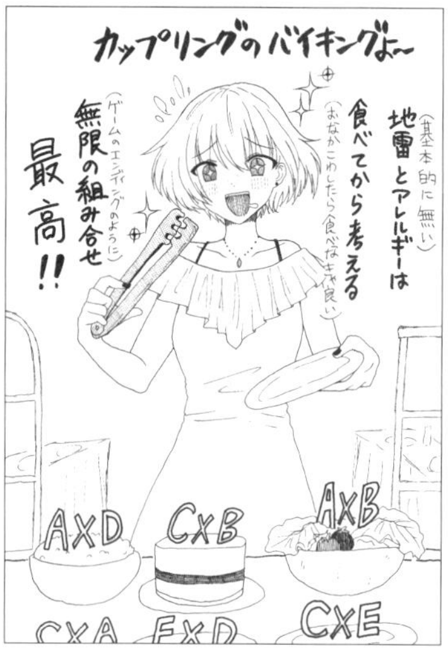

群馬県・RB

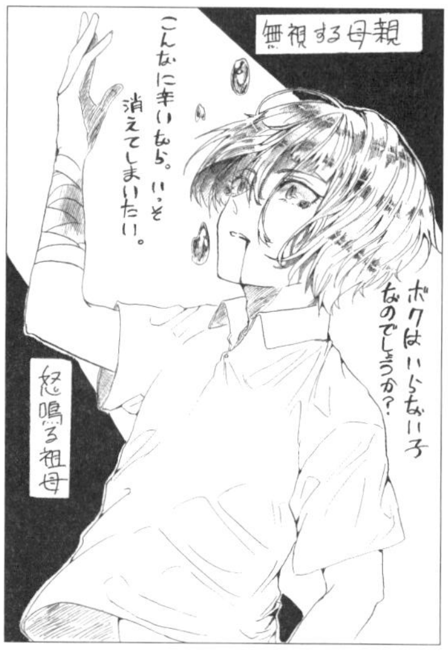

北海道・シズ

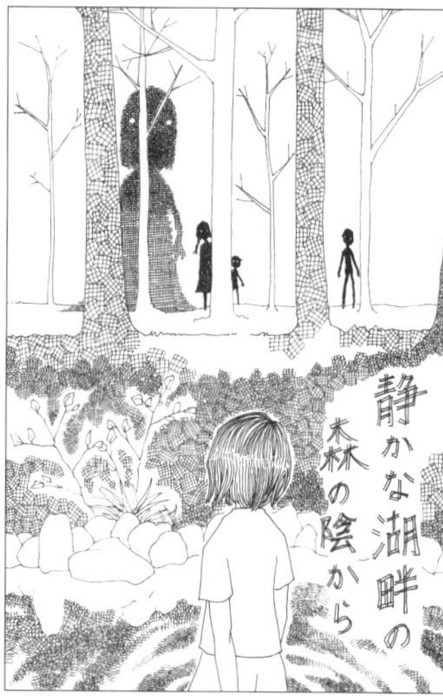

福島県・Azzurro.

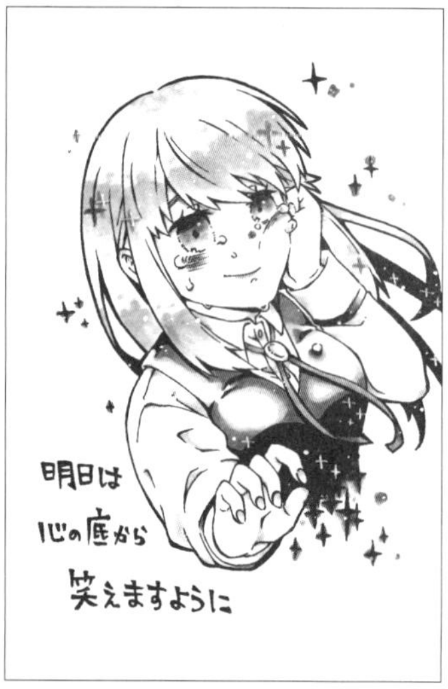

新潟県・真継

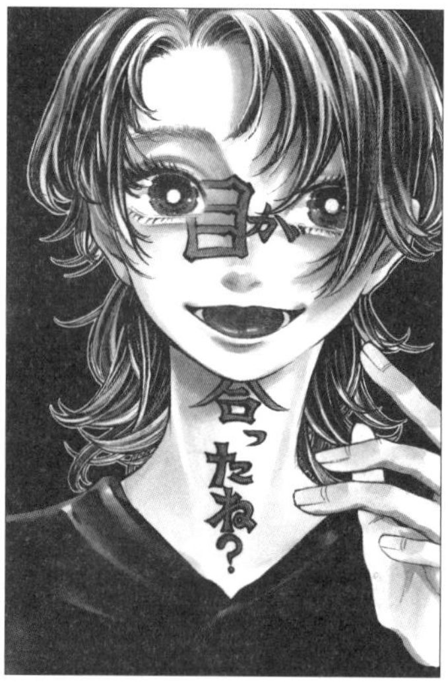

福岡県・無月

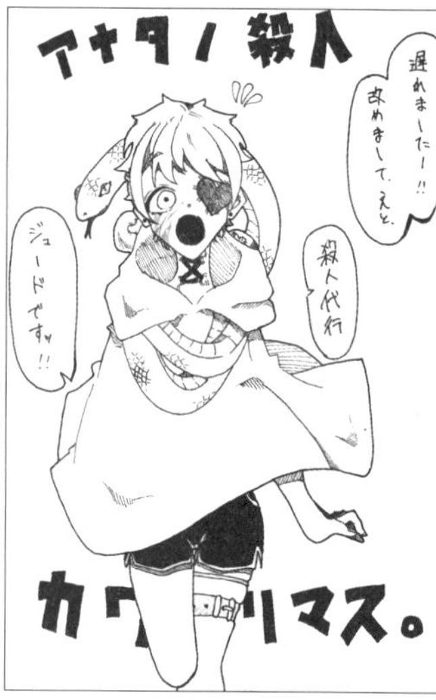

鹿児島県・食欲幽霊（hitme改め）・15歳

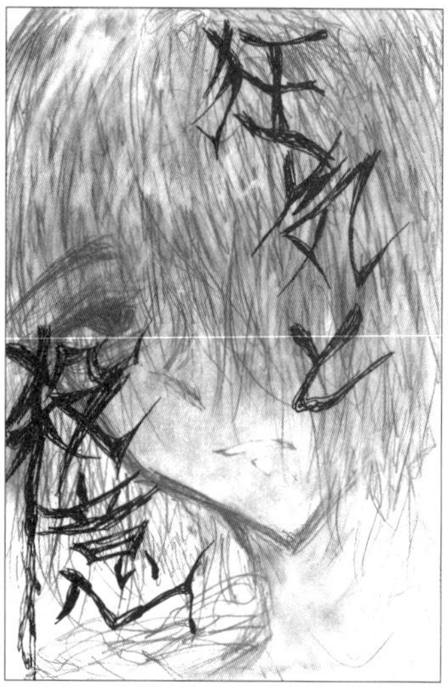
新潟県・色

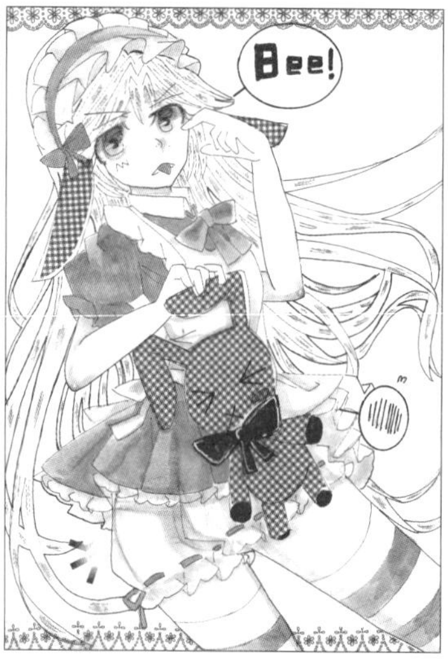

長野県・谷川りおん

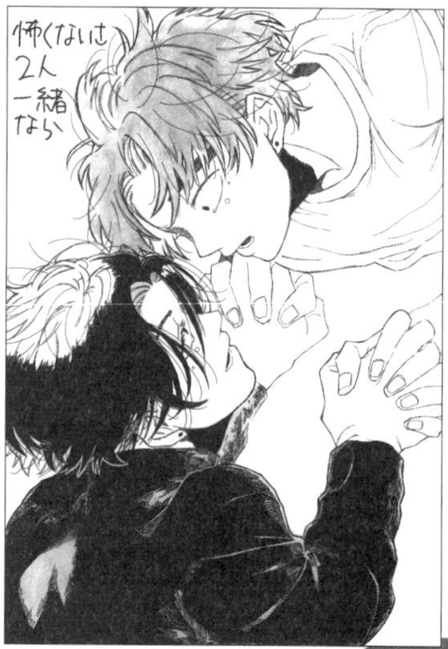

沖縄県・田中君

S STORY

絵と文字、セリフや詩、モノローグetc.で綴る絵物語のコーナー

静岡県・紗雪

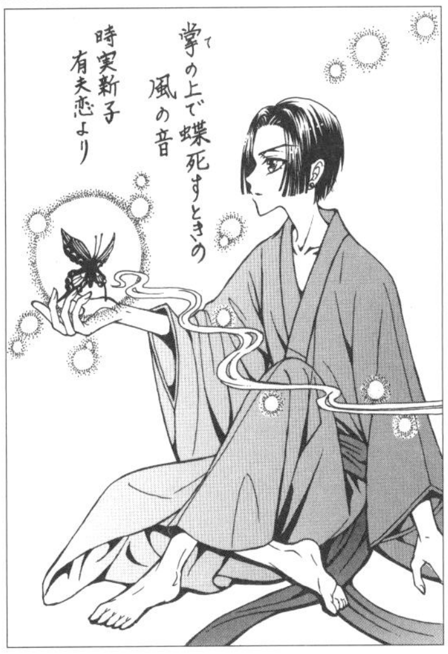

静岡県・ゆゆてる。

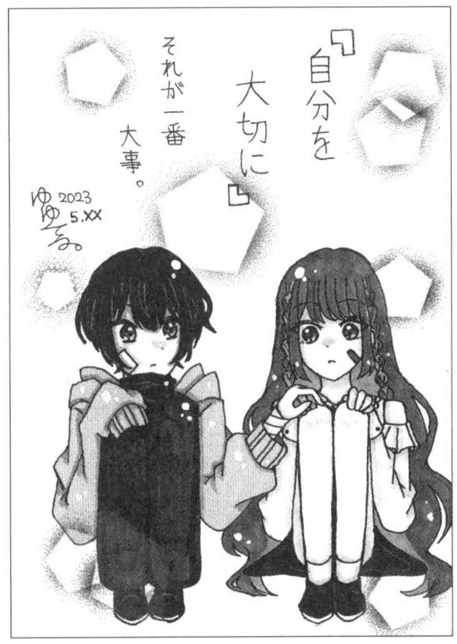

大分県・或華・27歳

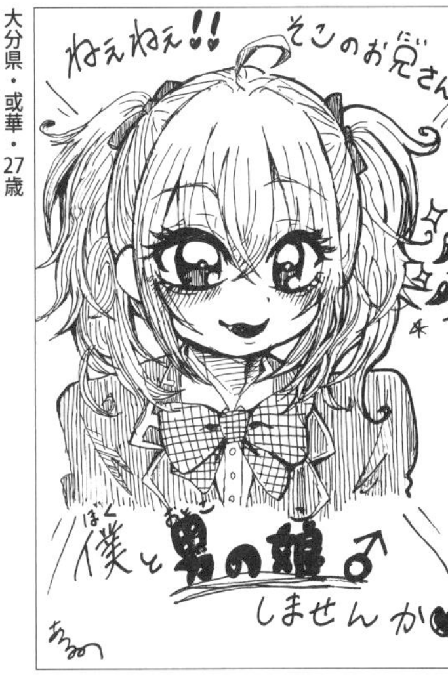

千葉県・武田和子・71歳

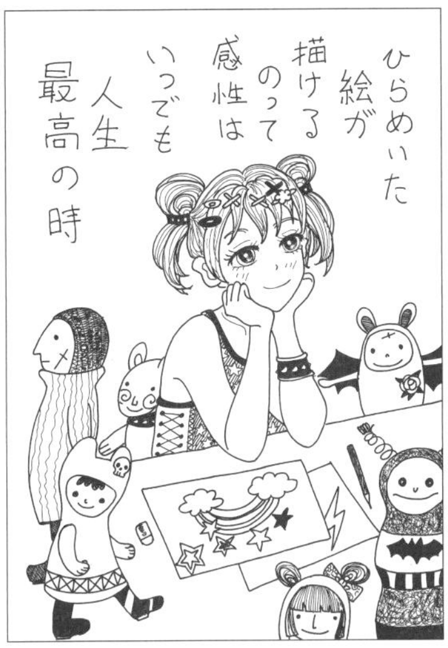

大阪府・ラブバード

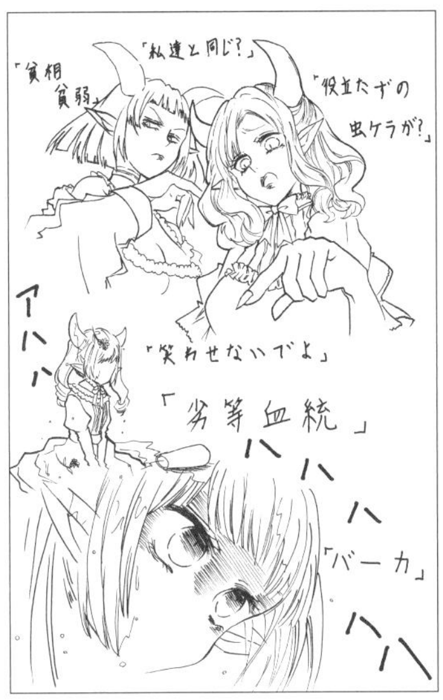

岡山県・おでん・16歳

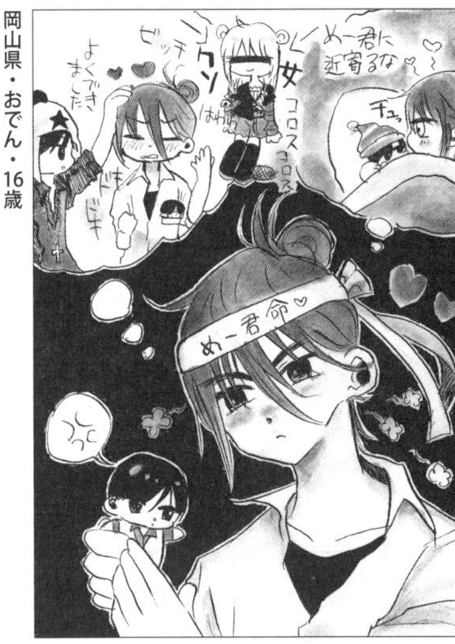

和歌山県・おんやさい・15歳

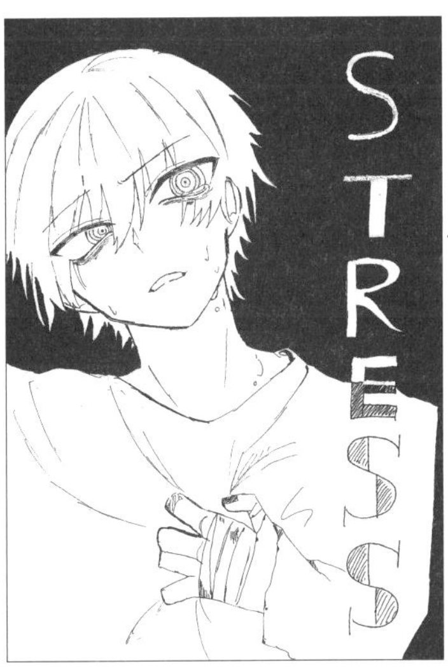

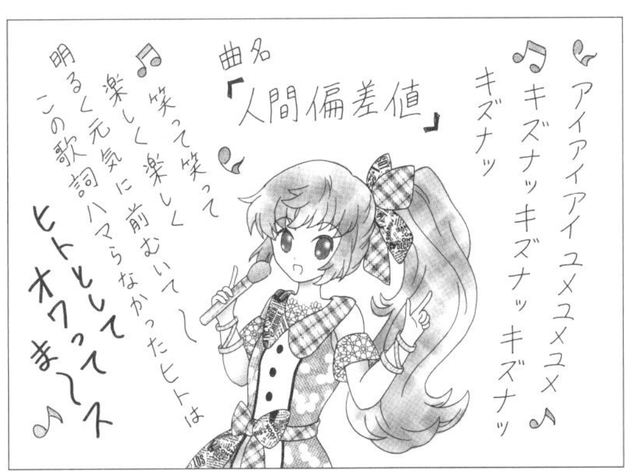

東京都・三田由子

長野県・小林求・47歳

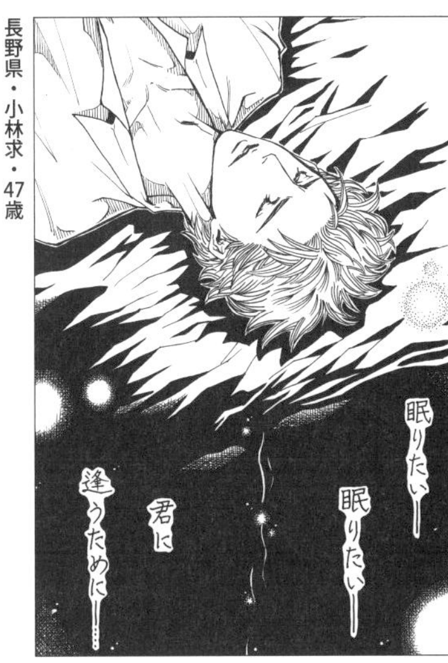

兵庫県・紫山四子

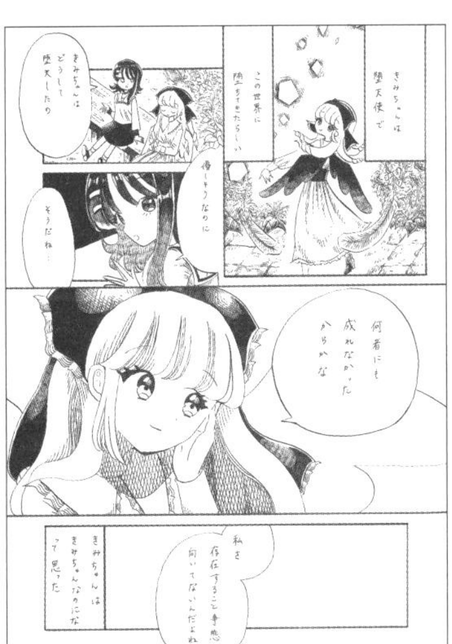

広島県・榛原祐香

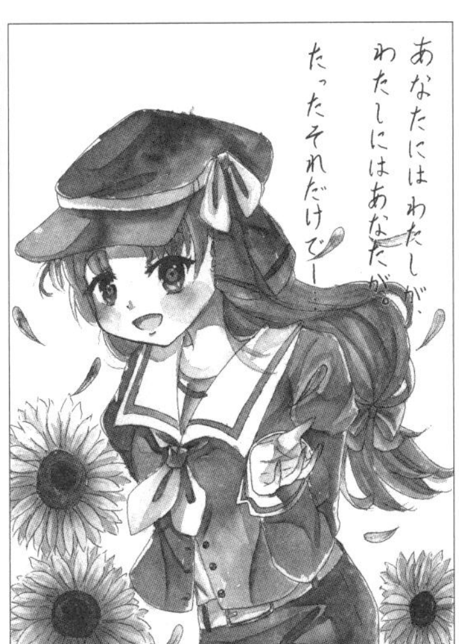

茨城県・あおいみう

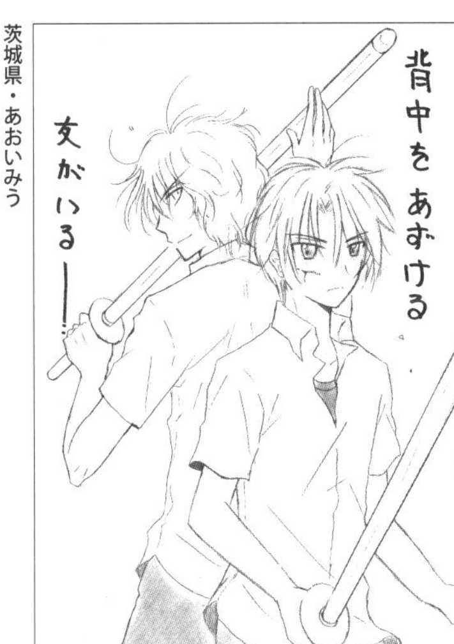

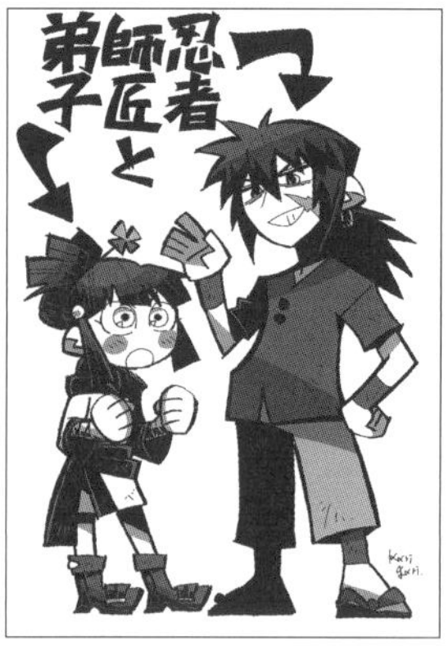

東京都・かりがり

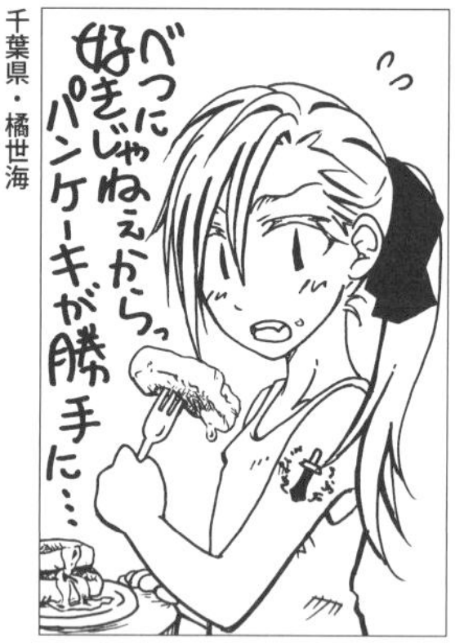

千葉県・橘世海

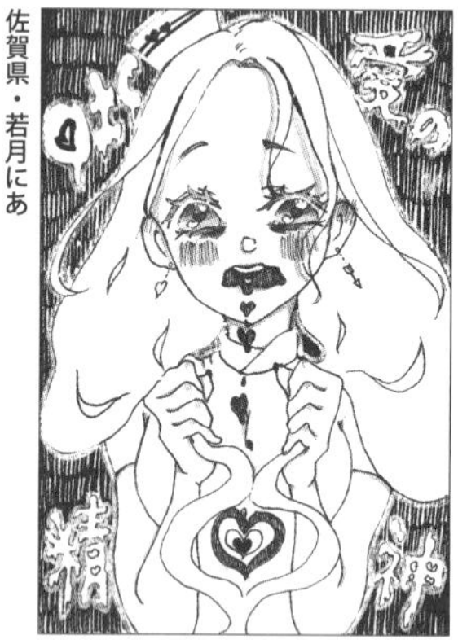
佐賀県・若月にあ

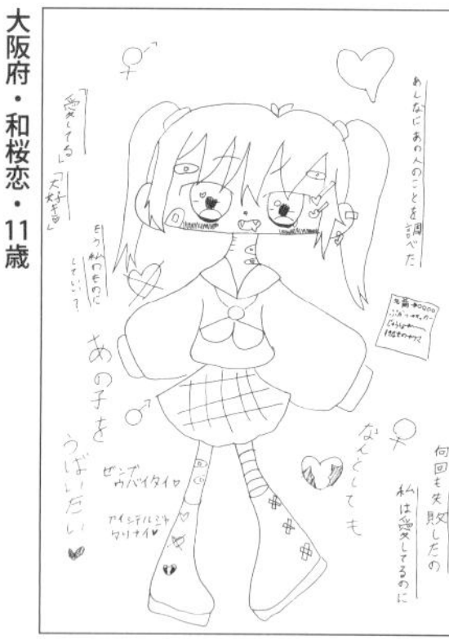
大阪府・和桜恋・11歳

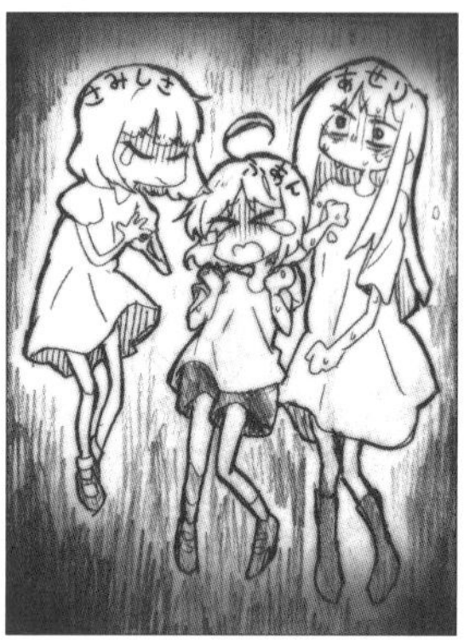
埼玉県・セコイ也

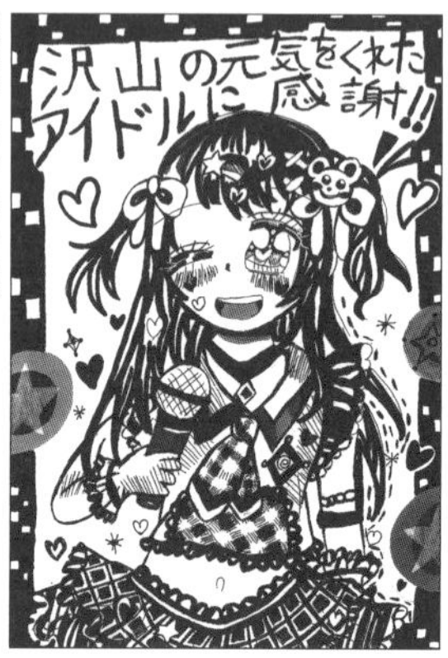

東京都・ひろくまひろみ

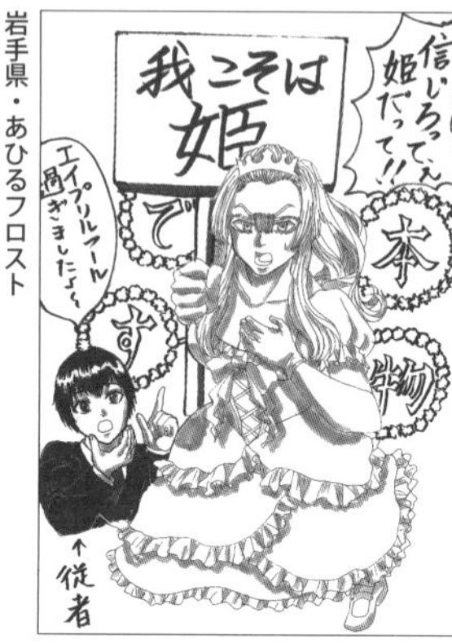

岩手県・あひるフロスト

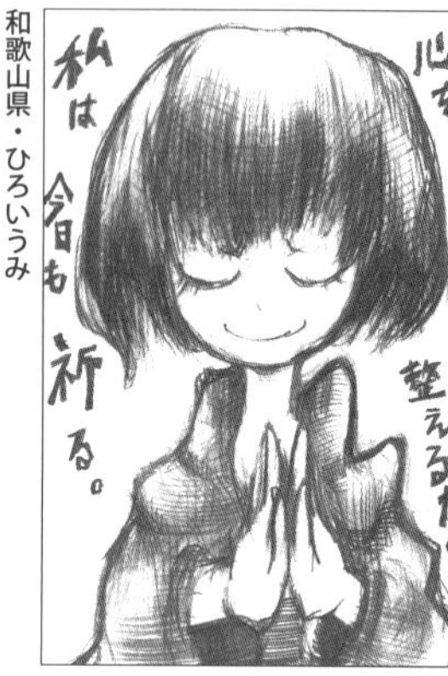

和歌山県・ひろいうみ

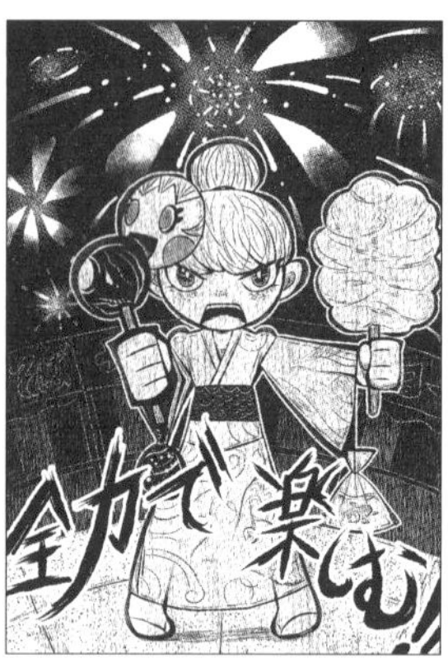

埼玉県・雨月聖夜

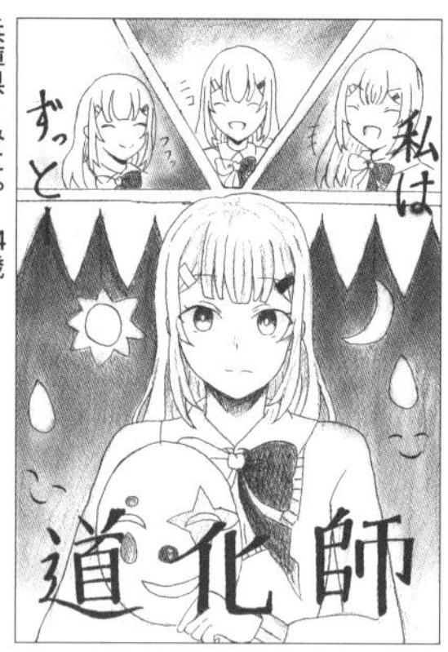

兵庫県・みにゃ・14歳

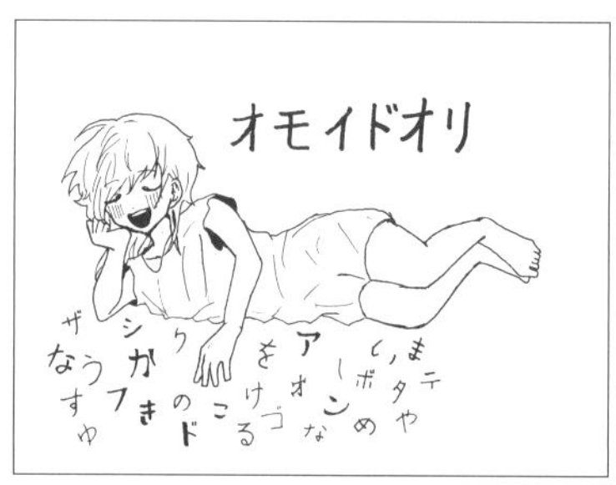

茨城県・瀬野侑也・14歳

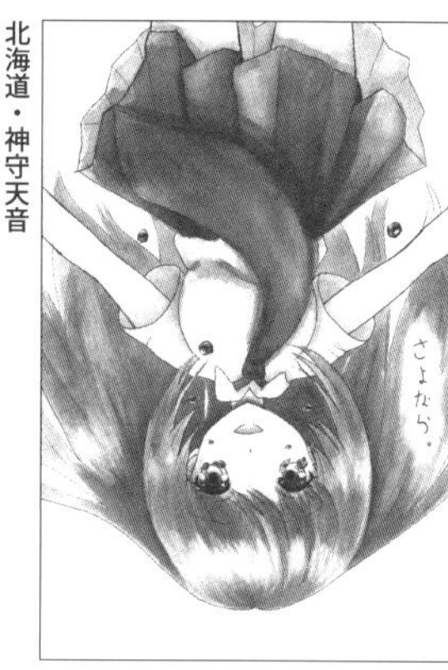

北海道・神守天音

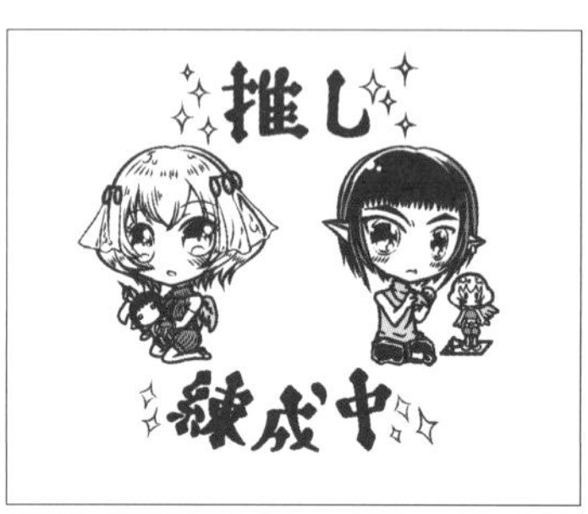

山口県・森瀬奈貴

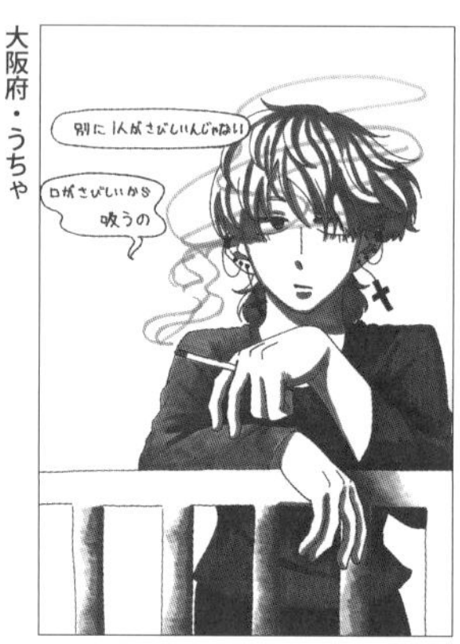

大阪府・うちゃ

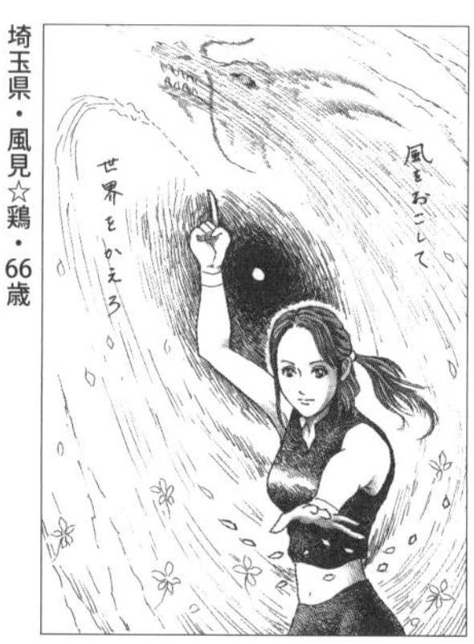

埼玉県・風見☆鶏・66歳

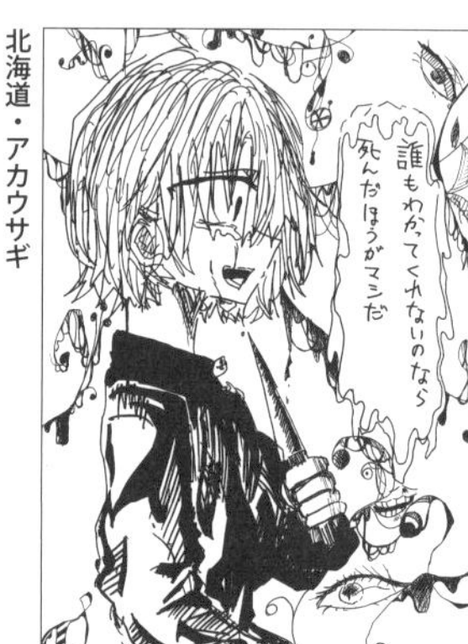

北海道・アカウサギ

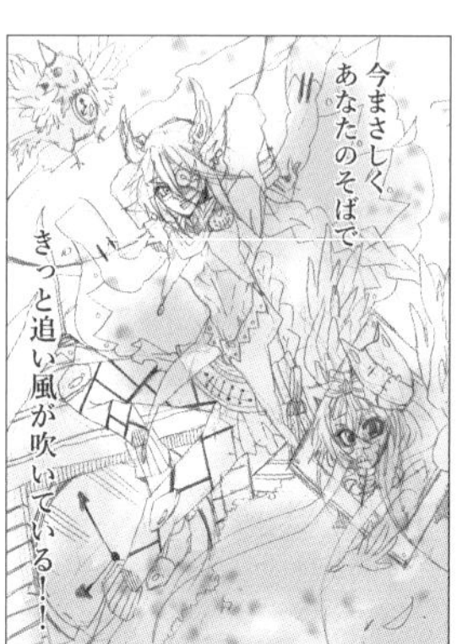

宮城県・流良戒

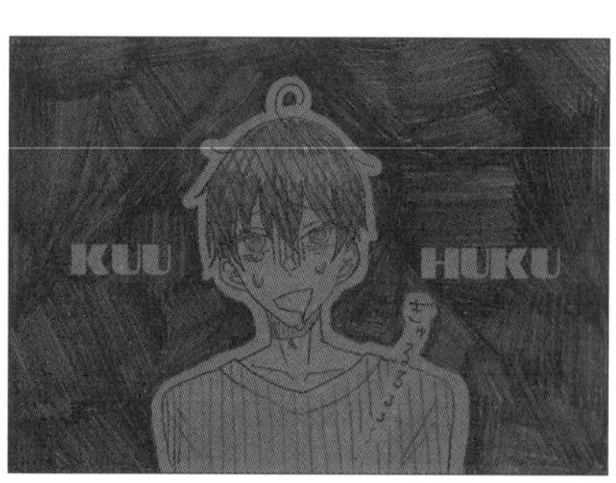

福岡県・あとり24・14歳

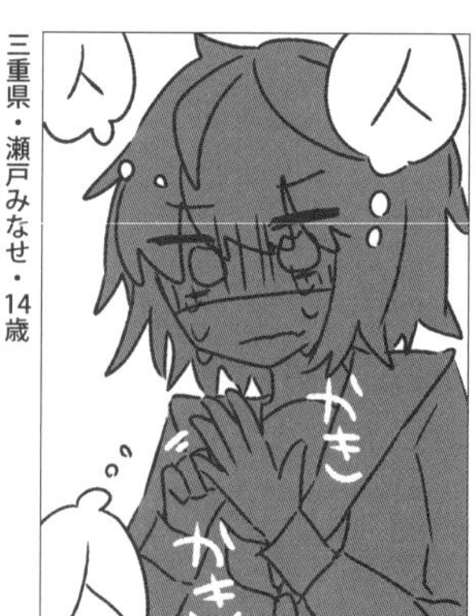

三重県・瀬戸みなせ・14歳

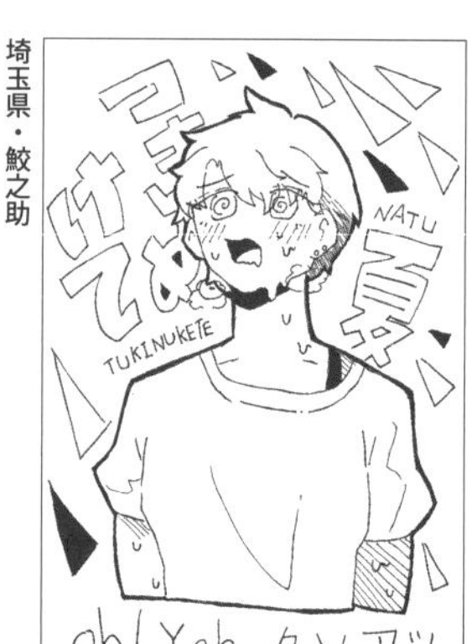

埼玉県・鮫之助

S STAGE

自由に描いた1ページ漫画劇場

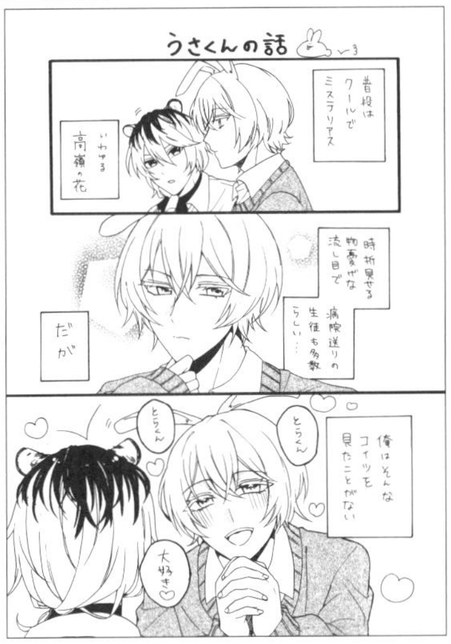

神奈川県・萩原あろ

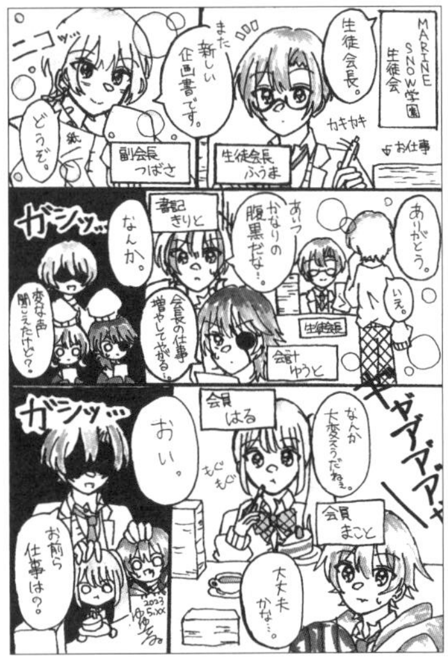

静岡県・ゆゆてる。

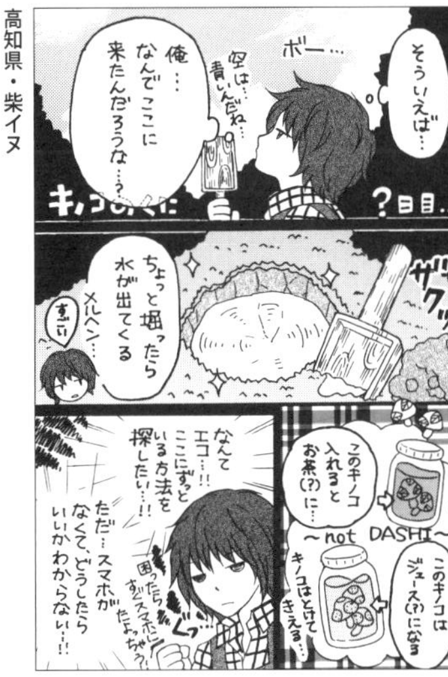

高知県・柴イヌ

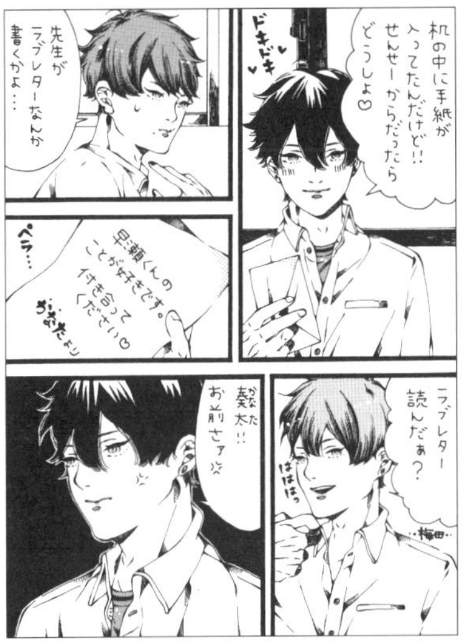

福岡県・梅田

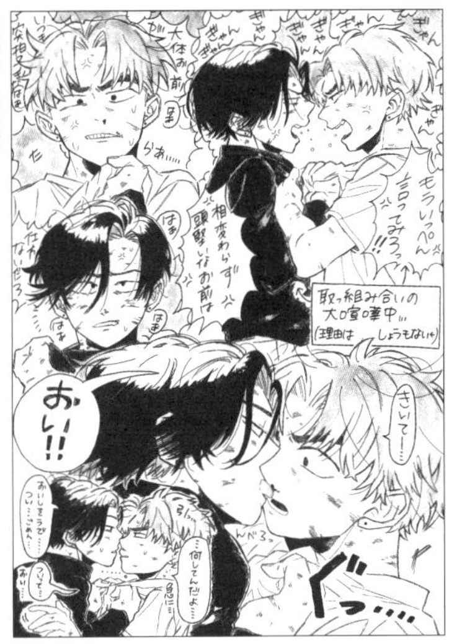

沖縄県・田中君

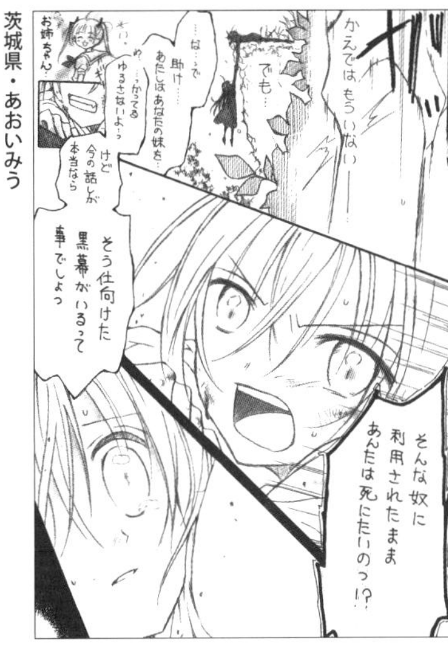

茨城県・あおいみう

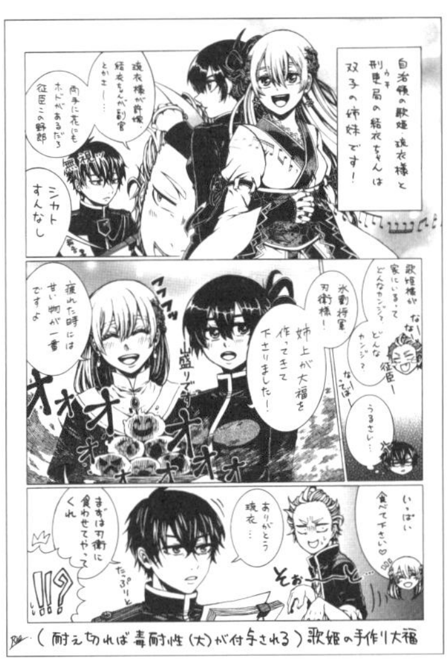

神奈川県・璃緒

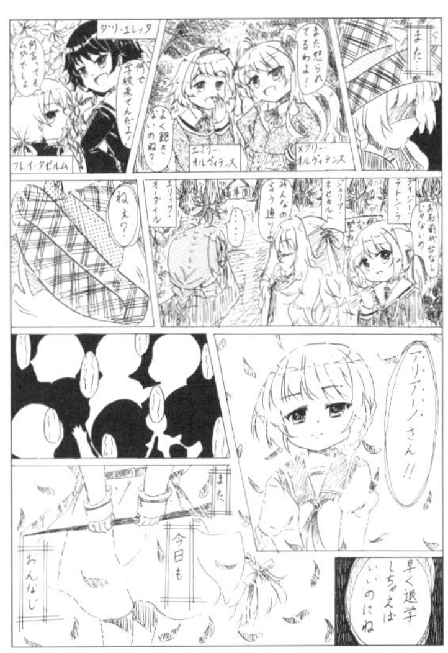

広島県・榛原祐香

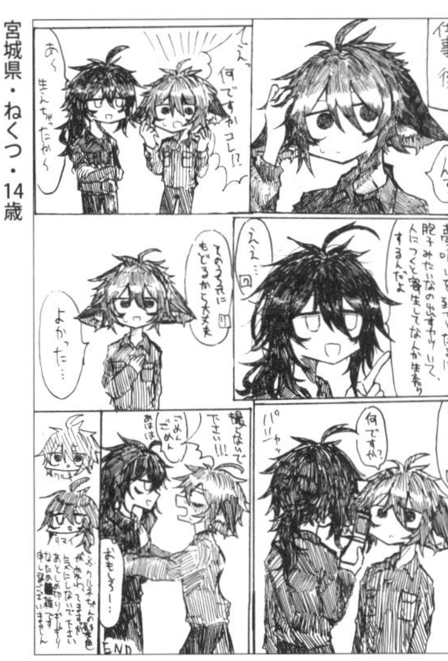

宮城県・ねくつ・14歳

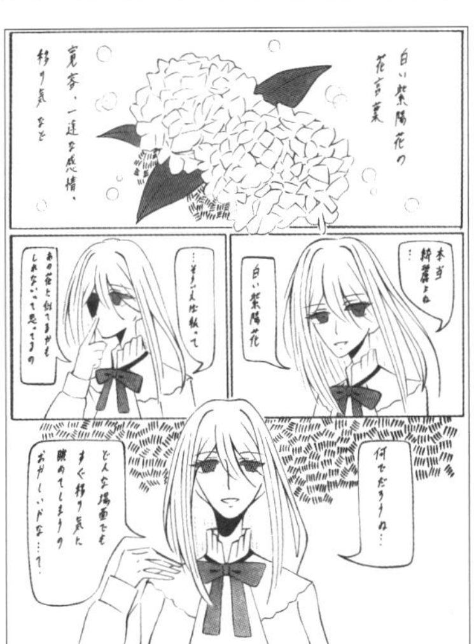

鹿児島県・ミセト

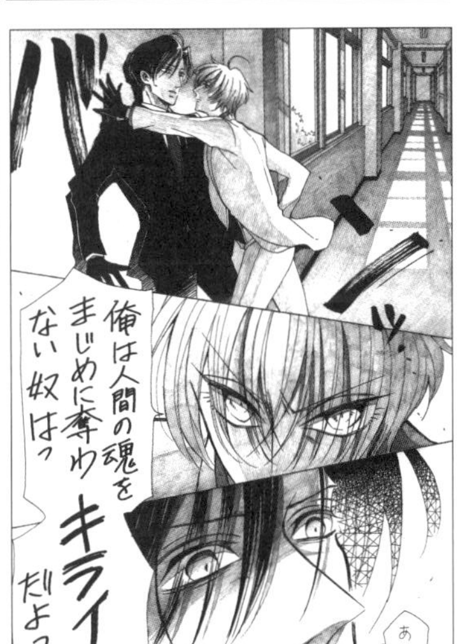

大阪府・大井淑世・35歳

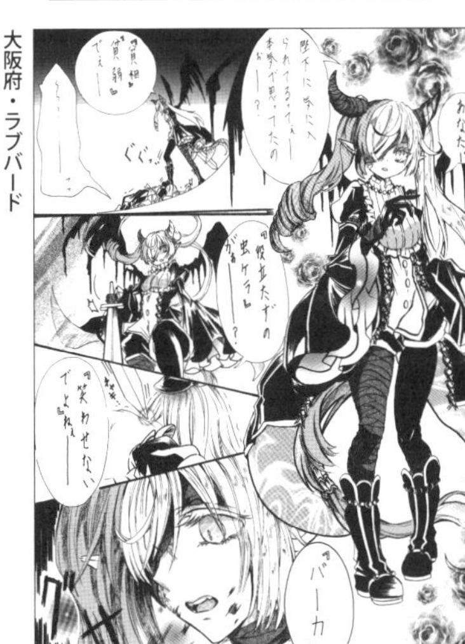

大阪府・ラブバード

宮城県・如月祐

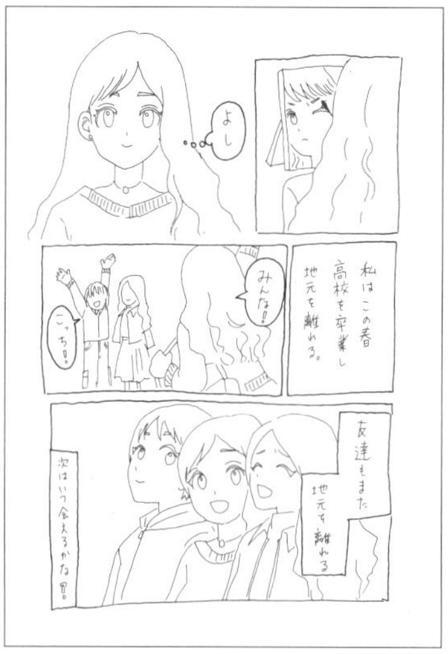

静岡県・紗雪

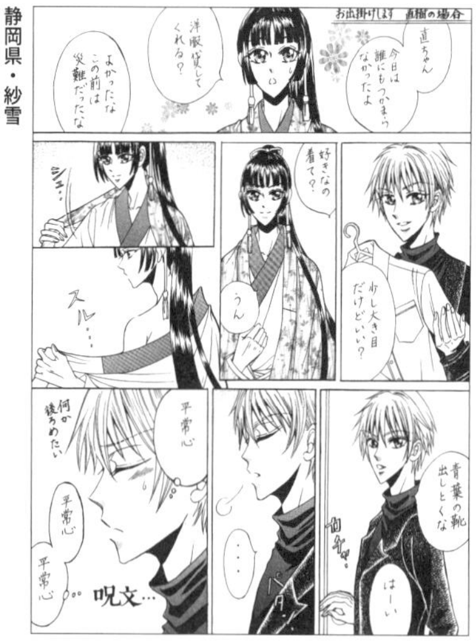

新潟県・チュチュ

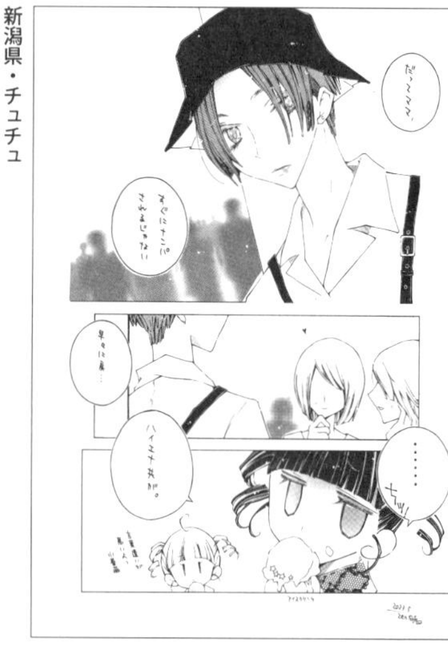

東京都・盾甘板

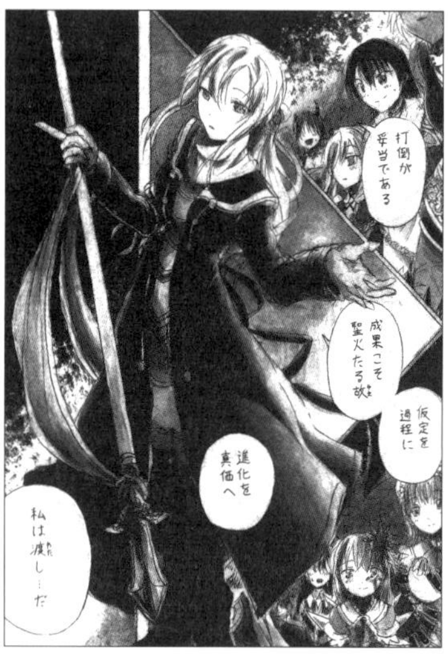

鹿児島県・貪欲幽霊（hime 改め）・15歳

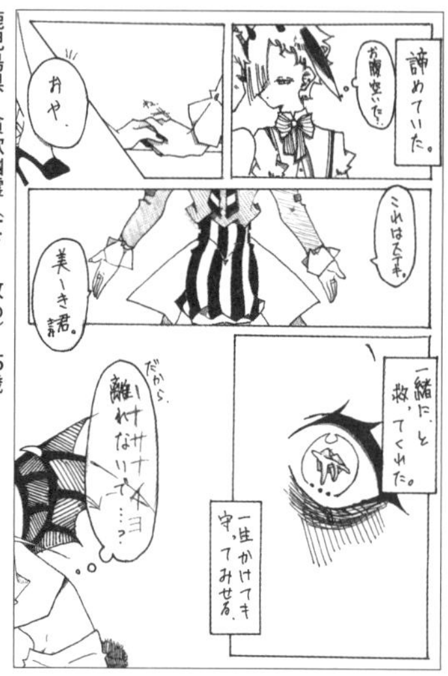

群馬県・RB

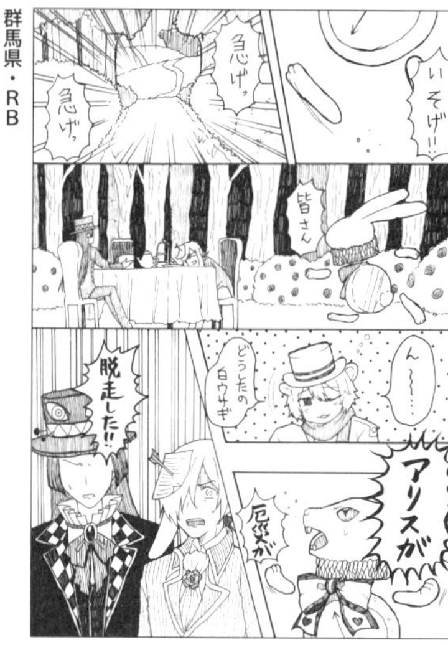

東京都・あおれもん・17歳

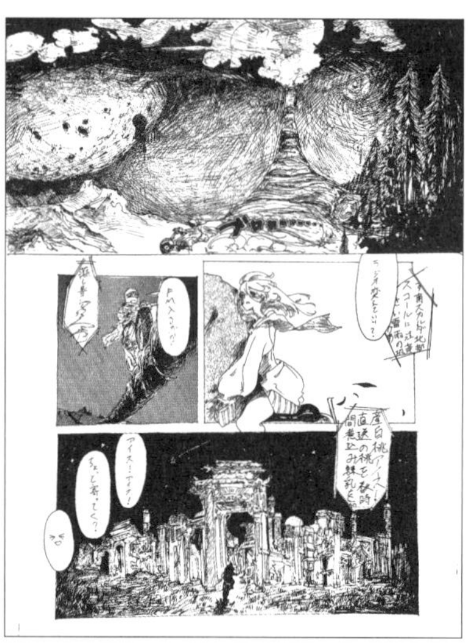

広島県・貴希

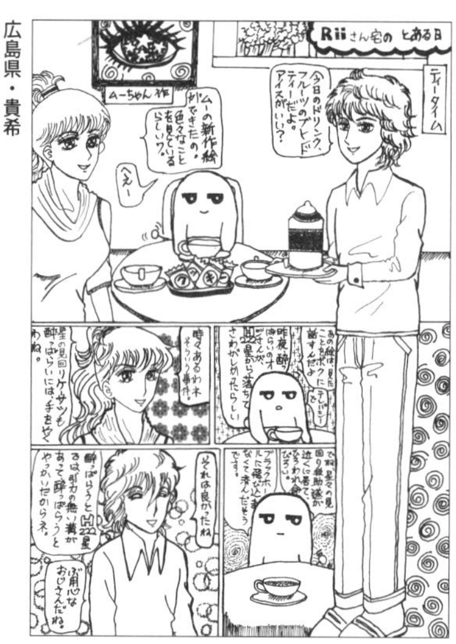

青森県・奏あや・14歳

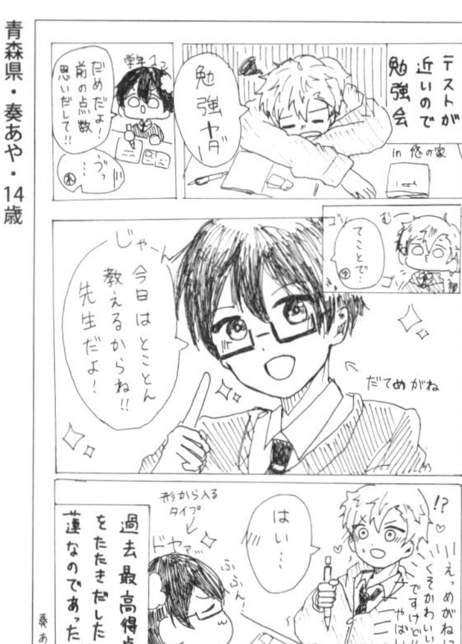

兵庫県・綿道草

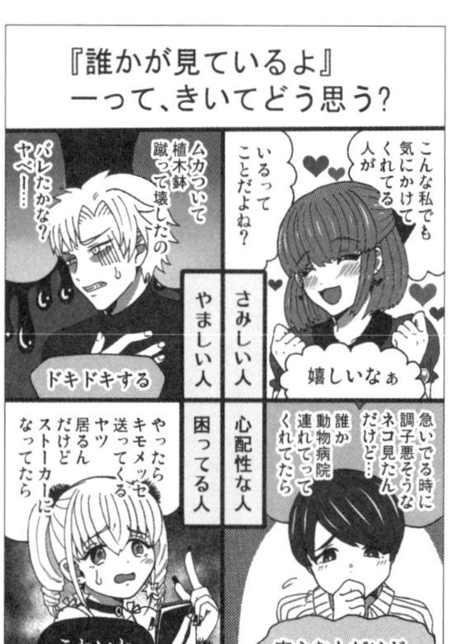

滋賀県・真田しろ

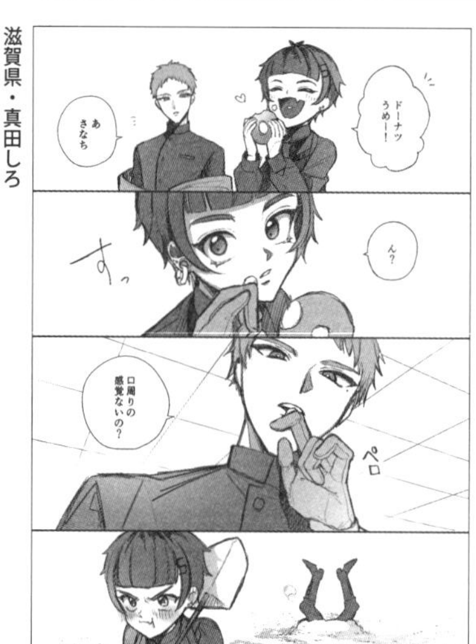

東京都・特命希望。

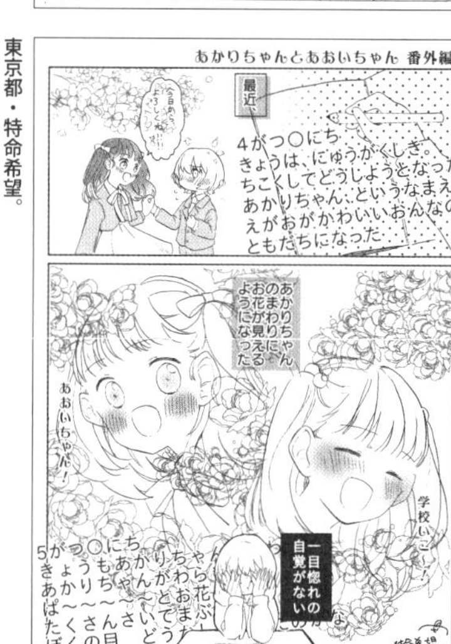

S STAGE

自由に描いた1ページ漫画劇場

東京都・三田由子

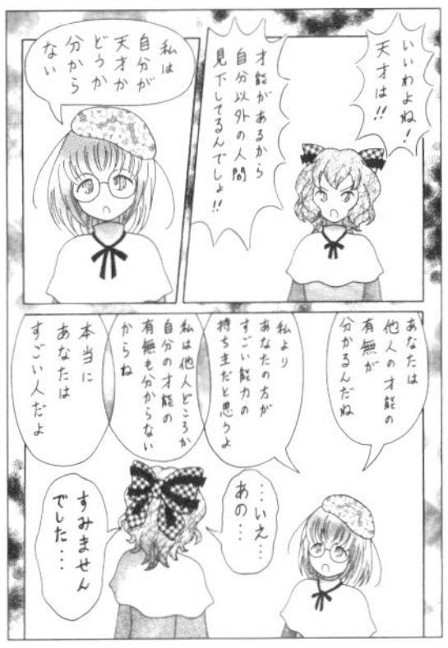

兵庫県・yakumo

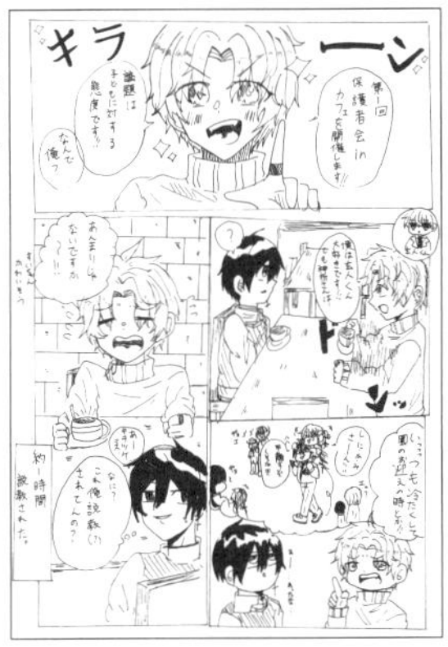

長野県・紅朱雀

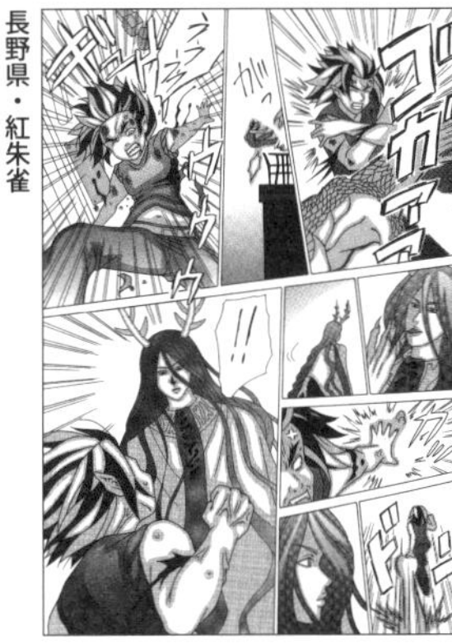

大分県・岡・14歳

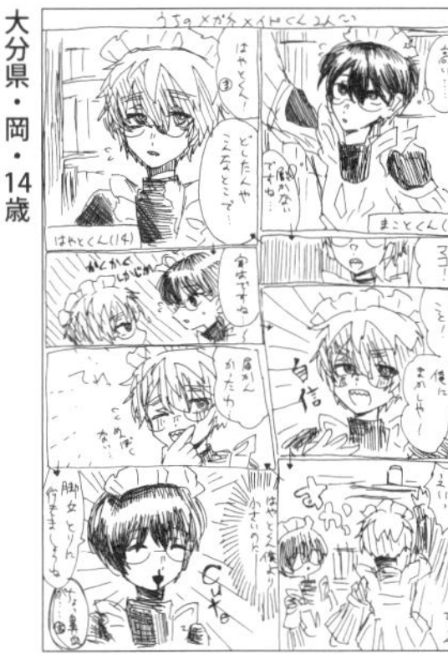

秋田県・とづき

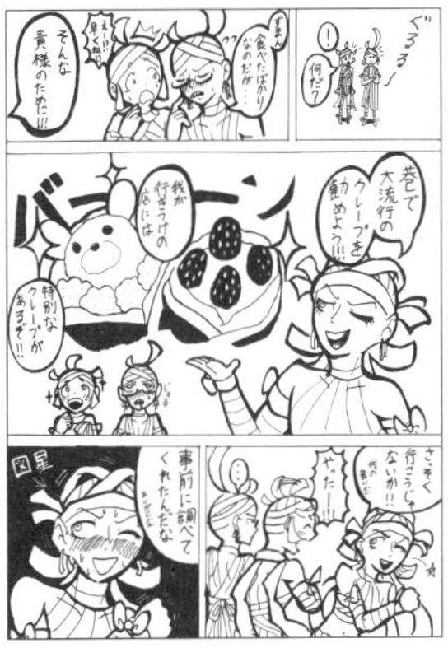

福島県・ゆあうお・17歳

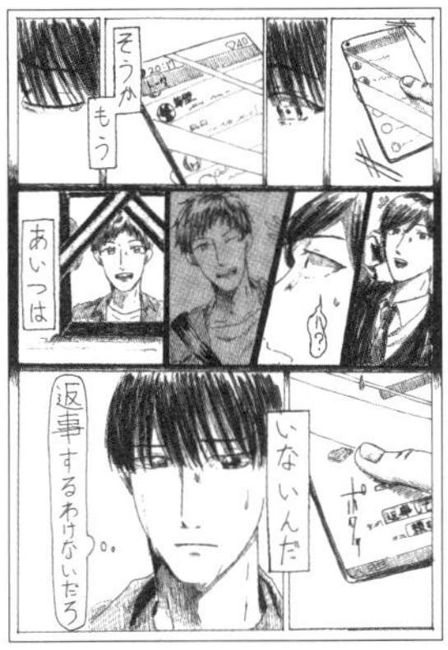

東京都・ひろくまひろみ

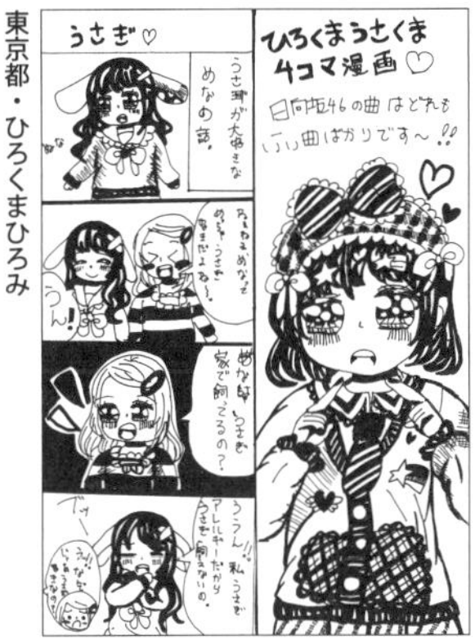

島根県・永井あゆみ

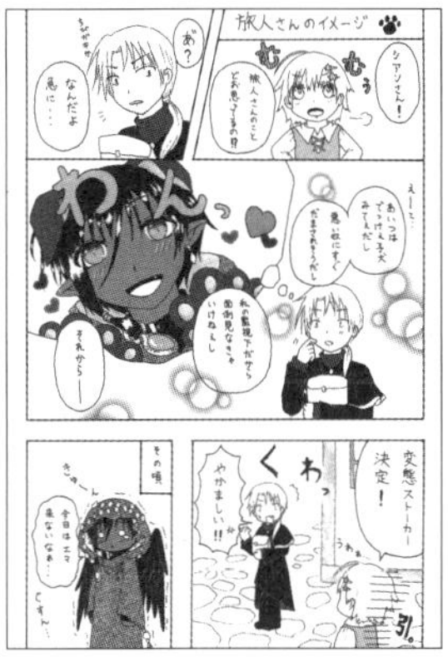

鳥取県・rosyemu

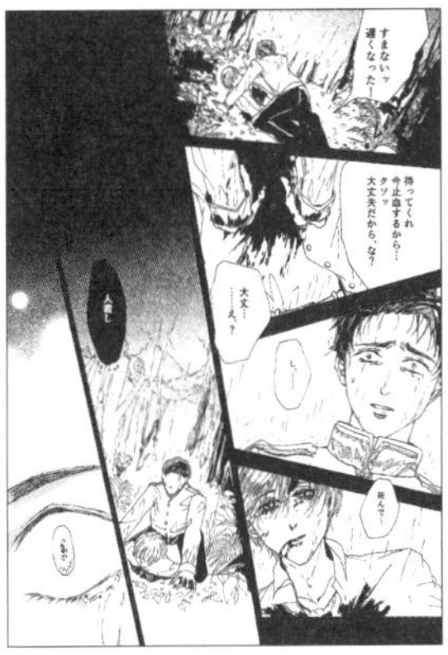

香川県・あさぎあい・34歳

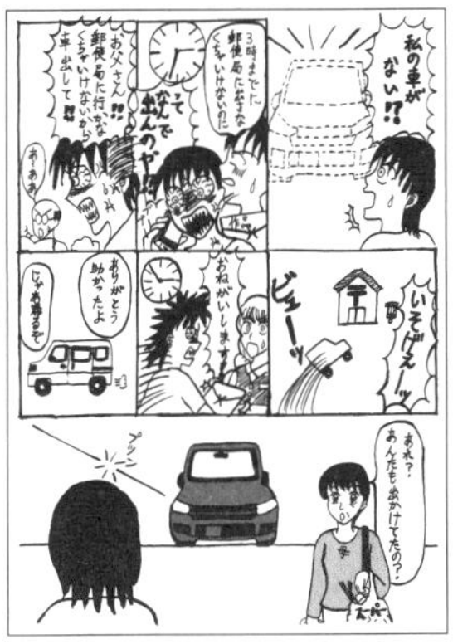

千葉県・伯ミシェル（ミシェル改め）・18歳

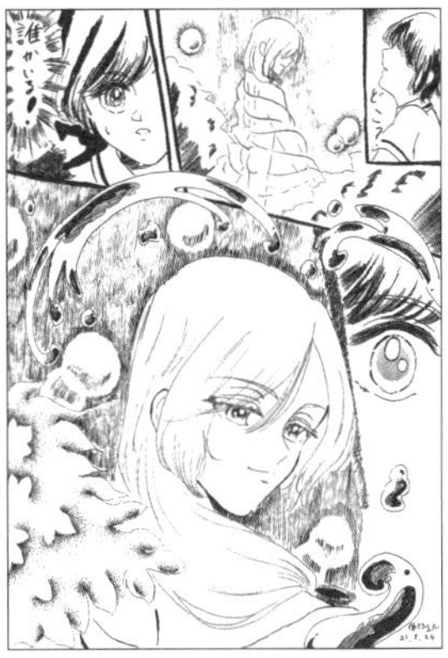

長野県・谷川りおん

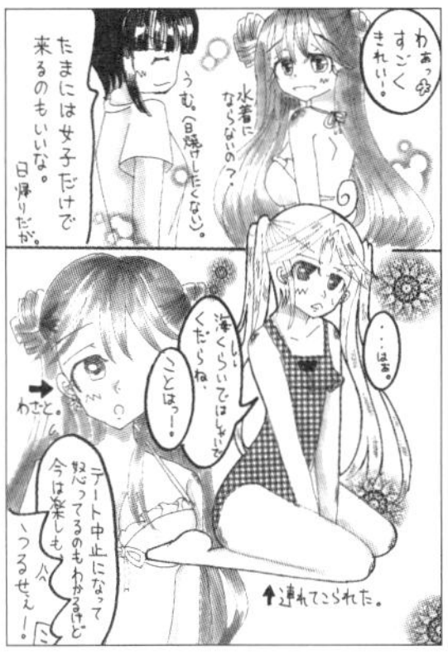

山口県・森瀬奈貴

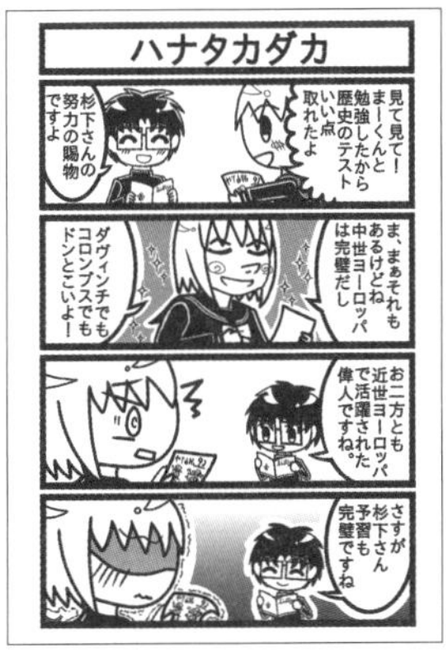

佐賀県・紅葉

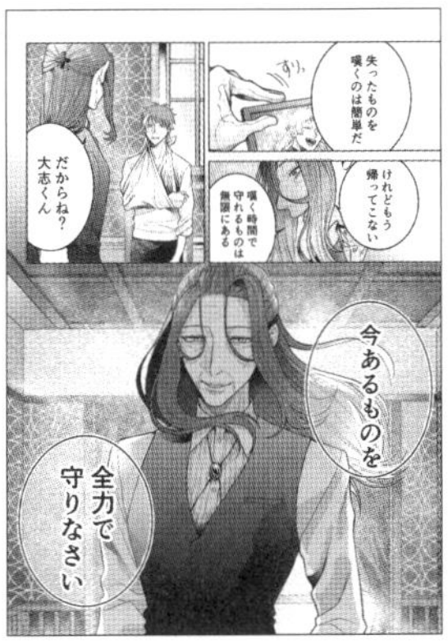

埼玉県・雨月聖夜

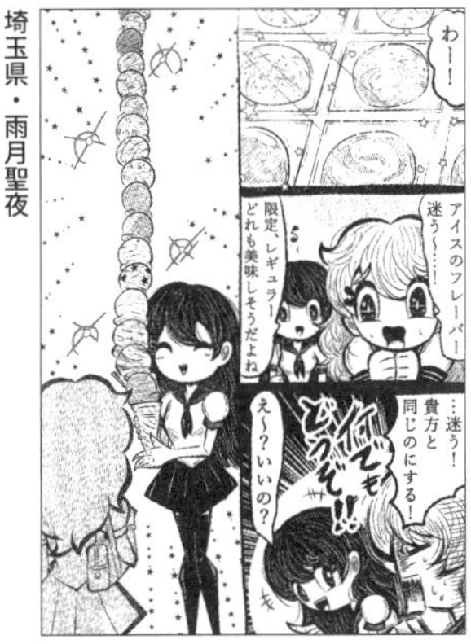

埼玉県・セコイ也

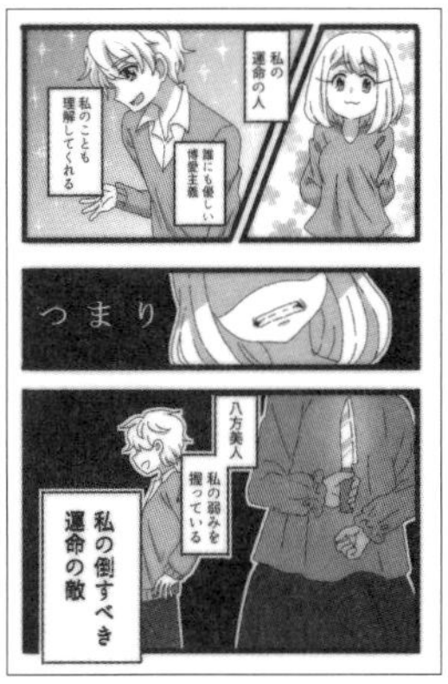

埼玉県・黎羽月零

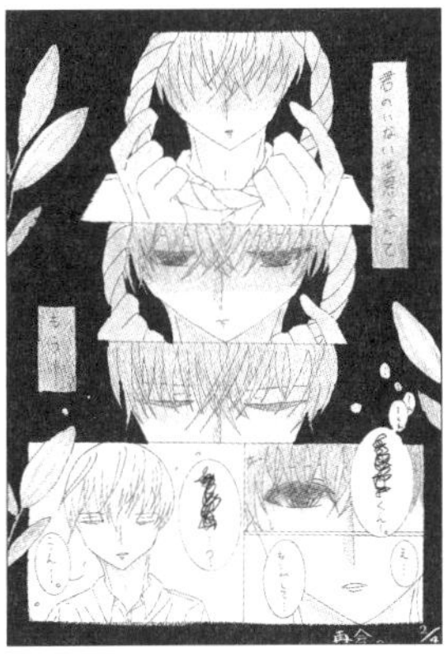

宮城県・流良戒

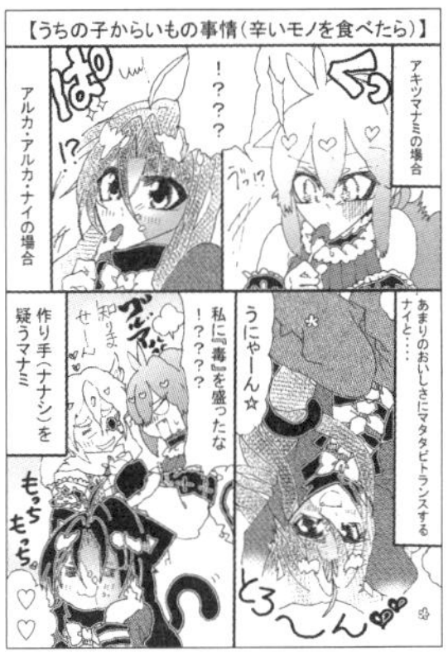

静岡県・渡邉野乃香・26歳

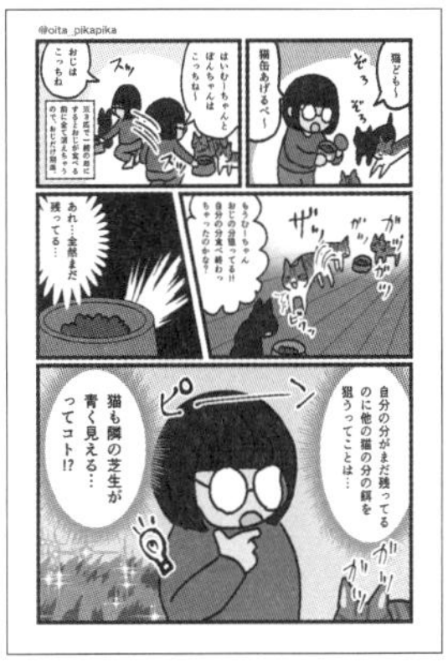

埼玉県・水岸ほたる

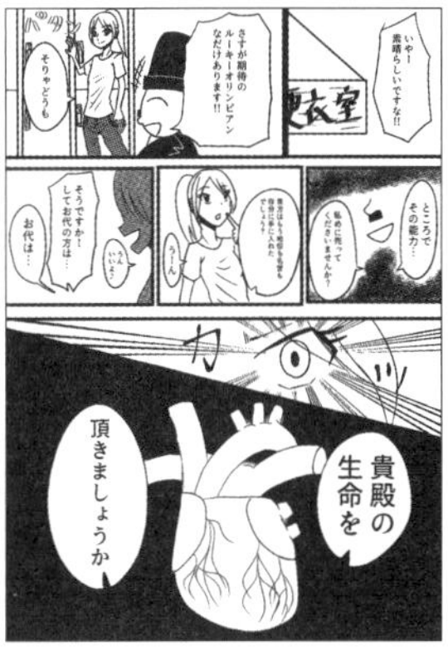

宮崎県・Ameiro・13歳

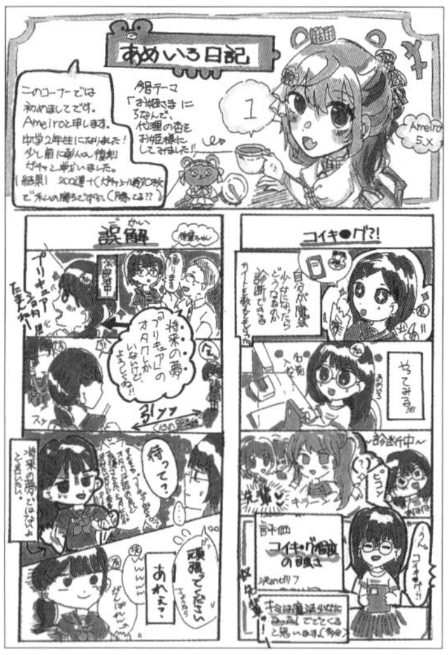

茨城県・めーたん・14歳

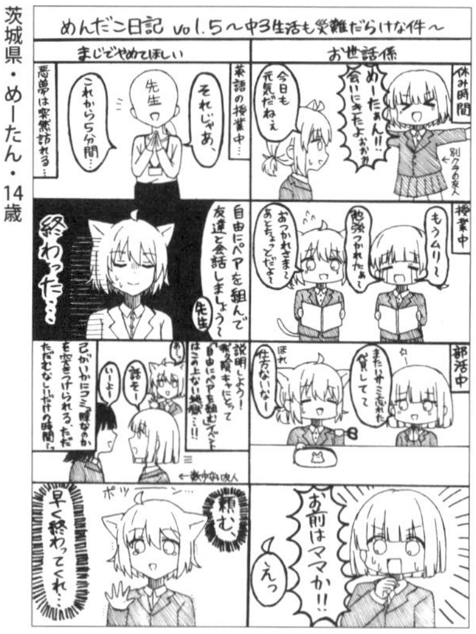

宮城県・ねくつ・14歳

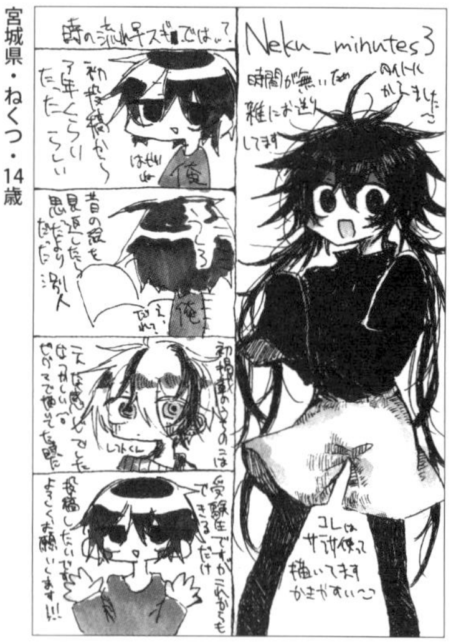

岡山県・おでん・16歳

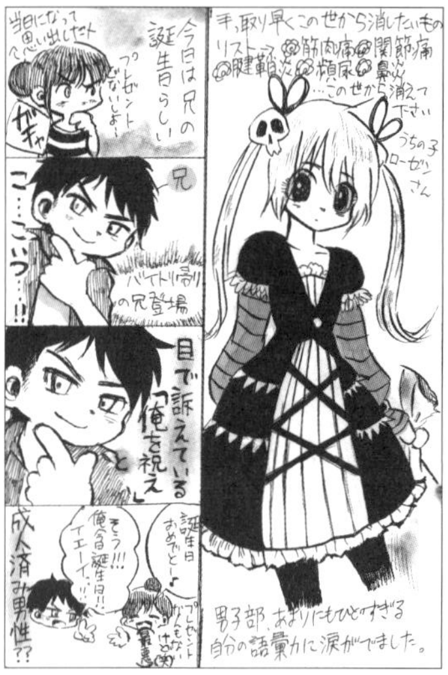

神奈川県・るりるり・38歳

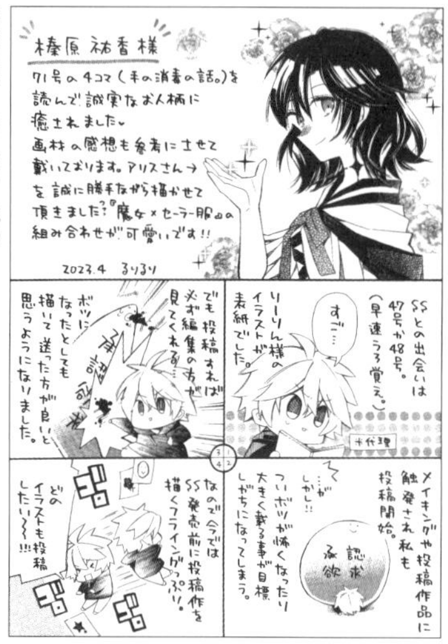

大阪府・ラブバード

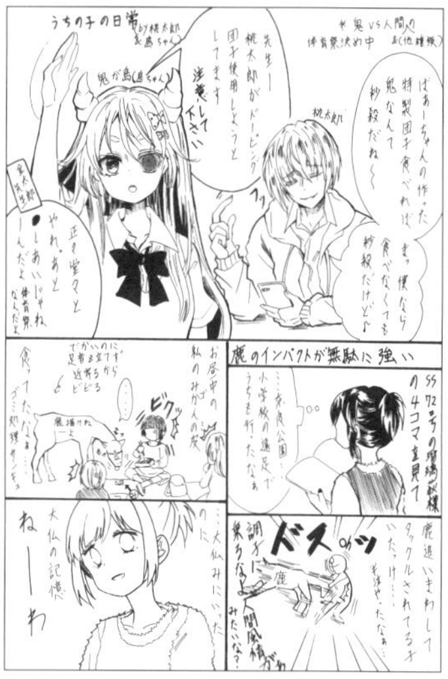

岩手県・あひるフロスト

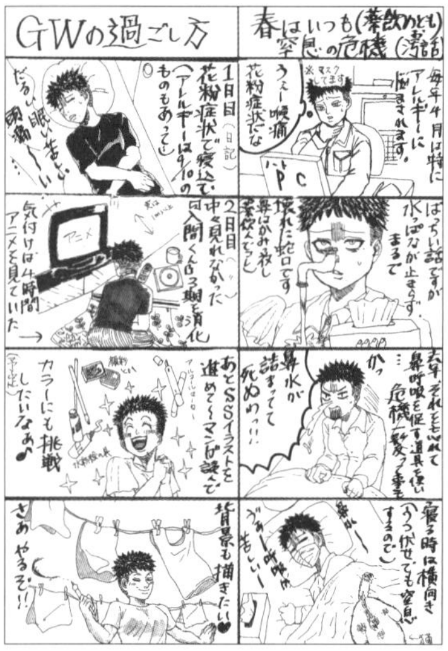

大阪府・ろん7

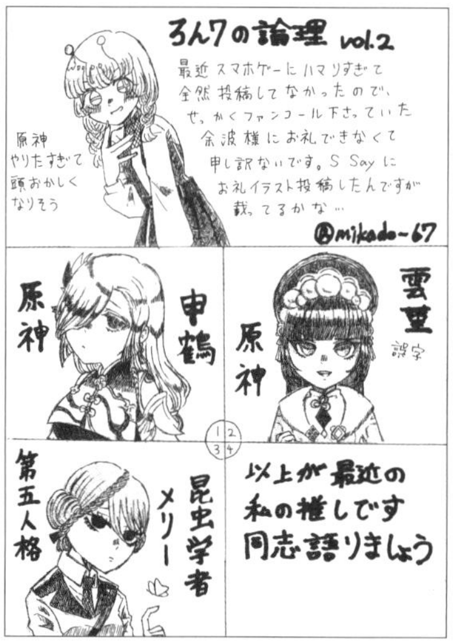

長野県・小林求・47歳

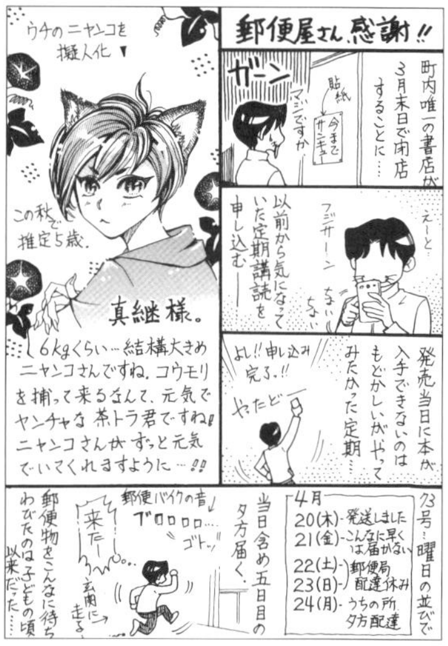

鹿児島県・鏡音ももこ・21歳

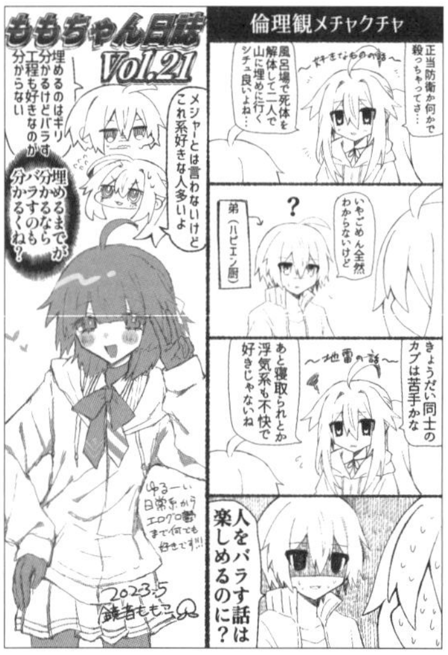

大分県・岡・14歳

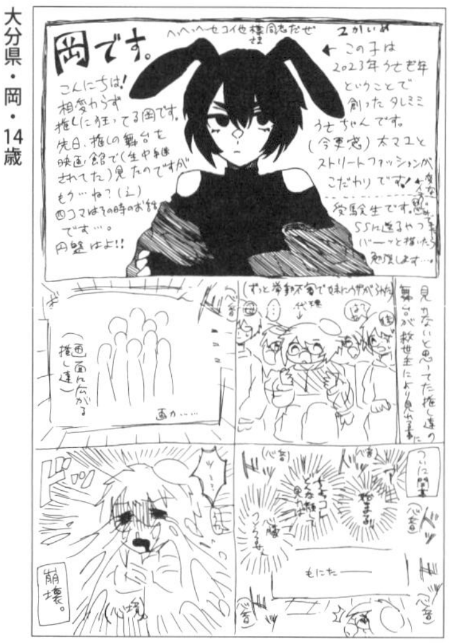

広島県・榛原祐香

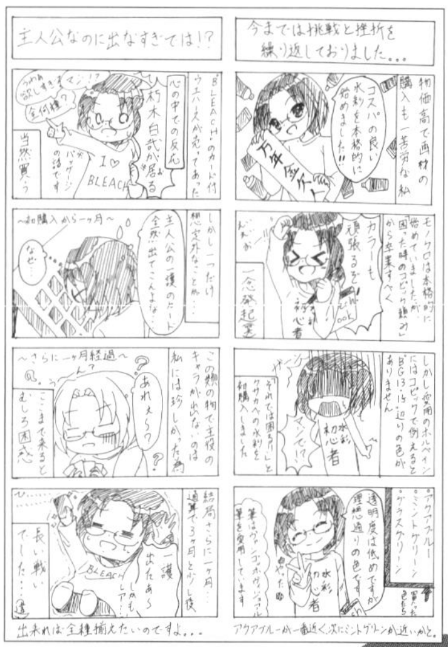

S SOMETHING

S SOMETHING

みんなの近況などを描いた四コマ漫画を紹介！

宮城県・秋津捨博・41歳

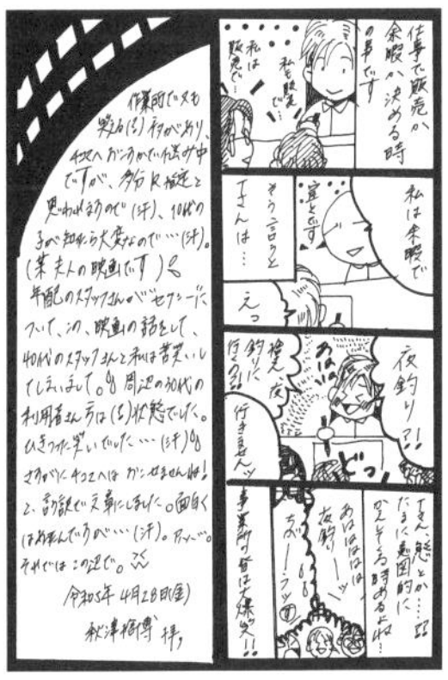

長崎県・I□○▲ムグラ

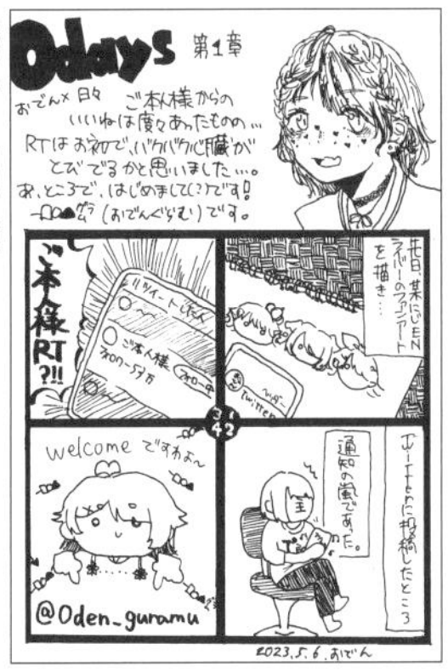

茨城県・瀬野侑也・14歳

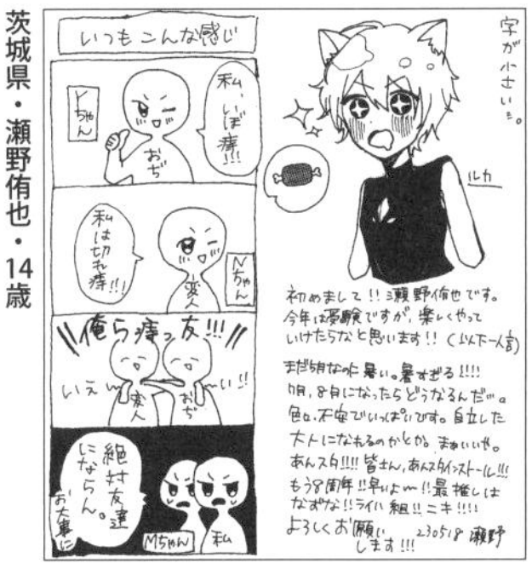

神奈川県・秋瀬・25歳

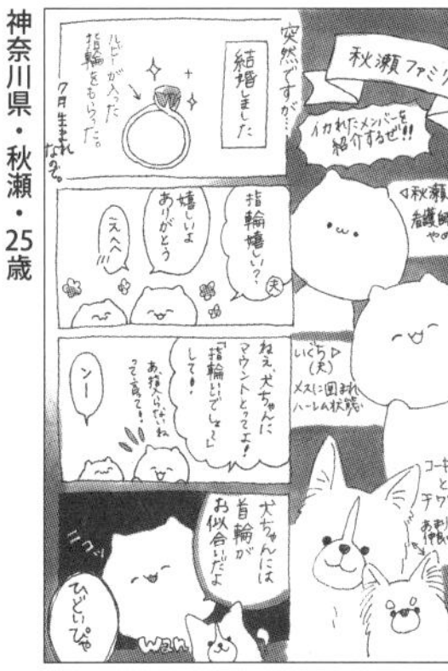

長野県・谷川りおん

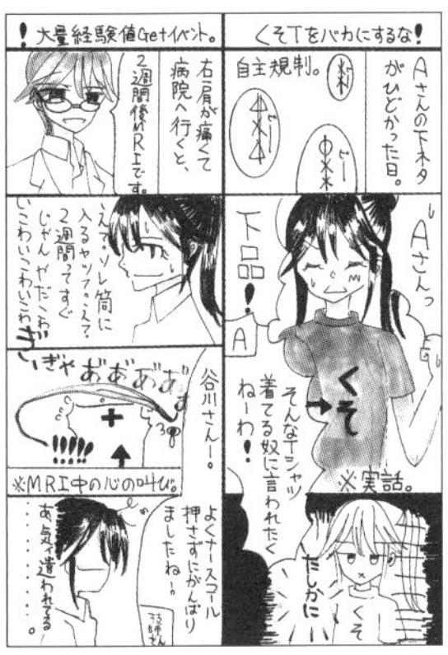

福岡県・ゆりら・29歳

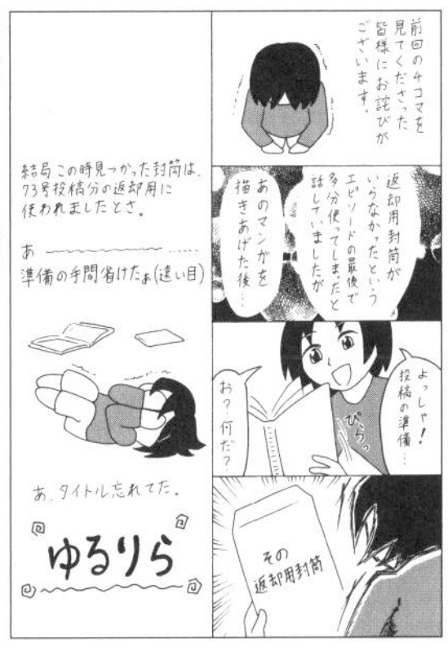

長野県・ニャンパネルラ

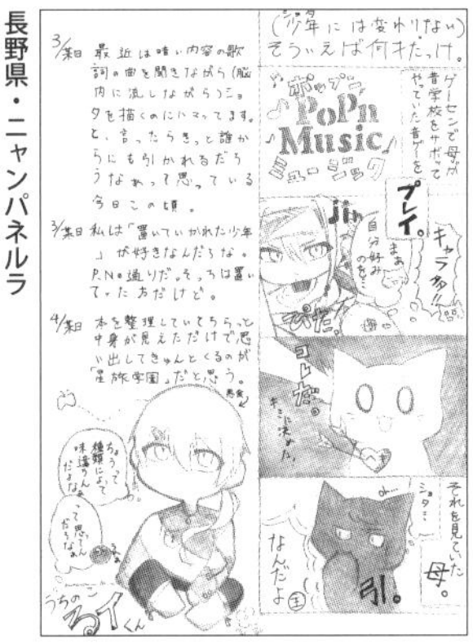

埼玉県・鮫之助

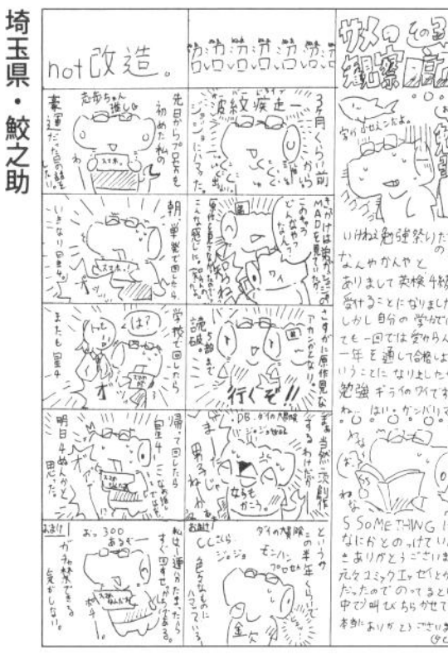

愛知県・瑠璃萩・12歳

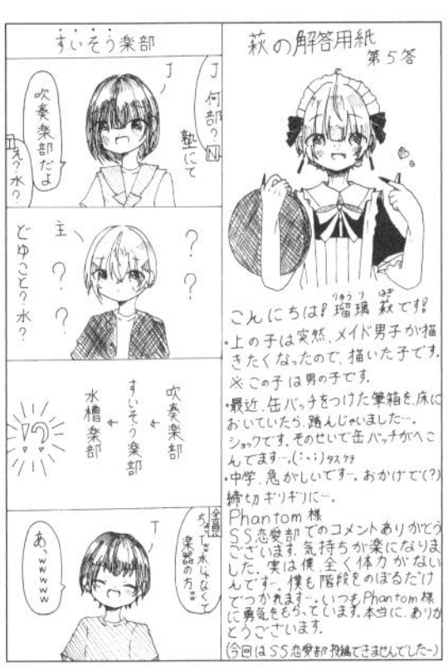

東京都・三田由子

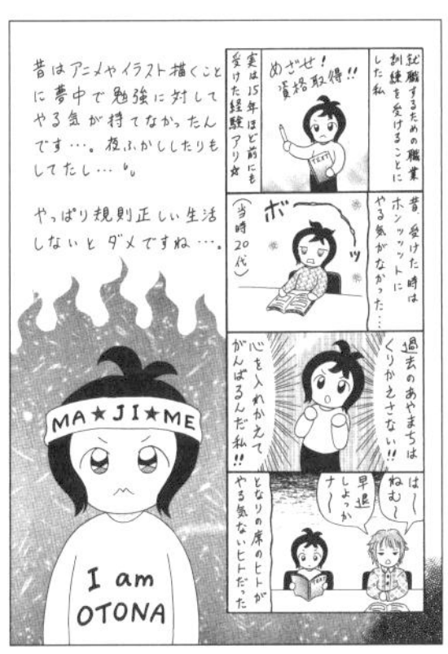

東京都・ひろくまひろみ

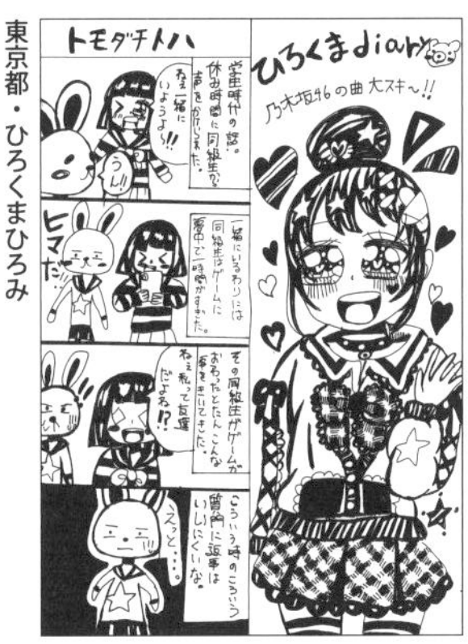

広島県・貴希

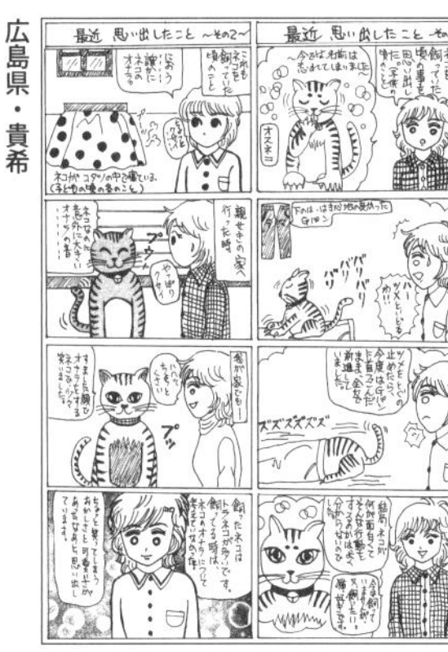

群馬県・RB

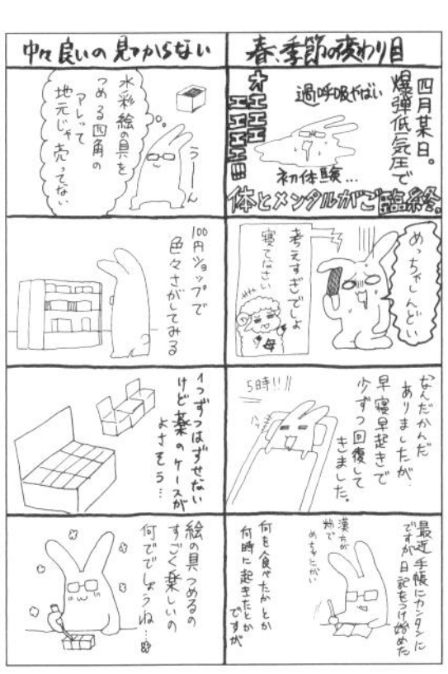

埼玉県・黎羽月零

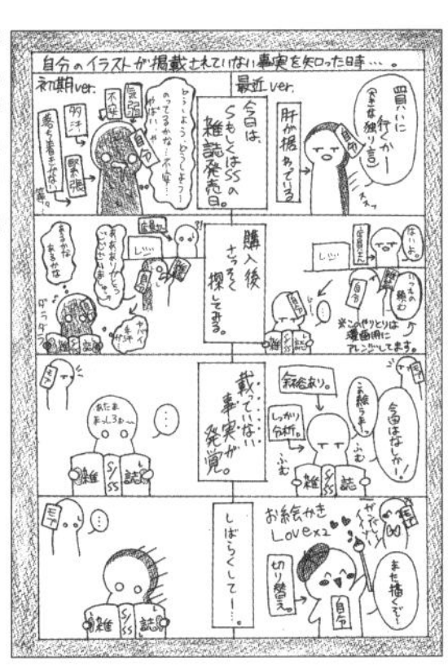

北海道・アカウサギ

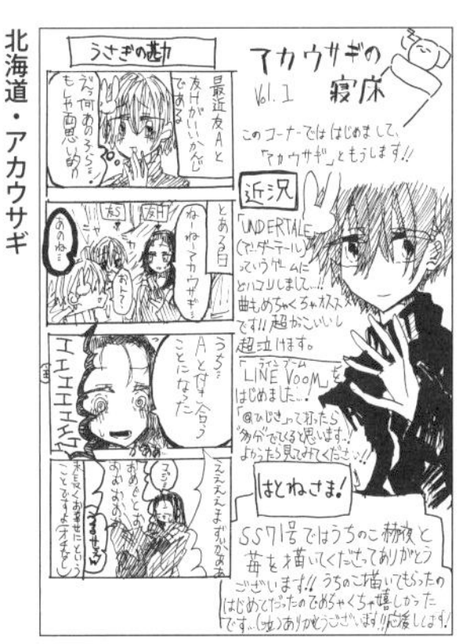

兵庫県・くろざとうぱんだ

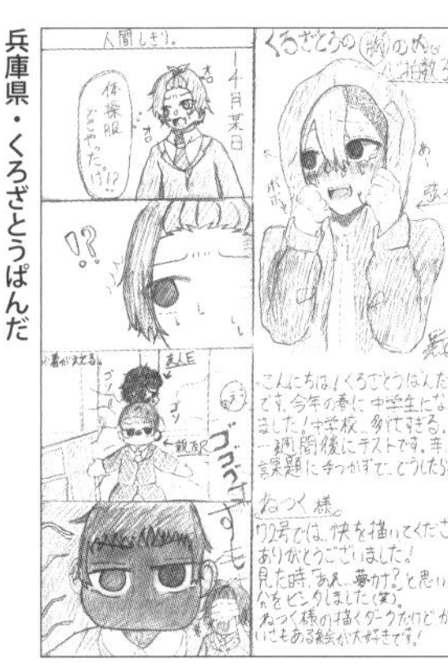

宮城県・流良戒

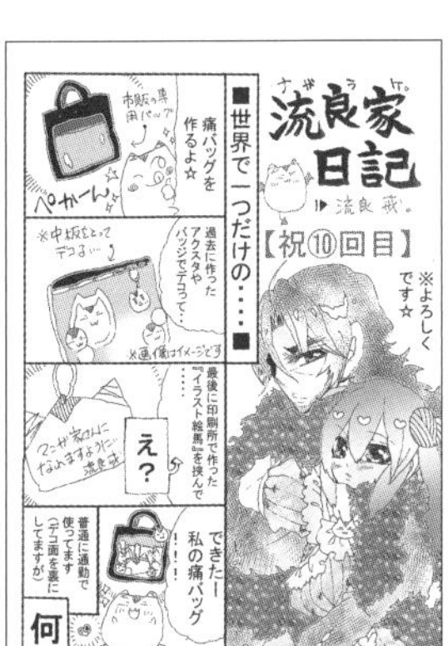

広島県・乙形四呉・17歳

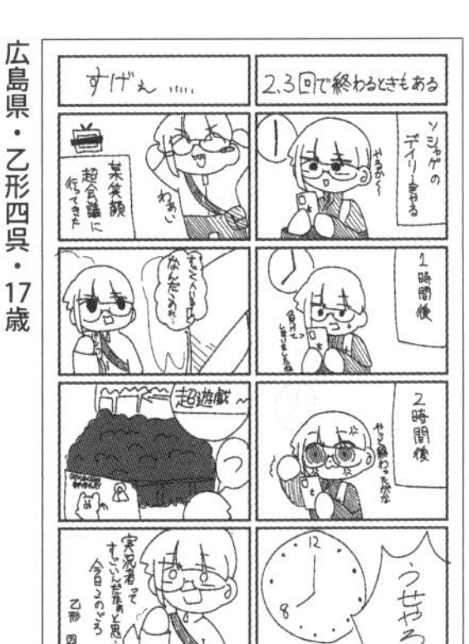

栃木県・はとね

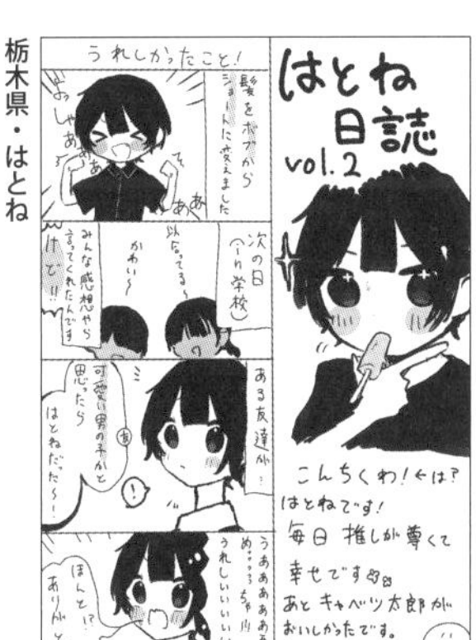

埼玉県・セコイセ

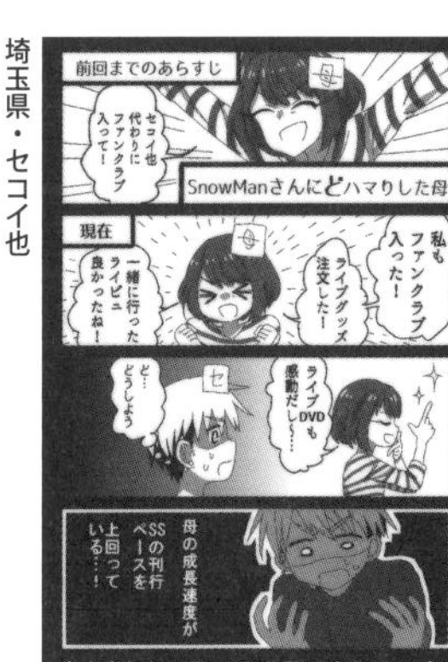

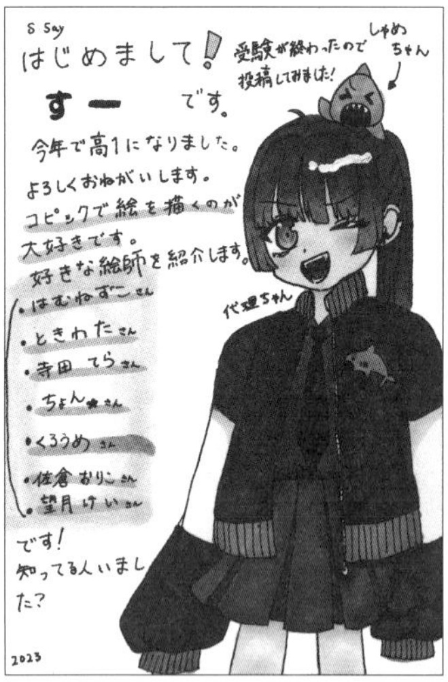

広島県・すー・15歳

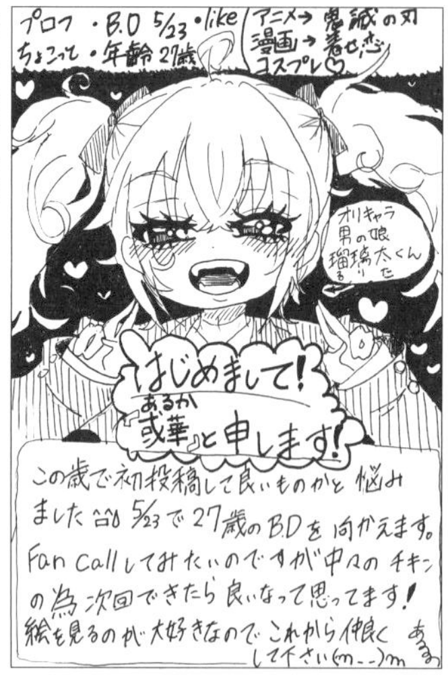

大分県・或華・27歳

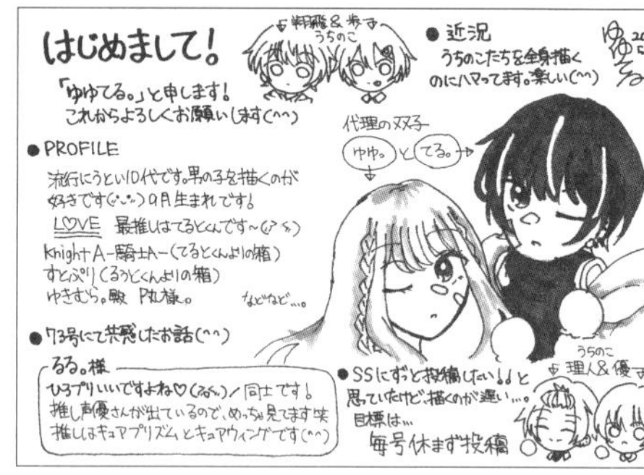

静岡県・ゆゆてる。

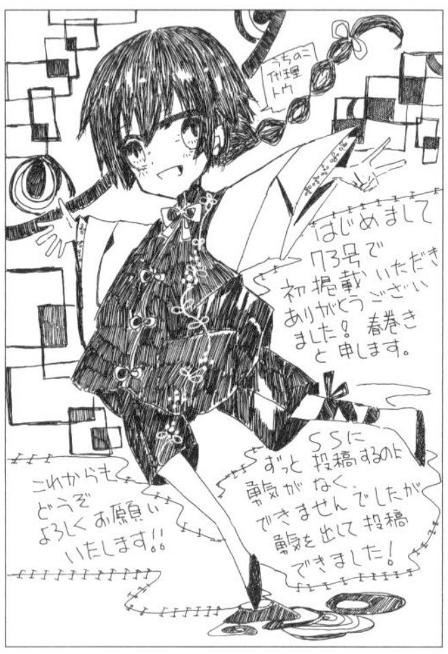

静岡県・春巻き

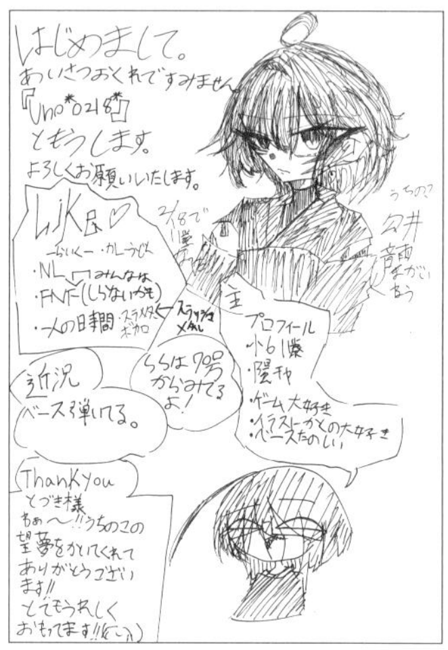

愛知県・Uno*0218*

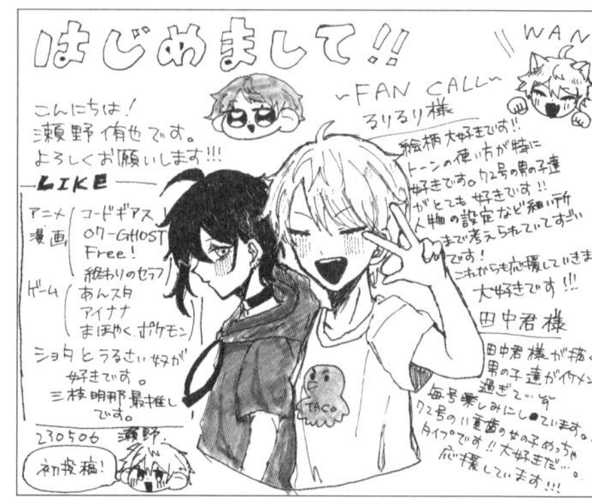

茨城県・瀬野侑也・14歳

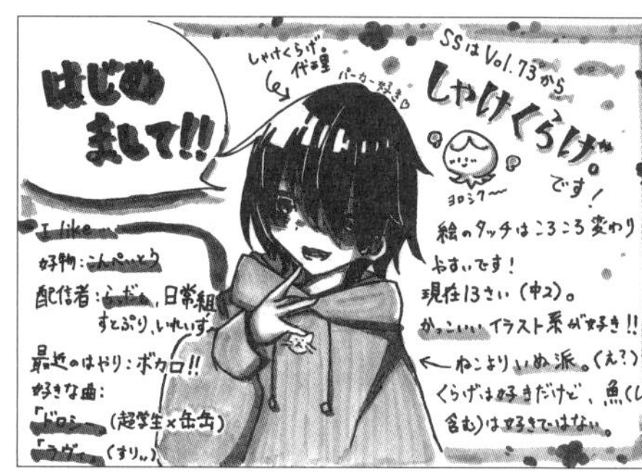

兵庫県・しゃけくらげ

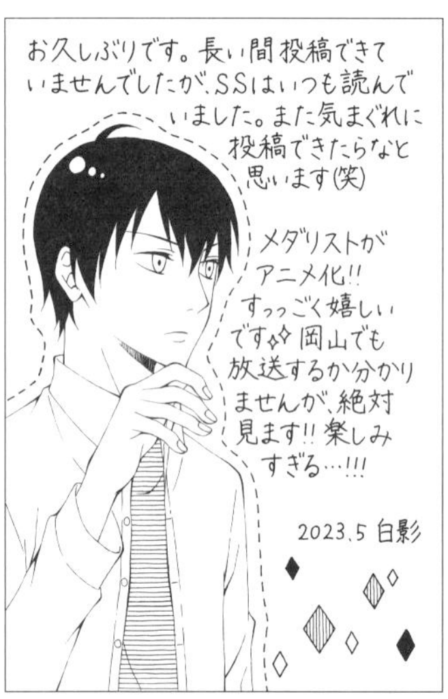

岡山県・白影

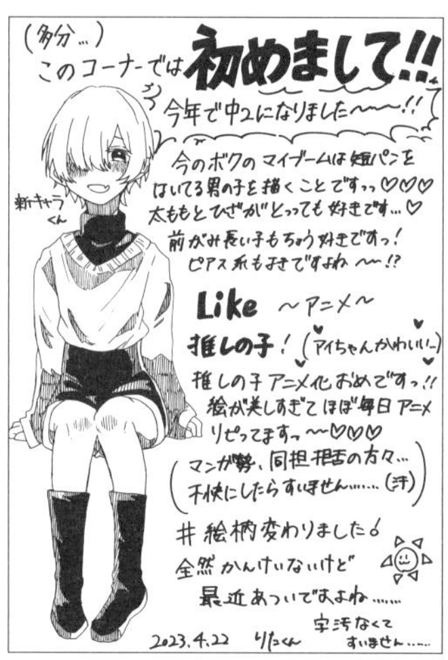

福岡県・リタ・13歳

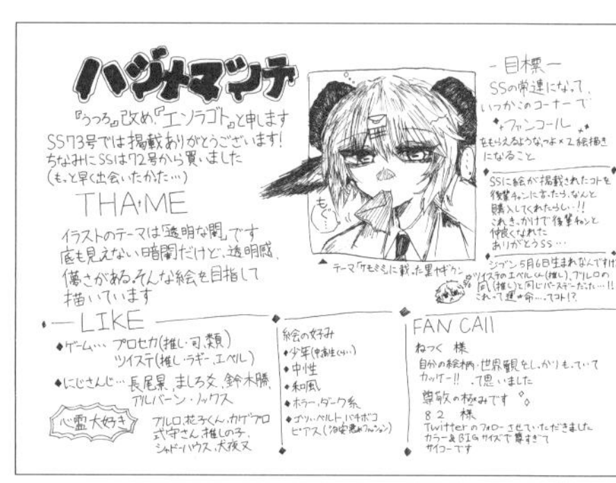

神奈川県・エソラゴト(うつろ 改め)・15歳

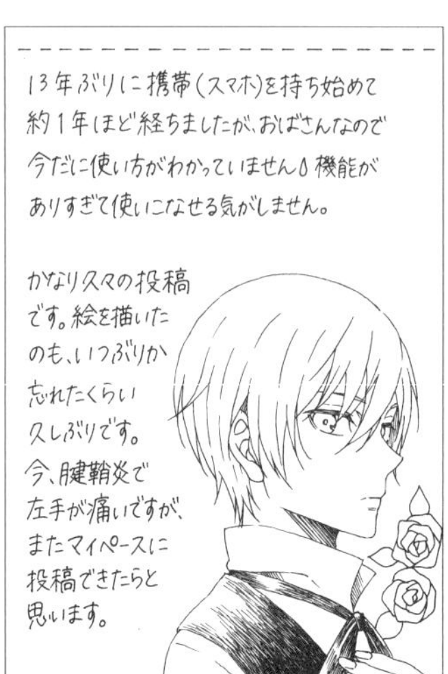

岡山県・黒風

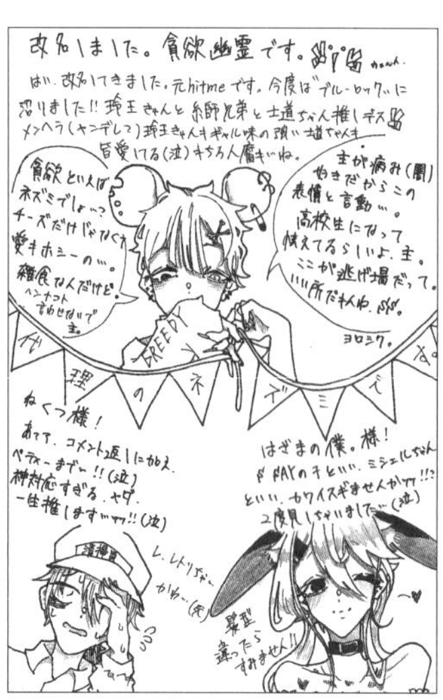

鹿児島県・貪欲幽霊(hitme 改め)

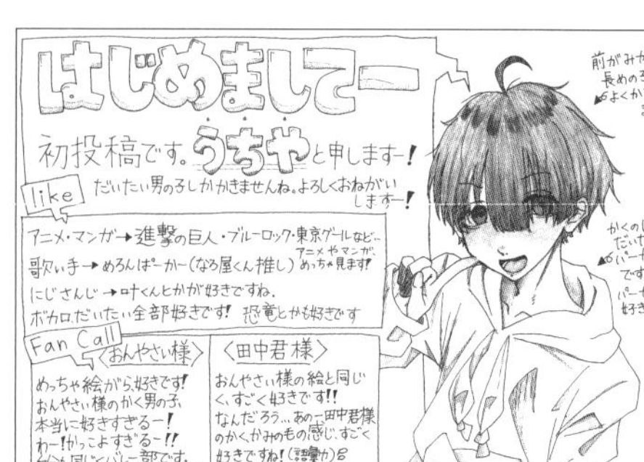

岡山県・うちや・12歳

S SAY

S SAY

フリートーク的な文字投稿コーナー。近況や、みんなへの報告などいろんな話題を紹介!

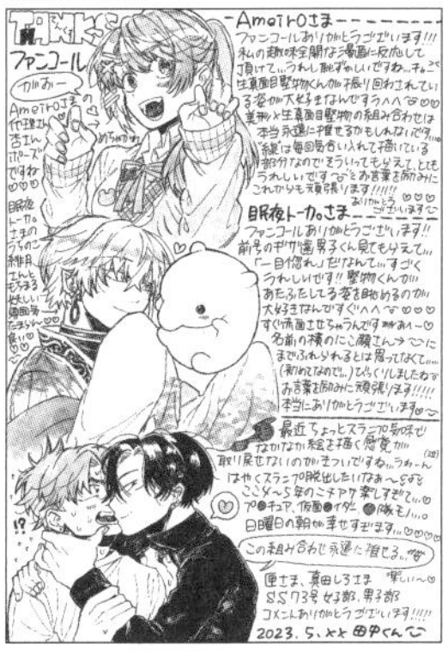

沖縄県・田中君

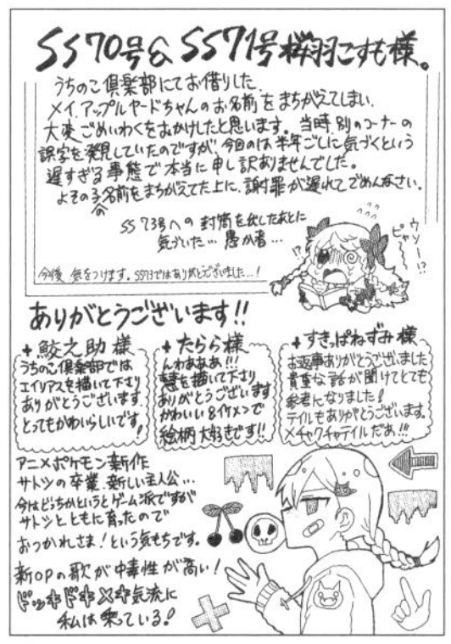

群馬県・RB

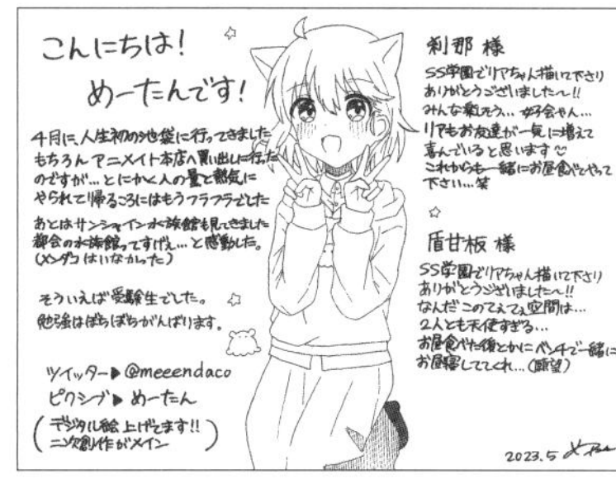

茨城県・めーたん・14歳

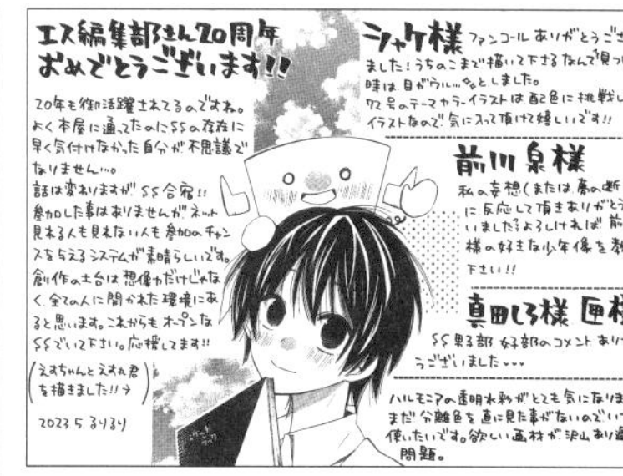

神奈川県・るりるり・38歳

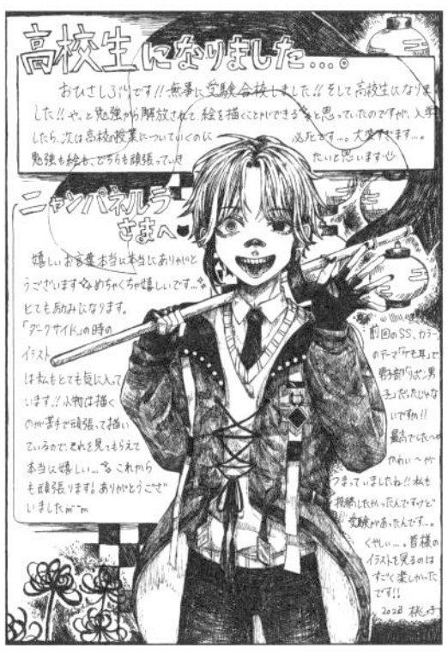

福岡県・桃っ子・15歳

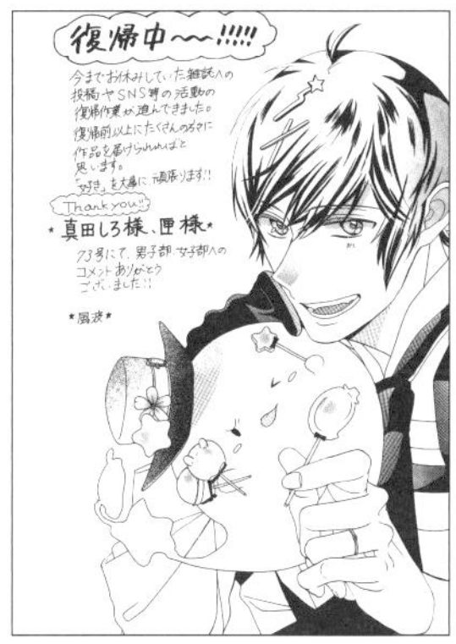

福島県・風波

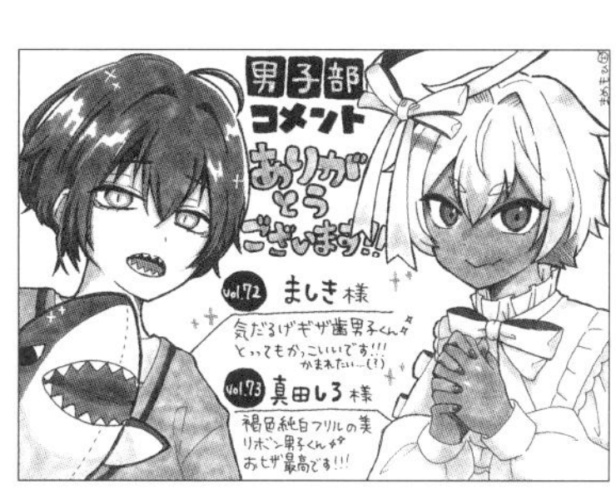

宮城県・まめもひ

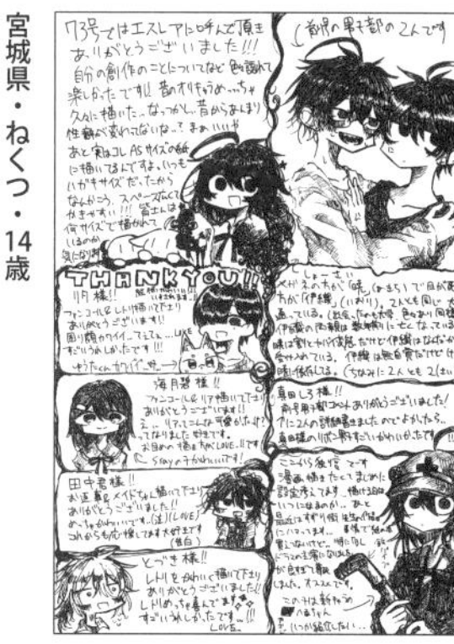

宮城県・ねくつ・14歳

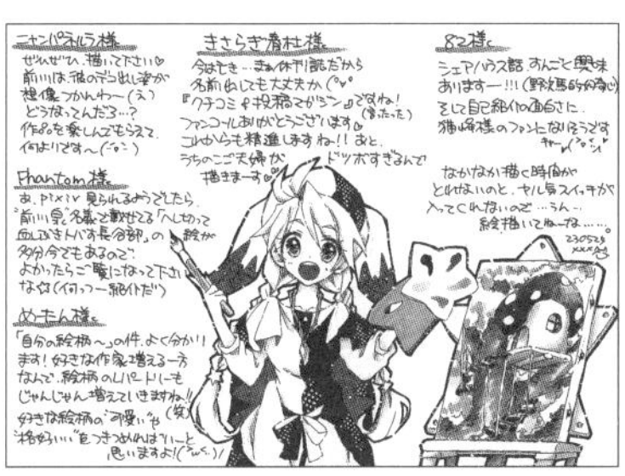

千葉県・前川泉

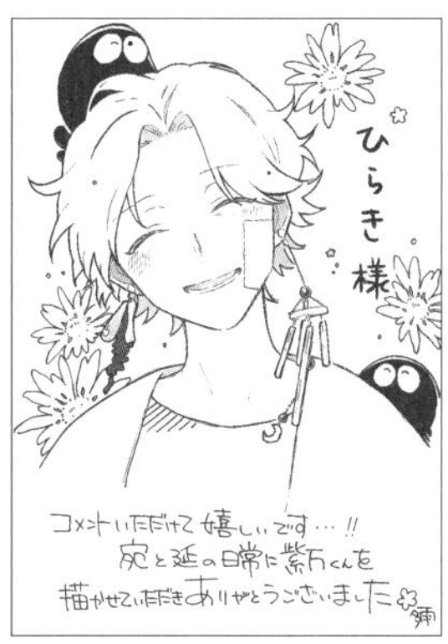

福岡県・多雨

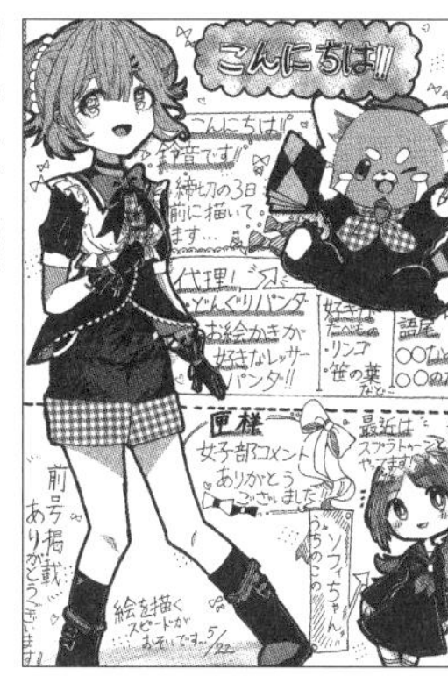

福岡県・鈴音・13歳

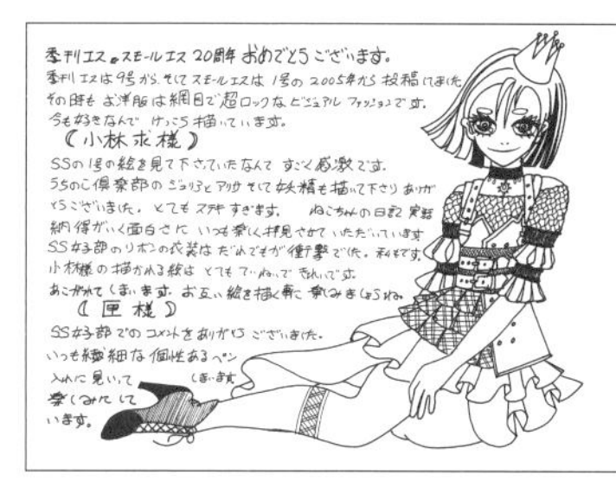

千葉県・武田和子・71歳

皆さん、こんにちは〜。SSナビゲーターの絵澄えすです。みなさんのお便りを紹介する「S say」のコーナーです。テクニックに関する質問から、近況報告、進路や絵柄についてのお悩みなど、文字投稿もぜひお送りくださいませ。

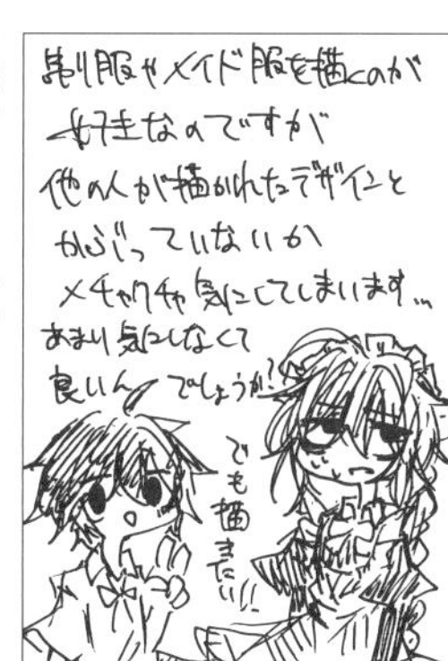

制服やメイド服を描くのが好きなのですが 他の人が描かれたデザインとかぶっていないか メチャクチャ気にしてしまいます… あまり気にしなくて良いんでしょうか?

宮城県・ねくつ・14歳

制服やメイド服などを描くときに、他の人とデザインがかぶってないか気になってしまう。確かにあとから似てると指摘されたら怖いです。

そうだね。そういった服はフォーマットがあるから、ある程度似てしまうかもしれません…。梨玖さんはどう思いますか?

梨玖 デザインの被りって気になってしまいますよね…。ですが、実際に街中の制服を着た学生さんたちを見ていると、制服にセーターやパーカーを着ていたり、スカートの丈の長さが違ったり、カバンにぬいぐるみをたくさん付けているなど、同じ学生さんでもその人の個性や特徴があるので、デザインの被りは気にしなくていいと思います! 好きなモチーフに愛情の気持ちを込めて楽しんで描いていきましょう!!

確かに! 良いお言葉です。好きなものを突き詰めて描くのが一番!

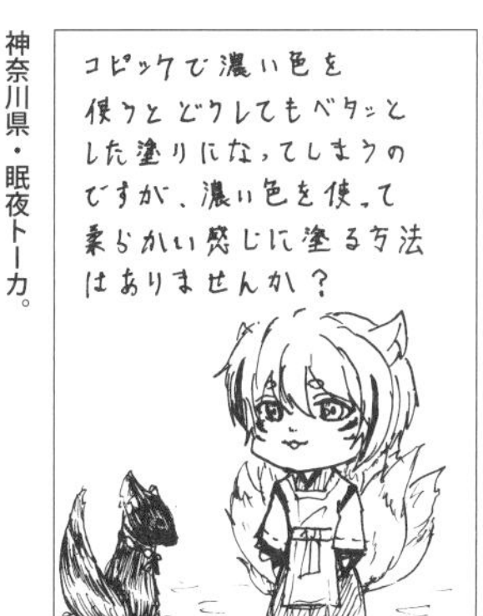

コピックで濃い色を使うとどうしてもベタッとした塗りになってしまうのですが、濃い色を使って柔らかい感じに塗る方法はありませんか?

神奈川県・眠夜トーカ

濃い色をやわらかい感じに塗る方法…難しそうです!

確かに濃い色は紙によく定着しますもんね。これは今回メイキングをしてくれた梨玖さんに聞いてみましょう。

梨玖 コピックの濃い色を扱うの大変ですよね。塗り間違えて0番でぼかしても修正が難しくて苦戦しています。単色だとベタッとなりがちなので、濃い色と中間の色や二〜三色を組み合わせてグラデーションをして柔らかい表現をしています! 濃い色は控えめに塗って中間色を多めに塗ったりしています。一定方向にはらうようにして塗ると上手くいきやすいです。

なるほどです〜。塗りたい色が青だったとして、番号でいうとBです。濃いのはB29がウルトラマリン。Bの数字を下げてB24のスカイを塗り、薄いB00へつなげてグラデーションする方法がありますね。実際は皆さんこのように、同系色で「濃い・薄い」数本を用意して重ねてつなげて、やわらかいグラデーションを出していると思います。その場合も濃い色は存在感が強いので、ちゃんと目立ちます。試してみてください〜。

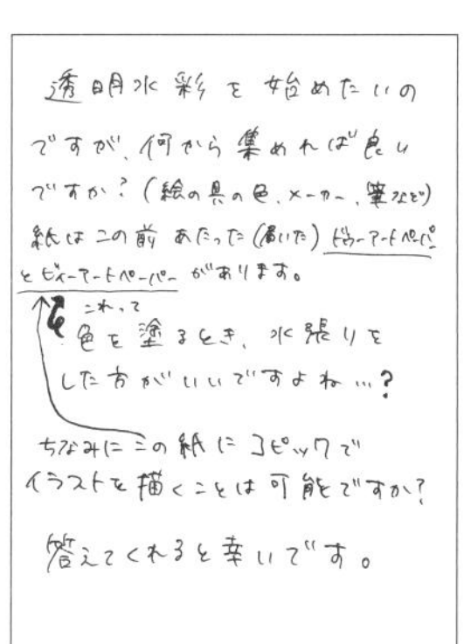

透明水彩を始めたいのですが、何から集めれば良いですか?(絵の具の色、メーカー、筆など)
紙はこの前あたった(届いた)ドローアートペーパーとビィーアートペーパーがあります。
これって色を塗るとき、水張りをした方がいいですよね…?
ちなみにこの紙にコピックでイラストを描くことは可能ですか?
答えてくれると幸いです。

愛知県・佳月白・14歳

水彩を描くために集めるものですね。

絵具、筆、紙などいろいろ必要ですよね。伸紅さんに聞いてみましょう。

伸紅 私はそもそも学生の頃、不透明水彩をつかっていて、そこから透明水彩に移行しました。なので、筆などは学校のものを使用していました。それ以外で言うと、ぺんてるの絵具セット18〜24色くらいの(廃盤)をまずは買って、次に水彩紙です。絵具は、ぺんてるをセットで買ったから、そこで足りない色をホルベイン絵具で単色で追加しました。も

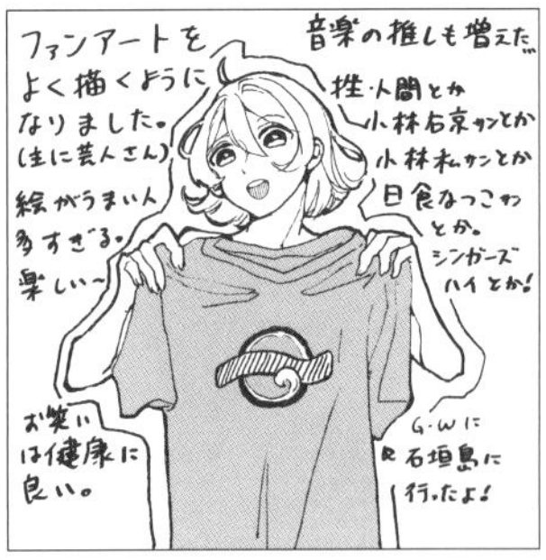

京都府・あはちゃ・18歳

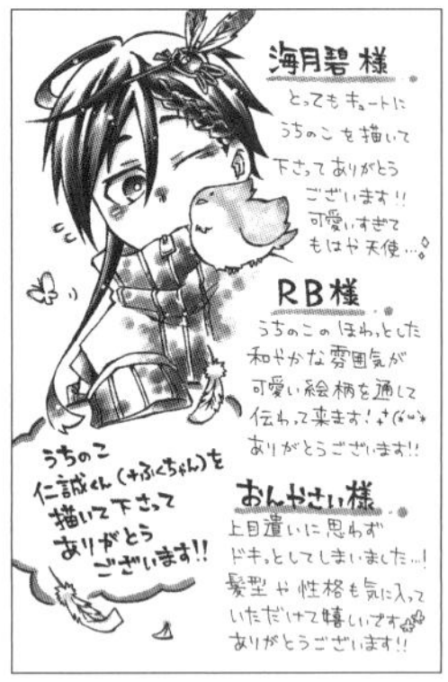

新潟県・真継

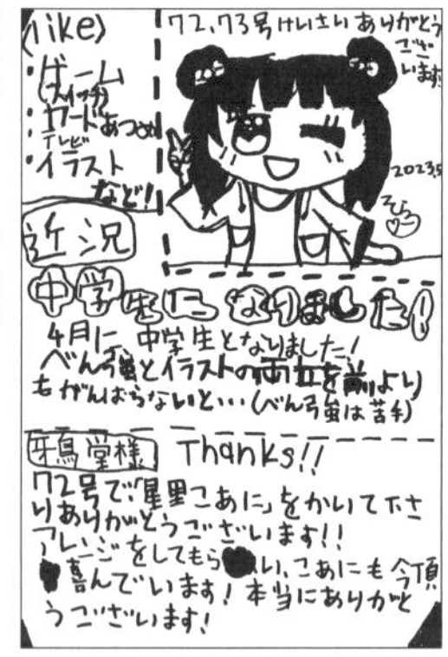

岐阜県・そらころ。・12歳

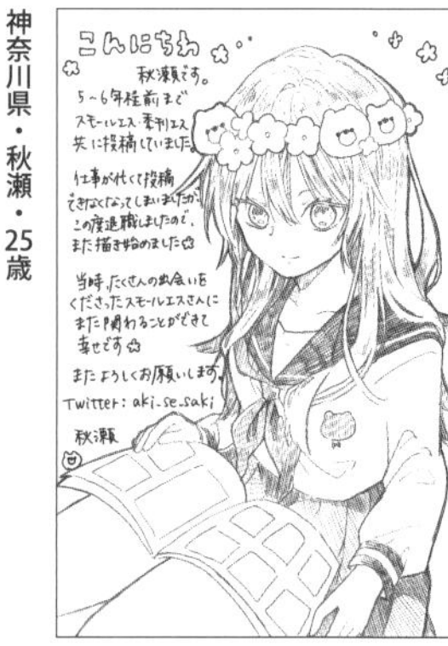

神奈川県・秋瀬・25歳

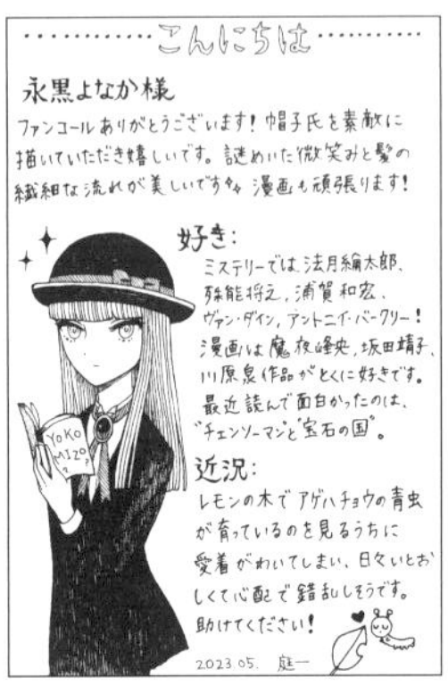

石川県・庭一

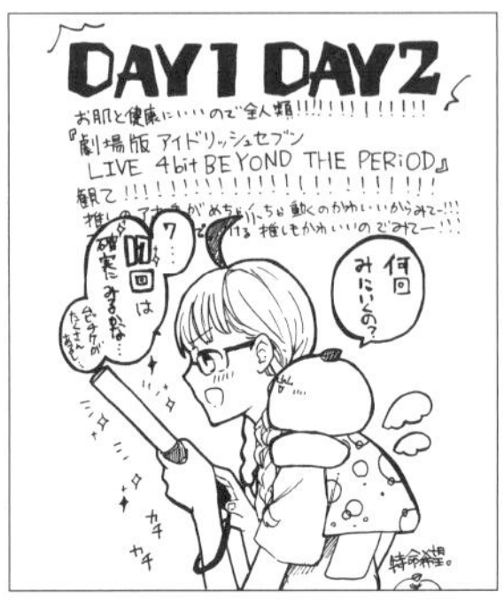

東京都・特命希望。

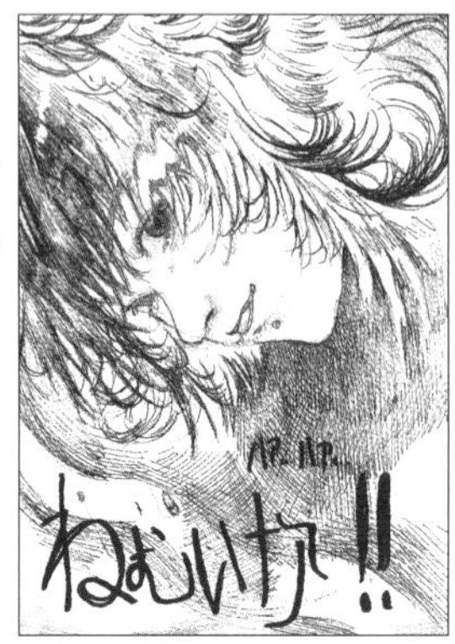

東京都・右膝認・18歳

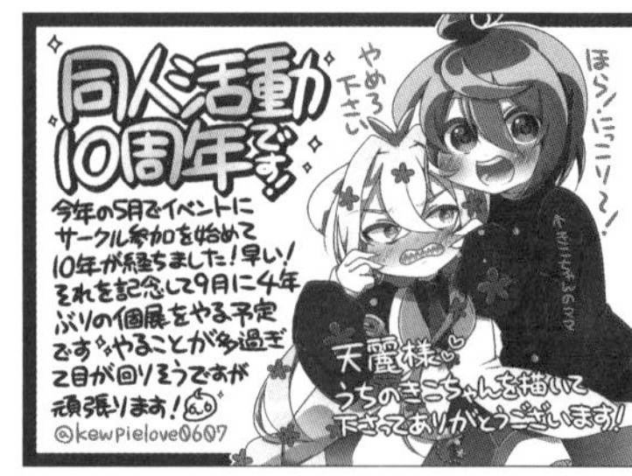

茨城県・練乳。

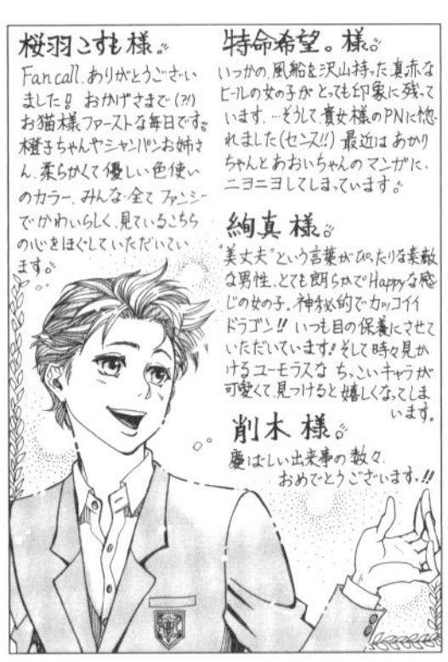

長野県・小林求・47歳

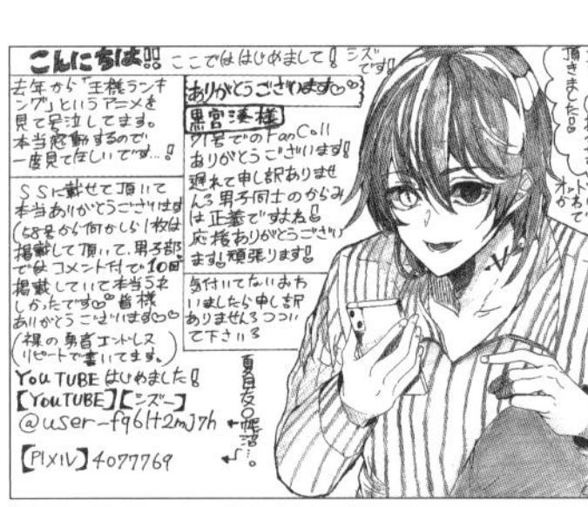

北海道・シズ

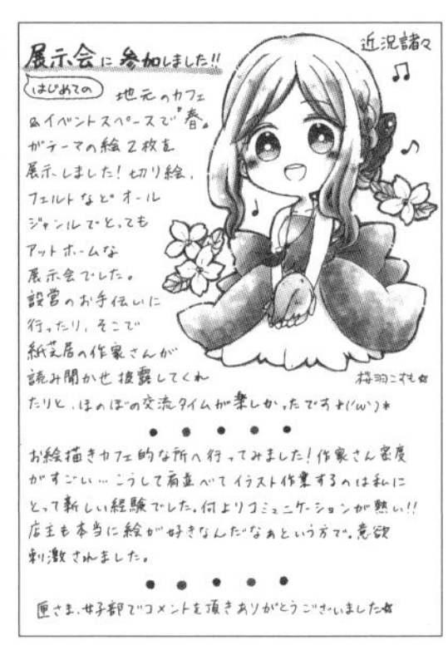

兵庫県・桜羽こすも

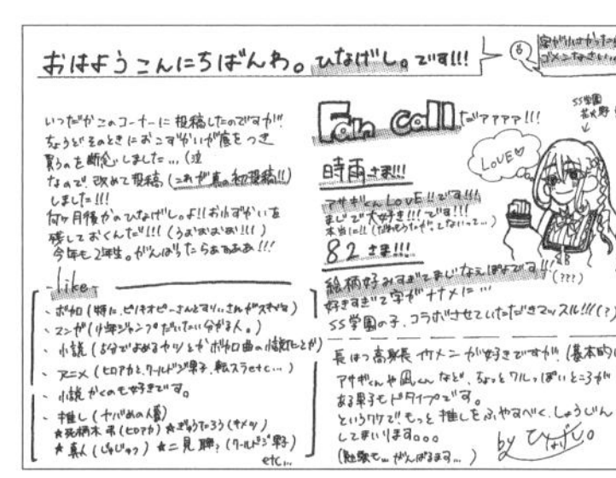

静岡県・ひなげし。・13歳

しくは推しのモチーフの色や好きなキャラの色を単色で買ってみてもいいかもしれません。それまではマルマンのスケッチブックでしたが、ホワイトワトソン水彩紙やヴィファアール水彩紙を買うようになりました。水彩境界の出方や色の伸びの違いに感動しました。ホワイトワトソンは紙が白く発色が良いです。ヴィファアールは紙は弱いので、消しゴムをたくさんかけてしまう人は別の紙がいいかもしれないです。私は、水がびちゃびちゃになるくらいまでの水分量で色を塗ったりしないので、水彩紙は水張りをしません。紙が歪んだときは上から重石を乗せて、平たくします。水張りは、時間や環境があれば、やるのはオススメですが、趣味で手軽にキャラクターを描くだけならしなくてもいいと思います。背景をがっつり描く人はやった方がいいと思いますが、水張りが苦手ならブロックタイプの水彩紙をつかうのがオススメです。

伸紅さんありがとうございます！　紙や絵具を答えてくれたので、筆を補足します。最初は化学繊維（ナイロンやポリエステル）と動物毛の混毛が使いやすいと思います。一般的に動物毛は水を含みやすく、化学繊維はコシがある。筆はこの両方が大事なので、両立した混毛はオススメです。リセーブルやヴァンゴッホ水彩筆があります。数百円です。慣れてきたら品質の良い動物毛で高価なラファエルを使う人も多いです。参考になさってください〜。

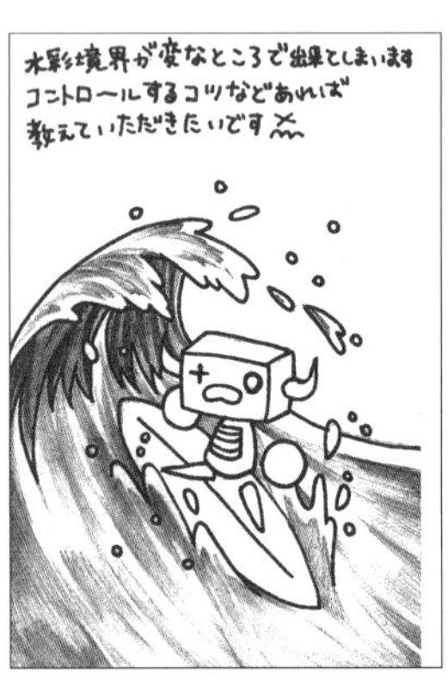

東京都・きょんすこ

えす丸がサーフィン！　絵具の海に流されているのかな。ミクロえす丸だ。この果てに水彩境界があるんだね…。絵具が乾いたら出てくるやつですね。

そうだね、絵具が紙に定着したら、境界線に水分が溜まってフチのようになる現象で、今はCGでもよく表現されているね。伸紅さんはどう思いますか？

伸紅　私は顔によく水彩境界ができてしまうのですが、上から水筆で水彩境界をなぞってぼかします。あまり水分量が多いと色が溶けすぎてしまうので、水分量にすごく気をつけてぼかします。あとは、水を敷いた範囲に色水は広がるので、その濡れた範囲の端に水彩境界ができるもの。その範囲を理解していれば、思わぬところに色の境界線ができることは防げるのではないでしょうか。そのために、水を敷く範囲、紙が濡れている範囲を把握することが大切かと思います。図示してみます！

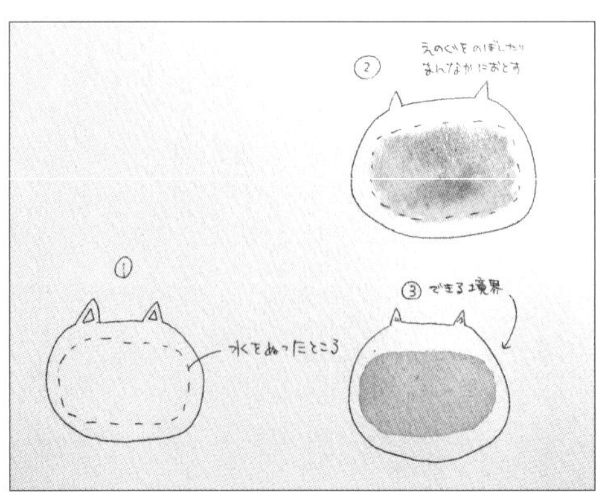

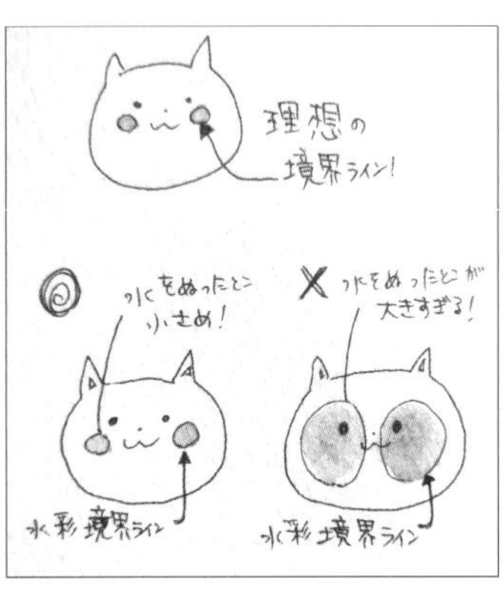

右側の図は、1、2、3の順になっていて、あらかじめ水を塗ったところに、絵具が定着してくれるということですね。左側の図では、理想の境界ラインになるように、小さめに塗るほうが、ハミ出るなどの被害を

S SAY

フリートーク的な文字投稿コーナー。近況や、みんなへの報告などいろんな話題を紹介！

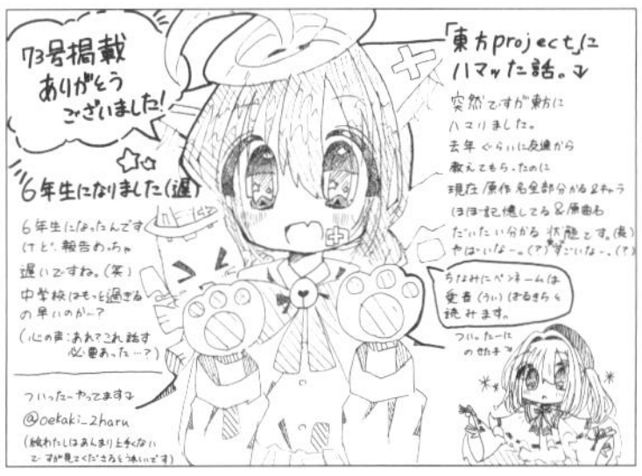
奈良県・愛音はるきち・11歳

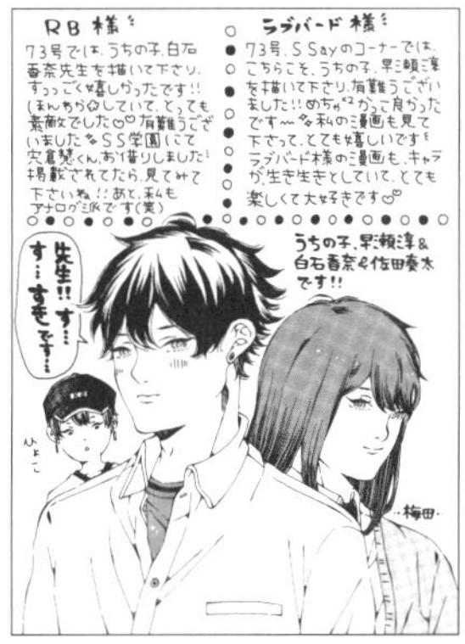
福岡県・梅田

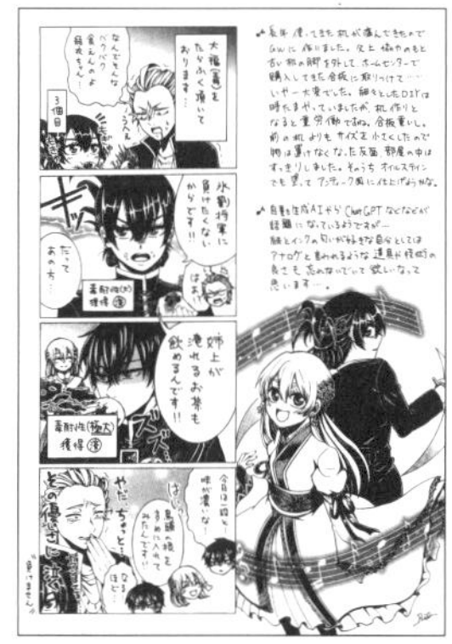
神奈川県・璃緒

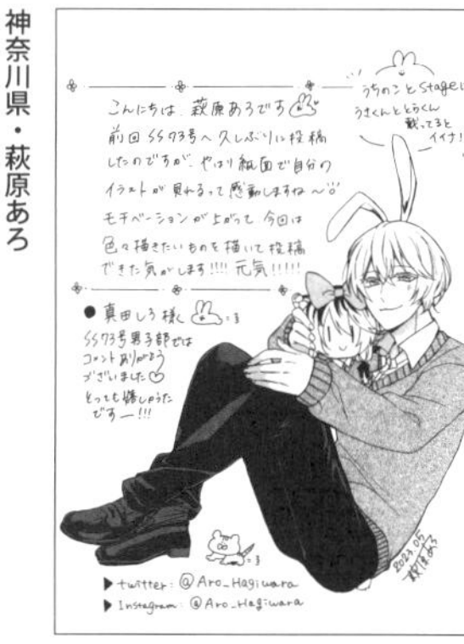
神奈川県・萩原あろ

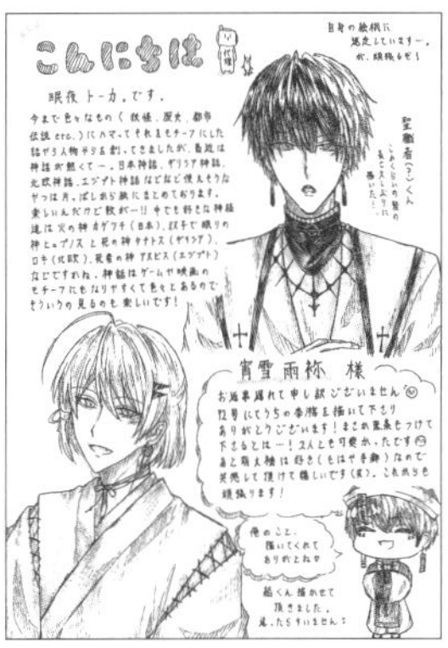
神奈川県・眠夜トーカ

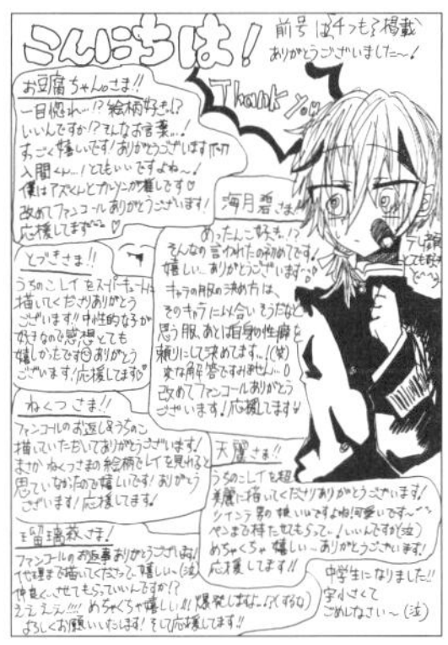
北海道・アカウサギ

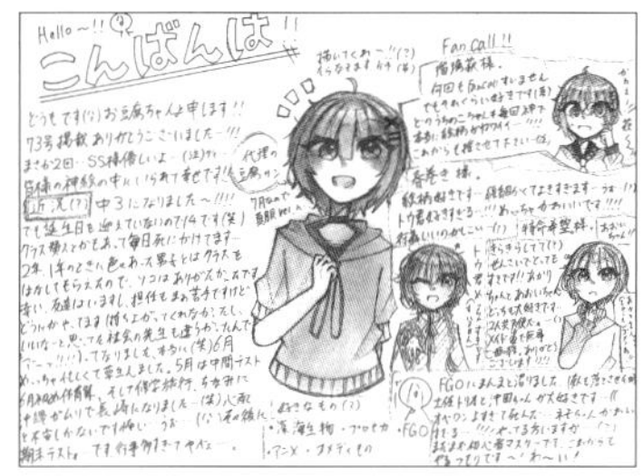
大阪府・お豆腐ちゃん。・14歳

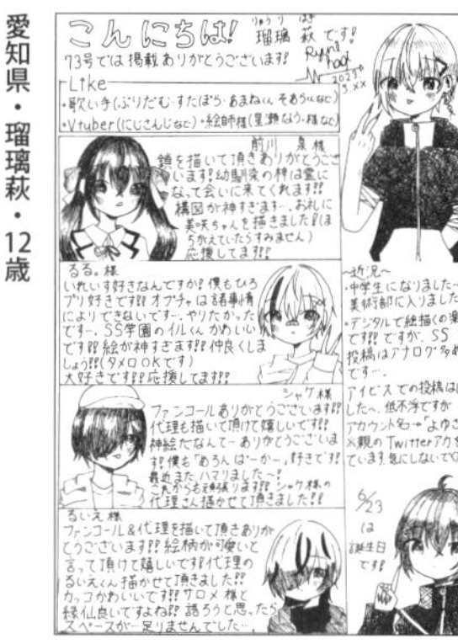
愛知県・瑠璃萩・12歳

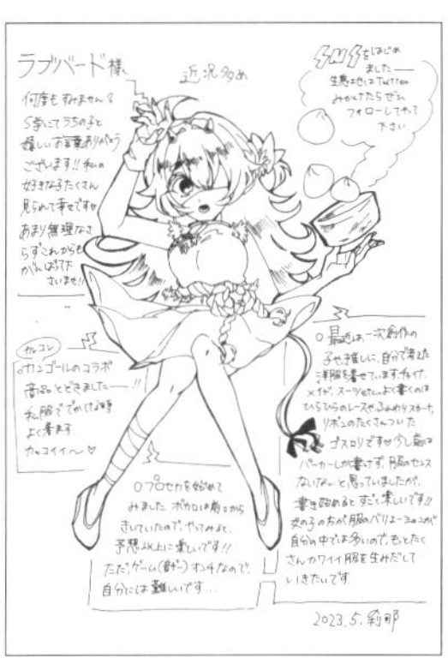
宮城県・刹那

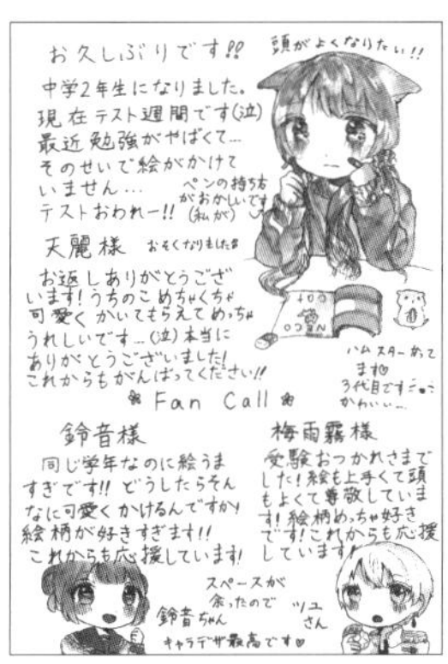
埼玉県・猫音ここ・13歳

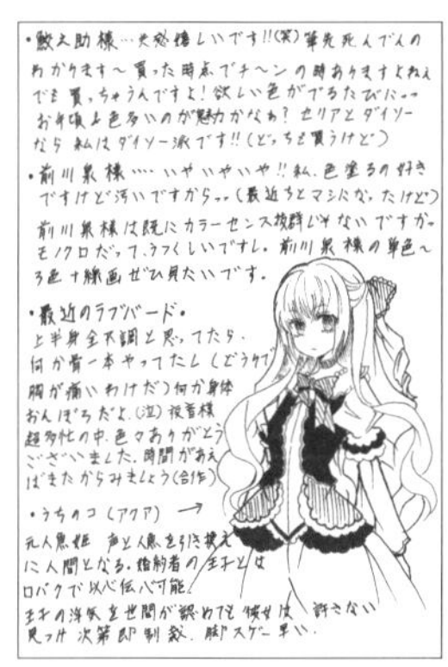
大阪府・ラブバード

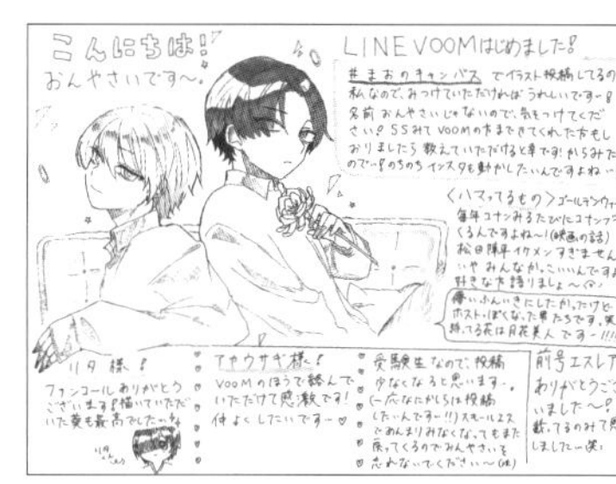
和歌山県・おんやさい・15歳

抑えられるということですね。ありがとうございます〜。

伸紅　そうですね。ただ、水彩絵具は、予期せぬにじみができることが楽しさの一つかと思います！

それもそうですね。正確に描きたいところもあるでしょうけど、同じくらい偶然に絵具の色が動いていくのも楽しいもの。ぜひ水彩を楽しんでくださいませ〜。

東京都・山吹綾

色をデジタルで塗るとベタ塗りになって色の変化をつけられないんですがどうしたら変化をつけられますか

デジタルで色の変化をつける…。どういうことですかね。

デジタルだと、塗ると1色がきれいに色づきますよね。だから上着が赤、パンツが青とか、不自然なほど機械的になることもあると思います。夏目レモンさん、82さんに聞いてみましょう。

夏目レモン　色の変化をつけるポイントは、色相をずらすことだと思います。カゲ色を選ぶときはカラーサークルをベースの色から少し離して色幅をつけてみましょう。寒色系にずらすとわかりやすいです。そしてはっきりさせる部分と、馴染ませる部分を作ると、ベタ塗り感から脱出できると思います！

ありがとうございます！例えば一枚の絵の中で、リボンや小物など小さい面積ははっきりベタ塗りっぽくピンクにして、ワンピースなどの広い面積では、水色がいくつかの階調でグラデーション状に馴染んだようにするとか、塗りのタイプが混ざっていると、変化に富んだ画面に見えますよね。82さんはいかがですか？

82　カゲやハイライトを1か所塗るだけでも細かくたくさんの色を入れると、パキッとした塗りでも結構手の込んだ塗りに見えると思います！あとはテクスチャの入ったブラシやガサガサとしたアナログっぽいブラシを使うと色をたくさん使わなくても厚塗りっぽく見栄えが良くなる気がします！

なるほど。カゲやハイライトの色を工夫する。これはイラストレーターさんの作品を観察してみましょう。暗めの箇所に、紫、青、赤が入ってたりします。あとは反射光として、植物がそばにあると、緑色をうっすらキャラにも入れたりします。いろいろ試してみてくださいませ〜。

鹿児島県・KMB・38歳

大人になってから突然思い出した子どもの頃の記憶ってありますか？封印されてたトラウマを思い出してしまい、つらい…

ずっと忘れていたことを思い出すことってありますよね。私もけっこう悲しいことを急に思い出したことあります！

僕はロボだから、出会った少年は全部おぼえているくらいに記憶装置はあるけど、人間は忘れちゃうよね。それが何かのきっかけでよみがえったりすると聞きます。夏目レモンさんはどうですか？

夏目レモン　突然思い出しはしませんが、頭の隅に残っているのは小学校の女の子グループ同士の服装チェックですね。毎日変に見られていないか気にしながら服を選んでいたので、当時は自分の容姿を見られたり、写真を撮られたりすることが苦手でした。高校生あたりから「自分の好きな色とかテイストってこうかも」と思い、好きなようにし始めたので、今は服を選ぶのは大好きです。

女子同士の服装チェック！キビシイ世界。私は耐えられるかな…。82さんはどうですか？

82　突然思い出した記憶ですか！最近絵のデータを整理していたんですが、中学生の頃に友人たちと「〇〇軍」みたいな組織を結成して、軍曹だの大佐だの称号つけて名乗っていたログが出てきて、全てを思い出し、危うく気絶するところでした！他も黒歴史しかなかったです！

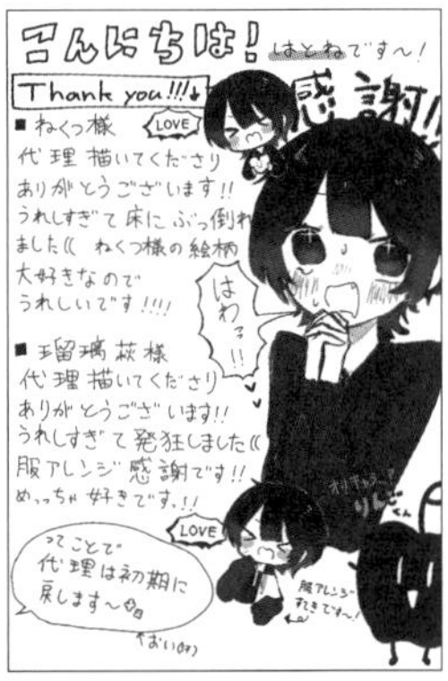

栃木県・はとね

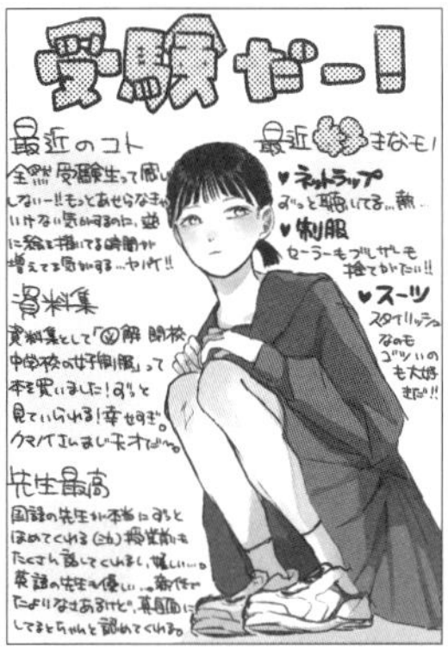

石川県・かさぶた・14歳

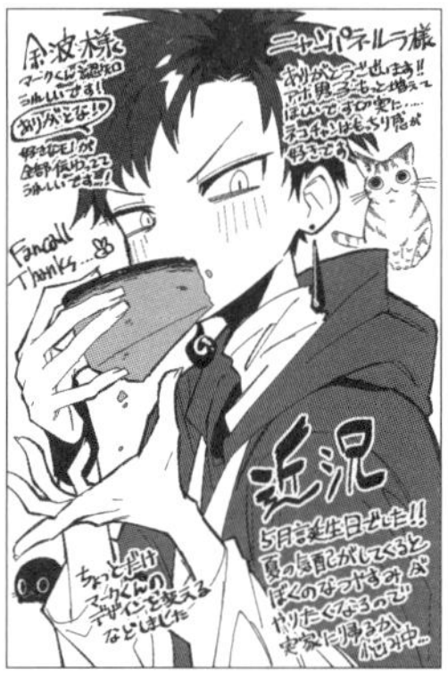

埼玉県・82

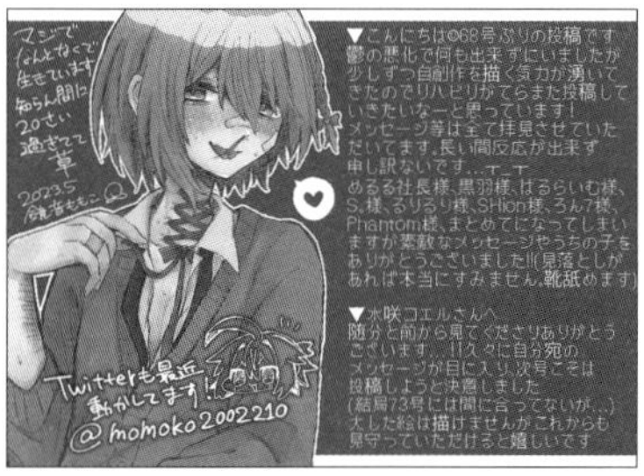

鹿児島県・鏡音ももこ・21歳

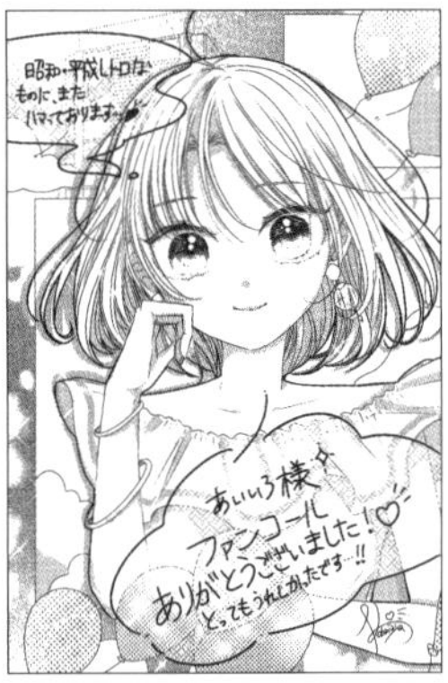

大阪府・紅梅アヤ

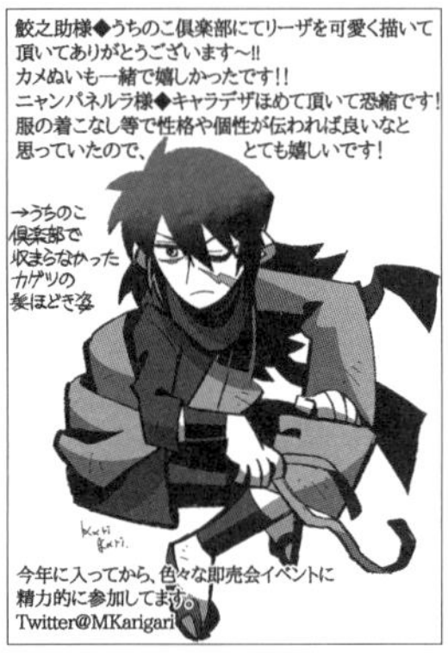

東京都・かりがり

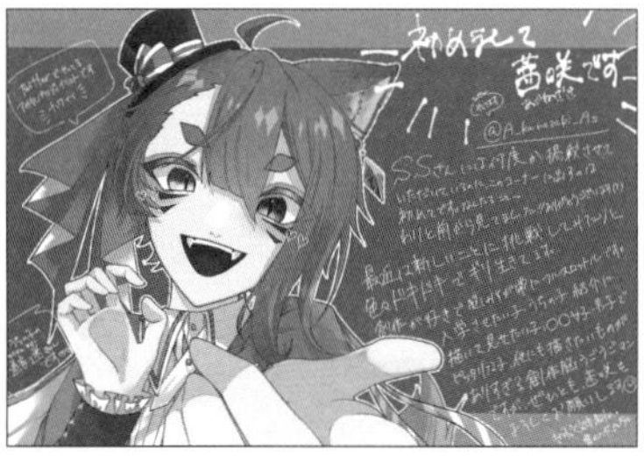

新潟県・茜咲

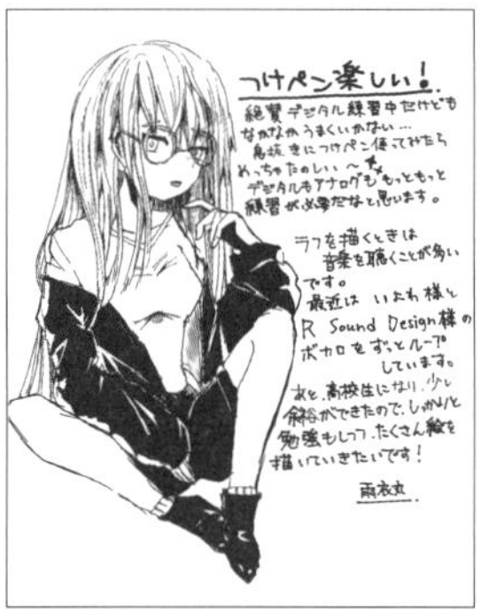

福岡県・雨衣丸・15歳

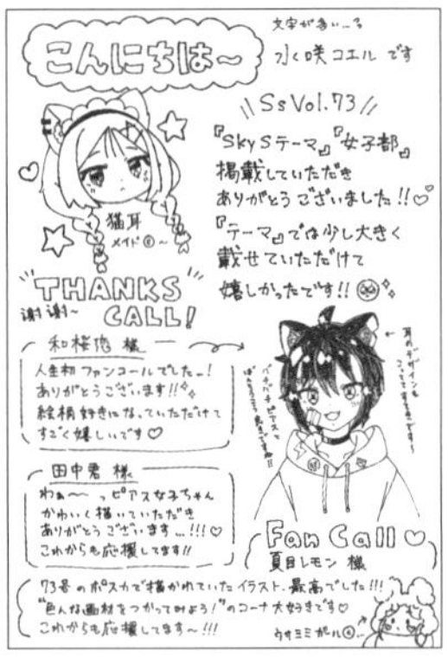

愛知県・水咲コエル・18歳

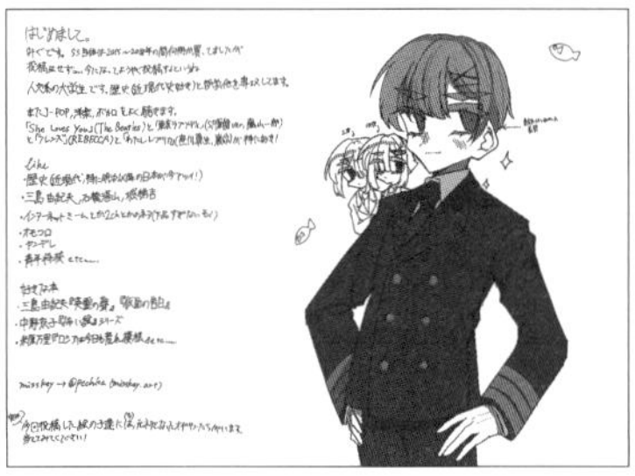

神奈川県・みぐ

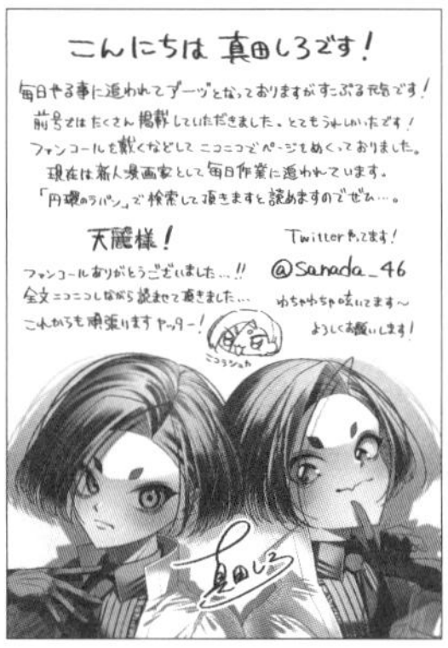

滋賀県・真田しろ

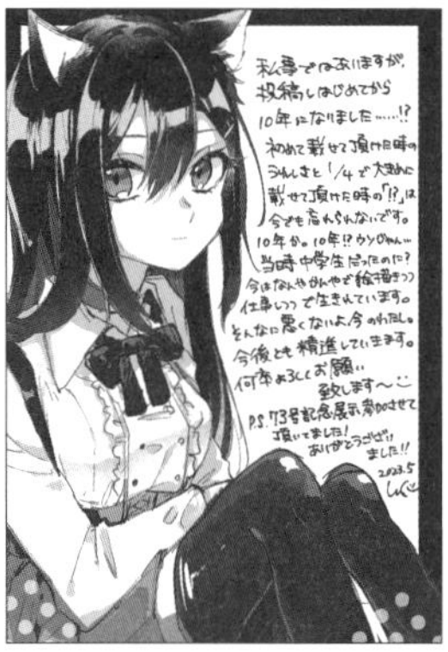

北海道・伸紅

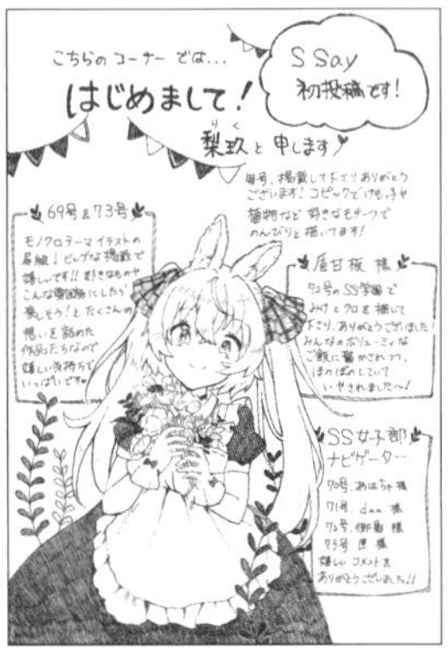

神奈川県・梨玖

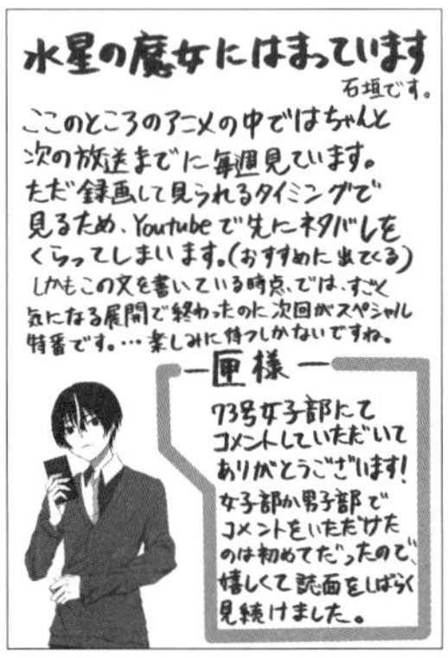

神奈川県・石垣

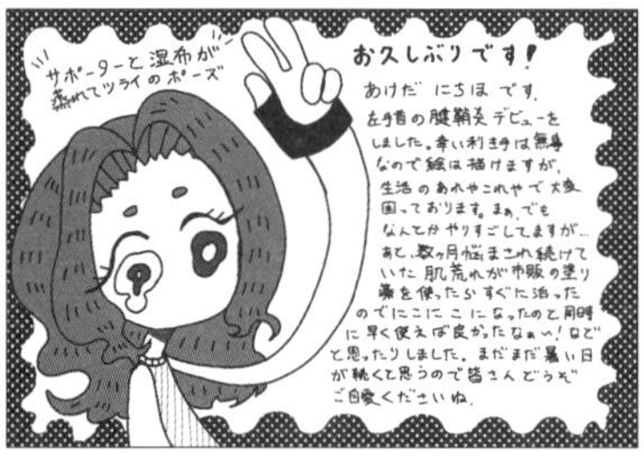

愛知県・あけだにちほ・29歳

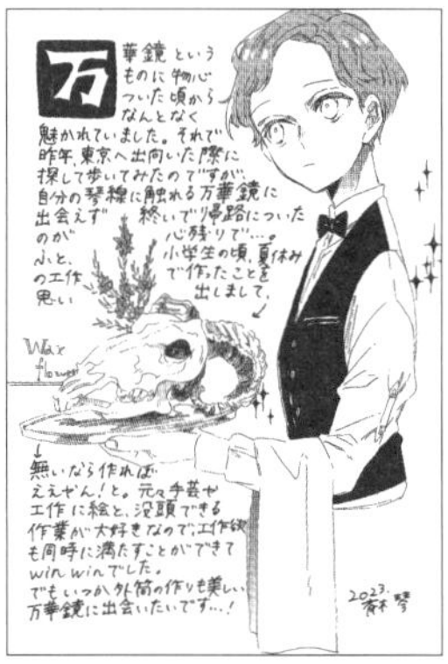

青森県・斉木琴

82さんは作風から少し…、お中2な感じが漂っていますよね。友人と軍隊を結成…まばゆい思い出です…。あと、幼い頃の記憶って、孤独を感じた瞬間がよく残っているそうです。確かに私も山道でこけて周りにいた大人は誰も気づかずに歩いて行った光景をよく覚えています。孤独！ 皆さんの印象深い思い出も、ぜひ教えてください〜。

宮城県・ヤア・14歳

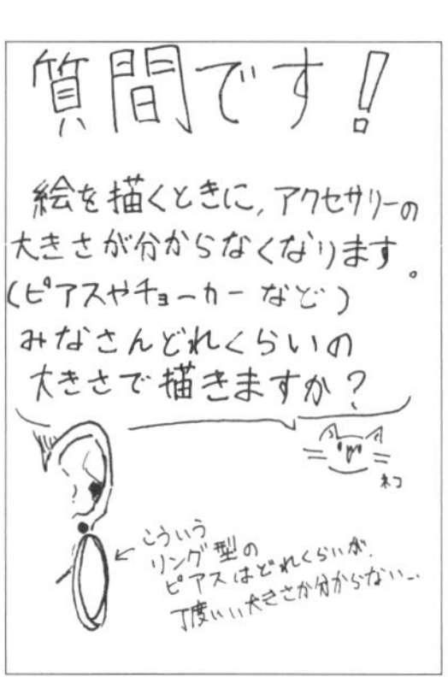

顔の近くにあるアクセサリーですね。夏目レモンさんはどう思いますか？

夏目レモン アクセサリーに関しては、服装がシンプルだったり色味的に寂しい印象でしたら、大きめに描いて顔に目をいくようなサイズ感にしています。耳の形を活かしつつ華やかに見せたい時には、スタッドピアスにしてみたり、イヤーカフにしています。シルエット重視で描くことが多いかもしれないです。

スタッドピアスは耳たぶに直接つくタイプで、イヤーカフも耳にはめるので、耳自体が目立ちますよね。あとは髪型との相性も大事です。長い髪には大きめが似合ったりします。華奢なタイプは、肩ぐらいまでの髪と相性が良い。ヤアさんが描いている大きめのリング型は、フープ型とも言いますが、活動的な印象もあり、大人っぽかったり、クールな人物像に映えます。もっと女の子らしい人物像だと、揺れるタイプの繊細なピアスが似合ったりしますね。そんな風にキャラに合わせて変えていくと良いと思います〜！

そうですね。参考にしていただけると嬉しいです。他にもいろんな話題をオハガキでお寄せくださいませ。今号のハガキへの御返事もお待ちしております〜。

うちのこ倶楽部（くらぶ）

※人物紹介の文体は自由。セリフを言わせても良いです。
※複数のキャラを描いても良いですが、それぞれの名前がわかるようにして下さい。
※自分のうちのこが掲載されていても、他人のうちのこを描いた作品なら、複数掲載されます。

UCHINOCO CLUB

自分のオリジナルキャラクター「うちのこ」を発表して交流する投稿コーナー

自分のオリジナルキャラクター、つまり「うちのこ」を発表して交流する投稿コーナーです！　皆さんの「うちのこ」のキャラクターイラストを描いて、その紹介文章も同じ画面のなかに描いて下さい。そして、さらに交流ができたら楽しいのではないかと思い、その「うちのこ」は基本的に「SS」を見ている他の投稿者さん、読者さんに描いてもらってOKとします。このコーナーは、自分の「うちのこ」を描いて送るだけでなく、誌面に掲載された他の絵描きさんの「うちのこ」を描くことでも楽しめます。自分の「うちのこ」と、他の投稿者さんの「うちのこ」を共演させて描くのもOK！　皆さんのオリキャラを紹介しあって、描きあって遊びましょう！　掲載イラストにはSS編集部のコメントを入れさせていただきます～！　また、新コーナー『うちのこきゅん場面』（通称：『うちきゅん』）では、毎号SS編集部が出すお題に合わせて、皆さんのうちのこがどんなリアクションや表情をするのかを募集します～！

「うちのこ倶楽部」応募ガイド

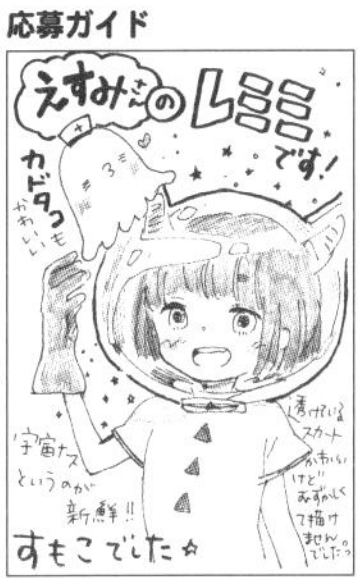

1枚の紙に自分のオリジナルキャラクターの絵、その名前、キャラ紹介文を描いてください。他の投稿者さんのオリキャラを描く場合は、その人のペンネームとキャラ名もわかるように描いてあげて下さい。（上図はその作例です）オリキャラは人間以外でもOK。動物や架空の生き物、ミニキャラも自由に描いて下さい。

第6回「うちのこきゅん場面」

次回、第6回目のお題は、うちのこが「セーラー服を着たら」です！　さらなるうちのこの魅力を伝えていきましょ～！

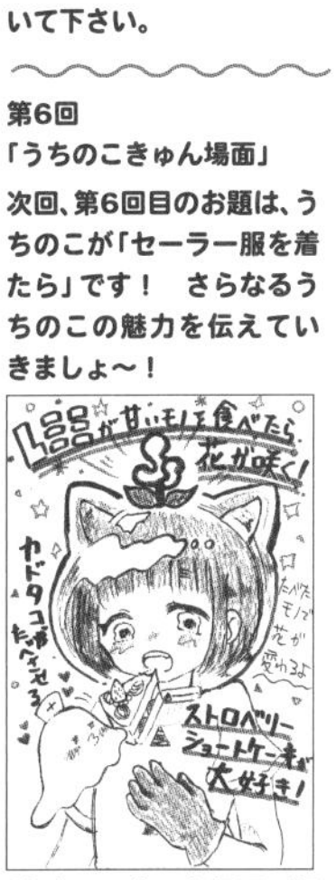

『うちのこきゅん場面』（通称：うちきゅん）では、お題に沿って皆さんのうちのこのリアクションや表情、セリフなどを描いてください（上図はその作例です）。

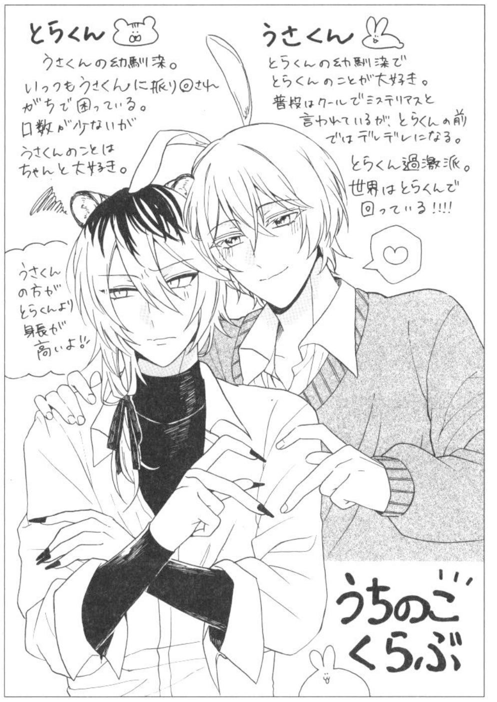

神奈川県・萩原あろ
うさくん＆とらくん身長差にキュン♡　照れながらハートポーズを取っているとらくんの姿が可愛い～！

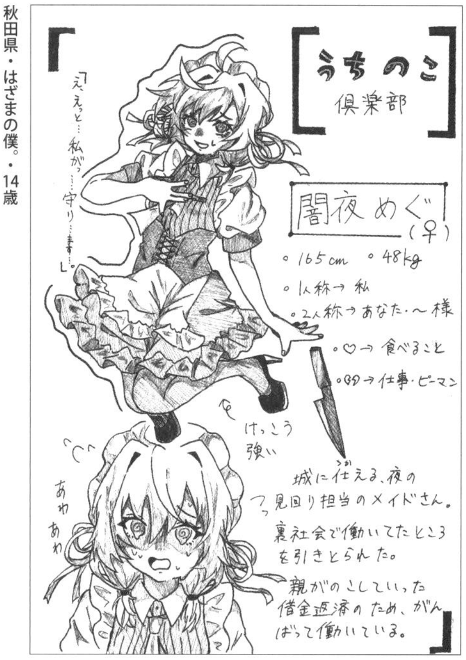

秋田県・はざまの僕。・14歳
お城に仕える夜の見回り担当のメイドさん。グルグルな瞳に赤くなったお顔がとってもキュート♡

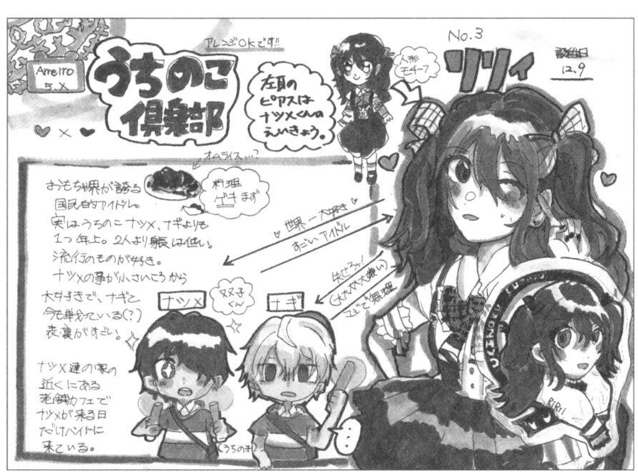

宮崎県・Ameiro・13歳
おもちゃ界が誇る国民的アイドル・リリィ♡　ゲキまずオムライス(?)でもリリィがつくった料理なら食べてみたいっ……かも！？

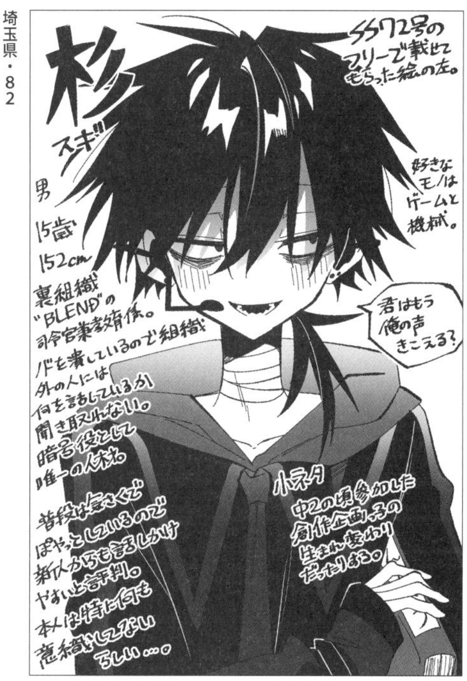

埼玉県・82
ノドを潰している杉の本当の声が聞いてみたい！　三白眼な瞳に重めの前髪からフェチを感じる～っ。

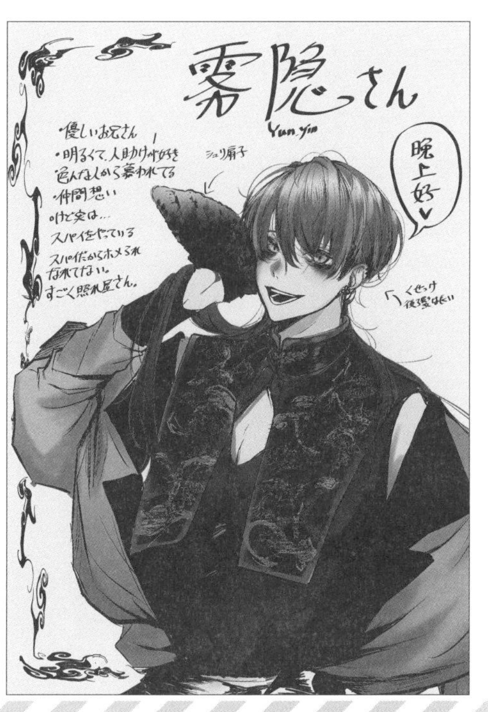

福岡県・Kiriちっぽけ
ミステリアスに見えて実は照れ屋な一面を持つ霧隠さん。サラサラ＆ツヤツヤなマッシュウルフヘアーが素敵♪

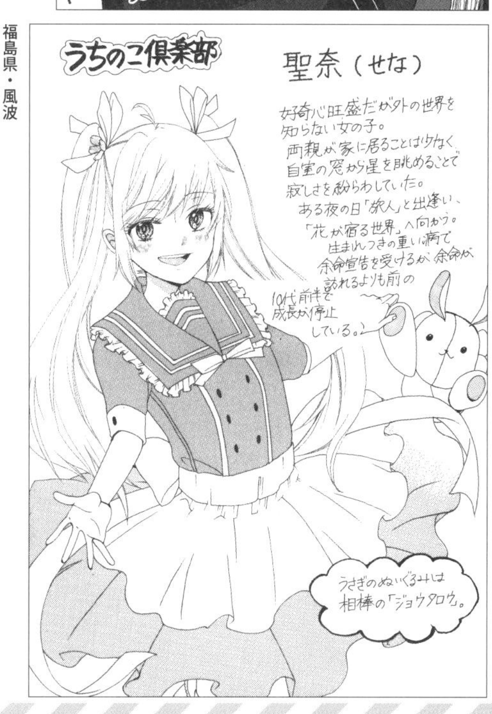

福島県・風波
10代前半で成長が止まっているという聖奈。好奇心旺盛だけど無知なギャップがイイ★

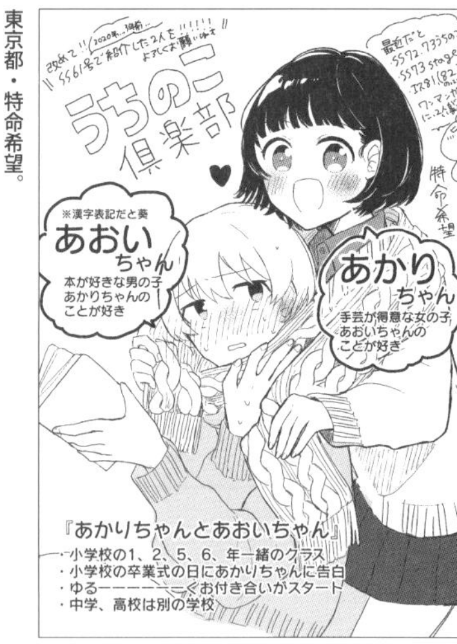

東京都・特命希望。
イチャイチャラブラブ（照れ）な二人♡　あかりちゃんの表情にきゅんっ♡

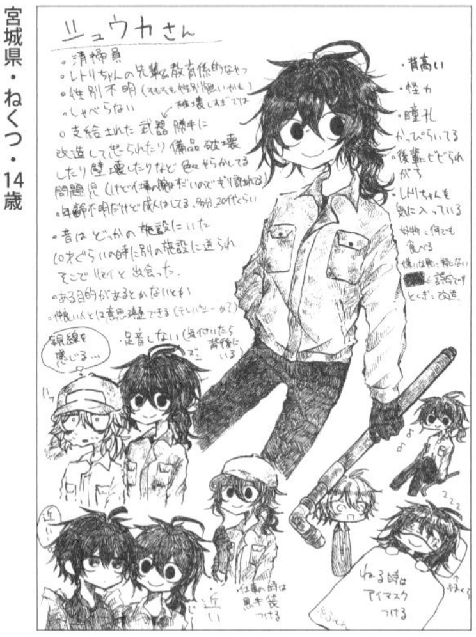

宮城県・ねくつ・14歳
問題児だけど凄腕なシュウカ。真っ黒で大きな瞳に引き込まれるッ!!

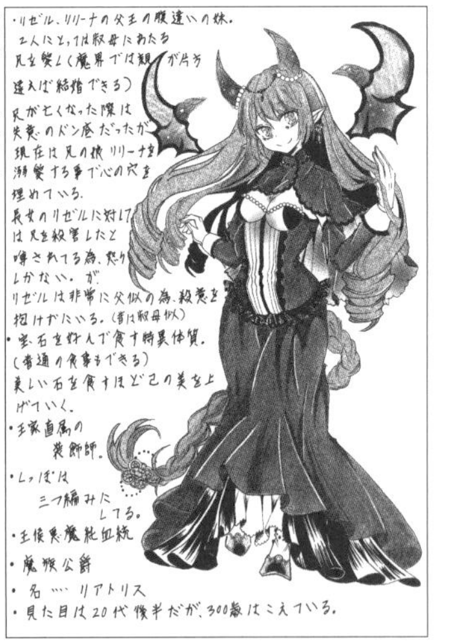

大阪府・ラブバード
宝石を好んで食す特異体質のリアトリス。ドレッシーなファッションが素敵♡

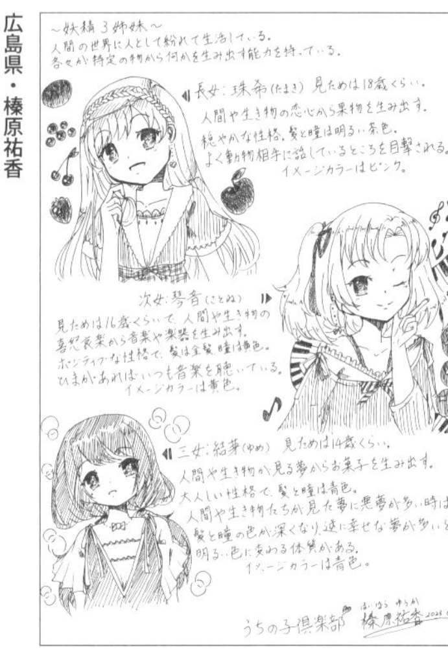

広島県・榛原祐香
年齢不詳の妖精三姉妹の愛らしさにきゅんっ♡　結芽とお菓子が食べたい〜。

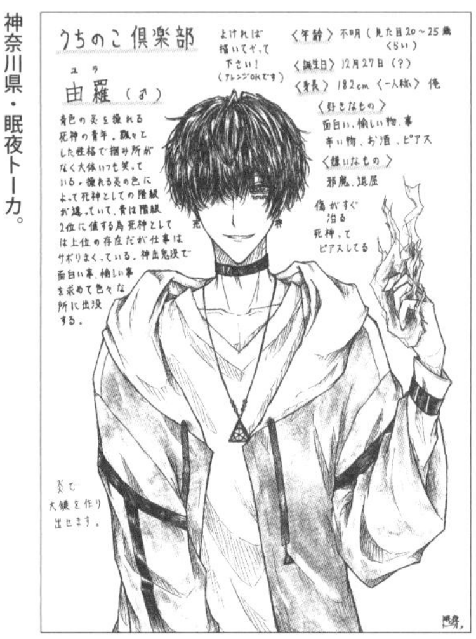

神奈川県・眠夜トーカ。
青色の炎を操る死神の由羅。髪で隠れた右目をいつか見てみたいな…。

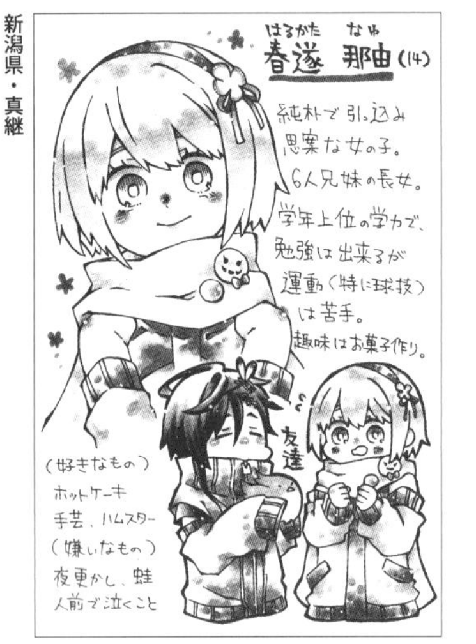

新潟県・真継
那由の柔らかい微笑みにほんわかしますぅ。一緒にお菓子作りがしたい〜♪

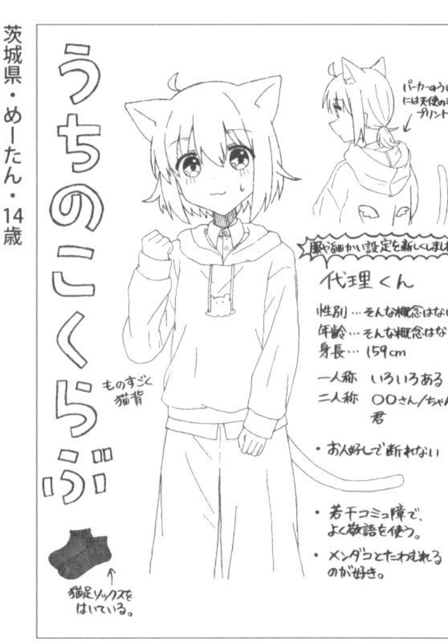

茨城県・めーたん・14歳
無性別&年齢不詳のめーたん（代理）。メンダコとのお戯れ姿も見たいっ！

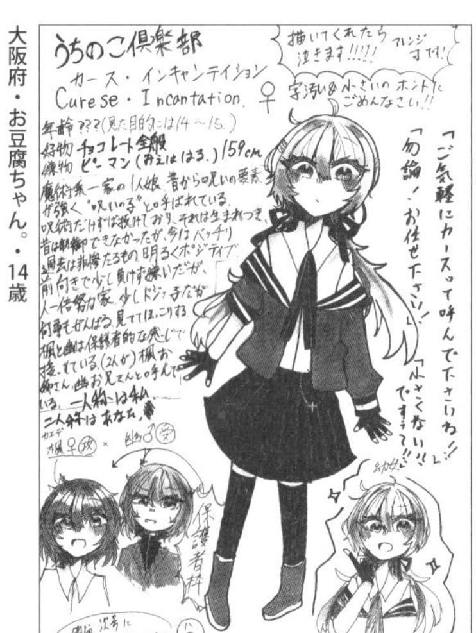

大阪府・お豆腐ちゃん。・14歳
努力家だけどドジっ子なカース。ファッションが細やかで、似合ってる★

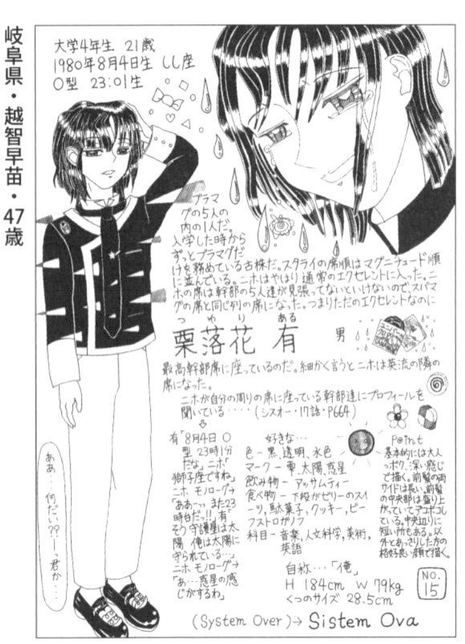

岐阜県・越智早苗・47歳
ウェーブがかった前髪が色っぽい有。カリカリクッキー一緒に食べたいな〜。

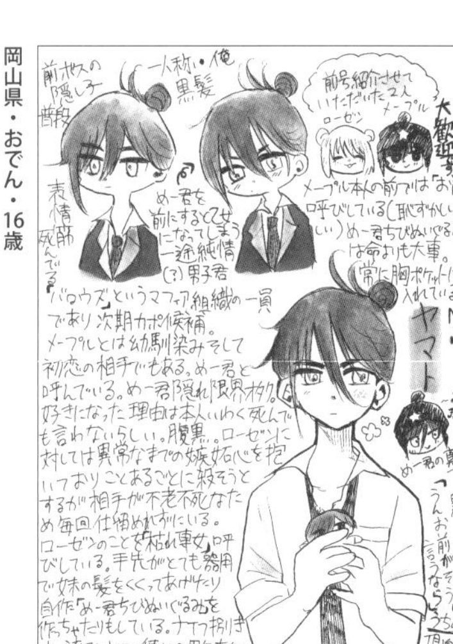

岡山県・おでん・16歳
めー君隠れ限界オタク（!?）なヤマト。手に持っているめー君ちびぬいもかわちい。

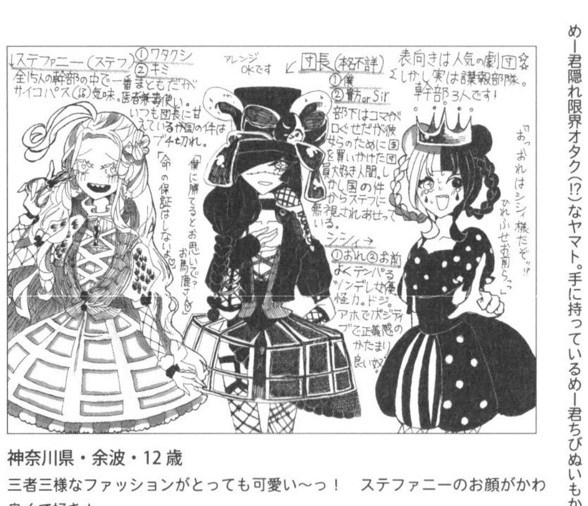

神奈川県・余波・12歳
三者三様なファッションがとっても可愛い〜っ！　ステファニーのお顔がかわ良くて好き★

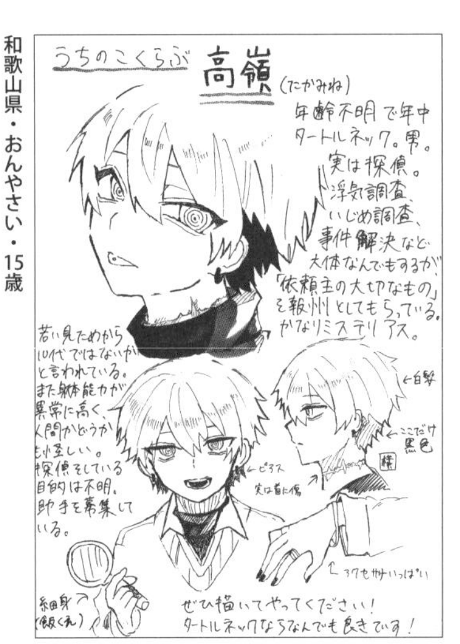

和歌山県・おんやさい・15歳
ミステリアスな探偵・高嶺。グルグルな瞳＋ピアスがカッコイイ★

UCHINOCO CLUB

自分のオリジナルキャラクター「うちのこ」を発表して交流する投稿コーナー

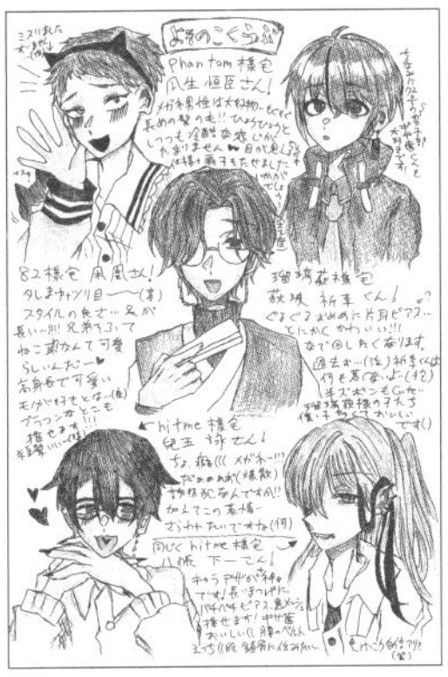

大分県・岡・14歳

岡さんの描くよそのこ大集合★ 愛が溢れてるぅ～!

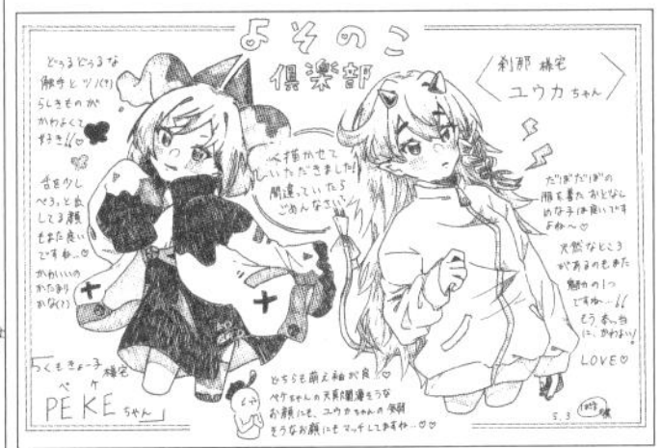

秋田県・はざまの僕。・14歳

はざまの僕さんが描くよそのこたち。それぞれの表情にときめく～!

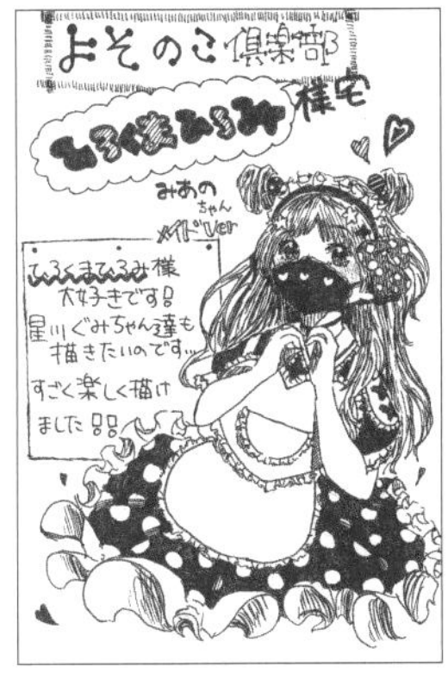

長崎県・┃□▲（ムグラ）

┃□▲さんが描くみあのちゃん。決めポーズもイイ♪

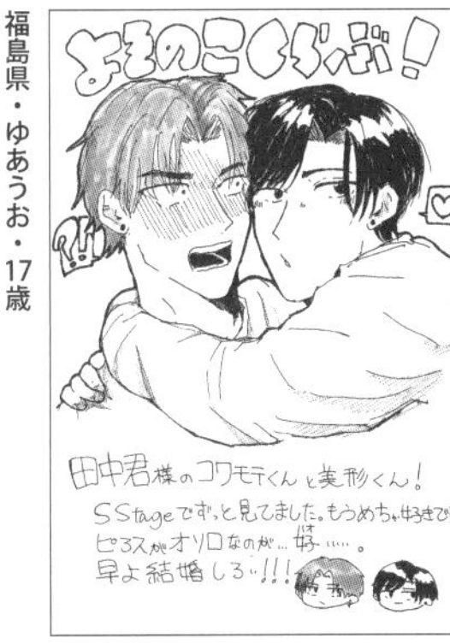

福島県・ゆあうお・17歳

ゆあうおさんが描く田中君ちの推しCP♡ LOVE～♡♡

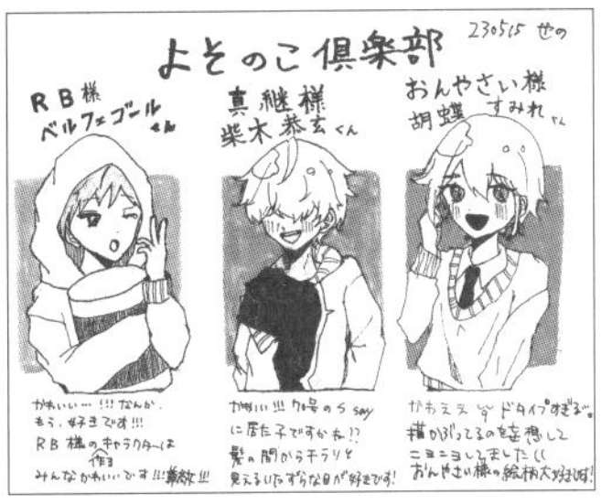

茨城県・瀬野侑也・14歳

瀬野侑也さんに刺さったよそのこたち♡ 好きだッ!!

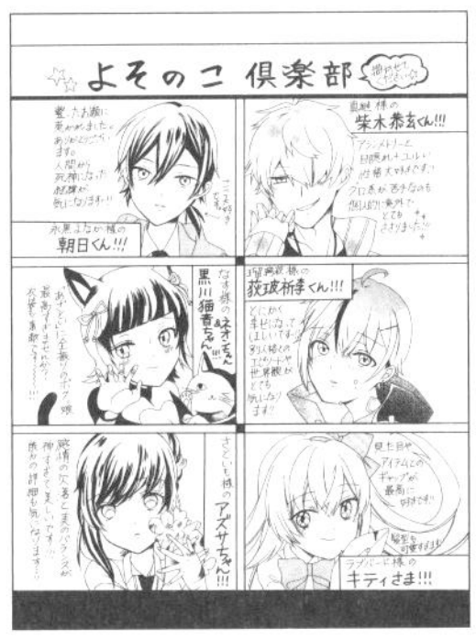

福島県・風波

よそのこパーティー★ 風波さんの愛がいっぱいだぁ～。

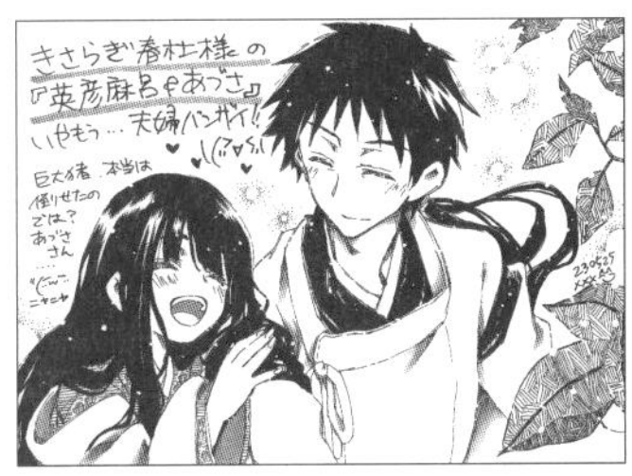

千葉県・前川泉

前川泉さんの描くきさらぎ春杜さんちの夫婦。二人の表情から愛おしさが伝わってくる…(涙)。

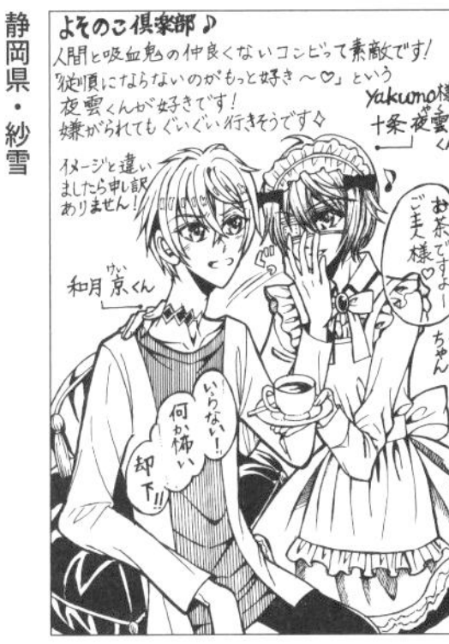

静岡県・紗雪

yakumoさんちの素敵コンビ。紗雪さんの興奮が伝わる!

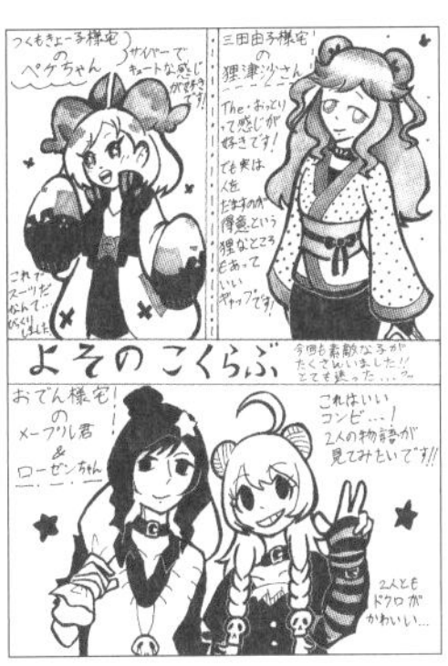

秋田県・とづき

とづきさんの描くよそのこ祭り。特徴が伝わってくる～。

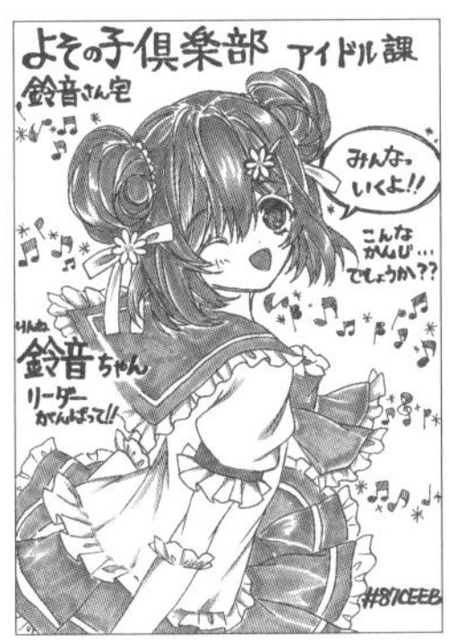

三重県・#87CEEB

鈴音さんちの鈴音ちゃん。振り向く仕草に恋しちゃう～!

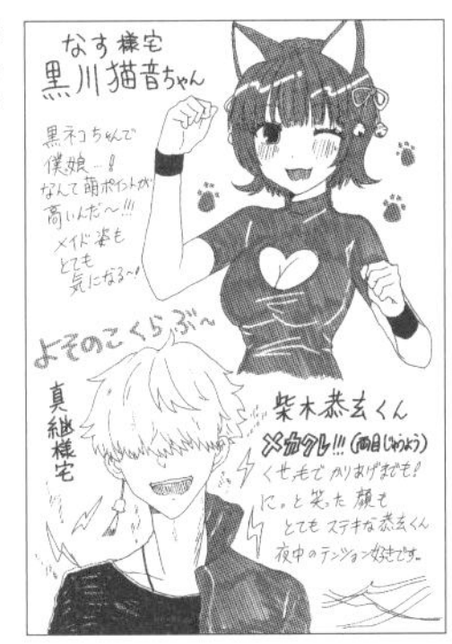

群馬県・RB

よそのこへの萌えが止まらないッ! 表情がイイね♪

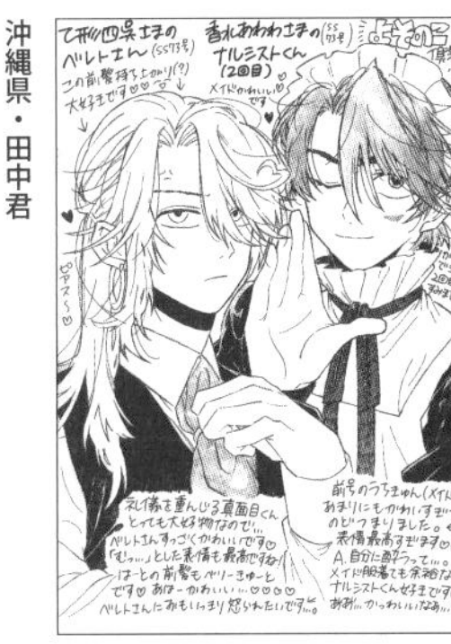

沖縄県・田中君

田中君の描くよそのこたち。手からフェチを感じる…っ!

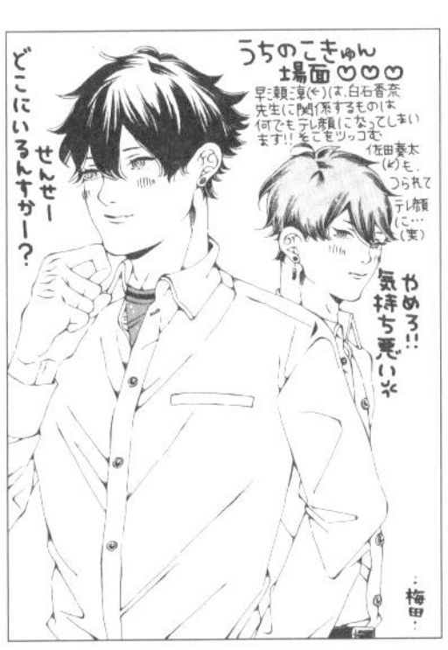

福岡県・梅田

微笑むような顔がキュート♪ 照れが移っちゃう～//

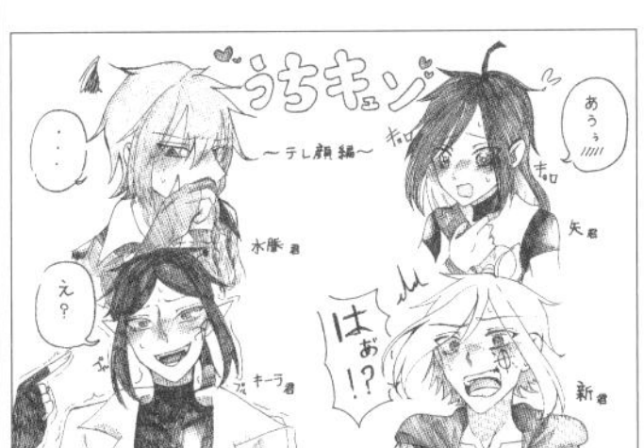

滋賀県・花月穂汰琉・16歳

花月穂汰琉さんちのうちきゅんテレ顔祭りッ!! キーラ君の表情がエッチだぁ……。

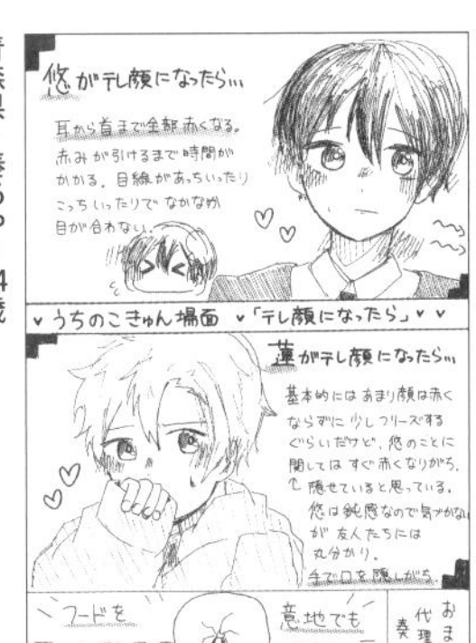

青森県・奏あや・14歳

三者三様(?)のテレ顔…。蓮くんの仕草にときめく♡

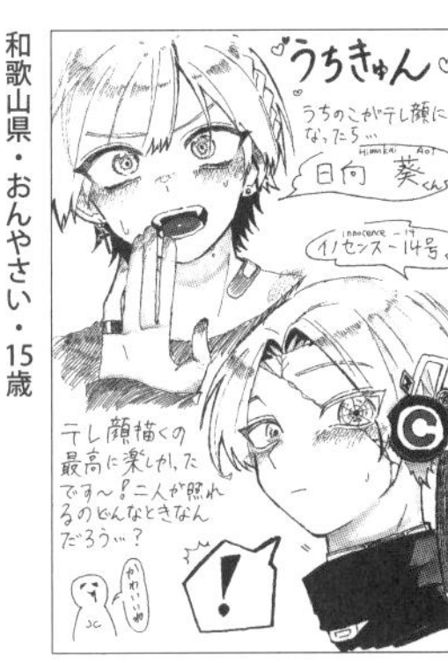

和歌山県・おんやさい・15歳

二人の照れ顔、大天才&大優勝ッ! まゆげの表情がイイ。

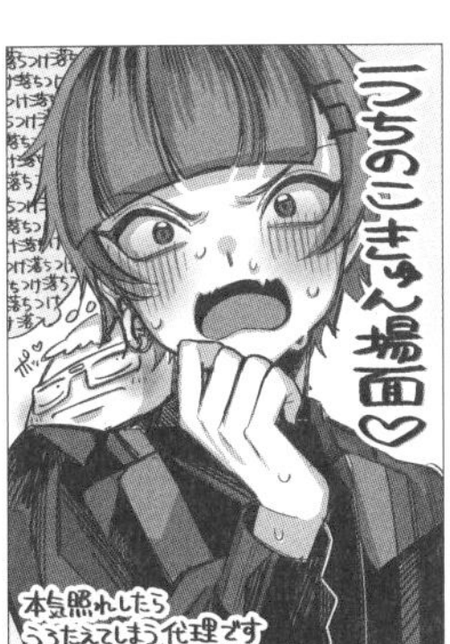

滋賀県・真田しろ

アワアワが顔にも出ちゃう、素直さが大好きだよ!

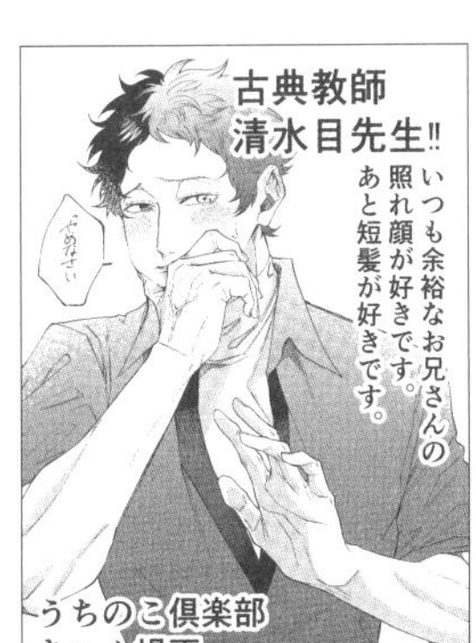

佐賀県・紅葉

短い前髪から覗くテレ顔にギャップも加わり、大勝利!

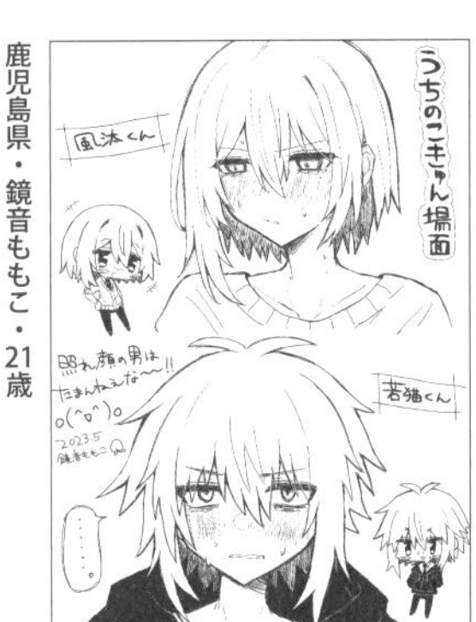

鹿児島県・鏡音ももこ・21歳

体温感が伝わってくるのがエッチだ…。若猫くん良き…。

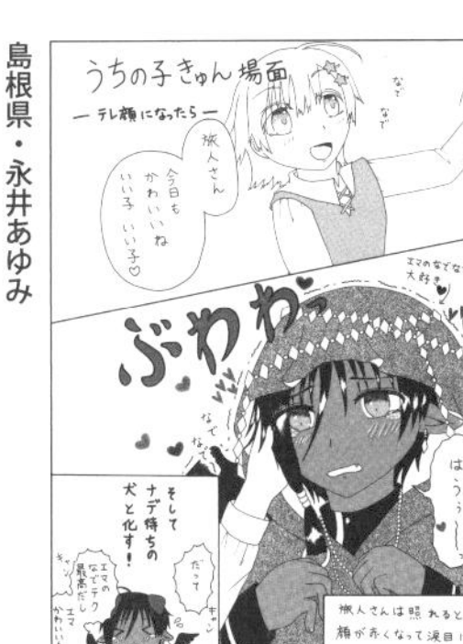

島根県・永井あゆみ

赤面+涙目の最強コンボ堪りませんッ! 可愛すぎる～!

山口県・いくら。13歳
ベルゼブブのにっこり笑顔が素敵～！　しうの赤面ッ(照)

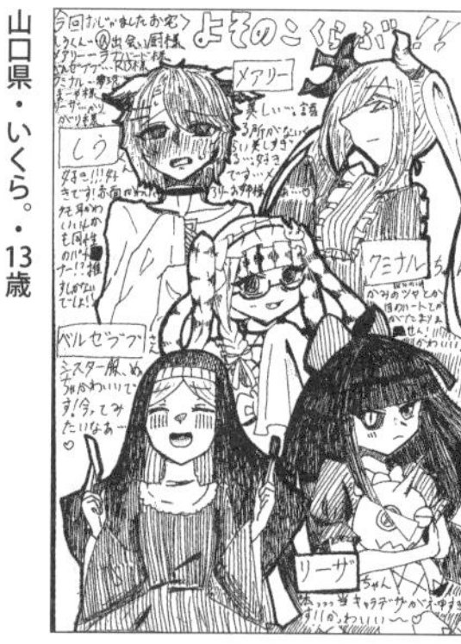

大阪府・香水あわわ
ずっと見守りたい照れ顔♡　ナルシストも見たかった～！

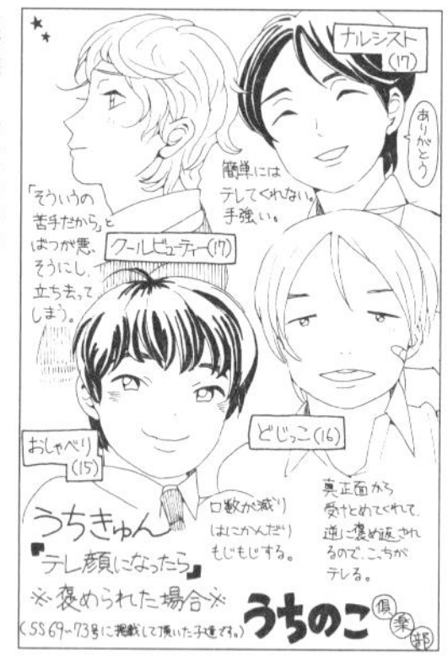

高知県・まろやか
編み込みヘアーが可愛い♡　オススメの本を教えて！

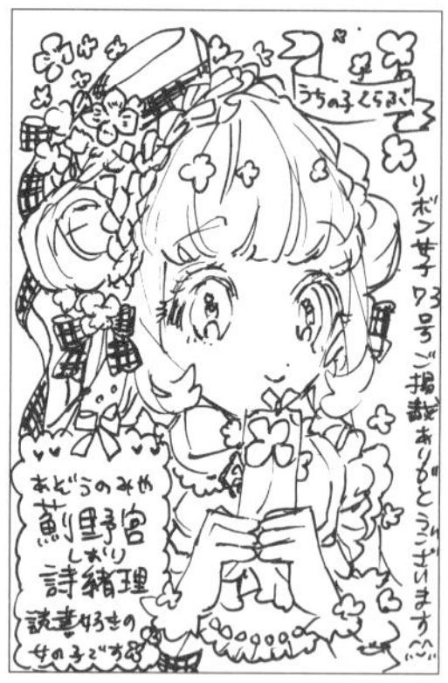

大分県・或華・27歳
男の娘・那由のアホ毛きゃわ～♡　ゆるい着こなしが好き♡

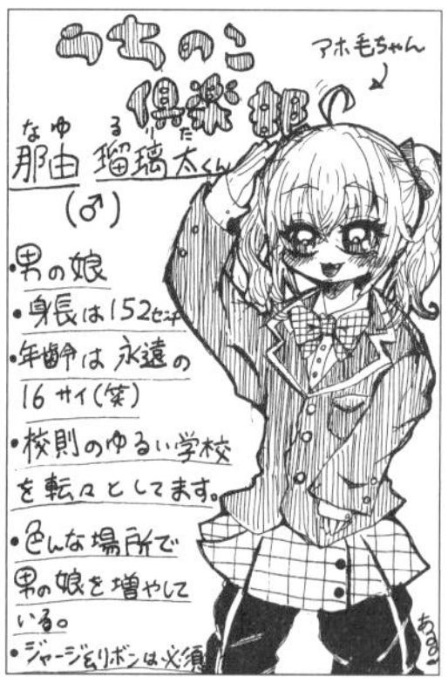

大阪府・大井淑世・35歳
ビジュが良！　水希ーッ!!　榊ー!!!　死神コンビを推す！

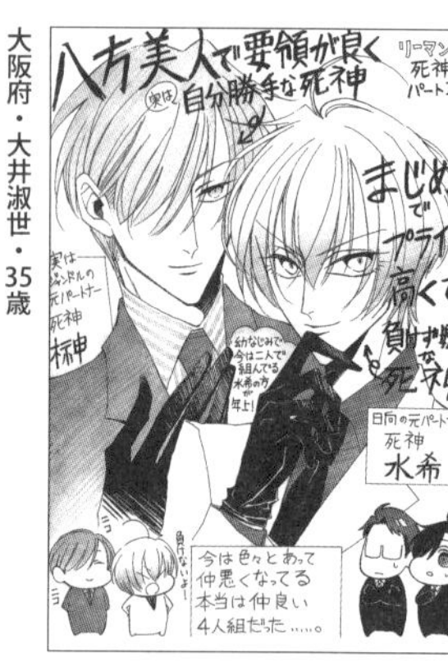

鹿児島県・貪欲幽霊（hime改め）・15歳
化粧してもらうレギオンッ!?　新たな性癖が目醒めるッ！

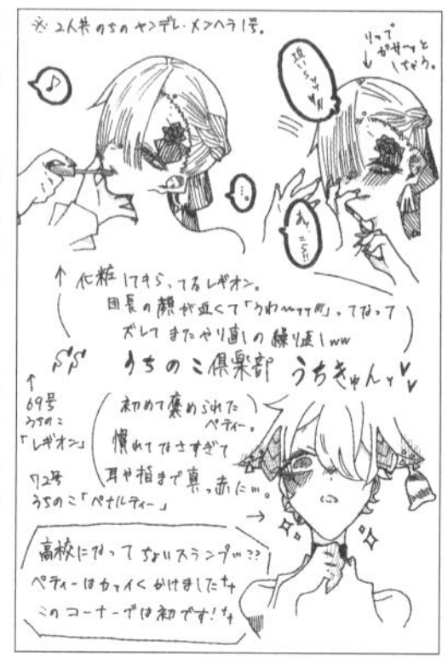

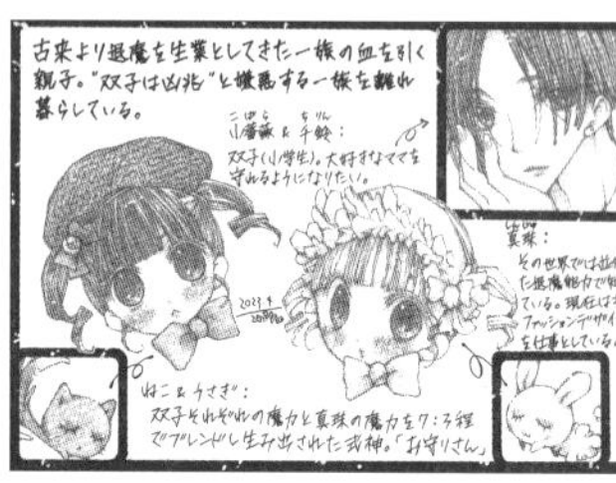

新潟県・チュチュ
小薔薇と千鈴のきゅるんとした瞳に吸い込まれる～！　式神もモチモチ♡

長崎県・I□○▲（ムグラ）
風の使い手・アネモネの大人なオーラにドキッ…!?

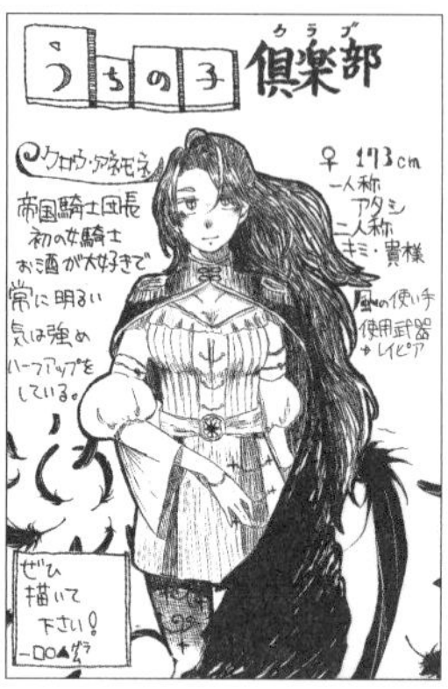

三重県・森野もりの
人懐っこそうな笑顔にキュン。な、泣かないでー!!(泣)

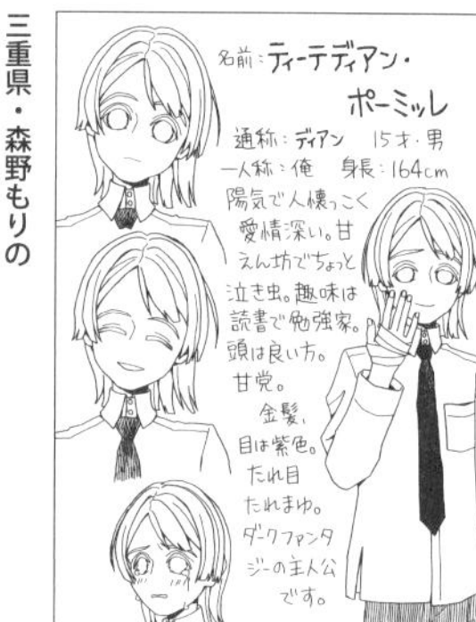

静岡県・ゆゆてる。
アイドルグループ「マリスノ」爆誕♡　箱推しします♡

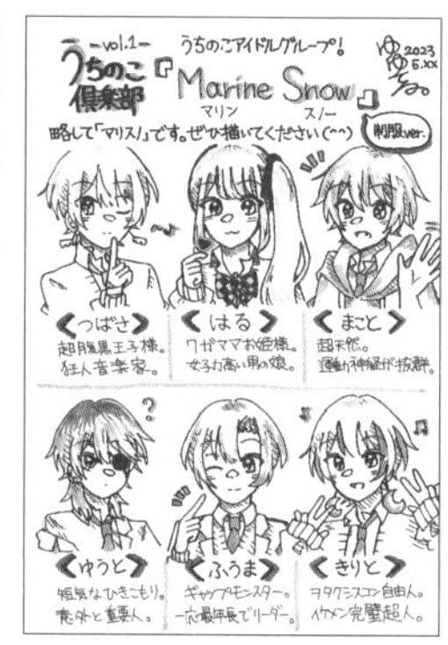

広島県・すー・15歳
二夜の猫耳ショートカット&ヘソだしスタイルがアゲ～↑

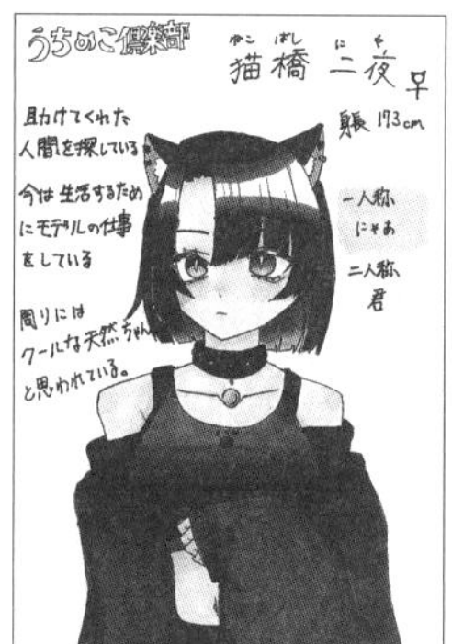

宮城県・ヤア・14歳
ダークな瞳がカッコいい☆　口枷を外したギザ歯萌え

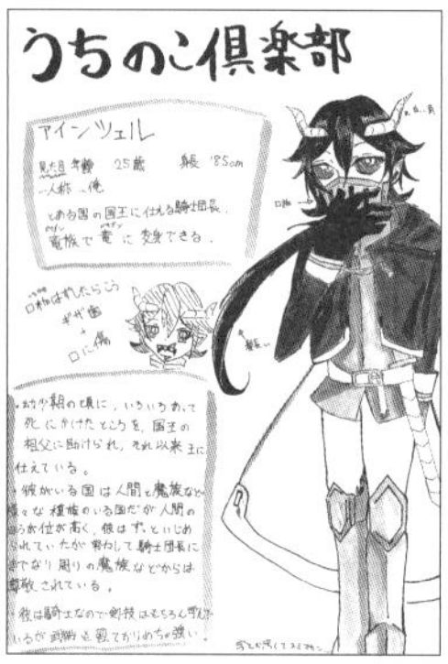

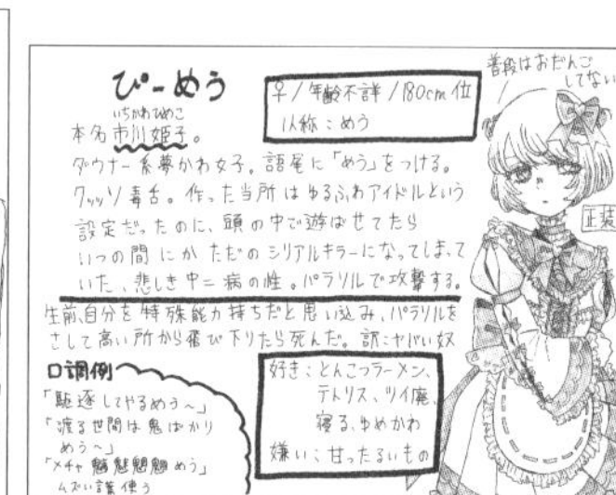

大阪府・ろん7
ぴーめうのハート目が病みカワ～♡　ダウナー感よき～！

栃木県・summery（ロー改め）・14歳
ネモ(男)の可愛い姿に癒され～。一緒にカフェ巡りしよ♡

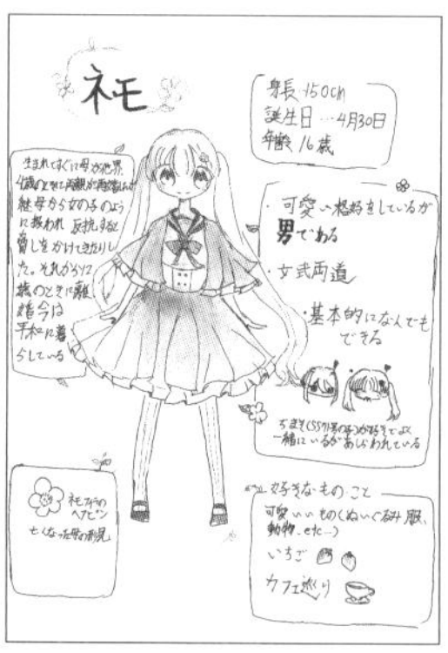

大阪府・和桜恋・11歳
オッドアイの瞳が綺麗だね♡　#雨風時を救いたい

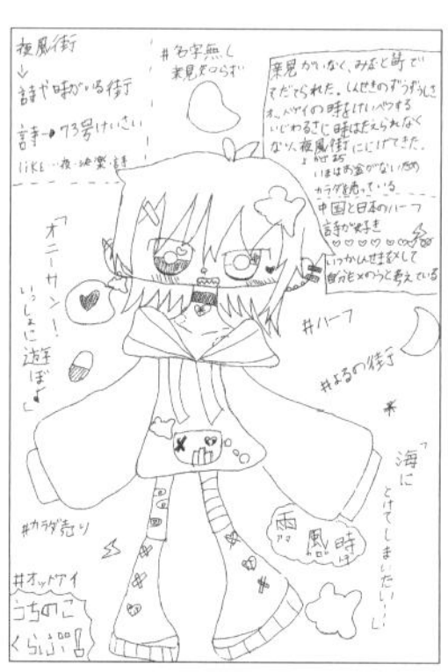

東京都・高野鈴蘭・23歳
両目が視る世界が違うホワイト・リリー。美しい…！

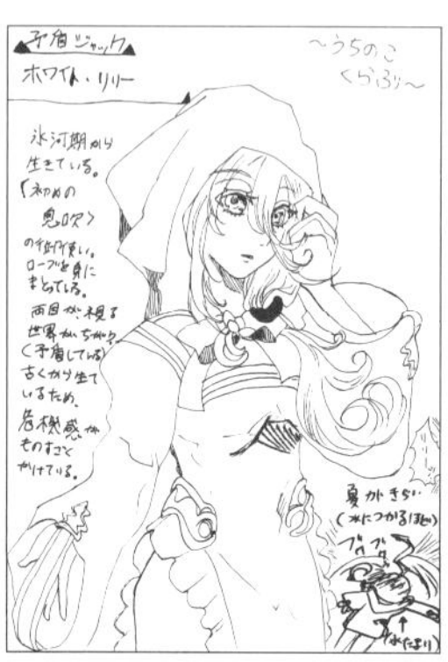

静岡県・春巻き
キツネの物怪・朝陽。ムコ探しをする行動力が可愛い(笑)。

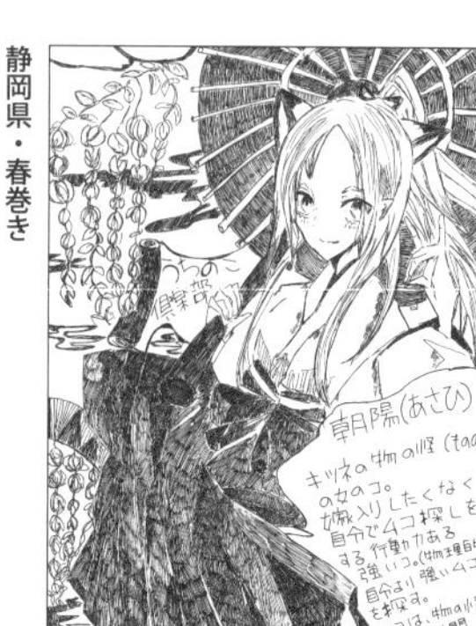

福島県・ちょこむーす・11歳
長ぁ～いハーフツインがかわいい☆　仲良くしてほしー！

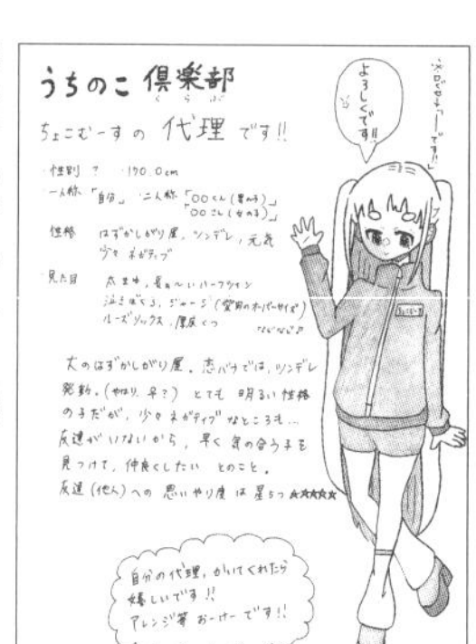

兵庫県・包み草（のーまる改め）
たんぽぽが似合ってる♡　首のバーコードが気になる…。

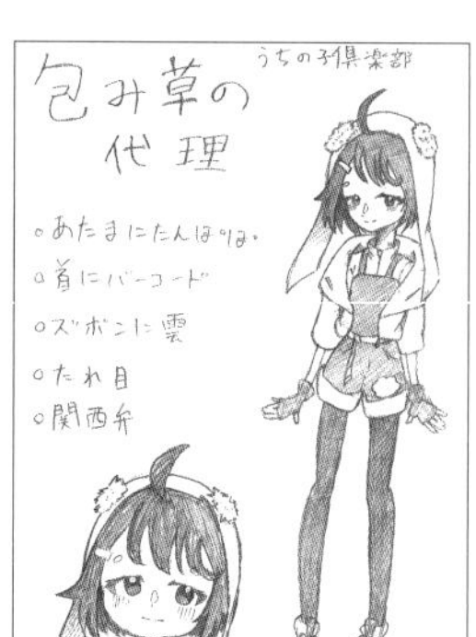

東京都・ひろくまひろみ
みおんの水玉ファッションがサイコー！　元気いっぱい☆

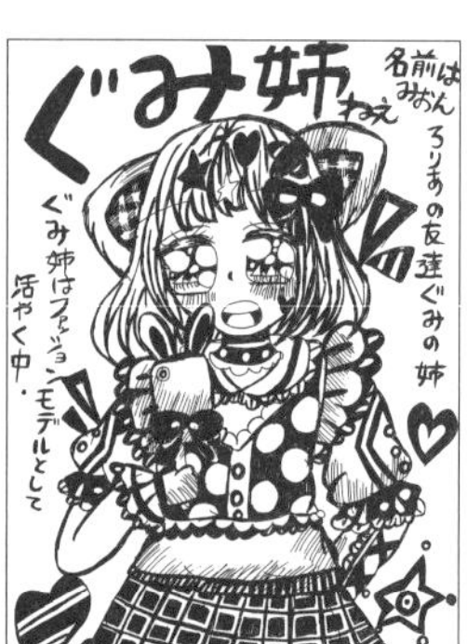

UCHINOCO CLUB

自分のオリジナルキャラクター「うちのこ」を発表して交流する投稿コーナー

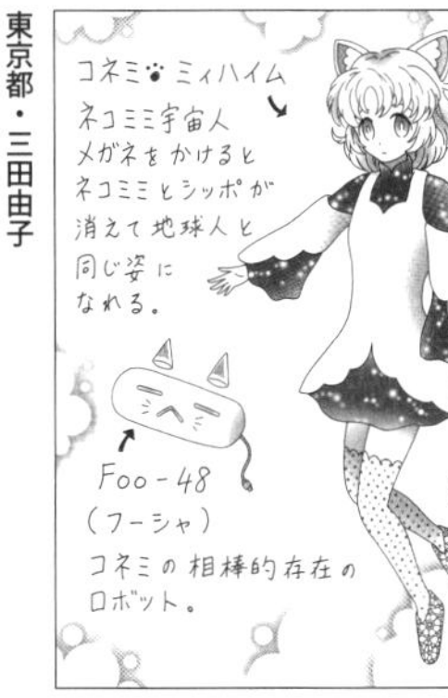

東京都・三田由子
ネコミミ宇宙人・コネミ☆ 透き通る瞳がとっても綺麗～！

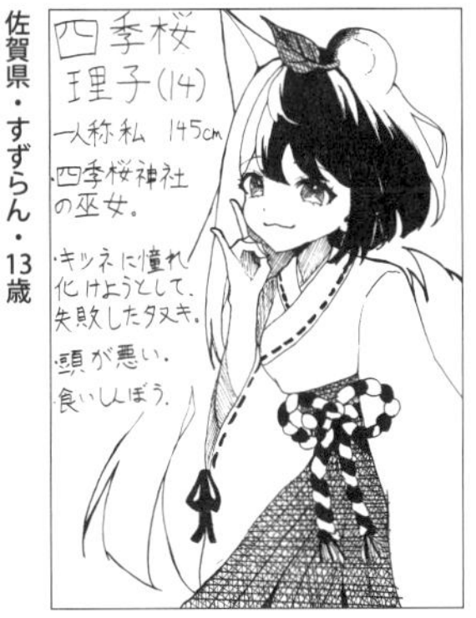

佐賀県・すずらん・13歳
半キツネ、半タヌキな理子のお耳がキュート♡ コン♡

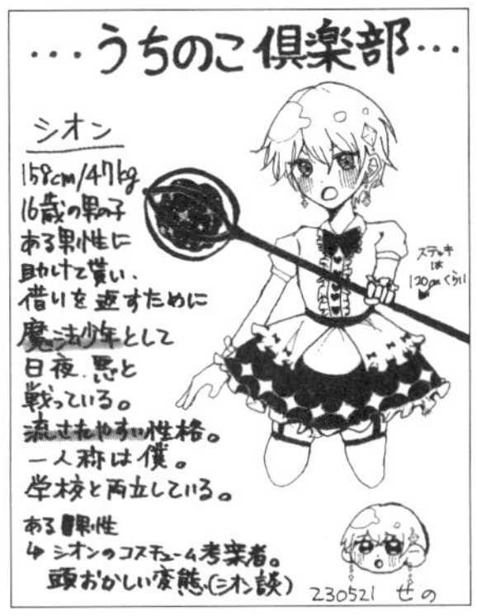

茨城県・瀬野侑也・14歳
魔法少年・シオン♡ フリフリのコスチュームがよき～♡

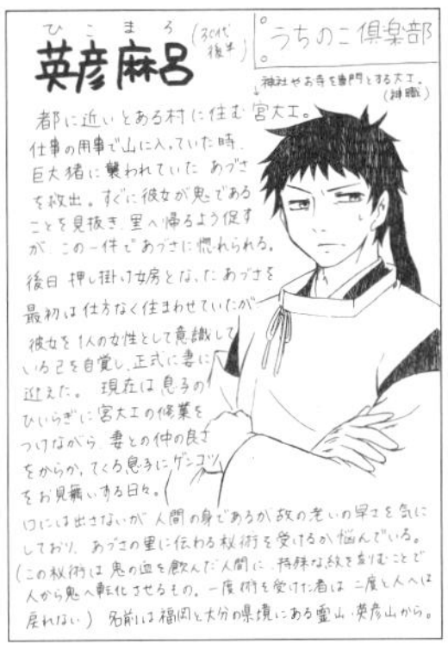

滋賀県・きさらぎ春杜・32歳
宮大工の英彦麻呂！ 少しムッとしている表情が好き♡

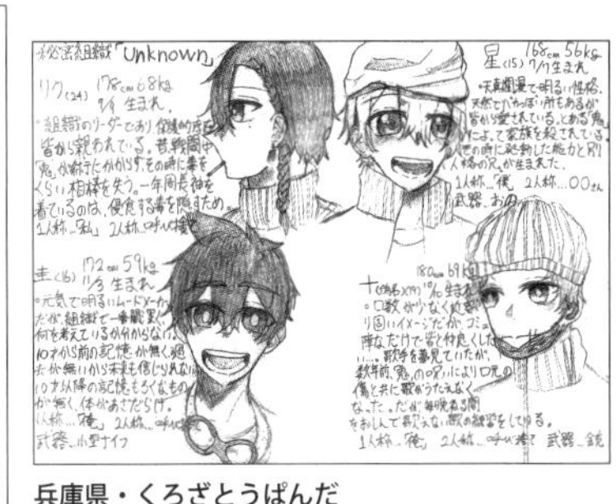

兵庫県・くろざとうぱんだ
秘密組織「unknown」。リクや星、圭、十それそれが抱えていることが…(泣)。

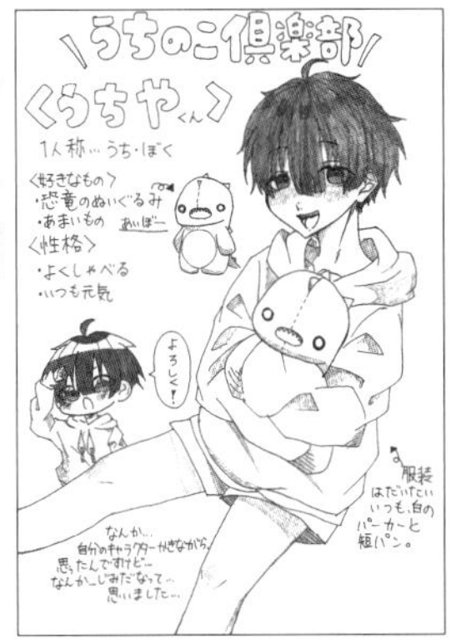

岡山県・うちや・12歳
恐竜のぬいぐるみをぎゅっと抱くうちや♡ 短パンよき～！

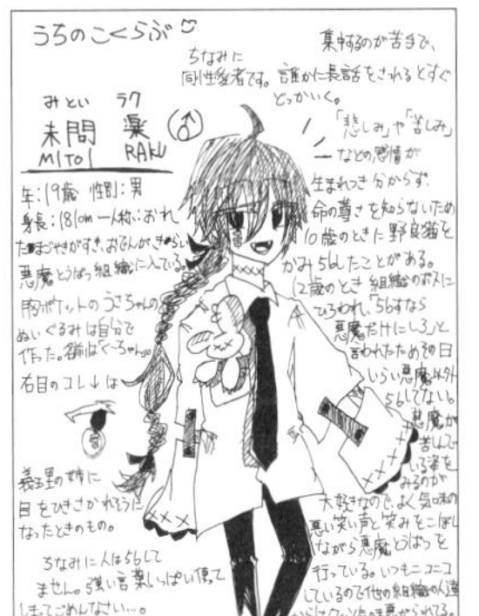

北海道・アカウサギ
楽の本性にゾクゾクする～！ 右目の傷の原因が…(泣)。

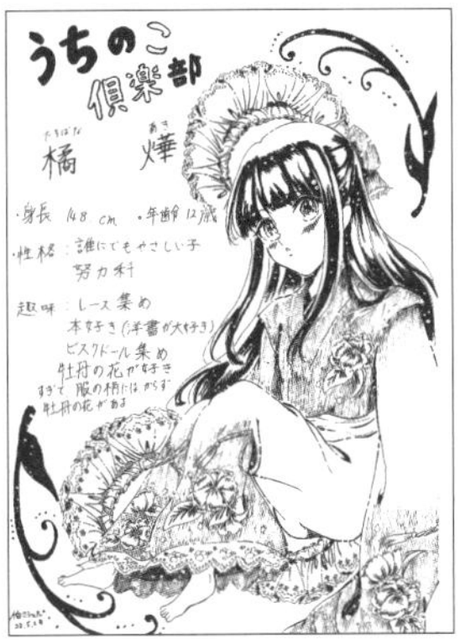

千葉県・伯ミシェル(ミシェル改め)・18歳
ツヤツヤな髪が美しい燁! 牡丹の花の服が素敵だね♡

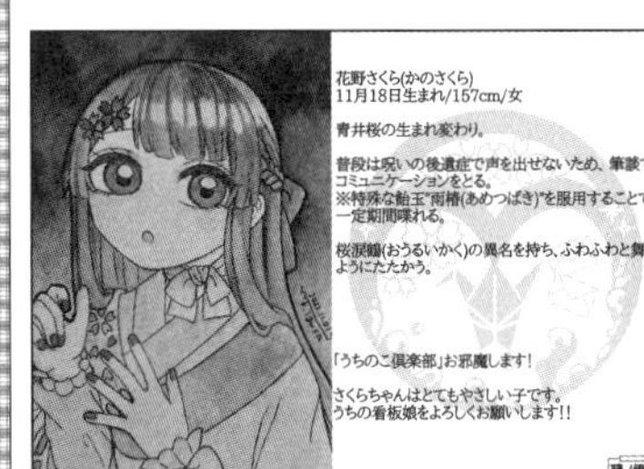

新潟県・鴉ノ伊草
ふわふわと舞うようにたたかう、花野さくら。可憐な姿にドキドキ…♡

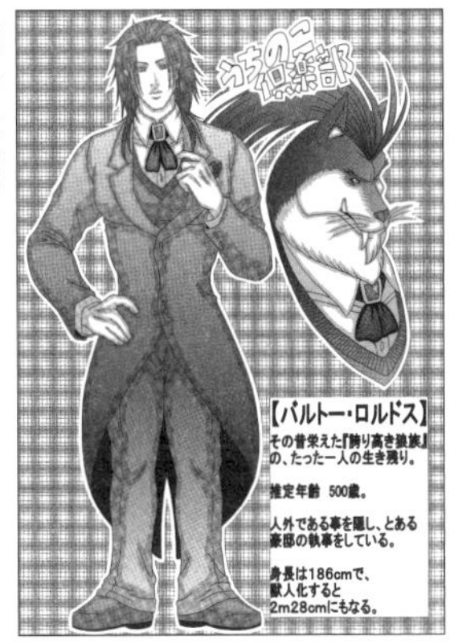

長野県・紅朱雀
推定年齢五百歳のロルドスの獣人化、カッコ良すぎる～！

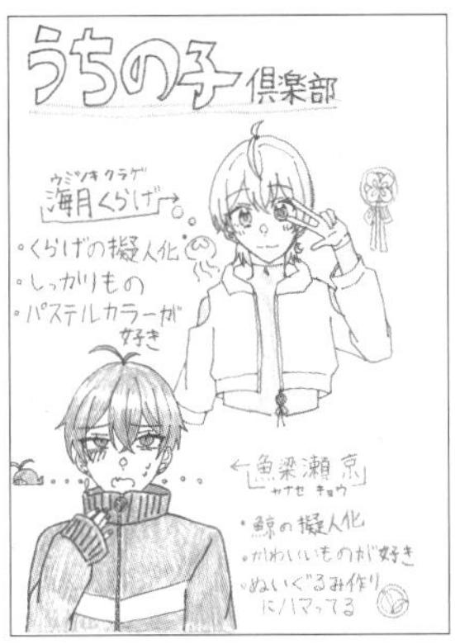

福岡県・あとり24・14歳
クラゲや鯨の擬人化・海月と魚梁瀬♡ おっとり感が好き！

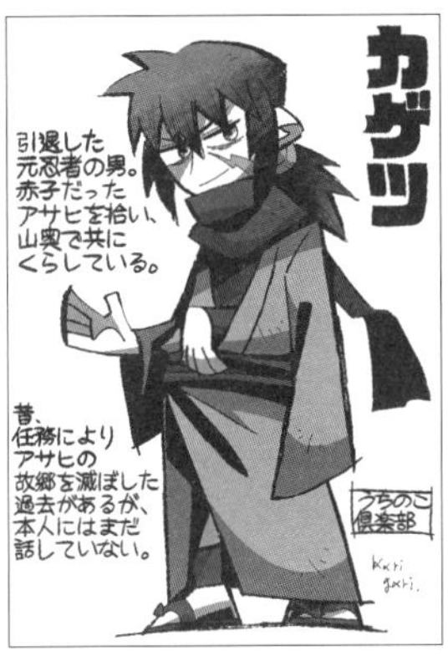

東京都・かりがり
元忍者のカゲツ。目つきの悪さと顔の傷が気になる…！

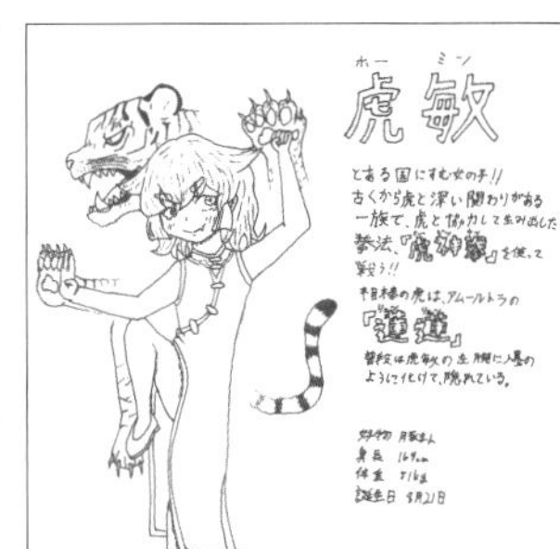

福島県・ショコラ・19歳
虎敏の「虎神拳」の構えがカッコいい～！ 豚まんをあげたいッ(愛)♡

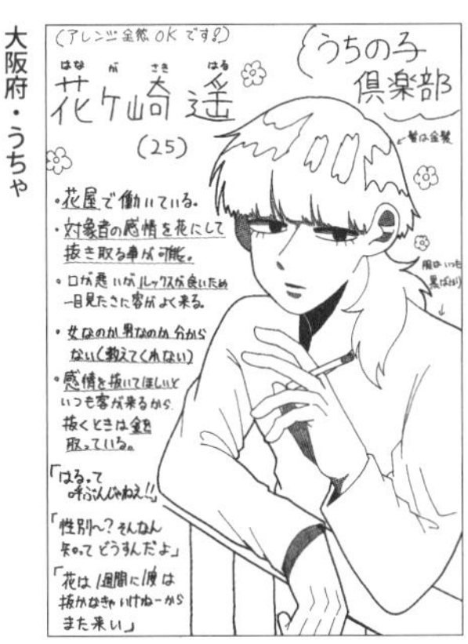

大阪府・うちゃ
感情を花にして抜き取ることができる、遥。ジト目が素敵…！

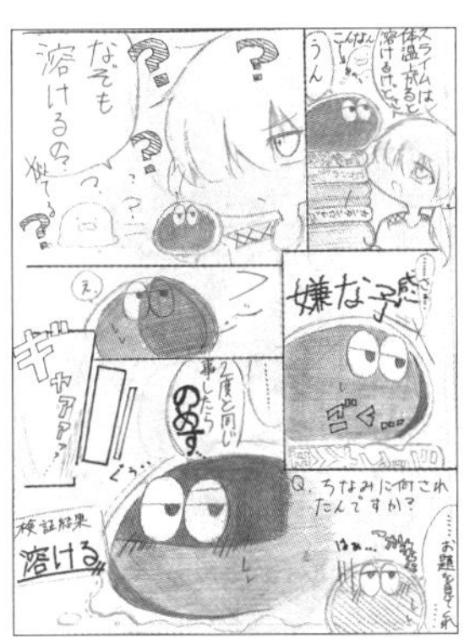

長野県・ニャンパネルラ
表情がコロコロ変わって可愛い♡ 検証結果…(照)。

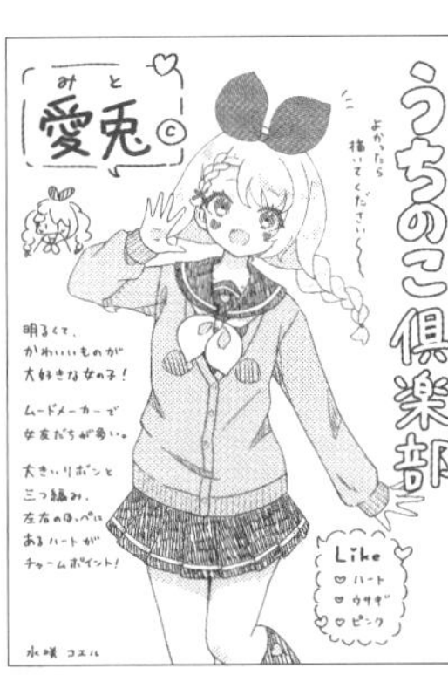

愛知県・水咲コエル・18歳
大きいリボンが愛兎に似合ってる♡ ほっぺがきゃわ♡

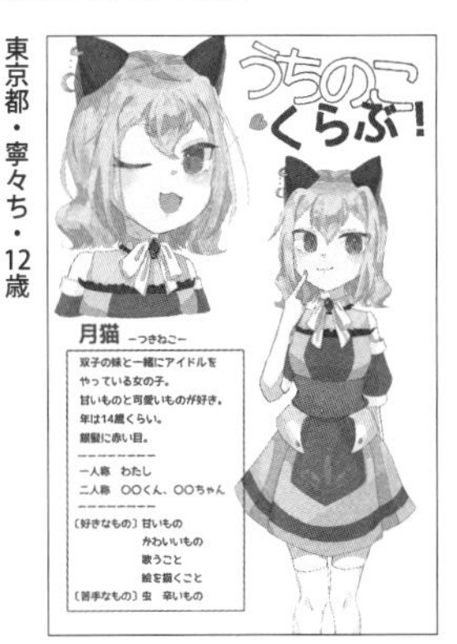

東京都・寧々ち・12歳
アイドルの月猫！ 月のピアスが似合ってるぅ～☆

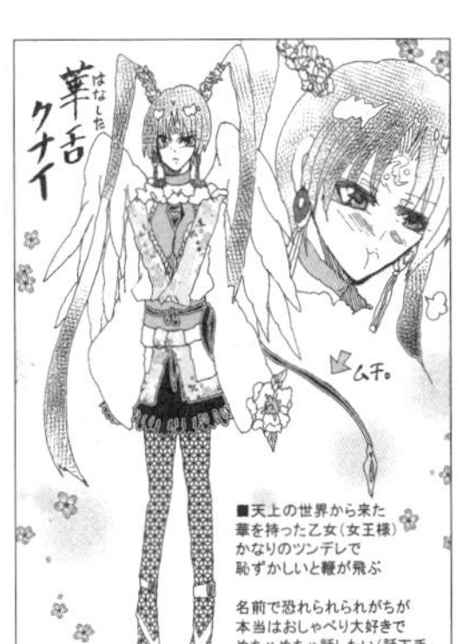

宮城県・流良戒
ツンデレっぷりの表情がイイ～！ 鞭で打たれたい(笑)。

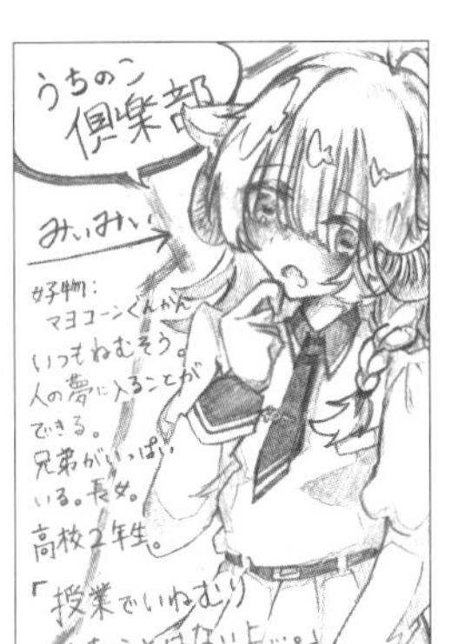

兵庫県・しゃけくらげ・13歳
人の夢に入ることができるみぃみぃ♡ 夢に遊びに来て～！

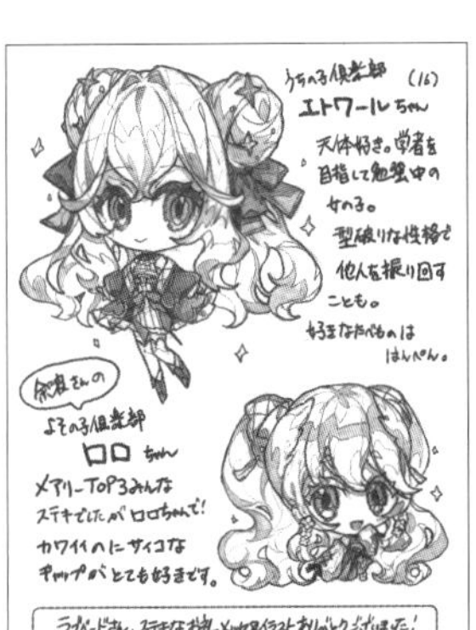

静岡県・鴉堂
キラキラ輝くエトワールのお団子ツインがキュート♡

絆創膏男子特集

NAVIGATOR

蛸屋

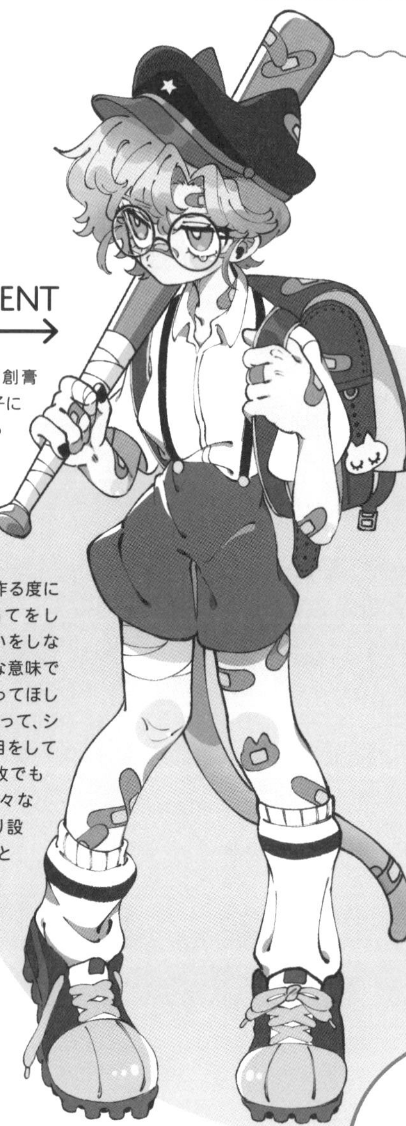

【蛸屋】さんのコメントと一緒にお送りします！

COMMENT

私は無骨な絆創膏が可愛い男の子にたくさん貼ってあるのが好きなので、ドジっ子・野球少年を描きました！　たくさん傷を作る度に絆創膏で手当てをして、悔しい思いをしながら、いろんな意味で強くなっていってほしいです。絆創膏って、シンプルな見た目をしているのに、一枚でもあるだけで色々な想像ができたり設定を加えることができたり…。何より、可愛くなるのが素敵ですよね！　みなさんは絆創膏にどんな意味を持たせますか？

NEXT

次回は「ベルト男子」を募集

クラシカルなお洋服に靴下を留めるソックスガーターベルトを組み合わせたおぼっちゃま、ムチっとした肉体をゲイチェストハーネスで締めつけたエッチなお兄様、メイド服×チョーカーファッションを着た、メンズコンカフェで働いているあざとかわいい系男子など…。「ベルト男子」にまつわるツボをお待ちしています！

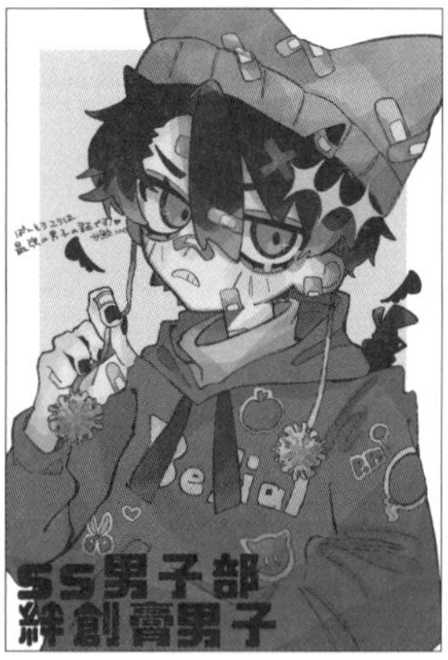

千葉県・甘鮫ニトロ・14歳

角や帽子や耳などいたる所に絆創膏があってめっちゃかわいいです！　最強〜！　首にちらりと見える絆創膏が最高です…（蛸）

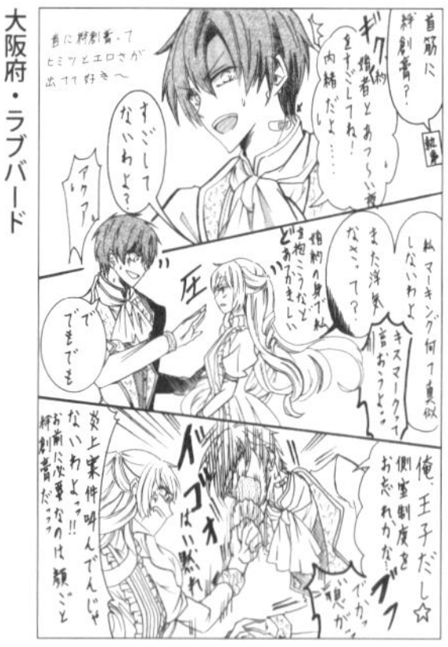

大阪府・ラブバード

首筋の絆創膏って特別良いですよね！　お2人のやりとりが面白くて笑ってしまいました。顔ごと絆創膏…新しいですね…！（蛸）

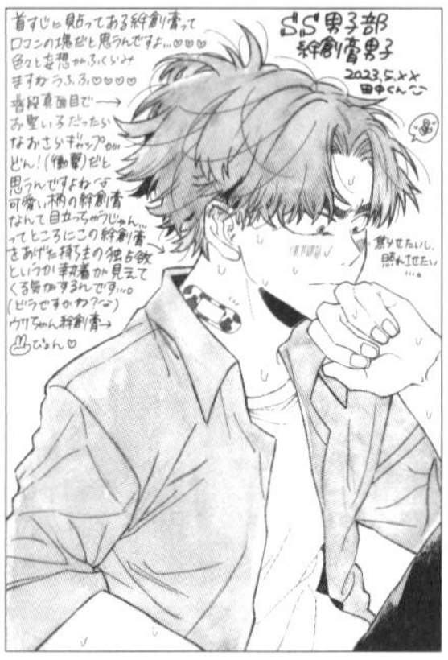

沖縄県・田中君

照れ顔可愛すぎる〜！　こういう子にかわいい絆創膏が貼ってあるギャップ、大好きです…絆創膏の持ち主さんに感謝…（蛸）

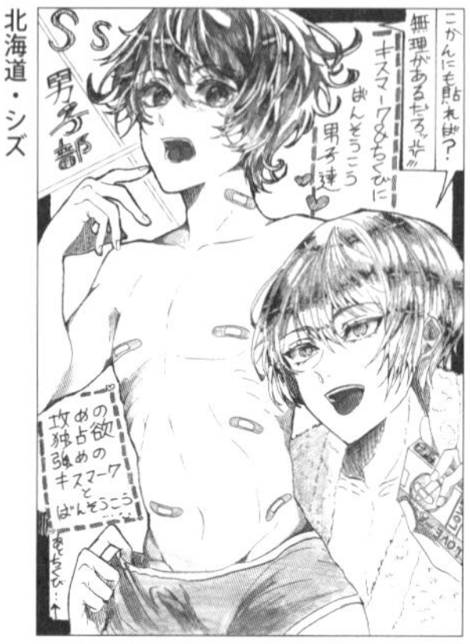

北海道・シズ

体中に絆創膏が貼ってあって可愛いです〜！　えっちだ…。絆創膏の位置や多さから攻めさんの独占欲や愛が伝わってきます…！（蛸）

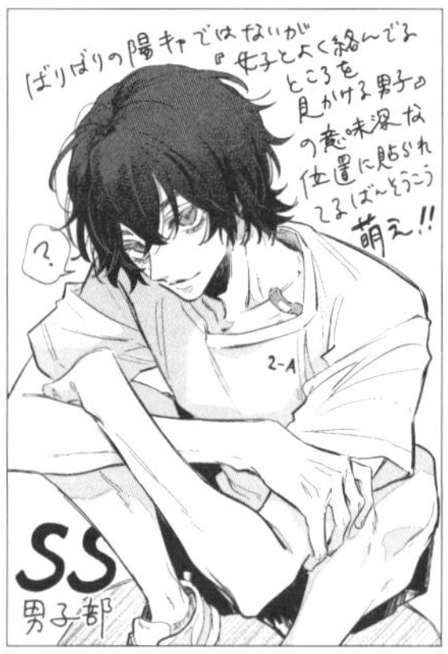

熊本県・O-O

美しい顔と骨ばった体、良すぎる…絆創膏を発見してしまい、それ以外何も考えられなくなるクラスメイトになりたいです…（蛸）

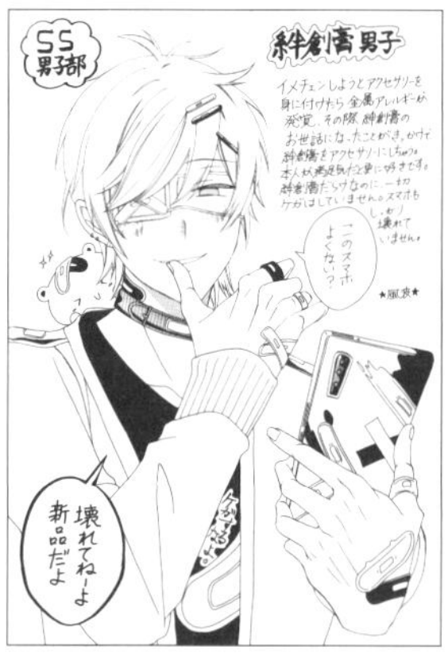

福島県・風波

絆創膏モチーフのアクセサリー、おしゃれでかわい〜！　一見危険そうな雰囲気なのに着ているTシャツが優しくてにっこりしました！（蛸）

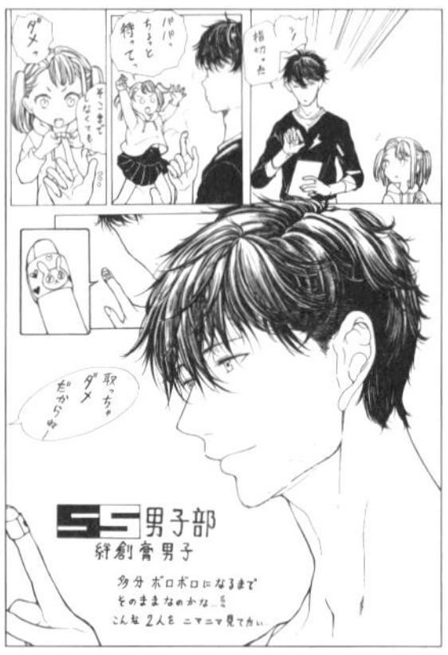

鹿児島県・ハゲヅラ・42歳

すべてが可愛すぎて頭を抱えました…絆創膏を見つめるパパさんの表情が優しくて素敵でキュンとします！　優しい世界…（蛸）

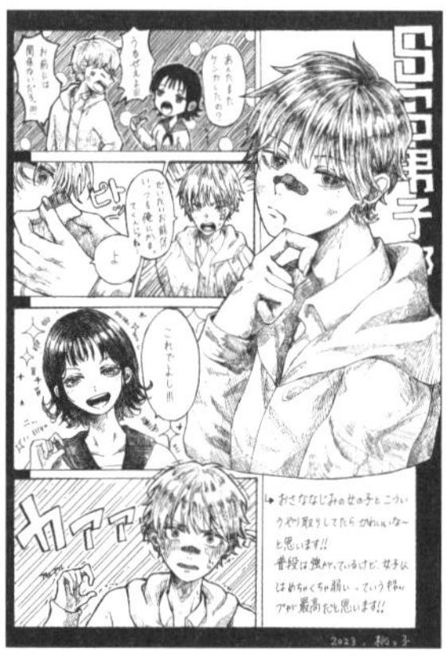

福岡県・桃っ子・15歳

強がりなやんちゃ少年の照れ顔からしか得られない栄養があります…有難い…　女の子の笑顔も可愛すぎて…。惚れてしまう…（蛸）

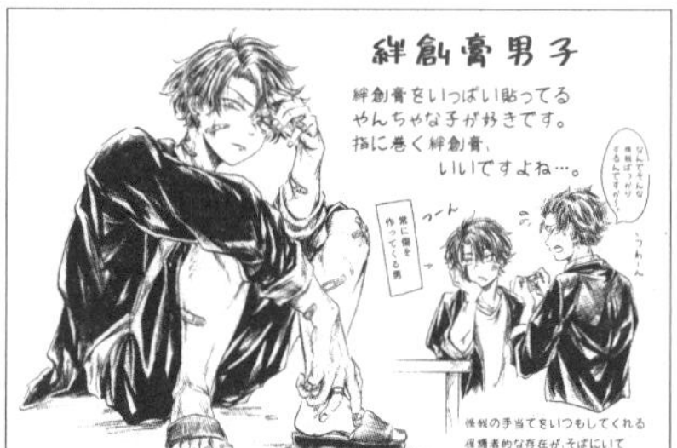

埼玉県・はっさく

手当してくれてる子が泣いちゃってるの可愛すぎます…！　ツンとしながらも大人しく手当てされているのが良いですね…愛…（蛸）

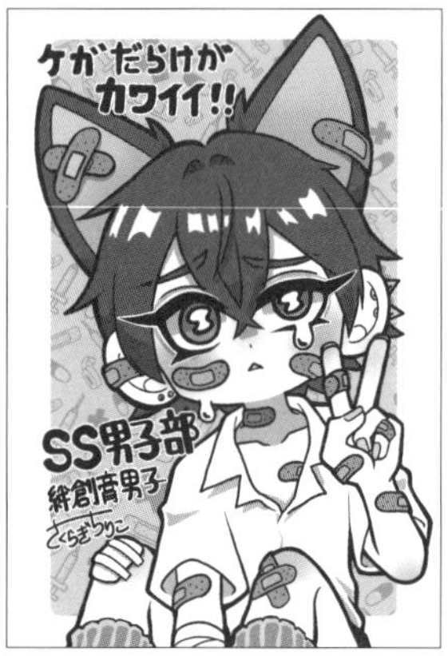

埼玉県・さくらぎちりこ

大きい猫耳の怪我だらけ絆創膏少年…最高以外の何物でもない…握手しましょう。困り眉も涙目もピアスも可愛すぎる〜！（蛸）

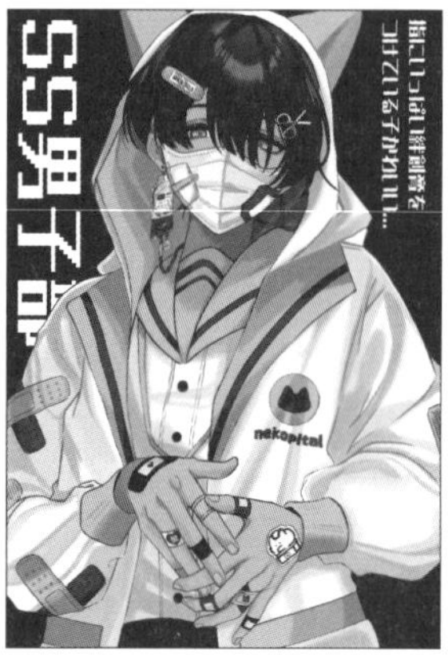

愛媛県・4284

色々なデザインの絆創膏が可愛い〜！　マスクや献血パックのピアスがカッコよくて、雰囲気が大優勝しています…！（蛸）

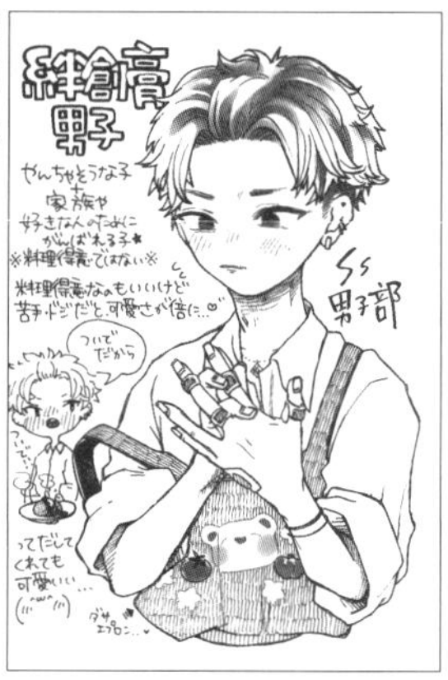

福岡県・無月

やんちゃな容姿と不器用な優しさのギャップ、大好物です…可愛いエプロンを着て頑張ってお料理しているのをそばで見ていたい…（蛸）

SS DANSHI-BU

「男子のこんなトコがたまらない！」という思いを皆で発表！ 第44回は「絆創膏男子」特集をお届け！

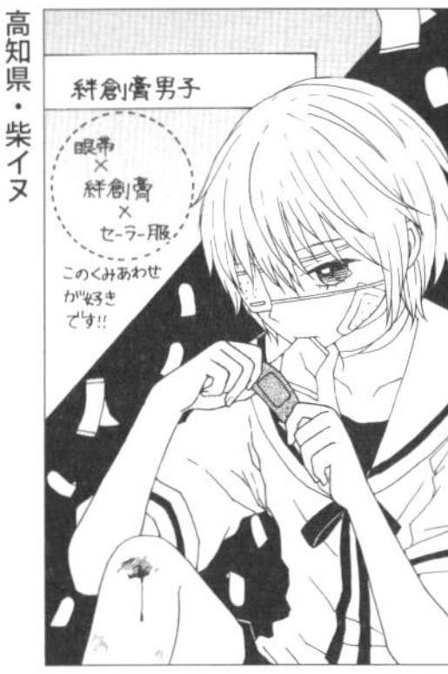

高知県・柴イヌ
怪我だらけのセーラー少年良すぎ～！ おくちで絆創膏を開けちゃうワイルドさとアンニュイな表情にドキドキします…！（蛸）

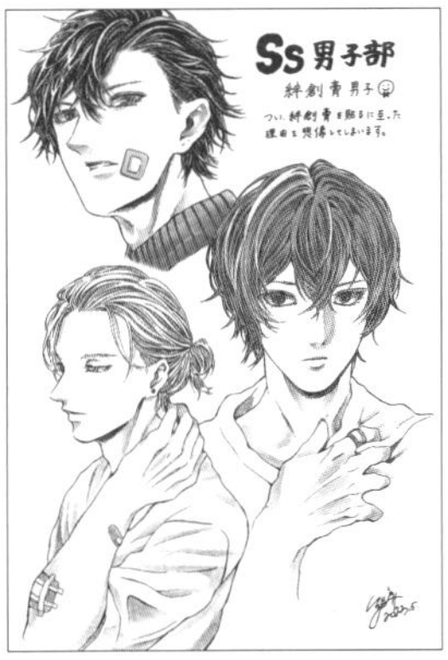

埼玉県・参崎シュリ
お顔のきれいな男性と無骨な絆創膏の組み合わせ、大好きです…！ 無限の想像の可能性を秘めているのも絆創膏の魅力ですね（蛸）

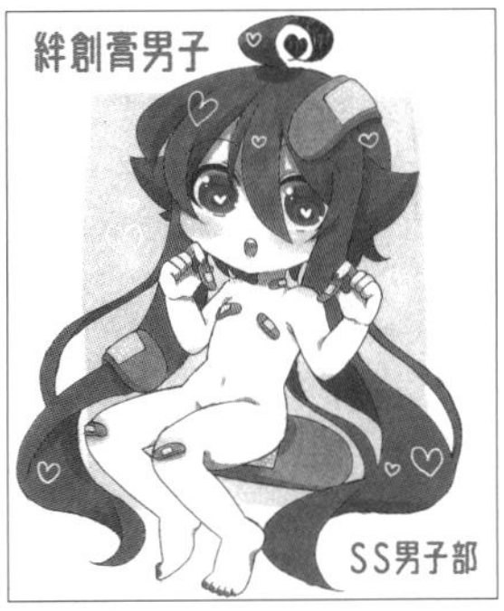

茨城県・練乳。
お膝やお胸の小さい絆創膏も大きい絆創膏もハートのおめめも可愛すぎます～！ 絆創膏の妖精さんみたいですね！（蛸）

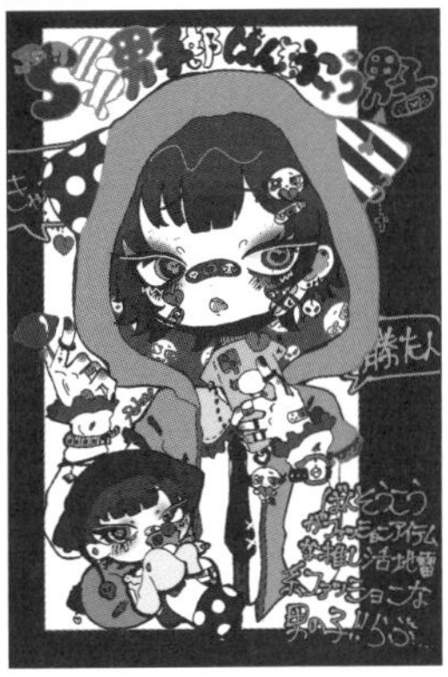

群馬県・Rokse
地雷系×絆創膏って最強～！ 小物のデザインが全てかわいくて隅々まで見ていて楽しいです。おめめの中までかわいい…！（蛸）

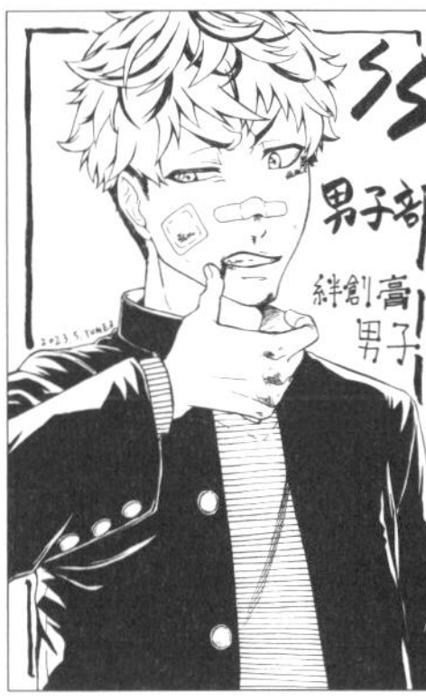

福岡県・夢見月
学ランのヤンキー男子はやはり正義ですね…！ 傷だらけの拳やお顔に、たくさん絆創膏を貼って手当てしてあげたいです…（蛸）

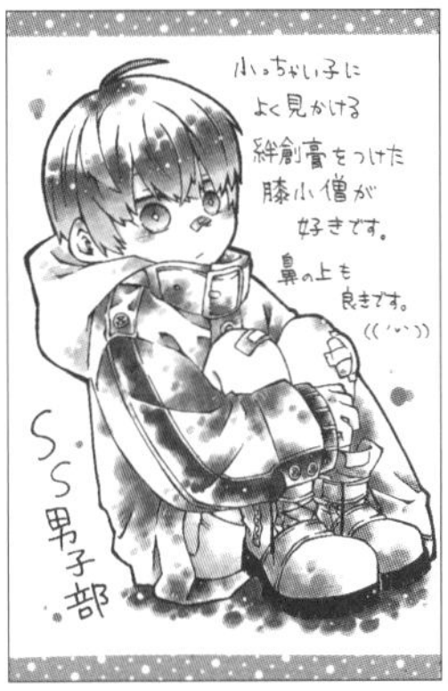

新潟県・真継
お膝や鼻の上の絆創膏になりたいですよね分かります…。オーバーサイズのパーカーやゴツめのブーツも可愛すぎます！（蛸）

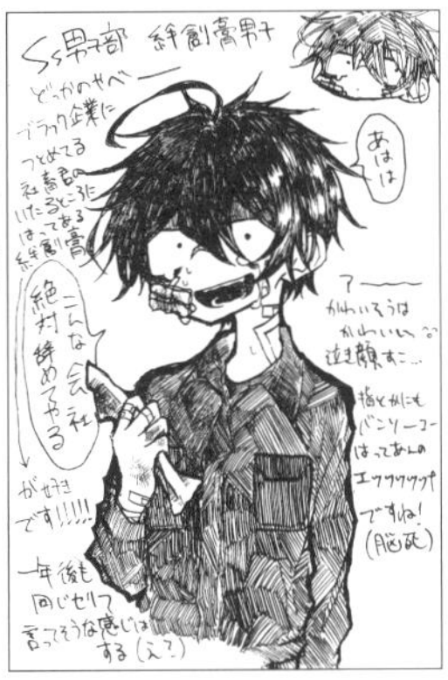

宮城県・ねくつ・14歳
「可哀想で可愛い」こそ絆創膏の醍醐味ですね！ 幸せになってほしい気持ちとこのままでいてほしい気持ちがせめぎ合ってます…（蛸）

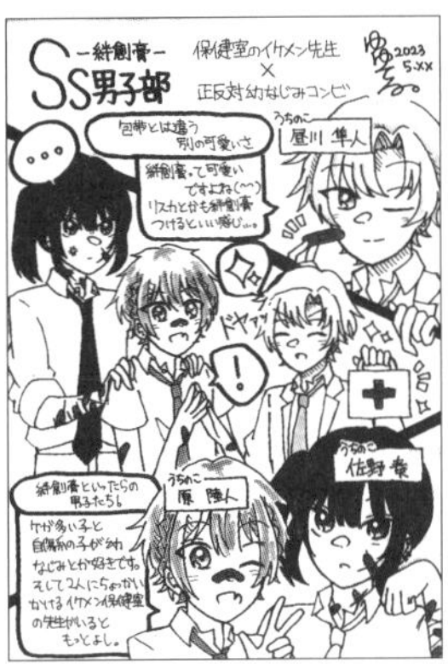

静岡県・ゆゆてる。
イケメンな保健室の先生に手当てしてもらえるのいいですね！ 性格は反対でも絆創膏はお揃いな幼馴染コンビ最強です！（蛸）

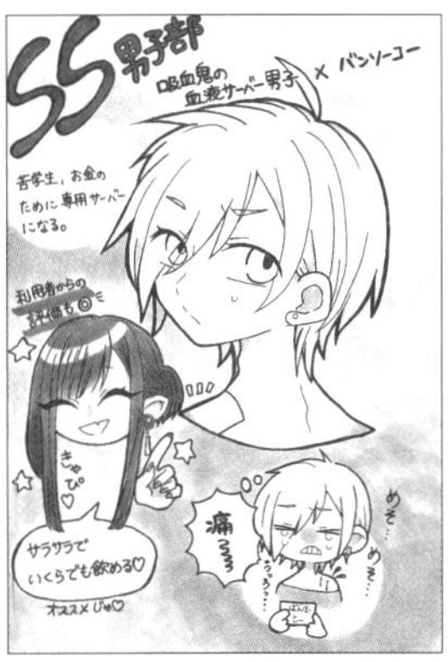

愛媛県・なご。
痛くてめそめそしちゃってるのに吸血鬼さんはいい笑顔なのが、不憫で可愛いですね…。2人の会話とかも見たくなっちゃいます！（蛸）

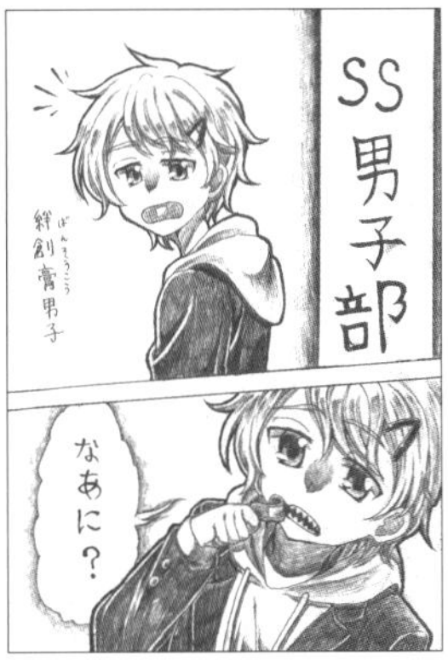

埼玉県・セコイ也
おくちに絆創膏！ かわいい！ タレ目の可愛いお顔と隠されたギザ歯のギャップが魅力的すぎて見せてもらったら気絶しちゃいます…（蛸）

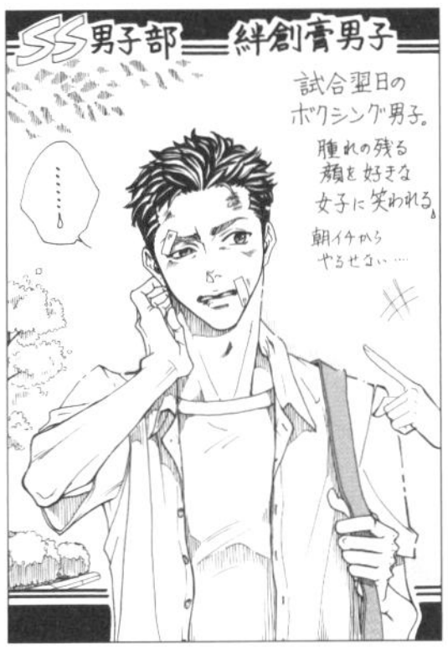

長野県・小林求・47歳
不服そうな表情がめちゃめちゃ可愛いです～！ 輝かしい青春のひとコマすぎてキュンキュンします…！ 浄化しそう…（蛸）

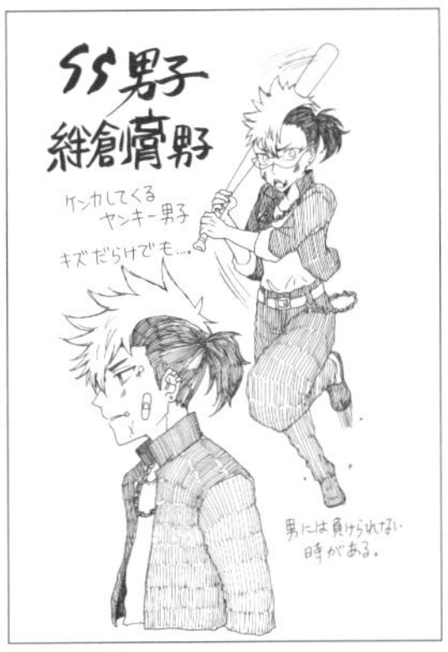

群馬県・RB
髪を結んでるヤンキー男子、好きです…。怪我だらけのお顔も勇ましい喧嘩姿もかっこよくて胸熱です！ 頑張れー！（蛸）

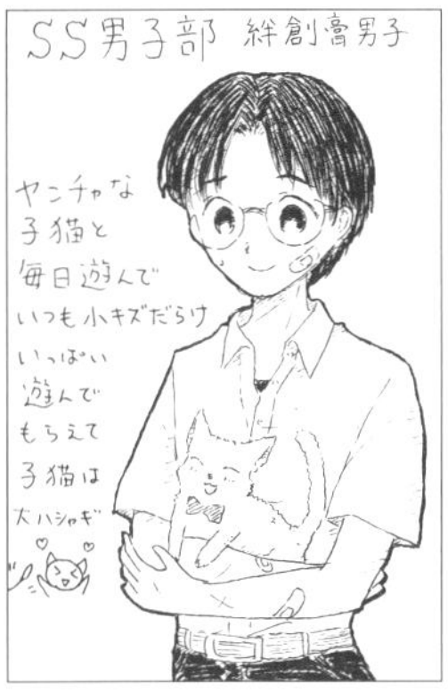

千葉県・まき・42歳
真面目そうな男の子が絆創膏たくさんなのめっちゃ可愛いですね～…!? 猫ちゃんも満足そうで微笑ましいです。幸せな空間…（蛸）

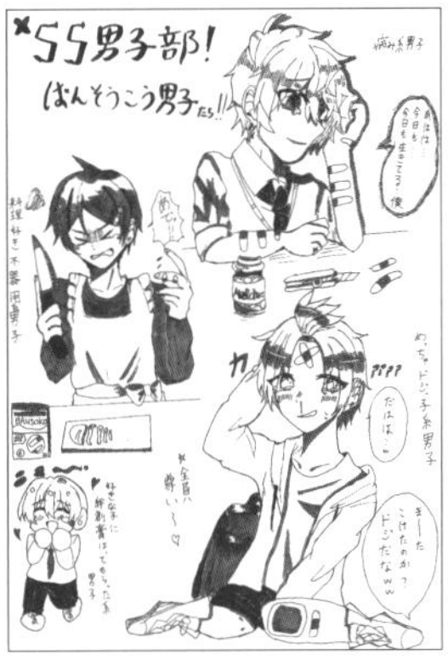

兵庫県・yakumo
絆創膏男子と言っても本当に色々な子がいますよね！ 改めて絆創膏の魅力を感じられます…！ みんなそれぞれかわいいです～！（蛸）

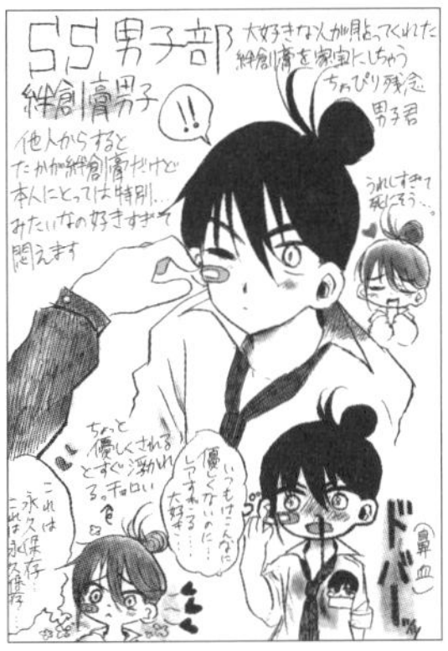

岡山県・おでん・16歳
嬉しすぎて鼻血まで出しちゃうの残念だけど可愛すぎますね…！ お団子頭も可愛い！ 貼ってくれた子の反応が気になります…（蛸）

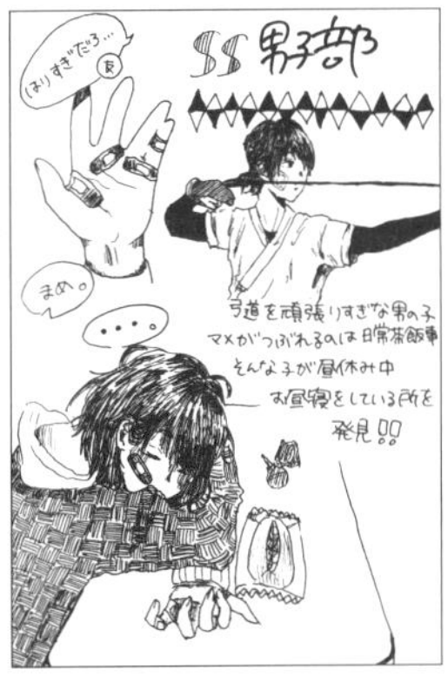

長崎県・I□○▲
絆創膏から読み取れるたくさんの努力って良いですよね…！ カッコイ～！ お昼寝中にこっそり差し入れ持っていきたいです…（蛸）

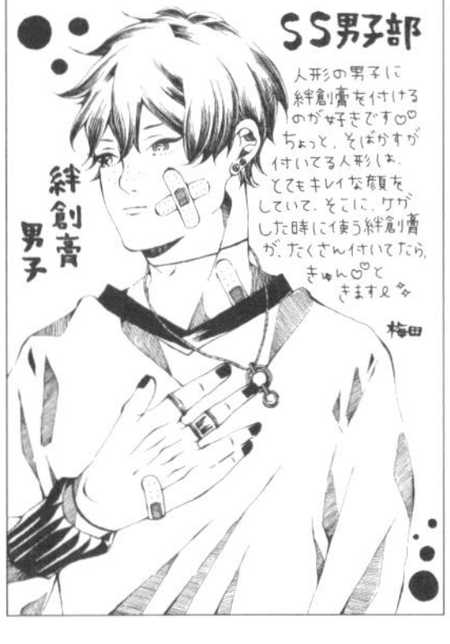

福岡県・梅田
そばかす大好き～！ お人形の表情の少ない綺麗なお顔を飾る絆創膏が素敵ですね。おめめや関節、設定も全て最高です…！（蛸）

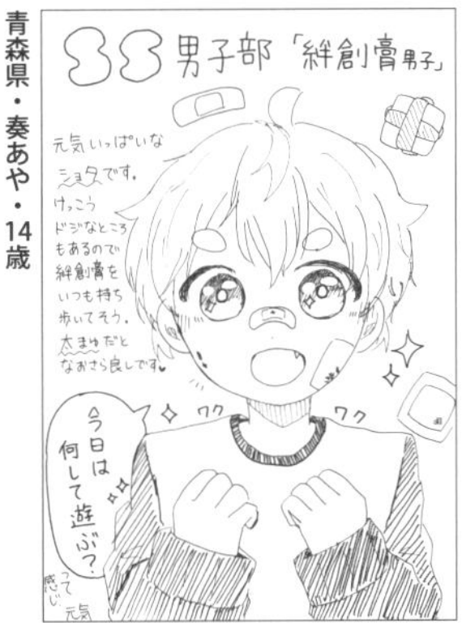

青森県・奏あや・14歳
太眉元気ショタ可愛すぎる～！ 怪我なんて気にしてなさそうなキラキラなおめめや表情が眩しいです…！ 健やかに生きてほしい…（蛸）

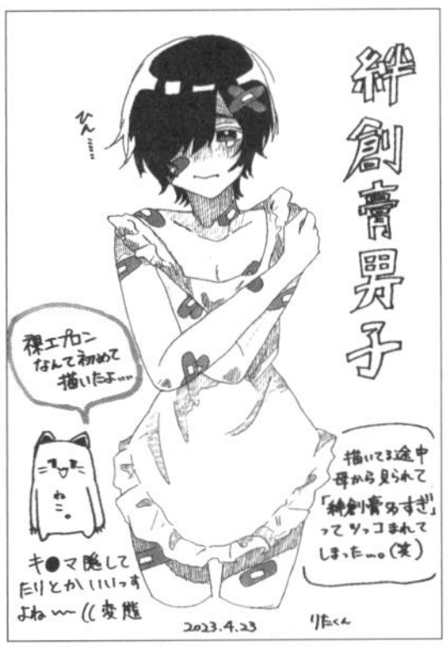

福岡県・リタ・13歳
絆創膏は多ければ多いほど良いですよね！ 絆創膏×裸エプロン可愛すぎます…！ 本人が嫌そうなのがまた良いですね（蛸）

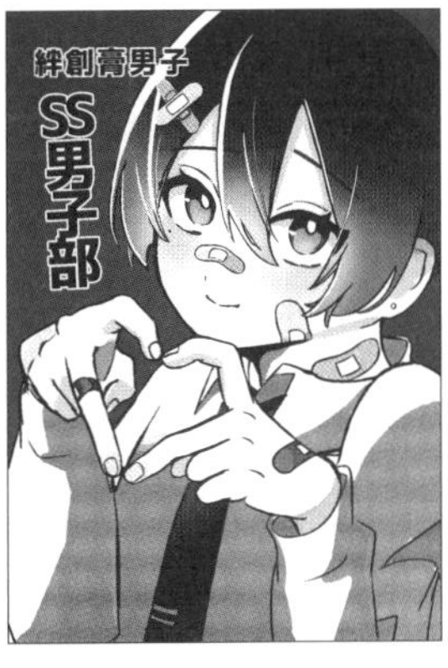

滋賀県・お酢団子
ハート×上目遣い×ほくろ×絆創膏の相乗効果で最高にあざと可愛いです！ 首の絆創膏について詳しく知りたくなっちゃいます…（蛸）

新潟県・鴉ノ伊草

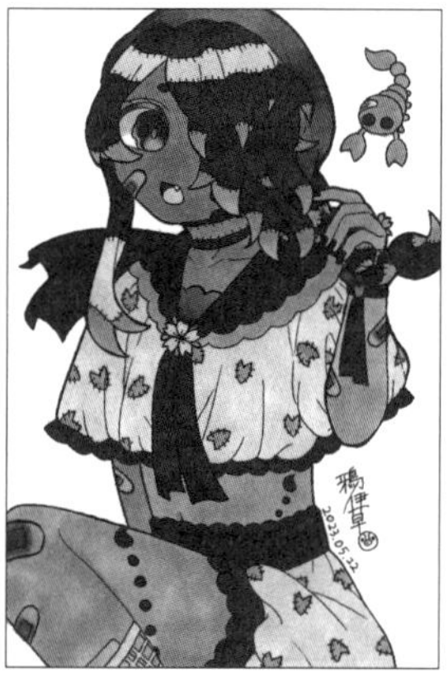

大阪府・香水あわわ

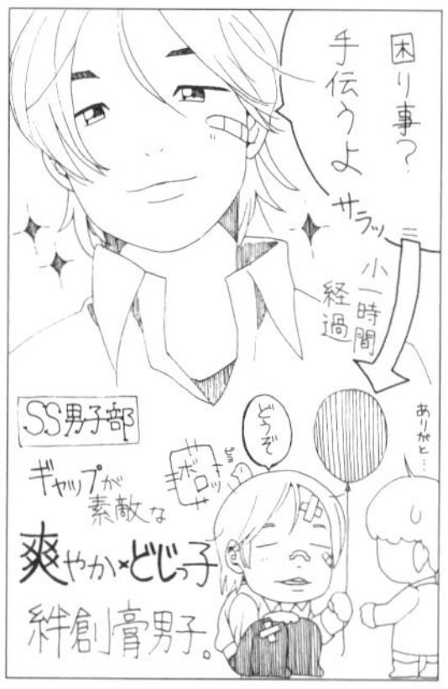

茨城県・あおいみう

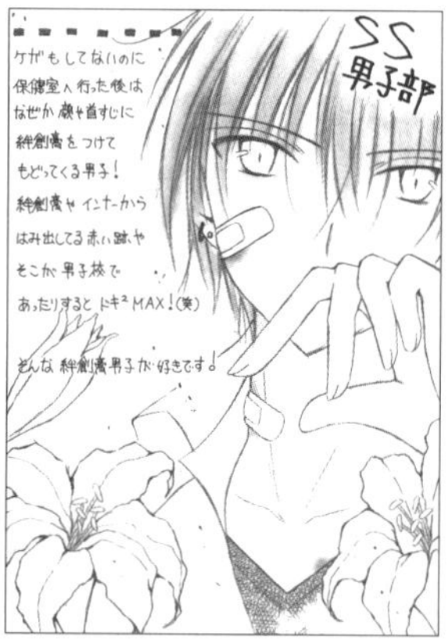

静岡県・紗雪

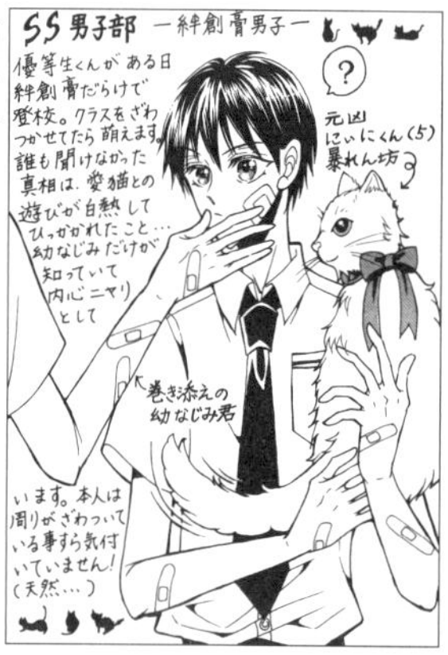

宮城県・ヤア・14歳

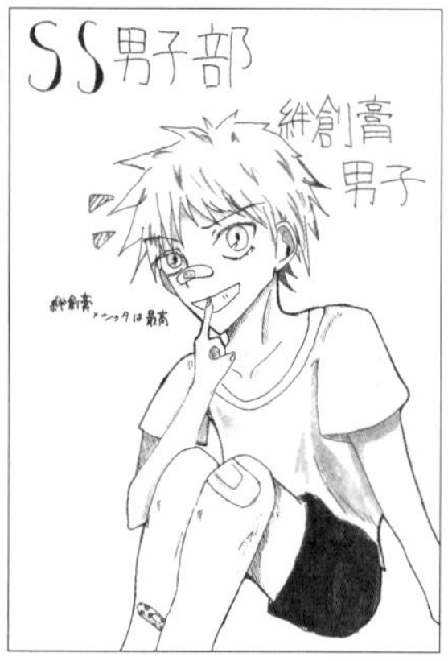

長野県・ニャンパネルラ

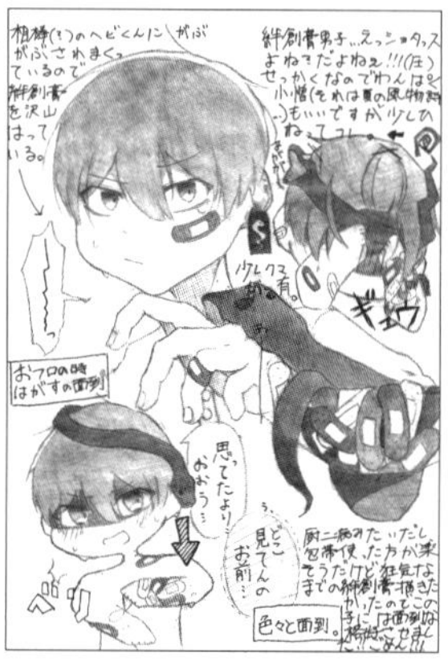

和歌山県・おんやさい・15歳

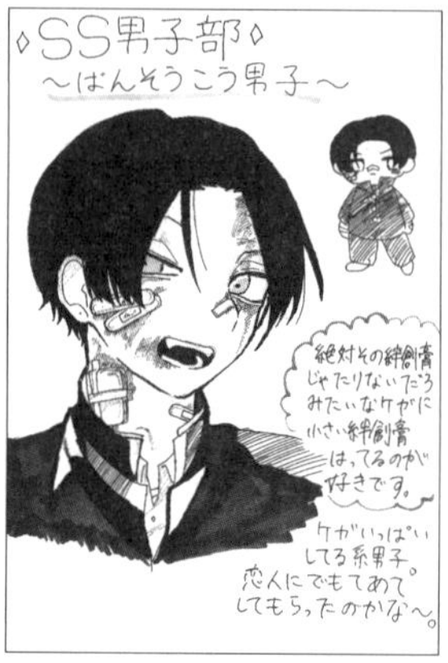

大分県・岡・14歳

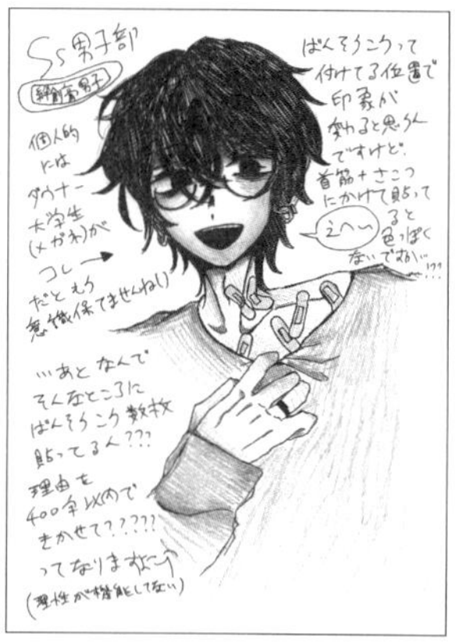

東京都・ひろくまひろみ

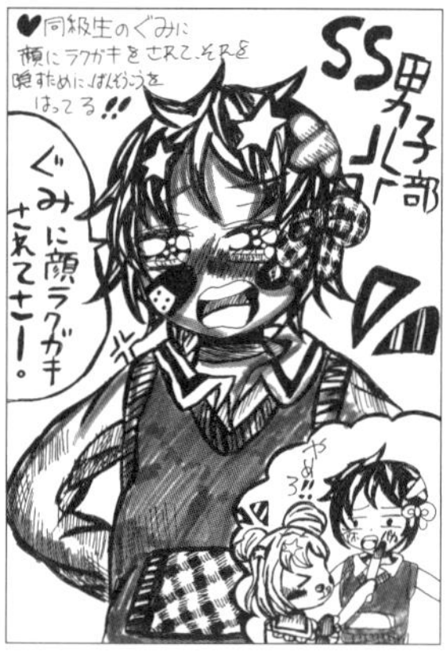

北海道・夢現まーや

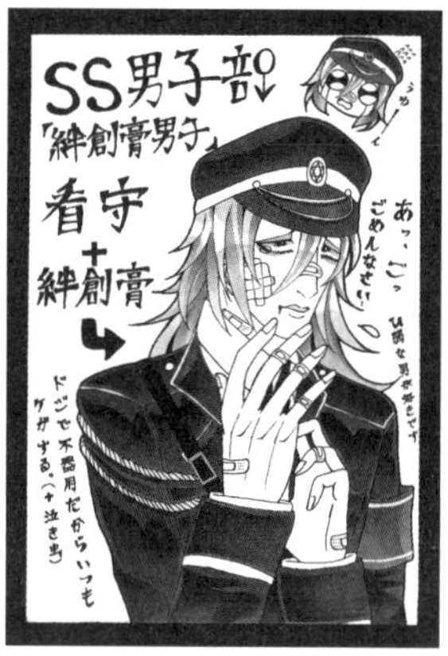

福島県・ゆあうお・17歳

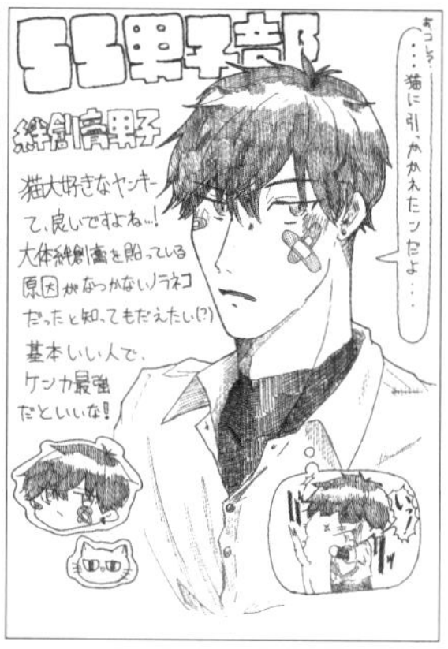

岩手県・あひるフロスト

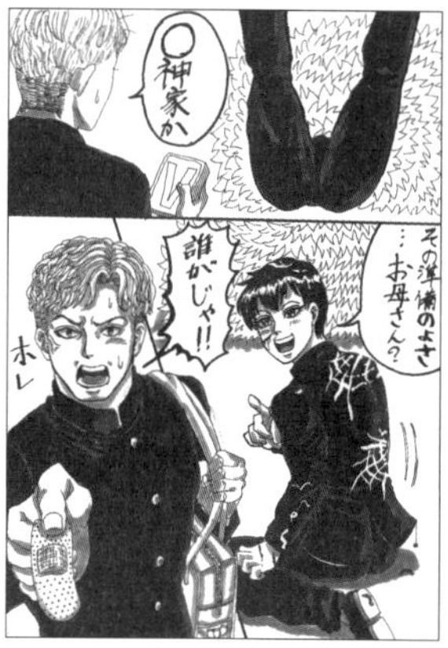

岡山県・うちや・12歳

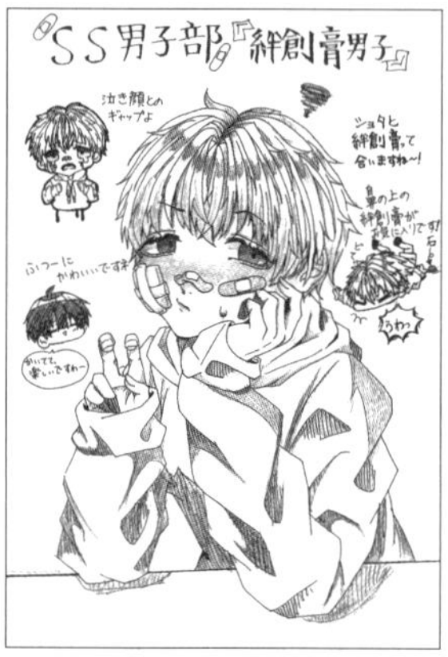

兵庫県・くろざとうぱんだ

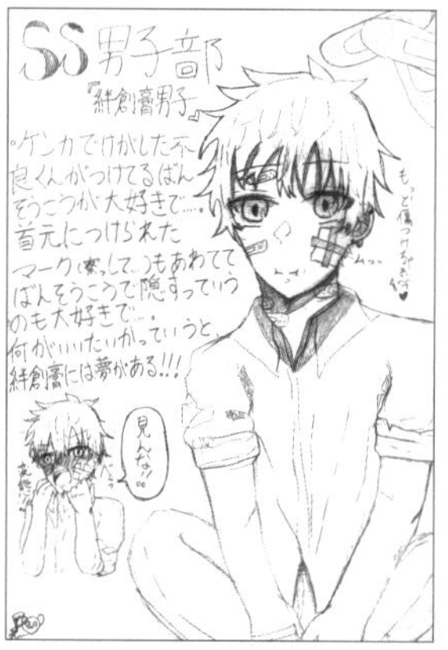

愛知県・瑠璃萩・12歳

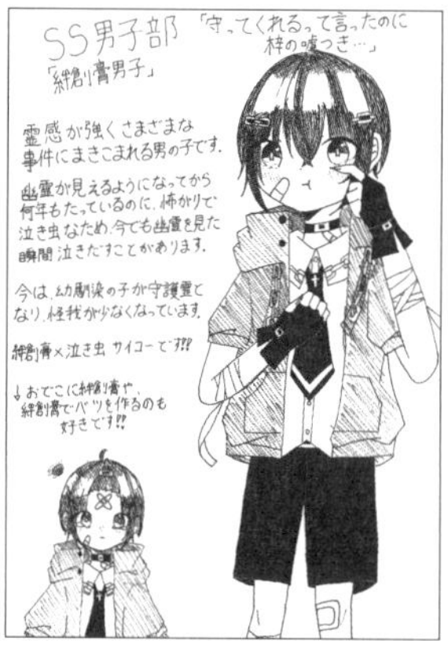

千葉県・武田和子・71歳

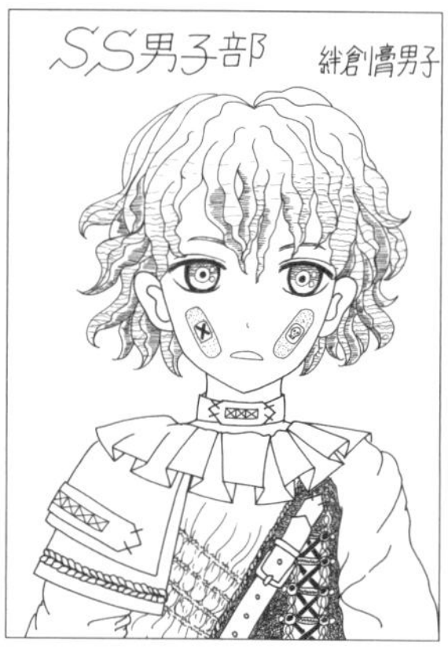

兵庫県・綿道草

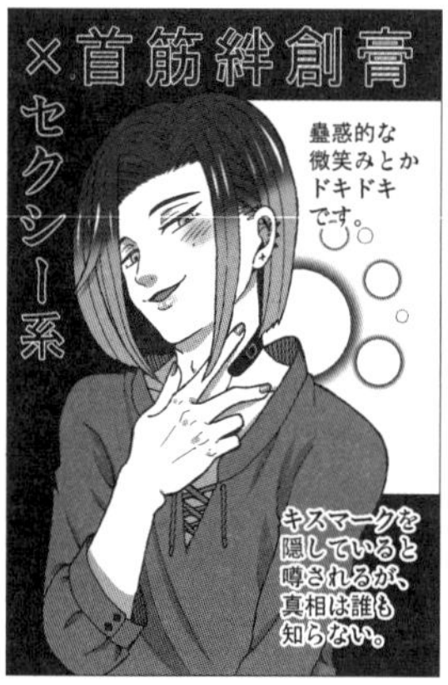

高知県・ぱんつねこ(仮)

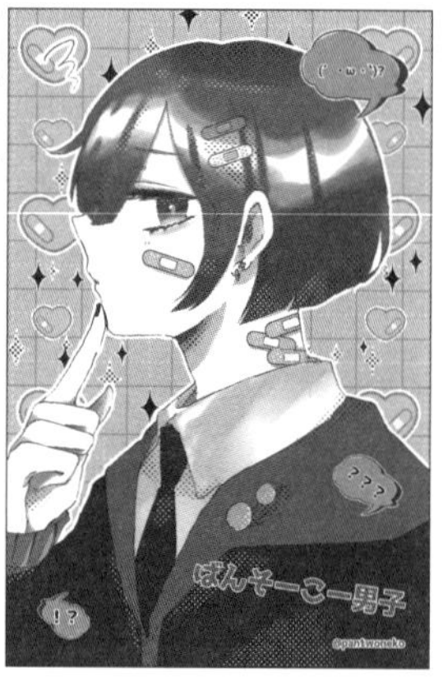

広島県・りつ・12歳

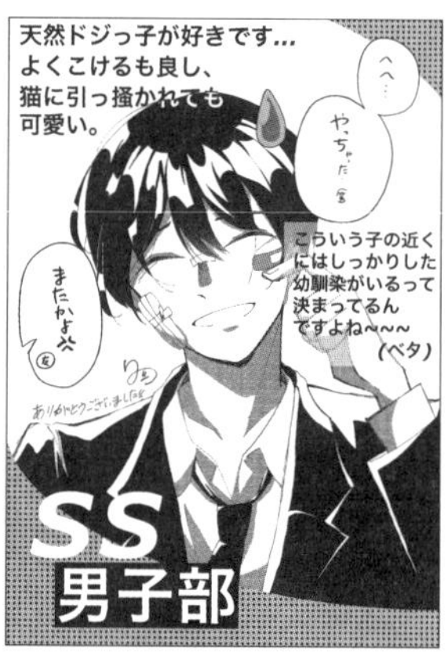

福島県・八羽・19歳

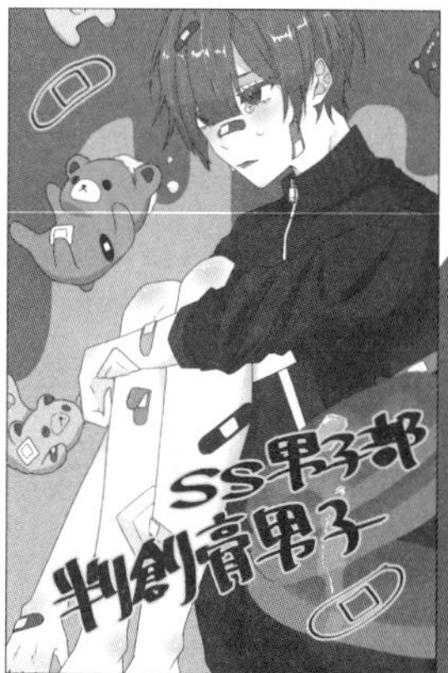

絆創膏女子特集

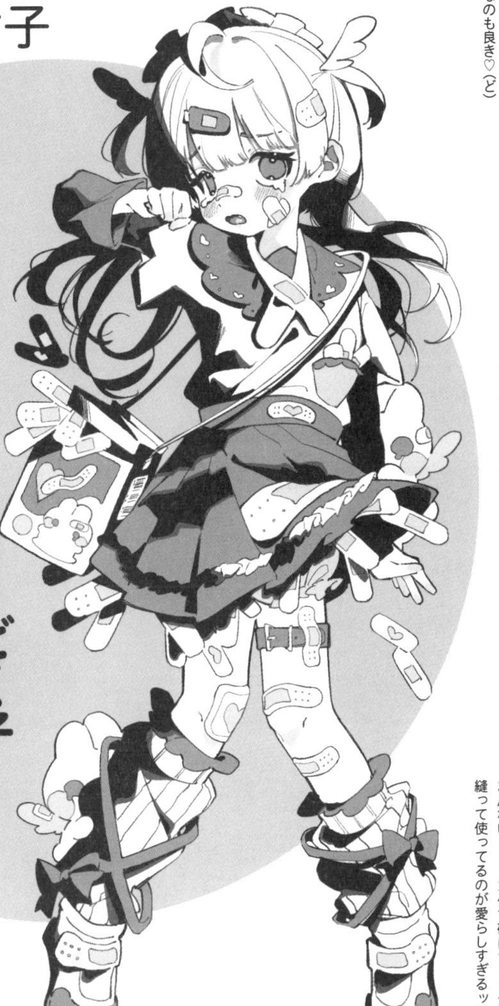

NAVIGATOR → どく子

【どく子】さんのコメントと一緒にお送りします！

SS JOSHI-BU

「女子のこんなトコがたまらない！」という思いを皆で発表！　第44回は「絆創膏女子」特集をお届け！

COMMENT → よく怪我をしちゃう女の子。気がついたら絆創膏だらけ…せっかくだから可愛くしちゃった！　ついつい守ってあげたくなっちゃう、おっちょこちょい絆創膏女子はいかがでしょう？(ど)

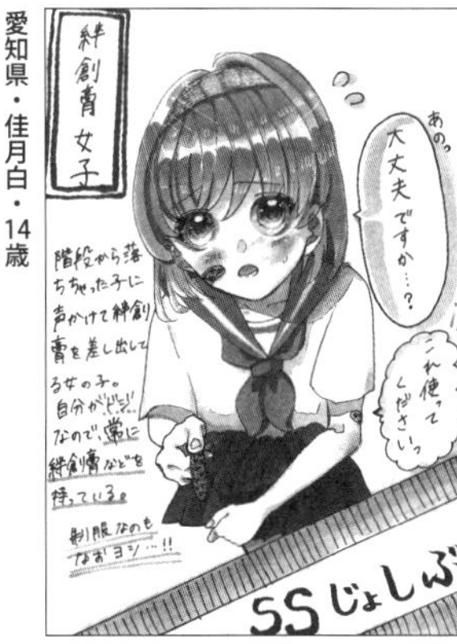

愛知県・佳月日・14歳
優しい絆創膏女子ちゃん良すぎッ！　持ってる絆創膏かわいすぎ！　女子力の塊!?　こんなにうるうるの瞳で心配されたら即傷治っちゃうよ～?!(ど)

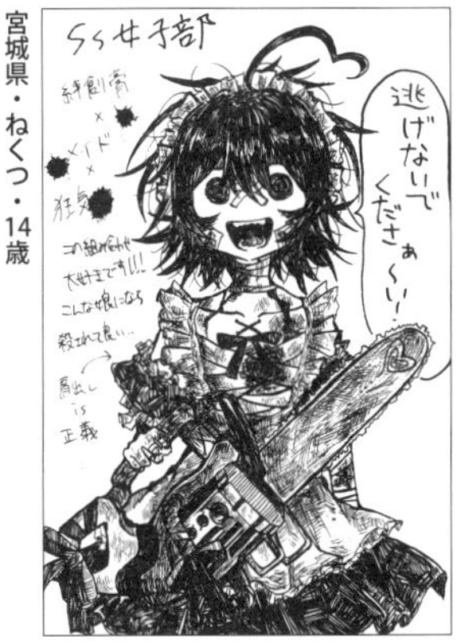

宮城県・ねくつ・14歳
最高の組み合わせだ～！　アホ毛やチェンソーのハートで可愛さを出しつつ、ボディステッチや絆創膏で病み感モリモリ欲張りセットなのも良き♡(ど)

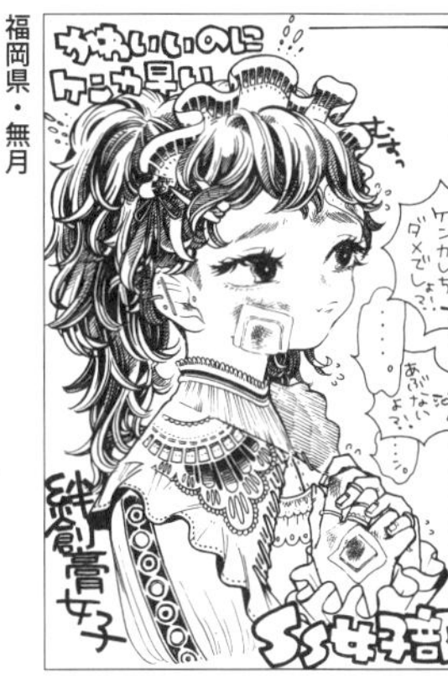

福岡県・無月
アラアラ～♡　コブシが絆創膏だらけで可愛いわね♡　むすっとお顔も美人すぎるわよ！　お友達に心配かけすぎないようにね～ッ!!(ど)

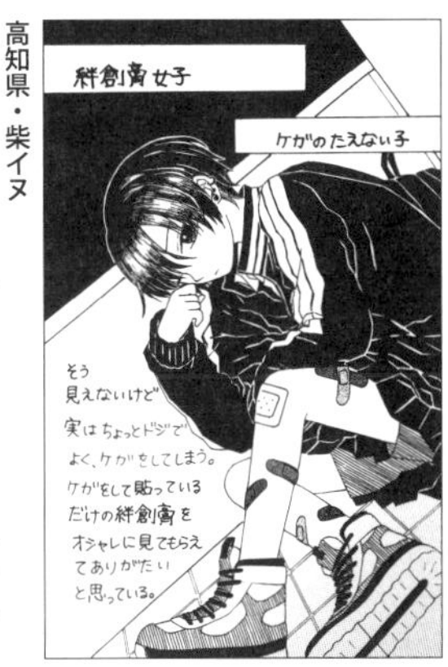

高知県・柴イヌ
クールな美少女がちょっぴりドジ…とんでもないギャップ最高だー!!　この子の周りでは絆創膏がオシャレとして流行っていそう…！(ど)

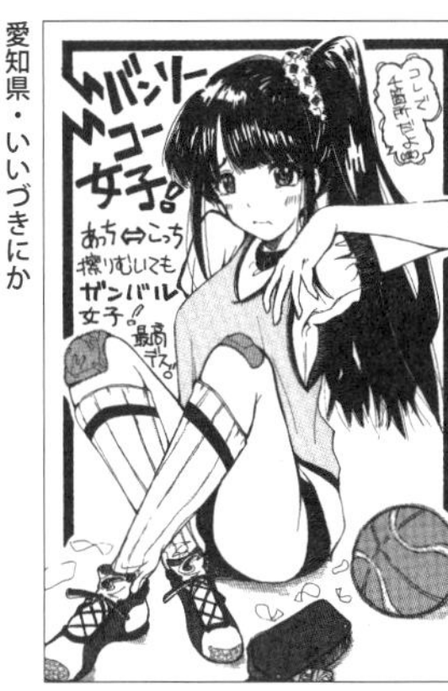

愛知県・いいづきにか
スポーツ女子×絆創膏めちゃくちゃ合うッ！　傷が増えちゃってしょげながらも一生懸命ガンバル女子、全力で応援したいです！　がんばれー!!(ど)

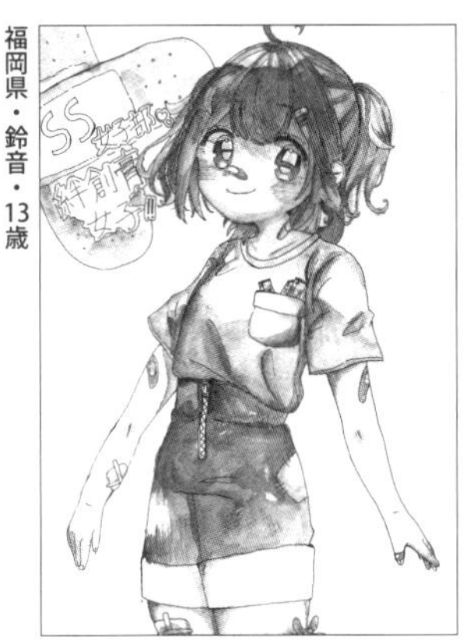

福岡県・鈴音・13歳
ポニーテールに半袖短パン！　元気溢れる絆創膏女子たまんない～！　コケて破けちゃったのかな？　ズボンを縫って使ってるのが愛らしすぎるッ！(ど)

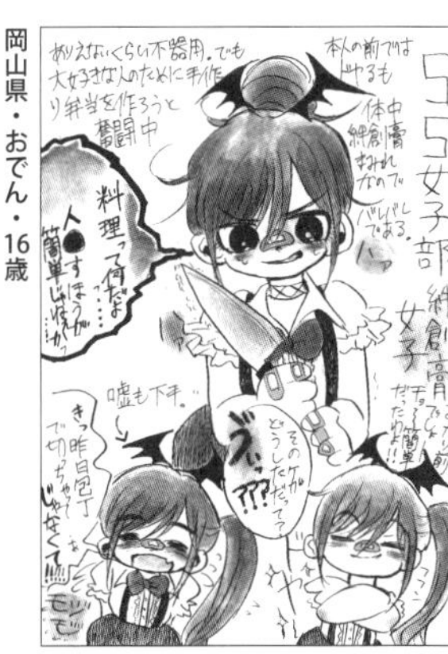

岡山県・おでん・16歳
不器用絆創膏女子かわいすぎます！　見ていてハラハラしちゃう小悪魔ちゃんは魅力たっぷりで、色んな意味で目が離せません！(笑)。好き!!(ど)

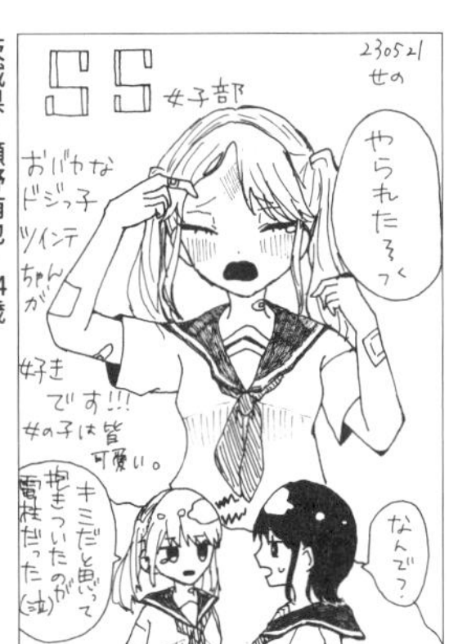

茨城県・瀬野侑也・14歳
でで電柱!?　面白すぎる～！　ドジっ子ツインテ相性良すぎます！　可愛いッ！　絆創膏はお友達が貼ってくれたのかな？　妄想が膨らみます…！(ど)

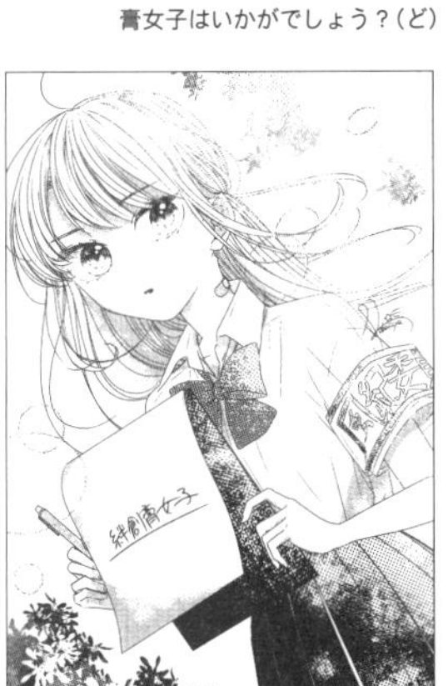

大阪府・紅梅アヤ
風が吹いてチラッと見える絆創膏！　なんて色気…！　清楚系女の子の絆創膏姿からしか摂取できない栄養がありますね…5億点ッ…！(ど)

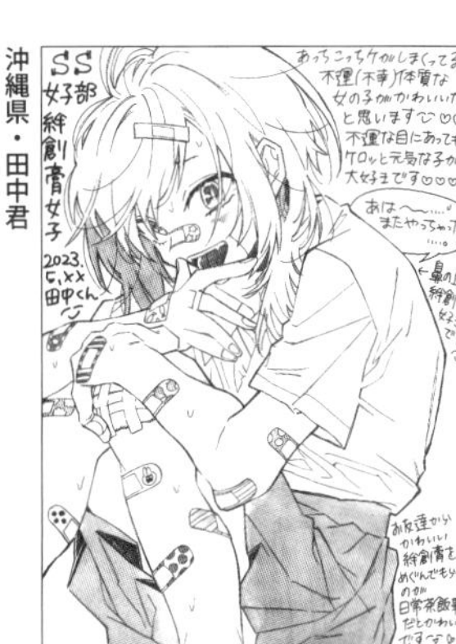

沖縄県・田中君
不運体質でもめげない元気絆創膏女子！　最高！　猫目でちょっぴり猫背なのがたまらない…♡　私もこの子に絆創膏渡したーい!!(ど)

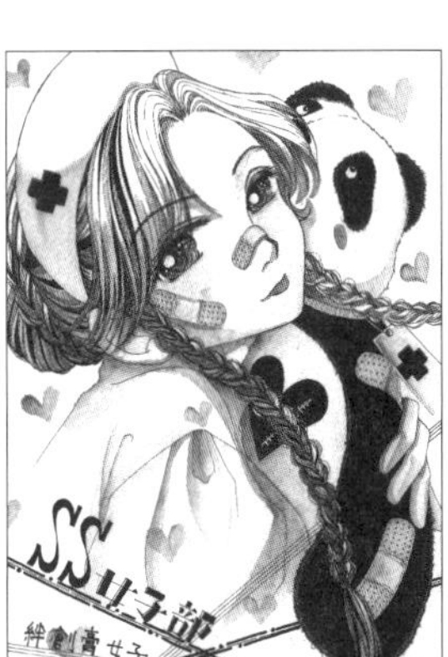

奈良県・春道
美人ナースと絆創膏！　合う…！　ペロッと出した舌とキラキラ瞳に心奪われますッ！　パンダさんちょっと、そこ代わっていただいてもよろしいですか？(ど)

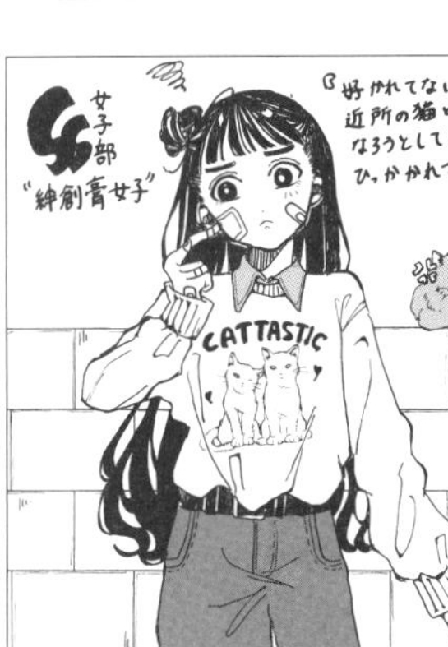

京都府・あはちゃ・18歳
オン眉オシャレ絆創膏女子ちゃんかわいすぎ!?　お洋服からも猫好き溢れてて最高！　怖くないよ～ってコソコソ近づいてる姿、眺めたい♡(ど)

東京都・納豆こつぶ・12歳
絆創膏をオシャレアイテム化！ 最高!! ぬいぐるみにも絆創膏を貼ってあげてて可愛い♡ そのスマホケース私も欲しい〜!!（ど）

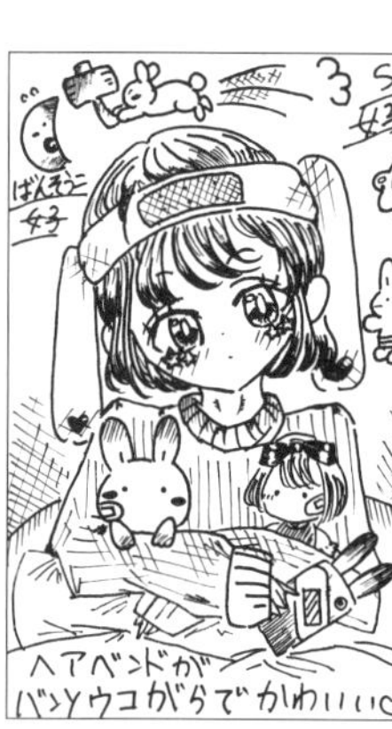

愛知県・つむジロ
引きこもり絆創膏お姉さん可愛い〜!! 黒チョーカーとダボっとお洋服が似合いすぎ♡ 私が一緒にお出かけして危険から守りますッ！（ど）

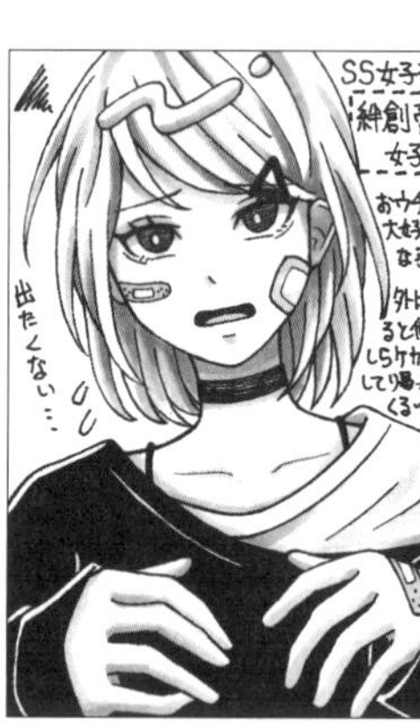

神奈川県・梨玖
ぬいぐるみを一生懸命作る女の子、愛おしい…！ 所々ワタが溢れてるのも可愛い♡ 頑張りの証の絆創膏は最強！ 想い伝われ〜ッ！（ど）

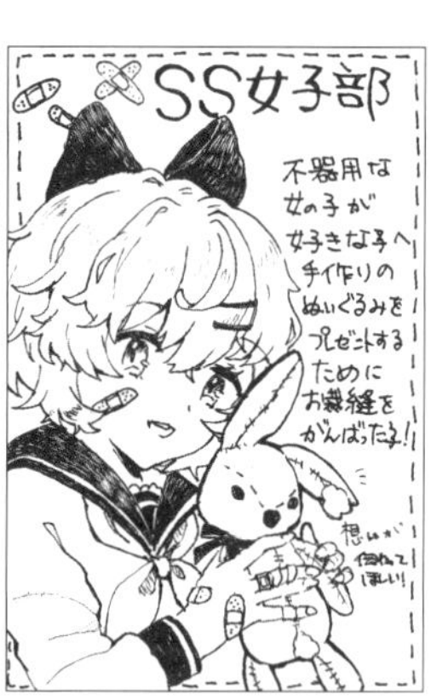

岩手県・寝不足反抗期・14歳
絆創膏の髪飾りに絆創膏のネックレス…絆創膏をオシャレ化させる天才だー!! 肌見せインナーで色気アップ♡ 困り眉もかわいすぎます〜！（ど）

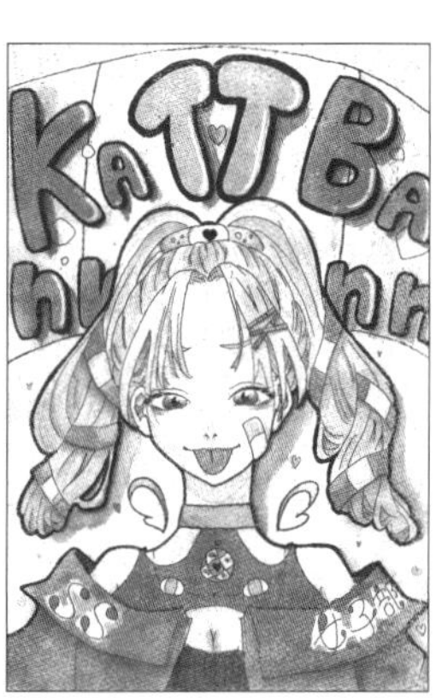

愛媛県・なご。
絆創膏可愛いから貼りたいよねッ♡ オシャレもヘアスタイルも楽しんでるゾンビちゃんお友達になりたいよ！ コンプライアンス偉い！（笑）（ど）

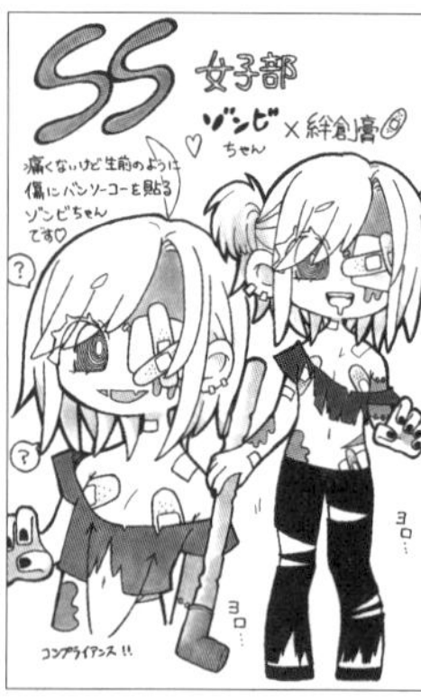

大阪府・ラブバード
アアーッ！ 境遇ーッ！（泣） でもそんな陰キャガール、最高です…！ 絆創膏似合いすぎです！ 雑だけど優しいお友達と一生仲良くして欲しい…！（ど）

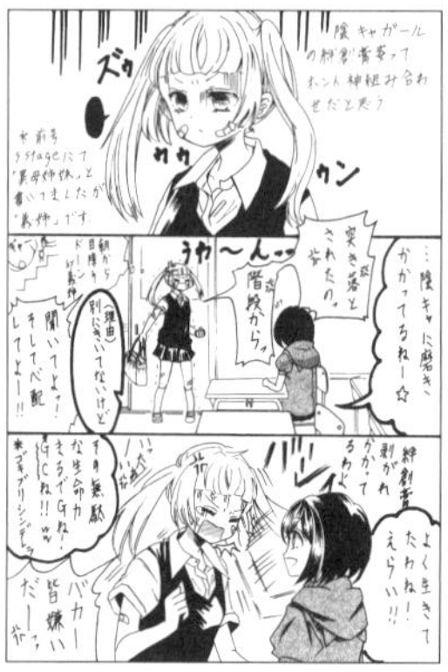

広島県・すー・15歳
雨と絆創膏女子の相性がとても良い！ 怯えている顔も唆られちゃいます。傷は付けられたのか付けたのか…この子の物語が気になってしまう！（ど）

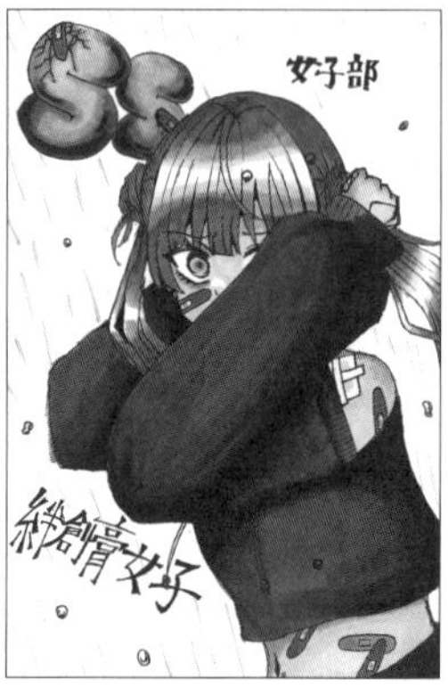

千葉県・まき・42歳
デートの日のニキビは大事件!! でもそれを逆手にとってファッションの一部にしちゃうの大天才！ ニキビがあっても十分に可愛いよ〜！♡（ど）

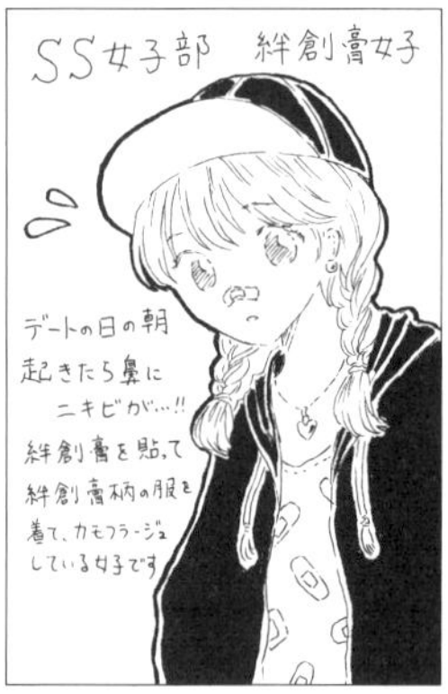

福島県・風波
ツンデレ爆発絆創膏お姉ちゃん好きすぎます！ 怪我してるのはコッチだけど、抱きしめたくなる…！ あとお大事に絆創膏めっちゃ欲しい（ど）

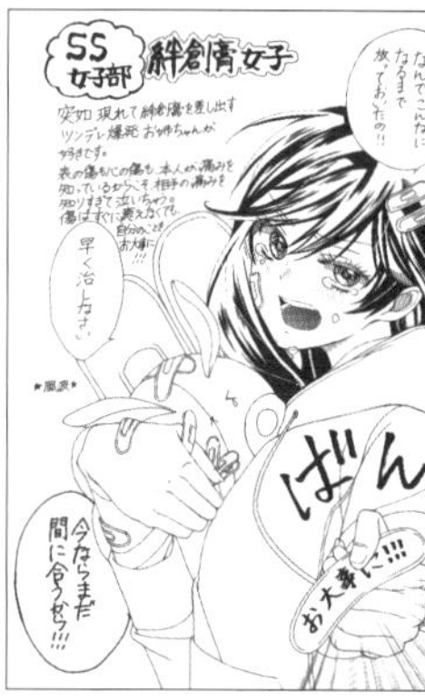

千葉県・武田和子・71歳
画面が絆創膏でキラキラして楽しい〜！ 絆創膏一つ一つのデザインがすごく凝っていて、思わず絵の中の絆創膏を探しちゃいます!!（ど）

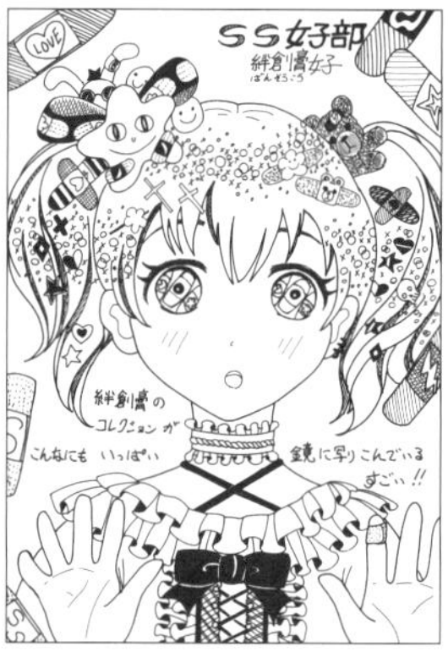

長野県・めいりん・17歳
ほっぺた絆創膏は可愛い！ 分かります!! キョトンとしたお顔と仕草、うるうるキラキラの瞳、惚れない人はいないぜ！ 可愛すぎるッ♡（ど）

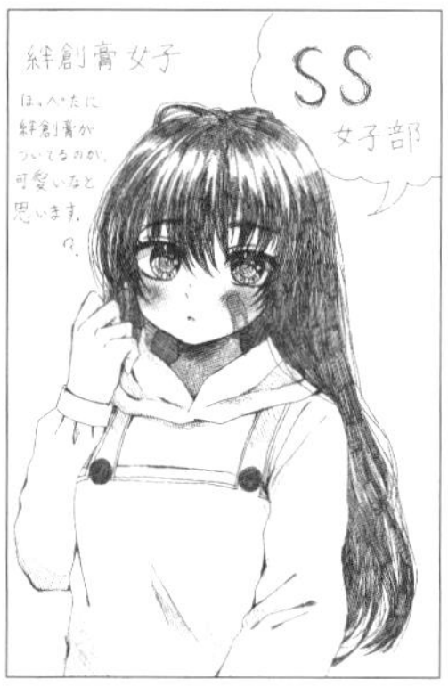

茨城県・あおいみう
キャー！ ラッキ…ゴホンゴホン！ 貼ってる絆創膏ナニソレかわいすぎる〜！ 男子にからかわれちゃってるのも可愛い！ 風さんありがとう（ど）

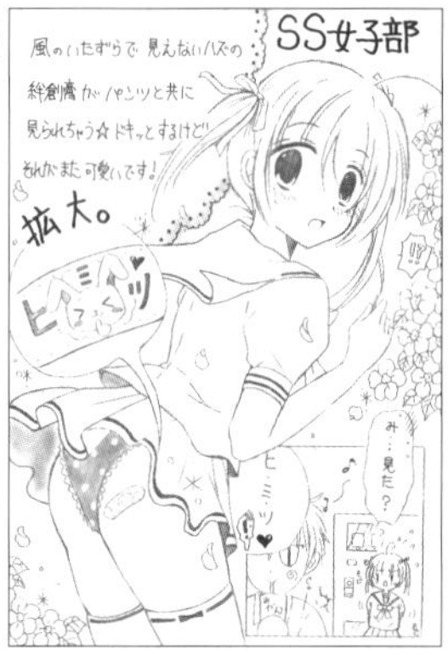

神奈川県・余波・12歳
絆創膏デコラ女子最高!? 白黒なのにカラフルに感じるウキウキな絆創膏装飾すごいです！ 絆創膏ピアスに絆創膏ゆびわ売って欲しい！（ど）

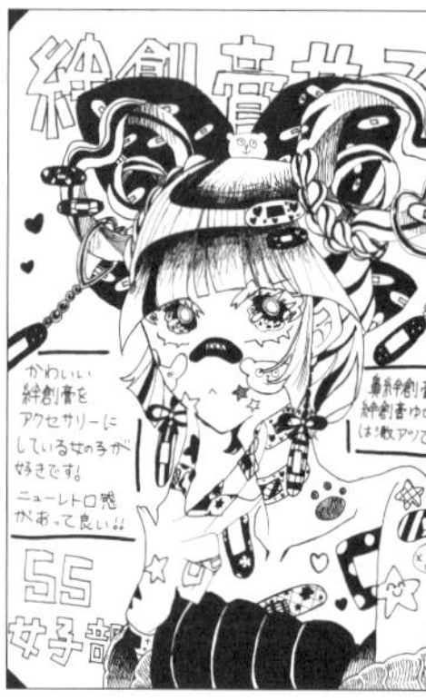

新潟県・真継
ドジっ子絆創膏常備女子は可愛い！ 瞳やネクタイに十字柄が入っててキュート♡ ダイナミック転倒に大丈夫かーッ!? って言いたくなる！（笑）（ど）

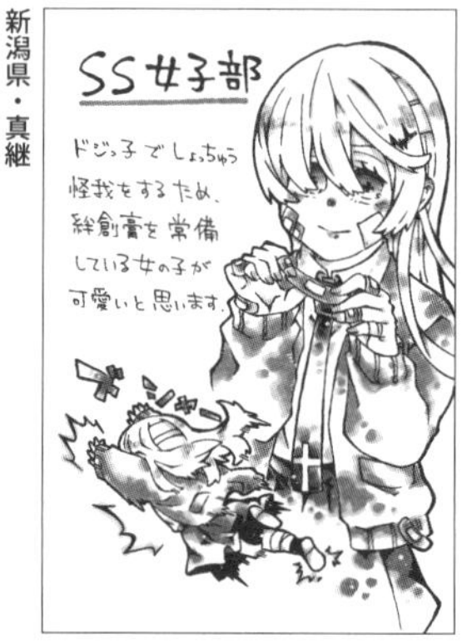

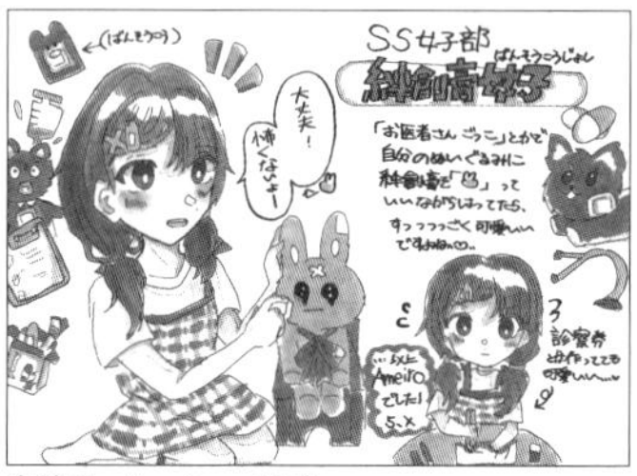

宮崎県・Ameiro・13歳
お医者さんごっこ中でしたか〜ッ！ 一生懸命お医者さんしているこの子を眺めて1日を過ごしたい…。将来ママ気質な子に育っていそう♡（ど）

長野県・谷川りおん
すみません。ナイスバディタレ目ナースさんに素直に惚れてしまいました。脚の絆創膏がいい仕事をしている…！ 月一で健康診断行きますね（ど）

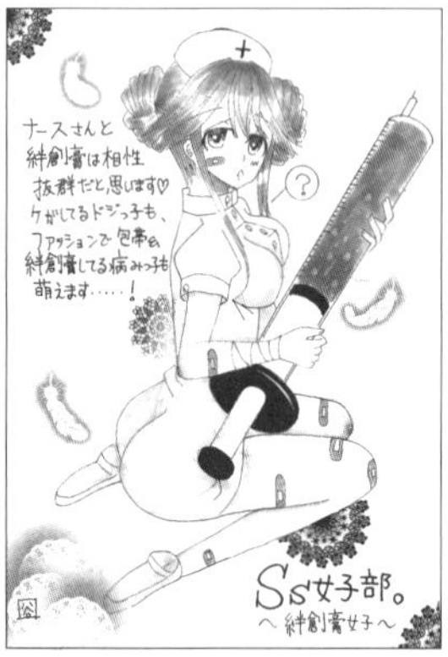

群馬県・RB
絆創膏の数を愛と捉える猫好きの鑑?! の飼い主さんめちゃめちゃ可愛いよ〜！ ツン強めのプリン君との日常を覗いてみたくなりました♡（ど）

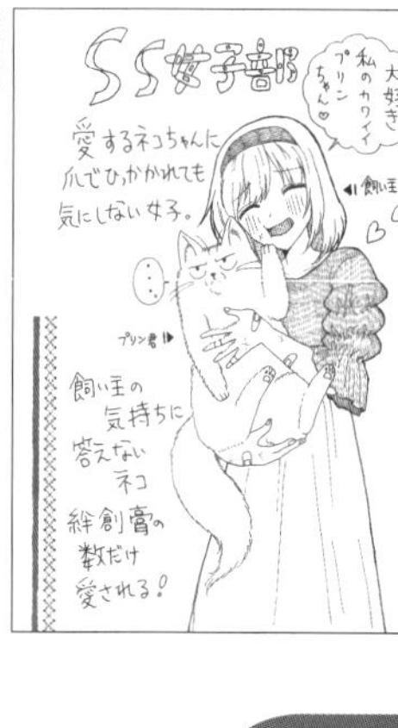

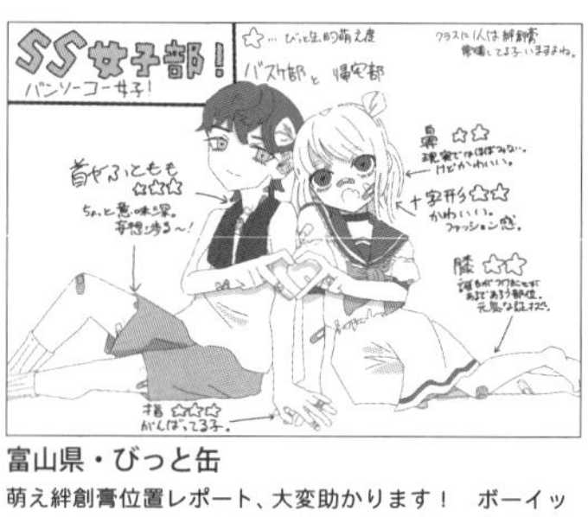

富山県・びっと缶
萌え絆創膏位置レポート、大変助かります！ ボーイッシュなバスケ部ちゃんも病み気味の帰宅部ちゃんも絆創膏に包まれてて萌え萌え〜!!（ど）

三重県・#87CEEB
新品靴の靴擦れ共感〜！ ポーチからすぐに絆創膏が出てくる流石の女子力！ 二人とも制服がすごく似合っていて、ふわふわの髪がキュート♡（ど）

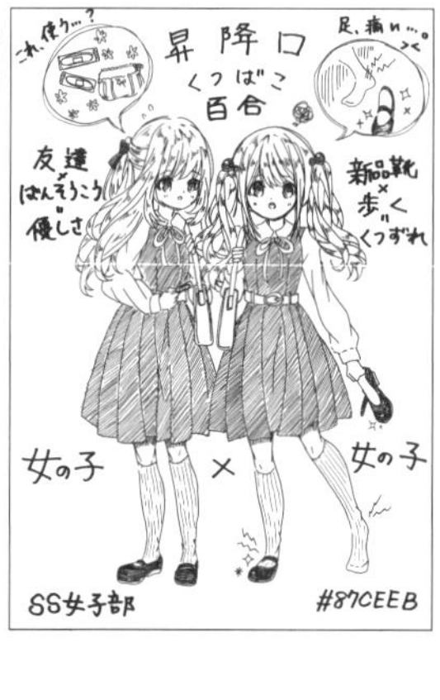

千葉県・やまかけごはん
色んなタイプの絆創膏女子が一挙に…!? もちもちお肌に貼られた絆創膏にそれぞれの物語があるのがエモ可愛い♡ みんな優勝だよ〜!!（ど）

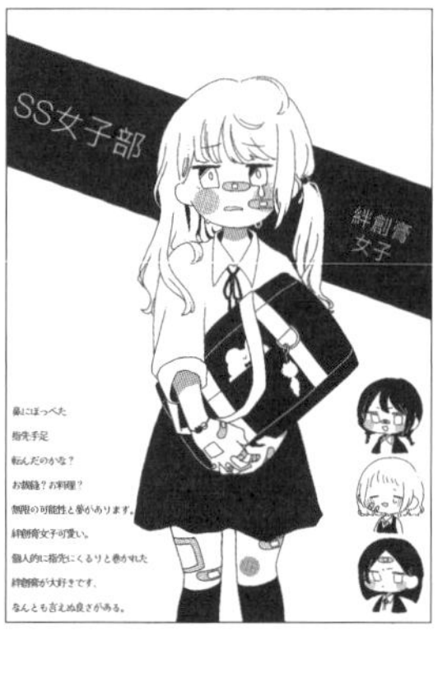

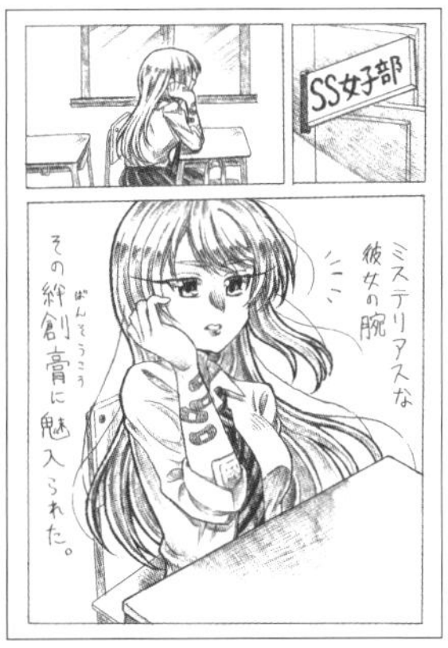

埼玉県・セコイ也

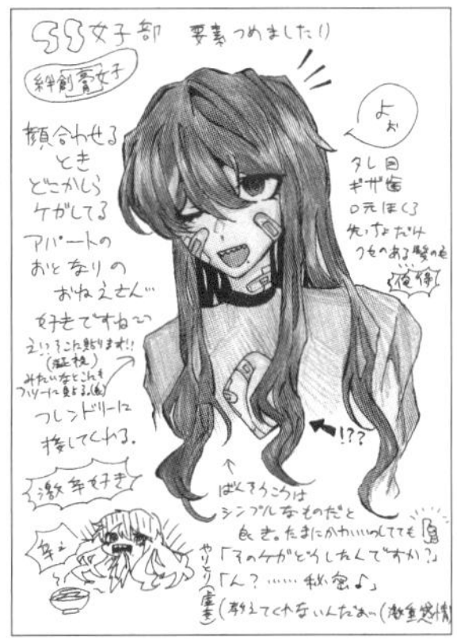

大分県・岡・14歳

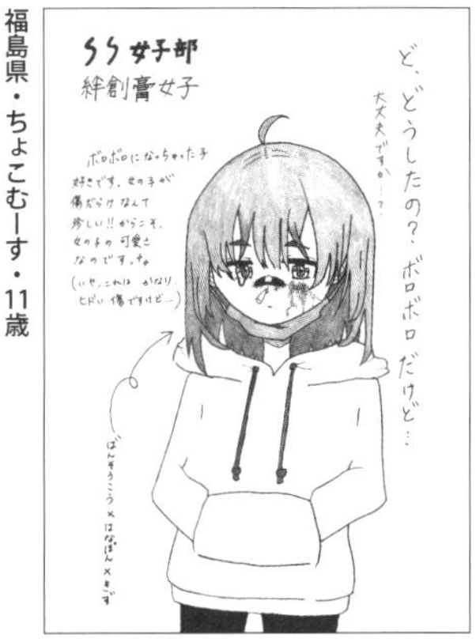

福島県・ちょこむーす・11歳

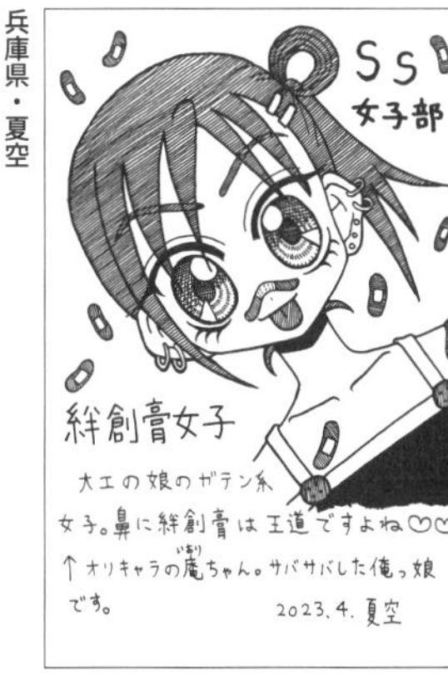

兵庫県・夏空

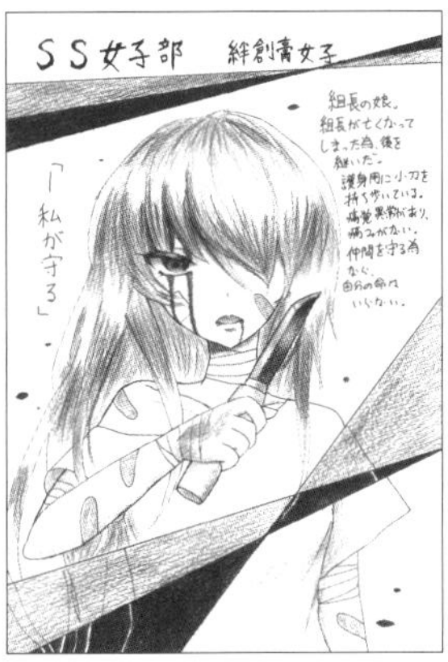

北海道・神守天音

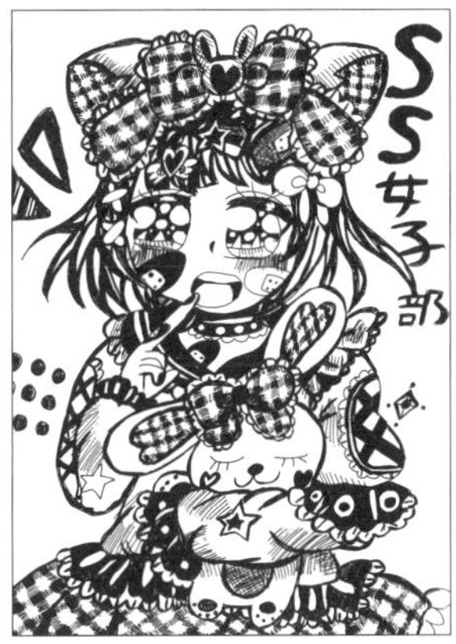

東京都・ひろくまひろみ

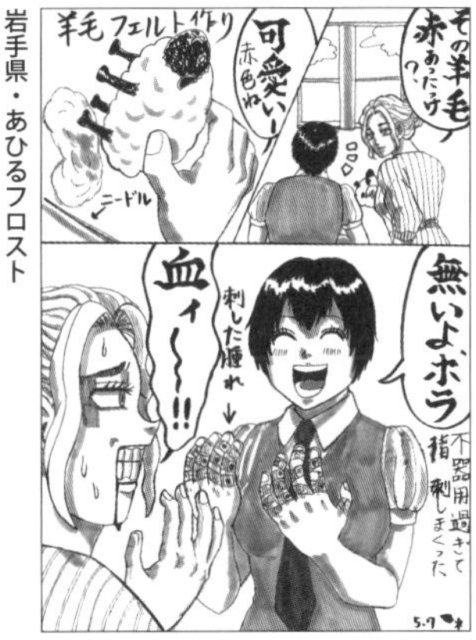

岩手県・あひるフロスト

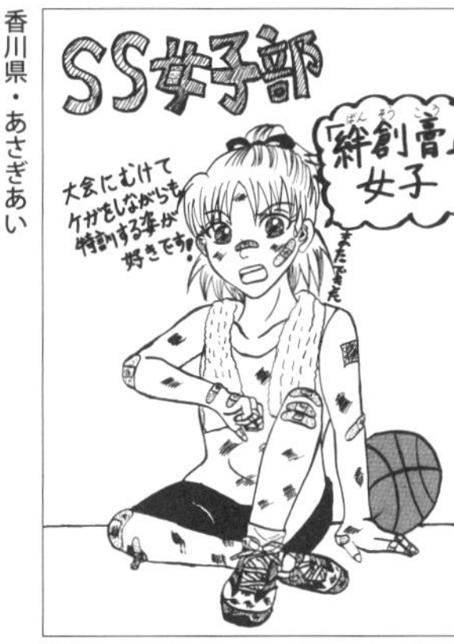

香川県・あさぎあい

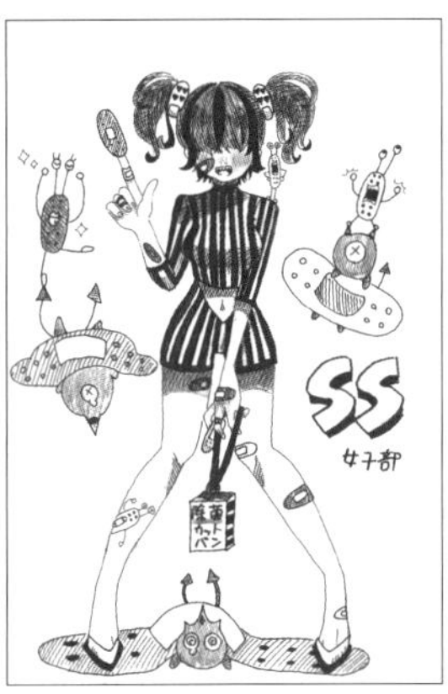

岩手県・konamono眼鏡・14歳

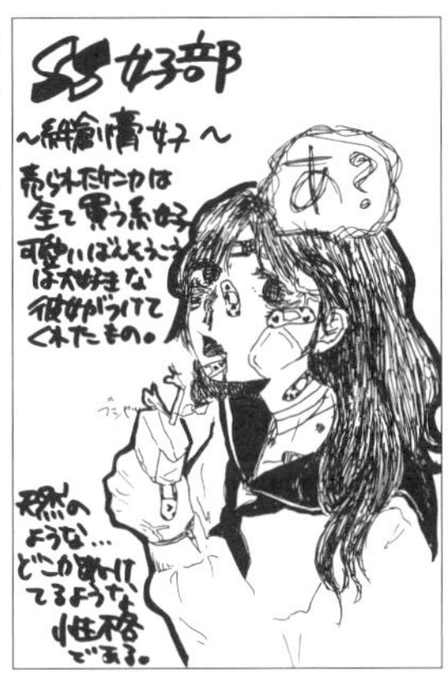

長崎県・ー□〇▲ムグラ

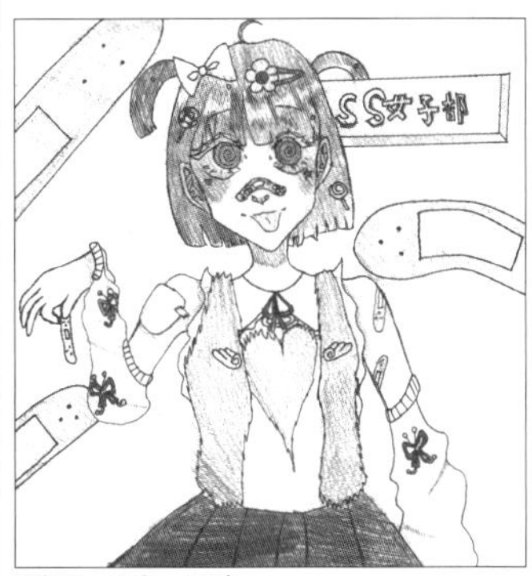

滋賀県・もち・10歳

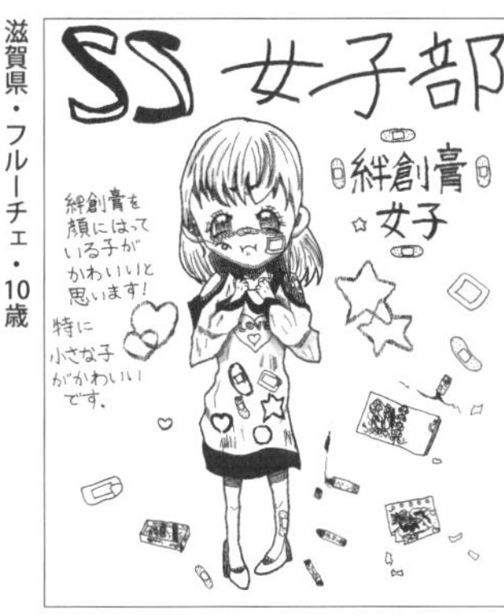

滋賀県・フルーチェ・10歳

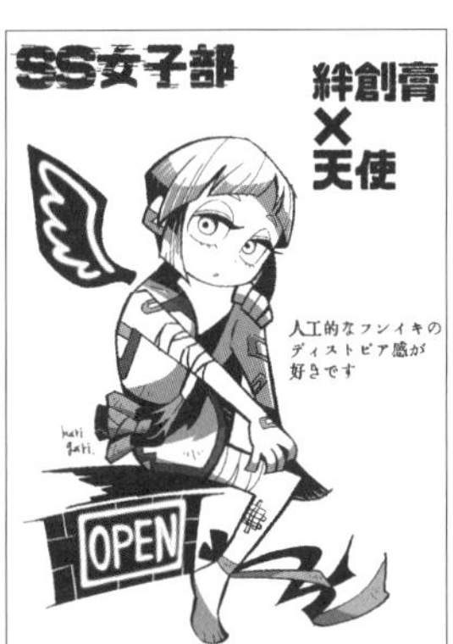

東京都・かりがり

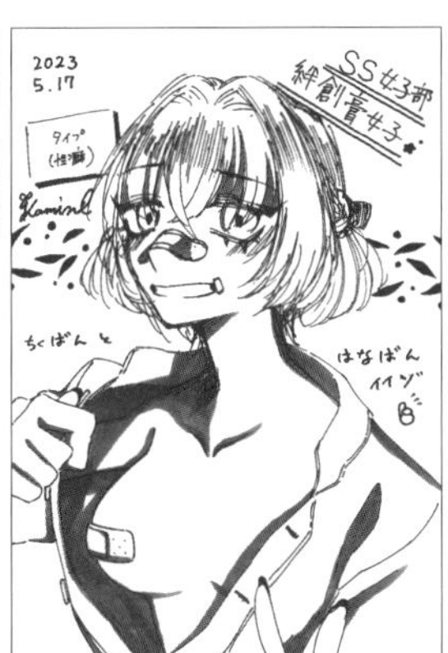

山口県・神音色花

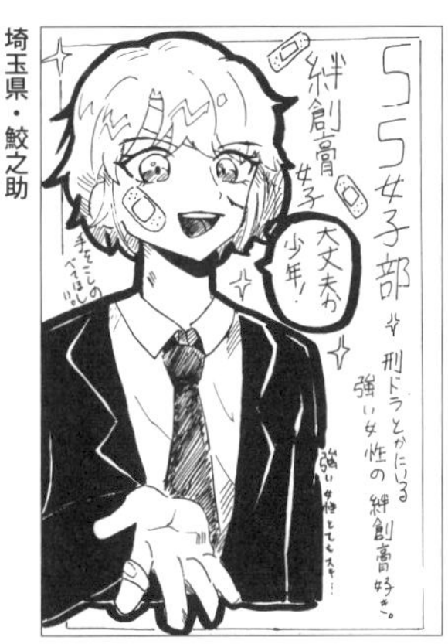

埼玉県・鮫之助

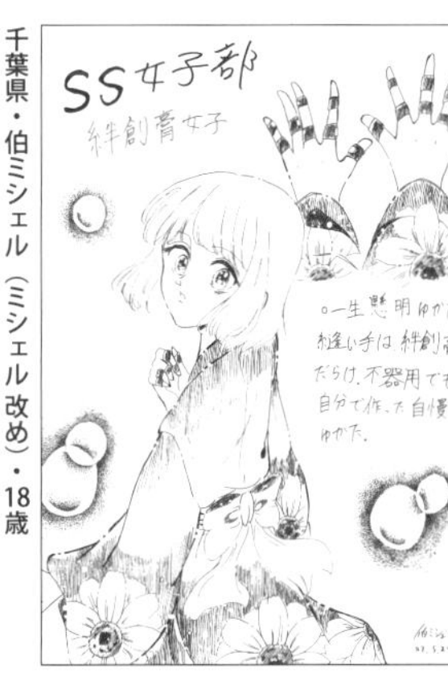

千葉県・伯ミシェル（ミシェル改め）・18歳

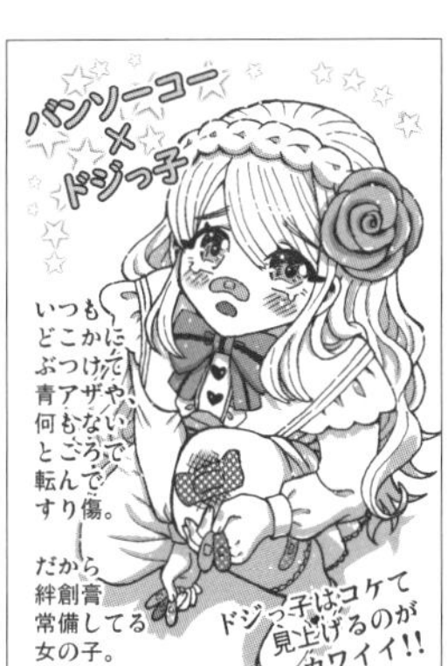

兵庫県・綿道草

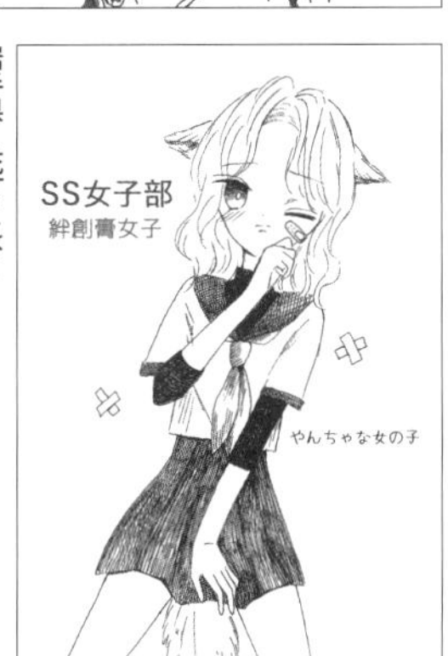

岩手県・花灯こはく

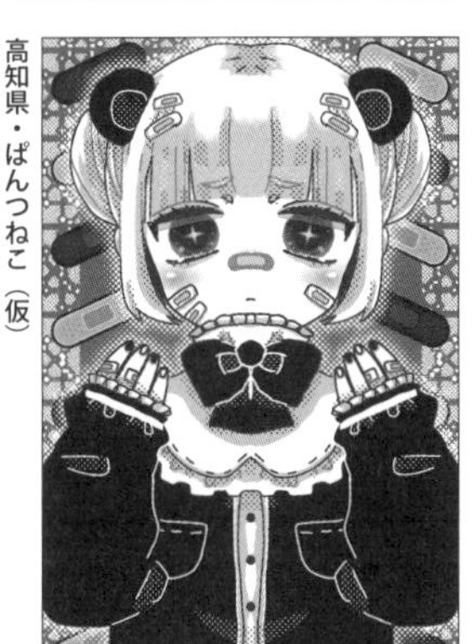
高知県・ぱんつねこ（仮）

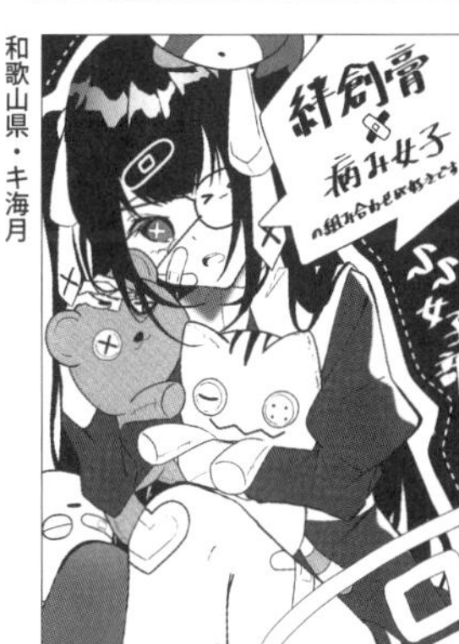

和歌山県・キ海月

NEXT → 次回は「ベルト女子」を募集

ベルトで変身する魔法少女の女の子、レッグベルトを身に付けた地雷系女子、ガーターベルトシャツをしているボーイッシュ女子、トゲトゲなスパイクチョーカーがトレードマークなパンク系女子などなど…、みなさんのあらゆる「ベルト女子」にまつわるツボをお寄せください～！

SS恋愛部

恋愛や性についての話題は、身の回りの友人とは話しにくいもの。でも他の人はどうなのか気になりませんか？　だから「SS」誌上で自分の考えや体験を話し合ってみましょう。初恋の話題、告白の仕方、実際の恋愛体験談、好きな人の間に起きたトラブル、同性を好きな気持ち、恋愛には興味がない、自分は男でも女でもない。幅広い話題もしていきたいです。「SS恋愛部」にご相談をお寄せください～！
今回は、トークコーナーをお休みしましたが、次回はまた2ページの構成でお届けしますので、オハガキお待ちしています！

SS恋愛部 応募ガイド

●「文章」、「イラスト＆文字」で募集します。
●ペンネームを通常の投稿と変えたい場合は、「ＳＳ恋愛部」用のペンネームを明記。ただし返却時の整理用に通常ペンネームも明記。
●プライバシーが気になる人は、県名を伏せても大丈夫。
●相談の参考にするために年齢はお書きください。
●編集部や他の投稿者さんとお話する際の連絡先も明記ください。

●応募先
通常のイラスト投稿と同じ宛先です。
150-0041　東京都渋谷区神南1-13-3 アーク神南ビル2F
スモールエス●●号　SS恋愛部 係

※●●には、送付時に募集している号数をお書きください
※他の投稿と同じ封筒でOK。「SS恋愛部」用のペンネームを使用した場合、返却時の整理用に通常のペンネームも明記のこと。

新潟県・桃・27歳

ハナさんへ
SSvol.73にてお返事をいただきありがとうございます！
そして、彼氏さんができたとのこと、おめでとうございます!!
私にまで、エールをいただき、ありがとうございます(TT)
彼氏さんと末永くお幸せに…♥

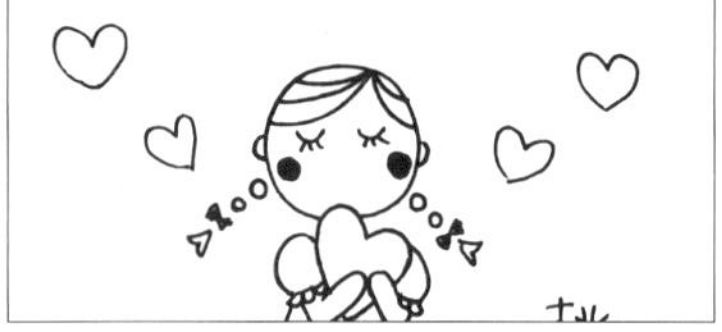

神奈川県・雪月冬凜・16歳

SS恋愛部。
こんにちは、雪月冬凜です。
今回は俺の現在の恋愛について
お話しようと思います。　涙
○過去のこと（前置き）
2年前くらい、憧れていた絵の上手い同性の友人に恋に近い感情を抱いていました。その時から何故か異性に恋することが怖くなりました。
○現在のこと
高1の後半くらいから、孤独を感じることが増え「彼氏が欲しい」と強く思うようになりました。
今は異性に恋することが怖いはずなのに気になる人（異性）がいます。

北海道・神守天音

こちらのコーナーでは初めまして！　SS恋愛部
神守天音と申します！
心も体も女ですが、人自体に興味が無く完全に二次元です。
いじめや虐待があって特に男性が近づいて来ただけで吐き気がします（文書やSNSのように対面しなければある程度は大丈夫です）。
八月少女様
「支配したい」という願望は人なら誰でもあります。
ただ、心や体を傷付けてでもという感情だけはダメです。
相手も自身も大事にして、前に行けるように願っています！
真希様・冬凜様
私も僕（たまに俺）言っていますよ！
人によっては「僕（俺）＝「男」」という決めつけが多い気がします。

北海道・赤野トツキ

SS恋愛部
◆◆◆◆◆◆◆◆◆
みなさんこんにちは、赤野トツキです！

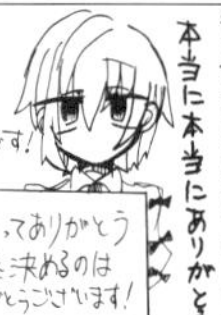

SSも恋愛部も、とても温くて大好きです。ものすごく勇気がでます。本当に本当にありがとうございます！

瑠璃萩さま
前号では僕の問に答えてくださってありがとうございました。そうですね、時期を決めるのはいい考えですね！やってみます、ありがとうございます！

冬凜さま
性別に一人称は関係ないので、女だろうが男だろうが中性だろうが、すきな一人称を使っていいです!!
冬凜さまの生きやすい人生になることを祈ります！

近況
中学生になりました。赤野です。中学は、小学校よりも男女で分けられる事が多くてとても苦しいです。もうすぐ陸上競技大会があるのですが、男女で走る距離が違ったりしてもやもやします。
あと、入学してすぐ、クラスの仲をちぢめるためにある遊び(?)をしたのですが、質問をしたりされたりするのですが、それが男女準番じゃないと外というルールで、ずっととまどっていたらとあるクラスメイトが、「お前女でしょ？」と聞いてきて、どう答えていいのかわからなくて「そうだよ」と言ってしまいました。家庭科の先生も、「くん」付けか「ちゃん」付けで呼びます。外見や生物学的なものだけで性別を決められるのは悲しいですね…。
それと嬉しい報告で、家族の前以外では一人称を「僕」にすることをきめました。「俺」も使いたいのですが、勇気が出ないので「僕」でいったん固定することにしました。友人たグループLINEで伝えたら、わりとあっさり受け入れてくれて嬉しかったです。僕からは以上です！
みなさまの幸せを願います!!
・赤野

鹿児島県・貪欲幽霊（hitme改め）・15歳

SS恋愛部　貪欲幽霊（元hitme）デス。
こんばんは。（書いてる時が夜）
ついに恋か分からなくなってきた者です。
前回4年間の片想いについて語りましたが、最近になってこれが本当に"好き"か分からなくなりました。
この辺りはずっと自分が分かりません。
推しに触れたいけど触れてほしくないとか、嬉しいハズなものがイヤに思えたりとか、迷子かましてます。何だお前。
小6のとき、肩に頭を乗せられた時のドキドキみたいな純は何処でしょうね…。

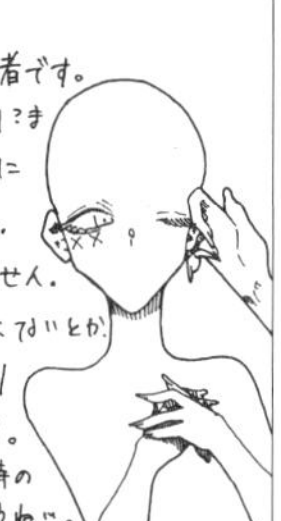

冬凜サマ
自分もです。
人の前では「私」ですが、メールなどでは「俺」「僕」です。
中途半端でも、「自分はこうがいい」と思うなら、そうしてよいのではないでしょうか。
性別の壁にブチ当たったことがある程度の自分の回答ですが…。

自分、面倒臭がりでかまってちゃんで変で情緒不安定だからもう恋とかできないかもしれないです。
見つかるかなー…。
尽くしてくれる

匿名希望

職場で今年の2月で苦手だった17歳下の子が退所したんですけど、今年の6月より再び職場に戻って来る事となりました。好きな男性とこの子は仲が良くて凄かして、この子が退所する時は心の底から嬉しくてたまらなかったのですが…(泣)。今から気分がしずんでいます。
今日、この話を聞いて、あから様に落ち込んでしまいました…。
泣きそうです…。3ヶ月しか自由な時間なかったのか…。
残念です、淋しいです。
（SS70号の恋愛部に書いた女の子の事です）
嫌だー！2人の仲良い所が見たくないです。
さみしいです。6月が辛い月となって行きそうです…(泣)。
私とこの子の仕事のシフトは重なる事が多いでしょうし、仕事のできる頼りがいのある子です。気分が落ち込みます。
大人だからおちついて行動しよう…。頑張ります。

埼玉県・セコイ也

SS恋愛部
今回は性自認とセクシュアリティのお話です。
まず前置きとして、自分は恋人のことを「恋人」というより「パートナー」と捉えております。
恋愛感情さえ湧かないものの、「人間として」最高の相性を感じるのです。
本題ですが、相手が異性ということに悩むことが増えました。主にスキンシップやボディタッチをされる度に考えてしまうのです。
「体が同性同士でもそれをしたのか？」と。
無性別の活動者さんに相談したり、ネットで調べるうち、自分が「Xジェンダー」、「アセクシュアル」に当てはまると知りました。
パートナーにも打ち明けていますが、相手は相手で我慢にも限界があるようで、どうしても手は出してしまうようです。
お互いの妥協点を手探りしていくしかないのでしょうか？

熊本県・月黒守・27歳

SS恋愛部♥
このコーナーではじめましてですね。
月黒守（ルナクロス）です。
ウチは母親だけ、こうLGBTQを独学（たり）していて、母はめっちゃ自分の事を理解してくれています。
幼かいころ、ウチのおじさんで「ボク」とか「オレ」って言った事があって…。その時に「女の子がオレとか言うな！みっともない!!」とブチギレされ、大号泣した事があります。
その時、母がなぐさめてくれて…。
母に感謝しています…。でも、それは「自分の母が解ってくれていたから」で、周りにはやはり解らない人も多いと思います。もっとLGBTQが広まればいいのに…。

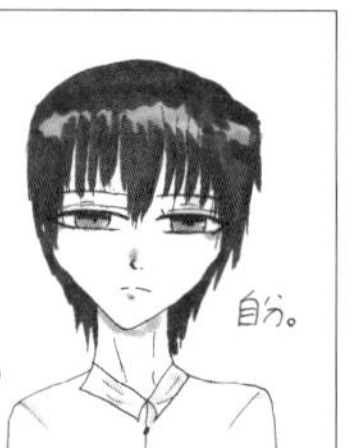

自分。
自分は…
その人によって性格が少し変わります。
相手が「女」なら「女」。「男」なら「男」…。
相手がどう自分を見ているかで変わるのです…。変…でしょうか？？

真希

SS恋愛部　第2部　2/3
挨拶
こんにちは。真希です。前号では掲載ありがとうございました。また、読んで下さった方、ありがとうございました。今回は、前回予告させていただいた通り、書かせていただきます。
今回、初めましての方に軽くご挨拶させていただきます。自分は、体は女、心は男の真希（まき）です。よろしくお願い致します。
治療について
男性ホルモン注射
（とにかく、声をまず変えたい。そして男性らしい体つきになりたい。）
胸オペ
（これをするまではナベシャツで我慢…でも、お金がないから、まだ買えていないため、他のもので代用中。DAISO様の骨盤用サポーター使ってます。）
Tシャツ1枚で着るのが夢です。
以上のことを考えています。（お金に余裕があればだけど…）
よって、現在、未治療です。
悩み、グチ？
少しでも男に近づくため、筋トレ、仕草、口調、声が少しでも低く出るように練習等できる限りのことは努力してます。が、お風呂に入るたびに自分の身体を見ると、やはりどんなに頑張っても、女なんだなと自覚させられる、地獄の拷問のような時間です。（でも諦めません。）
生理も来ると女と自覚させられる期間です。
あと、最近は、髪をツリツリ上げショート若しくは、ツリツリ上げマッシュでメンズの形にしているため、パッと見、男の子と間違えられることが増えましたが（←これは死ぬほど嬉しい瞬間）、しかし、声を出すと女じゃないか？とバレルところか一気に地獄に変わる。
男の人を見たり、男の人と話したり一緒にいたりすると、自分にはないものをたくさん持っている所に、酷く嫉妬に近い苦しさに襲われる。
相手の男の人は、カミングアウトされているわけでもないから、当然自分を女扱いする（←無意
相手は悪くないのに、当たりそうになる自分が嫌。
それと、身長問題。これは厚底の靴を履いて何センチか誤魔化してる。（納得はいかないけど…）
トイレも困ります。今できる精一杯の対策としては、誰も使う人がいなさそうだったら、共用トイレに入って、さっさと用を足して出るか、潔く女子トイレに入って、さっさと出てくる。あとは、我慢を出来る限りして、トイレに近寄らない。
社会人になったらしないといけないお化粧も嫌。
生まれ変わるものなら生まれ変わりたいです。
あとは、恋愛話は立場上、得意ではない。
彼氏いるの？とかそういう限定的な表現があまり好きじゃない。
だから、自分の場合、パートナーとか恋人とかそういう表現を使うように心がけている。
今後
このコーナー限定での投稿になるかもだけど、イラストでも表現していけたらと思う。
最後に…
ざっくりになりますが、以上が自分の性別事情になります。そして、今回は、ここまでです。次回は、これまでの掲載を通して皆さんにお伝えしたいことを書きます。ここまで読んで下さり、誠に、ありがとうございました。
少しでも参考になれば幸いです。

S Search

前号のアンケートで聞いた、「ＳＳ」読者の使っている画材、好きなアニメや絵描きさんなどを紹介！

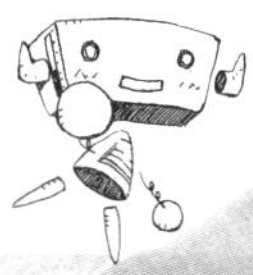

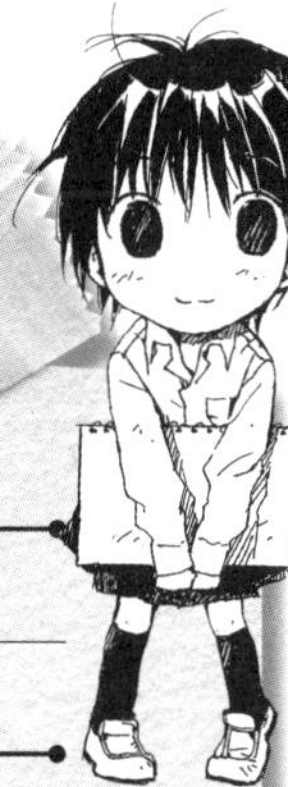

使ってみたい画材やソフト

デジタルであるCLIP STUDIO PAINTを使いたい人が一番多いですが、アナログでは顔彩の人気が高いです！

1位　CLIP STUDIO PAINT
2位　水彩絵具
3位　顔彩
4位　カラーインク
5位　コピック
6位　アクリル絵具
7位　Photoshop
7位　ABT
9位　アイビスペイント
10位　プロクリエイト
10位　ハルモニア（分離色系の水彩）

使ったことのある画材やソフト

コピックが1位！　透明水彩も多く、デジタルではアイビスを使う人が多いことがわかりました。

1位　コピック
2位　水彩絵具
3位　アイビスペイント
4位　CLIP STUDIO PAINT
5位　色鉛筆
6位　アクリル絵具
7位　ボールペン
8位　MediBangPaint Pro
9位　photoshop
10位　SAI
10位　マーカー

【詩や短歌】
詩人・最果タヒさんの精力的な活動や表現に新鮮さを感じます。同じ時代に生まれてよかった。
茨城県・原朱太郎

【弦月藤士郎（にじさんじ所属）】
歌上手いし、曲が作れるなど音楽への造詣が深い！　3Dの動きがハチャメチャでうるさいのも面白い！
福岡県・ゆりら・29歳

【オーディション番組】
夢へ向かってがんばる姿にいつも胸をうたれます。
広島県・aiko

【お笑いと音楽】
出囃子から好きになる曲多いです。
京都府・あはちゃ・18歳

【K-POP】
音楽は作るのも聴くのも大好きです！　CDジャケットやMVがあるとイラストのインスピレーションがわきます♡
兵庫県・やお

【ケント紙】
ケント紙について今までダイソーの物をつかってましたが、コクヨのケント紙がつかいやすいな、と思って今はコクヨも使ってますね。
山梨県・ぷれあです・13歳

【水彩】
水彩の修正があんまり効かないけどにじみがめっちゃきれいなところとかが大好きです。
大分県・沙汰

【アイビスペイント】
すごく使い勝手が良いし素材も多いです。無料なのが信じられない！
和歌山県・リチャード

【ラメの素】
ラメの素最強世界がかがやく。
山口県・神音色花

【アクリルガッシュ】
アクリルガッシュのガシガシした感じの塗りが好みで、扱いが難しいですが使おうという気持ちになります。
高知県・柴イヌ

次号も皆さんの画材や好きなものについてご紹介できたらと思います。
巻末のアンケートハガキの記入欄に、自分の好きなものを書いて送って下さい！
アンケートハガキは切手を貼らずに送れますので、お気軽にどうぞ～！

好きなボカロPや歌い手

1位　ピノキオP
2位　まふまふ
3位　すりぃ
4位　Syudou
5位　ハチ
6位　Ｅｖｅ
7位　Ａｄｏ
8位　りぶ
9位　DECO＊27
10位　40mP

好きな絵描きさん

1位　さくしゃ2
2位　寺田てら
3位　茶々ごま
4位　優子鈴
5位　七神マナ
6位　星瀬なう。
7位　望月けい
8位　夏目レモン
9位　お天気屋
10位　アルセチカ

好きな漫画、アニメ

1位　『推しの子』
2位　『ブルーロック』
3位　『鬼滅の刃』
4位　『僕のヒーローアカデミア』
5位　『呪術廻戦』
6位　『ヴァニタスの手記』
7位　『魔入りました！入間くん』
8位　『ぼっち・ざ・ろっく！』
9位　『ONE PIECE』
10位　『チェンソーマン』

「ＳＳ」投稿の応募要項

カラーイラスト投稿コーナー　※サイズ:ハガキ～Ａ４サイズまでなら大きさは自由。

Sky S

●Sky Sは自由に描いたカラーイラストと、テーマイラストの２コーナーを大募集！

1、**「Sky S　フリー」自由に描いてもらったカラーイラスト。**
2、**「Sky S テーマ」次号のテーマは「ハロウィン」**(ファンタジックな魔女、人外キャラ、お化けなどダークで可愛い世界の特集)**です。**

※「SS学園」絵の中に必ずキャラ名と説明を明記。詳しくはSS学園ページを見てね！

モノクロイラスト投稿コーナー

※サイズ:ハガキ～Ａ４サイズまでなら大きさは自由／★封筒の表にコーナー名を明記

Sea S

●Sea Sは9個のコーナーで、イラストや文章、漫画を大募集！
巻末ハガキは、切手を貼らずに無料で出せるので、そちらでの投稿も大歓迎！

1、**「Sea S Sense」**自分のセンスで自由に描いてもらった白黒イラスト。
2、**「Sea S Select」**毎号テーマをセレクトして募集するコーナー。
次号のテーマは「ハロウィン」(ファンタジックな魔女、人外キャラ、お化けなどダークで可愛い世界の特集)**です。**
3、**「S Stage」**自由に描いた１ページ漫画劇場。１枚で１ページマンガを描いてください。
4、**「S Something」**近況や好きなものを題材にした４コマ漫画。エッセイ漫画のように自分が登場する漫画です！
5、**「S Story」**絵と文で綴る作品。１枚のなかに絵と詩やモノローグ、セリフを配してください。
6、**「S Say」**フリートーク文字投稿。近況や好きなものを語ったり、絵についてのお悩みなども待っています。
7、**「女子部」「男子部」**女子＆男子の「ココが好き！」「グッとくる」というポイントを描いて送ってね。毎回違うナビゲーターが登場します！
8、**「うちのこ倶楽部」**自分のオリジナルキャラクター、「うちの子」を絵と文で描こう！詳細はうちのこの最初のページ！
9、**「SS恋愛部」皆さんの恋愛体験談、お悩み、気になる話題を送ってください。イラスト付きも歓迎です！(新コーナー)**
※SS恋愛部では、投稿者の方にメールやリモートでお話を聞きたいので、メールなどの連絡方法をお書きください。

※「S Say」「SS学園」「うちのこ倶楽部」の文字は小さいと読めないので、ご注意を！

カラーイラストのサイズはハガキから A4 まで
※これより小さいと絵が小さくしか掲載できません。

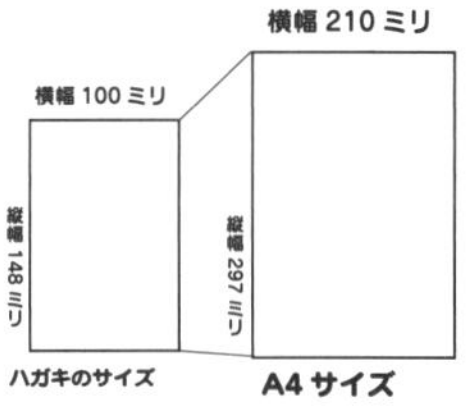

モノクロイラストのサイズはアンケートハガキのフリースペースから A4 まで
※サイズの小さいイラストは、小さくしか掲載できませんのでご了承下さい。

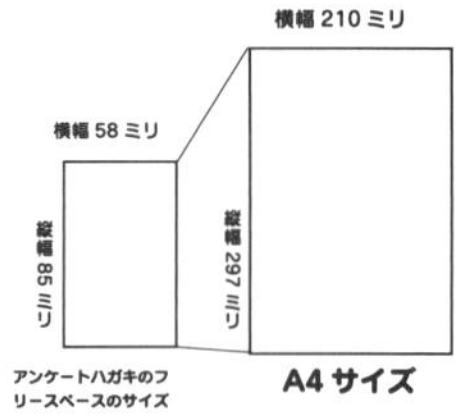

「S Stage」１ページマンガの原稿例

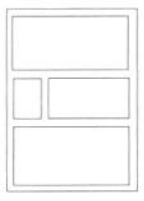

「S Stage」もハガキ～ A4 サイズまでの大きさで応募下さい。1 ページ漫画を 1 枚の中でコマ割りして描いていただければオッケー。

「S Something」４コママンガの原稿例

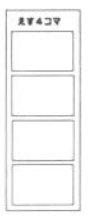

「S Something」もハガキ～ A4 サイズまでの大きさで応募下さい。サイズは自由ですが、コマを 4 つに割った漫画でお願いします。一枚の紙に２本描いてくださっても大丈夫です。

「S Story」絵と文の原稿例

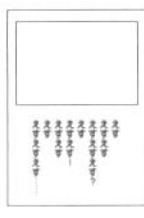

「S Story」もハガキ～ A4 サイズまでの大きさで応募下さい。形式は自由です。左図のように上に絵、下に文字というもののほか、全面に絵を描いて、その背景として文字を並べてもらっても良いです。

注意！　イラストの裏面に必要な応募事項（住所や氏名など）の記載がない場合、イラストを載せられないことがあります。

★応募要項

以下の要項を作品の裏面に記入し、各コーナー宛にお送りください(複数作品応募される場合も必ず全部の絵に書いて下さい)
1、SS何号の、どのコーナー宛のイラストなのか明記
2、郵便番号、住所、氏名、ペンネーム、年齢（非公開希望の方は「非公開」と明記。年齢は郵送時のもの。掲載時の年齢を気にする必要は無し）
電話番号またはメールアドレス(原稿依頼のための連絡先)
3、作品に関して一言
4、使用画材(Ssayのコーナーで集計を取るので、お書き下さいませ。アナログ投稿は、用紙の種類、メーカーも書いてくれると嬉しいです)
5、SNSの活動歴(TwitterやPixivのアカウント。例【@esuesu】)、「ＳＳ」への掲載歴(初投稿の人は特に明記してください)。
※ネットの投稿サイト(Pixiv等)や自分のHPなど、過去どこかに発表したことのあるイラストも、SSに投稿可能です。

★注意事項

1、作品の天地左右がわかりにくいイラストは裏に明記すること。
2、返却希望の人は投稿時と同額の切手を貼った自分の住所氏名を書いた封筒を同封し、作品の裏に赤で「要返却」と書くこと。
3、投稿イラストには、全部で何枚あるか全てコーナーを通して全部のイラストの裏面に番記する。※封筒は１つにまとめて入れて大丈夫です。
(例えばSkySに１枚、SeaSに２枚の計３枚を投稿した場合、原稿の裏に１／３、２／３、３／３と書いて下さい。1枚の場合は、1／1)
4、投稿するイラストのサイズは、ハガキ～Ａ４サイズまでなら自由です。形は四角でも円形でも自由です。

※返却を希望される方は、必ず「要返却」と書いて返却用封筒を同封してください。
不足していると、返却に時間がかかる場合があります。どうぞよろしくお願いします。

★ＣＧ作品は、プリントアウトか、ネットワークでお送り下さい　★投稿作品は電子版でも掲載されます

この号に掲載されているイラストの返却時期について

SS74号に掲載された作品、投稿したイラストの返却時期は、SS76号の発売日(2024年1月20日)前後となります。返却を希望されている方は、お待ち下さい。よろしくお願い致します。

電子版も発売開始！

SS71号で告知いたしましたが、SSの72号の内容から、電子書籍の発売がスタート！　7月20日に、SS72,SS73の電子書籍が発売！よろしくお願いします！

送付先住所！

〒150-0041　東京都渋谷区神南1丁目13-3　アーク神南ビル2F
SS編集部「SS(投稿するコーナー名を書く)」係

※「SS」のお姉さん雑誌「季刊エス」の投稿コーナー「Star S」や「Space S」への投稿と同じ封筒でも受け付けます。
その場合は、両方の投稿が入っている事がわかるように封筒に明記してください。(例:Star S＆SkySフリーあて)
また、「SS」投稿用の絵の裏に「SS」係宛と書いてください。複数枚での投稿の方は、その中からどれかを「SS」宛にしてくださればオッケー。

●ネットワーク投稿も受け付けます。
季刊エスのサイト【http://s-ss-s.com/】に設置しているメールフォームから送ってください。
サイトにネットワークで投稿する際の詳しい注意事項も掲載しているので、よく読んでから送ってね。
※解像度はサイズ原寸で300dpiが理想です。それより低い解像度の場合は、掲載サイズが小さくなる恐れがあります。

SS75号に投稿するイラストの返却時期は、SS77号が発売される前後(2024年4月)になります。

● 締切:2023年8月24日(木)※当日消印有効(ネットワーク投稿は当日送信有効)
● 発表:「SS」第75号 発売日 2023年10月20日予定

「COMIC UP」と「スモールエス、季刊エス」のイラストコンテスト開催！

「COMIC UP」は中国最大規模の同人誌即売会。アニメ･マンガ･ゲーム･小説ファンのために、上海で開催されるイベントです。この会場にて、「スモールエス、季刊エス」が「COMIC UP×S magazineイラストコンテスト」を開催！　上位入選作品は12月開催のCOMIC UP会場での展示とあわせて、2024年1月20日に発売される「スモールエス 76号」の誌面にも掲載！　豪華審査員にイラストを見てもらえるチャンス！　ぜひご応募ください。

●応募要項　氏名、メールアドレス、ペンネーム、年齢、使用した画材＆ソフトウェア、SNSのアカウント(お持ちの人のみ)を明記して、ご自身が描いたオリジナルイラストを投稿してください。
●応募方法　ネットワーク投稿のみ　https://www.s-ss-s.com/events/74
●締切　2023年10月2日
●発表　COMIC UP30会場(2023年12月開催)「SS76号」(2024年1月20日発売)
●審査員　村田蓮爾、米山舞、さくしゃ2

好評受付中！

「SS」と「季刊エス」バックナンバーのお知らせ

「季刊エス」と「SS」のバックナンバーや年間定期購読をおこなうサイトの紹介。
書店で探さずとも毎号確実に手に入るのが年間定期購読です。
また、別の方法で、サブスクを開始する予定もあります。続報をお待ちください！

■スモールエス定期購読

WEBサイトから

http://www.fujisan.co.jp/ss

■季刊エス定期購読

WEBサイトから

http://www.fujisan.co.jp/kikans

※年間購読の申し込みはFujisan.co.jpになります。 お申し込みはFujisan.co.jp記載の利用規約に準じます。
★Fujisan.co.jpでは季刊エスとスモールエスのバックナンバーを購入することもできます！

エスの通販サイト

★「SS(スモールエス)」「季刊エス」
のオリジナルグッズをBOOTHで通販します。
特典付きのスモールエスや季刊エス、
また、ギャラリーエクリで販売するグッズの
通販もおこなっていきます。
是非チェックしてください！

http://kikan-s-ss.booth.pm

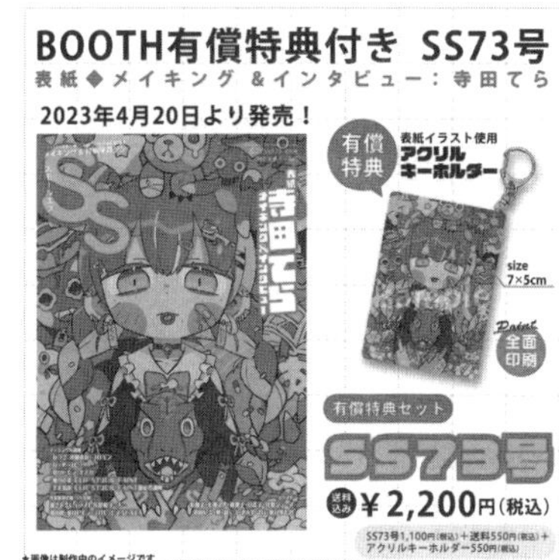

編集後記

絵を描いているとマイナスな感情になるときがあります。自分のダメなところが見えてくる。こんなときに「周りに合わせて良い人になるよりも、自分の弱いところを受け入れて、ダメさをそのまま出すのもいいことだ」と言われることがあります。ミュージシャンの経験談でもありますよね。立派であることを歌詞にしても、ただの教科書みたいだ。逆に学校になじめないとか、俺い人の言うことを聞けないとか、自信を持てない、勇気がない、そういったダメな部分を正直に出してみたら、曲を聴いてもらえたと。これは確かにそうだと言えるでしょう。ただ、よく考えたら、そもそもダメな人は嫌われる存在…。普通に考えると良いことではない。例えば、仲良しの友人が席を外したとき、急に陰口を言うことは、ただのダメ。つまり、愛されるダメさと、嫌われるダメさがあるということです。この違いは何でしょうか？　表面上は同じ弱い部分、悪い部分ということならば、その奥にあるものが見られているのでしょう。例えば人に話しかけられない「内気さ」をダメだと感じているとして、その理由が、「人付き合いがうまくいかず、傷ついた過去がある」ならば、そこに共感できる人がいます。で、理由が「相手は話す価値のない人間だと思っている」ならば、身勝手で共感しにくい。でも、さらにそれがなぜかを探って、「以前誰かと話したときに全く理解されなかった」「変わり者だとバカにされた」ということがわかれば、そこに共感できる人がいるかもしれない。ダメだと感じる振る舞いの奥に悩みや辛さがあるなら、そこは共感を生みます。普段言いづらいことだから、「よく言ってくれた」と気付きを与えることもできる。このように、自分のダメさを表現して愛されるのは心の奥が見えたときでしょう。だから自分にマイナス面を感じたときは、その理由を探り、この気持ちは皆も感じているのでは…と想像できれば、そのダメさは表現につながります。さらにそのダメさと戦っているのなら、より伝わるでしょう。「ありのままでいい」というメッセージの流行が、「ダメな自分を見せた方がいい」ことにつながっていますが、無自覚にダメなまま生きることではないはず。ダメである理由を求めて自分を探求しているから、意味があるのだと思います。それは懸命に生きようとする行為。「ありのまま」も、何もしないことではない。自分のままでいることは、嘘をつかず自分をさらけだすこと。強さが必要です。ダメな部分をそのまま出すことも勇気です。このように感じる人だけが、等身大の共感を生み、人を感動させるのだと思います(ノ)

イラスト投稿ガイド

160ページとあわせてよく読んでね！

● イラスト送付先住所（渋谷です！）
〒150-0041 東京都渋谷区神南1丁目13-3 アーク神南ビル2F
スモールエス編集部「（応募コーナー名を書いてください）」

現在の投稿先は渋谷です。イラストの水濡れが心配な方は、ビニール袋に入れて投稿くださいませ！

投稿イラストの裏面に必要事項を記入する

※読み間違いを防ぐために、丁寧に書いて下さい！

★住所、氏名などの必要事項は、必ず全てのイラストの裏に記入して下さい。封筒や別紙に記入するのは不可です！

これは StarS に1枚 SpaceS に2枚、合計3枚を返却希望で送る場合の図解です

返却希望の場合は「要返却」と**赤字**で記入して下さい。黒字はNGです。また、返却封筒の同封も必要になるので、忘れないよう、お気をつけ下さい。

返却用封筒の用意

イラストを返却する時に、これに入れてお返ししますので、返却を希望する場合に必ず必要となります。返却用封筒が無いとイラストの返却が出来ませんので注意して下さい！

返却時に必要な料金分の切手を貼って下さい

ご自分の住所、氏名を書いて下さい

イラストの返却を希望する場合

イラストの返却が不要の場合

宛名（編集部の住所・コーナー名）、差出人を書いた封筒に入れ、切手を貼る

リターンアドレスが書かれているか、切手の料金が足りているか確認！郵便料金は下の料金表を参考にして下さい。

★重さは自宅のキッチンスケールで量れます。はかりが無い場合など、必要な料金が分からない時は郵便局の窓口で出しましょう。

23.5cm×12cm よりも大きなもの、または厚みが1cm よりもあるものは定形外郵便の料金となるので要注意!!

郵便料金表

	定型内	定形外	角形2号厚み3cm以上の定形外
25gまで	84円	120円	200円
50gまで	94円		
100gまで		140円	220円
150gまで		210円	300円
250gまで		250円	350円

★上記は、10月1日以降の新価格を掲載！
※A4、B5、A5サイズ等は定形外郵便となるため郵送には最低120円かかります。

投稿やハガキに記載された情報は、投稿作掲載、原稿依頼、プレゼント発送という誌面での企画にしか使用いたしません。

POST CARD

料金受取人払郵便

渋谷局承認 7528

差出有効期限 令和7年 3月14日まで
切手は不要なので送ってね！

150-8790
202

東京都渋谷区神南1-13-3
アーク神南ビル2F
「SS スモールエス」編集部
vol.74
アンケート 係

この雑誌で面白かった記事は？（裏面の番号から5つまで）
[ ][ ][ ][ ][ ]

メイキングと投稿イラストはどちらを見たいですか？
☐メイキング
☐投稿イラスト

サイン色紙は転売・譲渡禁止。当選者にはその契約を締結した後に発送します。

希望プレゼント番号： 第1希望 第2希望

住所：☐☐☐-☐☐☐☐
都道府県

氏名：
ペンネーム：
性別：
職業：
年齢：
☐掲載時に年齢を載せない
電話番号：
メールアドレス：

※太枠内は投稿作品を載せる際に誌面に掲載します。

プレゼントの応募締切りは2023年8月24日(木)消印有効です

「SS（スモールエス）」vol.74 プレゼント

プレゼントの応募締切は
2023年8月24日（木）当日消印有効です

①

CLIP STUDIO PAINT PRO
1 デバイス 2 年版アクティベーションコード
1 名様
提供：株式会社セルシス
（Win/mac/iPad/iPhone/Android/
Chromebook のいずれか 1 台で利用可能

②
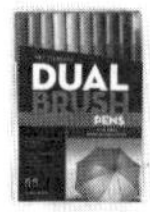
ABT 10 色セット ブライト
5 名様
提供：株式会社トンボ鉛筆

③
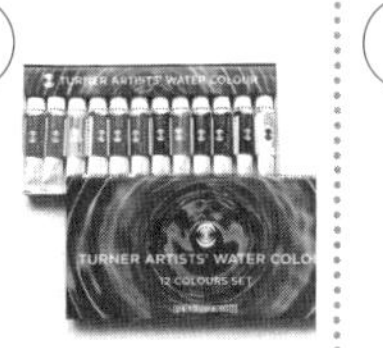
透明水彩絵具 12 色セット
3 名様
提供：ターナー色彩株式会社

④
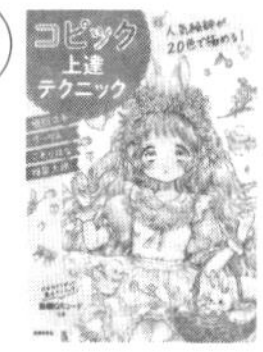
書籍「人気絵師が推す２０色で極める！
コピック上達テクニック」
2 名様
提供：株式会社主婦の友社

⑤
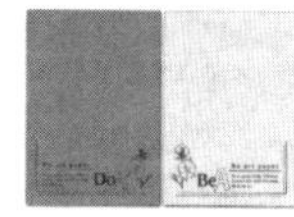
ドゥーアートペーパー
ビィーアートペーパー
パッド 2 冊セット
5 名様
提供：株式会社ミューズ

⑥
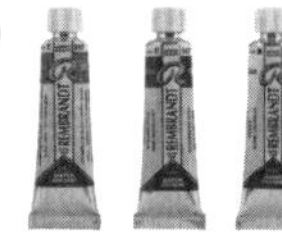
レンブラント透明水彩絵具
860 カメレオンゴールドレッドバイオレット
864 スパークグリーン　# 106 オペークホワイト
各 10ml チューブ　3 色セット
3 名様
提供：株式会社ターレンスジャパン
（既存の包装材を使用しますため、中身と包装材の表記が一部異なります事、ご了承ください）

⑦
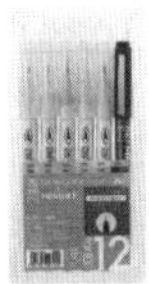
リアルブラッシュ +MANGAKA ／ 12VA
線描き用の「MANGAKA」と
彩色用の「リアルブラッシュ」のペール
カラーを集めたセット
3セット（3 名様）
提供：株式会社呉竹

⑧
メイキング登場作家
サイン色紙
各 1 名様

メイキング·講座ページに画像の掲載がない方の
色紙プレゼントもあります。
希望される方は具体的に
⑧-●とAからはじまるアルファベットも一緒にご記入ください。

⑧-A:WOOMA　⑧-E:古島紺
⑧-B:時雨　⑧-F:村カルキ
⑧-C:梨玖
⑧-D:夏目レモン

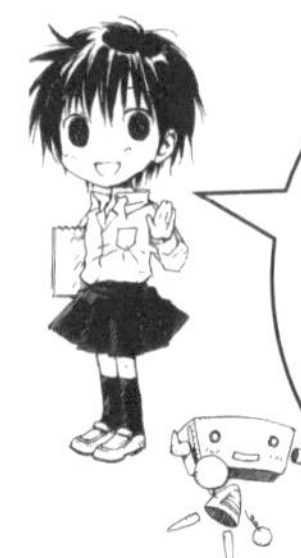

皆さん！
SS の背表紙に入れる
「えす丸」のイラスト大募集！
サイズは右の図です。3 センチ四方の正方形！　アンケートハガキに 3 センチの枠を描いて、その中に絵を描いてくれるなどして、送ってください！　絵の感じは、今号の背表紙を例として見てみてくださいー！

スモールエスのギャラリーエクリのお知らせ

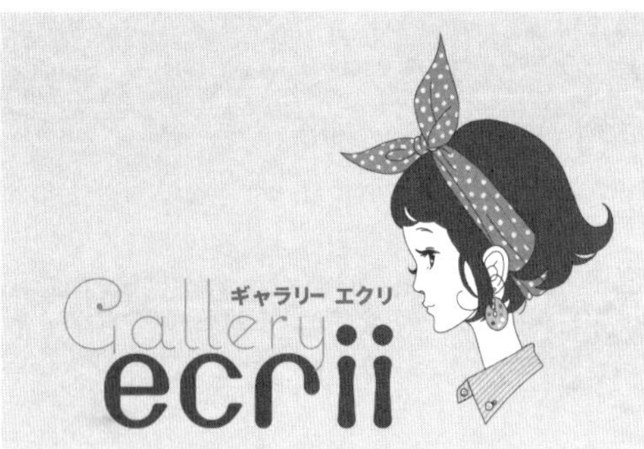

「ギャラリーエクリ」では、スモールエスや季刊エスにゆかりのある作家さんの展示を開催！
～今後の予定～

■イラストレーター白身魚展（下記中は連日）
8月10日～8月16日

■仲紅 初個展　（下記のうち火、木、土、日のみ）
8月26日～9月14日

★アクセス
渋谷駅から徒歩7分

東京都渋谷区神南1丁目13-3
アーク神南ビル2F
（Googleマップで
「ARK神南」として表示されます）
TEL　03-6455-0223

エスエス 2023 vol.74
（アンケートのためのリスト番号）

1	表紙・ピンナップ:WOOMA
2	Rukaon　描き下ろし
3	はた　描き下ろし
4	らっこ　描き下ろし
5	斉木琴　描き下ろし
6	WOOMA　インタビュー
7	SS 表紙イラストメイキング:WOOMA「CLIP STUDIO PAINT EX」
8	SS メイキング:時雨「透明水彩」
9	SS メイキング:梨玖「コピック」
10	「夏目レモンの色んな画材をつかってみよう！」レンブラント水彩絵具 編
11	「古島紺」呉竹 ZIG クリーンカラーリアルブラッシュ
12	「村カルキのCLIP STUDIO PAINT初心者講座」
13	「さくしゃ2·みひろ·お天気屋」グッズ制作レポート
14	「がらくたおつむ」人体講座　年齢の描きわけ 編
15	SS学園 香琳／くりゅう／ぷぅ／天嶺ジウ／こけし／82　投稿コーナー
16	イラスト連載:友風子「汐風便り」
17	カラーイラスト投稿コーナー　Sky S
18	モノクロイラスト投稿コーナー　Sea SからS Sayまで
19	うちのこ倶楽部
20	「男子部」ナビゲーター「蛸屋」
21	「女子部」ナビゲーター「どく子」
22	SS恋愛部
23	特別付録　解毒 sakiyama Artwork」×SS Special Version

【夏休みSS読者イベント！　SS学園オフ会・参加者募集！】

SS学園大好きっ子大集合～！　甘いお菓子や飲み物を飲みながら、ご自身のキャラクターについてお話ししたり、その場で新たな関係性を想像して交流しよう！　という企画でございます。SS学園のトークをしながら、絵を描きあったり、一緒に交流して親睦を深めましょう～っ！

■開催日:2023年7月30日（日）
①13:00～15:00　②16:00～18:00
※各回・定員6名程度です。
■会場　ギャラリーエクリ（渋谷駅から徒歩8分）
■詳細と応募方法は右図のQRコードから！

応募フォームはこちらから！

SS 2023.vol.74

★SSのTwitterや記事の中では、通常ペンネームで感想を掲載させて頂きます。
作家さんなどへの感想が掲載NG、ペンネーム不可で匿名希望の場合は □ にチェック！
□匿名希望　□掲載NG

■投稿ページ「Sky S」「Sea S」のイラストで気に入った絵を作家名で教えてください（それぞれ3人まで）
Sky S(　　　)
Sea S(　　　)

■今号の登場作家、投稿作品への感想をお書き下さい。

■絵の描き方や好きなものを聞いて、新コーナーで紹介したいので、以下にお答えください。
使ったことのある画材やソフト(　　　)
今後使ってみたい画材やソフト(　　　)
使用画材へのコメント(　　　)

好きなアニメや漫画(　　　)
好きな絵描きさん(　　　)
好きなボカロPや歌い手(　　　)
好きなゲーム(　　　)
ジャンル問わず好きなもの(　　　)
好きなものへのコメント(　　　)

■画材や塗り方でのお悩みを聞かせてください 例:筆やアプリの選び方、色の重ね方など

■「SS」の表紙を描いて欲しい作家は？（イラストレーター、ネットやボカロ系絵師などで）

■次のイメージに当てはまると思う絵描きさんは？（イラストレーター、ネット作家などで）
いま流行っている絵柄の作家(　　　)
今後注目されそうな作家(　　　)

フリースペース（絵や文章など、Sea S投稿用にもどうぞ！）
投稿コーナー名　ペンネーム